Schriftenreihe

**Studien zum
bayerischen, nationalen und supranationalen
Öffentlichen Recht**

Herausgegeben von
Professor Dr. Heinrich Amadeus Wolff

Band 30

ISSN 1860-8728

Verlag Dr. Kovač

Alexander Lang

Die zeitlich befristeten Sonderregelungen zu Flüchtlingsunterkünften im BauGB

Notwendigkeit, Entstehungsgeschichte, Ziele, Konsistenz, Gültigkeit, Kritik, Alternativen, Reformbedarf

Verlag Dr. Kovač

Hamburg
2019

VERLAG DR. KOVAČ GMBH
FACHVERLAG FÜR WISSENSCHAFTLICHE LITERATUR

Leverkusenstr. 13 · 22761 Hamburg · Tel. 040 - 39 88 80-0 · Fax 040 - 39 88 80-55

E-Mail info@verlagdrkovac.de · Internet www.verlagdrkovac.de

Bibliografische Information der Deutschen Nationalbibliothek
Die Deutsche Nationalbibliothek verzeichnet diese Publikation
in der Deutschen Nationalbibliografie;
detaillierte bibliografische Daten sind im Internet
über http://dnb.d-nb.de abrufbar.

ISSN: 1860-8728
ISBN: 978-3-339-11362-7
eISBN: 978-3-339-11363-4

Zugl.: Dissertation, Universität Bayreuth, 2019

© VERLAG DR. KOVAČ GmbH, Hamburg 2019

Printed in Germany
Alle Rechte vorbehalten. Nachdruck, fotomechanische Wiedergabe, Aufnahme in
Online-Dienste und Internet sowie Vervielfältigung auf Datenträgern wie CD-ROM etc.
nur nach schriftlicher Zustimmung des Verlages.

Gedruckt auf holz-, chlor- und säurefreiem, alterungsbeständigem Papier.
Archivbeständig nach ANSI 3948 und ISO 9706.

„*Niemand möchte auf Zelte zurückgreifen, um die Flüchtlingsunterbringung zu gewährleisten. [...]*
Wenn wir das vermeiden wollen, dann müssen wir auch die Instrumente in der Hand haben, um genügend geeignete Gebäude zu errichten, wo es geht."

– Olaf Scholz, seinerzeitig Erster Bürgermeister von Hamburg, am 19.09.2014 im Plenum des Bundesrates –

Vorwort

Die vorliegende Arbeit wurde von der Universität Bayreuth im Sommersemester 2019 als rechtswissenschaftliche Dissertation angenommen. Das Manuskript wurde im Dezember 2018 abgeschlossen. Zum Zwecke der Veröffentlichung wurde höchstrichterliche Rechtsprechung noch bis einschließlich Juni 2019 nachträglich eingearbeitet. Auf diesem Stand befinden sich auch – soweit nicht anders vermerkt – die in den Fußnoten angegebenen Internetadressen.

Mein besonderer Dank gilt Herrn *Prof. Dr. Heinrich Amadeus Wolff.* Er hat das Zustandekommen der Arbeit durch seine stetige Bereitschaft zur Diskussion, die regelmäßige Veranstaltung der geschätzten Doktorandenkolloquien sowie eine umsichtige Betreuung fortwährend unterstützt und den Titel „Doktorvater" für mich mit Leben erfüllt.

Mein Dank gilt ferner Frau *Prof. Dr. Eva Julia Lohse,* die in Anbetracht der zeitlichen Befristung der Sondervorschriften und der damit einhergehenden Dringlichkeit eine zugige Zweitbegutachtung bewerkstelligen konnte. Nicht zuletzt möchte ich auch meinem *Vater* und meiner Partnerin *Rebecca Kreutzberg* für ihre kritische Durchsicht des Manuskripts sowie die wertvollen Hinweise danken.

München, im Juli 2019 *Alexander Lang*

Inhaltsübersicht

VORWORT VII

INHALTSVERZEICHNIS XI

EINLEITUNG 1

ERSTES KAPITEL: NOTWENDIGKEIT DER BAUPLANUNGSRECHT-
LICHEN SONDERREGELUNGEN DES § 246 VIII BIS XVII BAUGB 9

ZWEITES KAPITEL: ENTSTEHUNGSGESCHICHTE DER BEIDEN
GESETZE 77

DRITTES KAPITEL: SINN UND ZWECK SOWIE ZIELE DER
BAUGB-FLÜCHTLINGSNOVELLEN 99

VIERTES KAPITEL: ANWENDUNGSBEREICH DER SONDER-
REGELUNGEN DES § 246 VIII BIS XVII BAUGB 111

FÜNFTES KAPITEL: GEMEINSAMKEITEN UND UMFASSENDE
EINZELDARSTELLUNG DER SONDERVORSCHRIFTEN 159

SECHSTES KAPITEL: STÄDTEBAULICHE ZULÄSSIGKEIT DER
FOLGENUTZUNG IM ANSCHLUSS AN DIE FLÜCHTLINGS-
UNTERBRINGUNG 269

SIEBTES KAPITEL: GÜLTIGKEIT DER SONDERREGELUNGEN FÜR
FLÜCHTLINGSUNTERKÜNFTE 293

ACHTES KAPITEL: RECHTSPOLITISCHE KRITIK, ALTERNATIVEN,
REFORMBEDARF UND AUSBLICK 427

ZUSAMMENFASSUNG 515

LITERATURVERZEICHNIS 519

Inhaltsverzeichnis

VORWORT VII

INHALTSÜBERSICHT IX

EINLEITUNG 1

Erstes Kapitel

Notwendigkeit der bauplanungsrechtlichen Sonderregelungen des § 246 VIII bis XVII BauGB

§ 1
Die baurechtliche Situation in Bezug auf die Flüchtlingsunterbringung nach den allgemeinen Vorschriften

A. **Bauplanungsrechtliche Zulassung in den drei Gebietskulissen der §§ 29 ff. BauGB** 10
   I. Vorhaben mit bodenrechtlicher Relevanz i.S.v. § 29 I BauGB 10
     1. Reine Notquartiere 11
     2. Keine bodenrechtlich relevanten Nutzungsänderungen i.S.v. § 29 I BauG 11
       a. Voraussetzungen an eine Nutzungsänderung i.S.v. § 29 I BauGB 11
       b. Nutzungsänderungen in Bezug auf Flüchtlingsunterkünfte 13
         aa. Strukturierte Darstellung ausgewählter Rechtsprechung 13
           (1) Erfordernis der Überschreitung der der bisherigen Nutzung eigenen Variationsbreite 13
           (2) Erfordernis der möglichen (Neu-)Berührung bodenrechtlicher Belange 17
         bb. Zusammenfassung der Kriterien, bei deren Vorliegen in Bezug auf Flüchtlingsunterkünfte bereits eine Nutzungsänderung i.S.v. § 29 I BauGB ausscheidet 19
   II. **Zulässigkeit im Außenbereich** 20
     1. Begriff des Außenbereichs 20
     2. Zulässigkeit von Flüchtlingsunterkünften als sonstige Vorhaben i.S.v. § 35 II BauGB 21
       a. Differenzierung zwischen privilegierten und sonstigen Vorhaben 21
       b. Flüchtlingsunterkünfte als sonstige Vorhaben i.S.v. § 35 II BauGB 22
       c. Keine Teilprivilegierung i.S.v. § 35 IV BauGB 24
   III. **Zulässigkeit im Innen- und Planbereich** 25
     1. Begrifflichkeiten 25

- a. Planbereich i.S.v. § 30 BauGB ... 25
- b. Innenbereich i.S.v. § 34 BauGB ... 25
2. Zulässigkeit im heterogenen Innenbereich ... 26
   - a. Allgemeines ... 26
   - b. Flüchtlingsunterkünfte im heterogenen Innenbereich ... 27
     - aa. Flüchtlingsunterkünfte im gewerblich geprägten Innenbereich ... 28
     - bb. Flüchtlingsunterkünfte in dem durch Wohnnutzung geprägten Innenbereich ... 28
       - (1) Finanzielle Belange der Nachbarn ... 28
       - (2) Fremde, unbekannte oder „unschöne" Lebensweise ... 30
       - (3) „Soziale Spannungen" ... 31
       - (4) Menschlicher Lärm und sonstiges rechtswidriges Nutzerverhalten .. 32
       - (5) Gefahr terroristischer Anschläge ... 36
3. Zulässigkeit in Wohn- und Mischgebieten und damit in Baugebieten i.S.d. Baunutzungsverordnung, die zumindest auch dem Wohnen dienen ... 37
   - a. Flüchtlingsunterbringung als Wohnnutzung i.S.d. Baunutzungsverordnung ... 37
     - aa. Beurteilung in der oberverwaltungsgerichtlichen Rechtsprechung und in der Literatur ... 39
     - bb. Bodenrechtlicher Begriff des Wohnens ... 40
     - cc. Stellungnahme und Zwischenfazit ... 44
   - b. Flüchtlingsunterkünfte als Anlagen für soziale Zwecke ... 50
     - aa. Allgemeine oder ausnahmsweise Zulässigkeit ... 50
       - (1) Abstrakte (bzw. generelle) Gebietsverträglichkeit ... 51
       - (2) „Konkrete" Gebietsunverträglichkeit im Einzelfall und Gebot der Rücksichtnahme i.S.v. § 15 I 1, 2 BauNVO ... 53
     - bb. Befreiung i.S.v. § 31 II BauGB ... 55
   - c. Zwischenfazit ... 56
4. Zulässigkeit in Gewerbe- und Industriegebieten i.S.d. Baunutzungsverordnung ... 56
   - a. Funktionaler Zusammenhang ... 57
   - b. Grundsatz der (abstrakten) Gebietsverträglichkeit ... 57
     - aa. Flüchtlingsunterkünfte in Industriegebieten, § 9 III Nr. 2 BauNVO ... 58
     - bb. Flüchtlingsunterkünfte in Gewerbegebieten, § 8 III Nr. 2 BauNVO ... 58
       - (1) Argumente gegen eine generelle Gebietsunverträglichkeit ... 59
       - (2) Argumente für eine generelle bzw. abstrakte Gebietsunverträglichkeit ... 60
     - cc. Befreiung i.S.v. § 31 II BauGB ... 63
5. Zulässigkeit in Sondergebieten i.S.d. Baunutzungsverordnung ... 63

B. Bauordnungsrechtliche Beurteilung ... 64

C. Der zeitintensive Weg über die Bauleitplanung nach §§ 1 ff. BauGB ... 66
- I. Normales Bebauungsplanverfahren gem. §§ 2 ff. BauGB ... 66
- II. Subsidiärer Zulassungstatbestand des § 33 BauGB ... 67

III. Vorhabenbezogener Bebauungsplan gem. § 12 BauGB 67
IV. Vereinfachtes Verfahren gem. § 13 BauGB 68
V. Beschleunigtes Verfahren gem. §§ 13a, 13b BauGB 68
　1. Das beschleunigte Verfahren: „mehr Risiko für eine etwas kürzere Verfahrensdauer" 69
　　a. Mehr Risiko für die planende Gemeinde 69
　　b. Verhältnismäßig geringe Zeitersparnis durch die Verfahrensvereinfachungen 71
　2. Keine praktische Option für die Schaffung von kurzfristig erforderlichen Unterkünften 73

§ 2

Zwischenfazit: Notwendigkeit einer gesetzgeberischen Reaktion

Zweites Kapitel

Entstehungsgeschichte der beiden Gesetze

§ 3

Entstehungsgeschichte des „Gesetzes über Maßnahmen im Bauplanungsrecht zur Erleichterung der Unterbringung von Flüchtlingen"
vom 20.11.2014

A. *Der ursprüngliche Gesetzesentwurf des Bundesrates* 78
　I. Eigenständiges „Flüchtlingsunterbringungs-Maßnahmengesetz" 79
　II. Einführung einer Länderöffnungsklausel 79
　III. **Einheitliche Befristung sämtlicher Neuregelungen bis zum 31.12.19** ... 79
　IV. **„Ausnahmelösung" in Bezug auf Flüchtlingsunterkünfte im Gewerbegebiet** 80
B. *Die Änderungsvorschläge der Bundesregierung* 81
　I. Integration der Sonderregelungen in das Baugesetzbuch 81
　II. Bundesweite Geltung der Sonderregelungen für Flüchtlingsunterkünfte 82
　　1. Kein Gestaltungsauftrag des Bundesgesetzgebers aus Bundesgesetzgebungskompetenzen 82
　　2. Notwendigkeit einer bundeseinheitlichen Regelung 83
　III. **Befristung nur für konstitutive Regelungen** 84
　IV. **„Befreiungslösung" in Bezug auf Flüchtlingsunterkünfte im Gewerbegebiet** 85
　　1. Einführung einer erweiterten Befreiungsregelung 85
　　　a. Dogmatisch „saubere" Lösung 85

    b. Flüchtlingsunterkünfte im Gewerbegebiet als einzelfallabhängiger Sonderfall 86
    c. Unbeabsichtigte Nutzungskonflikte können besser vermieden werden ... 87
  2. Keine Rückwirkung der Ausnahmelösung 88
V. **Zwischenergebnis** 90
C. *Abschluss des Gesetzgebungsverfahrens* 91

§ 4

Entstehungsgeschichte des „Art. 6 des Asylverfahrensbeschleunigungsgesetzes" vom 20.10.2015

A. *Notwendigkeit und rechtliche Anknüpfung weiterer Privilegierungen* 92
B. *Weiterer Gang und Abschluss des Gesetzgebungsverfahrens* 96

Drittes Kapitel

Sinn und Zweck sowie Ziele der BauGB-Flüchtlingsnovellen

§ 5

Ratio des BauGB-Flüchtlingsunterbringungsgesetzes I

A. **Heranziehung der Begründung des ursprünglichen Gesetzesentwurfs des Bundesrates und der Stellungnahme der Bundesregierung zum Gesetzesentwurf des Bundesrates** 99
  I. Ermöglichung einer erleichterten, zügigen und vorübergehenden Unterbringung von Flüchtlingen 100
  II. Stärkung des Gewichtes der öffentlichen Belange von Flüchtlingen sowie deren Unterbringung 101
B. **Heranziehung der Beschlussempfehlung des federführenden Ausschusses für Umwelt, Naturschutz, Bau und Reaktorsicherheit** 102
C. **Sonstige Anhaltspunkte für den Sinn und Zweck der Regelungen des § 246 VIII bis X BauGB** 103
  I. Nur vorübergehende Auswirkungen der Sonderregelungen 103
  II. Vermehrte Unterbringung auch in Wohn- und Mischgebieten 104

§ 6

Ratio des BauGB-Flüchtlingsunterbringungsgesetzes II

A. *Hinweise auf abweichende Zielsetzung gegenüber dem BauGB-Flüchtlingsunterbringungsgesetz I* 105
B. *Stellungnahme zur Frage der abweichenden Zielsetzung des BauGB-Flüchtlingsunterbringungsgesetzes II* 106

Viertes Kapitel

Anwendungsbereich der Sonderregelungen des § 246 VIII bis XVII BauGB

§ 7
Personeller Anwendungsbereich

- **A. Keine klaren Begrifflichkeiten durch den Gesetzgeber** 111
  - **I. Grammatikalische Auslegung** 112
  - **II. Systematische Auslegung** 113
    1. Vergleich mit § 44 I, II AsylG, § 3 I AsylG, Art. 16a GG und Art. 1a Nr. 2 der Genfer Flüchtlingskonvention vom 28.07.1951 113
       - a. Asylbegehrender 113
       - b. Flüchtling 114
    2. Verhältnis der beiden Begrifflichkeiten zueinander 115
       - a. Überflüssigkeit des Begriffs des Asylbegehrenden 115
       - b. Begrifflichkeiten stehen nebeneinander 115
  - **III. Historische Auslegung** 116
    1. Stellungnahme der Bundesregierung zu erster BauGB-Flüchtlingsnovelle 116
    2. Beschlussempfehlung des Ausschusses für Umwelt, Naturschutz, Bau und Reaktorsicherheit zum Entwurf der ersten BauGB-Flüchtlingsnovelle 118
       - a. Keine zwingende Erforderlichkeit einer Asylantragstellung 118
       - b. Bestehen einer Unterbringungsverpflichtung bzw. -verantwortung 119
         - aa. Ausländer, über deren Asylantrag noch nicht abschließend entschieden wurde 119
         - bb. Asylsuchende 119
         - cc. Ausländer gem. §§ 15a, 22, 23 und 24 AufenthG 120
         - dd. Möglicherweise auch anerkannte Flüchtlinge und Asylberechtigte... 120
         - ee. Rechtskräftig abgelehnte Asylbegehrende 122
    3. Gesetzesbegründung zur zweiten BauGB-Flüchtlingsnovelle 124
  - **IV. Teleologische Auslegung** 124
    1. Weite Auslegung 124
    2. Keine Obdachlosen ohne Flüchtlingshintergrund 125
- **B. Zwischenfazit** 125

§ 8
Sachlicher Anwendungsbereich

- **A. Ausgangslage und grobe Differenzierung** 127
  - **I. Keine klare gesetzliche Begrifflichkeit** 127
  - **II. Flüchtlingsunterkünfte begründen keine eigene bodenrechtliche Nutzungskategorie** 128

III. Reine Notquartiere sind nicht vom sachlichen Anwendungsbereich erfasst 129
IV. Keine Rechtsgrundlage zur Schaffung von Dauerwohnraum und die „Flüchtlingsunterkunft" als untechnischer Oberbegriff 130
    1. Keine Rechtsgrundlage zur Schaffung von dauerhaftem und der Allgemeinheit zur Verfügung stehendem Wohnraum 130
    2. „Flüchtlingsunterkunft" i.S.d. amtlichen Überschrift des § 246 BauGB als untechnischer Oberbegriff der in § 246 VIII bis XVII BauGB geregelten Nutzungsarten 131
    3. Rechtliche Umsetzung dieses Ergebnisses 135
V. Zwischenfazit 137
B. Detaillierte Differenzierung des sachlichen Anwendungsbereichs 137
I. Aufnahmeeinrichtungen, Gemeinschaftsunterkünfte und sonstige Unterkünfte i.S.v. § 246 X bis XIV BauGB 137
II. Bauliche Anlagen bzw. Vorhaben, die der Unterbringung von Flüchtlingen dienen i.S.v. § 246 VIII und IX BauGB 142
    1. Ausschließlich Anlagen für soziale Zwecke 142
    2. Sowohl Anlagen für soziale Zwecke als auch Wohngebäude sowie Wohnungen 143

§ 9
Zeitlicher Anwendungsbereich

A. Beginn des zeitlichen Anwendungsbereichs mit Inkrafttreten der Sondervorschriften 146
B. Ende des zeitlichen Anwendungsbereichs 147
I. Die Flüchtlingsunterbringung als temporäre Problematik in den Augen des Gesetzgebers 147
II. Befristung bis zum 31.12.2019 und die sog. Fortnutzung als Flüchtlingsunterkunft 147
    1. Bezugspunkt der Befristung 148
    2. Regelungen des § 246 VIII bis XIV BauGB als Ausprägung des passiven Bestandsschutzes 151
        a. Problemstellung 151
        b. Voraussetzungen des für den passiven Bestandsschutz notwendigen „legal geschaffenen Bestandes" 151
        c. Vorrang des vom parlamentarischen Gesetzgeber angeordneten Bestandsschutzes 154
    3. Möglichkeit der Befristung als Nebenbestimmung i.S.v. § 36 II Nr. 1 Landes-VwVfG 154
III. Erneute Zulassung einer vormals nach § 246 XII oder XIII 1 Nr. 1 BauGB genehmigten Anlage 155
IV. Abgrenzung zum Problembereich der sog. Anschlussnutzung 157

Fünftes Kapitel

Gemeinsamkeiten und umfassende Einzeldarstellung der Sondervorschriften

§ 10
Gemeinsamkeiten der baurechtlichen Gesetzesänderungen zur Flüchtlingsunterbringung

- **A. Konstitutive Wirkung** ... 159
- **B. Einschränkungen bei der Anwendung auf private Vorhabenträger** ... 161
  - **I. Abstimmungsverpflichtung privater Vorhabenträger mit den unterbringungsverantwortlichen Körperschaften** ... 161
  - **II. Keine darüberhinausgehenden Einschränkungen im Falle des § 246 XIV BauGB** ... 165
    1. Enge Auslegung ... 165
    2. Weite Auslegung ... 166
- **C. Ausschließlich Privilegierungen auf Zulassungsebene** ... 168
- **D. Keine eigene bodenrechtliche Nutzungskategorie und keine Rechtsgrundlage zur Schaffung von dauerhaftem und der Allgemeinheit zur Verfügung stehendem Wohnraum** ... 170
- **E. „Negativer Abweichungscharakter"** ... 170
- **F. Reine Übergangsregelungen** ... 171
- **G. Keine Spezialität gegenüber dem allgemeinen Bauplanungsrecht** ... 172
- **H. Nachbarliche Interessen sind stets zu berücksichtigen** ... 173
- **I. Geltung der besonderen Befreiungsregelungen sowie der Ausnahmemodifikation auch im faktischen Baugebiet i.S.v. § 34 II BauGB** ... 173
- **J. Fiktionswirkung der Verfahrensvorschriften** ... 174

§ 11
Darstellung der konstitutiven Sonderregelungen im Einzelnen

- **A. Materiell-rechtliche Privilegierungstatbestände des § 246 VIII bis XIV BauGB** ... 174
  - **I. (Festgesetztes oder faktisches) Baugebiet i.S.d. Baunutzungsverordnung** ... 174
    1. Erweiterte Befreiungsmöglichkeit des § 246 X BauGB ... 174
       a. Anwendungsbereich ... 176
       b. Voraussetzungen des § 246 X BauGB ... 177
          aa. Allgemeine oder ausnahmsweise Zulässigkeit von Anlagen für soziale Zwecke am konkreten Standort ... 177
          bb. Vereinbarkeit mit öffentlichen Belangen unter Würdigung nachbarlicher Interessen ... 180

- (1) Würdigung nachbarlicher Interessen 180
- (2) Wahrung gesunder Wohnverhältnisse und Menschenwürdigkeit der Unterkunft 182
- (3) Planvorstellungen der Gemeinde 183
  - (a) Ähnlichkeit mit Prüfungsinhalt des Kriteriums des Unberührtbleibens der Grundzüge der Planung 184
  - (b) Mögliche Berücksichtigung des Prüfungsinhalts des Unberührtbleibens der Grundzüge der Planung in § 246 X BauGB 187
  - (c) Grundzüge der Planung nicht Prüfungsmaßstab des § 246 X BauGB 188
- c. Verhältnis zu § 31 II BauGB 192
- 2. Erweiterte Befreiungsmöglichkeit des § 246 XII BauGB 195
  - a. Anwendungsbereich 195
  - b. Administrative Befristung auf längstens drei Jahre 196
  - c. Begünstigte Vorhaben i.S.v. § 246 XII 1 BauGB 197
    - aa. Errichtung mobiler Unterkünfte für Flüchtlinge, Nr. 1 197
    - bb. Nutzungsänderungen, Nr. 2 198
  - d. Vereinbarkeit mit öffentlichen Belangen unter Würdigung nachbarlicher Interessen 199
    - aa. Nachbarliche Interessen und gesunde Wohnverhältnisse 199
    - bb. Planvorstellungen der Gemeinde 202
  - e. Verhältnis zu § 31 II BauGB und § 246 X BauGB 207
    - aa. Verhältnis zu § 31 II BauGB 207
    - bb. Verhältnis zu § 246 X BauGB 207
- 3. Intendiertes Ermessen bei Erteilung einer Ausnahme, § 246 XI BauGB .. 209
  - a. Ziele und Folgen des § 246 XI BauGB 210
    - aa. Ziele des § 246 XI BauGB 210
    - bb. Herstellung des Einklangs von Flüchtlingsunterkünften mit der allgemeinen Zweckbestimmung der Wohn- und Mischgebiete 210
    - cc. Statuierung eines sog. intendierten Ermessens 211
  - b. Voraussetzungen 213
    - aa. Baugebiete nach §§ 2 bis 7 BauNVO oder vergleichbare „alte" Planungen 213
    - bb. Allgemeine oder ausnahmsweise Zulässigkeit von Anlagen für soziale Zwecke am konkreten Standort 215
- **II. Innenbereich i.S.v. § 34 BauGB** 217
  - 1. Rechtsfolge des § 246 VIII BauGB 217
  - 2. Voraussetzungen 218
    - a. Vorhaben im unbeplanten heterogenen Innenbereich, die sich nicht nach § 34 I 1 BauGB in Umgebungsbebauung einfügen 218
    - b. Tatbestandsvoraussetzungen des § 34 IIIa 1 Nr. 2 und Nr. 3 BauGB 220
    - c. Zulässige Errichtung der umzunutzenden Anlage 220

  d. Nutzungsänderungen und deren Erweiterung, Änderung und Erneuerung 221
    aa. Nutzungsänderung i.S.v. § 29 I BauGB 221
    bb. Erweiterung, Änderung oder Erneuerung 222
III. Außenbereich i.S.v. § 35 BauGB 223
 1. Erweiterte Zulässigkeit im Außenbereich nach § 246 IX BauGB 224
  a. Unmittelbarer räumlicher Zusammenhang mit nach § 30 I oder § 34 BauGB zu beurteilenden bebauten Flächen 225
  b. Innerhalb des Siedlungsbereichs 225
    aa. Gesetzesmaterialien 227
    bb. Grammatikalische Auslegung 228
    cc. Teleologische Auslegung 230
     (1) Ratio der Sondervorschriften oder Ratio des konkreten Tatbestandsmerkmals 230
     (2) Keine Einbeziehung von Flächen, die Gegenstand einer Ergänzungssatzung i.S.v. § 34 IV 1 Nr. 3 BauGB sein können 231
    dd. Systematische Auslegung 234
     (1) Auslegung des Begriffs „Siedlungsbereich" im Rahmen des § 13a BauGB 235
     (2) Übertragung der zu § 13a BauGB entwickelten Begrifflichkeit auf § 246 IX BauGB 236
     (3) Gesetzeskonsistente Auslegung 240
    ee. „Innerhalb" 241
    ff. Zwischenfazit 242
  c. Besonderheit im Falle der Schaffung einer Flüchtlingsunterkunft in Gestalt von „Flüchtlingswohnen" 242
 2. Erweiterte Zulässigkeit im Außenbereich nach § 246 XIII BauGB 243
  a. Anwendungsbereich 244
  b. Begünstigte Vorhaben i.S.v. § 246 XIII 1 BauGB 244
  c. Rückbauverpflichtung, Sicherung der Rückbauverpflichtung und zulässige Anschlussnutzung gem. § 246 XIII 2 bis 5 BauGB 245
IV. Generalklausel des § 246 XIV BauGB 247
 1. Verhältnis zu § 37 BauGB 248
 2. Vorhabenträger 250
 3. Gegenstand der Abweichung 250
 4. Dringender Bedarf an Flüchtlingsunterkünften im Gemeindegebiet 251
  a. Dringender Bedarf 251
  b. Gemeindegebiet als räumliches Bezugsobjekt 252
 5. Erforderlichkeitsprinzip 253
  a. Anwendbarkeit 254
  b. Umfang der Anwendung 256
    aa. Abwägung als Teil der tatbestandlichen Erforderlichkeitsprüfung 257
    bb. Abwägung nicht Teil der tatbestandlichen Erforderlichkeitsprüfung 259

6. Nachweis der Dringlichkeit und Erforderlichkeit..................................261
7. Rechtsfolge: Abweichungsmöglichkeit von sämtlichem
   Bauplanungsrecht..262
8. Anhörungsrecht, Rückbauverpflichtung und deren Sicherung, zulässige
   Anschlussnutzung und Kostenerstattungsanspruch der Gemeinde gem.
   § 246 XIV 3 bis 9 BauGB 263
B. **Verfahrenserleichterungen des § 246 XV und XVI BauGB**......................265
   I. **Verkürzung der Fiktionsfrist zum gemeindlichen Einvernehmen,
      § 246 XV BauGB**..265
   II. **Entsprechende Geltung der Fiktionsfrist des § 18 III 2 BNatSchG bei
       Außenbereichsvorhaben, § 246 XVI BauGB**................................267

Sechstes Kapitel

Städtebauliche Zulässigkeit der Folgenutzung im Anschluss
an die Flüchtlingsunterbringung

§ 12

Gesetzlich geregelte Fälle einer Anschlussnutzung in § 246 VIII bis XIV BauGB

A. *Privilegierungen in § 246 VIII bis XIV BauGB bilden für sich keinen
   Zulässigkeitsmaßstab für eine Anschlussnutzung* 271
B. *Ausdrückliche Regelungen zur Anschlussnutzung in § 246 XIII 3 HS. 1
   und XIV 6 BauGB*...271

§ 13

Rechtliche Beurteilung der gesetzlich nicht ausdrücklich zugelassenen Folgenutzung
im Anschluss an eine Flüchtlingsunterbringung

A. *Keine analoge Anwendung der Vorschrift des § 246 XIII 3 HS. 1 BauGB*..274
   I. **§ 246 XIII 3 HS. 1 BauGB als Ausnahmeregelung** 274
   II. **Voraussetzungen für die Bildung einer Analogie**............................274
       1. Keine vergleichbare Interessenlage 275
          a. Heterogene Innenbereichsflächen sowie Wohn- und Mischgebiete 275
          b. Gewerbe- und Industriegebiete...276
          c. Mobile Unterkünfte für Flüchtlinge und Asylbegehrende 276
          d. Standortabhängige Außenbereichsflächen (in räumlicher Nähe zu
             bebauten Flächen)...277
          e. Vergleichbare Schutzbedürftigkeit aber im Falle der Generalklausel
             des § 246 XIV BauGB..278
       2. Keine Regelungslücke 279
       3. Keine Planwidrigkeit der Regelungslücke..................................279

B. Beurteilung der Zulässigkeit der Anschlussnutzung nach den allgemeinen bauplanungsrechtlichen Regeln 280
I. Rückgriff auf die allgemeinen Regeln 280
II. Teleologische Beeinflussung der allgemeinen Regeln durch die Sondervorschriften für Flüchtlingsunterkünfte 281
   1. Anschlussnutzung an eine auf Grundlage des § 246 IX BauGB zugelassene Flüchtlingsunterbringung 282
   2. Beeinflussung der Einordnung des bodenrechtlichen Bereichs durch den Zweck der Sonderregelungen 283
III. Anforderungen an eine Änderung oder Nutzungsänderung von Flüchtlingsunterkünften in eine städtebaulich abweichende Anschlussnutzung 286
   1. Änderung i.S.v. § 29 I BauGB 286
   2. Nutzungsänderung i.S.v. § 29 I BauGB 287
      a. Begriff und Anforderungen an eine bauplanungsrechtliche Nutzungsänderung 287
      b. Änderung der Nutzungskategorie i.S.d. Baunutzungsverordnung sowie Änderung der Nutzungsweise von einer der Flüchtlingsunterbringung dienenden Anlage für soziale Zwecke in eine andersartig genutzte Anlage für soziale Zwecke 288
      c. Änderung der Nutzungsweise von Flüchtlingswohnen in allgemeine Wohnnutzung 289

§ 14
Idealfall der planerisch gezielt vorbereiteten und gesteuerten Anschlussnutzung

Siebtes Kapitel
Gültigkeit der Sonderregelungen für Flüchtlingsunterkünfte

§ 15
Formelle Verfassungsmäßigkeit der Sonderregelungen

A. Bauplanungsrechtliche Regelungen 294
I. Materielle Privilegierungstatbestände des § 246 VIII bis XIV BauGB . 295
II. Anhörungsrecht i.S.v. § 246 XIV 3 BauGB und Fiktionsverkürzung des § 246 XV BauGB i.V.m. § 36 II 2 BauGB 295
III. Regelungen zur Rückbauverpflichtung in § 246 XIII 2, 4, 5 und § 246 XIV 5, 7, 8 BauGB 299
   1. Bauplanungsrecht oder Bauordnungsrecht 299
   2. Argumente für eine eigenständige bauplanungsrechtliche Ermächtigungsgrundlage 300

B. Verwaltungsverfahrensrechtliche Regelungen in § 246 XII 1, XIII 1 Nr. 1, XIV 2 und XVI BauGB 303

§ 16
Rechtsstaatliches Bestimmtheitsgebot, Art. 20 III GG

A. Der Bestimmtheitsgrundsatz 307
B. Ausreichende Bestimmtheit des § 246 XIV 1 BauGB 309

§ 17
Kommunales Selbstverwaltungsrecht, Art. 28 II 1 GG

A. Gewährleistungsgehalt der Selbstverwaltungsgarantie 311
B. Eingriff 313
  I. Durch § 246 X BauGB 313
    1. Argumentation gegen das Vorliegen eines Eingriffs 314
    2. Argumente für das Vorliegen eines Eingriffs 315
  II. Durch § 246 XII und XIV BauGB 316
C. Verfassungsrechtliche Rechtfertigung 318
  I. Gesetzesvorbehalt, Art. 28 II 1 GG 319
  II. Kernbereichsschutz 319
  III. Randbereichsschutz bzw. Verhältnismäßigkeit 321
    1. Rechtfertigung des Eingriffs durch § 246 X BauGB 321
      a. Legitimer Zweck und Geeignetheit 321
      b. Erforderlichkeit 322
        aa. Gezielte Standortsteuerung durch Bauleitplanung mit entsprechender Verfahrensbeschleunigung 322
        bb. Änderung des bauplanungsrechtlichen Wohnbegriffs 324
          (1) Milderes Mittel 324
          (2) Nicht ebenso effektives und sinnvolles Mittel 325
      c. Angemessenheit und Zumutbarkeit (sog. Verhältnismäßigkeit im engeren Sinne) 326
    2. Rechtfertigung des Eingriffs durch § 246 XII BauGB 328
      a. Eingeschränkter Anwendungsbereich 329
      b. Gemeindliches Einvernehmen als stärkstes kommunales Mitwirkungsrecht 329
      c. Administrative Befristung auf längstens drei Jahre und Berücksichtigung der Grundzüge der Planung auf Rechtsfolgenseite 330
    3. Rechtfertigung des Eingriffs durch § 246 XIV BauGB 331
      a. Anhörungsrecht gem. § 246 XIV 3 BauGB 331
      b. Vergleich mit § 37 BauGB und staatliches Unterbringungsinteresse ... 333
      c. Korrektiv der Erforderlichkeit 335

d. Eingeschränkter Anwendungsbereich, Rückbauverpflichtung,
Erstattungsansprüche der Gemeinde und Berücksichtigung der
Grundzüge der Planung auf Rechtsfolgenseite 335
e. Notsituation, Grundrecht auf Leben und körperliche Unversehrtheit
sowie Grundrecht auf Gewährleistung eines menschenwürdigen
Existenzminimums 337

§ 18

Körperliche Unversehrtheit, Art. 2 II 1 GG

A. Schutzbereich des Rechts auf körperliche Unversehrtheit 339
B. Beeinträchtigung 341
  I. Art der Beeinträchtigung 341
  II. **Keine Beeinträchtigung aufgrund tatbestandlicher und systematischer Einschränkungen des Anwendungsbereichs von § 246 X, XII und XIV BauGB** 342

§ 19

Berufsfreiheit i.S.v. Art. 12 I GG und
wirtschaftliche Betätigungsfreiheit i.S.v. Art. 2 I 1 GG

A. Schutzbereich der Berufsausübungsfreiheit 344
B. Eingriff in Art. 12 I GG 345
C. Wirtschaftliche Betätigungsfreiheit i.S.v. Art. 2 I GG 346
  I. Eingriffsqualität 347
  II. Eingriff durch § 246 X und XII BauGB 349
  III. **Eingriff durch § 246 XIV BauGB und verfassungsrechtliche Rechtfertigung** 351

§ 20

Eigentumsgarantie, Art. 14 GG

A. Schutzbereich 353
B. Beeinträchtigung 355
  I. **Auswirkungen des § 246 X, XII und XIV BauGB auf den Gebietserhaltungsanspruch der Nachbarn** 355
  II. Differenzierung zw. Enteignung und Inhalts- und Schrankenbestimmung 356
  III. **Differenzierung zwischen Ausgestaltung des Eigentums und Eingriff in das Eigentum** 357

C. Verfassungsrechtliche Rechtfertigung 359
I. Rechtfertigung im Falle des § 246 X BauGB 360
 1. Legitimer Zweck und Geeignetheit 360
 2. Erforderlichkeit 361
  a. Zulassung „gebietsfremder" Vorhaben als wesensmäßige Folge einer jeden Abweichung 361
  b. Anmietung oder Beschlagnahme von Privatwohnungen 362
   aa. Anmietung leerstehender privater Immobilien 362
   bb. Beschlagnahme von Privatimmobilien 362
    (1) Möglichkeiten und Grenzen der sicherheits- und polizeirechtlichen Beschlagnahme von Immobilien 364
     (a) Aufgabeneröffnung und einschlägige Befugnisnorm 364
     (b) Konkrete oder gegenwärtige Gefahr für die öffentliche Sicherheit 368
     (c) Die Voraussetzungen des polizeilichen Notstandes und der Grundsatz der Verhältnismäßigkeit 370
    (2) Beschlagnahme von Privatwohnraum als milderes und ebenso effektives Mittel 374
  c. Verwaltungsprozessuale Alternativen 378
 3. Angemessenheit 380
II. Rechtfertigung im Falle des § 246 XII BauGB 381
III. Rechtfertigung im Falle des § 246 XIV BauGB 383

§ 21

Der Gleichheitssatz

A. Gleichheitssatz als subjektives Recht auf Gleichbehandlung 387
I. Diskriminierungsverbot des Art. 3 III 1 GG als spezielles Gleichheitsgrundrecht 388
 1. Diskriminierung wegen eines der in Art. 3 III 1 GG genannten Kriterien 389
 2. Mittelbare Ungleichbehandlung 390
 3. Verfassungsrechtliche Rechtfertigung der Ungleichbehandlung 393
II. Allgemeiner Gleichheitssatz, Art. 3 I GG 396
 1. Rechtlich relevante Ungleichbehandlung 396
 2. Verfassungsrechtliche Rechtfertigung 398
B. Gleichheitsgerechte Gesetzgebung und das Gebot der Folgerichtigkeit 400
I. Begriff und Bedeutung im Allgemeinen 400
II. Systembindung und Systemwidrigkeit im deutschen Rechtssystem und seine Folgen 402
 1. Gebot der Folgerichtigkeit in der Rechtsprechung des Bundesverfassungsgerichts 403
  a. Kurze Darstellung ausgewählter verfassungsgerichtlicher Entscheidungen 403

- b. Behandlung der Folgerichtigkeit durch das Bundesverfassungsgericht 407
  - aa. Folgerichtigkeit im Rahmen des Art. 3 I GG ... 408
  - bb. Folgerichtigkeit im Rahmen der Verhältnismäßigkeitsprüfung der Freiheitsgrundrechte ... 410
- 2. Bewertung der Folgerichtigkeit und der diesbezüglichen verfassungsgerichtlichen Rechtsprechung im Schrifttum ... 411
  - a. Systembindung oder keine Systembindung ... 411
  - b. Kritik an der Prüfung des Folgerichtigkeitsgebots im Rahmen des Art. 3 I GG ... 414
  - c. Kritik am Einbezug der Folgerichtigkeit in die Verhältnismäßigkeitsprüfung der Freiheitsgrundrechte ... 415
- 3. Stellungnahme ... 416
  - a. Folgerichtigkeit als Kompromiss bei der Frage der Systembindung ... 416
  - b. Teilweise Eigenständigkeit, aber Überflüssigkeit des Gebots der Folgerichtigkeit gegenüber dem allgemeinen Gleichheitsgrundrecht des Art. 3 I GG ... 417
  - c. Folgerichtigkeit im Rahmen der Verhältnismäßigkeitsprüfung der Freiheitsgrundrechte ... 418
    - aa. Dogmatische Unbedenklichkeit dieses Lösungsansatzes ... 418
    - bb. Nur mittelbare Auswirkung auf Gewichtung der Belange ... 420
    - cc. Inkonsequenz in Bezug auf Verfolgung des gesetzgeberischen Schutzkonzeptes ... 420
- 4. Folgerichtigkeit in Bezug auf die Sonderregelungen des § 246 VIII bis XVII BauGB ... 421

§ 22

Unionsrechtliche Vorgaben des Umweltschutzes

Achtes Kapitel

Rechtspolitische Kritik, Alternativen, Reformbedarf und Ausblick

§ 23

Systemwidrigkeit, aber Alternativlosigkeit

A. Bauplanungsrechtliche und naturschutzrechtliche Systemwidrigkeit der Sonderregelungen und ihre Rechtfertigung ... 428
  - **I. Anhebung des zulässigen Immissionsniveaus im Zusammenhang mit Flüchtlingsunterkünften** ... 428
    - 1. Grundsatz ... 428
    - 2. Durchbrechung ... 429

    a. Ein „Mehr an Beeinträchtigungen" zumutbar 429
    b. Verhältnis dieser gesetzgeberischen Anpassung des zulässigen Immissionsniveaus zu den unverändert gebliebenen und verbindlichen Exekutivregelungen der TA-Lärm 432
       aa. Keine Anwendbarkeit der TA-Lärm auf Wohngebäude und Anlagen für soziale Zwecke 433
       bb. Änderung der TA-Lärm durch den Gesetzgeber zwar möglich, aber nicht erforderlich 434
          (1) Möglichkeit der Änderung durch den Gesetzgeber 434
          (2) Keine Erforderlichkeit der Änderung durch den Gesetzgeber 436
             (a) Subsumtion unter Ausnahmeregelung für Notsituationen i.S.v. Nr. 7.1 TA-Lärm 436
             (b) Anwendung im Lichte der durch den Gesetzgeber geschaffenen Sonderregelungen 437
  3. Rechtfertigung 438
II. Planbereiche und Innenbereiche dürfen sich nur verdichten oder „nach oben wachsen" 439
  1. Grundsatz 439
  2. Teilweise Durchbrechung 440
  3. Rechtfertigung 441
III. Kein Wohnen bzw. keine wohnähnliche Nutzung im Außenbereich .. 441
  1. Grundsatz 441
  2. Durchbrechung 442
  3. Rechtfertigung 443
IV. Kein Wohnen bzw. keine wohnähnliche Nutzung im Gewerbe- und Industriegebiet 445
  1. Grundsatz 445
  2. Durchbrechung 446
  3. Rechtfertigung 447
V. Klassische Befreiungen i.S.d. Bauplanungsrechts lassen Grundzüge der Planung unberührt 448
  1. Grundsatz 448
  2. Durchbrechung 450
    a. Tatbestandserfordernis, dass am Standort des Vorhabens Anlagen für soziale Zwecke als Ausnahme zugelassen werden können oder allgemein zulässig sind 450
    b. Tatbestandsmerkmal der öffentlichen Belange 452
    c. Keine „echte" Durchbrechung und Reformvorschlag 453
VI. Rückbauverpflichtung zielt auf privilegierte Vorhaben i.S.v. § 35 I BauGB 454
  1. Grundsatz 454
  2. Durchbrechung 456
  3. Rechtfertigung 456

- VII. Bauliche Anlagen sollen nicht solitär wie Fremdkörper in der Landschaft stehen 457
  1. Grundsatz 457
  2. Durchbrechung 457
  3. Rechtfertigung 458
- VIII. Jedes planerisch relevante Vorhaben ist an den Vorschriften der §§ 29 ff. BauGB zu messen 458
  1. Grundsatz 459
  2. Durchbrechung 459
  3. Rechtfertigung 459
- IX. Bodenrechtlicher Bestandsschutz gilt nur, sobald und solange Nutzung ausgeübt wird 460
  1. Grundsatz 460
     a. „Sobald" eine Nutzung ausgeübt wurde 460
     b. „Solange" eine Nutzung ausgeübt wird 461
  2. Durchbrechung 461
  3. Rechtfertigung 462
- X. Natur und Landschaft sind vor Verschlechterung zu bewahren 464
  1. Grundsatz 464
  2. Durchbrechung 464
  3. Rechtfertigung 465
- B. Kein „Dammbruch" 465
- C. Keine „milderen" Alternativen 468
  - I. Möglichkeiten des Verzichts auf das bauordnungsrechtliche Verfahren nach der bisherigen Rechtslage einschließlich der Sonderregelungen i.S.d. § 246 VIII bis XVII BauGB 468
    1. Polizeiliche Generalklausel 469
    2. Auffangtatbestand des § 246 XIV BauGB 471
  - II. Verzicht auf das bauordnungsrechtliche Verfahren als neuer, alternativer Lösungsansatz zu § 246 VIII bis XVII BauGB 472
- D. Zwischenergebnis 475

§ 24
Fehlende Zweckmäßigkeit einzelner Sondervorschriften

- A. *Zweckmäßigkeit der Ermöglichung einer Unterbringung im Gewerbe- und Industriegebiet sowie im „tiefen" Außenbereich fernab jeder Siedlungsstruktur gem. § 246 X, XII und XIII BauGB* 476
- B. *Zweckmäßigkeit einer Verkürzung der zweimonatigen kommunalen Einvernehmensfrist des § 36 II 2 BauGB auf einen Monat gem. § 246 XV BauGB* 480

C. Zweckmäßigkeit einer Erstreckung der einmonatigen naturschutzrechtlichen Prüfungsfrist des § 18 III 2 BNatSchG auf Außenbereichsvorhaben gem. § 246 XVI BauGB 481

§ 25
Fehlerhaftigkeit aufgrund von gesetzgeberischen Ungenauigkeiten und entsprechende Ergänzungsvorschläge

A. Begrifflichkeiten in Bezug auf den personellen und sachlichen Anwendungsbereich 484
   I. Ungenauigkeit 484
   II. Reformvorschlag 485
B. Beginn des administrativen Fristenlaufs i.S.v. § 246 XII und XIII 1 Nr. 1 BauGB 486
   I. Ungenauigkeit 486
   II. Reformvorschlag 487
C. Erstreckung der Regelungen zur Entbehrlichkeit der Sicherstellung der Rückbauverpflichtung i.S.v. § 246 XIII 5 und XIV 8 BauGB auf sämtliche öffentlich-rechtliche Gebietskörperschaften 492
   I. Ungenauigkeit 492
   II. Reformvorschlag 493
D. Fehlende Regelung zur Anschlussnutzung i.S.v. § 246 XIII 3 HS. 1 BauGB in den übrigen Privilegierungstatbeständen sowie fehlende Erwähnung der Berücksichtigung nachbarlicher Interessen im Rahmen der Abweichungsregelung des § 246 XIV BauGB 494
E. Ungenauigkeiten bei den verwaltungsverfahrensrechtlichen Regelungen des § 246 XIV 2 und 3 BauGB 495
   I. Zuständigkeit für die Entscheidung über die Abweichung, § 246 XIV 2 BauGB 496
      1. Ungenauigkeit 496
      2. Reformvorschlag 497
   II. Anhörung der Gemeinde gem. § 246 XIV 3 BauGB 497
      1. Anhörende Behörde i.S.v. § 246 XIV 3 HS. 1 BauGB 497
         a. Ungenauigkeit 497
         b. Reformvorschlag 498
      2. Keine Irreführung durch die Regelung des § 246 XIV 3 HS. 2 BauGB ... 499
F. Redaktioneller Änderungsvorschlag in Bezug auf die Nummerierung der Sonderregelungen 500
G. Ergänzung der Sonderregelungen um verwaltungsprozessuale Verfahrensbeschleunigung 501
   I. Sinnvolle und für den Gesetzgeber erkennbare, (bisher) jedoch nicht umgesetzte Regelung 501
   II. Reformvorschlag 503

§ 26
Die Sonderregelungen im Wandel der Zeit - Wegfall oder Fortbestand ihrer Notwendigkeit?
A. *Änderung der Bedarfslage* 504
B. *Fortgeltung der Sonderregelungen durch eine Verlängerung der Befristung über 2019 hinaus* 506

ZUSAMMENFASSUNG 515

LITERATURVERZEICHNIS 519

Einleitung

Als Bundeskanzlerin *Angela Merkel* in ihrer Neujahrsansprache 2015 erklärte, dass es eine Selbstverständlichkeit sei, Flüchtlingen aus Kriegs- und Krisengebieten zu helfen und jene in der Bundesrepublik aufzunehmen[1], war das Ausmaß der sich anbahnenden „Flüchtlingskrise" nicht absehbar. Schon acht Monate später zeichnete sich aber langsam ab, welche Problemvielfalt die Zuwanderung von Asylsuchenden und deren Unterbringung in Deutschland aufwerfen würde. Dabei sagte die Kanzlerin auf der Bundespressekonferenz am 31. August 2015 einen Satz, der wohl wie kein zweiter mit ihrer Kanzlerschaft in Verbindung bleiben wird: „Wir schaffen das".[2] *Merkel* war zum Aushängeschild der deutschen Willkommenskultur geworden. In der Bevölkerung begann jedoch nach und nach diese positive Grundstimmung zu bröckeln. Maßgeblich dafür war in erster Linie der ungeheure und kaum mehr überschaubare und organisierbare Zustrom an Menschen, zumal die von Regierungsseite veröffentlichten statistischen Daten zu den Flüchtlingszahlen in eklatanter Weise voneinander abzuweichen schienen. So kursierten etwa für das Jahr 2015 Zahlen zwischen 480.000 Asylantragstellern und knapp 1,1 Millionen Ausländern, die in der Bundesrepublik Schutz vor Verfolgung und Terror suchten. Nicht zuletzt diese erheblichen Unterschiede in den veröffentlichten Zahlenwerken führten zu großer Verunsicherung in der Bevölkerung, aber auch in den Medien.[3] Auslöser der Verwirrung ist insbesondere die Unterscheidung zwischen den ankommenden Flüchtlingen und den Asylantragstellungen. Deshalb ist es zweckmäßig – auch zum besseren Verständnis der gesamten Arbeit –, einleitend den formalen Ablauf des Asylverfahrens in seinen ersten Zügen zu skizzieren.[4]

Alle in Deutschland ankommenden Asylsuchenden müssen sich unmittelbar nach ihrer Ankunft bei einer staatlichen Stelle melden, die die Ausländer in der Regel unverzüglich an die nächstgelegene – für die erstmalige Registrierung zuständige – Aufnahmeeinrichtung weiterleitet, § 20 Asylgesetz (AsylG). Dies kann schon an der Grenze, aber auch erst später im Inland geschehen. Wer sich bereits bei der Einreise als asylsuchend meldet, wendet sich an die Grenzbehörde, d.h. an die Bundespolizei (§ 18 AsylG). Wer sein

---

[1] Die Neujahrsansprache 2015 im Wortlaut, abrufbar unter: http://www.spiegel.de/politik/deutschland/neujahrsansprache-angela-merkel-2014-im-wortlaut-a-1010884.html.
[2] Nachzulesen im Protokoll der Sommerpressekonferenz vom 31.08.2015, abrufbar unter: https://www.bundesregierung.de/Content/DE/Mitschrift/Pressekonferenzen/2015/08/2015-08-31-pk-merkel.html.
[3] *Hagen, Kevin*: Die große Verwirrung um die Flüchtlingszahlen, in: Spiegel Online, vom 02.09.2015, abrufbar unter: http://www.spiegel.de/politik/deutschland/fluechtlinge-die-grosse-verwirrung-um-prognosedaten-a-1050973.html; vgl. auch https://www.bamf.de/SharedDocs/Meldungen/DE/2016/201610106-asylgeschaeftsstatistik-dezember.html.
[4] Zum Ablauf und Inhalt des Asylverfahrens, vgl. *Hirseland*, KommP spezial 2015, 114 (115 f.).

Asylgesuch erst im Inland äußert, kann sich hierzu bei der Polizei eines Landes bzw. bei einer Ausländerbehörde (§ 19 AsylG) oder unmittelbar bei einer Aufnahmeeinrichtung (§ 21 II AsylG) melden. Nach der Ankunft in der (nächstgelegenen) Aufnahmeeinrichtung findet zunächst das Registrierungsverfahren statt. Dazu werden persönliche Daten erhoben, ein Lichtbild angefertigt sowie Fingerabdrücke genommen[5], die zentral in das bundesweite „EASY"-System eingespeist werden. Dabei handelt es sich um eine IT-Anwendung zur Verteilung der Flüchtlinge auf die einzelnen Bundesländer, wobei „EASY" für „Erstverteilung der Asylbegehrenden" steht. Als Nachweis über die Registrierung erhalten Asylsuchende ein temporäres Ausweisdokument. Der sog. Ankunftsnachweis i.S.v. § 63a AsylG weist als erstes offizielles Dokument die Berechtigung zum Aufenthalt in Deutschland nach und berechtigt dazu, staatliche Leistungen – wie etwa Unterbringung, medizinische Versorgung und Verpflegung – zu beziehen.[6] Mit der Durchführung einer obligatorischen Gesundheitsuntersuchung wird das Registrierungsverfahren abgeschlossen. Nach der Registrierung werden die Asylsuchenden mit Hilfe des „EASY"-Systems auf die einzelnen Bundesländer verteilt[7], und zwar über eine – auf Grundlage der sog. Königsteiner Schlüssels errechnete – Verteilungsquote (§ 45 I AsylG).[8] Damit soll eine angemessene und gerechte Verteilung der Asylsuchenden auf die Länder sichergestellt werden. Die Unterbringung der Flüchtlinge während der Dauer des Asylverfahrens richtet sich nach den §§ 44 ff. AsylG. Nachdem die Asylsuchenden in das jeweilige Zielbundesland weitergereist sind, müssen sie die – ihnen nach dem „EASY"-System zugeteilte und für ihre Unterbringung zuständige – Erstaufnahmeeinrichtung (§§ 44, 46 AsylG) aufsuchen. Erst dort können[9] sie in der Außenstelle des Bundesamts für Migration und Flüchtlinge (BAMF) den formalen Asylantrag stellen (§§ 13 I, 14 I AsylG), wodurch sie sog. Aufenthaltsgestattung erhalten (§ 55 I AsylG) und im Ausländerzentralregister (AZR) als Asylantragsteller registriert werden.[10] In der Folge sind die Ausländer verpflichtet, in der für sie zuständigen Aufnahmeeinrichtung

---

[5] Bis zum Datenaustauschverbesserungsgesetz vom 05.02.2016 (BGBl. I S. 130) wurden bei der Registrierung keine biometrischen Daten der Asylsuchenden erfasst; vielmehr hat man sich ausschließlich auf die Aufnahme der beiden Kriterien „Herkunftsland" und „Zielort" beschränkt.

[6] Mit der Einführung des sog. Ankunftsnachweises für Asylsuchende durch das Datenaustauschverbesserungsgesetz erhält die bisher formlose und von Bundesland zu Bundesland unterschiedlich ausgestaltete "Bescheinigung über die Meldung als Asylsuchender" (BüMA) eine neue bundeseinheitliche Ausgestaltung, die zudem über eine Reihe von Sicherheitsmerkmalen verfügt.

[7] *Krautzberger/Stüer*, UPR 2016, 95 (96).

[8] Die Bezeichnung geht zurück auf das Königsteiner Staatsabkommen der Länder vom 31.03.1949, mit dem dieser Quotenschlüssel zur Finanzierung wissenschaftlicher Forschungseinrichtungen eingeführt wurde (vgl. *Scheidler*, KommP BY 2015, 134 (138)). Die Quote wird jedes Jahr zu zwei Dritteln nach den Steuereinnahmen und zu einem Drittel nach der Bevölkerungszahl errechnet.

[9] Dies sollten die Ausländer auch tun, um Nachteile zu vermeiden, §§ 23 I, II, 33 I, VI AsylG.

[10] Man muss also streng zwischen dem erstmaligen formlosen Asylgesuch mit „EASY"-Registrierung und dem späteren formalen Asylantrag beim BAMF mit AZR-Eintragung unterscheiden.

bis zu sechs Wochen, längstens jedoch bis zu sechs Monaten, zu wohnen (§ 47 I 1 AsylG). Während dieses Zeitraums unterliegen sie der sog. Residenzpflicht (§ 56 AsylG), d.h. sie müssen sich in dem Bezirk der Ausländerbehörde aufhalten, in dem die für sie zuständige Aufnahmeeinrichtung liegt.[11] Hinter der Verpflichtung zum (bis zu sechsmonatigen) Aufenthalt in den Erstaufnahmeeinrichtungen der Länder steht die Überlegung des Gesetzgebers, dass das Asylverfahren innerhalb dieser Zeitspanne durchgeführt sein soll und jedenfalls solche Personen nicht auf die Kommunen weiterverteilt werden sollen, denen ein Schutzstatus offensichtlich nicht zuerkannt werden kann.[12] Der Asylsuchende hat hingegen schon vor Ablauf von sechs Monaten die Aufnahmeeinrichtung zu verlassen, wenn das BAMF den Landesbehörden mitteilt, dass nicht oder nicht kurzfristig entschieden werden kann, ob der Asylantrag unzulässig, unbeachtlich oder offensichtlich unbegründet ist (§§ 48 Nr. 1, 50 I Nr. 1 AsylG).[13] Sobald diese Verpflichtung zum Aufenthalt in den Erstaufnahmeeinrichtungen endet, erfolgt die landesinterne Verteilung innerhalb des jeweiligen Bundeslandes (§ 50 AsylG). Diese beurteilt sich nach landesgesetzlichen Vorschriften, die überwiegend an die Bevölkerungszahlen anknüpfen[14], so etwa in Bayern gem. § 3 DVAsyl, in Hessen gem. § 2 I LAufnG und in Nordrhein-Westfalen gem. § 3 II FlüAG. Grundsätzlich soll die Anschlussunterbringung bis zur Anerkennung der Asylberechtigung – oder bis zur Ablehnung des Asylantrages – in Gemeinschaftsunterkünften erfolgen (§ 53 I, II AsylG). Sofern dies im Einzelfall nicht möglich ist oder sich aus anderen Gründen die Möglichkeit einer dezentralen Unterbringung ergibt, erfolgt die Unterbringung in angemieteten und den Flüchtlingen zur Verfügung gestellten Wohnungen.[15]

Aus dem dargestellten Verfahrensablauf ergibt sich die Unterscheidung zwischen der erstmaligen formlosen Registrierung mit der Aufnahme in das „EASY"-System und der späteren formalen Asylantragstellung beim BAMF. Dies lässt bereits erahnen, dass sich die von Regierungsseite veröffentlichten Zahlen in Wahrheit nicht widersprechen, sondern vielmehr von unterschiedlichen Prämissen ausgehen. Die Statistiken des BAMF sowie des Bundesministeriums des Inneren, für Bau und Heimat (BMI) unterscheiden regelmäßig zwischen ankommenden Flüchtlingen und – erst später gestellten – Asylan-

---

[11] *Thym*, NVwZ 2015, 1625 (1626).
[12] So BT-Drs. 18/6185, S. 33.
[13] Ferner endet die Verpflichtung, in einer Aufnahmeeinrichtung zu wohnen, vor Ablauf von sechs Monaten, wenn der Ausländer als Asylberechtigter anerkannt ist, ihm internationaler Schutz zuerkannt wurde oder er nach der Antragstellung durch Eheschließung oder Begründung einer Lebenspartnerschaft im Bundesgebiet die Voraussetzungen für einen Rechtsanspruch auf Erteilung eines Aufenthaltstitels nach dem Aufenthaltsgesetz erfüllt (§ 48 Nr. 2 und Nr. 3 AsylG).
[14] *Krautzberger/Stüer*, UPR 2016, 95 (96); *Lange*, NdsVBl. 2016, 72 (73).
[15] Vgl. dazu auch *Decker*, in: Schiwy, BauGB, § 246 Rn. 35.

tragen[16]. Einen Überblick über die Zugangs- und Asylzahlen seit 2011 vermitteln die beiden nachfolgenden Diagramme:

Quellen: BAMF, BMI und bpb[17]   Angaben in Personen

Auffallend und bezeichnend sind die Jahre 2015 und 2016. Während die Zahl der „EASY"-Registrierungen hier von über einer Million Zugängen im Jahr 2015 um mehr als zwei Drittel eklatant zurückgegangen ist, nahm die Zahl der Asylantragstellungen für denselben Zeitraum nochmal kräftig zu – um knapp zwei Drittel auf nahezu 750.000 Anträge im Jahr 2016. Der schlagartige Rückgang bei den Zugängen war neben der

---

[16] Ein erstmalig gestellter Asylantrag wird als Erstantrag bezeichnet. Ein Folgeantrag liegt vor, wenn die betroffene Person nach Rücknahme oder unanfechtbarer Ablehnung eines früheren Antrags erneut einen Asylantrag stellt; ein weiteres Asylverfahren ist hier nur dann durchzuführen, wenn sog. Wiederaufgreifensgründe vorliegen, z.B. eine erhebliche Änderung der Verhältnisse im Herkunftsland. Vgl. hierzu auf der Homepage des BAMF, abrufbar unter: http://www.bamf.de/DE/Fluechtlingsschutz/ErstFolgeantraege/erstfolgeantraege-node.html.

[17] Die genauen Zahlen zu den „EASY"-Registrierungen finden sich auf der Homepage des BAMF, abrufbar etwa unter https://www.bamf.de/SharedDocs/Meldungen/DE/2016/201610106-asylgeschaeftsstatistik-dezember.html sowie unter https://www.bamf.de/SharedDocs/Meldungen/DE/2018/20180109-asylgeschaeftsstatistik-dezember.html, auf der Website der Bundeszentrale für politische Bildung (bpb), abrufbar unter https://www.bpb.de/politik/innenpolitik/flucht/218788/zahlen-zu-asyl-in-deutschland und in der Pressemitteilung des BMI vom 11.01.2017, abrufbar unter http://www.bmi.bund.de/SharedDocs/Pressemitteilungen/DE/2017/01/asylantraege-2016.html. Die Asylantragszahlen hat das BAMF auf seiner Homepage unter dem Reiter „Das Bundesamt in Zahlen" veröffentlicht, abrufbar unter: http://www.bamf.de/DE/Infothek/Statistiken/Asylzahlen/BundesamtInZahlen/bundesamt-in-zahlen-node.html.

Schließung der „Balkanroute"[18] vor allem dem EU-Türkei-Abkommen[19] vom 18. März 2016 geschuldet. Der Grund für den zeitlich verzögerten Anstieg (bzw. Abfall) bei den Asylantragstellungen gegenüber den „EASY"-Registrierungen kann darin gesehen werden, dass häufig erst mehrere Wochen oder gar Monate vergingen, bis die in den Aufnahmeeinrichtungen angekommenen und registrierten Flüchtlinge formal ihren Asylantrag stellten. Das hing wiederum mit den enormen Flüchtlingszahlen und den damit verbundenen, teils chaotischen Zuständen vor Ort zusammen, die nicht nur zu langen Wartezeiten für Termine zur Asylantragstellung, sondern auch zu Kommunikationspannen zwischen den einzelnen Unterbringungseinrichtungen und dem BAMF führten.[20] Für weitere Verwirrung und Verunsicherung bei den veröffentlichten Flüchtlingszahlen hat auch der Umstand gesorgt, dass das „EASY"-System bis Anfang 2016 keine biometrischen Daten gespeichert hat. Vielmehr wurden die Asylsuchenden im „EASY"-System ausschließlich nach den Kriterien "Herkunftsland" und "Zielort" erfasst und damit weitestgehend anonymisiert verteilt.[21] Daher kam es bis zum Inkrafttreten des Datenaustauschverbesserungsgesetzes (DatAVerbG)[22] am 05. Februar 2016 verhältnismäßig einfach und häufig zu Fehl- bzw. Doppelregistrierungen. Nicht selten waren bereits registrierte Ausländer selbstständig zu Freunden oder Bekannten in andere Bundesländer weitergereist und haben sich dort erneut bei einer staatlichen Stelle gemeldet, um auf diese Weise nochmals entsprechende Leistungen zu erhalten.[23] Aber auch spätere Weiter- oder Rückreisen blieben – und bleiben – im „EASY"-System unberücksichtigt und trugen ihrerseits zu den angesprochenen Unterschieden in den Flüchtlingsstatistiken

---

[18] Die sog. Ost-Balkanroute, also der Landweg über die Türkei in die Europäische Union, wurde seit 2014 von Bulgarien weitgehend geschlossen. Kurze Zeit später wurde schrittweise bis März 2016 auch die sog. West-Balkanroute, d.h. der Seeweg von der Türkei über die küstennahen griechischen Ägäis-Inseln, durch die Errichtung von Grenzsicherungsanlagen faktisch abgeriegelt. Vgl. dazu *Blechschmidt*, in: EZBK, BauGB, § 246 Rn. 52e und die Ausführungen weiter unten auf S. 508 ff.
[19] Einen Überblick zum EU-Türkei-Abkommen liefert der Artikel „Europa wird es schaffen" v. 18.03.2016, abrufbar unter: http://www.bamf.de/SharedDocs/Pressemitteilungen/DE/2016/201604 05-016-pm-aufnahme-syrische-fluechtlinge.html?nn=1366068.
[20] *Hagen, Kevin*: Die große Verwirrung um die Flüchtlingszahlen, in: Spiegel Online, vom 02.09.2015, abrufbar unter: http://www.spiegel.de/politik/deutschland/fluechtlinge-die-grosse-verwirrung-um-prognosedaten-a-1050973.html; Artikel der Bundesregierung vom 25.05.2016, abrufbar unter: https://www.bundesregierung.de/Content/DE/Artikel/2016/05/2016-05-24-easy-asylantrag-unterschied.html.
[21] So die Pressemitteilung des BMI v. 30.09.2016, abrufbar unter: https://www.bmi.bund.de/SharedDocs/pressemitteilungen/DE/2016/09/asylsuchende-2015.html;jsessionid=246ED5253753C8CA0 59289672B15D4CF.2_cid287.
[22] BGBl. I S. 130.
[23] Die Gefahr von Mehrfacherfassungen hat der Gesetzgeber mittlerweile erheblich reduziert. Das DatAVerbG verlangt, dass die biometrischen Daten des Asylsuchenden bereits bei der formlosen Registrierung erfasst und in den neu eingeführten Ankunftsnachweis aufgenommen werden. Vgl. dazu auf der Homepage der Bundesregierung, abrufbar unter: https://www.bundesregierung.de/Content/DE/Artikel/2016/05/2016-05-24-easy-asylantrag-unterschied.html.

bei;[24] eine nicht unerhebliche Anzahl an Personen, die registriert wurden, haben letztlich nämlich doch keinen Asylantrag in Deutschland gestellt, weil sie beispielsweise in andere EU-Staaten weitergezogen oder auch in ihr Herkunftsland zurückgekehrt sind.[25] Nach Angaben des BMI ist für das Jahr 2015 gegenüber den im „EASY"-System registrierten 1.091.894 Zugängen von einer „bereinigten" Zahl von rund 890.000 Asylsuchenden auszugehen; im darauffolgenden Jahr standen den 321.371 Registrierungen im „EASY"-System tatsächlich nur noch rund 280.000 Zugänge gegenüber.[26] Erst diese korrigierten Zahlen geben ein weitgehend realistisches Bild darüber, wie viele Flüchtlinge durch die öffentliche Hand tatsächlich untergebracht werden mussten.

Um die durch das Asylgesetz und die entsprechenden Landesgesetze festgelegte Unterbringung der Flüchtlinge auch umsetzen zu können, muss im gesamten Bundesgebiet ausreichender Unterbringungsraum zur Verfügung stehen. Dafür muss das öffentliche Baurecht, namentlich das Bauplanungsrecht, den entsprechenden rechtlichen Rahmen bereitstellen, um die Schaffung der erforderlichen Zahl an Flüchtlingsunterkünften zeitnah auch realisieren zu können. Zunächst wird dafür im ersten Kapitel untersucht, ob die Schaffung einer ausreichenden Zahl an Flüchtlingsunterkünften möglicherweise bereits nach den allgemeinen städtebaulichen Vorschriften möglich gewesen wäre oder ob die Normierung des § 246 VIII bis XVII Baugesetzbuch (BauGB) tatsächlich unabdingbar war. Im Anschluss daran werden im zweiten und dritten Kapitel die Entstehungsgeschichte sowie der Sinn und Zweck der städtebaulichen Sondervorschriften im Einzelnen dargestellt. Vor diesem Hintergrund wird im vierten Kapitel deren Anwendungsbereich detailliert herausgearbeitet. Dabei geht es um den personellen und den sachlichen, aber auch um den zeitlichen Anwendungsbereich. Letzterer betrifft unter anderem die Frage, ob die auf Grundlage der Sondervorschriften genehmigten Flüchtlingsunterkünfte nach Ablauf des 31. Dezember 2019 als solche fortgenutzt werden dürfen. Davon zu unterscheiden ist die sog. Anschlussnutzung, d.h. die Frage, ob und inwieweit eine als Flüchtlingsunterkunft genehmigte bauliche Anlage nach Aufgabe dieser Nutzung in anderer Form weitergenutzt werden kann, und zwar ohne die Notwendigkeit, erneut am Bauplanungsrecht i.S.d. §§ 29 ff. BauGB geprüft zu werden. Da es für die – im sechsten Kapitel zu untersuchende – Anschlussnutzung aber nicht nur maßgeblich auf die Eigenart der konkreten Zulassungsvorschriften ankommt, sondern der Gedanke der Anschlussnutzung der Anwendung der Sonderregelungen für Flüchtlingsunterkünfte auch

---

[24] So die Pressemitteilung des BMI v. 30.09.2016, abrufbar unter: https://www.bmi.bund.de/SharedDocs/pressemitteilungen/DE/2016/09/asylsuchende-2015.html;jsessionid=246ED5253753C8CA0 59289672B15D4CF.2_cid287.
[25] Artikel der Bundesregierung v. 25.05.2016, abrufbar unter: https://www.bundesregierung.de/Content/DE/Artikel/2016/05/2016-05-24-easy-asylantrag-unterschied.html.
[26] So die Pressemitteilung des BMI v. 11.01.2017, abrufbar unter http://www.bmi.bund.de/SharedDocs/Pressemitteilungen/DE/2017/01/asylantraege-2016.html.

chronologisch nachfolgt, müssen vorneweg im fünften Kapitel die einzelnen Privilegierungsregelungen mit ihren Gemeinsamkeiten und Unterschieden behandelt werden. Dann bleibt noch die grundlegende Frage, ob die Sondervorschriften in ihrer gegenwärtigen Fassung überhaupt wirksam sind. Dazu wird im siebten Kapitel eine umfassende Prüfung der Vereinbarkeit mit höherrangigem Recht durchgeführt. Den Abschluss findet diese Arbeit mit dem achten Kapitel, in dem die Sondervorschriften – über verfassungsrechtliche Gesichtspunkte hinausgehend – rechtspolitisch kritisch beleuchtet werden. Dabei werden neben der bauplanungsrechtlichen Systemwidrigkeit mögliche Alternativen erörtert, Zweckmäßigkeitsüberlegungen angestellt, gesetzgeberische Fehler sowie Unstimmigkeiten herausgestellt und Lösungsvorschläge angeboten.

Erstes Kapitel

Notwendigkeit der bauplanungsrechtlichen Sonderregelungen des § 246 VIII bis XVII BauGB

§ 1

Die baurechtliche Situation in Bezug auf die Flüchtlingsunterbringung nach den allgemeinen Vorschriften

Zu Beginn dieser Arbeit soll zunächst einmal herausgearbeitet werden, ob die Statuierung von baurechtlichen Sondervorschriften – so wie sie in § 246 VIII bis XVII BauGB erfolgt ist – tatsächlich notwendig war oder ob die allgemeinen – und bis zu den beiden Flüchtlingsnovellen alleinigen – Vorschriften in Bezug auf die Zulassung von Flüchtlingsunterkünften nicht möglicherweise ausreichend waren, um die mit der Flüchtlingszuwanderung verbundenen Herausforderungen hinsichtlich der Unterbringung in den Griff zu bekommen.[27]

Dazu wird eingangs (unter A.) auf der materiellen Zulassungsebene untersucht, inwieweit derartige Vorhaben der Flüchtlingsunterbringung in den drei bodenrechtlichen Gebietskulissen genehmigungsfähig sind. Anschließend wird (unter B.) auf der formellen Zulassungsebene geprüft, ob möglicherweise allgemeine, bauordnungsrechtliche Verfahrenserleichterungen vorhanden sind, mit deren Hilfe Flüchtlingsunterkünfte in erforderlichem Maße und in kurzer Zeit geschaffen werden können. Abgeschlossen wird der erste Abschnitt (unter C.) mit der Frage, ob man die Flüchtlingsunterbringung nicht möglicherweise bereits auf Planungsebene durch Ausweisung entsprechender Baugebiete für Flüchtlingsunterkünfte hätte erreichen können, mit der Folge, dass es der Statuierung von baurechtlichen Sondervorschriften auf Zulassungsebene tatsächlich gar nicht bedurft hätte.

---

[27] So wirft etwa *Roeser*, in: Berliner Kommentar zum BauGB, § 246 Rn. 1 dem Gesetzgeber mit den Sondervorschriften der § 246 VIII bis XVII BauGB „panischen Aktionismus" sowie „gesetzgeberische Schnellschüsse" vor.

A. Bauplanungsrechtliche Zulassung in den drei Gebietskulissen der §§ 29 ff. BauGB

I. Vorhaben mit bodenrechtlicher Relevanz i.S.v. § 29 I BauGB

Geltendes Bauplanungsrecht i.S.d. §§ 29 ff. BauGB kann der Schaffung einer baulichen Anlage nur dann entgegenstehen, wenn dieses im konkreten Einzelfall überhaupt anwendbar ist. Die Anwendbarkeit der bauplanungsrechtlichen Regelungen auf Zulassungsebene ist in § 29 I BauGB geregelt. Danach muss das konkrete Vorhaben, das die Errichtung, Änderung oder Nutzungsänderung von baulichen Anlagen zum Inhalt hat, bodenrechtliche Relevanz i.S.v. § 29 I BauGB aufweisen.

Bauliche Anlagen in diesem Sinne sind Anlagen, „die in einer auf Dauer gedachten Weise künstlich mit dem Erdboden verbunden sind."[28] Eine genaue zeitliche Grenze für das Merkmal der Dauerhaftigkeit lässt sich nicht festlegen.[29] Vielmehr muss die Dauerhaftigkeit des Bauens im Zusammenhang mit dem sogleich noch zu behandelnden Erfordernis der bodenrechtlichen Relevanz gesehen werden.[30] Ein Zustand ist jedenfalls dann nicht „auf Dauer gedacht", wenn er derart nur vorübergehend geschaffen wird, dass schon wegen der Kürze dieser Zeitdauer die in § 1 V, VI BauGB genannten planungsrechtlichen Belange nicht in dem erforderlichen Ausmaß berührt werden können.

Mit dem ungeschriebenen, einschränkenden Merkmal der bodenrechtlichen Relevanz wird gewährleistet, dass mit dem bundesrechtlichen Begriff der baulichen Anlage entsprechend der – auf das Bodenrecht begrenzten – Gesetzgebungskompetenz des Bundes i.S.v. Art. 74 I Nr. 18 GG nur das erfasst wird, „was innerhalb der Trennung von Bauordnungs- und Bodenrecht mit Rücksicht auf die spezifische Zielsetzung des Bodenrechts von den §§ 30 ff. [BauGB] erfasst werden soll".[31] Ein Vorhaben hat nach ständiger höchstrichterlicher Rechtsprechung immer dann bodenrechtliche Relevanz, wenn es die in § 1 V, VI BauGB genannten Belange in einer Weise berührt oder jedenfalls berühren kann, „die geeignet ist, das Bedürfnis nach einer ihre Zulässigkeit regelnden verbindlichen Bauleitplanung hervorzurufen."[32]

---

[28] *BVerwG*, Urt. v. 31.08.1973 – IV C 33/71 = BauR 1973, 366.
[29] *BVerwG*, Urt. v. 17.12.1976 – IV C 6/75 = NJW 1977, 2090.
[30] *Krautzberger*, in: EZBK, BauGB, § 29 Rn. 28; *Spieß*, in: Jäde/Dirnberger, BauGB, § 29 Rn. 12.
[31] *BVerwG*, Urt. v. 31.08.1973 – IV C 33/71 = BauR 1973, 366; *Reidt*, in: Battis/Krautzberger/Löhr, BauGB, § 29 Rn. 14.
[32] *BVerwG*, Urt. v. 07.05.2001 – 6 C 18/00 = NVwZ 2001, 1046; *BVerwG*, Urt. v. 31.08.1973 – IV C 33/71 = BauR 1973, 366; *Krautzberger*, in: EZBK, BauGB, § 29 Rn. 24.

1. Reine Notquartiere

In Anwendung dieser Grundsätze sind die bauplanungsrechtlichen Vorschriften der §§ 30 bis 37 BauGB nicht anwendbar und stehen damit der Schaffung eines entsprechenden Vorhabens bodenrechtlich nicht entgegen, wenn es sich dabei um eine rein provisorische Übergangslösung handelt. Bloße Notquartiere, die naturgemäß nur über einen eng begrenzten Zeitraum von wenigen Tagen bis Wochen genutzt werden können und sollen, erzeugen aufgrund ihres temporären Charakters nicht das Bedürfnis nach einer ihre Zulässigkeit regelnden verbindlichen Bauleitplanung. Beispielhaft sind in diesem Zusammenhang zweckentfremdete Turnhallen, Baumärkte, Stadthallen, Schulen oder Bahnhöfe zu nennen. Diese Einrichtungen bieten von vornherein keine längerfristigen Übernachtungsmöglichkeiten, da sie naturgemäß für (gänzlich) andere Nutzungen benötigt werden. So kommen Schulen insbesondere nur während der Ferienzeit als Unterbringungsmöglichkeiten in Betracht. Aber auch Bahnhöfe oder Stadthallen sind nicht darauf ausgelegt, über einen mehr als vernachlässigbaren Zeitraum Flächen für provisorische Notunterkünfte bereitzustellen.

2. Keine bodenrechtlich relevanten Nutzungsänderungen i.S.v. § 29 I BauGB

Ferner kann eine Änderung der Nutzungsweise, die keine bodenrechtlich relevante Nutzungsänderung[33] darstellt, ebenfalls ohne erneute Prüfung am Maßstab der §§ 29 ff. BauGB ausgeübt werden. Bevor nun konkret in Blick genommen wird, wann eine Veränderung der Nutzungsweise in Bezug auf Flüchtlingsunterkünfte keine Nutzungsänderung i.S.d. Bauplanungsrechts darstellt, sollen zunächst der Begriff und die Anforderungen an eine derartige Nutzungsänderung ganz allgemein dargestellt werden.

a. Voraussetzungen an eine Nutzungsänderung i.S.v. § 29 I BauGB

Zur Beantwortung der Frage, ob ein Vorhaben eine Nutzungsänderung i.S.d. § 29 I BauGB darstellt, muss mithin die bisherige Nutzung mit der künftigen Nutzung verglichen werden.[34] Eine Nutzungsänderung i.S.v. § 29 I BauGB liegt nach ständiger

---

[33]   Davon abzugrenzen ist die Nutzungsänderung im bauordnungsrechtlichen Sinne. Diese liegt vor, wenn der Anlage – wenigstens teilweise – eine neue, d.h. andere Zweckbestimmung gegeben wird; vgl. *Dirnberger*, in: Simon/Busse, BayBO, Art. 3 Rn. 70. Wesentlich ist also, ob für die geänderte Nutzung andere bauordnungsrechtliche oder bauplanungsrechtliche Anforderungen in Betracht kommen als für die bisherige Nutzung. Der bauplanungsrechtliche Begriff der Nutzungsänderung i.S.v. § 29 I BauGB erweist sich folglich als enger, weil hier zwingenderweise die Möglichkeit der Berührung bodenrechtlicher Belange i.S.v. § 1 VI BauGB gegeben sein muss. Vgl. auch *VGH Mannheim*, Beschl. v. 03.09.2012 – 3 S 2236/11 = NVwZ-RR 2012, 919; *VGH Mannheim*, Beschl. v. 09.04.2014 – 8 S 1528/13 = NVwZ-RR 2014, 752.

[34]   *Krautzberger*, in: EZBK, BauGB, § 29 Rn. 49.

Rechtsprechung vor, wenn durch die Änderung der Nutzungsweise einer baulichen Anlage „die einer genehmigten Nutzung eigene Variationsbreite verlassen wird und durch die Aufnahme dieser veränderten Nutzung bodenrechtliche Belange neu berührt werden können, so dass sich die Genehmigungsfrage unter bodenrechtlichem Aspekt neu stellt."[35]

Auf der ersten Stufe kommt es also darauf an, dass die Variationsbreite der bisherigen Nutzung überschritten wird, was immer dann der Fall ist, wenn das bisher charakteristische Nutzungsspektrum durch die Änderung erweitert wird.[36] Dies ist regelmäßig dann anzunehmen, wenn eine in der Baunutzungsverordnung typisierte Nutzung in eine andere Nutzung überführt werden soll.[37] Ferner ist eine über die der genehmigten Nutzungsart eigene Variationsbreite hinausgehende Veränderung aber auch dann gegeben, wenn sich die künftige Nutzung zwar innerhalb derselben Nutzungskategorie i.S.d. Baunutzungsverordnung befindet wie die bisherige Nutzung, aber sich von der bisherigen Nutzung dennoch wesentlich unterscheidet und sich aus diesem Grund die Genehmigungsfrage unter bodenrechtlichen Aspekten neu stellt.[38] Eine solche wesentliche Unterscheidung kann regelmäßig dann angenommen werden, wenn die bisherige und die künftige Nutzung Gegenstand von differenzierenden Festsetzungen i.s.v. § 1 IX BauNVO sein können, da sie anhand abstrakter Kriterien eine bestimmbare eigenständige Erscheinungsform i.S.d. Bauplanungsrechts darstellen.[39] Die Schwelle zur Nutzungsänderung ist dabei tendenziell niedrig, wobei es in diesem Zusammenhang insbesondere auch auf die Spielräume der genehmigten Nutzung ankommt.[40] Je geringer die mit der Genehmigung eingeräumten Spielräume der bisherigen Nutzung sind, desto geringer ist auch die Variationsbreite der zugelassenen Nutzungen.[41]

Auf einer zweiten Stufe ist sodann erforderlich, dass die Nutzungsänderung städtebaulich relevant ist. Dies ist der Fall, wenn „die vorgesehene Nutzungsänderung

---

[35] *BVerwG*, Urt. v. 11.02.1977 – IV C 8.75 = NJW 1977, 1932; *BVerwG*, Urt. v. 11.11.1988 – 4 C 50/87 = NVwZ-RR 1989, 340; *BVerwG*, Beschl. v. 14.04.2000 – 4 B28.00 = NVwZ-RR 2000, 758; *BVerwG*, Beschl. v. 07.11.2002 – 4 B 64/02 = ZfBR 2004, 390; *BVerwG*, Urt. v. 18.11.2010 – 4 C 10/09 = NVwZ 2011, 748.
[36] *BVerwG*, Urt. v. 18.11.2010 – 4 C 10/09 = NVwZ 2011, 748.
[37] *Krautzberger*, in: EZBK, BauGB, § 29 Rn. 49.
[38] *BVerwG*, Urt. v. 18.05.1990 – 4 C 49/89 = NVwZ 1991, 264 (Änderung von Vergnügungsstätte Diskothek in Vergnügungsstätte Spielhalle); *OVG Koblenz*, Urt. v. 20.06.2013 – 1 A 11230/12 = NJOZ 2013, 1858 (Lebensmittelmarkt und Drogeriemarkt als Unterarten des Einzelhandelsbetriebes).
[39] *OVG Koblenz*, Urt. v. 20.06.2013 – 1 A 11230/12 = NJOZ 2013, 1858; *Halama*, in: Berliner Kommentar zum BauGB, § 29 Rn. 11; *Krautzberger*, in: EZBK, BauGB, § 29 Rn. 49.
[40] *Reidt*, in: Battis/Krautzberger/Löhr, BauGB, § 29 Rn. 20; *Bienek/Reidt*, BauR 2015, 422 (424).
[41] Maßgeblich sind insoweit der Baugenehmigungsbescheid als auch die ihm zu Grunde liegenden Bauvorlagen; vgl. *VGH München*, Beschl. v. 09.09.2013 – 14 ZB 12.1899 = BauR 2014, 233.

wegen der Möglichkeit der Berührung bodenrechtlicher Belange die Genehmigungsfrage (erneut) aufwirft."[42] Davon ist immer dann auszugehen, wenn für die künftige Nutzung weitergehende Vorschriften gelten als für die bisherige Nutzung, aber auch dann, wenn sich die Zulässigkeit der neuen Nutzung nach derselben Vorschrift bestimmt, nach dieser Vorschrift aber anders zu beurteilen ist als die bisherige Nutzung.[43] In diesem Sinne bodenrechtlich relevant ist eine Änderung der Nutzungsweise dann, wenn sie für die Umgebung – also die Nachbarschaft oder das Gebiet selbst – erhöhte Belastungen mit sich bringt.[44] Dabei geht es regelmäßig um Belastungen immissions- oder verkehrsbezogener Art.[45]

b. Nutzungsänderungen in Bezug auf Flüchtlingsunterkünfte

Die soeben aufgeführten Grundsätze können für die weitere Prüfung zwar ein gewisses Grundgerüst bieten. Ob tatsächlich eine Nutzungsänderung i.S.v. § 29 I BauGB vorliegt, kann allerdings nur unter Zugrundelegung der konkreten Umstände des Einzelfalls beurteilt werden.[46]

Die Rechtsprechung zur Änderung baulicher Anlagen in Flüchtlingsunterkünfte ist weitläufig und auch unübersichtlich geworden. Daher sollen zunächst – im Rahmen des soeben vorgestellten zweistufigen Aufbaus – ausgewählte Entscheidungen zu Nutzungsänderungen in Flüchtlingsunterkünfte kurz erörtert werden. In Anschluss daran werden die entscheidenden Kriterien herausgestellt, bei deren Vorliegen eine bodenrechtliche Nutzungsänderung i.S.v. § 29 I BauGB verneint und daher die Änderung der Nutzungsweise ohne erneute Prüfung am Maßstab der §§ 29 ff. BauGB ausgeübt werden kann.

aa. Strukturierte Darstellung ausgewählter Rechtsprechung

(1) Erfordernis der Überschreitung der der bisherigen Nutzung eigenen Variationsbreite

Insoweit ergeben sich hinsichtlich der Nutzungsänderung in eine Flüchtlingsunterkunft grob drei verschiedene Fallgestaltungen.

---

[42] *BVerwG*, Urt. v. 11.02.1977 – IV C 8.75 = NJW 1977, 1932.
[43] *BVerwG*, Urt. v. 14.01.1993 – 4 C 19/90 = NVwZ 1993, 1184; *BVerwG*, Urt. v. 28.10.1983 – 4 C 70/78 = NVwZ 1984, 510; *BVerwG*, Urt. v. 11.02.1977 – IV C 8.75 = NJW 1977, 1932.
[44] *BVerwG*, Urt. v. 14.01.1993 – 4 C 19/90 = NVwZ 1993, 1184; *Scheidler*, BauR 2016, 29 (31).
[45] *BVerwG*, Beschl. v. 07.11.2002 – 4 B 64/02 = ZfBR 2004, 390; *VGH München*, Beschl. v. 06.09.2010 – 15 ZB 09.2375 = BeckRS 2010, 31704; *Krautzberger*, in: EZBK, BauGB, § 29 Rn. 54; *Bunzel*, in: Bleicher/Bunzel/Finkeldei/Fuchs/Klinge, Baurecht, § 246 S. 9.
[46] *BVerwG*, Beschl. v. 07.11.2002 – 4 B 64/02 = ZfBR 2004, 390.

Erstens gibt es Fälle, in denen eine in der Baunutzungsverordnung typisierte Nutzung in eine andere Nutzung überführt werden soll. Hier wird in der Rechtsprechung regelmäßig eine Überschreitung der der bisherigen Nutzung eigenen Variationsbreite bejaht. Dies ist etwa angenommen worden, wenn eine gewerbliche Nutzung[47] – etwa ein Bürogebäude oder ein Beherbergungsbetrieb – oder auch eine militärische Nutzung[48] in eine Flüchtlingsunterkunft umgewandelt werden soll. Überdies haben die Verwaltungsgerichte bei einer Änderung einer Wohnnutzung in eine Flüchtlingsunterkunft als Anlage für soziale Zwecke eine Überschreitung der der bisherigen Nutzung eigenen Variationsbreite gesehen.[49]

In einer weiteren Fallgruppe geht es darum, dass eine Anlage für soziale Zwecke in eine Flüchtlingsunterkunft als eigenständige Nutzungsunterart einer Anlage für soziale Zwecke überführt werden soll. Auch hier wird in der Regel eine Überschreitung der der bisherigen Nutzung eigenen Variationsbreite bejaht, da die Flüchtlingsunterkunft gegenüber der bisherigen Nutzung regelmäßig einer gesonderten Festsetzung i.S.v. § 1 IX BauNVO unterworfen werden könnte.[50] War etwa bisher eine Anlage für soziale Zwecke in Gestalt einer Obdachlosenunterkunft festgesetzt, dann würde die Änderung der Nutzungsweise in eine Flüchtlingsunterkunft die seinerzeit zugelassene Unterart der baulichen Nutzung überschreiten.[51] Gleiches wurde etwa für die Änderung eines Kur- oder Erholungsheims[52], eines Heims für betreutes Wohnen für Jugendliche[53] oder eines Lehrlingswohnheims[54] in eine Flüchtlingsunterkunft angenommen.

---

[47] *VGH Mannheim*, Beschl. v. 17.05.2017 – 5 S 1505/15 = NVwZ-RR 2017, 910; *VG Düsseldorf*, Beschl. v. 17.11.2016 – 4 L 2637/16 = BeckRS 2016, 113091; *VG Karlsruhe*, Beschl. v. 24.08.2016 – 11 K 772/16 = BeckRS 2016, 50499.

[48] *OVG Greifswald*, Beschl. v. 12.12.1996 – 3 M 103/96 = BauR 1997, 617.

[49] *VG München*, Beschl. v. 25.11.2016 – M 9 SN 16.3965 = BeckRS 2016, 55667; *VG Düsseldorf*, Beschl. v. 21.12.1992 – 13 L 4518/92 = Der Gemeindehaushalt 1993, 211.

[50] *VGH Mannheim*, Beschl. v. 09.04.2014 – 8 S 1528/13 = NVwZ-RR 2014, 752; *VG München*, Urt. v. 29.04.2014 – M 1 K 13.5722 = BeckRS 2014, 58474; *VG Augsburg*, Urt. v. 24.10.2013 – Au 5 K 12.188 = BeckRS 2014, 45113. Anders nur *VG Bayreuth*, Urt. v. 27.02.2014 – B 2 K 13.574 = BeckRS 2014, 51501 für die Änderung eines Schullandheims in eine Asylbewerberunterkunft; demgegenüber geht der *VGH München*, Beschl. v. 21.03.2016 – 2 ZB 14.1201 = IBRRS 2016, 0919 in der Berufungsentscheidung aber von einer Nutzungsänderung aus, da er das Schullandheim in Abweichung zum erstinstanzlichen Gericht nicht als Anlage für soziale Zwecke, sondern als Anlage für kulturelle Zwecke qualifiziert.

[51] *Blechschmidt/Reidt*, BauR 2016, 934 (938) für den vergleichbaren – weil spiegelverkehrten – Fall, dass Flüchtlingsunterkünfte als wohnähnliche Anlagen für soziale Zwecke nach Aufgabe dieser Nutzung in andere Anlagen für soziale Zwecke umgewandelt werden. Dies stellt eine Frage aus dem Problembereich der sog. Anschlussnutzung an die Flüchtlingsunterbringung dar, die weiter unten im sechsten Kapitel auf S. 288 ausführlich erörtert wird.

[52] *VG München*, Urt. v. 29.04.2014 – M 1 K 13.5722 = BeckRS 2014, 58474.

[53] *VG Augsburg*, Urt. v. 24.10.2013 – Au 5 K 12.188 = BeckRS 2014, 45113.

[54] *VGH Mannheim*, Beschl. v. 09.04.2014 – 8 S 1528/13 = NVwZ-RR 2014, 752.

Und schließlich sind noch Fälle auszumachen, in denen eine bestehende Wohnnutzung in ein „Flüchtlingswohnen" überführt werden soll.[55] Hier kann nicht in jedem Fall von einer Überschreitung der der bisherigen Nutzung eigenen Variationsbreite ausgegangen werden. Zweifellos stellt auch das „Flüchtlingswohnen" – vergleichbar mit dem Altenwohnen – eine Unterart der Wohnnutzung dar. War bislang – etwa in Form des Altenwohnens – eine spezielle Unterart der Wohnnutzung festgesetzt, die Gegenstand differenzierender Festsetzungen i.S.v. § 1 IX BauNVO sein kann, dann würde die Umnutzung in ein Flüchtlingswohnen die seinerzeit zugelassene Unterart der baulichen Nutzung überschreiten, und zwar unabhängig davon, ob man das Flüchtlingswohnen nun als möglichen Gegenstand differenzierender Festsetzungen i.S.v. § 1 IX BauNVO ansieht – und allein deswegen eine Nutzungsänderung zu bejahen ist – oder nicht. Da das „Flüchtlingswohnen" nämlich keinen qualitativen Unterschied zur „allgemeinen" Wohnnutzung darstellt[56], ist durch die auf ein Flüchtlingswohnen gerichtete Baugenehmigung grundsätzlich auch die (Anschluss-)Nutzung zu Wohnzwecken für die Allgemeinheit genehmigt. Allerdings stellt dies gegenüber einem Altenwohnen eine Überschreitung – weil Erweiterung – der der bisherigen Nutzung eigenen Variationsbreite dar, sodass in jedem Fall hier von einer Nutzungsänderung i.S.v. § 29 I BauGB auszugehen ist. Anders liegt der Fall, wenn bisher eine „normale" – also eine allgemeine und nicht näher konkretisierte – Wohnnutzung zugelassen ist. Wird diese in ein Flüchtlingswohnen umgewandelt, dann wird – sofern die übliche Belegungsdichte für eine Wohnnutzung nicht überschritten wird – die der genehmigten allgemeinen Wohnnutzung eigene Variationsbreite nicht verlassen.[57] Auch dies gilt unabhängig davon, ob das Flüchtlingswohnen nun möglicher Gegenstand differenzierender Festsetzungen i.S.v. § 1 IX BauNVO ist oder nicht. Falls man diese Möglichkeit bejaht, dann würde die Veränderung der Nutzungs-

---

[55] An dieser Stelle wird mit der überwiegenden Meinung vorausgesetzt, dass auch Flüchtlinge im bauplanungsrechtlichen Sinne *wohnen* können. Dies wird weiter unten im Rahmen der Zulässigkeit der Flüchtlingsunterbringung im Innen- und Planbereich auf S. 37 ff. eingehend erörtert.

[56] Dies liegt maßgeblich darin begründet, dass das Bauplanungsrecht nicht zwischen „Flüchtlingswohnen" und „allgemeinem Wohnen" bzw. „Nichtflüchtlingswohnen" unterscheidet. Städtebaulich relevant ist nur die äußerliche, städtebauliche Ausstrahlungswirkung des jeweiligen Gebäudes im Ganzen, nicht aber die individuelle Situation einzelner Bewohner. Vgl. *Blechschmidt*, in: EZBK, BauGB, § 246 Rn. 56a; *Portz/Düsterdiek*, BWGZ 2015, 404 (405); *Battis/Mitschang/Reidt*, NVwZ 2014, 1609 (1610).

[57] So *VGH Kassel*, Beschl. v. 03.03.2016 – 4 B 403/16 = NVwZ 2016, 1101, wo in einem Wohngebiet genehmigte allgemeine Wohnnutzung in Gestalt einer Doppelhaushälfte mit Flüchtlingen belegt wurde. Das Obergericht hat hierin ausdrücklich keine Nutzungsänderung gesehen. In diesem Sinne bereits *OVG Magdeburg*, Beschl. v. 10.06.2003 – 2 M 169/03 = BeckRS 2003, 152727, wonach die Unterbringung von Flüchtlingen in angemieteten und als solchen zugelassenen Wohnungen keine Nutzungsänderung darstellt.

weise von einer allgemeinen Wohnnutzung in ein Flüchtlingswohnen aber jedenfalls keine Überschreitung – weil Beschränkung – der der bisherigen Nutzung eigenen Variationsbreite darstellen, und eine Nutzungsänderung damit ausscheiden. Richtigerweise muss man jedoch davon ausgehen, dass das Flüchtlingswohnen gegenüber der allgemeinen Wohnnutzung auch keinen Gegenstand differenzierender Festsetzungen i.S.v. § 1 IX BauNVO darstellt. Denn bereits nach einem von Rechtsprechung und Literatur für das Bauplanungsrecht aufgestellten Grundsatz darf nicht zwischen „Flüchtlingswohnen" und dem „allgemeinen Wohnen" bzw. „Nichtflüchtlingswohnen" unterschieden werden.[58] Städtebaulich relevant ist eben nur die äußerliche, städtebauliche Ausstrahlungswirkung des jeweiligen Gebäudes im Ganzen, nicht aber die individuelle Situation, etwa die Herkunft, einzelner Bewohner.[59] Zudem bietet sich ein Vergleich mit der Regelung des § 9 I Nr. 8 BauGB an. Danach können im Bebauungsplan Flächen für Wohngebäude für Personengruppen mit besonderem Wohnbedarf festgesetzt werden. Während derartige typisierte besondere Wohnbedürfnisse sich insbesondere bei behinderten und alten Menschen, Studenten, kinderreichen Familien und Großfamilien feststellen lassen, haben Aussiedler, Ausländer und damit auch Flüchtlinge regelmäßig keinen spezifischen – durch bauliche Besonderheiten bestimmten – Wohnbedarf.[60] Schließlich wäre es auch integrationspolitisch sehr fragwürdig, in Bezug auf „Flüchtlingswohnen" und „normaler" Wohnnutzung von der Möglichkeit differenzierender Festsetzungen i.S.v. § 1 IX BauNVO auszugehen.[61] In diesen Fällen scheidet daher von vornherein eine Nutzungsänderung im bauplanungsrechtlichen Sinne aus, sodass die Flüchtlingsunterkunft nicht am Maßstab der §§ 29 ff. BauGB gemessen werden darf.[62]

---

[58] *Blechschmidt*, in: EZBK, BauGB, § 246 Rn. 56a; *Ziegler*, in: Brügelmann, BauNVO, § 3 Rn. 26; *OVG Lüneburg*, Urt. v. 20.08.1987 – 6 A 166/85 = ZfBR 1988, 147.
[59] *Portz/Düsterdiek*, BWGZ 2015, 404 (405); *Battis/Mitschang/Reidt*, NVwZ 2014, 1609 (1610).
[60] *BVerwG*, Beschl. v. 17.12.1992 – 4 N 2/91 = NVwZ 1993, 562; *Gierke*, in: Brügelmann, BauGB, § 9 Rn. 181.
[61] *Blechschmidt*, in: EZBK, BauGB, § 246 Rn. 63a.
[62] Auch *Scheidler*, NVwZ 2015, 1406 (1409) und *Krautzberger/Stüer*, DVBl 2015, 73 (78) vertreten im Ergebnis keine davon abweichende Meinung. Bei beiden heißt es zwar, dass die Unterkünfte „nicht sozusagen automatisch in eine allgemeine Wohnnutzung umgewandelt werden" können, da die Unterbringung von Flüchtlingen keine ‚normale' Wohnnutzung darstelle. Dies könnte für den spiegelverkehrten – und daher notwendigerweise gleich zu behandelnden – Fall der Umwandlung einer allgemeinen Wohnnutzung in eine Flüchtlingsunterkunft bedeuten, dass diese stets eine Nutzungsänderung darstellt und daher immer am Maßstab der §§ 29 ff. BauGB gemessen werden muss. Dies haben *Scheidler* und *Krautzberger/Stüer* aber nicht gemeint. Während sich die Ausführungen von *Scheidler* ausschließlich auf die Anschlussnutzung an eine auf Grundlage des § 246 X BauGB zugelassene Flüchtlingsunterkunft beziehen und von § 246 X BauGB lediglich Flüchtlingsunterkünfte als Unterart der Anlagen für soziale Zwecke erfasst sind (vgl. dazu ausführlich weiter unten

(2) Erfordernis der möglichen (Neu-)Berührung bodenrechtlicher Belange

Die bloße Überschreitung der der bisherigen Nutzung eigenen Variationsbreite stellt für sich genommen noch keine bodenrechtlich relevante Nutzungsänderung dar. Vielmehr muss die Aufnahme der veränderten Nutzung bodenrechtliche Belange möglicherweise neu berühren, sodass sich die Genehmigungsfrage unter städtebaulichen Aspekten neu stellt. Auch hier lassen sich aus der vorliegenden Rechtsprechung gewisse Fallgruppen herausarbeiten.

Bodenrechtliche Belange sind regelmäßig dann (neu) berührt, wenn die neue Nutzung im konkreten Baugebiet nur ausnahmsweise zulässig ist, während die bisherige Nutzung dort allgemein zulässig war. Dies ergibt sich schon aus der bauplanungsrechtlichen Regel, wonach ausnahmsweise zulässige Vorhaben i.S.v. § 31 I BauGB – anders als allgemein zulässige Vorhaben – stets den Ausnahmecharakter in Bezug auf das jeweilige Baugebiet und dessen Hauptnutzungen wahren müssen.[63] Darüber hinaus ist die neue Zweckbestimmung des Vorhabens immer geeignet, neue Umstände aufzuwerfen, die für die Ausübung des Ermessensrests i.S.v. § 31 I BauGB möglicherweise von Bedeutung sind. Einen derartigen Fall hatte das *VG München*[64] zu entscheiden, wo in einem faktischen reinen Wohngebiet eine bisherige Wohnnutzung in eine Flüchtlingsunterkunft als Anlage für soziale Zwecke umgenutzt werden sollte. Während die Wohnnutzung im reinen Wohngebiet nämlich allgemein zulässig ist, ist die Anlage für soziale Zwecke dort nur ausnahmsweise zulässig. Gleiches muss natürlich für Fälle gelten, in denen die bisherige Nutzung allgemein oder ausnahmsweise zulässig war, die neue Nutzung als solche jedoch unzulässig ist und nur im Wege einer Befreiung i.S.v. § 31 II BauGB oder § 34 IIIa BauGB zugelassen werden kann. So lag der Fall etwa in zwei Entscheidungen des *VGH Mannheim*. Dort sollte in einem Gewerbegebiet ein Lehrlingswohnheim i.S.v. § 8 III Nr. 1 BauNVO[65] bzw. eine Büronutzung[66] in eine wohnähnliche Flüchtlingsunterkunft umgenutzt werden.

---

im vierten Kapitel im Rahmen des sachlichen Anwendungsbereichs auf S. 137 ff.), liegt den Ausführungen von *Krautzberger/Stüer* die Annahme zugrunde, dass es sich bei Flüchtlingsunterkünften i.S.v. § 246 BauGB einheitlich nur um eine wohnähnliche Nutzung und damit um Anlagen für soziale Zwecke handelt (*Krautzberger/Stüer*, DVBl 2015, 73 (74)). Damit stellen *Scheidler* und *Krautzberger/Stüer* an dieser Stelle – etwas missverständlich formuliert – lediglich fest, dass sich eine Änderung einer wohnähnlichen Anlage für soziale Zwecke in eine (normale) Wohnnutzung als Nutzungsänderung darstellt. Dem kann aber auch unter Zugrundelegung der hier dargestellten Grundsätze nur zugestimmt werden.

[63] *Söfker*, in: EZBK, BauGB, § 31 Rn. 25.
[64] *VG München*, Beschl. v. 25.11.2016 – M 9 SN 16.3965 = BeckRS 2016, 55667.
[65] *VGH Mannheim*, Beschl. v. 09.04.2014 – 8 S 1528/13 = NVwZ-RR 2014, 752.
[66] *VGH Mannheim*, Beschl. v. 17.05.2017 – 5 S 1505/15 = NVwZ-RR 2017, 910.

In einem vergleichbaren Fall hatte auch das *VG Düsseldorf*[67] entschieden, dass sich die Genehmigungsfrage neu stellt, wenn es darum geht, in einem Gewerbegebiet eine bisherige – gem. § 8 II Nr. 2 BauNVO allgemein zulässige – Büronutzung in eine Flüchtlingsunterkunft umzuwandeln, die aufgrund der sog. abstrakten Gebietsunverträglichkeit[68] wohnähnlicher Nutzungen im Gewerbegebiet nur im Wege einer Befreiung zugelassen werden könnte. Im Umkehrschluss spricht dann einiges dafür, dass bodenrechtliche Belange nicht neu berührt werden, wenn eine im konkreten Baugebiet allgemein zulässige Nutzung in eine andere allgemein zulässige Nutzung umgewandelt werden soll.[69]

Unabhängig davon sind bodenrechtliche Belange ferner dann berührt, wenn die „Belastungen" für die Umgebung in Folge der neuen Nutzungsweise zunehmen können. Eine derartige Zunahme der Belastungen kann einmal darin liegen, dass die Umgebung – im Vergleich zur bisherigen Nutzung – mehr Rücksicht auf die künftige Nutzung nehmen muss. So lag der Fall etwa in der Entscheidung des *VG München*[70], in der ein bestehendes Kurheim in eine Flüchtlingsunterkunft umgenutzt werden sollte. Das Verwaltungsgericht führte dabei aus, dass sich Asylbegehrende – anders als Kurgäste – nicht nur einige Wochen in der baulichen Anlage aufhielten, sondern für die gesamte Dauer des Asylverfahrens, das ohne weiteres mehr als zwölf Monate in Anspruch nehmen könne. Für diesen Zeitraum wird das Gebäude damit zum räumlichen Lebensmittelpunkt der Bewohner, sodass auch die – am öffentlichen Belang gesunder Wohnverhältnisse i.S.v. § 1 VI Nr. 1 BauGB ausgerichteten – Immissionsgrenzwerte für eine (dauerhafte) Wohnnutzung zumindest annähernd beachtet werden müssen. Eine Zunahme der „Belastungen" kann außerdem in einem Anstieg der durch die künftige Flüchtlingsunterkunft hervorgerufenen Immissionen oder verkehrlichen bzw. sonstigen Auswirkungen gesehen werden. Aus diesem Grund hat das *OVG Greifswald*[71] bei der Umwandlung einer Soldatenunterkunft in eine Flüchtlingsunterkunft im bodenrechtlichen Außenbereich angenommen, dass durch die Aufnahme der veränderten Nutzung bodenrechtliche Belange möglicherweise neu berührt sein können. Dabei hat es nicht nur auf den verstärkten Zu- und Abfahrtsverkehr infolge der verkehrlichen Erschließung der Asylbewerberunterkunft abgestellt. Aufgrund der deutlichen Erhöhung der Belegungsdichte von bisher ca. 100 Soldaten

---

[67] *VG Düsseldorf*, Beschl. v. 17.11.2016 – 4 L 2637/16 = BeckRS 2016, 113091.
[68] Vgl. zur sog. abstrakten Gebietsunverträglichkeit, ausführlich weiter unten auf S. 57 ff.
[69] *VG Augsburg*, Urt. v. 24.10.2013 – Au 5 K 12.188 = BeckRS 2014, 45113, dem der Fall zugrunde lag, dass die bisherige und die künftige Nutzungsweise im faktischen Dorfgebiet allgemein zulässig ist.
[70] *VG München*, Urt. v. 29.04.2014 – M 1 K 13.5722 = BeckRS 2014, 58474.
[71] *OVG Greifswald*, Beschl. v. 12.12.1996 – 3 M 103/96 = BauR 1997, 617.

auf 225 Asylbewerber werde darüber hinaus der Außenbereich möglicherweise verstärkt in Anspruch genommen. Da der Außenbereich aber grundsätzlich von Bebauung freizuhalten und der Erholung der Allgemeinheit vorbehalten ist[72], können durch die Aufnahme der veränderten Nutzung bodenrechtliche Belange neu berührt werden, sodass sich die Genehmigungsfrage unter städtebaulichen Aspekten neu stellt. Die möglicherweise erhöhte Belastung für die Umgebung liegt hier in einer etwaig erhöhten Belastung für den Außenbereich selbst. Mit der Erhöhung der Belegungsdichte ist nun auch das Stichwort gefallen, das in diesem Zusammenhang in einer Vielzahl von Entscheidungen auftaucht.[73] So wurde beispielsweise in einer Verdopplung der Bewohnerzahl von neun Jugendlichen auf 25 Asylbewerber[74] oder in der Erhöhung der Belegungsdichte von 56 Hotelgästen auf 120 Flüchtlinge[75] die Möglichkeit der (Neu-)Berührung bodenrechtlicher Belange gesehen mit der Folge, dass sich die Genehmigungsfrage hier unter bodenrechtlichen Aspekten neu stellt. Mit einer deutlichen Erhöhung der Belegungsdichte ist regelmäßig auch ein nicht unerheblicher Anstieg der Lärmimmissionen verbunden. Indem man also in solchen Fällen die Bewohnerzahl der künftigen Nutzung in Vergleich setzt mit der Bewohnerzahl der bisherigen Nutzung[76], gewinnt man ein sachgerechtes, praxistaugliches und auch in der Literatur[77] anerkanntes Abgrenzungs- bzw. Bewertungskriterium.

bb. Zusammenfassung der Kriterien, bei deren Vorliegen in Bezug auf Flüchtlingsunterkünfte bereits eine Nutzungsänderung i.S.v. § 29 I BauGB ausscheidet

Eine Änderung der Nutzungsweise einer baulichen Anlage in eine Flüchtlingsunterkunft stellt im Regelfall also eine Nutzungsänderung im bodenrechtlichen Sinne dar.[78] Eine davon abweichende Beurteilung mit der Folge, dass auch keine erneute

---

[72] *Lange*, NdsVBl. 2016, 72 (75); *Bienek/Reidt*, BauR 2015, 422 (429).
[73] *VGH Mannheim*, Beschl. v. 23.06.2016 – 5 S 634/16 = NVwZ-RR 2016, 725; *VG München*, Beschl. v. 25.11.2016 – M 9 SN 16.3965 = BeckRS 2016, 55667; *VG Karlsruhe*, Beschl. v. 24.08.2016 – 11 K 772/16 = BeckRS 2016, 50499; *VG Augsburg*, Urt. v. 24.10.2013 – Au 5 K 12.188 = BeckRS 2014, 45113; *OVG Greifswald*, Beschl. v. 12.01.1996 – 3 M 103/96 = BauR 1997, 617; *VGH München*, Urt. v. 18.11.1991 – 1 B 90.3356 = NVwZ-RR 1992, 609, wonach bei der Belegung eines Hotels (auch) mit einer der bisherigen Gästezahl entsprechenden Zahl von Asylbegehrenden keine bodenrechtlichen Belange berührt werden können.
[74] *VG Augsburg*, Urt. v. 24.10.2013 – Au 5 K 12.188 = BeckRS 2014, 45113.
[75] *VGH Mannheim*, Beschl. v. 23.06.2016 – 5 S 634/16 = NVwZ-RR 2016, 725.
[76] *OVG Koblenz*, Urt. v. 20.06.2013 – 1 A 11230/12 = NJOZ 2013, 1858; *Krautzberger*, in: EZBK, BauGB, § 29 Rn. 49.
[77] So etwa *Scheidler*, BauR 2016, 29 (34); *Bunzel*, in: Bleicher/Bunzel/Finkeldei/Fuchs/Klinge, Baurecht, § 246 S. 9.
[78] So im Ergebnis auch *Bienek/Reidt*, BauR 2015, 422 (424).

Prüfung am Maßstab der §§ 29 ff. BauGB erforderlich ist, kommt nur dann in Betracht, wenn:

- eine „normale" Wohnnutzung in ein „Flüchtlingswohnen" umgewandelt wird, sofern die übliche Belegungsdichte für eine Wohnnutzung dabei nicht überschritten wird;

- trotz Überschreitens der Variationsbreite der bisherigen Nutzung bodenrechtlichen Belange nicht neu berührt werden können, weil weder die künftige Flüchtlingsunterbringung nur ausnahmsweise oder im Wege einer Befreiung zugelassen werden kann noch die „Belastungen" – egal ob immissions- oder verkehrsbezogener Art – auf die Umgebung, insbesondere durch eine Erhöhung der Belegungsdichte, in Folge der Flüchtlingsunterkunft zunehmen können.

II. Zulässigkeit im Außenbereich

1. Begriff des Außenbereichs

Die heutige Fassung des Baugesetzbuchs enthält keine Legaldefinition des bodenrechtlichen Außenbereichs mehr. Eine entsprechende Begriffsbestimmung findet sich aber in der die Grundstücksteilung regelnden Vorschrift des § 19 I Nr. 3 BauGB in der bis zum 31.12.1997 geltenden Fassung, die wiederum auf die Vorgängerregelung des § 19 II des Bundesbaugesetzes (BBauG) von 1960 zurückgeht. Danach ist der Außenbereich die Fläche „außerhalb des räumlichen Geltungsbereiches eines Bebauungsplanes i.S.d. § 30 [BBauG] und außerhalb der im Zusammenhang bebauten Ortsteile".[79] Da ein bodenrechtlich relevantes Vorhaben zwingend einem der drei Gebietskulissen der §§ 30, 34 oder 35 BauGB zugeordnet werden muss, braucht einer der drei Tatbestände nicht positiv bestimmt zu werden; er kann vielmehr „negativ" zu den beiden anderen abgegrenzt werden.[80] Letzteres trifft auf den Außenbereich zu, da der Innenbereich und der Planbereich im Baugesetzbuch positiv festgelegt sind. Davon ausgehend verbietet es sich, den Außenbereich begrifflich darüber hinaus „mit Vorstellungen zu verbinden, die ihm – anknüpfend vor allem an den Wortteil „Außen" – ganz bestimmte Vorstellungsbilder zuordnen, etwa das der ‚freien Natur', der

---

[79] Das Bundesbaugesetz (BBauG) 1960 kann beispielsweise abgerufen werden unter: https://www.stadtgrenze.de/s/bbg/1960/bbaug1960.htm.
[80] *Bienek/Reidt*, BauR 2015, 422 (428).

‚Stadtferne', [oder] der ‚Einsamkeit'."[81] Der Außenbereich i.S.v. § 35 BauGB ist daher „begrifflich nicht mehr und nicht weniger als" die Gesamtheit der von § 30 I und II BauGB sowie von § 34 I BauGB nicht erfassten Flächen.[82]

2. Zulässigkeit von Flüchtlingsunterkünften als sonstige Vorhaben i.S.v. § 35 II BauGB

a. Differenzierung zwischen privilegierten und sonstigen Vorhaben

Der Aufbau der die Zulassung im Außenbereich regelnden Vorschrift des § 35 BauGB ist bestimmt durch den Gegensatz zwischen privilegierten Vorhaben i.S.v. § 35 I BauGB und sonstigen Vorhaben i.S.v. § 35 II BauGB. Die Regelungen des Baugesetzbuchs über die Zulässigkeit von Vorhaben sind von dem Gedanken der Planmäßigkeit geprägt.[83] Dies ergibt sich bereits aus § 1 I BauGB, wonach es Aufgabe der Bauleitplanung ist, die bauliche und sonstige Nutzung der Grundstücke in der Gemeinde vorzubereiten und zu leiten. Innerhalb des Geltungsbereichs eines Bebauungsplans ist ein Vorhaben daher städtebaulich zulässig, wenn es diesen Festsetzungen nicht widerspricht. Außerhalb des räumlichen Geltungsbereichs von Bebauungsplänen hat der Gesetzgeber dem Grundsatz der planmäßigen städtebaulichen Entwicklung durch die planersetzenden Zulässigkeitsregelungen Rechnung getragen.[84] Für den Außenbereich hat er gewissermaßen einen abstrakten Ersatzplan erlassen, indem er den privilegierten Vorhaben abstrakt einen Standort im Außenbereich „planähnlich"[85] zugewiesen und auf diese Weise „sozusagen generell geplant"[86] hat. Die Bedeutung der Privilegierung liegt dabei darin, dass diese enumerativ in § 35 I Nr. 1 bis 8 BauGB aufgezählten Vorhaben nach der Intention des Gesetzgebers in den Außenbereich „gehören" und dort daher generell zulässig sind.[87] Sie sind nur ausnahmsweise unzulässig, wenn im konkreten Einzelfall gewichtigere öffentliche Belange i.S.v. § 35 III BauGB entgegenstehen.[88]

---

[81] *BVerwG*, Urt. v. 01.12.1972 – IV C 6/71 = BauR 1973, 99.
[82] *Dürr*, in: Brügelmann, BauGB, § 35 Rn. 5; *Mitschang/Reidt*, in: Battis/Krautzberger/Löhr, BauGB, § 35 Rn. 2; *BVerwG*, Urt. v. 01.12.1972 – IV C 6/71 = BauR 1973, 99.
[83] *Söfker*, in: EZBK, BauGB, § 35 Rn. 13; *Mitschang/Reidt*, in: Battis/Krautzberger/Löhr, BauGB, § 35 Rn. 1.
[84] *Mitschang/Reidt*, in: Battis/Krautzberger/Löhr, BauGB, § 35 Rn. 1.
[85] *BVerwG*, Urt. v. 13.12.2001 – 4 C 3.01 = NVwZ 2002, 1112.
[86] *BVerwG*, Urt. v. 25.10.1967 – IV C 86/66 = NJW 1968, 1105; *BVerwG*, Urt. v. 20.01.1984 – 4 C 43/81 = NVwZ 1984, 367.
[87] *BVerwG*, Urt. v. 25.10.1967 – IV C 86/66 = NJW 1968, 1105; *Dürr*, in: Brügelmann, BauGB, § 35 Rn. 8.
[88] *BVerwG*, Urt. v. 20.01.1984 – 4 C 43/81 = NVwZ 1984, 367; *BVerwG*, Urt. v. 13.12.2001 – 4 C 3/01 = NVwZ 2002, 1112; *Dürr*, in: Brügelmann, BauGB, § 35 Rn. 70.

Demgegenüber hat der Gesetzgeber für die sonstigen Vorhaben i.S.v. § 35 II BauGB ein grundsätzliches Bauverbot mit Ausnahmevorbehalt festgelegt, das er jedoch für bestimmte Fälle i.S.v. § 35 IV BauGB abgemildert hat.[89] Sonstige Vorhaben i.S.v. § 35 II BauGB sind im Außenbereich daher regelmäßig unzulässig.[90] Insoweit ist der Außenbereich gerade von Bebauung freizuhalten.[91] Sonstige Vorhaben können nur ausnahmsweise im Einzelfall zugelassen werden, wenn keine öffentlichen Belange i.S.v. § 35 III BauGB beeinträchtigt werden, was erfahrungsgemäß aber nur in den seltensten Fällen der Fall ist.[92] Dem liegt wiederum die städtebauliche Leitvorstellung des Gesetzgebers zugrunde, den Außenbereich weitestgehend von baulichen Anlagen freizuhalten, soweit diese nicht ihrem Wesen nach gem. § 35 I BauGB in den Außenbereich „gehören".[93] Sonstige Vorhaben sind dabei all jene, die nicht dem enumerativen Katalog der privilegierten Vorhaben entsprechen. Der Außenbereichsregelung des § 35 II BauGB kommt daher systematisch lediglich eine Auffangfunktion zu, während es sich der Sache nach aber um den größten Teil aller denkbaren Vorhaben i.s.d. § 29 I BauGB handelt.[94] Auch die in § 35 IV BauGB genannten Vorhaben sind „sonstige Vorhaben" i.s.v. § 35 II BauGB. Diese sog. teilprivilegierten Vorhaben unterscheiden sich von den nach Absatz 2 zu beurteilenden Vorhaben lediglich dadurch, dass ersteren bestimmte öffentliche Belange i.S.v. § 35 III BauGB nicht entgegengehalten werden können.[95]

b. Flüchtlingsunterkünfte als sonstige Vorhaben i.S.v. § 35 II BauGB

Da Flüchtlingsunterkünfte nicht im enumerativen Katalog des § 35 I BauGB enthalten sind, handelt es sich um sonstige Vorhaben i.s.v. § 35 II BauGB.[96] In Anwendung der eben dargestellten Grundsätze sind Flüchtlingsunterkünfte im Außenbereich daher in der Regel unzulässig, da regelmäßig öffentliche Belange i.s.v. § 35 III BauGB beeinträchtigt sind.[97] Konkret handelt es sich um die öffentlichen Belange i.s.v. § 35 III 1 Nr. 1, Nr. 3 Alt. 2, Nr. 5 Alt. 4 sowie Nr. 7 BauGB.

---

[89] *Söfker*, in: EZBK, BauGB, § 35 Rn. 21; *Bienek/Reidt*, BauR 2015, 422 (429).
[90] *Dürr*, in: Brügelmann, BauGB, § 35 Rn. 4.
[91] *Lange*, NdsVBl. 2016, 72 (75); *Bienek/Reidt*, BauR 2015, 422 (429).
[92] *Dürr*, in: Brügelmann, BauGB, § 35 Rn. 70.
[93] *Mitschang/Reidt*, in: Battis/Krautzberger/Löhr, BauGB, § 35 Rn. 1.
[94] *Söfker*, in: EZBK, BauGB, § 35 Rn. 73.
[95] *Mitschang/Reidt*, in: Battis/Krautzberger/Löhr, BauGB, § 35 Rn. 63.
[96] *Krautzberger*, GuG 2015, 97 (99); *Bienek*, SächsVBl 2015, 129 (132).
[97] Etwas anderes kann ausnahmsweise gelten, wenn das Außenbereichsgrundstück von vornherein nur befristet für einen kurzen Zeitraum zur übergangsweisen Schaffung von Unterkunftsplätzen genutzt werden soll, bis an anderer Stelle eine städtebaulich abgesicherte Flüchtlingsunterkunft geschaffen worden ist. Vgl. dazu etwa auch *Bienek*, SächsVBl 2015, 129 (132).

Weil Flächennutzungspläne auf Außenbereichsflächen oftmals „Flächen für Landwirtschaft" darstellen und diese Nutzungsform der Nutzung als Flüchtlingsunterkunft widerspricht, ist in der Praxis bereits vielfach der öffentliche Belang des § 35 III 1 Nr. 1 BauGB beeinträchtigt. Darüber hinaus beeinträchtigt die Flüchtlingsunterkunft auch den öffentlichen Belang des § 35 III 1 Nr. 3 Alt. 2 BauGB. Mit dem damit bezweckten Schutz privilegierter Vorhaben vor „heranrückender Wohnbebauung" soll verhindert werden, dass ein gerade dem Außenbereich planartig zugewiesenes Vorhaben i.S.v. § 35 I BauGB Einschränkungen hinnehmen muss, weil sich in seiner Umgebung ein störungsempfindliches Bauvorhaben ansiedelt, das in Folge dessen immissionsschutzrechtliche Abwehransprüche geltend machen kann.[98] Flüchtlingsunterkünfte sind entweder als Wohngebäude oder als Anlagen für soziale Zwecke zu qualifizieren[99], wobei sie im letzteren Fall jedenfalls wohnähnlich geprägt sind.[100] In beiden Fällen sind aufgrund der „Wohnkomponente" ähnlich strenge Grenzwerte in Bezug auf die Immissionsbelastung zu beachten, sodass die umliegenden privilegierten Vorhaben vor einer heranrückenden und sie einschränkenden Wohnbebauung bzw. wohnähnlichen Bebauung zu schützen sind. Zudem beeinträchtigen Flüchtlingsunterkünfte regelmäßig die natürliche Eigenart der Landschaft und ihren Erholungswert i.s.v. § 35 III 1 Nr. 5 Alt. 4 BauGB. Der Belang der natürlichen Eigenart der Landschaft trägt dem Schutz des Außenbereichs vor einer wesensfremden Nutzung Rechnung. Gekennzeichnet ist die natürliche Eigenart der Landschaft durch die dort vorkommende Bodennutzung.[101] Dies ist in den weitaus überwiegenden Fällen die Land- und Forstwirtschaft, so dass ein Vorhaben mit anderer Zweckbestimmung, insbesondere ein Wohngebäude oder eine wohnähnliche Nutzung, regelmäßig wegen der Beeinträchtigung der natürlichen Eigenart der Landschaft unzulässig ist.[102] Schließlich lässt die Schaffung einer Flüchtlingsunterkunft in aller Regel auch die Entstehung, Verfestigung oder Erweiterung einer Splittersiedlung i.s.v. § 35 III 1 Nr. 7 BauGB und damit die Entwicklung unorganischer Siedlungsstrukturen sowie die Zersiedelung des Außenbereichs befürchten. Bei der – stets unerwünschten[103] – Splittersiedlung handelt es sich um eine zusam-

---

[98] *Dürr*, in: Brügelmann, BauGB, § 35 Rn. 86.
[99] Zur Abgrenzung zwischen Wohnnutzung und Anlagen für soziale Zwecke, vgl. ausführlich weiter unten auf S. 37 ff.
[100] Ausführlich zur wohnähnlichen Prägung, siehe weiter unten auf S. 60 ff.
[101] *BVerwG*, Urt. v. 14.04.2000 – 4 C 5/99 = NVwZ 2000, 1048; *Dürr*, in: Brügelmann, BauGB, § 35 Rn. 92.
[102] *BVerwG*, Urt. v. 25.01.1985 – 4 C 29/81 = NVwZ 1985, 747; *VGH Mannheim*, Urt. v. 07.05.1993 – 8 S 2096/92 = VBlBW 1993, 379; *OVG Lüneburg*, Urt. v. 28.02.1994 – 6 L 3215/91 = BauR 1994, 335.
[103] *Spieß*, in: Jäde/Dirnberger, BauGB, § 34 Rn. 27; *Bienek/Reidt*, BauR 2015, 422 (428).

menhanglose oder aus anderen Gründen unorganische Streubebauung baulicher Anlagen, die zum – auch nur gelegentlichen – Aufenthalt von Menschen bestimmt sind.[104] Während die Entstehung einer Splittersiedlung bereits mit dem ersten Vorhaben beginnt, betrifft die Verfestigung eine Entwicklung nach innen, während es sich bei der Erweiterung um eine Entwicklung nach außen handelt.

c. Keine Teilprivilegierung i.S.v. § 35 IV BauGB

Bei teilprivilegierten Vorhaben handelt es sich um sonstige Vorhaben i.S.v. § 35 II BauGB, bei denen bestimmte öffentliche Belange aus Gründen des aktiven Bestandsschutzes aus der Prüfung der Zulässigkeit gewissermaßen „ausgeblendet" sind. Allerdings sind Flüchtlingsunterkünfte nicht teilprivilegiert i.S.v. § 35 IV BauGB. Denn zum einen sind sie nicht in der enumerativen Aufzählung der teilprivilegierten Vorhaben genannt. Zum anderen können die Erleichterungen des § 35 IV BauGB auf Flüchtlingsunterkünfte auch nicht analog angewendet werden, da die teilprivilegierten Vorhaben dort abschließend aufgezählt werden.[105] Der abschließende Regelungscharakter der Teilprivilegierung liegt im Zweck des § 35 BauGB begründet, dem wiederum der Planmäßigkeitsgrundsatz des Baugesetzbuchs und der Außenbereichsschutz zugrunde liegen. Entsprechend dem – oben bereits dargestellten – Gedanken der Planmäßigkeit i.S.v. § 1 I BauGB hat der Gesetzgeber für den Außenbereich gewissermaßen einen Ersatzplan erlassen, wonach er den privilegierten Vorhaben abstrakt einen Standort im Außenbereich zugewiesen hat. Demgegenüber hat er für die sonstigen Vorhaben i.S.v. § 35 II BauGB ein grundsätzliches Bauverbot mit Ausnahmevorbehalt festgelegt, um den Außenbereich weitestgehend von baulichen Anlagen freizuhalten, soweit diese nicht ihrem Wesen nach in den Außenbereich gehören. Die Teilprivilegierung des § 35 IV BauGB durchbricht nun diesen Grundsatz und stellt insoweit eine ausnahmsweise Begünstigung für den Bauherrn dar. Ausnahmeregelungen sind aber grundsätzlich eng auszulegen und daher regelmäßig nicht analogiefähig.[106] Bestätigt wird dies durch die sehr konkretisierte Ausgestaltung des § 35 IV BauGB. Denn daran wird das Bemühen des

---

[104] *Mitschang/Reidt*, in: Battis/Krautzberger/Löhr, BauGB, § 35 Rn. 93.
[105] BVerwG, Beschl. v. 29.09.1987 – 4 B 191.87 = NVwZ 1988, 357; OVG *Bautzen*, Beschl. v. 24.04.1997 – 1 S 468/96 = SächsVBl 1997, 223; *Söfker*, in: EZBK, BauGB, § 35 Rn. 132; *Spieß*, in: Jäde/Dirnberger, BauGB, § 35 Rn. 98.
[106] Dieser – bereits in der *reichsgerichtlichen* Rechtsprechung vorherrschende – Grundsatz zieht sich durch sämtliche Rechtsbereiche. So findet er sich für das Arbeitsrecht etwa in *BAG*, Urt. v. 25.04.1960 – 1 AZR 16/58 = BAGE 9, 179 („§ 616 Abs. 1 BGB ist als Ausnahmeregelung eng auszulegen"), für das bürgerliche Recht etwa in *BGH*, Urt. v. 06.11.1953 – I ZR 97/52 = NJW 1954, 305 („alle Ausnahmebestimmungen grundsätzlich eng auszulegen") und für das Verwaltungsrecht etwa in *OVG Münster*, Urt. v. 01.08.1962 – III A 228/60 = DVBl 1963, 66 („Normen

Gesetzgebers deutlich, die bauliche Entwicklung des Außenbereichs im Rahmen des § 35 IV BauGB in engen und vorbestimmten Grenzen zu halten. Schließlich lässt auch der mit § 35 BauGB bezweckte Schutz des Außenbereichs nur eine enge Auslegung zu.[107] Denn neben der naturgegebenen Bodennutzung ist die Erholung der Allgemeinheit nur dann gewährleistet, wenn der Außenbereich nicht „nach und nach" durch teilprivilegierte Vorhaben zersetzt wird. Hier muss das Motto „Wehret den Anfängen" gelten. Aus diesen Gründen führt auch die Teilprivilegierung des § 35 IV BauGB in Bezug auf die Schaffung baulicher Anlagen zur Flüchtlingsunterbringung nicht weiter.

III. Zulässigkeit im Innen- und Planbereich

1. Begrifflichkeiten

a. Planbereich i.S.v. § 30 BauGB

Der bodenrechtliche Planbereich i.S.v. § 30 BauGB wird durch den räumlichen Geltungsbereich des jeweiligen Bebauungsplans festgelegt. Dessen konkrete Festsetzungen bestimmen die bauplanungsrechtliche Zulässigkeit des Einzelvorhabens. Aufgrund der Regelung des § 1 III 2 BauNVO werden durch die Festsetzung von Baugebieten die – die Art der baulichen Nutzung betreffenden – Vorschriften der §§ 2 bis 14 BauNVO Bestandteil des jeweiligen Bebauungsplans.

b. Innenbereich i.S.v. § 34 BauGB

Der bodenrechtliche Innenbereich ist gem. § 34 I BauGB der Bereich innerhalb eines im Zusammenhang bebauten Ortsteils. Der Innenbereich setzt sich also aus zwei Komponenten zusammen: dem tatsächlichen Bebauungszusammenhang und dem „verrechtlichten" Ortsteil.[108] Anders als der Außenbereich ist er grundsätzlich – unter den in § 34 BauGB genannten Voraussetzungen – zur Bebauung vorgesehen.

Es wurde bereits mehrfach darauf hingewiesen, dass die Regelungen des Baugesetzbuchs über die städtebauliche Zulässigkeit von Vorhaben von dem Gedanken der Planmäßigkeit geprägt sind. Außerhalb des räumlichen Geltungsbereichs von Be-

---

mit Ausnahmecharakter, die im Rechtsstaat regelmäßig restriktiv auszulegen sind"). Vgl. auch *Spieß*, in: Jäde/Dirnberger, BauGB, § 35 Rn. 98.
[107] *Söfker*, in: EZBK, BauGB, § 35 Rn. 13.
[108] Zur weiterführenden Betrachtung dieser beiden Komponenten wird auf die Ausführungen weiter unten im fünften und sechsten Kapitel auf S. 229 f. und S. 282 f. verwiesen.

bauungsplänen hat der Gesetzgeber dem Grundsatz der planmäßigen städtebaulichen Entwicklung durch die planersetzenden Zulässigkeitsregelungen Rechnung getragen, um vor allem die kleineren Gemeinden von den personellen und finanziellen Belastungen der Bauleitplanung zu befreien. Aus diesem Grund hat der Gesetzgeber – ähnlich wie bei § 35 BauGB – den Gemeinden die Aufgabe der Bauleitplanung auch im Rahmen des Innenbereichs abgenommen, indem er für diese Fälle selbst – zumindest rudimentär – planersetzend tätig geworden ist.[109]

Innerhalb des Innenbereichs i.S.v. § 34 BauGB wird wiederum zwischen dem sog. heterogenen und dem „homogenen" Innenbereich unterschieden. Im „homogenen" Innenbereich entspricht die Eigenart der näheren Umgebung einem der Baugebiete der Baunutzungsverordnung, weshalb derartige Flächen in der Regel auch als sog. faktische Baugebiete – in Anlehnung an die im Bebauungsplan festgesetzten förmlichen Baugebiete[110] – bezeichnet werden. In Bezug auf die dort zulässige Art der baulichen Nutzung finden gem. § 34 II HS. 1 BauGB die Regelungen der §§ 2 bis 14 BauNVO entsprechende Anwendung. Entspricht die Eigenart der näheren Umgebung des Innenbereichs hingegen nicht einem der Baugebiete der Baunutzungsverordnung, wird von einem sog. heterogenen Innenbereich gesprochen. In diesen Fällen ist es gem. § 34 I BauGB entscheidend, ob sich das konkrete Vorhaben in die nähere Umgebung einfügt.

2. Zulässigkeit im heterogenen Innenbereich

Die bauplanungsrechtliche Zulässigkeit eines Vorhabens im heterogenen Innenbereich beurteilt sich also ausschließlich nach § 34 I BauGB. Wegen des Fehlens konkreter planerischer Festsetzungen stellt der Aspekt des „Einfügens" in den prägenden Rahmen der tatsächlich vorhandenen Umgebungsbebauung die zentrale Frage des § 34 I BauGB dar.[111]

a. Allgemeines

In der grundlegenden Entscheidung vom 26.05.1978 hat das Bundesverwaltungsgericht nicht nur seine sog. „Rahmentheorie" entwickelt, sondern darüber hinaus auch den Maßstab des Einfügens definiert.[112] Auf einer ersten Stufe ist demnach der für

---

[109] *BVerwG*, Urt. v. 03.04.1981 – 4 C 61/78 = NJW 1981, 2770, wo die Regelungen zum Innenbereich ausdrücklich als „Planersatz" bezeichnet werden; so ebenfalls *Dürr*, in: Brügelmann, BauGB, § 34 Rn. 3.
[110] Der Begriff des förmlichen Baugebietes wurde bereits im Jahre 1959 durch das *Bundesverwaltungsgericht*, Beschl. v. 05.12.1959 – I B 192.58 geprägt.
[111] *Spannowsky*, in: BeckOK BauGB, Einf. zu § 34; *Dürr*, in: Brügelmann, BauGB, § 34 Rn. 35 f.
[112] *BVerwG*, Urt. v. 26.05.1978 – 4 C 9/77 = NJW 1978, 2564.

das konkrete Vorhaben maßgebliche Rahmen der Umgebungsbebauung zu ermitteln. Dieser Rahmen ist letztlich nichts anderes als eine Umschreibung des Tatbestandsmerkmals der Eigenart der näheren Umgebung. Auf einer zweiten Stufe muss sodann die Frage des Einfügens in diesen Rahmen geklärt werden. Sofern das konkrete Vorhaben den aus seiner Umgebung ableitbaren Rahmen überschreitet, ist auf einer dritten Stufe zu prüfen, ob sich das Vorhaben nicht dennoch in seine Umgebung einfügt. Denn nach Auffassung des Bundesverwaltungsgerichts geht es bei der Frage des Einfügens weniger um die Einheitlichkeit als um die „harmonische Einfügung". Im Einzelnen heißt es dazu in der Entscheidung:

„Daraus, dass ein Vorhaben in seiner Umgebung [...] ohne ein Vorbild ist, folgt noch nicht, dass es ihm an der harmonischen Einfügung fehlt. Das Erfordernis des Einfügens schließt nicht schlechthin aus, etwas zu verwirklichen, was es in der Umgebung bisher nicht gibt. [...] Das Erfordernis des Einfügens hindert nicht schlechthin daran, den vorgegebenen Rahmen zu überschreiten. Aber es hindert daran, dies in einer Weise zu tun, die [...] geeignet ist, bodenrechtlich beachtliche und erst noch ausgleichsbedürftige Spannungen zu begründen oder die vorhandenen Spannungen zu erhöhen."

Es kommt also maßgeblich auf die städtebaulichen Spannungen an, die das Vorhaben in seine Umgebung trägt. Dabei wird auch hier der sich durch das ganze Bauplanungsrecht ziehende Grundsatz offenkundig, gegenläufige Nutzungskonflikte zu vermeiden.[113] Nachdem dies auch der beherrschende Gedanke der Baunutzungsverordnung ist, kann er im heterogenen Innenbereich jedenfalls als Auslegungshilfe für den Begriff des Einfügens herangezogen werden.[114]

b. Flüchtlingsunterkünfte im heterogenen Innenbereich

Hinsichtlich der städtebaulichen Spannungen im Zusammenhang mit Flüchtlingsunterkünften ist gedanklich zwischen den Nutzungskonflikten zu differenzieren, die von einer Flüchtlingsunterkunft ausgehen und die auf eine Flüchtlingsunterkunft einwirken. In gewerblich geprägten Bereichen geht es vorwiegend um die auf eine Flüchtlingsunterkunft einwirkenden Immissionen, während es in den durch Wohnnutzung geprägten Bereichen vornehmlich auf die von einer Flüchtlingsunterkunft ausgehenden Emissionen ankommt.

---

[113] *BVerwG*, Urt. v. 16.09.1993 – 4 C 28/91 = NJW 1994, 1546.
[114] So bereits *BVerwG*, Urt. v. 23.04.1969 – IV C 12.67 = DÖV 1969, 731; *Dürr*, in: Brügelmann, BauGB, § 34 Rn. 49.

aa. Flüchtlingsunterkünfte im gewerblich geprägten Innenbereich

In Bereichen, die mangels einer homogenen Bebauung in Bezug auf die Art der baulichen Nutzung kein Gewerbe- oder Industriegebiet i.S.d. Baunutzungsverordnung darstellen und sich demnach nicht nach § 34 II BauGB beurteilen, gleichwohl aber durch eine gewerbliche Nutzung samt der charakteristischen Immissionsbelastungen und einem entsprechenden Störpotential geprägt sind, ist eine Flüchtlingsunterkunft mit entsprechender „Wohnkomponente" regelmäßig unzulässig. Das folgt aus den Wertungen der – jedenfalls als Auslegungshilfe dienenden – Baunutzungsverordnung und der in diesem Zusammenhang ergangenen Rechtsprechung zur (abstrakten) Gebietsunverträglichkeit von wohnähnlicher Nutzung im Gewerbe- und Industriegebiet.[115]

bb. Flüchtlingsunterkünfte in dem durch Wohnnutzung geprägten Innenbereich

In Bereichen, die vorwiegend durch eine Wohnnutzung geprägt sind, werden die städtebaulich relevanten Spannungen regelmäßig nicht auf die Flüchtlingsunterkunft einwirken, sondern umgekehrt von dieser auf die umliegende Wohnbebauung ausgehen. Maßgeblich, weil im Einzelfall unzumutbar i.S.d. Rücksichtnahmegebots, sind dabei aber nur solche von der baulichen Anlage und ihrer Nutzung ausgehenden Einwirkungen, die spürbar über das Maß dessen hinausgehen, womit ein nicht überdurchschnittlich empfindlicher Bewohner der näheren Umgebung unter Berücksichtigung der konkreten Gebietszusammensetzung rechnen muss. Dabei sind von vornherein jedoch nur städtebauliche Gesichtspunkte zu berücksichtigen, die bodenrechtlich relevant sind.[116] Fraglich ist daher, welche von einer Flüchtlingsunterkunft ausgehenden Nachteile oder Belästigungen städtebauliche Relevanz besitzen.

(1) Finanzielle Belange der Nachbarn

Ein nicht unbeachtlicher Teil der deutschen Bevölkerung empfindet eine Flüchtlingsunterkunft in seiner näheren Umgebung als störend und würde es vorziehen, in einer Gegend ohne eine derartige Anlage zu wohnen.[117] Nach einer repräsentativen *Forsa*-Umfrage für den *stern* im Juli 2015 befürworteten 58 Prozent der

---

[115] Vgl. dazu ausführlich weiter unten auf S. 57 ff.
[116] *BVerwG*, Beschl. v. 11.12.2006 – 4 B 72.06 = NVwZ 2007, 336.
[117] *Pergande, Frank*: „Der Widerstand wächst", in: Frankfurter Allgemeine, vom 30.10.2015, abrufbar unter: http://www.faz.net/aktuell/politik/fluechtlingskrise/hamburger-klagen-gegen-fluechtlings-

Bundesbürger den Vorschlag des baden-württembergischen Ministerpräsidenten *Winfried Kretschmann*, Flüchtlinge vermehrt in ländlichen Gebieten unterzubringen.[118] Diese Umfrage verdeutlicht das Meinungsbild einer Mehrheit der Deutschen, die zwar – in Übereinstimmung mit den etablierten deutschen Parteien – prinzipiell eine gewisse Verantwortung der Allgemeinheit bei der Unterbringung von Flüchtlingen und Asylbegehrenden durchaus erkennen, aber nach dem St. Florians-Prinzip eben nur dann, wenn dies nicht in ihrer eigenen Nachbarschaft vonstattengeht.[119] In einer Marktwirtschaft bestimmen Angebot und Nachfrage den Preis und damit auch den Wert eines Grundstücks. Sinkt die – erwerbs- oder mietbezogene – Nachfrage nach Grundstücken, in deren näherer Umgebung eine Flüchtlingsunterkunft angesiedelt wurde, dann hat dies die Wertminderung entsprechender Grundstücke zur Folge. Fraglich ist jedoch, ob eine Wertminderung infolge einer Nachbarbebauung mit Flüchtlingsbezug bodenrechtliche Relevanz haben kann.

Grundsätzlich kann einer derartigen Wertminderung im Rahmen der bauplanungsrechtlichen Zumutbarkeitsprüfung keine städtebauliche Relevanz beigemessen werden. Denn letztlich kann sich jede Nachbarbebauung auf den Wert der umliegenden Grundstücke auswirken. Auch ein Wohnhaus ohne Flüchtlingsbezug kann dem Nachbarn seine schöne Aussicht nehmen. Eine Wertminderung des Grundstücks als Folge der Verwirklichung eines Bauvorhabens ist weder als solche eine Rechtsverletzung noch begründet sie die Verletzung des Rücksichtnahmegebotes.[120] Einen allgemeinen Rechtssatz des Inhalts, dass der Einzelne vor jeglicher Wertminderung bewahrt werden muss, gibt es nicht, auch nicht im Bauplanungsrecht.[121] Eine – als störend empfundene – Nachbarbebauung stellt vielmehr den Verlust eines bloßen Lagevorteils dar, der aber für sich genommen keine schützenswerte Rechtsposition begründet.[122] Es handelt sich dabei nur um eine reine Chance, deren Verlust im Rahmen der Sozialbindung des Eigentums

---

unterkuenfte-13883502.html; *Stoll, Johann*: „Bloß keine Flüchtlinge als Nachbarn", in: Augsburger Allgemeine Online, vom 28.01.2016, abrufbar unter: http://www.augsburger-allgemeine.de/mindelheim/Bloss-keine-Fluechtlinge-als-Nachbarn-id36744057.html.

[118] „Wohin mit den Flüchtlingen? Aufs Land!", in: Stern.de, vom 22.07.2015, abrufbar unter: https://www.stern.de/politik/deutschland/fluechtlinge-sollten-auch-auf-dem-land-untergebracht-werden-6354626.html.

[119] So im Ergebnis auch: *Scheidler*, KommP BY 2015, 134 (134); *Petersen*, KommP BY 2015, 10 (10).

[120] *OVG Hamburg*, Beschl. v. 12.01.2015 – 2 Bs 247/14 = BeckRS 2015, 52957; *VG München*, Urt. v. 14.09.2017 – M 11 K 16.5153 = BeckRS 2017, 138286; *Bienek/Reidt*, BauR 2015, 422 (433).

[121] *BVerwG*, Beschl. v. 13.11.1997 – 4 B 195/97 = NVwZ-RR 1998, 540.

[122] *BVerfG*, Beschl. v. 11.09.1990 – 1 BvR 988/90 = NVwZ 1991, 358; *BVerwG*, Beschl. v. 11.05.1999 – 4 VR 7-99 = NVwZ 1999, 1341.

regelmäßig entschädigungslos hingenommen werden muss. Mangels konkretem Bestand ist ein bloßer Lagevorteil nicht „erworben" i.S.v. Art. 14 GG und damit grundsätzlich nicht von der Eigentumsgarantie umfasst.

Eine Wertminderung des Grundstücks als Folge der Verwirklichung eines Nachbarbauvorhabens kann ausnahmsweise dann relevant werden, wenn diese die Folge einer dem betroffenen Nachbarn unzumutbaren Beeinträchtigung der Nutzungsmöglichkeit seines Grundstücks ist.[123] Dies kann aber nur in den seltensten Ausnahmefällen in Betracht kommen.

(2) Fremde, unbekannte oder „unschöne" Lebensweise

Auch eine fremde oder unbekannte – sich von den Ortsansässigen abhebende – Lebensweise stellt keinen städtebaulich relevanten Belang dar. In der Folge muss auch diese generell hingenommen werden. Denn nach der höchstrichterlichen Rechtsprechung des *Bundesverwaltungsgerichts* und der ganz herrschenden obergerichtlichen Rechtsprechung gewährt das allgemeine Bauplanungsrecht keinen sog. „Milieuschutz"[124], der als Forderung nach Erhaltung der sozialen Homogenität und dem Fernhalten subjektiv unerwünschter sozialer Einflüsse, Anblicke oder Erscheinungen verstanden werden kann. Die Erhaltung der Zusammensetzung der bisherigen Wohnbevölkerung kann vielmehr nur unter ganz engen Voraussetzungen mithilfe einer sog. Milieuschutzsatzung i.S.v. § 172 I 1 Nr. 2, IV BauGB sichergestellt werden. Denn maßgeblich im Bodenrecht ist nur die äußerliche, städtebauliche Ausstrahlungswirkung des jeweiligen Gebäudes im Ganzen, nicht aber die individuelle Situation, etwa die Herkunft, einzelner Bewohner.[125] Dies folgt schon aus Art. 1 GG und Art. 3 GG. Aus diesem Grund müssen alle diejenigen Einwendungen gegen Flüchtlingsunterkünfte und die dort untergebrachten Personen unberücksichtigt bleiben, die auf die Bewahrung des bisher in jener Gegend bestehenden sozialen Milieus und der nationalen Zusammensetzung der Bevölkerung abzielen.[126]

---

[123] *BVerwG*, Urt. v. 23.08.1996 – 4 C 13.94 = NVwZ 1997, 384; *VGH München*, Beschl. v. 21.08.2015 – 9 CE 15.1318 = IBR 2015, 630; *VG München*, Urt. v. 14.09.2017 – M 11 K 16.5153 = BeckRS 2017, 138286.
[124] *BVerwG*, Urt. v. 23.08.1996 – 4 C 13.94 = NVwZ 1997, 384 in Bezug auf Asylbewerberunterkunft; *VGH München*, Beschl. v. 21.08.2015 – 9 CE 15.1318 = KommJur 2016, 112 in Bezug auf Asylbewerberunterkunft; *BVerwG*, Beschl. v. 06.12.2011 – 4 BN 20.11 = BauR 2012, 621 in Bezug auf Einrichtung für psychisch Kranke; *VGH Kassel*, Beschl. v. 29.11.1989 – 4 TG 3185/89 = NJW 1990, 1131 in Bezug auf Um- und Aussiedlerheim; *Petersen*, KommP BY 2016, 50 (52).
[125] *Blechschmidt*, in: EZBK, BauGB, § 246 Rn. 56a; *Portz/Düsterdiek*, BWGZ 2015, 404 (405); *Battis/Mitschang/Reidt*, NVwZ 2014, 1609 (1610).
[126] *VGH München*, Beschl. v. 21.08.2015 – 9 CE 15.1318 = KommJur 2016, 112.

(3) „Soziale Spannungen"

Darüber hinaus stellt das *VG Hamburg* in diesem Zusammenhang maßgeblich auf das Kriterium der „sozialen Spannungen" ab, die durch die Zulassung einer Flüchtlingsunterkunft hervorgerufen würden. Wörtlich heißt es in der Entscheidung, dass „mit der Anzahl der gemeinsam untergebrachten Personen jeden Alters, zu denen Alleinstehende und Familien unterschiedlicher Herkunft mit ganz unterschiedlichen Ansprüchen an die Unterkunft und unterschiedlichen Lebensgewohnheiten gehören können, [...] die Möglichkeit sich auf das umgebende Wohngebiet störend auswirkender sozialer Spannungen" wächst.[127]

Das Kriterium der „sozialen Spannungen" ist allerdings nicht geeignet, das Merkmal der städtebaulichen Spannungen sinnvoll auszufüllen. Denn zum einen wird nicht ganz klar, was eigentlich unter den sozialen Spannungen genau zu verstehen ist bzw. wer diese festlegt. *Krüper* etwa befürchtet, dass dies durch bestimmte Gruppen von Leuten festgelegt werden könnte, die über ausreichend sozialen Einfluss verfügen und das Ansiedeln von Flüchtlingsunterkünften als sozial problematisch halten.[128] Zum anderen werden mit dem Begriff der sozialen Spannungen offenkundig lediglich andere, bodenrechtlich anerkannte und insoweit trennbare städtebauliche Belange ohne Notwendigkeit vermengt. Aus diesem Grund hat auch der *VGH München* völlig zu Recht erkannt, dass „soziale Konflikte" als Folge der Flüchtlingsunterbringung bodenrechtlich nicht relevant sind.[129] In diese Richtung geht auch ein Urteil des *VG München*, wenn es den Vortrag, dass „aufgrund der räumlichen Enge und im Hinblick auf die Anzahl der Unterzubringenden der Gemeinschaftsunterkunft mit ständigen Konfliktsituationen zu rechnen sei", nicht als – eigenständigen – städtebaulich relevanten Belang betrachtet.[130] Die sozialen Spannungen sind meines Erachtens nichts anderes als eine Kombination aus menschlichem Lärm und sonstigem rechtswidrigen Nutzerverhalten, die beide selbstständig bodenrechtliche Relevanz haben können.[131] Bereits im Jahre 1987 beschrieb das *OVG Berlin* sehr anschaulich, was offenkundig unter den genannten „sozialen Problemen" in Bezug auf Asylbewerberunterkünfte zu verstehen ist.[132] Im Einzelnen heißt es dort:

---

[127] *VG Hamburg*, Beschl. v. 22.01.2015 – 9 E 4775/14, abrufbar unter: http://justiz.hamburg.de/contentblob/4440318/data/9-e-4775-14-beschluss-vom-22-01-2015.pdf.
[128] *Krüper*, DÖV 2016, 793 (801).
[129] *VGH München*, Beschl. v. 21.08.2015 – 9 CE 15.1318 = KommJur 2016, 112.
[130] *VG München*, Beschl. v. 25.11.2014 – M 8 SN 14.4862 = BeckRS 2015, 43642.
[131] Vgl. dazu sogleich unter Ziffer (4) auf S. 32 ff.
[132] *OVG Berlin*, Beschl. v. 02.06.1987 – 2 S 38.87 = NVwZ 1988, 264.

„*Da [die Asylbewerber aufgrund dahingehender gesetzlicher Bestimmungen nicht arbeiten dürfen und] aus diesem Grunde mehr als üblich auf einen ständigen Aufenthalt im Heim oder in dessen näherer Umgebung angewiesen sind, werden für sie auch die relativ beengten räumlichen Verhältnisse des Heims besonders spürbar sein, zumal sich dabei spezifische Konfliktsituationen aus dem unfreiwilligen, nahen Zusammenleben Angehöriger verschiedener Nationalitäten und Religionen ergeben und eine Verständigung mit den Bewohnern der Umgebung zumeist nur durch die Vermittlung eines Deutsch Sprechenden möglich ist. Die Folge hiervon kann [...] eine gesteigerte Auffälligkeit des Heimbetriebs für die Umgebung sein, die sich darin äußert, dass die Lebensaktivitäten der Heimbewohner stärker als gewöhnlich bei den Bewohnern der Wohngebäude dieses Gebietes und namentlich wegen eines teilweise abweichenden Lebensrhythmus häufiger auch bis in die Abend- und Nachtstunden sowie an Sonn- und Feiertagen nach außen dringen. Dazu gehören die [...] geräuschintensiven Lebensäußerungen der im Heim untergebrachten Asylbewerber im Haus, im Garten und vor dem Grundstück, das laute Sprechen und das Spielen von Phonogeräten bei geöffneten Fenstern; zuweilen können sich auch die durch das enge Zusammenleben hervorgerufenen Spannungen in lautstarken Auseinandersetzungen entladen. Darüber hinaus kann sich aus der durch die unfreiwillige und im wesentlichen fremdbestimmte Unterbringung der Asylbewerber in dem Heim bedingten geringeren inneren Beziehung zu dieser Wohngegend auch die Neigung einzelner der Heiminsassen zu einem sorgloseren Umgang mit Abfällen aller Art in der näheren Umgebung des Grundstücks ergeben. [...] Dabei können sich auch immer wieder Schwierigkeiten, dieses Verhalten zu beeinflussen oder für dahingehende Beschwerden Gehör zu finden, aus der erwähnten Sprachbarriere ergeben.*"

Nachfolgend ist also zu prüfen, inwieweit menschlicher Lärm und ein rechtswidriges Nutzverhalten im konkreten Einzelfall städtebaulich zu beachtende Belange darstellen können.

(4) Menschlicher Lärm und sonstiges rechtswidriges Nutzerverhalten

Während es sich bei der Zunahme der verkehrsbedingten Immissionen, die beispielsweise durch die Bustransporte der Flüchtlinge zu und von den „größeren" Einrichtungen ausgelöst wird, unstreitig um einen bodenrechtlich beachtenswerten Belang handelt,[133] stellt sich die Sache bei personenbedingtem Lärm und sonstigem rechtswidrigen Nutzerverhalten etwas komplizierter dar. Ein (sonstiges) rechtswidriges Nutzerverhalten ist – über das menschliche Lärmen hinaus –

---

[133] Petersen, KommP BY 2016, 50 (52).

etwa die Verunreinigung der Umgebung oder eine ansteigende Sexual- und Eigentumskriminalität.[134] In Bezug auf deren städtebauliche Relevanz kann zunächst einmal keine pauschale Aussage getroffen werden. Vielmehr ist – wie so oft in der Rechtswissenschaft – zu differenzieren. Maßgebliches Abgrenzungskriterium ist dabei das „baurechtliche Nutzungskonzept und das dadurch *typischerweise* verursachte Störpotenzial".[135]

Hält sich das „*typischerweise* zu erwartende Maß"[136] der – durch die betreffende Flüchtlingsunterkunft verursachten – Störung im Rahmen dessen, was den Nachbarn im jeweiligen Gebiet als sozialadäquat noch zugemutet werden kann[137], überschreitet aber das *im konkreten Einzelfall verursachte Nutzerverhalten „einzelner Bewohner"*[138] dieses Maß an Störung in unzumutbarer Weise, dann hat diese Lärmbelästigung bzw. das sonstige rechtswidrige Nutzerverhalten keine bodenrechtliche Relevanz. Eine über das typischerweise zu erwartende Maß hinausgehende Ruhestörung stellt – wie etwa auch eine entsprechende Verunreinigung der Umgebung – ein rechtswidriges Verhalten einzelner Bewohner dar. Dieses ist bodenrechtlich nicht relevant. Hiergegen ist vielmehr mit Mitteln des Polizei- und Ordnungsrechts sowie des zivilen Nachbarrechts vorzugehen.[139] Denn maßgeblich im Bodenrecht ist das baurechtliche Nutzungskonzept und das dadurch typischerweise verursachte Störpotenzial, nicht jedoch das individuelle und störende bzw. als – mehr oder weniger – störend empfundene Verhalten einzelner Bewohner.[140] Die im Bauplanungsrecht – regelmäßig im Zusammenhang

---

[134] *Hornmann*, in: BeckOK BauNVO, § 3 Rn. 222.
[135] *VGH Kassel*, Beschl. v. 18.9.2015 – 3 B 1518/15 = NVwZ 2016, 88; *BVerwG*, Beschl. v. 31.07.2013 – 4 B 8/13 = BauR 2013, 1996.
[136] Darauf abstellend auch *Blechschmidt*, in: EZBK, BauGB, § 246 Rn. 59a.
[137] Nach der Rechtsprechung sind jedenfalls die typischen Lebensäußerungen von Menschen – seien es laute Gespräche, auch über das Mobiltelefon, seien es laute Zurufe, wie sie gerade in anderen Kulturkreisen besonders ausgeprägt sind – regelmäßig noch im Rahmen dessen, was als sozialadäquat noch zugemutet werden kann (vgl. *OVG Münster*, Beschl. v. 22.12.2015 – 7 B 1200/15.NE = BauR 2016, 640; *VGH München*, Urt. v. 13.09.2012 – 2 B 12.109 = BauR 2013, 200; *VGH München*, Beschl. v. 21.08.2015 – 9 CE 15.1318 = KommJur 2016, 112). Und auch das Abspielen von Audiogeräten, der in erhöhter Lautstärke laufende Fernseher sowie das Kochen bei offenem Fenster sind – selbst in reinen Wohngebieten – im Rahmen der Sozialadäquanz typischerweise hinzunehmende Wohngeräusche (vgl. *VGH München*, Urt. v. 13.09.2012 – 2 B 12.109 = BauR 2013, 200; *VGH München*, Beschl. v. 21.08.2015 – 9 CE 15.1318 = KommJur 2016, 112).
[138] *VGH Kassel*, Beschl. v. 03.03.2016 – 4 B 403/16 = NVwZ 2016, 1101.
[139] *BVerwG*, Beschl. v. 06.12.2011 – 4 BN 20/11 = BauR 2012, 621; *VGH München*, Urt. v. 14.02.2018 – 9 BV 16.1694 = BauR 2018, 943; *OVG Münster*, Urt. v. 10.04.2014 – 7 D 100/12.NE = BauR 2014, 1113; *VGH München*, Urt. v. 13.09.2012 – 2 B 12.109 = BauR 2013, 200; *VGH Kassel*, Beschl. v. 18.9.2015 – 3 B 1518/15 = NVwZ 2016, 88; *Blechschmidt*, in: EZBK, BauGB, § 246 Rn. 59a; *Bienek/Reidt*, BauR 2015, 422 (433).
[140] *BVerwG*, Urt. v. 25.11.1983 – 4 C 21.83 = NJW 1984, 1574; *OVG Berlin*, Beschl. v. 02.06.1987 – 2 S 38.87 = NVwZ 1988, 264; *VGH Kassel*, Beschl. v. 18.9.2015 – 3 B 1518/15 = NVwZ 2016, 88.

mit dem Rücksichtnahmegebot – verwendeten Begriffe der Belästigung oder Störung umfassen nämlich nur solche Beeinträchtigungen, aus denen Konflikte zu anderen Nutzungsarten, insbesondere zur Wohnnutzung, entstehen können und die durch räumliche Trennung und Gliederung der widerstreitenden Nutzungsarten, insbesondere durch deren Verweisung in ein anderes Gebiet, gelöst werden können.[141] Die Konflikte, die infolge eines rechtswidrigen Nutzerverhaltens zu erwarten sind, lassen sich auf diese Weise aber gerade nicht lösen. Eine Verweisung in ein anderes Baugebiet wäre sinnlos, da sich die Störungen in vergleichbarer Art grundsätzlich auch in jedem anderen Baugebiet ergeben würden. Der Schutz vor Auswirkungen rechtswidrigen Verhaltens ist daher nicht Aufgabe des Bauplanungsrechts. Vielmehr muss hiergegen – wie bereits angedeutet – mit Mitteln des Polizei- und Ordnungsrechts oder des zivilen Nachbarrechts vorgegangen werden. Eingängig wird der Grundsatz, dass es im Bodenrecht nicht auf das störende Verhalten einzelner Bewohner, sondern auf das baurechtliche Nutzungskonzept und das dadurch typischerweise verursachte Störpotenzial ankommt, auch am Beispiel einer Ruhestörung durch einen Nichtflüchtling. Kommt es etwa bei einer abendlichen Gartenparty zu einer Lärmbelästigung der Nachbarn, da die dort verursachten menschlichen Immissionen über das typischerweise zu erwartende und im Rahmen der Sozialadäquanz hinzunehmende Maß hinausgehen, dann ist die Folge davon regelmäßig eine polizeiliche Rüge, in Ausnahmefällen auch eine Geldbuße. Es disqualifiziert die Verursacher des Lärms jedoch – rechtlich – nicht, im jeweiligen Baugebiet bzw. bodenrechtlichen Bereich zu wohnen.

Überschreitet hingegen bereits das *typischerweise*, bei bestimmungsgemäßer Nutzung zu erwartende Maß an menschlichem Lärm bzw. sonstigem, rechtswidrigen Nutzerverhalten die Unzumutbarkeitsschwelle im jeweiligen Gebiet, dann ist diese Beeinträchtigung ohne weiteres Gegenstand einer bauplanungsrechtlichen Betrachtung.[142] Der menschliche Lärm berührt in diesem Fall den bodenrechtlichen Belang der gesunden Wohn- und Arbeitsverhältnisse i.S.v. § 1 VI Nr. 1 BauGB.[143] Für den Innenbereich ist deren Beachtung sogar ausdrücklich in § 34 I 2 HS. 1 BauGB festgeschrieben. Das sonstige rechtswidrige Nutzerverhalten kann den städtebaulichen Belang der gesunden Wohn- und Arbeitsverhältnisse bzw. der Sicherheit der Wohn- und Arbeitsbevölkerung gem. § 1 VI Nr. 1

---

[141] *BVerwG*, Urt. v. 25.11.1983 – 4 C 21.83 = NJW 1984, 1574; *OVG Lüneburg*, Urt. v. 29.06.1989 – 1 A 61/87 = BRS 49 Nr.59.
[142] *Decker*, in: Schiwy, BauGB, § 246 Rn. 66.
[143] *BVerwG*, Urt. v. 12.09.2013 – 4 C 8.12 = BauR 2014, 210.

BauGB und § 34 I 2 HS. 1 BauGB sowie den städtebaulichen Belang der Erhaltung sozial stabiler Bewohnerstrukturen i.S.v. § 1 VI Nr. 2 BauGB berühren. Dass eine Flüchtlingsunterkunft typischerweise und auch bei bestimmungsgemäßer Nutzung mehr Lärm und häufig auch ein Mehr an rechtswidrigem Nutzerverhalten hervorruft als ein Wohnheim ohne Flüchtlingshintergrund, zeigt die Erfahrung. Denn für die meisten der untergebrachten Flüchtlinge stellt die ihnen zugewiesene Unterkunft – unter anderem schon mangels Arbeitserlaubnis – ganztägig ihren räumlichen Lebensmittelpunkt dar.[144] Demgegenüber sind Berufstätige, aber auch Studenten, Schüler oder Auszubildende – jedenfalls werktäglich – während der Arbeits-, Studien- und Schulzeiten sowie zu den Ferienzeiten regelmäßig nicht in ihren Wohnungen und können deswegen insoweit auch nicht „stören".[145]

Welches Maß an Störung von der betreffenden Flüchtlingsunterkunft typischerweise zu erwarten ist, hängt maßgeblich von der Größe der Anlage und der Anzahl der Belegplätze bzw. der Unterbringungsdichte ab. Eine Flüchtlingsunterkunft fügt sich in Gebiete, die einem reinen und allgemeinen Wohngebiet sowie einem Kleinsiedlungsgebiet gleichen, regelmäßig nur dann ein, wenn es sich um eine „kleine" Einrichtung handelt.[146] Als eine Orientierungshilfe können hierbei ausgewählte Entscheidungen der oberverwaltungsgerichtlichen Rechtsprechung zu Baugebieten i.S.d. Baunutzungsverordnung dienen, da die Baunutzungsverordnung im Rahmen des heterogenen Innenbereichs i.S.v. § 34 I BauGB immerhin als Richtlinie und Auslegungshilfe herangezogen werden kann.[147] Danach ist zum Beispiel eine Einrichtung zur Unterbringung von 220 Flüchtlingen in einem ehemaligen Kreiswehrersatzamt in einem reinen Wohngebiet nicht gebietsverträglich. Gleiches gilt für eine Gemeinschaftsunterkunft mit ca. 50 Plätzen.[148] Demgegenüber wurde eine Asylbewerberunterkunft für ca. 25 Personen in einem reinen Wohngebiet als (noch) gebietsverträglich angesehen.[149] Und in einem allgemeinen Wohngebiet hat das *OVG Berlin* die Unzumutbarkeitsschwelle bei einer Unterkunft für 39 Asylbewerber als noch nicht überschritten betrachtet.[150] In

---

[144] *Bienek*, SächsVBl 2015, 129 (130).
[145] *VGH Mannheim*, Beschl. v. 09.04.2014 – 8 S 1528/13 = NVwZ-RR 2014, 752.
[146] *VG Hamburg*, Beschl. v. 22.01.2015 – 9 E 4775/14, abrufbar unter: http://justiz.hamburg.de/contentblob/4440318/data/9-e-4775-14-beschluss-vom-22-01-2015.pdf; *VGH Mannheim*, Beschl. v. 06.10.2015 – 3 S 1695/15 = NVwZ 2015, 1781, der ebenfalls auf den räumlichen Umfang und die Zahl der untergebrachten Asylbewerber abstellt. Auch *Hornmann*, in: BeckOK BauNVO, § 3 Rn. 184; *Petersen*, KommP BY 2016, 50 (52).
[147] *BVerwG*, Urt. v. 23.04.1969 – IV C 12.67 = DÖV 1969, 731.
[148] *VGH Mannheim*, Beschl. v. 19.05.1989 – 8 S 555/89 = BauR 1989, 584.
[149] *VGH Kassel*, Beschl. v. 18.9.2015 – 3 B 1518/15 = NVwZ 2016, 88.
[150] *OVG Berlin*, Beschl. v. 02.06.1987 – 2 S 38.87 = NVwZ 1988, 264.

der Praxis spielen aber regelmäßig größere Einrichtungen eine Rolle, die eine
Vielzahl von Flüchtlingen gleichzeitig aufnehmen können. Diese sind im heterogenen Innenbereich in durch Wohnnutzung geprägten Gebieten nach den allgemeinen bauplanungsrechtlichen Regelungen regelmäßig unzulässig.

(5) Gefahr terroristischer Anschläge

Fraglich ist, ob auch mögliche Risiken terroristischer Anschläge für die Nachbarschaft einer Flüchtlingsunterkunft einen städtebaulich bedeutsamen Belang darstellen können.

Bei diplomatischen Einrichtungen bilden nach Meinung des *Bundesverwaltungsgerichts* mögliche Gefahren für deren Nachbarschaft durch terroristische Anschläge einen wichtigen Aspekt, der bei der Erteilung einer Baugenehmigung für eine diplomatische Vertretung zu beachten ist, selbst wenn die Gefahr von Anschlägen im konkreten Fall als unwahrscheinlich einzuschätzen ist.[151] Dabei gilt es zu berücksichtigen, dass insoweit nicht nur Konsulate mit innerstaatlichen Konflikten, sondern auch solche mit zwischenstaatlichen Konflikten, gemeint sein können, da beide eine – gegenüber sonstigen Anlagen – erhöhte Anschlagsgefahr in sich bergen.[152] Den Gefährdungen durch terroristische Anschläge kann nicht nur durch Maßnahmen polizeilicher Art, sondern muss gerade auch durch bodenordnende und damit städtebauliche Maßnahmen begegnet werden. Solche Gefahren stellen also einen städtebaulichen Belang i.S.v. § 1 VI Nr. 1 BauGB dar, der in die Entscheidung über die Genehmigungserteilung miteinzubeziehen ist.[153]

Erfahrung und Statistik zeigen aber, dass in der näheren Umgebung einer Flüchtlingsunterkunft die Gefahr eines terroristischen Anschlags mit islamistischem Hintergrund jedenfalls nicht höher ist als anderswo im Bundesgebiet. Dies gilt umso mehr, als nach den bisherigen Erkenntnissen Flüchtlingsunterkünfte oder deren nähere Umgebung nicht Ziel von islamistischen Anschlägen waren, sondern vor allem Einrichtungen, die vorwiegend von Angehörigen westlicher Bevölkerungsgruppen genutzt und besucht werden. Insoweit greift der Vergleich zwischen Flüchtlingsunterkünften und diplomatischen Einrichtungen nicht.

Kaum Bedeutung geschenkt wurde bislang aber dem Umstand, dass für die Nachbarschaft einer Flüchtlingsunterkunft eine konkrete Gefahr eines terroristischen

---

[151] *BVerwG*, Urt. v. 25.01.2007 – 4 C 1/06 = NVwZ 2007, 587 für den Fall eines türkischen Konsulats in einem allgemeinen Wohngebiet.
[152] *Dürr*, in: Brügelmann, BauGB, § 31 Rn. 19.
[153] *Henkel*, in: BeckOK BauNVO, § 15 Rn. 56.

Anschlages ausgehen kann, und zwar nicht selten mit einem rechtsextremen Hintergrund. Nach den amtlichen Zahlen des Bundeskriminalamtes gab es in den Jahren 2015 und 2016 jährlich immerhin etwa 1000 Anschläge auf Flüchtlingsunterkünfte, vor allem Brand- und Sprengstoffanschläge.[154] Insbesondere bei Brand- und Sprengstoffanschlägen ist die Gefahr für die Nachbarschaft einer Flüchtlingsunterkunft jedoch besonders hoch. Dieses nicht unerheblich erhöhte Risiko und die damit verbundene Gefahr für Leben und Gesundheit muss demnach einen städtebaulich bedeutsamen Belang i.S.v. § 1 VI Nr. 1 BauGB darstellen, der bei der Genehmigungserteilung für die Flüchtlingsunterkunft im Rahmen des Rücksichtnahmegebots mitabzuwägen ist.

3. Zulässigkeit in Wohn- und Mischgebieten und damit in Baugebieten i.S.d. Baunutzungsverordnung, die zumindest auch dem Wohnen dienen

Die Zulässigkeit von Vorhaben in faktischen[155] oder förmlichen[156] Baugebieten beurteilt sich hinsichtlich der Art der baulichen Nutzung nach den Vorschriften der §§ 2 bis 14 BauNVO.

In einem ersten Schritt ist dabei die Frage zu klären, in welchem der Baugebiete nach den §§ 2 bis 11 BauNVO sich das konkrete Vorhaben tatsächlich befindet. In einem zweiten Schritt muss sodann die Art der baulichen Nutzung festgestellt werden, wobei es sich bei einer Flüchtlingsunterkunft regelmäßig nur um eine Wohnnutzung oder um eine Anlage für soziale Zwecke handeln kann. In einem dritten Schritt ist schließlich zu klären, ob die jeweilige Nutzung im jeweiligen Baugebiet zulässig ist.

a. Flüchtlingsunterbringung als Wohnnutzung i.S.d. Baunutzungsverordnung

Sofern es sich bei den Flüchtlingsunterkünften um Wohngebäude oder Wohnungen[157] handelt, sind derartige Nutzungen in Kleinsiedlungsgebieten, in reinen, all-

---

[154] „Hohe Zahl von Anschlägen auf Flüchtlingsheime", in: Spiegel Online, vom 28.12.2016, abrufbar unter: http://www.spiegel.de/politik/deutschland/rechtsextremismus-zahl-der-anschlaege-auf-fluechtlingsheime-bleibt-hoch-a-1127814.html; „Weniger Angriffe auf Flüchtlingsunterkünfte", in: Zeit Online, vom 09.05.2017, abrufbar unter: http://www.zeit.de/gesellschaft/zeitgeschehen/2017-05/rechtsextremismus-angriffe-fluechtlingsheime-anschlaege-quartal-2017.
[155] Dabei handelt es sich um Innenbereichsflächen mit homogener Bebauung i.S.v. § 34 II BauGB.
[156] Förmliche Baugebiete sind solche, die durch einen Bebauungsplan festgesetzt wurden.
[157] Die bauplanungsrechtlichen Begriffe des Wohngebäudes und der Wohnung stehen selbstständig nebeneinander. Während in den §§ 2 bis 6a BauNVO regelmäßig von Wohngebäuden die Rede ist, spricht § 7 BauNVO ausschließlich von Wohnungen. Bei einem Wohngebäude dient die bauliche Anlage als Ganzes dem dauernden Wohnen. Demgegenüber umschreibt der Begriff der Wohnung

gemeinen und besonderen Wohngebieten, in Dorf- und Mischgebieten sowie in urbanen Gebieten[158] nach Maßgabe der Festsetzungen des Bebauungsplans allgemein zulässig. In Kerngebieten sind Wohnungen – sofern sie nicht für Aufsichts- und Bereitschaftspersonen sowie für Betriebsleiter i.S.v. § 7 II Nr. 6 BauNVO bestimmt sind – gem. § 7 II Nr. 7 BauNVO allgemein zulässig, wenn sie durch entsprechende Festsetzungen in Bebauungsplänen vorgesehen sind. Im Übrigen können Wohnungen in Kerngebieten aber immerhin ausnahmsweise zugelassen werden, wie sich aus § 7 III Nr. 2 BauNVO ausdrücklich ergibt. In den anderen Gebietstypen der Baunutzungsverordnung ist die Wohnnutzung demgegenüber nicht – und zwar auch nicht ausnahmsweise – zulässig.[159]

Maßgeblich ist in diesem Zusammenhang einzig und allein die Frage, ob Flüchtlinge und Asylbewerber aber überhaupt im bauplanungsrechtlichen Sinne „wohnen" können bzw. wie „Flüchtlingswohnen" rechtlich zu qualifizieren ist. Diese Problematik ist sowohl in der Literatur als auch in der obergerichtlichen Rechtsprechung heftig umstritten. Da diese Frage im weiteren Verlauf der Arbeit immer wieder von Bedeutung sein wird, soll – in Anlehnung an die methodische Klammertechnik, wonach die gemeinsamen Faktoren „vor die Klammer gezogen" werden – bereits an dieser Stelle eine umfassende Auseinandersetzung mit dieser Thematik erfolgen. Eine höchstrichterliche Klärung dieser Frage steht noch aus. Das *Bundesverwaltungsgericht* hat es bisher ausdrücklich offengelassen, ob die Unterbringung von Asylbewerbern generell oder jedenfalls im konkreten Fall als Wohnnutzung einzustufen ist.[160] In einem Urteil aus dem Jahre 1998 führt es allerdings aus, dass eine Asylbewerberunterkunft zwar „nicht dem Typ des Wohnens im allgemeinen [bau-

---

die dem Wohnen dienende selbstständige Wohneinheit, die ihrerseits mindestens eine Kochgelegenheit, ein Bad mit Toilette und einen Abstellraum voraussetzt. Ein Wohngebäude muss demnach nicht unbedingt Wohnungen enthalten. Deutlich wird dies etwa bei einem Wohnheim, das bei entsprechender Ausgestaltung mit Gemeinschaftsküche und gemeinschaftlichen Sanitärräumen in seiner Gesamtheit zwar ein Wohngebäude sein kann, nicht jedoch aus einzelnen Wohnungen besteht. Vgl. dazu *Stock*, in: König/Roeser/Stock, BauNVO, § 3 Rn. 21 und 34.

[158] Durch das „Gesetz zur Umsetzung der Richtlinie 2014/52/EU im Städtebaurecht und zur Stärkung des neuen Zusammenlebens in der Stadt" vom 04.05.2017 (BGBl. I S. 1057) wurde die neue Baugebietskategorie der „urbanen Gebiete" in den Katalog der Baunutzungsverordnung aufgenommen. Diese soll es den Kommunen ermöglichen, das Bauen in stark verdichteten städtischen Gebieten zu erleichtern. Ausweislich der Gesetzesmaterialien wird damit bezweckt, zu einer „nutzungsgemischten Stadt der kurzen Wege" beizutragen und eine höhere Bebauungsdichte zu ermöglichen. Vgl. hierzu BT-Drs. 18/11439, S. 6.

[159] Ausnahmen davon gelten nur bei Wohnungen für Aufsichts- und Bereitschaftspersonen sowie für Betriebsleiter in Gewerbe- und Industriegebieten gem. § 8 III Nr. 1 und § 9 III Nr. 1 BauNVO.

[160] *BVerwG*, Beschl. v. 04.06.1997 – 4 C 2/96 = NVwZ 1998, 173.

planungsrechtlichen] Verständnis entspricht, [aber] [...] die Nutzung jedoch zumindest dem Wohnen (im engeren Sinne) ähnlich" ist.[161] Eine allgemeingültige Beantwortung dieser Frage ist auch hier wieder nicht möglich. Vielmehr kommt es ausschließlich auf die Umstände des konkreten Einzelfalles an. Im Einzelnen:

aa. Beurteilung in der oberverwaltungsgerichtlichen Rechtsprechung und in der Literatur

In der oberverwaltungsgerichtlichen Rechtsprechung und der Literatur haben sich insoweit zwei gegensätzliche Strömungen herausgebildet.

Auf der einen Seite stehen der *VGH München*[162] und das *OVG Hamburg*[163], welche – schon aufgrund des fremdbestimmten Unterbringungscharakters – die Möglichkeit ablehnen, dass Flüchtlinge oder Asylbegehrende im bauplanungsrechtlichen Sinne „wohnen" können. Begründet wird dies damit, dass bereits der Umstand, dass der Aufenthalt von Flüchtlingen in entsprechenden Unterkünften nicht freiwillig sei, sondern auf einer Zuweisungsentscheidung der zuständigen Behörde beruhe und damit fremdbestimmt sei, dazu führe, dass es sich um Anlagen für soziale Zwecke handle. Nach dieser Auffassung wäre zwar auch eine Unterbringung in Wohngebäuden denkbar. Allerdings würde sich in solchen Fällen die Nutzungskategorie des Wohnens im Wege einer Nutzungsänderung in die Nutzungsart der Anlage für soziale Zwecke wandeln, sodass es dann bauplanungsrechtlich mangels Wohnnutzung gar kein Wohngebäude mehr wäre.[164] Auch Teile der Literatur stehen hinter dieser Auffassung.[165]

Auf der anderen Seite wird von der Mehrheit der deutschen Oberverwaltungsgerichte die Auffassung vertreten, dass Flüchtlinge und Asylbewerber in entsprechenden Unterkünften durchaus „wohnen" können, sofern es sich um normal aus-

---

[161] *BVerwG*, Urt. v. 17.12.1998 – 4 C 16.97 = NVwZ 1999, 981.
[162] *VGH München*, Beschl. v. 05.03.2015 – 1 ZB 14.2373 = NVwZ 2015, 912; *VGH München*, Urt. v. 13.09.2012 - 2 B 12.109 = BeckRS 2012, 59979; *VGH München*, Beschl. v. 28.04.1982 – 2 CE 82 A/469 = NVwZ 1982, 575; anders aber *VGH München*, Beschl. v. 22.10.2015 – 1 CE 15.2077 = BeckRS 2015, 54405, wo es ausdrücklich heißt, dass „die beiden Asylbewerberfamilien in dem Zweifamilienhaus dezentral untergebracht sind und sie deshalb dort wohnen."
[163] *OVG Hamburg*, Beschl. v. 28.05.2015 – 2 Bs 23/15 = ZfBR 2016, 61.
[164] *Blechschmidt*, in: EZBK, BauGB, § 246 Rn. 56a.
[165] So etwa bereits *Spindler*, NVwZ 1992, 125 (129); auch *Fickert/Fieseler*, in: Fickert/Fieseler, BauNVO, § 3 Rn. 16.4 ff. gehen davon aus, dass Unterkünfte für Asylbewerber niemals als Wohngebäude qualifiziert werden könnten, da die öffentliche Hand zur Unterbringung dieser Personen gesetzlich verpflichtet sei. Für die bauplanungsrechtliche Einordnung müsse nach subjektiven Kriterien zwischen Asylbewerbern, Spätaussiedlern und Kriegsflüchtlingen unterschieden werden. Dies ist jedoch bodenrechtlich unzulässig und daher abzulehnen. Denn es macht städtebaulich keinen Unterschied, ob in einem Gebäude ein Spätaussiedler oder ein Asylbewerber untergebracht ist.

gestaltete und ausgestattete Wohnungen handelt und dort im Einzelfall ein selbstbestimmtes häusliches Leben i.S.d. planungsrechtlichen Wohnbegriffs möglich ist.[166] Die Anhänger dieser Auffassung, die auch von der herrschenden Literatur[167] getragen wird, stellen also auf die konkreten Umstände des Einzelfalls ab, wobei sie den öffentlich-rechtlichen Charakter des Nutzungsverhältnisses aufgrund der behördlichen Zuweisungsentscheidung gewissermaßen ausblenden.

Allerdings müssen in dem von *Blechschmidt* genannten „Paradefall" gewissermaßen notgedrungen auch die Vertreter der erstgenannten Auffassung die – wenn auch pathologische – Möglichkeit einer bauplanungsrechtlichen Wohnnutzung durch Flüchtlinge oder Asylbegehrende anerkennen. Er verweist insoweit auf die Praxis des Evangelischen Jugend- und Sozialhilfewerks Berlin, das in Abstimmung mit der zuständigen Behörde Mietwohnungen für Flüchtlinge sucht, für die dann die jeweiligen Flüchtlinge selbst einen „normalen" Wohnraummietvertrag unterschreiben (mit Kostenübernahme durch die öffentliche Hand).[168] Insoweit fehlt es gerade am typischen öffentlich-rechtlichen Charakter des Nutzungsverhältnisses aufgrund der fehlenden behördlichen Zuweisungsentscheidung. Diese Konstellation wird in der Praxis freilich nur in den seltensten Fällen vorkommen.

bb. Bodenrechtlicher Begriff des Wohnens

Der Streit macht deutlich, dass es zur bauplanungsrechtlichen Einordnung der Unterbringung von Asylbegehrenden und Flüchtlingen unerlässlich ist, den bodenrechtlichen Begriff des Wohnens noch genauer zu untersuchen und daran dann die Flüchtlingsunterkünfte zu messen.

Nach ganz herrschender Auffassung wird der städtebauliche Begriff des Wohnens dreigliedrig bestimmt. Danach ist das Wohnen durch eine auf Dauer angelegte Häuslichkeit, eine Eigengestaltung der Haushaltsführung und des häuslichen Wir-

---

[166] *VGH Kassel*, Urt. v. 18.09.2015 – 3 B 1518/15 = NVwZ 2016, 88; *VGH Kassel*, Beschl. v. 03.03.2016 – 4 B 403/16 = NVwZ 2016, 1101; *OVG Münster*, Beschl. v. 23.09.2015 – 2 B 909/15 = BauR 2016, 794; *VGH Mannheim*, Beschl. v. 6.10.2015 – 3 S 1695/15 = NVwZ 2015, 1781, der die Wohnnutzung im konkreten Fall zwar scheitern lässt, da es sich um eine Gemeinschaftsunterkunft handelt, aber die Qualifizierung als Wohnnutzung nicht generell ausschließt; maßgeblich sei, dass Aufenthalts- und private Rückzugsräume vorhanden seien, die eine Eigengestaltung des häuslichen Wirkungskreises ermöglichen; *OVG Koblenz*, Beschl. v. 13.05.1993 – 1 B 11064/93 = NVwZ 1994, 304.

[167] *Stock*, in: EZBK, BauNVO, § 3 Rn. 52, 54; *Ziegler*, in: Brügelmann, BauNVO, § 3 Rn. 39; *Blechschmidt*, in: EZBK, BauGB, § 246 Rn. 57; *Vietmeier*, in: Bönker/Bischopink, BauNVO, § 3 Rn. 66; *Lange*, NdsVBl. 2016, 72 (73); *Krautzberger*, GuG 2015, 97 (97); *Bienek/Reidt*, BauR 2015, 422 (425).

[168] *Blechschmidt*, in: EZBK, BauGB, § 246 Rn. 56a.

kungskreises sowie durch die Freiwilligkeit des Aufenthalts gekennzeichnet.[169] Der Nutzungsbegriff des Wohnens ist insbesondere abzugrenzen von bestimmten Formen des vorübergehenden Unterkommens, der heimartigen Unterbringung sowie der Verwahrung mit Schwerpunkten bei der Betreuung und der Pflege. Diese Nutzungsformen sind den Beherbergungsbetrieben sowie den Anlagen für soziale Zwecke zuzuordnen. Anlagen für soziale Zwecke werden dabei als solche Anlagen definiert, die in einem weiten Sinne der sozialen Fürsorge und der öffentlichen Wohlfahrt dienen und deren Nutzungen auf Hilfe, Unterstützung, Betreuung und ähnliche fürsorgerische Maßnahmen ausgerichtet sind.[170]

Mit dem Kriterium der Dauerhaftigkeit soll das Wohnen von verschiedenen Erscheinungsformen des vorübergehenden oder provisorischen Unterkommens abgegrenzt werden. Es geht nach seinem Sinn und Zweck darum, das „alltägliche" Wohnen von einem nur übergangsweisen Unterkommen außerhalb der „eigenen vier Wände" zu trennen.[171] Aus diesem Grund stellt das Ferien- und Wochenendwohnen ebenso wie das Unterkommen in einem Hotel oder sonstigen Beherbergungsbetrieb, in Notunterkünften oder (Erst-)Aufnahmeeinrichtungen keine Wohnnutzung i.S.d. Bauplanungsrechts dar. Auf der anderen Seite kann es aufgrund der soeben dargestellten Zielsetzung dieses Merkmals aber nicht darauf ankommen, dass die Wohnnutzung auf ein dauerndes Wohnen im Sinne eines lang andauernden Aufenthalts gerichtet sein muss.[172] Denn selbstverständlich stellt auch das kurze, von vornherein nur auf wenige Monate begrenzte – und damit nicht auf unbestimmte Zeit angelegte – Anmieten von Wohnraum eine Wohnnutzung im bodenrechtlichen Sinne dar.[173] Ermöglicht also die konkrete bauliche Anlage nach Ausstattung und Ausgestaltung das dauerhafte Wohnen, dann kann es im Einzelfall nicht darauf ankommen, ob die Wohnraummietverhältnisse auf längere oder kürzere Zeit befristet oder auf unbestimmte Dauer geschlossen werden. Das Merkmal der Dauerhaftigkeit ist nicht starr und schematisch, sondern auf den konkreten Einzelfall gerichtet und unter Berücksichtigung seines Sinn und Zwecks

---

[169] *BVerwG*, Urt. v. 18.10.2017 – 4 CN 6/17 = NVwZ 2018, 828; *BVerwG*, Beschl. v. 25.03.1996 – 4 B 302.95 = NVwZ 1996, 893; *BVerwG*, Beschl. v. 11.04.1996 – 4 B 51/96 = NVwZ-RR 1997, 463; *BVerwG*, Beschl. v. 25.03.2004 – 4 B 15/04 = BRS 67 Nr. 70.
[170] *BVerwG*, Beschl. v. 13.07.2009 – 4 B 44.09 = ZfBR 2009, 691; *Stock*, in: König/Roeser/Stock, BauNVO, § 4 Rn. 51.
[171] *BVerwG*, Beschl. v. 25.03.2004 – 4 B 15/04 = BRS 67 Nr. 70; *OVG Münster*, Beschl. v. 23.09.2015 – 2 B 909/15 = BauR 2016, 794; *Stock*, in: König/Roeser/Stock, BauNVO, § 3 Rn. 16 f.
[172] *OVG Lüneburg*, Beschl. v. 18.09.2015 – 1 ME 126/15 = BauR 2015, 1961; *Stock*, in: EZBK, BauNVO, § 3 Rn. 39; auch *Jäde*, in: Jäde/Dirnberger/Weiss, 7. Auflage (Vorauflage), BauNVO, § 3 Rn. 4.
[173] *Stock*, in: EZBK, BauNVO, § 3 Rn. 39.

anzuwenden.[174] Danach soll das „alltägliche" Wohnen normativ von einem nur übergangsweisen Unterkommen außerhalb der „eigenen vier Wände" – gewissermaßen also in einer Art „Übergangsunterkunft" – abgegrenzt werden. Diese Ausrichtung erinnert aber stark an das zweite Merkmal des Wohnens im bauplanungsrechtlichen Sinne, und zwar an die Möglichkeit der Eigengestaltung der Haushaltsführung und des häuslichen Wirkungskreises. Diese Voraussetzung stellt das Kernelement des Wohnens dar, sodass die Dauerhaftigkeit für sich genommen an Bedeutung verliert.[175] Entgegen vereinzelter Stimmen in der Literatur[176] kann es daher auch im Zusammenhang mit der Flüchtlingsunterbringung nicht per se auf die Dauer des Aufenthalts ankommen.[177] So hat dies im Ergebnis auch der *VGH Kassel* gesehen, der die Unterbringung von fünfzehn Flüchtlingen in einer Doppelhaushälfte als Wohnnutzung qualifizierte, obwohl die Flüchtlinge voraussichtlich nur für die Dauer ihres Anerkennungsverfahrens in den beiden Wohnungen verbleiben sollten.[178] Das Kriterium der Dauerhaftigkeit sei nämlich „eher flexibel zu handhaben" und bilde keine enge Grenze.

Kern des bodenrechtlichen Wohnens stellt also die Möglichkeit dar, ein im Wesentlichen selbstbestimmtes, häusliches Leben führen zu können. Wer ein häusliches Leben führen will, benötigt eine gewisse Mindestausstattung des Gebäudes, wozu jedenfalls eine Küche oder eine Kochgelegenheit mit Wasserversorgung und Ausguss sowie eine Toilette vorhanden sein müssen.[179] Einschränkend muss hier allerdings darauf hingewiesen werden, dass das Fehlen eigener Kochgelegenheiten oder eigener Sanitäranlagen in den einzelnen Wohneinheiten – wie man es in Heimen oder Apartmenthäusern teilweise vorfindet – nicht die Annahme einer bauplanungsrechtlichen Wohnnutzung hindert, sofern jedenfalls entsprechende Gemeinschaftseinrichtungen zur Verfügung stehen.[180] Maßgeblich ist vielmehr, dass die objektive Ausgestaltung und Ausstattung des Gebäudes ein selbstbestimmt geführtes privates Leben „in den eigenen vier Wänden" zulässt.[181] Dazu gehört ein

---

[174] *BVerwG*, Beschl. v. 25.03.1996 – 4 B 302.95 = NVwZ 1996, 893.
[175] So im Ergebnis auch *Stock*, in: EZBK, BauNVO, § 3 Rn. 39.
[176] So etwa *Bunzel*, in: Bleicher/Bunzel/Finkeldei/Fuchs/Klinge, Baurecht, S. 8 und *Beckmann*, KommJur 2016, 321 (322), die beide auch auf die zeitliche Begrenzung des Aufenthaltes abstellen.
[177] Insbesondere *Stock*, in: König/Roeser/Stock, BauNVO, § 3 Rn. 17.
[178] *VGH Kassel*, Beschl. v. 03.03.2016 – 4 B 403/16 = NVwZ 2016, 1101.
[179] *BVerwG*, Urt. v. 29.04.1992 – 4 C 43.89 = NVwZ 1993, 773.
[180] *Stock*, in: EZBK, BauNVO, § 3 Rn. 37. Hier zeigt sich die Ähnlichkeit des bodenrechtlichen Wohnbegriffs zum verfassungsrechtlichen Begriff der Wohnung, da auch verfassungsrechtlich Gemeinschaftsräume unter den Begriff der Wohnung i.S.d. Art. 13 I GG subsumiert werden können; vgl. *Gornig*, in: v. Mangoldt/Klein/Starck, GG, Art. 13 Abs. 1 Rn. 16.
[181] *BVerwG*, Beschl. v. 25.03.2004 – 4 B 15/04 = BRS 67 Nr. 70; *OVG Münster*, Beschl. v. 23.09.2015 – 2 B 909/15 = BauR 2016, 794; *Stock*, in: König/Roeser/Stock, BauNVO, § 3 Rn. 16.

Mindestmaß an Häuslichkeit und an eigenständiger Gestaltung und baulich-räumlicher Sicherung des eigenen Lebensbereichs gegenüber der unmittelbaren Verfügungsgewalt Dritter, die zumindest eine gewisse Intimität zulässt.[182] Mit anderen Worten kommt es wesentlich darauf an, dass den Menschen immerhin ein privater Rückzugsort gesichert ist, aus dem Dritte ausgeschlossen werden können und an dem sie zur ungestörten Entfaltung des privaten Lebens ausreichend gegenüber Fremden abgeschirmt sind.[183] Es sind auch hier jeweils die konkreten Umstände des Einzelfalls zu betrachten, wobei im Ergebnis keine allzu strengen Anforderungen an die Eigengestaltung der Haushaltsführung gestellt werden dürfen.[184] Dies ergibt sich bereits aus § 3 IV BauNVO, wonach das Wohnen auch dann bejaht wird, wenn die Bewohner zugleich der Betreuung und Pflege bedürfen.

Schließlich verbleibt noch das Kriterium der Freiwilligkeit, welches das *Bundesverwaltungsgericht* in ständiger Rechtsprechung zwar erwähnt, aber bisher nicht näher ausgefüllt hat. Bei der Unterbringung von Flüchtlingen und Asylbegehrenden könnte die Freiwilligkeit auf den ersten Blick nun zum entscheidenden Kriterium werden. Weil die Flüchtlinge regelmäßig kraft Gesetzes und damit zwangsweise in die entsprechenden Unterkünfte eingewiesen werden, könnte es regelmäßig am Kriterium der Freiwilligkeit fehlen, mit der Folge, dass allein deswegen ein Wohnen im bauplanungsrechtlichen Sinne stets ausscheiden müsste.[185] Dies kann jedoch nicht das richtige Ergebnis sein. Unter Berücksichtigung der soeben gemachten Ausführungen ließe es sich nämlich nicht nachvollziehbar begründen, weshalb Flüchtlinge nicht „wohnen" können sollten, wenn sie in normalen Wohnverhältnissen in „normalen" Wohngebäuden oder Wohnungen untergebracht werden und darin ein selbstbestimmtes häusliches Leben i.S.d. bauplanungsrechtlichen Wohnbegriffs möglich ist. Schließlich wäre es auch aus integrationspolitischen Gründen das falsche Signal, wenn man Flüchtlingen, die in normalen Wohnverhältnissen leben, die Möglichkeit zu „wohnen" absprechen würde.[186] Bestätigt

---

[182] *VG Hamburg*, Beschl. v. 22.01.2015 – 9 E 4775/14, abrufbar unter: http://justiz.hamburg.de/contentblob/4440318/data/9-e-4775-14-beschluss-vom-22-01-2015.pdf.
[183] *VGH Mannheim*, Beschl. v. 06.10.2015 – 3 S 1695/15 = NVwZ 2015, 1781; *OVG Hamburg*, Urt. v. 10.04.1997 – Bf II 72/96 = ZfBR 1998, 112; *OVG Bremen*, Beschl. v. 22.09.1992 – 1 B 83/92 = ZfBR 1993, 41; *OVG Münster*, Beschl. v. 29.07.1991 – 10 B 1128/91 = NVwZ 1992, 186; *Stock*, in: EZBK, BauNVO, § 3 Rn. 38; *Bienek*, SächsVBl 2016, 73 (75).
[184] *BVerwG*, Urt. v. 29.04.1992 – 4 C 43/89 = NVwZ 1993, 773, indem ausdrücklich auf das „Mindestmaß der Möglichkeit, den häuslichen Wirkungskreis eigen zu gestalten", abgestellt wird.
[185] So etwa: *Spindler*, NVwZ 1992, 125 (129); *VGH München*, Beschl. v. 05.03.2015 – 1 ZB 14.2373 = NVwZ 2015, 912; *VGH München*, Urt. v. 13.09.2012 – 2 B 12.109 = BeckRS 2012, 59979; *VGH München*, Beschl. v. 28.04.1982 – 2 CE 82 A/469 = NVwZ 1982, 575; *OVG Hamburg*, Beschl. v. 28.05.2015 – 2 Bs 23/15 = ZfBR 2016, 61.
[186] *Blechschmidt*, in: EZBK, BauGB, § 246 Rn. 57.

wird dies durch den baurechtlichen Grundsatz, wonach es im Bodenrecht für die Einordnung der Art der baulichen Nutzung nicht auf die persönlichen Eigenschaften der einzelnen Bewohner ankommen kann.[187] Maßgeblich ist vielmehr die städtebauliche Ausstrahlungswirkung des jeweiligen Gebäudes im Ganzen, nicht die individuelle Situation seiner Bewohner, weshalb sich von daher auch eine bauplanungsrechtliche Differenzierung zwischen einem „Flüchtlingswohnen" und einem „normalem Wohnen" verbietet.[188] In diesem Zusammenhang stellen etwa *Fugmann-Heesing* und *Bienek* völlig zutreffend fest, dass das subjektive Kriterium der Freiwilligkeit bodenrechtlich irrelevant bzw. nur von eingeschränkter Bedeutung sei.[189] Fraglich ist dann aber, wie damit die Rechtsprechung des Bundesverwaltungsgerichts, die das Kriterium der Freiwilligkeit ja ausdrücklich erwähnt, in Einklang zu bringen ist. Dieses Spannungsverhältnis lässt sich dadurch auflösen, indem man dem Kriterium der Freiwilligkeit zwar weiterhin Geltung einräumt, diesem aber – jedenfalls im Zusammenhang mit der (Flüchtlings-)Unterbringung – das entscheidende Gewicht versagt. Denn das Merkmal der Freiwilligkeit soll die Wohnnutzung lediglich von der zwangsweisen Unterbringung (z.B. in Gefängnissen) abgrenzen, nicht aber von heimartigen Aufenthalten.[190] Der öffentlich-rechtliche Charakter der Unterbringung ist demnach kein allein entscheidendes Kriterium für die planungsrechtliche Qualifikation als Wohnnutzung.[191] Die (fehlende) Freiwilligkeit kann aber in den vorherigen Prüfungspunkt der Möglichkeit der Eigengestaltung der Haushaltsführung durchaus miteinfließen und in Grenzfällen, in denen die Ausgestaltung der Unterkunft ohnehin kaum noch den wohntypischen Freiraum erkennen lässt, den am Ende dann „eindeutigen" Ausschlag gegen die Annahme einer Wohnnutzung geben.[192]

cc. Stellungnahme und Zwischenfazit

In Anwendung des soeben dargelegten bodenrechtlichen Wohnbegriffs ist daher maßgeblich für die bauplanungsrechtliche Qualifikation der Flüchtlingsunterkunft als Wohnnutzung die Möglichkeit der Eigengestaltung der Haushaltsführung und

---

[187] *OVG Lüneburg*, Urt. v. 20.08.1987 – 6 A 166/85 = ZfBR 1988, 147; *Ziegler*, in: Brügelmann, BauNVO, § 3 Rn. 26.
[188] *Blechschmidt*, in: EZBK, BauGB, § 246 Rn. 56a; *Portz/Düsterdiek*, BWGZ 2015, 404 (405); *Battis/Mitschang/Reidt*, NVwZ 2014, 1609 (1610).
[189] *Fugmann-Heesing*, DÖV 1996, 322 (324); *Bienek*, DÖV 2017, 584 (585).
[190] *OVG Bautzen*, Beschl. v. 29.02.2012 – 1 B 317/11 = BauR 2012, 1078; *Bienek*, SächsVBl 2015, 129 (130).
[191] So auch: *Stock*, in: König/Roeser/Stock, BauNVO, § 3 Rn. 20; *Ziegler*, in: Brügelmann, BauNVO, § 3 Rn. 36; *Stock*, in: EZBK, BauNVO, § 3 Rn. 54; *Krautzberger/Stüer*, UPR 2016, 95 (98).
[192] *Ziegler*, in: Brügelmann, BauNVO, § 3 Rn. 36.

des häuslichen Wirkungskreises. In diesem Rahmen sind die notwendigen Abgrenzungsfragen zu behandeln.

Flüchtlingsunterkünfte stellen jedenfalls für die Dauer des Asylverfahrens den räumlichen Lebensmittelpunkt eines jeden Flüchtlings oder Asylsuchenden dar und sind damit mehr als ein bloßer Aufenthaltsort.[193] In Bezug auf den – die Häuslichkeit ausmachenden – räumlichen Lebensmittelpunkt gestehen dies selbst die Vertreter der die Wohneigenschaft der Flüchtlinge leugnenden Auffassung ein. Ein Blick in solche Flüchtlingsunterkünfte zeigt, dass diese deutlich mehr sind als ein bloßer Aufenthaltsort. Die mit persönlichen Dekorationsgegenständen, Bildern oder auch Teppichen eingerichteten Räume stellen zweifelsohne ein – wenn auch nur vorübergehendes – Zuhause dar, das prima vista auf eine unbestimmte Zeit angelegt sein soll und so eben Lebensmittelpunkt der Menschen ist.[194]

Ob und inwieweit die Flüchtlinge ihren räumlichen Lebensmittelpunkt bzw. ihren räumlichen Wirkungskreis nun eigengestalten können, hängt vom konkreten Nutzungskonzept der Einrichtung und von der konkreten Ausgestaltung der jeweiligen Räumlichkeiten ab.[195] Während für ein bauplanungsrechtliches Wohnen die Eigengestaltung der Haushaltsführung und des häuslichen Wirkungskreises überwiegen muss, sprechen gemeinschaftliche, betreuende und überwachende Gesichtspunkte und damit eine Vergleichbarkeit mit einer (Heim-)Unterbringung für das Vorliegen einer Anlage für soziale Zwecke.[196] Es muss daher letztlich auf den Schwerpunkt der Nutzungen abgestellt werden.[197] Daher und aufgrund der Tatsache, dass es im Bauplanungsrecht und insbesondere in der Baunutzungsverordnung auf die Vermeidung von Nutzungskonflikten ankommt[198], muss in diesem Zusammenhang stets eine Prüfung der gesamten Umstände des konkreten Einzelfalls vorgenommen werden.[199] Aus diesem Grund können an dieser Stelle „nur" normativ Indizien und Anhaltspunkte aufgeführt und gewichtet werden, die für oder gegen die Einordnung als Wohnnutzung sprechen:

---

[193] Etwa: *VGH Mannheim*, Beschl. v. 14.03.2013 – 8 S 2504/12 = KommJur 2013, 348; *Luther*, NJW-Spezial 2014, 748 (748).
[194] *Langenfeld/Weisensee*, ZAR 2015, 132 (134).
[195] *Bunzel*, in: Bleicher/Bunzel/Finkeldei/Fuchs/Klinge, Baurecht, § 246 S. 8; *Stock*, in: EZBK, BauNVO, § 3 Rn. 55.
[196] *VGH Kassel*, Urt. v. 18.09.2015 – 3 B 1518/15 = NVwZ 2016, 88. Eine vergleichbare Abgrenzung kann zwischen der Anlage für soziale Zwecke und der Nutzung als Beherbergungsbetrieb vorgenommen werden; vgl. *Blechschmidt*, in: EZBK, BauGB, § 246 Rn. 56b.
[197] So auch *Stock*, in: König/Roeser/Stock, BauNVO, § 4 Rn. 53.
[198] *BVerwG*, Urt. v. 16.09.1993 – 4 C 28/91 = NJW 1994, 1546.
[199] *Bunzel*, in: Bleicher/Bunzel/Finkeldei/Fuchs/Klinge, Baurecht, § 246 S. 8; *Scheidler*, BauR 2016, 29 (36); *Krautzberger*, GuG 2015, 97 (97); *Bienek/Reidt*, BauR 2015, 422 (425).

- Erhebliches Gewicht haben dabei die baulichen Verhältnisse und die Belegung der einzelnen Nutzungseinheiten, die einen abgeschirmten und eigenbestimmten häuslichen Bereich zulassen.[200] Die Unterbringung von Familien oder Einzelpersonen in ein und derselben Wohneinheit mit fremden Menschen spricht daher in erheblichem Maße gegen eine Wohnnutzung.[201] Denn bei einer Unterbringung ohne Rücksicht auf die Familienzugehörigkeit wird den Betroffenen die Existenz eines Rückzugsraumes genommen oder jedenfalls erheblich erschwert, aus dem sie Dritte ausschließen dürfen und der deshalb eine Privatsphäre möglich macht. In diesen Fällen wird man nur schwerlich von den – eine Wohnnutzung ausmachenden – „eigenen vier Wänden" ausgehen können.[202]

- Darüber hinaus kommt auch der Belegungsdichte der einzelnen Wohneinheiten eine wesentliche Bedeutung zu.[203]

In der Literatur wird die Belegungsdichte zwar teilweise als unerheblich für die bodenrechtliche Qualifikation als Wohnnutzung angesehen.[204] Begründet wird dies damit, dass man auch bei einer deutschen Groß- bzw. Patchworkfamilie mit zehn oder mehr Personen, die etwa aus finanziellen Gründen in einer Drei-Zimmerwohnung lebt, zu keiner Zeit die Wohneigenschaft bezweifeln würde, obgleich auch hier eine hohe Belegungsdichte in den einzelnen Zimmern besteht. Aus diesem Grund sei auch „verdichtetes" Wohnen stets ein Wohnen im bauplanungsrechtlichen Sinne. Diese Argumentation mag bei Großfamilien mit vielen Kindern, aber wenigen erwachsenen Familienmitgliedern noch greifen. Sie übersieht nämlich den Umstand, dass mit zunehmender Überbelegung, insbesondere mit erwachsenen Menschen, eine gewisse Privatsphäre und damit eine Eigengestaltung der Haushaltsführung und des häuslichen Wirkungskreises irgendwann nicht mehr möglich ist.

---

[200] *Bienek*, SächsVBl 2016, 73 (75). Die Art der Belegung – also ob die Nutzungseinheiten jeweils nur mit miteinander verwandten Personen belegt werden oder ob auch eine gemeinsame Unterbringung mit Fremden erfolgt – mit der Folge einer entsprechenden Rückzugsmöglichkeit als maßgebliches Kriterium erachtet auch das *VG Hamburg*, Beschl. v. 22.01.2015 – 9 E 4775/14, abrufbar unter: http://justiz.hamburg.de/contentblob/4440318/data/9-e-4775-14-beschluss-vom-22-01-2015.pdf.
[201] *Fugmann-Heesing*, DÖV 1996, 322 (324).
[202] A.A. *Stock*, in: EZBK, BauNVO, § 3 Rn. 44a, der in Bezug auf Wohngemeinschaften die Meinung vertritt, dass eine gemeinsame Unterbringung von Personen, die keine persönliche Beziehung zueinander haben, im Einzelfall (gerade noch) als Wohnnutzung charakterisiert werden kann, wenn keine Überbelegung der Wohnung stattfindet.
[203] *Bunzel*, in: Bleicher/Bunzel/Finkeldei/Fuchs/Klinge, Baurecht, § 246 S. 8; *Krautzberger*, GuG 2015, 97 (97); Hinweis Nr. 2.2.2 der *Fachkommission Städtebau* v. 15.12.2015.
[204] *Stock*, in: König/Roeser/Stock, BauNVO, § 3 Rn. 19; *Fugmann-Heesing*, DÖV 1996, 322 (325).

Bei einer dichteren Unterbringung – mithin einer Überbelegung der Räumlichkeiten – liegt also irgendwann keine Eigengestaltung des häuslichen Wirkungskreises mehr vor.[205] Wann dies der Fall ist, ist eine Frage des konkreten Einzelfalls. So hat es etwa der *VGH Mannheim* im Jahre 1990 als Wohnnutzung angesehen, wenn „mehrere" Asylbewerber mit ihren Familien oder auch ohne Familien in Räumen leben, die den Zuschnitt normaler Wohnungen besitzen.[206] Zwei Jahre später wurde vom *VGH Kassel* die Unterbringung von einer „überschaubaren Zahl" von Asylbewerbern in einem Wohnheim ebenfalls als Wohnnutzung eingestuft.[207] Und im Jahre 1993 hat dann auch das *OVG Koblenz* in die ähnliche Richtung entschieden, dass die Unterbringung „zweier Familien in einem 130m²-Reihenhaus" eine Wohnnutzung darstellt.[208] Erst in jüngerer Vergangenheit wurde vom *VGH München*[209] die Unterbringung zweier Familien in einem Zweifamilienhaus und vom *VGH Kassel*[210] die Unterbringung von bis zu 17 Flüchtlingen in zwei Dreizimmerwohnungen einer Doppelhaushälfte nicht als eine die Wohnnutzung ausschließende Überbelegung angesehen. Demgegenüber ist die Einordnung als Wohngebäude von der Rechtsprechung beispielsweise bei der Unterbringung von 200 Menschen in fünf Doppelhäusern,[211] bei einer Unterbringung auf nur fünf Quadratmetern je Bewohner[212] oder bei einer Gemeinschaftsunterkunft mit 50 Plätzen[213] abgelehnt worden.

- Zudem kann auch der oben bereits angesprochene Vergleich mit einer fremdbestimmten Heimunterbringung ein Indiz gegen das bauplanungsrechtliche Wohnen darstellen.

Zwar führt – wie oben bereits erwähnt – das Fehlen einer eigenen Kochgelegenheit oder Toilette in der einzelnen Wohneinheit für sich genommen noch nicht dazu, dass die Annahme einer Wohnnutzung abgelehnt werden muss, sofern entsprechende Gemeinschaftseinrichtungen zur Verfügung stehen. Je mehr aber solche gerade für eine Heimunterbringung sprechenden Elemente

---

[205] *Vietmeier*, in: Bönker/Bischopink, BauNVO, § 3 Rn. 68.
[206] *VGH Mannheim*, Urt. v. 11.05.1990 – 8 S 220/90 = NVwZ 1990, 1202; bestätigt durch *VGH Mannheim*, Beschl. v. 05.02.1991 – 5 S 33/91 = NVwZ 1991, 1008.
[207] *VGH Kassel*, Beschl. v. 03.06.1992 – 4 TG 2428/91 = UPR 1993, 69.
[208] *OVG Koblenz*, Beschl. v. 13.05.1993 – 1 B 11064/93 = NVwZ 1994, 304.
[209] *VGH München*, Beschl. v. 22.10.2015 – 1 CE 15.2077 = BeckRS 2015, 54405.
[210] *VGH Kassel*, Beschl. v. 03.03.2016 – 4 B 403/16 = NVwZ 2016, 1101.
[211] *VG Gelsenkirchen*, Urt. v. 22.11.1990 – 5 K 2716/88 = NWVBl 1991, 131.
[212] *OVG Lüneburg*, Urt. v. 31.07.1996 – 6 L 7466/94 = BeckRS 2005, 21757.
[213] *VGH Mannheim*, Beschl. v. 19.05.1989 – 8 S 555/89 = NJW 1989, 2282.

das für die Wohnnutzung typische Kriterium der eigenständigen und selbstbestimmten Haushaltsführung überlagern, umso eher ist im konkreten Einzelfall eine Anlage für soziale Zwecke zu bejahen.[214] Als Vergleichsmaßstab können hierbei die Obdachlosenheime dienen, bei denen sich die Unterbringung und Fürsorge als die beherrschenden Zwecke der Nutzung darstellen mit der Folge, dass sie regelmäßig als Anlagen für soziale Zwecke zu qualifizieren sind.[215] Während demnach ein baulich abgeschlossener Wohnbereich mit eigener Küche und eigenem Bad einen Anhaltspunkt für eine Wohnnutzung darstellt,[216] indizieren Gemeinschaftsräume, etwa zur gemeinsamen Essenseinnahme oder gemeinschaftliche Sanitäreinrichtungen, das Vorliegen einer Anlage für soziale Zwecke.[217] Relevant kann in diesem Zusammenhang auch jede Art von Betreuung der untergebrachten Flüchtlinge sein, die dann gegen eine Wohnnutzung und für eine Anlage für soziale Zwecke spricht.[218] Die Variationsbreite reicht dabei von physischer oder psychischer Betreuung bis hin zu Sprach- und Integrationskursen im Haus. Auch eine „kasernenartige" Unterbringung mit Überwachung, Hausordnung und Hausmeister spricht in der vorzunehmenden normativen Gesamtbetrachtung gegen die Annahme einer bauplanungsrechtlichen Wohnnutzung.[219]

- Das Kriterium der nur begrenzten Verweildauer kann für sich genommen nicht das entscheidende Kriterium in Bezug auf die bauplanungsrechtliche Qualifikation der Nutzungsart darstellen.[220] Im Rahmen einer vorzunehmenden Gesamtbetrachtung aller Umstände des Einzelfalles kann dieser Zeitaspekt aber verstärkend gegen die Annahme einer Wohnnutzung sprechen.[221]

- Schließlich ist es für die rechtliche Qualifikation der Art der baulichen Nutzung völlig unerheblich, ob die Flüchtlinge – was sehr selten vorkommt – selbst Vertragsparteien der Räumlichkeiten sind oder sie die Wohnungen durch die öffentliche Hand erhalten haben.[222]

---

[214] *VGH Kassel*, Urt. v. 18.09.2015 – 3 B 1518/15 = NVwZ 2016, 88.
[215] *Stock*, in: EZBK, BauNVO, § 3 Rn. 51.
[216] *VGH Kassel*, Urt. v. 18.09.2015 – 3 B 1518/15 = NVwZ 2016, 88.
[217] *Beckmann*, KommJur 2016, 321 (322); *Bienek/Reidt*, BauR 2015, 422 (425); *Krautzberger/Stüer*, UPR 2016, 95 (98).
[218] *Blechschmidt*, in: EZBK, BauGB, § 246 Rn. 56a; *Krautzberger/Stüer*, UPR 2016, 95 (98).
[219] *Stock*, in: König/Roeser/Stock, BauNVO, § 4 Rn. 52; *Stock*, in: EZBK, BauNVO, § 3 Rn. 52.
[220] Vgl. dazu ausführlich oben S. 41 f.
[221] *Stock*, in: EZBK, BauNVO, § 3 Rn. 52; *Krautzberger*, GuG 2015, 97 (97).
[222] *VGH Kassel*, Beschl. v. 03.03.2016 – 4 B 403/16 = NVwZ 2016, 1101.

Zusammenfassend lässt sich daher festhalten, dass jedenfalls die in der Praxis überwiegend vorkommenden „größeren" Flüchtlingsunterkünfte in Gestalt von (Erst-)Aufnahmeeinrichtungen und Gemeinschaftsunterkünften aufgrund ihrer hohen Belegungsdichte, der fehlenden „Rückzugsorte", der gemeinschaftlichen Sanitäranlagen und Kochgelegenheiten, dem gewissen Maß an notwendiger Betreuung sowie der oftmals heimartigen Überwachung samt Hausordnung und Hausmeister stets als Anlagen für soziale Zwecke und daher gerade nicht als Wohngebäude anzusehen sind. In solchen Aufnahmeeinrichtungen und Gemeinschaftsunterkünften ist das Leben also derart fremdbestimmt, dass es sich – auch nach der herrschenden Meinung – in keinem Fall um ein bauplanungsrechtliches „Wohnen" handeln kann.[223] Im Übrigen kann für die planungsrechtliche Qualifikation der jeweiligen baulichen Anlage richtigerweise nur die objektive Einzelfallbetrachtung weiterhelfen.[224] Die oben aufgeführten Kriterien helfen bei dieser normativen Entscheidung.

Dass Flüchtlinge im Einzelfall auch „wohnen" können, ist – insbesondere auch integrationspolitisch[225] – der richtige Ansatz. Es gibt nämlich keinen vernünftigen Grund, warum Flüchtlinge in Flüchtlingsunterkünften bodenrechtlich anders zu beurteilen sein sollten als Studenten in Studentenwohnheimen[226], Lehrlinge in Lehrlingswohnheimen, Schüler in Schülerwohnheimen[227] oder Senioren in Alten-

---

[223] *VGH München*, Urt. v. 14.02.2018 – 9 BV 16.1694 = BauR 2018, 943, wonach es bei einer Unterbringung in einer Gemeinschaftsunterkunft an einer Wohnnutzung im bodenrechtlichen Sinne fehlt; *VGH Mannheim*, Beschl. v. 17.05.2017 – 5 S 1505/15 = DVBl 2017, 1052; *VGH Mannheim*, Beschl. v. 09.04.2014 – 8 S 1528/13 = NVwZ-RR 2014, 752; *VGH Mannheim*, Beschl. v. 14.03.2013 – 8 S 2504/12 = BauR 2013, 1088; *VGH München*, Beschl. v. 05.03.2015 – 1 ZB 14.2373 = NVwZ 2015, 912; *VGH München*, Urt. v. 06.02.2015 – 15 B 14.1832 = BeckRS 2015, 42446; *VGH München*, Beschl. v. 29.01.2014 – 2 ZB 13.678 = BeckRS 2014, 47166; *OVG Hamburg*, Beschl. v. 17.06.2013 – 2 Bs 151/13 = NVwZ-RR 2013, 990; *OVG Hamburg*, Urt. v. 10.04.1997 – Bf II 72/96 = NordÖR 1999, 354; *OVG Lüneburg*, Beschl. v. 25.03.1993 – 6 M 1207/93 = NVwZ-RR 1993, 532; *VGH Mannheim*, Beschl. vom 19.05.1989 – 8 S 555/89 = NJW 1989, 2282; *OVG Münster*, Urt. v. 03.11.1988 – 11 A 56/86 = BauR 1989, 581; *Stock*, in: EZBK, BauNVO, § 3 Rn. 52; *Blechschmidt*, in: EZBK, BauGB, § 246 Rn. 56c; *Decker*, in: Schiwy, BauGB, § 246 Rn. 61; *Scheidler*, UPR 2015, 479 (483); *Bienek/Reidt*, BauR 2015, 422 (425).

[224] *VGH Kassel*, Urt. v. 18.09.2015 – 3 B 1518/15 = NVwZ 2016, 88; *VGH Kassel*, Beschl. v. 03.03.2016 – 4 B 403/16 = NVwZ 2016, 1101; *OVG Münster*, Beschl. v. 23.09.2015 – 2 B 909/15 = BauR 2016, 794; *VGH Mannheim*, Beschl. v. 6.10.2015 – 3 S 1695/15 = NVwZ 2015, 1781, der die Wohnnutzung im konkreten Fall zwar verneint, da es sich um eine Gemeinschaftsunterkunft handelt, aber die Qualifizierung als Wohnnutzung nicht generell ausschließt; entscheidend sei, dass Aufenthalts- und private Rückzugsräume vorhanden sind, die eine Eigengestaltung des häuslichen Wirkungskreises ermöglichen.

[225] *Blechschmidt*, in: EZBK, BauGB, § 246 Rn. 57.

[226] *Bienek*, SächsVBl 2016, 73 (75); *OVG Münster*, Beschl. v. 22.07.1991 – 7 B 1226/91 = NVwZ 1991, 1003; *OVG Lüneburg*, Urt. v. 20.08.1987 – 6 OVG A 166/85 = BeckRS 2015, 55061.

[227] *Stock*, in: EZBK, BauNVO, § 3 Rn. 44.

bzw. Pflegeheimen[228], sofern derartige bauliche Anlagen das erforderliche Maß an selbstständiger Lebens- und Haushaltsführung zulassen.[229] Würde man den Flüchtlingen insoweit das „Wohnen" absprechen, wäre das nicht nur systematisch und integrationspolitisch, sondern schließlich auch begrifflich bedenklich, weil sich dann notwendigerweise die Folgefrage stellen würde, wie das Leben der Flüchtlinge bei wohnartiger Belegungsdichte in einer Wohnung sonst bezeichnet werden sollte. In Anlehnung an eine Behausung, die nach dem allgemeinen Sprachgebrauch eine nur notdürftige Unterkunft mit bloßer Schlafstätte darstellt und Schutz vor Witterung bieten soll, würde sich insoweit dann fast schon die umgangssprachliche Bezeichnung des „Hausens" aufdrängen. Eine derartige Herabwürdigung einer Gesellschaftsgruppe sollte aber – auch nach den Erfahrungen aus der Vergangenheit – heute ausgeschlossen sein, weil sie nicht den Grundsätzen des sozialen Rechtsstaats und der Menschenwürde entspricht.

b. Flüchtlingsunterkünfte als Anlagen für soziale Zwecke

Anlagen für soziale Zwecke sind nach der Definition des *Bundesverwaltungsgerichts* solche Anlagen, die in einem weiten Sinne der sozialen Fürsorge und der öffentlichen Wohlfahrt dienen und deren Nutzungen auf Hilfe, Unterstützung, Betreuung und ähnliche fürsorgerische Maßnahmen ausgerichtet sind.[230] Im Umkehrschluss zu den soeben herausgearbeiteten Anforderungen an die Wohnnutzung[231] lassen sich Flüchtlingsunterkünfte jedenfalls dann unter Anlagen für soziale Zwecke einordnen, wenn sie eine gewisse Vergleichbarkeit mit einer Heimunterbringung aufweisen, was etwa dann zu bejahen ist, wenn in der konkreten Unterkunft bei einer hohen Belegungsdichte mit geringen Rückzugsmöglichkeiten eine gemeinschaftliche Benutzung von Küche und Sanitäranlagen oder ein irgendwie geartetes Betreuungsangebot für die Flüchtlinge vorgesehen ist.

aa. Allgemeine oder ausnahmsweise Zulässigkeit

Anlagen für soziale Zwecke sind in sämtlichen Wohn- und Mischgebieten nach dem Wortlaut der jeweiligen Vorschriften der Baunutzungsverordnung – entweder allgemein oder zumindest ausnahmsweise – zulässig. Während Anlagen für soziale Zwecke in Kleinsiedlungsgebieten und reinen Wohngebieten gem. § 2 III Nr. 2

---

[228] *Stock*, in: EZBK, BauNVO, § 3 Rn. 47 f.
[229] *Decker*, in: Jäde/Dirnberger, BauNVO, § 3 Rn. 3, 6, 8 f.
[230] BVerwG, Beschl. v. 13.07.2009 – 4 B 44.09 = ZfBR 2009, 691; *Stock*, in: König/Roeser/Stock, BauNVO, § 4 Rn. 51.
[231] Vgl. dazu ausführlich oben S. 40 ff.

BauNVO und § 3 III Nr. 2 BauNVO immerhin ausnahmsweise zugelassen werden können, sind sie in allgemeinen und besonderen Wohngebieten, in Dorf- und Mischgebieten, in urbanen Gebieten sowie in Kerngebieten gem. §§ 4 II Nr. 3, 4a II Nr. 5, 5 II Nr. 7, 6 II Nr. 5, 6a II Nr. 5 und 7 II Nr. 4 BauNVO allgemein zulässig.

Zusätzlich zum Wortlaut der Baunutzungsverordnung muss aber nach der ständigen Rechtsprechung des *Bundesverwaltungsgerichts* stets auch das ungeschriebene Erfordernis der sog. Gebietsverträglichkeit berücksichtigt werden.[232] Zu unterscheiden ist dabei zwischen der sog. abstrakten Gebietsunverträglichkeit und der „konkreten" Gebietsunverträglichkeit im Einzelfall als Konkretisierung des Gebots der Rücksichtnahme.

(1) Abstrakte (bzw. generelle) Gebietsverträglichkeit

Ausweislich der sog. Typisierungslehre sind die Nutzungen und Anlagen in den Baugebieten der Baunutzungsverordnung so zusammengestellt, dass sie typischerweise miteinander „harmonieren" und keine bodenrechtlichen Spannungen verursachen. Die Typisierung als systematischer Grundzug der Baunutzungsverordnung ist dabei Ausdruck des – das gesamte Bauplanungsrecht bestimmenden – Grundgedankens, gegenläufige Nutzungskonflikte zu vermeiden.[233]

Die Kehrseite dieser Typisierung sind die unweigerlich sehr holzschnittartigen Aussagen über die allgemeine oder ausnahmsweise Zulässigkeit eines Vorhabens im bodenrechtlichen Sinne. Die einzelnen Baugebietsvorschriften der Baunutzungsverordnung können insoweit nämlich nur ein „Grobraster" für die im jeweiligen Baugebiet zulässigen konkreten Nutzungen und Anlagen darstellen. Anlässlich der hier diskutierten Flüchtlingsunterbringung soll dies am Beispiel einer Anlage für soziale Zwecke dargestellt werden. Anlagen für soziale Zwecke dienen in einem weiten Sinne der sozialen Fürsorge sowie der öffentlichen Wohlfahrt und reichen von Kindergärten und Schulen über soziale Hilfsdienste wie „Essen auf Rädern" bis hin zu Anlagen mit wohnähnlichem Heimcharakter, in der Menschen für nicht nur unerhebliche Zeit untergebracht und versorgt werden können.[234] Dabei liegt es auf der Hand, dass etwa die Ansiedlung von sozialen Hilfsdiensten wie „Essen auf Rädern" oder von Tafeln in einem Industrie- oder

---

[232] *BVerwG*, Beschl. v. 31.07.2013 – 4 B 8/13 = BauR 2013, 1996; *BVerwG*, Beschl. v. 28.02.2008 – 4 B 60/07 = NVwZ 2008, 786; *BVerwG*, Urt. v. 24.02.2000 – 4 C 23/98 = BauR 2000, 1306; *VGH Mannheim*, Urt. v. 30.11.2016 – 3 S 1184/16 = BauR 2017, 699; *VGH München*, Urt. v. 16.01.2014 – 9 B 10.2528 = NVwZ-RR 2014, 508.
[233] *BVerwG*, Urt. v. 16.09.1993 – 4 C 28/91 = NJW 1994, 1546.
[234] Einen Überblick über die Bandbreite von Anlagen für soziale Zwecke gibt etwa *Stock*, in: König/Roeser/Stock, BauNVO, § 4 Rn. 51 ff.

Gewerbegebiet erheblich weniger bodenrechtliche Spannungen verursachen wird als die Schaffung wohnähnlicher Anlagen. Beide Vorhaben stellen jedoch Anlagen für soziale Zwecke und damit dieselbe Hauptnutzungskategorie dar, obwohl sie im jeweiligen Baugebiet unterschiedlich starke Nutzungskonflikte mit der jeweils zulässigen Hauptnutzung erzeugen können.

Aus diesem Grund bedarf es für jedes der Baugebiete einer generellen – und damit unabhängig vom konkreten Einzelfall der Prüfung des § 15 I BauNVO und damit gewissermaßen der „konkreten Gebietsverträglichkeit"[235] vorgelagerten[236] – Feinjustierung, die korrigierend in die Zulässigkeitskataloge der Baugebietsvorschriften eingreift, wenn eine bestimmte Nutzungsunterart mit der allgemeinen Zweckbestimmung des Gebiets nicht verträglich ist, obwohl sie unter einen der ausdrücklich aufgeführten Nutzungsbegriffe fällt.[237] Daher ist nach ständiger Rechtsprechung des *Bundesverwaltungsgerichts* nicht nur für die allgemeinen, sondern insbesondere auch für die ausnahmsweise zulässigen sowie für jene Nutzungsarten, die die Baunutzungsverordnung begrifflich mehreren der Baugebietstypen in §§ 2 bis 9 BauNVO zugeordnet hat,[238] eine ungeschriebene Einschränkung zu machen, wonach zumindest bestimmte dieser Anlagen von vornherein nicht zugelassen werden können, weil sie typischerweise nicht in das jeweilige Baugebiet „gehören".[239] Maßgeblich dafür ist, ob ein Vorhaben der betreffenden Art geeignet ist, im jeweiligen Baugebiet generell – also gerade unabhängig vom konkreten Einzelfall – ein bodenrechtlich beachtliches Störpotenzial zu entfalten, das sich mit der allgemeinen Zweckbestimmung des Baugebiets nicht verträgt[240] und typischerweise zu bodenrechtlichen Spannungen führen kann.[241] Neben der städtebaulichen Wertigkeit und Sozialadäquanz des Vorhabens sind dabei vor allem Immissionskonflikte von Bedeutung.[242] Dieser auf die Typisierung der Baunutzungsverordnung zurückgehende Grundsatz wird in der

---

[235] Zur „konkreten" Gebietsunverträglichkeit, vgl. sogleich unter Ziffer (2) auf S. 53 ff.
[236] Diese Prüfung ist Ausdruck der bodenrechtlichen Typisierung der Baunutzungsverordnung und daher der Einzelfallprüfung des § 15 I BauNVO vorangestellt. Vgl. dazu Stock, in: König/Roeser/Stock, BauNVO, § 8 Rn. 19 f.; *Söfker*, in: EZBK, BauNVO, § 8 Rn. 44; *VG Ansbach*, Urt. v. 09.10.2014 – AN 9 K 14.00830 = BeckRS 2014, 58568.
[237] *Stock*, in: König/Roeser/Stock, BauNVO, § 8 Rn. 19 f.
[238] *BVerwG*, Beschl. v. 06.12.2000 – 4 B 4/00 = NVwZ-RR 2001, 217; *Mampel/Schmidt-Bleker*, in: BeckOK BauNVO, § 8 Rn. 219.
[239] Beispielhaft wird auf die Entscheidung des *BVerwG*, Urt. v. 02.02.2012 – 4 C 14/10 = NVwZ 2012, 825 verwiesen, wonach sich ein Krematorium mit Abschiedsraum nicht mit der Zweckbestimmung eines Gewerbegebiets verträgt.
[240] Die allgemeine Zweckbestimmung des Baugebiets ergibt sich dabei jeweils aus dem ersten Absatz der einschlägigen Baugebietsvorschrift.
[241] *Söfker*, in: EZBK, BauNVO, § 8 Rn. 44; *Scheidler*, BauR 2017, 1455 (1457).
[242] *Ziegler*, in: Brügelmann, BauNVO, § 1 Rn. 121.

Rechtsprechung und Literatur als (abstrakte) Gebietsverträglichkeit bezeichnet, die eine ungeschriebene Zulässigkeitsvoraussetzung darstellt und in allen Baugebietstypen zu beachten ist. Nicht gebietsverträgliche Nutzungen sind unzulässig.[243]

In den Wohn- und Mischgebieten, die zumindest auch dem Wohnen dienen, muss die (allgemein oder ausnahmsweise) zulässige Nicht-Wohnnutzung bodenrechtlich also typischerweise zu der Wohnbebauung „passen".[244] Dies ist dann der Fall, wenn sie sich dem Wohnen ohne Störung und Veränderung des Gebietscharakters unterordnen lässt.[245] In Bezug auf die hier relevanten Flüchtlingsunterkünfte kann jedoch nicht generell und unabhängig vom konkreten Einzelfall davon ausgegangen werden, dass diese in den – gerade Wohnzwecken dienenden – Wohn- und Mischgebieten typischerweise gebietsunverträglich und damit generell unzulässig sind. Im Gegenteil: Asylbewerberunterkünfte sind in Wohn- und Mischgebieten aufgrund ihres wohnähnlichen Charakters gerade typischerweise (allgemein oder ausnahmsweise) zulässig.[246]

(2) „Konkrete" Gebietsunverträglichkeit im Einzelfall und Gebot der Rücksichtnahme i.S.v. § 15 I 1, 2 BauNVO

Von der sog. abstrakten Gebietsunverträglichkeit zu unterscheiden ist die Frage, ob und inwieweit die einzelne Asylbewerberunterkunft aufgrund der individuellen Umstände des Einzelfalls am konkreten Ort im jeweiligen Wohn- oder Mischgebiet zulässig oder unzulässig ist. In diesem Zusammenhang kommt es also auf das konkrete Vorhaben, auf die konkrete Bebauung in der Nachbarschaft, auf die konkrete Gebietseigenart und auf den konkreten Störungsgrad des Vorhabens an. Das Korrektiv der Regelungen des § 15 I 1 und 2 BauNVO greift erst ein, wenn es darum geht, die Genehmigung solcher Vorhaben zu versagen, die zwar nach

---

[243] *BVerwG*, Urt. v. 02.02.2012 – 4 C 14/10 = NVwZ 2012, 825 in Bezug auf ein Krematorium im Gewerbegebiet; *BVerwG*, Urt. v. 18.11.2010 – 4 C 10/09 = NVwZ 2011, 748 in Bezug auf eine Kirche im Industriegebiet; *BVerwG*, Beschl. v. 28.02.2008 – 4 B 60/07 = NVwZ 2008, 786 in Bezug auf ein Dialysezentrum in einem allgemeinen Wohngebiet.
[244] *Decker*, in: Jäde/Dirnberger, BauNVO, § 3 Rn. 33, § 4 Rn. 17, § 5 Rn. 30, § 6 Rn. 27.
[245] *OVG Hamburg*, Beschl. v. 15.10.2008 – 2 Bs 171/08 = BauR 2009, 203 in Bezug auf eine Kindertageseinrichtung; *OVG Hamburg*, Beschl. v. 28.11.2012 – 2 Bs 210/12 = NVwZ-RR 2013, 352 in Bezug auf eine Jugendhilfeeinrichtung.
[246] *BVerwG*, Beschl. v. 04.06.1997 – 4 C 2/96 = NVwZ 1998, 173 in Bezug auf eine Asylbewerberunterkunft in einem allgemeinen Wohngebiet; *VGH Mannheim*, Beschl. v. 06.10.2015 – 3 S 1695/15 = NVwZ 2015, 1781 in Bezug auf eine Asylbewerberunterkunft in einem reinen Wohngebiet; *VGH Kassel*, Beschl. v. 18.09.2015 – 3 B 1518/15 = NVwZ 2016, 88 in Bezug auf eine Asylbewerberunterkunft in einem reinen Wohngebiet.

Art, Größe und Störpotential den Gebietscharakter typischerweise nicht konterkarieren und damit abstrakt gebietsverträglich sind, jedoch nach Lage, Umfang oder Zweckbestimmung der Eigenart des Baugebiets „vor Ort" widersprechen oder für die Nachbarschaft mit unzumutbaren Belästigungen oder Störungen verbunden sind.[247] Maßgeblich ist dabei insbesondere, ob durch das konkrete Vorhaben an seinem konkreten Ort Nachteile oder Belästigungen entstehen können, die für die nähere Umgebung unzumutbar sind.

Unzumutbar in diesem Sinne sind solche – von der baulichen Anlage und ihrer Nutzung ausgehenden – Einwirkungen, die spürbar über das Maß dessen hinausgehen, womit ein nicht überdurchschnittlich empfindlicher Bewohner der näheren Umgebung aufgrund der in diesem Baugebiet planungsrechtlich zulässigen Nutzungsarten üblicherweise rechnen muss.[248] Dabei sind von vornherein jedoch nur städtebauliche Gesichtspunkte zu berücksichtigen, also Belange, die bodenrechtlich relevant sind.[249] Hinsichtlich der Frage, welche von einer Flüchtlingsunterkunft ausgehenden Nachteile oder Belästigungen städtebauliche Relevanz besitzen, kann auf die obigen Ausführungen zum heterogenen Innenbereich verwiesen werden.[250] Zusammengefasst verbleiben dabei – neben der Gefahr terroristischer Anschläge – lediglich der menschliche Lärm sowie sonstiges, rechtswidriges Nutzerverhalten der Flüchtlinge. Überschreitet nun das typischerweise, bei bestimmungsgemäßer Nutzung zu erwartende Maß an menschlichem Lärm bzw. an sonstigem, rechtswidrigen Nutzerverhalten die Schwelle dessen, was einem nicht überdurchschnittlich empfindlichen Bewohner der näheren Umgebung im jeweiligen Gebiet zuzumuten ist, dann ist diese Beeinträchtigung Gegenstand bauplanungsrechtlicher Betrachtung. Welches Maß an Störung von der konkreten Flüchtlingsunterkunft typischerweise zu erwarten ist, hängt maßgeblich von der Größe der Anlage, der Anzahl der Belegplätze bzw. der Dichte der untergebrachten Personen ab. Eine Flüchtlingsunterkunft ist in einem reinen und allgemeinen Wohngebiet sowie in einem Kleinsiedlungsgebiet regelmäßig nur dann konkret gebietsverträglich und zumutbar i.S.d. Rücksichtnahmegebots, wenn es sich um eine „kleine" Einrichtung handelt.[251] Danach ist etwa eine Einrichtung zur Unterbringung von 220 Flüchtlingen in einem ehemaligen Kreiswehrersatzamt nach

---

[247] *VGH Mannheim*, Urt. v. 09.11.2009 – 3 S 2679/08 = BauR 2010, 882; *Fickert/Fieseler*, in: Fickert/Fieseler, BauNVO, Vorbemerkung zu den §§ 2 bis 9, 12 bis 14, Rn. 9.2.
[248] *OVG Berlin*, Beschl. v. 02.06.1987 – 2 S 38.87 = NVwZ 1988, 264.
[249] *BVerwG*, Beschl. v. 11.12.2006 – 4 B 72.06 = NVwZ 2007, 336.
[250] Vgl. dazu oben S. 28 ff.
[251] *VG Hamburg*, Beschl. v. 22.01.2015 – 9 E 4775/14, abrufbar unter: http://justiz.hamburg.de/content blob/4440318/data/9-e-4775-14-beschluss-vom-22-01-2015.pdf; *Hornmann*, in: BeckOK BauNVO,

der Entscheidung des *VG Hamburg* in einem reinen Wohngebiet nicht gebietsverträglich. Gleiches gilt etwa für eine Gemeinschaftsunterkunft mit ca. 50 Plätzen.[252] Demgegenüber wurde eine Asylbewerberunterkunft für ca. 25 Personen in einem reinen Wohngebiet als (noch) gebietsverträglich angesehen.[253] In einem allgemeinen Wohngebiet wurde die Unzumutbarkeitsschwelle auch bei einer Unterkunft für 39 Asylbewerber noch nicht als überschritten angesehen.[254] Abschließend ist in diesem Zusammenhang aber nochmals zu betonen, dass es sich hierbei nicht um feste Werte oder generelle Aussagen wie bei der abstrakten Gebietsunverträglichkeit handelt. Maßgeblich sind vielmehr die konkreten Umstände des Einzelfalls sowie die Grenze der Zumutbarkeit. Daher sind durchaus Fallgestaltungen denkbar, in denen auch in einem allgemeinen Wohngebiet eine größere Flüchtlingsunterkunft zugelassen werden kann, etwa wenn das Baugebiet bei ausgedehnten Freiflächen (bisher) nur sehr weitläufig, gleichzeitig aber mit großen Baukörpern bebaut ist.

bb. Befreiung i.S.v. § 31 II BauGB

Insbesondere die Zulassung von „größeren" Flüchtlingsunterkünften scheidet also in Wohn- und Mischgebieten regelmäßig aus. In diesen Fällen verbleibt dann nur noch die Möglichkeit einer Befreiung i.S.v. § 31 II BauGB. Diese setzt tatbestandlich aber voraus, dass durch das konkrete Vorhaben die Grundzüge der Planung nicht berührt werden. Maßgeblich dafür ist, dass der planerische Grundgedanke, das zugrunde liegende Leitbild[255] bzw. der rote Faden[256] erhalten bleibt und dass eine Änderung von minderem Gewicht vorliegt, die noch von dem im jeweiligen Plan zum Ausdruck kommenden planerischen Willen der Gemeinde getragen ist. Eine Befreiung scheidet daher insbesondere bei Festsetzungen aus, die für die Planung tragend sind.[257] Gleichzeitig scheidet nach ständiger Rechtsprechung des *Bundesverwaltungsgerichts* eine Befreiung immer dann aus, wenn das durch sie zugelassene Vorhaben in seine Umgebung nur durch Planung zu bewältigende Spannungen hineinträgt oder erhöht.[258] Eine Befreiung ist danach nicht möglich,

---

§ 3 Rn. 184; *VGH Mannheim*, Beschl. v. 06.10.2015 – 3 S 1695/15 = NVwZ 2015, 1781, der ebenfalls auf den räumlichen Umfang und die Zahl der Untergebrachten abstellt.
[252] *VGH Mannheim*, Beschl. v. 19.05.1989 – 8 S 555/89 = BauR 1989, 584.
[253] *VGH Kassel*, Beschl. v. 18.9.2015 – 3 B 1518/15 = NVwZ 2016, 88.
[254] *OVG Berlin*, Beschl. v. 02.06.1987 – 2 S 38.87 = NVwZ 1988, 264.
[255] *BVerwG*, Urt. v. 09.03.1990 – 8 C 76/88 = NVwZ 1990, 873.
[256] *VGH München*, Urt. v. 19.10.1998 – 15 B 97.337 = BayVBl 1999, 179.
[257] *BVerwG*, Urt. v. 19.09.2002 – 4 C 13/01 = NVwZ 2003, 478.
[258] *BVerwG*, Urt. v. 02.02. 2012 – 4 C 14/10 = NVwZ 2012, 825; *BVerwG*, Beschl. v. 05.03.1999 – 4 B 5/99 = NVwZ 1999, 1110; *Söfker*, in: EZBK, BauGB, § 31 Rn. 36.

wenn es zur Bewältigung der gegenläufigen Nutzungskonflikte, die mit der zur Zulassung stehenden Anlage ausgelöst werden, einer Planung i.S.d. § 1 I, III 1 BauGB bedarf.[259] Maßgeblich sind also letztlich die Nutzungskonflikte, deren Vermeidung ein Grundprinzip ist, das sich durch das gesamte Bauplanungsrecht und insbesondere durch die Baunutzungsverordnung hindurchzieht.[260]

Eine größere Flüchtlingsunterkunft, die aufgrund der entstehenden Nutzungskonflikte weder allgemein noch ausnahmsweise an der konkreten Stelle zulässig ist, wird aber regelmäßig – und zwar gerade wegen der Nutzungskonflikte – die Grundzüge der Planung berühren, sodass auch eine Befreiung hier in aller Regel ausscheidet.[261]

c. Zwischenfazit

In Wohn- und Mischgebieten, die überwiegend dem Wohnen dienen, ist eine Zulassung von – jedenfalls größeren – Flüchtlingsunterkünften regelmäßig ausgeschlossen.[262]

4. Zulässigkeit in Gewerbe- und Industriegebieten i.S.d. Baunutzungsverordnung

Als Wohnnutzung[263] sind Flüchtlingsunterkünfte weder im Gewerbegebiet noch im Industriegebiet, und zwar weder allgemein noch ausnahmsweise, zulässig.[264] Denn die Nutzung als Wohngebäude oder Wohnung findet sich nicht in den entsprechenden Regelungen des § 8 BauNVO und des § 9 BauNVO. Die Unzulässigkeit eines entsprechenden Vorhabens ergibt sich daher unmittelbar aus dem Gesetz.

Anders verhält es sich in den Fällen, in denen es sich bei der Flüchtlingsunterkunft um eine Anlage für soziale Zwecke i.S.d. Baunutzungsverordnung handelt.[265] Diese Anlagen sind nach dem Wortlaut des Gesetzes gem. § 8 III Nr. 2 BauNVO und § 9 III Nr. 2 BauNVO in Gewerbe- und Industriegebieten städtebaulich immerhin ausnahmsweise zulässig. Der Wortlaut der Ausnahmeregelungen in der Baunutzungsverordnung steht der Zulassung einer Flüchtlingsunterkunft in einem Gewerbe- oder Industriegebiet also zunächst einmal nicht entgegen. Als ungeschriebene Zulassungs-

---

[259] *Söfker*, in: EZBK, BauGB, § 31 Rn. 36.
[260] *BVerwG*, Urt. v. 16.09.1993 – 4 C 28/91 = NJW 1994, 1546.
[261] *Langenfeld/Weisensee*, ZAR 2015, 132 (136); vgl. auch *OVG Hamburg*, Beschl. v. 14.04.2016 – 2 Bs 29/16 = KommJur 2016, 316;
[262] So im Ergebnis auch *Fickert/Fieseler*, in: Fickert/Fieseler, BauNVO, § 3 Rn. 16.45.
[263] Zur Frage, wann eine Flüchtlingsunterkunft als Wohnnutzung zu qualifizieren ist, vgl. S. 40 ff.
[264] *Söfker*, in: EZBK, BauNVO, § 8 Rn. 8.
[265] Zur Frage, unter welchen Voraussetzungen eine Flüchtlingsunterkunft als Anlage für soziale Zwecke zu qualifizieren ist, vgl. S. 50 f. und S. 40 ff.

beschränkungen kommen aber der funktionale Zusammenhang mit einer der in § 8 II BauNVO bzw. § 9 II BauNVO aufgeführten Hauptnutzungen sowie der Grundsatz der abstrakten Gebietsverträglichkeit in Betracht.

a. Funktionaler Zusammenhang

Teilweise wird in der Rechtsprechung und Kommentarliteratur die Auffassung vertreten, dass die ausnahmsweise zulässigen Anlagen i.S.v. § 8 III Nr. 2 BauNVO und § 9 III Nr. 2 BauNVO einen funktionellen Bezug zu den Hauptnutzungen nach Absatz 2 und damit zu Gewerbebetrieben aufweisen müssen.[266] So führt etwa das *OVG Münster* in Bezug auf das Gewerbegebiet aus, dass für die Zulassung einer der in § 8 III Nr. 2 BauNVO genannten Anlagen regelmäßig nur dann ein Bedürfnis bestünde, wenn ihre Funktion im Zusammenhang mit einer der in § 8 II BauNVO aufgeführten Hauptnutzungen stehe.[267] Ein solcher Zusammenhang wird für Flüchtlingsunterkünfte aber regelmäßig zu verneinen sein, da Flüchtlinge, die in eine Aufnahmeeinrichtung oder Gemeinschaftsunterkunft verwiesen werden, im jeweiligen Gewerbegebiet mangels Arbeitserlaubnis schon gar nicht arbeiten dürfen.

Diese einschränkende Auslegung ist abzulehnen.[268] Sie findet weder im Wortlaut der Vorschriften der §§ 8 III Nr. 2, 9 III Nr. 2 BauNVO eine Stütze noch ist sie aus systematischen Gründen vertretbar. Denn indem § 8 III Nr. 1 BauNVO und § 9 III Nr. 1 BauNVO ausdrücklich auf die „Zuordnung" und „Unterordnung" zum Gewerbegebiet und damit auf einen funktionalen Zusammenhang abstellen, hat der Verordnungsgeber auf eine entsprechende Zuweisung in § 8 III Nr. 2 BauNVO und § 9 III Nr. 2 BauNVO gerade verzichtet. Im Umkehrschluss kann es daher im Rahmen des § 8 III Nr. 2 BauNVO und § 9 III Nr. 2 BauNVO konsequenterweise nicht auf einen funktionalen Zusammenhang zur Hauptnutzung ankommen. Und von einem Redaktionsversehen des Gesetzgebers kann nicht ausgegangen werden.

b. Grundsatz der (abstrakten) Gebietsverträglichkeit

Die sog. abstrakte Gebietsverträglichkeit ist bereits oben im Rahmen der Möglichkeit der Schaffung von Flüchtlingsunterkünften in Wohn- und Mischgebieten erörtert worden.[269]

---

[266] *OVG Schleswig*, Beschl. v. 16.10.1991 – 1 M 53/91 = NVwZ 1992, 590; *OVG Münster*, Urt. v. 03.11.1988 – 11 A 56/86 = BauR 1989, 581; *Ziegler*, in: Brügelmann, BauNVO, § 8 Rn. 96.
[267] *OVG Münster*, Urt. v. 03.11.1988 – 11 A 56/86 = BauR 1989, 581.
[268] So auch: *OVG Bremen*, Beschl. v. 24.11.1993 – 1 B 133/93 = BeckRS 1994, 20492; *Söfker*, in: EZBK, BauNVO, § 8 Rn. 44, 44b; *Bönker*, in: Bönker/Bischopink, BauNVO, § 8 Rn. 127; *Stock*, in: König/Roeser/Stock, BauNVO, § 8 Rn. 50.
[269] Vgl. dazu oben auf S. 51 ff.

Im Folgenden wird nun geprüft, ob und inwieweit Flüchtlingsunterkünfte als im Industrie- und Gewerbegebiet ausnahmsweise zulässige Anlagen für soziale Zwecke typischerweise gebietsverträglich sind. Dabei ist zu berücksichtigen, dass die Baunutzungsverordnung Anlagen für soziale Zwecke in erster Linie und in der Mehrzahl anderen Baugebieten und dort als allgemein zulässige Anlagen zugeordnet hat.[270] Industrie- und Gewerbegebiete bieten damit gerade solchen Betrieben einen Standort, die im Hinblick auf ihre spezifischen Standortanforderungen und ihr Störpotential zu Unzuträglichkeiten in Gebieten führen würden, in denen auch oder sogar vorwiegend gewohnt werden soll.[271]

aa. Flüchtlingsunterkünfte in Industriegebieten, § 9 III Nr. 2 BauNVO

Industriegebiete dienen typischerweise der Unterbringung von Gewerbebetrieben, die in allen anderen Baugebieten unzulässig sind. Dabei handelt es sich namentlich um erheblich belästigende Gewerbebetriebe, die aufgrund ihres hohen Emissionsniveaus nicht einmal in einem Gewerbegebiet untergebracht werden können.[272] Dieses eklatant hohe Störpotential ist auch der Grund dafür, warum Flüchtlingsunterkünfte als Anlagen mit wohnähnlichem Charakter mit der Zweckbestimmung eines Industriegebiets generell nicht vereinbar und dort daher von Anfang an abstrakt gebietsunverträglich sind.[273]

bb. Flüchtlingsunterkünfte in Gewerbegebieten, § 8 III Nr. 2 BauNVO

Etwas anderes könnte für Gewerbegebiete gelten, da diese nach der Typisierung der Baunutzungsverordnung – im Unterschied zu Industriegebieten – gerade der Unterbringung von nicht erheblich belästigenden Gewerbebetrieben dienen. Fraglich ist also, ob Flüchtlingsunterkünfte als Anlagen für soziale Zwecke mit dem Gebietscharakter eines Gewerbegebietes generell vereinbar sind. Problematisch ist dies insbesondere unter dem Gesichtspunkt, dass Gewerbegebiete auf der einen Seite wie Industriegebiete nicht dem Wohnen dienen[274], auf der anderen Seite aber keine erheblich belästigenden Gewerbebetriebe beinhalten und daher – jedenfalls im Vergleich zu Industriegebieten – ein verhältnismäßig moderates Emissionsniveau besitzen und außerdem mit bestimmten betriebsbezogenen Wohnungen i.S.v.

---

[270] *Söfker*, in: EZBK, BauNVO, § 8 Rn. 43.
[271] *BVerwG*, Urt. v. 25.11.1983 – 4 C 21/83 = NJW 1984, 1574.
[272] *Spieß*, in: Jäde/Dirnberger, BauNVO, § 9 Rn. 2; *Söfker*, in: EZBK, BauNVO, § 8 Rn. 8.
[273] *OVG Münster*, Beschl. v. 04.11.2003 – 22 B 1345/03 = NVwZ-RR 2004, 247; *Decker*, in: Schiwy, BauGB, § 246 Rn. 36; *Fickert/Fieseler*, in: Fickert/Fieseler, BauNVO, Vorbemerkung zu den §§ 2 bis 9, 12 bis 14, Rn. 9.2.
[274] *Söfker*, in: EZBK, BauNVO, § 8 Rn. 8.

§ 8 III Nr. 1 BauNVO ausdrücklich eine Unterart der Wohnnutzung[275] ausnahmsweise zulassen.

(1) Argumente gegen eine generelle Gebietsunverträglichkeit

Eine Mindermeinung in der Rechtsprechung – hervorzuheben ist dabei gegenwärtig das *VG Augsburg* – und in der Literatur sieht Flüchtlingsunterkünfte in Gewerbegebieten als nicht generell gebietsunverträglich an.[276] Nach einer Entscheidung des *OVG Lüneburg*[277] aus dem Jahre 1993 ist eine barackenähnliche städtische Gemeinschaftsunterkunft für 60 Asylbewerber in 18 beengten Räumen als Anlage für soziale Zwecke ausnahmsweise im Gewerbegebiet zulässig. Einen ähnlichen Ansatz vertritt das *OVG Koblenz*,[278] das ein Aussiedlerwohnheim ausnahmsweise in einem Gewerbegebiet zulassen will, selbst wenn auf einem Nachbargrundstück ein emissionsträchtiger Gewerbebetrieb besteht. Eine entsprechende Begründung bleiben die beiden Oberverwaltungsgerichte jedoch schuldig. Rechtfertigen könnte man diese weite Auslegung auf den ersten Blick mit einem „argumentum a fortiori". Da der Verordnungsgeber ein Wohnen im Gewerbegebiet ausweislich des § 8 III Nr. 1 BauNVO auch unter verstärkter Immissionsbelastung prinzipiell als zumutbar erachtet, müsste man dies erst recht für eine nur vorübergehende Unterbringung von Flüchtlingen und Asylbegehrenden im Rahmen einer besonderen Notsituation annehmen dürfen.[279]

Dieser Erst-Recht-Schluss greift hier allerdings nicht. Vielmehr bestätigt § 8 III Nr. 1 BauNVO den Grundsatz, dass in einem Gewerbegebiet gerade nicht gewohnt werden soll.[280] Danach ist eine Wohnnutzung im Gewerbegebiet nur im Ausnahmefall für Aufsichts- und Bereitschaftspersonal sowie für Betriebsinhaber und Betriebsleiter erlaubt, sofern sie funktional einem Gewerbebetrieb zugeordnet ist. Diese ausnahmsweise Durchbrechung des genannten Grundsatzes rechtfertigt sich vornehmlich aus dem Umstand, dass das Aufsichts- und Bereitschaftspersonal sowie die Betriebsinhaber und Betriebsleiter wegen der Art des

---

[275] *Stock*, in: EZBK, BauNVO, § 3 Rn. 41.
[276] *VG Augsburg*, Urt. v. 06.02.2013 – Au 4 K 12.1227 = BeckRS 2013, 49084; *VG Augsburg*, Urt. v. 29.11.2012 – Au 5 K 11.1606 = BeckRS 2013, 46369; *OVG Lüneburg*, Beschl. v. 25.03.1993 – 6 M 1207/93 = NVwZ-RR 1993, 532; *OVG Koblenz*, Beschl. v. 16.10.1991 – 8 B 11727/91 = NVwZ 1992, 592; *Jäde*, in: Jäde/Dirnberger/Weiss, 7. Auflage (Vorauflage), BauNVO, § 8 Rn. 16 (a.A. ab der nachfolgenden 8. Auflage von *Decker*, in: Jäde/Dirnberger, BauNVO, § 8 Rn. 16).
[277] *OVG Lüneburg*, Beschl. v. 25.03.1993 – 6 M 1207/93 = NVwZ-RR 1993, 532.
[278] *OVG Koblenz*, Beschl. v. 16.10.1991 – 8 B 11727/91 = NVwZ 1992, 592.
[279] Eine derartige Begründung liefert *Jäde*, in: Jäde/Dirnberger/Weiss, 7. Auflage (Vorauflage), BauNVO, § 8 Rn. 16.
[280] *OVG Hamburg*, Beschl. v. 17.06.2013 – 2 Bs 151/13 = NVwZ-RR 2013, 990.

Betriebs, zur Wartung von Betriebseinrichtungen oder aus Gründen der Sicherheit bzw. der Betriebsverantwortung ständig erreichbar sein müssen.[281] Bei diesen Personen besteht aus streng betriebsbezogenen Gründen im konkreten Einzelfall keine andere praktikable Möglichkeit, als direkt in unmittelbarer Nähe des Betriebs zu wohnen.[282] Indem es diesem Personenkreis zugutekommt, sich regelmäßige und oft lange Anfahrtswege in das Gewerbegebiet und wieder zurück zu ersparen, erscheint es im Sinne von „Geben und Nehmen" auch gerechtfertigt, dass deren Schutzwürdigkeit jedenfalls bis zur Grenze der Gesundheitsschädlichkeit gemindert und deren Wohnnutzung im Gewerbegebiet ausnahmsweise erlaubt ist. Demgegenüber ist bei Flüchtlingen ein derartiges „Abhängigkeitsverhältnis" zum Gewerbegebiet und ein – irgendwie gearteter – kompensatorischer Vorteil nicht vorhanden, sodass eine geminderte Schutzwürdigkeit bei diesen gerade nicht anerkannt werden kann.

(2) Argumente für eine generelle bzw. abstrakte Gebietsunverträglichkeit

Von der mittlerweile herrschenden Meinung in Rechtsprechung und Literatur wird die Auffassung vertreten, dass Flüchtlingsunterkünfte für eine nicht nur kurzfristige Aufenthaltsdauer im Gewerbegebiet abstrakt gebietsunverträglich sind. Abgestellt wird dabei auf die Unvereinbarkeit mit der allgemeinen Zweckbestimmung eines Gewerbegebiets.

Ausgangspunkt hierfür ist die Rechtsprechung des *Bundesverwaltungsgerichts* zur Zulässigkeit von Wohnnutzung bzw. wohnähnlicher Nutzung im Gewerbegebiet. Bereits im Jahre 1983 hat das Gericht entschieden, dass „gewerbliche Betriebe, die mit einer Wohnnutzung verbunden sind, wie ein Bordell, in dem die Dirnen auch wohnen, oder ein als Betrieb des Beherbergungsgewerbes einzustufendes Wohnheim, in Gewerbe- und Industriegebieten [typischerweise] nicht zulässig" sind.[283] Diese Rechtsprechung führte das Gericht 1992 fort, indem es „Beherbergungsbetriebe, in denen gewohnt wird oder die wohnähnlich genutzt werden", im Gewerbegebiet generell für unzulässig erklärte.[284] Konsequenterweise urteilte das *Bundesverwaltungsgericht* im Jahre 2002 im Hinblick auf ein Seniorenpflegeheim für dauerhaft pflegebedürftige Menschen, dass ein derartiges Vorhaben im Hinblick auf seinen wohnähnlichen Charakter der betreuten Personen

---

[281] *Stock*, in: König/Roeser/Stock, BauNVO, § 8 Rn. 46.
[282] *Mampel/Schmidt-Bleker*, in: BeckOK BauNVO, § 8 Rn. 190.
[283] BVerwG, Urt. v. 25.11.1983 – 4 C 21/83 = NJW 1984, 1574.
[284] BVerwG, Urt. v. 29.04.1992 – 4 C 43/89 = NVwZ 1993, 773.

eine typischerweise nicht gebietsverträgliche Anlage im Gewerbegebiet darstellt.[285] In Anlehnung daran hat sich der überwiegende Teil der Instanzgerichte auch in Bezug auf Flüchtlingsunterkünfte der Linie des *Bundesverwaltungsgerichts* zur Zulässigkeit wohnähnlicher Nutzungen in Gewerbegebieten angeschlossen.[286] Auch ein Großteil der Literatur[287] teilt die Auffassung, dass eine Flüchtlingsunterkunft in einem Gewerbegeiet „abstrakt gebietsunverträglich"[288] ist.

Dem ist zuzustimmen. Denn auch die Nutzung als Flüchtlingsunterkunft ist typischerweise mit einer wohnähnlichen Nutzung verbunden, die nach der Dauer und den Begleitumständen des Aufenthalts nicht minder schutzbedürftig ist als eine Wohnnutzung oder eine anderweitig wohnähnliche Nutzung. Für die Wohnähnlichkeit der Nutzung kommt es maßgeblich auf die Schutzbedürftigkeit der untergebrachten Personen und folglich darauf an, dass der Aufenthalt in der jeweiligen baulichen Anlage nicht nur von unbeachtlich kurzer Dauer ist.[289] Denn eine nur wenige Tage andauernde – und deshalb nicht wohnähnliche – Unterbringung in einem Gewerbegebiet kann einem Flüchtling generell durchaus zugemutet werden. Die Unterbringung in einer Flüchtlingsunterkunft ist aber – wie das *OVG Münster*[290] bereits im Jahre 1988 herausstellte – regelmäßig wohnähnlich, weil „die Unterbringung [...] wegen der Dauer bis zum rechtskräftigen Abschluss eines Asylverfahrens und – bei negativem Ausgang – bis zur Durchsetzung aufenthaltsbeendender Maßnahmen unter Umständen eine mehrjährige" ist. Auch der *VGH Mannheim*[291] stellt für die Frage der Wohnähnlichkeit auf das Zeitmoment

---

[285] *BVerwG*, Beschl. v. 13.05.2002 – 4 B 86/01 = NVwZ 2002, 1384.
[286] *OVG Münster*, Urt. v. 03.11.1988 – 11 A 56/86 = BauR 1989, 581; *OVG Schleswig*, Beschl. v. 16.10.1991 – 1 M 53/91 = NVwZ 1992, 590; *VGH Mannheim*, Beschl. v. 14.03.2013 – 8 S 2504/12 = BauR 2013, 1088; *OVG Hamburg*, Beschl. v. 17.06.2013 – 2 Bs 151/13 = NVwZ-RR 2013, 990; *VG Köln*, Beschl. v. 10.11.2014 – 2 L 2039/14 = BeckRS 2014, 58345; *VG Ansbach*, Urt. v. 09.10.2014 – AN 9 K 14.00830 = BeckRS 2014, 58668; *VG München*, Urt. v. 03.06.2014 – M 1 K 14.339 = BeckRS 2014, 53094.
[287] Ziegler, in: Brügelmann, BauNVO, § 8 Rn. 96; *Stock*, in: König/Roeser/Stock, BauNVO, § 8 Rn. 19 f., 49a; *Fickert/Fieseler*, in: Fickert/Fieseler, BauNVO, § 8 Rn. 15.2; *Decker*, in: Jäde/Dirnberger, BauNVO, § 8 Rn. 16.
[288] Den Begriff der abstrakten Gebietsunverträglichkeit hat insbesondere das *OVG Hamburg* geprägt, vgl. etwa den Beschl. v. 20.12.2011 – 2 Bs 205/11 = NordÖR 2012, 474 oder den Beschl. v. 17.06.2013 – 2 Bs 151/13 = NVwZ-RR 2013, 990 (in Bezug auf Flüchtlingsunterkünfte in einem Gewerbegebiet). Darüber hinaus wird der Begriff etwa auch verwendet vom: *VGH Mannheim*, Beschl. v. 14.03.2013 – 8 S 2504/12 = BauR 2013, 1088; *VG Karlsruhe*, Beschl. v. 12.02.2016 – 6 K 121/16 = GewA 2016, 210; *VG Köln*, Beschl. v. 10.11.2014 – 2 L 2039/14 = BeckRS 2014, 58345.
[289] *OVG Münster*, Urt. v. 03.11.1988 – 11 A 56/86 = BauR 1989, 581; *VGH Mannheim*, Beschl. v. 14.03.2013 – 8 S 2504/12 = BauR 2013, 1088; *Stock*, in: König/Roeser/Stock, BauNVO, § 8 Rn. 49a.
[290] *OVG Münster*, Urt. v. 03.11.1988 – 11 A 56/86 = BauR 1989, 581.
[291] *VGH Mannheim*, Beschl. v. 14.03.2013 – 8 S 2504/12 = BauR 2013, 1088.

des Aufenthalts ab und verweist insoweit auf die damals durchschnittliche Asylverfahrensdauer von 12 bis 13 Monaten. Aus diesem Grund ist eine Flüchtlingsunterkunft typischerweise für eine mehr als nur unerheblich kurze Dauer Lebensmittelpunkt des einzelnen Flüchtlings mit der Folge, dass eine derartige Nutzung als „wohnähnlich" einzustufen und mit dem Charakter eines Gewerbegebiets wegen des dortigen Störpotentials daher generell unvereinbar ist.[292] Die Anknüpfung an die – die Schutzwürdigkeit der untergebrachten Personen bestimmende – Aufenthaltsdauer hat zur Folge, dass Not- und Erstaufnahmestellen mit einer für den Einzelnen[293] nur kurzen Aufenthaltsdauer ausnahmsweise im Gewerbegebiet gem. § 8 III Nr. 2 BauNVO zugelassen werden können.[294] Allerdings werden solche Fälle in der Praxis selten vorkommen, da das *Bundesverwaltungsgericht* in einem vergleichbaren Fall schon bei einer zwei- bis sechsmonatigen Aufenthaltsdauer die Gebietsverträglichkeit abgelehnt hat.[295] Es ist praktisch ausgeschlossen, dass ein Asylverfahren in diesem Zeitraum abgeschlossen wird.

Dieses Ergebnis wird schließlich durch die Entstehungsgeschichte der Sondervorschrift des § 246 X BauGB und den darin zum Ausdruck kommenden gesetzgeberischen Willen bestätigt[296], gerade auch die abstrakte Gebietsunverträglichkeit von wohnähnlichen Flüchtlingsunterkünften in Gewerbegebieten zu überwinden.[297] Wie sich aus den Gesetzesmaterialien ergibt, sollte mit der Einfügung der erweiterten Befreiungsvorschrift des § 246 X BauGB auf Entwicklungen in der Rechtsprechung reagiert werden, „nach denen Flüchtlingsunterkünfte wegen ihrer wohnählichen Nutzung mit dem Nutzungszweck von Gewerbegebieten grundsätzlich unverträglich sein sollen und deshalb dort auch nicht im Ausnahmewege genehmigt werden können."[298] Auch in der Rechtsprechung und Kommentarliteratur wird dieser Zusammenhang gesehen. So schreibt etwa *Ziegler*, dass die Privilegierung des § 246 X BauGB vornehmlich auch deswegen geschaffen wurde, um das Verbot wohnähnlicher Nutzungen nicht nur kurzfristiger Art im Gewerbegebiet zu überwinden.[299] Und in einem Leitsatz des *VG Karlsruhe*

---

[292] *Fickert/Fieseler*, in: Fickert/Fieseler, BauNVO, § 8 Rn. 15.2.
[293] Not- und Erstaufnahmestellen, die insgesamt nur für eine kurze Dauer von wenigen Tagen oder Wochen geschaffen werden, haben bereits keine bodenrechtliche Relevanz i.S.v. § 29 I BauGB; vgl. dazu bereits auf S. 11.
[294] *Ziegler*, in: Brügelmann, BauNVO, § 8 Rn. 98.
[295] BVerwG, Url. v. 29.04.1992 – 4 C 43/89 = NVwZ 1993, 773.
[296] So auch *Decker*, in: Jäde/Dirnberger, BauNVO, § 8 Rn. 16.
[297] Zur Entstehungsgeschichte und zum Willen des Gesetzgebers, vgl. im zweiten Kapitel auf S. 80.
[298] Diese Begründung findet sich im Gesetzesentwurf des Bundesrates, BR-Drs. 419/14, S. 6. Eine vergleichbare Erklärung steht in der Stellungnahme der Bundesregierung zum Gesetzesentwurf, BT-Drs. 18/2752, S. 12.
[299] *Ziegler*, in: Brügelmann, BauNVO, § 8 Rn. 101a.

heißt es beispielsweise, dass sich „seit Inkrafttreten von § 246 X BauGB [...] Gewerbetreibende [...] nicht mehr auf die abstrakte Gebietsunverträglichkeit wohnähnlicher Nutzungen im Gewerbegebiet berufen" können.[300]

cc. Befreiung i.S.v. § 31 II BauGB

Die Zulassung der Unterbringung von Flüchtlingen im Gewerbegebiet ist nach den allgemeinen Vorschriften daher lediglich über eine Befreiung i.S.v. § 31 II BauGB möglich. Diese Option fand insbesondere seit der durch den Jugoslawienkonflikt ausgelösten Flüchtlingswelle Anfang der 1990er Jahre größere Beachtung.[301]

Der Umstand der abstrakten Gebietsunverträglichkeit steht einer Befreiung zwar nicht von vornherein entgegen.[302] Allerdings werden bei der Errichtung einer Flüchtlingsunterkunft im Gewerbegebiet regelmäßig gegenläufige Nutzungskonflikte entstehen, zu deren Bewältigung es einer Planung i.S.v. § 1 III 1 BauGB bedarf. Da in diesem Fall in der Regel die Grundzüge der Planung berührt werden, scheidet eine Befreiung i.S.v. § 31 II Nr. 1 BauGB zugunsten einer Flüchtlingsunterkunft in einem Gewerbegebiet daher gewöhnlich aus.[303] Allenfalls im Falle einer stark befristeten Zulassung i.S.v. § 36 II Nr. 1 Landes-VwVfG ist eine Befreiungserteilung über § 31 II BauGB denkbar, da auf diese Weise dem Widerspruch zu den Grundzügen der Planung begegnet werden kann.[304]

5. Zulässigkeit in Sondergebieten i.S.d. Baunutzungsverordnung

Schließich verbleiben noch die Sondergebiete i.S.d. §§ 10, 11 BauNVO. In Sondergebieten i.S.v. § 10 BauNVO, die der Erholung dienen, scheiden Flüchtlingsunterkünfte bereits denklogisch aus. In sonstigen Sondergebieten nach § 11 BauNVO richtet sich die Zulässigkeit von Flüchtlingsunterkünften nach den speziellen Festsetzungen des jeweiligen Bebauungsplans.[305] Es ist dabei möglich, ein Sondergebiet mit der

---

[300] *VG Karlsruhe*, Beschl. v. 12.02.2016 – 6 K 121/16 = ZfBR 2016, 808.
[301] *Langenfeld/Weisensee*, ZAR 2015, 132 (133).
[302] *BVerwG*, Urt. v. 02.02.2012 – 4 C 14/10 = NVwZ 2012, 825.
[303] *VGH München*, Beschl. v. 05.03.2015 – 1 ZB 14.2373 = NVwZ 2015, 912; *VGH Mannheim*, Beschl. v. 17.12.2013 – 8 S 2350/13 = BeckRS 2014, 55615; *OVG Hamburg*, Beschl. v. 17.06.2013 – 2 Bs 151/13 = NVwZ-RR 2013, 990; *Blechschmidt*, in: EZBK, BauGB, § 246 Rn. 68a; *Decker*, in: Schiwy, BauGB, § 246 Rn. 53; *Langenfeld/Weisensee*, ZAR 2015, 132 (136); *Blechschmidt/Reidt*, BauR 2016, 934 (935).
[304] *Decker*, in: Schiwy, BauGB, § 246 Rn. 53.
[305] *Blechschmidt/Reidt*, BauR 2016, 934 (935).

Zweckbestimmung „Sondergebiet für Unterkünfte für Flüchtlinge und Asylbegehrende" festzusetzen.[306] Insoweit ist die bauplanungsrechtliche Zulässigkeit von Flüchtlingsunterkünften zweifelsohne gegeben.

Allerdings sind derartige Sondergebiete in der Praxis äußerst selten, sodass jedenfalls in der Hochphase des Flüchtlingszustroms nicht auf bereits bestehende Sondergebiete mit dem Zweck der Flüchtlingsunterbringung zurückgegriffen werden konnte. Freilich könnten die Gemeinden derartige Sondergebiete „Flüchtlingswohnen" neu ausweisen. Da ein entsprechendes Bebauungsplanverfahren aber – wie sogleich unter dem Gliederungspunkt C. näher beschrieben – eine nicht unerhebliche Zeitspanne in Anspruch nimmt, ist diese Option zur kurzfristigen Schaffung von akut erforderlichem Unterbringungsraum kaum geeignet.

B. Bauordnungsrechtliche Beurteilung

Bauordnungsrechtliche Privilegierungen bei der Schaffung von baulichen Anlagen zur Unterbringung von Flüchtlingen haben die insoweit gesetzgebungszuständigen Bundesländer – mit Ausnahme von Hamburg und Bremen, die ihre Polizei- und Sicherheitsgesetze zwischenzeitlich um eine Standardmaßnahme zur „Sicherstellung privater Grundstücke und Gebäude zu Zwecken der Flüchtlingsunterbringung" gem. § 14a SOG HH und § 26a BremPolG ergänzt hatten[307] – nicht vorgesehen.

Sofern aber – wie in den weitaus meisten Fällen – die öffentliche Hand Vorhabenträger der Flüchtlingsunterkunft ist, bestimmen die Bauordnungen der Länder, dass das Baugenehmigungsverfahren durch ein sog. Zustimmungsverfahren ersetzt wird.[308] Diese landesrechtlichen Privilegierungen gehen zurück auf § 77 I 1 der Musterbauordnung in der Fassung von November 2002, zuletzt geändert durch Beschluss der Bauministerkonferenz vom 21.09.2012.[309] Die rechtliche Einordnung des sog. Zustimmungsverfahrens und die Herausstellung seiner Vorteile soll am Beispiel des Art. 73 BayBO erfolgen. Vorhaben des Bundes oder des Landes bedürfen gem. Art. 73 I BayBO keiner Ge-

---

[306] *Bienek/Reidt*, BauR 2015, 422 (431); *Beckmann*, KommJur 2016, 321 (324); Hinweis Nr. 2.2.3 der *Fachkommission Städtebau* vom 15.12.2015.
[307] Vgl. dazu ausführlich im siebten Kapitel auf S. 363, 365.
[308] Dies ist beispielsweise in Bayern in Art. 73 BayBO, in Nordrhein-Westfalen in § 80 IV 1 BauO NRW, in Berlin in § 76 IV 1 BauO Berlin und in Sachsen in § 77 SächsBO geregelt.
[309] Abrufbar unter: https://www.bauministerkonferenz.de/lbo/VTMB102.pdf.

nehmigung, sondern lediglich der Zustimmung der Regierung mit eingeschränktem materiell-rechtlichen Prüfungsumfang i.S.v. Art. 73 II BayBO, sofern die Baudienststelle mindestens mit einem Bediensteten, der für ein Amt ab der Besoldungsgruppe A 14 in der Fachlaufbahn Naturwissenschaft und Technik, fachlicher Schwerpunkt bautechnischer und umweltfachlicher Verwaltungsdienst, qualifiziert ist, und mit sonstigen geeigneten Fachkräften ausreichend besetzt ist. Vorhaben der Landkreise und Gemeinden bedürfen gem. Art. 73 V BayBO ebenfalls keiner Genehmigung, sondern nur der Zustimmung der unteren Bauaufsichtsbehörde gem. Art. 53 I BayBO mit eingeschränktem materiell-rechtlichen Prüfungsumfang i.S.v. Art. 73 II BayBO, sofern der Landkreis oder die Gemeinde mindestens mit einem Bediensteten, der für ein Amt ab der Besoldungsgruppe A 14 in der Fachlaufbahn Naturwissenschaft und Technik, fachlicher Schwerpunkt bautechnischer und umweltfachlicher Verwaltungsdienst, qualifiziert ist, und mit sonstigen geeigneten Fachkräften ausreichend besetzt ist und diesen Bediensteten die Leitung der Entwurfsarbeiten und die Bauüberwachung übertragen sind.

Der Vorteil des Zustimmungsverfahrens gegenüber dem herkömmlichen Genehmigungsverfahren liegt in seinem eingeschränkten materiell-rechtlichen Prüfungsumfang, dem Wegfall der Bauüberwachung und etwaiger Bauanzeigen. Der eingeschränkte materiell-rechtliche Prüfungsumfang führt im Ergebnis aber „nur" zu einer bauordnungsrechtlichen Verfahrensbeschleunigung. Diese reine Verfahrensprivilegierung darf nämlich nicht darüber hinwegtäuschen, dass dennoch das materielle Baurecht in seiner ganzen Bandbreite beachtet werden muss.[310] Denn die Beschränkung der bauaufsichtlichen Prüfung nach Art. 73 II BayBO entbindet nicht von der Verpflichtung zur Einhaltung der Anforderungen, die durch öffentlich-rechtliche Vorschriften an Anlagen gestellt werden, was sich aus Art. 55 II BayBO ausdrücklich ergibt. Darüber hinaus schränkt das Zustimmungsverfahren ohnehin nur den materiell-rechtlichen Prüfungsumfang in Bezug auf landesrechtliches Bausicherheitsrecht ein. Bundesrechtliches Bauplanungsrecht i.S.v. §§ 29 ff. BauGB bleibt ausdrücklich im Prüfprogramm enthalten. Dies ist der verfassungsrechtlichen Kompetenzaufteilung zwischen Bauplanungsrecht und Bauordnungsrecht geschuldet, da der bauordnungsrechtliche Landesgesetzgeber in Bezug auf Erleichterungen des Baugenehmigungsverfahrens nicht die Kompetenz haben kann, die Geltung von Bundesrecht durch entsprechende landesrechtliche Erleichterungen im Ergebnis „auszuhebeln". Die Möglichkeit des sog. Zustimmungsverfahrens kann den Genehmigungsprozess daher zwar beschleunigen, inhaltlich jedoch nicht erleichtern.

---

[310] *Blechschmidt*, in: EZBK, BauGB, § 37 Rn. 20.

C. Der zeitintensive Weg über die Bauleitplanung nach §§ 1 ff. BauGB

Von der „Zulassungsebene" mit ihren bereits vorgegebenen Bahnen und Mustern – sei es im vom Gesetzgeber „ersatzgeplanten" Innen- oder Außenbereich, sei es in einem von der Gemeinde bereits aufgestellten Bebauungsplan – zu unterscheiden ist die „Planungsebene".

Die Gemeine als Träger der Planungshoheit hat dabei die Möglichkeit, geeignete Flächen für die Unterbringung von Flüchtlingen mit Hilfe von unterlandesgesetzlichen Satzungen auszuweisen und auf diese Weise neues, individuelles und von den gesetzgeberischen Mustern eines Innen- oder Außenbereichs größtenteils losgelöstes Baurecht zu schaffen. Neben der Aufstellung oder Änderung von Bebauungsplänen i.S.v. § 2 I BauGB i.V.m. § 1 I, III, VIII BauGB können die Gemeinden dabei auch auf städtebauliche Satzungen i.S.v. § 34 IV BauGB und § 35 VI BauGB zurückgreifen. Für die Schaffung geeigneter Flächen für die Unterbringung von Flüchtlingen und Asylbegehrenden bietet sich das Planverfahren mit der Festsetzung eines Sondergebiets mit der Zweckbestimmung „Sondergebiet für Unterkünfte für Flüchtlinge und Asylbegehrende" an.[311]

Der gemeindliche Weg über das Bebauungsplanverfahren ist zwar grundsätzlich zu begrüßen und sollte auch das mittelfristige Ziel bei der Flüchtlingsunterbringung sein, weil dadurch entsprechende Anlagen gezielt an bestimmten Standorten planungsrechtlich abgesichert werden können.[312] Mit Hilfe der umfangreichen Planung können etwaige städtebauliche Spannungen von Anfang an berücksichtigt, in einen entsprechenden Ausgleich gebracht und damit im Ergebnis so gering wie möglich gehalten werden.

Allerdings ist das Bebauungsplanverfahren aufgrund seiner langen Dauer kein adäquates Mittel für die kurzfristig zu bewältigende Unterbringung von hunderttausenden von Flüchtlingen. Etwaige Verfahrensbeschleunigungen nach dem Baugesetzbuch sind entweder auf die vorliegende Problemkonstellation der Flüchtlingsunterbringung tatbestandlich nicht anwendbar oder in der Praxis schlichtweg unpraktikabel. Im Einzelnen:

I. Normales Bebauungsplanverfahren gem. §§ 2 ff. BauGB

Der Planungsprozess im umfassenden „normalen" Verfahren i.S.v. §§ 2 ff. BauGB dauert – je nach Größe des Plangebiets, Anzahl der betroffenen Grundstückseigentümer, Anzahl und Gewicht der zu bewältigenden Spannungen sowie je nach der konkret

---

[311] Hinweis Nr. 2.2.3 der *Fachkommission Städtebau* vom 15.12.2015; *Beckmann*, KommJur 2016, 321 (324).
[312] So auch die Bundesregierung in ihrer Stellungnahme zum Entwurf der ersten BauGB-Flüchtlingsnovelle, BT-Drs. 18/2752, S. 11.

vorhandenen Verwaltungsstruktur – bis zur Bekanntmachung des Bebauungsplans zwischen einem und zwei Jahren. Großprojekte können hingegen ohne weiteres einen Zeitraum zwischen drei und zehn Jahren in Anspruch nehmen. An eine zeitnahe Schaffung von dringend erforderlichen Flüchtlingsunterkünften ist im herkömmlichen Planverfahren also nicht zu denken.

II. Subsidiärer Zulassungstatbestand des § 33 BauGB

Fraglich ist, ob vielleicht mit Hilfe des subsidiären Zulassungstatbestands des § 33 BauGB dieses planungsspezifische Problem für die Flüchtlingsunterbringung praktisch sinnvoll gelöst werden kann.

Die Regelung des § 33 BauGB ermöglicht die Zulassung von Bauvorhaben noch während der Planaufstellung und kann auf diese Weise gewissermaßen den zeitlichen Geltungsbereich des Bebauungsplans auf den Zeitpunkt der – materiellen und formellen – Planreife vorverlagern. Materielle Planreife i.S.v. § 33 I Nr. 2 BauGB liegt vor, wenn anzunehmen ist, dass das Vorhaben den künftigen Festsetzungen des Bebauungsplans nicht entgegensteht. Formelle Planreife liegt gem. § 33 I Nr. 1 BauGB vor, wenn die förmliche Öffentlichkeits- und Behördenbeteiligung gem. § 3 II und § 4 II BauGB durchgeführt worden ist.

Allerdings ist gerade der Planungsprozess bis zur formellen Planreife i.s.v. § 33 I Nr. 1 BauGB mit der Erarbeitung des Planungskonzepts sowie der anschließenden förmlichen Öffentlichkeits- und Behördenbeteiligung der aufwendigste und langwierigste Part des gesamten Bebauungsplanverfahrens. Auch der Zulassungstatbestand des § 33 BauGB stellt daher eher eine Beschleunigung „auf den letzten Metern" dar und hilft bei der zeitnahen Ermöglichung von dringend erforderlichem Unterbringungsraum praktisch kaum weiter.

III. Vorhabenbezogener Bebauungsplan gem. § 12 BauGB

Eventuell kann mit Hilfe der sog. vorhabenbezogenen Bebauungsplanung i.S.v. § 12 BauGB die notwendige Verfahrensbeschleunigung in Bezug auf die Festsetzung von Flächen für die Flüchtlingsunterbringung erreicht werden.

Hierbei kann aufgrund der Projektbezogenheit der Planung und der regelmäßig überschaubaren Größe des Plangebiets der Umfang des Planungsprozesses – insbesondere in der langwierigen Phase der Erarbeitung des Planungskonzeptes – und damit die Dauer des Bebauungsplanverfahrens nicht unerheblich verkürzt werden.

Allerdings kommt die Aufstellung eines vorhabenbezogenen Bebauungsplans nicht in Betracht, wenn Vorhabenträger die Gemeinde selbst sein soll.[313] Dies gilt schon deshalb, weil die Gemeinde mit sich selbst keinen Durchführungsvertrag abschließen kann, da die Folge ein unzulässiges Insichgeschäft wäre. Weil – neben den Ländern – aber hauptsächlich die Gemeinden die Unterbringungsverantwortung für die ankommenden und weiterverteilten Flüchtlinge tragen[314] und diese daher regelmäßig Vorhabenträger entsprechender Unterkünfte sind, spielt die Verfahrenserleichterung des § 12 BauGB in Bezug auf die Flüchtlingsunterbringung praktisch keine große Rolle.

IV. Vereinfachtes Verfahren gem. § 13 BauGB

Eine weitere Verfahrensbeschleunigung könnte mit Hilfe des sog. vereinfachten Verfahrens i.S.v. § 13 BauGB erreicht werden. Hierbei kann bei Vorhaben, von denen (voraussichtlich) keine erheblichen Umweltauswirkungen ausgehen, gem. § 13 II Nr. 1 BauGB von einer frühzeitigen Öffentlichkeitsbeteiligung abgesehen und wahlweise auf eine Auslegung nach § 3 II BauGB und eine Behördenbeteiligung nach § 4 II BauGB zugunsten einer Anhörung der betroffenen Öffentlichkeit sowie der Träger öffentlicher Belange verzichtet werden. Daraus kann sich im Ergebnis eine nicht unerhebliche Verfahrensbeschleunigung ergeben.[315]

Allerdings kommt das vereinfachte Verfahren gem. § 13 I BauGB grundsätzlich nur bei Änderungen und Ergänzungen eines Bebauungsplans in Betracht, nicht hingegen bei der Aufstellung neuer Bebauungspläne. Darüber hinaus darf die vorgesehene Änderung oder Ergänzung des Bebauungsplans die Grundzüge der Planung nicht berühren. Ein Unberührtbleiben der Grundzüge der Planung dürfte aber aufgrund der regelmäßig auftretenden Nutzungskonflikte[316] im Zusammenhang mit – vorwiegend größeren – Flüchtlingsunterkünften in den überaus meisten Fällen ausgeschlossen sein.

V. Beschleunigtes Verfahren gem. §§ 13a, 13b BauGB

Schließlich verbleibt nur noch das sog. beschleunigte Verfahren nach §§ 13a, 13b BauGB. Hierbei kann für Maßnahmen der Innenentwicklung i.S.v. § 13a BauGB, insbesondere bei der Nachverdichtung, und bei bestimmten Außenbereichsflächen i.S.v.

---

[313] *Krautzberger*, in: EZBK, BauGB, § 12 Rn. 59; *Spieß*, in: Jäde/Dirnberger, BauGB, § 12 Rn. 11.
[314] Gem. § 44 I AsylG sind zunächst die Länder verpflichtet, Aufnahmeeinrichtungen zu schaffen und zu betreiben. Die landesinterne Verteilung und damit die sog. Anschlussunterbringung wird gem. § 50 I, II AsylG nach Landesgesetzen bestimmt. Danach sind hauptsächlich die Gemeinden für die Errichtung und Unterhaltung von Flüchtlingsunterkünften zuständig.
[315] *Mitschang*, in: Battis/Krautzberger/Löhr, BauGB, § 13 Rn. 8.
[316] Ausführlich dazu auf S. 28 ff., S. 50 ff. und S. 56 ff.

§ 13b BauGB der Bebauungsplan im beschleunigten Verfahren aufgestellt werden. Neben den Verfahrenserleichterungen des § 13a II Nr. 1 BauGB i.V.m. § 13 II BauGB auf Planungsebene, die im Falle des § 13b BauGB entsprechend anzuwenden sind, ist hierbei auch die Erweiterung des § 33 III BauGB auf Zulassungsebene erwähnenswert. Danach kann ein Vorhaben im beschleunigten (und vereinfachten) Verfahren auch bereits vor der Durchführung der Öffentlichkeits- und Behördenbeteiligung und damit vor der formellen Planreife zugelassen werden, wenn die materielle Planreife vorliegt, der Bauantragsteller die künftigen Festsetzungen des Bebauungsplans für sich und seine Rechtsnachfolger schriftlich anerkennt und die Erschließung gesichert ist. Durch diese gepaarte Privilegierung auf Verfahrens- und Zulassungsebene können Zeitersparnisse zwischen sechs und zwölf Monaten erreicht werden.[317]

1. Das beschleunigte Verfahren: „mehr Risiko für eine etwas kürzere Verfahrensdauer"

In der neueren Planungspraxis wird allerdings vor dem Hintergrund eines vergleichsweise hohen Risikos für die planende Gemeinde und der im Verhältnis dazu dann doch überschaubaren Zeiteinsparung mittlerweile oftmals davon abgeraten, ein beschleunigtes Verfahren i.S.d. §§ 13a, b BauGB durchzuführen. Auch deswegen lässt das Interesse an der Anwendung dieses Verfahrensinstruments in den letzten Jahren wieder nach, nachdem es sich zu Beginn seiner Einführung aufgrund der per se wegfallenden Umweltprüfung noch einer stetig wachsenden Beliebtheit bei den Kommunen erfreute.

a. Mehr Risiko für die planende Gemeinde

Auf der einen Seite geht die planende Gemeinde mit der Wahl des beschleunigten Verfahrens ein nicht unerhebliches Risiko ein. Denn die Anwendungsvoraussetzungen sind kompliziert und die Fehlerfolge ist – mittlerweile – hart. Die hohen materiellen Anforderungen im Gesetzesvollzug wirken sich nicht zuletzt wegen der immer stärkeren Ausdünnung in der Personalausstattung von Städten und Gemeinden insoweit aus, dass aufgrund von Rechtsunsicherheit bei der Anwendung teilweise gleich gänzlich drauf verzichtet wird.[318] In erster Linie führt aber die mittlerweile sehr harte Fehlerfolge dazu, dass in der Planungspraxis regelmäßig von der Durchführung eines beschleunigten Verfahrens Abstand genommen wird. Geht die planende Gemeinde irrtümlich vom Vorliegen der Anwendungsvoraussetzungen des § 13a BauGB und § 13b BauGB aus, wird sie daraufhin gem. § 13a II Nr. 1 BauGB i.V.m. § 13 III 1 BauGB (i.V.m. § 13b BauGB) in der Regel auf die Durchführung

---

[317] So etwa *Stafani*, WFA 2007, 26 (28).
[318] *Reidt*, NVwZ 2007, 1029 (1032).

einer Umweltprüfung verzichten. Bei unterlassener Umweltprüfung wird jedoch auch kein Umweltbericht erstellt und dieser weder im Rahmen der Öffentlichkeitsbeteiligung ausgelegt noch der Begründung des Bebauungsplans beigefügt. Ein derartiger Form- und Verfahrensfehler führt zwar nach der deutschen, verwaltungsrechtlichen Systematik nicht zur Unwirksamkeit oder Rechtswidrigkeit des jeweiligen Rechtsinstituts, solange dieses nur dem materiellen Recht entspricht. Für Verwaltungsakte ist dies in § 45 Landes-VwVfG und § 46 Landes-VwVfG geregelt; für Flächennutzungs- und Bebauungspläne führen die Planerhaltungsregelungen der §§ 214, 215 BauGB regelmäßig zur Unbeachtlichkeit von Verfahrens- und Formvorschriften. Konsequenterweise wurde daher eine Verletzung von speziellen Verfahrens- und Formvorschriften in Bezug auf ein Bebauungsplanverfahren nach § 13a BauGB durch den Bundesgesetzgeber in § 214 IIa Nr. 1 BauGB für unbeachtlich erklärt. Da die umweltrechtlichen Anforderungen der Umweltprüfung i.S.v. § 2 IV BauGB und des Umweltberichts i.S.v. § 2a BauGB aber eine nationale Umsetzung europarechtlicher Vorgaben der Plan-UP-Richtlinie 2001/42/EG darstellen, ist eine Verletzung dieser Verfahrens- und Formvorschriften unter Berücksichtigung der Grundsätze des Europarechts zu beurteilen. Das Europarecht ist – anders als das deutsche Verwaltungsrecht – streng formalistisch. Das bedeutet, dass insbesondere auch Fehler im Verfahren und bei der Form auf die materielle Wirksamkeitsebene des jeweiligen Rechtsinstituts durchschlagen. Die Unbeachtlichkeitsklausel des § 214 IIa Nr. 1 BauGB führt aber dazu, dass Bebauungspläne, die voraussichtlich erhebliche Umweltauswirkungen haben, entgegen der europarechtlichen Plan-UP-Richtlinie 2001/42/EG ohne Umweltprüfung aufgestellt werden und gültig bleiben würden.[319] Aus diesem Grund hat der *Europäische Gerichtshof* – nach einem Vorabentscheidungsersuchen des *VGH Mannheim*[320] – die Unbeachtlichkeitsklausel des § 214 IIa Nr. 1 BauGB für europarechtswidrig erklärt.[321] Im Zuge dessen wurde diese im Jahr 2013 wieder aufgehoben.

Geht die planende Gemeinde also irrtümlich vom Vorliegen der Anwendungsvoraussetzungen des § 13a BauGB und § 13b BauGB aus und verzichtet sie daraufhin gem. § 13a II Nr. 1 BauGB i.V.m. § 13 III 1 BauGB auf die Durchführung einer Umweltprüfung und auf die Erstellung eines Umweltberichts, dann ist der insoweit aufgestellte Bebauungsplan unwirksam. Dieses Risiko will eine Kommune aber regelmäßig nicht eingehen.

---

[319] *Stock*, in: EZBK, BauGB, § 214 Rn. 129b.
[320] *VGH Mannheim*, Beschl. v. 27.07.2011 – 8 S 1712/09 = VBlBW 2012, 139.
[321] *EuGH*, Urt. v. 18.04.2013 – C-463/11 = NVwZ-RR 2013, 503.

b. Verhältnismäßig geringe Zeitersparnis durch die Verfahrensvereinfachungen

Die mit der Durchführung des beschleunigten Verfahrens einhergehende Zeitersparnis ist auf der anderen Seite aber regelmäßig dann doch nicht groß genug, um die Eingehung der eben genannten Risiken zu rechtfertigen. Die Tatsache, dass sich trotz der Beteiligungs- und Auslegungsvereinfachungen i.S.v. § 13a II Nr. 1 BauGB i.V.m. § 13 II 1 Nr. 1 bis 3 BauGB und des Verzichts auf die Umweltprüfung und den Umweltbericht kein außerordentlicher Beschleunigungseffekt erzielen lässt, hat mehrere Ursachen.

Zwar kann im beschleunigten Verfahren gem. § 13a II Nr. 1 BauGB i.V.m. § 13 II 1 Nr. 1 BauGB von der frühzeitigen Öffentlichkeits- und Behördenbeteiligung i.S.v. § 3 I BauGB und § 4 I BauGB abgesehen werden. Allerdings ist anstelle der frühzeitigen Öffentlichkeitsbeteiligung gem. § 13a III Nr. 2 BauGB bekannt zu machen, wo sich die Öffentlichkeit über Ziele, Zwecke und Auswirkungen der Planung informieren kann. Daher muss auch ein beschleunigtes Verfahren eine mindestens zweimalige Öffentlichkeitsbeteiligung sicherstellen, indem vor der üblicherweise einmonatigen Offenlage des Planentwurfs regelmäßig die sog. frühzeitige Unterrichtung durchgeführt wird. Letztlich ist die frühzeitige Unterrichtung i.S.v. § 13a III Nr. 2 BauGB also nichts anderes als eine frühzeitige Öffentlichkeitsbeteiligung i.S.v. § 3 I BauGB, wobei erstere unter Umständen sogar mit einem vergrößerten Aufwand verbunden ist, wenn etwa die Möglichkeit zur Äußerung in Form von Einzelgesprächen eingeräumt wird.[322] Darüber hinaus wird im beschleunigten Verfahren teilweise ganz bewusst eine frühzeitige Öffentlichkeitsbeteiligung durch die Kommunen durchgeführt. Die Gründe hierfür sind vor allem politischer Natur. Nicht zuletzt bei dem in der Öffentlichkeit sehr kontrovers diskutierten Thema der Flüchtlingsunterbringung fühlen sich Gemeinden dazu genötigt, über eine frühzeitige Öffentlichkeitsbeteiligung erst einmal das „Stimmungsbild" in der Bevölkerung hinsichtlich einer derartigen Planung abzuklopfen. Auch der Verzicht auf die frühzeitige Beteiligung der Träger öffentlicher Belange i.S.v. § 4 I BauGB bedeutet regelmäßig keinen erheblichen Zeitgewinn. Ausschlaggebend hierfür ist in aller Regel, dass im Zuge der Offenlage so viele Anregungen vorgetragen werden, dass eine weitere Offenlage erforderlich wird. Insoweit ist es also oftmals sogar effektiver, die Stellungnahmen der Träger öffentlicher Belange schon zu einem frühen Zeitpunkt einzuholen. So können die meisten Probleme bereits in den ersten Stadien der Planung geklärt und spätere Änderungen der Planung und weitere Offenlagen vermieden werden.

---

[322] *Reidt*, NVwZ 2007, 1029 (1031).

Zudem kann im beschleunigten Verfahren gem. § 13a II Nr. 1 BauGB i.V.m. § 13 II 1 Nr. 2 und 3 BauGB zwar die förmliche Öffentlichkeits- und Behördenbeteiligung vereinfacht werden. Die förmliche Öffentlichkeitsbeteiligung, die im Regelverfahren durch die Auslegung des Planentwurfs für die Dauer eines Monats zu erfolgen hat, kann wahlweise dergestalt durchgeführt werden, dass der betroffenen Öffentlichkeit Gelegenheit zur Stellungnahme innerhalb angemessener Frist gegeben wird. Auch den betroffenen Behörden und Trägern öffentlicher Belange kann wahlweise Gelegenheit zur Stellungnahme binnen angemessener Frist gegeben werden. Diese angemessenen Fristen zur Stellungnahme können zwar etwas kürzer sein als die Monatsfrist des Regelverfahrens i.S.v. § 3 II BauGB und § 4 II BauGB. Sie dürfen aber zwei Wochen nicht unterschreiten, da anderenfalls eine sinnvolle Stellungnahme nicht mehr möglich ist. Ein erheblicher Zeitgewinn lässt sich auch damit nicht erreichen.

Schließlich bedarf es beim beschleunigten Verfahren gem. § 13a II Nr. 1 BauGB i.V.m. § 13 III 1 BauGB keiner Durchführung einer Umweltprüfung und keiner Erstellung eines Umweltberichts. Dies wird in der Praxis oftmals als der entscheidende – beschleunigende – Vorteil des beschleunigten Verfahrens angesehen. Diese Regelung befreit zwar vom Verfahren der Umweltprüfung, nicht aber von der materiellen Pflicht, die erheblichen Umweltbelange gem. § 1 VI Nr. 7, VII BauGB und § 1a BauGB zu ermitteln und im Rahmen der Abwägung zu berücksichtigen.[323] Die Erleichterung besteht also nicht im Hinblick auf die Ermittlung der möglichen Auswirkungen des Planvorhabens auf die Umwelt, sondern lediglich in Bezug auf die förmliche Umweltprüfung und den förmlichen Umweltbericht. Dementsprechend ist die substanzielle Erleichterung und Vereinfachung des Planverfahrens und der dadurch erreichte Beschleunigungseffekt eher begrenzt.[324]

Die Überschaubarkeit der Zeitersparnis im beschleunigten Verfahren liegt schließlich auch darin begründet, dass maßgeblicher Zeitfaktor nicht die Auslegung und die Einholung der Stellungnahmen ist, sondern die Planung, die Einholung verschiedenster Gutachten sowie die Auseinandersetzung mit den öffentlichen und behördlichen Stellungnahmen und deren Einarbeitung in die Planung. Diese Verfahrensschritte sind allerdings notwendigerweise auch im beschleunigten Verfahren durchzuführen.

---

[323] *Krautzberger*, in: EZBK, BauGB, § 13a Rn. 64.
[324] *Reidt*, NVwZ 2007, 1029 (1031).

2. Keine praktische Option zur Schaffung von kurzfristig erforderlichen Unterkünften

Es darf bei alledem freilich nicht der Eindruck entstehen, dass sich mittels des beschleunigten Verfahrens i.S.v. §§ 13a, 13b BauGB überhaupt keine Beschleunigungseffekte erzielen lassen. Zeitersparnisse von sechs bis zwölf Monaten sind in der Planungspraxis durchaus erwähnenswert und können für die planende Kommune durchaus von Interesse sein.

Aber gerade im Zusammenhang mit der Schaffung von akut erforderlichen Flüchtlingsunterkünften ist der Beschleunigungseffekt bei weitem nicht so hoch einzustufen, um über eine Bauleitplanung die mit dem Flüchtlingszustrom einhergehenden Herausforderungen bei der Unterbringung effizient in den Griff zu bekommen. So hilft beispielsweise eine Zeitersparnis von sechs Monaten bei einer Verfahrensdauer von zwei Jahren im Ergebnis auch nicht wirklich weiter. Denn der dringend erforderliche Unterbringungsraum soll nach den Anforderungen der Politik zeitnah – und eben nicht erst Jahre später – geschaffen werden, wobei insoweit ja auch noch zu berücksichtigen ist, dass die vorgesehene Flüchtlingsunterkunft nach dem Abschluss der Bebauungsplanung noch nicht „bezugsfertig" ist; es vergehen auch dann noch Monate, bis die Unterkunft auf Zulassungsebene genehmigt und schließlich in tatsächlicher Hinsicht errichtet ist.

§ 2

Zwischenfazit: Notwendigkeit einer gesetzgeberischen Reaktion

Für die unterbringungsverpflichteten Gebietskörperschaften – insbesondere die Länder und Kommunen – stellt die Unterbringung der Flüchtlinge und Asylbegehrenden eine erhebliche finanzielle, vor allem aber auch eine organisatorische Herausforderung dar.[325] Das lag schon zu Beginn der sogenannten Flüchtlingskrise nicht zuletzt daran, dass im deutschen Baurecht in seiner allgemeinen Fassung in Bezug auf die zeitnahe Schaffung von Flüchtlingsunterkünften teils unüberwindbare Hürden vorgesehen sind.[326]

---

[325] *Kreitewolf, Stefan*: „Flüchtlinge in NRW – Jeder Tag ein Krisenstab", in: Zeit-Online, vom 15.09.2015, abrufbar unter: http://www.zeit.de/politik/deutschland/2015-09/fluechtlinge-nrw-kommunalwahl-spd-verluste.

[326] *Durner*, DVBl 2015, 1605 (1605). In diese Richtung auch: *Portz/Düsterdiek*, BWGZ 2015, 404 (404); *Gohde*, ZfBR 2016, 642 (645).

Wie bereits dargestellt, lassen die allgemeinen bau(planungs)rechtlichen Vorschriften tatsächlich nicht sehr viel Raum für die zeitnahe Schaffung von Flüchtlingsunterkünften in dem ab 2014 erforderlichen Umfang.[327] Nochmals zusammengefasst ergibt sich folgendes Bild: Der Außenbereich – in dem an sich ausreichend Platz für derartige Vorhaben vorhanden wäre – ist regelmäßig von jeglicher Wohn- oder wohnähnlicher Bebauung freizuhalten, da durch solche Vorhaben in der Regel öffentliche Belange i.S.v. § 35 III BauGB beeinträchtigt werden. Aber auch in Wohn- und Mischgebieten, die überwiegend dem Wohnen dienen, ist eine Zulassung von – jedenfalls größeren – Flüchtlingsunterkünften aufgrund der konkreten Gebietsunverträglichkeit bzw. dem Gebot der Rücksichtnahme oftmals ausgeschlossen. Denn dort ergeben sich nicht selten Nutzungskonflikte mit den jeweiligen Nachbarn. Eine Unterbringung in Gewerbe- und Industriegebieten, in denen in der Regel ebenfalls ausreichend Platz für Flüchtlingsunterkünfte vorhanden wäre, scheitert regelmäßig an der abstrakten Gebietsunverträglichkeit, da der wohnähnliche Charakter einer Flüchtlingsunterkunft mit der Zweckbestimmung eines naturgemäß immissionslastigen Gewerbegebietes nicht zu vereinbaren ist. Letztlich stellen – vor allem größere – Flüchtlingsunterkünfte wie Aufnahmeeinrichtungen und Gemeinschaftsunterkünfte wegen ihrer besonderen Eigenarten in jedem der Baugebiete der Baunutzungsverordnung „häufig Fremdkörper" dar, sodass eine zeitnahe Nutzung der Flächen in diesen Gebieten „vielfach an bauplanungsrechtlichen Vorschriften" scheitert.[328] In der Folge sind der öffentlichen Hand letztlich nur drei Möglichkeiten verblieben, mit diesem Missstand umzugehen. Alle drei Optionen führten aber zu ähnlich unbefriedigenden Ergebnissen.

Mancherorts wussten sich Länder und Kommunen nicht mehr anders zu helfen als Turnhallen, Stadthallen und ähnliche öffentliche Einrichtungen provisorisch als (Erst-)Aufnahmeeinrichtungen zu nutzen.[329] Dies stellt allerdings keine mittel- bis längerfristige Lösung für eine menschenwürdige Unterbringung der Flüchtlinge dar; dies sind vielmehr nur ausnahmsweise und kurzfristige „Notlösungen".[330]

Sofern sich die unterbringungsverpflichteten Gebietskörperschaften in Bezug auf die Schaffung von – nicht nur provisorischen – Flüchtlingsunterkünften an die damals geltende Rechtslage halten wollten, waren nicht selten praxisfremde und umständliche

---

[327] *Scheidler*, VerwArch 2016, 177 (178).
[328] So auch die spätere Begründung des Gesetzesentwurfs des Bundesrats zum BauGB-Flüchtlingsunterbringungsgesetz I, BR-Drs. 419/17, S. 4 und 7.
[329] *Eisenkolb, Gerhard*: „Weil Wohnraum fehlt – Jeder fünfte Asylbewerber lebt in einer Turnhalle", in: Süddeutsche Zeitung, vom 29.01.2016, abrufbar unter: http://www.sueddeutsche.de/muenchen/fuerstenfeldbruck/weil-wohnraum-fehlt-jeder-fuenfte-asylbewerber-lebt-in-einer-turnhalle-1.2840727.
[330] Zur Menschenwürdigkeit der Unterbringung, vgl. im dritten Kapitel auf S. 102 f.

Vorgehensweisen erforderlich, wofür zu den Hochzeiten der Flüchtlingskrise schlichtweg die Zeit gefehlt hat. Beispielhaft ist an dieser Stelle die Entscheidung des *VGH Mannheim* vom 09.04.2014.[331] Nachdem ein ehemaliges Lehrlingswohnheim in Fellbach/Baden-Württemberg, in einem ruhigen Gewerbegebiet gelegen, speziell für die neue Nutzung als Flüchtlingsunterkunft umgebaut worden war, wurden dort eine Reihe von Flüchtlingen und Asylbewerbern untergebracht. Allerdings mussten diese auf Grund der vom *VGH Mannheim* festgestellten bauplanungsrechtlichen Unzulässigkeit infolge der abstrakten Gebietsunverträglichkeit wieder ausziehen, nur um wenig später in eigens dafür neu beschafften Containern auf einem Parkplatz in einem nur wenige hundert Meter entfernt gelegenen Mischgebiet einquartiert zu werden.[332] Dieser – der Öffentlichkeit angesichts der damaligen Notsituation bei Flüchtlingsunterkünften schwer vermittelbare[333] – Fall zeigt eindrucksvoll, dass eine ausschließliche Anpassung des Asyl- und Ausländerrechts im Zusammenhang mit der sog. Flüchtlingskrise nicht ausreichend gewesen wäre. Dies gilt umso mehr, als dass Fellbach kein Einzelfall war, wie zahlreiche weitere Beispiele aus der verwaltungsgerichtlichen Judikatur verdeutlichen.[334] Vielmehr bedurfte es dringend auch Veränderungen im Baurecht und dabei insbesondere im Bauplanungsrecht, um eine bedarfsgerechte und zeitnahe Schaffung von menschenwürdigen und übergangsweisen Flüchtlingsunterkünften zu erleichtern.

War eine zügige Schaffung von Unterbringungsraum erforderlich, aber auf Grundlage des vormals geltenden Rechts nicht möglich, wurde vielerorts materielles Baurecht einfach mehr oder minder unbeachtet gelassen.[335] Die Praxis berief sich dabei – ganz nach dem Motto „die Not kennt kein Gebot" – schlichtweg darauf, dass auf andere Weise die Flüchtlingsunterbringung nicht schnell genug in den Griff zu bekommen sei. Aufgefallen – weil gerichtlich überprüft – ist dieses rechtswidrige Vorgehen freilich nur in den Fällen, in denen – wie in der genannten Entscheidung des *VGH Mannheim*[336] – Bürger gegen die konkrete Flüchtlingsunterkunft vorgegangen sind, weil sie sich in ihren nachbarschützenden Rechten verletzt sahen. Aus rechtsstaatlichen Gründen ist es selbstverständlich zwingend geboten, Gesetz und Recht einzuhalten. Dies ergibt sich bereits aus dem Rechtsstaatsprinzip i.S.v. Art. 20 III GG. Dort aber, wo das Recht den aktuellen Herausforderungen tatsächlich nicht genügt, ist es Sache des Gesetzgebers, schnell und

---

[331] *VGH Mannheim*, Beschl. v. 09.04.2014 – 8 S 1528/13 = NVwZ-RR 2014, 752.
[332] *Käser, Simone*: Asylbewerber müssen in Container, in: Stuttgarter Zeitung, vom 15.05.2014, abrufbar unter: https://www.stuttgarter-zeitung.de/inhalt.oeffingen-asylbewerber-muessen-in-container.18cfd624-1331-41e6-93f3-006aa85473d3.html.
[333] So auch *Petersen*, KommP BY 2015, 10 (11).
[334] *VG München*, Urt. v. 03.06.2014 – M 1 K 14.339 = BeckRS 2014, 53094; *VG Karlsruhe*, Beschl. v. 11.08.2014 – 4 K 1942/14; *OVG Hamburg*, Beschl. v. 17.06.2013 – 2 Bs 151/13 = NVwZ-RR 2013, 990.
[335] *Durner*, DVBl 2015, 1605 (1606).
[336] *VGH Mannheim*, Beschl. v. 09.04.2014 – 8 S 1528/13 = NVwZ-RR 2014, 752.

umfassend zu handeln und der Verwaltung sowie den Gerichten Instrumentarien zur Bewältigung dieser aktuellen Aufgaben an die Hand zu geben. Auch dies ist ein Aspekt einer ernst gemeinten „Willkommenskultur".[337]

Daher ist der Bundesgesetzgeber zweimal relativ kurz nacheinander tätig geworden, und zwar mit dem Gesetz über Maßnahmen im Bauplanungsrecht zur Erleichterung der Unterbringung von Flüchtlingen vom 20.11.2014 und mit Art. 6 des Asylverfahrensbeschleunigungsgesetzes vom 20.10.2015. Mit diesen beiden Gesetzen wurden die bodenrechtlichen Sonderregelungen der Absätze 8 bis 17 des § 246 BauGB eingefügt.

---

[337] Die *Gesellschaft für deutsche Sprache* hat das Wort „Willkommenskultur" in die Liste der zehn Worte des Jahres 2014 gewählt; abrufbar unter: https://gfds.de/wort-des-jahres-2014. In Österreich wurde die „Willkommenskultur" sogar Wort des Jahres 2015; abrufbar unter: http://www.oe-deutsch.at/OEWORT/2015/index2015.htm.

Zweites Kapitel

Entstehungsgeschichte der beiden Gesetze

§ 3

Entstehungsgeschichte des „Gesetzes über Maßnahmen im Bauplanungsrecht zur Erleichterung der Unterbringung von Flüchtlingen" vom 20.11.2014

In Reaktion auf die – im Nachhinein noch vergleichsweise moderaten – Flüchtlingszahlen vor und aus dem Jahre 2014[338] sind mit dem „Gesetz über Maßnahmen im Bauplanungsrecht zur Erleichterung der Unterbringung von Flüchtlingen"[339] mit Wirkung ab dem 26.11.2014 in § 246 BauGB die Absätze 8 bis 10 eingefügt worden.[340] Der Einfachheit wegen wird dieses Gesetz im Folgenden – wie auch in der Literatur[341] – als BauGB-Flüchtlingsnovelle 2014 oder als BauGB-Flüchtlingsunterbringungsgesetz I bezeichnet.

Allerdings waren die Regelungen in der Gestalt, wie sie letztlich mit § 246 VIII bis X BauGB Einzug in das Baugesetzbuch gefunden haben, ursprünglich so gar nicht vorgesehen. Im Einzelnen:

---

[338] Vgl. dazu die ausführlichen Zahlen in der Einleitung, S. 4 ff.
[339] BGBl. I S. 1748.
[340] Der Bericht des federführenden Bundestagsausschusses für Umwelt, Naturschutz, Bau und Reaktorsicherheit merkte in seiner Beschlussempfehlung (BT-Drs. 18/3070, S. 7) hierzu kritisch an: „Die Regierungen von Bund und Ländern hätten demzufolge rechtzeitig entsprechende Vorkehrungen treffen müssen, um die menschenwürdige Unterbringung einer steigenden Zahl von Flüchtlingen und Asylsuchenden zu gewährleisten. Dies ist nicht geschehen."
[341] Vgl. etwa: *Scheidler*, VerwArch 2016, 177 (178, 204); *Mitschang/Reidt*, in: Battis/Krautzberger/Löhr, BauGB, § 246 Rn. 1; *Decker*, in: Schiwy, BauGB, § 246 Rn. 25.

A. Der ursprüngliche Gesetzesentwurf des Bundesrates

Initiiert hat das Gesetz letztlich die Freie und Hansestadt Hamburg, die am 12.09.2014 den „Entwurf eines Gesetzes über Maßnahmen im Bauplanungsrecht zur Erleichterung der Unterbringung von Flüchtlingen" im Bundesrat einbrachte.[342] Die Bundesländer Bremen und Baden-Württemberg traten dem Entwurf bei; in seiner Sitzung am 19.09.2014 beschloss der Bundesrat einstimmig, den Gesetzesentwurf gem. Art. 76 III GG beim Deutschen Bundestag einzubringen. Dies ist am 08.10.2014 dann auch geschehen.[343]

Mit Hilfe von Neuregelungen und Klarstellungen auf dem Gebiet des Bauplanungsrechts sollten vor allem Kommunen mit besonders angespannten Wohnungsmärkten, also insbesondere in den Ballungsräumen und Wachstumszentren der Bundesrepublik, in die Lage versetzt werden, bedarfsgerechte Unterbringungsmöglichkeiten zeitnah zu schaffen und zu sichern.[344]

Neben den konstitutiven Privilegierungen auf Zulassungsebene sah der Gesetzesentwurf des Bundesrats inhaltlich auch noch zwei deklaratorische Regelungen vor. Erstens sollten nach § 1 des Flüchtlingsunterbringungs-Maßnahmengesetzes „bei der Aufstellung, Änderung, Ergänzung und Aufhebung von Bauleitplänen nach dem Baugesetzbuch [...] die Belange von Flüchtlingen, Asylbewerberinnen und Asylbewerbern, insbesondere deren Unterbringung," berücksichtigt werden. Dabei handelt es sich in der Sache um eine – rein deklaratorische – Modifikation des § 1 VI BauGB. Deklaratorisch ist diese Ergänzung deswegen, da die Aufzählung in § 1 VI BauGB nicht abschließend ist („insbesondere") mit der Folge, dass die Belange der Flüchtlinge ohnehin unter die Planungsleitlinien i.S.v. § 1 VI BauGB fallen. Zweitens sollten Gründe des Wohls der Allgemeinheit, die eine Befreiung i.S.d. § 31 II 1 Nr. 1 BauGB rechtfertigen, ausdrücklich auch bei der Schaffung von Flüchtlingsunterkünften vorliegen. Auch diese Ergänzung ist aber rein deklaratorisch, da der Bedarf zur Unterbringung von Flüchtlingen ohnehin als Allgemeinwohlgrund i.S.v. § 31 II 1 Nr. 1 BauGB angesehen werden kann.

Hinsichtlich der konstitutiven Regelungen des Gesetzesentwurfs des Bundesrats sind – im Vergleich zu der späteren Gesetzesfassung in § 246 VIII bis X BauGB – vier wesentliche Unterschiede hervorzuheben:

---

[342] BR-Drs. 419/14.
[343] Plenarsitzung des Bundesrates vom 19.09.2014, Plenarprotokoll 925, S. 282, 284.
[344] BR-Drs. 419/14, S. 4.

I. Eigenständiges „Flüchtlingsunterbringungs-Maßnahmengesetz"

Zum einen sah der Bundesratsentwurf ein eigenständiges, zeitlich befristetes Maßnahmengesetz vor, das die Vorschriften des Baugesetzbuchs und der Baunutzungsverordnung ergänzen und neben diese treten sollte.[345] Dieses Flüchtlingsunterbringungs-Maßnahmengesetz war angelehnt an die beiden – während der Wiedervereinigung geschaffenen – Maßnahmengesetze aus den Jahren 1990 und 1993[346], welche die Ende der 1980er Jahre einsetzende Wohnungsknappheit aufgrund der seinerzeit zu verzeichnenden erheblichen Zuwanderung aus Ost- und Mitteleuropa bewältigen sollten.[347]

Der Vorteil eines solchen situationsgebundenen Maßnahmengesetzes ist, die konkreten Probleme in den Griff zu bekommen, ohne in die Grundstruktur der bisherigen Gesetze eingreifen zu müssen. Zudem kann das zeitlich befristete, spezielle Recht des Maßnahmengesetzes „ohne unschöne Rückstände" in den allgemeinen Gesetzen auslaufen.[348]

II. Einführung einer Länderöffnungsklausel

Zum anderen sollte das Flüchtlingsunterbringungs-Maßnahmengesetz nach seinem Art. 2 – in Anlehnung an die Länderöffnungsklausel in § 249 III BauGB – nur in den Ländern Anwendung finden, die seine Geltung ausdrücklich durch Landesgesetz angeordnet haben.[349] Hintergrund dafür war die Überlegung, dass es die unterschiedlichsten Problemlagen im Bundesgebiet gebe, sodass nicht jedes Land gleich verfahren müsse.[350] In diese Richtung geht daher auch die Begründung des Gesetzesentwurfs des Bundesrates, wonach eine solche Länderöffnungsklausel sinnvoll sei, da „die Probleme bei der Unterbringung von Flüchtlingen regional nicht in gleicher Weise auftreten, sondern sich überwiegend auf die Ballungsräume und Wachstumszentren konzentrieren."[351]

III. Einheitliche Befristung sämtlicher Neuregelungen bis zum 31.12.2019

Zudem sollten sämtliche Neuregelungen – die konstitutiven wie auch die deklaratorischen – einer zeitlich beschränkten Geltungsdauer bis zum 31.12.2019 unterliegen.

---

[345] *Battis/Mitschang/Reidt*, NVwZ 2014, 1609 (1609).
[346] BGBl. I (1990), S. 926 und BGBl. I (1993), S. 622.
[347] *Battis*, in: Battis/Krautzberger/Löhr, BauGB, Einl., Rn. 33; *Beckmann*, KommJur 2016, 321 (322).
[348] *Langenfeld/Weisensee*, ZAR 2015, 132 (135).
[349] BR-Drs. 419/14, S. 3: „[…], wenn dies durch Landesgesetz bestimmt wird."
[350] So *Olaf Scholz*, seinerzeitig Erster Bürgermeister der Hansestadt Hamburg, in der Plenarsitzung des Bundesrates am 19.09.2014, Plenarprotokoll 925, S. 283.
[351] BR-Drs. 419/14, S. 4.

Grund dafür war die geäußerte Hoffnung, dass bis zum Ablauf der Befristung am 31.12.2019 genügend Unterkünfte geschaffen sind, um wieder nach den „normalen Abläufen und Abwägungsprozessen" verfahren zu können.[352]

IV. „Ausnahmelösung" in Bezug auf Flüchtlingsunterkünfte im Gewerbegebiet

Schließlich sah der Gesetzesentwurf unter Art. 1 des Flüchtlingsunterbringungs-Maßnahmengesetzes in § 2 IV eine Regelung vor, wonach die bodenrechtliche Ausnahmevorschrift des § 8 III Nr. 2 BauNVO mit der Maßgabe anzuwenden sei, dass in Gewerbegebieten auch Aufnahmeeinrichtungen für Flüchtlinge oder Asylbewerber als Ausnahme zugelassen werden können.[353] Folgerichtig wird dieser Ansatz des Bundesrates – im Gegensatz zur späteren Umsetzung als erweiterte Befreiungsregelung – auch als sog. Ausnahmelösung bezeichnet. Nach dem Bundesratsentwurf sollten Flüchtlingsunterkünfte in Gewerbegebieten also flächendeckend als Ausnahme zugelassen werden können. Der Bundesrat reagierte damit auf die Rechtsprechung der sog. abstrakten Gebietsunverträglichkeit[354], wonach „Flüchtlingsunterkünfte wegen ihrer wohnähnlichen Nutzung mit dem Nutzungszweck von Gewerbegebieten grundsätzlich unverträglich sein sollen und deshalb dort auch nicht im Ausnahmewege genehmigt werden können."[355]

Eine notwendige Nebenfolge einer entsprechenden Anwendung des § 8 III Nr. 2 BauNVO auf „Aufnahmeeinrichtungen und Gemeinschaftsunterkünfte für Flüchtlinge oder Asylbewerberinnen und Asylbewerber" ist, dass damit die neue Nutzungskategorie „Flüchtlingsunterkünfte" geschaffen worden wäre.

Aus praktischen Gründen sollte die Regelung zudem auch auf solche Bebauungspläne Anwendung finden, die vor dem Inkrafttreten des Maßnahmengesetzes aufgestellt wurden. Denn nach dem Sinn und Zweck des Gesetzesentwurfs, eine schnelle und menschenwürdige Unterbringung von Flüchtlingen sicherzustellen[356], kam es maßgeblich darauf an, auch bereits aufgestellte und damit „sofort verfügbare" Bebauungspläne den geplanten Erleichterungen zu unterwerfen. Dabei orientierte sich der Gesetzesentwurf des Bundesrats an der Regelung des § 245a BauGB, der eine ähnliche Rückwirkung für Anlagen zur Kinderbetreuung sowie für Anlagen zur Nutzung solarer Strahlungsenergie und zur Kraft-Wärme-Kopplung statuiert.

---

[352] *Olaf Scholz* in der Plenarsitzung des Bundesrates am 19.09.2014, Plenarprotokoll 925, S. 283.
[353] BR-Drs. 419/14, S. 2.
[354] Vgl. dazu oben S. 51 ff. und S. 57 ff.
[355] BR-Drs. 419/14, S. 6.
[356] BR-Drs. 419/14, S. 4.

B. Die Änderungsvorschläge der Bundesregierung

Die Bundesregierung unterstützte zwar generell den Gesetzesentwurf des Bundesrates und orientierte sich – im Ergebnis – auch inhaltlich sehr eng an diesem. Allerdings schlug sie neben einer anderen, formalen Umsetzung der Privilegierungsregelungen auch ein paar inhaltliche Änderungen vor.[357] Nachfolgend werden die – oben bereits angesprochenen – wesentlichen vier Unterschiede zum ursprünglichen Gesetzesentwurf des Bundesrats nochmals benannt und jeweils im Anschluss daran rechtlich bewertet. Im Einzelnen:

I. Integration der Sonderregelungen in das Baugesetzbuch

Im Rahmen ihrer Stellungnahme zum Gesetzesentwurf des Bundesrates schlug die Bundesregierung vor, die neuen Regelungen nicht in einem eigenständigen Maßnahmengesetz zu statuieren, sondern diese in das Baugesetzbuch zu integrieren, was – zumindest formal – eine gänzlich andere Umsetzung bedeutet.

Ziel dieser veränderten Konzeption ist, die Praktikabilität der Regelungen zu verbessern und die Rechtssicherheit zu erhöhen, da ein parallel zum Baugesetzbuch bestehendes Maßnahmengesetz „die Planungs- und Genehmigungspraxis eher erschweren und zu Rechtsunsicherheit bei Anwendung geltender bauplanungsrechtlicher Regelungen führen" würde.[358] Auch der Umweltausschuss sprach sich zugunsten der Übersichtlichkeit des Bauplanungsrechts für eine Integration der neuen Regelungen in das Baugesetzbuch aus.[359] Dem ist zuzustimmen, schließlich hat man in der Vergangenheit ja bereits einschlägige Erfahrungen mit eigenständigen Maßnahmengesetzen im Bauplanungsrecht gemacht. Als mahnendes Beispiel dienen die beiden – während der Wiedervereinigung geschaffenen – BauGB-Maßnahmengesetze 1990 und 1993.[360] In der Rückschau wurde hierbei nämlich deutlich, dass „externe" Maßnahmengesetze in erheblichem Maße zur Unübersichtlichkeit des Städtebaurechts beitragen, was – auch bei früheren Reformen – am Ende regelmäßig eine Integration der Sonderregelungen in das Baugesetzbuch zur Folge hatte.[361]

Gleichzeitig wurde versucht, den Vorteil eines eigenständigen Maßnahmengesetzes, die lediglich auf Zeit geltenden Regelungen ohne unschöne „Rückstände" in den all-

---

[357] BT-Drs. 18/2752, S. 9 ff.
[358] Stellungnahme der Bundesregierung, BT-Drs. 18/2752, S. 9.
[359] BT-Drs. 18/3070, S. 3.
[360] BGBl. I (1990), S. 926 und BGBl. I (1993), S. 622.
[361] *Krautzberger/Stüer*, DVBl 2015, 73 (74 f.); *Langenfeld/Weisensee*, ZAR 2015, 132 (135).

gemeinen Vorschriften nach Ablauf der Übergangszeit einfach und rückstandslos entfernen zu können, auch bei der Integrationslösung weitestgehend zu erreichen. Dazu wurden die jeweiligen Privilegierungen nicht in die entsprechende bodenrechtliche „Grundvorschrift", etwa in § 34 IIIa BauGB, § 35 IV 1 BauGB oder § 36 II 2 BauGB, aufgenommen, sondern alle in einem separaten Paragraphen zusammengefasst, am Ende des Baugesetzbuchs verortet und unter den Schlussvorschriften als „Sonderregelungen" betitelt.

II. Bundesweite Geltung der Sonderregelungen für Flüchtlingsunterkünfte

Auch die sog. Ländervorbehaltsklausel, wonach die Sondervorschriften für Flüchtlingsunterkünfte nur in den Ländern gelten sollten, die dies durch Landesgesetz explizit regeln, wurde von der Bundesregierung abgelehnt. Vielmehr sprach sie sich für bundesweit geltende Sonderregelungen aus, da sich aus der konkurrierenden Kompetenz des Bundesgesetzgebers für das Bodenrecht aus Art. 74 I Nr. 18 GG ein sog. Gestaltungsauftrag ergebe, den es wahrzunehmen gelte.[362] Dieser Auffassung der Bundesregierung ist zwar im Ergebnis, nicht jedoch in der Begründung zuzustimmen. Der Bundesgesetzgeber ist – entgegen der Auffassung der Bundesregierung – nicht verpflichtet, aufgrund eines Gestaltungsauftrags eine bundeseinheitliche Regelung zu treffen. Dennoch sprechen die besseren Gründe für eine bundeseinheitliche Regelung und damit gegen die Statuierung einer Ländervorbehaltsklausel.

1. Kein Gestaltungsauftrag des Bundesgesetzgebers aus Bundesgesetzgebungskompetenzen

Die grundgesetzlichen Gesetzgebungszuständigkeiten in Art. 70 ff. GG haben im Verhältnis von Bund und Ländern ausschließlich ermächtigenden und ausgrenzenden Charakter. Eine Verpflichtung des Kompetenzinhabers, diese auszuüben, beinhalten sie aber gerade nicht.[363] Anders als die Grundrechte als Vorgaben an den Gesetzgeber werden die Gesetzgebungszuständigkeiten gerade nicht als entsprechender Gestaltungsauftrag interpretiert.[364]

Denn eine (formelle) Befugnis zur Gesetzgebung impliziert nicht automatisch auch die Verpflichtung, diese Befugnis auszuüben.[365] Dies gilt sowohl für die ausschließliche als auch für die konkurrierende Gesetzgebungskompetenz des Bundes. Der

---

[362] So die Bundesregierung in der Stellungnahme zum Gesetzesentwurf des Bundesrats, BT-Drs. 18/2752, S. 9.
[363] *Heintzen*, in: v. Mangoldt/Klein/Starck, GG, Art. 71 Rn. 33.
[364] So auch *Langenfeld/Weisensee*, ZAR 2015, 132 (135).
[365] *Rozek*, in: v. Mangoldt/Klein/Starck, GG, Art. 70 Abs. 1 Rn. 18.

Bund kann vielmehr entscheiden, ob und wie weit er tätig werden möchte und dabei sogar die ihm nach Art. 74 I Nr. 18 GG übertragene Gesetzgebungskompetenz – jedenfalls in Teilen – auf die Länder zurückübertragen.[366] Anders als die Länder, die zum Schutz des bundesdeutschen Föderalismus und des zweigliedrigen Bundesstaatsprinzips nicht über ihre Gesetzgebungskompetenzen verfügen und dem Bund übertragen können,[367] kann der Bund die Länder durch bundesgesetzliche Vorbehalte zugunsten der Landesgesetzgebung ermächtigen, landesrechtliche Regelungen zu treffen.[368] Jüngstes Beispiel hierfür im Bodenrecht ist die Länderöffnungsklausel in § 249 III BauGB in Bezug auf die Privilegierung von Windenergieanlagen aus dem Jahre 2014. Daraus ergibt sich aber, dass der Bundesgesetzgeber gerade nicht verpflichtet sein kann, von seinen ihm grundgesetzlich eingeräumten Gesetzgebungskompetenzen auch jeweils bundeseinheitlich Gebrauch zu machen.

2. Notwendigkeit einer bundeseinheitlichen Regelung

Im Ergebnis ist die Entscheidung für eine bundeseinheitliche Regelung aber dennoch richtig.[369] Ländervorbehaltsklauseln führen notwendigerweise zu einer Rechtszersplitterung, die es grundsätzlich zu verhindern gilt.[370] Nur in besonderen Fällen ist die Rechtszersplitterung gerechtfertigt, nämlich wenn die konkrete Regelungsmaterie einzelne Bundesländer mehr bzw. stärker betrifft als andere.

Diese Rechtfertigung scheidet vorliegend jedoch aus. Anders als bei der Länderöffnungsklausel in Bezug auf die Privilegierung von Windenergieanlagen gem. § 249 III BauGB, wo sich die Ausgangslage in den einzelnen Bundesländern bereits aufgrund der topographischen Verhältnisse unterscheidet[371], betreffen die bodenrechtlichen Probleme bei der Ausweisung von Flächen für Flüchtlingsunterkünfte nicht einige Bundesländer mehr als andere; alle Bundesländer sind davon gleichermaßen betroffen.

Nach Informationen der Bundesregierung treten die baurechtlichen Schwierigkeiten bei der Flüchtlingsunterbringung besonders in Ballungszentren mit angespannter

---

[366] *Langenfeld/Weisensee*, ZAR 2015, 132 (135).
[367] *BVerfG*, Urt. v. 23.10.1951 – 2 BvG 1/51 = BVerfGE 1, 14; *Rozek*, in: v. Mangoldt/Klein/Starck, GG, Art. 70 Abs. 1 Rn. 15, 21.
[368] *BVerfG*, Beschl. v. 11.10.1966 – 2 BvL 15/64 = BVerfGE 20, 238; *BVerfG*, Beschl. v. 22.07.1970 – 2 BvL 8/70 = BVerfGE 29, 125; *BVerfG*, Beschl. v. 30.10.1990 – 2 BvR 562/88 = BVerfGE 83, 24.
[369] So im Ergebnis auch *Beckmann*, UPR 2017, 335 (336). Auf diese Weise ist – wie *Krautzberger/Stüer*, DVBl 2015, 73 (75) ausführen – ein „Recht aus einem Guss" entstanden.
[370] *Krautzberger/Stüer*, DVBl 2015, 73 (73, 75); *Langenfeld/Weisensee*, ZAR 2015, 132 (136).
[371] BT-Drs. 18/1310, S. 6.

Wohnungsmarktlage und in Wachstumszentren auf, in denen kaum noch auf Leerstände oder Freiflächen zurückgegriffen werden kann.[372] Zwar „verkraften" einige Bundesländer die Flüchtlingskrise in finanzieller Hinsicht besser als andere. Unabhängig davon existieren die Ballungsräume und Wachstumszentren jedoch in allen Bundesländern gleichermaßen, sodass auch eine bessere Finanzlage erst einmal keine unmittelbaren Auswirkungen auf die bodenrechtlichen Probleme bei der zeitnahen Schaffung von Flüchtlingsunterkünften hat. Demnach kann der Sinn und Zweck einer Ländervorbehaltsklausel die damit einhergehende Rechtszersplitterung hier nicht rechtfertigen.

Zum gleichen Ergebnis, wenn auch mit einer anderen Begründung, kommt die Bundesvereinigung der kommunalen Spitzenverbände in ihrer Stellungnahme zum Änderungsvorschlag der Bundesregierung.[373] Danach träten die baurechtlichen Schwierigkeiten bei der Unterbringung von Flüchtlingen – entgegen den Äußerungen der Bundesregierung – „bundesweit und nicht nur in Ballungszentren mit angespannter Wohnungsmarktlage auf", sodass für eine differenzierende Ländergesetzgebung bereits deswegen von vornherein keine Notwendigkeit gesehen wurde.

Nicht zuletzt war die Entscheidung gegen eine Länderöffnungsklausel auch rechtspolitisch motiviert. Denn erst am 01.08.2014 hatte der Bundesgesetzgeber mit § 249 III BauGB eine Länderöffnungsklausel in Bezug auf die Privilegierung von Windenergieanlagen erlassen, die dem Koalitionsvertrag von 2013 und damit einem politischen Kompromiss geschuldet war.[374] Mit der Schaffung einer weiteren Länderöffnungsklausel würde man Gefahr laufen, den Beginn einer Entwicklung von wie auch immer gearteten Länderöffnungsklauseln im Bauplanungsrecht einzuleiten, was man aus Gründen der Rechtszersplitterung aber unbedingt vermeiden wollte.[375]

III. Befristung nur für konstitutive Regelungen

Des Weiteren schlug die Bundesregierung in ihrer Stellungnahme vor, die Befristung bis zum 31.12.2019 nicht bei solchen Regelungen vorzusehen, die lediglich klarstellender Natur sind.[376] Dieser Änderungsvorschlag stellt im Wesentlichen eine rein dogmatische Korrektur dar. Denn es liegt in der Natur einer bloßen Klarstellung, dass die damit verbundenen Aussagen, die lediglich klären, erklären und verdeutlichen, nicht jedoch regeln oder ändern sollen, auch über eine etwaige zeitliche Befristung hinaus

---

[372] BT-Drs. 18/2752, S. 7.
[373] Ausschuss-Drs. 18(16)127–D, S. 3.
[374] BT-Drs. 18/1310, S. 1, 6.
[375] *Blechschmidt*, in: EZBK, BauGB, § 246 Rn. 47.
[376] BT-Drs. 18/2752, S. 9.

Geltung beanspruchen können.[377] Eine Befristung rein deklaratorischer Vorschriften ist demnach nicht nur überflüssig, sondern auch dogmatisch verfehlt.[378] Diese dogmatische – in der täglichen Praxis allerdings belanglose – rechtliche „Unebenheit" ist der Bundesregierung aufgefallen; und sie hat erfreulicherweise eine Änderung angeregt.

IV. „Befreiungslösung" in Bezug auf Flüchtlingsunterkünfte im Gewerbegebiet

Entgegen der ursprünglichen Regelung aus dem Gesetzesentwurf des Bunderates, nach der Aufnahmeeinrichtungen und Gemeinschaftsunterkünfte für Flüchtlinge noch flächendeckend als Ausnahmen entsprechend § 8 III Nr. 2 BauNVO statuiert wurden, sollte die erleichterte Zulassung von Flüchtlingsunterkünften in Gewerbegebieten nach dem Vorschlag der Bundesregierung auf andere Art und Weise umgesetzt werden.[379] Sowohl die Konzeption der sog. Ausnahmelösung selbst (nachfolgend unter Ziffer 1.) als auch deren Rückwirkung auf bereits in Kraft befindliche Bebauungspläne (nachfolgend unter Ziffer 2.) ist völlig zu Recht abgelehnt worden.

1. Einführung einer erweiterten Befreiungsregelung

Statt einer flächendeckenden Verschiebung des Zulässigkeitsmaßstabes kraft Gesetzes wurden mit der Einführung einer – an § 31 II BauGB angelehnten – erweiterten Befreiungsmöglichkeit erweiterte Spielräume für die Baugenehmigungsbehörde bei Einzelfallentscheidungen im Zusammenhang mit der Zulassung von Flüchtlingsunterkünften geschaffen.[380] Dieser abweichende Ansatz bei der Erleichterung der Unterbringung von Flüchtlingen in Gewerbegebieten kann daher auch als Befreiungslösung bezeichnet werden. Diese Lösung verdient aus mehreren Gründen den Vorzug.

a. Dogmatisch „saubere" Lösung

Zum einen handelt es sich dabei bereits um eine dogmatisch sinnvolle Änderung. Denn auf diese Weise wird nicht in die bisherige Systematik der Baunutzungsverordnung eingegriffen. Erstens wäre nämlich durch die vom Bundesrat vorgeschlagene Ausnahmelösung mit den „Flüchtlingsunterkünften" eine neue Nutzungskategorie i.S.d. Baunutzungsverordnung geschaffen worden. Bei der Befreiungslösung bewegt man sich hingegen auch bei Flüchtlingsunterkünften in den bisherigen, bekannten, anerkannten und aufeinander abgestimmten bodenrechtlichen Nutzungs-

---

[377] *Battis/Mitschang/Reidt*, NVwZ 2014, 1609 (1611).
[378] So auch *Beckmann*, KommJur 2016, 366 (374).
[379] BT-Drs. 18/2752, S. 9, 11 f.
[380] *Blechschmidt*, in: EZBK, BauGB, § 246 Rn. 47; *Kment/Berger*, BauR 2015, 211 (213).

kategorien. Zweitens greift die Ausnahmelösung in die abstrakte Typisierung der Baunutzungsverordnung nach den in den einzelnen Baugebieten zulässigen Nutzungen und Anlagen ein.[381] Die unter den jeweiligen Absatz 2 fallenden Nutzungen sind „typischerweise" zulässig. Was unter den jeweiligen Absatz 3 fällt, ist „typischerweise" als Ausnahme zulässig; denn insoweit sind – „typischerweise" – ebenfalls keine Störungen bzw. Nutzungskonflikte mit den Hauptnutzungen des jeweiligen Gebietes zu erwarten.[382] Alle anderen Nutzungen und Anlagen sind nur in atypischen Fällen, nämlich unter den Voraussetzungen einer Befreiung nach § 31 II BauGB, zulässig. Da aber bei der Wohnnutzug oder wohnähnlichen Nutzung einer Flüchtlingsunterkunft „typischerweise" Nutzungskonflikte mit den im Gewerbegebiet charakteristischen emissionsstarken Nutzungen entstehen können, verstößt die Ausnahmelösung gegen die abstrakte Typisierung der Baunutzungsverordnung.

b. Flüchtlingsunterkünfte im Gewerbegebiet als einzelfallabhängiger Sonderfall

Zum anderen wird durch die Befreiungslösung der Grundsatz noch klarer hervorgehoben, dass Flüchtlingsunterkünfte im Gewerbegebiet auch weiterhin einen ausdrücklichen Sonderfall darstellen sollen. Denn durch die Befreiung wird der Baugenehmigungsbehörde ein planexternes – durch Gesetz eingeräumtes – Institut an die Hand gegeben, um die vom Satzungsgeber im Bebauungsplan nicht vorhergesehenen Sonderfälle mittels Einzelfallentscheidungen bewältigen zu können.[383] Demgegenüber ist die Ausnahme ein planimmanentes Institut, durch das der Satzungsgeber selbst abstrakt-generell die Zulässigkeit bestimmter Vorhaben nach Art und Umfang regelt.[384] Dies passt letztlich weniger zum Sonderfallcharakter der wohnähnlichen Nutzung von Flüchtlingsunterkünften im Gewerbegebiet als die bloße Befreiungsmöglichkeit.

In eine ähnliche Richtung geht der Gedanke, dass mit der Qualifizierung als bodenrechtliche Ausnahme bereits eine gewisse Wertung getroffen wird, die darauf beruht, dass sich der Plangeber mit der Zulässigkeit solcher Anlagen im Plangebiet beschäftigt und diese abstrakt generell für das gesamte Plangebiet als zulässig – wenn auch nur ausnahmsweise zulässig – erachtet hat. Damit sieht der Bebauungsplan als Satzung (bzw. die Baunutzungsverordnung als Bundesrechtsverordnung)

---

[381] Zur sog. Typisierungslehre: *Ziegler*, in: Brügelmann, BauNVO, § 1 Rn. 125 ff.; *Decker*, in: Jäde/Dirnberger, BauNVO, § 1 Rn. 16; *Fickert/Fieseler*, in: Fickert/Fieseler, BauNVO, Vorbemerkungen zu §§ 2 bis 14 BauNVO Rn. 9 f.; *BVerwG*, Urt. v. 24.09.1992 – 7 C 7/92 = NVwZ 1993, 987.
[382] *Decker*, in: Jäde/ Dirnberger, BauNVO, § 1 Rn. 16.
[383] *Reidt*, in: Battis/Krautzberger/Löhr, BauGB, § 31 Rn. 24; *Scheidler*, BauR 2015, 1414 (1414).
[384] *Scheidler*, BauR 2017, 1455 (1456).

und damit immerhin als Gesetz im materiellen Sinne die Flüchtlingsunterkunft bereits als „möglich" bzw. „grundsätzlich nicht ausgeschlossen" an. Es müssen daher schon starke, atypische Gründe vorliegen, damit die Baugenehmigungsbehörde im Rahmen ihres verbleibenden „Ermessensrests"[385] die Zulässigkeit einer solchen Anlage ablehnen kann. Durch die Erhebung einer Anlage in den Status einer Ausnahme wird also bereits eine abstrakt-generelle Einschätzung durch den Plangeber bzw. den Verordnungsgeber getroffen, dass die Anlage grundsätzlich gebietsverträglich ist, da keine Nutzungskonflikte zu erwarten sind. Demgegenüber kann die Baugenehmigungsbehörde im Rahmen einer Befreiung ohne jegliche „Vorwertung" eine Einzelfallprüfung vornehmen, welche konkrete Stelle im konkreten Gewerbegebiet für die wohnähnliche Anlage für soziale Zwecke am besten geeignet ist.

c. Unbeabsichtigte Nutzungskonflikte können besser vermieden werden

Schließlich eignet sich die Befreiungslösung auch besser dazu, unbeabsichtigte Nutzungskonflikte zwischen der wohnähnlichen Flüchtlingsunterbringung und der – typischerweise emissionsstarken – gewerblichen Nutzung zu vermeiden.[386]

Nach der Ausnahmelösung des Bundesrates könnten in Gewerbegebieten – flächendeckend – Flüchtlingsunterkünfte zugelassen werden. Wie sich aus der Gesetzesbegründung des Bundesrates ergibt, sollte bei der Erteilung der Ausnahme durch die Genehmigungsbehörde in einem weiteren Schritt aber geprüft werden, „ob die beantragte Flüchtlingsunterkunft mit den jeweils zulässigen Gewerbebetrieben im Gewerbegebiet miteinander verträglich ist."[387] Daraus wird das Anliegen des Bundesrates deutlich, den Regelungsgehalt der Sondervorschrift auf Standorte in Gewerbegebieten zu begrenzen, an denen die jeweils beantragte Flüchtlingsunterkunft mit den jeweils gebietstypischen, emissionsträchtigen Gewerbebetrieben vereinbar ist, d.h. beide zueinander und nebeneinander „passen".[388]

Diesem Anliegen des Bundesrates ist ohne weiteres beizupflichten. Für die Flüchtlingsunterbringung sind – bereits aus verfassungsrechtlichen Gründen i.S.v. Art. 2 II 2 GG – solche Flächen im jeweiligen Gewerbegebiet zu suchen, an denen Konflikte mit Lärm- und Geruchsimmissionen nicht zu erwarten sind. In seiner Umsetzung ging die Ausnahmelösung aber deutlich über dieses Anliegen hinaus, da Flüchtlingsunterkünfte hierbei zunächst einmal flächendeckend zugelassen werden

---

[385] So ausdrücklich bezeichnet von *Spieß*, in: Jäde/Dirnberger, BauGB, § 31 Rn. 26.
[386] Dies ist auch die maßgebliche Argumentation der Bundesregierung, vgl. BT-Drs. 18/2752, S. 9, 12.
[387] BR-Drs. 419/14, S. 6.
[388] BT-Drs. 18/2752, S. 12.

können, was zwangsläufig die Gefahr von Bodennutzungskonflikten birgt.[389] Die Befreiungslösung hingegen passt insoweit erheblich besser zum gewünschten Regelungsanliegen des Bundesrates. Denn während das Ermessen im Rahmen einer Ausnahme auf einen „Ermessensrest"[390] reduziert wird, sofern die tatbestandlichen Voraussetzungen der Ausnahme vorliegen, kann die Genehmigungsbehörde im Rahmen einer Befreiung bei Ausübung ihres Ermessens im Einzelfall jede konkrete Stelle im Gewerbegebiet daraufhin prüfen, ob eine Unterbringung dort möglich und zumutbar ist, insbesondere hinsichtlich Geruchs- und Geräuschemissionen.[391] Es ist gerade das Wesen einer Befreiung, die vom Satzungsgeber nicht vorhergesehenen Sonderfälle mittels einer Einzelfallentscheidung auf breiter Basis behandeln zu können. Sind im Einzelfall etwa die Geruchs- und Geräuschemissionen für eine wohnähnliche Nutzung zu groß, scheidet eine Befreiung aus, während es aber gewiss auch Gewerbegebiete gibt, die sich für eine Flüchtlingsunterbringung eignen.[392] Bei der Einzelfallentscheidung auf Zulassungsebene kann nicht nur die räumliche Nähe zu Geräusch- und Geruchsemissionen, sondern auch der Umstand berücksichtigt werden, ob sich auf den Nachbargrundstücken der geplanten Flüchtlingsunterbringung aktuell überhaupt Gewerbe- oder Industriebetriebe befinden oder mittelfristig befinden werden und in welchem Umfang sowie zu welcher Tages- und Nachtzeit diese Betriebe tatsächlich arbeiten.

2. Keine Rückwirkung der Ausnahmelösung

Abzulehnen ist darüber hinaus auch die vom Bundesrat vorgeschlagene Rückwirkung der Privilegierung auf bereits festgesetzte Gewerbegebiete, wie sie in § 2 IV 2 des Gesetzesentwurfes noch vorgesehen war.

Aus Gründen der Verständlichkeit ist dabei zunächst anzumerken, dass durch eine schlichte Änderung der Baunutzungsverordnung nicht unmittelbar in bestehende planerische Festsetzungen eingegriffen wird. Es gilt – nach der statischen Verweisung in § 1 III 2 BauNVO – vielmehr jeweils die Fassung der Baunutzungsverordnung, die im Zeitpunkt des Beginns der Auslegung des jeweiligen Bebauungsplans gültig war.[393] Diese Regel ergibt sich aus den allgemeinen Überleitungsvorschriften i.S.v. §§ 25 bis 25d BauNVO. Im Umkehrschluss lassen Änderungen der Baunutzungsver-

---

[389] BT-Drs. 18/2752, S. 12.
[390] *Spieß*, in: Jäde/Dirnberger, BauGB, § 31 Rn. 26.
[391] *Jutta Blankau-Rosenfeldt* in der Plenarsitzung des Deutschen Bundestages am 06.11.2014, Plenarprotokoll 18/63, S. 5895. Zustimmend *Scheidler*, VerwArch 2016, 177 (191).
[392] *Barbara Hendricks* in der Plenarsitzung des Deutschen Bundestages am 06.11.2014, Plenarprotokoll 18/63, S. 5890.
[393] *Dirnberger*, in: Jäde/Dirnberger, BauNVO, § 25 Rn. 1.

ordnung bestehende Bebauungspläne und die damit einhergehenden Abwägungsentscheidungen der Gemeinden unberührt. Die allgemeinen Überleitungsvorschriften der Baunutzungsverordnung können eine derartige Rückwirkung auch gar nicht bewirken, da die Rechtsgrundlage des § 9a Nr. 1 bis 3 BauGB hierfür nicht die entsprechende Ermächtigung bereithält.[394] Vielmehr bedarf es einer gesetzlichen Regelung im Baugesetzbuch – oder eines entsprechenden Maßnahmengesetzes – und daher einer dem § 245a BauGB vergleichbaren Vorschrift, um unmittelbar in den Inhalt bestehender Bebauungspläne eingreifen zu können. Dies führt aber notwendigerweise zu einem Eingriff in die gemeindliche Planungshoheit i.S.v. Art. 28 II GG, der wiederum gerechtfertigt sein muss.

Die geplante Regelung in § 2 IV 2 des Flüchtlingsunterbringungs-Maßnahmengesetzes wäre zwar eine dem § 245a BauGB entsprechende Vorschrift im formellen Sinne außerhalb der Baunutzungsverordnung. Allerdings ist eine derartige Rückwirkung der Privilegierung auf bereits in Kraft befindliche Bebauungspläne aus verfassungsrechtlichen Gründen nicht möglich. Denn mit einer weitgehenden Ausnahmezulässigkeit wohnähnlicher Nutzungen in Gewerbegebieten in Gestalt von Flüchtlingsunterkünften würde der Gebietscharakter grundlegend geändert und damit massiv in Abwägungsentscheidungen bestehender Bebauungspläne eingegriffen werden. Die Folge davon wäre ein Eingriff in die gemeindliche Planungshoheit i.S.v. Art. 28 II GG, der hier nicht gerechtfertigt werden kann.[395] Im Falle des § 245a BauGB konnte der Eingriff noch mit der geringen Eingriffstiefe der Vorschrift aufgrund der insgesamt eher untergeordneten Anpassung einzelner Vorschriften der Baunutzungsverordnung und mit den gewichtigen Gemeinwohlinteressen, namentlich der Förderung der Vereinbarkeit von Familie und Beruf sowie der Unterstützung der Energiewende im Bereich der Nutzung erneuerbaren Energien, begründet werden.[396] Zwar werden mit den Regelungen zur Flüchtlingsunterbringung ebenfalls gewichtige Interessen des Gemeinwohls verfolgt. Die Eingriffstiefe ist hier allerdings enorm, schließlich wird mit einer weitgehenden Ausnahmezulässigkeit wohnähnlicher Nutzungen der Gebietscharakter des – in der kommunalen Lebenswirklichkeit sehr bedeutsamen – Gewerbegebiets grundlegend abgeändert.[397] Zudem wäre der durch die Rückwirkung verursachte Eingriff in die gemeindliche Planungshoheit auch deswegen bereits unverhältnismäßig, da die Statuierung einer erweiterten Befreiungsmöglichkeit – wie festgestellt – die mildere und insgesamt adäquatere Alternative darstellt.

---

[394] *BVerwG*, Urt. v. 20.08.1992 – 4 C 54.89 = BauR 1993, 51.
[395] So im Ergebnis auch *Bienek*, SächsVBl 2015, 129 (134).
[396] *Stock*, in: EZBK, BauGB, § 245a Rn. 7.
[397] BT-Drs. 18/2752, S. 12.

Schließlich ist anzumerken, dass auch für die Befreiungslösung mangels entsprechender Überleitungsvorschriften eine Rückwirkung letztlich nicht vorgesehen wurde. Ein vergleichbares verfassungsrechtliches Problem mit der Rückwirkung wie bei der Ausnahmelösung hätte es bei der Befreiungslösung jedoch nicht gegeben. Während die Ausnahme nämlich Teil des Bebauungsplans und damit Teil der Abwägungsentscheidung wird, stellt die Befreiung ein planexternes – weil formal-gesetzliches – Rechtsinstitut dar. Anders als die Rückwirkung einer Ausnahme, die in bereits abgeschlossene Abwägungsentscheidungen eingreift, bewirkt die Rückwirkung einer planexternen Befreiung nur, dass in zeitlich vor Inkrafttreten der Befreiungsregelung liegenden Sachverhalten von der Befreiung hätte Gebrauch gemacht werden können. Gleichwohl erscheint die Statuierung der Rückwirkung einer Befreiungsregelung nicht notwendig. Eine Befreiung muss stets beantragt werden.[398] Vor Inkrafttreten der konkreten Befreiungsregelung wird diese aber kaum beantragt werden (können), schließlich existiert sie ja bisher noch nicht, sodass der jeweilige Bauherr von ihr auch kaum Kenntnis haben kann. Ist die jeweilige Befreiungsregelung sodann aber in Kraft getreten, kann jeder Bauherr diese beantragen, und zwar unabhängig davon, ob er sich im Geltungsbereich eines Bebauungsplans befindet, der vor oder nach Inkrafttreten der Befreiungsregelung wirksam geworden ist, bzw. ob er zuvor bereits (erfolglos) eine andere Befreiung beantragt hatte oder nicht.

V. Zwischenergebnis

Unter Berücksichtigung dieser Erwägungen hat die Bundesregierung daher folgende Gesetzesänderungen vorgeschlagen:

- Die Vorschriften der §§ 1 VI und 31 II Nr. 1 BauGB sollten in deklaratorischer Weise um die Belange von Flüchtlingen und Asylbegehrenden ergänzt werden.

- Die Privilegierungen der bauplanungsrechtlichen Zulassungsmöglichkeiten von Flüchtlingsunterkünften sollten als befristete Regelungen in § 246 BauGB als Absätze 6 bis 8 integriert werden.

---

[398] Dies ergibt sich aus den landesrechtlichen Vorschriften, z.B. in Bayern aus Art. 63 II 1 BayBO.

C. Abschluss des Gesetzgebungsverfahrens

Am 09.10.2014 in der 57. Sitzung des Deutschen Bundestages wurde der genannte Gesetzesentwurf der Bundesregierung zur Beratung an die Ausschüsse überwiesen.[399] Die schlussendliche Beschlussempfehlung des federführenden Ausschusses für Umwelt, Naturschutz, Bau und Reaktorsicherheit vom 05.11.2014 entsprach weitgehend den oben genannten Änderungsvorschlägen der Bundesregierung.[400] Noch eine der auffälligsten Änderungen dabei war, dass die von der Bundesregierung vorgeschlagene Nummerierung des § 246 VI bis VIII BauGB in § 246 VIII bis X BauGB modifiziert wurde.[401]

Am 06.11.2014 hat der Deutsche Bundestag in seiner 63. Sitzung den Gesetzesentwurf in zweiter und dritter Beratung mit den Stimmen der Fraktionen von *CDU/CSU* und *SPD* gegen die Stimmen *der Linken* bei Enthaltung von *Bündnis 90/Die Grünen* angenommen. Nicht einmal zwei Monate nach seiner Gesetzesinitiative erfolgte sodann am 07.11.2014 die abschließende Befassung des Bundesrates.[402] Am 25.11.2014 wurde das Gesetz im Bundesgesetzblatt verkündet[403] und trat schließlich – entsprechend seinem Art. 2 – am Tag nach der Verkündung am 26.11.2014 in Kraft.

§ 4
Entstehungsgeschichte des „Art. 6 des Asylverfahrensbeschleunigungsgesetzes" vom 20.10.2015

Der Umstand, dass der Gesetzgeber nur ein Jahr nach der ersten BauGB-Flüchtlingsnovelle weitere bauplanungsrechtliche Privilegierungsvorschriften für Flüchtlingsunterkünfte auf Zulassungsebene bereitstellen musste, war dem immer weiter ansteigenden Flüchtlingsstrom und den damit einhergehenden Aufgabenstellungen bei der Unterbringung geschuldet.[404] Während zu Beginn des Jahres 2015 noch grob mit 200.000 Flüchtlingen für das gesamte Jahr gerechnet wurde, zeichnete sich im Laufe desselben Jahres

---

[399] Plenarsitzung des Deutschen Bundestages vom 09.10.2014, Plenarprotokoll 18/57, S. 5281.
[400] BT-Drs. 18/3070.
[401] Vgl. dazu auch die kritische Auseinandersetzung im achten Kapitel auf S. 500 f.
[402] Plenarsitzung des Bundesrates vom 07.11.2014, Plenarprotokoll 927, S. 345.
[403] BGBl. I S. 1748.
[404] In Art. 6 des Asylverfahrensbeschleunigungsgesetzes drückt sich damit letztlich die Erkenntnis des Gesetzgebers aus, dass selbst die Sonderregelungen vom 26.11.2014 nicht ausgereicht haben, um

immer deutlicher ab, dass vielmehr etwa eine Million Menschen im Jahr 2015 in Deutschland Schutz vor Armut, Verfolgung, Krieg und Terror suchen würden.[405]

A. Notwendigkeit und rechtliche Anknüpfung weiterer Privilegierungen

Es waren also dringend weitere Erleichterungen erforderlich, die in Umfang und Reichweite nicht unerheblich über die BauGB-Flüchtlingsnovelle 2014 hinausgehen mussten.[406] Sehr anschaulich äußerte sich diesbezüglich Hamburgs damaliger Erster Bürgermeister *Olaf Scholz* in einer Plenarsitzung des Bundesrates[407]:

> *„Wir wissen zum Beispiel, dass wir heute sicherlich andere Maßstäbe an eine geeignete Flüchtlingsunterkunft haben als die, die wir vor einem oder zwei Jahren formuliert hätten. Viele von uns sind froh, wenn sie in einer gut gebauten Baumarkthalle eine Unterkunft errichten können, während sie vor zwei Jahren wahrscheinlich gesagt hätten, dass das nicht die beste Art ist."*

Im August 2015 begannen unter der Federführung des Bundesministeriums des Inneren die ressortübergreifenden Vorbereitungen für ein umfassendes „Asylpaket".[408] Dabei sollten neben Änderungen des Asyl- und Aufenthaltsrechts sowie des Sozialrechts insbesondere auch bauplanungsrechtliche Hemmnisse bei der Bereitstellung von Flüchtlingsunterkünften weiter abgebaut werden. Grundlage der Neuregelungen war die Auswertung der seitens der Länder und kommunalen Spitzenverbände gemachten Vorschläge, die jedoch eine sehr unterschiedliche Reichweite und Zielsetzung verfolgten.

Hervorzuheben ist insoweit die Bundesratsinitiative des Landes Niedersachsen, der sich die Länder Baden-Württemberg, Brandenburg, Rheinland-Pfalz und Thüringen angeschlossen haben. Darin wurde an die Bundesregierung appelliert, für Flüchtlingsunterkünfte die Anwendbarkeit bestimmter bauplanungsrechtlicher Vorschriften für einen befristeten Zeitraum auszusetzen.[409] Dieser Appell zeigt sinnbildlich die Notlage, in der sich die Länder und Kommunen in Bezug auf die Flüchtlingsunterbringung befanden,

---

auf den seinerzeitigen Anstieg an zeitnah zu schaffendem Unterbringungsraum für Flüchtlinge sachgerecht reagieren zu können; vgl. *Petersen*, KommP BY 2016, 50 (50).
[405] Zahlen des Bundesamts für Migration und Flüchtlinge, aufbereitet durch die Bundeszentrale für politische Bildung, abrufbar unter: https://www.bpb.de/politik/innenpolitik/flucht/218788/zahlen-zu-asyl-in-deutschland. Vgl. auch ausführlich in der Einleitung auf S. 4 ff.
[406] *Mitschang/Reidt*, in: Battis/Krautzberger/Löhr, BauGB, § 246 Rn. 10.
[407] *Olaf Scholz* in der Plenarsitzung des Bundesrates vom 16.10.2015, Plenarprotokoll 937, S. 374.
[408] *Blechschmidt*, in: EZBK, BauGB, § 246 Rn. 52a.
[409] BR-Drs. 404/15, S. 1.

und bildet gewissermaßen den Grundstein für die spätere Generalklausel des § 246 XIV BauGB, mit der schließlich eine umfassende Abweichung vom gesamten Bodenrecht im erforderlichen Umfang ermöglicht wurde.

Neben dieser umfassenden Generalklausel sollten aber auch noch weitere, gezielte Erleichterungen innerhalb des bekannten, bauplanungsrechtlichen Systems geschaffen werden, insbesondere in Wohn- und Mischgebieten. Nach der Bundesratsinitiative des Landes Niedersachsen waren augenblicklich „weitere Erleichterungen [erforderlich], die sich auf Wohngebiete beziehen."[410] Nachdem in der BauGB-Flüchtlingsnovelle 2014 mit § 246 X BauGB die Möglichkeit der Unterbringung von Flüchtlingen in Gewerbegebieten zugelassen wurde, war es aus zweierlei Gründen dringend erforderlich, die Unterbringung von Flüchtlingen in Wohn- und Mischgebieten zu erleichtern. Zum einen war es nach den allgemeinen bauplanungsrechtlichen Vorschriften aufgrund der Grundsätze der Gebietsverträglichkeit und der Rücksichtnahme bisweilen schwierig, jedenfalls größere Flüchtlingsunterkünfte wie Aufnahmeeinrichtungen oder Gemeinschaftsunterkünfte in Wohn- und Mischgebieten zu errichten oder umzunutzen.[411] Der Flüchtlingszustrom und der akute Bedarf an Unterbringungsraum erforderten es aber, in allen Gebietstypen die Möglichkeiten der Schaffung von Flüchtlingsunterkünften zu verbessern. Gerade Gebiete, die – jedenfalls auch – dem Wohnen dienen, sind dabei vornehmlich auch für den Integrationsfaktor wertvoll. Zum anderen musste natürlich rechtspolitisch ein „Zeichen" gesetzt werden. Denn durch die mit § 246 X BauGB eröffnete Option, Flüchtlinge in Gewerbegebieten unterzubringen, wuchs die Gefahr, dass die Verwaltung – insbesondere aufgrund des immer stärker werdenden Drucks aus der Bevölkerung – Flüchtlinge und Asylbegehrende künftig über die Maßen in die Gewerbegebiete abschieben würde mit der Begründung, eine entsprechende Privilegierung für die Unterbringung von Flüchtlingen in Wohngebieten habe der Gesetzgeber ja gerade nicht vorgesehen, während er eine Unterbringung in Gewerbegebieten ausdrücklich privilegiert habe. Fraglich war allerdings, wie die erleichterte Unterbringung von Flüchtlingen in Wohn- und Mischgebieten umgesetzt werden sollte. Einige Bundesländer forderten in diesem Zusammenhang, Anlagen für soziale Zwecke oder zumindest Flüchtlingsunterkünfte als Unterart der Anlagen für soziale Zwecke in reinen Wohngebieten für allgemein zulässig zu erklären.[412] Dies hätte auf zweifache Weise realisiert werden können. Zum einen hätte der Gesetzgeber die Flüchtlingsunterkunft in den die allgemeine Zulässigkeit regelnden Absatz 2 des § 3 BauNVO aufnehmen können. Zum an-

---

[410] BR-Drs. 404/15, S. 2.
[411] Siehe dazu ausführlich auf S. 51 ff.
[412] *Blechschmidt*, in: EZBK, BauGB, § 246 Rn. 72.

deren hätte er entsprechend § 1 VI Nr. 2, IX BauNVO kraft Gesetzes die Flüchtlingsunterkünfte als allgemein zulässig erklären können.[413] Der Bundesgesetzgeber entschied sich aber letztlich dafür, die Zulassung von Flüchtlingsunterkünften nicht nur in den reinen Wohngebieten, sondern in allen Wohn- und Mischgebieten zu erleichtern. Er schuf dazu mit § 246 XI BauGB eine Regelung, nach der Flüchtlingsunterkünfte „in der Regel" als Ausnahme i.S.v. § 31 I BauGB zugelassen werden sollen, sofern der Bebauungsplan Anlagen für soziale Zwecke als ausnahmsweise zulässig festsetzt. Damit wird die Richtung des Ermessens im Sinne eines intendierten Ermessens vorgezeichnet.[414] Es wird damit zum Ausdruck gebracht, dass bei der Zulassung von Flüchtlingsunterkünften regelmäßig kein Widerspruch zur Zweckbestimmung des jeweiligen Baugebiets und damit keine Gebietsunverträglichkeit besteht und die Unzumutbarkeitsschwelle im Rahmen des Rücksichtnahmegebots entsprechend erhöht ist. Diesem Ansatz ist zu folgen. Zum einen bleibt dadurch die bisherige Systematik der Baunutzungsverordnung unangetastet, während gleichzeitig dem Ziel Rechnung getragen wird, die Unterbringung von Flüchtlingen in Wohn- und Mischgebieten merklich zu erleichtern. Zum anderen verbleibt der Baugenehmigungsbehörde nur auf diese Weise ein gewisser Ermessensspielraum, der zugegebenermaßen auf einen „Ermessensrest" zusammenschrumpft, wenn die tatbestandlichen Voraussetzungen der Ausnahme vorliegen.[415] Auch wenn danach kaum Raum für eine negative Ermessensausübung verbleibt, so behält die Baugenehmigungsbehörde in Extremfällen dennoch eine Handhabe, die Flüchtlingsunterkunft zu verhindern, wenn es aus bauplanungsrechtlichen Gründen dringend notwendig sein sollte.[416] Relevant wäre dieser Ermessensspielraum etwa in Konstellationen, in denen die Zahl der Unterkünfte oder die Größe der Unterkunft dazu führen würde, die Eigenart des Baugebiets in Frage zu stellen, oder in denen die untergebrachten Flüchtlinge einer nicht mehr hinnehmbaren Immissionsbelastung durch die Nachbarschaft ausgesetzt wären.[417] Neben der erleichterten Unterbringung in Wohn- und Mischgebieten wurden von der Verwaltung fernerhin leerstehende oder schwach ausgelastete Ferienwohnungsanlagen sowie Gebäude in ehemaligen militärischen Liegenschaften in den Blick genommen, da diese sich angesichts der Standards solcher Einrichtungen durchaus zur Flüchtlingsunterbringung anbieten.[418] Dazu mussten Sondergebiete, die der Erholung dienen (§ 10 BauNVO), und Außenbereichsflächen in peripherer Lage in den Privilegierungskatalog

---

[413] *Dürr*, in: Brügelmann, BauGB, § 246 Rn. 35.
[414] *Blechschmidt*, in: EZBK, BauGB, § 246 Rn. 73.
[415] *Spieß*, in: Jäde/Dirnberger, BauGB, § 31 Rn. 26.
[416] *Dürr*, in: Brügelmann, BauGB, § 246 Rn. 35.
[417] *Battis/Mitschang/Reidt*, NVwZ 2015, 1633 (1636).
[418] So bereits die Regierung von Oberbayern in einer Pressemitteilung vom 21.09.2014, abrufbar unter: https://www.regierung.oberbayern.bayern.de/medien/archiv/2014/10537/; *Petersen*, KommP BY 2015, 10 (12).

des § 246 BauGB aufgenommen werden; dies wurde vom Bundesgesetzgeber in § 246 XII 1 Nr. 2 und XIII 1 Nr. 2 BauGB umgesetzt.

Darüber hinaus sollte – neben gänzlich neuen, materiellen Privilegierungen – die bereits existente Sondervorschrift des § 246 VIII BauGB auf sämtliche bauliche Anlagen erweitert werden. Die BauGB-Flüchtlingsnovelle 2014 hatte den sachlichen Anwendungsbereich der Sondervorschrift des § 246 VIII BauGB noch auf Geschäfts-, Büro- und Verwaltungsgebäude beschränkt. In der Literatur wurde diese Beschränkung völlig zu Recht kritisiert.[419] Diese ursprüngliche Verkürzung des Anwendungsbereichs war nicht nur unnötig, sondern verschloss sich auch der Tatsache, dass sich gerade im unbeplanten Innenbereich zahlreiche weitere Gebäude ebenfalls für eine Umnutzung zur Flüchtlingsunterbringung anbieten können.[420] Beispielhaft sind dabei (leerstehende) Hotels und Pensionen, Warenhäuser, Schulen, Krankenhäuser, Pflegeanstalten sowie Veranstaltungseinrichtungen zu nennen, die für eine vorübergehende Umwidmung in Flüchtlingsunterkünfte geradezu prädestiniert erscheinen.[421] Der Gesetzgeber hat in der zweiten BauGB-Flüchtlingsnovelle auf diesen Fehler reagiert und die genannte Beschränkung aufgehoben.

Schließlich sollten die geplanten Neuregelungen aber nicht nur „materielle" Erleichterungen für die Zulassungsentscheidung enthalten, sondern auch das entsprechende Genehmigungsverfahren nicht unwesentlich beschleunigen. Ein derartiger Bedarf ergibt sich bereits aus der Gesetzesbegründung zur ersten BauGB-Flüchtlingsnovelle 2014, in der als gesetzgeberisches Ziel im Zusammenhang mit der Flüchtlingskrise ausdrücklich formuliert wird, die bedarfsgerechte Schaffung von öffentlichen Unterbringungseinrichtungen „zeitnah" zu ermöglichen.[422] Das BauGB-Flüchtlingsunterbringungsgesetz I enthielt jedoch noch keine derartigen verfahrensbeschleunigenden Privilegierungen. Die Bundesratsinitiative des Landes Niedersachsen hat diesen Gedanken wieder aufgegriffen und eine entsprechende Forderung nach verfahrensbeschleunigenden Sonderregelungen formuliert, da es dringend erforderlich sei, „schnell und effizient neue Unterbringungsmöglichkeiten zu schaffen."[423]

---

[419] *Dürr*, in: Brügelmann, BauGB, § 246 Rn. 27; *Battis/Mitschang/Reidt*, NVwZ 2014, 1609 (1612 f.); *Langenfeld/Weisensee*, ZAR 2015, 132 (137); *Mitschang/Reidt*, in: Battis/Krautzberger/Löhr, BauGB, § 246 Rn. 15.
[420] *Battis/Mitschang/Reidt*, NVwZ 2014, 1609 (1613).
[421] *Mitschang/Reidt*, in: Battis/Krautzberger/Löhr, BauGB, § 246 Rn. 15; *Petersen*, KommP BY 2016, 50 (51).
[422] BT-Drs. 18/2752, S. 1.
[423] BR-Drs. 404/15, S. 1.

B. Weiterer Gang und Abschluss des Gesetzgebungsverfahrens

Das zu diesem Zeitpunkt für das Bodenrecht zuständige Bundesministerium für Umwelt, Naturschutz, Bau und Reaktorsicherheit erarbeitete im Folgenden einen Gesetzesentwurf zur Änderung des § 246 BauGB, der in den Koalitionsfraktionen diskutiert und schließlich auch Gegenstand des „Flüchtlingsgipfels" des Bundeskabinetts mit den Ministerpräsidenten der Länder und den Vertretern der kommunalen Spitzenverbände am 24.09.2015 im Bundeskanzleramt war. Am 29.09.2015 brachten die Regierungsparteien der CDU/CSU und SPD den gemeinsamen Fraktionsentwurf durch einen Kabinettbeschluss ein.[424] Auf diese Weise wurde der Gesetzesentwurf – als Koalitionsentwurf – gem. Art. 76 I Alt. 2 GG „aus der Mitte des Bundestages" eingebracht, was in der Praxis eher selten vorkommt.[425] Dies machte einen Ersten Durchgang im Bundesrat i.S.v. Art. 76 II GG entbehrlich und trug der besonderen Eilbedürftigkeit Rechnung. Einer Beteiligung des Bundesrates hatte es nach dem „Flüchtlingsgipfel" vom 24.09.2015 mit den Ministerpräsidenten der Länder politisch nicht mehr bedurft.[426] Der Gesetzesentwurf wurde sodann in der 127. Sitzung des Deutschen Bundestages am 01.10.2015 an die Ausschüsse überwiesen, deren Beschlussempfehlung weitgehend dem ursprünglichen Gesetzesentwurf entsprach. Dabei wurde das Asylverfahrensbeschleunigungsgesetz als sog. Artikelgesetz[427] ausgestaltet, das – als Änderungsgesetz – in einer ganzen Reihe von Fachgesetzen Anpassungen umsetzte. Während etwa in Art. 1 des Asylverfahrensbeschleunigungsgesetzes Änderungen des Asylverfahrensgesetzes statuiert wurden, finden sich die Änderungen des Baugesetzbuchs in seinem Art. 6. Nur zwei Wochen später, am 15.10.2015, nahm der Deutsche Bundestag in seiner 130. Sitzung den Gesetzesentwurf in zweiter und dritter Beratung mit deutlicher Mehrheit an.[428] Bereits einen Tag danach passierte der Gesetzesentwurf den Bundesrat.[429] Nach seiner Verkündung im Bundesgesetzblatt am 23.10.2015[430] trat der die bauplanungsrechtlichen Änderungen enthaltende Art. 6 des Asylverfahrensbeschleunigungsgesetzes schließlich am 24.10.2015 in Kraft. Mit einem Zeitraum von lediglich 24 Tagen zwischen Kabinettbeschluss und Verkündung handelt es sich beim Asylverfahrensbeschleunigungsgesetz um das zweitschnellste Gesetzgebungsverfahren dieses Umfangs

---

[424] BT-Drs. 18/6185.
[425] *Battis/Mitschang/Reidt*, NVwZ 2015, 1633 (1634).
[426] *Krautzberger/Stüer*, DVBl 2015, 1545 (1546).
[427] Die Bezeichnung „Artikelgesetz" kommt daher, dass dieses in der obersten Gliederungsebene in Artikel unterteilt ist, wobei für jedes zu erlassende oder zu ändernde Fachgesetz ein gesonderter Artikel verwendet wird. Innerhalb eines Artikels werden dann die Paragrafen des einzelnen Fachgesetzes oder nach Nummern geordnete Änderungen zu einzelnen Paragrafen aufgeführt.
[428] Plenarsitzung des Deutschen Bundestages vom 15.10.2015, Plenarprotokoll 18/130, S. 12607.
[429] Plenarsitzung des Bundesrates vom 16.10.2015, Plenarprotokoll 937, S. 389.
[430] BGBl. I S. 1722.

in der Geschichte der Bundesrepublik.[431] Nicht zuletzt daran lässt sich die aus damaliger Sicht unbedingte Eilbedürftigkeit der bodenrechtlichen Privilegierungen gegenüber den allgemeinen Vorschriften ablesen. Gleichzeitig zeigt sich daran aber auch ein wiederholtes Mal auf sehr eindrucksvolle Weise, dass der Gesetzgeber in der Lage ist, auch höchst kurzfristig zu reagieren, sofern dies aus sachlichen Gründen zwingend erforderlich sein sollte – und zwar selbst dann, wenn dies nicht mit den im Städtebaurecht üblichen Planspielen verbunden werden kann.[432]

Der Einfachheit wegen wird Art. 6 des Asylverfahrensbeschleunigungsgesetzes im Folgenden – wie auch in der Literatur[433] – als BauGB-Flüchtlingsnovelle 2015 oder BauGB-Flüchtlingsunterbringungsgesetz II bezeichnet.

---

[431] Unangefochten auf Platz 1 liegt hier das Finanzmarktstabilisierungsgesetz vom 17.10.2008 (BGBl. I S. 1982). Bei dem 500-Milliarden-Euro teuren Rettungspaket zur Eindämmung der Finanzkrise lagen lediglich vier Tage zwischen Kabinettbeschluss und Ausfertigung.
[432] *Blechschmidt/Reidt*, BauR 2016, 934 (934).
[433] So auch: *Scheidler*, VerwArch 2016, 177 (178, 204); *Decker*, in: Schiwy, BauGB, § 246 Rn. 28.

Drittes Kapitel

Sinn und Zweck sowie Ziele der BauGB-Flüchtlingsnovellen

Da es sich bei den BauGB-Flüchtlingsunterbringungsgesetzen I und II um zwei verschiedene Gesetze handelt, bietet es sich an, den Sinn und Zweck sowie die Ziele der beiden Gesetze zunächst einmal partikular herauszuarbeiten und zu definieren. In einem weiteren Schritt können sodann etwaige Gemeinsamkeiten herausgestellt werden.

§ 5

Ratio des BauGB-Flüchtlingsunterbringungsgesetzes I

Einen ersten Anhaltspunkt für die Ratio eines Gesetzes bietet die Intention des Gesetzgebers, die sich wiederum aus den Gesetzesmaterialien ergibt.

A. Heranziehung der Begründung des ursprünglichen Gesetzesentwurfs des Bundesrates und der Stellungnahme der Bundesregierung zum Gesetzesentwurf des Bundesrates

Dass die Erkenntnisse aus diesen beiden Gesetzesmaterialien[434] – insbesondere hinsichtlich des „großen Ganzen" und damit auch hinsichtlich des Sinn und Zwecks der Regelungen – im Ergebnis weitgehend identisch sind, liegt vor allem daran, dass die Bundesregierung in ihrer Stellungnahme im Grundsatz auf die Entwurfsbegründung des Bundesrates Bezug nimmt.[435]

---

[434] Entwurfsbegründung des Bundesrates, BR-Drs. 419/14; Stellungnahme der Bundesregierung, BT-Drs. 18/2752.
[435] BT-Drs. 18/2752, S. 9.

I. Ermöglichung einer erleichterten, zügigen und vorübergehenden Unterbringung von Flüchtlingen

In erster Linie sollen die Sondervorschriften für Flüchtlingsunterkünfte die öffentliche Hand – vornehmlich Kommunen mit besonders angespannten Wohnungsmärkten – in die Lage versetzen, bedarfsgerechte Unterbringungsmöglichkeiten zeitnah zu schaffen und zu sichern.[436] Primär geht es bei den Privilegierungen i.S.v. § 246 VIII bis X BauGB – wenig verwunderlich[437] – darum, eine erleichterte und zügige Unterbringung von Flüchtlingen auf Zulassungsebene zu erreichen.[438] Es soll also insbesondere unmittelbar die „Genehmigungsfähigkeit von Flüchtlingsunterkünften gegenüber der bisherigen, allgemeinen Rechtslage ausgeweitet" werden.[439]

Praktische Relevanz erfährt diese – auf den ersten Blick eher banale – Aussage über die Zielsetzung der Sondervorschriften schon im Zusammenhang mit der Anwendbarkeit der allgemeinen bauplanungsrechtlichen Vorschriften. Der Umstand, dass die Sonderregelungen die Zulassung von übergangsweisen Flüchtlingsunterkünften erleichtern und damit die allgemeinen Zulassungsregelungen nicht suspendieren, sondern diese ergänzen sollen, schließt ein sog. Spezialitätsverhältnis (lex specialis) aus.[440] Daher kann bereits aus dieser Zielsetzung abgeleitet werden, dass die allgemeinen städtebaulichen Vorschriften neben den Sondervorschriften anwendbar sind und durch diese nicht verdrängt werden.[441]

Ferner ergibt sich aus der Begrifflichkeit der „Unterbringung" noch eine weitere, sehr bedeutsame Zielsetzung der Sonderregelungen der Absätze 8 bis 10 des § 246 BauGB.[442] Die Unterbringung ist bereits nach ihrem Wortsinn durch einen vorübergehenden Charakter und gerade nicht durch eine Dauerhaftigkeit gekennzeichnet.[443] Konsequenterweise besteht daher auch das Ziel der Sondervorschriften „lediglich" darin, die mit der Flüchtlingszuwanderung verbundenen – akuten und vorübergehenden – Herausforderungen in Bezug auf die Unterbringung in den Griff zu bekommen.[444] Der vorübergehende Charakter der Regelungen ist auch in den Gesetzesmaterialien angedeutet. Dieser ergibt sich dabei nicht nur aus der Anknüpfung an die gegenwärtige

---

[436] BR-Drs. 419/14, S. 4; BT-Drs. 18/2752, S. 1.
[437] Die BauGB-Flüchtlingsnovelle 2014 trägt schließlich den Namen „Gesetz über Maßnahmen im Bauplanungsrecht zur Erleichterung der Unterbringung von Flüchtlingen".
[438] BR-Drs. 419/14, S. 1, 4; BT-Drs. 18/2752, S. 1.
[439] BT-Drs. 18/2752, S. 11.
[440] Zur Spezialität, vgl. auch am Beispiel des § 246 X BauGB gegenüber § 31 II BauGB auf S. 192 ff.
[441] *Beckmann*, UPR 2017, 335 (335), wonach die Sonderregelungen nicht ersetzen, sondern ergänzen.
[442] Nicht nur im heutigen Wortlaut der Sonderregelungen, sondern bereits in ihrem ersten Entwurf durch den Bundesrat, findet sich die Formulierung der „Unterbringung"; BR-Drs. 419/14, S. 2, 4.
[443] *Langenfeld/Weisensee*, ZAR 2015, 132 (133).
[444] *Blechschmidt*, in: EZBK, BauGB, § 246 Rn. 57, 63a; *Dürr*, in: Brügelmann, BauGB, § 31 Rn. 35b.

Notwendigkeit der Bewältigung der stark angestiegenen Zuwanderung von Flüchtlingen, sondern auch aus der ausdrücklichen Betonung, dass die gesetzgeberischen Maßnahmen zeitlich zu befristen seien.[445] Die Regelungen sollen lediglich die Schaffung des erforderlichen Unterbringungsraums in der sog. Flüchtlingskrise gewährleisten und die Betroffenen dadurch während ihres Asylverfahrens vor Obdachlosigkeit und damit vor Gefahren für Leben und Gesundheit schützen.[446] Demgegenüber sollen aber gerade nicht – gewissermaßen unter dem Deckmantel der Flüchtlingsunterbringung – dauerhafte und der Allgemeinheit zur Verfügung stehende Wohngebäude auf städtebaulich dafür nicht geeigneten Flächen ermöglicht werden.[447] Die Sonderregelungen für Flüchtlingsunterkünfte stellen nämlich kein Einfallstor für dauerhaften und allgemeinen Wohnraum dar, auch nicht unter dem Gesichtspunkt des sozialen Wohnungsbaus.[448] Bestätigt wird diese Zielsetzung durch die Gesetzesbegründung zur zweiten BauGB-Flüchtlingsnovelle, in der es ausdrücklich heißt, dass die Sondervorschriften lediglich „zur Bewältigung der [mit der Flüchtlingszuwanderung] verbundenen Herausforderungen" erlassen werden[449] und „die zukünftige erforderliche Schaffung dauerhaften Wohnraums auch für Flüchtlinge [...] der Planung durch die Kommunen vorbehalten bleiben" muss.[450]

II. Stärkung des Gewichtes der öffentlichen Belange von Flüchtlingen sowie deren Unterbringung

Darüber hinaus soll aber auch den Belangen der Flüchtlinge sowie deren Unterbringung verstärkt Rechnung getragen werden.[451] Relevant wird dieser Schutzzweck nicht nur auf der Ebene der Bauleitplanung, sondern auch auf Zulassungsebne, was durch die Gesetzesbegründung zur zweiten BauGB-Flüchtlingsnovelle bestätigt wird. Dort heißt es beispielsweise, dass im Rahmen des Rücksichtnahmegebots bzw. der öffentlichen Belange „angesichts der nationalen und drängenden Aufgabe bei der Flüchtlingsunterbringung Nachbarn vorübergehend auch ein Mehr an Beeinträchtigungen zuzumuten ist."[452]

---

[445] BR-Drs. 419/14, S. 4; BT-Drs. 18/2752, S. 1.
[446] *Blechschmidt*, in: EZBK, BauGB, § 246 Rn. 80.
[447] *Blechschmidt*, in: EZBK, BauGB, § 246 Rn. 63a; *VGH Kassel*, Urt. v. 22.02.2018 – 4 A 1837/17 = ZfBR 2018, 482; *OVG Berlin-Brandenburg*, Beschl. v. 19.07.2018 – OVG 10 S 52.17 = BeckRS 2018, 17925.
[448] *Blechschmidt*, in: EZBK, BauGB, § 246 Rn. 57.
[449] BT-Drs. 18/6185, S. 1.
[450] BT-Drs. 18/6185, S. 26.
[451] BR-Drs. 419/14, S. 5; BT-Drs. 18/2752, S. 11.
[452] BT-Drs. 18/6185, S. 54.

B. Heranziehung der Beschlussempfehlung des federführenden Ausschusses für Umwelt, Naturschutz, Bau und Reaktorsicherheit

Dieses Gesetzesmaterial[453] bestätigt den soeben herausgearbeiteten Befund zur Zweckrichtung des BauGB-Flüchtlingsunterbringungsgesetzes I, wie sich aus der identischen Problemstellung und dem Lösungsvorschlag des Ausschusses ergibt.[454] Darüber hinaus wird die Zielsetzung der Regelungen durch die Beschlussempfehlung aber weiter konkretisiert und klargestellt, dass die Unterbringungsbedingungen in den jeweiligen Anlagen menschenwürdig sein müssen.

Dies ergibt sich zwar schon aus Art. 1 GG bzw. aus dem Grundrecht auf Gewährleistung eines menschenwürdigen Existenzminimums.[455] Letzteres „sichert jedem Hilfebedürftigen diejenigen materiellen Voraussetzungen zu, die für seine physische Existenz und für ein Mindestmaß an Teilhabe am gesellschaftlichen, kulturellen und politischen Leben unerlässlich sind."[456] Daraus folgt die Pflicht der öffentlichen Hand, dem individuellen mittellosen Grundrechtsträger durch entsprechende (Sozial-)Leistungen die materiellen Mindestvoraussetzungen eines menschenwürdigen Daseins zu sichern.[457] Das *Bundesverfassungsgericht* gliedert das Existenzminimum dabei in zwei Bedarfsgruppen. Zum einen soll mit Hilfe des sog. soziokulturellen Existenzminimums ein Mindestmaß an Teilhabe am gesellschaftlichen, kulturellen und politischen Leben gewährleistet werden. Zum anderen soll die physische Existenz des Menschen gesichert werden, wozu neben Nahrung, Kleidung und Gesundheit notwendigerweise auch eine menschenwürdige Unterkunft zu zählen ist. Da das Recht auf Gewährleistung des gesamten existenznotwendigen Bedarfs ausdrücklich „jedem Hilfsbedürftigen" zusteht, ist es auch auf Flüchtlinge und Asylbegehrende anwendbar. Die Verwirklichung dieses Rechts in der Realität wird allerdings durch eine unzureichende Definition, Verwirklichung und Umsetzung von Rechtsansprüchen in Frage gestellt.

Die Notwendigkeit menschenwürdiger Unterbringungsbedingungen wird in der Beschlussempfehlung des federführenden Ausschusses ausdrücklich nochmals hervorge-

---

[453] BT-Drs. 18/3070.
[454] BT-Drs. 18/3070, S. 1.
[455] Das *Bundesverfassungsgericht* leitet dieses – schon früher anerkannte (etwa: *BVerfG*, Beschl. v. 29.05.1990 – 1 BvL 20/84 = BVerfGE 82, 60; *BVerfG*, Beschl. v. 10.11.1998 – 2 BvL 42/93 = BVerfGE 99, 246) – Grundrecht seit seinem Hartz-IV-Urteil aus Art. 1 I GG in Verbindung mit dem Sozialstaatsprinzip des Art. 20 I 1 GG ab. Vgl. dazu *BVerfG*, Urt. v. 09.02.2010 – 1 BvL 1/09 = NJW 2010, 505.
[456] *BVerfG*, Urt. v. 09.02.2010 – 1 BvL 1/09 = NJW 2010, 505.
[457] *BVerfG*, Urt. v. 09.02.2010 – 1 BvL 1/09 = NJW 2010, 505; *BVerfG*, Urt. v. 18.07.2012 – 1 BvL 10/10 = NVwZ 2012, 1024; *Hillgruber*, in: BeckOK GG, Art. 1 Rn. 51.

hoben. Fraglich bleibt jedoch, wann eine Unterbringung menschenwürdig ist. Einen ersten Anhaltspunkt liefert die genannte Beschlussempfehlung selbst, wonach eine menschenwürdige Aufnahme nur erreicht werden könne, „wenn den hilfesuchenden und oftmals traumatisierten Flüchtlingen alle Hilfe und Unterstützung zuteilwird, um das Erlebte zu verarbeiten, Ängste abzubauen und eine neue Lebensperspektive zu entwickeln."[458] Demnach setzt eine menschenwürdige Unterkunft – neben einem gewissen Betreuungsangebot für traumatisierte Menschen – in erster Linie die Möglichkeit von Privatsphäre voraus. Es muss also private Rückzugsorte geben, um den Menschen nicht nur ein Dach über dem Kopf zu bieten, sondern ein wirkliches Zuhause, in dem sie sich von den Schrecken und Strapazen erholen können, die hinter ihnen liegen. Neben einem – irgendwie gearteten[459] – persönlichen Rückzugsort müssen auch Sanitäranlagen sowie eine Kochgelegenheit vorhanden sein. Reine Notlager in (zweckentfremdeten) Turnhallen, Baumärkten, Stadthallen, Veranstaltungsräumen oder Bahnhöfen, in denen sich – ohne jedwede persönliche Rückzugsmöglichkeit – teilweise hunderte Personen eine Sanitäreinrichtung oder eine Küche teilen müssen, dürfen nur genau das sein, was sie sind – eine vorübergehende Notlösung. Für mehr als eine nur kurzfristige Aufnahme sind derartige provisorische Unterkünfte nicht geeignet.[460]

C. Sonstige Anhaltspunkte für den Sinn und Zweck der Regelungen des § 246 VIII bis X BauGB

Auch über die Gesetzesmaterialien – und die dort verortete Intention des Gesetzgebers – hinaus lassen sich Hinweise finden, die weiteren Aufschluss über den Sinn und Zweck bzw. die Ziele der Regelung bzw. des ganzen Regelungskomplexes geben.

I. Nur vorübergehende Auswirkungen der Sonderregelungen

Demnach kann es als weitere Zielsetzung der Sondervorschriften gelten, dass sämtliche Suspendierungen des Bauplanungsrechts nur vorübergehende (Aus-)Wirkungen haben sollen.[461] Die Privilegierungen für Flüchtlingsunterkünfte sollen also später einmal keine „städtebaulichen Altlasten" bilden.

---

[458] BT-Drs. 18/3070, S. 7.
[459] Der persönliche Rückzugsort muss dabei nicht eine Qualität aufweisen, wie er für die Qualifizierung als bauplanungsrechtliche Wohnnutzung erforderlich ist. Vgl. dazu oben S. 42 f.
[460] *Roeser*, in: Berliner Kommentar zum BauGB, § 246 Rn. 46; so auch *Scheidler*, NVwZ 2016, 744 (746).
[461] *Spannowsky*, in: BeckOK BauGB, § 246 Rn. 24.

Diese Zielsetzung kann aus dem Charakter der Sondervorschriften als bloße Übergangsbestimmungen abgeleitet werden. Der Übergangscharakter ergibt sich wiederum aus der Befristung sowie aus der gesetzessystematischen Stellung der Privilegierungsregelungen. So wurden die Sondervorschriften für Flüchtlingsunterkünfte bewusst[462] nicht in die jeweilige baurechtliche „Grundnorm" eingearbeitet[463], sondern am Ende des Baugesetzbuchs unter den Schlussvorschriften verortet und als Sonderregelungen betitelt. Auf diese Weise lassen sich diese nach Ablauf der Übergangszeit nämlich einfach und rückstandslos entfernen. Bestätigt wird diese Zielsetzung durch die Gesetzesbegründung zur zweiten BauGB-Flüchtlingsnovelle, in der es ausdrücklich heißt, dass „die städtebaulichen Ziele und Grundsätze des Baugesetzbuchs [...] davon unberührt" bleiben.[464]

Praktische Relevanz hat diese Zielsetzung insbesondere im Zusammenhang mit der Folgenutzung von Flüchtlingsunterkünften, die im sechsten Kapitel eingehend untersucht wird.

II. Vermehrte Unterbringung auch in Wohn- und Mischgebieten

Schließlich wurde mit den Sondervorschriften des § 246 VIII bis X BauGB auch noch eine „Auslagerung" der Flüchtlingsunterkünfte in die bodenrechtlichen Außenbereiche sowie in die Gewerbegebiete forciert, was zu einem bestimmten Teil (wohl) auch rechtspolitisch geprägt war. Der Großteil an Flüchtlingen sollte nämlich aus den Wohngebieten ferngehalten werden, um Anwohnerproteste und damit eine Verschärfung der – im Nachhinein betrachtet damals ohnehin noch verhältnismäßig positiven – Stimmung in der Bevölkerung gegen Flüchtlingsunterkünfte zu vermeiden. In Reaktion auf den exorbitant steigenden Bedarf an neuem Unterbringungsraum im Jahr 2015 sollte mit der Statuierung des § 246 XI BauGB sodann aber vor allem rechtspolitisch „gegengesteuert" und die Zielsetzung insoweit nachjustiert werden, dass Flüchtlinge und Asylbegehrende nunmehr auch privilegiert in Wohn- und Mischgebieten untergebracht werden können.

---

[462] Vgl. dazu in der Entstehungsgeschichte der Sondervorschriften im zweiten Kapitel auf S. 79 und auf S. 81 f.
[463] Die Privilegierung des § 246 VIII BauGB hätte beispielsweise auch direkt in die entsprechende „Grundnorm" des § 34 IIIa 1 BauGB integriert werden können.
[464] BT-Drs. 18/6185, S. 26.

§ 6

Ratio des BauGB-Flüchtlingsunterbringungsgesetzes II

Abgesehen von der veränderten rechtspolitischen Zielsetzung, Flüchtlinge nunmehr auch in Wohngebieten erleichtert unterbringen zu wollen, sollte auch das Asylverfahrensbeschleunigungsgesetz – wie der Name schon vermuten lässt – das Baugenehmigungsverfahren für die Schaffung von Flüchtlingsunterkünften in nicht unerheblichem Maße beschleunigen und erleichtern.[465] Angesichts der „nationalen und drängenden Aufgabe bei der Flüchtlingsunterbringung" bedürfe es „schnell wirkender Maßnahmen, um eine angemessene Aufnahme und Unterbringung zu ermöglichen."[466] Insoweit ist zunächst einmal keine andere Zielsetzung im Vergleich zum BauGB-Flüchtlingsunterbringungsgesetz I erkennbar.

Trotzdem ist zu prüfen, ob sich aus der vollständigen Gesetzesbegründung eine abweichende Intention des Gesetzgebers und daraus eine abweichende Ratio der Sondervorschriften ergibt. In Betracht kommt insoweit die abweichende Zielsetzung der Ermöglichung einer erleichterten Schaffung auch von Sozialwohnungen und anderer „Dauerunterkünfte" für Asylberechtigte. Möglicherweise sollen die bodenrechtlichen Vorschriften des Asylverfahrensbeschleunigungsgesetzes also vorrangig nicht mehr der nur vorrübergehenden Unterbringung von Asylsuchenden dienen, sondern auch der Schaffung dauerhafter Unterkünfte für Asylberechtigte.

A. Hinweise auf abweichende Zielsetzung gegenüber dem BauGB-Flüchtlingsunterbringungsgesetz I

Zu diesem weitergehenden Schutzzweck kann man gelangen, denn nach der Gesetzesbegründung zum Asylverfahrensbeschleunigungsgesetz ist ausdrücklich auch die erweiterte Unterstützung der Länder und Kommunen durch den Bund „beim Neubau von Wohnungen und bei der Ausweitung des Bestandes an Sozialwohnungen" vorgesehen, um der seinerzeit hohen Anzahl an Asyl- und Schutzsuchenden gerecht werden zu können.[467] In eine ähnliche Richtung geht die Aussage in der Gesetzesbegründung, wonach es angesichts des exorbitanten Anstiegs von Asyl- und Schutzsuchenden „einer deutlich

---

[465] BT-Drs. 18/6185, S. 25.
[466] BT-Drs. 18/6185, S. 25, 54; *Blechschmidt*, in: EZBK, BauGB, § 246 Rn. 73.
[467] BT-Drs. 18/6185, S. 2.

größeren Anzahl und Kapazität von Erstaufnahmeeinrichtungen sowie Wohnraum für Menschen [bedürfe], die als Asylberechtigte oder aus humanitären Gründen mittel- bis längerfristig in Deutschland bleiben werden".[468] Diese Aussagen in den Materialien könnten ein Indiz sein, dass beim BauGB-Flüchtlingsunterbringungsgesetz II – anders als beim BauGB-Flüchtlingsunterbringungsgesetz I – jedenfalls auch die Schaffung dauerhafter Unterkünfte für Asylberechtigte im Regelungsmittelpunkt stehen sollte.[469] Folglich würde es sich bei den Sondervorschriften für Flüchtlingsunterkünfte nicht um Regelungen handeln, die zugunsten der national drängenden Aufgabe der Flüchtlingsunterbringung die allgemeinen bauplanungsrechtlichen Grundsätze lediglich temporär suspendieren und damit nur vorübergehende Auswirkungen haben. Vielmehr würden die Sondervorschriften für Flüchtlingsunterkünfte damit dauerhafte Auswirkungen für den baulichen Bestand haben.

Auf diese erweiterte Zielsetzung könnte schließlich auch die Sondervorschrift des § 246 XVII BauGB hindeuten, wonach sich die Befristung bis zum 31.12.2019 gerade nicht auf die Geltungsdauer der bauaufsichtlichen Zulassung, sondern vielmehr „nur" auf den Zeitraum bezieht, bis zu dessen Ende im bauaufsichtlichen Genehmigungsverfahren von den Vorschriften Gebrauch gemacht werden kann.

B. Stellungnahme zur Frage der abweichenden Zielsetzung des BauGB-Flüchtlingsunterbringungsgesetzes II

Ein so erweiterter Schutzzweck der bodenrechtlichen Vorschriften des Asylverfahrensbeschleunigungsgesetzes findet aber nach umfassender Betrachtung der Gesetzesmaterialien letztlich keine ausreichende Grundlage. Somit ist auch das BauGB-Flüchtlingsunterbringungsgesetz II auf die nur vorübergehende Unterbringung von Flüchtlingen gerichtet.

Bereits die an die Sondervorschrift des § 246 XVII BauGB anknüpfende Argumentation überzeugt nicht. Sie übersieht den Umstand, dass die dort gefasste Regelung lediglich klarstellender Natur ist und sich die Befristung bereits nach dem BauGB-Flüchtlingsunterbringungsgesetz I nicht auf die Geltungsdauer der Genehmigung bezog.[470] Die

---

[468] BT-Drs. 18/6185, S. 26. Auf diese Passage bezieht sich für seine Begründung auch *Decker*, in: Schiwy, BauGB, § 246 Rn. 28.
[469] Im Ergebnis so *Decker*, in: Schiwy, BauGB, § 246 Rn. 28.
[470] Dazu ausführlich im Rahmen des zeitlichen Anwendungsbereichs in § 9 im vierten Kapitel auf S. 148 ff.

BauGB-Flüchtlingsnovelle 2014 dient – wie oben ausführlich dargelegt – unstreitig lediglich dazu, die mit der Flüchtlingszuwanderung verbundenen – akuten und vorübergehenden – Herausforderungen in Bezug auf die Unterbringung in den Griff zu bekommen.[471] Aus der insoweit rein klarstellenden Regelung des § 246 XVII BauGB kann sich daher keine andere Zielsetzung ergeben. Dieses Ergebnis wird durch den in § 246 XV BauGB und in der Gesetzesbegründung regelmäßig verwendeten Begriff der Unterbringung bestätigt.[472] Denn eine Unterbringung kann bereits begrifflich nur vorübergehender Natur sein und damit nicht dauerhaft erfolgen, sodass neben den Privilegierungen in § 246 VIII bis X BauGB auch die Sonderregelungen der Absätze 11 bis 16 des § 246 BauGB nicht auf Dauer angelegte Auswirkungen auf das allgemeine Bauplanungsrecht haben sollen.[473]

Auch der Umstand, dass nach der Gesetzesbegründung die erweiterte Unterstützung der Länder und Kommunen durch den Bund „beim Neubau von Wohnungen und bei der Ausweitung des Bestandes an Sozialwohnungen"[474] vorgesehen ist, ändert an diesem Ergebnis nichts. Denn die insoweit angesprochene Unterstützung in Bezug auf eine dauerhafte Wohnnutzung hat nichts mit den Regelungen zur akut erforderlichen und vorübergehenden Unterbringung zu tun, zumal es hinsichtlich des dauerhaften Wohnraums nur um eine rein finanzielle Unterstützung geht. Das ergibt sich schon aus den verschiedenen Überschriften „Unterbringung" und „Kostenbeteiligung des Bundes" sowie der insoweit unterschiedlichen Verortung der beiden Regelungen in den Gesetzesmaterialien.[475] Ferner spricht auch die neu eingeführte Vorschrift des § 4 IV EntflechtG für dieses Verständnis. Das Entflechtungsgesetz stellt gewissermaßen eine finanzielle Kompensation zugunsten der Länder (und Kommunen) für die Abschaffung der Finanzhilfen des Bundes – vor allem zur sozialen Wohnraumförderung – dar. Die Privilegierung des § 4 IV EntflechtG erhöht nun die den Ländern zuzuweisenden Kompensationsmittel für den Bereich der (sozialen) Wohnraumförderung nochmals um 500 Mio. Euro für die Jahre 2017 und 2018, wobei die Verteilung entsprechend dem Königsteiner Schlüssel erfolgt. Diese beiden Maßnahmenkomplexe – nämlich die bauplanungsrechtlichen Maßnahmen der erleichterten vorübergehenden Unterbringung zur Befriedigung des kurzfristig erforderlichen Unterkunftsbedarfs auf der einen Seite sowie die finanzielle Maßnahme der Unterstützung der Länder und Kommunen bei der Schaffung von dauerhaftem und bezahlbarem Sozialwohnraum für einen mittel- bzw. langfristigen Aufenthalt in Deutschland auf der anderen Seite – stehen gerade nebeneinander, um in

---

[471] Vgl. dazu S. 99 ff.
[472] BT-Drs. 18/6185, S. 1, 26, 54 f.
[473] *Langenfeld/Weisensee*, ZAR 2015, 132 (133).
[474] BT-Drs. 18/6185, S. 2.
[475] BT-Drs. 18/6185, S. 26 f.

ihrem Zusammenwirken mit den mit der Flüchtlingszuwanderung verbundenen Aufgaben fertig werden zu können. Denn anders als das BauGB-Flüchtlingsunterbringungsgesetz I aus dem Jahr 2014 erfasst das Asylverfahrensbeschleunigungsgesetz aus 2015 neben den bauplanungsrechtlichen Regelungen zur vorüberhegenden Unterbringung auch noch andere Maßnahmenbereiche wie die Beschleunigung des Asylverfahrens, die ärztliche Versorgung und Integration der Flüchtlinge, die Kostenbeteiligung des Bundes sowie die Anpassung von Asylbewerberleistungen. In Bezug auf den hier untersuchten bauplanungsrechtlichen Maßnahmenbereich der Unterbringung hat das Asylverfahrensbeschleunigungsgesetz letztlich keine andere Zielsetzung wie das BauGB-Flüchtlingsunterbringungsgesetz I. Dass die Kostenbeteiligung des Bundes demgegenüber auf die Schaffung dauerhaften (Sozial-)Wohnraums bezogen ist und demnach eine abweichende Zielsetzung verfolgt, ist insoweit ohne Belang.

Auch die in der Gesetzesbegründung getroffene Aussage, dass es angesichts des präzedenzlosen Anstiegs von Asyl- und Schutzsuchenden „einer deutlich größeren Anzahl und Kapazität von Erstaufnahmeeinrichtungen sowie Wohnraum für Menschen, die als Asylberechtigte oder aus humanitären Gründen mittel- bis längerfristig in Deutschland bleiben werden," [476] bedürfe, ändert nichts an dem auf eine nur vorübergehende Unterbringung gerichteten Schutzzweck des Gesetzes. Dabei werden nämlich nur wieder zwei der eben dargelegten, unterschiedlichen Regelungsbereiche des Asylverfahrensbeschleunigungsgesetzes angesprochen. Die Formulierung des Bedarfs an einer „deutlich größeren Anzahl und Kapazität von Erstaufnahmeeinrichtungen" zielt auf den akuten, aber nur vorübergehenden Unterbringungsbedarf. Demgegenüber ist die Terminologie des „Wohnraums für Menschen, die als Asylberechtigte oder aus humanitären Gründen mittel- bis längerfristig in Deutschland bleiben werden," auf den – daneben erforderlichen – allgemeinen und dauerhaften (Sozial-) Wohnraum gerichtet, an dessen Kosten sich der Bund beteiligen soll. Auch eine Gesamtbetrachtung des maßgeblichen Textabschnitts der Gesetzesbegründung lässt insoweit kein anderes Ergebnis zu. Zunächst sprechen die Materialien an dieser Stelle ausdrücklich von „Erstaufnahmeeinrichtungen und Wohnraum zur [vorübergehenden] gemeinschaftlichen Unterbringung von Flüchtlingen."[477] Weiter heißt es dort, dass die bauplanungsrechtlichen Sonderregelungen des Asylverfahrensbeschleunigungsgesetzes, nämlich § 246 XI bis XVI BauGB, „zeitlich befristete Abweichungen von bauplanungsrechtlichen Vorgaben und Standards des Baugesetzbuchs" ermöglichen. Mit den genannten Regelungen „soll befristet durch gezielte Erleichterungen dem akuten Bedarf an Flüchtlingsunterkünften Rechnung getragen werden." Dies zeigt bereits den vorübergehenden Charakter der regelungsgegen-

---

[476] BT-Drs. 18/6185, S. 26.
[477] BT-Drs. 18/6185, S. 26.

ständlichen Flüchtlingsunterkünfte. Zudem weist die Gesetzesbegründung nachfolgend noch ausdrücklich darauf hin, dass die „städtebaulichen Ziele und Grundsätze des Baugesetzbuchs [...] davon unberührt" bleiben. Mithin müsse die „zukünftig erforderliche Schaffung dauerhaften Wohnraums auch für Flüchtlinge [...] der Planung durch die Kommunen vorbehalten bleiben." Hinter diesen Aussagen steht der Gedanke, dass verhindert werden soll, dass gewissermaßen unter dem Schutzschirm der Flüchtlingsunterbringung unter Rückgriff auf die Privilegierungen der Absätze 8 bis 16 des § 246 BauGB dauerhafte und der Allgemeinheit zur Verfügung stehende Wohngebäude auf städtebaulich dafür nicht geeigneten Flächen ermöglicht werden.[478] Dem steht aber nicht entgegen, dass das auch andere Regelungsbereiche umfassende Asylverfahrensbeschleunigungsgesetz daneben die öffentliche Schaffung von Wohnungen fördern soll. Dies geschieht nicht durch bauplanungsrechtliche Erleichterungen auf Zulassungsebene, sondern – wie bereits dargelegt – über eine finanzielle Unterstützung der Länder und Kommunen beim Neubau von Wohnungen und bei der Ausweisung des Bestands an Sozialwohnungen.

Das gefundene Ergebnis wird schließlich durch zwei weitere Aussagen in den Gesetzesmaterialien ausdrücklich bestätigt. Zum einen werden durch die bauplanungsrechtlichen Regelungen im Asylverfahrensbeschleunigungsgesetz Abweichungen von geltenden Standards nur „für einen befristeten Zeitraum" ermöglicht, um die Unterbringung der großen Zahl an Asylbewerbern und Flüchtlingen bewältigen zu können.[479] Zum anderen zielt das Asylverfahrensbeschleunigungsgesetz städtebaulich gerade auf die Schaffung von „zeitlich befristeten Erleichterungen im Bauplanungsrecht", um die Flüchtlingsunterbringung „während der Dauer des Asylverfahrens" gewährleisten zu können.[480] Beide Aussagen unterstreichen den rein vorübergehenden Charakter der regelungsgegenständlichen Flüchtlingsunterkünfte.

Zusammenfassend lässt sich in Bezug auf den Sinn und Zweck der Sondervorschiften für Flüchtlingsunterkünfte festhalten, dass es dem historischen Gesetzgeber primär darum gegangen ist, in grundsätzlich allen planungsrechtlichen Bereichen die Möglichkeit einer zeitnahen, vorübergehenden und menschenwürdigen Unterbringung von Flüchtlingen und Asylbegehrenden zu schaffen bzw. zu erleichtern.[481] Vor diesem Hintergrund kann nun der Anwendungsbereich der Sondervorschriften bestimmt werden.

---

[478] *OVG Berlin-Brandenburg*, Beschl. v. 19.07.2018 – OVG 10 S 52.17 = BeckRS 2018, 17925; *VGH Kassel*, Urt. v. 22.02.2018 – 4 A 1837/17 = ZfBR 2018, 482; *Blechschmidt*, in: EZBK, BauGB, § 246 Rn. 63a.
[479] BT-Drs. 18/6185, S. 1.
[480] BT-Drs. 18/6185, S. 1.
[481] *Spannowsky*, in: BeckOK BauGB, § 246 Rn. 17.

Viertes Kapitel

Anwendungsbereich der Sonderregelungen des § 246 VIII bis XVII BauGB

Die Sondervorschriften für Flüchtlingsunterkünfte beziehen sich personell auf Flüchtlinge und Asylbegehrende, sachlich auf die Unterbringung in baulichen Anlagen, die der Unterbringung von Flüchtlingen und Asylbegehrenden dienen, sowie in Aufnahmeeinrichtungen, Gemeinschaftsunterkünften und sonstigen Unterkünften. Obwohl genaue Begrifflichkeiten für die Anwendung einer gesetzlichen Regelung von zentraler Bedeutung sind, werden die verwendeten Begriffe weder in der BauGB-Flüchtlingsnovelle 2014 noch im Flüchtlingsunterbringungs-Maßnahmengesetz 2015 definiert. Daher muss auf die juristische Methodenlehre zur Auslegung von Gesetzen zurückgegriffen werden. In Bezug auf den Anwendungsbereich der Regelungen kann – entsprechend der gängigen Systematik – zwischen dem personellen, dem sachlichen und dem zeitlichen Anwendungsbereich differenziert werden. Im Einzelnen:

§ 7

Personeller Anwendungsbereich

Die genaue Festlegung des personellen Anwendungsbereichs ist von grundlegender Bedeutung, da sich daraus der Personenkreis ergibt, der nach den bauplanungsrechtlichen Sondervorschriften für Flüchtlingsunterkünfte erleichtert untergebracht werden kann.

A. *Keine klaren Begrifflichkeiten durch den Gesetzgeber*

Es ist die Frage zu klären, unter welchen Voraussetzungen eine Person als „Flüchtling" oder als „Asylbegehrender" zu qualifizieren ist. Eine Legaldefinition dieser in den Absätzen 8 bis 15 des § 246 BauGB verwendeten Begriffe findet sich weder im Baugesetzbuch noch in der Baunutzungsverordnung.[482] Da im Rahmen der Sonderregelungen für

---

[482] Die Begriffe „Flüchtlinge" und „Asylbegehrende" wurden mit der BauGB-Flüchtlingsnovelle 2014 also erstmals in das Baugesetzbuch eingeführt; vgl. *Bienek*, SächsVBl 2015, 129 (131).

Flüchtlingsunterkünfte zudem auch nicht auf die Begriffsbestimmungen des Asylgesetzes verwiesen wird, finden diese jedenfalls keine unmittelbare Anwendung. Der Begriff des Asylbegehrenden ist zwar in § 44 I, II AsylG erwähnt, erfährt allerdings auch dort keine Legaldefinition, sodass eine Heranziehung der Begrifflichkeiten aus dem Asylgesetz zunächst auch nicht direkt weiterhilft.

Da der Gesetzeswortlaut an dieser Stelle zumindest unbestimmt ist, muss man ihn auslegen, d.h. seinen Sinn erforschen. Maßgebend ist der im Gesetzeswortlaut objektivierte Wille des Gesetzgebers. Es haben sich dazu heute vier Auslegungsmethoden durchgesetzt, und zwar die sprachlich-grammatikalische, die systematische (mit dem Unterfall der verfassungskonformen), die historische und die teleologische Auslegung.[483]

I. Grammatikalische Auslegung

Bei der grammatikalischen Auslegung wird streng am Wortlaut des Gesetzes gearbeitet. Hierbei darf nicht über den Wortlaut der Norm hinausgegangen werden, denn dieser ist Grundlage und gleichzeitig Grenze der grammatikalischen Auslegung. Die Begrifflichkeit des Asylbegehrenden hat eine nicht unerheblich subjektive Komponente. Ein Begehren stellt ein Verlangen bzw. ein Streben dar, das die betroffene Person aber gerade noch nicht erreicht hat, denn sobald man das Begehrte erlangt, strebt man nicht mehr danach.[484] Aus dieser subjektiven Formulierung wird also deutlich, dass die betroffene Person noch keine Asylberechtigung i.S.d. §§ 2, 13 II AsylG besitzen muss, d.h. über ihr Recht auf Asyl i.S.v. Art. 16a GG noch nicht positiv entschieden worden sein muss. Asylbegehrende sind nach dem allgemeinen Sprachgebrauch daher Personen, die einen Asylantrag stellen möchten oder diesen bereits gestellt haben, aber noch keinen Anerkennungsstatus innehaben.[485] Demgegenüber stellt die Qualifizierung als Flüchtling etwas rein Objektives dar, was anhand bestimmter Voraussetzungen und tatsächlicher Merkmale objektiv festgestellt werden kann.

Die Wortlautgrenze ist erreicht, sofern es um – wenn auch ebenfalls „bedürftige" – Personengruppen ohne Flüchtlingshintergrund wie etwa Obdachlose oder Drogenabhängige geht. Diese Personengruppen fallen nicht unter den personellen Anwendungsbereich des § 246 VIII bis XVII BauGB, da sie nicht unter die Begrifflichkeiten der „Flüchtlinge" oder „Asylbegehrenden" subsumiert werden können. Gleiches gilt für

---

[483] Eine juristische Methodenlehre wurde bereits 1802 von *Savigny* vorgestellt, aber erstmals gedruckt und herausgegeben erst 1840 im ersten Band des „Systems des heutigen römischen Rechts" auf S. 214 ff. Dazu auch: *Zippelius*, Juristische Methodenlehre, § 8, S. 42 f.; *Larenz*, Methodenlehre der Rechtswissenschaft, S. 298 ff.
[484] Duden, Das Bedeutungswörterbuch, S. 190.
[485] *Petersen*, KommP BY 2016, 50 (50).

den Fall einer kombinierten Unterbringung, d.h. dass von vornherein neben Flüchtlingen oder Asylbegehrenden auch andere „bedürftige" Personengruppen untergebracht werden sollen.[486]

II. Systematische Auslegung

Bei der systematischen Auslegung wird das Normensystem des Gesetzes betrachtet, um die genaue Bedeutung des Rechtssatzes zu ermitteln. Diese Auslegungsmethode will den einzelnen Rechtsgedanken in den Kontext der gesamten Rechtsordnung stellen, oder wie *Savigny* sagte, in „den inneren Zusammenhang, welcher alle Rechtsinstitute und Rechtsregeln zu einer großen Einheit verknüpft."[487] Es kommt dabei nicht nur auf das Verhältnis einzelner Normen zueinander an. Auch können Überschriften und Titel der einzelnen Abschnitte des jeweils in Frage stehenden Rechtssatzes auf seine nähere Bedeutung hinweisen. Eine systematische Auslegung kann aber gegebenenfalls auch zu unbefriedigenden Ergebnissen führen, wenn festgestellt wird, dass der Gesetzgeber – als Ergebnis politischen Wägens und Gewichtens – nicht sehr systematisch gearbeitet hat.

1. Vergleich mit § 44 I, II AsylG, § 3 I AsylG, Art. 16a GG und Art. 1a Nr. 2 der Genfer Flüchtlingskonvention vom 28.07.1951

Mangels ausdrücklicher Verweisung in das Asylgesetz ist die dortige Terminologie zwar nicht unmittelbar anwendbar. Als Auslegungshilfe können die asylrechtlichen Begriffe aber in jedem Fall herangezogen werden.

a. Asylbegehrender

Das Asylgesetz kennt neben dem Begriff des Asylberechtigten i.S.v. §§ 2, 13 II AsylG auch den Begriff des Asylbegehrenden, wie sich aus § 44 I, II AsylG ergibt.[488] Allerdings ist der Terminus des Asylbegehrenden auch dort nicht legal definiert. In Abgrenzung zum Asylberechtigten, d.h. einem Ausländer, der ein Recht auf Asyl i.S.v. Art. 16a GG besitzt,[489] stellt der Asylbegehrende aber gewissermaßen eine begriffsnotwendige „subjektive Vorstufe" zum Asylberechtigten dar.

---

[486] *Blechschmidt*, in: EZBK, BauGB, § 246 Rn. 55; *Decker*, in: Schiwy, BauGB, § 246 Rn. 34.
[487] *Savigny*, System des heutigen Römischen Rechts (Band 1), S. 214.
[488] Entgegen *Roeser*, in: Berliner Kommentar zum BauGB, § 246 Rn. 23, der unzutreffender Weise behauptet, dass dem Asylgesetz der Begriff des Asylbegehrenden fremd sei.
[489] Asyl steht allen Menschen zu, die politisch verfolgt werden, und zwar aufgrund ihrer Rasse, Nationalität, politischen Überzeugung, religiösen Grundentscheidung oder Zugehörigkeit zu einer be-

b. Flüchtling

Demgegenüber ist die Flüchtlingseigenschaft asylrechtlich in § 3 I AsylG definiert. Diese richtet sich danach ausdrücklich nach Art. 1a Nr. 2 der Genfer Flüchtlingskonvention vom 28.07.1951.[490] Demnach wird als Flüchtling jeder Ausländer definiert, der sich aus begründeter Furcht vor Verfolgung wegen seiner Rasse, Religion, Nationalität, politischen Überzeugung oder Zugehörigkeit zu einer bestimmten sozialen Gruppe außerhalb des Landes befindet, dessen Staatsangehörigkeit er besitzt und dessen Schutz er nicht in Anspruch nehmen kann oder wegen dieser Furcht nicht in Anspruch nehmen will oder in dem er als Staatenloser seinen vorherigen gewöhnlichen Aufenthalt hatte und in das er nicht zurückkehren kann oder wegen dieser Furcht nicht zurückkehren will. Anders als bei einem Asylberechtigten muss die Gefahr hier nicht vom Staat ausgehen, sondern kann auch von Parteien oder Organisationen herrühren. Demnach werden als Flüchtlinge nicht nur politisch durch den Staat Verfolgte bezeichnet, sondern auch Personen, die aus anderen Gründen und von nichtstaatlichen Akteuren eine Verfolgung befürchten müssen.[491]

Die Zuerkennung des internationalen Schutzes nach § 1 I Nr. 2 AsylG und demnach die Zuerkennung der Flüchtlingseigenschaft bedarf der Feststellung in dem nach dem Asylgesetz dafür vorgesehenen Verfahren, §§ 23 bis 33 AsylG.[492] Gemäß § 13 AsylG muss der Ausländer dieses formelle Prüfungsverfahren durch die Stellung eines Asylantrags einleiten. Dabei wird gem. § 13 II 1 AsylG mit jedem Asylantrag sowohl die Anerkennung als Asylberechtigter als auch die Zuerkennung der Flüchtlingseigenschaft beantragt, sofern der Ausländer seinen Asylantrag nach § 13 II 2 AsylG nicht ausdrücklich auf die Zuerkennung der Flüchtlingseigenschaft beschränkt. Daraus folgt, dass Ausländer vor der positiven Entscheidung über die Flüchtlingseigenschaft aber gerade noch nicht als Flüchtlinge i.S.d. Asylgesetzes angesehen werden. Flüchtlinge i.S.d. Asylrechts sind demnach ausschließlich „anerkannte Flüchtlinge" nach der Genfer Flüchtlingskonvention und damit nur Personen, die nach Abschluss eines Asylverfahrens den Flüchtlingsschutz erhalten haben.

---

stimmten sozialen Gruppe. Die betroffenen Menschen müssen im Falle der Rückkehr in ihr Herkunftsland einer schwerwiegenden Menschenrechtsverletzung ausgesetzt sein, ohne eine Fluchtalternative innerhalb des Herkunftslandes oder anderweitigen Schutz vor Verfolgung zu haben. Allgemeine Notsituationen wie Armut berechtigen hingegen nicht zu Asyl.

[490] BGBl. (1953) II, S. 559 f.
[491] *Bienek*, SächsVBl 2015, 129 (131). Gemeinsam ist dem Flüchtling und dem Asylberechtigten, dass beide schutzbedürftig sind, weil sie in ihrem Heimatland einer Verfolgungs- oder Gefahrensituation ausgesetzt sind. Demgegenüber werden Menschen, die „lediglich" eine bessere Zukunft für sich und ihre Familie suchen, z.B. Klimavertriebene, formal korrekt nicht als Flüchtlinge oder Asylberechtigte, sondern als „Migranten" bezeichnet. Vgl. dazu *Griesbeck*, BayVBl 2018, 325 (326 f.).
[492] *Roeser*, in: Berliner Kommentar zum BauGB, § 246 Rn. 23.

2. Verhältnis der beiden Begrifflichkeiten zueinander

Fraglich ist, wie sich diese beiden unterschiedlichen Begrifflichkeiten zueinander verhalten. Insoweit sind zwei Auslegungsalternativen denkbar.

a. Überflüssigkeit des Begriffs des Asylbegehrenden

Möglicherweise ist die Nennung des Asylbegehrenden im Rahmen der Absätze 8 bis 15 des § 246 BauGB lediglich deklaratorischer Natur und daher im Ergebnis letztlich überflüssig. Dafür könnte die amtliche Überschrift des § 246 BauGB sprechen, die lediglich von der Flüchtlingsunterkunft und damit von der Unterkunft für „Flüchtlinge" spricht, nicht hingegen von der Unterkunft für „Asylbegehrende". *Dürr* folgert daraus, dass die Erwähnung der Asylbegehrenden deswegen überflüssig sei, weil diese ebenfalls Flüchtlinge seien.[493]

Dem kann nicht zugestimmt werden. Zwar sind Asylbegehrende stets auch Personen, die die Flüchtlingseigenschaft begehren, und jeder Asylberechtigte ist auch ein Flüchtling. Das liegt daran, dass der Begriff des Flüchtlings weiter ist als der des Asylberechtigten. Eine Gleichsetzung von Asylbegehrenden und Flüchtlingen scheidet allerdings aus, da beide Begriffe einen unterschiedlichen Zeitrahmen abdecken. Ein Asylbegehrender hat das begehrte Asyl gerade noch nicht erhalten. Über seinen Antrag wurde noch nicht entschieden; das Asylverfahren läuft noch. Demgegenüber tritt die Flüchtlingseigenschaft erst ein, sobald der Asylantrag erfolgreich war; das Asylverfahren ist hier also positiv abgeschlossen worden.

b. Begrifflichkeiten stehen nebeneinander

Richtigerweise muss man die Begriffe des Asylbegehrenden und des Flüchtlings daher nebeneinander stellen. Der eine Begriff strahlt insoweit jeweils auf den anderen Begriff aus. Dafür kommen zwei Möglichkeiten der Ausstrahlung in Betracht.

Auf der einen Seite könnten sich die beiden Formulierungen gegenseitig beschränken. Da die Begriffe des Flüchtlings und des Asylbegehrenden auf gleicher Stufe nebeneinander genannt werden und demnach eine gewisse Zuordnung vorliegt, spricht einiges dafür, den einen Begriff im Lichte und in den Grenzen des jeweils anderen auszulegen. In Anlehnung an den (Asyl-)Begehrenden wären Flüchtlinge i.S.d. § 246 BauGB demnach nur solche Personen, die einen Antrag auf Feststellung der Flüchtlingseigenschaft gestellt haben oder diesen Antrag stellen möchten und über deren Flüchtlingsstatus noch nicht entschieden wurde. Nach dieser Auslegung

---

[493] *Dürr*, in: Brügelmann, BauGB, § 31 Rn. 35b.

wäre im Rahmen des personellen Anwendungsbereichs einheitlich und ausschließlich der Zeitraum des Prüfverfahrens hinsichtlich des Asylantrags maßgeblich.[494] Demnach würde mit Abschluss des Asylverfahrens stets der persönliche Anwendungsbereich des § 246 VIII bis XVII BauGB enden.

Auf der anderen Seite könnten sich die beiden Begriffe gegenseitig ergänzen. So macht die Formulierung des Asylbegehrenden deutlich, dass insbesondere auch Personen vor Abschluss des Asylverfahrens vom personellen Anwendungsbereich der Sondervorschriften erfasst sein sollen. Mit der Begrifflichkeit des Flüchtlings wird hingegen dafür Sorge getragen, dass die vorliegenden Privilegierungsregelungen in besonderen Fällen auch nach Anerkennung der Flüchtlingseigenschaft Anwendung finden können.[495] Auf diese Weise werden durch die beiden Begrifflichkeiten in ihrer Gesamtheit regelmäßig alle Personen mit Flüchtlingshintergrund erfasst, angefangen von „Neuankömmlingen" bis hin zu bereits anerkannten Flüchtlingen für einen vorübergehenden Zeitraum, sofern ihnen anderenfalls Obdachlosigkeit droht.[496]

Diese weite Auslegung ist vorzuziehen. Sie ist in systematischer Hinsicht nicht zu beanstanden, während die historische und die teleologische Auslegung – wie nachfolgend ausgeführt wird – gerade für dieses Ergebnis streiten.

III. Historische Auslegung

Die historische Auslegung ist dadurch gekennzeichnet, dass zur Ermittlung des Sinns des einzelnen Rechtssatzes der Wille und die Motive des Gesetzgebers erforscht und die im Gesetzgebungsverfahren stattgefundenen Diskussionen berücksichtigt werden. Insoweit können nachträglich insbesondere die Gesetzesmaterialien herangezogen werden.

1. Stellungnahme der Bundesregierung zu erster BauGB-Flüchtlingsnovelle

Darin wird für das Jahr 2014 eine Zahl von 200.000 nach Deutschland kommenden Flüchtlingen genannt, die es unterzubringen gelte.[497] Aus den Statistiken des Bundesamts für Migration und Flüchtlinge (BAMF) ergibt sich, dass unter diese Zahl nicht nur Personen aus Syrien oder Afghanistan, sondern insbesondere auch Personen fal-

---

[494] So *Roeser*, in: Berliner Kommentar zum BauGB, § 246 Rn. 23.
[495] *Achelpöhler*, in: Düsing/Martinez, Agrarrecht, S. 914; *Krautzberger/Stüer*, DVBl 2015, 73 (74).
[496] *Blechschmidt*, in: EZBK, BauGB, § 246 Rn. 54.
[497] BT-Drs. 18/2752, S. 1.

len, die aus Rumänien, Bulgarien, Albanien, Serbien oder dem Kosovo in die Bundesrepublik einreisen.[498] Die Menschen aus den Balkanländern sind aber keiner politischen Verfolgung ausgesetzt. Angehörige eines EU-Mitgliedstaats, etwa die *Roma* aus Rumänien, können bereits kraft Gesetzes gem. Art. 16a II GG keine politische Verfolgung erlitten haben, sodass für diese eine Asylberechtigung von vornherein ausscheidet. Aber auch die (strenge) Flüchtlingseigenschaft nach der Genfer Konvention i.V.m. § 3 I AsylG, die stets an eine Verfolgung anknüpft, scheidet in all denjenigen Fällen aus, in denen Personen aus wirtschaftlicher Not oder Bürgerkriegssituationen ihr Heimatland verlassen haben. Die Stellungnahme der Bundesregierung mit ihrer angegebenen „Flüchtlingszahl" von 200.000 Menschen für das Jahr 2014 spricht demnach dafür, dass der Gesetzgeber auch für all diejenigen Personen mit Hilfe der Sondervorschriften die Schaffung von Unterkünften ermöglichen wollte, die – unabhängig von einer Verfolgung – allein wegen der untragbaren Verhältnisse in ihrem Heimatland Zuflucht in Deutschland suchen.[499] Denn auch dieser Personenkreis muss von der öffentlichen Hand irgendwie vorübergehend untergebracht werden können. Dieser Aspekt im Rahmen der Stellungnahme der Bundesregierung zur ersten BauGB-Flüchtlingsnovelle streitet daher für eine weite Auslegung des Flüchtlingsbegriffs.

Auch ein Umkehrschluss zur ursprünglichen Fassung der Sondervorschriften des Bundesrates lässt sich als Argument für einen eher weiter reichenden personellen Anwendungsbereich des § 246 VIII bis XVII BauGB heranziehen. Während nämlich in der ursprünglichen Fassung des Bundesrates ausdrücklich noch von „Asylbewerberinnen und Asylbewerbern" die Rede war[500], hat der Gesetzgeber in der endgültigen Fassung der Sondervorschriften diese Formulierung bewusst zu „Asylbegehrenden" erweitert. Unter einem Asylbewerber sind „erst" diejenigen Personen zu verstehen, die bereits einen Asylantrag gestellt haben und die sich daher bereits im Asylverfahren befinden. Für Asylbegehrende gilt diese sprachliche Beschränkung jedoch gerade nicht, was ebenfalls für die Intention des Gesetzgebers spricht, dass sich die Anwendbarkeit der Sondervorschriften eben auch auf Personen erstrecken soll, die erst noch einen Asylantrag stellen möchten, dies aber bisher noch nicht getan haben.

---

[498] Zahlen aus dem Migrationsbericht 2014, abrufbar unter: http://www.bamf.de/DE/DasBAMF/Forschung/Ergebnisse/Migrationsberichte/migrationsberichte-node.html.
[499] So auch *Dürr*, in: Brügelmann, BauGB, § 31 Rn. 35b.
[500] BR-Drs. 419/14, S. 2.

2. Beschlussempfehlung des Ausschusses für Umwelt, Naturschutz, Bau und Reaktorsicherheit zum Entwurf der ersten BauGB-Flüchtlingsnovelle

Nach der Beschlussempfehlung des federführenden Ausschusses für Umwelt, Naturschutz, Bau und Reaktorsicherheit vom 05.11.2014 zielt die erste BauGB-Flüchtlingsnovelle „auf die Unterbringung von Personen [...], die im Bundesgebiet einen Asylantrag gestellt haben oder für deren Unterbringung Bund, Länder oder Kommunen aus sonstigen Gründen Verantwortung tragen."[501]

a. Keine zwingende Erforderlichkeit einer Asylantragstellung

Daraus könnte nun geschlossen werden, dass der Gesetzgeber für die Anwendbarkeit der Sondervorschriften und damit für die Person des Asylbegehrenden die Stellung eines Asylantrags verlange. Demnach dürften ankommende Personen, die noch keinen Asylantrag gestellt haben, nicht in den auf Grundlage der Sondervorschriften des § 246 VIII bis XVII BauGB geschaffenen Unterkünften untergebracht werden.

In der Praxis ist es – bzw. war es zum Zeitpunkt der Schaffung der Privilegierungsregelungen – üblich, dass ein Asylantrag erst Wochen oder Monate nach der Ankunft und Registrierung der Menschen in der Bundesrepublik gestellt wird.[502] Es wäre widersinnig, wenn man diese Personen nicht nach den Absätzen 8 bis 17 des § 246 BauGB unterbringen dürfte, denn gerade für diese Personen und deren zeitnahe sowie menschenwürdige Unterbringung wurden die Sondervorschriften ja erlassen. Die Äußerung des federführenden Ausschusses in Bezug auf den Anwendungsbereich der Sondervorschriften für Flüchtlingsunterkünfte muss daher in ihrem Gesamtzusammenhang betrachtet werden. Danach ist maßgeblich, für welche Personen die öffentliche Hand eine Unterbringungsverantwortung hat. Denn der erste Halbsatz, wonach es auf die Stellung eines Asylantrags im Bundesgebiet ankommt, ist nur ein vorweggenommenes Beispiel für die im zweiten Halbsatz genannte Unterbringungsverpflichtung bzw. -verpflichtung.

---

[501] BT-Drs. 18/3070, S. 10. Diesem Anwendungsbereich schließt sich auch *Bienek*, SächsVBl 2015, 129 (131) und die *Fachkommission Städtebau* der Bauministerkonferenz (unter „Einleitung" in ihren Hinweisen vom 15.12.2015) an.
[502] Vgl. zum Ablauf des Asylverfahrens die Homepage des Bundesamtes für Migration und Flüchtlinge, abrufbar unter: http://www.bamf.de/DE/Fluechtlingsschutz/AblaufAsyl/PersoenlicheAntragstellung/persoenliche-antragstellung-node.html.

b. Bestehen einer Unterbringungsverpflichtung bzw. -verantwortung

Es kommt also maßgeblich darauf an, für welche Personen die öffentliche Hand eine Unterbringungsverpflichtung bzw. -verantwortung hat.[503] Diese Auslegung findet auch eine Stütze im Wortlaut der Sondervorschriften. Denn die in den Absätzen 8 bis 17 des § 246 BauGB verwendeten Begriffe „Unterkünfte" und „Unterbringung" deuten bereits auf eine Nutzung hin, mit der eine öffentlich-rechtliche Unterbringungsverpflichtung bzw. -verantwortung erfüllt wird.[504] Letztere ergibt sich insbesondere aus der Aufgabe der Länder zur Unterbringung nach dem Asylgesetz (AsylG), dem Aufenthaltsgesetz (AufenthG) und den Flüchtlingsaufnahmegesetzen der Länder.[505]

aa. Ausländer, über deren Asylantrag noch nicht abschließend entschieden wurde

Eine Unterbringungsverpflichtung besteht also jedenfalls für Ausländer, die einen Asylantrag gestellt haben und über deren Antragstellung noch nicht abschließend entschieden worden ist. Dies ergibt sich maßgeblich aus § 44 I AsylG, wonach die Länder verpflichtet sind, für die Unterbringung von Asylbegehrenden die dazu erforderlichen Aufnahmeeinrichtungen zu schaffen und zu unterhalten. Nach § 53 I AsylG sollen Ausländer, die einen Asylantrag gestellt haben und nicht oder nicht mehr verpflichtet sind, in einer Aufnahmeeinrichtung zu wohnen[506], in der Regel in Gemeinschaftsunterkünften untergebracht werden, woraus ebenfalls eine Unterbringungsverpflichtung abgeleitet werden kann.

bb. Asylsuchende

Eine Unterbringungsverpflichtung könnte aber auch bereits für sog. Asylsuchende bestehen. Dabei handelt es sich um Ausländer, die einen Asylantrag lediglich stellen möchten, diesen aber rein tatsächlich noch nicht gestellt haben. Bereits der Wortlaut des § 47 I AsylG („zu stellen haben", nicht etwa „gestellt haben") spricht dafür, dass eine Unterbringungsverpflichtung auch bereits vor formeller Asylan-

---

[503] Zustimmend: *Decker*, in: Schiwy, BauGB, § 246 Rn. 29; *Blechschmidt*, in: EZBK, BauGB, § 246 Rn. 53; *Dürr*, in: Brügelmann, BauGB, § 31 Rn. 35b; *Langenfeld/Weisensee*, ZAR 2015, 132 (133); *Scheidler*, UPR 2015, 41 (43); im Grundsatz so auch *Roeser*, in: Berliner Kommentar zum BauGB, § 246 Rn. 23, der für den personellen Anwendungsbereich den Zeitraum der „staatlichen Verantwortung" für die Unterbringung als maßgeblich erachtet.
[504] *Petersen*, KommP BY 2016, 50 (50).
[505] *Bienek*, DÖV 2017, 584 (585).
[506] Nach § 47 I AsylG sind Ausländer nunmehr bis zu sechs (und nicht wie früher bis zu drei) Monaten verpflichtet, in einer Aufnahmeeinrichtung zu wohnen.

tragsstellung besteht.[507] Bestätigt wird dies durch die Beschlussempfehlung des federführenden Bundestagsausschusses,[508] wonach das Gesetz „auf die Unterbringung von Personen […], die im Bundesgebiet einen Asylantrag gestellt haben oder für deren Unterbringung Bund, Länder oder Kommunen aus sonstigen Gründen Verantwortung tragen" zielt. Denn aufgrund der Alternative („oder") zur Asylantragstellung muss auch ohne oder vor formeller Asylantragstellung eine Unterbringungsverpflichtung bestehen können, sonst hätte es der Nennung dieser Alternative nicht bedurft. Diese Auslegung passt auch zu der in der Literatur vertretenen Auffassung, wonach die Möglichkeit der Unterbringung in einer der von den Sondervorschriften bezeichneten Einrichtungen jedenfalls in dem Zeitpunkt beginnt, in dem sich die betreffende Person bei einer staatlichen Stelle als asylsuchend zu erkennen gibt.[509] Dies wird bei der Einreise in Deutschland meist die Polizei sein.

cc. Ausländer gem. §§ 15a, 22, 23 und 24 AufenthG

Eine Unterbringungsverpflichtung besteht aber darüber hinaus auch gegenüber Ausländern, denen aus völkerrechtlichen, humanitären oder politischen Gründen nach §§ 22 bis 24 AufenthG Aufenthalt in der Bundesrepublik gewährt wird oder die als unerlaubt eingereiste Ausländer nach § 15a AufenthG auf die Länder verteilt werden.[510]

dd. Möglicherweise auch anerkannte Flüchtlinge und Asylberechtigte

Fraglich ist, ob auch für anerkannte Flüchtlinge und Asylberechtigte eine Unterbringungsverpflichtung besteht und damit der Anwendungsbereich des § 246 VIII bis XVII BauGB – nach der gesetzeshistorischen Auslegung – eröffnet ist.

Grundsätzlich endet mit dem positiven Abschluss des formellen Prüfverfahrens in Bezug auf die Asylberechtigung bzw. die Zuerkennung der Flüchtlingseigenschaft die Unterbringungsverpflichtung der öffentlichen Hand. Denn mit der endgültigen

---

[507] Auch *Bender/Bethke*, in: Hofmann, Ausländerrecht, § 44 AsylG Rn. 2 gehen davon aus, dass bereits vor der Stellung eines Asylantrages eine Unterbringungsverpflichtung in (Erst-)Aufnahmeeinrichtungen besteht; wohl auch *Blechschmidt*, in: EZBK, BauGB, § 246 Rn. 53, der Bezug nimmt auf die Beschlussempfehlung des federführenden Ausschusses für Umwelt, Naturschutz, Bau und Reaktorsicherheit und dabei maßgeblich für den erfassten Personenkreis neben der Stellung eines Asylantrages alternativ („oder") auf die Unterbringungsverantwortung abstellt.
[508] BT-Drs. 18/3070, S. 10.
[509] *Battis/Mitschang/Reidt*, NVwZ 2014, 1609 (1610); *Scheidler*, KommP BY 2016, 11 (12); *Krautzberger/Stüer*, DVBl 2015, 1545 (1550); *Gohde*, ZfBR 2016, 642 (642).
[510] *Blechschmidt*, in: EZBK, BauGB, § 246 Rn. 54; *Bienek*, SächsVBl 2015, 129 (131). Vgl. dazu etwa auch die Regelungen in § 1 II Nr. 2 und Nr. 3 FlüAG des Landes Baden-Württemberg.

Entscheidung des Bundesamtes für Migration und Flüchtlinge – also nach Abschluss des Asylverfahrens – sind die Betroffenen asylrechtlich „auf sich gestellt". Sie erwerben gem. §§ 25 I bis III, 26 AufenthG eine Aufenthaltserlaubnis für drei Jahre und uneingeschränkten Arbeitsmarktzugang. Sie haben zwar – wie ein Nicht-Flüchtling auch – einen etwaigen Anspruch auf Sozialhilfe. Die Unterbringungspflichten finden aber grundsätzlich keine Anwendung mehr, da anderenfalls ein obdachloser Flüchtling nach positivem Abschluss des Asylverfahrens besser stehen würde als ein obdachloser Nicht-Flüchtling, für den unstreitig keine Unterbringungsverantwortung besteht. Diese Rechtsfolge hat der Gesetzgeber in § 53 II 1 AsylG zumindest angedeutet, wonach neben der Pflicht, in einer Flüchtlingsunterkunft zu wohnen, auch das dementsprechende Recht – als Kehrseite davon – endet. Auch große Teile der Literatur vertreten im Ergebnis diese Auffassung.[511] Die Sondervorschriften der Absätze 8 bis 17 des § 246 BauGB ermöglichen nach der Intention des historischen Gesetzgebers die Schaffung von nur vorübergehendem Unterbringungsraum während des Asylverfahrens, nicht jedoch die Schaffung dauerhaften Wohnraums für Flüchtlinge und Asylbegehrende.[512]

Trotzdem sprechen hier gewichtigere Argumente dafür, auch für bereits anerkannte Asylbewerber und Flüchtlinge jedenfalls noch während der Wohnungssuche eine fortwirkende Unterbringungspflicht oder zumindest eine „Unterbringungsverantwortung" zu bejahen, sodass auch für diese Personen der personelle Anwendungsbereich des § 246 VIII bis XVII BauGB insoweit eröffnet bleibt.[513] Dieser in der Literatur[514] zunehmend im Vordringen befindlichen Meinung hat sich mittlerweile auch der *VGH Mannheim* angeschlossen.[515] Denn bereits aus der Regelung des § 53 II 1 HS. 2 AsylG und dem insoweit erforderlichen Nachweis einer anderweitigen Unterkunft ergibt sich klar die Zielsetzung des Gesetzgebers,

---

[511] So etwa: *Decker*, in: Schiwy, BauGB, § 246 Rn. 29; *Roeser*, in: Berliner Kommentar zum BauGB, § 246 Rn. 23; *Beckmann*, KommJur 2016, 321 (322); *Battis/Mitschang/Reidt*, NVwZ 2014, 1609 (1610); *Scheidler*, KommP BY 2016, 11 (12).

[512] Häufig kann nicht allein auf den Willen des historischen Gesetzgebers abgestellt werden; nicht selten ist er durch Änderung der Lebensverhältnisse bald überholt (vgl. *Palandt*, BGB, Einl. Rn. 40).

[513] Positiv gesetzlich geregelt ist eine übergangsweise fortwährende Unterbringung ungeachtet des Anerkennungsstatus beispielsweise in Baden-Württemberg, soweit dies zur Sicherstellung der Anschlussunterbringung erforderlich ist (§ 9 III FlüAG).

[514] *Blechschmidt*, in: EZBK, BauGB, § 246 Rn. 54; *Krautzberger/Stüer*, DVBl 2015, 1545 (1550); *Petersen*, KommP BY 2016, 50 (51); *Horst*, ZMR 2016, 598 (598); *Scheidler*, VerwArch 2016, 177 (182). In diese Richtung mittlerweile seit der 156. Auflage (anders noch in der Vorauflage) auch *Decker*, in: Schiwy, BauGB, § 246 Rn. 34.

[515] *VGH Mannheim*, Beschl. v. 23.02.2017 – 3 S 149/17 = BauR 2017, 993, wonach die Sondervorschriften für Flüchtlingsunterkünfte i.S.v. § 246 VIII bis XVII BauGB ebenso „für anerkannte Flüchtlinge und Asylberechtigte, die noch keine anderweitige Unterkunft nachweisen können", gelten.

dass bei drohender Obdachlosigkeit vorübergehend noch eine weitergehende Unterbringungsverpflichtung in den Flüchtlingsunterkünften gegeben sein muss. Zu diesem Ergebnis passt auch die in Teilen der Literatur vertretene – wenn auch leider dort nicht begründete – Auffassung, dass in Bezug auf den personellen Anwendungsbereich an den Nachweis einer anderweitigen Unterkunft nach Abschluss des Asylverfahrens angeknüpft werden müsse, durch die der öffentlichen Hand im Verhältnis zur Unterbringung in der Gemeinschaftsunterkunft tatsächlich keine Mehrkosten entstehen.[516] Unabhängig von der Existenz einer landesgesetzlichen[517] – und daher bundesrechtlich ohnehin uneinheitlichen – Unterbringungsverpflichtung muss aber jedenfalls bundeseinheitlich von einer vorübergehend fortwirkenden „Unterbringungsverantwortung" ausgegangen werden.[518] Diese muss für den Zeitraum der Wohnungssuche gelten, wenn dem bereits anerkannten Asylberechtigten oder Flüchtling anderenfalls die Obdachlosigkeit droht. Der Gesetzgeber wollte mit den Regelungen in § 246 VIII bis XVII BauGB erreichen, dass die mit der Flüchtlingszuwanderung verbundenen Herausforderungen in Bezug auf die Unterbringung bewältigt werden können. Diese Aufgaben enden aber nicht mit dem – rein formalen – Abschluss des Asylverfahrens. Denn damit erlangen die betroffenen Personen nicht automatisch eine anderweitige Unterkunft. Würde man formalistisch den Zeitpunkt der positiven Bescheidung des Asylantrags als maßgebliches Ereignis heranziehen, ab dem die Privilegierungen der Absätze 8 bis 17 des § 246 BauGB nicht mehr anwendbar sein sollen, dann hätte man den Sondervorschriften willkürlich einen nicht unbedeutenden Anwendungsbereich entzogen, obgleich er in erheblichem Maße mit den Herausforderungen der Flüchtlingskrise zusammenhängt, denen der Gesetzgeber durch die beiden BauGB-Flüchtlingsnovellen begegnen wollte.

ee. Rechtskräftig abgelehnte Asylbegehrende

Schließlich stellt sich bei der hier geprüften historischen Auslegung die Frage, wie die Unterbringungsverpflichtung in Bezug auf rechtskräftig abgelehnte Asylbegehrende zu beurteilen ist.

---

[516] *Bunzel*, in: Bleicher/Bunzel/Finkeldei/Fuchs/Klinge, Baurecht, § 246 S. 7; *Battis/Mitschang/Reidt*, NVwZ 2014, 1609 (1610); *Bienek/Reidt*, BauR 2015, 422 (423).
[517] Nach den Landesaufnahmegesetzen kann eine fortwirkende Unterbringungspflicht für bereits anerkannte Asylbewerber (z.B. während der Wohnungssuche) bestehen, so etwa in §§ 17 ff. FlüAG des Landes Baden-Württemberg für eine sog. Anschlussunterbringung. Vgl. auch unter „Einleitung" in den Hinweisen der *Fachkommission Städtebau* vom 15.12.2015.
[518] *Blechschmidt*, in: EZBK, BauGB, § 246 Rn. 54. Diese Terminologie wird ausdrücklich auch vom federführenden Ausschuss für Umwelt, Naturschutz, Bau und Reaktorsicherheit in seiner Beschlussempfehlung vom 05.11.2014 verwendet; vgl. BT-Drs. 18/3070, S. 10.

Ausgangspunkt dieser Fragestellung ist eine Entscheidung des *Bundesverwaltungsgerichts* aus dem Jahr 2010, in der sich das Gericht im Kontext eines abgelehnten Asylantrags wie folgt äußerte: „Das aus dem Asylgrundrecht des Art. 16a Abs. 1 GG folgende vorläufige Bleiberecht für Asylsuchende und die daran anknüpfende staatliche Unterbringungspflicht bestehen nur bis zum unanfechtbaren Abschluss des Asylverfahrens."[519] Dies bedeutet, dass in Bezug auf rechtskräftig abgelehnte Asylsuchende grundsätzlich keine Unterbringungsverpflichtung mehr besteht. Dafür spricht auch die Überlegung, dass sich diese Personen nicht selten aufgrund richterlicher Anordnung in Haft befinden, sodass es sich hierbei eher um eine JVA-ähnliche Einrichtung als um eine Flüchtlinge und Asylbegehrende beherbergende Anlage handeln könnte.[520]

Meines Erachtens sprechen die Gesetzesmaterialien hingegen für eine flexiblere Auslegung mit der Folge, dass auch abgelehnte Asylbegehrende bis zu ihrer Abschiebung in Unterkünften i.S.v. § 246 VIII bis XIV BauGB untergebracht werden können, gerade um die angeordnete Ausreisepflicht auch tatsächlich vollziehen bzw. besser überwachen zu können. *Dürr* verweist ebenfalls darauf, dass diese Personen bereits mangels anderweitiger Unterkunftsmöglichkeiten durchweg in kommunalen Unterkünften verbleiben (müssen).[521] Grammatikalisch lassen sich rechtskräftig abgelehnte Asylsuchende durchaus noch unter die Begrifflichkeit der „Asylbegehrenden" i.S.d. Sondervorschriften des § 246 VIII bis XVII BauGB subsumieren, da die betreffenden Personen trotz der Ablehnung ihres Asylantrages ja regelmäßig weiterhin Asyl in Deutschland „begehren". Ferner werden abgelehnte Asylsuchende mithilfe des sog. Folgeantrags gem. § 71 AsylG, der auf die verwaltungsverfahrensrechtlichen Vorschriften des Wiederaufgreifens des Verfahrens nach § 51 I VwVfG verweist, unter Umständen ohnehin sofort wieder zu „Asylbegehrenden" i.S.d. Sondervorschriften mit der Konsequenz, dass unstreitig (wieder) eine Unterbringungsverpflichtung besteht. Zur Vermeidung eines derartigen Hin und Her in Bezug auf die Unterbringungsverpflichtung ist es daher praxisgerecht, solche Personen von vornherein dem Anwendungsbereich des § 246 VIII bis XVII BauGB zu unterstellen.

Diese Auslegung wird sowohl durch die Gesetzesbegründung zur zweiten BauGB-Flüchtlingsnovelle (nachfolgend unter Ziffer 3.) als auch durch den Sinn und Zweck der Sonderregelungen (nachfolgend unter Ziffer IV.) bestätigt.

---

[519] *BVerwG*, Beschl. v. 20.01.2010 – 1 B 1.09 = NVwZ-RR 2010, 452; in Bezug auf § 246 VIII bis XVII BauGB auch *Decker*, in: Schiwy, BauGB, § 246 Rn. 34 sowie *Decker*, in: Jäde/Dirnberger, BauGB, § 246 Rn. 19.
[520] *Bienek*, SächsVBl 2016, 73 (74).
[521] *Dürr*, in: Brügelmann, BauGB, § 31 Rn. 35b.

3. Gesetzesbegründung zur zweiten BauGB-Flüchtlingsnovelle

Die weite Auslegung des personellen Anwendungsbereichs der Absätze 8 bis 16 des § 246 BauGB findet in der Gesetzesbegründung zur BauGB-Flüchtlingsnovelle 2015 eine nicht unbedeutende Stütze. Danach sind die Sondervorschriften für Flüchtlingsunterkünfte sowohl für Personen im Stadium vor Beginn als auch nach Abschluss des Asylverfahrens anwendbar.

Zum einen ist dort – in bewusster Abkehr zur Begründung des Gesetzesentwurfs des Bundesrates, der noch von „Asylbewerberinnen und Asylbewerbern" spricht[522] – ausdrücklich von „Asyl- und Schutzsuchenden" die Rede.[523] Als Asylbewerber gilt eine Person erst dann, sobald sie sich im Asylverfahren befindet, das wiederum durch die Stellung eines Asylantrags eingeleitet wird. Für Asylsuchende gilt diese Einschränkung der notwendigen Stellung eines Asylantrages aber gerade nicht, sodass Asylsuchende bzw. Asylbegehrende auch solche Personen sein können, die erst noch einen Asylantrag stellen möchten, dies aber bisher nicht getan haben. Zum anderen zielen die Sondervorschriften nach dem ausdrücklichen Wortlaut der Gesetzesbegründung überdies auf Fälle, in denen es einer Unterbringung der Betroffenen „während der Dauer des Asylverfahrens und danach" bedarf.[524] Daraus folgt, dass nach der Intention des Gesetzgebers die Unterbringungsverantwortung gerade nicht automatisch mit dem formalen Akt des Abschlusses des Asylverfahrens endet, unabhängig von einem positiven oder negativen Abschluss.

IV. Teleologische Auslegung

Die teleologische Auslegung ist eine Auslegungsmethode, die nach dem Sinn und Zweck einer Regelung fragt.

1. Weite Auslegung

Sinn und Zweck der Sondervorschriften des § 246 VIII bis XVII BauGB ist es, zeitnah den vorübergehend erforderlichen, menschenwürdig gestalteten Unterbringungsraum für Personen zu schaffen, die aufgrund der aktuellen Verhältnisse in ihrem Heimatland Zuflucht und Schutz in der Bundesrepublik Deutschland suchen.[525] Dabei soll den unterbringungsverpflichteten Körperschaften, insbesondere den Gemeinden und Ländern, die Unterbringung hilfesuchender Personen mit Flüchtlingshintergrund

---

[522] BR-Drs. 419/14, S. 5.
[523] BT-Drs. 18/6185, etwa S. 2 und S. 26.
[524] BT-Drs. 18/6185, S. 1.
[525] Vgl. zum Sinn und Zweck der Sondervorschriften ausführlich das dritte Kapitel auf S. 99 ff.

bauplanungsrechtlich erleichtert werden. Das spricht deutlich für eine weite Auslegung.[526] Es wäre reine Förmelei, im Rahmen dieser bedeutenden Zielsetzung auf eher formale Zeitpunkte – wie die Stellung des Asylantrages oder den Abschluss des Asylverfahrens – abzustellen. Auch der Schutzzweck des Gesetzes spricht demnach dagegen, ausgerechnet die Stellung eines Asylantrages oder dessen positive oder negative Verbescheidung zum Korrektiv zu nehmen, eine Unterbringungsverantwortung abzulehnen und damit die Unterbringung dieser Personen dem Anwendungsbereich der dafür gerade geschaffenen Sondervorschriften der Absätze 8 bis 17 des § 246 BauGB zu entziehen.[527]

2. Keine Obdachlosen ohne Flüchtlingshintergrund

Wie sich bereits auch aus der grammatikalischen Auslegung ergeben hat, finden die privilegierenden Sonderregelungen des § 246 VIII bis XVII BauGB keine Anwendung für den Fall, dass neben Flüchtlingen oder Asylbegehrenden auch andere „bedürftige" Personengruppen, allen voran Obdachlose ohne Flüchtlingshintergrund, in der baulichen Anlage untergebracht werden (sollen). Dieses Ergebnis entspricht auch dem Sinn und Zweck der Sondervorschriften für Flüchtlingsunterkünfte, da es diesen ausschließlich darum geht, den mit der Flüchtlingszuwanderung verbundenen Aufgabenstellungen bei der Unterbringung Rechnung zu tragen.[528]

B. Zwischenfazit

Flüchtlinge und Asylbegehrende müssen insoweit also gemeinsam als ein einheitliches Begriffspaar behandelt werden. Zusammengefasst fallen darunter Ausländer, die aufgrund objektiver Anhaltspunkte aus Sicht einer Behörde Asyl begehren,[529] weil sie aufgrund der Verhältnisse in ihrem Heimatland Zuflucht in Deutschland suchen.[530] Es kommt also im Einzelfall weder darauf an, ob die Betroffenen bereits einen Asylantrag gestellt haben oder diesen erst noch stellen möchten, noch darauf, ob über ihren Asylantrag bereits (positiv oder negativ) entschieden wurde. Denn es wäre unvertretbare Rabulistik, streng auf solche rein verfahrensmäßigen Ereignisse abzustellen. Demnach beginnt die Möglichkeit der Unterbringung in einer von den Sondervorschriften genannten

---

[526] *Dürr*, in: Brügelmann, BauGB, § 31 Rn. 35b.
[527] So auch: *Blechschmidt*, in: EZBK, BauGB, § 246 Rn. 54; *Dürr*, in: Brügelmann, BauGB, § 31 Rn. 35b.
[528] *VG Hamburg*, Beschl. v. 28.10.2015 – 7 E 5333/15 = DVBl 2015, 1605.
[529] *Achelpöhler*, in: Düsing/Martinez, Agrarrecht, S. 914.
[530] *Dürr*, in: Brügelmann, BauGB, § 31 Rn. 35b.

Einrichtungen in dem Zeitpunkt, in dem sich die betreffende Person bei einer staatlichen Stelle als asylsuchend zu erkennen gibt.[531] Und der personelle Anwendungsbereich der Vorschriften endet mit dem Wegfall der Unterbringungsverpflichtung bzw. -verantwortung.

Das Abstellen auf die Unterbringungsverpflichtung bzw. -verantwortung überzeugt, da diese letztlich einer der Gründe dafür ist, dass die enormen Herausforderungen bei der Flüchtlingsunterbringung als Aufgaben überhaupt erst entstanden sind. Anders ausgedrückt: wären Bund, Länder und Gemeinden berechtigt, Flüchtlinge und Asylbegehrende ohne Umwege sofort wieder in ihr Herkunftsland abzuschieben bzw. würde Flüchtlingen und Asylbegehrenden bereits die Einreise in die Bundesrepublik verweigert werden, dann würden sich die bauplanungsrechtlichen Folgeprobleme in Bezug auf deren Unterbringung erst gar nicht so ernsthaft stellen. Da dies aber mit dem Asylgrundrecht i.S.v. Art. 16a GG, dem Sozialstaatsprinzip i.S.v. Art. 20 I GG sowie den einfachgesetzlichen Regelungen des Asylgesetzes und des Aufenthaltsgesetzes nicht zu vereinbaren wäre, ist es konsequent, die Personen, für die nach den geltenden Gesetzen eine Unterbringungsverpflichtung besteht, auch dem Anwendungsbereich der Sondervorschriften in Bezug auf die Flüchtlingsunterbringung zu unterstellen.

§ 8

Sachlicher Anwendungsbereich

Beim sachlichen Anwendungsbereich geht es um die Frage der Art der baulichen Einrichtungen, die von den Sondervorschriften des § 246 VIII bis XVII BauGB erfasst werden. Dabei ist zu berücksichtigen, dass es im materiellen Baurecht nicht nur auf die „äußerliche" Substanz, sondern vornehmlich auf die „innenbezogene" Funktion bzw. Nutzung der jeweiligen baulichen Anlage ankommt. So macht es bodenrechtlich einen nicht unerheblichen Unterschied, ob eine bauliche Anlage im Sinne einer auf Dauer angelegten Häuslichkeit bewohnt wird oder sie von Menschen in einer Art und Weise genutzt werden soll, die auf Hilfe, Unterstützung, Betreuung und ähnliche fürsorgerische Maßnahmen ausgerichtet ist. Wie bereits oben im Kapitel über die Notwendigkeit der

---

[531] So ausdrücklich auch: *Battis/Mitschang/Reidt*, NVwZ 2014, 1609 (1610); *Scheidler*, KommP BY 2016, 11 (12); *Krautzberger/Stüer*, DVBl 2015, 1545 (1550); *Gohde*, ZfBR 2016, 642 (642); *Bienek/Reidt*, BauR 2015, 422 (423).

bauplanungsrechtlichen Sonderregelungen erwähnt wurde, kommen für Flüchtlingsunterkünfte nach den allgemeinen Grundsätzen regelmäßig zwei bodenrechtliche Nutzungsarten in Betracht: das Wohnen sowie die Anlage für soziale Zwecke.[532] Fraglich ist, ob die in § 246 VIII bis XVII BauGB verwendeten Begrifflichkeiten beide oder nur eine der beiden bodenrechtlichen Nutzungsarten erfassen oder vielmehr sogar eine eigenständige bauplanungsrechtliche Nutzungskategorie begründen.

A. Ausgangslage und grobe Differenzierung

I. Keine klare gesetzliche Begrifflichkeit

Im ersten Moment könnte man meinen, dass die Flüchtlingsunterkünfte in § 246 X bis XIV BauGB selbst legal definiert werden als „Aufnahmeeinrichtungen, Gemeinschaftsunterkünfte oder sonstige Unterkünfte für Flüchtlinge oder Asylbegehrende". Dann fällt aber auf, dass diese Terminologie nicht in allen Sondervorschriften zur Flüchtlingsunterbringung in § 246 BauGB durchgehalten wird. Vielmehr spricht § 246 VIII und IX BauGB von „baulichen Anlagen bzw. Vorhaben, die der Unterbringung von Flüchtlingen oder Asylbegehrenden dienen". Mit der amtlichen Überschrift „Sonderregelungen für Flüchtlingsunterkünfte" zählt man damit insgesamt drei verschiedene Begrifflichkeiten in den die Flüchtlingsunterbringung betreffenden zehn Absätzen des § 246 BauGB.[533]

Soweit das Gesetz von Aufnahmeeinrichtungen und Gemeinschaftsunterkünften spricht, wird an die asylrechtlichen Begrifflichkeiten i.S.d. §§ 44, 53 AsylG angeknüpft.[534] Aufnahmeeinrichtungen sind als erste Anlaufstelle für Flüchtlinge vorgesehen und bilden neben den Gemeinschaftsunterkünften die in der Praxis häufigsten Arten der Unterbringung.[535] Nach § 44 AsylG erfolgt die Unterbringung zunächst in (Erst-) Aufnahmeeinrichtungen der Länder mit einer Verweildauer von nunmehr längstens sechs Monaten gem. § 47 I 1 AsylG. Von dort aus werden die Flüchtlinge und Asylbegehrenden zur Entlastung der Länder gem. § 53 AsylG und dem jeweiligen Landesaufnahmerecht auf zentrale oder dezentrale Anschlussunterkünfte verteilt.[536] Die in § 246 X bis XIV BauGB genannten „sonstigen Unterkünfte" finden sich im

---

[532] Vgl. dazu ausführlich im ersten Kapitel auf S. 37 ff. und S. 50 ff.
[533] Hinzu kommt – genau genommen – auch noch die Begrifflichkeit der „mobilen Unterkünfte" i.S.v. § 246 XII 1 Nr. 1, XIII 1 Nr. 1 BauGB; vgl. dazu die Definition im fünften Kapitel auf S. 197 f.
[534] *Petersen*, KommP BY 2016, 50 (50).
[535] *Blechschmidt*, in: EZBK, BauGB, § 246 Rn. 56c.
[536] Beide Unterkunftsarten, d.h. sowohl die zentralen als auch die dezentralen Anschlussunterkünfte, fallen unter den bundesrechtlich nicht eingegrenzten Begriff der „Gemeinschaftsunterkunft" i.S.d. § 53 AsylG; vgl. auch *Blechschmidt*, in: EZBK, BauGB, § 246 Rn. 56d.

Asylgesetz hingegen nicht wieder. Und auch in Bezug auf die „Flüchtlingsunterkünfte" und die Anlagen, „die der Unterbringung von Flüchtlingen oder Asylbegehrenden dienen", kann nicht an die asylrechtliche Terminologie angeknüpft werden. Es fehlt insoweit an einer klaren Begriffsbestimmung durch den Gesetzgeber.

II. Flüchtlingsunterkünfte begründen keine eigene bodenrechtliche Nutzungskategorie

Ein erster unstreitiger Eckpfeiler des sachlichen Anwendungsbereichs der Absätze 8 bis 17 des § 246 BauGB ist die Feststellung, dass durch die Flüchtlingsnovellen 2014 und 2015 keine neue bauplanungsrechtliche Nutzungskategorie eingeführt werden sollte.[537] Vielmehr erfolgt die Flüchtlingsunterbringung auch unter Rückgriff auf die Sondervorschriften des § 246 VIII bis XVII BauGB nach den bisherigen, bekannten Nutzungskategorien der Baunutzungsverordnung.

Anders hat dies das *VG Berlin* in einer Entscheidung aus dem Jahre 2014 gesehen.[538] Danach sei durch die BauGB-Flüchtlingsnovelle 2014 eine neue Nutzungskategorie in Gestalt einer „Flüchtlingsunterbringungsanlage" eingeführt worden. Eine genaue Begründung blieb das Verwaltungsgericht dabei schuldig. Vielmehr heißt es dort nur, es spreche „einiges dafür", dass der Gesetzgeber mit der Begrifflichkeit der „Aufnahmeeinrichtungen, Gemeinschaftsunterkünfte oder sonstigen Unterkünfte für Flüchtlinge oder Asylbegehrende" eine eigenständige Nutzungsart anerkannt habe.

Dem ist jedoch nicht zuzustimmen. Bereits der Wortlaut der Sondervorschriften der Absätze 8 bis 17 des § 246 BauGB spricht gegen eine derartige Auslegung. Denn darin ist an keiner Stelle von einer sog. „Flüchtlingsunterbringungsanlage" die Rede, sondern vielmehr von Flüchtlingsunterkünften, Aufnahmeeinrichtungen, Gemeinschaftsunterkünften, sonstigen Unterkünften und baulichen Anlagen, die der Unterbringung von Flüchtlingen oder Asylbegehrenden dienen. Bestätigt wird dies systematisch durch die Sondervorschriften des § 246 X und XI BauGB. Denn vor allem § 246 XI BauGB setzt – noch eindeutiger als § 246 X BauGB – voraus, dass „Aufnahmeeinrichtungen, Gemeinschaftsunterkünfte und sonstige Unterkünfte für Flüchtlinge oder Asylbegehrende" den Anlagen für soziale Zwecke zuzurechnen sind, da diese Sondervorschrift lediglich die Anwendung des § 31 I BauGB modifiziert und im Übrigen zwingend an die genannte Zuordnung anknüpft.[539] Dies hat zur Folge, dass diese Einrichtungen

---

[537] *Blechschmidt*, in: EZBK, BauGB, § 246 Rn. 56; *Beckmann*, KommJur 2016, 321 (322); *Krautzberger/Stüer*, UPR 2016, 95 (98); *Bienek*, SächsVBl 2016, 73 (74); Hinweis Nr. 2.1 der *Fachkommission Städtebau* vom 15.12.2015.
[538] *VG Berlin*, Beschl. v. 11.12.2014 – 13 L 327.14 = BeckRS 2015, 40685.
[539] *Blechschmidt*, in: EZBK, BauGB, § 246 Rn. 56c.

zwangsläufig keine eigenständige Nutzungskategorie i.S.d. Baunutzungsverordnung begründen können. Auch die gesetzeshistorische Auslegung kommt zu keinem anderen Ergebnis. So heißt es diesbezüglich in der Gesetzesbegründung zu § 246 X BauGB: „Es handelt sich hierbei um eine materiell-rechtlich ergänzende Zulässigkeitsregelung in Gewerbegebieten; unberührt bleibt die Zulässigkeit von Aufnahmeeinrichtungen und Gemeinschaftsunterkünften für Flüchtlinge und Asylbegehrende in den anderen Baugebieten, in denen Wohngebäude und / oder Anlagen für soziale Zwecke vorgesehen sind."[540] Bestätigt wird der Umstand, dass sich die Flüchtlingsunterbringung innerhalb der vorhandenen Nutzungskategorien der Baunutzungsverordnung vollzieht, schließlich durch einen Umkehrschluss zum ursprünglichen Gesetzesentwurf des Bundesrates.[541] Danach wäre im Rahmen der sog. Ausnahmelösung die Regelung des § 8 III Nr. 2 BauNVO mit der Maßgabe entsprechend anzuwenden gewesen, dass in Gewerbegebieten auch Aufnahmeeinrichtungen für Flüchtlinge oder Asylbegehrende als Ausnahme zugelassen werden können. Damit wäre eine neue Nutzungskategorie „Flüchtlingsunterkünfte" geschaffen worden. Dieser Ansatz wurde aber gerade zugunsten der „Befreiungslösung" im Sinne einer erweiterten Befreiungsmöglichkeit verworfen.[542]

Die Flüchtlingsunterbringung vollzieht sich also innerhalb der vorhandenen Nutzungskategorien der Baunutzungsverordnung, d.h. in Anlagen für soziale Zwecke und in Wohngebäuden bzw. Wohnungen. Dies macht auch deshalb Sinn, weil sich auf diese Weise ein nur verhältnismäßig geringer Eingriff in die bisherige Systematik der Baunutzungsverordnung ergibt.[543]

III. Reine Notquartiere sind nicht vom sachlichen Anwendungsbereich erfasst

Der zweite unstreitige Eckpfeiler des sachlichen Anwendungsbereichs ergibt sich aus der negativen Abgrenzung, dass reine Notquartiere davon nicht erfasst werden.

Genau genommen handelt es sich dabei aber nicht um eine spezielle Aussage in Bezug auf den sachlichen Anwendungsbereich der Sondervorschriften des § 246 VIII bis XVII BauGB, sondern um einen Grundsatz des allgemeinen Städtebaurechts i.S.v. § 29 I BauGB.[544] Daher konnten auch bereits vor Inkrafttreten der Sondervorschriften

---

[540] BT-Drs. 18/2752, S. 12.
[541] BR-Drs. 419/14, S. 2. Vgl. dazu im Rahmen der Entstehungsgeschichte im zweiten Kapitel auf S. 80.
[542] BT-Drs. 18/2752, S. 12. Vgl. dazu im Rahmen der Entstehungsgeschichte im zweiten Kapitel auf S. 85 ff.
[543] Vgl. dazu ausführlich im achten Kapitel bei der rechtspolitischen Kritik auf S. 467.
[544] *Spieß*, in: Jäde/Dirnberger, BauGB, § 29 Rn. 14; wohl auch *Blechschmidt*, in: EZBK, BauGB, § 246 Rn. 56.

für Flüchtlingsunterkünfte reine Notquartiere ohne jegliche bauplanungsrechtliche Hindernisse errichtet werden.[545] Dieser Umstand liegt darin begründet, dass trotz der jeweiligen Sondervorschriften die allgemeinen bauplanungsrechtlichen Regelungen der §§ 29 ff. BauGB anwendbar bleiben, die durch die Sondervorschriften der Absätze 8 bis 17 des § 246 BauGB im Teilbereich der Flüchtlingsunterbringung lediglich eine Privilegierung erfahren. Deshalb muss auch die Flüchtlingsunterkunft als „Vorhaben" i.S.d. Baugesetzbuchs bauplanungsrechtliche Relevanz besitzen.[546] Anderenfalls muss sich das Projekt nicht am geltenden Bauplanungsrecht messen lassen. Eine bauplanungsrechtliche Relevanz liegt vor, wenn das Vorhaben die Planungsleitlinien i.S.v. § 1 VI BauGB in einer Weise berühren kann, die geeignet ist, das Bedürfnis nach einer ihre Zulässigkeit regelnden, verbindlichen Bauleitplanung hervorzurufen. Daran fehlt es aber insbesondere bei nur vorübergehend geschaffenen baulichen Anlagen, wenn wegen der Kürze der Zeit von vornherein ausgeschlossen werden kann, dass die Anlage eine bodenrechtlich (möglicherweise) unerwünschte Entwicklung in Gang setzen kann.[547] Im Zusammenhang mit der Flüchtlingsunterbringung fehlt es insbesondere bei reinen Notquartieren an der erforderlichen städtebaulichen Relevanz, da Notquartiere naturgemäß nur über einen eng begrenzten Zeitraum von wenigen Tagen bis Wochen genutzt werden können und sollen. Beispielhaft sind Behelfsunterkünfte in Bahnhöfen, Sporthallen, Schulen oder Stadthallen zu nennen.[548] Diese Einrichtungen bieten von vornherein keine längerfristigen Übernachtungsmöglichkeiten, da sie naturgemäß für andere Nutzungen benötigt werden.

IV. Keine Rechtsgrundlage zur Schaffung von Dauerwohnraum und die „Flüchtlingsunterkunft" als untechnischer Oberbegriff

1. Keine Rechtsgrundlage zur Schaffung von dauerhaftem und der Allgemeinheit zur Verfügung stehendem Wohnraum

Auch der dritte unstreitige Eckpfeiler des sachlichen Anwendungsbereichs ergibt sich aus einer negativen Abgrenzung: Das unter die allgemeine Wohnnutzung fallende Dauerwohnen – auch für Flüchtlinge – ist nicht vom Regelungsgehalt der Sondervorschriften der Absätze 8 bis 17 des § 246 BauGB erfasst.[549]

---

[545] Vgl. dazu im ersten Kapitel auf S. 11.
[546] St. Rspr. seit *BVerwG*, Urt. v. 11.02.1977 – IV C 8.75 = NJW 1977, 1932.
[547] *BVerwG*, Urt. v. 01.11.1974 – IV C 13.73 = BauR 1975, 108; *Spieß*, in: Jäde/Dirnberger, BauGB, § 29 Rn. 12.
[548] *Blechschmidt*, in: EZBK, BauGB, § 246 Rn. 56.
[549] *Beckmann*, KommJur 2016, 321 (322); *Battis/Mitschang/Reidt*, NVwZ 2014, 1609 (1610 f.); *Blechschmidt*, in: EZBK, BauGB, § 246 Rn. 56 f.; *Langenfeld/Weisensee*, ZAR 2015, 132 (133).

Dies ergibt sich bereits aus der Begrifflichkeit der „Unterbringung", die gerade durch einen vorübergehenden Charakter und eben nicht durch eine Dauerhaftigkeit gekennzeichnet ist.[550] Bestätigt wird diese systematische Auslegung durch die Gesetzesbegründung zur zweiten BauGB-Flüchtlingsnovelle, in der es ausdrücklich heißt, dass „die zukünftige erforderliche Schaffung dauerhaften Wohnraums auch für Flüchtlinge [...] der Planung durch die Kommunen vorbehalten bleiben" müsse.[551] Schließlich lässt auch der Sinn und Zweck der Sonderregelungen nur diese Auslegung zu. Ziel dieser Vorschriften ist es, die akuten und vorübergehenden, mit der Flüchtlingszuwanderung verbundenen Herausforderungen in Bezug auf die Unterbringung bewältigen zu können. Demgegenüber sollen aber gerade nicht unter dem Deckmantel der Flüchtlingsunterbringung dauerhafte und der Allgemeinheit zur Verfügung stehende Wohngebäude in dafür städtebaulich nicht geeigneten Gebieten ermöglicht werden.[552] Die Sonderregelungen des § 246 VIII bis XVII BauGB stellen somit kein Einfallstor für dauerhaften und allgemeinen Wohnraum auf bodenrechtlich ungeeigneten Flächen dar.[553]

2. „Flüchtlingsunterkunft" i.S.d. amtlichen Überschrift des § 246 BauGB als untechnischer Oberbegriff der in § 246 VIII bis XVII BauGB geregelten Nutzungsarten

In der Folge kommen zwei Auslegungsalternativen in Betracht: auf der einen Seite könnten die Absätze 8 bis 17 des § 246 BauGB nur Anlagen für soziale Zwecke erfassen, auf der anderen Seite neben Anlagen für soziale Zwecke auch Wohngebäude bzw. Wohnungen im bodenrechtlichen Sinne, die aber nur auf die vorübergehende Wohnnutzung durch Flüchtlinge und nicht auf ein Dauerwohnen für die Allgemeinheit gerichtet sind. Mit dieser Fragestellung ist gleichzeitig die Diskussion verbunden, ob die drei unterschiedlichen Begrifflichkeiten im Rahmen von § 246 VIII bis XVII BauGB drei unterschiedliche Bedeutungen und Regelungsgehalte besitzen oder vielmehr stets dasselbe meinen.

Einerseits könnten von § 246 VIII bis XVII BauGB ausschließlich Anlagen für soziale Zwecke erfasst sein. Dies hätte zur Folge, dass mit Hilfe der hier untersuchten Sondervorschriften keine Wohngebäude oder Wohnungen für Flüchtlinge und Asylbegehrende privilegiert zugelassen werden könnten. Dabei ist allerdings klarzustel-

---

[550] *Langenfeld/Weisensee*, ZAR 2015, 132 (133).
[551] BT-Drs. 18/6185, S. 26.
[552] *Blechschmidt*, in: EZBK, BauGB, § 246 Rn. 63a; *OVG Berlin-Brandenburg*, Beschl. v. 19.07.2018 – OVG 10 S 52.17 = BeckRS 2018, 17925; *VGH Kassel*, Urt. v. 22.02.2018 – 4 A 1837/17 = ZfBR 2018, 482.
[553] *Blechschmidt*, in: EZBK, BauGB, § 246 Rn. 57.

len, dass ohnehin nur solche Vorhaben vom Anwendungsbereich ausgeschlossen wären, in denen nicht nur die „äußerliche" Substanz des (ursprünglichen) Wohngebäudes zur Flüchtlingsunterbringung genutzt werden soll, sondern vielmehr auch die „innenbezogene" Nutzungsart der Flüchtlingsunterkunft eine Wohnnutzung im bodenrechtlichen Sinne[554] darstellt. Aus diesem Grund können auch nach dieser Auffassung ursprünglich bausubstanziell als Wohngebäude oder Wohnungen konzipierte Anlagen zur Flüchtlingsunterbringung auf Grundlage des § 246 VIII bis XVII BauGB verwendet werden, sofern es in Bezug auf die konkrete Art der baulichen Nutzung nunmehr nicht bei einer Wohnnutzung verbleibt. Nach dem Prinzip der Einheit von Substanz und Funktion kommt es nämlich maßgeblich auf das konkrete Nutzungskonzept der baulichen Anlage unter Berücksichtigung der objektiven Ausgestaltung und Ausstattung an. Demnach kann ein ursprünglich zu Wohnzwecken genutztes Gebäude später zu sozialen Zwecken (um)genutzt werden. Obwohl sich das Gebäude dadurch äußerlich in seiner Substanz nicht ändert, wandelt sich dennoch die Art der Nutzung von einer Wohnnutzung zu einer Anlage für soziale Zwecke, wobei die bauliche Anlage planungsrechtlich nunmehr eben gerade kein Wohngebäude mehr darstellt.[555] Dafür ist eine Nutzungsänderungsgenehmigung in Gestalt einer Baugenehmigung erforderlich, die wiederum auf § 246 VIII bis XVI BauGB gestützt werden könnte. Nach dieser sehr engen Auslegung sind in Bezug auf den sachlichen Anwendungsbereich innerhalb der Sondervorschriften für Flüchtlingsunterkünfte keine Differenzierungen vorzunehmen.[556] Vielmehr sind danach sämtliche in den Absätzen 8 bis 16 des § 246 BauGB genannten baulichen Einrichtungen (Aufnahmeeinrichtungen, Gemeinschaftsunterkünfte oder sonstige Unterkünfte für Flüchtlinge oder Asylbegehrende; bauliche Anlagen, die der Unterbringung von Flüchtlingen oder Asylbegehrenden dienen; Vorhaben, die der Unterbringung von Flüchtlingen oder Asylbegehrenden dienen) als Anlagen für soziale Zwecke zu qualifizieren.

Für diese Auffassung spricht zum einen die ausdrückliche Erwähnung von Aufnahmeeinrichtungen und Gemeinschaftsunterkünften, die bereits nach bisher ganz herrschender Meinung als Anlagen für soziale Zwecke qualifiziert werden.[557] In Bezug

---

[554] Dass Flüchtlinge auch im bodenrechtlichen Sinne „wohnen" können, wurde bereits im ersten Kapitel auf S. 37 ff. ausführlich diskutiert und klargestellt.
[555] *Blechschmidt*, in: EZBK, BauGB, § 246 Rn. 56a.
[556] *Roeser*, in: Berliner Kommentar zum BauGB, § 246 Rn. 22; *Bunzel*, in: Bleicher/Bunzel/Finkeldei/Fuchs/Klinge, Baurecht, S. 7, der zwar die Unterschiede in den Begrifflichkeiten herausarbeitet, aber im Ergebnis dann doch eine undifferenzierte Auslegung vornimmt; *Mitschang/Reidt*, in: Battis/Krautzberger/Löhr, BauGB, § 246 Rn. 12, 22, die in beiden Fällen vom jeweiligen Anwendungsbereich sowohl Anlagen für soziale Zwecke als auch Wohngebäude erfasst sehen; *Dürr*, in: Brügelmann, BauGB, § 31 Rn. 35c; *Gohde*, ZfBR 2016, 642 (642).
[557] *VGH München*, Beschl. v. 29.01.2014 – 2 ZB 13.678 = BeckRS 2014, 47166; *OVG Hamburg*, Beschl. v. 17.06.2013 – 2 Bs 151/13 = NVwZ-RR 2013, 990; *VGH Mannheim*, Beschl. v.

auf die Auslegung der übrigen Anlagen bzw. Vorhaben, die der Unterbringung von Asylbegehrenden und Flüchtlingen dienen, könnte sodann auf den Sinngehalt der Aufnahmeeinrichtungen und Gemeinschaftsunterkünfte zurückgegriffen werden.[558] Dies würde den sachlichen Anwendungsbereich und seine praktische Handhabung nicht unwesentlich vereinfachen.

Zum anderen existiert auch im Rahmen des § 37 BauGB, an den § 246 XIV BauGB augenscheinlich angelehnt ist, eine uneinheitliche Begrifflichkeit, die aber stets dieselbe Bedeutung hat. Während in der Überschrift der Begriff der „baulichen Maßnahme" verwendet wird, ist in den Absätzen 1 und 4 von der „baulichen Anlage", in Absatz 2 Satz 1 von „Vorhaben", in Absatz 2 Satz 3 von „Bauvorhaben" und in Absatz 3 von „Maßnahmen nach den Absätzen 1 und 2" die Rede. Letztendlich ist damit aber stets der Vorhabenbegriff i.S.v. § 29 I BauGB gemeint, sodass alle von § 37 BauGB erfassten Maßnahmen die Errichtung, Änderung oder Nutzungsänderung von baulichen Anlagen zum Gegenstand haben. Diese sprachliche Unschärfe des § 37 BauGB wurde etwa von *Zinkahn* mit dem „starken zeitlichen Druck" begründet, unter dem die parlamentarischen Beratungen zum Bundesbaugesetz (als dem Vorgänger des heutigen Baugesetzbuchs) gestanden haben.[559] Unter einem ähnlichen Zeitdruck hat der Gesetzgeber auch im Zusammenhang mit den BauGB-Flüchtlingsunterbringungsgesetzen 2014 und 2015 gestanden, was die uneinheitliche Begrifflichkeit im Sinne einer Ungenauigkeit erklären könnte.

Für eine einheitliche Qualifizierung als Anlagen für soziale Zwecke könnte schließlich auch sprechen, dass es sich in allen Fällen ausdrücklich um eine „Unterbringung" handelt, bei der regelmäßig die Fremdbestimmtheit des Aufenthalts im Vordergrund steht. Dies hätte nach dem dreigliedrigen bauplanungsrechtlichen Wohnbegriff[560] zur Folge, dass mangels Freiwilligkeit des Aufenthalts in Flüchtlingsunterkünften stets eine bodenrechtliche Wohnnutzung ausscheidet. Dem steht andererseits aber entgegen, dass die Frage, ob es sich bei Flüchtlingsunterkünften um eine Wohnnutzung oder eine Anlage für soziale Zwecke handelt, nach herrschender Meinung immer eine Entscheidung des Einzelfalles ist.[561] Dies hat bereits vor der Existenz der Sondervorschriften des § 246 VIII bis XVII BauGB so gegolten und es ist kein vernünftiger

---

14.03.2013 – 8 S 2504/12 = BauR 2013, 1088; *VGH Kassel*, Beschl. v. 18.09.2015 – 3 B 1518/15 = NVwZ 2016, 88; *Decker*, in: Schiwy, BauGB, § 246 Rn. 61; *Scheidler*, UPR 2015, 479 (480); *Bienek/Reidt*, BauR 2015, 422 (425); *Stock*, in: König/Roeser/Stock, BauNVO, § 4 Rn. 52; *Blechschmidt*, in: EZBK, BauGB, § 246 Rn. 56c.

[558] So etwa *Roeser*, in: Berliner Kommentar zum BauGB, § 246 Rn. 22.
[559] *Blechschmidt*, in: EZBK, BauGB, § 37 Rn. 13.
[560] Zum dreigliedrigen bodenrechtlichen Wohnbegriff, vgl. ausführlich im ersten Kapitel auf S. 40 ff.
[561] *Bunzel*, in: Bleicher/Bunzel/Finkeldei/Fuchs/Klinge, Baurecht, § 246 S. 8; *Scheidler*, BauR 2016, 29 (36).

Grund ersichtlich, an dieser Betrachtungsweise etwas zu ändern, schließlich sollen die Sondervorschriften die Flüchtlingsunterbringung erleichtern, nicht erschweren. Ungeachtet dessen könnten die Absätze 8 bis 17 des § 246 BauGB neben den Anlagen für soziale Zwecke aber auch Wohngebäude bzw. Wohnungen im bodenrechtlichen Sinne erfassen. Argument hierfür können die drei verschiedenen Begrifflichkeiten im Rahmen des § 246 BauGB sein. Insoweit kommen denklogisch nur zwei Möglichkeiten in Betracht. Entweder handelt es sich um eine Ungenauigkeit des Gesetzgebers, der, obwohl er stets das gleiche meint, drei verschiedene Begriffe verwendet. Oder aber die drei unterschiedlichen Begrifflichkeiten haben drei unterschiedliche Bedeutungen und Regelungsgehalte. Eine Ungenauigkeit des Gesetzgebers ist – ebenso wie starker Zeitdruck bei parlamentarischen Beratungen – zwar eine Erklärung für einen gesetzgeberischen Fehler, sie stellt aber kein überzeugendes Argument bei der Auslegung einer Regelung dar.

Es spricht systematisch vieles dafür, dass die in der amtlichen Überschrift gewählte Formulierung den Oberbegriff für die im Gesetzestext genannten, vom Regelungsgehalt her unterschiedlichen Begrifflichkeiten darstellt. Auf den konkreten Fall bezogen bedeutet dies, dass die in der amtlichen Überschrift gewählte Begrifflichkeit der „Flüchtlingsunterkünfte" als Oberbegriff für die beiden anderen Formulierungen in § 246 VIII, IX BauGB und § 246 X bis XIV BauGB zu verstehen ist.[562] Auch die Gesetzesmaterialien bestätigen diese Auslegung. Denn während in der Stellungnahme der Bundesregierung im Rahmen der Sonderregelungen des § 246 VIII und IX BauGB ausdrücklich auch das „Wohngebäude" als Unterbringungsmöglichkeit genannt wird[563], wird im Rahmen von § 246 X BauGB – und damit stellvertretend für die Absätze 11 bis 14 – ausschließlich von „wohnähnlicher" Nutzung gesprochen, womit unstreitig die wohnähnlichen Anlagen für soziale Zwecke gemeint sind.[564] Die gleiche Differenzierung wird in der – auf die BauGB-Flüchtlingsnovelle 2015 gerichtete – Bundesratsinitiative des Landes Niedersachsen, der sich die Länder Baden-Württemberg, Brandenburg, Rheinland-Pfalz und Thüringen angeschlossen haben, vorgenommen. Dort heißt es ausdrücklich, dass „es sich bei den Flüchtlingsunterkünften je nach Ausstattung entweder um Wohnnutzung oder um (wohnähnliche) Anlagen für soziale Zwecke handelt".[565] Ferner geht auch die *Fachkommission Städtebau* der Bauministerkonferenz von dieser Auslegung aus, wie sich aus ihren Hin-

---

[562] So auch *Blechschmidt*, in: EZBK, BauGB, § 246 Rn. 56d.
[563] BT-Drs. 18/2752, S. 11.
[564] BT-Drs. 18/2752, S. 12.
[565] BR-Drs. 404/15, S. 2.

weisen vom 15.12.2015 ergibt.[566] Danach sind Flüchtlingsunterkünfte in vielen Fällen als Anlagen für soziale Zwecke zu betrachten, was insbesondere auf Aufnahmeeinrichtungen, Gemeinschaftsunterkünfte und sonstige Unterkünfte für Flüchtlinge oder Asylbegehrende zuträfe. Daneben könne es sich bei Flüchtlingsunterkünften aber je nach Ausgestaltung der Räumlichkeiten auch um ein Wohnen im bauplanungsrechtlichen Sinne handeln. Die Kombination dieser beiden Aussagen ergibt, dass auch die *Fachkommission Städtebau* davon ausgeht, dass es sich bei den Begrifflichkeiten in Bezug auf Flüchtlingsunterkünfte um unterschiedliche Regelungsinhalte handelt.

Zudem würde eine ausschließliche Privilegierung von Anlagen für soziale Zwecke durch die Sondervorschriften des § 246 VIII bis XVII BauGB zu Zufallsergebnissen im Anwendungsbereich führen, die der Gesetzgeber gewiss nicht gewollt haben kann. Ein Wohngebäude, das bei erhöhter Belegungsdichte nicht einheitlich mit Familien, sondern innerhalb der einzelnen Wohneinheiten durchweg auch mit Fremden belegt wird, ist mangels Rückzugsort regelmäßig keine Wohnnutzung im städtebaulichen Sinne.[567] Werden die Fremden nun durch Familienangehörige ersetzt, dann läge nach herrschender Meinung regelmäßig eine Wohnnutzung vor, sofern nicht andere Kriterien gegen eine Wohnnutzung sprächen. Dass ersterer Fall durchweg von den Absätzen 8 bis 17 des § 246 BauGB erfasst sein soll, letzterer Fall aber nicht, lässt sich jedoch insbesondere mit dem Ziel der Sondervorschriften, zeitnah menschenwürdigen Unterbringungsraum zu schaffen, nur schwerlich vereinbaren.

Schließlich ist es auch aus integrationspolitischen Gründen sinnvoll, Flüchtlinge in Wohngebäuden oder Wohnungen unterzubringen.[568] Es ist daher nur konsequent, dass gerade auch von den – der Erleichterung der Unterbringung dienenden – Sondervorschriften des § 246 VIII bis XVII BauGB jedenfalls teilweise Wohngebäude und Wohnungen erfasst werden.

3. Rechtliche Umsetzung dieses Ergebnisses

Ausgehend von diesem Ergebnis stellt sich weitergehend die Frage, wie rechtlich umgesetzt werden soll, dass der sachliche Anwendungsbereich nur auf eine vorübergehende Wohnnutzung zugunsten von Flüchtlingen und Asylbegehrenden, nicht aber auf ein Dauerwohnen für die Allgemeinheit gerichtet sein kann.

---

[566] Hinweise Nr. 2.2.1 und 2.2.2 der *Fachkommission Städtebau* vom 15.12.2015.
[567] Vgl. dazu ausführlich im ersten Kapitel auf S. 42 f. und S. 46.
[568] *Blechschmidt*, in: EZBK, BauGB, § 246 Rn. 57.

Dies ist deswegen problematisch, weil das Bauplanungsrecht nicht zwischen „Flüchtlingswohnen" und „allgemeinem Wohnen" bzw. „Nichtflüchtlingswohnen" unterscheidet.[569] Nach einem im Bauplanungsrecht geltenden Grundsatz kann es in Bezug auf die Qualifikation der Art der Nutzung nämlich nicht auf die persönlichen Eigenschaften der Bewohner ankommen.[570] Dahinter steht letztlich der gleiche Gedanke wie hinter dem Grundsatz, dass das Bauplanungsrecht keinen „Milieuschutz" vermittelt.[571] Städtebaulich relevant ist nur die äußerliche, städtebauliche Ausstrahlungswirkung des jeweiligen Gebäudes im Ganzen, nicht aber die individuelle Situation, etwa die Herkunft, einzelner Bewohner.[572] Wird nun etwa im Innenbereich ein Wohngebäude zur Flüchtlingsunterbringung auf Grundlage des § 246 VIII BauGB genehmigt, dann ist durch die auf eine Wohnnutzung gerichtete Baugenehmigung grundsätzlich auch die (Anschluss-)Nutzung zu Wohnzwecken für die Allgemeinheit genehmigt. Dies erscheint auch aus integrationspolitischen Gründen sinnvoll. Da – wie oben unter Ziffer 1. ausgeführt – durch die Sondervorschriften für Flüchtlingsunterkünfte aber nicht etwa unter dem Schutzschild der Flüchtlingsunterbringung dauerhafter und der Allgemeinheit zur Verfügung stehender Wohnraum in dafür städtebaulich nicht geeigneten Gebieten ermöglicht werden soll, muss bereits auf der Ebene der Genehmigungserteilung berücksichtigt werden, die genehmigte Nutzung auf „vorübergehendes Flüchtlingswohnen" zu beschränken. Rechtlich umsetzbar ist dies mit Hilfe einer sog. auflösenden Bedingung i.S.v. § 36 II Nr. 2 Landes-VwVfG.[573] Danach muss die Baugenehmigungsbehörde die Genehmigung eines Wohngebäudes oder einer Wohnung unter der auflösenden Bedingung der Nutzung durch Flüchtlinge oder Asylbegehrende erteilen. Soll Personen auch nach dem Ende der Unterbringungsverpflichtung in diesen Einrichtungen eine Wohnung zur Verfügung gestellt werden, dann tritt die auflösende Bedingung i.S.v. § 36 II Nr. 2 Landes-VwVfG ein, sodass die – auf die Privilegierungsvorschrift des § 246 VIII BauGB gestützte – Baugenehmigung erlischt. Die zuständige Behörde muss für diesen Fall auf Grundlage der allgemeinen bauplanungsrechtlichen Vorschriften eine neue Baugenehmigung bzw. im Zustimmungsverfahren (erneut) die Zustimmung der Regierung beantragen.

---

[569] *Blechschmidt*, in: EZBK, BauGB, § 246 Rn. 56a.
[570] OVG Lüneburg, Urt. v. 20.08.1987 – 6 A 166/85 = ZfBR 1988, 147; *Ziegler*, in: Brügelmann, BauNVO, § 3 Rn. 26.
[571] BVerwG, Urt. v. 23.08.1996 – 4 C 13/94 = NVwZ 1997, 384; *Stock*, in: König/Roeser/Stock, BauNVO, § 4 Rn. 55. Zum fehlenden Milieuschutz im Bauplanungsrecht, vgl. im ersten Kapitel auf S. 30.
[572] *Blechschmidt*, in: EZBK, BauGB, § 246 Rn. 56a; *Portz/Düsterdiek*, BWGZ 2015, 404 (405); *Battis/Mitschang/Reidt*, NVwZ 2014, 1609 (1610).
[573] So auch *Blechschmidt*, in: EZBK, BauGB, § 246 Rn. 63a.

V. Zwischenfazit

Damit steht fest, dass im Rahmen von § 246 VIII bis XVII BauGB hinsichtlich der Begrifflichkeiten zwischen Aufnahmeeinrichtungen, Gemeinschaftsunterkünften und sonstigen Unterkünften auf der einen Seite sowie Anlagen bzw. Vorhaben, die der Unterbringung von Flüchtlingen dienen, auf der anderen Seite zu differenzieren ist, wobei beide Seiten unter dem Oberbegriff der Flüchtlingsunterkünfte stehen.

B. Detaillierte Differenzierung des sachlichen Anwendungsbereichs

Nach dieser ersten groben Differenzierung bleibt die Frage, welche Arten der baulichen Nutzung nun konkret unter welche dieser Begrifflichkeiten subsumiert werden können. Als Nutzungskategorien i.S.d. Baunutzungsverordnung kommen Anlagen für soziale Zwecke und Wohngebäude bzw. Wohnungen in Betracht. Bis zu den beiden BauGB-Flüchtlingsnovellen erfolgte die Abgrenzung immer von einer anderen Warte aus: Im Rahmen der verschiedenen Gebietskategorien der Baunutzungsverordnung stellte sich die Frage, ob Asylbewerberunterkünfte Anlagen für soziale Zwecke oder Wohngebäude bzw. Wohnungen darstellen.[574] Bei der Prüfung der Art der baulichen Nutzung des konkreten Vorhabens ist diese Abgrenzung auch weiterhin vorzunehmen.[575]

Im Anwendungsbereich der Sondervorschriften für Flüchtlingsunterkünfte ist nunmehr aber darüber hinaus vorweg zu klären, welche Arten der baulichen Nutzung vom Tatbestandsmerkmal der „Flüchtlingsunterkunft" i.S.v. § 246 BauGB erfasst sein sollen. Es ist also gewissermaßen eine spiegelverkehrte Herangehensweise erforderlich, insbesondere da der Anwendungsbereich unter Berücksichtigung der Ratio der Privilegierungsregelungen und der diesbezüglichen Intention des Gesetzgebers bestimmt werden muss.

I. Aufnahmeeinrichtungen, Gemeinschaftsunterkünfte und sonstige Unterkünfte i.S.v. § 246 X bis XIV BauGB

Fraglich ist, ob die Regelungen des § 246 X bis XIV BauGB ausschließlich auf Unterkünfte zielen, die als Anlagen für soziale Zwecke zu qualifizieren sind, oder ob sie auch bauliche Anlagen erfassen, die Wohngebäude oder Wohnungen im bodenrechtlichen Sinne darstellen.

---

[574] *Decker*, in: Jäde/Dirnberger, BauNVO, § 3 Rn. 6; *VGH Mannheim*, Beschl. v. 03.06.1991 – 8 S 1170/91 = BauR 1991, 590; *VGH Mannheim*, Urt. v. 11.05.1990 – 8 S 220/90 = NVwZ 1990, 1202.
[575] Vgl. dazu ausführlich im ersten Kapitel auf S. 37 ff.

Möglicherweise zielen die Regelungen in den Absätzen 10 bis 14 sowohl auf Unterkünfte ab, die als Anlagen für soziale Zwecke zu qualifizieren sind, als auch auf Wohngebäude bzw. Wohnungen.[576] Für diese Auffassung könnte die begriffliche Unterscheidung in Aufnahmeeinrichtungen bzw. Gemeinschaftsunterkünfte auf der einen Seite und sonstige Unterkünfte auf der anderen Seite sprechen. Aufnahmeeinrichtungen und Gemeinschaftsunterkünfte wurden schon vor den BauGB-Flüchtlingsnovellen 2014 und 2015 nach ständiger Rechtsprechung und herrschender Literatur als Anlagen für soziale Zwecke eingeordnet.[577] Daran sollte sich durch die Sonderregelungen für Flüchtlingsunterkünfte nichts ändern. In Abgrenzung zum ursprünglichen Entwurf des Bundesrates[578], der sich noch auf Aufnahmeeinrichtungen und Gemeinschaftsunterkünfte beschränkt hatte, wurde die spätere Gesetzesfassung im parlamentarischen Gesetzgebungsverfahren bewusst um die „sonstigen Unterkünfte" ergänzt.[579] Hieran knüpft die Frage an, was unter „sonstigen Unterkünften" i.S.v. § 246 X bis XIV BauGB ganz konkret zu verstehen ist.[580]

Einen ersten Anhaltspunkt dafür könnten die Gesetzesmaterialien zur BauGB-Flüchtlingsnovelle 2015 liefern. Nach der Gesetzesbegründung zur Sondervorschrift des § 246 XI BauGB sollen mit den sonstigen Unterkünften insbesondere „dezentrale kommunale Einrichtungen" erfasst werden.[581] Die Gesetzesmaterialien geben aber keinen weiteren Aufschluss darüber, welche baulichen Anlagen genau als „dezentrale kommunale Einrichtungen" angesehen werden können. Möglicherweise fällt darunter auch die dezentrale Unterbringung von Flüchtlingen und Asylbegehrenden in Wohnungen und Wohngebäuden.[582] Denn welche anderen baulichen Anlagen als Wohngebäude und Wohnungen könnten dem Begriff der „sonstigen Unterkünfte" bzw. der „dezentralen kommunalen Einrichtungen" für Flüchtlinge zugeordnet werden, die nicht bereits zu den Aufnahmeeinrichtungen und Gemeinschaftsunterkünften als Anlagen für sozi-

---

[576] *OVG Münster*, Beschl. v. 23.02.2015 – 7 B 1344/14 = BeckRS 2015, 42657; *Decker*, in: Schiwy, BauGB, § 246 Rn. 52; *Mitschang/Reidt*, in: Battis/Krautzberger/Löhr, BauGB, § 246 Rn. 22; *Scheidler*, BauR 2017, 1455 (1460); *Scheidler*, VerwArch 2016, 177 (190, 193); wohl auch *Bunzel*, in: Bleicher/Bunzel/Finkeldei/Fuchs/Klinge, Baurecht, S. 8.
[577] *VGH München*, Beschl. v. 29.01.2014 – 2 ZB 13.678 = BeckRS 2014, 47166; *OVG Hamburg*, Beschl. v. 17.06.2013 – 2 Bs 151/13 = NVwZ-RR 2013, 990; *VGH Mannheim*, Beschl. v. 14.03.2013 – 8 S 2504/12 = BauR 2013, 1088; *VGH Kassel*, Beschl. v. 18.09.2015 – 3 B 1518/15 = NVwZ 2016, 88; *Decker*, in: Schiwy, BauGB, § 246 Rn. 61; *Scheidler*, UPR 2015, 479 (480); *Bienek/Reidt*, BauR 2015, 422 (425); *Stock*, in: König/Roeser/Stock, BauNVO, § 4 Rn. 52; *Blechschmidt*, in: EZBK, BauGB, § 246 Rn. 56c.
[578] BR-Drs. 419/14, S. 6.
[579] *Bienek*, SächsVBl 2015, 129 (131).
[580] Gerade auch im Hinblick auf die „sonstigen Unterkünfte" fehlt eine gesetzliche Definition, was *Beckmann*, UPR 2017, 335 (336) sehr bedauert.
[581] BT-Drs. 18/6185, S. 54; auch *Hornmann*, in: BeckOK BauNVO, § 3 Rn. 217.
[582] So etwa *Scheidler*, NVwZ 2015, 1406 (1407).

ale Zwecke gehören? Mit der – in der Gesetzesbegründung verwendeten – Formulierung der „dezentralen kommunalen Einrichtung" darf jedoch nicht die in der Rechtsprechung und Literatur verwendete Begrifflichkeit der „dezentralen Unterbringung"[583] verwechselt werden, die eine bodenrechtliche Wohnnutzung darstellt.[584] Bei der dezentralen kommunalen Einrichtung handelt es sich hingegen nicht um eine Wohnnutzung im städtebaulichen Sinne; einer solchen Auslegung steht bereits die Begrifflichkeit der „Einrichtung" entgegen.[585] Denn die Terminologie der Einrichtung verdeutlicht gerade den Heimcharakter, der typischerweise einer Anlage für soziale Zwecke innewohnt, nicht jedoch einer Wohnnutzung.[586] Zudem stehen einer solchen Auslegung – die zur Folge hätte, dass auch Wohngebäude und Wohnungen für Flüchtlinge unter die Regelungen des § 246 X bis XIV BauGB subsumiert werden könnten – gesetzessystematische und teleologische Gründe entgegen. Wie bereits erwähnt, sollte sich durch die Privilegierungsvorschriften für Flüchtlingsunterkünfte nichts an der herrschenden Meinung in Bezug auf die Qualifizierung der Aufnahmeeinrichtungen und Gemeinschaftsunterkünfte als Anlagen für soziale Zwecke ändern. Gleiches muss – schon aus systematischen Gründen – nun auch für die „sonstigen Unterkünfte" i.S.d. § 246 BauGB gelten, da diese im Rahmen von § 246 X bis XIV BauGB auf gleicher Stufe mit den Aufnahmeeinrichtungen und Gemeinschaftsunterkünften genannt und diesen daher regelungstechnisch zugeordnet werden.[587] Diese Zuordnung wird durch die Verwendung des Begriffs der „sonstigen" Unterkunft im Anschluss an die Aufnahmeeinrichtungen und Gemeinschaftsunterkünfte bestätigt. Darüber hinaus sprechen auch die Ratio des § 246 X BauGB sowie gesetzeshistorische Gründe für eine einheitliche Qualifizierung von Aufnahmeeinrichtungen, Gemeinschaftsunterkünften und sonstigen Unterkünften als Anlagen für soziale Zwecke. § 246 X BauGB soll nämlich vor allem dem Umstand Rechnung tragen, dass wohnähnliche Anlagen für soziale Zwecke wegen ihres wohnähnlichen Charakters in Gewerbegebieten von der Rechtsprechung regelmäßig als abstrakt gebietsunverträglich angesehen werden.[588] Es sollte

---

[583] So etwa der *VGH München*, Beschl. v. 22.10.2015 – 1 CE 15.2077 = BeckRS 2015, 54405, der insoweit ausdrücklich feststellt, dass es sich bei einer „dezentralen Unterbringung" von Asylbewerberfamilien um eine Wohnnutzung handelt.
[584] Diese Differenzierung ist auch bei *Decker*, in: Schiwy, BauGB, § 246 Rn. 35, 61 zu erkennen. *Blechschmidt*, in: EZBK, BauGB, § 246 Rn. 56d hingegen vermengt diese Begrifflichkeiten.
[585] Anders *Scheidler*, BauR 2017, 1455 (1460), wonach der allgemeine Sprachgebrauch erst einmal nicht dagegenspreche, Wohngebäude (und Wohnungen) unter den Begriff der sonstigen Unterkünfte und der dezentralen kommunalen Einrichtungen zu subsumieren. Gerade in Abgrenzung zu „zentralen" Sammelunterkünften (Aufnahmeeinrichtungen, Gemeinschaftsunterkünfte) wäre es durchaus nachvollziehbar, Wohngebäude als dezentrale kommunale Einrichtungen anzusehen.
[586] So mittlerweile (anders noch in Vorauflage, 149. EL) auch *Decker*, in: Schiwy, BauGB, § 246 Rn. 61.
[587] *Blechschmidt*, in: EZBK, BauGB, § 246 Rn. 56d.
[588] Vgl. dazu im zweiten Kapitel auf S. 80, 86 f. sowie im ersten Kapitel auf S. 51 ff., 57 ff.

damit also lediglich über das Merkmal der abstrakten Gebietsunverträglichkeit hinweggeholfen werden, das in Gewerbegebieten regelmäßig eine Zulassung wohnähnlicher Anlagen für soziale Zwecke verhinderte. Dies setzt aber voraus, dass sämtliche in § 246 X BauGB genannte Einrichtungen – und damit auch die sonstigen Unterkünfte – als Anlagen für soziale Zwecke zu qualifizieren sind.[589] Auch aus rein praktischen Überlegungen heraus macht diese Auslegung Sinn – und zwar im Hinblick auf eine etwaige Anschlussnutzung. Denn insbesondere im Falle des § 246 X BauGB wäre ein auf dieser Grundlage errichtetes Wohngebäude im Anschluss an die Flüchtlingsunterbringung mit an Sicherheit grenzender Wahrscheinlichkeit nicht mehr nutzbar und müsste – sofern keine entsprechende Nutzungsänderung genehmigt wird – beseitigt werden, da in Gewerbegebieten eine Wohnnutzung regelmäßig gerade nicht vorgesehen ist. Letztlich hat aber der mit der BauGB-Flüchtlingsnovelle 2015 eingeführte § 246 XI BauGB allen anderen Auffassungen ihre Berechtigung entzogen. Danach gilt – soweit in den Baugebieten i.S.v. §§ 2 bis 7 BauNVO Anlagen für soziale Zwecke als Ausnahme zugelassen werden können – die Regelung des § 31 I BauGB mit der Maßgabe, dass dort befristet Aufnahmeeinrichtungen, Gemeinschaftsunterkünfte und sonstige Unterkünfte für Flüchtlinge oder Asylbegehrende in der Regel zugelassen werden sollen. § 246 XI BauGB modifiziert also „lediglich" die Ermessensvorschrift des § 31 I BauGB um ein intendiertes Ermessen und knüpft im Übrigen zwingend an die besagte Zuordnung an.[590] Mit dieser Sondervorschrift hat der Gesetzgeber daher die – bisher gem. § 246 X BauGB bereits für Gewerbegebiete i.S.v. § 8 BauNVO geregelte – Gleichstellung von Aufnahmeeinrichtungen, Gemeinschaftsunterkünften und sonstigen Unterkünften mit Anlagen für soziale Zwecke auch auf die übrigen Gebietstypen erstreckt und damit auslegungstechnisch eine klare Richtung vorgegeben.[591]

An dieser Stelle ist noch anzumerken, dass es für dezentrale kommunale Einrichtungen, die bodenrechtlich also als Anlagen für soziale Zwecke zu qualifizieren sind, der ausdrücklichen Normierung der „sonstigen Unterkünfte" im Rahmen eines Asylverfahrens gar nicht bedurft hätte. Denn bundesrechtlich wird im Asylgesetz nur zwischen Aufnahmeeinrichtungen (§ 44 AsylG) und Gemeinschaftsunterkünften (§ 53 AsylG) unterschieden. Kommunale Unterkünfte für die Anschlussunterbringung fallen daher – ungeachtet der Anzahl der Belegplätze, der Qualifizierung als zentrale oder dezentrale Unterkunft oder sonstiger landesrechtlicher Besonderheiten – stets unter den bundesrechtlich nicht eingegrenzten Begriff der Gemeinschaftsunterkunft i.S.d. § 53 AsylG.[592] Sofern also – wie in aller Regel – ein Asylverfahren durchgeführt wird, wäre

---

[589] So im Ergebnis auch *Blechschmidt*, in: EZBK, BauGB, § 246 Rn. 58.
[590] So auch *Blechschmidt*, in: EZBK, BauGB, § 246 Rn. 56c.
[591] *Spannowsky*, in: BeckOK BauGB, § 246 Rn. 14.
[592] *Blechschmidt*, in: EZBK, BauGB, § 246 Rn. 56d.

in Bezug auf dezentrale kommunale Einrichtungen die tatbestandliche Ergänzung in Gestalt der „sonstigen Unterkünfte" bundesrechtlich nicht notwendig gewesen. Zur Vermeidung von Missverständnissen hat es aber gleichwohl Sinn gemacht, mit der Einfügung der sonstigen Unterkünfte klarzustellen, dass neben zentralen Gemeinschaftsunterkünften auch dezentrale kommunale Einrichtungen i.S.d. landesrechtlichen Terminologie vom sachlichen Anwendungsbereich erfasst sein sollen.[593]

Gleichwohl ist es aber keinesfalls so, dass dem Begriff der „sonstigen Unterkünfte" nach dieser Auslegung ausschließlich eine Klarstellungsfunktion ohne konstitutiven Anwendungsbereich zukommt. Der Tatbestand der „sonstigen Unterkünfte" erfüllt nämlich eine regelnde Auffangfunktion für Fälle, in denen kein Asylverfahren durchgeführt wird.[594] Denn damit können auch Unterkünfte für Kontingentflüchtlinge nach §§ 22 bis 24 AufenthG und für unerlaubt eingereiste Personen nach § 15a AufenthG vom sachlichen Anwendungsbereich erfasst werden, für die zwar als Flüchtlinge eine Unterbringungsverpflichtung besteht[595] und deren erleichterte Unterbringung daher vom Sinn und Zweck der Sondervorschriften erfasst ist, deren Unterkünfte aber mangels Durchführung eines Asylverfahrens nicht als Aufnahmeeinrichtungen oder Gemeinschaftsunterkünfte i.S.d. Asylgesetzes qualifiziert werden können.[596]

Im Ergebnis lässt sich festhalten, dass „Aufnahmeeinrichtungen, Gemeinschaftsunterkünfte und sonstige Unterkünfte für Flüchtlinge oder Asylbegehrende" i.S.v. § 246 X bis XIV BauGB zutreffender Weise ausschließlich Anlagen für soziale Zwecke i.S.d. Baunutzungsverordnung darstellen.[597] Dies wurde anhand der Sondervorschriften des § 246 X und XI BauGB soeben ausführlich diskutiert; die Regelungen der Absätze 12 bis 14 des § 246 BauGB haben diese Begrifflichkeit unverändert übernommen, sodass insoweit von demselben Anwendungsbereich ausgegangen werden kann.

---

[593] So auch *Blechschmidt*, in: EZBK, BauGB, § 246 Rn. 56d.
[594] *Bunzel*, in: Bleicher/Bunzel/Finkeldei/Fuchs/Klinge, Baurecht, S. 7; *Blechschmidt*, in: EZBK, BauGB, § 246 Rn. 56d. Auch *Bienek*, SächsVBl 2015, 129 (131) und SächsVBl 2016, 73 (74) stellt darauf ab, dass es sich bei den „sonstigen Unterkünften" i.S.v. § 246 X bis XIV BauGB um einen „Auffangtatbestand" handelt.
[595] Zur Unterbringungsverpflichtung bzw. -verantwortung, vgl. ausführlich im personellen Anwendungsbereich auf S. 119 ff.
[596] *Blechschmidt*, in: EZBK, BauGB, § 246 Rn. 56d. *Bienek*, SächsVBl 2015, 129 (131) spricht in diesem Zusammenhang davon, „auch andere als die in § 44 I bzw. § 53 AsylG genannten Sammelunterkünfte – unabhängig von der Anzahl ihrer Belegplätze – zu erfassen".
[597] *Roeser*, in: Berliner Kommentar zum BauGB, § 246 Rn. 34, 22; *Dürr*, in: Brügelmann, BauGB, § 31 Rn. 35c; *Decker*, in: Schiwy, BauGB, § 246 Rn. 36, 61; *Blechschmidt*, in: EZBK, BauGB, § 246 Rn. 58; in diese Richtung wohl auch *Bienek*, SächsVBl 2016, 73 (74), der Wohngebäude ausschließlich im Zusammenhang mit der in § 246 VIII und IX BauGB verwendeten Begrifflichkeit nennt.

II. Bauliche Anlagen bzw. Vorhaben, die der Unterbringung von Flüchtlingen dienen i.S.v. § 246 VIII und IX BauGB

Die nächste Frage ist, wie die baulichen Anlagen bzw. Vorhaben i.S.d. § 246 VIII und IX BauGB, „die der Unterbringung von Flüchtlingen oder Asylbegehrenden dienen", bauplanungsrechtlich einzuordnen sind.

1. Ausschließlich Anlagen für soziale Zwecke

In der Kommentarliteratur wird teilweise die Auffassung vertreten, dass darunter nur Anlagen für soziale Zwecke, nicht aber Wohngebäude oder (Einzel-)Wohnungen subsumiert werden können.[598]

Zum einen könnten möglicherweise die Gesetzesmaterialien diese Auslegung stützen. So spricht die Entwurfsbegründung des Bunderates ausdrücklich nur von einer „wohnähnlichen" Nutzung und nicht von Wohnen bzw. von einer Wohnnutzung im bodenrechtlichen Sinne. Sie stellt damit insgesamt auf nur wohnartige Anlagen für soziale Zwecke ab.[599] Zudem ist auch in der Stellungnahme der Bundesregierung zum Gesetzesentwurf ausdrücklich von „wohnähnlicher" Nutzung die Rede.[600] Diese Argumentation hält jedoch einer genaueren Betrachtung nicht Stand. An den zwei genannten Stellen der Gesetzesmaterialien geht es nämlich um die Regelung des heutigen § 246 X BauGB und damit um „Aufnahmeeinrichtungen, Gemeinschaftsunterkünfte und sonstige Unterkünfte für Flüchtlinge oder Asylbegehrende." Bei diesen handelt es sich völlig zu Recht um wohnartige Anlagen für soziale Zwecke, wie oben unter Ziffer I. ausführlich herausgearbeitet wurde. Hier geht es allerdings um die baulichen Anlagen bzw. Vorhaben i.S.v. § 246 VIII, IX BauGB, „die der Unterbringung von Flüchtlingen oder Asylbegehrenden dienen". Dabei wird in der Stellungnahme der Bundesregierung im Rahmen des § 246 VIII und IX BauGB ausdrücklich auch das „Wohngebäude" als Unterbringungsmöglichkeit genannt[601], während abweichend davon im Rahmen des § 246 X BauGB (nur) von „wohnähnlicher Nutzung" im Sinne einer Anlage für soziale Zwecke gesprochen wird.[602]

Zum anderen könnte auch die teleologische Auslegung zu dem Ergebnis führen, dass unter bauliche Anlagen bzw. Vorhaben i.S.v. § 246 VIII, IX BauGB, „die der Unterbringung von Flüchtlingen oder Asylbegehrenden dienen", ausschließlich Anlagen

---

[598] So: *Decker*, in: Schiwy, BauGB, § 246 Rn. 40, 47; *Roeser*, in: Berliner Kommentar zum BauGB, § 246 Rn. 22, wonach keine Wohnungen für einzelne Personen oder Familien erfasst sein sollen.
[599] BR-Drs. 419/14, S. 6.
[600] BT-Drs. 18/2752, S. 12.
[601] BT-Drs. 18/2752, S. 11.
[602] BT-Drs. 18/2752, S. 12.

für soziale Zwecke zu subsumieren sind. Alleiniger Sinn und Zweck der bauplanungsrechtlichen Sondervorschriften ist es, die mit der Flüchtlingszuwanderung verbundenen Herausforderungen in Bezug auf die Unterbringung bewältigen zu können. Im Unterschied zur vorübergehenden Unterbringung von Flüchtlingen und Asylbegehrenden wird – jedenfalls prima vista – für die Schaffung gesetzlicher Sondervorschriften in Bezug auf eine Wohnnutzung aber gerade kein Bedarf gesehen.[603] Auch diese Argumentation hält einer genaueren Betrachtung nicht Stand. Denn nur das unter die allgemeine Wohnnutzung fallende Dauerwohnen soll von den Sonderregelungen des § 246 VIII bis XVII BauGB nicht erfasst sein. Dies schließt aber nicht aus, Flüchtlingen während der Dauer des Asylverfahrens und damit vorübergehend in Wohngebäuden bzw. Wohnungen ein Zuhause zu bieten.[604]

Schließlich wird in der Kommentarliteratur aus systematischer Sicht teilweise die Meinung vertreten, dass auch in Bezug auf die Auslegung der Vorhaben i.S.v. § 246 VIII und IX BauGB, „die der Unterbringung von Flüchtlingen oder Asylbegehrenden dienen", an die Begrifflichkeiten des Asylgesetzes, in dem es ausdrücklich nur um (Erst-)Aufnahmeeinrichtungen (§ 44 AsylG) und Gemeinschaftsunterkünfte (§ 53 AsylG) geht, angeknüpft werden müsse.[605] Auch diese Sichtweise überzeugt nicht. Eine sprachliche Anknüpfung an die asylrechtlichen Begrifflichkeiten macht nur dort Sinn, wo diese im Bauplanungsrecht auch gleichermaßen verwendet werden. Während im Rahmen der Absätze 10 bis 14 des § 246 BauGB in Bezug auf Aufnahmeeinrichtungen und Gemeinschaftsunterkünfte also zweifelsohne an § 44 AsylG und § 53 AsylG angeknüpft werden kann, erscheint mir dies bei Anlagen, die der Unterbringung von Flüchtlingen oder Asylbegehrenden dienen, bereits mangels entsprechendem sprachlichem Vorbild im Asylgesetz aber gerade nicht möglich.

2. Sowohl Anlagen für soziale Zwecke als auch Wohngebäude sowie Wohnungen

Insgesamt sprechen die erheblich besseren Argumente dafür, unter Vorhaben, „die der Unterbringung von Flüchtlingen oder Asylbegehrenden dienen", auch Wohngebäude und (Einzel-)Wohnungen zu fassen.[606]

---

[603] *Battis/Mitschang/Reidt*, NVwZ 2014, 1609 (1610).
[604] Vgl. dazu ausführlich im Rahmen der Grobdifferenzierung des sachlichen Anwendungsbereichs auf S. 134 ff.
[605] So *Decker*, in: Schiwy, BauGB, § 246 Rn. 40.
[606] *Blechschmidt*, in: EZBK, BauGB, § 246 Rn. 57; *Mitschang/Reidt*, in: Battis/Krautzberger/Löhr, BauGB, § 246 Rn. 12; *Scheidler*, KommP BY 2016, 11 (12); *Portz/Düsterdiek*, BWGZ 2015, 404 (406); *Bienek*, SächsVBl 2016, 73 (74); *Bienek*, DÖV 2017, 584 (585); *VGH Mannheim*, Beschl. v. 23.02.2017 – 3 S 149/17 = BauR 2017, 993.

In systematischer Hinsicht ist die Überlegung von nicht unerheblichem Gewicht, dass nur auf diese Weise die drei unterschiedlichen Begrifflichkeiten im Rahmen von § 246 VIII bis XVII BauGB sinnvoll sind.[607] Während die Aufnahmeeinrichtungen, Gemeinschaftsunterkünfte und sonstigen Unterkünfte – wie oben unter Ziffer I. ausführlich dargelegt – ausschließlich Anlagen für soziale Zwecke sein können, muss unter ein Vorhaben, das der Unterbringung von Flüchtlingen und Asylbegehrenden dient, auch eine Wohnnutzung subsumiert werden können. Nur so taugt auf systematisch einzig sinnvolle Weise die in der amtlichen Überschrift gewählte Begrifflichkeit der Flüchtlingsunterkunft als Oberbegriff für die beiden anderen, verschiedenen Formulierungen in § 246 VIII, IX BauGB und § 246 X bis XIV BauGB.[608]

Diese Auslegung ist auch vom Gesetzestext des § 246 VIII und IX BauGB gedeckt, da unter Vorhaben, die der Unterbringung von Flüchtlingen oder Asylbegehrenden dienen, in sprachlicher Hinsicht auch Wohngebäude oder Wohnungen eingeordnet werden können. Die Begrifflichkeit ist insoweit weiter als in den Absätzen 10 bis 14. Die Formulierung der „Unterbringung" kann dabei als Oberbegriff für „Unterkünfte" und „Wohnnutzung" interpretiert werden.[609] Die Tatsache, dass eine Unterbringung stets übergangsweise stattfindet, steht der Auslegung nicht entgegen, da Wohnen nicht notwendigerweise ein Dauerwohnen sein muss, sondern auch auf einen von vornherein nur begrenzten Zeitraum gerichtet sein kann.[610]

Diese Auslegung wird auch durch die Gesetzesmaterialien bestätigt. So wird in der Stellungnahme der Bundesregierung im Zusammenhang mit § 246 VIII und IX BauGB ausdrücklich auch das „Wohngebäude" als Unterbringungsmöglichkeit genannt.[611]

Weiterhin spricht auch der Sinn und Zweck der Sondervorschriften für Flüchtlingsunterkünfte sowie ein praktisches Bedürfnis für eine solche Auslegung. Die Sondervorschriften der Absätze 8 bis 14 des § 246 BauGB haben den Zweck, die mit der Flüchtlingszuwanderung verbundenen Herausforderungen in Bezug auf die Unterbringung zeitnah und menschenwürdig bewältigbar zu machen. Wohngebäude und Wohnungen bieten sich hierfür naturgemäß an. Dafür, dass der Gesetzgeber die Möglichkeit der Unterbringung in Wohngebäuden – anders als in den Fällen des § 246 X

---

[607] So auch *Blechschmidt*, in: EZBK, BauGB, § 246 Rn. 56d.
[608] *Blechschmidt*, in: EZBK, BauGB, § 246 Rn. 56d; vgl. dazu ausführlich bereits auf S. 131 ff.
[609] Dies gestehen auch die Vertreter der Gegenauffassung ein: *Beckmann*, KommJur 2016, 366 (373); *Beckmann*, UPR 2017, 335 (337).
[610] *Stock*, in: EZBK, BauNVO, § 3 Rn. 39; *Jäde*, in: Jäde/Dirnberger/Weiss, 7. Auflage (Vorauflage), BauNVO, § 3 Rn. 4. Zum bodenrechtlichen Wohnbegriff, vgl. ausführlich im ersten Kapitel auf S. 40 ff.
[611] BT-Drs. 18/2752, S. 11.

bis XIV BauGB – auch für § 246 VIII und IX BauGB und damit insgesamt für die Sondervorschriften für Flüchtlingsunterkünfte explizit ausnehmen wollte, ist nichts ersichtlich. Die Unterbringung in Wohngebäuden widerspricht also nicht dem Sinn und Zweck des § 246 VIII und IX BauGB, sie wird diesem vielmehr gerecht.

Neben dem praktischen Bedürfnis, möglichst viel Unterbringungsraum zu schaffen, ist es auch integrationspolitisch der richtige Ansatz, Wohngebäude und Wohnungen dem Anwendungsbereich der privilegierenden Zulassungsvorschriften des § 246 VIII und IX BauGB zu unterwerfen und damit auch die bodenrechtliche Wohnnutzung der privilegierten Flüchtlingsunterbringung i.S.d. § 246 BauGB zugänglich zu machen.[612]

In der Gesamtbetrachtung ergibt sich daraus ein abgewogenes, „rundes Ergebnis". Unter die baulichen Anlagen i.S.v. § 246 VIII und IX BauGB, die der Unterbringung von Flüchtlingen und Asylbegehrenden dienen, lassen sich also auch Wohngebäude sowie Wohnungen subsumieren, was im Rahmen der Absätze 10 bis 14 nach der Intention des Gesetzgebers nicht möglich ist. Mit dem weiten sachlichen Anwendungsbereich im Rahmen der Absätze 8 und 9 wird dem Sinn und Zweck der Sondervorschriften hinreichend Rechnung getragen, die mit der Flüchtlingszuwanderung verbundenen Herausforderungen in Bezug auf die Unterbringung zeitnah und menschenwürdig bewältigen zu können. Der engere sachliche Anwendungsbereich des § 246 X bis XIV BauGB stellt gewissermaßen den „Ausgleich" dafür dar, dass diese Regelungen in grundrechtlich geschützte Positionen sowie in die bisherige Systematik des Bodenrechts[613] noch tiefer eingreifen als § 246 VIII und IX BauGB.

---

[612] *Blechschmidt*, in: EZBK, BauGB, § 246 Rn. 57.
[613] Zur bauplanungsrechtlichen Systemwidrigkeit der Sondervorschriften, vgl. ausführlich im achten Kapitel auf S. 427 ff.

§ 9

Zeitlicher Anwendungsbereich

Im Rahmen des zeitlichen Anwendungsbereichs der Sondervorschriften ist zwischen dessen Beginn und dessen Ende zu unterscheiden.

A. Beginn des zeitlichen Anwendungsbereichs mit Inkrafttreten der Vorschriften

Da der Gesetzgeber im Zusammenhang mit den Absätzen 8 bis 17 des § 246 BauGB keine Überleitungsvorschriften erlassen hat, sind die Sondervorschriften mit dem Zeitpunkt ihres Inkrafttretens anzuwenden.[614] Demnach beginnt der zeitliche Anwendungsbereich des § 246 VIII bis X BauGB am 26.11.2014, der des § 246 XI bis XVII BauGB ein knappes Jahr später am 24.10.2015.[615]

Die Auswirkungen dieser beiden Rechtsänderungen auf bereits anhängige Gerichtsverfahren richten sich nach den allgemeinen verwaltungsgerichtlichen Grundsätzen. Konkret geht es dabei um Entscheidungen über Drittanfechtungsklagen gegen Baugenehmigungen für Flüchtlingsunterkünfte, die den Bauherren noch nach alter Rechtslage – also vor Inkrafttreten des § 246 VIII bis XVII BauGB – erteilt worden waren. Maßgeblicher Zeitpunkt für die Beurteilung der Sach- und Rechtslage bei einer Anfechtungsklage ist zwar grundsätzlich der Zeitpunkt des Erlasses des angefochtenen Verwaltungsakts, hier also der Baugenehmigung.[616] Nach ständiger Rechtsprechung des *Bundesverwaltungsgerichts* ist von diesem Grundsatz bei baurechtlichen Nachbarklagen aber dann eine Ausnahme zu machen, wenn während des Rechtsstreits eine Änderung der Rechtslage zugunsten des Bauherrn eintritt.[617] So liegt der Fall hier, da bei Drittanfechtungsklagen gegen Baugenehmigungen für Flüchtlingsunterkünfte mit dem Inkrafttreten des § 246 VIII bis XVII BauGB eine Änderung der Rechtslage zugunsten der Bauherrn der Flüchtlingsunterkünfte eingetreten ist. In diesen Fällen wäre es nicht nur unzweckmäßig, sondern auch mit der Baufreiheit nach Art. 14 GG nicht zu vereinbaren, eine – zur Zeit der

---

[614] *Mitschang/Reidt*, in: Battis/Krautzberger/Löhr, BauGB, § 246 Rn. 11; *OVG Bautzen*, Beschl. v. 10.03.2015 – 1 B 298.14 = BauR 2015, 1126.
[615] Zur Entstehungsgeschichte der Sondervorschriften, vgl. im zweiten Kapitel auf S. 77 ff.
[616] *BVerwG*, Beschl. v. 17.07.1995 – 1 B 23/95 = NVwZ-RR 1996, 20; *BVerwG*, Urt. v. 29.03.1996 – 1 C 28/94 = NVwZ-RR 1997, 126; *BVerwG*, Urt. v. 06.04.2000 – 3 C 6/99 = NVwZ 2001, 322.
[617] So etwa: *BVerwG*, Beschl. v. 08.11.2010 – 4 B 43/10 = BauR 2011, 499; *BVerwG*, Beschl. v. 23.04.1998 – 4 B 40/98 = NVwZ 1998, 1179; *BVerwG*, Beschl. v. 17.12.1992 – 4 NB 25/90 = NVwZ 1993, 1183.

Erteilung rechtswidrige – Baugenehmigung aufzuheben, die nach der Aufhebung infolge der Änderung der Rechtslage sogleich wieder erteilt werden müsste.[618]

B. Ende des zeitlichen Anwendungsbereichs

I. Die Flüchtlingsunterbringung als temporäre Problematik in den Augen des Gesetzgebers

Beim Erlass der Sonderregelungen des § 246 VIII bis XVII BauGB ist der Gesetzgeber – im Nachhinein betrachtet wohl auch zu Recht – davon ausgegangen, dass es sich bei der mit der Flüchtlingszuwanderung verbundenen Unterbringungsproblematik nicht um ein dauerhaftes, sondern nur um ein zeitlich begrenztes Phänomen handelt. Das liegt darin begründet, dass entweder irgendwann genügend Unterbringungsraum für Flüchtlinge und Asylbegehrende zur Verfügung steht oder die Zahl der Schutzsuchenden – aus welchen Gründen auch immer – mit der Zeit wieder zurückgeht.[619]

Dies ist der Grund dafür, dass der Gesetzgeber sämtliche Privilegierungen in Bezug auf Flüchtlingsunterkünfte einheitlich zusammengefasst in § 246 BauGB geregelt hat, und nicht verteilt in den jeweiligen, allgemeinen „Grundnormen" der §§ 34 IIIa, 35 IV, 31 I, II, 37, 36 II 2 BauGB, des § 8 III BauNVO oder des § 18 III 2 BNatSchG. Denn auf diese Weise können die Sondervorschriften „sauber" und viel einfacher nach dem Wegfall ihrer Erforderlichkeit wieder beseitigt werden. Und dem entspricht auch, dass der Gesetzgeber sämtliche Sondervorschriften der Absätze 8 bis 16 des § 246 BauGB bis zum 31.12.2019 zeitlich befristet hat.

II. Befristung bis zum 31.12.2019 und die sog. Fortnutzung als Flüchtlingsunterkunft

Im Rahmen des zeitlichen Anwendungsbereichs geht es also hauptsächlich um die Frage, ob die auf Grundlage des § 246 VIII bis XIV BauGB genehmigten Flüchtlingsunterkünfte nach Ablauf des 31.12.2019 als solche einfach „fortgenutzt" werden können oder ob diese – vor einer entsprechenden „Fortnutzung" als Flüchtlingsunterkünfte – einer erneuten Prüfung am allgemeinen, materiellen Bauplanungsrecht i.S.d. §§ 29 ff. BauGB und einer entsprechenden Zulassung bedürfen. Entscheidend dafür ist, ob

---

[618] *BVerwG*, Beschl. v. 23.04.1998 – 4 B 40/98 = NVwZ 1998, 1179; *BVerwG*, Beschl. v. 22.04.1996 – 4 B 54/96 = NVwZ-RR 1996, 628; *Scheidler*, NVwZ 2015, 1406 (1407).
[619] *Roeser*, in: Berliner Kommentar zum BauGB, § 246 Rn. 26; *Decker*, in: Schiwy, BauGB, § 246 Rn. 29; *Petersen*, KommP BY 2015, 10 (11).

die mit Hilfe der befristeten Erleichterungen geschaffenen oder umgenutzten Anlagen grundsätzlich über den 31.12.2019 hinaus Bestand haben sollen.

1. Bezugspunkt der Befristung

Zur Beantwortung dieser Frage kommt es maßgeblich auf den Bezugspunkt der Befristung an. Bezieht sich die Befristung nämlich lediglich auf den Zeitraum, bis zu dessen Ende im bauaufsichtlichen Zulassungsverfahren von den Privilegierungen Gebrauch gemacht werden kann, dann behalten die bis zum 31.12.2019 erteilten Genehmigungen auch nach Ablauf der Befristung weiterhin Geltung. Sofern aber die nach § 246 VIII bis XIV BauGB erteilten Genehmigungen ihrerseits bis zum 31.12.2019 befristet sind, so würde sich die Befristung gleichzeitig auch auf die Geltungsdauer der Genehmigungen beziehen mit der Folge, dass es mit dem 01.01.2020 einer erneuten Prüfung der Flüchtlingsunterkünfte am (allgemeinen) materiellen Bauplanungsrecht und einer erneuten Zulassung bedürfte.

Der Bezugspunkt der Befristung war nach dem BauGB-Flüchtlingsunterbringungsgesetz 2014 umstritten.[620] Nach der grammatikalischen Auslegung bezieht sich die Befristung lediglich auf die Befugnis zur Zulassung der Flüchtlingsunterkunft. Anderenfalls müsste es im Gesetzestext heißen, dass die Genehmigung selbst nur „mit Wirkung bis zum 31.12.2019" erteilt werden kann.[621] Entgegen dem Wortlaut der einzelnen Sondervorschriften wurde in der Literatur teilweise mit dem Sinn und Zweck argumentiert, wonach der Ausnahmecharakter des § 246 VIII bis X BauGB nur dann hinreichend Berücksichtigung finden würde, wenn auch die Auswirkungen der Sondervorschriften zeitlich begrenzt würden.[622] Der Gesetzgeber habe ausweislich der Gesetzesmaterialien zum BauGB-Flüchtlingsunterbringungsgesetz 2014 gerade nur eine zeitlich befristete Regelung auf Grund der vorübergehend stark ansteigenden Asylantragszahlen schaffen wollen. Dieser Ansatz widerspricht sowohl dem Wortlaut der bodenrechtlichen Sondervorschriften für Flüchtlingsunterkünfte als auch der allgemeinen bauplanungsrechtlichen Systematik. Bei der Befristung bis zum 31.12.2019 handelt es sich nämlich um einen klassischen Fall des passiven Bestandsschutzes.[623] Da die Vorschriften des § 246 VIII bis XVI BauGB bis zum 31.12.2019

---

[620] Der *VGH Mannheim*, Beschl. v. 11.03.2015 – 8 S 492/15 = NVwZ-RR 2015, 637 etwa hat diese Frage unter Darlegung der beiden Alternativen offengelassen.
[621] So ausdrücklich auch die Gesetzesbegründung zu § 246 XVII BauGB in BT-Drs. 18/6185, S. 56.
[622] *Scheidler*, NVwZ 2015, 1406 (1408).
[623] So auch: *Langenfeld/Weisensee*, ZAR 2015, 132 (136); *Battis/Mitschang/Reidt*, NVwZ 2014, 1609 (1611); *Blechschmidt*, in: EZBK, BauGB, § 246 Rn. 59; *Bunzel*, in: Bleicher/Bunzel/Finkeldei/Fuchs/Klinge, Baurecht, § 246 S. 22; *Krautzberger/Stüer*, DVBl 2015, 1545 (1547).

zeitlich befristet sind, erlischt ihre Geltung mit dem 01.01.2020.[624] In diesem Zeitpunkt tritt materiell eine Rechtsänderung ein, da von den entsprechenden Privilegierungen sodann kein Gebrauch mehr gemacht werden kann. Diese rechtliche Konstellation – mithin der Schutz einer baulichen Anlage vor späteren Rechtsänderungen – wird durch das Rechtsinstitut des passiven Bestandsschutzes geregelt.[625] Es hat zur Folge, dass sich ein vormals legal geschaffener Bestand grundsätzlich gegen neues, entgegenstehendes Recht durchsetzen kann. Soweit der (passive) Bestandsschutz besteht, müssen Bauaufsichtsbehörde und Nachbarn das Vorhaben dulden. Das bestandsgeschützte Vorhaben kann daher als solches fortgenutzt werden, ohne dass bauaufsichtliche Maßnahmen wie eine Anordnung zur Nutzungsuntersagung oder zur Baubeseitigung drohen. Damit kann sich die Befristung zum 31.12.2019 aber notwendigerweise nur auf die Möglichkeit zur Genehmigungserteilung, nicht aber auf die Geltungsdauer der Genehmigung selbst beziehen, da im letzteren Fall eine Fortnutzung ohne erneute Genehmigungserteilung regelmäßig ausscheiden würde. Denn nach der im Vordringen befindlichen Auffassung muss das Vorhaben sowohl materiell während eines namhaften Zeitraumes rechtmäßig gewesen sein als auch formell eine wirksame Baugenehmigung vorweisen können, um passiven Bestandsschutz zu genießen.[626] An letzterer Voraussetzung würde es vorliegend aber stets fehlen, würde man die Befristung in diesem Zusammenhang auch auf die Geltungsdauer der Genehmigung selbst beziehen.

Diese sich bereits grammatikalisch aus den Sondervorschriften und aus der allgemeinen Systematik des Bauplanungsrechts ergebende Rechtsfolge wurde mit der zweiten BauGB-Flüchtlingsnovelle in § 246 XVII BauGB ausdrücklich festgeschrieben.[627] Danach bezieht sich die Befristung zum 31.12.2019 in den Absätzen 8 bis 16 nicht auf die Geltungsdauer der Genehmigung, sondern auf den Zeitraum, bis zu dessen Ende im bauaufsichtlichen Zulassungsverfahren von den Vorschriften Gebrauch gemacht werden kann.[628] Zum 01.01.2020 kann daher von den Privilegierungen für Flüchtlingsunterkünfte im bauaufsichtlichen Zulassungsverfahren kein Gebrauch mehr gemacht werden.[629] „Von den Vorschriften Gebrauch gemacht" wird in diesem

---

[624] *Blechschmidt*, in: EZBK, BauGB, § 246 Rn. 59.
[625] *Dürr*, in: Brügelmann, BauGB, § 35 Rn. 117b.
[626] Zu den Voraussetzungen des richterrechtlichen Instituts des passiven Bestandsschutzes, vgl. ausführlich unter Ziffer 2. auf S. 151 ff.
[627] BT-Drs. 18/6185, S. 56.
[628] In der Rechtsprechung nun auch dementsprechend angewendet durch den *VGH Mannheim*, Beschl. v. 17.05.2017 – 5 S 1505/15 = DVBl 2017, 1052; bestätigt durch *BVerwG*, Beschl. v. 27.02.2018 – 4 B 39/17 = NVwZ 2018, 836.
[629] *Blechschmidt*, in: EZBK, BauGB, § 246 Rn. 59.

Sinne also durch den Erlass eines entsprechenden Genehmigungsbescheids.[630] Insoweit kommt es auf das Wirksamwerden der Baugenehmigung gem. § 43 I 1 i.V.m. § 41 Landes-VwVfG an. Die Baugenehmigung, die auf den Sondervorschriften des § 246 VIII bis XIV BauGB beruht, muss demnach bis zum 31.12.2019 dem jeweiligen Bauherrn bekanntgegeben werden. Im Umkehrschluss bleiben die auf der Grundlage des § 246 VIII bis XIV BauGB erteilten Genehmigungen auch über den 31.12.2019 hinaus wirksam.

Bestätigt wird dieses Ereignis durch einen Umkehrschluss zu den neu eingeführten, eindeutig vorhabenbezogenen Befristungen in § 246 XII 1 und XIII 1 Nr. 1 BauGB.[631] Diese beziehen sich zweifelsohne bereits nach ihrem Wortlaut („auf längstens drei Jahre zu befristende") auf die Geltungsdauer der Genehmigung und damit auf die Zulässigkeit des Vorhabens selbst.[632] Derartige Vorhaben müssen von der zuständigen Behörde mithilfe einer Nebenbestimmung i.S.v. § 36 I, II Nr. 1 Landes-VwVfG administrativ befristet werden.

Aus den Gesetzesmaterialien zu § 246 XVII BauGB ergibt sich fernerhin, dass es sich dabei lediglich um eine Klarstellung handelt und sich bereits seit dem BauGB-Flüchtlingsunterbringungsgesetz 2014 die Befristung nur auf die Befugnis zur Zulassung bezogen hat.[633] Diese Klarstellung wird – entgegen einer in der Kommentarliteratur vertretenen Auffassung[634] – auch nicht dadurch unterlaufen, dass es der Gesetzgeber im Rahmen des Flüchtlingsunterbringungsmaßnahmengesetzes 2015 unterlassen hat, die klarstellende Regelung des § 246 XVII BauGB rückwirkend auf den Zeitpunkt des Inkrafttretens des § 246 VIII bis X BauGB zu erstrecken. Denn es liegt in der Natur einer (bloßen) Klarstellung, dass die damit verbundenen Aussagen, die ja lediglich klären, erklären und verdeutlichen wollen, nicht jedoch regeln oder ändern sollen, auch bereits vor dem Inkrafttreten einer derartigen Regelung sowie auch über eine etwaige zeitliche Befristung hinaus Geltung beanspruchen.[635] Eine rückwirkende Inkraftsetzung der klarstellenden Regelung des § 246 XVII BauGB war nicht nur überflüssig, sondern sie wäre daher auch dogmatisch verfehlt.

---

[630] *Roeser*, in: Berliner Kommentar zum BauGB, § 246 Rn. 26.
[631] So auch *Ewer/Mutschler-Siebert*, NJW 2016, 11 (11).
[632] *Bunzel*, in: Bleicher/Bunzel/Finkeldei/Fuchs/Klinge, Baurecht, § 246 S. 22; *Blechschmidt*, in: EZBK, BauGB, § 246 Rn. 59; *Battis/Mitschang/Reidt*, NVwZ 2015, 1633 (1639).
[633] Vgl. BT-Drs. 18/6185, S. 56.
[634] *Decker*, in: Schiwy, BauGB, § 246 Rn. 32.
[635] *Battis/Mitschang/Reidt*, NVwZ 2014, 1609 (1611).

2. Regelungen des § 246 VIII bis XIV BauGB als Ausprägung des passiven Bestandsschutzes

Bei den Befristungen zum 31.12.2019 handelt es sich – wie soeben bereits angedeutet – um eine Ausprägung des passiven Bestandsschutzes.[636] Die allgemeinen richterrechtlichen Grundsätze des passiven Bestandsschutzes könnten hier aber möglicherweise zu einem praktischen Problem führen.

a. Problemstellung

Sofern der für den passiven Bestandsschutz notwendige legal geschaffene Bestand in zeitlicher Hinsicht einen gewissen „Vorlauf" benötigt, könnte sich ein Widerspruch zu der ausschließlich auf den 31.12.2019 abstellenden Frist des § 246 VIII bis XIV BauGB ergeben. Müsste für das Eingreifen des passiven Bestandsschutzes beispielsweise eine zeitweise materielle Rechtmäßigkeit von mehreren Wochen oder Monaten bestanden haben, dann wäre für eine spätere Fortnutzung nach den Grundsätzen des passiven Bestandsschutzes nicht mehr die Frist des 31.12.2019 relevant, sondern ein bestimmter, mehrere Wochen oder Monate vorausgehender Zeitpunkt.

Dies hätte zum einen zur Folge, dass die Befristung bis zum 31.12.2019 gar nicht in sinnvoller Weise bis zu seinem Ende ausgenutzt werden könnte. Ein pathologisches Beispiel soll dies verdeutlichen: Bei einer auf Grundlage des § 246 VIII bis XVII BauGB erteilten Genehmigung am 31.12.2019 dürfte die Flüchtlingsunterkunft lediglich für diesen einen Tag genutzt werden, da diese in der Vergangenheit nicht über einen erheblichen Zeitraum mit materiellem Recht in Einklang gestanden hätte.

Zum anderen würde dies in nicht unerheblichem Maße für Rechtsunsicherheit sorgen, wenn entgegen des ausdrücklichen – ausschließlich auf den 31.12.2019 abstellenden – gesetzlichen Wortlauts für das Eingreifen des passiven Bestandschutzes noch ein anderer, früherer Zeitpunkt maßgeblich wäre.

b. Voraussetzungen des für den passiven Bestandsschutz notwendigen „legal geschaffenen Bestandes"

Diese Problematik hängt eng mit der Streitfrage zusammen, welche Voraussetzungen an den für den passiven Bestandsschutz notwendigen „legal geschaffenen Be-

---

[636] So auch: *Langenfeld/Weisensee*, ZAR 2015, 132 (136); *Battis/Mitschang/Reidt*, NVwZ 2014, 1609 (1611); *Blechschmidt*, in: EZBK, BauGB, § 246 Rn. 59; *Bunzel*, in: Bleicher/Bunzel/Finkeldei/Fuchs/Klinge, Baurecht, § 246 S. 22; *Krautzberger/Stüer*, DVBl 2015, 1545 (1547).

stand" zu stellen sind. Fraglich ist, ob sich an diesen tatsächlich derart hohe Anforderungen stellen, dass neben der formellen Rechtmäßigkeit der baulichen Anlage aufgrund einer wirksamen Baugenehmigung auch eine zeitweise materielle Rechtmäßigkeit bestanden haben muss.

Nach bisher (wohl) noch herrschender Auffassung setzt der Bestandsschutz einzig die rechtmäßige Errichtung der baulichen Anlage voraus, unabhängig davon, ob sie formell oder materiell rechtmäßig war; passiver Bestandsschutz liegt danach immer dann vor, wenn das Vorhaben zu irgendeinem Zeitpunkt genehmigt worden oder jedenfalls genehmigungsfähig gewesen ist.[637] Danach genießen als Flüchtlingsunterkünfte nach dem 31.12.2019 fortgenutzte bauliche Anlagen (passiven) Bestandsschutz, sofern sie als solche bis zum 31.12.2019 genehmigt wurden. Denn insoweit wäre das Vorhaben ab dem 01.01.2020 jedenfalls formell rechtmäßig, und dies genügt nach dieser Auffassung für den Bestandsschutz. Die oben angesprochene Problemstellung ergibt sich hier nicht.

Demgegenüber verlangt eine andere – im Vordringen befindliche und die neuere Eigentumsdogmatik[638] zugrundelegende – Auffassung, dass das Vorhaben sowohl zeitweise materiell rechtmäßig gewesen sein muss als auch – aufgrund einer wirksamen Baugenehmigung – formell rechtmäßig ist, um passiven Bestandsschutz zu genießen.[639] Die materielle Rechtmäßigkeit muss dabei während eines namhaften Zeitraumes bestanden haben.[640] Dafür ist erforderlich, dass die materielle Rechtmäßigkeit mindestens für einen Zeitraum bestand, innerhalb dessen unter normalen Umständen die Bearbeitung eines entsprechenden Bauantrags erwartet werden kann.[641] In Anlehnung an § 75 S. 2 VwGO kann insoweit von mindestens drei Monaten ausgegangen werden, denn dies ist der zeitliche Rahmen, nach dem man im Normalfall Untätigkeitsklage erheben kann.[642]

---

[637] *BVerwG*, Beschl. v. 24.07.2000 – 1 BvR 151/99 = NVwZ 2001, 424; *Decker*, in: Simon/Busse, BayBO, Art. 76 Rn. 116, 119.
[638] Dieser Dogmatik hat sich auch das *Bundesverwaltungsgericht* angeschlossen, vgl. *BVerwG*, Urt. v. 12.03.1998 – 4 C 10/97 = NVwZ 1998, 842.
[639] *BVerwG*, Beschl. v. 15.12.1995 – 1 BvR 1713/92 = NVwZ-RR 1996, 483, wonach sich der Bestandsschutz für bauliche Anlagen „nur auf ihren genehmigten Bestand und ihre genehmigte Funktion" erstreckt; *VGH München*, Urt. v. 17.10.2006 – 1 B 05.1429 = BeckRS 2009, 36513; *Decker*, in: Simon/Busse, BayBO, Art. 76 Rn. 117; *Mampel*, NJW 1999, 975 (977); *Konrad*, JA 1998, 691 (692).
[640] *BVerwG*, Urt. v. 13.06.1980 – 4 C 98/77 = NJW 1981, 473; *VGH München*, Beschl. v. 24.09.2002 – 20 ZB 02.1764 = BeckRS 2002, 26474.
[641] *BVerwG*, Urt. v. 22.01.1971 – BRS 24 Nr. 193 = BauR 1971, 188; *VGH Mannheim*, Urt. v. 17.09.1998 – 3 S 1934/96 = VGHBW-Ls 1998, Beilage 12, B 5.
[642] *Decker*, in: Simon/Busse, BayBO, Art. 76 Rn. 116.

Diese Auffassung verdient den Vorzug. Denn nur sie trägt dem Umstand Rechnung, dass der Bestandsschutz eine richterrechtliche Ausprägung der Eigentumsgarantie nach Art. 14 I 1 GG darstellt.[643] Inhalt und Schranken des Bestandsschutzes bestimmen sich dabei gem. Art. 14 I 2 GG nach Maßgabe des einfachen Rechts.[644] Aus den Bauordnungen der Länder ergibt sich, dass ein bauliches Vorhaben gegen Eingriffe in die Bausubstanz aber erst dann geschützt sein soll, wenn für dieses eine formalrechtliche Baugenehmigung erteilt worden ist.[645] Das ergibt sich bereits aus dem Umstand, dass die Landesbauordnungen bei genehmigungsbedürftigen Anlagen zwingend die Durchführung eines Baugenehmigungsverfahrens vorschreiben. Außerdem darf mit der Errichtung des Vorhabens regelmäßig erst begonnen werden, wenn die Baugenehmigung dem Bauherrn zugegangen ist.[646] Diesen Anforderungen der Landesbauordnungen würde es aber schon im Ansatz zuwiderlaufen, wenn eine genehmigungspflichtige Anlage auch dann Bestandsschutz genießen würde, wenn sie lediglich über einen namhaften Zeitraum mit dem materiellen Recht vereinbar gewesen ist, ohne das zwingend vorgeschriebene Genehmigungsverfahren durchlaufen zu haben.[647] Mit der rechtswidrigen Umgehung des Baugenehmigungsverfahrens bewegt sich der Bauherr außerhalb der Rechtsordnung, sodass er von dieser keinen Schutz erwarten kann, selbst wenn sein Tun zu irgendeinem Zeitpunkt dem materiellen Baurecht entspricht oder entsprochen hat.[648]

Vor diesem Hintergrund würden als Flüchtlingsunterkünfte fortgenutzte bauliche Anlagen (passiven) Bestandsschutz aber nur genießen, wenn sie als solche genehmigt und die Genehmigungen vor dem 01.10.2019 erteilt worden wären. Denn nur dann hätte die bauliche Anlage bis zum 31.12.2019 über einen namhaften Zeitraum mit dem materiellen Baurecht in Einklang gestanden. Entgegen dem ausdrücklichen gesetzlichen Wortlaut, wonach es ausschließlich auf den 31.12.2019 ankommt, wäre demnach für das Eingreifen des passiven Bestandsschutzes noch ein weiterer Zeitpunkt maßgeblich, nämlich der 30.09.2019. Dies könnte in nicht unerheblichem Maß zu Rechtsunsicherheit führen und damit auch zu einem praktischen Problem.

---

[643] *Papier*, in: Maunz/Dürig, GG, Art. 14 Rn. 84.
[644] *BVerwG*, Urt. v. 07.11.1997 – 4 C 7.97 = BauR 1998, 533.
[645] *Decker*, in: Simon/Busse, BayBO, Art. 76 Rn. 118.
[646] In Bayern etwa ist dies in Art. 68 V Nr. 1 BayBO geregelt.
[647] So ist *Decker*, in: Simon/Busse, BayBO, Art. 76 Rn. 118 in diesem Zusammenhang nur beizupflichten, wenn er schreibt, dass „ansonsten die rechtswidrige Umgehung eines an sich erforderlichen Baugenehmigungsverfahrens auch noch mit den Wohltaten des Bestandsschutzes belohnt würde."
[648] *Decker*, in: Simon/Busse, BayBO, Art. 76 Rn. 118.

c. Vorrang des vom parlamentarischen Gesetzgeber angeordneten Bestandsschutzes

Dieses „Problem" stellt sich freilich gar nicht, da der vom parlamentarischen Gesetzgeber in casu angeordnete Bestandsschutz insoweit Vorrang hat, als dass zu seiner Geltung die Einhaltung der Voraussetzungen der allgemeinen richterrechtlichen Grundsätze des passiven Bestandsschutzes gerade nicht erforderlich sind.

Die Befristungsregelungen in den Absätzen 8 bis 16 sowie deren Klarstellung in § 246 XVII BauGB stellen einen ausdrücklich durch den parlamentarischen Gesetzgeber angeordneten Bestandsschutz dar. Der parlamentarische Gesetzgeber ist dabei nicht verpflichtet, den Dreimonatszeitraum nach dem richterrechtlichen Bestandsschutz bei seiner legislativen Regelung zu berücksichtigen. Vielmehr besteht ein Geltungsvorrang des förmlichen Gesetzesrechts gegenüber dem Richterrecht.[649] Dieser Vorrang des parlamentarischen Gesetzes vor den richterrechtlich begründeten Rechtssätzen ergibt sich zum einen bereits begrifflich aus der Erstnennung des „Gesetzes" in Art. 20 III GG.[650] Zum anderen folgt der Vorrang des demokratisch legitimierten Gesetzgebers aus dem Rechtsstaatsprinzip des Art. 20 III GG sowie dem Grundsatz der Gewaltenteilung i.S.v. Art. 20 II GG. Das Rechtsstaatsprinzip bindet die Gerichte an „Gesetz und Recht". Art. 20 II 2 GG weist die Gesetzgebung der Legislative zu. Existiert für den zu entscheidenden Fall keine gesetzliche Regelung, sind die Gerichte zu einer richterlichen Rechtsfortbildung berechtigt und angehalten, wenn es sich lediglich um eine Ergänzung oder sinngemäße Weiterbildung des geschriebenen Rechts handelt, die Rechtsprechung also „i.S.d. Gesetzes" erfolgt. Die richterliche Rechtsfortbildung reicht demnach nur soweit, wie keine gesetzliche Regelung entgegensteht. Dies wäre vorliegend aber der Fall, wenn auf die Bestandsschutzregelung des demokratisch legitimierten Gesetzgebers in § 246 VIII bis XVII BauGB die richterrechtlichen Voraussetzungen des passiven Bestandsschutzes angewendet werden müssten.

3. Möglichkeit der Befristung als Nebenbestimmung i.S.v. § 36 II Nr. 1 Landes-VwVfG

Unabhängig von den obigen Ausführungen über den Bezugspunkt der Befristung hat die Baugenehmigungsbehörde natürlich stets die Möglichkeit, die Geltungsdauer der Baugenehmigung nach den allgemeinen Regeln gem. § 36 I, II Nr. 1 Landes-VwVfG[651] zu befristen.[652] Eine derartige Befristung kommt dann in Betracht bzw. ist

---

[649] *BVerfG*, Beschl. v, 25.01.2011 – 1 BvR 918/10 = NJW 2011, 836; *Rüthers*, NJW 2011, 1856 (1858); davor bereits *Bydlinski*, Juristische Methodenlehre und Rechtsbegriff, S. 503; *Ipsen*, Richterrecht und Verfassung, S. 41 ff., 116 ff.
[650] *Hoffmann*, Das Verhältnis von Gesetz und Recht, S. 127.
[651] In Bayern ist das Art. 36 I, II Nr. 1 BayVwVfG.
[652] *Blechschmidt*, in: EZBK, BauGB, § 246 Rn. 59.

im Einzelfall notwendig, wenn etwa ohnehin nur eine befristete Nutzung beantragt wird oder nur eine Zwischennutzung beabsichtigt ist, oder wenn die Beeinträchtigung der betroffenen städtebaulichen Belange auf diese Weise derart gering gehalten werden kann, dass dadurch – und nur dadurch – die Flüchtlingsunterkunft bodenrechtlich zulässig ist.[653] Demgegenüber stellt natürlich allein der Umstand, dass die Sonderregelungen befristet sind, keinen zwingenden Grund für eine Befristung dar.[654] Sonst wäre der oben herausgearbeitete Bezugspunkt für die Befristung ad absurdum geführt, weil sich auf diese Weise die Befristung gleichzeitig auch auf die Geltungsdauer der Genehmigung beziehen würde. Und das war ja gerade nicht gewollt.

III. Erneute Zulassung einer vormals nach § 246 XII oder XIII 1 Nr. 1 BauGB genehmigten Anlage

Von der „Fortnutzung" als Flüchtlingsunterkunft nach den Grundsätzen des passiven Bestandsschutzes sind die Fälle zu unterscheiden, in denen die auf Grundlage des § 246 XII oder XIII 1 BauGB genehmigte Flüchtlingsunterkunft nach Ablauf der – längstens dreijährigen – administrativen Befristung erneut zugelassen werden soll. In diesen Fällen wird eine erneute Zulassung der Anlage an dem in diesem Zeitpunkt maßgeblichen Zulässigkeitsmaßstab erforderlich, da die Genehmigung sich aufgrund der Befristung erledigt hat und damit gem. § 43 II Landes-VwVfG unwirksam geworden ist. Im Zusammenhang mit dem zeitlichen Anwendungsbereich muss abschließend also noch die Frage behandelt werden, ob nach Ablauf der administrativen – längstens dreijährigen – Befristung i.S.v. § 246 XII und XIII 1 Nr. 1 BauGB an demselben Standort eine Flüchtlingsunterkunft erneut genehmigungsfähig ist oder ob es sich bei der Dreijahresfrist gewissermaßen um einen absolut festgeschriebenen Zeitraum handelt, nach dessen Ablauf an diesem Standort keine Flüchtlingsunterkunft mehr zugelassen werden kann.

Die erste Frage ist, ob die Zulassung auf Grundlage des § 246 XII und XIII 1 Nr. 1 BauGB nach Ablauf der dreijährigen Befristung eine erneute Zulassung auf Grundlage der übrigen Sondervorschriften i.S.v. § 246 BauGB oder der allgemeinen bauplanungsrechtlichen Regelungen an demselben Standort verhindert. Dies ist nicht der Fall. Der entsprechende gesetzgeberische Wille lässt sich aus der in § 246 XIII BauGB verwendeten Formulierung „unbeschadet des Absatzes 9" ableiten; danach ist die Anwendung des Privilegierungstatbestandes des § 246 IX BauGB nicht ausgeschlossen, falls die

---

[653] Battis/Mitschang/Reidt, NVwZ 2014, 1609 (1611); Scheidler, NVwZ 2015, 1406 (1408).
[654] Blechschmidt/Reidt, BauR 2016, 934 (936); Blechschmidt, in: EZBK, BauGB, § 246 Rn. 59; Battis/Mitschang/Reidt, NVwZ 2014, 1609 (1611).

Zulassung nach § 246 XIII BauGB wegen Fristablaufs entfällt.[655] Sofern nicht die gegenüber § 246 XIII 1 Nr. 1 BauGB strengeren Voraussetzungen des § 246 IX BauGB vorliegen, kommt insoweit nur noch eine Abweichung nach der Generalklausel des § 246 XIV BauGB in Betracht.

Die weitere Frage ist, ob nach Ablauf der Dreijahresfrist an demselben Standort eine erneute Zulassung der Flüchtlingsunterkunft auf Grundlage einer der Privilegierungen des § 246 XII oder XIII 1 Nr. 1 BauGB möglich ist. Dies ist aus mehreren Gründen abzulehnen. Dagegen sprechen bereits die Gesetzesmaterialien. So heißt es in der Gesetzesbegründung zu § 246 XII BauGB, dass für den Fall, dass sich im zeitlich befristeten Nutzungszeitraum die Erforderlichkeit einer langfristigen Nutzung als Flüchtlingsunterkunft ergibt und diese nicht nach anderen Vorschriften zugelassen werden kann, eine nachhaltige Bauleitplanung erforderlich wird.[656] Außerdem ist hier zu berücksichtigen, dass der – im siebten Kapitel ausführlich diskutierte – Eingriff in das kommunale Selbstverwaltungsrecht und die weitreichenden Abweichungen vom allgemeinen Bauplanungsrecht in § 246 XII und XIII 1 Nr. 1 BauGB gerade nur unter der Einschränkung verhältnismäßig sind, dass die zeitliche Begrenzung der Privilegierungen von vornherein die Intensität des Eingriffs in die städtebaulichen Belange reduziert.[657] Insbesondere müsste die Zumutbarkeit im Rahmen des bauplanungsrechtlichen Rücksichtnahmegebots von Anfang an anders bewertet werden, wenn für die Privilegierungen des § 246 XII und XIII 1 Nr. 1 BauGB eine Verlängerungsmöglichkeit bestünde. Denn gerade die zeitliche Befristung begrenzt klar und fest das Ausmaß der Beeinträchtigung von Nachbarinteressen, was bei der Bewertung der Zumutbarkeit eine wichtige Rolle spielt.[658] Schließlich spricht auch noch der Sinn und Zweck einer Befristung, wonach es sich gerade nur um ein vorübergehendes Provisorium handeln soll, anschaulich dafür, dass der festgeschriebene Zeitraum absolut ist und daher eine erneute Zulassung auf Grundlage des § 246 XII und/oder XIII 1 Nr. 1 BauGB nach Ablauf von drei Jahren ausgeschlossen ist.[659]

---

[655] *Bunzel*, in: Bleicher/Bunzel/Finkeldei/Fuchs/Klinge, Baurecht, § 246 S. 12.
[656] BT-Drs. 18/6185, S. 54.
[657] *OVG Hamburg*, Beschl. v. 14.04.2016 – 2 Bs 29/16 = KommJur 2016, 316; *Blechschmidt/Reidt*, BauR 2016, 934 (937); *Blechschmidt*, in EZBK, BauGB, § 246 Rn. 77; *Bienek*, SächsVBl 2016, 73 (76); *Petersen*, KommP BY 2016, 50 (52), der weiter ausführt, dass mit „Kettenbefreiungen, die sich kumulativ über drei Jahre hinaus erstrecken, die genannte Erwägung konterkariert werden würde.
[658] *Blechschmidt*, in EZBK, BauGB, § 246 Rn. 77.
[659] So im Ergebnis auch: *OVG Hamburg*, Beschl. v. 14.04.2016 – 2 Bs 29/16 = KommJur 2016, 316; *Mitschang/Reidt*, in: Battis/Krautzberger/Löhr, BauGB, § 246 Rn. 33; *Dürr*, in: Brügelmann, BauGB, § 246 Rn. 38; *Decker*, in: Schiwy, BauGB, § 246 Rn. 91; *Blechschmidt/Reidt*, BauR 2016, 934 (937); *Jarass/Kment*, in: Jarass/Kment, BauGB, § 246 Rn. 23.

IV. Abgrenzung zum Problembereich der sog. Folge- bzw. Anschlussnutzung

Von der Fortnutzung innerhalb der genehmigten Nutzungsart und der Frage der erneuten Zulassung derselben Anlage auf Grundlage der bauplanungsrechtlichen Sondervorschriften für Flüchtlingsunterkünfte ist der Problembereich der sog. Folge- oder Anschlussnutzung an die auf Grundlage des § 246 VIII bis XVII BauGB genehmigten Flüchtlingsunterbringung zu unterscheiden.

Anders als die bloße Fortnutzung betrifft die Anschlussnutzung nämlich den Regelungsbereich des sog. aktiven Bestandsschutzes und mithin die Fragestellung, ob und inwieweit die als Flüchtlingsunterkunft auf Grundlage der Absätze 8 bis 14 des § 246 BauGB genehmigte bauliche Anlage nach Aufgabe dieser Nutzung in anderer Form weitergenutzt werden kann, ohne die Notwendigkeit, erneut am Bauplanungsrecht i.S.d. §§ 29 ff. BauGB geprüft zu werden.[660] Dies wird im sechsten Kapitel untersucht. Da es für die Frage der Anschlussnutzung aber auf die Eigenart der konkreten Zulassungsvorschrift wesentlich ankommt, ist es geboten, nachfolgend zunächst die einzelnen Privilegierungsregelungen des § 246 VIII bis XIV BauGB mit ihren Gemeinsamkeiten und Unterschieden darzustellen.

---

[660] BT-Drs. 18/6386, S. 15.

Fünftes Kapitel

Gemeinsamkeiten und umfassende Einzeldarstellung der Sondervorschriften

In Anlehnung an die Methode, gemeinsame Faktoren „vor die Klammer zu ziehen", werden im Rahmen der Darstellung der Sonderregelungen für Flüchtlingsunterkünfte unter § 10 zunächst die diesen immanenten Gemeinsamkeiten herausgestellt. Dann wird unter § 11 jede Sondervorschrift mit ihren jeweiligen Besonderheiten einzeln behandelt.

§ 10

Gemeinsamkeiten der baurechtlichen Gesetzesänderungen zur Flüchtlingsunterbringung

Es lassen sich insgesamt zehn große Gemeinsamkeiten der Sonderregelungen des § 246 VIII bis XVI BauGB ausmachen. Im Einzelnen:

A. Konstitutive Wirkung

Die erste Gemeinsamkeit der Sondervorschriften für Flüchtlingsunterkünfte ist deren konstitutive Wirkung. Mit den Regelungen des § 246 VIII bis XVI BauGB werden erhebliche Erleichterungen im Bereich des Städtebaurechts geschaffen. Diese haben dabei nicht bloß einen rein klarstellenden Charakter, sondern treffen neue und eigenständige Erleichterungen. Die konstitutiven Sondervorschriften in § 246 VIII bis XVI BauGB bilden den „Kern" der beiden Gesetzesnovellen zur Erleichterung der Flüchtlingsunterbringung, sodass sie auch den Schwerpunkt der weiteren Erörterungen ausmachen.

In Abgrenzung dazu soll an dieser Stelle der Vollständigkeit halber auf die Ergänzungen in § 1 VI Nr. 13 BauGB, § 31 II 1 Nr. 1 BauGB und § 246 XVII BauGB hingewiesen werden. Diese haben insoweit keine eigenständige „regelnde" Wirkung, sondern wiederholen deklaratorisch nur das, was sich ohnehin bereits aus dem Gesetz ergibt.[661] So wurden die Planungsleitlinien i.S.v. § 1 VI BauGB um eine Nr. 13 ergänzt, wonach nunmehr „die Belange von Flüchtlingen oder Asylbegehrenden und ihrer Unterbringung" bei der Aufstellung der Bauleitpläne zu berücksichtigen sind.[662] Deklaratorisch ist diese Erweiterung deswegen, da die Aufzählung in § 1 VI BauGB aufgrund des Wortes „insbesondere" nicht abschließend ist mit der Folge, dass die Belange der Flüchtlinge ohnehin von den Planungsleitlinien des § 1 VI BauGB erfasst werden. Darüber hinaus wurden die Gründe des Wohls der Allgemeinheit in der ersten Befreiungsalternative des § 31 II 1 Nr. 1 BauGB um den „Bedarf zur Unterbringung von Flüchtlingen oder Asylbegehrenden" ergänzt. Auch diese Erweiterung hat „eher klarstellenden Charakter"[663], da der Bedarf zur Unterbringung von Flüchtlingen angesichts der weiten Fassung des § 31 II 1 Nr. 1 BauGB einen Allgemeinwohlgrund darstellt und daher auch bisher schon unter die Norm subsumiert werden konnte[664], was der Gesetzgeber mit der Einfügung des Wortes „einschließlich" auch erkannt hat. Zwar führen die als Dauerrecht übernommenen Ergänzungen in § 1 VI Nr. 13 BauGB und § 31 II 1 Nr. 1 BauGB zu keiner substanziellen Änderung der Rechtslage. Sie sind aber immerhin als ein gesetzgeberischer Hinweis relevant, dass es sich bei den Belangen von Flüchtlingen und ihrer Unterbringung um sehr bedeutsame und wichtige Aspekte der städtebaulichen Entwicklung und Ordnung handelt.[665] Insoweit kann die Ergänzung der Planungsleitlinien i.S.v. § 1 VI BauGB durchaus bei der Beurteilung eine Rolle spielen, ob ein Bebauungsplan nach § 1 III BauGB erforderlich ist oder nicht, ohne Rücksicht darauf, dass es sich dabei nur um eine deklaratorische Regelung handelt.[666] Denn allein durch die Nennung und Bestätigung der „Flüchtlingsbelange" bringt der Gesetzgeber ihre besondere Stellung und Relevanz in der Städteplanung zum Ausdruck.[667] Darüber hinaus weist die ausdrückliche Benennung der Flüchtlingsunterbringung als Allgemeinwohlgrund i.S.v. § 31 II 1 Nr. 1 BauGB auf die herausgehobene Bedeutung dieses Interesses hin, gerade auch im

---

[661] *Portz/Düsterdiek*, BWGZ 2015, 404 (407); *Battis/Mitschang/Reidt*, NVwZ 2014, 1609 (1611).
[662] Dabei wird ausdrücklich nicht nur auf die Unterbringung als solche, sondern auch ganz allgemein auf „die Belange von Flüchtlingen oder Asylbegehrenden" abgestellt. Der Gesetzgeber will damit seinerseits einen Beitrag zur Willkommenskultur und zur Integration und Teilhabe von Flüchtlingen leisten und auf die Schaffung angemessener Unterkünfte hinwirken. Vgl. dazu auch: *Krautzberger/Stüer*, DVBl 2015, 73 (75); *Langenfeld/Weisensee*, ZAR 2015, 132 (137).
[663] BT-Drs. 18/2752, S. 11.
[664] *Scheidler*, VerwArch 2016, 177 (184).
[665] *Petersen*, KommP BY 2015, 10 (11).
[666] *Krautzberger/Stüer*, DVBl 2015, 73 (75); *Battis/Mitschang/Reidt*, NVwZ 2014, 1609 (1611).
[667] So bereits BR-Drs. 419/14, S. 5, wo es heißt, die „Vorschrift soll sicherstellen, dass den Belangen von Flüchtlingen […] und insbesondere deren Unterbringung bei der Bauleitplanung verstärkt Rechnung getragen wird." *Krautzberger/Stüer*, DVBl 2015, 73 (75), wonach den im Katalog des § 1 VI BauGB ausdrücklich genannten Belangen ein „gewisser Fingerzeig" gegeben wird.

Hinblick auf Abweichungen von geltenden bodenrechtlichen Regeln und (Richt-)Werten. So kann ein dringendes öffentliches Interesse an der Unterbringung von Flüchtlingen und Asylbegehrenden es im Einzelfall rechtfertigen, einem Nachbarn vorübergehend ein Mehr an (Lärm-)Beeinträchtigungen zuzumuten.[668] Schließlich stellt auch § 246 XVII BauGB eine rein deklaratorische Regelung dar. Danach bezieht sich die Befristung bis zum 31.12.2019 nicht auf die Geltungsdauer der Genehmigung, sondern auf den Zeitraum, bis zu dessen Ende im bauaufsichtlichen Zulassungsverfahren von den Sondervorschriften Gebrauch gemacht werden kann. Diese Rechtsfolge ergibt sich bereits aus einer grammatikalischen Auslegung der Privilegierungsregelungen, aus der allgemeinen Systematik des Bauplanungsrechts sowie aus den Gesetzesmaterialien, sodass es sich auch bei § 246 XVII BauGB um eine ausschließlich klarstellende Regelung handelt.[669] Diese drei deklaratorischen Ergänzungen wurden bewusst – und insoweit völlig zu Recht – von der zeitlichen Befristung bis zum 31.12.2019 ausgenommen. Denn es liegt in der Natur einer bloßen Klarstellung, dass die damit verbundenen Aussagen, die klärend, erklärend und verdeutlichend wirken sollen, insoweit auch über eine etwaige zeitliche Befristung hinaus Geltung beanspruchen.[670]

B. *Einschränkungen bei der Anwendung auf private Vorhabenträger*

Eine weitere Gemeinsamkeit der Sondervorschriften besteht darin, dass sich neben öffentlich-rechtlichen Körperschaften auch private Vorhabenträger – wenn auch nur unter gewissen Einschränkungen – mit Erfolg auf die Privilegierungen des § 246 VIII bis XVI BauGB berufen können.

I. Abstimmungsverpflichtung privater Vorhabenträger mit den unterbringungsverantwortlichen Körperschaften

Fraglich ist zunächst, ob ganz allgemein private Bauherren berechtigt sind, sich auf die Sondervorschriften für Flüchtlingsunterkünfte zu berufen. Problematisch könnte dies vor dem Hintergrund sein, dass die Regelungen der Absätze 8 bis 16 des § 246 BauGB nicht unerhebliche Erleichterungen gegenüber den allgemeinen bauplanungsrechtlichen Regeln und Standards schaffen, die von privatwirtschaftlichen Investoren – mit

---

[668] *OVG Hamburg*, Beschl. v. 12.01.2015 – 2 Bs 247/14 = BeckRS 2015, 52957; *VGH Kassel*, Beschl. v. 18.09.2015 – 3 B 1518/15 = NVwZ 2016, 88; *Blechschmidt*, in: EZBK, BauGB, § 246 Rn. 49. Vgl. dazu ausführlich im Rahmen der bodenrechtlichen Systemdurchbrechungen im achten Kapitel auf S. 427 ff.
[669] Vgl. dazu im Rahmen des zeitlichen Anwendungsbereichs im vierten Kapitel auf S. 148 ff.
[670] *Battis/Mitschang/Reidt*, NVwZ 2014, 1609 (1611).

erheblichen Folgen für das Städtebaurecht – zweckwidrig „ausgenutzt" werden könnten. Praktiker warnen vor dieser Missbrauchsgefahr; unter dem „Deckmantel" der Flüchtlingsunterbringung könnten bauliche Anlagen auf städtebaulich dafür nicht geeigneten Flächen zugelassen werden, ohne dass dort in absehbarer Zeit jemals Flüchtlinge untergebracht werden (sollen).[671] Denn soweit – so die Überlegung – die gewünschte bauliche Anlage zumindest „schon einmal stehe", und zwar legalisiert durch eine wie auch immer geartete Zulassung, könnte eine weitergehende Nutzungsänderungsgenehmigung praktisch erheblich „einfacher" zu bekommen sein als die Zulassung für eine gänzlich neue Errichtung des Vorhabens. Immerhin werden wie mit dem Abriss eines Gebäudes auch mit seiner Errichtung gewissermaßen „harte Fakten" geschaffen. Hinzu kommt, dass grundsätzlich ein städtebauliches Bestreben besteht, bereits existente bauliche Anlagen einer tauglichen Folgenutzung zuzuführen und damit einen Leerstand samt sukzessiven Verfall der Immobilien zu verhindern. Um einem derartigen „Missbrauch" des § 246 VIII bis XVI BauGB von vornherein einen Riegel vorzuschieben, muss de lege ferenda der Anwendungsbereich der Sondervorschriften bei privaten Vorhabenträgern auf Fälle beschränkt werden, in denen ein Bedarf an entsprechenden Flüchtlingsunterkünften im jeweiligen Gemeindegebiet tatsächlich besteht oder in absehbarerer Zukunft bestehen wird.

Die Bedenken des Verfassers, die zu der hier vertretenen Notwendigkeit der Einschränkung der Sondervorschriften bei der Anwendung auf private Bauherren führen, hat im Verlauf der Erstellung dieser Arbeit auch der *VGH Kassel* geteilt. In seinem – wenig beachteten – Urteil vom 22. Februar 2018 führte er aus, dass der Gesetzgeber „allein die Flüchtlingsunterbringung in öffentlicher Verantwortung" begünstigen wollte.[672] Dies bedeutet, dass mit Hilfe der Sondervorschriften des § 246 VIII bis XVII BauGB nur „öffentliche Unterbringungseinrichtungen" geschaffen werden können, die „der Erfüllung der öffentlichen […] Unterbringungsverpflichtung" dienen. Das Gericht bezieht sich im konkreten Fall zwar nur auf die Sondervorschrift des § 246 IX BauGB; gleichwohl treffen die angeführten Argumente für eine entsprechend restriktive Auslegung auf sämtliche materielle Privilegierungstatbestände der Absätze 8 bis 14 des § 246 BauGB zu. Dies deutet der Senat in seiner Entscheidung selbst an, indem er im Rahmen der später geprüften Anwendbarkeit des § 246 XIII BauGB ausdrücklich „auf das oben Gesagte" zu § 246 IX BauGB verweist. Eine „der Erfüllung der öffent-

---

[671] So etwa auch *Krautzberger/Stüer*, UPR 2016, 95 (99), nach denen in der Praxis die Reaktion zu beobachten ist, dass die bauplanungsrechtlichen Privilegierungen des § 246 VIII bis XIV BauGB für die Errichtung von Vorhaben des „normalen" hochwertigen Wohnungsbaus genutzt werden, nach denen in der Bevölkerung eine sehr hohe Nachfrage besteht.
[672] *VGH Kassel*, Urt. v. 22.02.2018 – 4 A 1837/17 = ZfBR 2018, 482.

lichen [...] Unterbringungsverpflichtung" dienende „öffentliche Unterbringungseinrichtung" kann nach Auffassung des Gerichts nicht nur durch die unterbringungsverpflichtete, öffentlich-rechtliche Körperschaft geschaffen werden. Auch private Vorhabenträger können auf die Sonderregelungen für Flüchtlingsunterkünfte zurückgreifen, sofern die Körperschaft in den privat errichteten Vorhaben ihre Unterbringungsverpflichtung zu erfüllen beabsichtigt. Dies setze aber zwingend voraus, dass die Schaffung derartiger Vorhaben „in Abstimmung mit dem jeweiligen Unterbringungsverpflichteten" erfolgt. „Lehnt die Kommune die Unterbringung von Asylbegehrenden und Flüchtlingen in dem Vorhaben ab," indem sie etwa mehrfach erklärt, dass kein weiterer Bedarf an Unterbringungseinrichtungen im Stadtgebiet bestehe, scheide ein Rückgriff des privaten Bauherren auf die Sondervorschriften aus, so der *VGH*. Diese Rechtsprechung ist vom *Bundesverwaltungsgericht* zwischenzeitlich bestätigt worden.[673]

Vor diesem Hintergrund muss jetzt aber de lege lata die Frage geklärt werden, ob die Sondervorschriften des § 246 VIII bis XVI BauGB rechtstechnisch überhaupt dementsprechend restriktiv ausgelegt werden können. Der Wortlaut der Norm steht dem nicht entgegen. Auch die gesetzeshistorische und die teleologische Auslegung sprechen für diese Einschränkungen bei der Anwendung der Sondervorschriften auf private Vorhabenträger. Bereits in den Gesetzesmaterialien zu den beiden BauGB-Flüchtlingsnovellen wird darauf abgestellt, dass angesichts der stark angestiegenen Zuwanderung von Flüchtlingen nach Deutschland gesetzgeberische Maßnahmen dringend geboten seien, „mit deren Hilfe die bedarfsgerechte Schaffung von *öffentlichen* Unterbringungseinrichtungen zeitnah ermöglicht und gesichert" werden könne.[674] Auch an anderer Stelle ist in Bezug auf § 246 VIII bis XVII BauGB immer wieder die Zielrichtung auf öffentliche, vor allem „kommunale Einrichtungen" angesprochen.[675] Vor allem aus dem Gesamtzusammenhang der Gesetzesmaterialien – hier insbesondere aus der mehrfachen ausdrücklichen Bezugnahme auf die Kommunen, die allen voran mit den Herausforderungen der Flüchtlingskrise konfrontiert seien[676] – wird der Wille des Gesetzgebers deutlich, „die Kommunen [...] in die Lage zu versetzen, mit Hilfe von Neuregelungen [...] bedarfsgerechte öffentliche Unterbringungseinrichtungen zeitnah zu schaffen und zu sichern."[677] Auch der Sinn und Zweck der Sondervorschriften[678] trägt die genannte

---

[673] *BVerwG*, Urt. v. 21.02.2019 – 4 C 9/18 = NVwZ 2019, 802.
[674] BT-Drs. 18/2752, S. 1, 7.
[675] BT-Drs. 18/6185, S. 54.
[676] BT-Drs. 18/2752, S. 1, 7; BT-Drs. 18/6185, S. 25.
[677] So ausdrücklich *Battis/Mitschang/Reidt*, NVwZ 2014, 1609 (1609) unter Verweis auf die Gesetzesmaterialien in BR-Drs. 419/14, S. 4, 6.
[678] Zum Sinn und Zweck der Sondervorschriften, vgl. ausführlich im dritten Kapitel auf S. 99 ff.

restriktive Auslegung.[679] Diese sind darauf gerichtet, die mit der Flüchtlingszuwanderung verbundenen – akuten und vorübergehenden – Herausforderungen in Bezug auf die Unterbringung in den Griff zu bekommen.[680] Die Sondervorschriften wollen also nur die Schaffung des erforderlichen Unterbringungsraums in der sog. Flüchtlingskrise gewährleisten und die Betroffenen dadurch während ihres Asylverfahrens vor Obdachlosigkeit und damit vor Gefahren für Leben und Gesundheit schützen.[681] Sie sollen aber nicht unter dem Schutzschirm der Flüchtlingsunterbringung dauerhafte und der Allgemeinheit zur Verfügung stehende Wohngebäude auf städtebaulich dafür nicht geeigneten Flächen ermöglichen.[682] Die Sonderregelungen für Flüchtlingsunterkünfte können kein Einfallstor bilden, um so dauerhaften und allgemein zugänglichen Wohnraum zu schaffen, auch nicht unter dem Gesichtspunkt des sozialen Wohnungsbaus.[683] Bestätigt wird diese Zielsetzung durch die Gesetzesbegründung zur zweiten BauGB-Flüchtlingsnovelle, in der es ausdrücklich heißt, dass die Sondervorschriften lediglich „zur Bewältigung der [mit der Flüchtlingszuwanderung] verbundenen Herausforderungen" erlassen werden[684] und „die zukünftige erforderliche Schaffung dauerhaften Wohnraums auch für Flüchtlinge [...] der Planung durch die Kommunen vorbehalten bleiben" müsse.[685] Diese Zielsetzung würde – wie eingangs dargestellt – massiv gefährdet, wenn private Vorhabenträger ohne jegliche Einschränkung unter Rückgriff auf § 246 VIII bis XVI BauGB „Flüchtlingsunterkünfte" schaffen könnten.

Um einen Missbrauch der Sondervorschriften entgegen ihrem gesetzgeberischen Ziel von Anfang an zu vermeiden und sicherzustellen, dass die auf deren Grundlage geschaffenen baulichen Anlagen auch tatsächlich für die Flüchtlingsunterbringung benötigt werden, ist die Anwendbarkeit der Sondervorschriften für private Bauherren in der Weise einzuschränken, dass die Körperschaften in den privat errichteten Vorhaben ihre Unterbringungsverantwortung zu erfüllen beabsichtigen und dies von vornherein entsprechend kommuniziert und abgestimmt sein muss.[686]

---

[679] So auch *VGH Kassel*, Urt. v. 22.02.2018 – 4 A 1837/17 = ZfBR 2018, 482.
[680] *Dürr*, in: Brügelmann, BauGB, § 31 Rn. 35b; *Blechschmidt*, in: EZBK, BauGB, § 246 Rn. 57, 63a.
[681] *Blechschmidt*, in: EZBK, BauGB, § 246 Rn. 80.
[682] *OVG Berlin-Brandenburg*, Beschl. v. 19.07.2018 – OVG 10 S 52.17 = BeckRS 2018, 17925; *VGH Kassel*, Urt. v. 22.02.2018 – 4 A 1837/17 = ZfBR 2018, 482; *Blechschmidt*, in: EZBK, BauGB, § 246 Rn. 63a.
[683] *Blechschmidt*, in: EZBK, BauGB, § 246 Rn. 57.
[684] BT-Drs. 18/6185, S. 1.
[685] BT-Drs. 18/6185, S. 26.
[686] *BVerwG*, Urt. v. 21.02.2019 – 4 C 9/18 = NVwZ 2019, 802; *VGH Kassel*, Urt. v. 22.02.2018 – 4 A 1837/17 = ZfBR 2018, 482; zustimmend *Blechschmidt*, in: EZBK, BauGB, § 246 Rn. 56.

II. Keine darüberhinausgehenden Einschränkungen im Falle des § 246 XIV BauGB

Von einer dahingehenden, umfassenden Gemeinsamkeit der Sondervorschriften kann allerdings nur dann ausgegangen werden, wenn auch die Generalklausel des § 246 XIV BauGB keine weitergehenden Einschränkungen für private Vorhabenträger macht. Zu untersuchen ist also, ob und/oder inwieweit Letztere vom Anwendungsbereich des § 246 XIV BauGB erfasst sind.

1. Enge Auslegung

Nach einer teilweise vertretenen engen Auslegung können Private nicht Vorhabenträger i.S.v. § 246 XIV BauGB sein, sofern sie nicht lediglich im Auftrag einer öffentlichen Gebietskörperschaft tätig werden.[687]

Für diese Auffassung spricht der Wortlaut der Generalklausel, da im Rahmen des § 246 XIV BauGB ausdrücklich nur Länder, Kommunen oder im Auftrag von Land oder Kommune tätige Dritte genannt werden. Private Vorhabenträger, die nicht von der öffentlichen Hand beauftragt werden, finden in § 246 XIV BauGB hingegen keine Erwähnung. Bestätigt wird diese Auslegung durch die Gesetzesbegründung der Bundesregierung.[688] Im Zusammenhang mit dem Land als Vorhabenträger heißt es dort, dass die Abweichungsbefugnis „auch [dann gelte], wenn die Einrichtung von einem Dritten (z. B. von Landkreisen oder Privaten) [und demnach im Auftrag des Landes] betrieben wird." Darüber hinaus solle die Regelung aber auch Anwendung finden „auf Einrichtungen, die aufgrund von Regelungen nach § 50 Absatz 2 des Asylgesetzes von einer Gemeinde (oder von einem Dritten, der von der Gemeinde beauftragt ist) im übertragenen Wirkungskreis betrieben werden." Demgegenüber finden private Vorhabenträger ohne Beauftragung durch ein Land oder eine Gemeinde auch in der Gesetzesbegründung keinerlei Erwähnung.

Darüber hinaus spricht für eine einengende Auslegung auch die Überlegung, dass derart krasse Eingriffe in das bauplanungsrechtliche Regelungssystem nur zugunsten öffentlicher Vorhabenträger möglich sein sollen, welche die Flüchtlinge unterbringen müssen, da zu deren Lasten eine Unterbringungsverpflichtung bzw. Unterbringungsverantwortung[689] besteht. Derartige Unterbringungsaufgaben treffen Private jedoch gerade nicht, wie sich auch aus dem Umkehrschluss zu §§ 44 I, 50 I, II AsylG ergibt.

---

[687] *Blechschmidt*, in: EZBK, BauGB, § 246 Rn. 96; *Roeser*, in: Berliner Kommentar zum BauGB, § 246 Rn. 44.
[688] BT-Drs. 18/6185, S. 55.
[689] Vgl. dazu im personellen Anwendungsbereich im vierten Kapitel auf S. 119 ff.

Dass private Bauherren, die primär ertragsorientiert ihre Investitionsprojekte betreiben, auch bauplanungsrechtlich begünstigt werden sollen und so gegebenenfalls von nahezu sämtlichen städtebaulichen Vorgaben abweichen können, dürfte gegen die oben unter Ziffer I. dargestellte gesetzgeberische Intention sprechen, gerade öffentliche Körperschaften und dabei vor allem Kommunen in die Lage zu versetzen, zeitnah menschenwürdige Unterbringungseinrichtungen für Flüchtlinge zu schaffen. Nachdem die Generalklausel im System des Bauplanungsrechts einen deutlich ausgeprägten Ausnahmecharakter aufweist und Ausnahmen typischerweise eng auszulegen sind, kommt man auch insoweit zu einer eher einengenden Betrachtung.

Nicht zuletzt können auch praktische Gründe für die Auffassung angeführt werden, dass Private nicht Vorhabenträger i.S.v. § 246 XIV BauGB sein können. Denn insbesondere die Frage, ob Flüchtlingsunterkünfte dringend benötigt werden, kann letztlich nur durch die zur Unterbringung verpflichteten Gebietskörperschaften beurteilt und nachgewiesen werden. Ergänzend wird noch auf die weitere Begründung *Blechschmidts* hingewiesen, wonach der tatbestandlich geforderte dringende Bedarf[690] ohnehin nur bei den unterbringungsverpflichteten Gebietskörperschaften entstehen könne, nicht jedoch bei den privaten Vorhabenträgern.[691]

Auch ein Abstellen auf die Daseinsberechtigung der Regelung über die Sicherstellung der Rückbauverpflichtung i.S.v. § 246 XIV 5 BauGB i.V.m. § 35 V 3 BauGB steht der engen Auslegung nicht entgegen. Im Umkehrschluss zu § 246 XIV 8 BauGB, wonach die Sicherstellung der Rückbauverpflichtung für öffentlich-rechtliche Gebietskörperschaften als Vorhabenträger ausnahmsweise entbehrlich ist, muss man in den übrigen – von § 246 XIV 8 BauGB nicht erfassten – Fällen eine Sicherstellung der Rückbauverpflichtung gem. § 246 XIV 5 BauGB als erforderlich ansehen. Für diesen Regelfall i.S.v. § 246 XIV 5 BauGB verbleiben aber zumindest noch die im Auftrag von Land oder Gemeinde tätigen Privaten, sodass diese Regelung auch ohne – von der öffentlichen Hand nicht beauftragte – private Vorhabenträger ihre Daseinsberechtigung hat.

2. Weite Auslegung

Trotz allem verdient den Vorzug eine extensive Auslegung, wonach Private auch dann Vorhabenträger i.S.v. § 246 XIV BauGB sein können, wenn sie nicht durch eine

---

[690] Vgl. dazu weiter unten im Rahmen der Einzeldarstellung des § 246 XIV BauGB auf S. 251 f.
[691] So jeweils *Blechschmidt*, in: EZBK, BauGB, § 246 Rn. 96.

öffentlich-rechtliche Gebietskörperschaft beauftragt wurden.[692] Dies hat fernerhin zur Folge, dass auch in Bezug auf die Anwendung der Sondervorschriften auf private Bauherren von einer „echten" Gemeinsamkeit des § 246 VIII bis XVI BauGB gesprochen werden kann.

Auch diese weite Auslegung des persönlichen Anwendungsbereichs findet im Wortlaut der Generalklausel des § 246 XIV BauGB eine Stütze, da sie eine Beschränkung auf öffentliche Gebietskörperschaften gerade nicht enthält. Bestätigt wird dies durch die Gesetzesbegründung zu § 246 XIV BauGB, in der es in Bezug auf die Vorhabenträgereigenschaft ausdrücklich heißt, dass „etwaige in dieser Hinsicht bei § 37 BauGB zu beachtenden Beschränkungen [...] bei Anwendung des Absatz 14 nicht" gelten.[693]

Darüber hinaus spricht auch der Sinn und Zweck des § 246 XIV BauGB, eine schnelle und menschenwürdige Unterbringung von Flüchtlingen in Notfällen zu ermöglichen[694], gegen eine Beschränkung des persönlichen Anwendungsbereichs auf öffentliche Vorhabenträger. Gleiches gilt bei einer systematischen Auslegung, wenn ein Vergleich mit der als Vorlage dienenden Privilegierungsregelung des § 37 BauGB angestellt wird. Zwar werden von § 37 BauGB keine privaten Vorhabenträger erfasst, was zunächst für eine entsprechende Auslegung im Rahmen des § 246 XIV BauGB streiten könnte. Allerdings sollte die Generalklausel des § 246 XIV BauGB gegenüber § 37 BauGB in Bezug auf ihren Anwendungsbereich gerade erweitert werden.[695] Und während in § 37 BauGB die Beschränkung auf bauliche Maßnahmen des Bundes und der Länder ausdrücklich statuiert ist, hat § 246 XIV BauGB eine derartige gesetzgeberische Einschränkung des persönlichen Anwendungsbereichs nicht erfahren.

Schließlich können auch die von den Vertretern der Gegenauffassung primär angeführten praktischen Gründe meines Erachtens nicht überzeugen. Danach könne der tatbestandlich geforderte dringende Bedarf überhaupt nur bei den zur Unterbringung

---

[692] So auch: *Mitschang/Reidt*, in: Battis/Krautzberger/Löhr, BauGB, § 246 Rn. 46; *Dürr*, in: Brügelmann, BauGB, § 246 Rn. 47; *Bunzel*, in: Bleicher/Bunzel/Finkeldei/Fuchs/Klinge, Baurecht, § 246 S. 19; *Jarass/Kment*, in: Jarass/Kment, BauGB, § 246 Rn. 28; *Petersen*, KommP BY 2016, 50 (53); *Gohde*, ZfBR 2016, 642 (647); *Kment/Wirth*, ZfBR 2016, 748 (750); *Battis/Mitschang/Reidt*, NVwZ 2015, 1633 (1637); *Hornmann*, in: BeckOK BauNVO, § 3 Rn. 239; *Scheidler*, UPR 2015, 479 (484). *Decker*, in: Schiwy, BauGB, § 246 Rn. 121, 128 vertritt insoweit eine in sich widersprüchliche Auffassung, indem er an einer Stelle (Rn. 121) ausführt, dass § 246 XIV BauGB auch auf Vorhaben von „privaten Trägern" anwendbar sei, während er an anderer Stelle (Rn. 128) ausschließlich von Vorhaben „der öffentlichen Hand" spricht.
[693] BT-Drs. 18/6185, S. 55.
[694] *Dürr*, in: Brügelmann, BauGB, § 246 Rn. 48.
[695] BT-Drs. 18/6185, S. 55.

verpflichteten öffentlich-rechtlichen Gebietskörperschaften entstehen bzw. zumindest nur von diesen beurteilt und nachgewiesen werden. Dem steht aber entgegen, dass es sich beim dringenden Bedarf um ein Tatbestandserfordernis handelt, das sich ausschließlich nach objektiven Kriterien und unabhängig von der unterbringungsverpflichteten Gebietskörperschaft beurteilt.[696] Dann ist es ohne weiteres möglich, aus objektiven Gründen den dringenden Bedarf an Unterkunftsmöglichkeiten zu ermitteln und so auch einen privaten Vorhabenträger in den „Genuss" der Abweichungsbefugnis des § 246 XIV BauGB kommen zu lassen. Tatsächlich schwieriger ist es für den privaten Vorhabenträger aber, die Tatsache des dringenden Bedarfs im konkreten Fall plausibel darzulegen und nachzuweisen. Insoweit ist es ihm freilich unbenommen, sich vorab bei den zuständigen Behörden über diese Frage eingehend zu informieren. Sobald das Genehmigungsverfahren läuft, in dem der private Bauherr die Abweichung beantragt hat, prüft die zuständige Behörde bekanntlich von Amts wegen, ob ein solcher dringender Bedarf vorliegt.[697] Die entsprechenden Feststellungen kann der private Vorhabenträger abfragen. Die genannten tatsächlichen Schwierigkeiten bei der Inanspruchnahme des § 246 XIV BauGB durch Private dürfen jedenfalls nicht dazu führen, dass ihnen eine Berufung auf die Regelung von vornherein rechtlich entzogen ist. Private Vorhabenträger müssen – gerade auch im Hinblick auf Art. 3 I GG[698] – zumindest die Möglichkeit bekommen, auf die umfassende Privilegierungsregelung des § 246 XIV BauGB zugreifen zu können.

C. Ausschließlich Privilegierungen auf Zulassungsebene

Darüber hinaus haben die Sondervorschriften für Flüchtlingsunterkünfte i.S.d. § 246 VIII bis XVI BauGB gemeinsam, dass es ausschließlich privilegierende Regelungen auf Zulassungsebene sind. Es wird damit also lediglich die Genehmigungsfähigkeit von Flüchtlingsunterkünften nach den §§ 29 ff. BauGB auf der Ebene der Genehmigungserteilung erleichtert. Demgegenüber hat die Bauleitplanung durch § 246 VIII bis XVI BauGB keinerlei – und mit § 1 VI Nr. 13 BauGB lediglich eine untergeordnete – Modifikation erfahren, insbesondere wenn man berücksichtigt, dass es sich bei Letzterem ohnehin nur um eine rein deklaratorische Ergänzung handelt. Vielmehr sollte mit den Re-

---

[696] Vgl. dazu weiter unten im Rahmen der Einzeldarstellung des § 246 XIV BauGB auf S. 251 f.
[697] Im Verwaltungsverfahren gilt gem. § 24 I Landes-VwVfG der Untersuchungsgrundsatz bzw. der Amtsermittlungsgrundsatz.
[698] Zum allgemeinen Gleichheitssatz, vgl. ausführlich im Rahmen der verfassungsrechtlichen Prüfung im siebten Kapitel auf S. 396 ff.

gelungen der Absätze 8 bis 16 des § 246 BauGB in Bezug auf die Flüchtlingsunterbringung die „Aufstellung eines Bebauungsplans mit obligatorischer Öffentlichkeitsbeteiligung (§ 3 BauGB) entbehrlich" gemacht werden.[699]

Aus diesem Grund hat die Bundesregierung in ihrer Stellungnahme zum Gesetzentwurf sogleich die Empfehlung ausgesprochen, bei Anwendung der privilegierenden Sondervorschiften des § 246 VIII bis XVI BauGB von den Möglichkeiten der freiwilligen bzw. informellen Öffentlichkeitsbeteiligung Gebrauch zu machen.[700] Dahinter steht die begründete Hoffnung, mithilfe der Öffentlichkeitsbeteiligung die Akzeptanz für die Schaffung von Flüchtlingsunterkünften in der Bevölkerung zu steigern.[701] Die freiwillige Öffentlichkeitsbeteiligung wird in der Praxis in drei Intensitätsstufen unterteilt: Information, Konsultation und Kooperation.[702] Je höher die Intensitätsstufe ist, desto größer ist die Möglichkeit der Einflussnahme auf Seiten der Bürger. Die Beteiligungsstufen reichen dabei von der einseitigen Information bis hin zu einer nahezu gemeinsamen Gestaltung des Bauvorhabens. Auf der untersten Beteiligungsstufe kann sich die Öffentlichkeit lediglich über das Vorhaben informieren, ohne aber dazu angehört zu werden oder gar irgendwie Einfluss darauf nehmen zu können. Auf der mittleren Beteiligungsstufe kann die Öffentlichkeit immerhin zum konkreten Vorhaben vor der behördlichen Entscheidung Stellung beziehen. Eine Berücksichtigung der erhobenen Einwendungen bei der Entscheidung über das Bauvorhaben muss auf dieser Stufe jedoch nicht zwingend erfolgen. Auf der obersten Beteiligungsstufe bestimmt die Öffentlichkeit das Vorhaben durch ihre Einwendungen aktiv mit, da die erhobenen Einwendungen hier – im Falle ihrer Stichhaltigkeit – in den Entscheidungsprozess mit einbezogen werden müssen. Diese strengste Form der informellen Öffentlichkeitsbeteiligung entspricht nahezu der formellen Öffentlichkeitsbeteiligung i.S.v. §§ 3 II, 4a BauGB, bei der die Planunterlagen öffentlich ausgelegt werden müssen, den Bürgern Gelegenheit zur Stellungnahme gegeben werden muss und die (rechtzeitigen) Stellungnahmen bei der behördlichen Entscheidung und ihrer Begründung Berücksichtigung finden müssen. Ob die zuständige Baubehörde eine dieser drei Stufen der informellen Öffentlichkeitsbeteiligung wählt und – wenn ja – welche sie wählt, liegt in ihrem freien Ermessen. Die zuständige Baubehörde wird allerdings bei ihrer Entscheidung stets bedenken, dass der „Gegenwind", der Protest aus der Bevölkerung, mit hoher Wahrscheinlichkeit umso schwächer ausfallen wird, je höher die Intensitätsstufe einer freiwilligen Öffentlichkeitsbeteiligung ist.

---

[699] Dies ergibt sich bereits ausdrücklich aus den Gesetzesmaterialien, vgl. BT-Drs. 18/2752, S. 11.
[700] BT-Drs. 18/2752, S. 11.
[701] *Petersen*, KommP BY 2015, 10 (11).
[702] *Huge*, Die Öffentlichkeitsbeteiligung in Planungs- und Genehmigungsverfahren dezentraler Energieanlagen, S. 24 f.

Weitergehend haben die in § 246 VIII bis XVI BauGB geregelten Privilegierungen auf Zulassungsebene gemeinsam, dass die Absätze 8 bis 14 materiell-rechtliche Erleichterungen des Bauplanungsrechts regeln, während die Absätze 15 und 16 „formelle" Erleichterungen mit dem Ziel der Verfahrensbeschleunigung beinhalten.

D. Keine eigene bodenrechtliche Nutzungskategorie und keine Rechtsgrundlage zur Schaffung von dauerhaftem und der Allgemeinheit zur Verfügung stehendem Wohnraum

Wie bereits im Rahmen des sachlichen Anwendungsbereichs der Sondervorschriften herausgearbeitet wurde, sollte mit den Flüchtlingsnovellen 2014 und 2015 weder eine neue bauplanungsrechtliche Nutzungskategorie „Flüchtlingsunterkünfte" geschaffen noch – gewissermaßen unter dem Schutzschild der Flüchtlingsunterbringung – dauerhafte und der Allgemeinheit zur Verfügung stehende Wohngebäude in dafür städtebaulich nicht geeigneten Gebieten ermöglicht werden.[703] Vielmehr erfolgt die Flüchtlingsunterbringung auch auf Grundlage des § 246 VIII bis XVII BauGB nach den bisherigen, bekannten und bewährten Nutzungskategorien der Baunutzungsverordnung. Bei einer (späteren) Nutzung zu Zwecken des dauerhaften und allgemeinen Wohnens ist eine Nutzungsänderung i.S.v. § 29 I BauGB erforderlich. In diesem Zusammenhang kann auf die Ausführungen zum sachlichen Anwendungsbereich sowie zur Zulässigkeit der Anschlussnutzung verwiesen werden.[704]

E. „Negativer Abweichungscharakter"

Eine weitere Gemeinsamkeit der privilegierenden Zulassungstatbestände des § 246 VIII bis XIV BauGB liegt darin begründet, dass sie allesamt weniger einen positiven Zulassungscharakter als mehr einen negativen Abweichungscharakter von geltendem Bauplanungsrecht aufweisen. Das bedeutet, dass diese Vorschriften Flüchtlingsunterkünfte in einem konkreten Gebiet nicht etwa für allgemein zulässig erklären, sondern deren Zulässigkeit mit Hilfe von Ausnahmen und Befreiungen vom allgemeinen – die Flüchtlingsunterkünfte gerade ausschließenden – Bauplanungsrecht herbeigeführt wird.

---

[703] Vgl. dazu im vierten Kapitel auf S. 128 ff.
[704] Vgl. dazu ausführlich im vierten Kapitel auf S. 128 ff. sowie im sechsten Kapitel auf S. 286 ff.

Die Regelungen des § 246 X und XII BauGB stellen besondere Befreiungstatbestände nach dem Vorbild des § 31 II BauGB dar. Gleiches gilt für die Generalklausel des § 246 XIV BauGB, mit der nahezu von sämtlichen städtebaulichen Vorgaben bei der Zulassung von Flüchtlingsunterkünften in erforderlichem Umfang abgewichen werden kann. Der Abweichungscharakter des § 246 XI BauGB folgt daraus, dass er die Ausnahmeregelung des § 31 I BauGB bis zum 31.12.2019 in Richtung eines intendierten Ermessens modifiziert.[705] Die Innenbereichsbegünstigung des § 246 VIII BauGB erweitert die Anwendbarkeit des § 34 IIIa BauGB auf alle baulichen Anlagen i.S.v. § 29 I BauGB, sofern diese zur Flüchtlingsunterbringung umgenutzt, geändert oder erneuert werden. Dabei stellt auch § 34 IIIa BauGB bei genauerer Betrachtung eine – eng an § 31 II BauGB angelehnte – Befreiungsregelung dar, wobei inhaltlich von den Anforderungen des § 34 I 1 BauGB abgewichen wird.[706] Damit dehnt § 246 VIII BauGB den Befreiungs- bzw. Abweichungsgedanken bei Flüchtlingsunterkünften auf Innenbereichsvorhaben aus.[707] Und schließlich haben auch die Sondervorschriften des § 246 IX und XIII BauGB einen gewissen Abweichungscharakter, indem sie die Rechtsfolge des § 35 IV 1 BauGB auf Vorhaben der Flüchtlingsunterbringung für entsprechend anwendbar erklären. Die Teilprivilegierung des § 35 IV 1 BauGB führt dazu, dass bestimmte öffentliche Belange i.S.v. § 35 III 1 BauGB bei der Prüfung der Zulässigkeit derartiger Vorhaben außer Betracht zu lassen sind. Im Ergebnis bedeutet dies aber nichts anderes, als dass mit Hilfe dieser Vorschrift im Außenbereich von den allgemein bauplanungsrechtlichen Regelungen des § 35 III 1 Nr. 1, Nr. 2, Nr. 5 Alt. 4 und Nr. 7 BauGB abgewichen werden kann.

F. Reine Übergangsregelungen

Darüber hinaus stimmen die Sonderregelungen für Flüchtlingsunterkünfte darin überein, dass sie alle nur auf eine gewisse Übergangszeit ausgerichtet sind.[708] Der Übergangscharakter ergibt sich zum einen aus der gesetzessystematischen Stellung der Privilegierungsregelungen. So wurden die Sondervorschriften bewusst[709] nicht in die jeweilige baurechtliche „Grundnorm" eingearbeitet[710], sondern am Ende des Baugesetzbuchs unter den Schlussvorschriften verortet und als Sonderregelungen betitelt. Auf

---

[705] Auch Ausnahmeregelungen lassen sich unter den Oberbegriff der „Abweichung" fassen; vgl. dazu ausführlich Fn. 1874 auf S. 454.
[706] *Dürr*, in: Brügelmann, BauGB, § 34 Rn. 107a; *Scheidler*, VerwArch 2016, 177 (185).
[707] *Krautzberger/Stüer*, DVBl 2015, 73 (76).
[708] *Spannowsky*, in: BeckOK BauGB, § 246 Rn. 24.
[709] Vgl. dazu die Entstehungsgeschichte im zweiten Kapitel auf S. 81 f.
[710] Die Privilegierung des § 246 VIII BauGB hätte beispielsweise auch direkt in § 34 IIIa 1 BauGB integriert werden können.

diese Weise lassen sich diese nach Ablauf der Übergangszeit nämlich einfach und rückstandslos entfernen. Zum anderen ergibt sich der Übergangscharakter natürlich aus der zeitlichen Befristung bis zum 31.12.2019. Die in § 246 VIII bis XVI BauGB enthaltenen Befristungen beziehen sich dabei nicht auf die Geltungsdauer der ergangenen Genehmigungen, sondern auf den Zeitraum, bis zu dessen Ende im bauaufsichtlichen Zulassungsverfahren von den Vorschriften Gebrauch gemacht werden kann. Insoweit kann auf die obigen Ausführungen zum zeitlichen Anwendungsbereich der Sondervorschriften verwiesen werden.[711]

G. Keine Spezialität gegenüber dem allgemeinen Bauplanungsrecht

Eine Gemeinsamkeit der Absätze 8 bis 16 des § 246 BauGB besteht auch darin, dass sie gegenüber den allgemeinen bauplanungsrechtlichen Regelungen nicht in einem Spezialitätsverhältnis (lex specialis) stehen.[712] Das bedeutet, dass die materiellen Privilegierungsvorschriften das allgemeine Bauplanungsrecht nicht ersetzen oder verdrängen, sondern es vielmehr ergänzen.[713] Dies ergibt sich aus dem Gesetzeswortlaut – ein gesetzgeberisch intendierter Anwendungsvorrang der Privilegierungsvorschriften ist nicht ersichtlich – und den Gesetzesmaterialien, aber auch aus dem Sinn und Zweck der Sonderregelungen, die Flüchtlingsunterbringung zu erleichtern.[714] Im Falle eines Spezialitätsverhältnisses dürfte nämlich bei Nichtvorliegen einzelner Tatbestandsvoraussetzungen der Sonderregelungen nicht auf die allgemeinen städtebaulichen Vorschriften zurückgegriffen werden. Auf diese Weise würde – ohne vernünftigen Grund – der durch die allgemeinen Vorschriften ermöglichte Unterbringungsraum für Flüchtlinge und Asylbegehrende ausgeklammert und gleichsam „verschenkt" werden, was dem gesetzgeberischen Ziel, „möglichst schnell möglichst viel" Unterbringungsraum zu schaffen, massiv entgegensteht. Es liegt daher ein Subsidiaritätsverhältnis im Sinne einer Regel-Ausnahme-Beziehung vor, mit der Folge, dass die Sonderregelungen für Flüchtlingsunterkünfte grundsätzlich erst eingreifen, wenn die städtebauliche Zulässigkeit einer Flüchtlingsunterkunft nach dem allgemeinen Bauplanungsrecht scheitert.[715]

---

[711] Vgl. dazu ausführlich im vierten Kapitel auf S. 148 ff.
[712] Zur Frage der Spezialität, vgl. auch ausführlich am Beispiel der besonderen Befreiungsregelung des § 246 X BauGB gegenüber der allgemeinen Vorschrift des § 31 II BauGB auf S. 192 ff.
[713] *Krautzberger/Stüer*, DVBl 2015, 73 (75); *Beckmann*, KommJur 2016, 321. Vgl. dazu auch im Rahmen des Zwecks der Sondervorschriften im dritten Kapitel auf S. 100.
[714] So – jeweils am Beispiel des § 246 X BauGB – die Stellungnahme der Bundesregierung, BT-Drs. 18/2752, S. 12 und *Dürr*, in: Brügelmann, BauGB, § 246 Rn. 31.
[715] *Beckmann*, KommJur 2016, 321 (321 f.).

H. Nachbarliche Interessen sind stets zu berücksichtigen

Weiterhin müssen bei sämtlichen Zulassungsentscheidungen i.S.d. § 246 VIII bis XIV BauGB – trotz der besonderen Stellung der Flüchtlingsunterkünfte im Bauplanungsrecht – die nachbarlichen Interessen und dabei insbesondere das nachbarschützende Gebot der Rücksichtnahme beachtet werden.[716] Für die Innenbereichsbegünstigung des § 246 VIII BauGB folgt dies aus der entsprechenden Anwendung des § 34 IIIa 1 Nr. 3 BauGB, der ausdrücklich die „Würdigung nachbarlicher Interessen" erwähnt. Bei den Außenbereichsbegünstigungen i.S.v. § 246 IX und XIII BauGB ergibt sich die Pflicht zur Berücksichtigung nachbarlicher Interessen aus § 35 III 1 Nr. 3 BauGB und dem darin zum Ausdruck kommenden Rücksichtnahmegebot. Im Rahmen der Befreiungstatbestände des § 246 X und XII BauGB folgt die Verpflichtung zur „Würdigung nachbarlicher Interessen" bereits unmittelbar aus deren Wortlaut. Im Zusammenhang mit der Privilegierung des § 246 XI BauGB müssen die nachbarlichen Interessen – wie auch sonst bei Ausnahmeentscheidungen i.S.v. § 31 I BauGB – über die Regelung des § 15 I 2 BauNVO (ggf. i.V.m. § 34 II HS. 2 BauGB) berücksichtigt werden. Für Zulassungen auf Grundlage der Generalklausel des § 246 XIV BauGB erfolgt die Würdigung nachbarlicher Interessen schließlich innerhalb der – im Rahmen der Erforderlichkeitsprüfung bzw. im Rahmen der Ermessensprüfung („kann") notwendigen – Abwägung der widerstreitenden Interessen.[717]

I. Geltung der besonderen Befreiungsregelungen sowie der Ausnahmemodifikation auch im faktischen Baugebiet i.S.v. § 34 II BauGB

Die – an § 31 II BauGB angelehnten – besonderen Befreiungsregelungen des § 246 X und XII BauGB sowie die – die Ausnahmeregelung des § 31 I BauGB modifizierende – Sondervorschrift des § 246 XI BauGB gelten allesamt nicht nur in einem festgesetzten Baugebiet, sondern ausdrücklich auch im unbeplanten homogenen Innenbereich i.S.v. § 34 II BauGB. Dies ergibt sich jeweils aus dem Zusatz „auch in Verbindung mit § 34 II." Diese Gemeinsamkeit ist konsequent, da auch im allgemeinen Bauplanungsrecht die Abweichungsregelungen des § 31 I und II BauGB in einem faktischen Baugebiet über § 34 II HS. 2 BauGB entsprechende Anwendung finden.[718]

---

[716] *Blechschmidt/Reidt*, BauR 2016, 934 (936); *Kment/Wirth*, ZfBR 2016, 748 (755); *Blechschmidt*, in: EZBK, BauGB, § 246 Rn. 59a.
[717] So bereits die Gesetzesmaterialien, BT-Drs. 18/6185, S. 55; auch *Blechschmidt*, in: EZBK, BauGB, § 246 Rn. 59a. Vgl. dazu auch bei der Einzeldarstellung des § 246 XIV BauGB auf S. 256 ff., 262 f.
[718] *Roeser*, in: Berliner Kommentar zum BauGB, § 246 Rn. 33.

J. Fiktionswirkung der Verfahrensvorschriften

Schließlich stimmen die beiden Verfahrensprivilegierungen des § 246 XV und XVI BauGB darin überein, mit Hilfe von Fiktionsregelungen eine Verfahrensbeschleunigung zu erzeugen. Während § 246 XV BauGB die Einvernehmensfiktion des § 36 II 2 BauGB für Flüchtlingsunterkünfte auf einen Monat verkürzt, erstreckt § 246 XVI BauGB die naturschutzrechtliche Innenbereichsfiktion des § 18 III 2 BNatSchG auch auf Außenbereichsvorhaben i.S.v. § 246 IX und XIII BauGB.

§ 11
Darstellung der konstitutiven Sonderregelungen im Einzelnen

A. Materiell-rechtliche Privilegierungstatbestände des § 246 VIII bis XIV BauGB

Mit § 246 VIII bis XIII BauGB wurden befristete Erleichterungen geschaffen, die weitgehend an die bestehende bauplanungsrechtliche Systematik anknüpfen und gezielt Befreiungen von einzelnen Tatbestandsvoraussetzungen der allgemeinen Zulassungsvorschriften statuieren. Diese werden nachfolgend – gegliedert nach den drei bodenrechtlichen Bereichen – unter den Ziffern I. bis III. dargestellt. Darüberhinausgehend wurde mit der streng subsidiären – an § 37 BauGB angelehnten – Generalklausel des § 246 XIV BauGB die Möglichkeit geschaffen, von sämtlichen bauplanungsrechtlichen Vorgaben in dem jeweils erforderlichen Umfang abzuweichen. Die Besonderheiten dieser Generalklausel werden nachfolgend unter Ziffer IV. näher beschrieben, bevor abschließend (unter B.) auf die beiden verfahrensrechtlichen Privilegierungen der Absätze 15 und 16 des § 246 BauGB eingegangen wird.

I. (Festgesetztes oder faktisches) Baugebiet i.S.d. Baunutzungsverordnung

1. Erweiterte Befreiungsmöglichkeit des § 246 X BauGB

Mit Hilfe der Neuregelung des § 246 X BauGB wird die Möglichkeit der Unterbringung von Flüchtlingen oder Asylbegehrenden im Gewerbegebiet geschaffen oder zumindest erheblich verbessert. Dies war bisher nämlich in der Regel nicht möglich.[719]

---
[719] Vgl. dazu die Rechtslage nach den allgemeinen Regelungen im ersten Kapitel auf S. 58 ff.

Mit Hilfe des § 246 X BauGB kann bis zum 31.12.2019 in festgesetzten und faktischen[720] Gewerbegebieten für Aufnahmeeinrichtungen, Gemeinschaftsunterkünfte oder sonstige Unterkünfte für Flüchtlinge oder Asylbegehrende von den Festsetzungen des Bebauungsplans – bzw. von den Regelungen der Baunutzungsverordnung, sofern man sich in einem faktischen Gewerbegebiet befindet – befreit werden, wenn an dem Standort Anlagen für soziale Zwecke als Ausnahme zugelassen werden können oder allgemein zulässig sind und die Abweichung auch unter Würdigung nachbarlicher Interessen mit öffentlichen Belangen vereinbar ist. Gegenstand der Befreiung können dabei sämtliche Festsetzungen des Bebauungsplans sein, also nicht nur Festsetzungen über die Art der baulichen Nutzung, sondern auch über das Maß der baulichen Nutzung, die Bauweise und die überbaubare Grundstücksfläche.[721] Maßgebliche Bedeutung in der Praxis kommt der erweiterten Abweichungsmöglichkeit von der Art der baulichen Nutzung zu. Der besonderen Befreiungsvorschrift des § 246 X BauGB liegt nämlich der Gedanke des Gesetzgebers zugrunde, dass Wohnraum in den hierfür typischerweise zur Verfügung stehenden Wohn- und Mischgebieten knapp ist, während in Gewerbegebieten oftmals noch hinreichend Platz zur Verfügung steht und gewisse Standorte für die Flüchtlingsunterbringung durchaus nutzbar gemacht werden könnten.[722] Nach den allgemeinen städtebaulichen Grundsätzen steht der ausnahmsweisen Zulassung wohnähnlicher Flüchtlingsunterkünfte in einem Gewerbegebiet nach § 8 III Nr. 2 BauNVO i.V.m. § 31 I BauGB aber der – die Art der baulichen Nutzung betreffende – Grundsatz der abstrakten Gebietsunverträglichkeit entgegen und die Erteilung einer Befreiung i.S.v. § 31 II BauGB scheitert aufgrund der gegenläufigen Nutzungskonflikte regelmäßig am Erfordernis des Unberührtbleibens der Grundzüge der Planung. Diese rein „praktische Unzulänglichkeit" des Bauplanungsrechts sollte in Zeiten wachsender Flüchtlingsströme mit Hilfe der besonderen Befreiungsregelung des § 246 X BauGB vorübergehend überbrückt werden.[723] Im Folgenden werden zunächst unter den Ziffern a. und b. der Anwendungsbereich, die Voraussetzungen und Besonderheiten der speziellen Befreiungsregelung des § 246 X BauGB – gerade auch in Abgrenzung zur allgemeinen Befreiungsvorschrift des § 31 II BauGB – herausgearbeitet, bevor anschließend unter Ziffer c. das Verhältnis der beiden Befreiungsregelungen zueinander näher betrachtet wird.

---

[720] Denn nach dem ausdrücklichen Wortlaut sind vom Regelungsinhalt der Sondervorschrift Gewerbegebiete i.S.v. § 8 BauNVO „auch in Verbindung mit § 34 II BauGB" erfasst.
[721] *Blechschmidt*, in: EZBK, BauGB, § 246 Rn. 67; *Bunzel*, in: Bleicher/Bunzel/Finkeldei/Fuchs/Klinge, Baurecht, § 246 S. 13.
[722] *Decker*, in: Schiwy, BauGB, § 246 Rn. 52.
[723] Für eine „Überbrückung" der abstrakten Gebietsunverträglichkeit bereits die Gesetzesmaterialien, BR-Drs. 419/14, S. 6 und BT-Drs. 18/2752, S. 12. Vgl. auch *Roeser*, in: Berliner Kommentar zum BauGB, § 246 Rn. 32.

a. Anwendungsbereich

Fraglich ist, ob die Privilegierungsregelung des § 246 X BauGB für sämtliche Vorhaben i.S.v. § 29 I BauGB – also sowohl für die Errichtung als auch für die Änderung und Nutzungsänderung baulicher Anlagen – gilt.

Teilweise wird vertreten, dass sich § 246 X BauGB lediglich auf die Neuerrichtung von Flüchtlingsunterkünften beschränkt.[724] Dies ließe sich eventuell mit § 246 XII 1 Nr. 2 BauGB begründen, sofern dieser dem Anwendungsbereich des § 246 X BauGB als Spezialregelung die Nutzungsänderungen entziehen würde.

Allerdings findet diese Ansicht weder im Wortlaut der Norm noch in ihrer Ratio, in den Gesetzesmaterialien oder der Gesetzessystematik eine Stütze. Aus diesem Grund erstreckt sich der Anwendungsbereich des § 246 X BauGB auch auf Nutzungsänderungen.[725] Der Wortlaut der Befreiungsregelung spricht ganz allgemein von einer Befreiung „für Aufnahmeeinrichtungen, Gemeinschaftsunterkünfte oder sonstige Unterkünfte für Flüchtlinge und Asylbegehrende" und beschränkt die Erteilung einer Befreiung nicht auf die Errichtung solcher Anlagen. Bestätigt wird dies durch einen Umkehrschluss zu § 246 VIII, XII 1 Nr. 2 und XIII 1 Nr. 2 BauGB, dessen Anwendungsbereich ausdrücklich auf Nutzungsänderungen begrenzt ist. Hätte der Gesetzgeber eine entsprechende Begrenzung auch für den Fall des § 246 X BauGB gewollt, wäre kaum erklärlich, warum er auf eine entsprechende Verankerung im Gesetzestext des § 246 X BauGB verzichtet hat, während er diese in § 246 VIII, XII 1 Nr. 2 und XIII 1 Nr. 2 BauGB ausdrücklich vorgenommen hat. Überdies liefern auch die Gesetzesmaterialien keine Anhaltspunkte, die auf die einschränkende Auffassung hindeuten könnten.[726] Sowohl die systematische als auch die teleologische Auslegung sprechen gegen eine Einschränkung des Anwendungsbereichs auf Errichtungen und Änderungen baulicher Anlagen.[727] Die passive Formulierung („kann befreit werden") folgt dem Vorbild der allgemeinen Befreiungsregelung des § 31 II BauGB, die unbestritten für alle Vorhaben i.S.v. § 29 I BauGB und damit auch für Nutzungsänderungen gilt. Und eine einschränkende Auslegung widerspräche auch dem Sinn und Zweck der Sondervorschriften, zeitnah möglichst

---

[724] So etwa: *VG Düsseldorf*, Beschl. v. 17.11.2016 – 4 L 2637/16 = BeckRS 2016, 113091; *Mitschang/Reidt*, in: Battis/Krautzberger/Löhr, BauGB, § 246 Rn. 22, wonach § 246 X BauGB lediglich eine Befreiungsmöglichkeit zur „Errichtung" von Flüchtlingsunterkünften darstellt.
[725] So im Ergebnis auch: *BVerwG*, Beschl. v. 27.02.2018 – 4 B 39/17 = NVwZ 2018, 836; *VGH Mannheim*, Beschl. v. 17.05.2017 – 5 S 1505/15 = DVBl 2017, 1052; *VGH München*, Urt. v. 14.02.2018 – 9 BV 16.1694 = BauR 2018, 943; *OVG Münster*, Beschl. v. 29.06.2015 – 7 B 536/15 = BeckRS 2015, 47906; *Decker*, in: Schiwy, BauGB, § 246 Rn. 60.
[726] BT-Drs. 18/2752, S. 11 f.
[727] *BVerwG*, Beschl. v. 27.02.2018 – 4 B 39/17 = NVwZ 2018, 836.

viele Flüchtlingsunterkünfte schaffen zu können.[728] Schließlich wird der Anwendungsbereich des § 246 X BauGB auch nicht durch die erweiterte Befreiungsmöglichkeit des § 246 XII 1 Nr. 2 BauGB eingeschränkt. Letztere Sondervorschrift ist nachträglich eingefügt worden, um Flüchtlingsunterkünfte auch in solchen Gewerbegebieten zu ermöglichen, in denen Anlagen für soziale Zwecke weder allgemein noch ausnahmsweise zulässig sind.[729] Mit den Worten des *Bundesverwaltungsgerichts* spricht also „nichts dafür, dass diese Regelung Nutzungsänderungen dem Anwendungsbereich des § 246 X BauGB entziehen wollte."[730] Denn § 246 XII 1 Nr. 2 BauGB stellt nach zutreffender Auffassung keine Spezialregelung dar, sondern steht § 246 X BauGB selbstständig – im Sinne eines Ergänzungsverhältnisses – gegenüber.[731]

b. Voraussetzungen des § 246 X BauGB

Die besondere Befreiungsregelung des § 246 X BauGB hat tatbestandlich nur zwei Voraussetzungen, die kumulativ vorliegen müssen. Im Einzelnen:

aa. Allgemeine oder ausnahmsweise Zulässigkeit von Anlagen für soziale Zwecke am konkreten Standort

Die erste Tatbestandsvoraussetzung, wonach am konkreten Standort Anlagen für soziale Zwecke allgemein zulässig oder ausnahmsweise zugelassen sein müssen, geht zurück auf den ursprünglichen Gesetzesentwurf des Bundesrats, der – anstelle der ergänzenden Befreiungsregelung in seiner heutigen Form – noch eine entsprechende Anwendung des Ausnahmetatbestandes des § 8 III Nr. 2 BauNVO auf Flüchtlingsunterkünfte vorgesehen hat.[732] In diesem Zusammenhang war mithin auch die Regelung vorgesehen, dass die entsprechende Anwendung des § 8 III Nr. 2 BauNVO dann nicht gelte, „wenn die ausnahmsweise Zulässigkeit solcher Anlagen nach § 1 VI Nr. 1, VIII und IX der Baunutzungsverordnung ausgeschlossen worden ist."[733] Laut der Entwurfsbegründung liegt dem der Gedanke zugrunde, dass der mit einer entsprechenden Festsetzung bekundete anderslautende planerische Wille der Gemeinde gesetzlich nicht ignoriert werden dürfe.[734] Es sollte damit also gesetzlich klargestellt werden, dass derartige planerische Entscheidungen der

---

[728] BT-Drs. 18/2752, S. 1. Vgl. dazu ausführlich im dritten Kapitel auf S. 99 ff.
[729] BT-Drs. 18/6185, S. 54.
[730] *BVerwG*, Beschl. v. 27.02.2018 – 4 B 39/17 = NVwZ 2018, 836.
[731] Vgl. dazu ausführlich weiter unten auf S. 207 ff.
[732] Zur Entstehungsgeschichte des § 246 X BauGB, vgl. ausführlich im zweiten Kapitel auf S. 80.
[733] BR-Drs. 419/14, S. 2.
[734] BR-Drs. 419/14, S. 7.

Gemeinde über den Ausschluss bestimmter Nutzungen i.S.v. § 1 VI Nr. 1, VIII und IX BauNVO auch im Rahmen der Anwendung der Sondervorschriften über Flüchtlingsunterkünfte Beachtung finden müssen. Diese Motive wurden durch die Bundesregierung bestätigt und in die spätere Fassung des § 246 X BauGB übernommen[735], und zwar eben mithilfe des Tatbestandserfordernisses, dass am konkreten „Standort Anlagen für soziale Zwecke als Ausnahme zugelassen werden können oder allgemein zulässig sind".

Bedeutung erlangt dieses Tatbestandsmerkmal aber nur in einem festgesetzten Gewerbegebiet, nicht hingegen in einem faktischen Gewerbegebiet i.S.v. § 34 II BauGB. In Letzterem sind Anlagen für soziale Zwecke nämlich stets nach der gesetzlichen „Ausgangslage" des § 8 III Nr. 2 BauNVO i.V.m. § 34 II HS. 1 BauGB als Ausnahme zugelassen, da es im Innenbereich ausschließlich auf die tatsächlich vorhandene Bebauung ankommt, die Regelungen der Baunutzungsverordnung dementsprechende Anwendung finden und die Gemeinde – anders als in einem Plangebiet i.S.v. § 30 BauGB, dem ein Bebauungsplan zugrunde liegt – gerade nicht „planen" und damit auch keine (abweichenden) Festsetzungen i.S.v. § 1 IV ff. BauNVO treffen kann.[736] Demgegenüber kann die Gemeinde in einem Bebauungsplanverfahren im Rahmen der Festsetzung eines Gewerbegebiets von den Möglichkeiten einer Feinsteuerung über § 1 VI, XIII und IX BauNVO Gebrauch machen und auf diese Weise Anlagen für soziale Zwecke oder – ganz konkret – Flüchtlingsunterkünfte im betreffenden Gewerbegebiet ausschließen oder allgemein für zulässig erklären.[737] Nach der gesetzlichen „Ausgangslage" sind Anlagen für soziale Zwecke im Gewerbegebiet gem. § 8 III Nr. 2 BauNVO ausnahmsweise zulässig. Die Konstellation, dass in einem Gewerbegebiet Anlagen für soziale Zwecke allgemein zulässig sind, kann über § 1 VI Nr. 2, VIII, IX BauNVO erreicht werden. In diesen beiden Fällen kann im späteren Zulassungsverfahren auf die Befreiungsregelung des § 246 X BauGB zurückgegriffen werden. Die Anwendung des § 246 X BauGB scheidet freilich aus, wenn die Gemeinde von der Feinsteuerung über § 1 VI Nr. 1, VIII, IX BauNVO Gebrauch macht und auf diese Weise Anlagen für soziale Zwecke bzw. Flüchtlingsunterkünfte im betreffenden Gewerbegebiet ausschließt.[738] Unproblematisch ist dies für den Fall, dass die Gemeinde

---

[735] BT-Drs. 18/2752, S. 12, wo es ausdrücklich heißt: „[...] dies entspricht dem Anliegen, das auch Artikel 1 § 2 Absatz 4 Satz 3 des Gesetzesentwurfs des Bundesrates im Blick hat. Auf die Begründung des Bundesrates wird insoweit Bezug genommen."
[736] *Decker*, in: Schiwy, BauGB, § 246 Rn. 57.
[737] Wird in einem Bebauungsplan für ein konkretes Gewerbegebiet beispielsweise festgesetzt, dass „nur Büro- und Verwaltungsgebäude" zulässig sind, dann hat dies zur Folge, dass die Sonderregelung des § 246 X BauGB dort nicht anwendbar ist; vgl. *Bienek*, DÖV 2017, 584 (586).
[738] *VGH München*, Beschl. v. 05.03.2015 – 1 ZB 14.2373 = NVwZ 2015, 912; *Scheidler*, NVwZ 2015, 1406 (1407); *Battis/Mitschang/Reidt*, NVwZ 2014, 1609 (1612).

gem. § 1 VI Nr. 1 BauNVO auf Planungsebene festsetzt, dass „Anlagen für soziale Zwecke" generell nicht Bestandteil des Bebauungsplans werden. Denn danach können auf Genehmigungsebene „Anlagen für soziale Zwecke" nicht mehr allgemein oder als Ausnahme zugelassen werden, wie es der Tatbestand des § 246 X BauGB wörtlich fordert. Problematischer ist die Situation, wenn die Gemeinde gem. § 1 IX i.V.m. VI Nr. 1 BauNVO ganz konkret nur „Flüchtlingsunterkünfte" als Unterart der Anlage für soziale Zwecke im betreffenden Gewerbegebiet ausschließt, im Übrigen aber an der generellen Ausnahmezulässigkeit von „Anlagen für soziale Zwecke" festhält. Streng nach dem Wortlaut bliebe nämlich auch für diesen Fall die Möglichkeit einer Befreiung i.S.v. § 246 X BauGB bestehen, da an dem Standort weiterhin „Anlagen für soziale Zwecke" als Ausnahme zugelassen werden können, nur eben nicht Flüchtlingsunterkünfte als eine Nutzungsunterart. Allerdings scheidet auch hier nach dem Zweck des streitgegenständlichen Tatbestandsmerkmals die Anwendung der Befreiungsregelung des § 246 X BauGB aus, da diesem – wie eingangs festgestellt – gerade der Gedanke zugrunde liegt, dass der mit einer entsprechenden Festsetzung bekundete, anderslautende planerische Wille der Gemeinde nicht ignoriert werden darf. Hat die Gemeinde aber konkret die Zulässigkeit von Flüchtlingsunterkünften ausgeschlossen, hat sie mit dieser Festsetzung auf Planungsebene einen entsprechenden anderslautenden Willen in Bezug auf die Flüchtlingsunterbringung geäußert, dem konsequenterweise auf Zulassungsebene im Rahmen von § 246 X BauGB Rechnung getragen werden muss.[739]

Fraglich bleibt, ob die Befreiungsvorschrift des § 246 X BauGB auch dann zur Anwendung kommt, wenn die Möglichkeit der ausnahmsweisen Zulassung von Anlagen für soziale Zwecke erst noch geschaffen werden muss, oder ob sie sich auf Fälle bereits bestehender Planungssituationen beschränkt. Für eine derartige Einschränkung der Anwendbarkeit auf Bebauungspläne, bei denen die Regelausnahme des § 8 III Nr. 2 BauNVO bereits zum Zeitpunkt des Inkrafttretens des § 246 X BauGB zulässig war, könnte die Funktion der Befreiung als „planexternes Institut" sprechen; mit dieser sollte der Bauaufsichtsbehörde ein Mittel an die Hand gegeben werden, um die vom Satzungsgeber im Bebauungsplan nicht vorhergesehenen Sonderfälle mittels Einzelfallentscheidung bewältigen zu können.[740] Dazu „passt" nämlich nicht recht, dass der Plangeber eine von ihm bereits konkret vorausgesehene Situation der Bauaufsichtsbehörde im Wege einer Befreiungsent-

---

[739] So auch *Decker*, in: Schiwy, BauGB, § 246 Rn. 58.
[740] Vgl. dazu auch die Ausführungen im zweiten Kapitel auf S. 86 f.

scheidung überantwortet. Zudem könnte es sich um eine Umgehung der Anforderungen des § 246 X BauGB handeln, wenn der Plangeber nachträglich mit einer entsprechenden Planänderung die Möglichkeit der Anwendung der Befreiungsregelung eröffnen könnte. In Übereinstimmung mit der obergerichtlichen Rechtsprechung ist jedoch eine solche restriktive Auslegung des § 246 X BauGB abzulehnen.[741] Dem Wortlaut der Vorschrift ist eine derartige Beschränkung nicht zu entnehmen. Zwar setzt die Sondervorschrift voraus, dass an dem Standort zumindest die Möglichkeit der Zulassung von Anlagen für soziale Zwecke als Ausnahme i.S.v. § 8 III Nr. 2 BauNVO besteht. Allerdings knüpft die Regelung des § 246 X BauGB gerade nicht an einen zeitlichen Aspekt und insbesondere nicht daran an, ob die besagte Möglichkeit bereits im Zeitpunkt ihres Inkrafttretens bestand.[742] Die Systematik dieser Vorschrift erfordert also keine derartige Beschränkung. Eine solche würde jedoch dem Sinn und Zweck des § 246 X BauGB zuwiderlaufen, den Kommunen eine kurzfristige Bereitstellung bedarfsgerechter Unterbringungsmöglichkeiten für Flüchtlinge und Asylbegehrende zu ermöglichen.[743] Aus diesen Gründen ist die Sonderregelung auch dann anwendbar, wenn eine Änderung des Bebauungsplans nachträglich – d.h. nach Inkrafttreten der erweiterten Befreiungsregelung – mit dem Ziel erfolgt, die tatbestandlichen Voraussetzungen erst noch zu schaffen.

bb. Vereinbarkeit mit öffentlichen Belangen unter Würdigung nachbarlicher Interessen

Der Wortlaut des zweiten Tatbestandsmerkmals ist insoweit identisch mit dem der allgemeinen Befreiungsvorschrift des § 31 II BauGB. Fraglich ist nur, was hiernach unter die öffentlichen Belange und die nachbarlichen Interessen subsumiert werden kann.

(1) Würdigung nachbarlicher Interessen

Eine Befreiung von den Festsetzungen eines Bebauungsplans kann leicht das Interessengeflecht der Belange der Grundstückseigentümer verändern. Im Gleichklang mit § 31 II BauGB verlangt daher auch die besondere Befreiungsregelung

---

[741] *OVG Bremen*, Urt. v. 17.04.2018 – 1 D 280/16 = BauR 2018, 1372; *VGH Mannheim*, Beschl. v. 03.05.2016 – 3 S 386/16 = BeckRS 2016, 49890; *OVG Münster*, Beschl. v. 22.12.2015 – 7 B 1200/15.NE = BauR 2016, 640.
[742] So ausdrücklich *VGH Mannheim*, Beschl. v. 03.05.2016 – 3 S 386/16 = BeckRS 2016, 49890.
[743] *OVG Münster*, Beschl. v. 22.12.2015 – 7 B 1200/15.NE = BauR 2016, 640; *VGH Mannheim*, Beschl. v. 03.05.2016 – 3 S 386/16 = BeckRS 2016, 49890.

des § 246 X BauGB, dass eine Würdigung nachbarlicher Interessen stattfindet. Dabei ist das Interesse an einer Befreiung und das Interesse der Nachbarn an der Einhaltung der Festsetzungen des Bebauungsplans nach den Maßstäben des bauplanungsrechtlichen Gebots der (wechselseitigen) Rücksichtnahme gegeneinander abzuwägen.[744] Entscheidend ist hierbei, ob die beantragte Flüchtlingsunterkunft mit den konkret zulässigen Nutzungen im jeweiligen Gewerbegebiet verträglich ist.[745] In diesem Zusammenhang hat bereits der Bundesrat in seiner Entwurfsbegründung darauf hingewiesen, dass Flüchtlinge im Gewerbegebiet nur untergebracht werden dürfen, wenn die Nutzungen dort im Hinblick auf die Emissionen und verkehrsmäßigen Auswirkungen derart abgestimmt und gegliedert sind, dass sie sich gegenseitig nicht „stören".[746] Dabei sind vor allem auch die betrieblichen Belange der im Gewerbegebiet ansässigen Gewerbetreibenden an der Erhaltung des betrieblichen Bestandes sowie nach Betriebsausweitung einschließlich der Vermeidung von Nutzungskonflikten als öffentlicher Belang i.S.v. § 1 VI Nr. 8 a) BauGB zu berücksichtigen.[747] Maßgeblich für die erforderliche Vereinbarkeit mit öffentlichen Belangen ist daher, dass durch die Zulassung einer Flüchtlingsunterkunft keine erheblichen Beeinträchtigungen für vorhandene oder planungsrechtlich mögliche Gewerbenutzungen entstehen, die wohnunverträgliche Immissionen ausstoßen und daher mit etwaigen Einschränkungen für ihren Bestand und ihre Entwicklung rechnen müssten.[748] Denn nach dem aus § 35 III 1 Nr. 3 Alt. 2 BauGB und § 15 I 2 Alt. 2 BauNVO ableitbaren Grundgedanken zum Schutz gebietstypischer Anlagen vor heranrückender Wohnbebauung muss der – im Gewerbegebiet gebietstypischen – Gewerbenutzung der Vorrang eingeräumt werden, da sie ein schutzwürdiges Interesse daran hat, nicht durch eine gebietsfremde wohnähnliche Nutzung in ihrer Ausübung eingeschränkt zu werden.[749] Schließlich begibt sich ein Gewerbetreibender ja gerade in ein Gewerbegebiet, um dort „emittieren" zu können.[750] Drohen dem planungsrechtlich möglichen Gewerbebetrieb also Einschränkungen für seinen Bestand

---

[744] *Söfker*, in: EZBK, BauGB, § 31 Rn. 59; *VGH Mannheim*, Beschl. v. 11.03.2015 – 8 S 492/15 = NVwZ-RR 2015, 637; *Scheidler*, NVwZ 2015, 1406 (1408).
[745] *Blechschmidt*, in: EZBK, BauGB, § 246 Rn. 69.
[746] BR-Drs. 419/14, S. 6; *Roeser*, in: Berliner Kommentar zum BauGB, § 246 Rn. 32.
[747] *VGH München*, Urt. v. 14.02.2018 – 9 BV 16.1694 = BauR 2018, 943; *Bienek*, SächsVBl 2015, 129 (133).
[748] So bereits BR-Drs. 419/14, S. 6. In diesem Sinne auch: *Battis/Mitschang/Reidt*, NVwZ 2014, 1609 (1612); *Scheidler*, NVwZ 2015, 1406 (1408); *Dürr*, in: Brügelmann, BauGB, § 246 Rn. 33; *Blechschmidt*, in: EZBK, BauGB, § 246 Rn. 69; *Ewer/Mutschler-Siebert*, NJW 2016, 11 (12).
[749] *Dürr*, in: Brügelmann, BauGB, § 246 Rn. 33; *Bunzel*, in: Bleicher/Bunzel/Finkeldei/Fuchs/Klinge, Baurecht, § 246 S. 14.
[750] *Decker*, in: Schiwy, BauGB, § 246 Rn. 86.

oder seine Entwicklung, muss die Flüchtlingsunterkunft aufgrund der damit verbundenen „Unruhestiftung" im Baugebiet als mit öffentlichen Belangen unvereinbar abgelehnt werden. Das Interesse an der Schaffung einer Flüchtlingsunterkunft kann freilich dann überwiegen, wenn es im Gewerbegebiet zumindest einen Bereich gibt, in dem die vorhandenen oder planungsrechtlich zulässigen Gewerbenutzungen weder vom Vorhaben selbst noch von dessen zu erwartenden Folgewirkungen nennenswert beeinträchtigt werden können.[751]

(2) Wahrung gesunder Wohnverhältnisse und Menschenwürdigkeit der Unterkunft

Ferner muss notwendigerweise die Wahrung gesunder Wohnverhältnisse als öffentlicher Belang Berücksichtigung finden. Dies ergibt sich bereits aus § 1 VI Nr. 1 BauGB, aber auch aus Art. 2 II 1 GG.[752] Aus diesem Grund scheidet die Zulassung von Flüchtlingsunterkünften in Gewerbegebieten mit Hilfe von § 246 X BauGB mangels Vereinbarkeit mit den öffentlichen Belangen jedenfalls dann aus, „wenn die Bewohner voraussichtlich gesundheitsgefährdenden Immissionen ausgesetzt wären."[753] Die Schwelle zur Gesundheitsgefahr wird bei Lärmimmissionen ab 70 dB(A) am Tag und ab 60 dB(A) in der Nacht angenommen.[754] Folglich zielt die Befreiungsregelung des § 246 X BauGB ausschließlich auf solche Gewerbegebiete oder Teile von diesen, die insgesamt eher durch ein ruhiges und emissionsarmes Gewerbe einschließlich Büros und Verwaltungsgebäuden geprägt sind.[755] Im Umkehrschluss scheiden aus Gründen des Gesundheitsschutzes solche Gewerbegebiete aus, die vorwiegend aus Produktionsbetrieben oder vergleichbaren Anlagen bestehen, in denen – insbesondere auch zur besonders schutzwürdigen Nachtzeit[756] – stark lärm- oder geruchsemittierende Tätigkeiten stattfinden.[757] Allerdings darf den Flüchtlingen – wie auch den Nachbarnutzern

---

[751] *VGH Mannheim*, Beschl. vom 11.03.2015 – 8 S 492/15 = NVwZ-RR 2015, 637; *Scheidler*, NVwZ 2015, 1406 (1407).
[752] *Blechschmidt*, in: EZBK, BauGB, § 246 Rn. 80; *Kment/Berger*, BauR 2015, 211 (215).
[753] *VGH Mannheim*, Beschl. vom 11.03.2015 – 8 S 492/15 = NVwZ-RR 2015, 637; *Krautzberger/Stüer*, DVBl 2015, 73 (78), die zu Recht darauf hinweisen, dass mit Hilfe einer Befreiung i.S.v. § 246 X BauGB trotz der besonderen Umstände sowie der Eilbedürftigkeit keine „menschenunwürdigen Unterkünfte" geschaffen werden dürfen.
[754] *BVerwG*, Urt. v. 21.11.2013 – 7 A 28.12 = NVwZ 2014, 730; *VGH Mannheim*, Beschl. v. 17.05.2017 – 5 S 1505/15 = DVBl 2017, 1052.
[755] *Scheidler*, NVwZ 2015, 1406 (1408); *Bienek/Reidt*, BauR 2015, 422 (427); *Battis/Mitschang/Reidt*, NVwZ 2014, 1609 (1612); *Kment/Berger*, BauR 2015, 211 (215); *Roeser*, in: Berliner Kommentar zum BauGB, § 246 Rn. 36; *Portz/Düsterdiek*, BWGZ 2015, 404 (405).
[756] Besonders hervorzuheben – weil besonders gesundheitsbeeinträchtigend – sind dabei Gewerbebetriebe, die im sog. Dreischichtbetrieb arbeiten; vgl. *Bienek/Reidt*, BauR 2015, 422 (428).
[757] *Mitschang/Reidt*, in: Battis/Krautzberger/Löhr, BauGB, § 246 Rn. 25.

– im Zusammenhang mit ihrer Unterbringung abverlangt werden, dass im Rahmen der Zumutbarkeit der Immissionsbelastung – in Abweichung zu den Grenzwerten aus der TA Lärm oder TA Luft – ein gewisses „Mehr" an Beeinträchtigungen hinzunehmen ist.[758] Die für ein Gewerbegebiet typischen Lärm- oder Luftimmissionen können daher – abweichend vom Normalfall, in dem eine Wohnnutzung oder wohnähnliche Nutzung nur bis zu den Grenzwerten eines Dorf- und Mischgebietes zulässig ist – im Zusammenhang mit der Flüchtlingsunterbringung – jedenfalls bis zur Schwelle der Gesundheitsgefährdung – nicht beanstandet werden.[759]

Unabhängig von der Wahrung gesunder Wohnverhältnisse stellt auch die Menschenwürdigkeit der Unterkunft einen eigenständigen öffentlichen Belang dar.[760] Dies ergibt sich aus Art. 1 GG i.V.m. dem Sozialstaatsprinzip des Art. 20 I GG und dem daraus folgenden Grundrecht auf Gewährleistung eines menschenwürdigen Existenzminimums.[761] Demnach scheidet die Erteilung einer Befreiung i.S.v. § 246 X BauGB insbesondere in Fällen aus, in denen eine schlichte Lagerhalle in einem Gewerbegebiet zur Flüchtlingsunterbringung umgenutzt werden soll, in der weder ein gewisses Maß an Privatsphäre gewährleistet ist noch Sanitäranlagen oder Kochgelegenheiten (in ausreichendem Maße) zur Verfügung stehen.[762]

(3) Planvorstellungen der Gemeinde

Zu den öffentlichen Belangen in diesem Sinne zählen nach den allgemeinen städtebaulichen Grundsätzen aber auch die Planvorstellungen der Gemeinde, wie sie im Bebauungsplan ihren konkreten Niederschlag gefunden haben.[763] Dies folgt aus der verfassungsrechtlich gewährleisteten Planungshoheit der Gemeinde. Die öffentlichen bodenrechtlichen Belange werden danach umso stärker berührt, je

---

[758] Vgl. dazu ausführlich im Rahmen der städtebaulichen Systemdurchbrechungen im achten Kapitel auf S. 427 ff.
[759] *Spannowsky*, in: BeckOK BauGB, § 246 Rn. 12.3, wonach aufgrund der gesetzgeberischen Vorwertung in § 246 X BauGB die für Gewerbegebiete typischen Belange wie Anlagen- und Verkehrslärm der Flüchtlingsunterkunft „nicht als durchgreifend entgegenstehende Abwägungsbelange entgegengehalten werden" können. Zum vergleichbaren Befreiungstatbestand des § 246 XII BauGB etwa: *Blechschmidt*, in: EZBK, BauGB, § 246 Rn. 80; *Mitschang/Reidt*, in: Battis/Krautzberger/Löhr, BauGB, § 246 Rn. 37. In Bezug auf § 31 II BauGB etwa *OVG Hamburg*, Beschl. v. 12.01.2015 – 2 Bs 247/14 = BeckRS 2015, 52957.
[760] *Krautzberger/Stüer*, DVBl 2015, 73 (75, 78); *Dürr*, in: Brügelmann, BauGB, § 246 Rn. 32.
[761] *BVerfG*, Urt. v. 09.02.2010 – 1 BvL 1/09 = NJW 2010, 505.
[762] Zur Menschenwürdigkeit der Flüchtlingsunterbringung, vgl. im Rahmen des Zwecks der Sondervorschriften im dritten Kapitel auf S. 102 f.
[763] *Dürr*, in: Brügelmann, BauGB, § 246 Rn. 32.

tiefer die Befreiung in das Interessengeflecht der gemeindlichen Planung eingreift.[764] In dem Moment, in dem die Abweichung die Planungskonzeption bzw. den roten Faden des Bebauungsplans berührt, ist das gesamte Vorhaben nicht mehr mit den öffentlichen Belangen vereinbar, sodass keine Befreiung, sondern nur noch eine Planänderung i.S.v. § 1 III, VIII BauGB in Betracht kommt. Nach der zu § 31 II BauGB ergangenen höchstrichterlichen Rechtsprechung kann man dabei als Faustformel annehmen, dass die Planungskonzeption des Bebauungsplans jedenfalls dann berührt ist, wenn „das Vorhaben in seine Umgebung nur durch Planung zu bewältigende Spannungen hineinträgt oder erhöht, sodass es bei unterstellter Anwendbarkeit des § 34 I BauGB nicht zugelassen werden dürfte."[765] Es kommt also maßgeblich darauf an, ob durch das Vorhaben städtebauliche Spannungen hervorgerufen werden und das Bauvorhaben auf diese Weise „Unruhe stiftet".[766]

(a) Ähnlichkeit mit Prüfungsinhalt des Kriteriums des Unberührtbleibens der Grundzüge der Planung

Diese soeben genannten Leitsätze der Rechtsprechung erinnern in ihrer Gesamtheit stark an das, was im Zusammenhang mit dem Kriterium des Unberührtbleibens der Grundzüge der Planung i.S.v. § 31 II BauGB maßgeblich ist. Es ist kurz darzustellen, in welchen Fällen von einer Berührung der Grundzüge der Planung ausgegangen werden kann. Nach allgemeiner Auffassung bilden diese Grundzüge die planerische (Grund-)Konzeption ab.[767] Demnach sind sie immer dann berührt, wenn sie dem planerischen Grundkonzept der Gemeinde zuwiderlaufen.[768] Diese planerische Grundkonzeption eines Bebauungsplans, die auch nach Zulassung der Abweichung noch erkennbar sein muss, ist für jeden Einzelfall gesondert herauszuarbeiten. Maßgeblich ist daher – entsprechend den Umständen des Einzelfalls – die jeweils konkrete Planungssituation.[769] Über

---

[764] *BVerwG*, Urt. v. 09.06.1978 – 4 C 54.75 = NJW 1979, 939; *Dürr*, in: Brügelmann, BauGB, § 31 Rn. 52, 53.
[765] *BVerwG*, Urt. v. 09.06.1978 – 4 C 54.75 = NJW 1979, 939; *BVerwG*, Beschl. v. 19.02.1982 – 4 B 21.82 = BRS 39, 349; *BVerwG*, Urt. v. 19.09.2002 – 4 C 13.01 = NVwZ 2003, 478.
[766] *BVerwG*, Urt. v. 26.05.1978 – 4 C 9/77 = NJW 1978, 2564.
[767] *BVerwG*, Beschl. v. 20.11.1989 – 4 B 163/89 = NVwZ 1990, 556; *Söfker*, in: EZBK, BauGB, § 31 Rn. 35.
[768] *VGH München*, Urt. v. 24.03.2011 – 2 B 11/59 = BauR 2011, 1785; *Reidt*, in: Battis/Krautzberger/Löhr, BauGB, § 31 Rn. 29.
[769] *BVerwG*, Beschl. v. 05.03.1999 – 4 B 5/99 = NVwZ 1999, 1110; *BVerwG*, Beschl. v. 19.05.2004 – 4 B 35/04 = ZfBR 2007, 72; *VGH München*, Urt. v. 05.10.2009 – 15 B 08.2380 = BauR 2010, 193; *Reidt*, in: Battis/Krautzberger/Löhr, BauGB, § 31 Rn. 29; *Söfker*, in: EZBK, BauGB, § 31 Rn. 35.

eine verallgemeinernde Definition hinaus lässt sich daher nicht exakt bestimmen, was unter den „Grundzügen der Planung" genau zu verstehen ist und wann diese konkret berührt sind.[770] Diese Schwierigkeit, eine allgemeingültige Formel zu benennen, ist dem im Tatbestandsmerkmal des Unberührtbleibens der Grundzüge der Planung zum Ausdruck kommenden Grundsatz der Einzelfallbezogenheit der Befreiung geschuldet.[771] Die charakteristische Einzelfallbezogenheit wird etwa daran deutlich, dass auf der einen Seite selbst der gravierende Vorgang der Änderung der Nutzungsart eines Baugebietes nicht in jedem Fall die Grundzüge einer Planung zu berühren vermag,[772] während auf der anderen Seite nicht einmal eine zeitliche Befristung der Befreiung i.S.v. § 36 II Nr. 1 Landes-VwVfG die Berührung der Grundzüge der Planung mit an Sicherheit grenzender Wahrscheinlichkeit verhindern kann.[773] Im Sinne einer nur annäherungsweise möglichen Definition ist darauf abzustellen, dass der planerische Grundgedanke, d.h. das zugrunde liegende Leitbild[774] bzw. der rote Faden[775] der Planung noch erhalten bleibt und dass im konkreten Fall eine Änderung von bloß minderem Gewicht vorliegt, die von dem im jeweiligen Plan zum Ausdruck kommenden planerischen Willen der Gemeinde noch umfasst ist. Je tiefer die Befreiung dabei in das Interessengeflecht der Planung eingreift, desto eher liegt der Schluss nahe, dass eine Änderung der Planungskonzeption gegeben ist, der nur im Wege einer Planänderung mit dem dafür im Gesetz vorgesehenen förmlichen Verfahren i.S.v. § 1 III 1, VIII BauGB nachgekommen werden kann.[776] Diese – der Planungshoheit geschuldete – Schranke der Befreiung wird vom *Bundesverwaltungsgericht* als sog. Planerfordernis bezeichnet.[777] Diese äußerste Grenze, ab der stets von einer Berührung der Grundzüge der Planung ausgegangen werden muss, ist erreicht, wenn entweder von Festsetzungen ab-

---

[770] *BVerwG*, Beschl. v. 15.03.2000 – 4 B 18/00 = ZfBR 2001, 131; *Siegmund*, in: BeckOK BauGB, § 31 Rn. 59.

[771] *Spieß*, in: Jäde/Dirnberger, BauGB, § 31 Rn. 13, der in dem Erfordernis des Unberührtbleibens der Grundzüge der Planung letztlich nichts anderes sieht als eine „anders formulierte, besondere Ausprägung des Prinzips der Einzelfallbezogenheit der Befreiung." Zustimmend *Siegmund*, in: BeckOK BauGB, § 31 Rn. 61. Vgl. dazu sogleich auf S. 186 f.

[772] *BVerwG*, Beschl. v. 15.03.2000 – 4 B 18/00 = NVwZ-RR 2000, 759; *Siegmund*, in: BeckOK BauGB, § 31 Rn. 59.

[773] *OVG Hamburg*, Beschl. v. 17.06.2013 – 2 Bs 151/13 = NVwZ-RR 2013, 990; *OVG Lüneburg*, Beschl. v. 12.06.2014 – 1 ME 67/14 = BauR 2014, 1746; a.A. *VGH München*, Beschl. v. 29.09.2014 – 2 CS 14.1786 = BeckRS 2014, 57021.

[774] *BVerwG*, Urt. v. 09.03.1990 – 8 C 76/88 = NVwZ 1990, 873.

[775] *VGH München*, Urt. v. 19.10.1998 – 15 B 97.337 = BayVBl 1999, 179.

[776] *BVerwG*, Beschl. v. 05.03.1999 – 4 B 5/99 = NVwZ 1999, 1110; *Reidt*, in: Battis/Krautzberger/Löhr, BauGB, § 31 Rn. 29; *Söfker*, in: EZBK, BauGB, § 31 Rn. 36.

[777] *BVerwG*, Urt. v. 19.09.2002 – 4 C 13/01 = NVwZ 2003, 478.

gewichen werden soll, die für die Planung qualitativ tragend sind, oder eine Befreiung aus Gründen erteilt werden soll, die sich für eine Vielzahl gleich gelagerter Fälle ergeben, da sich hierbei als Folgewirkung die Gefahr von Präzedenzfällen ergibt, was gerade der wesensgemäßen Einzelfallbezogenheit der Befreiung entgegensteht.[778] Für die Planung qualitativ tragend sind stets solche Festsetzungen, durch die ein Vorhaben zugelassen wird, das in seine Umgebung nur durch Planung zu bewältigende Spannungen hineinträgt oder erhöht.[779] Maßgeblich sind also letztlich auch hier wieder die Nutzungskonflikte, deren Vermeidung ein elementarer Grundsatz ist, der sich durch das gesamte Bauplanungsrecht und insbesondere durch die Baunutzungsverordnung hindurchzieht.[780]

Es lässt sich daher festhalten, dass sich hinter dem Tatbestandsmerkmal des Unberührtbleibens der Grundzüge der Planung inhaltlich dieselbe Prüfung verbirgt, wie sie bei § 31 II BauGB von der früheren Rechtspraxis unter dem Stichwort der „Planvorstellungen der Gemeinde" im Rahmen der Vereinbarkeit mit öffentlichen Belangen vorgenommen wurde. Es drängt sich jetzt natürlich die Frage auf, worin das Kuriosum begründet liegt, dass im Rahmen der öffentlichen Belange mit den „Planvorstellungen der Gemeinde" im wesentlichen dieselben Kriterien entwickelt wurden, wie sie im Rahmen des Tatbestandsmerkmal des Unberührtbleibens der Grundzüge der Planung gelten. Dies hängt mit der historischen Entwicklung der allgemeinen Befreiungsregelung des § 31 II BauGB zusammen. Die wesensgemäße Einzelfallbezogenheit der Befreiung war bis zum Bau- und Raumordnungsgesetz 1998[781] noch ausdrücklich tatbestandlich normiert. Danach konnte von den Festsetzungen des Bebauungsplans nur „im Einzelfall" befreit werden. Bis dato wurde die Frage, ob durch das Vorhaben städtebauliche Spannungen hervorgerufen werden und das Bauvorhaben auf diese Weise „Unruhe stiftet", unter dem Kriterium des Einzelfallbezugs oder im Rahmen der öffentlichen Belange geprüft.[782] Mit dem Bau- und Raumordnungsgesetz 1998 hat der Gesetzgeber mit Wirkung zum 01.01.1998 das Tatbestandsmerkmal „im Einzelfall" gestrichen und durch das Kriterium des „Unberührtbleibens der Grundzüge der Planung" ersetzt.[783] Mit dem Austausch

---

[778] *BVerwG*, Beschl. v. 05.03.1999 – 4 B 5/99 = NVwZ 1999, 1110; *Siegmund*, in: BeckOK BauGB, § 31 Rn. 61.
[779] *BVerwG*, Urt. v. 02.02.2012 – 4 C 14/10 = NVwZ 2012, 825; *BVerwG*, Beschl. v. 05.03.1999 – 4 B 5/99 = NVwZ 1999, 1110; *Söfker*, in: EZBK, BauGB, § 31 Rn. 36.
[780] *BVerwG*, Urt. v. 16.09.1993 – 4 C 28/91 = NJW 1994, 1546.
[781] BGBl. I S. 2081.
[782] *Spieß*, in: Jäde/Dirnberger, BauGB, § 31 Rn. 11 f.
[783] *Söfker*, in: EZBK, BauGB, § 31 Rn. 35.

der Begriffe sollte aber lediglich klargestellt werden, dass der atypische Einzelfall, der der Befreiung wesenseigen ist, nicht notwendigerweise immer nur ein einziger Fall sein muss.[784] Im Übrigen sollte die – aus der Einzelfallbezogenheit abgeleitete und bis dahin teilweise auch im Rahmen der Vereinbarkeit mit öffentlichen Belangen geprüfte – Abgrenzung zwischen Befreiung und förmlicher Planänderung mit dem Unberührtbleiben der Grundzüge der Planung ein eigenständiges Tatbestandsmerkmal erhalten.[785] Dies erklärt auch den Umstand, dass die Prüfung, ob durch das Vorhaben städtebauliche Spannungen hervorgerufen werden und das Bauvorhaben auf diese Weise „Unruhe stiftet", in der Kommentarliteratur teilweise (noch) – der alten *bundesverwaltungsgerichtlichen* Rechtsprechung[786] folgend, die sich auf die damalige allgemeine bodenrechtliche Befreiungsvorschrift bezieht, welche die Formulierung „Grundzüge der Planung" noch nicht ausdrücklich enthielt[787] – im Rahmen der Beeinträchtigung öffentlicher Belange[788] und teilweise unter den Grundzügen der Planung[789] abgehandelt wird.

(b) Mögliche Berücksichtigung des Prüfungsinhalts des Unberührtbleibens der Grundzüge der Planung in § 246 X BauGB

Da in der besonderen Befreiungsregelung des § 246 X BauGB das Tatbestandsmerkmal des Unberührtbleibens der Grundzüge der Planung fehlt, könnte dessen Prüfungsinhalt hier aber – entsprechend der früheren Rechtspraxis zu § 31 II BauGB – über die Vereinbarkeit mit öffentlichen Belangen oder über die ungeschriebene wesensgemäße Einzelfallbezogenheit der „klassischen" Befreiung Berücksichtigung finden.

Das *VG Hamburg* hat – für den insoweit vergleichbaren Fall der besonderen Befreiungsregelung des § 246 XII BauGB, in der ebenfalls das Tatbestands-

---

[784] *VGH München*, Urt. v. 19.10.1998 – 15 B 97.337 = BayVBl 1999, 179; *VGH München*, Urt. v. 30.07.2001 – 2 B 99.1323 = BayVBl 2002, 240; *Spieß*, in: Jäde/Dirnberger, BauGB, § 31 Rn. 12. Die Grenze für mehrere Befreiungen ist nach der Gesetzesbegründung aber erreicht, wenn es sich um so viele zu regelnde Fälle handelt, dass nach § 1 III BauGB die Schwelle des Planungserfordernisses überschritten wird; vgl. BT-Drs. 13/6392, S. 56.
[785] *Spieß*, in: Jäde/Dirnberger, BauGB, § 31 Rn. 13; *Siegmund*, in: BeckOK BauGB, § 31 Rn. 61.
[786] *BVerwG*, Urt. v. 09.06.1978 – 4 C 54.75 = NJW 1979, 939. Diese Rechtsprechung lässt sich heute so nicht mehr aufrechterhalten, da die Grundzüge der Planung seit dem Bau- und Raumordnungsgesetz 1998 als eigenständiges Tatbestandsmerkmal ausgestaltet sind; vgl. *Gohde*, ZfBR 2016, 642 (647).
[787] *Gohde*, ZfBR 2016, 642 (647).
[788] So etwa *Dürr*, in: Brügelmann, BauGB, § 31 Rn. 52 f.
[789] So etwa *Söfker*, in: EZBK, BauGB, § 31 Rn. 35 f.

merkmal des Unberührtbleibens der Grundzüge der Planung fehlt – im Ergebnis genau diese Rechtsauffassung vertreten.[790] Die Beachtung der Grundzüge der Planung sei danach aus zwei Gründen zwingend erforderlich. Zum einen würden die Planvorstellungen der Gemeinde notwendigerweise zu den öffentlichen städtebaulichen Belangen gehören, schon allein um der verfassungsrechtlich geschützten Planungshoheit i.S.v. Art. 28 II 1 GG angemessen Rechnung zu tragen. Zum anderen würde bereits das Wesen der Befreiung als planexternes Instrument der Einzelfallgerechtigkeit das Unberührtbleiben der Grundzüge der Planung erfordern. Denn unabhängig von den gesetzlichen Erleichterungen der besonderen Befreiungsregelungen müssten die Einschränkungen aus der Eigenschaft als Befreiungsregelung natürlich weiterhin beachtet werden.

In der hierauf ergangenen Beschwerdeentscheidung hat das *OVG Hamburg* diese Rechtsauffassung – für den vergleichbaren Fall des § 246 XII BauGB – aber ausdrücklich abgelehnt.[791] Vielmehr sei die Wahrung der Grundzüge der Planung gerade keine gesetzliche Befreiungsvoraussetzung und nicht notwendigerweise Gegenstand der Prüfung, ob dem Vorhaben öffentliche Belange entgegenstehen.

(c) Grundzüge der Planung nicht Prüfungsmaßstab des § 246 X BauGB

Nach ganz herrschender Meinung sind die Grundzüge der Planung nicht (tatbestandlicher) Prüfungsmaßstab der besonderen Befreiungsregelung des § 246 X BauGB.[792]

---

[790] *VG Hamburg*, Beschl. v. 12.02.2016 – 7 E 6816/15 = NVwZ 2016, 474 in Bezug auf die vergleichbare Problematik bei der erweiterten Befreiungsregelung des § 246 XII BauGB. Zustimmend *Hornmann*, in: BeckOK BauNVO, § 3 Rn. 231.
[791] *OVG Hamburg*, Beschl. v. 14.04.2016 – 2 Bs 29/16 = KommJur 2016, 316 (Beschwerdeentscheidung zu *VG Hamburg*, Beschl. v. 12.02.2016 – 7 E 6816/15 = NVwZ 2016, 474).
[792] So bereits die Stellungnahme der Bundesregierung, BT-Drs. 18/2752, S. 12; *VGH Mannheim*, Beschl. vom 11.03.2015 – 8 S 492/15 = NVwZ-RR 2015, 637; *VGH Mannheim*, Beschl. v. 17.05.2017 – 5 S 1505/15 = DVBl 2017, 1052; *VGH München*, Beschl. v. 05.03.2015 – 1 ZB 14.2373 = NVwZ 2015, 912; *VG Augsburg*, Urt. v. 21.04.2016 – Au 5 K 15.1897 = BeckRS 2016, 46494; *VG Karlsruhe*, Beschl. v. 12.02.2016 – 6 K 121/16 = BauR 2016, 885; *VG München*, Urt. v. 24.05.2017 – M 9 K 16.4199 = BeckRS 2017, 128250; *VG Stuttgart*, Beschl. v. 20.02.2017 – 2 K 6115/16 = BeckRS 2017, 103036; *VG Düsseldorf*, Beschl. v. 20.09.2016 – 28 L 2532/16 = BeckRS 2016, 53419; *VG Ansbach*, Urt. v. 29.06.2016 – AN 9 K 15.01348 = BeckRS 2016, 49098; *VG Schwerin*, Beschl. v. 19.01.2016 – 2 B 3825/15 SN = BeckRS 2016, 41662; *Scheidler*, NVwZ 2015, 1406 (1408); *Petersen*, KommP 2015, 10 (12); *Bienek*, SächsVBl 2015, 129 (133); *Decker*, in: Schiwy, BauGB, § 246 Rn. 63; *Dürr*, in: Brügelmann, BauGB, § 246 Rn. 32; *Roeser*, in: Berliner Kommentar zum BauGB, § 246 Rn. 37; *Blechschmidt*, in: EZBK, BauGB, § 246 Rn. 68; *Bunzel*, in: Bleicher/Bunzel/Finkeldei/Fuchs/Klinge, Baurecht, § 246 S. 13; im Ergebnis auch *Jarass/Kment*, in:

Stellvertretend für diese Auffassung steht der Beschluss des *VGH Mannheim* vom 11.03.2015[793], in dem es auszugsweise heißt:

„Eine Befreiung ist ausgeschlossen, wenn das Vorhaben in seine Umgebung nur durch Planung zu bewältigende Spannungen hineinträgt oder erhöht, so dass es bei unterstellter Anwendbarkeit des § 34 I BauGB nicht zugelassen werden dürfte [...]. Es kommt also – auch für die hypothetische Prüfung am Maßstab des § 34 I BauGB – darauf an, ob durch das Bauvorhaben städtebauliche Spannungen hervorgerufen werden, die vorhandene bauliche Situation verschlechtert wird, das Bauvorhaben mithin „Unruhe stiftet". Bei der Anwendung des § 246 X 1 BauGB ist – insoweit abweichend – zu berücksichtigen, dass die mögliche Unruhe, die durch die Genehmigung der wohnähnlichen Nutzung eines Gebäudes als Aufnahmeeinrichtung oder Gemeinschaftsunterkunft für Asylbegehrende [...] in ein Gewerbegebiet getragen wird, das auf Grund seines durch die Bestimmungen der Baunutzungsverordnung geprägten Gebietstypus wohnähnliche Nutzungsformen nicht verträgt [...], nicht relevant für die Frage der Vereinbarkeit der Befreiung mit den öffentlichen Belangen sein kann. Denn insoweit hat der Gesetzgeber für den Tatbestand des § 246 X 1 BauGB eine abschließende Regelung zu Gunsten der Möglichkeit, Befreiungen für solche Nutzungsformen zu erteilen, getroffen."

Demnach kann es bei der Befreiung gem. § 246 X BauGB – abweichend von der „klassischen" Befreiungsregelung i.S.v. § 31 II BauGB – für die Frage der Vereinbarkeit mit den öffentlichen Belangen nicht relevant sein, dass die wohnähnliche Flüchtlingsunterbringung eine mögliche Unruhe in das Gewerbegebiet trägt. Dies erscheint aus rein praktischen und auch aus systematischen Überlegungen heraus sachgerecht, da es der besonderen Befreiungsvorschrift des § 246 X BauGB überhaupt nicht bedurft hätte, wenn auch dort die Grundzüge der Planung tatbestandlich zu würdigen wären.[794] Bestätigt wird dieses Ergebnis durch die allgemeinen juristischen Auslegungsmethoden. Danach sind die Grundzüge der Planung sowohl aufgrund des Wortlauts der Norm und deren Gesetzeshistorie als auch nach Sinn und Zweck sowie aus systematischen Erwägungen nicht Prüfungsmaßstab der besonderen Befreiungsregelung des § 246 X BauGB.

Bereits nach ihrem Wortlaut setzt die Sonderregelung des § 246 X BauGB – gerade im Unterschied zur allgemeinen Befreiungsvorschrift des § 31 II BauGB

Jarass/Kment, BauGB, § 246 Rn. 12, wonach das Tatbestandsmerkmal, dass an dem Standort Anlagen für soziale Zwecke allgemein oder ausnahmsweise zugelassen werden können, an die Stelle der sonst im Rahmen des § 31 II BauGB erforderlichen Prüfung der „Grundzüge der Planung" tritt.

[793] *VGH Mannheim*, Beschl. v. 11.03.2015 – 8 S 492/15 = NVwZ-RR 2015, 637.
[794] So etwa *VG Augsburg*, Urt. v. 21.04.2016 – Au 5 K 15.1897 = BeckRS 2016, 46494.

– nicht voraus, dass die Grundzüge der Planung unberührt bleiben müssen. Dabei handelt es sich auch nicht etwa um eine planwidrige Regelungslücke, da der Unterschied zu § 31 II BauGB im Gesetzgebungsverfahren erkannt und bewusst auch so umgesetzt wurde.[795] Dies zeigen die Gesetzesmaterialien, in denen es ausdrücklich heißt, dass es „indes kein Tatbestandserfordernis [ist], dass die Grundzüge der Planung nicht berührt werden."[796] Nach der gesetzgeberischen Intention sollte damit dem (öffentlichen) Interesse an der Unterbringung von Flüchtlingen Rechnung getragen und diesem Vorrang gegenüber dem Gebietserhaltungsgrundsatz eingeräumt werden.[797]

Aber auch der Regelungszweck der Sondervorschriften für Flüchtlingsunterkünfte spricht für diese weite Auslegung. Die Sondervorschriften und damit auch die besondere Befreiungsregelung des § 246 X BauGB sollen die Flüchtlingsunterbringung gegenüber dem allgemeinen Bauplanungsrecht erleichtern.[798] Würden die Grundzüge der Planung im Rahmen des § 246 X BauGB Berücksichtigung finden, wäre eine derartige Erleichterung gegenüber § 31 II BauGB nicht mehr zu erkennen.[799] Im Gegenteil: Die Anforderungen an § 246 X BauGB wären dann sogar noch höher, da die Gemeinde aufgrund der Voraussetzung, dass am konkreten Standort Anlagen für soziale Zwecke allgemein oder als Ausnahme zugelassen werden können, mithilfe der Feinsteuerungsmöglichkeiten des § 1 VI Nr. 1, VIII, IX BauGB gezielt die Schaffung einer Flüchtlingsunterkunft auf Grundlage des § 246 X BauGB verhindern könnte, was im Rahmen des § 31 II BauGB so aber nicht möglich ist.

Die systematische Auslegung geht argumentativ in eine ähnliche Richtung. Denn die vom Gesetzgeber für § 246 X BauGB ausdrücklich festgeschriebene Erleichterung gegenüber § 31 II BauGB wäre gewissermaßen „durch die Hintertür" wieder vollständig entwertet, wenn im Rahmen der Vereinbarkeit mit öffentlichen Belangen oder über die wesensgemäße Einzelfallbezogenheit der Befreiung inhaltlich genau das berücksichtigt werden würde, was im Falle der allgemeinen Befreiungsregelung des § 31 II BauGB unter dem Tatbestands-

---

[795] *Spannowsky*, in: BeckOK BauGB, § 246 Rn. 10; *Bienek*, SächsVBl 2015, 129 (133).
[796] BT-Drs. 18/2752, S. 12.
[797] *Dürr*, in: Brügelmann, BauGB, § 246 Rn. 32.
[798] Zum Sinn und Zweck der Sondervorschriften, vgl. ausführlich im dritten Kapitel auf S. 99 ff.
[799] Demnach würde dann auch die Befreiungsregelung des § 246 X BauGB – wie bereits § 31 II BauGB – in der Praxis regelmäßig am Erfordernis des Unberührtbleibens der Grundzüge der Planung scheitern, da letztere bei der Errichtung einer Flüchtlingsunterkunft im Gewerbegebiet aufgrund der gegenläufigen Nutzungskonflikte in der Regel berührt sein werden. Vgl. dazu im ersten Kapitel auf S. 63.

merkmal des Unberührtbleibens der Grundzüge der Planung geprüft wird. Auf diese Weise wäre § 246 X BauGB gegenüber § 31 II BauGB ein zahnloser Papiertiger, da er gegenüber der allgemeinen Befreiungsregelung keinerlei Erleichterung enthalten, vielmehr sogar noch strengere Tatbestandsvoraussetzungen aufstellen würde. Die besondere Befreiungsregelung des § 246 X BauGB würde sich auch nicht mehr als privilegierende „Sonderregelung" darstellen, wie es die amtliche Überschrift des § 246 BauGB ausdrücklich formuliert, sondern gänzlich überflüssig werden, was vom Gesetzgeber sicherlich nicht gewollt sein kann. Ferner bestünde eine weitere systematische Unsauberkeit darin, über das Tatbestandsmerkmal der „Vereinbarkeit mit öffentlichen Belangen" inhaltlich das zu berücksichtigen, wofür im Falle des § 31 II BauGB mit dem „Unberührtbleiben der Grundzüge der Planung" durch das Bau- und Raumordnungsgesetz 1998 vom Gesetzgeber eigens ein spezielles Tatbestandsmerkmal geschaffen worden ist.[800] Schließlich spricht auch der Umkehrschluss (argumentum e contrario) zu § 31 II BauGB dafür, die Grundzüge der Planung im Rahmen des § 246 X BauGB tatbestandlich nicht zu berücksichtigen.

Zusammenfassend hat der Gesetzgeber mit § 246 X BauGB eine abschließende Regelung zugunsten der Möglichkeit geschaffen, Befreiungen für Flüchtlingsunterkünfte zu erteilen, und zwar unabhängig davon, ob Grundzüge der Planung berührt sind oder nicht. Diese Entscheidung des Gesetzgebers muss respektiert werden und genießt insoweit Vorrang gegenüber der bisherigen Rechtsprechung zur allgemeinen Befreiungsregelung des § 31 II BauGB.[801]

Abschließend ist in dem Zusammenhang anzumerken, dass die Grundzüge der Planung, wenn schon nicht auf Tatbestandsebene, so doch auf der Rechtsfolgenseite im Rahmen des verbleibenden „Ermessensrests"[802] berücksichtigt werden können.[803] Anders als in den Fällen des § 246 XII und XIV BauGB ist dies hier freilich verfassungsrechtlich nicht geboten, da die Planungshoheit schon hinreichend Beachtung findet über das Tatbestandsmerkmal, dass am konkreten Standort Anlagen für soziale Zwecke als Ausnahmen oder allgemein zulässig

---

[800] BGBl. I S. 2081.
[801] Zum Vorrang des parlamentarischen Gesetzes vor Richterrecht, vgl. im vierten Kapitel auf S. 154.
[802] Für die Ausübung des Befreiungsermessens bleibt aufgrund der engen tatbestandlichen Voraussetzungen wenig Spielraum; vgl. *VGH München*, Urt. v. 14.02.2018 – 9 BV 16.1694 = BauR 2018, 943.
[803] Für den vergleichbaren Fall des § 246 XII BauGB wird das von *Kment/Wirth*, ZfBR 2016, 748 (751), für den vergleichbaren Fall des § 246 XIV BauGB von *Dürr*, in: Brügelmann, BauGB, § 246 Rn. 49 bestätigt. Es ist kein sachlich einleuchtender Grund ersichtlich, weshalb diese Auslegungsweise im Falle des § 246 X BauGB nicht ebenfalls angewendet werden sollte.

sind.[804] Mit Hilfe dieser „Rechtsfolgenlösung" können die Grundzüge der Planung aber gleichwohl in die Befreiungsentscheidung des § 246 X BauGB miteinbezogen werden, ohne dass deren Berührung die Erteilung der Befreiung notwendigerweise ausschließt. Vielmehr kann die Berührung der Grundzüge der Planung im Rahmen der Abwägung – anders als auf der Tatbestandsseite – mit entsprechend gewichtigen Gegenbelangen „weggewogen" werden. Dieser Auslegung stehen auch der Wortlaut und die Gesetzesmaterialien nicht entgegen. Schließlich heißt es in der Stellungnahme der Bundesregierung zu § 246 X BauGB lediglich, dass es „kein Tatbestandserfordernis" sei, dass „die Grundzüge der Planung nicht berührt werden".[805]

c. Verhältnis zu § 31 II BauGB

Die Frage nach dem Verhältnis zwischen § 246 X BauGB und der allgemeinen Befreiungsregelung des § 31 II BauGB stellt sich freilich nur in dem Rahmen, in dem sich die Anwendungsbereiche der beiden Vorschriften überschneiden, also bei der Zulassung von Flüchtlingsunterkünften in (festgesetzten und faktischen) Gewerbegebieten. Denklogisch kommen hierbei nur zwei Möglichkeiten in Betracht. Auf der einen Seite könnte es sich bei § 246 X BauGB um eine spezielle Befreiungsmöglichkeit handeln, welche die Anwendbarkeit der allgemeinen Regelung ausschließt.[806] Auf der anderen Seite könnten die beiden Befreiungsregelungen aber auch in einem Ergänzungsverhältnis stehen und demnach parallel nebeneinander anwendbar sein. Die von *Hornmann* vertretene „vermittelnde" Auffassung, wonach die spezielle Regelung des § 246 X BauGB „als lex specialis neben § 31 II BauGB tritt"[807], ist jedoch von vornherein abzulehnen. Denn entweder stehen die Vorschriften parallel nebeneinander oder die Sonderregelung schließt als lex specialis die Anwendung der allgemeineren Regelung aus. Eine Kombination aus beiden Ansätzen erscheint nur schwer vorstellbar.

Nach einer Auffassung stellt § 246 X BauGB eine spezielle Befreiungsregelung dar, die als lex specialis zu § 31 II BauGB konzipiert ist.[808] Da die spezielle Norm der

---

[804] Vgl. dazu die Verfassungsmäßigkeitsprüfung des § 246 X BauGB im siebten Kapitel auf S. 328.
[805] BT-Drs. 18/2752, S. 12.
[806] Lat.: *lex specialis derogat legi generali*.
[807] *Hornmann*, in: BeckOK BauNVO, § 3 Rn. 217.
[808] *VGH München*, Beschl. v. 05.03.2015 – 1 ZB 14.2373 = NVwZ 2015, 912. Dem folgend die bayerischen Instanzgerichte, so etwa: *VG Augsburg*, Urt. v. 21.04.2016 – Au 5 K 15.1897 = BeckRS 2016, 46494; *VG München*, Beschl. v. 30.11.2015 – M 1 SN 15.4780 = BeckRS 2016, 42972. Zudem in der Literatur auch: *Langenfeld/Weisensee*, ZAR 2015, 132 (134); *Scheidler*, BauR 2015,

allgemeinen vorgeht, darf bei Nichtvorliegen einzelner Tatbestandsvoraussetzungen des § 246 X BauGB bei einem Vorhaben im (festgesetzten oder faktischen) Gewerbebiet nicht mehr auf die allgemeine Befreiungsregelung des § 31 II Nr. 1 BauGB zurückgegriffen werden.[809] Diese ist vielmehr gesperrt. Für diese Auffassung spricht der Charakter des § 246 X BauGB als „Sonderregelung" und die entsprechende amtliche Überschrift. Eine Sonderregelung steht zumindest sprachlich einem Spezialitätsverhältnis näher als einem Ergänzungsverhältnis. Auch würde auf diese Weise der gemeindlichen Planungshoheit umfassend Rechnung getragen werden. Denn die Gemeinde könnte damit zum Schutz ihrer planerischen Vorstellungen durch eine Feinsteuerungsfestsetzung i.S.v. § 1 VI Nr. 1, VIII, IX BauNVO die ausnahmsweise Zulässigkeit von Anlagen für soziale Zwecke – oder zumindest von Flüchtlingsunterkünften als Unterart der Anlagen für soziale Zwecke – im konkreten Gewerbegebiet ausschließen und damit eine Befreiung insgesamt verhindern. Denn auf die allgemeine Befreiungsvorschrift dürfte dann ja nicht mehr zurückgegriffen werden.

Nach einer anderen Auffassung stehen § 246 X BauGB und § 31 II Nr. 1 BauGB in einem Ergänzungsverhältnis und sind daher parallel nebeneinander anwendbar.[810] Folglich schließt die Eröffnung des Anwendungsbereichs der Sondervorschrift des § 246 X BauGB die Anwendbarkeit des § 31 II BauGB nicht zwingend aus. Danach kann auch bei Nichtvorliegen einzelner Tatbestandsvoraussetzungen des § 246 X BauGB noch auf die allgemeine Befreiungsregelung zurückgegriffen werden. Dieser Auffassung ist zuzustimmen. Ein gesetzgeberisch intendierter bzw. bezweckter Anwendungsvorrang ist im Wortlaut des § 246 X BauGB nicht angelegt. Vielmehr ergibt sich aus den Gesetzesmaterialien die Intention des Gesetzgebers, die Befreiungsregelungen nebeneinander zu ermöglichen. Denn danach handelt es sich bei § 246 X BauGB nur um eine materiell-rechtlich „ergänzende" bzw. „in Ergänzung zu § 31 II BauGB tretende" Befreiungsregelung in Gewerbegebieten.[811] Aber auch teleologisch muss hier von einem Ergänzungsverhältnis ausgegangen werden. Die Schaffung der Befreiungsmöglichkeit des § 246 X BauGB soll über die sog. abs-

---

1414 (1426); *Roeser*, in: Berliner Kommentar zum BauGB, § 246 Rn. 33; *Spannowsky*, in: BeckOK BauGB, § 246 Rn. 9.1; *Jarass/Kment*, in: Jarass/Kment, BauGB, § 246 Rn. 11.

[809] *Scheidler*, BauR 2015, 1414 (1426); *Gohde*, ZfBR 2016, 642 (647).
[810] OVG Münster, Beschl. v. 23. 02.2015 – 7 B 1343/14 = KommJur 2015, 149; *VGH Mannheim*, Beschl. v. 11.03.2015 – 8 S 492/15 = NVwZ-RR 2015, 637; *Blechschmidt*, in: EZBK, BauGB, § 246 Rn. 68a; *Bienek/Reidt*, BauR 2015, 422 (427); *Mitschang/Reidt*, in: Battis/Krautzberger/Löhr, BauGB, § 246 Rn. 22; *Dürr*, in: Brügelmann, BauGB, § 246 Rn. 31 (anders inkonsequenterweise *ders.*, in: Brügelmann, BauGB, § 31 Rn. 35c); *Bunzel*, in: Bleicher/Bunzel/Finkeldei/Fuchs/Klinge, Baurecht, § 246 S. 13.
[811] BT-Drs. 18/2752, S. 12.

trakte Gebietsunverträglichkeit wohnähnlicher Nutzung im Gewerbegebiet hinweghelfen und auf diese Weise die Möglichkeit zur Unterbringung von Flüchtlingen in Gewerbegebieten verbessern.[812] Entsprechend dieser Ratio dürfen die allgemeinen Regelungen aber nicht von § 246 X BauGB verdrängt werden, da anderenfalls der durch die allgemeinen Vorschriften eröffnete Unterbringungsraum ohne triftigen Grund für die Flüchtlingsunterbringung ausgeklammert werden würde.[813] Auch das obige Argument, dass es im Falle von gemeindlichen Feinsteuerungsfestsetzungen i.S.v. § 1 VI Nr. 1, VIII, IX BauNVO zum Schutz der planerischen Vorstellungen erforderlich sei, eine Befreiung insgesamt zu verhindern, greift nicht durch. Der Umstand, dass die Gemeinde mit Hilfe der Feinsteuerung über § 1 VI Nr. 1, VIII, IX BauNVO die Zulassung einer Flüchtlingsunterkunft in einem ihrer Gewerbegebiete auf Grundlage des § 246 X BauGB verhindern kann, ist – zum Schutz der Planungshoheit – in erster Linie ein Ausgleich für den Eingriff in ihre Planungshoheit, der dadurch entsteht, dass im Falle des § 246 X BauGB die Grundzüge der Planung berührt werden dürfen. Es ist jedoch nicht ersichtlich, warum im Falle der – durch die Gemeinde gem. § 1 VI Nr. 1, VIII, IX BauNVO herbeigeführten – Unanwendbarkeit des § 246 X BauGB zum Schutz der planerischen Vorstellungen ein Rückgriff auf § 31 II BauGB ausgeschlossen sein soll, nachdem doch die gemeindliche Planungshoheit in § 31 II BauGB ihrerseits gerade durch das Merkmal des „Unberührtbleibens der Grundzüge der Planung" geschützt ist.

Abschließend ist zu klären, ob und gegebenenfalls wie sich dieser Meinungsstreit über das Verhältnis der beiden Befreiungsvorschriften in der Praxis tatsächlich auswirkt. Teilweise wird in der Kommentarliteratur vertreten, diese Diskussion sei letztlich rein theoretischer Natur, da eine Befreiung auf Grundlage des § 31 II BauGB wohl ohnehin immer ausscheiden würde, wenn die Befreiung selbst unter den privilegierenden Voraussetzungen des § 246 X BauGB nicht erteilt werden könne.[814] Die Vertreter dieser Auffassung übersehen jedoch die Fälle, in denen die Gemeinde im konkreten Gewerbegebiet über die Feinsteuerungsmöglichkeiten des § 1 VI Nr. 1, VIII, IX BauNVO Anlagen für soziale Zwecke oder zumindest Flüchtlingsunterkünfte ausgeschlossen hat.[815] Eine Befreiungserteilung über § 246 X BauGB scheidet in dieser Konstellation von vornherein aus. Die Möglichkeit eines Rückgriffs auf § 31 II BauGB kann hier also im Einzelfall durchaus von Bedeutung

---

[812] BT-Drs. 18/2752, S. 1.
[813] So im Ergebnis auch *Dürr*, in: Brügelmann, BauGB, § 246 Rn. 31.
[814] *Jarass/Kment*, in: Jarass/Kment, BauGB, § 246 Rn. 11; im Ergebnis so auch *Blechschmidt*, in: EZBK, BauGB, § 246 Rn. 68a.
[815] *VGH Mannheim*, Beschl. v. 11.03.2015 – 8 S 492/15 = NVwZ-RR 2015, 637; *Scheidler*, BauR 2015, 1414 (1424 f.).

sein, selbst wenn eine Befreiung auf Grundlage des § 31 II BauGB aufgrund der berührten Grundzüge der Planung in der Praxis häufig ausscheiden wird.[816]

2. Erweiterte Befreiungsmöglichkeit des § 246 XII BauGB

Die Sonderregelung des § 246 XII BauGB gibt der Baugenehmigungsbehörde neben § 31 II BauGB und § 246 X BauGB eine weitere, umfassende Möglichkeit der Befreiungserteilung an die Hand. Danach kann für die auf längstens drei Jahre zu befristende Errichtung mobiler Unterkünfte in allen Baugebieten sowie für die ebenfalls auf längstens drei Jahre zu befristende Umnutzung von zulässigerweise errichteten baulichen Anlagen in Gewerbe-, Industrie- und Sondergebieten von den Festsetzungen des Bebauungsplans befreit werden, wenn die Befreiung auch unter Würdigung nachbarlicher Interessen mit den öffentlichen Belangen vereinbar ist. Gegenstand der Befreiung können dabei sämtliche Festsetzungen des Bebauungsplans sein, also nicht nur Festsetzungen über die Art der baulichen Nutzung, sondern auch über das Maß der baulichen Nutzung, die Bauweise und die überbaubare Grundstücksfläche. Praktische Bedeutung kommt dieser Sondervorschrift – wie auch der des § 246 X BauGB – vor allem wegen der erweiterten Abweichungsmöglichkeiten von der Art der baulichen Nutzung zu. Im Folgenden werden zunächst unter Ziffer a. bis d. die Voraussetzungen und Besonderheiten der speziellen Befreiungsregelung des § 246 XII BauGB – insbesondere in Abgrenzung zur Befreiungsvorschrift des § 246 X BauGB – herausgearbeitet, bevor abschließend unter Ziffer e. das Verhältnis der besonderen Befreiungsregelung zu § 31 II BauGB und § 246 X BauGB näher betrachtet wird.

a. Anwendungsbereich

Der Anwendungsbereich des § 246 XII BauGB ist auf der einen Seite weiter und auf der anderen Seite enger als der des § 246 X BauGB. Der räumliche Anwendungsbereich ist weiter, da § 246 XII BauGB zum einen auch für andere Baugebietstypen und im Fall des § 246 XII Nr. 1 BauGB sogar für andere Nutzungsfestsetzungen[817] gilt, und es zum anderen nicht erforderlich ist, dass am konkreten Standort Anlagen für soziale Zwecke zulässig sind oder ausnahmsweise zugelassen werden können. Der sachliche Anwendungsbereich ist hingegen enger als bei § 246

---

[816] Insoweit kann es sich freilich nur um besondere Einzelfälle handeln. Vgl. dazu bereits im ersten Kapitel auf S. 63.
[817] Mit Hilfe des § 246 XII 1 Nr. 1 BauGB kann daher auch von Festsetzungen in Form von öffentlichen Grünflächen, Sport- und Spielflächen, Parkplatzflächen oder Gemeinbedarfsflächen i.S.v. § 9 I Nr. 4, 5, 11, 15 BauGB abgewichen werden. Vgl. etwa *Jarass/Kment*, in: Jarass/Kment, BauGB, § 246 Rn. 20; *Krautzberger/Stüer*, UPR 2016, 95 (97).

X BauGB, da sich die Möglichkeit der Befreiungserteilung hier nur auf mobile Unterkünfte sowie auf Nutzungsänderungen an bestehenden Anlagen beschränkt.

b. Administrative Befristung auf längstens drei Jahre

Die wohl wichtigste Besonderheit des § 246 XII BauGB gegenüber § 246 X BauGB liegt jedoch in seiner Befristung auf längstens drei Jahre.[818] Dabei handelt es sich um eine sog. administrative Befristung. Die Befristung des jeweiligen Einzelvorhabens gilt danach nicht unmittelbar kraft Gesetzes. Vielmehr stellt sie eine verfahrensrechtliche Vorgabe an die Baugenehmigungsbehörde dar, diese Befristung im Rahmen der Befreiungserteilung – und zwar im Wege einer Nebenbestimmung i.S.v. § 36 II Nr. 1 Landes-VwVfG – umzusetzen.[819] Die Formulierung „auf längstens drei Jahre" lässt insoweit keinen Auslegungsspielraum zu, da durch die Baugenehmigungsbehörde ja erst noch festgelegt werden muss, auf welchen Zeitraum zwischen einem Tag und drei Jahren sich die Befreiung konkret erstrecken soll. Zudem muss es sich nach dem ausdrücklichen Wortlaut des Gesetzes um eine „zu befristende" Flüchtlingsunterbringung handeln, was ebenfalls ein entsprechendes Tätigwerden der Baugenehmigungsbehörde voraussetzt und damit einer rein gesetzlichen Befristung entgegensteht.[820]

In diesem Zusammenhang ist darauf hinzuweisen, dass das Gesetz keine Verlängerungsmöglichkeit oder eine mehrfache Befreiungserteilung auf Grundlage des § 246 XII BauGB vorsieht.[821] Nach Ablauf der dreijährigen Frist ist es vielmehr unzulässig, für denselben Standort eine erneute Befreiung auf die Sondervorschrift des § 246 XII BauGB zu stützen.[822] Das ergibt sich aus dem Sinn und Zweck einer Befristung, dass es sich bei dem danach zugelassenen Vorhaben nur um ein Provisorium handeln soll.[823] Für den Fall, dass sich im zeitlich befristeten Nutzungszeitraum die Erforderlichkeit einer langfristigen Nutzung als Flüchtlingsunterkunft ergeben sollte, wird eine nachhaltige Bauleitplanung, also eine Änderung oder erstmalige Aufstellung eines Bebauungsplans, erforderlich.[824]

---

[818] *Scheidler*, UPR 2015, 479 (482, 486) bezeichnet die auf Grundlage des § 246 XII BauGB geschaffenen Unterkünfte daher auch als zeitlich befristete „Behelfsunterkünfte".
[819] *Mitschang/Reidt*, in: Battis/Krautzberger/Löhr, BauGB, § 246 Rn. 33; *Jarass/Kment*, in: Jarass/Kment, BauGB, § 246 Rn. 23; *Dürr*, in: Brügelmann, BauGB, § 246 Rn. 38.
[820] *Dürr*, in: Brügelmann, BauGB, § 246 Rn. 38.
[821] Vgl. dazu auch im Rahmen des zeitlichen Anwendungsbereichs im vierten Kapitel auf S. 155 f.
[822] *OVG Hamburg*, Beschl. v. 14.04.2016 – 2 Bs 29/16 = KommJur 2016, 316; *Blechschmidt*, in: EZBK, BauGB, § 246 Rn. 77; *Mitschang/Reidt*, in: Battis/Krautzberger/Löhr, BauGB, § 246 Rn. 33; *Blechschmidt/Reidt*, BauR 2016, 934 (937); *Decker*, in: Schiwy, BauGB, § 246 Rn. 91; *Jarass/Kment*, in: Jarass/Kment, BauGB, § 246 Rn. 23.
[823] *Dürr*, in: Brügelmann, BauGB, § 246 Rn. 38.
[824] So bereits BT-Drs. 18/6185, S. 54.

c. Begünstigte Vorhaben i.S.v. § 246 XII 1 BauGB

Ferner muss eine der beiden Tatbestandsalternativen des § 246 XII 1 Nr. 1 oder Nr. 2 BauGB vorliegen.

aa. Errichtung mobiler Unterkünfte für Flüchtlinge, Nr. 1

Da der Anwendungsbereich des § 246 XII 1 Nr. 1 BauGB – anders als § 246 X BauGB und § 246 XII 1 Nr. 2 BauGB – nicht auf bestimmte Baugebiete i.S.d. Baunutzungsverordnung beschränkt ist, erstreckt sich seine praktische Bedeutung insbesondere auf solche Bereiche, die sich nicht innerhalb eines Baugebiets befinden, sondern auf für andere Zwecke festgesetzten Flächen. Dabei kommen in erster Linie Gemeinbedarfsflächen, Sport- und Spielflächen, Parkplätze, öffentliche Grünflächen oder Veranstaltungsflächen i.S.v. § 9 I Nr. 4, 5, 11, 15 BauGB in Betracht.[825] Bei einer dementsprechenden Zweckentfremdung von vorhandenen Stellplatzflächen – vor allem in Wohn- und Mischgebieten, die in der Regel dicht besiedelt sind – drängt sich jedoch schon aus rein praktischen Erwägungen die Frage auf, wo die Anwohner während der Flüchtlingsunterbringung ihre Autos abstellen sollen.[826]

Mobile Unterkünfte sind bauliche Anlagen, die nicht für längerfristiges Wohnen ausgestaltet und ausgestattet, sondern charakteristisch vielmehr darauf ausgerichtet sind, mehrfach und auch an unterschiedlichen Standorten wiederverwendet zu werden.[827] Derartige Anlagen müssen daher leicht aufgestellt und im Wesentlichen beschädigungsfrei wieder abgebaut werden können und dürfen aus diesem Grund nicht in einer sehr intensiven Weise mit dem Erdboden verbunden sein.[828] Einer Qualifizierung als mobile Unterkunft steht es dabei allerdings nicht entgegen, dass für ihre Errichtung eine Fundamentlegung, umfassende Montagearbeiten oder auch Erschließungsmaßnahmen notwendig sind.[829] In Abgrenzung zu einer Notunterkunft ohne städtebauliche Relevanz i.S.v. § 29 I BauGB muss die mobile Unterkunft für einen nicht nur unbedeutenden Zeitraum – gewissermaßen als Ersatz für ein festes Gebäude – an einem Standort verbleiben.[830] Diese Anforderungen

---

[825] BT-Drs. 18/6185, S. 54; *Hornmann*, in: BeckOK BauNVO, § 3 Rn. 229; *Jarass/Kment*, in: Jarass/Kment, BauGB, § 246 Rn. 20; *Krautzberger/Stüer*, UPR 2016, 95 (97).
[826] So auch *Decker*, in: Schiwy, BauGB, § 246 Rn. 80.
[827] *OVG Hamburg*, Beschl. v. 14.04.2016 – 2 Bs 29/16 = KommJur 2016, 316; *Mitschang/Reidt*, in: Battis/Krautzberger/Löhr, BauGB, § 246 Rn. 34; *Decker*, in: Schiwy, BauGB, § 246 Rn. 79; *Gohde*, ZfBR 2016, 642 (647); *Jarass/Kment*, in: Jarass/Kment, BauGB, § 246 Rn. 18; *Bienek*, DÖV 2017, 584 (587), wonach die Wiederverwendbarkeit die signifikante Anforderung in der Praxis darstellt.
[828] *Roeser*, in: Berliner Kommentar zum BauGB, § 246 Rn. 31b; *Petersen*, KommP BY 2016, 50 (52).
[829] *Decker*, in: Schiwy, BauGB, § 246 Rn. 79; *Gohde*, ZfBR 2016, 642 (647).
[830] *Dürr*, in: Brügelmann, BauGB, § 246 Rn. 36.

erfüllen neben Zelten und Wohncontainern[831] auch sonstige Behelfsunterkünfte in Leichtbauweise. In der Praxis werden hier vor allem Traglufthallen, die aus mehrfach verwendbaren Fertigbauteilen bestehen, verwendet.[832] Hingegen fallen Vorhaben in Festbauweise selbst dann nicht unter den Begriff der mobilen Unterkünfte, wenn sie in modularer Form entstehen.[833]

bb. Nutzungsänderungen, Nr. 2

Die zweite Tatbestandsalternative des § 246 XII 1 Nr. 2 BauGB ist nach ihrem ausdrücklichen Wortlaut sachlich auf Nutzungsänderungen und in örtlicher Hinsicht auf Gewerbegebiete, Industriegebiete und Sondergebiete beschränkt. *Krautzberger/Stüer*[834] vertreten die Auffassung, dass sich der örtliche Anwendungsbereich – entgegen dem ausdrücklichen Gesetzeswortlaut – auch auf reine Wohngebiete erstrecke. Dabei berufen sie sich auf die Gesetzesbegründung.[835] Diese Auffassung ist abzulehnen. Sie kann mit dem Gesetzeswortlaut des § 246 XII 1 Nr. 2 BauGB nicht in Einklang gebracht werden. Auch die Gesetzesbegründung gibt dafür nichts her. Vielmehr handelt es sich bei der von *Krautzberger/Stüer* in Bezug genommenen Textpassage um eine missverständliche Formulierung, die sich eigentlich nur auf die Tatbestandsalternative des § 246 XII 1 Nr. 1 BauGB beziehen sollte. Dies wird aus dem Gesamtzusammenhang der zitierten Textpassage verständlich, die lautet: „Die Regelung findet auch in reinen Wohngebieten, Gewerbebegebieten und Industriegebieten Anwendung." Die ausdrückliche Erwähnung, dass die Regelung auch auf Gewerbe- und Industriegebiete Anwendung findet, macht nämlich nur Sinn, wenn sich der in Bezug genommene Satz ausschließlich auf § 246 XII 1 Nr. 1 BauGB bezieht. Denn die Tatbestandsalternative des § 246 XII 1 Nr. 2 BauGB ist ja bereits nach ihrem ausdrücklichen Gesetzeswortlaut auf Industrie- und Gewerbegebiete anwendbar.[836]

---

[831] BT-Drs. 18/6185, S. 54.
[832] *Dürr*, in: Brügelmann, BauGB, § 246 Rn. 36; *Bunzel*, in: Bleicher/Bunzel/Finkeldei/Fuchs/Klinge, Baurecht, § 246 S. 11; *Hilberth, Iris / Mühlfenzl, Martin*: Weitere Traglufthallen schaffen Platz, in: Süddeutsche Zeitung, vom 07.02.2016, abrufbar unter: http://www.sueddeutsche.de/muenchen/landkreismuenchen/asylbewerberunterkuenfte-neue-nachbarn-1.2852973; *Hammer, Martin*: Interview mit Mathias Hamann, Leiter einer Berliner Traglufthalle: "Besser als eine Turnhalle", in: Süddeutsche Zeitung, vom 15.06.2015, abrufbar unter: http://www.sueddeutsche.de/muenchen/steckt-da-liebe-drin-besser-als-eine-turnhalle-1.2522442.
[833] *Bienek*, DÖV 2017, 584 (587).
[834] *Krautzberger/Stüer*, DVBl 2015, 1545 (1548).
[835] BT-Drs. 18/6185, S. 54, wonach die „Regelung [...] auch in reinen Wohngebieten [...] Anwendung" findet.
[836] So im Ergebnis auch *Dürr*, in: Brügelmann, BauGB, § 246 Rn. 37.

Die umzunutzende bauliche Anlage muss vormals zulässigerweise errichtet worden sein. Diese Formulierung ist insoweit nicht neu, sondern vom Gesetzgeber bereits an anderer Stelle mehrfach verwendet worden, etwa in den Fällen des § 35 IV 1 BauGB oder bei § 34 IIIa 1 Nr. 1 BauGB. Aus diesem Grund kann auf die dortige Rechtsprechung zurückgegriffen werden.[837] Eine zulässige Errichtung ist daher anzunehmen, wenn die bauliche Anlage entweder – unabhängig vom materiellen Baurecht – bauaufsichtlich genehmigt worden oder – unabhängig von einer formellen Genehmigung – in Übereinstimmung mit materiellem Baurecht errichtet worden ist.[838]

Die Anwendungspraxis hat gezeigt, dass der Privilegierungstatbestand des § 246 XII 1 Nr. 2 BauGB weniger in Gewerbegebieten als vielmehr in Sondergebieten Bedeutung erlangt.[839] Dort kommen vor allem (aufgegebene) Ferienhäuser sowie leerstehende Veranstaltungshallen, Messegebäude, ehemalige Großraumdiskotheken und Spielhallen für eine Unterbringung in Betracht.[840] In Gewerbegebieten spielt die Vorschrift neben § 246 X BauGB nur dann eine Rolle, wenn die Gemeinde von der Feinsteuerungsmöglichkeit des § 1 VI Nr. 1, IX BauNVO Gebrauch gemacht hat und damit im konkreten Gewerbegebiet Anlagen für soziale Zwecke weder ausnahmsweise noch allgemein zulässig sind.[841] In Industriegebieten hat die Sonderregelung – wie letztlich zu erwarten war – praktisch keine Relevanz.[842]

d. Vereinbarkeit mit öffentlichen Belangen unter Würdigung nachbarlicher Interessen

aa. Nachbarliche Interessen und gesunde Wohnverhältnisse

Eine Befreiung von den Festsetzungen eines Bebauungsplans kann leicht das Interessengeflecht der Belange der Grundstückseigentümer verändern. Im Gleichklang mit § 246 X BauGB und § 31 II BauGB verlangt daher auch § 246 XII BauGB, dass eine Würdigung nachbarlicher Interessen stattfindet. Dabei ist das Interesse

---

[837] *Bunzel*, in: Bleicher/Bunzel/Finkeldei/Fuchs/Klinge, Baurecht, § 246 S. 10 zur vergleichbaren Regelung in § 246 VIII BauGB; *Scheidler*, KommP BY 2016, 11 (14) zur vergleichbaren Regelung in § 246 XIII 1 Nr. 2 BauGB.
[838] BVerwG, Urt. v. 08.06.1979 – 4 C 23/77 = NJW 1980, 1010; BVerwG, Beschl. v. 16.01.2014 – 4 B 32.13 = ZfBR 2014, 375; *Söfker*, in: EZBK, BauGB, § 35 Rn. 143.
[839] *Bienek*, DÖV 2017, 584 (587).
[840] *Mitschang/Reidt*, in: Battis/Krautzberger/Löhr, BauGB, § 246 Rn. 35; *Bunzel*, in: Bleicher/Bunzel/Finkeldei/Fuchs/Klinge, Baurecht, § 246 S. 16; *Decker*, in: Schiwy, BauGB, § 246 Rn. 83.
[841] *Battis/Mitschang/Reidt*, NVwZ 2015, 1633 (1636). Zum Verhältnis von § 246 XII und X BauGB, vgl. ausführlich sogleich auf S. 207 ff.
[842] *Bienek*, DÖV 2017, 584 (587).

an der Befreiung und das Interesse der Nachbarn an der Einhaltung der Festsetzungen des Bebauungsplans nach den Maßstäben des bauplanungsrechtlichen Gebots der (wechselseitigen) Rücksichtnahme gegeneinander abzuwägen.[843] Ferner muss natürlich auch die Wahrung gesunder Wohnverhältnisse als öffentlicher Belang Beachtung finden. Allerdings darf den Flüchtlingen – wie auch den Nachbarnutzern – „angesichts der nationalen und drängenden Aufgabe bei der Flüchtlingsunterbringung"[844] Zusätzliches an Belastungen abverlangt werden, sodass sie im Rahmen der Zumutbarkeit der Immissionsbelastung – in Abweichung von den Grenzwerten aus der TA Lärm oder TA Luft – ein gewisses „Mehr" an Beeinträchtigungen hinzunehmen haben.[845] Dies gilt wegen der zeitlichen Begrenzung auf längstens drei Jahre vor allem für den Privilegierungstatbestand des § 246 XII BauGB.[846] Hinsichtlich des Umfangs der von den Flüchtlingen hinzunehmenden Immissionsbelastung bietet sich ein Vergleich mit den in Gewerbe- und Industriegebieten ausnahmsweise zulässigen Betriebsleiterwohnungen i.S.v. § 8 III Nr. 1 BauNVO und § 9 III Nr. 1 BauNVO an, deren Bewohner sich auch mit den Immissionen abfinden müssen, die durch die dort zulässigen Hauptnutzungen hervorgerufen werden.[847] Die Grenze ist aber auch hier die Schwelle zur Gesundheitsgefährdung. Dies ergibt sich aus § 1 VI Nr. 1 BauGB sowie aus Art. 2 II 1 GG.[848] Für die Zulassung der beantragten Flüchtlingsunterkunft kommt es daher letztlich bei der Abwägung darauf an, dass die Nutzungen im konkreten Baugebiet im Hinblick auf ihre Emissionen und verkehrlichen Auswirkungen derart gegliedert sind, dass es Bereiche gibt, in denen eine wohnähnliche Nutzung nicht unzumutbar gestört wird und diese – im Hinblick auf die zu würdigenden „nachbarlichen Interessen" – gleichzeitig auch keine Einschränkungen für die Gewerbe-, Industrie- oder Sondernutzungen einschließlich deren Erweiterungen hervorruft. Dies folgt aus § 1 VI Nr. 8 a) BauGB, wonach vor allem auch die betrieblichen Belange der im Gewerbegebiet ansässigen Gewerbetreibenden an der Erhaltung des betrieblichen Bestandes sowie nach Betriebsausweitung einschließlich der Vermeidung von Nutzungskonflikten zu berücksichtigen sind.[849] Insoweit kann grundsätzlich auf die obigen Ausführungen zu § 246 X BauGB verwiesen werden.[850]

---

[843] *Söfker*, in: EZBK, BauGB, § 31 Rn. 59; *VGH Mannheim*, Beschl. v. 11.03.2015 – 8 S 492/15 = NVwZ-RR 2015, 637; *Scheidler*, NVwZ 2015, 1406 (1408).
[844] So bereits die Gesetzesbegründung, BT-Drs. 18/6185, S. 54.
[845] Vgl. dazu ausführlich im achten Kapitel auf S. 427 ff.
[846] *Jarass/Kment*, in: Jarass/Kment, BauGB, § 246 Rn. 21.
[847] *Mitschang/Reidt*, in: Battis/Krautzberger/Löhr, BauGB, § 246 Rn. 37; *Jarass/Kment*, in: Jarass/Kment, BauGB, § 246 Rn. 21.
[848] *Blechschmidt*, in: EZBK, BauGB, § 246 Rn. 80.
[849] *VGH München*, Urt. v. 14.02.2018 – 9 BV 16.1694 = BauR 2018, 943.
[850] Vgl. dazu auf S. 180 ff.

Die wesentliche Besonderheit der Befreiung des § 246 XII BauGB gegenüber § 246 X BauGB besteht allerdings darin, dass sie administrativ auf längstens drei Jahre zu befristen ist. Dieser Umstand wirkt sich auch auf die im Rahmen der Vereinbarkeit mit öffentlichen Belangen zu würdigenden nachbarlichen Interessen aus. Denn aufgrund der zwingenden Befristung auf längstens drei Jahre spielen die im Zeitpunkt der Befreiungsentscheidung tatsächlich bestehenden Umwelteinwirkungen auf die Flüchtlingsunterkunft und damit die Umstände des konkreten Einzelfalles eine noch wichtigere Rolle als bei der unbefristeten Befreiung des § 246 X BauGB.[851] Denn die befristete Befreiung entzieht den Bereich um die wohnähnliche Flüchtlingsunterkunft nicht auf Dauer einer gebietstypischen Gewerbenutzung bis an die Grenze des – nach den planerischen Festsetzungen des Bebauungsplans – Möglichen, sondern nur für einen von vornherein begrenzten Zeitraum von maximal drei Jahren. So heißt es in Bezug auf mobile Unterkünfte bereits in der Gesetzesbegründung zu § 246 XII BauGB, dass „bei befristet zu errichtenden mobilen Unterkünften, anders als bei dauerhaften Unterkünften, stärker auf die aktuell tatsächlich bestehenden Umwelteinwirkungen abgestellt werden" kann.[852] Während es für die Befreiungsentscheidung des § 246 X BauGB also darauf ankommt, ob die beantragte Flüchtlingsunterkunft mit den konkreten „planungsrechtlich theoretisch möglichen" Gewerbenutzungen im jeweiligen Gewerbegebiet verträglich ist, ist bei der befristeten Befreiung i.S.v. § 246 XII BauGB vornehmlich auf die „aktuell tatsächlich bestehenden" Umwelteinwirkungen im Zeitpunkt der Befreiungsentscheidung abzustellen.[853] Insoweit kann für die Befreiungsentscheidung namentlich bedeutsam werden, ob sich auf den benachbarten Grundstücken der geplanten Flüchtlingsunterkunft aktuell überhaupt Gewerbe- oder Industriebetriebe befinden, in welchem Umfang sowie in welcher Intensität sie tatsächlich arbeiten, ob die aktuell ausgeübte Tätigkeit durch Nutzungsunterbrechungen oder -reduzierungen zur Nachtzeit geprägt ist oder ob vielmehr im Schichtbetrieb gearbeitet wird.[854] Dies soll anhand von zwei Beispielen veranschaulicht werden.

Im Beispiel 1 findet auf den benachbarten Grundstücken der geplanten Flüchtlingsunterkunft aktuell keinerlei Gewerbe- oder Industrienutzung statt, noch ist diese auf absehbare Zeit geplant. Allerdings sind dort nach den planungsrechtlichen Festsetzungen erhebliche, gesundheitsgefährdende Gewerbe- oder Industrie-

---

[851] *Battis/Mitschang/Reidt*, NVwZ 2015, 1633 (1636); *Blechschmidt*, in: EZBK, BauGB, § 246 Rn. 80; *Mitschang/Reidt*, in: Battis/Krautzberger/Löhr, BauGB, § 246 Rn. 37.
[852] BT-Drs. 18/6185, S. 54.
[853] *Blechschmidt*, in: EZBK, BauGB, § 246 Rn. 80; *Battis/Mitschang/Reidt*, NVwZ 2015, 1633 (1636).
[854] *Battis/Mitschang/Reidt*, NVwZ 2015, 1633 (1636 f.); *Mitschang/Reidt*, in: Battis/Krautzberger/Löhr, BauGB, § 246 Rn. 37.

nutzungen möglich, sodass eine unbefristete Befreiung i.S.v. § 246 X BauGB regelmäßig ausscheidet, da im Falle der unbefristeten Zulassung einer wohnähnlichen Flüchtlingsunterkunft auf den benachbarten Grundstücken eine gebietstypische Gewerbenutzung bis zur Grenze des planerisch Möglichen auf unabsehbare Zeit ausgeschlossen wäre. Dies widerspräche dem aus § 35 III 1 Nr. 3 Alt. 2 BauGB und § 15 I 2 Alt. 2 BauNVO ableitbaren Grundgedanken, gebietstypische Nutzungen vor einer heranrückenden, gebietsuntypischen (Wohn-)Bebauung zu schützen. Denn die gebietstypischen Nutzungen liefen sonst Gefahr, dauerhaft in ihrer Ausübung eingeschränkt zu werden. Ist hingegen die Zulassung einer wohnähnlichen Flüchtlingsunterkunft von vornherein absolut auf höchstens drei Jahre befristet, dann ist auf den benachbarten Grundstücken eine planungsrechtlich mögliche Gewerbenutzung gerade nicht auf unabsehbare Zeit ausgeschlossen. Dadurch werden die nachbarlichen Interessen erkennbar weniger belastet mit der Folge, dass eine befristete Befreiung nach Absatz 12 in den Fällen, in denen eine gesundheitsschädliche Gewerbenutzung nur planungsrechtlich möglich, aber aktuell weder ausgeübt noch auf absehbare Zeit geplant ist, mit größerer Wahrscheinlichkeit zulässig sein wird als eine unbefristete Befreiung nach § 246 X BauGB.[855] Gleiches gilt für etwaige Erweiterungsmöglichkeiten benachbarter Gewerbebetriebe.[856]

Im Beispiel 2 befinden sich auf den benachbarten Grundstücken der geplanten Flüchtlingsunterkunft tatsächlich Gewerbe- oder Industriebetriebe. Nach den Festsetzungen des Bebauungsplans sind dort auch erhebliche, gesundheitsgefährdende Emissionen möglich, und zwar auch zur Nachtzeit. Allerdings erzeugen die vorhandenen Betriebe im Zeitpunkt der Befreiungsentscheidung tatsächlich deutlich messbar weniger Emissionen als es planungsrechtlich erlaubt wäre. Zudem findet derzeit auch kein Nachtbetrieb statt. Sofern danach zumindest die aktuell tatsächlich vorhandene Gewerbenutzung mit einer wohnähnlichen Flüchtlingsunterbringung zu vereinbaren wäre, könnte eine entsprechende Befreiung aufgrund des planerisch Möglichen zwar nicht nach § 246 X BauGB, aber möglicherweise auf der Grundlage von § 246 XII BauGB erteilt werden.

bb. Planvorstellungen der Gemeinde

Zu den öffentlichen Belangen in diesem Sinne zählen nach den allgemeinen städtebaulichen Grundsätzen auch die Planvorstellungen der Gemeinde, wie sie im Be-

---

[855] *Blechschmidt*, in: EZBK, BauGB, § 246 Rn. 80.
[856] *Mitschang/Reidt*, in: Battis/Krautzberger/Löhr, BauGB, § 246 Rn. 37; *Battis/Mitschang/Reidt*, NVwZ 2015, 1633 (1637); *Bunzel*, in: Bleicher/Bunzel/Finkeldei/Klinge, Baurecht, § 246 S. 17.

bauungsplan ihren konkreten Niederschlag gefunden haben.[857] Allerdings könnte es – in Anlehnung an die zu § 246 X BauGB entwickelten Grundsätze – auch im Falle des § 246 XII BauGB im Rahmen der Vereinbarkeit mit öffentlichen Belangen unerheblich sein, ob die wohnähnliche Flüchtlingsunterkunft im Gewerbe-, Industrie- oder Sondergebiet städtebauliche Spannungen hervorruft und damit „Unruhe stiftet".[858] Die beiden besonderen Befreiungsregelungen des § 246 X und XII BauGB sind in Bezug auf den Gesetzeswortlaut und die gesetzgeberische Intention immerhin weitestgehend identisch. Aus diesem Grund spricht zunächst einmal einiges dafür, auch im Rahmen des § 246 XII BauGB die Grundzüge der Planung tatbestandlich nicht zu berücksichtigen.[859]

Dennoch wird in der Literatur teilweise die Auffassung vertreten, dass die Grundzüge der Planung im Rahmen der nach § 246 XII BauGB zu prüfenden Vereinbarkeit mit öffentlichen Belangen Beachtung finden müssen.[860] Diese Literaturmeinung korrespondiert mit der Rechtsprechung des *VG Hamburg* aus dem Jahre 2016, wonach die Grundzüge der Planung entweder einen öffentlichen Belang i.S.v. § 246 XII BauGB darstellen oder zumindest über die Wesenseigenschaft der Befreiung tatbestandlich berücksichtigt werden müssen.[861]

Fraglich ist also, wo der entscheidende Unterschied zu § 246 X BauGB liegen könnte, um diese abweichende Auslegung des Befreiungstatbestandes zu rechtfertigen. Möglicherweise gebieten verfassungsrechtliche Gründe eine dahingehende Auslegung, dass im Rahmen des § 246 XII BauGB die Grundzüge der Planung nicht „verletzt" – also schwerwiegend beeinträchtigt – sein dürfen.[862] Die gemeindliche Planungshoheit als Ausfluss des Art. 28 II GG könnte diese Auslegung verlangen.[863] Denn anders als § 246 X BauGB setzt die Befreiungsregelung des § 246 XII BauGB nicht voraus, dass am maßgeblichen Standort Anlagen für soziale Zwecke als Ausnahme zugelassen werden können oder allgemein zulässig sind. Diese Voraussetzung stellt sicher, dass Flüchtlingsunterkünfte mit Hilfe der Feinsteuerungsmöglichkeit des § 1 VI Nr. 1, IX BauNVO nicht gegen den gemeindli-

---

[857] *Dürr*, in: Brügelmann, BauGB, § 246 Rn. 32.
[858] So bereits das *VG Würzburg*, Beschl. v. 20.11.2015 – W 5 E 15.1186 = BeckRS 2016, 42817, das dabei ausdrücklich auf die zu 246 X BauGB ergangene Rechtsprechung des *VGH Mannheim*, Beschl. vom 11.03.2015 – 8 S 492/15 = NVwZ-RR 2015, 637 verweist.
[859] Vgl. dazu ausführlich die Argumentation im Rahmen des § 246 X BauGB auf S. 188 ff.
[860] So etwa *Dürr*, in: Brügelmann, BauGB, § 246 Rn. 38.
[861] *VG Hamburg*, Beschl. v. 12.02.2016 – 7 E 6816/15 = NVwZ 2016, 474.
[862] So *VG Hamburg*, Beschl. v. 12.02.2016 – 7 E 6816/15 = NVwZ 2016, 474. Zustimmend *Hornmann*, NVwZ 2016, 436 (438).
[863] *Spannowsky*, in: BeckOK BauGB, § 246 Rn. 15.1.

chen Willen errichtet werden können. Auf diese Weise wird in Bezug auf die Planungshoheit im Rahmen von § 246 X BauGB die gegenüber § 31 II BauGB bewusst ausgesparte Voraussetzung ausgeglichen, dass die Grundzüge der Planung unberührt bleiben müssen. Nach Auffassung des *VG Hamburg* ist zur Wahrung der kommunalen Planungshoheit daher zwingend erforderlich, dass jedenfalls die allgemeinen Anforderungen an das Verhältnis zwischen Einzelfallentscheidung der Baugenehmigungsbehörde und Planentscheidung der Gemeinde beachtet werden. Dies ergebe sich allein schon aus dem Begriff und dem Wesen der „Befreiung".[864] Demnach sei es in Abgrenzung zu § 31 II BauGB zwar nicht erforderlich, dass die Grundzüge der Planung „unberührt" blieben, was aber nur zur Folge habe, dass der besonders strenge Maßstab („nicht berührt") bei § 246 XII BauGB nicht gelte. Vielmehr dürfe im Falle des § 246 XII BauGB lediglich keine „schwerwiegende Verletzung" der Grundzüge der Planung vorliegen. Anderenfalls greife die Bauaufsichtsbehörde unverhältnismäßig in die durch das gemeindliche Selbstverwaltungsrecht nach Art. 28 II GG gesicherte Planungshoheit ein.

Diese Auffassung ist jedoch in Einklang mit der ganz herrschenden Meinung abzulehnen.[865] Bereits das *OVG Hamburg* ist in seiner Beschwerdeentscheidung ausdrücklich der Auffassung des Erstgerichts entgegengetreten. Die Wahrung der Grundzüge der Planung ist weder eine gesetzliche Befreiungsvoraussetzung noch Gegenstand der Prüfung, ob dem Vorhaben öffentliche Belange entgegenstehen.[866] Entgegen der allgemeinen Befreiungsregelung des § 31 II BauGB – und im Gleichlauf mit § 246 X BauGB – enthält bereits der Gesetzeswortlaut des § 246 XII BauGB keinerlei Anhaltspunkte dafür, dass die Grundzüge der Planung durch die Befreiung nicht berührt werden dürfen.[867] Vielmehr ist nach der Gesetzesbegründung eine Abweichung nach § 246 XII BauGB auch dann möglich, „wenn die

---

[864] *VG Hamburg*, Beschl. v. 12.02.2016 – 7 E 6816/15 = NVwZ 2016, 474.
[865] *OVG Hamburg*, Beschl. v. 14.04.2016 – 2 Bs 29/16 = KommJur 2016, 316; *VGH München*, Beschl. v. 02.09.2016 – 1 CS 16.1275 = BayVBl 2017, 24; *VG Würzburg*, Beschl. v. 20.11.2015 – W 5 E 15.1186 = BeckRS 2016, 42817, das dabei ausdrücklich auf die zu 246 X BauGB ergangene Rechtsprechung des *VGH Mannheim*, Beschl. v. 11.03.2015 – 8 S 492/15 = NVwZ-RR 2015, 637 verweist; *Bunzel*, in: Bleicher/Bunzel/Finkeldei/Fuchs/Klinge, Baurecht, § 246 S. 16; *Blechschmidt*, in: EZBK, BauGB, § 246 Rn. 76; *Decker*, in: Schiwy, BauGB, § 246 Rn. 77; *Mitschang/Reidt*, in: Battis/Krautzberger/Löhr, BauGB, § 246 Rn. 36; *Roeser*, in: Berliner Kommentar zum BauGB, § 246 Rn. 39b; *Scheidler*, UPR 2015, 479 (482); *Gohde*, ZfBR 2016, 642 (647).
[866] *OVG Hamburg*, Beschl. v. 14.04.2016 – 2 Bs 29/16 = KommJur 2016, 316 (Beschwerdeentscheidung zu *VG Hamburg*, Beschl. v. 12.02.2016 – 7 E 6816/15 = NVwZ 2016, 474).
[867] *Kment/Wirth*, ZfBR 2016, 748 (749); *Blechschmidt*, in: EZBK, BauGB, § 246 Rn. 76; *Mitschang/Reidt*, in: Battis/Krautzberger/Löhr, BauGB, § 246 Rn. 36; *Dürr*, in: Brügelmann, BauGB, § 246 Rn. 38.

Grundzüge der Planung berührt werden."[868] Gesetzessystematische Gründe bestätigen die herrschende Auffassung, allem voran der Umkehrschluss (argumentum e contrario) zu § 31 II BauGB, in dem die Grundzüge der Planung explizit im Tatbestand Erwähnung finden. Für § 246 XII BauGB gelten insoweit also die gleichen Grundsätze wie bei § 246 X BauGB.[869] Daher kann zu Recht auf die obige Argumentation im Rahmen des § 246 X BauGB verwiesen werden.[870] Darüber hinaus ist die vom *VG Hamburg* vorgenommene Differenzierung zwischen „Beeinträchtigung" und „schwerwiegender Beeinträchtigung" unscharf und daher für die Praxis wenig geeignet.[871]

Schließlich ist die oben genannte Auslegung auch aus verfassungsrechtlichen Gründen nicht geboten. Zum einen findet eine verfassungskonforme Auslegung ihre Grenze immer dort, wo sie „zu dem Wortlaut und dem klar erkennbaren Willen des Gesetzgebers in Widerspruch treten" würde.[872] Demnach scheidet eine verfassungskonforme Auslegung des § 246 XII BauGB der Gestalt, dass hier die Grundzüge der Planung tatbestandlich berücksichtigt werden müssen, von vornherein aus, da sie sich anderenfalls über den Wortlaut sowie den klar erkennbaren Willen des Gesetzgebers hinwegsetzen würde. Zum anderen wäre eine derartige Auslegung auch in Gestalt einer verfassungskonformen Erweiterung der Norm nicht „geboten", da der Planungshoheit der Gemeinde in § 246 XII BauGB auch so noch ausreichend Rechnung getragen wird.[873] Man kann dies mit Hilfe von vier Aspekten begründen, die – in ihrer Gesamtheit betrachtet – den durch § 246 XII BauGB bewirkten Eingriff in die kommunale Planungshoheit rechtfertigen und damit überwinden können.[874] Das erste Kriterium ist das anerkannte staatliche bzw. allgemeine öffentliche Interesse daran, durch erleichterte Befreiungsmöglichkeiten die dringend benötigten Unterbringungsplätze für Flüchtlinge und Asylbegehrende zu schaffen. Allerdings lässt es sich verfassungsrechtlich kaum recht-

---

[868] BT-Drs. 18/6185, S. 54.
[869] So ausdrücklich auch *Decker*, in: Schiwy, BauGB, § 246 Rn. 85.
[870] Vgl. dazu auf S. 188 ff.
[871] So auch *VGH München*, Beschl. v. 02.09.2016 – 1 CS 16.1275 = BayVBl 2017, 24, der ebenfalls klarstellt, dass es auf eine Unterscheidung zwischen „Berührung" und „Verletzung" der Grundzüge der Planung nicht ankommen kann.
[872] *BVerfG*, Beschl. v. 26.04.1994 – 1 BvR 1299/89 = BVerfGE 90, 263; *BVerfG*, Beschl. v. 22.10.1985 – 1 BvL 44/83 = BVerfGE 71, 81; *BVerfG*, Urt. v. 11.06.1980 – 1 PBvU 1/79 = NJW 1981, 39.
[873] *OVG Hamburg*, Beschl. v. 14.04.2016 – 2 Bs 29/16 = KommJur 2016, 316; *Jarass/Kment*, in: Jarass/Kment, BauGB, § 246 Rn. 22, 24.
[874] Zur detaillierten Prüfung der Verfassungsmäßigkeit des § 246 XII BauGB, vgl. im siebten Kapitel auf S. 293 ff.

fertigen, die sich in einem Bebauungsplan verdichtete Planungshoheit der Gemeinde „per se" den staatlichen Unterbringungsinteressen unterzuordnen.[875] Daher bedarf es auch der anderen drei „Rechtfertigungsgründe", um den Eingriff in die kommunale Planungshoheit unter Verhältnismäßigkeitsgesichtspunkten auszugleichen. Das zweite Element liegt dabei in § 246 XII 2 BauGB selbst begründet, wonach die Regelungen über die Beteiligung der Gemeinde i.S.v. § 36 BauGB für entsprechend anwendbar erklärt werden. Zweck des Einvernehmenserfordernisses i.S.v. § 36 I BauGB ist der Schutz der Planungshoheit der Gemeinde. Die Baugenehmigungsbehörde ist dabei an die Entscheidung der Gemeinde über das Einvernehmen gebunden, sodass sie eine Baugenehmigung nicht erteilen darf, wenn die Gemeinde ihr Einvernehmen verweigert hat. Denn es wäre schon ein Widerspruch in sich, wenn ein Einvernehmen für die Baugenehmigungsbehörde nur dann Bindungswirkung hätte, wenn diese die Rechtsauffassung der Gemeinde teilt.[876] Freilich darf die Gemeinde gem. § 36 II 1 BauGB ihr Einvernehmen nur aus den sich aus § 246 XII 1 BauGB ergebenden Gründen verweigern. Anderenfalls wird die Baugenehmigungsbehörde das rechtswidrig versagte Einvernehmen nach § 36 II 3 BauGB i.V.m. Landesrecht ersetzen. Der dritte, durchgreifende Aspekt liegt in der gesetzlich statuierten administrativen Befristung von längstens drei Jahren. Nach Ablauf dieses Zeitraums ist die Erteilung einer erneuten Befreiung für denselben Standort auf der Grundlage des § 246 XII BauGB ausgeschlossen.[877] Auf diese Weise bleibt eine etwaige Beeinträchtigung der planerischen Grundentscheidung gerade auch in zeitlicher Hinsicht „überschaubar". Und das vierte Argument, dass die gemeindliche Planungshoheit nicht ausgehöhlt wird, ist aus der stets vorhandenen Möglichkeit abzuleiten, die Grundzüge der Planung auf der Rechtsfolgenebene im Rahmen des verbleibenden Ermessensrests[878] noch zu berücksichtigen.[879] Damit werden die Grundzüge der Planung als ein Kriterium in die Befreiungsentscheidung miteinbezogen, gleichwohl deren etwaige Berührung – anders als auf Tatbestandsebene – im Rahmen der Ermessensentscheidung gleichsam „weggewogen" werden wird. In ihrer kumulativ wirkenden Gesamtheit vermögen es diese vier Kriterien, einen durch § 246 XII BauGB verursachten Eingriff in die Planungshoheit der Gemeinde zu rechtfertigen.

---

[875] So auch *Jarass/Kment*, in: Jarass/Kment, BauGB, § 246 Rn. 22.
[876] *Dürr*, in: Brügelmann, BauGB, § 36 Rn. 12.
[877] Vgl. dazu ausführlich im Rahmen des zeitlichen Anwendungsbereichs im vierten Kapitel auf S. 155 f.
[878] *Decker*, in: Schiwy, BauGB, § 246 Rn. 89; *VG Würzburg*, Beschl. v. 20.11.2015 – W 5 E 15.1186 = BeckRS 2016, 42817.
[879] So ebenfalls: *Kment/Wirth*, ZfBR 2016, 748 (751); *Jarass/Kment*, in: Jarass/Kment, BauGB, § 246 Rn. 24.

Eine verfassungskonforme Erweiterung des § 246 XII BauGB dahingehend, die Grundzüge der Planung auf Tatbestandsebene zu berücksichtigen, ist daher nicht geboten. Darauf wird im siebten Kapitel im Rahmen der Überprüfung an höherrangigem Recht nochmal zurückgekommen.

e. Verhältnis zu § 31 II BauGB und § 246 X BauGB

aa. Verhältnis zu § 31 II BauGB

Die Sondervorschrift des § 246 XII BauGB enthält – in Gleichlauf mit § 246 X BauGB – einen eigenständig neben § 31 II BauGB tretenden Befreiungstatbestand.[880] Schließlich soll die privilegierende Regelung des § 246 XII BauGB die Möglichkeit zur Unterbringung von Flüchtlingen erleichtern.[881] Entsprechend dieser Ratio dürfen die allgemeinen bauplanungsrechtlichen Vorschriften aber nicht von § 246 XII BauGB verdrängt werden, da anderenfalls der durch die allgemeinen Regelungen ermöglichte Unterbringungsraum ohne triftigen Grund für die Flüchtlingsunterbringung ausgeklammert werden würde. Insoweit kann auf die obigen Ausführungen zum Verhältnis von § 246 X BauGB und § 31 II BauGB verwiesen werden.[882]

bb. Verhältnis zu § 246 X BauGB

Die spannende Frage ist, wie sich die speziellen Abweichungsregelungen des § 246 X und XII BauGB zueinander verhalten. In Bezug auf ihre Anwendbarkeit und ein etwaiges Spezialitätsverhältnis ist aber nur die Tatbestandsalternative des § 246 XII 1 Nr. 2 BauGB von Bedeutung. Sowohl die Sondervorschrift des § 246 X BauGB als auch die des § 246 XII 1 Nr. 2 BauGB beinhalten Befreiungsregelungen für Gewerbegebiete i.S.v. § 8 BauNVO, wobei die zeitlich jüngere Vorschrift des § 246 XII 1 Nr. 2 BauGB – zumindest auf den ersten Blick – nochmals weitergehende Erleichterungen gegenüber § 246 X BauGB zu enthalten scheint. Dies und der Umstand, dass § 246 XII 1 Nr. 2 BauGB ausdrücklich auf Nutzungsänderungen beschränkt ist, könnten dafür sprechen, dass § 246 XII 1 Nr. 2 BauGB im Verhältnis zu § 246 X BauGB eine Spezialvorschrift darstellt mit der Folge,

---

[880] *VGH München*, Beschl. v. 02.09.2016 – 1 CS 16.1275 = BayVBl 2017, 24; *OVG Hamburg*, Beschl. v. 14.04.2016 – 2 Bs 29/16 = KommJur 2016, 316; *Mitschang/Reidt*, in: Battis/Krautzberger/Löhr, BauGB, § 246 Rn. 33; *Jarass/Kment*, in: Jarass/Kment, BauGB, § 246 Rn. 20; *Battis/Mitschang/Reidt*, NVwZ 2015, 1633 (1636); *Scheidler*, VerwArch 2016, 177 (195).
[881] So bereits BT-Drs. 18/6185, S. 1.
[882] Vgl. dazu auf S. 192 ff.

dass § 246 X BauGB verdrängt würde bei einer Nutzungsänderung einer zulässigerweise errichteten baulichen Anlage in eine Flüchtlingsunterkunft in einem Gewerbegebiet.[883]
Dem kann nicht zugestimmt werden. Wesentlich dafür ist, dass § 246 XII 1 Nr. 2 BauGB neben § 246 X BauGB einen weiteren, selbstständigen Befreiungstatbestand enthält.[884] Daher handelt es sich bei § 246 XII 1 Nr. 2 BauGB im Verhältnis zu § 246 X BauGB nicht um eine Spezialregelung und die Befreiungsvorschrift des § 246 X BauGB wird auch nicht durch § 246 XII 1 Nr. 2 BauGB verdrängt.[885] Ganz im Gegenteil: Die Sondervorschrift des § 246 XII 1 Nr. 2 BauGB hat neben § 246 X BauGB in der Praxis nur in den Fällen eine eigenständige Bedeutung, in denen die Gemeinde von der Feinsteuerungsmöglichkeit des § 1 VI Nr. 1, IX BauNVO Gebrauch gemacht hat und damit Anlagen für soziale Zwecke – oder zumindest Flüchtlingsunterkünfte als deren Unterart – nach den Festsetzungen des Bebauungsplans im konkreten Gewerbegebiet und in der Folge auch die Befreiungsregelung des § 246 X BauGB ausgeschlossen sind.[886] Die Bewertung, dass es sich bei § 246 X BauGB und § 246 XII 1 Nr. 2 BauGB jeweils um eigenständige Befreiungstatbestände mit der Folge eines Ergänzungsverhältnisses handelt, liegt zum einen darin begründet, dass sich weder aus dem Wortlaut noch aus den Gesetzesmaterialien ein entsprechender Wille des Gesetzgebers ergibt, dass § 246 XII 1 Nr. 2 BauGB gegenüber § 246 X BauGB lex specialis sein soll. Vielmehr handelt es sich bei § 246 XII 1 Nr. 2 BauGB um eine weitere Sondervorschrift, um die Möglichkeit zur Unterbringung von Flüchtlingen in Gewerbegebieten, aber auch in Industrie- und Sondergebieten, zu verbessern. Entsprechend dieser Ratio darf § 246 X BauGB nicht von § 246 XII 1 Nr. 2 BauGB verdrängt werden, da andernfalls der durch § 246 X BauGB ermöglichte Unterbringungsraum in Bezug auf Nutzungsänderungen in Flüchtlingsunterkünfte im Gewerbegebiet ohne triftigen Grund für die Flüchtlingsunterbringung ausgeklammert werden würde. Zum anderen ist auch die Annahme verfehlt, § 246 XII BauGB enthalte nochmals weitergehende Erleichterungen gegenüber § 246 X BauGB. Tatsächlich ist der Tatbestand des § 246 XII 1 Nr. 2 BauGB zwar einerseits weiter als der des § 246 X

---

[883] Im Ergebnis so *VG Düsseldorf*, Beschl. v. 17.11.2016 – 4 L 2637/16 = BeckRS 2016, 113091.
[884] *VGH München*, Beschl. v. 02.09.2016 – 1 CS 16.1275 = BayVBl 2017, 24; *OVG Hamburg*, Beschl. v. 14.04.2016 – 2 Bs 29/16 = KommJur 2016, 316; *VGH Mannheim*, Beschl. v. 17.05.2017 – 5 S 1505/15 = DVBl 2017, 1052; *Mitschang/Reidt*, in: Battis/Krautzberger/Löhr, BauGB, § 246 Rn. 33; *Roeser*, in: Berliner Kommentar zum BauGB, § 246 Rn. 39a; *Jarass/Kment*, in: Jarass/Kment, BauGB, § 246 Rn. 20; *Decker*, in: Schiwy, BauGB, § 246 Rn. 77; *Kment/Wirth*, ZfBR 2016, 748 (749).
[885] *VGH Mannheim*, Beschl. v. 17.05.2017 – 5 S 1505/15 = DVBl 2017, 1052.
[886] *Battis/Mitschang/Reidt*, NVwZ 2015, 1633 (1636).

BauGB, da er nicht auf Gewerbegebiete beschränkt ist, sondern auch für Industriegebiete und Sondergebiete gilt. Darüber hinaus setzt er nicht voraus, dass am konkreten Standort Anlagen für soziale Zwecke allgemein oder ausnahmsweise zulässig sind. Andererseits ist der Tatbestand des § 246 XII 1 Nr. 2 BauGB aber auch enger, da er nur für den Fall einer Nutzungsänderung gilt und eine entsprechende Befreiung auch nur auf längstens drei Jahre befristet werden kann.[887] Daher kommt der Sonderregelung des § 246 XII 1 Nr. 2 BauGB gegenüber § 246 X BauGB der Charakter eines „Aliuds" zu, was gleichfalls für ein Ergänzungsverhältnis spricht. Schließlich ist kein sachlich einleuchtender Grund ersichtlich, im Falle einer Nutzungsänderung einer zulässigerweise errichteten baulichen Anlage in eine Flüchtlingsunterkunft in einem Gewerbegebiet nicht auf § 246 X BauGB zurückgreifen zu können. Bei Annahme eines Spezialitätsverhältnisses wäre man auf die Befreiung nach § 246 XII 1 Nr. 2 BauGB beschränkt, die aber eine Befristung auf längstens drei Jahre festlegt. Eine unbefristete Befreiung würde dann von vornherein ausscheiden, selbst dann, wenn am konkreten Standort eine Anlage für soziale Zwecke ausnahmsweise oder allgemein zulässig sein sollte. Ein derartiges Ergebnis als Folge eines Spezialitätsverhältnisses erscheint mir dann doch eher willkürlich und ist daher auch aus diesem Grunde abzulehnen.

3. Intendiertes Ermessen bei Erteilung einer Ausnahme, § 246 XI BauGB

Als die mittlere der drei Sondervorschriften für (festgesetzte oder faktische) Baugebiete i.S.d. Baunutzungsverordnung enthält § 246 XI BauGB – anders als § 246 X und XII BauGB – keine erweiterte Befreiungsregelung nach dem Vorbild des § 31 II BauGB, sondern modifiziert vielmehr die Ausnahmevorschrift des § 31 I BauGB bis zum 31.12.2019 dahingehend, dass in den Baugebieten nach §§ 2 bis 7 BauNVO die Genehmigung von Aufnahmeeinrichtungen, Gemeinschaftsunterkünften und sonstigen Unterkünften für Flüchtlinge oder Asylbegehrende „in der Regel" als Ausnahme erteilt werden „soll". Es wird also der Beurteilungsmaßstab bei Ausnahmeentscheidungen über die Zulassung von Flüchtlingsunterkünften und damit (lediglich) die Rechtsfolge des § 31 I BauGB im Sinne einer erleichterten Zulassung modifiziert.[888]

---

[887] *VGH Mannheim*, Beschl. v. 17.05.2017 – 5 S 1505/15 = DVBl 2017, 1052.
[888] *Bunzel*, in: Bleicher/Bunzel/Finkeldei/Fuchs/Klinge, Baurecht, § 246 S. 14; *Petersen*, KommP BY 2016, 50 (52). Der Umstand, dass § 246 XI BauGB lediglich die Rechtsfolge des § 31 I BauGB modifiziert, ist auch der Grund dafür, dass dem § 246 XI BauGB – im Unterschied zu den eigenständigen Befreiungsregelungen der § 246 X 1 und XII 1 BauGB – eine den § 246 X 2 und XII 2 BauGB entsprechende Bestimmung fehlt; denn § 36 I 1 BauGB ordnet selbst unmittelbar an, dass über die Zulässigkeit von Vorhaben nach § 31 I BauGB im Einvernehmen mit der Gemeinde i.S.v. § 36 BauGB entschieden wird. Vgl. dazu auch *Scheidler*, VerwArch 2016, 177 (194).

a. Ziele und Folgen des § 246 XI BauGB

Mit § 246 XI BauGB werden mehrere Ziele verfolgt, die im Ergebnis jedoch alle auf die erleichterte Zulassung in Wohn- und Mischgebieten ausgerichtet sind.[889]

aa. Ziele des § 246 XI BauGB

Auch über die Privilegierungsregelung des § 246 XI BauGB sollte zunächst noch einmal abstrakt die Bedeutung des Belangs der Flüchtlingsunterbringung im Bauplanungsrecht hervorgehoben werden.[890]

Darüber hinaus wollte man mit § 246 XI BauGB gezielt die Unterbringung von Flüchtlingen in Wohngebieten (und Mischgebieten) erleichtern und damit gewissermaßen eine „rechtspolitische Korrektur" gegenüber der BauGB-Flüchtlingsnovelle 2014 vornehmen, dass Flüchtlinge nicht primär in den Außenbereich (§ 246 IX BauGB) sowie in Gewerbegebiete (§ 246 X BauGB) „abgeschoben" werden sollen, sondern gerade auch eine Integration in die Wohngebiete (und Mischgebiete) stattfinden soll. Da – zumindest die größeren – Flüchtlingsunterkünfte regelmäßig Anlagen für soziale Zwecke darstellen, die in Kleinsiedlungsgebieten gem. § 2 III Nr. 2 BauNVO und reinen Wohngebieten gem. § 3 III Nr. 2 BauNVO aber jeweils nur ausnahmsweise zulässig sind, hat man sich in Bezug auf die intendierte Erleichterung der Flüchtlingsunterbringung in Wohngebieten für eine Rechtsfolgenmodifikation des § 31 I BauGB entschieden.

bb. Herstellung des Einklangs von Flüchtlingsunterkünften mit der allgemeinen Zweckbestimmung der Wohn- und Mischgebiete

Ferner soll mit Hilfe der Formulierung „in der Regel" zum Ausdruck gebracht werden, dass Flüchtlingsunterkünfte mit der allgemeinen Zweckbestimmung der Wohn- und Mischgebiete in Einklang stehen.[891] Wesentliche Folge davon ist, dass die Zulassung der in § 246 XI BauGB genannten Flüchtlingsunterkünfte weder einen Gebietserhaltungsanspruch noch einen Gebietsprägungsanspruch der Nachbarn wegen Zulassung eines gebietsfremden Vorhabens auslösen kann.[892]

Allerdings muss daneben weiterhin die bauplanungsrechtliche Regel Beachtung finden, dass sich die ausnahmsweise zulässigen Vorhaben i.S.v. § 31 I BauGB von

---

[889] So bereits BT-Drs. 18/6185, S. 54; auch *Blechschmidt*, in: EZBK, BauGB, § 246 Rn. 71 f.
[890] BT-Drs. 18/6185, S. 54.
[891] *Roeser*, in: Berliner Kommentar zum BauGB, § 246 Rn. 41; *Battis/Mitschang/Reidt*, NVwZ 2015, 1633 (1635 f.); *OVG Hamburg*, Beschl. v. 14.04.2016 – 2 Bs 29/16 = KommJur 2016, 316.
[892] *Decker*, in: Schiwy, BauGB, § 246 Rn. 72.

den allgemein zulässigen Vorhaben dadurch unterscheiden, dass Erstere den Ausnahmecharakter in Bezug auf das jeweilige Baugebiet und dessen Hauptnutzungen wahren müssen.[893] Daher darf durch die Ausnahmeerteilung die typische Funktion eines Baugebiets tatsächlich nicht verändert werden.[894] Dies hat das *OVG Hamburg* für die privilegierte Ausnahmeentscheidung nach § 31 I BauGB i.V.m. § 246 XI BauGB ausdrücklich bestätigt.[895] Würde also wegen der zahlenmäßigen Häufung der ausnahmsweise zulässigen Nutzungen der Gebietscharakter „kippen" oder würden die ausnahmsweise zulässigen Nutzungen im Vergleich zu den jeweiligen Hauptnutzungen nach Anzahl, Maß oder Größe jedenfalls die Oberhand gewinnen, dann muss eine Ausnahmeerteilung auf Grundlage des § 246 XI BauGB i.V.m. § 31 I BauGB unterbleiben.[896] Dies ist nur sachgerecht, da eine gänzliche Änderung des Gebietscharakters durch die Bauaufsichtsbehörde – im Gegensatz zu einer „punktuellen" Hervorrufung städtebaulicher Spannungen und einer insoweitigen „Unruhestiftung" – einen gewaltigen und stets unverhältnismäßigen Eingriff in die kommunale Planungshoheit bedeuten würde. Aus diesem Grund hat das *OVG Hamburg* die ausnahmsweise Zulassung einer Flüchtlingsunterkunft in einem reinen Wohngebiet über § 246 XI BauGB abgelehnt, da die Aufnahmeeinrichtung hier rund zwei Drittel der Fläche des Baugebiets eingenommen hätte.[897]

cc. Statuierung eines sog. intendierten Ermessens

Daneben gibt der Gesetzgeber die Richtung des Ermessens im Sinne eines sog. intendierten Ermessens[898] vor, indem er bestimmt, dass Flüchtlingsunterkünfte bei Vorliegen der sogleich unter Ziffer b. dargelegten Voraussetzungen zugelassen werden „sollen".

---

[893] *Söfker*, in: EZBK, BauGB, § 31 Rn. 25.
[894] *Hornmann*, in: BeckOK BauNVO, § 3 Rn. 220, 227; *Decker*, in: Schiwy, BauGB, § 246 Rn. 72.
[895] *OVG Hamburg*, Beschl. v. 14.04.2016 – 2 Bs 29/16 = KommJur 2016, 316.
[896] So im Ergebnis auch: *Roeser*, in: Berliner Kommentar zum BauGB, § 246 Rn. 41; *Mitschang/Reidt*, in: Battis/Krautzberger/Löhr, BauGB, § 246 Rn. 31. Diese verorten das Problem lediglich an einer anderen Stelle und nehmen an, dass in diesen Fällen atypische Sachverhalte vorliegen, die trotz des intendierten Ermessens i.S.v. § 246 XI BauGB eine behördliche Abweichungsbefugnis ermöglichen. Anders *Petersen*, KommP BY 2016, 50 (51), der das Regel-Ausnahme-Prinzip durch die Regelung des § 246 XI BauGB in dessen Anwendungsbereich außer Kraft gesetzt sieht und darüber hinaus der Auffassung ist, dass Flüchtlingsunterkünfte als Anlagen für soziale Zwecke gerade wegen ihrer Wohnähnlichkeit den Gebietscharakter eines Baugebietes nach den §§ 2 bis 7 BauNVO zuungunsten der Wohnnutzung grundsätzlich nicht „kippen" lassen können.
[897] *OVG Hamburg*, Beschl. v. 14.04.2016 – 2 Bs 29/16 = KommJur 2016, 316; *Decker*, in: Schiwy, BauGB, § 246 Rn. 72.
[898] So bereits ausdrücklich die Gesetzesbegründung, BT-Drs. 18/6185, S. 54; *Dürr*, in: Brügelmann, BauGB, § 246 Rn. 35; *Mitschang/Reidt*, in: Battis/Krautzberger/Löhr, BauGB, § 246 Rn. 31; *Blechschmidt*, in: EZBK, BauGB, § 246 Rn. 73; *Jarass/Kment*, in: Jarass/Kment, BauGB, § 246 Rn. 15.

Auf diese Weise wird das freie behördliche Ermessen i.S.v. § 40 Landes-VwVfG eingeengt. Aus der „Kann"-Regelung des § 31 I BauGB wird eine „Soll"-Regelung. In dieser ermessenslenkenden Wirkung liegt die wesentliche Bedeutung[899] und die erhebliche Erleichterung[900] des Privilegierungstatbestandes des § 246 XI BauGB, der damit an das vom *Bundesverwaltungsgericht* geprägte Rechtsinstitut des sog. intendierten Ermessens anknüpft. Mit Hilfe des sog. intendierten Ermessens schreibt das Gesetz für den Regelfall eine bestimmte behördliche Reaktion vor und räumt ein Ermessen nur für atypische Fälle ein.[901] Damit ist die Behörde im „Normalfall" gebunden und hat die Ausnahme zu erteilen, ohne dass es hierfür noch einer besonderen Ermessensbetätigung bedarf.[902] Eine von der gesetzlichen Regelvermutung abweichende Behördenentscheidung ist dabei zwar nicht ausgeschlossen, aber auf atypische Fälle mit besonderen Gründen und einer entsprechenden Begründung i.S.v. § 39 I 3 Landes-VwVfG[903] beschränkt.[904] In entsprechender Anwendung dieser Grundsätze müssen daher aufgrund des § 246 XI BauGB nun auch im Falle des § 31 I BauGB bei Vorhaben der Flüchtlingsunterbringung im konkreten Einzelfall besondere Umstände vorliegen, um die Erteilung einer Ausnahme zu verweigern.[905] Ein derartiger atypischer Sachverhalt kann beispielsweise immer dann angenommen werden, wenn die Flüchtlingsunterkunft am konkreten Standort einer nicht mehr hinnehmbaren Immissionsbelastung ausgesetzt wäre.[906] Insoweit können vor allem Flächen in räumlicher Nähe zu lärmintensiven Infrastrukturanlagen wie stark befahrenen Straßen oder Eisenbahntrassen, im Randbereich eines Baugebiets sowie in stark frequentierten Kernbereichen mit zahlreichen Schankwirtschaften und Vergnügungsstätten problematisch werden.[907]

Es stellt sich an dieser Stelle noch die Frage, ob es der gesetzlichen Statuierung eines intendierten Ermessens in § 246 XI BauGB überhaupt bedurft hat, da eine

---

[899] *Hornmann*, in: BeckOK BauNVO, § 3 Rn. 220; *Decker*, in: Schiwy, BauGB, § 246 Rn. 73; *Petersen*, KommP BY 2016, 50 (51).
[900] *Ewer/Mutschler-Siebert*, NJW 2016, 11 (12).
[901] BVerwG, Urt. v. 05.07.1985 – 8 C 22/83 = NJW 1986, 738.
[902] *Decker*, in: BeckOK VwGO, § 114 Rn. 8 f.; *Aschke*, in: BeckOK VwVfG, § 40 Rn. 40.
[903] Demgegenüber ist für die Regelentscheidung im Falle des intendierten Ermessens eine Begründung i.S.v. § 39 I 3 Landes-VwVfG entbehrlich, da sich das Ergebnis der Ermessensbetätigung von selbst versteht.
[904] BVerwG, Urt. v. 16.06.1997 – 3 C 22/96 = NJW 1998, 2233.
[905] *Petersen*, KommP BY 2016, 50 (51).
[906] *Bunzel*, in: Bleicher/Bunzel/Finkeldei/Fuchs/Klinge, Baurecht, § 246 S. 15; *Roeser*, in: Berliner Kommentar zum BauGB, § 246 Rn. 41; *Mitschang/Reidt*, in: Battis/Krautzberger/Löhr, BauGB, § 246 Rn. 31.
[907] *Battis/Mitschang/Reidt*, NVwZ 2015, 1633 (1636); *Jarass/Kment*, in: Jarass/Kment, BauGB, § 246 Rn. 15; *Kment/Wirth*, ZfBR 2016, 748 (749); *Bienek*, SächsVBl 2016, 73 (75).

Einengung des behördlichen Ermessens ja auch nach den allgemeinen Maßstäben über das Rechtsinstitut der Ermessensreduzierung „auf Null" in Betracht kommt.[908] Dazu ist notwendigerweise erforderlich, dass für eine ablehnende Ermessensentscheidung kein Raum verbleibt. In Bezug auf die bodenrechtliche Ausnahmeentscheidung i.S.v. § 31 I BauGB ist dies aber nur dann der Fall, wenn es weder städtebauliche Gründe gibt, die gegen die Zulassung des Vorhabens im Wege einer Ausnahme sprechen könnten, noch nachbarliche Interessen konkret beeinträchtigt sein können.[909] Dass in diesen Fällen das Ermessen ausnahmsweise „auf Null" reduziert ist, bedeutet aber gerade nicht, dass dies regelmäßig der Fall ist.[910] Über § 246 XI BauGB ist die Rechtsfolge des § 31 I BauGB hingegen positiv gesetzlich vorgezeichnet. Nur im Falle des Vorliegens atypischer Gründe verbleibt der Behörde ein Versagungsermessen. Demgegenüber ist die Ausgangslage für eine – nach den allgemeinen Maßstäben in Betracht kommende – Ermessensreduzierung „auf Null" deutlich schwieriger. Denn dazu muss erst einmal positiv festgestellt werden, dass für eine ablehnende Ermessensentscheidung keinerlei Raum verbleibt. Es ist für die Verwaltungspraxis daher wesentlich einfacher, wenn sie auf die gesetzlich vorgezeichnete Ausnahmeentscheidung zurückgreifen kann und lediglich das Vorliegen atypischer Gründe verneinen muss. Daher hat das – gesetzlich vorgeschriebene und im Regelfall vorliegende – intendierte Ermessen in § 246 XI BauGB seinen berechtigten Anwendungsbereich neben der – im Einzelfall nur möglichen – Ermessensreduzierung „auf Null".

b. Voraussetzungen

Die Sondervorschrift des § 246 XI BauGB hat tatbestandlich nur zwei Voraussetzungen, die kumulativ vorliegen müssen.

aa. Baugebiete nach §§ 2 bis 7 BauNVO oder vergleichbare „alte" Planungen

Die erste Voraussetzung für die Anwendbarkeit des § 246 XI BauGB ist, dass sich das Vorhaben in einem der Baugebiete der §§ 2 bis 7 BauNVO und damit in einem Wohn- oder Mischgebiet befinden muss, und zwar unabhängig davon, ob es sich um ein festgesetztes oder um ein faktischen Baugebiet i.S.v. § 34 II BauGB han-

---

[908] In diese Richtung *Beckmann*, UPR 2017, 335 (337), der bemängelt, dass es der Soll-Vorschrift des § 246 XI BauGB „vor dem Hintergrund des Art. 14 GG bei systematischer Auslegung des § 31 I BauGB [...] wegen Vorliegens eines intendierten Ermessens gar nicht bedurfte".
[909] So: *VGH Mannheim*, Beschl. v. 06.10.2015 – 3 S 1695/15 = NVwZ 2015, 1781; *VGH Mannheim*, Urt. v. 19.11.2003 – 5 S 2726/02 = BauR 2004, 1909.
[910] *Söfker*, in: EZBK, BauGB, § 31 Rn. 26.

delt. Im Umkehrschluss scheidet die Anwendbarkeit daher aus, wenn sich das Vorhaben in einem Gewerbe-, Industrie- oder Sondergebiet befindet; hier kann vielmehr an die besonderen Befreiungsregelungen des § 246 X und XII 1 Nr. 2 BauGB gedacht werden.

Über Satz 2 der Sondervorschrift erstreckt sich die Soll-Regelung und Rechtsfolgenmodifizierung des § 246 XI 1 BauGB auch auf in übergeleiteten Plänen[911] festgesetzte Baugebiete, die den Baugebieten nach §§ 2 bis 7 BauNVO vergleichbar sind. Übergeleitete Pläne sind gewissermaßen „alte Planungen", die auf der Grundlage früheren Rechts vor der Geltung des Bundesbaugesetzes (BBauG) und des heutigen Baugesetzbuchs (BauGB) aufgestellt wurden und deren Geltung trotz mehrmaliger Änderungen der Rechtslage mit Hilfe von entsprechenden Überleitungsregelungen bis heute erhalten bleibt.[912] Auf diese Weise sind bestimmte kommunale Planungen, die auf der Grundlage des damaligen Landesrechts aufgestellt worden waren, mit dem Inkrafttreten des Bundesbaugesetzes mittels der Überleitungsvorschrift des § 173 III 1 BBauG 1960 als Pläne des Bundesbaugesetzes und mit dem Inkrafttreten des Baugesetzbuchs mittels der Überleitungsvorschrift des § 233 III BauGB als Pläne des Baugesetzbuchs weiterhin wirksam. Voraussetzung für eine Überleitung war lediglich, dass die „alten Planungen" verbindliche Festsetzungen der in § 9 BBauG bzw. § 9 BauGB bezeichneten Art enthielten. Dann gelten die alten Pläne mit dem Inhalt fort, mit dem sie erlassen wurden. Eine entsprechende Erstreckung der Soll-Regelung des § 246 XI 1 BauGB auf in übergeleiteten Plänen festgesetzte Baugebiete gem. § 246 XI 2 BauGB war erforderlich, da sich die Privilegierung des § 246 XI 1 BauGB nur auf die „heutigen" Baugebiete i.S.d. §§ 2 bis 7 BauNVO bezieht und die übergeleiteten Pläne mangels zeitlicher Geltung keine Festsetzungen i.S.d. „heutigen" §§ 2 bis 7 BauNVO enthalten können.[913] Die nach § 246 XI 2 BauGB erforderliche Vergleichbarkeit mit den Baugebieten i.S.d. §§ 2 bis 7 BauNVO liegt vor, wenn die Immissionsbelastungen in dem „alten" Baugebiet unterhalb der Schwelle von Gewerbe- und Industriegebieten liegen.[914] Damit scheiden solche „alten" Baugebiete für eine Rechtsfolgenmodifizierung nach § 246 XI 1 BauGB aus, die überwiegend eine gewerbliche oder gar industrielle Nutzung zulassen.

---

[911] Der ursprüngliche Gesetzesentwurf hatte anstelle von „Plänen" noch von „Bebauungsplänen" gesprochen. Auf Empfehlung des Innenausschusses (BT-Drs. 18/6386, S. 14) wurde die Begrifflichkeit aber an den üblichen Sprachgebrauch (vgl. § 233 III BauGB) angeglichen.
[912] *Söfker*, in: EZBK, BauGB, § 233 Rn. 70, 73.
[913] *Roeser*, in: Berliner Kommentar zum BauGB, § 246 Rn. 42; *Blechschmidt*, in: EZBK, BauGB, § 246 Rn. 74; *Decker*, in: Schiwy, BauGB, § 246 Rn. 76; *Scheidler*, BauR 2017, 1455 (1461).
[914] *Mitschang/Reidt*, in: Battis/Krautzberger/Löhr, BauGB, § 246 Rn. 30; *Jarass/Kment*, in: Jarass/Kment, BauGB, § 246 Rn. 16.

bb. Allgemeine oder ausnahmsweise Zulässigkeit von Anlagen für soziale Zwecke am konkreten Standort

Mit dem Tatbestandsmerkmal, dass am konkreten Standort Anlagen für soziale Zwecke als Ausnahme zugelassen werden können müssen, macht der Gesetzgeber deutlich, dass es sich bei Aufnahmeeinrichtungen, Gemeinschaftsunterkünften und sonstigen Unterkünften notwendigerweise um „Anlagen für soziale Zwecke" handelt, was aber letztlich (nur) für den sachlichen Anwendungsbereich der Sonderregelungen von Bedeutung ist.[915] Darüber hinaus beschränkt dieses Tatbestandsmerkmal vor allem den (örtlichen) Anwendungsbereich der Privilegierungsvorschrift. Wie auch im Falle des § 246 X BauGB wird dadurch der kommunalen Planungshoheit Rechnung getragen[916], indem der mit einer entsprechenden Festsetzung i.S.v. § 1 V, VI, IX BauNVO bekundete planerische Wille der Gemeinde bodenrechtliche Relevanz erfährt.

Ohne besondere Festsetzungen i.S.v. § 1 V, VI und IX BauNVO ist die Privilegierung des § 246 XI BauGB nämlich nur für Kleinsiedlungsgebiete und reine Wohngebiete[917] von Bedeutung, da nur hier Anlagen für soziale Zwecke gem. § 2 III Nr. 2 BauNVO und § 3 III Nr. 2 BauNVO ausnahmsweise zulässig sind. Sofern aber dort durch die Feinsteuerungsmöglichkeit des § 1 VI Nr. 1, 2 BauNVO Anlagen für soziale Zwecke generell ausgeschlossen (Nr. 1) oder als allgemein zulässig festgesetzt (Nr. 2) sind, können sie nicht mehr „als Ausnahme zugelassen werden", sodass die Rechtsfolgenmodifikation des § 246 XI BauGB dann sogar im Kleinsiedlungsgebiet und im reinen Wohngebiet ausscheidet.[918] Etwas problematischer liegt der Fall, wenn die Gemeinde gem. § 1 IX i.V.m. VI Nr. 1, 2 BauNVO ganz konkret Flüchtlingsunterkünfte – als Unterart der Anlagen für soziale Zwecke – im Kleinsiedlungs- oder reinen Wohngebiet ausschließt oder als allgemein zulässig festsetzt, im Übrigen aber an der ausnahmsweisen Zulässigkeit von „Anlagen für soziale Zwecke" nichts ändert. Streng nach dem Wortlaut bliebe für diese Fälle nämlich die Anwendung des § 246 XI BauGB bestehen, da weiterhin „Anlagen für soziale Zwecke als Ausnahme zugelassen werden können." Da § 246 XI BauGB aber keine eigenständige Rechtsfolge regelt, sondern lediglich die Rechtsfolge des § 31 I BauGB modifiziert, verliert § 246 XI BauGB in diesem Fall dennoch seine Wirkung, weil in Bezug auf Flüchtlingsunterkünfte dann kein Raum mehr für die Erteilung einer Ausnahme i.S.v. § 31 I BauGB verbleibt, deren Rechtsfolge durch

---

[915] Vgl. dazu im vierten Kapitel auf S. 126 ff.
[916] Die Planungshoheit hat durch die Modifizierung der „Kann"-Vorschrift des § 31 I BauGB in eine „Soll"-Vorschrift eine Beeinträchtigung erfahren.
[917] Vgl. hierzu *VGH München*, Beschl. v. 21.03.2016 – 2 ZB 14.1201 = IBRRS 2016, 0919.
[918] *Scheidler*, BauR 2017, 1455 (1460).

§ 246 XI BauGB modifiziert werden könnte.[919] Eine entsprechende Auslegung des Tatbestandsmerkmals nach seinem Sinn und Zweck – wie im Falle des § 246 X BauGB[920] oder, wie sich sogleich noch ergeben wird, im Falle des § 246 XI 1 BauGB für Baugebiete i.S.v. §§ 4 bis 7 BauNVO – ist für das Kleinsiedlungs- und reine Wohngebiet im Rahmen des § 246 XI 1 BauGB daher nicht notwendig.

In den übrigen Baugebieten nach den §§ 4 bis 7 BauNVO sind Anlagen für soziale Zwecke hingegen im Regelfall allgemein zulässig, d.h. in allgemeinen Wohngebieten (§ 4 II Nr. 3 BauNVO), besonderen Wohngebieten (§ 4a II Nr. 5 BauNVO), Dorfgebieten (§ 5 II Nr. 7 BauNVO), Mischgebieten (§ 6 II Nr. 5 BauNVO), urbanen Gebieten (§ 6a II Nr. 5 BauNVO) und Kerngebieten (§ 7 II Nr. 4 BauNVO). Eine Anwendung des § 246 XI BauGB kommt hier nur dann in Betracht, wenn im Bebauungsplan mit Hilfe der Feinsteuerung nach § 1 V BauNVO festgesetzt wurde, dass Anlagen für soziale Zwecke nur noch ausnahmsweise zugelassen werden können.[921] Etwas problematischer ist dies für den Fall, dass die Gemeinde gem. § 1 IX i.V.m. V BauNVO ganz konkret Flüchtlingsunterkünfte – als Unterart der Anlage für soziale Zwecke – im jeweiligen Gebiet als Ausnahme zulässt, im Übrigen aber an der generellen Zulässigkeit von Anlagen für soziale Zwecke nichts ändert. Streng nach seinem Wortlaut scheidet für diesen Fall nämlich eine Anwendung der Rechtsfolgenmodifikation des § 246 XI BauGB aus, da zwar Flüchtlingsunterkünfte, nicht jedoch „Anlagen für soziale Zwecke als Ausnahme zugelassen werden können". Folglich wären Flüchtlingsunterkünfte nach den Festsetzungen der Gemeinde im konkreten Baugebiet zwar ausnahmsweise zulässig, ohne dass jedoch die Rechtsfolgenmodifikation des § 246 XI BauGB eingreifen würde. Dennoch muss in diesem Fall nach dem Sinn und Zweck des streitgegenständlichen Tatbestandsmerkmals die Soll-Regelung des § 246 XI BauGB Anwendung finden, da diesem – wie bei § 246 X BauGB – gerade der Gedanke zugrunde liegt, dass der mit einer entsprechenden Festsetzung bekundete, anderslautende planerische Wille der Gemeinde nicht ignoriert werden darf.[922] Hat die Gemeinde aber Flüchtlingsunterkünfte ausnahmsweise zugelassen, dann hat sie mit dieser Festsetzung auf Planungsebene einen entsprechenden Willen in Bezug auf die Flüchtlingsunterbringung geäußert, an dem sie sich auf Zulassungsebene im Rahmen von § 246 XI BauGB unter Berücksichtigung von Sinn und Zweck meines Erachtens festhalten lassen muss. Abschließend bleibt noch darauf hinzuweisen,

---

[919] So im Ergebnis auch *Hornmann*, in: BeckOK BauNVO, § 3 Rn. 219.
[920] Vgl. dazu im Rahmen der Darstellung des § 246 X BauGB auf S. 178 f.
[921] *Roeser*, in: Berliner Kommentar zum BauGB, § 246 Rn. 41; *Scheidler*, BauR 2017, 1455 (1460).
[922] Zum vergleichbaren – wenn auch umgekehrten – Fall im Rahmen des § 246 X BauGB, siehe bereits auf S. 178 f.

dass der Privilegierungstatbestand des § 246 XI BauGB in faktischen Baugebieten i.S.d. §§ 4 bis 7 BauNVO, 34 II BauGB von vornherein nicht in Betracht kommen kann, da hier die gesetzlichen Bestimmungen der Baunutzungsverordnung mit ihren Grundsatzregelungen rein faktisch zur Anwendung kommen, ohne dass es – wie in einem Bebauungsplan – die Möglichkeit gäbe, davon abweichende Festsetzungen i.S.v. § 1 V ff. BauNVO zu treffen.[923]

II. Innenbereich i.S.v. § 34 BauGB

Die Sonderregelung des § 246 VIII BauGB erweitert den sachlichen Anwendungsbereich des § 34 IIIa BauGB. Für eine rechtliche Einordnung ist daher eine Auseinandersetzung sowohl mit der Sonderregelung als auch mit der Grundnorm des § 34 IIIa BauGB erforderlich.

1. Rechtsfolge des § 246 VIII BauGB

Mit Hilfe der in der allgemeinen Planungspraxis sehr bedeutsamen „Befreiungsregelung"[924] des § 34 IIIa 1 BauGB kann für Gewerbe- bzw. Handwerksbetriebe sowie für bauliche Anlagen, die zu Wohnzwecken dienen, im Einzelfall vom Erfordernis des Einfügens in die Eigenart der näheren Umgebung abgewichen werden. Dies gilt für sämtliche Kriterien des Einfügens, also neben der Art und dem Maß der baulichen Nutzung auch für die Bauweise sowie die überbaubare Grundstücksfläche.[925] Die Sondervorschrift des § 246 VIII BauGB erstreckt diese „Einfügensbefreiung" des § 34 IIIa 1 BauGB mithin auf Vorhaben der Flüchtlingsunterbringung.[926] Danach gilt § 34 IIIa 1 BauGB entsprechend für die Nutzungsänderung zulässigerweise errichteter baulicher Anlagen in solche baulichen Anlagen, die der Unterbringung von Flüchtlingen oder Asylbegehrenden dienen, sowie für deren Erweiterung, Änderung oder Erneuerung. Bei den umzunutzenden baulichen Anlagen muss es sich – entgegen der ursprünglichen Fassung nach dem BauGB-Flüchtlingsunterbringungsgesetz I

---

[923] *Decker*, in: Schiwy, BauGB, § 246 Rn. 74.
[924] So *Dürr*, in: Brügelmann, BauGB, § 34 Rn. 107a, da § 34 IIIa 1 BauGB für den unbeplanten Innenbereich offensichtlich dem Befreiungstatbestand des § 31 II BauGB nachgebildet ist.
[925] *Blechschmidt*, in: EZBK, BauGB, § 246 Rn. 60; *Decker*, in: Schiwy, BauGB, § 246 Rn. 39; *Roeser*, in: Berliner Kommentar zum BauGB, § 246 Rn. 25; *Battis/Mitschang/Reidt*, NVwZ 2014, 1609 (1612); *Battis/Mitschang/Reidt*, NVwZ 2015, 1633 (1634); *Bienek/Reidt*, BauR 2015, 422 (429). Anders *Bunzel*, in: Bleicher/Bunzel/Finkeldei/Fuchs/Klinge, Baurecht, § 246 S. 10, wonach dieser nur die Art der baulichen Nutzung erfasse. Diese Einschränkung ist aber weder im Wortlaut des § 34 IIIa BauGB bzw. § 246 VIII BauGB angelegt noch ist sie aus praktischen Gründen sinnvoll, da die in § 34 IIIa BauGB genannten Voraussetzungen der städtebaulichen Vertretbarkeit und der Vereinbarkeit mit den öffentlichen Belangen in Bezug auf die Art der baulichen Nutzung nur relativ selten erfüllt sein werden; vgl. *Mitschang/Reidt*, in: Battis/Krautzberger/Löhr, BauGB, § 34 Rn. 73.
[926] *Blechschmidt*, in: EZBK, BauGB, § 246 Rn. 60; *Decker*, in: Schiwy, BauGB, § 246 Rn. 39.

– nicht mehr notwendigerweise um Geschäfts-, Büro- oder Verwaltungsgebäude handeln.[927] Vielmehr stellt die Vorschrift seit dem Asylverfahrensbeschleunigungsgesetz 2015 auf den weitestmöglichen Begriff der baulichen Anlage i.S.v. § 29 I BauGB ab und erfasst auf diese Weise neben Geschäfts-, Büro- und Verwaltungsgebäuden insbesondere auch Fabrikgebäude, leerstehende Lagerhallen, Warenhäuser, nicht mehr genutzte Hotels, Krankenhäuser, Schulen oder sonstige Bildungszwecken dienende Gebäude.[928] Mithin kann nahezu sämtlicher Leerstand im heterogenen Innenbereich in eine Flüchtlingsunterkunft umgenutzt werden, sofern die entsprechenden Voraussetzungen vorliegen.[929]

2. Voraussetzungen

Die Voraussetzungen dieser Innenbereichsprivilegierung ergeben sich sowohl aus der Sondervorschrift des § 246 VIII BauGB als auch aus der in Bezug genommenen Grundnorm des § 34 IIIa 1 BauGB.

a. Vorhaben im unbeplanten heterogenen Innenbereich, die sich nicht nach § 34 I 1 BauGB in Umgebungsbebauung einfügen

Die Sondervorschrift des § 246 VIII BauGB ist ausschließlich auf Vorhaben im unbeplanten Innenbereich zugeschnitten. Dies ergibt sich aus der konkreten Verweisungskette. Denn unabhängig davon, ob es sich bei § 246 VIII BauGB um eine Rechtsfolgen- oder Rechtsgrundverweisung handelt[930], gilt zumindest die Rechtsfolge der Grundnorm des § 34 IIIa 1 BauGB entsprechend, die ihrerseits ausdrücklich die Regelung des § 34 I 1 BauGB in Bezug nimmt und davon eine Abweichung gestattet.[931] Eine Abweichung „vom Erfordernis des Einfügens in die Eigenart der näheren Umgebung nach Absatz 1 Satz 1" macht aber nur Sinn, wenn das Vorhaben in einem unbeplanten heterogenen Innenbereich liegt.[932] Im homogenen Innenbereich i.S.v. § 34 II BauGB findet die Privilegierung keine Anwendung.[933] Denn dort kommt es nicht auf die tatsächlich vorhandene, erkennbare Umgebungsbebauung

---

[927] Zur Entstehungsgeschichte des § 246 VIII BauGB, vgl. im zweiten Kapitel auf S. 95.
[928] BT-Drs. 18/6185, S. 54; *Battis/Mitschang/Reidt*, NVwZ 2015, 1633 (1634); *Scheidler*, UPR 2015, 479 (480); *Petersen*, KommP BY 2016, 50 (51).
[929] *Decker*, in: Schiwy, BauGB, § 246 Rn. 41.
[930] Vgl. dazu sogleich unter Ziffer b. auf S. 220.
[931] *Decker*, in: Schiwy, BauGB, § 246 Rn. 39; *Mitschang/Reidt*, in: Battis/Krautzberger/Löhr, BauGB, § 246 Rn. 14; im Ergebnis auch *VGH München*, Beschl. v. 21.03.2016 – 2 ZB 14.1201 = IBRRS 2016, 0919.
[932] *Jarass/Kment*, in: Jarass/Kment, BauGB, § 246 Rn. 7.
[933] *Bunzel*, in: Bleicher/Bunzel/Finkeldei/Fuchs/Klinge, Baurecht, § 246 S. 9; *Jarass/Kment*, in: Jarass/Kment, BauGB, § 246 Rn. 8.

und ein entsprechendes Einfügen an, sondern einzig und allein darauf, ob das Vorhaben in der Regelung des jeweiligen Gebietstyps der Baunutzungsverordnung allgemein oder ausnahmsweise zulässig ist.[934] Damit zielt die Sondervorschrift auf die Problemlösung in Gemengelagen.[935] Ferner kommt die Privilegierungsregelung nur zur Anwendung, wenn sich das Vorhaben nicht in die Eigenart der näheren Umgebung einfügt. Denn anderenfalls bedarf es der Abweichungsmöglichkeit – wie etwa in allgemeinen Wohngebieten oder in Mischgebieten – ja überhaupt nicht.[936] Aus diesen Gründen ist die Sondervorschrift des § 246 VIII BauGB insbesondere für solche Innenbereichsflächen von Bedeutung, die einerseits durch eine erhebliche gewerbliche Prägung gekennzeichnet sind, sodass sich die Wohnnutzung oder wohnähnliche Nutzung nicht ohnehin in die Eigenart der näheren Umgebung einfügt, und in denen andererseits aber gerade noch kein faktisches Gewerbegebiet i.S.v. § 34 II BauGB i.V.m. § 8 BauNVO vorliegt.[937] Auf diese Weise können mit Hilfe des § 246 VIII BauGB wohnähnliche Flüchtlingsunterkünfte gerade auch in einem nicht überplanten, stark gewerblich oder gar von Gewerbebetrieben mit starkem Emissionsverhalten geprägten Innenbereich zugelassen werden.[938] Gedacht ist diese Sonderregelung in erster Linie für die Ballungszentren der Republik, in denen die Bereitstellung gerade größerer Flüchtlingsunterkünfte nicht nur aufgrund der ohnehin angespannten Wohnungsmarktlage, sondern vor allem wegen des Einfügenserfordernisses in die Eigenart der näheren Umgebung enorme Probleme bereitet. In der Praxis hat diese Sonderregelung indes kaum Bedeutung erlangt, da Gemengelagen mit deutlich dominierender Gewerbenutzung als Grundlage für die Anwendung des § 246 VIII BauGB verhältnismäßig selten anzutreffen sind.[939]

Aufgrund der von der Abweichungsbefugnis des § 34 IIIa BauGB vorgenommenen, ausdrücklichen Bezugnahme auf das Einfügenserfordernis i.S.v. § 34 I 1 BauGB scheidet die Anwendung der Privilegierung des § 246 VIII BauGB konsequenterweise aus, wenn gesunde Wohn- und Arbeitsverhältnisse oder das Ortsbild beeinträchtigt werden und das Vorhaben damit gegen § 34 I 2 BauGB verstößt.[940]

---

[934] *Battis/Mitschang/Reidt*, NVwZ 2015, 1633 (1634).
[935] *Decker*, in: Schiwy, BauGB, § 246 Rn. 38; *Bienek/Reidt*, BauR 2015, 422 (429); *Bunzel*, in: Bleicher/Bunzel/Finkeldei/Fuchs/Klinge, Baurecht, § 246 S. 9; *Bienek*, SächsVBl 2015, 129 (132); *Battis/Mitschang/Reidt*, NVwZ 2014, 1609 (1613).
[936] *Bunzel*, in: Bleicher/Bunzel/Finkeldei/Fuchs/Klinge, Baurecht, § 246 S. 9; *Bienek/Reidt*, BauR 2015, 422 (429).
[937] *Roeser*, in: Berliner Kommentar zum BauGB, § 246 Rn. 25; *Mitschang/Reidt*, in: Battis/Krautzberger/Löhr, BauGB, § 246 Rn. 13; *Bienek/Reidt*, BauR 2015, 422 (429).
[938] *Portz/Düsterdiek*, BWGZ 2015, 404 (406); *Battis/Mitschang/Reidt*, NVwZ 2015, 1633 (1634); *Bienek*, SächsVBl 2015, 129 (132).
[939] So *Bienek*, DÖV 2017, 584 (590 f.).
[940] *Decker*, in: Schiwy, BauGB, § 246 Rn. 39.

b. Tatbestandsvoraussetzungen des § 34 IIIa 1 Nr. 2 und Nr. 3 BauGB

Auf Tatbestandsseite müssen zudem die Voraussetzungen des § 34 IIIa 1 BauGB – mit Ausnahme des § 34 IIIa 1 Nr. 1 BauGB – erfüllt sein.[941] Bei § 246 VIII BauGB handelt es sich nämlich um eine Rechtsgrundverweisung. Dies ergibt sich bereits aus einem Umkehrschluss zur gleichzeitig in Kraft getretenen Sondervorschrift des § 246 IX BauGB, die ausdrücklich nur die „Rechtsfolge" des § 35 IV 1 BauGB für entsprechend anwendbar erklärt. Die Anforderungen des § 34 IIIa 1 Nr. 1 BauGB müssen hingegen nicht erfüllt sein, da anstelle der Voraussetzungen des Nr.1 der besondere Regelungsinhalt des § 246 VIII BauGB tritt.[942] Daher ist es gem. § 246 VIII BauGB i.V.m. § 34 IIIa 1 Nr. 2 und Nr. 3 BauGB maßgeblich, dass die Abweichung sowohl städtebaulich vertretbar als auch unter Würdigung der nachbarlichen Interessen mit den öffentlichen Belangen vereinbar ist. Diese Anforderungen sind offensichtlich dem Befreiungstatbestand des § 31 II BauGB nachgebildet. Während mit § 31 II BauGB im Einzelfall von den Festsetzungen eines Bebauungsplans abgewichen werden kann, bietet § 34 II HS. 2 BauGB in faktischen Baugebieten im Hinblick auf die Art der baulichen Nutzung gleichermaßen die Möglichkeit, im Einzelfall von den gesetzlichen Regelungen der Baunutzungsverordnung zu befreien. In Anlehnung daran kann die Baugenehmigungsbehörde auch im heterogenen Innenbereich mit Hilfe von § 34 IIIa BauGB in engen Grenzen von den gesetzlichen Vorgaben abweichen. Dabei geht es – wie in sämtlichen Befreiungstatbeständen – um den Grundsatz der Einzelfallgerechtigkeit, sodass auch hier eine einzelfallbezogene, tatbestandliche Abwägung erforderlich ist, die sowohl im Merkmal der Vereinbarkeit mit öffentlichen Belangen unter Würdigung der nachbarlichen Interessen gem. § 34 IIIa 1 Nr. 3 BauGB als auch in der Formulierung „im Einzelfall" gem. § 34 IIIa 1 HS. 1 BauGB ihre gesetzliche Grundlage hat.

c. Zulässige Errichtung der umzunutzenden Anlage

Die umzunutzende bauliche Anlage muss vormals zulässigerweise errichtet worden sein. Diese Formulierung ist insoweit nicht neu, sondern vom Gesetzgeber bereits an anderer Stelle mehrfach verwendet worden, etwa in den Fällen des § 35 IV 1 BauGB oder bei § 34 IIIa 1 Nr. 1 BauGB. Aus diesem Grund kann auf die dortige

---

[941] *Jarass/Kment*, in: Jarass/Kment, BauGB, § 246 Rn. 8; *Decker*, in: Schiwy, BauGB, § 246 Rn. 37; *Roeser*, in: Berliner Kommentar zum BauGB, § 246 Rn. 25; *Krautzberger/Stüer*, DVBl 2015, 73 (76); *Mitschang/Reidt*, in: Battis/Krautzberger/Löhr, BauGB, § 246 Rn. 12; *Scheidler*, VerwArch 2016, 177 (186).

[942] *Mitschang/Reidt*, in: Battis/Krautzberger/Löhr, BauGB, § 246 Rn. 12; *Roeser*, in: Berliner Kommentar zum BauGB, § 246 Rn. 25.

Rechtsprechung zurückgegriffen werden.[943] Eine zulässige Errichtung ist daher anzunehmen, wenn die bauliche Anlage entweder bauaufsichtlich genehmigt worden ist (und zwar unabhängig vom materiellen Baurecht) oder sie in Übereinstimmung mit dem materiellen Baurecht errichtet wurde (unabhängig von einer formellen Genehmigung).[944]

d. Nutzungsänderungen und deren Erweiterung, Änderung und Erneuerung

aa. Nutzungsänderung i.S.v. § 29 I BauGB

In Bezug auf den Begriff und die Anforderungen an eine bauplanungsrechtliche Nutzungsänderung in eine Flüchtlingsunterkunft kann auf die umfangreichen Ausführungen im Rahmen der Notwendigkeit der Sondervorschriften zu Beginn dieser Arbeit verwiesen werden.[945] Zusammenfassend lässt sich sagen, dass in der Veränderung der Nutzungsweise in eine Flüchtlingsunterkunft in den weitaus meisten Fällen eine Nutzungsänderung i.S.v. § 29 I BauGB angenommen werden kann. Insbesondere in der Umnutzung von gewerblich genutzten Gebäuden sowie von Büro- und Schulgebäuden, Hotels, Pensionen oder anderen Beherbergungsbetrieben in eine Flüchtlingsunterkunft – unabhängig davon, ob die Unterkunft zu Wohnzwecken oder als wohnähnliche Anlage für soziale Zwecke genutzt wird – liegt regelmäßig eine städtebaulich relevante Nutzungsänderung vor.[946] Eine Nutzungsänderung scheidet hier nur dann aus mit der Folge, dass keine erneute Prüfung am Maßstab der §§ 29 ff. BauGB notwendig ist, wenn eine „normale" Wohnnutzung in ein „Flüchtlingswohnen"[947] umgewandelt wird, sofern die übliche Belegungsdichte für eine Wohnnutzung nicht überschritten wird, oder wenn trotz des Überschreitens der Variationsbreite der bisherigen Nutzung bodenrechtliche Belange nicht neu berührt werden können. Letzteres wäre etwa dann der Fall, wenn die geplante Flüchtlingsunterbringung im konkreten Gebiet nicht nur ausnahmsweise oder im Wege einer Befreiung zugelassen werden kann und auch die immissions- sowie verkehrsbezogenen „Belastungen" auf die Umgebung – insbesondere infolge einer Erhöhung der Belegungsdichte – nicht zunehmen.[948]

---

[943] So auch: *Bunzel*, in: Bleicher/Bunzel/Finkeldei/Fuchs/Klinge, Baurecht, § 246 S. 10; *Scheidler*, KommP BY 2016, 11 (14) zur vergleichbaren Regelung des § 246 XIII 1 Nr. 2 BauGB.
[944] BVerwG, Urt. v. 08.06.1979 – 4 C 23/77 = NJW 1980, 1010; BVerwG, Beschl. v. 16.01.2014 – 4 B 32.13 = ZfBR 2014, 375; *Söfker*, in: EZBK, BauGB, § 35 Rn. 143; *Dürr*, in: Brügelmann, BauGB, § 34 Rn. 107b, § 35 Rn. 135.
[945] Vgl. dazu ausführlich im ersten Kapitel auf S. 11 ff.
[946] *Bunzel*, in: Bleicher/Bunzel/Finkeldei/Fuchs/Klinge, Baurecht, § 246 S. 9.
[947] Nach zutreffender Auffassung ist auf Grundlage des § 246 VIII BauGB eine Zulassung von „Flüchtlingswohnen" und damit die Zulassung einer Wohnnutzung möglich. Vgl. dazu S. 143 ff.
[948] Vgl. dazu das Zwischenfazit im ersten Kapitel auf S. 19 f.

Ferner ist bei Zulassungsentscheidungen auf Grundlage des § 246 VIII BauGB die – sich aus dem Sinn und Zweck der Sondervorschriften ergebende – Besonderheit zu beachten, dass derartige Zulassungen auflösend bedingt i.S.v. § 36 II Nr. 2 Landes-VwVfG zu erteilen sind, sofern damit ein „Flüchtlingswohnen" und folglich eine Wohnnutzung zugelassen wird.[949] Ziel der Sondervorschriften ist nämlich, die Schaffung von vorübergehendem Unterbringungsraum für Flüchtlinge insbesondere während der Dauer des Prüfungsverfahrens zu erleichtern. Demgegenüber sollen aber nicht unter dem „Deckmantel" der Flüchtlingsunterbringung dauerhafte und der Allgemeinheit zur Verfügung stehende Wohngebäude auf städtebaulich dafür nicht geeigneten Flächen ermöglicht werden.[950] Da die Veränderung der Nutzungsweise von einer allgemeinen Wohnnutzung in ein „Flüchtlingswohnen" keine Nutzugsänderung i.S.v. § 29 I BauGB darstellt, sofern die übliche Belegungsdichte für eine Wohnnutzung nicht überschritten wird, kann im umgekehrten Fall auch die Veränderung der Nutzungsweise von Flüchtlingswohnen in eine allgemeine Wohnnutzung für sich genommen keine Nutzungsänderung darstellen. Würde man die Zulassung des Flüchtlingswohnens auf Grundlage des § 246 VIII BauGB insoweit also nicht auflösend bedingen, dann könnte dies in der Konsequenz dazu führen, dass auf Dauer angelegte und der Allgemeinheit zur Verfügung stehende Wohngebäude nach Wegfall der „Notstandssituation" der Flüchtlingsunterbringung – aber eben unter Fortwirkung ihres „Schutzschirms" – auf städtebaulich dafür nicht geeigneten Flächen ermöglicht werden würden. Aus diesem Grund muss die Baugenehmigungsbehörde die Genehmigung eines Wohngebäudes oder einer Wohnung auf Grundlage des § 246 VIII BauGB stets unter der auflösenden Bedingung der Nutzung durch Flüchtlinge oder Asylbegehrende erteilen.[951]

bb. Erweiterung, Änderung oder Erneuerung

Die Privilegierung des § 246 VIII BauGB erfasst – in Anlehnung an die „ersetzte" Tatbestandsvariante des § 34 IIIa 1 Nr. 1 BauGB – neben der Nutzungsänderung ausdrücklich auch Maßnahmen der Erweiterung, Änderung oder Erneuerung. Dies muss seine Grenze schon aus sprachlichen Gründen aber dort finden, wo der Umbau in Gestalt der Erweiterung, Änderung oder Erneuerung faktisch einer Neuerrichtung der baulichen Anlage gleichkommt.[952]

---

[949] Vgl. dazu im Rahmen des sachlichen Anwendungsbereichs im vierten Kapitel auf S. 135 f.
[950] *Blechschmidt*, in: EZBK, BauGB, § 246 Rn. 63a; *OVG Berlin-Brandenburg*, Beschl. v. 19.07.2018 – OVG 10 S 52.17 = BeckRS 2018, 17925; *VGH Kassel*, Urt. v. 22.02.2018 – 4 A 1837/17 = ZfBR 2018, 482. Vgl. dazu im Rahmen der Ratio der Sondervorschriften im dritten Kapitel auf S. 101.
[951] So im Ergebnis auch *Blechschmidt*, in: EZBK, BauGB, § 246 Rn. 63a.
[952] *Battis/Mitschang/Reidt*, NVwZ 2015, 1633 (1635); *Scheidler*, KommP BY 2016, 11 (14).

III. Außenbereich i.S.v. § 35 BauGB

Flüchtlingsunterkünfte als sonstige Vorhaben i.S.v. § 35 II BauGB können im Außenbereich nur zugelassen werden, wenn ihre Ausführung oder Benutzung öffentliche Belange i.S.v. § 35 III BauGB nicht beeinträchtigt und die Erschließung gesichert ist.[953] Einer Flüchtlingsunterkunft als Wohnnutzung oder wohnähnlicher Nutzung stehen aber regelmäßig die öffentlichen Belange des § 35 III 1 Nr. 1, Nr. 5 und Nr. 7 BauGB entgegen, sodass eine Zulassung nach den allgemeinen bauplanungsrechtlichen Vorschriften im Regelfall ausscheidet.[954] Aus diesem Grund erheben die Sonderregelungen des § 246 IX und XIII BauGB die Flüchtlingsunterkünfte zu begünstigten, sog. teilprivilegierten Vorhaben i.S.v. § 35 IV BauGB. Der konkreten Flüchtlingsunterkunft kann in dieser Eigenschaft nicht entgegengehalten werden, dass sie dem Flächennutzungsplan widerspreche (§ 35 III 1 Nr. 1 BauGB), die natürliche Eigenart der Landschaft beeinträchtige (§ 35 III 1 Nr. 5 Alt. 4 BauGB) oder die Entstehung, Verfestigung oder Erweiterung einer Splittersiedlung befürchten lasse (§ 35 III 1 Nr. 7 BauGB). Alle sonstigen öffentlichen Belange i.S.v. § 35 III BauGB bleiben jedoch unberührt und dürfen durch die Flüchtlingsunterkunft nicht beeinträchtigt werden.[955] Dies folgt aus der Formulierung in § 35 IV 1 BauGB, dass die Vorhaben „im Übrigen außenbereichsverträglich im Sinne des Absatzes 3" sein müssen.

Die in § 35 IV 1 Nr. 1 bis 6 BauGB genannten Anforderungen spielen für die Zulassung des Vorhabens keine Rolle. Das folgt aus dem Wortlaut der Regelungen des § 246 IX und XIII BauGB, die – im Gegensatz zu § 246 VIII BauGB – ausdrücklich nur die „Rechtsfolge" des § 35 IV 1 BauGB für entsprechend anwendbar erklären und damit eine reine Rechtsfolgenverweisung statuieren.[956] Außerdem würden die beiden Außenbereichsprivilegierungen anderenfalls praktisch weitgehend bedeutungslos werden, da die tatbestandlichen Anforderungen des § 35 IV 1 HS. 2 BauGB bei einer Flüchtlingsunterkunft kaum jemals vorliegen werden.[957] Bis auf ihre Rechtsfolge haben die beiden Außenbereichsprivilegierungen aber wenig gemeinsam. Da für die Privilegierungsregelung des § 246 IX BauGB – im Unterschied zu § 246 XIII BauGB – gerade der Standort des geplanten Vorhabens im Außenbereich zentrale Bedeutung hat, ist insoweit zwischen der sog. standortabhängigen und der sog. standortunabhängigen Außenbereichsbegünstigung zu unterscheiden.

---

[953] *Mitschang/Reidt*, in: Battis/Krautzberger/Löhr, BauGB, § 246 Rn. 17.
[954] So auch bereits die Begründung des Bundesratsentwurfs, BR-Drs. 419/14, S. 6.
[955] *Jarass/Kment*, in: Jarass/Kment, BauGB, § 246 Rn. 9; *Scheidler*, UPR 2015, 41 (44); *Battis/Mitschang/Reidt*, NVwZ 2014, 1609 (1613).
[956] *Roeser*, in: Berliner Kommentar zum BauGB, § 246 Rn. 30; *Decker*, in: Schiwy, BauGB, § 246 Rn. 51, 108; *Scheidler*, KommP BY 2016, 11 (13); *Petersen*, KommP BY 2016, 50 (53).
[957] *Dürr*, in: Brügelmann, BauGB, § 246 Rn. 29.

1. Erweiterte Zulässigkeit im Außenbereich nach § 246 IX BauGB

Bei der sog. standortabhängigen Außenbereichsbegünstigung[958] des § 246 IX BauGB ist – wie der Name schon vermuten lässt – der Standort des geplanten Vorhabens tatbestandlich von elementarer Bedeutung. Das Vorhaben muss auf einer Außenbereichsfläche verwirklicht werden, die innerhalb des Siedlungsbereichs liegt und unmittelbar an einen bebauten Ortsteil nach § 30 I oder § 34 BauGB anschließt. Eine Schaffung von Flüchtlingsunterkünften im "tiefen"[959] Außenbereich, also im Wald und Flur abgesetzt von jedweder Bebauung, ist mit § 246 IX BauGB daher nicht möglich.[960] Anders als § 246 XIII BauGB ordnet die Sonderregelung des § 246 IX BauGB die erforderliche Außenbereichslage i.S.v. § 35 BauGB zwar nicht ausdrücklich an. Allerdings ergibt sich diese örtliche Zuordnung, die bereits in den Gesetzesmaterialien Erwähnung findet[961], sowohl aus dem Verweis auf die Rechtsfolge des § 35 IV 1 BauGB als auch aus dem Abstellen auf den unmittelbaren räumlichen Zusammenhang mit den nach § 30 I oder § 34 BauGB zu beurteilenden Flächen. Die Bezugnahme auf eine räumliche Nähe zu (qualifizierten) Plangebieten oder (unbeplanten) Innenbereichsflächen würde nämlich keinen Sinn ergeben, wenn die Regelung auch im Planbereich sowie im Innenbereich anwendbar wäre.[962]

Sachlich erfasst die Sondervorschrift des § 246 IX BauGB sämtliche Vorhaben i.S.v. § 29 BauGB. Damit ist die standortabhängige Außenbereichsbegünstigung – anders als § 246 XIII Nr. 2 BauGB[963] – neben der Änderung und der Nutzungsänderung vorhandener Gebäude uneingeschränkt auch auf die Neuerrichtung einer Flüchtlingsunterkunft anwendbar.[964] Dies folgt aus der ausdrücklichen Rechtsfolgenverweisung in § 246 IX BauGB, wonach es bei Flüchtlingsunterkünften der besonderen Voraussetzungen des § 35 IV 1 BauGB nicht bedarf, mithin auch nicht der für § 35 IV 1

---

[958] *Blechschmidt*, in: EZBK, BauGB, § 246 Rn. 64.
[959] *Bienek/Reidt*, BauR 2015, 422 (430) bezeichnen diese Lage als „entfernteren" Außenbereich, *Krautzberger/Stüer*, DVBl 2015, 73 (77) bezeichnen sie als „isolierten" Außenbereich. *Bienek*, SächsVBl 2015, 129 (132) und DÖV 2017, 584 (588) differenziert sprachlich insoweit andersherum, indem er die von § 246 IX BauGB erfassten Flächen als „siedlungsnahen" Außenbereich und die sonstigen Außenbereichsflächen als „klassischen" Außenbereich bezeichnet.
[960] *Scheidler*, KommP BY 2016, 11 (13) beschreibt die Außenbereichsflächen, die von § 246 IX BauGB unzweifelhaft nicht erfasst werden, als die Flächen „janz weit draußen".
[961] BR-Drs. 419/14, S. 6 und BT-Drs. 18/2752, S. 11, wonach diese Regelung „die Errichtung von [Flüchtlingsunterkünften] [...] im Außenbereich nach § 35 BauGB erleichtern" soll.
[962] *Decker*, in: Schiwy, BauGB, § 246 Rn. 45; so im Ergebnis auch *VGH München*, Beschl. v. 21.03.2016 – 2 ZB 14.1201 = IBRRS 2016, 0919.
[963] Der erweiterte räumliche Anwendungsbereich der standortunabhängigen Außenbereichsprivilegierung des § 246 XIII Nr. 2 BauGB wird also durch eine Einschränkung beim sachlichen Anwendungsbereich gewissermaßen wieder ausgeglichen. Vgl. dazu unter Ziffer 2. a. auf S. 244.
[964] *Dürr*, in: Brügelmann, BauGB, § 246 Rn. 30; *Mitschang/Reidt*, in: Battis/Krautzberger/Löhr, BauGB, § 246 Rn. 17; *Scheidler*, UPR 2015, 41 (44).

BauGB charakteristischen Anknüpfung an bereits vorhandene oder vorhanden gewesene Gebäude.[965]

Tatbestandlich legt die Privilegierungsvorschrift des § 246 IX BauGB also gewisse Standortanforderungen fest. Dabei muss das Vorhaben im unmittelbaren räumlichen Zusammenhang mit nach § 30 I oder § 34 BauGB zu beurteilenden bebauten Flächen innerhalb des Siedlungsbereichs verwirklicht werden. Im Einzelnen:

a. Unmittelbarer räumlicher Zusammenhang mit nach § 30 I oder § 34 BauGB zu beurteilenden bebauten Flächen

Ein unmittelbarer räumlicher Zusammenhang i.S.v. § 246 IX BauGB kann immer dann angenommen werden, wenn die Vorhabenfläche, auf der die Flüchtlingsunterkunft errichtet werden soll, unmittelbar – also direkt – an die Bezugsflächen des qualifizierten[966] Plangebiets oder des Innenbereichs anschließt.[967] Aus diesem Grund werden isolierte Splittersiedlungen im Außenbereich gerade nicht vom räumlichen Anwendungsbereich des § 246 IX BauGB erfasst.[968] Ferner müssen die Bezugsflächen bebaut sein, wobei die Art der baulichen Nutzung unerheblich ist.[969] Diese Voraussetzung ist aber regelmäßig nur für das (qualifizierte) Plangebiet als Bezugspunkt des unmittelbaren räumlichen Zusammenhangs von Bedeutung.[970] Denn während der unbeplante Innenbereich bereits für seine Qualifizierung als solcher eine „Bebauung" erfordert, kann das qualifizierte Plangebiet nach den Festsetzungen des Bebauungsplan lediglich „bebaubar" sein.

b. Innerhalb des Siedlungsbereichs

Ferner setzt die standortabhängige Außenbereichsbegünstigung voraus, dass sich das Vorhaben „innerhalb des Siedlungsbereichs" befinden muss. Da dieses Tatbestandsmerkmal neben der Voraussetzung des unmittelbaren räumlichen Zusammenhangs zu bebauten Bereichen eigenständig erwähnt ist, muss ihm insoweit auch eine

---

[965] *Scheidler*, UPR 2015, 41 (44).
[966] Ein vorhabenbezogener oder einfacher Plan i.S.v. § 30 II, III BauGB genügt im Umkehrschluss nicht.
[967] *Mitschang/Reidt*, in: Battis/Krautzberger/Löhr, BauGB, § 246 Rn. 20; *Krautzberger/Stüer*, DVBl 2015, 73 (77); *Roeser*, in: Berliner Kommentar zum BauGB, § 246 Rn. 29; *Jarass/Kment*, in: Jarass/Kment, BauGB, § 246 Rn. 10.
[968] *Dürr*, in: Brügelmann, BauGB, § 246 Rn. 28.
[969] *Roeser*, in: Berliner Kommentar zum BauGB, § 246 Rn. 29; *Mitschang/Reidt*, in: Battis/Krautzberger/Löhr, BauGB, § 246 Rn. 20.
[970] *Mitschang/Reidt*, in: Battis/Krautzberger/Löhr, BauGB, § 246 Rn. 19.

eigenständige Bedeutung beigemessen werden.[971] Der Begriff des Siedlungsbereichs war dem Baugesetzbuch bisher fremd; er wird auch in der ihn verwendenden Sondervorschrift des § 246 IX BauGB nicht näher definiert.[972] Als weitergehende tatbestandliche Standorteinschränkung besteht der Zweck dieses Merkmals in erster Linie darin, trotz der bestehenden Unterbringungsaufgabe der öffentlichen Hand den Außenbereich möglichst wenig zu belasten.[973] Darüber hinaus soll damit aber auch sichergestellt werden, dass für die Flüchtlinge, die in den auf Grundlage des § 246 IX BauGB geschaffenen Unterkünften leben, eine Anbindung an Versorgungseinrichtungen sowie an die kommunale Infrastruktur besteht.[974] Hinsichtlich der Frage, wann ein Vorhaben noch innerhalb des Siedlungsbereichs liegt, gehen die Meinungen in der baurechtlichen Theorie und Praxis teilweise weit auseinander.[975] Aus diesem Grund soll nachfolgend mit Hilfe der anerkannten juristischen Auslegungsmethoden der Inhalt des Tatbestandsmerkmals ermittelt werden.

---

[971] So etwa auch *Bunzel*, in: Bleicher/Bunzel/Finkeldei/Fuchs/Klinge, Baurecht, § 246 S. 11. Anders nur *Roeser*, in: Berliner Kommentar zum BauGB, § 246 Rn. 29, der (auch) in Bezug auf das Merkmal „innerhalb des Siedlungsbereichs" darauf abstellt, dass das Vorhaben unmittelbar an die Plan- oder Innenbereichsflächen angrenzen müsse. Diese Auffassung reagiert auf die Kritik aus der Verwaltungspraxis, wonach das Tatbestandsmerkmal zum unmittelbaren räumlichen Zusammenhang vollends ausreichen würde (vgl. *Bienek*, DÖV 2017, 584 (589)). Sie ist jedoch abzulehnen, da sie verkennt, dass es sich bei dem „unmittelbaren räumlichen Zusammenhang" und dem Merkmal „innerhalb des Siedlungsbereichs" um zwei verschiedene Tatbestandsvoraussetzungen mit unterschiedlichem Inhalt handelt.
[972] *Decker*, in: Schiwy, BauGB, § 246 Rn. 48; *Krautzberger/Stüer*, DVBl 2015, 73 (77).
[973] *Blechschmidt*, in: EZBK, BauGB, § 246 Rn. 65.
[974] *Scheidler*, KommP BY 2016, 11 (13); *Portz/Düsterdiek*, BWGZ 2015, 404 (406).
[975] Während *Roeser*, in: Berliner Kommentar zum BauGB, § 246 Rn. 29 diesem Tatbestandsmerkmal neben der Voraussetzung des unmittelbaren räumlichen Zusammenhangs zu bebauten Flächen keinerlei eigenständige Bedeutung beimisst, wird bereits in der Entwurfsbegründung des Bundesrats, BR-Drs. 419/14, S. 6 insoweit ausdrücklich auf die sog. Außenbereichsinseln im Innenbereich abgestellt. Infolgedessen ist – zunächst – auch *Scheidler*, UPR 2015, 41 (44) der Auffassung, dass mit „Flächen innerhalb des Siedlungsbereichs" nur der Außenbereich im Innenbereich gemeint sein könne; diese Meinung revidiert er später allerdings wieder, wonach vom Anwendungsbereich des § 246 IX BauGB auch „Ortsteilerweiterungen" in einer Randlage zu vorhandener Bebauung erfasst seien (*Scheidler*, KommP BY 2016, 11 (12); ebenfalls *Krautzberger*, GuG 2015, 97 (99)). Demgegenüber spricht die Stellungnahme der Bundesregierung von „Flächen in Ortsteilen, die mangels Bebauungszusammenhang nicht nach § 34 I BauGB bebaubar sind." In eine ähnliche Richtung geht *Dürr*, in: Brügelmann, BauGB, § 246 Rn. 28, der meint, dass von § 246 IX BauGB – neben den Außenbereichsinseln – auch solche Flächen erfasst sein sollen, die jedenfalls aufgelockert bebaut sind, ohne jedoch Teil des Innenbereichs zu sein. Etwas genauer äußert sich *Blechschmidt*, in: EZBK, BauGB, § 246 Rn. 65, wonach unter den Begriff des Siedlungsbereichs auch solche Flächen zu subsumieren sind, die von der baulichen Nutzung des Ortsteils – wenn nicht notwendig allseitig – umgeben sind. Eine ähnliche Einschätzung treffen *Jarass/Kment*, in: Jarass/Kment, BauGB, § 246 Rn. 10, die das Vorhaben immer dann innerhalb des Siedlungsbereichs sehen, wenn es von der baulichen Nutzung des Ortsteils umgeben ist und sich nicht nach außen anschließt, wobei eine allseitige Einbettung in die vorhandene Bebauung nicht erforderlich sei. Abweichend davon werden nach *Mitschang/Reidt*, in: Battis/Krautzberger/Löhr, BauGB, § 246 Rn. 21 und *Decker*, in: Schiwy, BauGB, § 246 Rn. 48 auch solche Außenbereichsflächen den Standortanforderungen des § 246 IX

aa. Gesetzesmaterialien

Der in Betracht kommende Auslegungsrahmen zum „Siedlungsbereich" lässt sich bereits den Gesetzesmaterialien zu § 246 IX BauGB entnehmen, wobei die Aussagen zur Intensität des Eingriffs in den Außenbereich von der Gesetzesbegründung des Bundesrates[976] über die in der Plenarsitzung des Bundesrats am 19.09.2014 getätigten Ausführungen von *Scholz*[977] bis hin zur Stellungnahme der Bundesregierung[978] stetig zunehmen.

Nach der Begründung des ursprünglichen Gesetzesentwurfs des Bundesrates sollte die Sonderregelung des § 246 IX BauGB gerade die Flüchtlingsunterbringung in sog. Außenbereichsinseln im Innenbereich[979] ermöglichen.[980] Darunter werden Freiflächen innerhalb eines bebauten Ortsteils verstanden, die wegen ihrer Größe nicht mehr durch die umgebende Bebauung geprägt sind, sodass letztere keinen planungsrechtlichen Rahmen bilden und damit keine Begrenzung der Nutzungsmöglichkeiten für die unbebaute Fläche bewirken kann; es fehlt bei diesen also am Bebauungszusammenhang.[981] Ein anschauliches Beispiel hierfür bildet etwa der Englische Garten in München. Diese erste Auslegungsalternative ermöglicht also lediglich eine „Auffüllung" nach innen.

Abweichend hiervon sprach *Scholz* in der Bundesratssitzung am 19.09.2014 etwas allgemein von einer „Lücke zwischen vielen Häusern und Gebäuden".[982] Diese Aussage könnte zumindest als ein gesetzeshistorischer Anknüpfungspunkt dafür betrachtet werden, dass für die Flüchtlingsunterbringung auf Außenbereichsflächen nicht nur eine reine Ausfüllung von Außenbereichsinseln, sondern auch die Ausfüllung von – zum Außenbereich gehörenden – größeren Baulücken und damit

---

BauGB gerecht, die in Anlehnung an § 34 IV 1 Nr. 3 BauGB Gegenstand einer Abweichungs- oder Ergänzungssatzung sein können. In direktem Widerspruch dazu führt der *VGH Mannheim*, Beschl. v. 23.02.2017 – 3 S 149/17 = BauR 2017, 993 aus, dass mit Hilfe des § 246 IX BauGB „eine Entwicklung nach außen wohl nicht" zulässig sei, und zwar selbst dann nicht, wenn „eine Außenbereichsfläche so stark von der angrenzenden Bebauung geprägt ist, dass sie [...] für eine Einbeziehungssatzung nach § 34 IV 1 Nr. 3 BauGB in Betracht käme".

[976] BR-Drs. 419/14, S. 6.
[977] *Olaf Scholz*, seinerzeitig Erster Bürgermeister der Freien und Hansestadt Hamburg, in der Plenarsitzung des Bundesrates vom 19.09.2014, Plenarprotokoll 925, S. 283.
[978] BT-Drs. 18/2752, S. 11.
[979] Ein(e) Außenbereich(sinsel) im Innenbereich ist im Ergebnis bodenrechtlicher Außenbereich i.S.v. § 35 BauGB. Dies hat das *Bundesverwaltungsgericht* wiederholt festgestellt und dabei gleichzeitig betont, dass der Begriff „Außenbereich im Innenbereich" kein eigenständiger Rechtsbegriff ist; vgl. *BVerwG*, Beschl. v 15.09.2005 – 4 BN 37.05 = BauR 2006, 348.
[980] BR-Drs. 419/14, S. 6.
[981] *Dürr*, in: Brügelmann, BauGB, § 35 Rn. 5; *Scheidler*, KommP BY 2016, 11 (12).
[982] *Olaf Scholz* in der Plenarsitzung des Bundesrates vom 19.09.2014, Plenarprotokoll 925, S. 283.

eine gewisse Abrundung der Trennungsline zwischen Innen- und Außenbereich vorgesehen sein sollte.

Demgegenüber zielt die Sondervorschrift des § 246 IX BauGB laut der Stellungnahme der Bundesregierung „insbesondere auf Flächen in Ortsteilen, die mangels Bebauungszusammenhang nicht nach § 34 I BauGB bebaubar sind."[983] Zwar bestätigt diese Formulierung ausdrücklich die vom Bundesrat rekurrierten Außenbereichsinseln im Innenbereich. Aber mit der Verwendung des Wortes „insbesondere" hat die Bundesregierung deutlich gemacht, dass es sich hierbei nur um eine beispielhafte Aufzählung handelt mit der Folge, dass darüber hinaus auch weitere – vergleichbare – Flächen für die Sonderregelung des § 246 IX BauGB in Betracht kommen sollen. In diese Richtung äußerte sich die damalige Bundesministerin für Umwelt, Naturschutz, Bau und Reaktorsicherheit, *Barbara Hendricks*, in der Plenarsitzung des Bundestages am 08.10.2014, wonach Flüchtlingsunterkünfte auch noch „am Rande einer Bebauung" geschaffen werden könnten.[984] Danach wäre mit Hilfe des § 246 IX BauGB nicht nur eine Ausfüllung von Außenbereichsinseln und Baulücken an der Grenzlinie zwischen Innen- und Außenbereich möglich, sondern auch eine gewisse Ausdehnung der baulichen Entwicklung „nach außen".[985]

bb. Grammatikalische Auslegung

Sprachlich erinnert der Begriff des Siedlungsbereichs entfernt an den „im Zusammenhang bebauten Ortsteil" i.S.v. § 34 I BauGB. Inhaltlich kann der Siedlungsbereich mit dem im Zusammenhang bebauten Ortsteil aber bereits deswegen nicht identisch sein, da § 246 IX BauGB nicht den Innenbereich betrifft, sondern die Flüchtlingsunterbringung im Außenbereich i.S.v. § 35 BauGB erleichtern soll.[986]

---

[983] BT-Drs. 18/2752, S. 11.
[984] *Barbara Hendricks* in der Plenarsitzung des Deutschen Bundestages am 08.10.2014, Plenarprotokoll 18/56, S. 5150.
[985] Nach *Achelpöhler*, in: Düsing/Martinez, Agrarrecht, S. 915 ist „eine Ausdehnung ‚nach außen' in den Außenbereich nach Vorstellung des Gesetzgebers gerade nicht zulässig." Diese Aussage hat der Gesetzgeber aber weder ausdrücklich getroffen noch ist sie aus den Gesetzesmaterialien ableitbar. Die Gesetzesmaterialien liefern vielmehr die drei verschiedenen, eben dargelegten Auslegungsalternativen. *Achelpöhler* bezieht sich dabei unzutreffender Weise auf *Battis/Mitschang/Reidt*, NVwZ 2014, 1609 (1613) und das *VG München*, Beschl. v. 11.02.2015 – M 8 SN 14.4430 = BeckRS 2015, 45916. Denn auch dort wird eine derartige Aussage nicht getroffen. Vielmehr heißt es in den beiden angegebenen Fundstellen, dass „eine bauliche Entwicklung jenseits des Siedlungsbereichs" – also *insoweit* „nach außen" – nicht vom Anwendungsbereich des § 246 IX BauGB erfasst sei. Die in Bezug genommenen Quellen verneinen also nicht eine bauliche Entwicklung nach außen jenseits der vorhandenen Bebauung, sondern nur jenseits des Siedlungsbereichs, was letztlich aber nur eine bloße Wiedergabe des Gesetzeswortlauts darstellt.
[986] So bereits BR-Drs. 419/14, S. 6 und BT-Drs. 18/2752, S. 11.

Der Siedlungsbereich i.S.v. § 246 IX BauGB stellt daher ein weniger konturscharfes „Minus" gegenüber dem Innenbereich i.S.v. § 34 BauGB dar, sodass die Bebauung innerhalb eines Siedlungsbereichs i.S.v. § 246 IX BauGB notwendigerweise „aufgelockerter" sein muss als im Rahmen eines im Zusammenhang bebauten Ortsteils i.S.v. § 34 I BauGB.[987]

Mithilfe des Tatbestandsmerkmals des Ortsteils i.S.v. § 34 I 1 BauGB wird allgemein die Entstehung und Erweiterung von unerwünschten Splittersiedlungen verhindert.[988] Vom Vorliegen eines Ortsteils kann nach ständiger Rechtsprechung immer dann ausgegangen werden, wenn der Bebauungskomplex nach der Zahl der vorhandenen Gebäude ein gewisses städtebauliches Gewicht besitzt und Ausdruck einer organischen Siedlungsstruktur ist.[989] Sofern zwar ein gewisser Bebauungszusammenhang erkennbar ist, dieser aber außerhalb eines Ortsteils liegt, spricht man von einer – nur nach Maßgabe des § 35 BauGB bebaubaren – Splittersiedlung im Außenbereich. Auch im Rahmen der Sondervorschrift des § 246 IX BauGB soll es bei dem städtebaulichen Grundsatz verbleiben, dass eine Splittersiedlung bodenrechtlich eine „nicht existenzwürdige unerwünschte" Erscheinung darstellt.[990] Dies ergibt sich hier – wie unter Ziffer a. bereits ausgeführt – aus dem Erfordernis des unmittelbaren räumlichen Zusammenhangs. Einer ausdrücklichen Erwähnung des „Ortsteils" zugunsten der Einhaltung dieses städtebaulichen Grundsatzes hat es in § 246 IX BauGB daher nicht bedurft. Darüber hinaus enthält das Tatbestandsmerkmal des Ortsteils i.S.v. § 34 I 1 BauGB eine rechtliche Komponente, wonach die Gemeindegrenze stets eine Zäsur für den Ortsteil darstellen muss.[991] Demnach kann ein Ortsteil immer nur auf dem Gebiet einer Gemeinde liegen und sich nicht über die Gemeindegrenze hinaus erstrecken, da die gemeindliche Planungshoheit i.S.v. Art. 28 II GG jeweils nur auf das eigene Gemeindegebiet beschränkt ist. Aufgrund des bewussten Verzichts auf den Begriff des Ortsteils im Rahmen des § 246 IX BauGB kann sich der Siedlungsbereich auch auf das Gebiet mehrerer Gemeinden erstrecken.[992] Bereits deswegen muss der Siedlungsbereich weiter ausgelegt werden als der Begriff des Ortsteils i.S.v. § 34 I BauGB.

---

[987] In diesem Punkt kann *Dürr*, in: Brügelmann, BauGB, § 246 Rn. 28 nur beigepflichtet werden. Ferner so auch *Scheidler*, KommP BY 2016, 11 (12).
[988] Dieser sich aus dem Tatbestandsmerkmal des „Ortsteils" i.S.v. § 34 I BauGB ergebende Grundsatz wird durch § 35 III 1 Nr. 7 BauGB bestätigt.
[989] *BVerwG*, Urt. v. 10.08.1990 – 4 C 3/90 = NVwZ 1991, 673.
[990] *Spieß*, in: Jäde/Dirnberger, BauGB, § 34 Rn. 27; auch *Bienek/Reidt*, BauR 2015, 422 (428).
[991] *BVerwG*, Urt. v. 03.12.1998 – 4 C 7.98 = NJW 1999, 2296.
[992] *Jarass/Kment*, in: Jarass/Kment, BauGB, § 246 Rn. 10; *Blechschmidt*, in: EZBK, BauGB, § 246 Rn. 65.

Im Rahmen des Bebauungszusammenhangs kommt es maßgeblich darauf an, ob die räumlich aufeinander folgende Bebauung trotz vorhandener – kleinerer – Baulücken den Eindruck der Zusammengehörigkeit und Geschlossenheit vermittelt und die Umgebungsbebauung auf diese Weise das Baugrundstück prägt.[993] Unterbrochen wird der Bebauungszusammenhang in erster Linie durch unbebaute Flächen, sofern diese so groß sind, dass sie von der umgebenden Bebauung gerade nicht mehr geprägt werden. Darunter fallen insbesondere auch die von *Scholz* in der Plenarsitzung des Bundesrats vom 19.09.2014 erwähnten größeren Baulücken zwischen mehreren Gebäuden.[994] Sofern die Fläche dabei noch innerhalb eines Ortsteils liegt, spricht man von einem – nur nach Maßgabe des § 35 BauGB bebaubaren – Außenbereich im Innenbereich. Daraus wird das bereits erwähnte „Stufenverhältnis" zwischen den in den Gesetzesmaterialien getroffenen Aussagen des Bundesrats, den Hinweisen von *Scholz* dazu und der Stellungnahme der Bundesregierung erkennbar. Während nämlich die Außenbereichsinseln eine Konkretisierung größerer und damit dem Außenbereich unterfallender Baulücken darstellen, da sie stets innerhalb eines Ortsteils i.S.v. § 34 I 1 BauGB liegen müssen, bilden die von *Scholz* erwähnten größeren Baulücken sowie – erst Recht – die vom Bundesrat genannten Außenbereichsinseln wiederum nur einen Ausschnitt der von der Bundesregierung in Bezug genommenen Flächen („insbesondere"). Wohl aufgrund dieses Umstands, dass die Außenbereichsinseln im Innenbereich von allen drei Auslegungsvarianten – gewissermaßen als kleinste gemeinsame Schnittmenge – erfasst sind, besteht Einigkeit in Rechtsprechung und Literatur zumindest dahingehend, dass diese vom räumlichen Anwendungsbereich der Sondervorschrift des § 246 IX BauGB erfasst sein sollen.[995]

cc. Teleologische Auslegung

(1) Ratio der Sondervorschriften oder Ratio des konkreten Tatbestandsmerkmals

Der situationsbedingt einleuchtende Zweck der Sondervorschriften, die mit der Flüchtlingszuwanderung verbundenen Herausforderungen in Bezug auf die Un-

---

[993] *BVerwG*, Urt. v. 06.11.1968 – IV C 2/66 = DÖV 1969, 645; *BVerwG*, Beschl. v. 02.04.2007 – 4 B 7.07 = BauR 2007, 1383.
[994] *Olaf Scholz* in der Plenarsitzung des Bundesrates vom 19.09.2014, Plenarprotokoll 925, S. 283.
[995] *VGH Mannheim*, Beschl. v. 23.02.2017 – 3 S 149/17 = BauR 2017, 993; *Decker*, in: Schiwy, BauGB, § 246 Rn. 48; *Mitschang/Reidt*, in: Battis/Krautzberger/Löhr, BauGB, § 246 Rn. 21; *Bunzel*, in: Bleicher/Bunzel/Finkeldei/Fuchs/Klinge, Baurecht, § 246 S. 11; *Dürr*, in: Brügelmann, BauGB, § 246 Rn. 28; *Scheidler*, KommP BY 2016, 11 (12); *Scheidler*, VerwArch 2016, 177 (187); *Krautzberger/Stüer*, DVBl 2015, 73 (77); *Portz/Düsterdiek*, BWGZ 2015, 404 (406).

terbringung zeitnah bewältigen zu können, würde prima vista für eine weite Auslegung des Tatbestandsmerkmals „innerhalb des Siedlungsbereichs" sprechen. Denn je mehr Flächen vom örtlichen Anwendungsbereich erfasst werden, umso einfacher ist es für die Praxis, eine zeitnahe und bedarfsgerechte Unterbringung aller Flüchtlinge zu gewährleisten. Unter Zugrundlegung dieses Ansatzes könnten unter das Tatbestandsmerkmal „innerhalb des Siedlungsbereichs" nicht nur Außenbereichsinseln sowie größere Baulücken subsumiert werden. § 246 IX BauGB könnte danach auch eine gewisse Entwicklung der vorhandenen Bebauung nach außen, d.h. Ortsteilerweiterungen, ermöglichen.[996]

Trotzdem ist es meines Erachtens verfehlt, den Siedlungsbereich so weit auszulegen. Denn mit dem eher einengenden Tatbestandsmerkmal „innerhalb des Siedlungsbereichs" hat der Gesetzgeber einen anderen, ganz eigenständigen Zweck verfolgt. Damit soll nämlich der mit den Sondervorschriften für Flüchtlingsunterkünfte generell bewirkten Aufweichung des geltenden Bauplanungsrechts im Zuge der Flüchtlingskrise im Sinne einer größeren Flexibilität ein Gegengewicht entgegengestellt werden, um dem Schutz des Außenbereichs angemessen Rechnung zu tragen.[997] Der Außenbereich ist nämlich grundsätzlich von Bebauung freizuhalten, wovon die Privilegierung des § 246 IX BauGB zugunsten von Flüchtlingsunterkünften lediglich eine Ausnahme zulässt. Nach der Regel *„singularia non sunt extendenda"* sind Ausnahmevorschriften aber grundsätzlich eng auszulegen[998], sodass aufgrund des dargestellten „Gegenzwecks" eine Erweiterung des äußeren Umgriffs der vorhandenen Bebauung nach „außen" abzulehnen sein dürfte.

(2) Keine Einbeziehung von Flächen, die Gegenstand einer Ergänzungssatzung i.S.v. § 34 IV 1 Nr. 3 BauGB sein können

Im Sinne einer umfassenden Prüfung kommt man aber nicht umhin, doch noch weiter zu hinterfragen, ob etwa – unter Modifizierung der soeben gemachten

---

[996] So etwa: *Gohde*, ZfBR 2016, 642 (649); *Scheidler*, KommP BY 2016, 11 (12); *Krautzberger/Stüer*, DVBl 2015, 73 (77); *Krautzberger*, GuG 2015, 97 (99); *Bienek/Reidt*, BauR 2015, 422 (430).
[997] *Blechschmidt*, in: EZBK, BauGB, § 246 Rn. 65.
[998] Dieser – bereits in der *reichsgerichtlichen* Rechtsprechung vorherrschende – Grundsatz zieht sich durch sämtliche Rechtsbereiche. So findet er sich für das Arbeitsrecht etwa in *BAG*, Urt. v. 25.04.1960 – 1 AZR 16/58 = BAGE 9, 179 („§ 616 Abs. 1 BGB ist als Ausnahmeregelung eng auszulegen"), für das bürgerliche Recht etwa in *BGH*, Urt. v. 06.11.1953 – I ZR 97/52 = NJW 1954, 305 („alle Ausnahmebestimmungen grundsätzlich eng auszulegen") und für das Verwaltungsrecht etwa in *OVG Münster*, Urt. v. 01.08.1962 – III A 228/60 = DVBl 1963, 66 („Normen mit Ausnahmecharakter, die im Rechtsstaat regelmäßig restriktiv auszulegen sind"). Vgl. auch *Spieß*, in: Jäde/Dirnberger, BauGB, § 35 Rn. 98.

Aussage – jedenfalls solche Flächen in den örtlichen Anwendungsbereich des
§ 246 IX BauGB miteinbezogen werden müssen, die Gegenstand einer Ergänzungssatzung i.S.v. § 34 IV 1 Nr. 3 BauGB sein können.

Ein Ausgangspunkt der teleologischen Auslegung des Tatbestandsmerkmals „innerhalb des Siedlungsbereichs" ist – wie soeben festgestellt – der Schutz des Außenbereichs. Der Außenbereich dient der Erholung der Allgemeinheit sowie der naturgegebenen Bodennutzung und ist deshalb von Bebauung weitgehend freizuhalten.[999] Außenbereichsflächen sind zur Verwirklichung dieser Ziele daher in Bezug auf Bodenversiegelungen besonders schutzwürdig. Aus diesem – auf die Schutzwürdigkeit der Flächen abstellenden – Blickwinkel könnte man auf „vorbelasteten" Flächen i.S.v. § 34 IV 1 Nr. 3 BauGB ausnahmsweise eine beschränkte – gewissermaßen „nasenartige" – Ausweitung des Innenbereichs nach außen auf Grundlage des § 246 IX BauGB in Betracht ziehen. Und zwar für den Fall, dass diese „vorbelasteten" Flächen ein – für den Außenbereich – ähnlich geringes Schutzniveau haben wie größere Baulücken oder Außenbereichsinseln und deshalb auch nicht in stärkerem Umfang von einer Bebauung freigehalten werden müssen. Dieser Gedanke dürfte es wohl sein[1000], der nicht unbedeutende Teile der Literatur zu der Annahme veranlasst, dass auch solche Außenbereichsflächen vom Begriff des Siedlungsbereichs i.S.v. § 246 IX BauGB erfasst sind, die Gegenstand einer Ergänzungssatzung gem. § 34 IV 1 Nr. 3 BauGB sein können.[1001] Denn durch die in § 34 IV 1 Nr. 3 BauGB vorausgesetzte bauliche Prägung der angrenzenden Bebauung weisen gerade diese Gebiete eine gewisse „Vorbelastung" auf, die es rechtfertigen könnte, sie – als Außenbereichsgrundstücke – ohne förmliche Planung bebaubar zu machen. Es würde sich dabei um Flächen handeln, die sich unmittelbar an den im Zusammenhang bebauten Ortsteil anschließen und derart aufgelockert bebaut sind, dass sie nicht mehr Teil des Bebauungszusammenhangs i.S.v. § 34 I 1 BauGB sein können. Auf diese Weise könnte der mit § 246 IX BauGB verfolgte Zweck einer zeitnahen und bedarfsgerechten Ermöglichung von öffentlichen Unterbringungseinrichtungen mit dem – hinter dem Tatbestandsmerkmal „innerhalb des Siedlungsbereichs" stehenden – Zweck des Außenbereichsschutzes in etwa in Einklang gebracht werden. Diese

---

[999] *Lange*, NdsVBl. 2016, 72 (75); *Bienek/Reidt*, BauR 2015, 422 (429).
[1000] Eine Begründung bleiben die Vertreter dieser Auffassung leider schuldig.
[1001] *Mitschang/Reidt*, in: Battis/Krautzberger/Löhr, BauGB, § 246 Rn. 21; *Bienek/Reidt*, BauR 2015, 422 (430); *Krautzberger/Stüer*, DVBl 2015, 73 (77); *Decker*, in: Schiwy, BauGB, § 246 Rn. 48; Hinweis Nr. 2.5.1 der *Fachkommission Städtebau* vom 15.12.2015.

Auslegung würde im Übrigen auch nicht zu Problemen mit der gemeindlichen Planungshoheit i.S.v. Art. 28 II GG führen.[1002]

Die Rechtsprechung lehnt es freilich ab, Außenbereichsflächen, die Gegenstand einer Ergänzungssatzung i.S.v. § 34 IV 1 Nr. 3 BauGB sein können, in den räumlichen Anwendungsbereich des § 246 IX BauGB einzubeziehen. Der *VGH Mannheim* begründet dies damit, dass die Vorschrift des § 34 IV 1 Nr. 3 BauGB – im Unterschied zu § 246 IX BauGB – nicht eine Lage innerhalb des Siedlungsbereichs verlange.[1003] Aus diesem Grund seien die Anforderungen an § 246 IX BauGB von vornherein enger, was eine Vergleichbarkeit mit § 34 IV 1 Nr. 3 BauGB ausschließe. Dieser Auffassung ist in Bezug auf den Sinn und Zweck des Tatbestandsmerkmals „innerhalb des Siedlungsbereichs" zwar im Ergebnis zuzustimmen.[1004] Allerdings bedarf sie einer anderen Begründung. Die Argumentation des *VGH Mannheim* verkennt nämlich den Umstand, dass dem § 246 IX BauGB wiederum das für § 34 IV 1 Nr. 3 BauGB maßgebliche Merkmal fehlt, dass „die einbezogenen Flächen durch die bauliche Nutzung des angrenzenden Bereichs entsprechend geprägt" sein müssen. Daher sind die Anforderungen an § 246 IX BauGB nicht notwendig enger. Der vorzugswürdige, teleologisch konsequente Ansatz für die Begründung der Auffassung, dass „vorbelastete" Flächen i.S.v. § 34 IV 1 Nr. 3 BauGB nicht vom örtlichen Anwendungsbereich des § 246 IX BauGB erfasst sein sollen, ist nach dem Funktionszusammenhang seines Tatbestandsmerkmals gerade in der generellen Schutzwürdigkeit des Außenbereichs zu sehen. Es stellt objektiv nämlich eine nicht unerheblich andere Eingriffstiefe in den Außenbereich dar, ob lediglich eine Lückenfüllung bzw. Begradigung der Trennungslinie zwischen Innen- und Außenbereich stattfindet oder ob darüber hinaus – wenn auch nur in den räumlichen Grenzen des § 34 IV 1 Nr. 3 BauGB

[1002] Zwar werden dadurch Flächen für Flüchtlingsunterkünfte bebaubar gemacht, die an sich nur durch eine gemeindliche Planung in Gestalt eines Satzungsbeschlusses i.S.v. § 34 IV 1 Nr. 3 BauGB bebaubar gemacht werden können. Die Notwendigkeit eines Satzungsbeschlusses gilt – ausweislich des eindeutigen Wortlauts des § 34 IV 1 Nr. 3 BauGB – aber gerade nur für die weitreichende Rechtsfolge, dass einzelne Außenbereichsflächen in die im Zusammenhang bebauten Ortsteile einbezogen und damit zu einer Innenbereichsfläche gemacht werden. Diese weitreichende Folge der dauerhaften „Innenbereichsschaffung" wird durch § 246 IX BauGB aber gerade nicht erreicht. Vielmehr besteht die Regelungswirkung der Sondervorschrift lediglich darin, die Außenbereichsflächen i.S.v. § 34 IV 1 Nr. 3 BauGB vorübergehend bebaubar zu machen, ohne dass diese „automatisch" und dauerhaft zum bauplanungsrechtlichen Innenbereich werden. Vgl. dazu ausführlich im sechsten Kapitel auf S. 281 ff.
[1003] *VGH Mannheim*, Beschl. v. 23.02.2017 – 3 S 149/17 = BauR 2017, 993.
[1004] So im Ergebnis auch *Beckmann*, UPR 2017, 335 (337), der gerade bemängelt, dass Außenbereichsflächen, die Gegenstand einer Ergänzungssatzung i.S.v. § 34 IV 1 Nr. 3 BauGB sein können, de lege lata nicht in den räumlichen Anwendungsbereich des § 246 IX BauGB einbezogen sind.

– eine Erweiterung des Umgriffs der vorhandenen Bebauung nach „außen" ermöglicht wird. Baulücken, die bereits auf (mindestens) drei Seiten von einer Bebauung umgeben sind[1005], erscheinen zur Verwirklichung der mit dem Außenbereich bezweckten Volkserholung sowie der land- und forstwirtschaftlichen Bodennutzung weit weniger geeignet als „offene" – im äußeren Umgriff der vorhandenen Bebauung liegende – Außenbereichsflächen. Letztere sind daher im Hinblick auf § 35 BauGB natürlich deutlich schutzwürdiger. Die historische Entwicklung des § 34 IV 1 Nr. 3 BauGB unterstreicht noch die unterschiedliche Eingriffsintensität. Während § 34 IV 1 Nr. 3 BauGB (1987)[1006] mit der sog. Abrundungssatzung zunächst nur eine Abrundung des bebauten Bereichs – also eine Begradigung der Grenzlinie zwischen Innen- und Außenbereich durch Einbeziehung einzelner Außenbereichsflächen – zuließ[1007], ermöglicht die heutige, ausdrücklich geänderte Fassung des § 34 IV 1 Nr. 3 BauGB mit der sog. Ergänzungssatzung auch eine beschränkte – etwa „nasenartige" – Ausweitung des Innenbereichs nach außen, sofern die einbezogene Fläche durch die bauliche Nutzung des angrenzenden Bereichs entsprechend geprägt wird.[1008]

Zusammenfassend ist festzuhalten, dass vom räumlichen Anwendungsbereich des § 246 IX BauGB nach der teleologischen Auslegung neben den Außenbereichsinseln lediglich größere – den Bebauungszusammenhang i.S.v. § 34 I 1 BauGB unterbrechende – Baulücken erfasst werden.

dd. Systematische Auslegung

Bei der systematischen Auslegung betrachtet man das Normensystem des Gesetzes in toto, um den Inhalt und die genaue Bedeutung des Rechtssatzes zu ermitteln. Der Begriff des Siedlungsbereichs ist sowohl dem Baugesetzbuch als auch den auf seiner Grundlage erlassenen Vorschriften bisher fremd und wird auch in der ihn verwendenden Sondervorschrift des § 246 IX BauGB nicht näher definiert.[1009]

[1005] *VG München*, Urt. v. 11.01.2017 – M 9 K 16.2010 = BeckRS 2017, 104423, wonach eine Baulücke regelmäßig auf drei Seiten von Bebauung umgeben sein muss.
[1006] § 34 IV 1 Nr. 3 BauGB (1987) lautete: „Die Gemeinde kann durch Satzung [...] einzelne Außenbereichsgrundstücke zur Abrundung der Gebiete nach den Nrn. 1 und 2 einbeziehen."
[1007] *BVerwG*, Urt. v. 18.05.1990 – 4 C 37/87 = NVwZ 1991, 61.
[1008] Die in der heutigen Fassung des § 34 IV Nr. 3 BauGB statuierte Ergänzungssatzung ist eine Kombination aus der vormaligen Abrundungssatzung i.S.v. § 34 IV Nr. 3 BauGB (1987), mit deren Hilfe Baulücken aufgefüllt und der bebaute Bereich abgerundet werden konnte, und der Einbeziehungssatzung i.s.v. § 4 IIa BauGB-MaßnahmenG 1993 (BGBl. I 1993, S. 622), mit der gerade auch eine beschränkte Erweiterung des Innenbereichs in den Außenbereich ermöglicht wurde; vgl. *Dürr*, in: Brügelmann, BauGB, § 34 Rn. 122; *Krautzberger*, DVBl 1993, 453 (454); *Mitschang/Reidt*, in: Battis/Krautzberger/Löhr, BauGB, § 34 Rn. 88.
[1009] *Decker*, in: Schiwy, BauGB, § 246 Rn. 48; *Krautzberger/Stüer*, DVBl 2015, 73 (77).

Deshalb ist der Frage nachzugehen, ob dieser Terminus möglicherweise an anderer Stelle bereits verwendet und inhaltlich ausgefüllt wurde, was nachfolgend unter Ziffer (1) näher untersucht wird. Für diesen Fall ist in einem weiteren Schritt unter Ziffer (2) zu überlegen, ob der insoweit entwickelte Begriffsinhalt auf die Sonderregelung des § 246 IX BauGB übertragen werden kann. Darüber hinaus können im Zuge der systematischen Auslegung aber insbesondere auch Elemente der Folgerichtigkeit bzw. Systemstimmigkeit Berücksichtigung finden, was abschließend unter Ziffer (3) eingehend erörtert wird.

(1) Auslegung des Begriffs „Siedlungsbereich" im Rahmen des § 13a BauGB

In der Vergangenheit wurde der Begriff „Siedlungsbereich" von der oberverwaltungsgerichtlichen Rechtsprechung mehrfach verwendet im Zusammenhang mit Bebauungsplänen der Innenentwicklung nach § 13a BauGB.[1010] Mit Hilfe derartiger Bebauungspläne werden gewisse Abrundungen der vorhandenen Siedlungsentwicklung in den Außenbereich ermöglicht. Auch das *Bundesverwaltungsgericht* hat unlängst in einer Entscheidung bezüglich eines Bebauungsplans der Innenentwicklung den Begriff gebraucht, und zwar im Rahmen der Festlegung des räumlichen Anwendungsbereichs des § 13a BauGB.[1011] Danach werden als Gebiete, die für Bebauungspläne der Innenentwicklung i.S.v. § 13a BauGB in Betracht kommen, neben den im Zusammenhang bebauten Ortsteilen gem. § 34 I BauGB ausdrücklich auch „innerhalb des Siedlungsbereichs befindliche brachgefallene Flächen sowie innerhalb des Siedlungsbereichs befindliche Gebiete mit einem Bebauungsplan, der infolge notwendiger Anpassungsmaßnahmen geändert oder durch einen neuen Bebauungsplan abgelöst werden soll" genannt. Daraus ergibt sich, dass auch ein bodenrechtlicher Planbereich i.S.v. § 30 BauGB eine Fläche innerhalb dieses „Siedlungsbereichs" darstellen kann. Demgegenüber stellt der im Zusammenhang bebaute Ortsteil i.S.v. § 34 I BauGB zweifelsohne keinen „Siedlungsbereich" in diesem Sinne mehr dar. Ausweislich der Gesetzesmaterialien wird mit der Privilegierungsvorschrift des § 13a BauGB der Zweck verfolgt, den Gemeinden zum Schutz des Außenbereichs einen Anreiz dafür zu bieten, bereits „belastete" Flächen nachzuverdichten oder wieder nutzbar zu machen und damit von einer Überplanung und Zersiedlung des Außenbereichs abzusehen.[1012] Aus diesem Grund wird eine Erweiterung des äußeren Umgriffs der vorhandenen Bebauung gerade nicht von § 13a BauGB ermöglicht.

[1010] Etwa: *OVG Koblenz*, Urt. v. 24.02.2010 – 1 C 10852/09 = BeckRS 2010, 47152; *OVG Saarlouis*, Urt. v. 04.10.2012 – 2 C 305/10 = BauR 2013, 130.
[1011] *BVerwG*, Urt. v. 04.11.2015 – 4 CN 9/14 = NVwZ 2016, 864.
[1012] BT-Drs. 16/2496, S. 12.

Demnach kann der äußere Umgriff einer vorhandenen Bebauung auch nicht vom „Siedlungsbereich" im Sinne dieser Vorschrift erfasst sein. Ob die Überplanung eines „Außenbereichs im Innenbereich" von der Privilegierungsvorschrift des § 13a BauGB erfasst sein soll, hat das *Bundesverwaltungsgericht* hingegen ausdrücklich offengelassen.[1013] Daher verbleiben für den von der Rechtsprechung zu § 13a BauGB entwickelten Begriff des Siedlungsbereichs letztendlich vor allem Grundstücke mit größeren Baulücken, die sich als brachgefallene Flächen zwischen baulichen Anlagen auftun. Es geht hier also um eine Lückenfüllung bzw. um eine Begradigung der Grenzlinie zwischen Innen- und Außenbereich.

(2) Übertragung der zu § 13a BauGB entwickelten Begrifflichkeit auf § 246 IX BauGB

Es könnte sich anbieten, den inhaltlich durch die Rechtsprechung bereits ausgefüllten Begriff des Siedlungsbereichs auf die Sonderregelung des § 246 IX BauGB zu übertragen und damit einheitlich zu verwenden.[1014] Dies gilt umso mehr, als im Zeitpunkt der Entscheidung des *Bundesverwaltungsgerichts* zu § 13a BauGB im November 2015[1015] die Sonderregelung des § 246 IX BauGB samt deren Tatbestandsmerkmal des Siedlungsbereichs bereits existiert hat und man davon ausgehen kann, dass die Vorschrift dem Gericht bekannt war. Eine Übertragung dieses Begriffsinhalts auf § 246 IX BauGB hätte zur Folge, dass auch die Privilegierungsvorschrift des § 246 IX BauGB nur für eine „Lückenfüllung" zu verwenden wäre. Dies würde das bisherige Auslegungsergebnis nach den anderen Auslegungsmethoden bestätigen. So hat der *VGH Mannheim*[1016] in einer neueren Entscheidung – unter ausdrücklicher Bezugnahme auf die bundesverwaltungsgerichtliche Entscheidung zu § 13a BauGB – diesen Ansatz übernommen und dabei ausgeführt, dass „die Bebaubarkeit von durch Gebäude umgebenen größeren und kleineren Außenbereichsflächen [...] die äußerste Grenze einer Bebauung innerhalb des Siedlungsbereichs beschreiben" würde. Und weiter heißt es, demgegenüber sei „eine Erweiterung des äußeren Umgriffs vorhandener Siedlungsbereiche, also eine Entwicklung nach außen, wohl nicht" möglich.[1017]

[1013] *Schröder*, Anmerkung zum Urt. des *BVerwG* v. 04.11.2015 – 4 CN 9/14, NVwZ 2016, 864 (868).
[1014] So auch *Krautzberger/Stüer*, DVBl 2015, 73 (77).
[1015] *BVerwG*, Urt. v. 04.11.2015 – 4 CN 9/14 = NVwZ 2016, 864.
[1016] *VGH Mannheim*, Beschl. v. 23.02.2017 – 3 S 149/17 = BauR 2017, 993.
[1017] Der dortige Verweis auf den Aufsatz von *Battis/Mitschang/Reidt*, NVwZ 2014, 1609 (1613) ist dabei allerdings verfehlt. Denn dieser sagt nichts zur Frage, ob auch eine Erweiterung des äußeren Umgriffs vom Anwendungsbereich erfasst ist. Die Autoren stellen an der in Bezug genommenen Stelle lediglich fest, dass „eine bauliche Entwicklung jenseits des Siedlungsbereiches" und *insoweit* „nach außen" vom Anwendungsbereich des § 246 IX BauGB nicht erfasst ist. Mit anderen Worten

Eine Übertragung des durch das *Bundesverwaltungsgericht* ausgefüllten Begriffs kommt in Betracht, wenn das Gericht bei seinen Ausführungen einen festen und allgemeinen Rechtsbegriff hätte definieren wollen und/oder eine Übertragung sachgerecht wäre. Ersteres ist in der Entscheidung vom 04.11.2015 zu § 13a BauGB[1018] nicht geschehen. Eine abstrakte und damit auf andere rechtliche Sachverhalte ohne weiteres übertragbare Aussage hat das *Bundesverwaltungsgericht* so nicht getroffen. Dies dürfte vom Gericht auch gar nicht beabsichtigt gewesen sein, schließlich hat es in seiner Entscheidungsbegründung lediglich die Passage aus der Gesetzesbegründung des Bundesrates zu § 13a BauGB wortwörtlich übernommen, in der der Begriff des Siedlungsbereichs bereits verwendet – aber eben nicht näher definiert – wurde. Sowohl in den Gesetzesmaterialien als auch in der Entscheidung des *Bundesverwaltungsgerichts* findet sich nämlich der Halbsatz wieder, wonach vom Anwendungsbereich des § 13a BauGB auch „innerhalb des Siedlungsbereichs befindliche brachgefallene Flächen sowie innerhalb des Siedlungsbereichs befindliche Gebiete mit einem Bebauungsplan, der infolge notwendiger Anpassungsmaßnahmen geändert oder durch einen neuen Bebauungsplan abgelöst werden soll", erfasst sein sollen. Entscheidend bleibt, ob die sich aus § 13a BauGB ergebende Ausfüllung der Begrifflichkeit des Siedlungsbereichs auch mit dem identischen Begriff in § 246 IX BauGB sachlich-inhaltlich übereinstimmt oder ob sich diesbezüglich „Unstimmigkeiten" ergeben. Gerade dann, wenn sich – wie hier – die anderweitig gebildeten Begriffsinhalte mit dem bisherigen Auslegungsergebnis decken würden und eine Übertragung daher auch in systematischer Hinsicht nicht ungelegen käme, ist mit besonderer Sorgfalt gerade auf der Ebene der systematischen Auslegung zu untersuchen, ob eine Übertragung von Begriffsinhalten aus anderen Bereichen auf den konkreten Fall tatsächlich und auch rechtlich einwandfrei „passt". Denn anderenfalls hat der Begriffsinhalt aus dem anderen Bereich wenig Aussagekraft für den zu beurteilenden Fall. Eine inhaltliche Übereinstimmung mit den übrigen Auslegungsmethoden wäre vielmehr reiner Zufall. Die Übertragung eines Begriffsinhalts von einem Sachverhalt auf einen anderen ist aus systematischer Sicht nur dann sachgerecht und zulässig, wenn die grundlegenden Prämissen, auf denen der eine Begriffsinhalt beruht, zumindest annähernd vergleichbar mit den Annahmen des anderen Begriffsinhalts sind. Daran fehlt es beispielsweise, wenn bereits die jeweils

---

darf auf § 246 IX BauGB nicht zurückgegriffen werden, wenn das Vorhaben nicht innerhalb, sondern außerhalb des Siedlungsbereichs liegt. Dies stellt aber nur eine schlichte Wiederholung des Gesetzeswortlauts dar. Wie der Siedlungsbereich (genau) definiert wird, kann dieser Quelle nicht entnommen werden.

[1018] *BVerwG*, Urt. v. 04.11.2015 – 4 CN 9/14 = NVwZ 2016, 864.

für sich genommen unstreitigen Inhalte der beiden Begrifflichkeiten nicht übereinstimmen oder die jeweiligen Regelungszwecke der Termini divergieren. In Anwendung dieser Grundsätze scheidet eine Übertragung des Begriffs „Siedlungsbereich", den die Rechtsprechung im Zusammenhang mit § 13a BauGB inhaltlich aufgefüllt hat, auf § 246 IX BauGB aus. Es stehen nämlich vier „Unstimmigkeiten" entgegen:

Die erste Unstimmigkeit ergibt sich daraus, dass einem Bebauungsplan der Innenentwicklung i.S.v. § 13a BauGB regelmäßig die Inanspruchnahme von Außenbereichsgrundstücken versagt ist.[1019] Der Gesetzgeber knüpft mit § 13a BauGB nämlich an die ältere Bodenschutzklausel des § 1a II 1 BauGB an, wonach mit Grund und Boden sparsam und schonend umgegangen werden soll, Bodenversiegelungen auf das notwendige Maß zu begrenzen sind und primär auf bereits „belastete" Flächen zurückgegriffen werden soll.[1020] Unter Berücksichtigung dieser Zielsetzung wurde der Begriff des Siedlungsbereichs vom *Bundesverwaltungsgericht* ausgefüllt.[1021] Demgegenüber soll mit Hilfe von § 246 IX BauGB aufgrund der national drängenden Aufgabe der Flüchtlingsunterbringung gerade die Bebauung von Außenbereichsgrundstücken ermöglicht werden, wenn auch eingeschränkt unter Berücksichtigung des Merkmals, dass sich die Fläche „innerhalb des Siedlungsbereichs" befinden muss. Bereits aus diesem Grund erscheint eine Übertragung des Begriffsinhalts systemwidrig.

Die zweite fehlende Übereinstimmung liegt darin, dass vom Begriff des Siedlungsbereichs i.s.v. § 13a BauGB auch bestimmte Teile eines Plangebiets erfasst sein können.[1022] Denn gerade die Neuüberplanung von Plangebieten wird dem Sinn und Zweck der Privilegierungsvorschrift des § 13a BauGB gerecht, den Gemeinden zum Schutz des Außenbereichs einen Anreiz dafür zu bieten, bereits bebaute Flächen nachzuverdichten oder wiedernutzbar zu machen und damit von einer Überplanung und Zersiedlung des Außenbereichs abzusehen. Demgegenüber ist vom Begriff des Siedlungsbereichs i.s.v. § 246 IX BauGB zweifelsohne nur der Außenbereich – keinesfalls jedoch der Planbereich – erfasst. Diese Zuordnung ergibt sich sowohl aus dem Verweis auf die Rechtsfolge des § 35 IV 1

[1019] *BVerwG*, Urt. v. 04.11.2015 – 4 CN 9/14 = NVwZ 2016, 864.
[1020] BT-Drs. 16/2496, S. 12.
[1021] In den Ausführungen des *Bundesverwaltungsgerichts* heißt es dazu ausdrücklich, dass sich die äußerste Grenze einer Bebauung innerhalb des Siedlungsbereichs insbesondere aus dem „Sinn und Zweck des § 13a BauGB sowie aus der Gesetzesbegründung" ergäbe; vgl. *BVerwG*, Urt. v. 04.11.2015 – 4 CN 9/14 = NVwZ 2016, 864.
[1022] Die Gesetzesmaterialien in BT-Drs. 16/2496, S. 12 und das *Bundesverwaltungsgericht*, Urt. v. 04.11.2015 – 4 CN 9/14 = NVwZ 2016, 864 stellen beide ausdrücklich auch auf „innerhalb des Siedlungsbereichs befindliche Gebiete mit einem Bebauungsplan" ab.

BauGB als auch aus dem Abstellen auf den unmittelbaren räumlichen Zusammenhang mit den nach § 30 I BauGB oder § 34 BauGB zu beurteilenden Flächen. Die Bezugnahme auf eine räumliche Nähe zu (qualifizierten) Plangebieten oder Innenbereichsflächen würde nämlich keinen Sinn ergeben, wenn die Regelung auch im Planbereich sowie im Innenbereich anwendbar wäre.[1023] Auch aus diesem Grunde „passt" eine schlichte Übertragung der Begrifflichkeit auf § 246 IX BauGB nicht.

Eine weitere mangelnde Koinzidenz folgt aus der unterschiedlichen Grundeinstellung der beiden rechtlichen Sachverhalte in Bezug auf die Behandlung von sog. Außenbereichsinseln im Innenbereich. Während Außenbereichsinseln nämlich unstreitig vom räumlichen Anwendungsbereich des § 246 IX BauGB erfasst sind und damit selbstverständlicherweise innerhalb des Siedlungsbereichs liegen,[1024] lässt die zu § 13a BauGB ergangene Entscheidung des *Bundesverwaltungsgerichts* diese Frage ausdrücklich offen.[1025] Dass das *Bundesverwaltungsgericht* die Außenbereichsinseln im Rahmen des § 13a BauGB nicht selbstverständlich und ohne weiteres dem Begriff des Siedlungsbereichs unterstellt, zeigt auch, dass es sich hier um zwei gänzlich verschiedene Ausgangslagen handelt.

Die vierte Unstimmigkeit zeigt sich schließlich darin, dass der Begriff des Siedlungsbereichs i.S.v. § 246 IX BauGB von vornherein nicht den sprachlichen Einschränkungen unterliegt, die man im Rahmen von § 13a BauGB beachten muss. Die Regelung des § 13a BauGB privilegiert die Innenentwicklung; es geht allein um die Schließung von Baulücken sowie um die Neuüberplanung von Plangebieten und damit stets um eine (Nach-)Verdichtung der Bebauung. Aus diesem Grund ist es bereits sprachlich unmöglich, im Rahmen des § 13a BauGB eine Erweiterung des äußeren Umgriffs und damit gewissermaßen eine „Innenentwicklung nach außen" zu schaffen. Demgegenüber stellt § 246 IX BauGB darauf ab, Außenbereichsflächen, die für eine wohnähnliche Nutzung nach den allgemeinen bauplanungsrechtlichen Vorschriften gem. § 35 II BauGB i.V.m. § 35 III 1 Nr. 3 Alt. 2, Nr. 5 Alt. 4 und Nr. 7 BauGB nicht in Betracht kommen, aber für eine Flüchtlingsunterbringung objektiv doch geeignet sind, für Letztere nutzbar zu machen. Die Innenentwicklung gehört hingegen nicht zum Regelungsinhalt des § 246 IX BauGB. Daher besteht hier nicht per se eine sprachliche Barriere hinsichtlich einer Entwicklung nach „außen". Mit Hilfe des Tatbestandsmerk-

---

[1023] *Decker*, in: Schiwy, BauGB, § 246 Rn. 45; so im Ergebnis auch *VGH München*, Beschl. v. 21.03.2016 – 2 ZB 14.1201 = IBRRS 2016, 0919.
[1024] Vgl. dazu unter Ziffer bb. a.E. auf S. 230.
[1025] *Schröder*, Anmerkung zum Urt. des *BVerwG* v. 04.11.2015 – 4 CN 9/14, NVwZ 2016, 864 (868).

mals „innerhalb des Siedlungsbereichs" soll vielmehr – in angemessenem Verhältnis mit der bezweckten bauplanungsrechtlichen Erleichterung der Flüchtlingsunterbringung – auch der Schutz des Außenbereichs seine notwendige Berücksichtigung finden.

(3) Gesetzeskonsistente Auslegung

Im Rahmen der systematischen Auslegung muss darüber hinaus das Gebot der Folgerichtigkeit bzw. der Konsistenz neuer Regelungen mit dem bestehenden gesetzlichen Regelungsgefüge beachtet werden. Danach soll – wenn schon die Gesetzgebung regelmäßig nicht an den Grundsatz der Folgerichtigkeit gebunden ist[1026] – jedenfalls die Gesetzesauslegung in sich stimmige Ergebnisse liefern.[1027] Neuregelungen sind daher – soweit sie interpretatorisch abmilderbar sind – so auszulegen, dass sie sich weitgehend in die bisherige Systematik des Rechtsbereichs einfügen. Fraglich ist, ob und inwieweit dieser Gedanke auf die Auslegung der Tatbestandsvoraussetzung des Siedlungsbereichs i.S.v. § 246 IX BauGB wirksam Einfluss nehmen kann.

In einem ersten Schritt muss dazu geprüft werden, wie sich die in Betracht kommenden Auslegungsvarianten in die bisherige Systematik des geschriebenen Bodenrechts einfügen und ob sich Spannungen mit den daraus erwachsenden allgemeinen Grundsätzen ergeben. Problematisch ist dies vorliegend für die weitestreichende Auslegungsvariante, wonach auch noch eine Erweiterung des äußeren Umgriffs der vorhandenen Bebauung und damit eine Siedlungsentwicklung nach „außen" vom Tatbestandsmerkmal des Siedlungsbereichs erfasst ist. Denn diese Auslegung widerspräche dem bauplanungsrechtlichen Grundsatz, dass sowohl der Planbereich als auch der unbeplante Innenbereich nur ein Siedlungswachstum nach oben und nach innen, nicht jedoch nach außen erlauben. Der Planbereich und eine darauf beruhende Genehmigung kann bereits denknotwendig nur solche Flächen erfassen, die innerhalb seines Geltungsbereichs liegen. Aber auch der Innenbereich kann sich aufgrund der Tatbestandsvoraussetzung des Bebauungszusammenhangs regelmäßig nur nach innen verdichten sowie nach oben wach-

---

[1026] Vgl. dazu ausführlich im Rahmen der verfassungsrechtlichen Prüfung im siebten Kapitel auf S. 400 ff.
[1027] *Savigny*, System des heutigen Römischen Rechts (Band 1), S. 214; *Kischel*, in: BeckOK GG, Art. 3 Rn. 96; *Kirchhof*, in: Maunz/Dürig, GG, Art. 3 Abs. 1 Rn. 405; *Payandeh*, AöR 136 (2011), 578 (613), wonach die Systematisierung gesetzlicher Regelungen keine ausschließliche Verfassungspflicht des Gesetzgebers, sondern gerade die Aufgabe der juristischen Dogmatik und Auslegung und damit der Rechtswissenschaft ist.

sen. Denn der Bebauungszusammenhang – und damit der bebaubare Innenbereich – enden grundsätzlich unmittelbar an der letzten Außenwand des äußersten Innenbereichsgebäudes.[1028] Damit soll verhindert werden, dass sich der Innenbereich schrittweise entkernt. Außerdem soll der Außenbereich geschützt und von Bebauung freigehalten werden. Anderenfalls würde nämlich der Innenbereich – ohne förmliche Bauleitplanung – in einem schleichenden Prozess in den Außenbereich hinein erweitert werden können.[1029]

In einem zweiten Schritt ist sodann zu untersuchen, ob und inwieweit die jeweilige Sonderregelung sprachlich und interpretatorisch abmilderbar ist, um auf diese Weise die Spannung mit dem allgemeinen bodenrechtlichen Grundsatz weitestgehend zu vermeiden. Das Tatbestandsmerkmal des Siedlungsbereichs ist nämlich gerade einer solchen abgemilderten Auslegung zugänglich, wenn man darunter neben sog. Außenbereichsinseln im Innenbereich „nur" noch größere Baulücken subsumiert. Für diese engere Auslegungsvariante spricht nicht zuletzt der Ausnahmecharakter der Sonderregelung. Sie ist auch ausgewogen, nachdem rein praktisch noch ein ausreichend großer Anwendungsbereich für die Sondervorschrift verbleibt; neben Außenbereichsinseln im Innenbereich gibt es nämlich häufig genügend (größere) Baulücken an der Grenze zwischen Innen- und Außenbereich, die dann mit Hilfe des § 246 IX BauGB ausgefüllt und begradigt werden können.

ee. „Innerhalb"

Schließlich erfordert auch das Tatbestandsmerkmal „innerhalb" keine allseitige Einbettung der Vorhabenfläche in vorhandene Bebauung.[1030] Eine – für eine Baulücke typische[1031] – dreiseitige Umgebung von vorhandener Bebauung reicht folglich auch hiernach aus. Es kann auf die Regelung des § 34 I BauGB verwiesen werden, die ebenfalls erfordert, dass das Vorhaben „innerhalb" des im Zusammenhang bebauten Ortsteils liegen muss. Dort ist völlig unstreitig, dass der Bebauungszusammenhang regelmäßig unmittelbar mit der Außenwand der letzten Bebauung endet und es damit für das Tatbestandsmerkmal „innerhalb" genügt, dass

---

[1028] *BVerwG*, Urt. v. 29.11.1974 – IV C 10/73 = BauR 75, 106; *BVerwG*, Beschl. v. 02.03.2000 – 4 B 15.00 = BauR 2000, 1310; *BVerwG*, Urt. v. 16.09.2010 – 4 C 7/10 = NVwZ 2011, 436; *Dürr*, in: Brügelmann, BauGB, § 34 Rn. 19; *Söfker*, in: EZBK, BauGB, § 34 Rn. 25.
[1029] *Spieß*, in: Jäde/Dirnberger, BauGB, § 34 Rn. 16.
[1030] Ebenso, aber ohne Begründung: *Blechschmidt*, in: EZBK, BauGB, § 246 Rn. 65; *Jarass/Kment*, in: Jarass/Kment, BauGB, § 246 Rn. 10; *Bienek*, SächsVBl 2015, 129 (133).
[1031] *VG München*, Urt. v. 11.01.2017 – M 9 K 16.2010 = BeckRS 2017, 104423.

dieser letzte Baukörper auf einer Seite eine gemeinsame Grenze mit der Trennungslinie zum Außenbereich hat und im Übrigen „nur" dreiseitig in die vorhandene Bebauung eingebettet ist.[1032]

ff. Zwischenfazit

Das Tatbestandsmerkmal „innerhalb des Siedlungsbereichs" i.S.v. § 246 IX BauGB erfasst neben sog. Außenbereichsinseln im Innenbereich folglich auch Abrundungen der vorhandenen Bebauung bzw. die Ausfüllung größerer Baulücken, nicht jedoch eine bauliche Entwicklung nach „außen" und damit keine Erweiterung des äußeren Umgriffs der vorhandenen Bebauung.[1033]

c. Besonderheit im Falle der Schaffung einer Flüchtlingsunterkunft in Gestalt von „Flüchtlingswohnen"

Schließlich ist – im Gleichlauf mit der Privilegierungsvorschrift des § 246 VIII BauGB[1034] – bei Zulassungsentscheidungen auf Grundlage des § 246 IX BauGB die sich aus dem Sinn und Zweck der Sondervorschriften ergebende Besonderheit zu beachten, dass derartige Zulassungen stets auflösend bedingt i.S.v. § 36 II Nr. 2 Landes-VwVfG zu erteilen sind, sofern damit ein „Flüchtlingswohnen" und folglich eine Wohnnutzung zugelassen wird.[1035] Ziel der Sondervorschriften für Flüchtlingsunterkünfte ist es, wie schon festgestellt, die Schaffung von vorübergehendem Unterbringungsraum für Flüchtlinge insbesondere während der Dauer des Prüfungsverfahrens zu erleichtern. Es sollen aber gerade nicht unter dem Deckmantel der Flüchtlingsunterbringung dauerhafte und der Allgemeinheit zur Verfügung stehende Wohngebäude auf städtebaulich dafür nicht geeigneten Flächen ermöglicht

---

[1032] *BVerwG*, Urt. v. 29.11.1974 – IV C 10/73 = BauR 75, 106; *BVerwG*, Beschl. v. 02.03.2000 – 4 B 15.00 = BauR 2000, 1310; *BVerwG*, Urt. v. 16.09.2010 – 4 C 7/10 = NVwZ 2011, 436; *Dürr*, in: Brügelmann, BauGB, § 34 Rn. 19; *Söfker*, in: EZBK, BauGB, § 34 Rn. 25.
[1033] So im Ergebnis auch: *VGH Mannheim*, Beschl. v. 23.02.2017 – 3 S 149/17 = BauR 2017, 993; *Blechschmidt*, in: EZBK, BauGB, § 246 Rn. 65; *Jarass/Kment*, in: Jarass/Kment, BauGB, § 246 Rn. 10; *Scheidler*, VerwArch 2016, 177 (188); *Bienek*, SächsVBl 2015, 129 (133); wohl auch *Dürr*, in: Brügelmann, BauGB, § 246 Rn. 28; Hinweis Nr. 2.5.1 der *Fachkommission Städtebau* vom 15.12.2015, wonach „auch Abrundungen der vorhandenen Siedlungsentwicklung in Randbereichen" in Betracht kommen. Auch *VGH Kassel*, Urt. v. 22.02.2018 – 4 A 1837/17 = ZfBR 2018, 482 spricht sich gegen eine Beschränkung der Anwendbarkeit des § 246 IX BauGB auf sog. Außenbereichsinseln im Innenbereich aus. Die Anwendungspraxis hat gezeigt, dass hier gerade Abrundungen der vorhandenen Siedlungsentwicklung Bedeutung erlangen; vgl. *Bienek*, DÖV 2017, 584 (589).
[1034] Vgl. dazu im Rahmen der Darstellung des § 246 VIII BauGB auf S. 222.
[1035] Vgl. dazu im Rahmen des sachlichen Anwendungsbereichs im vierten Kapitel auf S. 136.

werden.[1036] Da die Veränderung der Nutzungsweise von einer allgemeinen Wohnnutzung in ein „Flüchtlingswohnen" keine Nutzugsänderung i.S.v. § 29 I BauGB darstellt, sofern die übliche Belegungsdichte für eine Wohnnutzung nicht überschritten wird[1037], kann im umgekehrten Fall auch die Veränderung der Nutzungsweise von Flüchtlingswohnen in eine allgemeine Wohnnutzung für sich genommen keine Nutzungsänderung darstellen. Würde man die Genehmigung des Flüchtlingswohnens auf Grundlage des § 246 IX BauGB also nicht mit einer auflösenden Bedingung versehen, käme es dazu, dass auch für die Zeit nach der Flüchtlingsunterbringung unter ihrem Schutzschirm dauerhafte und der Allgemeinheit zur Verfügung stehende Wohnnutzungen auf städtebaulich dafür nicht geeigneten Flächen zugelassen wären. Aus diesem Grund muss die Baugenehmigungsbehörde die Genehmigung eines Wohngebäudes oder einer Wohnung auf Grundlage des § 246 IX BauGB stets unter der auflösenden Bedingung der Nutzung durch Flüchtlinge oder Asylbegehrende erteilen.[1038]

2. Erweiterte Zulässigkeit im Außenbereich nach § 246 XIII BauGB

Die sog. standortunabhängige Außenbereichsbegünstigung[1039] ergänzt die standortabhängige Privilegierung des § 246 IX BauGB und dehnt den Teilprivilegierungstatbestand des § 35 IV 1 BauGB – dem Vorbild des § 246 IX BauGB folgend – weiter aus. Danach können auf sämtlichen Außenbereichsflächen – unabhängig von ihrem Standort und damit unabhängig von einer räumlichen Nähe zu bebauten Flächen, also auch im „tiefen"[1040] Außenbereich weit abgesetzt von jedweder Bebauung – für längstens drei Jahre mobile Unterkünfte errichtet (Nr. 1) und bestehende Gebäude unbefristet umgenutzt (Nr. 2) werden.[1041] Die Privilegierung des § 246 XIII BauGB gilt dabei „unbeschadet des Absatzes 9" und damit neben der Erleichterung des § 246 IX BauGB, sodass zwischen den beiden Vorschriften weder ein Verhältnis der Spezialität noch der Subsidiarität besteht.[1042]

[1036] *Blechschmidt*, in: EZBK, BauGB, § 246 Rn. 63a; *OVG Berlin-Brandenburg*, Beschl. v. 19.07.2018 – OVG 10 S 52.17 = BeckRS 2018, 17925; *VGH Kassel*, Urt. v. 22.02.2018 – 4 A 1837/17 = ZfBR 2018, 482. Vgl. dazu auch beim Sinn und Zweck der Sondervorschriften im dritten Kapitel auf S. 101.
[1037] Vgl. dazu das Zwischenfazit im ersten Kapitel auf S. 19 f.
[1038] So im Ergebnis auch *Blechschmidt*, in: EZBK, BauGB, § 246 Rn. 63a.
[1039] *Blechschmidt*, in: EZBK, BauGB, § 246 Rn. 82 f.; *Bienek*, SächsVBl 2016, 73 (77).
[1040] *Bienek/Reidt*, BauR 2015, 422 (430) bezeichnen diese Lage als „entfernteren" Außenbereich, *Krautzberger/Stüer*, DVBl 2015, 73 (77) bezeichnen sie als „isolierten" Außenbereich.
[1041] *Jarass/Kment*, in: Jarass/Kment, BauGB, § 246 Rn. 25.
[1042] *Dürr*, in: Brügelmann, BauGB, § 246 Rn. 40; *Scheidler*, KommP BY 2016, 11 (13).

a. Anwendungsbereich

Entsprechend dem Verhältnis von § 246 X BauGB zu § 246 XII BauGB[1043] ist auch bei den beiden Außenbereichsprivilegierungen des § 246 IX und XIII BauGB der jeweilige Anwendungsbereich beider Normen untereinander teilweise weiter und teilweise enger. So ist der räumliche Anwendungsbereich der Sondervorschrift des § 246 XIII BauGB nicht unerheblich weiter, da die standortunabhängige Außenbereichsbegünstigung gerade auch für Flächen Anwendung findet, die sich nicht in räumlicher Nähe zu bebauten Flächen befinden.[1044] Der sachliche Anwendungsbereich der Sondervorschrift ist hingegen enger als bei § 246 IX BauGB, da er sich auf mobile Unterkünfte und auf Nutzungsänderungen an bestehenden baulichen Anlagen beschränkt.

b. Begünstigte Vorhaben i.S.v. § 246 XIII 1 BauGB

Tatbestandlich muss neben der Außenbereichslage eine der beiden Tatbestandsalternativen des § 246 XIII 1 Nr. 1 oder Nr. 2 BauGB vorliegen. Hinsichtlich der ersten Tatbestandsalternative (Nr. 1) kann – in Bezug auf die administrative Befristung auf längstens drei Jahre und die Begrifflichkeit der mobilen Unterkunft – auf die obigen Ausführungen zu § 246 XII BauGB verwiesen werden.[1045]

Die zweite Tatbestandsalternative (Nr. 2) privilegiert die unbefristete Nutzungsänderung[1046] zulässigerweise errichteter baulicher Anlagen in Flüchtlingsunterkünfte. Dies gilt nach dem ausdrücklichen Gesetzeswortlaut selbst dann, wenn die bisherige Nutzung aufgegeben wurde und der Bestandsschutz des Gebäudes damit erloschen ist.[1047] Dabei ergibt sich sowohl eine sprachliche wie auch dogmatische Ungenauigkeit des Gesetzgebers. Denn eine Nutzungsänderung setzt voraus, dass die bisherige Nutzung noch ausgeübt wird, um diese sodann ändern zu können.[1048] Dass der

---

[1043] Vgl. dazu im Rahmen der Einzeldarstellung des § 246 XII BauGB auf S. 195 f.
[1044] *Mitschang/Reidt*, in: Battis/Krautzberger/Löhr, BauGB, § 246 Rn. 40.
[1045] Vgl. dazu im Rahmen der Einzeldarstellung des § 246 XII BauGB auf S. 195 ff.
[1046] Daneben werden ausdrücklich auch Maßnahmen der Erneuerung und Erweiterung erfasst. Dies muss – bereits aus sprachlichen Gründen sowie i.S.d. Außenbereichsschutzes – seine Grenze aber dort finden, wo der Umbau faktisch einer Neuerrichtung gleichkommt (vgl. *Battis/Mitschang/Reidt*, NVwZ 2015, 1633 (1635); *Bunzel*, in: Bleicher/Bunzel/Finkeldei/Fuchs/Klinge, Baurecht, § 246 S. 12). Hätte der Gesetzgeber nämlich auch Neuerrichtungen einbeziehen wollen, dann hätte er dies – wie etwa in den Fällen des § 35 IV 1 Nr. 2 oder 3 BauGB – auch dementsprechend formuliert. Erfasst sind daher reine Ertüchtigungen der baulichen Anlage sowie maßvolle, aber gegenüber dem fortgenutzten Altbestand nur untergeordnete Erweiterungen (vgl. *Dürr*, in: Brügelmann, BauGB, § 246 Rn. 41; *Decker*, in: Schiwy, BauGB, § 246 Rn. 99).
[1047] *Roeser*, in: Berliner Kommentar zum BauGB, § 246 Rn. 31d.
[1048] Die darüberhinausgehende ungenaue Dogmatik beruht auf der in § 246 XIII BauGB angelegten Anknüpfung an § 35 IV 1 BauGB. Dieser ist Ausprägung des (aktiven) Bestandsschutzes. Nach

Gesetzgeber diese offenkundige Ungenauigkeit in Kauf genommen hat, lässt sich eigentlich nur damit erklären, dass er in Bezug auf die Flüchtlingsunterbringung unbedingt auch ungenutzte Bausubstanz im Außenbereich städtebaulich privilegieren wollte. Praktische Bedeutung gewinnt die Privilegierung des § 246 XIII 1 Nr. 2 BauGB in erster Linie für ehemalige militärische Liegenschaften, die nach endgültiger Aufgabe der militärischen Nutzung regelmäßig dem Außenbereich zuzurechnen sind, sofern für das ganze militärische Gelände kein Bebauungsplan aufgestellt wurde.[1049] Denn gerade die Stilllegung ehemals militärischer Liegenschaften stellt in aller Regel eine endgültige – und zum Verlust des Bestandsschutzes führende – Nutzungsaufgabe dar, während es bei Nutzungsänderungen im Innen- und Planbereich i.S.v. § 246 VIII und XII 1 Nr. 2 BauGB tendenziell häufiger um nur vorübergehende Nutzungsunterbrechungen als um endgültige Nutzungsaufgaben geht.[1050] Eine derartige Aktivierung vorhandener, aber ungenutzter Bausubstanz im Außenbereich erscheint sachgerecht, vor allem auch deswegen, weil damit im Interesse eines sparsamen und schonenden Umgangs mit Grund und Boden (vgl. § 1a II 1 BauGB) keine zusätzlichen Bodenversiegelungen notwendig werden; es wird nämlich nur auf ohnehin bereits „belastete" Flächen zurückgegriffen.

c. Rückbauverpflichtung, Sicherung der Rückbauverpflichtung und zulässige Anschlussnutzung gem. § 246 XIII 2 bis 5 BauGB

Um die Auswirkungen des mit § 246 XIII 1 BauGB zwangsläufig einhergehenden Eingriffs in den Außenbereich abzumildern, unterliegen derartige Vorhaben gem. § 246 XIII 2 und 4 BauGB einer Rückbauverpflichtung i.S.v. § 35 V 2 HS. 1 BauGB, die gem. § 246 XIII 2 und 5 BauGB in entsprechender Anwendung des § 35 V 3 BauGB zu sichern ist. Danach muss der Vorhabenträger bereits im Zeitpunkt der Genehmigungserteilung und konstitutiv für diese eine Verpflichtungserklärung abgeben, wonach er das Vorhaben nach dauerhafter Aufgabe der Nutzung als Flüchtlingsunterkunft wieder zurückbauen und etwaige Bodenversiegelungen beseitigen wird. Auf diese Weise sorgt der Gesetzgeber dafür, dass die durch § 246 XIII 1 BauGB verursachten Störungen des Außenbereichs keinen Dauerzustand darstellen, sondern nach dem Ende der Flüchtlingsunterbringung verlässlich wieder beseitigt werden.[1051] Die Rückbauverpflichtung muss dabei durch eine öffentliche Baulast

---

den allgemeinen bauplanungsrechtlichen Grundsätzen erlischt der Bestandsschutz aber mit der endgültigen Aufgabe der baulichen Nutzung der jeweiligen Anlage. Vgl. ausführlich auf S. 460 ff.
[1049] *Blechschmidt*, in: EZBK, BauGB, § 246 Rn. 86; *Jarass/Kment*, in: Jarass/Kment, BauGB, § 246 Rn. 25.
[1050] So *Blechschmidt*, in: EZBK, BauGB, § 246 Rn. 87.
[1051] *Bunzel*, in: Bleicher/Bunzel/Finkeldei/Fuchs/Klinge, Baurecht, § 246 S. 11.

oder in sonstiger Weise gesichert werden, wie die ausdrückliche Verweisung auf § 35 V 3 BauGB zeigt. Ausnahmsweise bedarf es einer Sicherstellung der Rückbauverpflichtung gem. § 246 XIII 5 BauGB dann nicht, wenn Vorhabenträger – wie in den praktisch weitaus meisten Fällen – ein Land oder eine Gemeinde ist. In diesen Fällen kann davon ausgegangen werden, dass die – rechtsstaatlich zu einem rechtskonformen Verhalten angehaltenen[1052] – öffentlich-rechtlichen Gebietskörperschaften die Rückbauverpflichtung auch ohne eine entsprechende Sicherung erfüllen.[1053] Selbstverständlich muss diese Regelung auch für Landkreise und andere öffentlich-rechtliche Gebietskörperschaften entsprechend gelten.[1054] Dass im Gesetzestext nur das Land und die Gemeinde genannt werden, liegt wohl daran, dass diese in der Praxis regelmäßig die Vorhabenträger von Flüchtlingsunterkünften sind.[1055]

Umstritten ist hingegen der Umfang der festgelegten Rückbauverpflichtung. Teilweise wird vertreten, dass dabei nicht nur die durch das Vorhaben nach § 246 XIII 1 BauGB veranlassten Baumaßnahmen, sondern auch ein bereits zuvor vorhandener Gebäudebestand vom Vorhabenträger beseitigt werden muss.[1056] Diese weite Auslegung verhindert das städtebaulich wenig wünschenswerte Ergebnis, dass im gesamten Außenbereich leerstehende und nicht mehr nutzbare Gebäudetorsos zurückbleiben. Zudem entspricht sie dem bodenrechtlichen Prinzip der Einheit von Substanz und Funktion[1057], wonach mit der endgültigen Nutzungsaufgabe nicht nur der Bestandsschutz für die zuletzt ausgeübte Nutzung, sondern für das Gebäude insgesamt entfällt; danach muss das gesamte Gebäude beseitigt werden, wenn es nicht in eine zulässige bauliche Nutzung überführt werden kann.[1058] Den Vorzug verdient dennoch die gegenteilige Meinung.[1059] Danach ist ein vollständiger Rückbau der

---

[1052] BT-Drs. 18/6185, S. 55.
[1053] *Dürr*, in: Brügelmann, BauGB, § 246 Rn. 42.
[1054] *Blechschmidt*, in: EZBK, BauGB, § 246 Rn. 93; *Dürr*, in: Brügelmann, BauGB, § 246 Rn. 42, 46; *Decker*, in: Schiwy, BauGB, § 246 Rn. 106; *Bunzel*, in: Bleicher/Bunzel/Finkeldei/Fuchs/Klinge, Baurecht, § 246 S. 13; *Krautzberger/Stüer*, DVBl 2015, 1545 (1549); *Beckmann*, KommJur 2016, 366 (369). Vgl. dazu sowie zu einem entsprechenden Reformvorschlag im achten Kapitel auf S. 492 f.
[1055] *Blechschmidt*, in: EZBK, BauGB, § 246 Rn. 93.
[1056] *Dürr*, in: Brügelmann, BauGB, § 246 Rn. 42.
[1057] BVerwG, Urt. v. 15.11.1974 – IV C 32/71 = BauR 1975, 44; *BVerwG*, Urt. v. 17.06.1993 – 4 C 17/91 = NVwZ 1994, 294; *VGH München*, Beschl. v. 13.10.1998 – 15 ZB 98.1314 = BeckRS 1998, 17923; *OVG Bautzen*, Beschl. v. 19.10.2010 – 1 B 123/10 = BeckRS 2010, 56147.
[1058] BVerwG, Beschl. v. 09.09.2002 – 4 B 52/02 = BauR 2003, 1021; *VGH München*, Urt. v. 01.02.2007 – 2 B 05.2470 = BayVBl 2008, 667; *VG München*, Urt. v. 31.05.2011 – M 11 K 09.5714 = BeckRS 2011, 33821; *Dürr*, in: Brügelmann, BauGB, § 246 Rn. 42.
[1059] So auch: *Roeser*, in: Berliner Kommentar zum BauGB, § 246 Rn. 31e; *Bunzel*, in: Bleicher/Bunzel/Finkeldei/Fuchs/Klinge, Baurecht, § 246 S. 12; *Blechschmidt*, in: EZBK, BauGB, § 246 Rn. 90; *Scheidler*, UPR 2015, 479 (483); *Ewer/Mutschler-Siebert*, NJW 2016, 11 (13); *Petersen*, KommP BY 2016, 50 (53); *Lange*, NdsVBl. 2016, 72 (75).

zum Zeitpunkt der Nutzungsänderung in eine Flüchtlingsunterkunft vorhandenen baulichen Anlage nicht von der Verpflichtungserklärung erfasst. Diese eingeschränkte Rückbauverpflichtung geht auf die Gesetzesmaterialien zu § 246 XIII BauGB zurück, wonach ausdrücklich nur „die durch das Vorhaben nach Satz 1 veranlassten Baumaßnahmen" zurückzubauen sind.[1060] Darüber hinaus sprechen vor allem praktische Gründe für diese Auslegung. Es dürfte nämlich bezweifelt werden, dass der Privilegierung des § 246 XIII 1 Nr. 2 BauGB anderenfalls irgendeine praktische Bedeutung zukäme. Denn welcher Vorhabenträger würde sich im Wege der Rückbauverpflichtung im Vorhinein dazu bereit erklären, nach Aufgabe der zulässigen Flüchtlingsnutzung auch die zuvor bereits vorhandene Bausubstanz zurückzubauen, vor allem wenn es sich dabei um massive Anlagen wie beispielsweise ehemalige Bundeswehrliegenschaften handelt. Bei mobilen Unterkünften wird die Rückbauverpflichtung vor allem in Bezug auf begleitende Baumaßnahmen wie Zuwegungen, Aufschüttungen oder Fundamente relevant.[1061]

Schließlich hat der Gesetzgeber in § 246 XIII 3 BauGB die Zulässigkeit der sog. Anschluss- oder Folgenutzung geregelt.[1062] Danach besteht die Möglichkeit, im Anschluss an die Nutzung der baulichen Anlage als Flüchtlingsunterkunft ohne eine erneute bauplanungsrechtliche Zulässigkeitsprüfung zur vormaligen baulichen Nutzung zurückzukehren, sofern diese zum Zeitpunkt der Nutzungsänderung in eine Flüchtlingsunterkunft zulässigerweise ausgeübt wurde und sie anschließend tatsächlich wiederaufgenommen wird.[1063]

IV. Generalklausel des § 246 XIV BauGB

Der „(Not-)Ausnahmetatbestand"[1064] des § 246 XIV BauGB enthält eine generalklauselartige Privilegierungsregelung, die es erlaubt, für Flüchtlingsunterkünfte bis zum 31.12.2019 von sämtlichen Vorschriften des Baugesetzbuchs oder den aufgrund des Baugesetzbuchs erlassenen Vorschriften in erforderlichem Umfang abzuweichen. Zweck dieser Regelung ist es, als eine Art Auffangtatbestand zu dienen und die Deckung des anderweitig nicht zu befriedigenden Unterbringungsbedarfs sicherzustel-

---

[1060] BT-Drs. 18/6185, S. 55.
[1061] *Petersen*, KommP BY 2016, 50 (53); *Scheidler*, UPR 2015, 479 (483).
[1062] Zur Zulässigkeit der Folgenutzung im Anschluss an die Flüchtlingsunterbringung, vgl. ausführlich im sechsten Kapitel auf S. 269 ff.
[1063] *Jarass/Kment*, in: Jarass/Kment, BauGB, § 246 Rn. 26; *Blechschmidt*, in: EZBK, BauGB, § 246 Rn. 92.
[1064] So etwa: *Spannowsky*, in: BeckOK BauGB, § 246 Rn. 19; *Schwarz-Dalmatin*, BWGZ 2016, 200 (201).

len.[1065] Die Unterbringungsverpflichteten, denen die Flüchtlinge oftmals sehr kurzfristig zugewiesen werden, sollten dadurch in die Lage versetzt werden, auf unvorhersehbare Unterbringungsengpässe nach großen Flüchtlingswellen rechtlich angemessen reagieren zu können und so für eine möglichst rasche und menschenwürdige Unterbringung der Flüchtlinge in gesetzmäßiger Weise i.S.v. Art. 20 III GG zu sorgen.[1066] Insoweit reagierte der Gesetzgeber auf die in den Kommunalverwaltungen gerade in den Hochjahren 2014 und 2015 teils gängige Praxis, Flüchtlingsunterkünfte in derartigen Notstandssituationen, in denen die erforderliche Zahl an Unterkünften nicht mehr entsprechend dem geregelten Verwaltungsprocedere und den bauplanungsrechtlichen Vorgaben geschaffen werden konnten, nach dem Motto „Not kennt kein Gebot" entgegen den §§ 30 ff., 246 VIII bis X BauGB und damit gesetzeswidrig zu errichten. Aus diesem Grund hat man die dem § 37 BauGB nachgebildete Generalklausel des § 246 XIV BauGB eingeführt und der Verwaltung damit in Bezug auf den Aufbau von Flüchtlingsunterkünften ein scharfes Schwert für Notfälle an die Hand gegeben.

1. Verhältnis zu § 37 BauGB

Die Ähnlichkeit zu § 37 BauGB liegt darin, dass mit der Schaffung des § 246 XIV BauGB in erster Linie den Forderungen der Länder, Städte und Gemeinden Rechnung getragen wurde, den Regelungsgehalt des § 37 BauGB bei der Flüchtlingsunterbringung gerade auch zugunsten von Kommunen anwenden zu können. Der Privilegierungstatbestand des § 37 BauGB gilt nämlich nur für bauliche Maßnahmen des Bundes und der Länder. Die Sondervorschrift des § 246 XIV 1 BauGB enthält eine an § 37 BauGB angelehnte und umfassende Befreiungsmöglichkeit, die letztere in Bezug auf Flüchtlingsunterkünfte gem. § 246 XIV 9 HS. 2 BauGB bis zum 31.12.2019 als lex specialis verdrängt.[1067] Dieses Verhältnis der beiden Privilegierungsvorschriften ist vom Wortlaut her gar nicht so unproblematisch, da § 246 XIV 9 HS. 2 BauGB auf Satz 1 verweist, der streng genommen nur die „dringend benötigten" Unterkunftsmöglichkeiten für Flüchtlinge und Asylbegehrende regelt. Demnach ließe sich vertreten, dass § 246 XIV BauGB den § 37 BauGB nur in Bezug auf dringend benötigte Unterkunftsmöglichkeiten verdrängt, nicht jedoch die Anwendung dieser Vorschrift auf Flüchtlingsunterkünfte generell ausschließt.[1068] Würde man den in § 246 XIV 9 HS. 2 BauGB festgeschriebenen Verweis auf „Vorhaben nach Satz 1" aber nicht le-

---

[1065] *Blechschmidt*, in: EZBK, BauGB, § 246 Rn. 96.
[1066] *Dürr*, in: Brügelmann, BauGB, § 246 Rn. 47 f.
[1067] So bereits die Gesetzesbegründung, BT-Drs. 18/6185, S. 55 f.; *Jarass/Kment*, in: Jarass/Kment, BauGB, § 246 Rn. 28; *Dürr*, in: Brügelmann, BauGB, § 246 Rn. 52.
[1068] *Battis/Mitschang/Reidt*, NVwZ 2015, 1633 (1637).

diglich allgemein auf Flüchtlingsunterkünfte, sondern konkretisiert auf „dringend benötigte" Flüchtlingsunterkünfte verstehen, dann käme man zu dem etwas merkwürdigen Ergebnis, dass Bund und Länder bei Flüchtlingsunterkünften ohne besondere Dringlichkeit auf § 37 I BauGB zurückgreifen und damit ohne vorherige Rückbauverpflichtung handeln dürften, bei dringend benötigten Flüchtlingsunterkünften gem. § 246 XIV 5 BauGB i.V.m. § 35 V 2 HS. 1 BauGB aber nicht.[1069] Derart willkürliche Ergebnisse können vom Gesetzgeber jedoch nicht gewollt gewesen sein. Das bedeutet, dass § 246 XIV BauGB die Vorschrift des § 37 BauGB generell in Bezug auf Flüchtlingsunterkünfte bis zum 31.12.2019 verdrängt.

Darüber hinaus wollte der Gesetzgeber mit der Regelung des § 246 XIV 9 HS. 2 BauGB in Bezug auf § 37 BauGB auch für Rechtsklarheit sorgen. Nach der bisherigen Rechtslage war es nämlich nicht ganz unumstritten, ob die Privilegierungsvorschrift des § 37 BauGB auf Flüchtlingsunterkünfte anwendbar ist oder nicht.[1070] Entscheidend für die Anwendbarkeit des § 37 BauGB ist eine „besondere öffentliche Zweckbestimmung" der baulichen Anlage. Nach der Rechtsprechung muss das Vorhaben dabei nicht nur unmittelbar öffentlichen Zwecken dienen und sich nach Art, baulicher Ausführung und baulicher Auswirkung von sonstigen Verwaltungsbauten unterscheiden, sondern darüber hinaus wegen seiner Aufgabenstellung und unter Anknüpfung an das Wort „besondere" auf einen bestimmten Standort angewiesen sein.[1071] In Anwendung dieser höchstrichterlichen Rechtsprechung müsste Flüchtlingsunterkünften daher konsequenterweise der Zugang zur Privilegierung des § 37 BauGB versagt werden, da diese in Bezug auf ihre Aufgabenstellung jedenfalls nicht auf einen bestimmten Standort angewiesen sind.[1072] Demgegenüber spricht rein grammatikalisch und unter Ausblendung der standortkonkretisierenden Rechtsprechung einiges dafür, die Privilegierung des § 37 I BauGB auch auf Flüchtlingsunterkünfte anzuwenden, denn es ist nicht ersichtlich, weshalb die Unterbringung von Flüchtlingen keine „besondere öffentliche Zweckbestimmung" sein sollte.[1073] Dieser Meinungsstreit erübrigt sich nun mit der Klarstellung in § 246 XIV 9 HS. 2 BauGB, dass es sich bei Flüchtlingsunterkünften um Vorhaben mit einer besonderen Zweck-

---

[1069] *Dürr*, in: Brügelmann, BauGB, § 246 Rn. 52.
[1070] *Scheidler*, NVwZ 2016, 744 (745); *Kment/Wirth*, ZfBR 2016, 748 (750); *Petersen*, KommP BY 2015, 10 (12); offen gelassen etwa von *VGH Mannheim*, Beschl. v. 07.01.1999 – 5 S 3075/98 = VBlBW 1999, 217 und *VG Gelsenkirchen*, Beschl. v. 15.07.2014 – 6 K 2945/13 = BeckRS 2014, 54986.
[1071] *BVerwG*, Beschl. v. 16.07.1981 – 4 B 96.81 = ZfBR 1981, 243.
[1072] So auch: *VG Karlsruhe*, Beschl. v. 28.09.1998 – 5 K 2079/98 = BeckRS 1998, 19584; *VG Hamburg*, Beschl. v. 28.10.2015 – 7 E 5333/15 = DVBl 2015, 1605.
[1073] *Reidt*, in: Battis/Krautzberger/Löhr, BauGB, § 37 Rn. 4; *Blechschmidt*, in: EZBK, BauGB, § 37 Rn. 15a; *Bienek/Reidt*, BauR 2015, 422 (430 f.); *Petersen*, KommP BY 2015, 10 (12); Hinweis Nr. 2.6.1 der *Fachkommission Städtebau* vom 15.12.2015.

bestimmung i.S.d. § 37 I BauGB handelt.[1074] Bestätigt wird dies in den Gesetzesmaterialien zu § 246 XIV BauGB, wonach § 37 BauGB bereits „nach bisheriger Rechtslage auf Aufnahmeeinrichtungen der Länder Anwendung finden kann."[1075] Als rein klarstellende Regelung beansprucht diese auch über den 31.12.2019 hinaus Geltung.

2. Vorhabenträger

Die im Vergleich zu § 37 BauGB wichtigste Besonderheit des § 246 XIV BauGB liegt in seinem persönlichen Anwendungsbereich.[1076] Während sich § 37 BauGB nämlich ausschließlich auf bauliche Maßnahmen des Bundes und der Länder beschränkt, gilt die Sonderregelung des § 246 XIV BauGB generell für alle Vorhaben, die der Schaffung von dringend benötigten Flüchtlingsunterkünften dienen. Daher können Vorhabenträger i.S.v. § 246 XIV BauGB neben Bund und Ländern auch Gemeinden, Landkreise sowie sonstige öffentliche Vorhabenträger sein. Und auch private Vorhabenträger sind nach zutreffender Auffassung vom Anwendungsbereich des § 246 XIV BauGB erfasst. Insoweit kann auf die umfassenden Ausführungen auf S. 166 ff. verwiesen werden.

3. Gegenstand der Abweichung

Während die Sondervorschriften des § 246 VIII bis XIII BauGB punktuelle Erleichterungen in Bezug auf einzelne städtebauliche Voraussetzungen gewähren, ermöglicht die Generalklausel des § 246 XIV BauGB eine Freistellung von sämtlichen bauplanungsrechtlichen Grundsätzen und Standards. Dies ergibt sich bereits aus dem Wortlaut, wonach zugunsten der schnellen Schaffung einer Flüchtlingsunterkunft in Notfällen von den Vorschriften des Baugesetzbuchs sowie den aufgrund dieses Gesetzbuchs erlassenen Vorschriften abgewichen werden kann. Die Abweichungsbefugnis gilt dabei unabhängig davon, ob das Vorhaben im Innenbereich, im Außenbereich oder im Geltungsbereich eines Bebauungsplans entstehen soll, ob es sich um eine Neuerrichtung, Änderung oder Nutzungsänderung handelt oder ob von der Art oder dem Maß der baulichen Nutzung, der Bauweise oder der überbaubaren Grundstücksfläche abgewichen werden soll.[1077]

[1074] So auch: *Dürr*, in: Brügelmann, BauGB, § 246 Rn. 52; *Scheidler*, UPR 2015, 479 (484).
[1075] BT-Drs. 18/6185, S. 55.
[1076] So auch *Battis/Mitschang/Reidt*, NVwZ 2015, 1633 (1637).
[1077] *Blechschmidt*, in: EZBK, BauGB, § 246 Rn. 96; *Decker*, in: Schiwy, BauGB, § 246 Rn. 129; *Bunzel*, in: Bleicher/Bunzel/Finkeldei/Fuchs/Klinge, Baurecht, § 246 S. 19; *Battis/Mitschang/Reidt*, NVwZ 2015, 1633 (1637); *Jarass/Kment*, in: Jarass/Kment, BauGB, § 246 Rn. 29.

Allerdings erlaubt die Sondervorschrift des § 246 XIV BauGB weder eine Befreiung von bauordnungsrechtlichen Vorgaben wie den Abstandsflächen- oder Brandschutzregelungen noch von einschlägigem Fachrecht wie dem Naturschutz- oder Wasserrecht. Insoweit muss vielmehr auf das dortige Regelungssystem zurückgegriffen werden, das jeweils eigene Ausnahme- bzw. Befreiungsvorschriften enthält.[1078]

4. Dringender Bedarf an Flüchtlingsunterkünften im Gemeindegebiet

Tatbestandlich setzt die Generalklausel des § 246 XIV 1 BauGB neben der umfassenden Erforderlichkeitsprüfung zunächst „dringend benötigte Unterkunftsmöglichkeiten im Gebiet der Gemeinde" voraus. Die Frage der „Auslegbarkeit" und damit die Bestimmbarkeit dieses Tatbestandsmerkmals ist nicht zuletzt wegen des rechtsstaatlichen Bestimmtheitsgebots i.S.v. Art. 20 III GG von nicht unerheblicher Bedeutung.[1079]

a. Dringender Bedarf

Ausgangspunkt ist eine grammatikalische Auslegung dieses Tatbestandsmerkmals, die jedenfalls eine zeitliche Eilbedürftigkeit voraussetzt.[1080] Darüber hinaus sind aus teleologischen Gründen aber noch zwei weitere Aspekte zu berücksichtigen. Zum einen muss bei der Auslegung des dringenden Bedarfs bedacht werden, dass es sich bei § 246 XIV BauGB um einen „Notausnahmetatbestand"[1081] für Extremsituationen handelt. Nur diese rechtfertigen es, von sämtlichen geltenden Grundsätzen und Standards des Bauplanungsrechts abzuweichen. Für einen Rückgriff auf § 246 XIV BauGB reicht es daher nicht aus, wenn es im konkreten Fall nur um die normale, vorhersehbare und deshalb planbare Bedarfsdeckung geht.[1082] Vielmehr steckt in diesem Begriff eine gewisse Kurzfristigkeit bzw. Unvorhersehbarkeit, aus der sich der Unterkunftsengpass ergeben muss.[1083] Eine Anwendung des § 246 XIV BauGB ist nicht möglich, wenn lediglich „Vorratsmaßnahmen" für einen möglicherweise künftig eintretenden Unterbringungsbedarf getroffen werden sollen.[1084] Gleiches gilt für einen „nur" langfristig bestehenden Unterbringungsbedarf, aus dem sich bei

---

[1078] *Mitschang/Reidt*, in: Battis/Krautzberger/Löhr, BauGB, § 246 Rn. 47.
[1079] Zum rechtsstaatlichen Bestimmtheitsgebot, vgl. ausführlich im Rahmen der verfassungsrechtlichen Prüfung der Sondervorschriften auf S. 307 ff.
[1080] *Jarass/Kment*, in: Jarass/Kment, BauGB, § 246 Rn. 30.
[1081] *Spannowsky*, in: BeckOK BauGB, § 246 Rn. 19.
[1082] *Bunzel*, in: Bleicher/Bunzel/Finkeldei/Fuchs/Klinge, Baurecht, § 246 S. 18.
[1083] *Decker*, in: Schiwy, BauGB, § 246 Rn. 116.
[1084] *Dürr*, in: Brügelmann, BauGB, § 246 Rn. 48, der dieses Problem allerdings im Rahmen der Erforderlichkeitsprüfung verortet.

annähernd gleichbleibendem Zustrom auch über Monate hinweg kein Unterbringungsproblem entwickelt.[1085] Zum anderen muss auch an dieser Stelle nochmals erwähnt werden, dass im Rahmen von § 246 XIV BauGB – wie bei allen Sonderregelungen für Flüchtlingsunterkünfte[1086] – immer menschenwürdige Unterkunftsmöglichkeiten vorausgesetzt werden.[1087] Konsequenterweise können daher auch provisorische Notunterkünfte wie zweckentfremdete Sporthallen, Stadthallen oder Veranstaltungssäle nicht geeignet sein, einen dringenden Bedarf an Unterkunftsraum zu befriedigen.[1088] Mehr als eine nur vorübergehende Aufnahme ist dort nämlich nicht möglich.[1089] Im Gegenteil stellt die Unterbringung von Flüchtlingen in Noteinrichtungen gerade ein bedeutsames Indiz dafür dar, dass Flüchtlingsunterkünfte i.S.v. § 246 BauGB in der konkreten Gemeinde dringend benötigt werden.[1090]

Zusammenfassend lässt sich festhalten, dass Unterkunftsmöglichkeiten erst dann dringend benötigt werden, wenn eine Situation vorliegt oder unmittelbar zu entstehen droht, in der die Zahl der vorhandenen und konkret geplanten Unterkunftsplätze voraussichtlich nicht mehr ausreichen wird, um eine menschenwürdige und nicht nur behelfsmäßige Unterbringung aller kurzfristig in der Gebietskörperschaft unterzubringenden Flüchtlinge gewährleisten zu können.[1091] Diese Voraussetzung hat bereits in der Hochphase der Flüchtlingskrise in den Jahren 2015 und 2016 nur selten vorgelegen; angesichts der stark rückläufigen Flüchtlingszahlen und der damit einhergehenden veränderten Bedarfslage[1092] wird die Sonderregelung des § 246 XIV BauGB bis zu ihrem Ablaufdatum am 31.12.2019 – zumindest nach derzeitigem Stand – wohl keine praktische Bedeutung mehr erlangen.[1093]

b. Gemeindegebiet als räumliches Bezugsobjekt

Nach dem eindeutigen Gesetzeswortlaut ist das räumliche Bezugsobjekt für den dringenden Bedarf ausschließlich das jeweilige „Gebiet der Gemeinde, in der [die

---

[1085] *Decker*, in: Schiwy, BauGB, § 246 Rn. 116.
[1086] Zur Menschenwürdigkeit der Unterbringung, vgl. bereits im Rahmen des Zwecks der Sondervorschriften im dritten Kapitel auf S. 102 f.
[1087] *Roeser*, in: Berliner Kommentar zum BauGB, § 246 Rn. 46.
[1088] *Scheidler*, NVwZ 2016, 744 (746); *Petersen*, KommP BY 2016, 50 (54).
[1089] *Roeser*, in: Berliner Kommentar zum BauGB, § 246 Rn. 46; *Scheidler*, NVwZ 2016, 744 (746).
[1090] *Petersen*, KommP BY 2016, 50 (54); *Scheidler*, NVwZ 2016, 744 (746); *Roeser*, in: Berliner Kommentar zum BauGB, § 246 Rn. 46.
[1091] *Blechschmidt*, in: EZBK, BauGB, § 246 Rn. 97; *Decker*, in: Schiwy, BauGB, § 246 Rn. 116; *Dürr*, in: Brügelmann, BauGB, § 246 Rn. 47; *Bunzel*, in: Bleicher/Bunzel/Finkeldei/Fuchs/Klinge, Baurecht, § 246 S. 18; Hinweis Nr. 2.6.1 der *Fachkommission Städtebau* v. 15.12.2015; *Scheidler*, NVwZ 2016, 744 (746); *Bienek*, SächsVBl 2016, 73 (79); *Petersen*, KommP BY 2016, 50 (54).
[1092] Vgl. ausführlich in der Einleitung auf S. 1 ff. sowie am Ende des achten Kapitels auf S. 504 ff.
[1093] *Bienek*, DÖV 2017, 584 (592); *Blechschmidt*, in: EZBK, BauGB, § 246 Rn. 49, 95.

betreffenden Unterkunftsmöglichkeiten] entstehen sollen".[1094] Etwaige – bodenrechtlich „mildere" – Alternativlösungen sind also nur auf dem Gebiet der jeweiligen Gemeinde zu suchen.[1095] Dies gilt unabhängig von der Vorhabenträgerschaft, sodass auch bei Flüchtlingsunterkünften der Länder nur das konkret in Aussicht genommene Gemeindegebiet für etwaige Alternativlösungen in Betracht kommt.[1096] Der Umstand, dass in anderen Gemeinden des Landes eine Unterbringung ohne eine Abweichungsentscheidung i.S.v. § 246 XIV 1 BauGB möglich wäre, ist für den dringenden Bedarf und damit für die Anwendung der Generalklausel nicht von Bedeutung.[1097] Der Begrenzung auf das jeweilige Gemeindegebiet liegt zum einen der Gedanke zu Grunde, dass die nach landesinternen Maßstäben erfolgende Verteilung der Flüchtlinge gerade die einzelne Gemeinde verpflichtet.[1098] Die Möglichkeit eines Ausweichens auf freie Flächenkapazitäten in anderen Gemeinden würde dazu führen, dass das Bauplanungsrecht auf die Verteilung der Flüchtlinge innerhalb des Bundeslandes Einfluss nehmen könnte. Dies darf und will das Bauplanungsrecht aber überhaupt nicht.[1099] Zum anderen würde die Betrachtung des gesamten Landesgebiets in Bezug auf die Frage, ob dort noch Raum für eine Flüchtlingsunterbringung ist, eine deutlich größere zeitliche Prüfspanne in Anspruch nehmen, was aber gerade dem mit § 246 XIV BauGB verfolgten Zweck, eine möglichst schnelle Unterbringung der Flüchtlinge zu ermöglichen, widersprechen würde.[1100]

5. Erforderlichkeitsprinzip

Im Anschluss an die festgestellte Dringlichkeit der Unterbringung muss für die Anwendung der Abweichungsbefugnis des § 246 XIV 1 BauGB eine umfassende Erforderlichkeitsprüfung vorgenommen werden. Der Grund hierfür liegt in der sehr weitreichenden Rechtsfolge des § 246 XIV BauGB, der es in Notlagen erlaubt, von sämtlich geltendem Bauplanungsrecht abzuweichen. Als Ausgleich dafür hat der Gesetzgeber sowohl die Anwendbarkeit als auch den Umfang seiner Anwendung beschränkt

---

[1094] *Gohde*, ZfBR 2016, 642 (647 f.); *Battis/Mitschang/Reidt*, NVwZ 2015, 1633 (1637 f.); *Petersen*, KommP BY 2016, 50 (54).
[1095] Innerhalb der jeweiligen Gemeinde kann dann allerdings im gesamten Gemeindegebiet und nicht nur in unmittelbarer Nähe des beabsichtigten Vorhabenstandorts nach Alternativstandorten gesucht werden. Vgl. *Bunzel*, in: Bleicher/Bunzel/Finkeldei/Fuchs/Klinge, Baurecht, § 246 S. 19.
[1096] So bereits die Gesetzesmaterialien, BT-Drs. 18/6185, S. 55, wo es ausdrücklich heißt, dass „auch dann, wenn Vorhabenträger ein Land oder in dessen Auftrag ein Dritter ist", ausschließlich „die Betrachtung des Gemeindegebiets" gilt.
[1097] *Roeser*, in: Berliner Kommentar zum BauGB, § 246 Rn. 46.
[1098] *Bunzel*, in: Bleicher/Bunzel/Finkeldei/Fuchs/Klinge, Baurecht, § 246 S. 18.
[1099] *Scheidler*, NVwZ 2016, 744 (746); *Roeser*, in: Berliner Kommentar zum BauGB, § 246 Rn. 46.
[1100] *Dürr*, in: Brügelmann, BauGB, § 246 Rn. 48; *Blechschmidt*, in: EZBK, BauGB, § 246 Rn. 99.

und beide Kriterien jeweils dem Erforderlichkeitsprinzip unterstellt.[1101] Im Einzelnen:

a. Anwendbarkeit

Zum einen kann auf § 246 XIV BauGB nach den Grundsätzen der Subsidiarität nur dann zurückgegriffen werden, wenn weder die allgemeinen bauplanungsrechtlichen Vorschriften noch die ihrerseits bereits sehr weitgehenden Erleichterungen i.S.d. § 246 VIII bis XIII BauGB ausreichen, um eine Zulässigkeit der dringend benötigten Unterbringungseinrichtung herbeizuführen.[1102] Das Erfordernis der Subsidiarität lässt sich im Gesetzestext an der Formulierung „soweit auch bei Anwendung der Absätze 8 bis 13 [...] nicht oder nicht rechtzeitig bereitgestellt werden können" festmachen. Aus der Verwendung des Wortes „auch" wird deutlich, dass die Unterbringungseinrichtung nicht bereits nach den allgemeinen bauplanungsrechtlichen Vorschriften zulässig sein darf. Fraglich ist nur, ob dies gleichermaßen für den Fall gilt, in dem die Gemeinde ihr Einvernehmen i.S.v. § 36 BauGB verweigert hat. In den Gesetzesmaterialien wurde diese Frage nicht thematisiert. Sie muss aus gesetzessystematischen und grammatikalischen Gründen aber bejaht werden.[1103] Der Vergleich mit § 37 BauGB spricht für diese Auslegung. Ausweislich der Gesetzesmaterialien[1104] und der Rechtsfolge des § 246 XIV 9 HS. 2 BauGB knüpft § 246 XIV BauGB an die Privilegierungsregelung des § 37 BauGB an. Diese findet gem. § 37 I Alt. 2 BauGB aber ausdrücklich auch dann Anwendung, wenn das Einvernehmen mit der Gemeinde nicht erreicht worden ist.[1105] Da also auch mit § 37 I BauGB das fehlende gemeindliche Einvernehmen überwunden werden kann, muss dasselbe auch für die daran anknüpfende Sondervorschrift des § 246 XIV BauGB gelten. Zudem sind die beiden Fälle, in denen das Einvernehmen in rechtmäßiger oder in rechtswidriger Weise durch die Gemeinde verweigert worden ist, bereits im Tatbestand des § 246 XIV BauGB angelegt. Die Abweichungsmöglichkeit des § 246 XIV BauGB greift nämlich immer dann ein, wenn die dringend benötigte Flüchtlingsunterkunft „nicht oder nicht rechtzeitig bereitgestellt" werden kann. Verweigert eine Gemeinde in rechtmäßiger Weise ihr Einvernehmen und kann es aus diesem Grund

---

[1101] *Blechschmidt*, in: EZBK, BauGB, § 246 Rn. 97; *Jarass/Kment*, in: Jarass/Kment, BauGB, § 246 Rn. 28.
[1102] *VG Hamburg*, Beschl. v. 28.10.2015 – 7 E 5333/15 = DVBl 2015, 1605; *Blechschmidt*, in: EZBK, BauGB, § 246 Rn. 97; *Ewer/Mutschler-Siebert*, NVwZ 2016, 11 (13).
[1103] So auch *Scheidler*, KommP BY 2016, 11 (16).
[1104] BT-Drs. 18/6185, S. 55.
[1105] *BVerwG*, Beschl. v. 16.07.1981 – 4 B 96.81 = ZfBR 1981, 243; *Reidt*, in: Battis/Krautzberger/Löhr, BauGB, § 37 Rn. 5; *Ferner*, in: Ferner/Kröninger/Aschke, BauGB, § 37 Rn. 6.

gem. § 36 II 3 BauGB i.V.m. Landesrecht nicht ersetzt werden, so kann die Flüchtlingsunterkunft nach den übrigen Vorschriften nicht genehmigt und damit „nicht bereitgestellt" werden. Verweigert eine Gemeinde in rechtswidriger Weise ihr Einvernehmen, so kann es gem. § 36 II 3 BauGB i.V.m. Landesrecht zwar ersetzt werden. Dabei kann es jedoch wegen der für die Ersetzung notwendigen Verfahrensschritte zu zeitlichen Verzögerungen kommen mit der Folge, dass die Flüchtlingsunterkunft jedenfalls „nicht rechtzeitig bereitgestellt" werden kann. Auch diese zweite Fallkonstellation ist also im Wortlaut des § 246 XIV BauGB angelegt. Dies und der Vergleich mit § 37 I BauGB führen dazu, dass § 246 XIV BauGB auch auf Fälle zur Anwendung kommen muss, in denen die Gemeinde ihr Einvernehmen zur Erteilung einer Baugenehmigung für eine dringend notwendige Flüchtlingsunterkunft verweigert.[1106]

Um dem Subsidiaritätserfordernis Rechnung zu tragen, ist in der Praxis dreistufig vorzugehen. Zunächst sind alle Grundstücke innerhalb der jeweiligen Gemeinde herauszusuchen, die für die Errichtung einer Flüchtlingsunterkunft grundsätzlich geeignet sind. In einem zweiten Schritt sind diejenigen Grundstücke auszuscheiden, über die der Vorhabenträger keine Verfügungsgewalt hat, denn derartige Grundstücke stehen zumindest nicht zeitnah – und damit „nicht rechtzeitig" – für die Flüchtlingsunterbringung zur Verfügung.[1107] Hinsichtlich der verbleibenden Grundstücke hat in einem dritten Schritt nun eine detaillierte und umfassende Einzelfallprüfung stattzufinden, ob Flüchtlingsunterkünfte in der jeweiligen Gemeinde nicht bereits nach den allgemeinen Vorschriften oder zumindest unter Zuhilfenahme der Absätze 8 bis 13 des § 246 BauGB zugelassen und im Anschluss daran zeitnah verwirklicht werden können.[1108]

Eine Berufung auf § 246 XIV 1 BauGB mit dem Argument einer eventuell drohenden Nachbarklage, durch die eine zeitnahe Schaffung der Flüchtlingsunterkunft nach den allgemeinen bauplanungsrechtlichen Vorschriften in Frage gestellt und das Flüchtlingsvorhaben damit „nicht rechtzeitig" bereitgestellt werden könne, scheidet aus, da Drittklagen im Baurecht wegen § 212a I BauGB regelmäßig keine aufschiebende Wirkung haben. Etwas anderes gilt nur dann, wenn der Nachbar diese ausdrücklich im Wege des einstweiligen Rechtsschutzes gem. § 80a III i.V.m. § 80 V 1 Alt. 1 VwGO beantragt. Und in dem Fall, dass die Behörde die Baugenehmigung bei Erhebung von nachbarlichem Eilrechtsschutz nachträglich auf § 246 XIV 1

[1106] So auch *Scheidler*, NVwZ 2016, 744 (747).
[1107] *Blechschmidt*, in: EZBK, BauGB, § 246 Rn. 99; *Decker*, in: Schiwy, BauGB, § 246 Rn. 123.
[1108] *Decker*, in: Schiwy, BauGB, § 246 Rn. 122; *Roeser*, in: Berliner Kommentar zum BauGB, § 246 Rn. 47.

BauGB stützen und damit eine Wesensänderung des Verwaltungsaktes aufgrund der Umwandlung in eine Ermessensentscheidung herbeiführen sollte[1109], käme es zu einer unzulässigen Aushöhlung des Nachbarrechtsschutzes entgegen Art. 19 IV GG.[1110] Hiergegen können sich die betroffenen Nachbarn dann im Wege einer Drittanfechtungsklage zur Wehr setzen.

b. Umfang der Anwendung

Die Anwendung des § 246 XIV BauGB ist auch hinsichtlich seines Umfangs, d.h. seiner Eingriffstiefe auf das „erforderliche" Maß, beschränkt.[1111] Dabei ist zunächst festzustellen, dass es sich bei der Erforderlichkeit in diesem Sinne um einen unbestimmten Rechtsbegriff auf Tatbestandsebene handelt, der gerichtlich voll überprüfbar ist.[1112]

Zur Beantwortung der Frage, was im Rahmen des Tatbestandsmerkmals „in erforderlichem Umfang" zu prüfen ist, muss zunächst vom Wortlaut sowie den allgemeinen juristischen Grundsätzen ausgegangen werden. Danach handelt es sich um eine „Erforderlichkeitsprüfung", die nach dem „legitimen Zweck" und der „Geeignetheit" als erster und zweiter Stufe die dritte Stufe der vierstufigen Verhältnismäßigkeitsprüfung darstellt. Normalerweise wird über den als Ausprägung des Rechtsstaatsprinzips i.S.v. Art. 20 III GG[1113] stets zu beachtenden Verhältnismäßigkeitsgrundsatz der Inhalt des Tatbestandsmerkmals „in erforderlichem Umfang" norminterpretatorisch in jede Regelung „hineingelesen". Im Falle des § 246 XIV 1 BauGB ist dies jedoch nicht notwendig, da die Erforderlichkeitsprüfung hier ausdrücklich im Gesetzestext genannt ist. Dies befreit die Behörde allerdings nicht davon, bei Anwendung des § 246 XIV BauGB die der Erforderlichkeitsprüfung nachfolgende vierte Stufe des Verhältnismäßigkeitsgrundsatzes als Ausprägung des Rechtsstaatsprinzips auf der Rechtsfolgenseite zu beachten; insoweit muss die „Angemessenheit" der Maßnahme im Wege einer umfassenden Interessenabwägung festgestellt werden. Die ausdrückliche tatbestandliche Statuierung der Erforderlichkeitsprüfung i.S.d. § 246 XIV BauGB bewirkt also eine aufgespaltene Prüfung der Verhältnismäßigkeit.

[1109] Vgl. dazu etwa: *BVerwG*, Urt. v. 31.03.2010 – 8 C 12/09 = NVwZ-RR 2010, 636; *VGH München*, Beschl. v. 01.02.2016 – 10 CS 15.2689 = NJW 2016, 2968.
[1110] *Decker*, in: Schiwy, BauGB, § 246 Rn. 122
[1111] *Blechschmidt*, in: EZBK, BauGB, § 246 Rn. 95.
[1112] *Mitschang/Reidt*, in: Battis/Krautzberger/Löhr, BauGB, § 246 Rn. 49; *Jarass/Kment*, in: Jarass/Kment, BauGB, § 246 Rn. 30 („weiter"); anders *Decker*, in: Schiwy, BauGB, § 246 Rn. 128, der den „erforderlichen Umfang" im Rahmen der Rechtsfolge prüft.
[1113] *Grzeszick*, in: Maunz/Dürig, GG, Art. 20 Rn. 108.

aa. Abwägung als Teil der tatbestandlichen Erforderlichkeitsprüfung

Ein einheitlicher Prüfungsort – egal ob auf Tatbestandsebene oder auf Rechtsfolgenebene – würde zu einer Vereinfachung der Verhältnismäßigkeitsprüfung führen. Dies ist wohl auch der Grund dafür, weshalb die herrschende Meinung in Bezug auf § 246 XIV BauGB – entsprechend der zu § 37 BauGB ergangenen *bundesverwaltungsgerichtlichen* Rechtsprechung[1114] – die gesamte Verhältnismäßigkeitsprüfung einschließlich der Abwägung in die auf Tatbestandsebene vorzunehmende Erforderlichkeitsprüfung verlagert.[1115] Auch die Bund-Länder-Privilegierung des § 37 BauGB, an welche die Generalklausel des § 246 XIV BauGB angelehnt ist, enthält auf Tatbestandsebene das Merkmal der Erforderlichkeit. Danach ist eine Abweichung von den städtebaulichen Vorschriften erforderlich, wenn dies zur Erfüllung oder Wahrung der öffentlichen Zweckbestimmung vernünftigerweise geboten ist, wobei neben nachbarlichen Interessen auch Belange der Wirtschaftlichkeit und Zweckmäßigkeit einfließen dürfen.[1116] Das *Bundesverwaltungsgericht* bezog sich dabei ausdrücklich auf den Begriff „erfordern" in § 31 II Nr. 1 BauGB, auf den wegen der vergleichbaren Zielrichtung mit § 37 BauGB bei der Auslegung zurückgegriffen werden könne. In einer späteren Entscheidung führt das *Bundesverwaltungsgericht* dann aus, dass „die widerstreitenden öffentlichen Belange zur Prüfung der Erforderlichkeit i. S. von § 37 BauGB zu gewichten sind und dass sich mit dem Gewicht der dem Vorhaben entgegenstehenden Belange auch die Anforderungen an die Erforderlichkeit der Abweichung vom Planungsrecht erhöhen müssen."[1117] Es hat also eine Gegenüberstellung und wechselseitige Gewichtung der widerstreitenden Belange stattzufinden. Die höhere Verwaltungsbehörde als zuständige Abweichungsbehörde nimmt eine Abwägung zwischen den für das Vorhaben sprechenden Interessen einerseits und den in den gesetzlichen Regelungen zum Ausdruck kommenden Wertungen andererseits vor und ermittelt, ob dem konkreten Bauvorhaben Letzteren gegenüber der Vorrang einzuräumen ist oder nicht.[1118] Dies ist letztlich nichts anderes als eine Verhältnismäßigkeitsprüfung im engeren Sinne.

In Übertragung dieser zu § 37 BauGB ergangenen Rechtsprechung geht die herrschende Meinung zur Erforderlichkeit i.S.v. § 246 XIV 1 BauGB daher davon aus,

---

[1114] *BVerwG*, Beschl. v. 16.07.1981 – 4 B 96.81 = ZfBR 1981, 243.
[1115] BT-Drs. 18/6185, S. 55; *Jarass/Kment*, in: Jarass/Kment, BauGB, § 246 Rn. 28; *Mitschang/Reidt*, in: Battis/Krautzberger/Löhr, BauGB, § 246 Rn. 49; *Roeser*, in: Berliner Kommentar zum BauGB, § 246 Rn. 48.
[1116] *BVerwG*, Beschl. v. 16.07.1981 – 4 B 96.81 = ZfBR 1981, 243.
[1117] *BVerwG*, Urt. v. 14.02.1991 – 4 C 20/88 = NVwZ 1992, 477.
[1118] *BVerwG*, Urt. v. 14.02.1991 – 4 C 20/88 = NVwZ 1992, 477.

dass eine Abweichung von den städtebaulichen Vorschriften nur dann erforderlich ist, wenn die geplante Unterbringungseinrichtung an der vorgesehenen Stelle zur Abdeckung des bestehenden Unterbringungsbedarfs vernünftigerweise geboten ist.[1119] Bestätigt wird dieses Ergebnis durch die Gesetzesmaterialien, in denen es heißt, dass „die widerstreitenden öffentlichen Belange, auch unter Würdigung nachbarlicher Interessen, zu gewichten" seien.[1120] Es müssen also die öffentlichen Belange, die für die Flüchtlingsunterkunft und damit für eine Verwirklichung des Vorhabens an der gewählten Stelle sprechen, den anderen öffentlichen Belangen, auch unter Würdigung nachbarlicher Interessen, sowie privaten Belangen gegenübergestellt und wechselseitig gewichtet werden.[1121] Je stärker insoweit das Gewicht der dem Flüchtlingsvorhaben entgegenstehenden Belange ist, umso höher sind auch die Anforderungen, um von den bauplanungsrechtlichen Vorschriften und Standards abweichen zu können.[1122] Daher sind die wechselseitigen Belange nicht nur quantitativ zu bilanzieren, sondern auch in ihrem jeweiligen Gewicht zu relativieren. Dabei stellt die Intensität, mit der von den städtebaulichen Regeln abgewichen werden soll, nur einen – wenngleich auch gewichtigen – Belang dar.[1123] Darüber hinaus können die konkrete Lage des Vorhabens einschließlich etwaiger Alternativlösungen im Gemeindegebiet, die Größe des Vorhabens, die geplante Nutzungsdauer sowie eine etwaige Befristung der Abweichung eine Rolle spielen.[1124] Relevant ist auch die Frage, ob das tatsächliche Ergebnis der baulichen Maßnahmen der jeweiligen Gemeinde noch zugemutet werden kann. Ganz wichtig ist in Bezug auf die Flüchtlinge die immissionsbedingte Zumutbarkeit ihrer Unterbringung. Denn wie sich schon aus den Gesetzesmaterialien ergibt, kann eine Missachtung konkreter Anforderungen an gesunde Wohn- und Arbeitsverhältnisse nicht i.S.d. § 246 XIV BauGB „erforderlich" sein.[1125] Zu beachten sind auf der anderen Seite aber auch die nachbarlichen Belange und dabei insbesondere die Immissionsbelastung, die von der konkreten Flüchtlingsunterkunft ausgeht. Wenngleich im Unterschied zu § 246 X und XII BauGB nicht ausdrücklich in den Gesetzestext aufgenommen, ist dieser Aspekt jedoch aus verfassungsrechtlichen

---

[1119] *Jarass/Kment*, in: Jarass/Kment, BauGB, § 246 Rn. 28; *Mitschang/Reidt*, in: Battis/Krautzberger/Löhr, BauGB, § 246 Rn. 49; *Roeser*, in: Berliner Kommentar zum BauGB, § 246 Rn. 48; *VG Hamburg*, Beschl. v. 28.10.2015 – 7 E 5333/15 = DVBl 2015, 1605; *Decker*, in: Schiwy, BauGB, § 246 Rn. 128, der diese Prüfung allerdings insgesamt auf Rechtsfolgenebene verortet.
[1120] BT-Drs. 18/6185, S. 55.
[1121] *VG Hamburg*, Beschl. v. 28.10.2015 – 7 E 5333/15 = DVBl 2015, 1605; *Decker*, in: Schiwy, BauGB, § 246 Rn. 128.
[1122] *Decker*, in: Schiwy, BauGB, § 246 Rn. 128; *Mitschang/Reidt*, in: Battis/Krautzberger/Löhr, BauGB, § 246 Rn. 49.
[1123] *Roeser*, in: Berliner Kommentar zum BauGB, § 246 Rn. 48.
[1124] *Blechschmidt*, in: EZBK, BauGB, § 246 Rn. 99.
[1125] BT-Drs. 18/6185, S. 55.

Gründen geboten und insoweit in Rechtsprechung und Literatur unstreitig.[1126] Freilich sind diese nachbarlichen Interessen bei der Bewertung der einzelnen Belange aufgrund der besonderen Bedeutung einer menschenwürdigen Unterbringung und angesichts der der Anwendung des § 246 XIV BauGB stets immanenten Notstandslage ein gutes Stück weit zu relativieren, wie auch aus der fehlenden ausdrücklichen Nennung in § 246 XIV BauGB abgeleitet werden kann.[1127] Dementsprechend können sich nachbarliche Belange hier nur in außergewöhnlichen Fallkonstellationen gegenüber dem Grundrecht auf Gewährleistung eines menschenwürdigen Existenzminimums aus Art. 1 I GG i.V.m. dem Sozialstaatsprinzip des Art. 20 I GG[1128] durchsetzen, z.b. bei einer unerträglichen oder gar gesundheitsgefährdenden Lärmbelästigung, die von einer Flüchtlingsunterkunft ausgeht. Die Schritte der Abwägung laufen danach – entsprechend der „Muttervorschrift" des § 37 I BauGB – wie folgt: Sobald alle mit dem geplanten Vorhaben verbundenen Beeinträchtigungen und Nachteile festgestellt und in ihrer Zahl und ihrem Gewicht an der Dringlichkeit der Gründe gemessen worden sind, die für das Flüchtlingsvorhaben sprechen und diese Gründe bei der Abwägung dann überwiegen, soll das Kriterium der Erforderlichkeit erfüllt sein.[1129]

bb. Abwägung nicht Teil der tatbestandlichen Erforderlichkeitsprüfung

Dogmatisch und systematisch konsequent ist diese Auffassung jedoch nicht, wie sich aus den allgemeinen Regeln der Verhältnismäßigkeitsprüfung ergibt. Die herrschende Auffassung fußt auf einer dogmatischen Inkonsequenz der zu § 37 BauGB ergangenen *bundesverwaltungsgerichtlichen* Rechtsprechung, in der die Erforderlichkeit – unzutreffender Weise – in Anlehnung an § 31 II Nr. 1 BauGB ausgelegt worden ist.[1130] Da im Rahmen der Verhältnismäßigkeitsprüfung streng unterschieden wird zwischen der Erforderlichkeitsprüfung, bei der nach ebenso

---

[1126] So bereits die Gesetzesmaterialien, BT-Drs. 18/6185, S. 55 („auch unter Würdigung nachbarlicher Interessen"); *VGH Mannheim*, Beschl. v. 23.06.2016 – 5 S 634/16 = BauR 2016, 1738; *Bunzel*, in: Bleicher/Bunzel/Finkeldei/Fuchs/Klinge, Baurecht, § 246 S. 19; *Jarass/Kment*, in: Jarass/Kment, BauGB, § 246 Rn. 28; *Ewer/Mutschler-Siebert*, NJW 2016, 11 (13); *Blechschmidt*, in: EZBK, BauGB, § 246 Rn. 99; *Mitschang/Reidt*, in: Battis/Krautzberger/Löhr, BauGB, § 246 Rn. 49; *Scheidler*, NVwZ 2016, 744 (746).
[1127] *Roeser*, in: Berliner Kommentar zum BauGB, § 246 Rn. 48.
[1128] Dieses sog. verfassungsrechtliche Existenzminimum verlangt eine einheitliche Gewährleistung des gesamten existenznotwendigen Bedarfs jedes individuellen Grundrechtsträgers. Darunter fällt insbesondere auch eine menschenwürdige Unterkunft. Vgl. *BVerfG*, Urt. v. 09.02.2010 – 1 BvL 1/09 = NJW 2010, 505.
[1129] So zur „Muttervorschrift" des § 37 I BauGB: *BVerwG*, Beschl. v. 10.07.1991 – 4 B 106/91 = NVwZ 1992, 479.
[1130] *BVerwG*, Beschl. v. 16.07.1981 – 4 B 96.81 = ZfBR 1981, 243.

wirksamen, aber milderen Alternativen zur Zweckerreichung gesucht wird, und der Angemessenheitsprüfung, bei der die umfassende Abwägung stattfindet, ist nicht nachvollziehbar, weshalb im Falle des § 37 BauGB die Prüfung der Verhältnismäßigkeit im engeren Sinne, d.h. der Angemessenheit, bereits in die Erforderlichkeitsprüfung vorgezogen werden soll. Es überzeugt auch nicht die in Bezug genommene Rechtsprechung zum Prüfungsinhalt der Erforderlichkeitsprüfung des § 37 I BauGB, der ja nach Aussage des Gerichts bewusst an die Erforderlichkeit i.S.v. § 31 II Nr. 1 BauGB angelehnt sein soll. Denn der Aufbau der Abweichungsregelung des § 31 II Nr. 1 BauGB ist doch das „Paradebeispiel" dafür, dass zwischen der Erforderlichkeitsprüfung und der Abwägung unterschieden werden muss. Zunächst wird die Erforderlichkeit einer Befreiung aus Gründen des Gemeinwohls geprüft, die vorliegt, wenn das Vorhaben bei Beachtung der §§ 30 bis 36 BauGB gerade nicht verwirklicht werden kann. Erst dann wird in einem zweiten Schritt die „Vereinbarkeit mit öffentlichen Belangen unter Würdigung nachbarlicher Interessen" untersucht und dabei eine umfassende Abwägung vorgenommen.[1131]

Aus diesen Gründen darf die Abwägung – entgegen der herrschenden Meinung – nicht Teil der Erforderlichkeitsprüfung sein. Damit ist auch die Frage, ob das tatsächliche Ergebnis der jeweiligen Gemeinde noch zugemutet werden kann, nicht Gegenstand der Prüfung „in erforderlichem Umfang". Sie ist vielmehr auf Rechtsfolgenseite im Rahmen der Abwägung bei der Ermessensentscheidung zu behandeln. Im Einklang mit den verfassungsrechtlichen Grundsätzen zur Verhältnismäßigkeit kommt es in der Erforderlichkeitsprüfung ausschließlich darauf an, ob der erstrebte Zweck nicht durch ein ebenso wirksames – also gleich geeignetes – aber weniger belastendes Mittel erreicht werden kann. Eine Abweichung vom übrigen Bauplanungsrecht findet daher richtigerweise immer dann „in erforderlichem Umfang" statt, soweit der erstrebte Zweck – nämlich die zeitnahe Unterbringung von Flüchtlingen in Notfällen – nicht durch ein gleich geeignetes, aber – qualitativ oder quantitativ – milderes Mittel erreicht werden kann. Es geht insoweit also lediglich darum, dass von bauplanungsrechtlichen Vorschriften nur in dem Umfang abgewichen wird, der nötig ist, um diejenigen Flüchtlinge unterzubringen, die auf andere Weise bauplanungsrechtlich nicht (mehr) untergebracht werden können. Unter Zugrundelegung dieser Grundsätze kann daher *Bunzel* nur zugestimmt werden, der eine Abweichung in dem Umfang für erforderlich hält, in dem die asylrechtlichen chen Unterbringungspflichten der jeweiligen Gebietskörperschaft die vorhande-

---

[1131] So auch *Dürr*, in: Brügelmann, BauGB, § 37 Rn. 14, 18.

nen und nach dem übrigen[1132] Bauplanungsrecht genehmigungsfähigen Unterkünfte übersteigen.[1133] In die gleiche Richtung geht die von *Dürr* vertretene – gegenüber § 37 BauGB konsequent fortgeführte[1134] – Auffassung, wonach das Tatbestandsmerkmal der Erforderlichkeit nur der inhaltlichen Beschränkung der Befreiung auf solche Abweichungen dient, „ohne die die beabsichtigte Unterbringung von Flüchtlingen nicht verwirklicht werden kann."[1135] Eine Abwägung sämtlicher öffentlicher Belange einschließlich der nachbarlichen Interessen – wie sie die herrschende Meinung bereits in der Erforderlichkeitsprüfung auf Tatbestandsebene vornimmt – hat erst anschließend im Rahmen der Ermessensentscheidung zu erfolgen.

6. Nachweis der Dringlichkeit und Erforderlichkeit

Wie sich bereits aus der Gesetzesbegründung ergibt, dürfen an den Nachweis der Dringlichkeit und Erforderlichkeit keine überzogenen Anforderungen gestellt werden.[1136] Ausreichend – aber in Bezug auf Art. 28 II GG auch notwendig – ist etwa „eine sich aus der örtlichen Situation ergebende Plausibilität der Erforderlichkeit des Vorhabens".[1137] Bestätigt wird diese bereits gesetzeshistorisch angelegte Darlegungs- und Beweiserleichterung durch den Sinn und Zweck des § 246 XIV BauGB, eine möglichst schnelle Unterbringung der Flüchtlinge in Notfällen zu ermöglichen.[1138] Denn anderenfalls bestünde die Gefahr, dass die Generalklausel angesichts des Handlungs- und Zeitdrucks der zuständigen Behörden in der Praxis meist ungenutzt bliebe, weil ein ausführlicher Nachweis der Dringlichkeit und Erforderlichkeit oft sehr zeit- und ressourcenintensiv sein kann. Diese Zeit ist in den von § 246 XIV BauGB erfassten Notfällen aber gerade nicht vorhanden.

Aus demselben Grund kann daher auch in Zweifelsfällen auf § 246 XIV BauGB zurückgegriffen werden.[1139] Die notwendige Zeit zur zweifelsfreien und abschließenden

---

[1132] Darunter fallen neben den allgemeinen städtebaulichen Vorschriften der §§ 30 ff. BauGB auch die Sondervorschriften des § 246 VIII bis XIII BauGB.
[1133] *Bunzel*, in: Bleicher/Bunzel/Finkeldei/Fuchs/Klinge, Baurecht, § 246 S. 18.
[1134] *Dürr*, in: Brügelmann, BauGB, § 37 Rn. 14, wonach im Rahmen der tatbestandlichen Erforderlichkeitsprüfung keine Abwägung vorgenommen werden dürfe.
[1135] *Dürr*, in: Brügelmann, BauGB, § 246 Rn. 48 f.
[1136] BT-Drs. 18/6185, S. 55, wonach ausdrücklich „an beide Vorgaben" – also sowohl an die Erforderlichkeit als auch an die Dringlichkeit – keine übersteigerten Anforderungen gestellt werden sollen.
[1137] BT-Drs. 18/6185, S. 55.
[1138] *Dürr*, in: Brügelmann, BauGB, § 246 Rn. 47 f.
[1139] *Jarass/Kment*, in: Jarass/Kment, BauGB, § 246 Rn. 30; *Mitschang/Reidt*, in: Battis/Krautzberger/Löhr, BauGB, § 246 Rn. 47.

Klärung der Fragen, gegebenenfalls sogar noch mit Hilfe des Gerichts, ob ein dringender Bedarf im Gemeindegebiet besteht und die Generalklausel im konkreten Fall tatsächlich erforderlich ist, wird in den von § 246 XIV BauGB erfassten Notfällen häufig gar nicht zur Verfügung stehen.[1140] Zudem würde man den Sinn und Zweck der Vorschrift – eine möglichst schnelle Unterbringung der Flüchtlinge in Extremfällen zu ermöglichen – gänzlich aushöhlen und die Generalklausel würde zu einem reinen Papiertiger verkommen, wenn erst in einem gerichtlichen Verfahren geklärt werden müsste, ob es der Anwendung der Generalklausel im konkreten Fall tatsächlich bedarf.[1141] Diese Auslegung findet auch im Wortlaut der Vorschrift ihre Stütze, da in den Fällen der vorherigen gerichtlichen Klärung die Flüchtlingsunterkunft regelmäßig „nicht rechtzeitig bereitgestellt werden" könnte.[1142] Schließlich sprechen auch noch systematische Gründe für die abgesenkten Anforderungen an den Nachweis der Dringlichkeit und Erforderlichkeit. Denn auch im Falle des – dem § 246 XIV BauGB als Vorlage dienenden – § 37 BauGB ist es aufgrund des zugrundeliegenden Beschleunigungsgedankens entbehrlich, in etwaigen Zweifelsfällen zunächst eine gerichtliche Klärung über die Subsidiaritätsfrage herbeizuführen.[1143]

7. Rechtsfolge: Abweichungsmöglichkeit von sämtlichem Bauplanungsrecht

Bei der Abweichungsentscheidung i.S.v. § 246 XIV 1 BauGB handelt es sich um eine Ermessensentscheidung der höheren Verwaltungsbehörde, wie sich dem Wortlaut („kann") unstreitig entnehmen lässt.[1144] Im Rahmen dieser Ermessensentscheidung hat eine umfangreiche Abwägung sämtlicher für und gegen das Vorhaben sprechender Umstände und betroffener Belange stattzufinden. Insoweit müssen – wie es die herrschende Meinung bereits auf Tatbestandsebene im Rahmen der Erforderlichkeitsprüfung vollzogen hat[1145] – die widerstreitenden Belange gewichtet und einander gegenübergestellt werden; die Verwendung bloßer floskelhafter Textbausteine reicht freilich nicht aus.[1146] Neben der konkreten Größe und Lage des Vorhabens einschließlich etwaiger Alternativstandorte im Gemeindegebiet sowie der geplanten Nutzungsdauer sind hierbei auch die Zumutbarkeit der Abweichung für die betroffene Gemeinde sowie – jedenfalls in gewissem Umfang – nachbarliche Interessen

---

[1140] *Bunzel*, in: Bleicher/Bunzel/Finkeldei/Fuchs/Klinge, Baurecht, § 246 S. 19.
[1141] *Battis/Mitschang/Reidt*, NVwZ 2015, 1633 (1637); *Bienek/Reidt*, BauR 2015, 422 (430) für den vergleichbaren Fall der „Muttervorschrift" des § 37 BauGB.
[1142] In diese Richtung auch *Mitschang/Reidt*, in: Battis/Krautzberger/Löhr, BauGB, § 246 Rn. 47.
[1143] *Reidt*, in: Battis/Krautzberger/Löhr, BauGB, § 37 Rn. 2.
[1144] *Jarass/Kment*, in: Jarass/Kment, BauGB, § 246 Rn. 31.
[1145] Vgl. dazu soeben unter Ziffer 5. b. auf S. 256 ff.
[1146] *Bienek*, SächsVBl 2016, 73 (79).

zu berücksichtigen.[1147] Ganz wichtig ist in Bezug auf die Flüchtlinge die immissionsbedingte Zumutbarkeit ihrer Unterbringung; denn die Anforderungen an gesunde Wohn- und Arbeitsverhältnisse sind aufgrund von Art. 2 II 1 GG und § 1 VI Nr. 1 BauGB ohnehin stets einzuhalten. Schließlich sind auch die Grundzüge der Planung als ein öffentlicher Belang in diese Gesamtabwägung miteinzubeziehen.[1148] Entgegen einer anderen Auffassung in der Literatur[1149] dürfen diese aber ausschließlich auf der Rechtsfolgenebene in die Abwägung einfließen. Nur so besteht die Möglichkeit, dass sie zugunsten anderer Belange, insbesondere dem Grundrecht auf Gewährleistung eines menschenwürdigen Existenzminimums, „weggewogen" werden können. Würde man das Unberührtbleiben der Grundzüge der Planung – in Anlehnung an die allgemeine Befreiungsregelung des § 31 II BauGB – als ein ungeschriebenes Tatbestandsmerkmal behandeln, wäre ein solches „Wegwägen" verwehrt. Bestätigt wird dies sowohl durch den Wortlaut der Vorschrift, der die Grundzüge der Planung im Gegensatz zu § 31 II BauGB nicht erwähnt, als auch durch einen Vergleich mit § 246 X und XII BauGB. Denn aus welchem Grund sollte man die Grundzüge der Planung, die bereits nach den „schwächeren" Befreiungsregelungen des § 246 X und XII BauGB überwunden werden können[1150], im Rahmen des § 246 XIV BauGB auf tatbestandlicher Ebene nicht überwinden können, wo die Auffangnorm des § 246 XIV BauGB doch gerade auf die Abweichung von sämtlichen bauplanungsrechtlichen Regelungen und jedes diesbezüglichen Standards in Extremfällen ausgerichtet ist?

8. Anhörungsrecht, Rückbauverpflichtung und deren Sicherung, zulässige Anschlussnutzung und Kostenerstattungsanspruch der Gemeinde gem. § 246 XIV 3 bis 9 BauGB

In Anlehnung an § 37 II 2 BauGB ist auch für die Generalklausel des § 246 XIV BauGB in Bezug auf die kommunale Mitwirkung gem. § 246 XIV 3 HS. 1 BauGB nur ein reines Anhörungsrecht statuiert.[1151] Dieses stellt ein „Minus" zum gemeindlichen Einvernehmen dar und tritt ausweislich des § 246 XIV 3 HS. 2 BauGB an

---

[1147] *Battis/Mitschang/Reidt*, NVwZ 2015, 1633 (1638); ebenfalls *Petersen*, KommP BY 2016, 50 (54).
[1148] So auch *Dürr*, in: Brügelmann, BauGB, § 246 Rn. 49, nach dem die Grundzüge der Planung und sonstige öffentliche Belange unter Würdigung nachbarlicher Interessen im Rahmen der Ermessensentscheidung zu berücksichtigen sind. Für den vergleichbaren Fall des § 246 XII BauGB halten auch *Kment/Wirth*, ZfBR 2016, 748 (751) und *Jarass/Kment*, in: Jarass/Kment, BauGB, § 246 Rn. 24 die Grundzüge der Planung als einen in der Ermessensentscheidung zu berücksichtigenden öffentlichen Belang.
[1149] *Hornmann*, NVwZ 2016, 436 (439).
[1150] Vgl. dazu im Rahmen der Darstellung des § 246 X und XII BauGB auf S. 188 ff. und S. 202 ff.
[1151] So bereits BT-Drs. 18/6185, S. 55.

dessen Stelle. Auf diese Weise bedarf es für Abweichungsentscheidungen auf Grundlage des § 246 XIV BauGB keines kommunalen Einvernehmens nach § 36 BauGB[1152] und § 14 II 2 BauGB. Darüber hinaus wird gem. § 246 XIV 4 BauGB selbst die bloße Anhörung entbehrlich, wenn Vorhabenträger die Gemeinde selbst oder ein von ihr beauftragter Dritter ist. Der Begriff des Auftrags ist dabei untechnisch zu verstehen. Unabhängig von der genauen rechtlichen Ausgestaltung sind davon sämtliche Fälle erfasst, in denen die Gemeinde auf den Dritten als Vorhabenträger einen derartigen Einfluss hat, dass dieser lediglich als „verlängerter Arm" der Gemeinde angesehen werden kann.[1153]

Die in den Sätzen 5 bis 8 normierte Rückbauverpflichtung samt Sicherung sowie die Zulässigkeit der Anschlussnutzung an die Flüchtlingsunterbringung folgen weitestgehend dem Vorbild der Regelungen in § 246 XIII 2 bis 5 BauGB. Daher kann auf die dortigen Ausführungen verwiesen werden.[1154] Lediglich in Bezug auf den Wegfall der normalerweise erforderlichen Sicherung der Rückbauverpflichtung gem. § 246 XIV 8 BauGB stellt sich hier weitergehend die Frage, ob diese Befreiung ausschließlich auf Fälle zu beschränken ist, in denen Vorhabenträger ein Land, eine Gemeinde oder ein Landkreis ist, oder ob diese auch auf Vorhaben übertragbar ist, die ein Dritter im Auftrag eines Landes, einer Gemeinde oder eines Landkreises durchführt. Teilweise wird vertreten, dass die Ausnahmeregelung des § 246 XIV 8 BauGB auch auf diese Fälle entsprechende Anwendung finden soll, da die Gemeinde immerhin durch Anweisungsrechte gegenüber dem Dritten den Rückbau gewährleisten könne.[1155] Dem kann aus systematischen Gründen nicht zugestimmt werden. Die Ausnahmeregelung darf nicht auf beauftragte Dritte ausgeweitet werden.[1156] Denn anderenfalls würde man die vom Gesetzgeber in § 246 XIV 4, 8 und 9 BauGB vorgenommene Differenzierung vollständig beseitigen, wonach zwar der Anwendungsbereich des § 246 XIV 4 und 9 BauGB ausdrücklich auf Vorhaben beauftragter Dritter erweitert wird, diese Erweiterung aber gerade in § 246 XIV 8 BauGB nicht entsprechend nachgezeichnet ist.

Schließlich hat der Gesetzgeber in § 246 XIV 9 HS. 1 BauGB über eine entsprechende Anwendung des § 37 III BauGB noch Kostenerstattungsansprüche der Gemeinde für Fälle statuiert, in denen Vorhabenträger ein Land oder in dessen Auftrag

---

[1152] Neben dem in § 246 XIV 3 HS. 2 BauGB ausdrücklich genannten gemeindlichen Einvernehmen i.S.v. § 14 II 2 BauGB ist ferner das Einvernehmen i.S.v. § 36 BauGB erfasst; dies folgt aus der Verwendung des Wortes „auch".
[1153] *Battis/Mitschang/Reidt*, NVwZ 2015, 1633 (1638); *Gohde*, ZfBR 2016, 642 (648).
[1154] Vgl. dazu ausführlich auf S. 245 ff.
[1155] *Mitschang/Reidt*, in: Battis/Krautzberger/Löhr, BauGB, § 246 Rn. 53.
[1156] So auch *Jarass/Kment*, in: Jarass/Kment, BauGB, § 246 Rn. 32.

ein Dritter ist. Errichten diese auf Grundlage des § 246 XIV 1 BauGB ein Vorhaben unter Abweichung der §§ 30 ff. BauGB, kann dies dazu führen, dass die Gemeinde ihre bestehenden Bauleitpläne anpassen oder ihre noch nicht realisierte Planung aufgeben muss.[1157] Dabei können der Gemeinde nicht nur durch die erforderlich werdende Änderung, Ergänzung, Aufhebung oder (Neu-)Aufstellung des Bebauungsplans Kosten entstehen, sondern vor allem auch durch die Entschädigungszahlungen an die betroffenen Grundstückseigentümer nach §§ 39 ff. BauGB. Auf diesen Kosten soll die Gemeinde aber nicht sitzen bleiben, wenn sie selbst nicht Vorhabenträger ist. Ist hingegen die Gemeinde selbst oder ein in ihrem Auftrag handelnder Dritter Träger des Vorhabens, findet § 246 XIV 9 HS. 1 BauGB keine Anwendung, da die Gemeinde freilich keine Kostenerstattungsansprüche gegen sich selbst haben kann.

B. Verfahrenserleichterungen des § 246 XV und XVI BauGB

I. Verkürzung der Fiktionsfrist zum gemeindlichen Einvernehmen, § 246 XV BauGB

Die Verfahrenserleichterung des § 246 XV BauGB enthält eine Sonderregelung im Hinblick auf die Beteiligung der Gemeinden am Genehmigungsverfahren nach § 36 BauGB. Sie wurde nach dem Vorbild des § 5 III 2 des BauGB-Maßnahmengesetzes von 1990 erschaffen[1158] und modifiziert dabei die Anforderungen des § 36 II 2 BauGB aus Gründen der Verfahrensbeschleunigung.[1159] Danach gilt das Einvernehmen – abweichend von § 36 II 2 BauGB – als erteilt, wenn es nicht innerhalb eines Monats verweigert wird. Es wird also „lediglich" die Dauer der Frist für die Einvernehmenserteilung verkürzt, wobei die übrigen Voraussetzungen im Zusammenhang mit dem gemeindlichen Einvernehmen einschließlich der Möglichkeit der Einvernehmensersetzung hiervon unberührt bleiben.[1160]

Die sachliche Anwendbarkeit dieser Verfahrenserleichterung ist dabei nicht auf die Fälle beschränkt, in denen das Vorhaben auf Grundlage der Sonderregelungen für Flüchtlingsunterkünfte genehmigt wird. Vielmehr kommt die verkürzte Frist auch

---

[1157] *Scheidler*, UPR 2015, 479 (485).
[1158] *Blechschmidt*, in: EZBK, BauGB, § 246 Rn. 103.
[1159] Den Grund der Verfahrensbeschleunigung nennen auch: *Roeser*, in: Berliner Kommentar zum BauGB, § 246 Rn. 54; *Mitschang/Reidt*, in: Battis/Krautzberger/Löhr, BauGB, § 246 Rn. 55; *Jarass/Kment*, in: Jarass/Kment, BauGB, § 246 Rn. 37.
[1160] *Jarass/Kment*, in: Jarass/Kment, BauGB, § 246 Rn. 34; *Mitschang/Reidt*, in: Battis/Krautzberger/Löhr, BauGB, § 246 Rn. 56.

dann zur Geltung, wenn das Vorhaben unter Rückgriff auf die allgemeinen bauplanungsrechtlichen Vorschriften zugelassen wird.[1161]

Fraglich ist jedoch, ob die verfahrensbeschleunigende Regelung des § 246 XV BauGB auch für Baugenehmigungen gilt, die auf Grundlage der Generalklausel des § 246 XIV BauGB erteilt werden. Der Großteil der Kommentarliteratur bejaht diese Frage ohne weitere Ausführungen, indem in diesem Zusammenhang jeweils auf Zulassungen unter „Rückgriff auf die § 246 VIII bis XIV BauGB" abgestellt wird.[1162] Richtigerweise kann die Verfahrenserleichterung des § 246 XV BauGB, die an das gemeindliche Einvernehmen i.S.v. § 36 BauGB anknüpft, bei Abweichungen nach § 246 XIV BauGB aber naturgemäß keine Anwendung finden.[1163] Denn eine der Besonderheiten der Generalklausel des § 246 XIV BauGB besteht gerade darin, dass anstelle des gemeindlichen Einvernehmens – gewissermaßen als „Minus" dazu – gem. § 246 XIV 3 BauGB nur eine vorherige Anhörung der Gemeinde erforderlich ist.[1164] Da es im Rahmen der Anhörung aber keine Fiktionsfrist gibt, deren Dauer verkürzt werden könnte, scheidet eine Anwendung des § 246 XV BauGB auf Genehmigungen, die auf Grundlage des § 246 XIV BauGB erteilt werden, notwendigerweise aus.

In Bezug auf die zeitliche Anwendbarkeit des § 246 XV BauGB darf die normierte Monatsfrist spätestens am 31.12.2019 ablaufen. Denn nur bis zu diesem Zeitpunkt gilt das Einvernehmen bereits dann als verweigert, wenn es nicht innerhalb eines Monats verweigert wird. Entscheidend ist also das Ende der Frist, nicht deren Beginn.[1165]

Ein entsprechender Gleichlauf von § 36 BauGB und § 14 II 2 BauGB, wie er in § 246 XIV 3 BauGB in Bezug auf die Anhörung geregelt ist, fehlt bei der Verfahrensprivilegierung des § 246 XV BauGB. Was *Decker*[1166] insoweit als „bemerkenswert" ansieht, ist letztlich aber nur konsequent, da es im Rahmen von § 246 XV BauGB um die Einvernehmensfiktion des § 36 II 2 BauGB geht, die bereits nach den allgemeinen bauplanungsrechtlichen Regelungen nicht auf § 14 II 2 BauGB Anwendung findet.[1167]

[1161] *Mitschang/Reidt*, in: Battis/Krautzberger/Löhr, BauGB, § 246 Rn. 55; *Jarass/Kment*, in: Jarass/Kment, BauGB, § 246 Rn. 35; *Blechschmidt*, in: EZBK, BauGB, § 246 Rn. 103; *Petersen*, KommP BY 2016, 50 (55).
[1162] *Blechschmidt*, in: EZBK, BauGB, § 246 Rn. 103; *Jarass/Kment*, in: Jarass/Kment, BauGB, § 246 Rn. 35; *Mitschang/Reidt*, in: Battis/Krautzberger/Löhr, BauGB, § 246 Rn. 55.
[1163] *Roeser*, in: Berliner Kommentar zum BauGB, § 246 Rn. 54.
[1164] *Jarass/Kment*, in: Jarass/Kment, BauGB, § 246 Rn. 31.
[1165] *Roeser*, in: Berliner Kommentar zum BauGB, § 246 Rn. 55.
[1166] *Decker*, in: Schiwy, BauGB, § 246 Rn. 137.
[1167] *Stock*, in: EZBK, BauGB, § 14 Rn. 105; *Sennekamp*, in: Brügelmann, BauGB, § 14 Rn. 70.

II. Entsprechende Geltung der Fiktionsfrist des § 18 III 2 BNatSchG bei Außenbereichsvorhaben, § 246 XVI BauGB

Darüber hinaus hat der Gesetzgeber in § 246 XVI BauGB eine weitere Verfahrensbeschleunigung vorgesehen.[1168] Danach gilt die naturschutzrechtliche Verfahrensprivilegierung des § 18 III 2 BNatSchG für Außenbereichsvorhaben i.S.d. § 246 IX und XIII BauGB entsprechend, die sonst nur bei Innenbereichsvorhaben i.s.v. § 34 BauGB zur Anwendung kommt. Äußert sich die Naturschutzbehörde also nicht binnen eines Monats nach Eingang des Stellungnahmeersuchens der Baugenehmigungsbehörde, dann kann letztere davon ausgehen, dass Belange des Naturschutzes und der Landschaftspflege von dem auf Grundlage des § 246 IX oder XIII BauGB zugelassenen Außenbereichsvorhaben nicht berührt werden. Damit ist die Baugenehmigungsbehörde von der Aufgabe entbunden, weitere Nachforschungen über die betreffenden Belange anzustellen.[1169] Sind ihr hingegen einschlägige Beeinträchtigungen der naturschutzrechtlichen Belange bekannt, darf sie diese natürlich gleichwohl nicht ignorieren.[1170]

Die Zweckmäßigkeit dieser beiden Verfahrensregelungen wird im achten Kapitel einer kritischen Prüfung unterzogen.[1171] Zunächst soll aber die in der Praxis sehr bedeutsame Frage der städtebaulichen Zulässigkeit der sog. Folgenutzung im Anschluss an die Flüchtlingsunterbringung aufgegriffen werden. Diese wurde – in Abgrenzung zur sog. Fortnutzung einer Flüchtlingsunterkunft nach Ablauf des 31.12.2019 – bereits im Rahmen des zeitlichen Anwendungsbereichs der Sondervorschriften erwähnt, konnte dort aber noch nicht beantwortet werden, da es dazu wesentlich auf die Eigenart der – soeben ausführlich dargestellten – einzelnen Privilegierungsregelung ankommt.

[1168] *Jarass/Kment*, in: Jarass/Kment, BauGB, § 246 Rn. 37; *Petersen*, KommP BY 2016, 50 (55).
[1169] *Petersen*, KommP BY 2016, 50 (55).
[1170] *Gellermann*, in: Landmann/Rohmer, Umweltrecht, BNatSchG, § 18 Rn. 17; *Petersen*, KommP BY 2016, 50 (55).
[1171] Zur Zweckmäßigkeit der auf die Verfahrenserleichterung gerichteten Sonderregelungen des § 246 XV und XVI BauGB, vgl. ausführlich auf S. 480 ff.

Sechstes Kapitel

Städtebauliche Zulässigkeit der Folgenutzung im Anschluss an die Flüchtlingsunterbringung

Während es bei der sog. Fortnutzung[1172] um die – innerhalb des passiven Bestandsschutzes angesiedelte – Problemstellung geht, ob und inwieweit nach Ablauf des 31.12.2019 die nach den Sonderregelungen genehmigte Flüchtlingsunterkunft als solche – also als Flüchtlingsunterkunft – fortgenutzt werden kann, betrifft die nachfolgend untersuchte sog. Folge-, Nach- oder Anschlussnutzung[1173] den Regelungsgegenstand des aktiven Bestandsschutzes und mithin die Frage, ob die als Flüchtlingsunterkunft auf Grundlage der Sondervorschriften der Absätze 8 bis 14 des § 246 BauGB genehmigte bauliche Anlage nach Aufgabe dieser Nutzung ohne weiteres und damit ohne erneute Prüfung am Bauplanungsrecht in anderer Form – also nicht als Flüchtlingsunterkunft – weitergenutzt werden kann. Es geht in diesem Zusammenhang somit um Sachverhalte, in denen die bauliche Anlage – mangels entsprechendem Bedarf oder aus sonstigen Gründen – nicht mehr als Flüchtlingsunterkunft genutzt, die bestehende Nutzung also qualitativ geändert werden soll.[1174] Die Frage der Zulässigkeit der Anschlussnutzung hat vor allem im Hinblick auf Investitionsentscheidungen privater Investoren einschließlich kommunaler Wohnbaugesellschaften erhebliche Bedeutung.[1175] Denn im Regelungsfeld der Flüchtlingsunterbringung ist bereits im Zeitpunkt der Schaffung der Flüchtlingsunterkünfte absehbar, dass diese früher oder später nicht mehr in dem Maße benötigt werden, wie dies noch im Zeitpunkt ihrer Schaffung der Fall gewesen ist. Betroffen sind dabei nicht nur vormals anders genutzte Gebäude wie Sporthallen, Kongresshallen, Baumärkte oder Lagerhallen, die anschließend wieder ihrer ursprünglichen Zweckbestimmung zugeführt werden sollen. Insbesondere auch für neu errichtete Anlagen zur Flüchtlingsunterbringung wird sich die Frage der Anschlussnutzung stellen, da diese Vorhaben

---

[1172] Die Frage der Fortnutzung wurde bereits ausführlich im Rahmen des zeitlichen Anwendungsbereichs der Sondervorschriften im vierten Kapitel auf S. 147 ff. diskutiert.
[1173] Während die Bundesregierung in ihrer Stellungnahme zur ersten BauGB-Flüchtlingsnovelle von einer „Nachnutzung" spricht (BT-Drs. 18/2752, S. 11), verwendet der Innenausschuss in seiner Beschlussempfehlung die Terminologie der „Anschlussnutzung" (BT-Drs. 18/6386, S. 15).
[1174] *Blechschmidt/Reidt*, BauR 2016, 934 (937).
[1175] *Blechschmidt/Reidt*, BauR 2016, 934 (935).

bis zum Ende ihrer Nutzung als Flüchtlingsunterkunft weder in baulicher noch in wirtschaftlicher Hinsicht das Ende ihrer Nutzungsdauer erreicht haben werden. Aber auch im Hinblick auf eine nachhaltige städtebauliche Entwicklung ist es relevant, bereits im Zeitpunkt der Zulassungsentscheidung der gegenwärtig beantragten Nutzung die Zulässigkeit etwaig künftiger Anschlussnutzungen zu berücksichtigen.

Die Zulässigkeit der Anschlussnutzung betrifft den Regelungsbereich des aktiven Bestandsschutzes. Ohne weiteres vom (aktiven) Bestandsschutz umfasst sind Renovierungs- und Instandsetzungsarbeiten an der baulichen Anlage, sofern diese als solche noch funktionsgerecht nutzbar ist.[1176] Dieser Bestandsschutzgedanke findet seine Grundlage in Art. 14 I GG, da das verfassungsrechtlich gewährleistete Eigentumsrecht die vorhandene bauliche Anlage gerade auch in ihrer bisherigen Nutzungsweise schützt. Es muss sich dabei allerdings um notwendige Maßnahmen zur Erhaltung des Gebäudes bzw. zur Beseitigung von entsprechenden Schäden handeln. Weitergehende Maßnahmen im Sinne von qualitativen oder quantitativen Änderungen der Nutzung oder der Substanz sind nach heutiger Rechtslage aber nur noch in den Fällen möglich, in denen sie einfach-gesetzlich ausdrücklich zugelassen sind. Dies ist bisher nur in § 34 IIIa BauGB und § 35 IV BauGB vorgesehen. Außerhalb dieser einfach-gesetzlichen Regelungen gibt es keinen Anspruch auf Zulassung eines Vorhabens aus eigentumsrechtlichem Bestandsschutz. Ein Rückgriff auf Art. 14 I GG scheidet nach mittlerweile ganz herrschender Meinung aus, da das Eigentumsgrundrecht nur das vorhandene Gebäude in seiner bisherigen Nutzungsweise schützt, nicht aber etwaige Erweiterungen oder Nutzungsänderungen.[1177] Fraglich ist daher, ob und inwieweit die Sondervorschriften des § 246 VIII bis XVII BauGB einfach-gesetzliche Regelungen zum aktiven Bestandsschutz enthalten und wie sich die Rechtslage zur Anschlussnutzung an eine Flüchtlingsunterbringung – im Falle des Fehlens derartiger Regelungen – nach den allgemeinen bauplanungsrechtlichen Grundsätzen darstellt.

[1176] *BVerwG*, Urt. v. 23.01.1981 – 4 C 82/77 = NJW 1981, 1225; *BVerwG*, Urt. v. 12.12.1975 – IV C 71/73 = DVBl 1976, 214; *VGH München*, Urt. v. 04.08.2017 – 15 N 15.1713 = NVwZ-RR 2017, 953; *Dürr*, in: Brügelmann, BauGB, § 35 Rn. 118, 120; *Söfker*, in: EZBK, BauGB, § 35 Rn. 181.
[1177] *BVerwG*, Urt. v. 12.03.1998 – 4 C 10/97 = NVwZ 1998, 842, wonach die frühere, gegenteilige Rechtsprechung des sog. überwirkenden Bestandsschutzes ausdrücklich aufgegeben wurde; bestätigt etwa in *BVerwG*, Urt. v. 14.04.2000 – 4 C 5/99 = NVwZ 2000, 1048 sowie in *BVerwG*, Beschl. v. 22.05.2007 – 4 B 14.07 = ZfBR 2007, 582.

§ 12

Gesetzlich geregelte Fälle einer Anschlussnutzung in § 246 VIII bis XIV BauGB

A. Privilegierungen in § 246 VIII bis XIV BauGB bilden für sich keinen Zulässigkeitsmaßstab für eine Anschlussnutzung

Die Sondervorschriften des § 246 VIII bis XIV BauGB regeln grundsätzlich nur die privilegierte Zulassung von Flüchtlingsunterkünften. Aussagen zur Zulässigkeit der Nutzung im Anschluss an die Flüchtlingsunterbringung werden darin – mit Ausnahme von § 246 XIII 3 HS. 1 BauGB und § 246 XIV 6 i.V.m. § 246 XIII 3 HS. 1 BauGB, die sogleich näher behandelt werden – nicht getroffen. Die durch die Absätze 8 bis 14 des § 246 BauGB ermöglichten Abweichungen von den allgemeinen bauplanungsrechtlichen Grundsätzen können für sich genommen für die Zulässigkeit der Anschlussnutzung keinen Maßstab bilden.[1178] Aus diesem Grund kann aus der Nutzung der baulichen Anlage zu Zwecken der Flüchtlingsunterbringung nicht „automatisch" die Zulässigkeit nachfolgender anderer wohnähnlicher Nutzungen hergeleitet werden.[1179]

B. Ausdrückliche Regelungen zur Anschlussnutzung in § 246 XIII 3 HS. 1 und XIV 6 BauGB

Wie vorstehend bereits erwähnt, lassen die Sondervorschriften für Flüchtlingsunterkünfte allerdings in zwei Fällen die Anschlussnutzung ausdrücklich gesetzlich zu. Im Anschluss an die Flüchtlingsunterbringung auf Grundlage der Privilegierungstatbestände der §§ 246 XIII 1 Nr. 2, 246 XIV 1 BauGB wird gem. § 246 XIII 3 HS. 1 BauGB und § 246 XIV 6 i.V.m. § 246 XIII 3 HS. 1 BauGB die Wiederaufnahme der der Flüchtlingsunterbringung vorangegangenen Nutzung ausdrücklich konstitutiv zugelassen. Da die Vorschrift des § 246 XIV 6 BauGB lediglich die Regelung des § 246 XIII 3 HS. 1 BauGB für entsprechend anwendbar erklärt, handelt es sich bei diesen um inhaltlich-materiell identische Regelungen.[1180] Diese bewirken, dass die Wiederaufnahme der vormaligen Nutzung – obwohl diese eine Nutzungsänderung i.S.v. § 29 I BauGB darstellt

---

[1178] *Blechschmidt*, in: EZBK, BauGB, § 246 Rn. 63a.
[1179] *Mitschang/Reidt*, in: Battis/Krautzberger/Löhr, BauGB, § 246 Rn. 25.
[1180] Aus diesem Grund wird in den nachfolgenden Ausführungen ausschließlich auf die Regelung des § 246 XIII 3 HS. 1 BauGB Bezug genommen. Denn auch die in § 246 XIV 6 BauGB statuierte

– nicht erneut am Bauplanungsrecht gemessen werden muss.[1181] Von praktischer Bedeutung ist dies insbesondere für bauliche Anlagen, die bis zur Flüchtlingsunterbringung nach § 35 IV BauGB teilprivilegiert waren oder passiven Bestandsschutz genossen haben.[1182] Denn im Anschluss an die Nutzung als Flüchtlingsunterkunft würden es weder die Teilprivilegierung i.S.v. § 35 IV BauGB noch der passive Bestandsschutz gestatten, die vorangegangene Nutzung wiederaufzunehmen, sodass für den Grundstückseigentümer die Gefahr bestünde, dass die frühere Nutzung zwischenzeitlich nicht mehr genehmigungsfähig wäre.[1183] Während eine Nutzung Bestandsschutz nur genießen kann, solange sie ausgeübt wird und der Bestandsschutz damit notwendigerweise erlischt, sobald die – der Flüchtlingsunterbringung vorausgehende – Nutzung aufgegeben wurde,[1184] setzt eine Teilprivilegierung i.S.d. § 35 IV BauGB jeweils eine ganz bestimmte „Vornutzung" voraus, die durch die zwischenzeitliche Nutzung als Einrichtung der Flüchtlingsunterbringung in aller Regel unwiederbringlich verloren gegangen ist. So findet insbesondere die auf den Strukturwandel in der Landwirtschaft zugeschnittene Teilprivilegierung des § 35 IV 1 Nr. 1 BauGB nur Anwendung, wenn das umzunutzende Gebäude bisher land- oder forstwirtschaftlich i.S.d. § 35 I Nr. 1 BauGB genutzt wurde. Wird das Gebäude aber zwischenzeitlich als Flüchtlingsunterkunft genutzt, scheidet die erneute Anwendung der Teilprivilegierung des § 35 IV 1 Nr. 1 BauGB aus, da es an einer – unmittelbaren – land- oder forstwirtschaftlichen „Vornutzung" fehlt.

Mit der gesonderten Statuierung der Zulässigkeit einer Anschlussnutzung in § 246 XIII 3 HS. 1 BauGB hat der Gesetzgeber einen doppelten Zweck verfolgt. In erster Linie dient diese Regelung dem individuellen Schutz des konkreten Grundstückseigentümers, der eine Nutzungsänderung seiner – bisher bodenrechtlich legalisierten – baulichen Anlage in eine Flüchtlingsunterkunft durchführt. Damit soll sichergestellt werden, dass die betroffenen Grundstückseigentümer nach Beendigung der Flüchtlingsunterbringung nicht „mit leeren Händen" oder jedenfalls nicht schlechter dastehen, als wenn ihr Gebäude niemals in eine Flüchtlingsunterkunft umgenutzt worden wäre.[1185] Es bestünde

---

Anschlussnutzung legt „lediglich" fest, dass nach Aufgabe der Flüchtlingsunterbringung die vorangegangene zulässige Nutzung wiederaufgenommen werden darf, wobei sich die von § 246 XIV BauGB erfassten Flächen nicht mehr nur auf den Außenbereich beschränken; vgl. *Dürr*, in: Brügelmann, BauGB, § 246 Rn. 52; *Blechschmidt*, in: EZBK, BauGB, § 246 Rn. 101.

[1181] *Mitschang/Reidt*, in: Battis/Krautzberger/Löhr, BauGB, § 246 Rn. 44.
[1182] *Beckmann*, KommJur 2016, 366 (370); *Battis/Mitschang/Reidt*, NVwZ 2015, 1633 (1635); *Blechschmidt/Reidt*, BauR 2016, 934 (940).
[1183] *Battis/Mitschang/Reidt*, NVwZ 2015, 1633 (1635); *Blechschmidt*, in: EZBK, BauGB, § 246 Rn. 92.
[1184] BVerwG, Beschl. v. 21.06.1994 – 4 B 108/94 = NVwZ-RR 1995, 312, wonach etwa eine Jagdhütte durch die Änderung der Nutzung in eine Hütte für Freizeitzwecke ihren Bestandsschutz verliert; *Decker*, in: Simon/Busse, BayBO, Art. 76 Rn. 129.
[1185] *Roeser*, in: Berliner Kommentar zum BauGB, § 246 Rn. 31e; *Battis/Mitschang/Reidt*, NVwZ 2015, 1633 (1635).

nämlich die Gefahr, dass am konkreten Standort zwischenzeitlich weder eine Flüchtlingsunterbringung noch die Aufnahme der vormaligen Nutzung, möglicherweise auch überhaupt keine Nutzung nach den allgemeinen bauplanungsrechtlichen Regelungen mehr zulässig ist. Dem Eigentümer bliebe in diesem Fall nur noch die endgültige Nutzungsaufgabe.[1186] Nur die wenigsten Grundstückseigentümer wären aber unter diesen Bedingungen bereit, ihre bauliche Anlage als Vorhaben der Flüchtlingsunterbringung zur Verfügung zu stellen. Dieses Risiko wird den Grundstückseigentümern für die Zulassungstatbestände des § 246 XIII 1 Nr. 2 BauGB und § 246 XIV BauGB mit der gesetzlich geregelten Zulässigkeit einer Anschlussnutzung abgenommen.[1187] Eng damit verknüpft ist die zweite Zweckbestimmung. Letztlich sollte auch die Regelung des § 246 XIII 3 HS. 1 BauGB die Schaffung von Flüchtlingsunterkünften begünstigen und damit zu ihrer vermehrten Schaffung beitragen, und zwar auf rein tatsächlicher Ebene, indem – insbesondere privaten – Eigentümern eben ein Teil des Risikos im Zusammenhang mit der Bereitstellung ihrer Gebäude abgenommen wird. Gleichzeitig hat der Gesetzgeber mit der Regelung zur Zulässigkeit der Anschlussnutzung dem Schutz des Außenbereichs hinreichend Rechnung getragen. Denn die danach zulässige Anschlussnutzung im Außenbereich ist ausdrücklich auf die bauplanungsrechtliche Nutzungsänderung beschränkt. Insoweit war also bereits vor der Nutzung als Flüchtlingsunterkunft eine Gebäudesubstanz vorhanden, die den Boden und damit den Außenbereich beeinträchtigt hat, sodass für die Anschlussnutzung lediglich an ein bereits vormals vorhandenes Gebäude samt Bodenversiegelung angeknüpft wird. Die Zulassung einer Anschlussnutzung führt daher nicht zu einer weiteren Belastung des Außenbereichs, vielmehr wird die vorhandene Belastung lediglich weiter bzw. wieder zugelassen.

Dogmatisch wird hinsichtlich der in § 246 XIII 3 HS. 1 BauGB geregelten Anschlussnutzung teilweise vertreten, dass es sich dabei um einen – über die Zwischennutzung als Flüchtlingsunterkunft hinweg sich fortsetzenden – Fall des passiven Bestandsschutzes handelt.[1188] Richtigerweise ist diese Regelung aber – wie auch die Regelungen des § 34 IIIa BauGB und § 35 IV BauGB – eine einfach-gesetzliche Ausprägung des aktiven Bestandsschutzes. Denn Regelungsinhalt ist hier nicht lediglich ein reines Abwehrrecht hinsichtlich des gegenwärtigen Bestandes, wie es dem passiven Bestandsschutz wesenseigen ist, sondern vielmehr eine qualitative Änderung der baulichen Nutzung, wie sie aber gerade nur vom aktiven Bestandsschutz erfasst sein kann.

[1186] *Blechschmidt*, in: EZBK, BauGB, § 246 Rn. 92.
[1187] *Roeser*, in: Berliner Kommentar zum BauGB, § 246 Rn. 31e.
[1188] *Bunzel*, in: Bleicher/Bunzel/Finkeldei/Fuchs/Klinge, Baurecht, § 246 S. 13.

§ 13

Rechtliche Beurteilung der gesetzlich nicht ausdrücklich zugelassenen Folgenutzung im Anschluss an eine Flüchtlingsunterbringung

A. Keine analoge Anwendung der Vorschrift des § 246 XIII 3 HS. 1 BauGB

Während die Regelung des § 246 XIII 3 HS. 1 BauGB nach dem gesetzgeberischen Willen über § 246 XIV 6 BauGB auch auf den Privilegierungstatbestand des § 246 XIV 1 BauGB entsprechende Anwendung finden soll, stellt sich die Frage, ob die Regelung zur Anschlussnutzung darüber hinaus auf die übrigen Sondervorschriften i.S.d. § 246 VIII bis XIII 1 Nr. 1 BauGB möglicherweise analog angewendet werden kann.

I. § 246 XIII 3 HS. 1 BauGB als Ausnahmeregelung

Im Grundsatz ist jede planerisch relevante Errichtung, Änderung und Nutzungsänderung an den §§ 29 ff. BauGB zu überprüfen. Wie soeben dargestellt, macht § 246 XIII 3 HS. 1 BauGB von diesem Grundsatz eine Ausnahme, indem die vorausgegangene Nutzung wiederaufgenommen werden darf, ohne erneut an den Vorgaben der §§ 29 ff. BauGB beurteilt zu werden. Die Regelung des § 246 XIII 3 HS. 1 BauGB durchbricht daher einen baurechtlichen Grundsatz und stellt insoweit eine ausnahmsweise Begünstigung der Grundstückseigentümer dar. Ausnahmeregelungen sind regelmäßig eng auszulegen und daher grundsätzlich bereits deswegen nicht analogiefähig.[1189]

II. Voraussetzungen für die Bildung einer Analogie

Darüber hinaus fehlt es hier aber auch an den Voraussetzungen für die Bildung einer Analogie, und zwar an einer vergleichbaren Interessenlage sowie an einer planwidrigen Regelungslücke.[1190]

[1189] Dieser – bereits in der *reichsgerichtlichen* Rechtsprechung vorherrschende – Grundsatz zieht sich durch sämtliche Rechtsbereiche. So findet er sich für das Arbeitsrecht etwa in *BAG*, Urt. v. 25.04.1960 – 1 AZR 16/58 = BAGE 9, 179 („§ 616 Abs. 1 BGB ist als Ausnahmeregelung eng auszulegen"), für das bürgerliche Recht etwa in *BGH*, Urt. v. 06.11.1953 – I ZR 97/52 = NJW 1954, 305 („alle Ausnahmebestimmungen grundsätzlich eng auszulegen") und für das Verwaltungsrecht etwa in *OVG Münster*, Urt. v. 01.08.1962 – III A 228/60 = DVBl 1963, 66 („Normen mit Ausnahmecharakter, die im Rechtsstaat regelmäßig restriktiv auszulegen sind"). Vgl. auch *Spieß*, in: Jäde/Dirnberger, BauGB, § 35 Rn. 98.
[1190] Diese allgemeinen Voraussetzungen für eine Analogie finden freilich auch im öffentlichen Verwaltungsrecht Anwendung; vgl. etwa *BVerwG*, Beschl. v. 12.01.2009 – 8 B 84/08 = ZOV 2009, 104.

1. Keine vergleichbare Interessenlage

Ausgangspunkt für die Beurteilung, ob im hier untersuchten Zusammenhang eine vergleichbare Interessenlage vorliegt, ist der Sinn und Zweck der Regelung des § 246 XIII 3 HS. 1 BauGB. Wie soeben herausgearbeitet, soll diese in erster Linie die Grundstückseigentümer vor der latenten Gefahr schützen, dass am konkreten Standort zwischenzeitlich weder eine Flüchtlingsunterbringung noch die Aufnahme der vormaligen Nutzung, möglicherweise auch überhaupt keine Nutzung nach den allgemeinen bauplanungsrechtlichen Regelungen mehr zulässig ist. Diese Gefahr besteht vor allem für die „tieferen" Außenbereichsflächen i.S.v. § 246 XIII 1 Nr. 2 BauGB[1191], sodass hierfür die Statuierung einer gesetzlich zulässigen Anschlussnutzung nachvollziehbar und konsequent ist. Gleichzeitig wollte der Gesetzgeber auch dem Allgemeininteresse des Außenbereichsschutzes hinreichend Rechnung tragen, indem er die Anschlussnutzung ausdrücklich auf die in § 246 XIII 1 Nr. 2 BauGB geregelten Fälle der Nutzungsänderung mit einer bereits vorhandenen bodenrechtlichen Vorbelastung beschränkte. Die Regelung über die gesetzliche Zulässigkeit der Anschlussnutzung i.S.v. § 246 XIII 3 HS. 1 BauGB stellt damit das Ergebnis eines Interessenausgleichs zwischen notwendigem Eigentümerschutz und Außenbereichsschutz dar. Die übrigen Privilegierungstatbestände für Flüchtlingsunterkünfte sind von der Interessenlage her aber nicht mit § 246 XIII 1 Nr. 2 BauGB und § 246 XIV 1 BauGB vergleichbar, vor allem, weil die Grundstückseigentümer hier nicht vergleichsweise schutzbedürftig sind. Im Einzelnen:

a. Heterogene Innenbereichsflächen sowie Wohn- und Mischgebiete

In den Sachverhaltskonstellationen, die von den Sondervorschriften des § 246 VIII und XI BauGB erfasst werden, ist eine vergleichbare Interessenlage in Bezug auf die Anschlussnutzung von vornherein ausgeschlossen. Die latente Gefahr für Grundstückseigentümer, nach Ende der Flüchtlingsunterbringung nicht mehr zur ursprünglichen Nutzungsform zurückkehren zu können oder sogar überhaupt von jeglicher Nutzung am konkreten Standort aufgrund der allgemeinen bauplanungsrechtlichen Regelungen ausgeschlossen zu sein, ist hier nur sehr gering. Auf den heterogenen Innenbereichsflächen des § 246 VIII BauGB sowie in den Wohn- und Mischgebieten i.S.v. § 246 XI BauGB kommt als spätere Anschlussnutzung in der Regel eine Wohnnutzung für die Allgemeinheit in Betracht. Dies bietet sich nicht zuletzt

---

[1191] Bei „tieferen" Außenbereichsflächen i.S.v. § 246 XIII 1 Nr. 2 BauGB ist, im Gegensatz zu § 246 IX BauGB, tatbestandlich gerade keine Nähe zu bereits bebauten Gebieten notwendig. Zu den Außenbereichsprivilegierungen des § 246 IX und XIII BauGB, vgl. ausführlich im fünften Kapitel auf S. 224 ff. und S. 243 ff.

deswegen an, da hier Ausstattungsmerkmale wie Sanitäranlagen und Haustechnik größtenteils schon vorhanden sind. Da Wohn- und Mischgebiete i.S.v. §§ 2 bis 7 BauNVO sowie der heterogene Innenbereich i.S.v. § 34 I BauGB – im Gegensatz zum bodenrechtlichen Außenbereich – im Regelfall gerade der Bebauung zugänglich sind[1192], stellt sich das Problem der umfassenden Unzulässigkeit einer Anschlussnutzung nach den allgemeinen bauplanungsrechtlichen Vorschriften hier normalerweise nicht.

b. Gewerbe- und Industriegebiete

Auch in den Fällen des § 246 X und XII 1 Nr. 2 BauGB liegt in Bezug auf die Folgenutzung keine vergleichbare Interessenlage mit § 246 XIII 1 Nr. 2 BauGB vor. Zwar scheidet in Gewerbe- und Industriegebieten – wie dargelegt – eine allgemeine Wohnnutzung regelmäßig aus. Allerdings wird dort eine gewerbliche Anschlussnutzung in Betracht kommen, die nach den allgemeinen bauplanungsrechtlichen Vorschriften regelmäßig zulässig und damit genehmigungsfähig ist.[1193] Die Gefahr, am jeweiligen Standort nach dem Ende der Flüchtlingsunterbringung keine Nutzung mehr nach den allgemeinen bauplanungsrechtlichen Regelungen ausüben zu können, ist in diesen Fällen also ebenfalls gering.

c. Mobile Unterkünfte für Flüchtlinge und Asylbegehrende

Darüber hinaus sind auch die unter § 246 XII 1 Nr. 1 und XIII 1 Nr. 1 BauGB fallenden Sachverhalte in Bezug auf die Folgenutzung von der Interessenlage her nicht mit § 246 XIII 1 Nr. 2 BauGB vergleichbar. In den Privilegierungen des § 246 XII 1 Nr. 1 und XIII 1 Nr. 1 BauGB geht es um mobile Unterkünfte für Flüchtlinge und Asylbegehrende. Als mobile Unterkünfte sind diese wesensmäßig gerade darauf ausgelegt, nach Aufgabe der Nutzung zu Zwecken der Flüchtlingsunterbringung abgebaut und an anderer Stelle wiederverwendet zu werden. Die Problematik mit der Zulässigkeit der Anschlussnutzung und dem Worst-Case-Szenario eines endgültigen Nutzungsausschlusses mangels bodenrechtlicher Nutzungsalterativen stellt sich hier also in der Regel überhaupt nicht.[1194]

[1192] *Söfker*, in: EZBK, BauGB, § 34 Rn. 25.
[1193] *Blechschmidt*, in: EZBK, BauGB, § 246 Rn. 81.
[1194] So im Ergebnis auch *Blechschmidt/Reidt*, BauR 2016, 934 (937).

d. Standortabhängige Außenbereichsflächen (in räumlicher Nähe zu bebauten Flächen)

Eine vergleichbare Interessenlage in Bezug auf die Notwendigkeit einer gesetzlichen Regelung zur Zulässigkeit einer Anschlussnutzung könnte jedoch im Falle der standortabhängigen Außenbereichsprivilegierung des § 246 IX BauGB vorliegen. Eine vergleichbare Interessenlage mit § 246 XIII 1 Nr. 2 BauGB kommt deswegen in Betracht, da es in beiden Fällen um eine Außenbereichsfläche geht, die nach ihrem Wesen grundsätzlich von Bebauung freizuhalten ist.[1195] Demnach könnte es auch hier dem Grundstückseigentümer nach den allgemeinen bauplanungsrechtlichen Vorschriften regelmäßig verwehrt sein, die vormals zulässige Nutzung – allem voran eine Wohnnutzung – nach Aufgabe der Flüchtlingsunterbringung wiederaufzunehmen, sodass er vergleichbar schutzbedürftig wäre.

Allerdings bestehen zur Außenbereichsbegünstigung des § 246 IX BauGB nicht unwesentliche Unterschiede, die einer vergleichbaren Interessenlage entgegenstehen. Zum einen ist der sachliche Anwendungsbereich des § 246 XIII 1 Nr. 2 BauGB erheblich enger als der des § 246 IX BauGB, der nicht nur sämtliche Anlagen, die der Flüchtlingsunterbringung dienen, sondern in erster Linie auch Neuerrichtungen erfasst, während § 246 XIII 1 Nr. 2 BauGB lediglich Nutzungsänderungen privilegiert. Bereits dieser weiter reichende Rahmen des § 246 IX BauGB spricht gegen eine analoge Zulassung der Anschlussnutzung, die von den allgemeinen bauplanungsrechtlichen Vorschriften abweicht und daher – als Ausnahmeregelung – ohnehin nur in engen Grenzen zulässig wäre. Zum anderen kann die Anschlussnutzung auf den Außenbereichsflächen i.S.v. § 246 IX BauGB, die tatbestandlich an bereits bebaute Gebiete anschließen müssen, nach den allgemeinen bauplanungsrechtlichen Vorschriften leichter zugelassen werden als auf Flächen des „tieferen" Außenbereichs i.S.v. § 246 XIII BauGB. Insbesondere kann die Gemeinde eine sog. Ergänzungssatzung i.S.v. § 34 IV Nr. 3 BauGB erlassen und auf diese Weise einzelne Außenbereichsflächen in die im Zusammenhang bebauten Ortsteile einbeziehen, wenn die einbezogenen Flächen durch die bauliche Nutzung des angrenzenden Bereichs entsprechend geprägt sind. Gerade bei den Außenbereichsflächen i.S.v. § 246 IX BauGB ist dies gut möglich.[1196] Die Gefahr, nach Ende der Flüchtlingsunterbringung keine Nutzung mehr nach den allgemeinen bauplanungsrechtlichen Regelungen am jeweiligen Standort wahrnehmen zu können, ist also auch in diesen Fällen

---

[1195] *Lange*, NdsVBl. 2016, 72 (75); *Bienek/Reidt*, BauR 2015, 422 (429). Zur Bebaubarkeit des Außenbereichs, vgl. ausführlich im ersten Kapitel auf S. 20 ff.
[1196] Vgl. dazu ausführlich im Rahmen der Einzeldarstellung des § 246 IX BauGB im fünften Kapitel auf S. 231 ff.

nicht in vergleichbarer Weise ausgeprägt wie in den Fällen des § 246 XIII 1 Nr. 2 BauGB. Eine Vergleichbarkeit der Interessenlage scheidet schließlich auch deshalb aus, weil der Privilegierungstatbestand des § 246 IX BauGB neben der Nutzungsänderung gerade auch die Neuerrichtung von Flüchtlingsunterkünften erfasst. Im Unterschied zu § 246 XIII 1 Nr. 2 BauGB ist hierbei also der sachliche Anwendungsbereich nicht unwesentlich erweitert, wodurch die Gefahren für den Außenbereich entsprechend erhöht sind. Während nämlich im Falle der Nutzungsänderung bereits vor der Flüchtlingsunterbringung eine bodenrechtliche Vorbelastung vorhanden war, die durch die Anschlussnutzung lediglich wieder zugelassen wird, würde in den Fällen der – gerade auch von § 246 IX BauGB erfassten – Neuerrichtung eine erst durch die Flüchtlingsunterbringung entstandene Belastung des Außenbereichs zukünftig weiter zugelassen werden. Insoweit ist der Außenbereich – wegen der hier gerade fehlenden bodenrechtlichen Vorbelastung – in einer städtebaulich schutzwürdigeren Position, während die Grundstückseigentümer – mangels einer vor der Flüchtlingsunterbringung zulässigerweise ausgeübten Vornutzung – nicht in gleichem Maße schutzwürdig erscheinen, dass ihnen eine Anschlussnutzung von vornherein gesetzlich gestattet werden müsste. Eine vergleichbare Interessenlage scheidet also auch hier nach umfassender Betrachtung aus.

e. Vergleichbare Schutzbedürftigkeit aber im Falle der Generalklausel des § 246 XIV BauGB

Der Vollständigkeit halber ist an dieser Stelle noch darauf hinzuweisen, dass – im Gegensatz zu den unter Ziffer a. bis d. dargestellten Sondervorschriften – im Falle des § 246 XIV 1 BauGB von einer vergleichbaren Schutzbedürftigkeit der Grundstückseigentümer in Bezug auf die Zulässigkeit einer Anschlussnutzung ausgegangen werden kann. Dies rechtfertigt die entsprechende Anwendung des § 246 XIII 3 HS. 1 BauGB über § 246 XIV 6 BauGB. Auf den ersten Blick könnte man zwar auch hier an einer vergleichsweisen Schutzbedürftigkeit der Eigentümer zweifeln. Nachdem es sich bei dem Privilegierungstatbestand des § 246 XIV BauGB um eine Generalklausel handelt, werden davon – neben dem Außenbereich – nämlich auch alle übrigen bodenrechtlichen Bereiche und Gebiete erfasst. Und dass die Grundstückseigentümer in Bezug auf die Anschlussnutzung in diesen übrigen bodenrechtlichen Bereichen nicht ähnlich schutzbedürftig sind wie in den Fällen des § 246 XIII 1 Nr. 2 BauGB, wurde soeben unter Ziffer a. bis d. dargestellt. Aber die Frage bleibt, warum der Gesetzgeber dann auch diesen Privilegierungstatbestand mit einer speziellen Regelung zur Zulässigkeit einer Anschlussnutzung ausgestattet hat. Die Antwort liegt darin begründet, dass von § 246 XIV 1 BauGB jedoch gerade auch „tiefere" Außenbereichsflächen i.S.v. § 246 XIII 1 BauGB erfasst sein können, für die sich die Zulassung einer Anschlussnutzung entsprechend schwierig gestalten würde. Insoweit wurde herausgearbeitet, dass in solchen Fällen die Gefahr auf der Hand liegt, nach dem Ende der Flüchtlingsunterbringung überhaupt keine Nutzung mehr nach den allgemeinen bauplanungsrechtlichen Regelungen ausüben zu können. Um dies auch hier aufgrund des oben dargestellten Schutzzwecks zu verhindern, hat der Gesetzgeber die Regelung zur Zulässigkeit der Anschlussnutzung – im Ergebnis völlig zu Recht – auf den Privilegierungstatbestand des § 246 XIV BauGB erstreckt.

2. Keine Regelungslücke

Darüber hinaus fehlt es für eine Analogie hier auch an einer Regelungslücke. Zwar hat der Gesetzgeber lediglich für die Privilegierungstatbestände des § 246 XIII 1 Nr. 2 BauGB und des § 246 XIV 1 BauGB eine Regelung zur Anschlussnutzung getroffen, während es für die übrigen Sondervorschriften i.S.v. § 246 BauGB an einer entsprechenden Statuierung fehlt. Daraus ergibt sich jedoch nicht per se eine Regelungslücke, da für die übrigen Fälle ohne weiteres auf die allgemeinen bauplanungsrechtlichen Vorschriften zurückgegriffen werden kann, nach denen sich auch sonst die Frage der Zulässigkeit der Anschlussnutzung beurteilt. Danach ist maßgeblich, ob hinsichtlich der Anschlussnutzung eine Änderung oder Nutzungsänderung i.S.v. § 29 I BauGB vorliegt und ob diese nach den §§ 29 ff. BauGB genehmigungsfähig ist. Zwar kann diese Prüfung für den jeweiligen Grundstückseigentümer durchaus mit Nachteilen verbunden sein gegenüber einer gesetzlich geregelten Zulässigkeit der Anschlussnutzung. Es ist allerdings kein Argument für die Notwendigkeit der Bildung einer Analogie, dass sich eine allgemeine Regelung vor- oder nachteilig auswirkt. Wesentlich ist vielmehr, ob eine Regelung vorhanden ist, auf die im Einzelfall zurückgegriffen werden kann.

3. Keine Planwidrigkeit der Regelungslücke

Aber auch unterstellt dem Fall, dass eine Regelungslücke hier vorläge, ergibt sich im Ergebnis nichts anderes, da die Regelungslücke jedenfalls nicht planwidrig ist. Denn es ist nicht anzunehmen, dass es der Gesetzgeber bei der ausdrücklichen Statuierung der Anschlussnutzung in § 246 XIII 3 HS. 1 BauGB und § 246 XIV 6 BauGB einfach übersehen hat, auch für die übrigen Privilegierungstatbestände eine Regelung über die Anschlussnutzung zu treffen.

Dies gilt insbesondere auch für die 2014 eingeführten Privilegierungstatbestände des § 246 VIII bis X BauGB. Zwar hat der Gesetzgeber die Zulässigkeit einer Anschlussnutzung erst im Rahmen der BauGB-Flüchtlingsnovelle 2015 gesetzlich speziell geregelt, sodass nicht auszuschließen ist, dass er erst zu diesem späteren Zeitpunkt das Problem der Anschlussnutzung erkannt hat. Allerdings wäre es nicht schwer gewesen, im Rahmen der zweiten BauGB-Flüchtlingsnovelle auch die Privilegierungen des § 246 VIII bis X BauGB um eine Regelung zur Anschlussnutzug zu erweitern. Eine entsprechende Ergänzung hat der Gesetzgeber immerhin auch in Bezug auf die Sondervorschrift des § 246 VIII BauGB durchgeführt, indem er sie nachträglich auf sämtliche bauliche Anlagen erweitert hat.[1197] Auf eine ergänzende Regelung zur Anschlussnutzung hat der Gesetzgeber hier nun allerdings verzichtet. Daher muss man davon ausgehen, dass er bewusst unterschiedliche Regelungen in Bezug auf die Zulässigkeit der Anschlussnutzung treffen wollte, wofür aufgrund der soeben herausgearbeiteten unterschiedlichen Interessenlagen letztlich auch triftige Gründe vorhanden sind.

B. Beurteilung der Zulässigkeit der Anschlussnutzung nach den allgemeinen bauplanungsrechtlichen Regeln

I. Rückgriff auf die allgemeinen Regeln

In allen anderen Fällen, in denen die Folgenutzung nicht besonders gesetzlich geregelt ist, richtet sich ihre Zulässigkeit grundsätzlich nach den allgemeinen bauplanungsrechtlichen Vorschriften.[1198] Dies ergibt sich bereits aus der allgemein-juristischen Systematik, wonach bei einem Fehlen von – unmittelbar, entsprechend oder analog anwendbaren – besonderen Regelungen auf die allgemeinen Regelungen zurückgegriffen wird, soweit solche vorhanden sind.

Diese Vorgehensweise ist auch historisch in den Gesetzesmaterialien angelegt. Im Fraktionsentwurf von *CDU/CSU* und *SPD* war hinsichtlich § 246 XI BauGB in einem Satz 3 noch ausdrücklich vorgesehen, dass „für eine nachfolgende Nutzungsänderung [...] die allgemeinen Regeln" Geltung beanspruchen.[1199] Dieser Passus wurde – auf

---

[1197] Vgl. dazu im Rahmen der Entstehungsgeschichte der Sondervorschriften im zweiten Kapitel auf S. 95.
[1198] *Decker*, in: Schiwy, BauGB, § 246 Rn. 33; *Blechschmidt*, in: EZBK, BauGB, § 246 Rn. 63a, 66a, 70, 75, 92, 101; *Mitschang/Reidt*, in: Battis/Krautzberger/Löhr, BauGB, § 246 Rn. 25, 32, 38.
[1199] BT-Drs. 18/6185, S. 18.

Empfehlung des Innenausschusses[1200] – in der späteren Gesetzesfassung zwar gestrichen, freilich nur deswegen, um keine unbeabsichtigten Umkehrschlüsse für die übrigen Sondervorschriften hervorzurufen.[1201] Außerdem hat der Gesetzgeber diese Rechtsfolge ausdrücklich auch in § 246 XIII 3 HS. 2 BauGB festgeschrieben, sodass dieses Ergebnis auch von der grammatikalischen Auslegung gedeckt ist. Danach kommt die Wiederaufnahme einer vor der Nutzung als Flüchtlingsunterkunft ausgeübten Nutzung nur dann in Betracht, wenn sie im Zeitpunkt der erneuten Nutzungsänderung nach den „allgemeinen Regeln" materiell zulässig ist.

II. Teleologische Beeinflussung der allgemeinen Regeln durch die Sondervorschriften für Flüchtlingsunterkünfte

Fraglich ist jedoch, ob die Sondervorschriften der Absätze 8 bis 14 des § 246 BauGB und dabei insbesondere deren Sinn und Zweck die rechtliche Beurteilung der Anschlussnutzung nach den allgemeinen bauplanungsrechtlichen Regelungen beeinflussen können.

Zwar regelt § 246 VIII bis XIV BauGB selbst – wie oben bereits ausgeführt – grundsätzlich nur die privilegierte Zulassung von Flüchtlingsunterkünften. Aussagen zur Zulässigkeit der Nutzung im Anschluss an die Flüchtlingsunterbringung werden darin – mit Ausnahme von § 246 XIII 3 HS. 1 BauGB und § 246 XIV 6 i.V.m. § 246 XIII 3 HS. 1 BauGB – nicht getroffen. Allerdings könnten die Sondervorschriften für Flüchtlingsunterkünfte für die Beurteilung der bodenrechtlichen Zulässigkeit der Anschlussnutzung mittelbar von Bedeutung sein. Relevant wird dieser Gedanke vor allem in den Fällen, in denen es – nach Aufgabe der Nutzung als Flüchtlingsunterkunft – im Rahmen der Prüfung der bauplanungsrechtlichen Zulässigkeit i.S.d. §§ 29 ff. BauGB um die Frage geht, ob sich das konkrete „Anschlussvorhaben" zwischenzeitlich im unbeplanten Innenbereich oder im Außenbereich befindet. Die Aussichten auf Zulassung einer Anschlussnutzung sind im unbeplanten Innenbereich nämlich wesentlich erfolgversprechender als im – von Bebauung grundsätzlich freizuhaltenden – Außenbereich. Konkret geht es dabei um die Anschlussnutzung an die Außenbereichsprivilegierung des § 246 IX BauGB.[1202]

[1200] BT-Drs. 18/6386, S. 15.
[1201] *Blechschmidt*, in: EZBK, BauGB, § 246 Rn. 75.
[1202] Die Außenbereichsprivilegierung des § 246 XIII BauGB ist in diesem Zusammenhang nicht von Bedeutung, da sie nur die Zulassung von mobilen Unterkünften und von Nutzungsänderungen regelt. Zu einer – hier diskutierten – „Umwandlung" des Außenbereichs in einen Innenbereich können nämlich aber weder die zwischenzeitliche Errichtung von mobilen Unterkünften noch die Durchführung

1. Anschlussnutzung an eine auf Grundlage des § 246 IX BauGB zugelassene Flüchtlingsunterbringung

Im Rahmen der Einordnung des bodenrechtlichen Bereichs für die zur Genehmigung gestellte Anschlussnutzung ist von der zuständigen Behörde zu prüfen, ob sich die bauliche Anlage inzwischen möglicherweise innerhalb eines im Zusammenhang bebauten Ortsteils i.S.v. § 34 I BauGB befindet. Im Zeitpunkt der Zulassung der Flüchtlingsunterkunft war dies jedenfalls noch nicht der Fall, weshalb das Vorhaben auch nach der Außenbereichsbegünstigung des § 246 IX BauGB genehmigt werden musste. Zwischenzeitlich – im Zeitpunkt der bauplanungsrechtlichen Beurteilung der Anschlussnutzug – könnten sich die äußeren, tatsächlichen Umstände durch die mittlerweile vorhandene Flüchtlingsunterkunft aber derart verändert haben, dass sich der Außenbereich in einen unbeplanten Innenbereich „umgewandelt" hat. Dies gilt erst recht, wenn nicht nur eine, sondern gleich mehrere Flüchtlingsunterkünfte im unmittelbaren räumlichen Zusammenhang mit Hilfe des § 246 IX zugelassen worden sind. Um diese „Umwandlung" des bodenrechtlichen Bereichs etwas zu veranschaulichen, dient der folgende Beispielfall: Die Gemeinde A genehmigt zwei, jeweils 30 Meter breite Flüchtlingsunterkünfte in einer 120 Meter breiten Baulücke zwischen zwei ebenfalls großflächigen Innenbereichsvorhaben auf Grundlage des § 246 IX BauGB.

Bei einem „im Zusammenhang bebauten Ortsteil" i.S.v. § 34 I BauGB handelt es sich nach ständiger Rechtsprechung des *Bundesverwaltungsgerichts* um einen Bebauungskomplex auf dem Gebiet einer Gemeinde, der trotz vorhandener Baulücken den Eindruck der Zusammengehörigkeit und Geschlossenheit vermittelt, nach der Zahl der vorhandenen Gebäude ein gewisses städtebauliches Gewicht besitzt und Ausdruck einer organischen Siedlungsstruktur ist.[1203] Es ist danach zwischen der tatsächlichen Komponente des Bebauungszusammenhangs und der teilweise „verrechtlichten" Komponente des Ortsteils zu differenzieren.[1204]

Der Bebauungszusammenhang liegt vor, wenn die aufeinander folgende Bebauung trotz kleinerer Baulücken den Eindruck der Zusammengehörigkeit und Geschlossenheit vermittelt. Dabei ist – schon nach dem Wortlaut – auf die tatsächlich vorhandene

---

von Nutzungsänderungen beitragen, da Erstere wesensgemäß gerade darauf ausgelegt sind, nach Aufgabe der Nutzung wieder abgebaut zu werden und Letztere weder den Bebauungszusammenhang noch die Siedlungsstruktur verstärken können, da mithilfe einer bloßen Nutzungsänderung keine weitere Bausubstanz hinzukommt.

[1203] So etwa: *BVerwG*, Urt. v. 06.11.1968 – IV C 2/66 = BVerwGE 31, 20; *BVerwG*, Urt. v. 17.02.1984 – 4 C 56/79 = NVwZ 1984, 434; *BVerwG*, Urt. v. 19.09.1986 – 4 C 15/84 = NVwZ 1987, 406; *BVerwG*, Beschl. v. 02.04.2007 – 4 B 7.07 = ZfBR 2007, 480.
[1204] *Söfker*, in: EZBK, BauGB, § 34 Rn. 16, 18.

Bebauung abzustellen.¹²⁰⁵ Dies entspricht auch dem Zweck der Norm, der unabhängig von einer städtebaulichen „Wünschbarkeit" auf eine Fortschreibung des tatsächlich Vorhandenen abzielt.¹²⁰⁶ Da es insoweit also auf die rein tatsächlichen Umstände der Umgebungsbebauung ankommt, prägen die auf Grundlage von § 246 IX BauGB errichteten Gebäude den Bebauungszusammenhang i.S.v. § 34 I BauGB. In Folge dessen spricht einiges dafür, in dem oben dargestellten Beispielsfall das Tatbestandsmerkmal des Bebauungszusammenhangs im Zeitpunkt der Prüfung der zur Genehmigung gestellten Anschlussnutzung zu bejahen.

Gleiches gilt für die „verrechtlichte" Komponente des Ortsteils i.S.v. § 34 I BauGB. Ein Ortsteil in diesem Sinne liegt dann vor, wenn der Bebauungskomplex nach der Zahl der vorhandenen Gebäude ein gewisses städtebauliches Gewicht besitzt und Ausdruck einer organischen Siedlungsstruktur ist. Dabei geht es insbesondere um die Abgrenzung zur unerwünschten Splittersiedlung.¹²⁰⁷ Die Bewertung des gewissen Gewichts des Bebauungskomplexes stellt zwar eine Frage des Einzelfalles dar, kann aber faustformelartig ab zehn Gebäuden mit einer bodenrechtlichen Hauptnutzung bejaht werden.¹²⁰⁸ Im oben dargestellten Beispielsfall füllen die beiden – vormals als Flüchtlingsunterkunft errichteten – Gebäude die vorhandene Baulücke aus und schließen sich damit dem rechtlichen Ortsteil der Umgebungsbebauung an, sodass es auch für diese nunmehr nicht ausgeschlossen ist, eine Innenbereichslage zu bejahen. Eine derartige korrekturlose Einordnung des bodenrechtlichen Bereichs würde zum Regelungszweck des § 34 I BauGB passen, die Bebauung innerhalb des gegebenen Bereiches entsprechend der Siedlungsstruktur angemessen fortzuentwickeln.¹²⁰⁹

2. Beeinflussung der Einordnung des bodenrechtlichen Bereichs durch den Zweck der Sonderregelungen

Es ist jetzt der Frage nachzugehen, ob die Einordnung des bodenrechtlichen Bereichs im Falle der Anschlussnutzung an eine auf Grundlage des § 246 IX BauGB zugelassene Flüchtlingsunterbringung nach dem Normzweck in wertender Betrachtung zu bereinigen ist. Der Zweck der Sonderregelungen als reine Übergangsvorschriften

---

¹²⁰⁵ *Dürr*, in: Brügelmann, BauGB, § 34 Rn. 14; *Söfker*, in: EZBK, BauGB, § 34 Rn. 18; *Bienek/Reidt*, BauR 2015, 422 (428).
¹²⁰⁶ *VGH München*, Beschl. v. 16.08.2011 – 1 ZB 10.2244 = KommP BY 2011, 401.
¹²⁰⁷ *Söfker*, in: EZBK, BauGB, § 34 Rn. 14 f.
¹²⁰⁸ *VGH Mannheim*, Urt. v. 26.03.1984 – 8 S 1895/83 = BauR 1984, 496; *OVG Lüneburg*, Beschl. v. 18.11.2009 – 4 LA 371/08 = UPR 2010, 152. Vgl. auch die Rechtsprechungsbeispiele zum „gewissen Gewicht" des Bebauungskomplexes bei *Dürr*, in: Brügelmann, BauGB, § 34 Rn. 6.
¹²⁰⁹ *BVerwG*, Urt. v. 06.11.1968 – IV C 31/66 = BVerwGE 31, 22; *Mitschang/Reidt*, in: Battis/Krautzberger/Löhr, BauGB, § 34 Rn. 14.

könnte eine Korrektur dahingehend erforderlich machen, die als Flüchtlingsunterkünfte geschaffenen baulichen Anlagen bei der für die Zulassung der Anschlussnutzung erforderlichen Einordnung des bodenrechtlichen Bereichs nicht zu berücksichtigen.

In großen Teilen der Literatur wird dies abgelehnt.[1210] Es wird gesagt, die entstandenen Flüchtlingsunterkünfte bzw. die entsprechenden Grundstücksflächen könnten Teil des im Zusammenhang bebauten Ortsteils werden mit der Folge, dass sich der Zulässigkeitsmaßstab für die Anschlussnutzung nicht mehr aus § 35 BauGB, sondern aus § 34 BauGB ergebe. Die Umwandlung vom Außenbereichs- zum Innenbereichsgrundstück erfolge dabei nicht „automatisch"; vielmehr komme es auf die allgemeinen Anforderungen des § 34 I BauGB im Einzelfall[1211] an. Zur Unterstützung wird auf die allgemeine Systematik verwiesen; danach ist auf die allgemeinen Regeln zurückzugreifen, sofern die Sonderregelungen nicht (mehr) einschlägig sind. Das im Außenbereich bebaute Grundstück sei ohnehin nicht mehr derart schutzwürdig, als dass aus teleologischen Gründen entgegen den allgemeinen Regeln die Qualifizierung als Innenbereichsgrundstück versagt werden müsste. Denn die im Zusammenhang mit der Flüchtlingsunterkunft erfolgte Bebauung habe bereits zu Bodenversiegelungen und damit zu einer Beeinträchtigung des Außenbereichs geführt.

Diese Argumentation weist jedoch bereits in sich erhebliche Schwächen auf und liefert daher kein zustimmungswürdiges Ergebnis. So ist schon der Verweis auf die allgemeine Systematik nicht überzeugend, da auch die allgemeinen Regeln einer normativen Betrachtung unterliegen. Gerade dem § 34 I BauGB ist eine solche nicht fremd. So setzt etwa im Rahmen des Ortsteils nicht nur die „organische Siedlungsstruktur" eine städtebaulich-wertende Beurteilung voraus.[1212] Auch der Umstand, dass die Gemeindegrenze stets die Zäsur für den Ortsteil darstellt[1213], lässt erkennen, dass es bei der Innenbereichsbestimmung nicht nur auf die tatsächliche Bebauung

---

[1210] *Bunzel*, in: Bleicher/Bunzel/Finkeldei/Fuchs/Klinge, Baurecht, § 246 S. 11; *Blechschmidt/Reidt*, BauR 2016, 934 (939); *Mitschang/Reidt*, in: Battis/Krautzberger/Löhr, BauGB, § 246 Rn. 21; *Krautzberger/Stüer*, DVBl 2015, 73 (78), wonach die auf Grundlage der Sondervorschriften errichteten Vorhaben „an der Prägung des [...] Ortsteils teilnehmen" dürften, was im Ergebnis zu einer erheblichen wirtschaftlichen Aufwertung einzelner Grundstücke führen könne, „weil aus einem bisherigen Außenbereichsgrundstück ohne [...] Bauleitplanung Bauland geworden ist."
[1211] *Weintraub*, VBlBW 2017, 277 (279) ist sogar der Auffassung, dass eine Grundstücksfläche, auf der ein nach § 246 IX BauGB privilegiertes Vorhaben geschaffen wird, anschließend „im Regelfall" zum Innenbereich zu rechnen sei. Dagegen aber ausdrücklich *OVG Berlin-Brandenburg*, Beschl. v. 19.07.2018 – OVG 10 S 52.17 = BeckRS 2018, 17925.
[1212] *Söfker*, in: EZBK, BauGB, § 34 Rn. 15.
[1213] Dies liegt darin begründet, dass die gemeindliche Planungshoheit – die auch in § 34 I 1 BauGB Ausfluss gefunden hat – sich immer nur auf das eigene Gemeindegebiet beschränken kann.

ankommt, sondern auch auf eine wertende Betrachtung.[1214] Das wohl markanteste Beispiel einer normativen Bereinigung der Innenbereichsbestimmung i.S.v. § 34 I BauGB ist die sog. nachwirkende Prägung aufgegebener oder abgerissener Gebäude.[1215] Unter Heranziehung des sog. Zeitmodells, das die Rechtsprechung ursprünglich zum aktiven Bestandsschutz i.S.v. § 35 IV 1 Nr. 3 BauGB entwickelt hatte, behalten auch aufgegebene oder abgebrochene bauliche Anlagen über einen gewissen Zeitraum eine nachprägende Wirkung.[1216] In entsprechender Fortführung dieser Rechtspraxis ist daher auch die – für die baurechtliche Zulassung der Anschlussnutzung erforderliche – Einordnung des bodenrechtlichen Bereichs dahingehend normativ zu korrigieren, dass bauliche Anlagen, welche auf Grundlage des § 246 IX BauGB geschaffen wurden, den im Zusammenhang bebauten Ortsteil nicht prägen und daher insoweit hier auszublenden sind. Auch die – wegen der bereits erfolgten Bebauung mit einer Flüchtlingsunterkunft und den vorhandenen Bodenversiegelungen – herabgesetzte Schutzwürdigkeit des Außenbereichsgrundstücks stellt keinen Grund dar, das vorbelastete Außenbereichsgrundstück im Anschluss für sämtliche Nutzungen nach Innenbereichsmaßstäben zu öffnen. Im Gegenteil: der Sinn und Zweck der standortbezogenen Tatbestandsvoraussetzung des § 246 IX BauGB, wonach Flüchtlingsunterkünfte nur in der Nähe zu bereits bebauten Gebieten geschaffen werden dürfen, spricht gerade dafür, den Außenbereich entsprechend seiner Zweckbestimmung auch weiterhin so wenig wie möglich zu belasten.[1217] Diese Zielsetzung würde jedoch durch dasselbe Tatbestandsmerkmal diametral torpediert werden, wenn gerade aufgrund eben dieser Tatbestandsvoraussetzung, d.h. der Nähe zu bereits bebauten Gebieten, die Vorhabenfläche mit Errichtung der Flüchtlingsunterkunft zum Bestandteil eines im Zusammenhang bebauten Ortsteils werden würde und sie so – über die Flüchtlingsunterkunft hinaus – für eine Innenbereichsbebauung geöffnet werden könnte. Auch der Charakter der Sondervorschriften als bloße Übergangsregelungen macht eine entsprechende normative Bereinigung der Innenbereichsbestimmung i.S.v. § 34 I BauGB sinnvoll.[1218] Denn nach dem Zweck der bodenrechtlichen

---

[1214] *BVerwG*, Urt. v. 03.12.1998 – 4 C 7–98 = NVwZ 1999, 527; *BVerwG*, Urt. v. 26.05.1967 – IV C 25.66 = DVBl 1968, 43; *Söfker*, in: EZBK, BauGB, § 34 Rn. 16.
[1215] *BVerwG*, Urt. v. 12.09.1980 – 4 C 75/77 = BauR 1981, 55; *BVerwG*, Urt. v. 27.08.1998 – 4 C 5–98 = NVwZ 1999, 523; *BVerwG*, Beschl. v. 02.10.2007 – 4 B 39.07 = ZfBR 2008, 52.
[1216] *BVerwG*, Urt. v. 18.05.1995 – 4 C 20/94 = NVwZ 1996, 379.
[1217] *Blechschmidt*, in: EZBK, BauGB, § 246 Rn. 65, 66a. Auch das *OVG Berlin-Brandenburg*, Beschl. v. 19.07.2018 – OVG 10 S 52.17 = BeckRS 2018, 17925 stellt bei der Einordnung der Grundstücksfläche, auf der ein nach § 246 IX BauGB privilegiertes Vorhaben errichtet wird, mitunter auf das „Ziel der größtmöglichen Schonung des Außenbereichs" ab. Zur Ratio der standortbezogenen Tatbestandsvoraussetzung in § 246 IX BauGB, vgl. im fünften Kapitel auf S. 226.
[1218] So im Ergebnis auch *Blechschmidt*, in: EZBK, BauGB, § 246 Rn. 66a, wonach die Errichtung und der Betrieb der nach § 246 IX BauGB zugelassenen Unterkunft für sich betrachtet an der Qualifizierung des Standorts als Außenbereichsfläche nichts ändern kann.

Sondervorschriften sollen die Suspendierungen des geltenden Bauplanungsrechts allesamt – und damit notwendigerweise auch in Bezug auf die sog. Anschlussnutzung – nur vorübergehende Auswirkungen haben.[1219] Schließlich wollte der Gesetzgeber mit § 246 IX BauGB nicht dauerhaft zusätzliche Innenbereichsflächen schaffen, sondern „nur" die Errichtung vorübergehender Unterkünfte für Flüchtlinge im Randbereich des Außenbereichs erleichtern.[1220]

III. Anforderungen an eine Änderung oder Nutzungsänderung von Flüchtlingsunterkünften in eine städtebaulich abweichende Anschlussnutzung

Eine Anschlussnutzung würde auch nach den allgemeinen Regelungen die Anwendung der Zulässigkeitstatbestände des Bauplanungsrechts nicht auslösen und daher stets ohne erneute Prüfung am Maßstab der §§ 29 ff. BauGB ausgeübt werden können, sofern sie im Vergleich zur vorausgehenden Nutzung als Flüchtlingsunterkunft keine bodenrechtliche Änderung oder Nutzungsänderung i.S.d. § 29 I BauGB ist.[1221] Fraglich ist nur, ob eine Folgenutzung im Anschluss an eine Flüchtlingsunterbringung nicht zwangsläufig immer eine Änderung oder Nutzungsänderung i.S.d. Bauplanungsrechts darstellt.

1. Änderung i.S.v. § 29 I BauGB

Eine Änderung i.S.v. § 29 I BauGB liegt vor, wenn eine bestehende Anlage in städtebaulich relevanter Weise baulich umgestaltet wird. Dies ist regelmäßig dann der Fall, wenn die Baumaßnahme zu einer Erhöhung des Nutzungsmaßes des Gebäudes führt.[1222] Aber auch ohne Erweiterung des Bauvolumens können an einem Gebäude vorgenommene Bauarbeiten das Merkmal der Änderung i.S.d. § 29 I BauGB dann ausfüllen, wenn das Bauwerk dadurch seiner ursprünglichen Identität beraubt wird. Ein solcher Identitätswechsel liegt jedenfalls immer bei Eingriffen in die vorhandene Bausubstanz vor.[1223] In Bezug auf eine Anschlussnutzung an Flüchtlingsunterkünfte wird man dies regelmäßig bejahen können, wenn Flüchtlingsunterkünfte größeren Ausmaßes wie zentrale Aufnahmeeinrichtungen oder Gemeinschaftsunterkünfte in

---

[1219] *Spannowsky*, in: BeckOK BauGB, § 246 Rn. 24. Zur Zielsetzung der nur vorübergehenden Auswirkungen der Sondervorschriften, vgl. im dritten Kapitel auf S. 103 f.
[1220] So in diesem Zusammenhang auch das *OVG Berlin-Brandenburg*, Beschl. v. 19.07.2018 – OVG 10 S 52.17 = BeckRS 2018, 17925.
[1221] *Spieß*, in: Jäde/Dirnberger, BauGB, § 29 Rn. 17.
[1222] *BVerwG*, Urt. v. 27.08.1998 – 4 C 5.98 = NVwZ 1999, 523.
[1223] *BVerwG*, Beschl. v. 10.10.2005 – 4 B 60.05 = BauR 2006, 481; *BVerwG*, Urt. v. 14.04.2000 – 4 C 5/99 = NVwZ 2000, 1048; *Krautzberger*, in: EZBK, BauGB, § 29 Rn. 46.

Wohngebäude umgenutzt werden sollen. Denn ohne Eingriffe in die vorhandene Bausubstanz lässt sich hier die für eine Wohnnutzung erforderliche Aufteilung in kleinere, abgeschlossene Wohneinheiten nicht bewerkstelligen.[1224]

2. Nutzungsänderung i.S.v. § 29 I BauGB

Sofern mit der Anschlussnutzung keine Änderung der baulichen Substanz einhergeht, steht immer noch die Frage im Raum, ob eine bauplanungsrechtlich relevante Nutzungsänderung i.S.v. § 29 I BauGB vorliegt.[1225] Besteht keine Nutzungsänderung im bodenrechtlichen Sinne, wird die Anwendung der städtebaulichen Zulässigkeitstatbestände der §§ 29 bis 38 BauGB nicht ausgelöst.[1226] Eine Anschlussnutzung ist in diesen Fällen auch nach den allgemeinen Regelungen stets zulässig.

a. Begriff und Anforderungen an eine bauplanungsrechtliche Nutzungsänderung

In Bezug auf den Begriff und die Anforderungen an eine bauplanungsrechtliche Nutzungsänderung i.S.v. § 29 I BauGB kann auf die umfangreichen Ausführungen im Rahmen der Notwendigkeit der Sondervorschriften zu Beginn dieser Arbeit verwiesen werden.[1227] Es wurde dort herausgearbeitet, unter welchen Voraussetzungen eine Änderung der Nutzungsweise in eine Flüchtlingsunterkunft keine Nutzungsänderung darstellt und daher keiner erneuten Prüfung am Maßstab der §§ 29 ff. BauGB bedarf. Nochmals zusammengefasst ist dies dann der Fall, wenn eine „normale" Wohnnutzung in ein „Flüchtlingswohnen" umgewandelt wird, sofern die übliche Belegungsdichte für eine Wohnnutzung nicht überschritten wird, oder wenn trotz Überschreitens der Variationsbreite der bisherigen Nutzung bodenrechtliche Belange nicht neu berührt werden können, weil weder die künftige Flüchtlingsunterbringung nur ausnahmsweise oder im Wege einer Befreiung zugelassen werden kann noch die „Belastungen" – egal ob immissions- oder verkehrsbezogener Art – auf die Umgebung, insbesondere durch eine Erhöhung der Belegungsdichte, in Folge der Flüchtlingsunterkunft zunehmen können.[1228]

Diese Grundfeste muss generell aber auch für den umgekehrten Fall gelten, dass im Anschluss an die Flüchtlingsunterbringung eine andere Nutzung ausgeübt werden

---

[1224] *Blechschmidt/Reidt*, BauR 2016, 934 (938).
[1225] Eine Nutzungsänderung hat immer nur dann eigenständige städtebauliche Relevanz, wenn nicht zugleich eine Änderung i.S.v. § 29 I BauGB vorliegt; denn anderenfalls ist die Nutzungsänderung von der Änderung mitumfasst.
[1226] *Spieß*, in: Jäde/Dirnberger, BauGB, § 29 Rn. 17.
[1227] Vgl. dazu im ersten Kapitel auf S. 11 ff.
[1228] Vgl. dazu das Zwischenfazit im ersten Kapitel auf S. 19 f.

soll. Aus diesem Grund muss bei einer – die bauliche Substanz unverändert lassende – Anschlussnutzung an eine Flüchtlingsunterbringung das Vorliegen einer Nutzungsänderung i.S.d. Bauplanungsrechts in den meisten Fällen bejaht werden.[1229] Allerdings muss bei vorausgegangenen Zulassungsentscheidungen auf Grundlage des § 246 VIII oder IX BauGB die – sich aus dem Sinn und Zweck der Sondervorschriften ergebende – Besonderheit berücksichtigt werden, dass derartige Zulassungen auflösend bedingt i.S.v. § 36 II Nr. 2 Landes-VwVfG zu erteilen sind, sofern damit ein „Flüchtlingswohnen" und folglich eine Wohnnutzung zugelassen wird.[1230]

b. Änderung der Nutzungskategorie i.S.d. Baunutzungsverordnung sowie Änderung der Nutzungsweise von einer der Flüchtlingsunterbringung dienenden Anlage für soziale Zwecke in eine andersartig genutzte Anlage für soziale Zwecke

In Anwendung dieser Grundsätze muss eine Nutzungsänderung i.S.v. § 29 I BauGB daher regelmäßig angenommen werden, wenn sich im Wege der Anschlussnutzung die Nutzungskategorie i.S.d. Baunutzungsverordnung ändert, etwa von Flüchtlingswohnen in eine Anlage für soziale Zwecke bzw. in einen Betrieb des Beherbergungsgewerbes oder von einer wohnähnlichen Anlage für soziale Zwecke in eine Wohn- oder Gewerbenutzung. Gleiches gilt für den Fall, dass sich innerhalb derselben Nutzungskategorie die Nutzungsweise von einer – zur Flüchtlingsunterbringung geschaffenen – wohnähnlichen Anlage für soziale Zwecke in eine andersartig genutzte Anlage für soziale Zwecke – etwa in Gestalt einer Obdachlosenunterkunft oder eines Lehrlingswohnheims – ändert. Die Flüchtlingsunterbringung stellt – wie auch die Obdachlosenunterbringung oder das Lehrlingswohnheim – insoweit eine eigenständige Nutzungsunterart der Anlage für soziale Zwecke dar.[1231] Grund dafür ist, dass sich die neue von der bisherigen Nutzung wesentlich unterscheidet. Die bisherige und die künftige Nutzung stellen anhand abstrakter Kriterien bestimmbare eigenständige Erscheinungsformen dar und können damit Gegenstand differenzierender Festsetzungen i.S.v. § 1 IX BauNVO sein. Folglich muss auch für diese Fälle eine Nutzungsänderung im städtebaulichen Sinne angenommen werden.[1232]

[1229] So im Ergebnis auch *Blechschmidt/Reidt*, BauR 2016, 934 (937 f.).
[1230] Vgl. dazu bereits im Rahmen des sachlichen Anwendungsbereichs im vierten Kapitel auf S. 135 f. sowie im fünften Kapitel im Rahmen der Darstellung des § 246 VIII BauGB auf S. 222 und des § 246 IX BauGB auf S. 242 f.
[1231] *Blechschmidt/Reidt*, BauR 2016, 934 (938).
[1232] So auch *Blechschmidt/Reidt*, BauR 2016, 934 (938).

c. Änderung der Nutzungsweise von Flüchtlingswohnen in allgemeine Wohnnutzung

Damit verbleiben die Fälle der Veränderung der Nutzungsweise von einem „Flüchtlingswohnen"[1233] in eine „normale" bzw. allgemeine Wohnnutzung. In spiegelverkehrter Anwendung der für die Umwandlung einer allgemeinen Wohnnutzung in ein Flüchtlingswohnen aufgestellten Grundsätze können – unter Berücksichtigung der Besonderheit, dass Zulassungsentscheidungen auf Grundlage des § 246 VIII oder IX BauGB wegen der Ratio der Sondervorschriften auflösend bedingt i.S.v. § 36 II Nr. 2 Landes-VwVfG zu erteilen sind – drei Fallkonstellationen unterschieden werden.

Sofern der Anschlussnutzung an das Flüchtlingswohnen unmittelbar keine Nutzungsänderung vorausgegangen ist, weil vormals eine Veränderung der Nutzungsweise von einer allgemeinen Wohnnutzung in ein Flüchtlingswohnen (mit ähnlicher Belegungsdichte) stattgefunden hat, kann – spiegelbildlich – auch in der Änderung der Nutzungsweise in eine „normale" (Sozial-)Wohnung keine Nutzungsänderung i.S.v. § 29 I BauGB gesehen werden.[1234]

Abweichend hiervon ist der Fall zu beurteilen, dass der Anschlussnutzung an das Flüchtlingswohnen unmittelbar eine bodenrechtliche Nutzungsänderung vorausge-

---

[1233] Nach zutreffender Auffassung ist die Zulassung von „Flüchtlingswohnen" und damit die Zulassung einer Wohnnutzung auf Grundlage der Sondervorschriften des § 246 VIII und IX BauGB möglich (vgl. dazu im vierten Kapitel auf S. 143 ff.). Darüber hinaus kommt eine Zulassung von Flüchtlingswohnen natürlich auch nach den allgemeinen bauplanungsrechtlichen Vorschriften in Betracht. Dass Flüchtlinge insoweit auch im bodenrechtlichen Sinne „wohnen" können, wird im ersten Kapitel auf S. 37 ff. ausführlich behandelt.

[1234] Auch *Scheidler*, NVwZ 2015, 1406 (1409) und *Krautzberger/Stüer*, DVBl 2015, 73 (78) vertreten im Ergebnis keine davon abweichende Meinung. Bei beiden heißt es zwar, dass die Unterkünfte „nicht sozusagen automatisch in eine allgemeine Wohnnutzung umgewandelt werden" können, da die Unterbringung von Flüchtlingen keine ‚normale' Wohnnutzung darstelle. Dies könnte bedeuten, dass die Umwandlung einer Flüchtlingsunterkunft in eine „normale" Wohnnutzung immer eine Nutzungsänderung darstellt und daher stets am Maßstab der §§ 29 ff. BauGB gemessen werden muss. Dies haben *Scheidler* und *Krautzberger/Stüer* aber nicht gemeint. Während sich die Ausführungen von *Scheidler* ausschließlich auf die Anschlussnutzung an eine auf Grundlage des § 246 X BauGB zugelassene Flüchtlingsunterkunft beziehen und von § 246 X BauGB lediglich Flüchtlingsunterkünfte als Unterart der Anlagen für soziale Zwecke erfasst sind (vgl. dazu ausführlich im Rahmen des sachlichen Anwendungsbereichs im vierten Kapitel auf S. 137 ff.), liegt den Ausführungen von *Krautzberger/Stüer* die Annahme zugrunde, dass es sich bei Flüchtlingsunterkünften i.S.v. § 246 BauGB einheitlich nur um eine wohnähnliche Nutzung und damit um Anlagen für soziale Zwecke handelt (*Krautzberger/Stüer*, DVBl 2015, 73 (74)). Damit stellen *Scheidler* und *Krautzberger/Stüer* an dieser Stelle – etwas missverständlich formuliert – lediglich fest, dass sich eine Änderung einer wohnähnlichen Anlage für soziale Zwecke in eine (normale) Wohnnutzung als Nutzungsänderung darstellt. Dem kann aber auch unter Zugrundelegung der hier dargestellten Grundsätze nur zugestimmt werden. Insoweit deckt sich die Auffassung von *Scheidler* und *Krautzberger/Stüer* nämlich mit dem Ergebnis unter Ziffer b. auf S. 288.

gangen ist, weil vormals eine Veränderung der Nutzungsweise von einer Nichtwohnnutzung (oder einer allgemeinen Wohnnutzung mit erheblich geringerer Belegungsdichte) in ein Flüchtlingswohnen stattgefunden hat, die auf Grundlage der Sondervorschriften des § 246 VIII oder IX BauGB[1235] zugelassen worden ist. Da die Veränderung der Nutzungsweise von einer allgemeinen Wohnnutzung in ein „Flüchtlingswohnen" bei annähernd gleichbleibender Belegungsdichte keine Nutzugsänderung i.S.v. § 29 I BauGB darstellt[1236], kann umgekehrt auch die Veränderung der Nutzungsweise von Flüchtlingswohnen in eine allgemeine Wohnnutzung für sich genommen keine Nutzungsänderung darstellen, da im Bauplanungsrecht gerade nicht zwischen Flüchtlingswohnen und „normalem" Wohnen unterschieden wird.[1237] Dies hätte die Schaffung von dauerhaftem und der Allgemeinheit zur Verfügung stehendem Wohnraum für die Zeit nach der übergangsweisen „Notstandssituation" der Flüchtlingsunterbringung (aber noch unter ihrem Deckmantel) auf städtebaulich dafür nicht geeigneten Flächen zur Folge. Die Sonderregelungen für Flüchtlingsunterkünfte gem. § 246 VIII bis XVII BauGB sollen aber gerade kein Einfallstor für ein solches allgemeines und dauerhaftes Wohnen sein, auch nicht unter dem Gesichtspunkt des sozialen Wohnungsbaus.[1238] Aus diesem Grund muss die Baugenehmigungsbehörde die Genehmigung eines Wohngebäudes oder einer Wohnung auf Grundlage des § 246 VIII und IX BauGB stets unter der auflösenden Bedingung der Nutzung durch Flüchtlinge oder Asylbegehrende erteilen mit der Folge, dass die Genehmigung im Falle der Beendigung der Flüchtlingswohnnutzung gem. § 43 II Landes-VwVfG unwirksam wird.[1239] Sollen Flüchtlingen nach dem Ende der Unterbringungsverpflichtung in diesen Anlagen dauerhafte (Sozial-)Wohnungen zur Verfügung gestellt werden, dann tritt die auflösende Bedingung i.S.v. § 36 II Nr. 2 Landes-VwVfG ein, sodass die – auf die Privilegierungsvorschriften des § 246 VIII oder IX BauGB gestützte – Baugenehmigung erlischt. Die zuständige Behörde muss für diesen Fall die Erteilung einer neuen Baugenehmigung am Maßstab der §§ 29 ff. BauGB prüfen bzw. im Zustimmungsverfahren (erneut) die Zustimmung der Regierung beantragen.

Zur dritten Fallkonstellation: Der Anschlussnutzung an das „Flüchtlingswohnen" ist unmittelbar eine Nutzungsänderung vorausgegangen. Hier hat vormals eine Veränderung der Nutzungsweise von einer Nichtwohnnutzung (oder einer allgemeinen

---

[1235] Hinsichtlich der Zulassung von „Flüchtlingswohnen" auf Grundlage der Sondervorschriften für Flüchtlingsunterkünfte kommen von vornherein nur die beiden Regelungen des § 246 VIII und IX BauGB in Betracht. Vgl. dazu ausführlich im vierten Kapitel ab S. 137 ff.
[1236] Vgl. dazu im ersten Kapitel auf S. 15 f. und auf S. 19 f.
[1237] *Blechschmidt*, in: EZBK, BauGB, § 246 Rn. 63a.
[1238] *Blechschmidt*, in: EZBK, BauGB, § 246 Rn. 57.
[1239] Vgl. dazu die Verweisungen in Fn. 1230 auf S. 288.

Wohnnutzung mit erheblich geringerer Belegungsdichte) in ein Flüchtlingswohnen stattgefunden, und diese Nutzungsänderung ist nicht auf Grundlage der Sondervorschriften des § 246 VIII oder IX BauGB, sondern nach den allgemeinen bauplanungsrechtlichen Vorschriften zugelassen worden. Da in casu das „Flüchtlingswohnen" also nicht auf der Basis der (vom reinen Übergangscharakter geprägten) Sondervorschriften für Flüchtlingsunterkünfte erfolgt ist, besteht in diesen Fällen auch nicht die Gefahr, dass unter dem Schutzschild einer Flüchtlingsunterbringung dauerhafte und der Allgemeinheit zur Verfügung stehende Wohngebäude auf städtebaulich dafür nicht geeigneten Flächen ermöglicht werden. Deshalb ist die Zulassung des Flüchtlingswohnens hier nicht auflösend zu bedingen. Und folglich kann – wie in der ersten Fallkonstellation – keine Nutzungsänderung i.S.v. § 29 I BauGB angenommen werden.

§ 14
Idealfall der planerisch gezielt vorbereiteten und gesteuerten Anschlussnutzung

Zwar hat der Gesetzgeber für Flächen des „tieferen" Außenbereichs, in denen die Gefahr am größten ist, dass eine (sinnvolle) Anschlussnutzung am geltenden Bauplanungsrecht scheitert, eine Wiederaufnahme der vorangegangenen Nutzung ausdrücklich in § 246 XIII 3 HS. 1 und XIV 6 BauGB gesetzlich zugelassen. In den übrigen Fällen beurteilt sich die Anschlussnutzung nach den allgemeinen städtebaulichen Grundsätzen, nach denen – wie soeben ausführlich dargestellt – in aller Regel eine erneute Prüfung an den Regelungen der §§ 29 ff. BauGB erforderlich wird. Dies kann in der Praxis vielfach zu Problemen mit der Genehmigungsfähigkeit der Anschlussnutzung führen, insbesondere bei Nutzungsänderung in eine Wohnnutzung für die Allgemeinheit. Dabei ist es nicht nur im Hinblick auf eine nachhaltige städtebauliche Entwicklung von nicht unerheblicher Bedeutung, künftige Anschlussnutzungen frühzeitig sicherzustellen. Gerade bei der Anschlussnutzung als Wohnraum für die Allgemeinheit ist auch der wirtschaftliche Aspekt zu bedenken, da bei einer allgemeinen Wohnnutzung größtenteils auf die vorhandenen – da auch für Flüchtlingsunterkünfte notwendigen – Ausstattungsmerkmale wie Sanitäranlagen und Haustechnik zurückgegriffen werden kann. Vor allem aber aufgrund des dringenden Bedarfs an allgemeinem Wohnraum, insbesondere auch an Sozialwohnungen, wäre es überaus wünschenswert, wenn eine Folgenutzung bereits frühzeitig planerisch gezielt vorbereitet und gesteuert werden würde. Dieser Grundgedanke hat etwa in § 9 II 2 BauGB, wonach die Folgenutzung bereits im Bebauungsplan festgesetzt werden soll, seinen Niederschlag gefunden, um die Entstehung bodenrechtlicher Brachflächen zu vermeiden.[1240] Ähnlich hat sich die Bundesregierung in Bezug auf die Folgenutzung in Anschluss an – auf Grundlage der Sondervorschriften genehmigte – Flüchtlingsunterkünfte geäußert. In ihrer Stellungnahme zum Entwurf der ersten BauGB-Flüchtlingsnovelle hat sie den betroffenen Kommunen ausdrücklich angeraten, „auch im Hinblick auf spätere Nachnutzungen" planerisch nachzusteuern.[1241] Insoweit kann der Plangeber gezielt vorbereiten und steuern, dass in bestimmten Gebäuden zunächst (nur) eine Flüchtlingsunterbringung, bei Wegfall des diesbezüglichen Bedarfs sodann aber eine dauerhafte Wohnnutzung für die Allgemeinheit zulässig sein soll. Rechtlich umgesetzt werden kann dies etwa mithilfe einer aufschiebenden Bedingung, deren Festsetzung im Bebauungsplan gem. § 9 II 1 Nr. 2 Alt. 2 BauGB ausdrücklich gesetzlich vorgesehen ist. Und auch die gerade im Zusammenhang mit der Flüchtlingsunterbringung negativ aufgefallene lange Dauer eines Planverfahrens[1242] ist bei der reinen Festsetzung der zukünftigen Anschlussnutzung nicht problematisch. Denn die Planung der Anschlussnutzung kann hier auch erst während der Nutzung des Grundstücks zur Flüchtlingsunterbringung erfolgen, also in einer Phase, in der die Flüchtlinge bereits untergebracht sind und somit keine Eile mehr geboten ist.[1243]

[1240] *Spieß*, in: Jäde/Dirnberger, BauGB, § 9 Rn. 89.
[1241] BT-Drs. 18/2752, S. 11.
[1242] Vgl. ausführlich zum zeitintensiven Weg der Durchführung eines Bebauungsplanverfahrens im ersten Kapitel auf S. 66 ff.
[1243] So auch *Blechschmidt/Reidt*, BauR 2016, 934 (937).

Siebtes Kapitel

Gültigkeit der Sonderregelungen für Flüchtlingsunterkünfte

Die Flüchtlingszuwanderung zwingt vor allem in ihren Hochzeiten nicht nur die gesamte Verwaltung zu größten Anstrengungen, die bei der Organisation einer zeitnahen und menschenwürdigen Unterbringung stets die geltenden Vorschriften und Gesetze zu respektieren hat. Auch der Gesetzgeber ist gefordert, da er dort, wo das geltende Recht den aktuellen Herausforderungen nicht mehr genügt, schnell und effizient eingreifen muss. Dabei ist der Gesetzgeber aber keinesfalls gänzlich frei. Denn entgegen dem Sprichwort „Not kennt kein Gebot" verlangt unser Rechtssystem auch in Krisenzeiten und Notlagen, die geltenden Regeln und Normen zu beachten. Und während die Exekutive gem. Art. 20 III GG Recht und Gesetz zu beachten hat, ist die Legislative nach eben diesem Rechtsstaatsprinzip an die verfassungsmäßige Ordnung gebunden. Dies stellt keine unnötige – weil praxisferne – Förmelei dar, sondern ist einer der Grundpfeiler unserer Verfassung und damit unserer Gesellschaft, den es – nicht zuletzt angesichts der Lehren aus unserer Vergangenheit – stets zu respektieren und zu verteidigen gilt.

Die mit den Sondervorschriften der Absätze 8 bis 17 des § 246 BauGB ermöglichte privilegierte Schaffung von Unterkünften für Flüchtlinge und Asylbegehrende erzeugt ein Spannungsverhältnis zwischen der öffentlichen Aufgabe der Unterbringung dieser Menschen auf der einen Seite und der grundgesetzlich geschützten Position der kommunalen Planungshoheit sowie den Grundrechten aus Art. 2 II 1 GG, Art. 12 I GG, Art. 14 I, II GG und Art. 3 I, III GG auf der anderen Seite. Ferner müssen auch noch die Gebote der Bestimmtheit und der Folgerichtigkeit sowie die Vereinbarkeit mit unionsrechtlichen Vorgaben in den Blick genommen werden.

Bevor die Sonderregelungen für Flüchtlingsunterkünfte aber an materiellem Verfassungs- und Europarecht gemessen werden, wird zunächst die formelle Verfassungsmäßigkeit des § 246 VIII bis XVII BauGB eingehend untersucht.

§ 15

Formelle Verfassungsmäßigkeit der Sonderregelungen

Die Prüfung der Vereinbarkeit eines Gesetzes mit dem Grundgesetz unterteilt sich naturgemäß in die formelle und die materielle Verfassungsmäßigkeit. Während es für die materielle Verfassungsmäßigkeit eines Gesetzes auf die Vereinbarkeit mit Grundrechten, Staatsgrundlagenbestimmungen sowie sonstigem materiellen Verfassungsrecht ankommt, geht es im Rahmen der formellen Verfassungsmäßigkeit eines Gesetzes um die Frage der Gesetzgebungskompetenz sowie um die ordnungsgemäße Durchführung des Gesetzgebungsverfahrens. Das ordnungsgemäß durchgeführte Gesetzgebungsverfahren wurde bereits im Rahmen der Entstehungsgeschichte ausführlich dargestellt.[1244] Somit bleibt hier nur noch die Frage, ob der Bund für den Erlass der Sonderregelungen zuständig war. Die Gesetzgebungskompetenzen von Bund und Ländern sind in den Art. 70 ff. GG normiert.

A. Bauplanungsrechtliche Regelungen

Dem Bund steht gem. Art. 74 I Nr. 18 GG eine konkurrierende Gesetzgebungskompetenz für das Bodenrecht zu. Zur Materie des Bodenrechts gehören nach dem – seit dem Baurechtsgutachten des *Bundesverfassungsgerichts*[1245] – tradierten Verständnis solche Vorschriften, die den Grund und Boden unmittelbar zum Gegenstand haben und dabei die rechtlichen Beziehungen des Menschen zu Grund und Boden regeln.[1246] Hierzu zählt insbesondere die Bauleitplanung für die bauliche und sonstige Nutzung von Grundstücken i.S.v. §§ 1 ff. BauGB, die gerade dazu dient, konkurrierende Bodennutzungen und Bodenfunktionen zu koordinieren und in ein ausgewogenes, möglichst spannungsfreies Verhältnis zu bringen.[1247] Ferner hat der Bund insbesondere auch eine konkurrierende Gesetzgebungskompetenz für das Naturschutzrecht gem. Art. 74 I Nr. 29 GG.

[1244] Zum Ablauf des Gesetzgebungsverfahrens, vgl. im zweiten Kapitel auf S. 77 ff.
[1245] *BVerfG*, Rechtsgutachten v. 16.06.1954 – 1 PBvV 2/52 = BVerfGE 3, 407. Dieses hatte die Bundesregierung im Zuge der Vorarbeiten zum damaligen Bundesbaugesetz (BBauG) in Auftrag gegeben, was nach dem damaligen § 97 BVerfGG möglich war.
[1246] *BVerfG*, Rechtsgutachten v. 16.06.1954 – 1 PBvV 2/52 = BVerfGE 3, 407; *BVerfG*, Beschl. v. 08.11.1972 – 1 BvL 15/68 = NJW 1973, 505.
[1247] *Schnapauff*, in: Hömig/Wolff, GG, Art. 74 Rn. 17.

I. Materielle Privilegierungstatbestände des § 246 VIII bis XIV BauGB

Diejenigen Sonderregelungen für Flüchtlingsunterkünfte, die bauplanungsrechtliche Regelungen i.S.d. §§ 30 ff. BauGB privilegieren, sind ihrerseits bodenrechtlicher Natur und daher von der Gesetzgebungskompetenz des Art. 74 I Nr. 18 GG erfasst. Gleiches gilt für die umfassende Generalklausel des § 246 XIV 1 BauGB.[1248] Diese gestattet zwar nicht punktuelle Abweichungen von einzelnen bauplanungsrechtlichen Vorgaben i.S.v. §§ 30 ff. BauGB, sondern vielmehr eine umfassende Befreiung von sämtlich geltendem Bauplanungsrecht, und zwar in Gestalt der Regelungen des Baugesetzbuches sowie der sich hierauf gründenden unterlandesrechtlichen Vorschriften. Eine Abweichungsmöglichkeit für andere, etwa bauordnungsrechtliche Bereiche, bei denen sich die Einschätzung in Bezug auf die Gesetzeskompetenz ändern könnte, enthält die Generalklausel des § 246 XIV 1 BauGB – schon ausweislich ihres ausdrücklichen Wortlautes – hingegen nicht.[1249]

II. Anhörungsrecht i.S.v. § 246 XIV 3 BauGB und Fiktionsverkürzung des § 246 XV BauGB i.V.m. § 36 II 2 BauGB

Fraglich ist, ob das in § 246 XIV 3 BauGB geregelte Anhörungsrecht der Gemeinde sowie die in § 246 XV BauGB geregelte Verkürzung der Einvernehmensfiktionsfrist des § 36 II 2 BauGB bauplanungsrechtlicher oder bauordnungsrechtlicher Natur ist.

Sofern diese (rein) bauordnungsrechtliche Regelungen darstellen, hätte der Bundesgesetzgeber kompetenzwidrig gehandelt. Denn insoweit wären die Länder gem. Art. 70 I GG zur Gesetzgebung berechtigt gewesen. Das Bauordnungsrecht ist nämlich nicht vom Bodenrecht i.S.v. Art. 74 I Nr. 18 GG erfasst, da dieses nicht die rechtlichen Beziehungen des Menschen zu Grund und Boden regelt, sondern vielmehr Vorschriften über die Abwehr von Gefahren für die öffentliche Sicherheit und Ordnung, über die äußere Gestaltung baulicher Anlagen sowie über das Baugenehmigungsverfahren enthält.[1250] Ferner begründet das Bodenrecht auch keine Annexkompetenz für einzelne Regelungsbereiche des Bauordnungs- bzw. Baupolizeirechts, da es sich dabei vielmehr

---

[1248] So auch *Brandt/Willmann*, Rechtsgutachtliche Stellungnahme zur Abweichungsregelung des § 246 XIV BauGB, S. 40, abrufbar unter: http://feldmark.info/wp-content/uploads/2016/01/160428-Rechtsgutachtliche-Stellungnahme-zur-Abweichungsregelung-des-246-Abs.-14-Baugesetzbuch-BauGB.pdf.
[1249] Zum Gegenstand der Abweichung, vgl. im Rahmen der Einzeldarstellung des § 246 XIV BauGB im fünften Kapitel auf S. 250 f.
[1250] *BVerfG*, Beschl. v. 28.10.1975 – 2 BvL 9/74 = BVerfGE 40, 261; *BVerwG*, Urteil v. 11.10.2007 – 4 C 8.06 = NVwZ 2008, 311.

um zwei völlig selbstständige und insoweit auch streng zu trennende Rechtsmaterien handelt.[1251]

Die Anhörung ist die schwächste Form der gemeindlichen Mitwirkung nach dem Benehmen, der Einwilligung und dem Einvernehmen.[1252] Sofern die Regelung zum gemeindlichen Einvernehmen i.S.v. § 36 BauGB also bodenrechtlicher und damit bundesrechtlicher Natur sein sollte, muss auch die Regelung zur gemeindlichen Anhörung – als bloßes Minus zum Einvernehmen – naturgemäß von der Bundesgesetzgebungskompetenz des Bodenrechts nach Art. 74 I Nr. 18 GG gedeckt sein. Zu klären ist daher, ob es sich beim Einvernehmensgebot des § 36 BauGB tatsächlich um eine bauplanungsrechtliche Regelung handelt. Denn dann wären sowohl das in § 246 XIV 3 BauGB geregelte Anhörungsrecht der Gemeinde als auch die in § 246 XV BauGB geregelte Verkürzung der Einvernehmensfiktionsfrist formell verfassungsgemäß.

Maßgeblich für die Abgrenzung von Bauplanungs- und Bauordnungsrecht ist die Zielsetzung des Gesetzgebers, nicht der jeweilige Regelungsgegenstand.[1253] Danach spricht vieles dafür, das Einvernehmensgebot i.S.v. § 36 BauGB als bauplanungsrechtliche und damit bodenrechtliche Regelung i.S.v. Art. 74 I Nr. 18 GG zu qualifizieren.

[1251] *BVerfG*, Rechtsgutachten v. 16.06.1954 – 1 PBvV 2/52 = BVerfGE 3, 407; *BVerfG*, Beschl. v. 28.10.1975 – 2 BvL 9/74 = BVerfGE 40, 261, wonach dem Bund „nicht – auch nicht unter dem Gesichtspunkt des ‚Sachzusammenhangs', des ‚Wandels der Verhältnisse' und der ‚Natur der Sache' – die Kompetenz gewährt [ist], Rechtsvorschriften auf dem Gebiet des Bauordnungsrechts zu erlassen."

[1252] Es gibt vier verschiedene Arten der Beteiligung von Verwaltungsbehörden an einer hoheitlichen Entscheidung: die Anhörung, das Benehmen, die Zustimmung und das Einvernehmen (*BVerwG*, Urt. v. 19.11.1965 – IV C 184/65 = NJW 1966, 513; vgl. dazu auch *Franz*, Einführung in die Verwaltungswissenschaft, S. 318). Diese unterscheiden sich in erster Linie in der Intensität der Mitwirkung. Die Anhörung stellt die insoweit schwächste Form der Mitwirkung dar, bei welcher der beteiligten Stelle lediglich Gelegenheit zur Stellungnahme gegeben wird und ihr die für eine sachgerechte Äußerung erforderlichen Unterlagen zugänglich gemacht werden (*BVerwG*, Urt. v. 05.03.1997 – 11 A 14/96 = NVwZ-RR 1997, 606). Die eingeholte Stellungnahme muss dabei zur Kenntnis genommen und bei der Entscheidung zumindest in Erwägung gezogen werden (*BVerwG*, Urt. v. 14.12.2000 – 4 C 13.99 = BauR 2001, 585; *Scheidler*, KommP BY 2016, 11 (16)). Die nächstintensivere Beteiligungsform ist das sog. Benehmen, das sich nicht in der bloßen Anhörung erschöpft, sondern – über die Kenntnisnahme der Erwägungen der angehörten Behörde hinaus – den Versuch einer Verständigung zwischen den beiden Behörden erfordert, der von dem Willen getragen ist, auch die Belange der anderen Seite zu berücksichtigen (*BSG*, Urt. v. 21.01.1969 – 6 RKa 27/67 = DVBl 1969, 746). Wie bei der bloßen Anhörung wird die das Benehmen einholende Behörde aber durch die Beurteilung der beteiligten Behörde nicht gebunden. Anders stellt sich dies bei der Zustimmung und dem Einvernehmen als den beiden stärksten Formen der Beteiligung dar. Ohne das erforderliche Einvernehmen bzw. ohne die erforderliche Zustimmung darf die beteiligende Behörde nicht tätig werden. Während das Einvernehmen die völlige – und damit zweiseitige – Willensübereinstimmung zwischen den beiden Verwaltungen bedeutet (*BVerwG*, Urt. v. 04.11.1960 – VI C 163.58 = DVBl 1961, 287), verlangt die Zustimmung lediglich ein einseitiges Einverständnis (*BVerwG*, Urt. v. 29.04.1993 – 7 A 2/92 = DVBl 1993, 886).

[1253] *BVerwG*, Urt. v. 17.10.2012 – 4 C 5.11 = NVwZ 2013, 805.

Nach ständiger Rechtsprechung dient das gemeindliche Einvernehmen i.S.v. § 36 BauGB nämlich dem Schutz der kommunalen Planungshoheit.[1254] Dies zeigt, dass es dem Gesetzgeber mit der Statuierung des kommunalen Mitwirkungsrechts in § 36 BauGB weder um den förmlichen Ablauf des Baugenehmigungsverfahrens noch um eine Regelung der Gefahrenabwehr ging. Mit § 36 BauGB soll ausschließlich das Recht der Gemeinden gewährleistet werden, ihre städtebauliche Entwicklung im gesetzlichen Rahmen eigenverantwortlich zu gestalten und zu planen. Der Schutzzweck des § 36 BauGB beschränkt sich dabei nicht darauf, der Gemeinde die Möglichkeit zu eröffnen, Bauvorhaben zu verhindern, die nach §§ 31, 33 bis 35 BauGB unzulässig sind.[1255] Die kommunale Planungshoheit wird vielmehr gerade auch dadurch gewährleistet, dass mit § 36 BauGB die Gemeinde über das geplante Vorhaben informiert und damit – gegebenenfalls – die Betätigung des gemeindlichen Planungswillens angeregt wird.[1256] Auf diese Weise wird die Gemeinde in die Lage versetzt, ein derzeit zwar noch rechtmäßiges, aber aus städtebaulichen Gründen möglicherweise unerwünschtes Vorhaben zu vereiteln. Dies lässt sich erreichen, indem die Kommune die Aufstellung eines Bebauungsplans nach § 2 I BauGB beschließt und zur Sicherung der Planung gem. § 15 BauGB eine Zurückstellung des Baugesuchs beantragt oder nach § 14 BauGB eine Veränderungssperre erlässt, um sodann den Bebauungsplan als Satzung zu beschließen.[1257] Damit stellt § 36 BauGB gewissermaßen eine „verfahrensrechtliche Auswirkung der (materiellen) Planungshoheit" dar. Hinter der Planungshoheit steht das kommunale Recht der städtebaulichen Planung und mithin das Bodenrecht, für das der Bund gem. Art. 74 I Nr. 18 GG die konkurrierende Gesetzgebungskompetenz hat.

Trotz allem stellt § 36 BauGB aber auch ein formales Beteiligungsrecht der Gemeinde und damit einen Teil des bauaufsichtlichen Verfahrens dar, das in den Bauordnungen der Länder geregelt ist.[1258] Daraus ergibt sich ein nicht zu leugnendes verfahrensrechtliches Element des kommunalen Einvernehmensgebots, das wiederum für eine bauordnungsrechtliche Qualifizierung der Regelung sprechen könnte. Das Einvernehmenserfordernis könnte man daher auch als eine „bauordnungsrechtliche Regelung zum Schutz der Planungshoheit" ansehen. Die *bundesverwaltungsgerichtliche* Rechtsprechung[1259], welche die Rolle des gemeindlichen Einvernehmens als ein (absolutes)

[1254] *BVerwG*, Urt. v. 21.06.1974 – IV C 17/72 = NJW 1974, 1836; *BVerwG*, Urt. v. 14.04.2000 – 4 C 5/99 = NVwZ 2000, 1048; *BVerwG*, Urt. v. 19.08.2004 – 4 C 16/03 = NVwZ 2005, 83; *BVerwG*, Beschl. v. 25.08.2014 – 4 B 20.14 = UPR 2014, 458.
[1255] *Dürr*, in: Brügelmann, BauGB, § 36 Rn. 5.
[1256] *Dippel*, NVwZ 2011, 769 (769), wonach § 36 BauGB selbst kein Planungsinstrument darstellt.
[1257] *BVerwG*, Urt. v. 07.02.1986 – 4 C 43/83 = NVwZ 1986, 556.
[1258] Dafür spricht auch die Bezeichnung als „verfahrensrechtliches" Beteiligungsrecht. So für das Anhörungsrecht etwa *Kment/Wirth*, ZfBR 2016, 748 (752).
[1259] *BVerwG*, Beschl. v. 11.08.2008 – 4 B 25/08 = NVwZ 2008, 1347; *BVerwG*, Urt. v. 14.04.2000 – 4 C 5/99 = NVwZ 2000, 1048; *BVerwG*, Urt. v. 07.02.1986 – 4 C 43.83 = NVwZ 1986, 556; *Dippel*,

Verfahrensrecht hervorhebt, spricht auf den ersten Blick für diese Auffassung. Bei genauerer Betrachtung dieser Qualifizierung als absolutes Verfahrensrecht wird jedoch erneut das hinter § 36 BauGB stehende materielle Gewicht deutlich sowie der Umstand, dass es sich hier nicht um „typisches" Verfahrensrecht handelt. Die materielle Sachentscheidung kann nämlich – entgegen § 46 Landes-VwVfG – allein aufgrund des Verfahrensverstoßes aufgehoben werden, ohne dass die Rechtslage materiell-rechtlich überprüft werden muss.[1260] Dies zeigt, dass eine Verletzung des § 36 BauGB in erster Linie nicht als bloßer Verfahrensverstoß, sondern primär als Verstoß gegen die (materielle) Planungshoheit der Gemeinde zu werten ist.[1261] Schließlich spricht auch noch der kommunale Prüfungs- und Entscheidungsmaßstab im Rahmen von § 36 II 1 BauGB dafür, dass zumindest der Schwerpunkt des Einvernehmensgebots i.S.v. § 36 I BauGB im Bauplanungsrecht und nicht im Bauordnungsrecht liegt. Danach kann das gemeindliche Einvernehmen nämlich nicht aus bauordnungsrechtlichen, sondern ausschließlich aus bauplanungsrechtlichen Gründen i.S.v. §§ 31, 33 bis 35 BauGB versagt werden.

Diese Erörterungen zur Abgrenzung machen am Ende aber doch deutlich, dass sich das Einvernehmensgebot i.S.v. § 36 BauGB – trotz der letztendlichen Zuordnung zum Bauplanungsrecht und der damit zutreffenden Verortung im Baugesetzbuch – in einem Graubereich zwischen Boden- und Bauordnungsrecht befindet.[1262] Man muss wohl von einer Regelung sprechen, die sowohl von bauplanungsrechtlicher als auch von bauordnungsrechtlicher Seite hätte getroffen werden können. Denn entweder sieht man die Regelung – wie es der Gesetzgeber getan hat – als eine verfahrensrechtliche Auswirkung der materiellen Planungshoheit. Oder man qualifiziert das Einvernehmensgebot als bauordnungsrechtliche Regelung zum Schutz der materiellen Planungshoheit und ordnet es damit dem Kompetenzbereich der Landesgesetzgeber zu. Der Regelungsgegenstand des gemeindlichen Einvernehmens ist daher ein klassisches Beispiel für Rechtsmaterien, die teilweise im bundesrechtlichen und teilweise im landesrechtlichen Kompetenzbereich angesiedelt sind. Dass insoweit ggf. sowohl der Bund als auch – soweit der Bund nicht tätig geworden ist – die Länder tätig werden können und – zum gleichen Regelungsgegenstand – gültiges Recht schaffen dürfen, zeigt bereits die Existenz der Kollisionsnorm des Art. 31 GG, wonach Bundesrecht Landesrecht bricht.[1263] Im Ergebnis bleibt somit festzuhalten, dass die Sondervorschriften des § 246

NVwZ 2011, 769 (770); *Horn*, NVwZ 2002, 406 (407), wonach das gemeindliche Einvernehmen einem verwaltungsverfahrensrechtlichen Verständnis unterliegt und als absolutes Verfahrensrecht behandelt wird.

[1260] *Horn*, NVwZ 2002, 406 (407); *Dippel*, NVwZ 2011, 769 (770).
[1261] So bereits *BVerwG*, Urt. v. 19.11.1965 – IV C 184/65 = NJW 1966, 513.
[1262] *Winkler*, Verwaltungsträger im Kompetenzverbund, S. 139.
[1263] *Wolff*, in: Hömig/Wolff, GG, Art. 31 Rn. 1.

XIV 3 und XV BauGB jedenfalls nicht kompetenzwidrig vom Bund geregelt worden sind.

III. Regelungen zur Rückbauverpflichtung in § 246 XIII 2, 4, 5 und in § 246 XIV 5, 7, 8 BauGB

Fraglich ist, ob der Bundesgesetzgeber auch in Bezug auf die Regelungen zur Rückbauverpflichtung i.S.v. § 246 XIII 2, 4, 5 und § 246 XIV 5, 7, 8 BauGB i.V.m. § 35 V 2, 3 BauGB gesetzgebungskompetent war.[1264] Dies wäre nur dann der Fall, wenn der Regelungsgegenstand der Rückbauverpflichtung i.S.v. § 35 V 2, 3 BauGB – zumindest auch[1265] – im Rechtskreis des Bodenrechts verortet wäre.

1. Bauplanungsrecht oder Bauordnungsrecht

Bei der Rückbauverpflichtung handelt es sich um eine Verpflichtungserklärung des Bauherrn, die bauliche Anlage nach dauerhafter Aufgabe der Nutzung auf eigene Kosten zurückzubauen.[1266] Einerseits könnten die Vorschriften zur Rückbauverpflichtung des § 35 V 2, 3 BauGB die rechtlichen Beziehungen des Menschen zu Grund und Boden regeln und damit – nach dem tradierten Verständnis[1267] – bodenrechtlicher Natur i.S.v. Art. 74 I Nr. 18 GG sein. Andererseits könnte man – in Anlehnung an die bauaufsichtlichen Eingriffsbefugnisse[1268] – aber auch von einer Maßnahme der Gefahrenabwehr sprechen. Infolgedessen wird teilweise vertreten, dass es sich bei § 35 V 2, 3 BauGB der Sache nach um Bauordnungsrecht handelt, das entweder kompetenzwidrig[1269], deklaratorisch[1270] oder als Klageverzicht[1271] durch den Bund geregelt worden ist. Dieser Auffassung liegt der Gedanke zugrunde, dass die Baugenehmigungsbehörden bereits das bauordnungsrechtliche Instrumentarium der Beseitigungsanordnung nach den Landesbauordnungen zur Verfügung haben, um

---

[1264] Dagegen etwa *Beckmann*, UPR 2017, 335 (339).
[1265] Vergleichbar mit dem Einvernehmensgebot i.S.v. § 36 BauGB könnte es sich nämlich auch bei dem Regelungsgegenstand der Rückbauverpflichtung um eine Materie handeln, die sowohl bauplanungsrechtlich als auch bauordnungsrechtlich geregelt werden könnte.
[1266] *Söfker*, in: EZBK, BauGB, § 35 Rn. 165a.
[1267] Vgl. dazu bereits zu Beginn von § 15 auf S. 294.
[1268] In Bayern sind diese beispielsweise in Art. 75 und 76 BayBO normiert.
[1269] So *Beckmann*, KommJur 2016, 366 (374 f.) in Bezug auf § 246 XIII 2 und § 246 XIV 5 BauGB.
[1270] In Bezug auf die „Grundnorm" des § 35 V 2 BauGB: *Berkemann*, in: Berkemann/Halama, Erstkommentierungen zum BauGB 2004, § 35 Rn. 134; *Jäde*, in: Jäde/Dirnberger/Weiß, Vorauflage (7. Auflage), BauGB, § 35 Rn. 179, 181.
[1271] So etwa auch noch: *BVerwG*, Urt. v. 18.04.1996 – 4 C 22/94 = NVwZ 1996, 892; *Jäde*, in: Jäde/Dirnberger/Weiß, Vorauflage (7. Auflage), BauGB, § 35 Rn. 179. Danach ist dem Bauherrn die Möglichkeit genommen, sich gegen eine bauaufsichtliche Beseitigungsverfügung nach den Landesbauordnungen zur Wehr zu setzen.

nach dauerhafter Aufgabe der genehmigten Nutzung (bau-)rechtmäßige Zustände herzustellen. Insoweit wird der Mehrwert einer eigenständigen, bauplanungsrechtlichen Verpflichtung zum Rückbau in Frage gestellt, die im Bedarfsfalle im Wege einer Beseitigungsverfügung angeordnet und bei Nichterfüllung im Wege der Ersatzvornahme[1272] durchgesetzt wird. Demgegenüber entspricht es mittlerweile aber der (wohl) herrschenden Meinung, dass es sich bei § 35 V 2, 3 BauGB um eine eigenständige bundesrechtliche – weil bodenrechtliche – Ermächtigungsgrundlage für die Bauaufsichtsbehörde handelt, auf deren Grundlage eine Baugenehmigung in zulässiger Weise mit Nebenbestimmungen zur Gewährleistung des Rückbaus nach dauerhafter Aufgabe der genehmigten Nutzung verbunden werden darf.[1273] Dem steht allerdings nicht entgegen, dass die Rückbauverpflichtung weiterhin auch bewirkt, „dass sich der Pflichtige, wenn er der Pflicht zum Rückbau nicht nachkommt, nach Treu und Glauben (Verbot des widersprüchlichen Verhaltens) nicht mit Erfolg gegen eine Beseitigungsanordnung wenden kann."[1274]

2. Argumente für eine eigenständige bauplanungsrechtliche Ermächtigungsgrundlage

Nicht zu leugnen ist freilich die – auf ihre Rechtsfolgen bezogene – Ähnlichkeit der Rückbauverpflichtung mit der bauaufsichtlichen Eingriffsbefugnis der Beseitigungsanordnung. Man kann deshalb die Frage stellen, welches Ziel den Bundesgesetzgeber bewogen hat, über die bauordnungsrechtlich geregelte Beseitigungsverfügung hinaus eine eigenständige – bundesrechtliche – Rechtsgrundlage zur Gewährleistung des Rückbaus des Vorhabens nach dauerhafter Nutzungsaufgabe zu schaffen. Denn maßgeblich für die Abgrenzung von Bauplanungsrecht und Bauordnungsrecht ist die Zielsetzung des Gesetzgebers, nicht der jeweilige Regelungsgegenstand.[1275] Die gesetzgeberische Intention hinsichtlich der in § 35 V 2, 3 BauGB geregelten – und in § 246 XIII 2, 4, 5 und § 246 XIV 5, 7, 8 BauGB in Bezug genommenen – Rückbauverpflichtung lässt sich dabei in erster Linie aus den einschlägigen Gesetzesmaterialien ablesen.

Anlass für die Schaffung der Regelungen zur Rückbauverpflichtung war – nach der Begründung des Gesetzesentwurfs der Bundesregierung – der Umstand, dass im Zuge der Förderung von Anlagen zur Nutzung erneuerbarer Energien der Tatbestand der

---
[1272] *OVG Magdeburg*, Urt. v. 12.05.2011 – 2 L 239/09 = BWGZ 2014, 1101; *Mitschang/Reidt*, in: Battis/Krautzberger/Löhr, BauGB, § 35 Rn. 183.
[1273] *BVerwG*, Urt. v. 17.10.2012 – 4 C 5.11 = NVwZ 2013, 805; *Spieß*, in: Jäde/Dirnberger, BauGB, § 35 Rn. 178; *Söfker*, in: EZBK, BauGB, § 35 Rn. 165a.
[1274] *BVerwG*, Urt. v. 17.10.2012 – 4 C 5.11 = NVwZ 2013, 805 unter ausdrücklicher Bezugnahme auf *BVerwG*, Urt. v. 18.04.1996 – 4 C 22/94 = NVwZ 1996, 892.
[1275] So *BVerwG*, Urteil v. 17.10.2012 – 4 C 5.11 = NVwZ 2013, 805.

privilegierten Außenbereichsvorhaben i.S.v. § 35 I BauGB nicht unerheblich erweitert wurde.[1276] In der Folge nahm die Anzahl der auf dieser Grundlage errichteten „Anlagen mit einer nur zeitlich begrenzten Nutzungsdauer"[1277] spürbar zu.[1278] Mit dem Erreichen des Endes ihrer Nutzungsdauer und der dauerhaften Nutzungsaufgabe entfällt die bodenrechtliche Legitimation für den Fortbestand von solchen Baukörpern im Außenbereich, die – anders als § 35 I Nr. 1 BauGB – keine eindeutige und unmittelbare Beziehung zur naturgegebenen Bodennutzung im Außenbereich haben und – entgegen § 35 I Nr. 7 BauGB – nicht den besonderen Vorschriften des Atomrechts unterliegen.[1279] Dahinter steht der – die Vorschrift des § 35 BauGB insgesamt prägende – Leitgedanke der größtmöglichen Schonung des Außenbereichs sowie das Anliegen der im Jahre 1987 eingeführten Bodenschutzklausel, die in § 1a II BauGB und § 35 V 1 BauGB ihre Ausprägung gefunden hat. Danach soll mit Grund und Boden – vornehmlich im Außenbereich – sparsam und schonend umgegangen werden. Dieses Sparsamkeits- und Schonungsgebot beinhaltet aber auch, bauliche Anlagen, die nur aufgrund ihrer nicht außenbereichsspezifischen[1280] Privilegierung i.S.v. § 35 I Nr. 2 bis 6 BauGB dem Außenbereich zugewiesen sind, nach Wegfall des Privilegierungsgrundes wieder zu beseitigen und den Außenbereich davon zu „befreien". Vor diesem Hintergrund – dies zeigt auch die systematische Stellung der die Rückbauverpflichtung regelnden Vorschrift des § 35 V 2, 3 BauGB hinter dem Gebot

---

[1276] BT-Drs. 15/2250, S. 56.
[1277] So die Beschlussempfehlung des Ausschusses für Verkehrs, Bau- und Wohnungswesen, BT-Drs. 15/2996, S. 67. Dies ist auch der Grund dafür, dass die Regelungen zur Rückbauverpflichtung, die gem. § 35 V 2, 3 BauGB ausdrücklich auf privilegierte Vorhaben i.S.v. § 35 I Nr. 2 bis 6 BauGB beschränkt sind, in teleologisch und systematisch einwandfreier Weise auf Flüchtlingsunterkünfte i.S.v. § 246 XIII und XIV BauGB übertragen werden können. Nach der Beschlussempfehlung des Ausschusses für Verkehrs, Bau- und Wohnungswesen war es das Ziel der Regelungen in § 35 V 2, 3 BauGB, „der Beeinträchtigung der Landschaft durch aufgegebene Anlagen mit einer nur zeitlich begrenzten Nutzungsdauer entgegenzuwirken" (BT-Drs. 15/2996, S. 67). Flüchtlingsunterkünfte sind zwar als Wohngebäude oder als Anlagen mit jedenfalls wohnähnlicher Nutzung nicht privilegierte, sondern „nur" sonstige Vorhaben i.S.v. § 35 II BauGB. Allerdings sind auch Anlagen zur Flüchtlingsunterbringung durch einen lediglich vorübergehenden Charakter gekennzeichnet (vgl. dazu im dritten Kapitel auf S. 100 f. und S. 105) und damit nur für einen begrenzten Zeitraum konzipiert.
[1278] *BVerwG*, Urt. v. 17.10.2012 – 4 C 5.11 = NVwZ 2013, 805, wonach sich die privilegierte Zulassung solcher Vorhaben inzwischen regelrecht zu einem „Massenphänomen" entwickelt habe.
[1279] *Söfker*, in: EZBK, BauGB, § 35 Rn. 165a.
[1280] Außenbereichsspezifisch ist lediglich die Privilegierung des § 35 I Nr. 1 BauGB, da dort die naturgegebene Bodennutzung als einer der beiden Außenbereichszwecke begünstigt wird. Dass die Privilegierung des § 35 I Nr. 7 BauGB – obwohl ebenfalls nicht außenbereichsspezifisch – nicht vom Anwendungsbereich der Rückbauverpflichtung i.S.v. § 35 V 2 BauGB erfasst ist und daher nicht der bodenrechtlichen Beseitigungspflicht nach Nutzungsaufgabe unterliegt, ist dem Umstand geschuldet, dass derartige Anlagen den besonderen Vorschriften des Atomrechts unterliegen. Diese können teilweise bereits aufgrund der radioaktiven Strahlung, derer sie ausgesetzt waren, nicht einfach so beseitigt werden.

der bodenschützenden Bauausführung in § 35 V 1 BauGB – hat der Bundesgesetzgeber die Rückbauverpflichtung zum bodenrechtlichen Schutz des Außenbereichs statuiert. Auf diese Weise sollen Beeinträchtigungen der Landschaft durch nicht mehr nutzbare Bauruinen und Gebäudetorsos „effektiv und konsequent" verhindert werden, indem deren Beseitigung „verlässlich auf Kosten des Verursachers" bereits im Zeitpunkt der Genehmigungserteilung sichergestellt wird.[1281] Die bauordnungsrechtliche Beseitigungsanordnung nach dauerhafter Nutzungsaufgabe aufgrund eines baurechtswidrigen Zustands ist weder auf diese rein städtebauliche Zielsetzung zugeschnitten noch reicht sie dafür aus. Denn zum einen zielt die Rückbauverpflichtung i.S.v. § 35 V 2, 3 BauGB nicht auf die – im Ermessen der Bauaufsichtsbehörde stehende – baupolizeiliche Gefahrenabwehr; vielmehr soll die Rückbaupflicht zum Schutze des Landschaftsbildes und zur „größtmöglichen Schonung" des Außenbereichs aus rein bodenrechtlichen Gründen präventiv gesichert werden. Zum anderen hängt die Frage, ob die Bauaufsichtsbehörde die Beseitigung einer Anlage entsprechend den bauaufsichtlichen Eingriffsbefugnissen verlangen darf, noch von weiteren Umständen ab. Denn diese Entscheidung steht – entsprechend der baupolizei- und sicherheitsrechtlichen Grundsätze – „nur" im Ermessen der zuständigen Behörde mit der Folge, dass sämtliche Umstände des Einzelfalls – auch diejenigen, die gegen eine Beseitigung des Vorhabens sprechen – berücksichtigt werden müssen. Ein verlässlicher Rückbau der baulichen Anlage nach endgültiger Nutzungsaufgabe, den das „Baurecht auf Zeit"[1282] i.S.v. § 35 I Nr. 2 bis 6 BauGB verlangt, ist damit aber gerade nicht sichergestellt. Dies gilt umso mehr, als es für die – im Wege der Ersatzvornahme erfolgende – zwangsweise Durchsetzung der bauordnungsrechtlichen Beseitigungsverfügung im Falle ihrer Nichterfüllung auf die verfügbaren Haushaltsmittel der zuständigen Bauaufsichtsbehörde ankommt. Es kann also durchaus vorkommen, dass zwar eine baupolizeiliche Beseitigungsanordnung ergeht, diese von der Bauaufsichtsbehörde mangels ausreichender finanzieller Mittel aber (vorerst) nicht vollstreckt werden kann. Die dem Schutz des Außenbereichs dienende Wiederherstellung der natürlichen Gegebenheiten sollte jedoch nicht davon abhängen, ob die öffentliche Hand über hinreichende Mittel verfügt, um den Rückbau im Wege der Ersatzvornahme durchzusetzen. Auch insoweit geht die Rückbauverpflichtung regelungstechnisch über die bauaufsichtlichen Eingriffsbefugnisse hinaus, da die spätere Beseitigung der baulichen Anlage bereits im Zeitpunkt der Erteilung der Baugenehmigung gem. § 35 V 3 BauGB und damit unabhängig von der finanziellen Situation der Bauaufsichtsbehörde bzw. des dahinter stehenden Rechtsträgers „sichergestellt" werden kann.

[1281] *BVerwG*, Urt. v. 17.10.2012 – 4 C 5.11 = NVwZ 2013, 805.
[1282] *BVerwG*, Urt. v. 16.12.2004 – 4 C 7/04 = NVwZ 2005, 587.

Ferner spricht auch das in den Gesetzesmaterialien ausdrücklich aufgegriffene „Verursacherprinzip" für eine eigenständige bodenrechtliche Regelung.[1283] Danach trifft die Verpflichtung zum Rückbau den Vorhabenträger bzw. den Bauherrn, der die Baugenehmigung beantragt.[1284] Dies wird regelmäßig – muss aber nicht – der Grundstückseigentümer sein. Den bauaufsichtlichen Eingriffsbefugnissen liegt demgegenüber der baupolizeiliche Störerbegriff zugrunde. Unterschiede zwischen dem Bauherrn und dem Störer lassen sich insbesondere im Falle einer Störermehrheit ausmachen. Wird ein Gebäude etwa von dem Eigentümer errichtet und an einen Dritten vermietet oder verpachtet, dann ist es im Falle der Baurechtswidrigkeit unter dem Gesichtspunkt des Auswahlermessens regelmäßig zulässig, vor dem Hintergrund einer effektiven Gefahrenabwehr und der Nähe zur Störung den Handlungsstörer – also den Mieter oder Pächter – in Anspruch zu nehmen.[1285] Auf Grundlage der Rückbauverpflichtung, die ausschließlich auf den Bauherrn als „Verursacher" abstellt, ist dies hingegen gerade nicht möglich. Auch hieraus wird deutlich, dass die Regelungen in § 35 V 2, 3 BauGB keine lediglich bundesrechtlich klarstellende Bedeutung haben können, sondern ein Aliud darstellen und einen eigenständigen Charakter haben.

Bestätigung findet diese Auffassung schließlich in der ausdrücklichen Betonung des Gesetzgebers, dass die „vorgeschlagene Verpflichtung zum Rückbau sonstige Verpflichtungen auf Grund anderer Regelungen unberührt lässt".[1286] Jene Äußerung kann nämlich lediglich so verstanden werden, dass der Bundesgesetzgeber die Regelung zur Rückbaupflicht unabhängig neben die landesrechtlichen Regelungen der Gefahrenabwehr setzen wollte.

B. Verwaltungsverfahrensrechtliche Regelungen in § 246 XII 1, XIII 1 Nr. 1, XIV 2 und XVI BauGB

Obgleich der Großteil der in den Absätzen 8 bis 17 des § 246 BauGB getroffenen Regelungen bauplanungsrechtlicher Natur ist, finden sich innerhalb der Sondervorschriften für Flüchtlingsunterkünfte auch einige wenige Regelungen verwaltungsverfahrensrechtlicher Art. Dies gilt einmal für die in § 246 XII 1 und XIII 1 Nr. 1 BauGB statuierten administrativen Befristungen auf längstens drei Jahre. Dabei handelt es sich um eine

---

[1283] BT-Drs. 15/2250, S. 56.
[1284] *Dürr*, in: Brügelmann, BauGB, § 35 Rn. 172.
[1285] *VGH München*, Beschl. v. 01.07.1986 – 21 B 85 A. 3336 = NVwZ 1987, 912; *VGH Mannheim*, Urt. v. 26.05.1994 – 5 S 2637/93 = NVwZ 1995, 397. Daneben kann natürlich auch gegen den Eigentümer als sog. Zustandsstörer vorgegangen werden.
[1286] BT-Drs. 15/2250, S. 94.

verwaltungsverfahrensrechtliche Vorgabe an die zuständige Baugenehmigungsbehörde, die diese im Rahmen der Genehmigungserteilung – und zwar im Wege einer Nebenbestimmung i.S.v. § 36 II Nr. 1 Landes-VwVfG – umsetzen muss.[1287] Die Befristung des jeweiligen Einzelvorhabens gilt danach nicht unmittelbar kraft Gesetzes. Die Formulierung „auf längstens drei Jahre" lässt insoweit keinen Auslegungsspielraum zu, da durch die Baugenehmigungsbehörde ja erst noch festgelegt werden muss, auf welchen Zeitraum zwischen einem Tag und drei Jahren sich die Befreiung konkret erstrecken soll. Zudem muss es sich nach dem ausdrücklichen Wortlaut des Gesetzes um eine „zu befristende" Flüchtlingsunterbringung handeln, was ebenfalls ein entsprechendes Tätigwerden der Baugenehmigungsbehörde voraussetzt und damit einer gesetzlichen Befristung entgegensteht.[1288] Ebenso stellt § 246 XIV 2 BauGB eine verwaltungsverfahrensrechtliche Vorschrift dar, und zwar in Gestalt einer Zuständigkeitsregelung; danach entscheidet die höhere Verwaltungsbehörde über die Abweichung von festgesetztem Bodenrecht i.S.v. § 246 XIV 1 BauGB. Gleiches gilt für die – die naturschutzrechtliche Verfahrenserleichterung des § 18 III 2 BNatSchG für entsprechend anwendbar erklärende – Sonderregelung des § 246 XVI BauGB.

Auch hier muss man der Frage nachgehen, ob der Bund für diese verwaltungsverfahrensrechtlichen Regelungen gesetzgebungskompetent war. Denn grundsätzlich müsste das Verwaltungsverfahrensrecht – mangels spezieller Zuweisung in die ausschließliche oder konkurrierende Gesetzgebungskompetenz i.S.v. Art. 71 bis 74 GG – entsprechend dem Grundsatz der Länderzuständigkeit gem. Art. 70 I GG unter die Gesetzgebungskompetenz der Länder fallen.[1289] Etwas anderes könnte sich nur aus Art. 84 I 2 GG oder aus den ungeschriebenen Gesetzgebungszuständigkeiten des Bundes in Gestalt der Bundeskompetenz kraft Sachzusammenhangs oder der Annexkompetenz[1290] ergeben. Vor

---

[1287] *Jarass/Kment*, in: Jarass/Kment, BauGB, § 246 Rn. 23; *Mitschang/Reidt*, in: Battis/Krautzberger/Löhr, BauGB, § 246 Rn. 33; *Dürr*, in: Brügelmann, BauGB, § 246 Rn. 38; *Beckmann*, UPR 2017, 335 (338).
[1288] *Dürr*, in: Brügelmann, BauGB, § 246 Rn. 38.
[1289] *Schnapauff*, in: Hömig/Wolff, GG, Art. 74 Rn. 1, wonach zwar das Vorverfahren i.S.v. §§ 68 ff. VwGO zum verwaltungsgerichtlichen Verfahren und damit zur konkurrierenden Gesetzgebungskompetenz des Art. 74 I Nr. 1 GG gehört, „nicht jedoch generell das Verwaltungsverfahrensrecht"; *Beckmann*, UPR 2017, 335 (338).
[1290] Die genaue Abgrenzung dieser beiden Figuren ist dabei nicht ganz unumstritten. Während teilweise vertreten wird, dass die Annexkompetenz einen Unterfall der Gesetzgebungskompetenz kraft Sachzusammenhangs darstellt (*Pieroth*, in: Jarass/Pieroth, GG, Art. 70 Rn. 12; *Bullinger*, AöR 96 (1971), 237 (243)), wird die Annexkompetenz von anderer Seite als eigenständige ungeschriebene Gesetzgebungskompetenz qualifiziert (etwa *Maunz*, in: Maunz/Dürig, GG, Art. 70 Rn. 49, wonach es bei der Bundeskompetenz kraft Sachzusammenhangs um die Ausdehnung einer durch das Grundgesetz zugeteilten Gesetzgebungskompetenz auf andere – nicht zugeteilte, jedoch mit der zugeteilten Gesetzgebungskompetenz verwandte – Zuständigkeiten und damit um eine Ausdehnung „in der Breite" gehe, während es sich bei der sog. Annexkompetenz um eine Ausdehnung „in die Tiefe" handle). In der Rechtsprechung lässt sich demgegenüber die Tendenz erkennen, dass die

diesem Hintergrund wird die Gesetzgebungszuständigkeit des Bundes für die verwaltungsverfahrensrechtlichen Regelungen im Rahmen der Sondervorschriften für Flüchtlingsunterkünfte in der Literatur teilweise mit der Begründung bejaht, dass diese von der Gesetzgebungskompetenz kraft Sachzusammenhangs gedeckt seien.[1291] In die gleiche Richtung geht auch die ganz allgemein zum Verwaltungsverfahrensrecht vertretene Auffassung, wonach die Befugnis des Bundes zu Regelungen in diesem Bereich als Annex aus den Sachkompetenzen der Art. 73 und 74 GG folgt.[1292] Als Konsequenz dieser maßgeblich auf *Heinrich Triepel*[1293] zurückgehenden „Annextheorie" hätten die Vorschriften des VIII. Abschnitts des Grundgesetzes hinsichtlich der Begründung einer Gesetzgebungskompetenz nur rein deklaratorischen Charakter.[1294] Diese beiden – auf den Sachzusammenhang mit Art. 70 ff. GG abstellenden – Rechtsmeinungen übersehen jedoch bereits die unstreitige gesetzessystematische Grundregel, wonach für die Annahme einer ungeschriebenen Kompetenz solange kein Anlass besteht, solange das Grundgesetz für den gleichen Regelungsgegenstand eine ausdrückliche Kompetenz normiert.[1295] Letzteres ist aber in Art. 84 I 2 GG geschehen, der in Bezug auf die Behördeneinrichtung sowie das Verwaltungsverfahren ausdrücklich die Möglichkeit der Statuierung von „Bundesgesetzen" voraussetzt und damit eine – zumindest mittelbar – kompetenzbegründende Norm enthält. Ferner stößt man mit der Annextheorie im Bereich der aus-

---

beiden Kompetenzen schlichtweg gleichgesetzt werden (so etwa *BVerfG*, Urt. v. 27.10.1998 – 1 BvR 2306/96 = NJW 1999, 841; in diese Richtung auch *BVerfG*, Beschl. v. 29.03.1996 – 2 BvL 4/96 = NJW 1996, 2497, wo ausdrücklich von einer „Annexkompetenz kraft Sachzusammenhangs" die Rede ist). Letztlich dürfte vieles dafür, dass es sich hierbei nur um einen terminologischen Streit handelt, da es in beiden Fällen im Ergebnis um die im Einzelfall auslegungsbedürftige Frage geht, ob die Materie ohne ausdrückliche Kompetenzregelung vom Kompetenzträger der zugewiesenen Hauptmaterie mitgeregelt werden können soll oder nicht. Daher ist der von der Rechtsprechung beschrittene Weg vorzugswürdig, und zwar vor allem auch deswegen, weil die Differenzierungsversuche der Literatur zu keinem nennenswerten Erkenntnisgewinn führen, gleichzeitig aber erhebliche Schwierigkeiten bei der Abgrenzung bergen (vgl. *Jarass*, NVwZ 2000, 1089 (1090)).

[1291] So *Beckmann*, KommJur 2016, 366 (367), der dies dort nicht weiter begründet. Anders aber *ders.*, UPR 2017, 335 (338), wonach der „Passus über die Befristung als Nebenbestimmung gesetzgebungskompetenzrechtlich kritisch zu sehen" sei, da die Gesetzgebungskompetenz kraft Sachzusammenhangs „mangels bauordnungsrechtlicher Rechtslücke" wohl nicht bestehe.

[1292] *Wolff*, in: Hömig/Wolff, GG, Art. 84 Rn. 6; *Groß*, in: Friauf/Höfling, Berliner Kommentar zum GG, Art. 84 Rn. 16; *Hermes*, in: Dreier, GG, Art. 84 Rn. 21; *Kirschenmann*, JuS 1977, 565 (572); *BVerfG*, Urt. v. 18.07.1967 – 2 BvF 3-8, 139, 140, 334, 335/62 = BVerfGE 22, 180, wonach „der Bund [...] nach Art. 84 Abs. 1 GG im Rahmen seiner materiellen Gesetzgebungszuständigkeit die Einrichtung und das Verfahren kommunaler Behörden regeln" kann. Wohl auch *BVerwG*, Urt. v. 07.05.1982 – 4 C 55/78 = DÖV 1982, 826, wonach der Bund befugt ist, „durch einzelne Annexregelungen zu einem von ihm im Rahmen seiner ausdrücklich benannten Gesetzgebungskompetenzen getroffenen Regelungen ausnahmsweise auch deren Vollzug näher zu regeln."

[1293] Die Annextheorie wurde u.a. von *Triepel* im Rahmen der Staatsrechtslehre des Kaiserreichs entwickelt; vgl. *Triepel*, in: Festgabe für Paul Laband, S. 247 (280 ff.).

[1294] So auch *Hermes*, in: Dreier, GG, Art. 84 Rn. 21.

[1295] So im Ergebnis auch *Lerche*, in: Maunz/Dürig, GG, 53. Auflage (Vorauflage), Art. 83 Rn. 33, 37.

schließlichen Gesetzgebungskompetenz i.S.v. Art. 73 GG ohne Grund an rein „praktische" Grenzen, wenn das Verfahren durch den Bund nur lückenhaft oder überhaupt nicht geregelt worden ist.[1296] Denn für diesen Fall wäre den Ländern eine gesetzliche Regelung des Verwaltungsverfahrens sowie der Behördenorganisation verwehrt. Nach alledem verdient die maßgeblich von *Peter Lerche*[1297] begründete Auffassung den Vorzug, die Bundesgesetzgebungskompetenz für das Verwaltungsverfahren aus Art. 84 I 2 GG abzuleiten.[1298] Die in Art. 83 ff. GG geregelten Gesetzgebungszuständigkeiten für das Organisations- und Verfahrensrecht stellen also konstitutiv spezielle Kompetenzen und damit leges speciales zu den allgemeinen Regelungen der Gesetzgebungskompetenzen des Bundes i.S.v. Art. 70 ff. GG dar.

Für die Frage der formellen Verfassungsmäßigkeit des § 246 XII 1, XIII 1 Nr. 1, XIV 2 und XVI BauGB[1299] ist dieser Meinungsstreit im Ergebnis aber nicht entscheidend. Denn nach beiden Auffassungen besitzt der Bund die Kompetenz, entsprechende verwaltungsverfahrensrechtliche Regelungen zu treffen.

[1296] *Hermes*, in: Dreier, GG, Art. 84 Rn. 21.
[1297] *Lerche*, in: Maunz/Dürig, GG, 53. Auflage (Vorauflage), Art. 83 Rn. 36 ff.
[1298] Ebenso: *Pieroth*, in: Jarass/Pieroth, GG, Art. 84 Rn. 2; *Wolff*, in: Hömig/Wolff, GG, 11. Auflage (Vorauflage), Art. 84 Rn. 6; *Hermes*, in: Dreier, GG, Art. 84 Rn. 22; *Trute*, in: v. Mangoldt/Klein/Starck, GG, Art. 83 Rn. 13; im Ergebnis so auch *Dittmann*, in: Sachs, GG, Art. 84 Rn. 5, der etwas missverständlich ausführt, dass es sich bei Art. 84 I 2 GG insofern um eine kompetenzbegründende Norm handle, die jedoch nur als Annex zu einer anderweitig begründeten Bundesgesetzgebungskompetenz in Anspruch genommen werden könne.
[1299] Sofern man der Auffassung folgt, dass die Befugnis des Bundes zu Regelungen im Bereich des Verwaltungsverfahrensrechts als Annex aus den Sachkompetenzen der Art. 73, 74 GG folgt oder eine Bundeskompetenz kraft Sachzusammenhangs darstellt, ergibt sich die für § 246 XVI BauGB maßgebliche Sachkompetenz des Bundes nicht aus Art. 74 I Nr. 18 GG (Bodenrecht), sondern aus Art. 74 I Nr. 29 GG (Naturschutzrecht und Landschaftspflege).

§ 16

Rechtsstaatliches Bestimmtheitsgebot, Art. 20 III GG

Eine Verletzung des rechtsstaatlichen Bestimmtheitsgrundsatzes kommt nur im Hinblick auf die Sonderregelung des § 246 XIV BauGB in Betracht.[1300] Denn diese enthält auf Tatbestandsebene gleich drei unbestimmte Rechtsbegriffe, nämlich neben dem „dringenden Bedarf" und der „rechtzeitigen" Bereitstellung auch die Prüfung des „erforderlichen" Umfangs der Abweichung.

A. *Der Bestimmtheitsgrundsatz*

Die Gebote der Rechtsklarheit und der ausreichenden Bestimmtheit sind Ausprägungen des Rechtsstaatsprinzips i.S.v. Art. 20 III GG.[1301] Sie sollen Rechtssicherheit gewährleisten und verlangen dazu, dass das Handeln des Staates „messbar und in gewissem Umfang für den Staatsbürger voraussehbar und berechenbar" wird.[1302] Denn zum einen müssen die Normbetroffenen die geltende Rechtslage erkennen und ihr Verhalten danach ausrichten können.[1303] Zum anderen ist eine sinnvolle und den grundgesetzlichen Anforderungen entsprechende richterliche Überprüfung staatlichen Handelns nur insoweit möglich, als Inhalt und Grenzen der Befugnisnormen hinreichend bestimmt oder jedenfalls an objektiven Maßstäben bestimmbar gemacht sind.

Diese Grundsätze verbieten es dem Gesetzgeber indessen nicht, in gewissem Umfang Generalklauseln und unbestimmte Rechtsbegriffe zu verwenden.[1304] Er wird sich gerade vielfach solcher abstrakter und unbestimmter Formulierungen bedienen müssen, um die Verwaltung in die Lage zu versetzen, ihren Aufgaben, den besonderen Umständen des Einzelfalles und den sich oft schnell ändernden Lebenssachverhalten gerecht werden zu

---

[1300] *VG Hamburg*, Beschl. v. 28.10.2015 – 7 E 5333/15 = DVBl 2015, 1605, welches das rechtsstaatliche Bestimmtheitsgebot (nur) durch § 246 XIV BauGB „in Frage gestellt" sieht; *Hornmann*, in: BeckOK BauNVO, § 3 Rn. 240; *Decker*, in: Schiwy, BauGB, § 246 Rn. 113; *Blechschmidt*, in: EZBK, BauGB, § 246 Rn. 97; *Hornmann*, NVwZ 2016, 436 (438); *Durner*, DVBl 2015, 1602 (1607); *Kment/Wirth*, ZfBR 2016, 748 (754); *Ewer/Mutschler-Siebert*, NJW 2016, 11 (13).
[1301] Vgl. dazu auch *Antoni*, in: Hömig/Wolff, GG, Art. 20 Rn. 12.
[1302] *BVerfG*, Beschl. v. 12.11.1958 – 2 BvL 4/56 = BVerfGE 8, 274; *BVerfG*, Beschl. v. 03.02.1959 – 2 BvL 10/56 = BVerfGE 9, 137; *BVerfG*, Beschl. v. 08.01.1981 – 2 BvL 3/77 = BVerfGE 56, 1.
[1303] *BVerfG*, Beschl. v. 07.07.1971 – 1 BvR 775/66 = BVerfGE 31, 255; *BVerfG*, Beschl. v. 23.04.1974 – 1 BvR 6/74 = BVerfGE 37, 132; *BVerfG*, Beschl. v. 18.05.1988 – 2 BvR 579/84 = BVerfGE 78, 205.
[1304] So etwa *BVerfG*, Beschl. v. 08.01.1981 – 2 BvL 3/77 = BVerfGE 56, 1.

können.[1305] Weisen die zu regelnden Sachverhalte – wie häufig – eine hohe Komplexität und Dynamik auf und müssen aufgrund des rechtsstaatlichen Verhältnismäßigkeitsgrundsatzes auch die Umstände des konkreten Einzelfalls berücksichtigt werden, kann dies nur unter Verwendung unbestimmter Rechtsbegriffe und generalklauselartiger Formeln zukunftsoffen normiert werden.[1306] Allein die Notwendigkeit der Auslegung und Subsumtion einer oder mehrerer Rechtsbegriffe nimmt einer Norm also noch nicht die verfassungsrechtlich gebotene Bestimmtheit.[1307] An die tatbestandliche Fixierung dürfen keine nach der konkreten Sachlage unerfüllbaren Anforderungen gestellt werden. Freilich darf sich der Gesetzgeber seines Rechts, die Schranken der Freiheit zu bestimmen, aber auch nicht dadurch begeben, dass er mittels einer vagen Generalklausel willkürliches Handeln im Einzelfall durch die Verwaltung ermöglicht.[1308] Welche Anforderungen an das Maß der erforderlichen Bestimmtheit gestellt werden müssen, lässt sich nicht allgemeingültig festlegen. Der Grad der jeweils zu fordernden Bestimmtheit einer Norm hängt vielmehr von der Eigenart des zu regelnden Sachverhalts ab, insbesondere auch davon, in welchem Umfang der betreffende Regelungsbereich einer genaueren begrifflichen Umschreibung überhaupt zugänglich ist.[1309] Ferner ist auch die Intensität der Auswirkungen der Regelung zu berücksichtigen. Die Anforderungen an die Bestimmtheit sind dabei umso strenger, je schwerwiegender die Folgen der konkreten Norm sind.[1310] Letztlich müssen zumindest die äußeren Grenzen des (Ermessens-)Spielraums abgesteckt werden, um eine richterliche Überprüfung der Einhaltung dieser Grenzen zu ermöglichen.[1311] Die Tatsache, dass die abstrakte Auslegung der unbestimmten Rechtsbegriffe und ihre Anwendung im konkreten Fall teils erhebliche Schwierigkeiten bereiten kann, führt für sich genommen noch nicht zu einem Verstoß gegen das verfassungsrechtliche Bestimmtheitsgebot. Dieses ist nach ständiger Rechtsprechung allerdings dann verletzt, wenn sich eine erfolgreiche Auslegung auch mit den einschlägigen juristischen Methoden nicht erreichen lässt.[1312]

[1305] *BVerfG*, Beschl. v. 12.11.1958 – 2 BvL 4/56 = BVerfGE 8, 274; *BVerfG*, Beschl. v. 08.01.1981 – 2 BvL 3/77 = BVerfGE 56, 1.
[1306] *BVerfG*, Beschl. v. 10.10.1961 – 2 BvL 1/59 = BVerfGE 13, 153; *BVerfG*, Beschl. v. 31.05.1988 – 1 BvR 520/83 = BVerfGE 78, 214; *Sommermann*, in: v. Mangoldt/Klein/Starck, GG, Art. 20 Rn. 289.
[1307] Wie *Bienek*, SächsVBl 2016, 73 (80) zutreffend feststellt, liegt die Subsumtion unbestimmter Rechtsbegriffe in der Natur eines für eine Vielzahl von Fällen geltenden Regelwerkes.
[1308] *BVerfG*, Urt. v. 16.01.1957 – 1 BvR 253/56 = BVerfGE 6, 32; *BVerfG*, Beschl. v. 08.01.1981 – 2 BvL 3/77 = BVerfGE 56, 1.
[1309] *BVerfG*, Beschl. v. 08.01.1981 – 2 BvL 3/77 = BVerfGE 56, 1.
[1310] *BVerfG*, Beschl. v. 04.06.2012 – 2 BvL 9/08 = BVerfGE 131, 88.
[1311] *BVerfG*, Urt. v. 05.08.1966 – 1 BvF 1/61 = BVerfGE 20, 150; *BVerfG*, Beschl. v. 03.03.2004 – 1 BvF 3/92 = BVerfGE 110, 33.
[1312] *BVerfG*, Beschl. v. 11.01.1994 – 1 BvR 434/87 = BVerfGE 90, 1; *BVerfG*, Beschl. v. 08.11.2006 – 2 BvR 578/02 = BVerfGE 117, 71; *Decker*, in: Schiwy, BauGB, § 246 Rn. 113.

B. Ausreichende Bestimmtheit des § 246 XIV 1 BauGB

Bei Anlegung dieser Kriterien stellt sich nun die Frage, ob die vom Gesetz in § 246 XIV 1 BauGB verwendeten unbestimmten Rechtsbegriffe in Bezug auf den Bestimmtheitsgrundsatz zu beanstanden sind oder nicht. Die Sondervorschrift des § 246 XIV BauGB verwendet insgesamt gleich drei unbestimmte Rechtsbegriffe, nämlich neben dem „dringenden Bedarf" und der „rechtzeitigen" Bereitstellung auch die Prüfung des „erforderlichen" Umfangs der Abweichung. Dies und der Umstand, dass auf Rechtsfolgenseite eine Ermächtigung zur Abweichung von städtebaulichen Anforderungen von bislang kaum gekannter Reichweite ausgelöst wird, führte dazu, dass das *VG Hamburg*, das als erstes deutsches Gericht mit der Sonderregelung des § 246 XIV BauGB konfrontiert wurde, die Vereinbarkeit dieser Vorschrift mit dem rechtsstaatlichen Bestimmtheitsgebot „in Frage gestellt" hat.[1313] Auch *Ewer/Mutschler-Siebert* halten diese für „nicht unbedenklich".[1314] Anknüpfend daran hält *Hornmann* die Sondervorschrift des § 246 XIV 1 BauGB unter dem Gesichtspunkt der Normenbestimmtheit für verfassungswidrig.[1315] Damit werde nämlich – letztlich nur unter Eingrenzung der drei genannten unbestimmten Kriterien – ein Abweichen von jedweden Vorschriften des Baugesetzbuchs und den auf seiner Grundlage erlassenen Rechtsverordnungen und Satzungen und damit letztlich ein Verlassen der „Grundfesten" des Bauplanungsrechts gestattet.[1316]

Diese Bedenken greifen letztlich nicht.[1317] Der Gesetzgeber musste sich im Rahmen der Flüchtlingsunterbringung einer Generalklausel mit unbestimmten Rechtsbegriffen bedienen, um die Gebietskörperschaften in die Lage zu versetzen, ihren öffentlichen Unterbringungsaufgaben sowie dem schnell und unvorhersehbar gewachsenen und stets wechselnden Bedarf an Unterbringungsraum in teils massivem Umfang gerecht zu werden. Diese Notsituation, die der Gesetzgeber bei der Schaffung des § 246 XIV BauGB vor sich hatte, ist auch bei der Frage der Einhaltung des Bestimmtheitsgebotes zu berücksichtigen.[1318] Wie die ausführliche Einzeldarstellung des § 246 XIV BauGB gezeigt hat, können die hier relevanten unbestimmten Rechtsbegriffe sowohl für sich genommen als auch in ihrer Verbindung mit den einschlägigen juristischen Methoden hinrei-

---

[1313] *VG Hamburg*, Beschl. v. 28.10.2015 – 7 E 5333/15 = DVBl 2015, 1605.
[1314] *Ewer/Mutschler-Siebert*, NJW 2016, 11 (13).
[1315] *Hornmann*, NVwZ 2016, 436 (438); *Hornmann*, in: BeckOK BauNVO, § 3 Rn. 240.
[1316] *Hornmann*, in: BeckOK BauNVO, § 3 Rn. 240.
[1317] So im Ergebnis auch: *Decker*, in: Schiwy, BauGB, § 246 Rn. 113; *Kment/Wirth*, ZfBR 2016, 748 (754); *Blechschmidt*, in: EZBK, BauGB, § 246 Rn. 95, 97; *Brandt/Willmann*, Rechtsgutachtliche Stellungnahme zur Abweichungsregelung des § 246 XIV BauGB, S. 44, abrufbar unter: http://feldmark.info/wp-content/uploads/2016/01/160428-Rechtsgutachtliche-Stellungnahme-zur-Abweichungsregelung-des-246-Abs.-14-Baugesetzbuch-BauGB.pdf.
[1318] *Durner*, DVBl 2015, 1602 (1608).

chend klar konturiert werden.[1319] Innerhalb der äußeren Grenzen verbleiben zwar gewisse Spielräume, die dem Charakter der Regelung als Auffangklausel geschuldet und insoweit hinzunehmen sind.[1320] Insgesamt bleibt die Norm aber verständlich und transparent. Insbesondere in Bezug auf die Erforderlichkeit kann zudem – zumindest nach herrschender Meinung – auf die bereits zu § 37 BauGB ergangene höchstrichterliche Rechtsprechung zurückgegriffen werden.[1321] Wurde eine Norm bereits durch obergerichtliche oder sogar höchstrichterliche Rechtsprechung ausgelegt und wird daraus der Sinngehalt der streitgegenständlichen Begrifflichkeit(en) deutlich, so spricht dies ebenfalls für die Wahrung des Bestimmtheitsgrundsatzes.[1322] Dies gilt umso mehr, als die Eingriffsintensität, die die Norm des § 246 XIV BauGB vorsieht, nicht übermäßig ausgeprägt ist. Zwar greift die Generalklausel einfachgesetzlich in das bestehende Regelungsgefüge des Bauplanungsrechts ein, was in Bezug auf die Wirksamkeit der Sondervorschrift noch unter dem Gesichtspunkt der Folgerichtigkeit zu prüfen sein wird.[1323] Aber verfassungsrechtlich ist § 246 XIV BauGB – dies im Vorgriff auf die nachfolgenden Ausführungen – im Grunde nur an der kommunalen Planungshoheit i.S.v. Art. 28 II 1 GG zu messen.[1324]

Und auch der Umstand, dass geltendes Bauplanungsrecht – insoweit natürlich auch Bebauungspläne als materielle Rechtssätze i.S.v. § 10 I BauGB – durch die Anwendung des § 246 XIV BauGB gewissermaßen seine Verlässlichkeit und Steuerungskraft einbüßt, führt nicht zu einer Verletzung des rechtsstaatlichen Bestimmtheitsgebots.[1325] Denn es liegt nun einmal in der Natur einer Abweichungsbefugnis, dass von gesetzten Regeln und Standards – die wiederum eine bestimmte Verlässlichkeit begründen – im begründeten Einzelfall abgewichen werden kann, sofern die dafür aufgestellten – und bestimmbaren – Voraussetzungen vorliegen. Dass die Tatbestandsvoraussetzungen des § 246 XIV BauGB dabei hinreichend klar konturiert sind und der Normanwender die Rechtslage somit einschätzen kann, wurde bereits festgestellt.

[1319] Vgl. dazu im fünften Kapitel auf S. 247 ff.
[1320] *Blechschmidt*, in: EZBK, BauGB, § 246 Rn. 97.
[1321] So ausdrücklich bereits die Gesetzesbegründung, BT-Drs. 18/6185, S. 55.
[1322] *BVerwG*, Beschl. v. 08.08.1978 – 2 BvL 8/77 = NJW 1979, 359; *Kment/Wirth*, ZfBR 2016, 748 (754).
[1323] Vgl. dazu weiter unten auf S. 400 ff.
[1324] *Decker*, in: Schiwy, BauGB, § 246 Rn. 113.
[1325] In diese Richtung aber *Hornmann*, in: BeckOK BauNVO, § 3 Rn. 240.

§ 17
Kommunales Selbstverwaltungsrecht, Art. 28 II 1 GG

Den Schwerpunkt der materiellen Verfassungsmäßigkeitsprüfung der Sonderregelungen für Flüchtlingsunterkünfte betrifft das kommunale Selbstverwaltungsrecht. Konkret geht es dabei um § 246 X, XII und XIV BauGB, wonach erleichterte Anforderungen an eine Befreiung von gemeindlichen Planungen statuiert und auf diese Weise möglicherweise Art. 28 II 1 GG und die entsprechenden landesverfassungsrechtlichen Vorschriften[1326] verletzt werden.

A. Gewährleistungsgehalt der Selbstverwaltungsgarantie

Ähnlich wie ein Grundrecht dient das kommunale Selbstverwaltungsrecht primär der Abwehr staatlicher Eingriffe und der Gewährleistung gewisser Mindeststandards an die Selbstverwaltung der Gemeinden. Insoweit enthält die Selbstverwaltungsgarantie im Wesentlichen drei Grundpfeiler. Erstens verbürgt sie eine sog. Institutsgarantie.[1327] Danach ist die einzelne Gemeinde zwar nicht individuell in ihrem Bestand gesichert. Allerdings sind „die Gemeinden" abstrakt als Institution mit einem Mindestmaß an garantierter Selbstorganisation geschützt. Zweitens wird den Gemeinden über den Grundsatz der Allzuständigkeit ein Zugriffsrecht auf alle Aufgaben der örtlichen Gemeinschaft zuerkannt.[1328] Danach sind Gemeinden grundsätzlich für „alle Angelegenheiten der örtlichen Gemeinschaft" ohne besonderen Kompetenztitel selbst zuständig und berechtigt, die Art und Weise der Erledigung dieser Angelegenheiten zu bestimmen. Örtliche Angelegenheiten sind dabei solche Interessen und Bedürfnisse, die in der örtlichen Gemeinschaft wurzeln oder auf sie einen spezifischen Bezug haben und den Gemeindeeinwohnern gerade als solchen gemein sind, indem sie das Zusammenleben und Zusammenwohnen der Menschen in der Gemeinde betreffen.[1329] Dritter Grundpfeiler ist der Grundsatz der Eigenverantwortlichkeit.[1330] Damit wird das Recht der Gemeinden gesichert, die Angelegenheiten der örtlichen Gemeinschaft „in eigener Verantwortung" und

---

[1326] In Bayern ist das kommunale Selbstverwaltungsrecht beispielsweise in Art. 11 II 2 BV, in Baden-Württemberg in Art. 71 I BWVerf geregelt.
[1327] *BVerfG*, Beschl. v. 12.05.1992 – 2 BvR 470/90 = BVerfGE 86, 90, wonach Art. 28 II 1 GG „Gemeinden nur institutionell, nicht individuell" gewährleistet.
[1328] *BVerfG*, Beschl. v. 23.11.1988 – 2 BvR 1619/83 = BVerfGE 79, 127; *BVerfG*, Beschl. v. 19.11.2002 – 2 BvR 329/97 = BVerfGE 107, 1.
[1329] So ausdrücklich *BVerfG*, Beschl. v. 23.11.1988 – 2 BvR 1619/83 = BVerfGE 79, 127.
[1330] *BVerfG*, Beschl. v. 17.01.1979 – 2 BvL 6/76 = BVerfGE 50, 195; *BVerfG*, Urt. v. 20.12.2007 – 2 BvR 2433/04 = BVerfGE 119, 331.

damit selbstständig, weisungsfrei und durch eigene, selbstbestimmte Organe im eigenen Namen gegenüber dem Staat und den Gemeindebürgern zu regeln. Zu diesem Zweck erwachsen der Gemeinde bestimmte Hoheiten in ihrem Gemeindegebiet, die sich gemeinhin als die „fünf Säulen der gemeindlichen Selbstverwaltung" manifestiert haben: Planungshoheit, Finanz- und Abgabenhoheit, Organisationshoheit, Rechtsetzungshoheit sowie Personalhoheit.

Während die sog. Institutsgarantie als solche gerade unbeschränkbar gilt, können die Grundsätze der Allzuständigkeit und der Eigenverantwortlichkeit und damit auch die fünf Kommunalhoheiten „im Rahmen der Gesetze" eingeschränkt werden. Dieser allgemeine Gesetzesvorbehalt ist in Art. 28 II 1 GG und den entsprechenden Bestimmungen der Landesverfassungen ausdrücklich festgelegt. Aus dem Nebeneinander dieser beiden Positionen wird deutlich, dass einerseits ein sog. Kernbereich des gemeindlichen Selbstverwaltungsrechts existiert, dessen Wesensgehalt keinesfalls ausgehöhlt werden darf.[1331] Eingriffe in dieses „kommunale Existenzminimum" können unter keinen Umständen gerechtfertigt werden.[1332] Außerhalb des Kernbereichs liegt der sog. Randbereich.[1333] In diesen darf bei Vorliegen eines rechtfertigenden Grundes unter Beachtung des Gesetzesvorbehalts eingegriffen werden, sofern dabei auch der Schutz des Randbereichs des kommunalen Selbstverwaltungsrechts mit Hilfe des Verhältnismäßigkeitsgrundsatzes[1334] hinreichend Berücksichtigung findet.

[1331] *BVerfG*, Beschl. v. 23.11.1988 – 2 BvR 1619/83 = NVwZ 1989, 347; *BVerfG*, Beschl. v. 07.02.1991 – 2 BvL 24/84 = NVwZ 1992, 365; *BVerfG*, Beschl. v. 27.01.2010 – 2 BvR 2185/04 = NVwZ 2010, 895.
[1332] *Wolff*, in: Hömig/Wolff, GG, Art. 28 Rn. 16.
[1333] So etwa *Nierhaus*, in: Sachs, GG, Art. 28 Rn. 67.
[1334] Uneinigkeit herrscht insoweit bei der Frage, ob der Verhältnismäßigkeitsgrundsatz im Verhältnis verschiedener Hoheitsorgane überhaupt zum Tragen kommt. Dies wird teilweise mit dem Argument verneint, dass der Grundsatz der Verhältnismäßigkeit gerade auf das Verhältnis Staat – Bürger beschränkt sei. So hat das *Bundesverfassungsgericht* in seinem Kalkar-Urteil vom 22.05.1990 – 2 BvG 1/88 = BVerfGE 81, 310 den Verhältnismäßigkeitsgrundsatz im Bund-Länder-Verhältnis ausdrücklich für nicht anwendbar erklärt, da diesem gerade eine die individuelle Rechts- und Freiheitssphäre verteidigende Funktion zukomme. Dieser Gedanke lag wohl auch bereits dem Rastede-Beschluss vom 23.11.1988 – 2 BvR 1619/83 = BVerfGE 79, 127 zugrunde, in dem die Verwendung des Begriffs der Verhältnismäßigkeit im Rahmen des Art. 28 II 1 GG strikt vermieden wird. Allerdings kommt das *Bundesverfassungsgericht* auch in diesen Entscheidungen zu einer Prüfung, die der Sache nach einer Verhältnismäßigkeitsprüfung entspricht, nur ohne diese ausdrücklich als solche zu bezeichnen. Die (weitgehende) Identität dieser beiden Prüfungen bestätigt auch *Wolff*, in: Hömig/Wolff, GG, Art. 28 Rn. 16, der ausführt, dass auch im Rahmen des Art. 28 II GG „ähnlich wie bei dem auf das Staat/Bürger-Verhältnis abzielenden Grundsatz der Verhältnismäßigkeit – eine Abwägung" vorzunehmen sei. Letztlich geht es hier also um nichts weiter als eine terminologische Förmelei. Schließlich müssen – wie *Sommermann*, in: v. Mangoldt/Klein/Starck, GG, Art. 28 Rn. 318 schreibt – auch dann, wenn der Verfassungsgeber einerseits bestimmte Kompetenzsphären besonders schützt und andererseits Eingriffsmöglichkeiten für andere Kompetenzträger vorsieht, beide Seiten ins Verhältnis gesetzt werden, wofür das Gebot der Verhältnismäßigkeit aber gerade Rationalitätskriterien liefert. Nach vorzugswürdiger Auffassung ist es daher nur konsequent, den

B. Eingriff

Fraglich ist also zunächst, ob durch die städtebaulichen Regelungen in § 246 X, XII und XIV BauGB überhaupt in die kommunale Planungshoheit eingegriffen wird.

I. Durch § 246 X BauGB

Mit Hilfe der privilegierten Befreiungsvorschrift des § 246 X BauGB wird der zuständigen Baugenehmigungsbehörde die Möglichkeit eröffnet, von den im Rahmen der kommunalen Planungshoheit erstellten planerischen Festsetzungen in Bebauungsplänen umfassend und damit – im Gegensatz zu § 31 II BauGB – auch unter Berührung der Grundzüge der Planung abzuweichen.[1335] Die Grundzüge der Planung bilden die den Festsetzungen eines Bebauungsplans zugrundeliegende planerische (Grund-)Konzeption der Gemeinde ab.[1336] Der Umstand, dass die Baugenehmigungsbehörde mit Hilfe des § 246 X BauGB tatsächlich von den Festsetzungen des Bebauungsplans befreien und dabei sogar die Grundzüge der Planung übergehen kann, stellt zweifelsohne einen Eingriff in die kommunale Planungshoheit i.S.v. Art. 28 II 1 GG dar. Denn damit kann die Vorhabenverwirklichung auch den planerischen Grundentscheidungen der Gemeinde widersprechen.

Verhältnismäßigkeitsgrundsatz immer dann anzuwenden, wenn Eingriffe in autonome Rechts- oder Kompetenzsphären in Rede stehen (so *Sommermann*, in: v. Mangoldt/Klein/Starck, GG, Art. 28 Rn. 318; *Pieroth*, in: Jarass/Pieroth, GG, Art. 20 Rn. 82 und Art. 28 Rn. 22; *Sachs*, in: Sachs, GG, Art. 20 Rn. 147; *Mehde*, in: Maunz/Dürig, GG, Art. 28 GG Rn. 118.). Diese Auffassung findet auch in der höchstrichterlichen Rechtsprechung des *Bundesverfassungsgerichts* ihre Stütze. Bereits im Jahre 1969 führte das *Bundesverfassungsgericht* in seinem Beschluss vom 24.06.1969 – 2 BvR 446/64 = BVerfGE 26, 228 aus, dass „auch den aus Art. 28 II GG folgenden Beschränkungen für staatliche Eingriffe unter dem Gesichtspunkt der Verhältnismäßigkeit Rechnung getragen" werden müsse. Entsprechend äußerte sich das *Bundesverfassungsgericht* in seinen Beschlüssen vom 07.10.1980 – 2 BvR 584/76 = BVerfGE 56, 298 und vom 23.06.1987 – 2 BvR 826/83 = BVerfGE 76, 107, wonach „der Gesetzgeber [...] den aus Art. 28 II GG folgenden Beschränkungen für staatliche Eingriffe unter dem Gesichtspunkt der Verhältnismäßigkeit Rechnung tragen" und „der Eingriff in die Planungshoheit [...] gerade angesichts der Bedeutung der kommunalen Selbstverwaltung verhältnismäßig sein" müsse. In zwei Entscheidungen aus den Jahren 2001 und 2010 hat das *Bundesverfassungsgericht*, Beschl. v. 07.05.2001 – 2 BvK 1/00 = BVerfGE 103, 332 und Beschl. v. 27.01.2010 – 2 BvR 2185/04 = BVerfGE 125, 141 schließlich nochmals ausdrücklich bestätigt, dass insoweit „der allgemeine verfassungsrechtliche Grundsatz der Verhältnismäßigkeit zu beachten" sei bzw. „die Möglichkeit der Beschränkung des kommunalen Selbstverwaltungsrechts ‚ihrerseits insbesondere der Schranke des Verhältnismäßigkeitsgrundsatzes" unterliege. Ähnlich auch das *Bundesverwaltungsgericht*, Urt. v. 14.12.2000 – 4 C 13/99 = NVwZ 2001, 1030.

[1335] Vgl. dazu im Rahmen der Einzeldarstellung des § 246 X BauGB im fünften Kapitel auf S. 188 ff.
[1336] *BVerwG*, Beschl. v. 20.11.1989 – 4 B 163/89 = NVwZ 1990, 556; *Söfker*, in: EZBK, BauGB, § 31 Rn. 35.

Möglicherweise wird aber dieser Eingriff gerade über das in § 246 X BauGB enthaltene Tatbestandsmerkmal wieder vollständig aufgehoben, dass „an dem Standort Anlagen für soziale Zwecke als Ausnahme zugelassen werden können oder allgemein zulässig sind".

1. Argumentation gegen das Vorliegen eines Eingriffs

Dafür, dass mit genanntem Tatbestandsmerkmal der Eingriff in die Planungshoheit von vornherein vollständig aufgehoben werden könnte, spricht der Umstand, dass damit eine Schaffung von Flüchtlingsunterkünften auf Grundlage des § 246 X BauGB gegen den Willen der Gemeinde unmöglich ist.[1337] Denn die Gemeinde kann die Anwendung der Privilegierungsvorschrift durch die Baugenehmigungsbehörde bereits dadurch verhindern, dass sie durch die Ausnutzung der Feinsteuerungsmöglichkeiten des § 1 VI Nr. 1, IX BauNVO im konkreten Baugebiet Anlagen für soziale Zwecke ausschließt. Auf diese Weise fehlt es am tatbestandlichen Erfordernis, dass Anlagen für soziale Zwecke ausnahmsweise oder allgemein zulässig sind. Wenn die Gemeinde das Vorhaben aber aus eigenem Antrieb verhindern und damit dafür sorgen kann, dass die Baugenehmigungsbehörde das Vorhaben nicht gegen ihren planerischen Willen zulässt, drängt sich durchaus der Gedanke auf, dass hier in das Recht der Gemeinde, in Bezug auf ihren Grund und Boden vorausschauend die für die weitere Entwicklung maßgeblichen Entscheidungen zu treffen, überhaupt nicht eingegriffen wird. Dieser Gedanke ist relevant jedenfalls für die „neueren" Bebauungspläne, die erst nach Inkrafttreten der Regelung des § 246 X BauGB am 26.11.2014 aufgestellt wurden und noch werden. Denn nur dann konnten und können die Gemeinden im Rahmen der Aufstellung des Bebauungsplans auf die neue, erweiterte Befreiungsmöglichkeit des § 246 X BauGB unter etwaiger Zuhilfenahme der Feinsteuerungsmöglichkeiten des § 1 VI Nr. 1, IX BauNVO entsprechend reagieren.

Gleiches gilt aber auch für „ältere" Bebauungspläne, die bereits vor dem Inkrafttreten des § 246 X BauGB am 26.11.2014 aufgestellt wurden. Hier hatten die Gemeinden bei Aufstellung des Bebauungsplans mangels Kenntnis von der künftigen erweiterten Befreiungsmöglichkeit zwar keine Gelegenheit, mit Hilfe von § 1 VI Nr. 1, IX BauNVO ihrem planerischen Willen Ausdruck zu verleihen. Bereits erlassene Bebauungspläne können aber gem. § 1 VIII BauGB dementsprechend abgeändert und in der Zwischenzeit mit einer Veränderungssperre gem. § 14 BauGB gesichert werden.[1338] Somit können die Gemeinden auch für solche Fälle die Zulassung einer

---

[1337] So im Ergebnis *Kment/Wirth*, ZfBR 2016, 748 (751) für den vergleichbaren Fall des § 246 XI BauGB.
[1338] *Kment/Wirth*, ZfBR 2016, 748 (751).

Flüchtlingsunterkunft auf Grundlage des § 246 X BauGB aus eigenem Antrieb verhindern. Eine derartige Planänderung ist möglich und scheitert insbesondere auch nicht gem. § 1 III 1, VIII BauGB an dem „planerischen Missgriff"[1339] der Negativplanung, da die Gemeinde ein berechtigtes und schützenswertes Interesse daran hat, auf die geänderte Gesetzeslage zu reagieren. Bei bereits erlassenen Bebauungsplänen sind nämlich in der Planung und Abwägung der Gemeinde die beiden Aspekte nicht enthalten, dass einerseits eine Abweichungserteilung aufgrund der erweiterten Befreiungsregelung nunmehr auch dann möglich ist, wenn die Grundzüge der Planung berührt werden, andererseits aber durch die gemeindliche Ausnutzung der Feinsteuerungsmöglichkeiten des § 1 VI Nr. 1, IX BauNVO wiederum verhindert werden kann, dass eine Flüchtlingsunterkunft entgegen dem planerischen Willen der Gemeinde zugelassen wird. Die Planänderung erschöpft sich vorliegend also nicht in der bloßen Verhinderung von Flüchtlingsunterkünften ohne die Verfolgung eines städtebaulichen Konzeptes.[1340] Flüchtlingsunterkünfte bleiben ja – wenn auch unter Zuhilfenahme anderer (Privilegierungs-)Vorschriften – weiterhin möglich. Außerdem werden durch die Planänderung die ursprünglichen planerischen Vorstellungen gerade der geänderten Gesetzeslage angepasst und dementsprechend positiv weitergeführt. So hilft die Planänderung letztlich, die ursprüngliche städtebauliche Konzeption der Gemeinde aufrecht zu erhalten.

Sofern eine Gemeinde allerdings von der Möglichkeit, Anlagen für soziale Zwecke am Standort des konkreten Bauvorhabens auszuschließen, keinen Gebrauch macht bzw. den bereits erlassenen Bebauungsplan nicht dementsprechend ändert, obwohl die Zulassung einer Flüchtlingsunterkunft ihrer planerischen Konzeption im konkreten Gewerbegebiet zuwiderläuft, könnte sie ihre Schutzwürdigkeit verloren haben. Schließlich ist sie ihrer Obliegenheit zum soeben ausgeführten Handeln nicht nachgekommen. Auch aus dieser Warte könnte man annehmen, dass bereits das Vorliegen eines Eingriffs in die gemeindliche Planungshoheit verneint werden muss.

2. Argumente für das Vorliegen eines Eingriffs

Dem ist entgegen zu halten, dass das Vorliegen eines Eingriffs in die Planungshoheit eben nicht ausschließlich davon abhängen kann, ob die Gemeinde Einwirkungen auf ihr planerisches Konzept selbst vermeiden kann oder nicht. Maßgeblich muss sein, ob die Planung der Gemeinde durch die streitgegenständliche Vorschrift ignoriert oder verändert wird. Sofern die Gemeinde im Falle des § 246 X BauGB also nicht

---

[1339] *BVerwG*, Beschl. v. 26.01.2010 – 4 B 43.09 = BauR 2010, 871.
[1340] *Gierke*, in: Brügelmann, BauGB, § 1 Rn. 58.

von der Feinsteuerungsmöglichkeit des § 1 VI Nr. 1 BauNVO Gebrauch macht, ist eine Befreiung gegen die Grundzüge der Planung möglich. Dadurch wird unstreitig in die Planungshoheit der Gemeinde eingegriffen, da das Merkmal des Unberührtbleibens der Grundzüge der Planung zum Schutze der konkret umgesetzten gemeindlichen Planung insoweit „planungsschonend" ist und durch eine Befreiung auf Grundlage des § 246 X BauGB die Planung der Gemeinde – gegenüber § 31 II BauGB – nur noch weiter deformiert wird. Um diese weitergehende Deformation auf Grundlage des § 246 X BauGB zu verhindern, ist die Gemeinde gezwungen, die Planung gem. § 1 VI Nr. 1 BauNVO für das gesamte Baugebiet – oder gem. § 1 IX BauNVO i.V.m. § 1 VI Nr. 1 BauNVO zumindest für Teile davon – zu modifizieren. Gleiches gilt für bereits erlassene Bebauungspläne, die gem. § 1 VIII BauGB i.V.m. § 1 VI Nr. 1, IX BauNVO dementsprechend geändert und in der Zwischenzeit mit einer Veränderungssperre i.S.v. § 14 BauGB gesichert werden können. In beiden Fällen ist die Gemeinde jedoch gezwungen, planerisch tätig zu werden, um eine Befreiung i.S.v. § 246 X BauGB entgegen den Grundzügen der Planung zu verhindern. Allein darin muss schon ein Eingriff in die kommunale Planungshoheit gesehen werden.

II. Durch § 246 XII und XIV BauGB

Auch die erweiterten Befreiungsmöglichkeiten des § 246 XII und XIV BauGB ermöglichen es der zuständigen Baugenehmigungsbehörde, von den im Rahmen der Planungshoheit erstellten planerischen Festsetzungen in Bebauungsplänen umfassend und damit – im Gegensatz zu § 31 II BauGB – auch unter Berührung der Grundzüge der Planung abzuweichen.[1341] Bereits dies stellt einen Eingriff in das kommunale Selbstverwaltungsrecht dar, da die Vorhabenverwirklichung damit auch den planerischen Grundentscheidungen der Gemeinde widersprechen kann.[1342]

Darüber hinaus ist fraglich, ob die Sonderregelung des § 246 XIV BauGB noch weitergehende – und damit tiefgreifendere – Eingriffe in die Planungshoheit i.S.v. Art. 28 II 1 GG enthält, was in der Folge einen erhöhten Rechtfertigungsaufwand notwendig machen würde.

Der Umstand, dass über die Abweichung nicht die Gemeinde, sondern die nach dem jeweiligen Landesrecht zuständige höhere Verwaltungsbehörde entscheidet, ist im Hinblick auf Art. 28 II 1 GG nicht von separater Bedeutung.[1343] Ein weitergehender

---

[1341] Vgl. dazu ausführlich im Rahmen der Einzeldarstellung des § 246 XII und XIV BauGB im fünften Kapitel auf S. 202 ff. und S. 262 f.
[1342] *Kment/Wirth*, ZfBR 2016, 748 (751).
[1343] Anders *Hornmann*, in: BeckOK BauNVO, § 3 Rn. 240, der diesen Umstand im Hinblick auf Art. 28 II 1 GG separat berücksichtigen möchte.

Eingriff scheidet insoweit aus. Denn es liegt gerade im Wesen der Befreiung als planexternem Rechtsinstitut, dass die zuständige Bauaufsichtsbehörde im Einzelfall vom gemeindlichen Planungswillen und dessen Ausformungen im Bebauungsplan abweichen kann. Während über die allgemeine bauplanungsrechtliche Befreiungsregelung des § 31 II BauGB sowie über die speziellen Befreiungen i.S.v. § 246 X und XII BauGB die nach Landesrecht zuständige[1344] Bauaufsichtsbehörde entscheidet, wird die Abweichung auf Grundlage des § 246 XIV BauGB von der höheren Bauaufsichtsbehörde erteilt. Entscheidend ist, dass über eine Befreiung naturgemäß nicht die betroffene Gemeinde selbst, sondern vielmehr die (staatliche) Bauaufsichtsbehörde entscheidet.[1345] Ein über den Umstand, dass mit einer Befreiung von planerischen Entscheidungen abgewichen werden kann, hinausgehender besonderer Rechtfertigungsaufwand ist insoweit also nicht erforderlich.

Möglicherweise stellt aber die in § 246 XIV 3 BauGB geregelte „Abwertung" der notwendigen kommunalen Mitwirkung an der Befreiungsentscheidung einen weiteren eigenständigen Eingriff in das gemeindliche Selbstverwaltungsrecht dar. In Anlehnung an § 37 II 2 BauGB ist nämlich auch für die Generalklausel des § 246 XIV 1 BauGB in Bezug auf die gemeindliche Mitwirkung als „Minus" zum normalerweise erforderlichen gemeindlichen Einvernehmen i.S.v. § 36 BauGB nur ein Anhörungsrecht statuiert. In der Literatur wird dies etwa von *Roeser* zum Anlass genommen, darin einen weitergehenden Eingriff in Art. 28 II 1 GG zu erblicken, da die bloße Anhörung der Gemeinde den Wegfall des erforderlichen kommunalen Einvernehmens nicht kompensieren könne.[1346] Schließlich sei die Stellungnahme der Gemeinde im Rahmen der Anhörung für die Genehmigungsbehörde nicht bindend mit der Folge, dass die Gemeinde keinerlei Handhabe habe, auf die Verwirklichung des Vorhabens einzuwirken. In eine ähnliche Richtung geht eine Entscheidung des *Bundesverwaltungsgerichts* aus dem Jahre 1992 in Bezug auf die sog. Bund-Länder-Klausel des § 37 BauGB.[1347] Danach stelle die Regelung des § 37 II 2, 3 BauGB selbst einen unmittelbaren Eingriff in die kommunale Planungshoheit dar. Während also die umfassende Befreiungsmöglichkeit von gemeindlichen Festsetzungen als solche gewissermaßen einen ersten Eingriff in Art. 28 II 1 GG bewirkt, wird mit § 37 II 2, 3 BauGB ein zweiter Eingriff in die Planungshoheit gesehen. Die Statuierung eines bloßen Anhörungsrechts einschließlich

---

[1344] Dabei handelt es sich regelmäßig um die untere Bauaufsichtsbehörde; vgl. etwa Art. 53 I 2 BayBO.
[1345] Sofern nach dem landesrechtlichen Bauordnungsrecht ausnahmsweise die Gemeinde selbst Bauaufsichtsbehörde ist, entscheidet sie ausnahmsweise auch über die einschlägige Abweichung.
[1346] *Roeser*, in: Berliner Kommentar zum BauGB, § 246 Rn. 49. Auch *Ewer/Mutschler-Siebert*, NJW 2016, 11 (14) könnte man dahingehend verstehen, wenn sie erklären, dass „es im Hinblick auf Art. 28 II GG problematisch [sei], dass es für derartige Abweichungen nicht einmal des Einvernehmens der Gemeinde bedarf, sondern diese nach § 246 XIV 3 BauGB lediglich anzuhören ist."
[1347] *BVerwG*, Urt. v. 03.12.1992 – 4 C 24/90 = NVwZ 1993, 892.

der Möglichkeit, über einen etwaig entgegenstehenden Willen der Gemeinde hinwegzugehen, beruht auf dem Gedanken, dass die staatlichen Behörden bei den dieser Vorschrift unterfallenden baulichen Anlagen mit der Befugnis ausgestattet werden sollten, einen entgegenstehenden kommunalen Willen zu überwinden, um Bauvorhaben des Bundes oder eines Landes, die im öffentlichen Interesse unverzichtbar sind, nicht bereits im Verwaltungsverfahren an der kommunalen Mitwirkung scheitern zu lassen. Auch hier kommt es also entscheidend auf die fehlende Handhabe der Gemeinde an, auf die Verwirklichung des Vorhabens einzuwirken. Meines Erachtens kann dem aber nicht zugestimmt werden. In der „Abwertung" des kommunalen Mitwirkungsrechts liegt keine weitergehende selbstständige Eingriffsqualität bezüglich des kommunalen Selbstverwaltungsrechts. Die gemeindlichen Mitwirkungsrechte der Anhörung, des Benehmens, der Zustimmung sowie des Einvernehmens dienen allesamt dem Schutz der gemeindlichen Planungshoheit.[1348] In der Folge stellen sie also Rechtfertigungselemente für einen anderweitigen Eingriffstatbestand in Art. 28 II 1 GG dar, der insbesondere in der Baugenehmigungs- oder Abweichungsentscheidung der Bauaufsichtsbehörde für das jeweilige Gemeindegebiet begründet liegt.[1349] Im Umkehrschluss kann aber das Fehlen solcher Rechtfertigungen keinen selbstständigen Eingriff in die Planungshoheit bilden. Vielmehr wirkt sich das Fehlen oder die „Abwertung" eines gemeindlichen Mitwirkungsrechts auf die Rechtfertigung des anderweitig hervorgerufenen Eingriffs in das kommunale Selbstverwaltungsrecht aus. Eine abfallende Intensität der kommunalen Mitwirkung muss also durch sonstige Umstände und / oder rechtfertigende Gründe ausgeglichen werden, um eine Verletzung des Art. 28 II 1 GG zu verhindern. Folglich ist die über § 246 XIV 3 BauGB bewirkte Abwertung der Beteiligung von einem Einvernehmen in eine bloße Anhörung dogmatisch korrekt nur im Rahmen der verfassungsrechtlichen Rechtfertigung des Eingriffs durch die Abweichungsmöglichkeit des § 246 XIV 1 BauGB zu berücksichtigen.[1350]

C. Verfassungsrechtliche Rechtfertigung

Eingriffe in das kommunale Selbstverwaltungsrecht sind nicht von vornherein unzulässig, aber rechtfertigungsbedürftig. Denn Art. 28 II 1 GG sieht vor, dass die kommunale

---

[1348] BVerwG, Urt. v. 21.06.1974 – IV C 17/72 = NJW 1974, 1836; BVerwG, Urt. v. 14.04.2000 – 4 C 5/99 = NVwZ 2000, 1048; BVerwG, Beschl. v. 25.08.2014 – 4 B 20.14 = UPR 2014, 458.
[1349] So im Ergebnis auch Kment/Wirth, ZfBR 2016, 748 (752), wonach das in § 246 XIV 3 BauGB statuierte Anhörungsrecht der Gemeinden einen „weiteren Grund für die Verfassungsmäßigkeit der Sonderregelung" des § 246 XIV 1 BauGB darstellt.
[1350] Daher dazu sogleich ausführlich auf S. 331 ff.

Selbstverwaltung nicht schrankenlos gewährleistet ist, sondern nur „im Rahmen der Gesetze" gilt. Daraus folgt zugunsten der Gemeinden, dass jegliche Eingriffe in das kommunale Selbstverwaltungsrecht auf ein wirksames Gesetz zurückzuführen sein müssen. Ferner darf das Gesetz in keinem Fall den Kernbereich des kommunalen Selbstverwaltungsrechts verletzen. Schließlich muss das Gesetz dem aus dem Rechtsstaatsprinzip abgeleiteten Verhältnismäßigkeitsgrundsatz entsprechen.

I. Gesetzesvorbehalt, Art. 28 II 1 GG

Die in Art. 28 II 1 GG verwendete Formel „im Rahmen der Gesetze" stellt einen Gesetzesvorbehalt dar.[1351] Nach dieser formellen Voraussetzung ist das Vorliegen eines Parlamentsgesetzes als Gesetz im formellen Sinne – bzw. eine Rechtsverordnung als Gesetz im materiellen Sinne, welches auf einem wirksamen Parlamentsgesetz beruht – zwingend erforderlich, um in den Schutzbereich der kommunalen Selbstverwaltung eingreifen zu können. Die Sonderregelungen des § 246 X, XII und XIV BauGB stellen ein derartiges Parlamentsgesetz und damit eine Schranke der gemeindlichen Planungshoheit dar.

II. Kernbereichsschutz

Analog zur sog. Wesensgehaltsgarantie bei Grundrechten hat die Rechtsprechung für das kommunale Selbstverwaltungsrecht die sog. Kernbereichsgarantie entwickelt.[1352] Danach darf der Gesetzgeber die Selbstverwaltung als solche nicht völlig beseitigen oder derart aushöhlen[1353], dass die Eigenverantwortlichkeit der Gemeinden gewissermaßen im Keime erstickt wird und die Selbstverwaltung damit nur noch ein „Scheindasein" führt.[1354] Der Kernbereich ist unantastbar. Eingriffe in diesen sind daher stets verfassungswidrig.

Vor diesem Hintergrund ist fraglich, ob und ggf. in welchem Umfang die Planungshoheit der Gemeinden zum unantastbaren Kernbereich des kommunalen Selbstverwaltungsrechts gehört und ob dieser durch die Sondervorschriften der Absätze 10, 12 oder 14 des § 246 BauGB verletzt ist. Das *Bundesverfassungsgericht* hat die Frage, ob die

---

[1351] *BVerfG*, Beschl. v. 23.11.1988 – 2 BvR 1619/83 = BVerfGE 79, 127.
[1352] So bereits *BVerfG*, Urt. v. 20.03.1952 – 1 BvR 267/51 = NJW 1952, 577, wonach „ein bestimmter Kern der Selbstverwaltung gegen jede gesetzliche Schmälerung gesichert" ist. Diesem folgend etwa auch *BVerfG*, Beschl. v. 07.10.1980 – 2 BvR 584, 598, 599, 604/76 = BVerfGE 56, 298 und Beschl. v. 26.10.1994 – 2 BvR 445/91 = BVerfGE 91, 228.
[1353] *BVerfG*, Beschl. v. 07.05.2001 – 2 BvK 1/00 = BVerfGE 103, 332.
[1354] *BVerfG*, Beschl. v. 23.11.1988 – 2 BvR 1619/83, 2 BvR 1628/83 = BVerfGE 79, 127.

Planungshoheit als solche überhaupt zum Kernbereich des kommunalen Selbstverwaltungsrechts gehört, bislang offengelassen.[1355] Dagegen spricht zunächst das rechtshistorische Argument, dass die Bauleitplanung nicht immer inhaltlich zum Bild der Selbstverwaltung gehört hat, sondern überhaupt erst um die Jahrhundertwende entstanden ist und insoweit bis zum Ende des Zweiten Weltkriegs durchweg als eine polizeirechtliche Aufgabe des Staates angesehen wurde. Auf der anderen Seite steht freilich heute die zentrale Bedeutung der Bauleitplanung. Sie spielt seit dem Ende des Zweiten Weltkriegs für die gesamte gemeindliche Entwicklung in der Bundesrepublik eine überragende Rolle und hat die früher das Baurecht beherrschenden baupolizeilichen Gesichtspunkte völlig in den Hintergrund gedrängt. Aus diesem Grund ist es richtig, dass der Kernbereich des Selbstverwaltungsrechts auch die Planungshoheit bzw. deren Wesensgehalt erfasst. Zum gleichen Ergebnis kommt das *Bundesverwaltungsgericht*, wenn es etwa ausführt, dass der „Wesensgehalt der Planungshoheit als Teilbereich des Wesensgehalts der Selbstverwaltungsgarantie" anzusehen sei.[1356] Der hier zu beurteilende Sachverhalt erfordert keine Klärung der Frage, ob ein vollständiger Ausschluss der Gemeinden von der Planung ihres Gebietes stets den unantastbaren Kernbereich des Selbstverwaltungsrechts verletzen würde. Denn die Sonderregelungen des § 246 X, XII und XIV BauGB enthalten keine allgemeine Einschränkung oder gar Beseitigung der kommunalen Planungshoheit als Institution, sondern ermächtigen die Verwaltungsbehörde nur ausnahmsweise zu punktuellen Einschränkungen der Planungshoheit in Bezug auf einen ganz speziellen, explizit aufgeführten Typus von baulichen Anlagen, nämlich Unterkünfte für Flüchtlinge und Asylbewerber.[1357] Ferner ist die Abweichungsmöglichkeit zeitlich bis zum 31.12.2019 begrenzt. Die Planungshoheit wird durch die Sonderregelungen für Flüchtlingsunterkünfte also nicht dem Grunde nach in Frage gestellt. Den Gemeinden steht dabei auch weiterhin die Möglichkeit der Erstellung von Flächennutzungsplänen und der Aufstellung von Bebauungsplänen zu. Folglich wird durch die Sonderregelungen des § 246 X, XII und XIV BauGB lediglich in den sog. Randbereich des kommunalen Selbstverwaltungsrechts eingegriffen. Dies ist im Grundsatz zulässig.

[1355] *BVerfG*, Beschl. v. 07.10.1980 – 2 BvR 584, 598, 599, 604/76 = BVerfGE 56, 298; *BVerfG*, Beschl. v. 23.06.1987 – 2 BvR 826/83 = BVerfGE 76, 107; *BVerfG*, Beschl. v. 07.05.2001 – 2 BvK 1/00 = BVerfGE 103, 332.
[1356] *BVerwG*, Beschl. v. 29.01.2010 – 8 B 41/09 = BeckRS 2010, 47300.
[1357] Auch *Kment/Wirth*, ZfBR 2016, 748 (752) stellen bei der Frage, ob der Wesensgehalt der Planungshoheit betroffen ist, entscheidend auf den sachlich eingeschränkten Anwendungsbereich ab.

III. Randbereichsschutz bzw. Verhältnismäßigkeit

Außerhalb des Kernbereichs kann die Planungshoheit auch durch ein Parlamentsgesetz nicht beliebig eingeschränkt werden. Der Randbereich des kommunalen Selbstverwaltungsrechts darf zwar grundsätzlich berührt sein. Er ist gleichwohl schutzwürdig. Es kommt dann darauf an, ob „überörtliche Interessen von höherem Gewicht den Eingriff in die Planungshoheit erfordern", wobei hier eine umfassende „Güterabwägung vorzunehmen" ist.[1358] Die soeben herausgestellten Eingriffe in die Planungshoheit sind also gerechtfertigt, wenn dies zur Wahrung überörtlicher Belange erforderlich ist und die Eingriffe auch im Übrigen abwägungsgerecht bzw. verhältnismäßig sind.[1359]

1. Rechtfertigung des Eingriffs durch § 246 X BauGB

Der durch die Sonderregelung des § 246 X BauGB bewirkte Eingriff in die kommunale Planungshoheit stellt sich im Ergebnis als verhältnismäßig dar.[1360] Die Verhältnismäßigkeitsprüfung bzw. die an ihr orientierte Gesamtabwägung besteht aus insgesamt vier Stufen.

a. Legitimer Zweck und Geeignetheit

Auf einer ersten Stufe kommt es darauf an, ob dem Eingriff ein legitimer Zweck zugrunde liegt. Während dafür normalerweise jedes öffentliche Interesse ausreicht, muss bei einem Eingriff in die Planungshoheit nach der Rechtsprechung ein „überörtliches Interesse von höherem Gewicht" vorliegen.[1361] Mit den Sondervorschriften für Flüchtlingsunterkünfte wird das Ziel verfolgt, die mit der Flüchtlingszuwanderung verbundenen Herausforderungen in Bezug auf die Schaffung von erforderlichem Unterbringungsraum bewältigen zu können.[1362] Ein überörtlicher Belang von höherem Gewicht als legitimer Zweck kann daher in der „Notsituation"[1363] gesehen werden, die sich aus der enormen Flüchtlingszuwanderung verbunden mit

---

[1358] *BVerfG*, Beschl. v. 07.05.2001 – 2 BvK 1/00 = BVerfGE 103, 332; *BVerfG*, Beschl. v. 23.06.1987 – 2 BvR 826/83 = BVerfGE 76, 107.
[1359] Unabhängig davon, ob die vorzunehmende Gesamtabwägung im Rahmen des Art. 28 II 1 GG terminologisch nun als „Verhältnismäßigkeitsprüfung" bezeichnet wird oder nicht (vgl. zu dieser Frage ausführlich Fn. 1334 auf S. 312 f.), kann die Güterabwägung im Prüfungsaufbau zumindest wie eine Verhältnismäßigkeitsprüfung durchgeführt werden. Vgl. dazu etwa *Wolff*, in: Hömig/Wolff, GG, Art. 28 Rn. 16.
[1360] *Langenfeld/Weisensee*, ZAR 2015, 132 (135); *Beckmann*, KommJur 2016, 321 (326); *Kment/Berger*, BauR 2015, 211 (214).
[1361] *BVerfG*, Beschl. v. 07.05.2001 – 2 BvK 1/00 = BVerfGE 103, 332; *BVerfG*, Beschl. v. 23.06.1987 – 2 BvR 826/83 = BVerfGE 76, 107; *BVerfG*, Beschl. v. 07.10.1980 – 2 BvR 584/76 = BVerfGE 56, 298.
[1362] Zum Sinn und Zweck der Sondervorschriften, vgl. ausführlich im dritten Kapitel auf S. 99 ff.
[1363] *Petersen*, KommP BY 2015, 10 (10).

der staatlichen Unterbringungsverantwortung ergibt. Länder, Landkreise und Gemeinden haben nämlich für die Deckung des Unterbringungsbedarfs in Bezug auf die ihnen nach dem jeweiligen Verteilungsschlüssel zugewiesenen Flüchtlinge zu sorgen und zeitnah menschenwürdige Unterkünfte in ausreichendem Umfang bereitzustellen.

Auf einer zweiten Stufe muss die Regelung zur Erreichung dieses Zwecks geeignet sein. Ein Mittel ist dann im verfassungsrechtlichen Sinne zur Zweckerreichung geeignet, wenn „mit seiner Hilfe der gewünschte Erfolg gefördert werden kann, wobei die Möglichkeit der Zweckerreichung genügt."[1364] Dies ist vorliegend der Fall, da Flächen mit § 246 X BauGB für die Flüchtlingsunterbringung nutzbar gemacht werden können, die bauplanungsrechtlich bislang nicht dafür zur Verfügung standen. Damit wird das gewünschte Ziel in Gestalt einer zeitnahen Schaffung von notwendigem Unterbringungsraum für Flüchtlinge und Asylbegehrende gefördert.

b. Erforderlichkeit

Auf einer dritten Stufe ist die Erforderlichkeit der Regelung zu beurteilen. Nach ständiger Rechtsprechung des *Bundesverfassungsgerichts* ist eine Regelung immer dann erforderlich, wenn „der Gesetzgeber nicht ein anderes, gleich wirksames, aber […] nicht oder doch weniger fühlbar einschränkendes Mittel hätte wählen können."[1365] Mit anderen Worten darf also kein milderes und gleichzeitig ebenso effektives Mittel zur Erreichung des Zwecks zur Verfügung stehen. Der Sondervorschrift des § 246 X BauGB müsste danach die Erforderlichkeit abgesprochen werden, wenn eine Regelung denkbar wäre, die die Gemeinden einerseits in ihrem Selbstverwaltungsrecht weniger beeinträchtigt, andererseits aber in Bezug auf die kurzfristige Schaffung von neuem Unterbringungsraum in ausreichendem Umfang ebenso wirksam ist. Als mildere Mittel kommen vorliegend eine gezielte Standortsteuerung durch Bauleitplanung mit entsprechender Verfahrensbeschleunigung und die Erweiterung des bodenrechtlichen Wohnbegriffs in Betracht. Im Einzelnen:

aa. Gezielte Standortsteuerung durch Bauleitplanung mit entsprechender Verfahrensbeschleunigung

Die durch die beiden Flüchtlingsnovellen eingefügten Regelungen zur erleichterten Schaffung von Flüchtlingsunterkünften beschränken sich fast ausschließlich

---

[1364] *BVerfG*, Urt. v. 28.03.2006 – 1 BvR 1054/01 = BVerfGE 115, 276.
[1365] *BVerfG*, Beschl. v. 16.03.1971 – 1 BvR 52, 665, 667, 754/66 = BVerfGE 30, 292; *BVerfG*, Beschl. v. 12.10.1994 – 1 BvL 19/90 = BVerfGE 91, 207.

auf die bauplanungsrechtliche Zulassungsebene i.S.d. §§ 29 ff. BauGB, d.h. auf die erleichterte Erteilung von Einzelbaugenehmigungen. Die Planungsebene, d.h. das Recht der Bauleitplanung i.S.v. §§ 1 ff. BauGB, hat hingegen eine nur gänzlich untergeordnete Modifikation erfahren; die einzige Änderung in Gestalt der Einfügung des § 1 VI Nr. 13 BauGB ist zudem rein deklaratorischer Natur.[1366] Dabei ist die Bauleitplanung nicht nur das geeignetste Mittel, um Nachbarschaftskonflikte zu vermeiden und für möglichst nachhaltige und aufeinander abgestimmte Nutzungslösungen zu sorgen.[1367] Gerade auch in Bezug auf das kommunale Selbstverwaltungsrecht i.S.v. Art. 28 II GG stellen Erleichterungen auf der Ebene der Bauleitplanung ein wesentlich milderes Mittel gegenüber erweiterten Befreiungsregelungen auf Zulassungsebene dar. Im Vergleich zu Letzteren lassen Privilegierungen im Bebauungsplanverfahren die Planungshoheit weitgehend unberührt, da sie – nach Belieben – von der Gemeinde selbst angewendet werden und von Anfang an im planerischen Gesamtkonzept Berücksichtigung finden. Auf diese Weise könnten durch Bauleitplanung geeignete Flächen für die Unterbringung von Flüchtlingen und Asylbegehrenden ausgewiesen werden, und dies auf eine Weise, die die kommunale Planungshoheit nicht beeinträchtigt.

Allerdings stellen Privilegierungen auf der Ebene der Bauleitplanung im Vergleich zu solchen auf Zulassungsebene ein nicht ebenso effektives Mittel für die kurzfristige und zeitnahe Schaffung der erforderlichen Unterbringungseinrichtungen dar. Denn die Aufstellung oder Änderung eines Bebauungsplans dauert etliche Monate, wenn nicht sogar Jahre.[1368] An diesem „Zeitaspekt" vermag auch die Statuierung von – an §§ 13, 13a, 13b BauGB angelehnten – Vorschriften zur Verfahrensbeschleunigung nichts Entscheidendes zu ändern, da diese keine Zeitersparnis in dem Maße bewirken können, wie es für den konkreten Fall der kurzfristigen Flüchtlingsunterbringung erforderlich gewesen wäre. Die Überschaubarkeit der Verfahrensbeschleunigung derartiger Privilegierungen im Bebauungsplanverfahren liegt vor allem darin begründet, dass maßgeblicher Zeitfaktor nicht die Auslegung der Planentwürfe und die Einholung der Stellungnahmen ist, deren Zeitdauer man unschwer verkürzen könnte, sondern die eigentliche Planung einschließlich der Einholung der notwendigen Gutachten (schalltechnisches Gutachten, Verkehrsgutachten, Lufthygienegutachten, Verschattungsstudie u.a.) sowie die Auseinandersetzung mit den Stellungnahmen und deren Einarbeitung in die Planung. Diese Verfahrensschritte sind notwendigerweise in jedem Planverfahren durchzuführen

---

[1366] Vgl. dazu im fünften Kapitel auf S. 159 ff.
[1367] *Langenfeld/Weisensee*, ZAR 2015, 132 (137).
[1368] Vgl. dazu die Ausführungen zum „zeitintensiven Weg" über die Bauleitplanung im ersten Kapitel auf S. 66 ff.

und nehmen einen wesentlichen Zeitraum in Anspruch. Sie können nicht einfach unter Beschleunigungsgesichtspunkten übersprungen oder reduziert werden, da sie das „Herzstück" und damit das Wesen einer jeden Planung darstellen. Folglich wäre ein etwaiger Beschleunigungseffekt bei weitem nicht dermaßen groß, als dass man mit Hilfe einer solchen verfahrensbeschleunigten Bauleitplanung die Herausforderungen bei der Unterbringung – zumindest in der Hochphase der Flüchtlingszuwanderung in den Jahren 2014 bis 2016 – effizient in den Griff bekommen hätte. So hilft hier beispielsweise eine Zeitersparnis von etwa sechs Monaten bei einer Verfahrensdauer von zwei Jahren auch nicht wirklich weiter. Denn der dringend erforderliche Unterbringungsraum soll nach den Anforderungen der Politik zeitnah – und eben nicht erst Jahre später – geschaffen werden. Dabei ist auch noch zu berücksichtigen, dass die vorgesehene Flüchtlingsunterkunft nach dem Abschluss der Bebauungsplanung noch gar nicht „bezugsfertig" ist; es vergehen auch dann noch einmal Monate, bis die Unterkunft auf Zulassungsebene genehmigt und schließlich in tatsächlicher Hinsicht fertiggestellt ist. Erst dann steht sie der Flüchtlingsunterbringung zur Verfügung. Daher stellt eine erleichterte Bauleitplanung einschließlich etwaiger Verfahrensprivilegierungen zwar ein – in Bezug auf das kommunale Selbstverwaltungsrecht i.S.v. Art. 28 II GG – milderes, aber bei weitem nicht ebenso wirksames Mittel für die insgesamt auf „Kurzfristigkeit" abzielende Flüchtlingsunterbringung dar.

bb. Änderung des bauplanungsrechtlichen Wohnbegriffs

Eine weitere Alternative zur Statuierung von erweiterten Befreiungsregelungen stellt die „legislative Aktualisierung" und damit die Erweiterung oder Neuformulierung des bauplanungsrechtlichen Wohnbegriffs durch den Gesetzgeber dar. In Anlehnung an § 3 IV BauNVO könnte die definitorische Änderung des bauplanungsrechtlichen Wohnbegriffs in der Weise ausgestaltet werden, dass man kollektive Wohnformen – und damit auch die hier diskutierten Flüchtlingsunterkünfte – allgemein und ohne weiteres als Wohnnutzung qualifiziert und sie daher in den Baugebieten der §§ 3 bis 6a BauNVO stets zulässig sind. Die Frage ist jedoch, ob eine solche gesetzgeberische Maßnahme eine – in Bezug auf das kommunale Selbstverwaltungsrecht – mildere und im Ergebnis ebenso effektive Alternative zu den ergangenen Sonderregelungen für Flüchtlingsunterkünfte darstellen würde.

(1) Milderes Mittel

Unabhängig davon, wie eine gesetzgeberische „Aktualisierung" des bauplanungsrechtlichen Wohnbegriffs nun konkret aussehen könnte, würde eine solche im Vergleich zur erweiterten Befreiungsmöglichkeit des § 246 X BauGB jedenfalls ein milderes Mittel in Bezug auf das kommunale Selbstverwaltungsrecht i.S.v. Art. 28 II GG darstellen. Denn anders als im Falle des § 246 X BauGB können Flüchtlinge bei einer Änderung der bodenrechtlichen Definition des „Wohnens" nicht entgegen dem gemeindlichen Planungswillen untergebracht werden. Vielmehr kann die Gemeinde über die Auswahl des konkreten Baugebietes selbst bestimmen, welche bodenrechtlichen Nutzungen sie im jeweiligen Gebiet ermöglichen möchte. Statt also den kommunalen Planungswillen nachträglich mit Hilfe erweiterter Befreiungsmöglichkeiten zu umgehen, würden durch eine legislative Erweiterung des bauplanungsrechtlichen Wohnbegriffs die der planenden Gemeinde zur Verfügung stehenden „Werkzeuge" geändert, worauf sie sich von vornherein einstellen, ihren Planungswillen anpassen und planerisch entsprechend reagieren könnte.

(2) Nicht ebenso effektives und sinnvolles Mittel

Allerdings wäre eine Änderung des bauplanungsrechtlichen Wohnbegriffs im Hinblick auf das damit verbundene Ziel der kurzfristigen Schaffung von neuem ausreichenden Unterbringungsraum für Flüchtlinge nicht ebenso effektiv wie die Statuierung erweiterter Befreiungsregelungen. Dies hat mehrere Gründe.

Zum einen hätte eine gesetzgeberische Erweiterung der bodenrechtlichen Definition des „Wohnens" von vornherein nur Auswirkungen und Folgen für sog. Wohn- und Mischgebiete i.S.v. §§ 2 bis 7 BauNVO. Denn lediglich in diesen Baugebieten ist eine Wohnnutzung überhaupt zulässig, sodass sich eine Änderung des Wohnbegriffs notwendigerweise auch nur auf diese Baugebiete auswirken kann. Daraus folgt jedoch, dass gerade Gewerbe- und Industriegebiete – weiterhin[1369] – nicht zur Flüchtlingsunterbringung herangezogen werden können. Dies stellt – gegenüber den statuierten erweiterten Abweichungsmöglichkeiten i.S.v. § 246 BauGB – einen erheblichen „Effektivitätsverlust" für das gesetzespolitische Ziel der kurzfristigen Schaffung von neuem und ausreichendem Unterbringungsraum dar. Denn gerade in Gewerbe- und Industriegebieten stehen bundesweit enorme Flächen zur Verfügung, die auf diese Weise von vornherein der Verwendung zu Zwecken der Flüchtlingsunterbringung entzogen wären. Dies spricht bereits gegen das Vorliegen eines ebenso effektiven Mittels.

[1369] Zur Flüchtlingsunterbringung in Gewerbe- und Industriegebieten nach den allgemeinen bauplanungsrechtlichen Vorschriften, vgl. im ersten Kapitel auf S. 56 ff.

Zum anderen könnte eine legislative Änderung des bodenrechtlichen Wohnbegriffs nur für künftige Bebauungspläne gelten, nicht hingegen für bereits aufgestellte Pläne. Anderenfalls würde nachträglich massiv in kommunale Abwägungsentscheidungen bei bereits bestehenden und nach gegenwärtiger Gesetzeslage austarierten Bebauungsplänen eingegriffen werden mit der Gefahr erheblicher städtebaulicher Spannungen, deren Vermeidung und Abwendung ja gerade eine prägende Zielsetzung des Bauplanungsrechts sein soll.[1370] Diese Handhabe entspricht der gängigen Judikatur des *Bundesverwaltungsgerichts*. Erst Ende 2016 hat das Gericht beispielsweise wieder bekräftigt, dass die Nutzung eines Wohngebäudes zur Unterbringung und psychotherapeutischen Betreuung von Minderjährigen in einem reinen Wohngebiet i.S.v. § 3 BauNVO 1968 – und damit vor Einfügung des § 3 IV BauNVO[1371] – mangels Wohnnutzung bauplanungsrechtlich unzulässig ist.[1372] Daraus folgt, dass eine Erweiterung des bauplanungsrechtlichen Wohnbegriffs durch den Gesetzgeber grundsätzlich nur für solche Bebauungspläne gilt, die nach der Gesetzesänderung aufgestellt wurden. Da aber im Interesse des gesetzespolitischen Ziels einer kurzfristigen und zeitnahen Schaffung von Unterbringungseinrichtungen – wie etwa unter Ziffer aa. ausführlich dargestellt[1373] – in aller Regel auf bereits vorhandene Baugebiete zurückgegriffen werden muss, wäre auch deswegen die Ausweitung der bodenrechtlichen Definition des „Wohnens" gegenüber der Schaffung erweiterter Befreiungsregelungen ein weniger effektives und damit nicht ebenso wirksames Mittel.

c. Angemessenheit und Zumutbarkeit (sog. Verhältnismäßigkeit im engeren Sinne)

Auf der vierten und letzten Stufe ist eine sog. Angemessenheitsprüfung durchzuführen. Dabei muss die Bedeutung des Verfassungsrechts und das Maß der den Einzelnen treffenden Belastung mit den der Allgemeinheit erwachsenden Vorteilen abgewogen werden.[1374] Dabei darf „die Schwere des Eingriffs bei einer Gesamtabwägung nicht außer Verhältnis zu dem Gewicht der ihn rechtfertigenden Gründe" stehen.[1375]

[1370] *BVerwG*, Urt. v. 16.09.1993 – 4 C 28/91 = NJW 1994, 1546.
[1371] Dieser wurde mit der Vierten Verordnung zur Änderung der Baunutzungsverordnung vom 23.01.1990 (BGBl. I S. 127) eingefügt.
[1372] *BVerwG*, Beschl. v. 20.12.2016 – 4 B 49/16 = NVwZ 2017, 723.
[1373] Vgl. dazu auf S. 322 ff.
[1374] *BVerfG*, Beschl. v. 12.05.1987 – 2 BvR 1226/83 = BVerfGE 76, 1; *BVerfG*, Beschl. v. 09.03.1994 – 2 BvL 43/92 = BVerfGE 90, 145; *Antoni*, in: Hömig/Wolff, GG, Art. 20 Rn. 13.
[1375] *BVerfG*, Beschl. v. 13.06.2007 – 1 BvR 1550/03 = BVerfGE 118, 168.

Insoweit könnte möglicherweise bereits die Regelung des § 246 X 2 BauGB als „Rechtfertigungs- oder Ausgleichsmasse" für den Eingriff in Art. 28 II 1 GG herangezogen werden. Danach gilt die Vorschrift zum gemeindlichen Einvernehmen i.S.v. § 36 BauGB entsprechend für Befreiungen auf Grundlage des § 246 X 1 BauGB. Die Baugenehmigungsbehörde ist dabei an die kommunale Entscheidung gebunden, sodass sie eine Baugenehmigung nicht erteilen darf, wenn die Gemeinde ihr Einvernehmen verweigert. Es wäre nämlich schon ein Widerspruch in sich, wenn ein Einvernehmen für die Baugenehmigungsbehörde nur dann Bindungswirkung hätte, wenn diese die Rechtsauffassung der Gemeinde teilt.[1376] Allerdings darf die Gemeinde gem. § 36 II 1 BauGB ihr Einvernehmen nur aus den sich aus § 246 X 1 BauGB ergebenden Gründen verweigern. Anderenfalls kann die Baugenehmigungsbehörde das insoweit rechtswidrig versagte Einvernehmen nach § 36 II 3 BauGB i.V.m. Landesrecht ersetzen. Über § 246 X 2 BauGB i.V.m. § 36 BauGB wird zwar grundsätzlich ein Gleichlauf mit den Fällen des § 31 BauGB i.V.m. § 36 I 1 BauGB hergestellt. Allerdings wird damit die – den § 246 X 1 BauGB prägende – Irrelevanz der Grundzüge der Planung gegenüber § 31 II BauGB gerade nicht ausgeglichen, da jene über § 36 II 1 BauGB i.V.m. § 246 X BauGB auf die Ebene der Einvernehmenserteilung „durchschlägt". Die Gemeinde darf ihr Einvernehmen nämlich nicht mit der Begründung verweigern, dass das Vorhaben die Grundzüge der Planung berührt, da das Unberührtbleiben der Grundzüge der Planung tatbestandlich für die erleichterte Befreiungsregelung des § 246 X 1 BauGB nicht erforderlich ist.[1377] Weiterhin gilt es allerdings zu berücksichtigen, dass das gemeindliche Einvernehmen als stärkstes kommunales Mitwirkungsrecht[1378] im Rahmen einer Baugenehmigungsentscheidung zum Schutz der Planungshoheit nicht notwendigerweise und zwingend erforderlich ist.[1379] Ein Anhörungsrecht würde insoweit im Grundsatz ausreichen. Denn das Verfassungsrecht verlangt in Bezug auf Art. 28 II GG zunächst einmal nur die Sicherstellung einer hinreichend effektiven kommunalen Informations- und Beteiligungsmöglichkeit, um die Gemeinde in die Lage zu versetzen, ein zwar derzeit rechtmäßiges, aber aus städtebaulichen Gründen unerwünschtes Vorhaben zu vereiteln, indem sie die Aufstellung eines Bebauungsplans nach § 2 I BauGB beschließt und zur Sicherung der Planung gem. § 15 BauGB eine Zurückstellung des Baugesuchs beantragt oder nach § 14 BauGB eine Verände-

---

[1376] *Dürr*, in: Brügelmann, BauGB, § 36 Rn. 12.
[1377] Vgl. dazu im Rahmen der Einzeldarstellung des § 246 X BauGB im fünften Kapitel auf S. 188 ff.
[1378] Es gibt vier verschiedene Arten der Beteiligung von Verwaltungsbehörden an einer hoheitlichen Entscheidung: die Anhörung, das Benehmen, die Zustimmung und das Einvernehmen (*BVerwG*, Urt. v. 19.11.1965 – IV C 184/65 = NJW 1966, 513). Vgl. dazu ausführlich Fn. 1252 auf S. 296.
[1379] *Hofmeister*, in: BeckOK BauGB, § 36 Rn. 2; *Dippel*, NVwZ 2011, 769 (770).

rungssperre erlässt.[1380] Über die in § 246 X 2 BauGB geregelte entsprechende Anwendung des gemeindlichen Einvernehmens i.S.v. § 36 BauGB wird der Gemeinde also gewissermaßen „überobligatorisch" ein stärkeres Mitwirkungsrecht zur Seite gestellt, was wiederum im Rahmen der Gesamtabwägung immerhin als ein den Eingriff abschwächender Umstand zu berücksichtigen ist.[1381]

Entscheidend für die verfassungsrechtliche Rechtfertigung ist aber vielmehr das Tatbestandsmerkmal, dass „an dem Standort Anlagen für soziale Zwecke als Ausnahme zugelassen werden können oder allgemein zulässig sind".[1382] Mit dessen Hilfe wird nämlich eine Schaffung von Flüchtlingsunterkünften auf Grundlage des § 246 X BauGB gegen den Willen der Gemeinde unmöglich. Denn die Gemeinde kann die Anwendung der Privilegierungsvorschrift durch die Baugenehmigungsbehörde bereits dadurch verhindern, dass sie durch die Ausnutzung der Feinsteuerungsmöglichkeiten des § 1 VI Nr. 1, IX BauNVO im konkreten Baugebiet Anlagen für soziale Zwecke ausschließt. Die Gemeinde kann somit das Vorhaben aus eigener Initiative verhindern und damit dafür sorgen, dass die Baugenehmigungsbehörde das Vorhaben nicht gegen ihren planerischen Willen zulässt, auch wenn dazu erst noch ein planerisches Tätigwerden ihrerseits erforderlich wird. Dies ist aber jedenfalls aufgrund der vorübergehenden Notsituation bei der Flüchtlingsunterbringung sowie aufgrund der zeitlichen Befristung bis zum 31.12.2019 im Ergebnis zu vernachlässigen.

2. Rechtfertigung des Eingriffs durch § 246 XII BauGB

Im Unterschied zu § 246 X BauGB fehlt im Rahmen der erweiterten Befreiungsmöglichkeit des § 246 XII BauGB das entscheidende Tatbestandsmerkmal, dass am Standort des konkreten Vorhabens Anlagen für soziale Zwecke ausnahmsweise oder allgemein zulässig sein müssen. Dies hat zur Folge, dass es für die Anwendung der Befreiungsregelung des § 246 XII BauGB durch die Baugenehmigungsbehörde völlig unerheblich ist, ob eine Gemeinde von der Feinsteuerungsmöglichkeit des § 1 VI Nr. 1, IX BauNVO Gebrauch gemacht hat. Demnach kann die Gemeinde die Zulas-

---

[1380] *BVerwG*, Urt. v. 07.02.1986 – 4 C 43/83 = NVwZ 1986, 556; *Dürr*, in: Brügelmann, BauGB, § 36 Rn. 5.
[1381] So im Ergebnis auch *Kment/Wirth*, ZfBR 2016, 748 (752) für den vergleichbaren Fall des § 246 XII BauGB, wonach die Planungshoheit über § 36 BauGB eine gewisse „verfahrensrechtliche Absicherung" erfährt. *Bienen*, SächsVBl 2015, 129 (134) sieht § 246 X 2 BauGB sogar als entscheidende Regelung an, welche die gemeindliche Planungshoheit sicherstellt.
[1382] *Petersen*, KommP BY 2015, 10 (12), wonach durch dieses Tatbestandsmerkmal die kommunalen Interessen gewahrt werden.

sung einer Flüchtlingsunterkunft auf Grundlage des § 246 XII BauGB nicht mittels eigener Initiative verhindern. Es muss daher im Rahmen der Verhältnismäßigkeitsprüfung im engeren Sinne weiteres Abwägungs- und Argumentationsmaterial zur Rechtfertigung bzw. zum Ausgleich vorhanden sein, mit dem der Eingriff in das kommunale Selbstverwaltungsrecht verfassungsrechtlich zu rechtfertigen ist. Nach Vornahme der im Rahmen der Verhältnismäßigkeitsprüfung[1383] abschließend durchzuführenden Gesamtabwägung stellt sich die Privilegierungsvorschrift des § 246 XII BauGB insgesamt aber als angemessen und zumutbar dar.[1384]

a. Eingeschränkter Anwendungsbereich

In diese Gesamtabwägung muss zunächst der nur sehr eingeschränkte Anwendungsbereich des § 246 XII BauGB einfließen. Erstens kann von dieser erweiterten Befreiungsvorschrift zeitlich nur bis zum 31.12.2019 Gebrauch gemacht werden. Zweitens gilt die Privilegierung in sachlicher Hinsicht nur für einen ganz bestimmten Typus von baulichen Vorhaben, nämlich nur für Aufnahmeeinrichtungen, Ge meinschaftsunterkünfte und sonstige Unterkünfte für Flüchtlinge oder Asylbegehrende. Und drittens beschränkt sich der sachliche Anwendungsbereich weiter auf mobile Unterkünfte sowie auf Nutzungsänderungen an bestehenden baulichen Anlagen in Gewerbe- und Industriegebieten sowie in Sondergebieten nach §§ 8 bis 11 BauNVO. In beiden Fällen sind die Auswirkungen auf das kommunale Planungskonzept überschaubar. Bei mobilen Unterkünften ergibt sich der „Übergangscharakter" des Vorhabens bereits aus ihrer Natur und Substanz. Nutzungsänderungen knüpfen hingegen nur an eine vorgefundene Bausubstanz an, die von der Gemeinde entweder selbst so geplant und zumindest so geduldet war. Eine Neubebauung von bisher unbebauten und daher besonders schutzwürdigen Freiflächen entgegen dem gemeindlichen Planungswillen kommt mit Hilfe von § 246 XII BauGB also von vornherein nicht in Betracht.

b. Gemeindliches Einvernehmen als stärkstes kommunales Mitwirkungsrecht

Ferner spielt bei der hier untersuchten Gesamtabwägung eine Rolle, dass die Planungshoheit im Rahmen des § 246 XII 1 BauGB immerhin noch eine gewisse Absicherung über das gemeindliche Mitwirkungserfordernis des Einvernehmens gem.

[1383] Hinsichtlich des legitimen Zwecks, der Geeignetheit und der Erforderlichkeit kann auf die Prüfung der Verhältnismäßigkeit im Rahmen des § 246 X BauGB auf S. 321 ff. verwiesen werden.
[1384] *OVG Hamburg*, Beschl. v. 14.04.2016 – 2 Bs 29/16 = KommJur 2016, 316; *Kment/Wirth*, ZfBR 2016, 748 (751); *Blechschmidt*, in: EZBK, BauGB, § 246 Rn. 77.

§ 246 XII 2 BauGB i.V.m. § 36 BauGB erfährt.[1385] Anders als im Rahmen der Abweichungsentscheidung i.S.v. § 246 XIV BauGB wird dabei nicht nur ein bloßes Anhörungsrecht als die schwächste – in Bezug auf Art. 28 II 1 GG freilich zunächst ausreichende – Form der gemeindlichen Mitwirkung statuiert, sondern ein Einvernehmen als deren stärkste Form.[1386] Das kann in der Praxis viel wert sein.

c. Administrative Befristung auf längstens drei Jahre und Berücksichtigung der Grundzüge der Planung auf Rechtsfolgenseite

Letztlich durchschlagend für die Verhältnismäßigkeit des Eingriffs ist aber die gesetzliche Festlegung einer administrativen Befristung auf längstens drei Jahre.[1387] Danach können auf der Grundlage von § 246 XII BauGB erteilte Baugenehmigungen nur auf maximal drei Jahre befristet erteilt werden. Ein erneuter Rückgriff auf § 246 XII BauGB für denselben Standort ist nach Ablauf der drei Jahre nicht möglich.[1388] Auf diese Weise bleibt der Eingriff in die planerische Grundentscheidung gerade in zeitlicher Hinsicht „überschaubar". Es steht für eine betroffene Gemeinde damit von vornherein fest, dass ihre planerische Grundkonzeption nur für einen ganz bestimmten Zeitraum, der drei Jahre nicht überschreiten darf, zugunsten eines schutzwürdigen überörtlichen Interesses durchkreuzt werden kann. Der Eingriff in die Planungshoheit wird daher – im Gegensatz zu § 246 X BauGB – zwar nicht in sachlicher Hinsicht ausgeglichen, indem der entgegenstehende Wille der Gemeinde Beachtung findet. Aber die Eingriffswirkung wird über das zeitliche Element deutlich abgeschwächt, weil das Ende dieses Eingriffs in die kommunale Planungshoheit von vornherein absehbar ist.

In dieser Situation muss der gemeindliche Planungswille in sachlicher Hinsicht in anderer Form Berücksichtigung finden. Dies kann schließlich dadurch erfolgen, dass die Grundzüge der Planung zumindest auf Rechtsfolgenebene im Rahmen des verbleibenden Ermessensrests[1389] beachtet werden müssen.[1390] Diese Berücksichtigung auf der Ermessensebene ist – anders als bei § 246 X BauGB – verfassungsrechtlich geboten.[1391] So werden die Grundzüge der Planung als städtebauliches Kriterium bei der Befreiungsentscheidung zwar berücksichtigt, aber deren Berührung

---

[1385] So auch: *Kment/Wirth*, ZfBR 2016, 748 (752); *Ewer/Mutschler-Siebert*, NJW 2016, 11 (13).
[1386] Vgl. dazu bereits im Rahmen der Rechtfertigung des Eingriffs durch § 246 X BauGB auf S. 327 f.
[1387] So auch: *Blechschmidt*, in: EZBK, BauGB, § 246 Rn. 77; *Kment/Wirth*, ZfBR 2016, 748 (751); *Battis/Mitschang/Reidt*, NVwZ 2015, 1633 (1636); *Petersen*, KommP BY 2016, 50 (52).
[1388] Vgl. dazu im Rahmen des zeitlichen Anwendungsbereichs im vierten Kapitel auf S. 156.
[1389] *Decker*, in: Schiwy, BauGB, § 246 Rn. 89; *VG Würzburg*, Beschl. v. 20.11.2015 – W 5 E 15.1186 = BeckRS 2016, 42817.
[1390] *Jarass/Kment*, in: Jarass/Kment, BauGB, § 246 Rn. 22, 24; *Kment/Wirth*, ZfBR 2016, 748 (751).
[1391] So auch *Jarass/Kment*, in: Jarass/Kment, BauGB, § 246 Rn. 22.

kann – anders als auf Tatbestandsebene – im Rahmen der Rechtsfolgenentscheidung „weggewogen" werden. In ihrer Gesamtheit sind die geschilderten Argumente so in der Lage, den durch § 246 XII BauGB verursachten Eingriff in die Planungshoheit der Gemeinde zu rechtfertigen.

3. Rechtfertigung des Eingriffs durch § 246 XIV BauGB

Abweichend von § 246 X und XII BauGB fehlt im Rahmen der Generalklausel des § 246 XIV 1 BauGB zum einen die sachliche Abschwächung über das Tatbestandsmerkmal, dass am Standort des Vorhabens Anlagen für soziale Zwecke ausnahmsweise oder allgemein zulässig sind. Zum anderen wird der Eingriff in die Planungshoheit auch nicht über das zeitliche Element „abgefedert", dass die Befreiung von vornherein auf längstens drei Jahre administrativ zu befristen ist. Ferner gilt § 246 XIV BauGB – im Gegensatz zu den erweiterten Befreiungsregelungen der Absätze 10 und 12 – in sämtlichen Baugebieten und für sämtliche Vorhaben i.S.v. § 29 I BauGB. Nicht zuletzt deswegen wird die materielle Verfassungsmäßigkeit des § 246 XIV BauGB in der Literatur teilweise als „bedenklich" bezeichnet.[1392] Auch das *VG Hamburg*, das als erstes deutsches Gericht mit der Generalklausel für Flüchtlingsunterkünfte konfrontiert wurde, sah die Vereinbarkeit der Vorschrift mit der gemeindlichen Planungshoheit zumindest als zweifelhaft an, da diese immerhin „einen empfindlichen Bedeutungsverlust" erfahre.[1393] Nach der im Rahmen der Angemessenheitsprüfung[1394] vorzunehmenden Gesamtabwägung ist der Eingriff aber auch hier letztlich gerechtfertigt. Sowohl die für den Eingriff sprechenden sachlichen Gründe als auch die den Eingriff abmildernden Umstände überwiegen in ihrer Gesamtheit die Einschränkung der kommunalen Planungshoheit.[1395] Im Einzelnen:

a. Anhörungsrecht gem. § 246 XIV 3 BauGB

Der Gesetzgeber hat in § 246 XIV 3 BauGB ausdrücklich ein verfahrensrechtliches Beteiligungsrecht der Gemeinde statuiert, das die Eingriffsintensität des § 246 XIV 1 BauGB in das kommunale Selbstverwaltungsrecht entscheidend abmildern kann.

[1392] So beispielsweise *Hornmann*, NVwZ 2016, 436 (439).
[1393] *VG Hamburg*, Beschl. v. 28.10.2015 – 7 E 5333/15 = DVBl 2015, 1605.
[1394] Hinsichtlich des legitimen Zwecks, der Geeignetheit und der Erforderlichkeit kann auf die Prüfung der Verhältnismäßigkeit im Rahmen des § 246 X BauGB auf S. 321 ff. verwiesen werden.
[1395] Im Ergebnis so auch: *Blechschmidt*, in: EZBK, BauGB, § 246 Rn. 95; *Decker*, in: Schiwy, BauGB, § 246 Rn. 112; *Scheidler*, NVwZ 2016, 744 (747); *Kment/Wirth*, ZfBR 2016, 748 (752); Hinweis Nr. 2.6.1 der *Fachkommission Städtebau* vom 15.12.2015; *Brandt/Willmann*, Rechtsgutachtliche Stellungnahme zur Abweichungsregelung des § 246 XIV BauGB, S. 48 ff., abrufbar unter: http://feldmark.info/wp-content/uploads/2016/01/160428-Rechtsgutachtliche-Stellungnahme-zur-Abweichungsregelung-des-246-Abs.-14-Baugesetzbuch-BauGB.pdf.

Denn mit einer Anhörung wird die nach Art. 28 II 1 GG verfassungsrechtlich gebotene Information der Gemeinde sichergestellt.[1396] Die Gemeinde wird über das geplante Vorhaben in Kenntnis gesetzt, sodass sie im Bedarfsfalle ihren kommunalen Planungswillen äußern kann. So kann sie ein zwar derzeit rechtmäßiges, aber aus städtebaulichen Gründen möglicherweise doch unerwünschtes Vorhaben vereiteln, indem sie die Aufstellung eines Bebauungsplans nach § 2 I BauGB beschließt und zur Sicherung der Planung gem. § 15 BauGB eine Zurückstellung des Baugesuchs beantragt oder nach § 14 BauGB eine Veränderungssperre erlässt.[1397]

Trotzdem fällt bei einem Vergleich mit den zwei anderen erweiterten Befreiungsregelungen i.S.v. § 246 X und XII BauGB sowie mit der allgemeinen bauplanungsrechtlichen Befreiungsvorschrift des § 31 II BauGB auf, dass mit dem in § 246 XIV 3 BauGB normierten Anhörungsrecht die Intensität der kommunalen Mitwirkung gegenüber dem „Normalfall" herabgesetzt wurde.[1398] Denn während für Baugenehmigungs- und Abweichungsentscheidungen im Grundsatz[1399] ein gemeindliches Einvernehmen i.S.v. § 36 BauGB notwendig ist, genügt für die Befreiungen auf Grundlage des § 246 XIV 1 BauGB eine Anhörung als die schwächste Form der kommunalen Beteiligung. Gleichwohl ändert diese Herabsetzung des Maßes gemeindlicher Mitwirkung nichts daran, dass auch ein einfaches Anhörungsrecht Abwägungs- und Argumentationsmaterial zur Rechtfertigung bzw. zum Ausgleich bildet, das in die Angemessenheitsprüfung einfließen kann.[1400] Je intensiver der gesetzliche Eingriffstatbestand – insbesondere in Gestalt von Rechtsgrundlagen für Baugenehmigungs- oder Abweichungsentscheidungen der (unteren) Bauaufsichtsbehörde – in das kommunale Selbstverwaltungsrecht eingreift, umso stärker müssen die kommunalen Beteiligungsrechte und/oder die sonstigen ausgleichenden Umstände sein, um eine Verletzung des Art. 28 II 1 GG zu verhindern. Sofern – wie

---

[1396] *BVerwG*, Urt. v. 07.02.1986 – 4 C 43/83 = NVwZ 1986, 556; *Dürr*, in: Brügelmann, BauGB, § 36 Rn. 5. Das vergleichsweise starke Mitwirkungsrecht des Einvernehmens, wie es in § 36 BauGB ausgestaltet ist, ist zum Schutz der Planungshoheit daher verfassungsrechtlich nicht zwingend erforderlich. Vgl. auch: *Hofmeister*, in: BeckOK BauGB, § 36 Rn. 2; *Dippel*, NVwZ 2011, 769 (770).
[1397] *BVerwG*, Urt. v. 07.02.1986 – 4 C 43/83 = NVwZ 1986, 556; *Dürr*, in: Brügelmann, BauGB, § 36 Rn. 5.
[1398] Vgl. hierzu die Kritik der kommunalen Spitzenverbände, wonach bei einem so zentralen Eingriff in die kommunale Selbstverwaltung die gemeindliche Anhörung „zu kurz" greife: Stellungnahmen des *Deutschen Städte- und Gemeindebundes*, des *Deutschen Landkreistages* und des *Deutschen Städtetages* zur öffentlichen Anhörung im Innenausschuss des Deutschen Bundestages zum Entwurf eines Asylverfahrensbeschleunigungsgesetzes am 12.10.2015, abrufbar unter: https://www.bundestag.de/ausschuesse/ausschuesse18/a04/anhoerungen#url=L2F1c3NjaHVlc3Nl L2F1c3NjaHVlc3NlMTgvYTA0L2FuaG9lcnVuZ2VuLzU2X3NpdHp1bmdfaW5uZXwx0LzM5M Dg1Ng==&mod=mod458740.
[1399] Dieser Grundsatz ergibt sich aus dem Nebeneinander von §§ 31, 33 bis 35 BauGB i.V.m. § 36 BauGB und der besonderen „Bund-Länder-Klausel" des § 37 BauGB.
[1400] So im Ergebnis auch *Kment/Wirth*, ZfBR 2016, 748 (752).

hier – die Intensität des kommunalen Beteiligungsrechts gegenüber dem Regelfall reduziert ist, müssen die sonstigen ausgleichenden Umstände und rechtfertigenden Gründe umso zahlreicher und stärker sein. Nur so lässt sich dieser „negative Mitwirkungssaldo" kompensieren. Nachfolgend ist daher zu untersuchen, ob solches Kompensationsmaterial in ausreichendem Maße vorhanden ist.

b. Vergleich mit § 37 BauGB und staatliches Unterbringungsinteresse

Insoweit könnte ein Vergleich mit der – seinerseits als verfassungsgemäß qualifizierten[1401] – Privilegierungsregelung des § 37 I BauGB zumindest ein erstes Indiz für die Verfassungsmäßigkeit der Generalklausel des § 246 XIV BauGB darstellen. Der Vergleich bietet sich deswegen an, da § 246 XIV BauGB stark an § 37 BauGB und dessen weitreichender Abweichungsbefugnis angelehnt ist.[1402] Dies ergibt sich nicht nur aus § 246 XIV 9 BauGB, sondern auch aus den einschlägigen Gesetzesmaterialien.[1403] Begründet wird die verfassungsrechtliche Rechtfertigung des § 37 I BauGB insbesondere damit, dass es seit jeher zur (Kern-)Kompetenz der Staatsorgane gehöre, bauliche Anlagen zur Wahrnehmung staatlicher – und damit durchweg überörtlicher – Aufgaben zu errichten.[1404] Im Zusammenhang mit der Schaffung von Vorhaben mit einer derart besonderen öffentlichen Zweckbestimmung müssen die planungsrechtlichen Belange einer einzelnen Gemeinde gegenüber den staatlichen und damit überörtlichen Belangen der Allgemeinheit in qualitativer und quantitativer Weise zurücktreten. Insbesondere sollen Bauvorhaben des Bundes oder eines Landes, die im öffentlichen Interesse unverzichtbar sind, nicht bereits im Verwaltungsverfahren am fehlenden Einvernehmen scheitern.[1405]

Auch der Regelungsgegenstand der Sondervorschrift des § 246 XIV BauGB unterliegt einer solchen „besonderen öffentlichen Zweckbestimmung". So sieht es auch der Bundesgesetzgeber, wenn er in § 246 XIV 9 HS. 2 BauGB ausdrücklich klarstellt, dass § 37 BauGB bis zum 31.12.2019 auf Vorhaben nach § 246 XIV 1 BauGB keine Anwendung findet, was im Umkehrschluss nämlich nichts anderes heißt, als dass Flüchtlingsunterkünfte i.S.v. § 246 XIV BauGB grundsätzlich Vorhaben mit einer „besonderen öffentlichen Zweckbestimmung" darstellen.[1406] Es ist infolge des

---

[1401] *Dürr*, in: Brügelmann, BauGB, § 37 Rn. 5.
[1402] *Blechschmidt*, in: EZBK, BauGB, § 246 Rn. 94.
[1403] BT-Drs. 18/6185, S. 55. Zur Ähnlichkeit des § 246 XIV BauGB mit der sog. Bund-Länder-Klausel des § 37 BauGB, vgl. im Rahmen der Einzeldarstellung des § 246 XIV BauGB im fünften Kapitel auf S. 248 ff.
[1404] *Dürr*, in: Brügelmann, BauGB, § 37 Rn. 5.
[1405] *Reidt*, in: Battis/Krautzberger/Löhr, BauGB, § 37 Rn. 5.
[1406] *Dürr*, in: Brügelmann, BauGB, § 246 Rn. 52. Vgl. dazu auch im fünften Kapitel auf S. 249 f.

staatlichen Unterbringungsinteresses und/oder des bestehenden Allgemeininteresses eine öffentliche Aufgabe, die Flüchtlinge und Asylbewerber i.S.d. staatlichen Daseinsvorsorge schnell und menschenwürdig unterzubringen.[1407] Auch der den § 37 I BauGB prägende Gedanke der Überörtlichkeit findet sich in § 246 XIV BauGB wieder. Denn unabhängig von der landesinternen Verteilung nach den Landesgesetzen[1408] ist es nach § 44 I AsylG Aufgabe der Länder, für die Unterbringung der Flüchtlinge zu sorgen. Die Flüchtlingsunterbringung ist damit zunächst Aufgabe eines jeden Landes und mithin überörtlich. Schließlich scheitert ein Vergleich mit § 37 I BauGB auch nicht an den verschiedenen kommunalen Beteiligungsrechten. Die Mitwirkungsalternative der gemeindlichen Anhörung ist im Ergebnis nämlich auch nicht entscheidend schwächer als der in § 37 I BauGB vorgesehene Mechanismus.[1409] Mit § 37 I BauGB kann gerade auch in Fällen, in denen das gemeindliche Einvernehmen aufgrund bauplanungsrechtlicher Unzulässigkeit des Vorhabens zu Recht verweigert wurde, das fehlende gemeindliche Einvernehmen durch die höhere Verwaltungsbehörde ersetzt und das Vorhaben dadurch gegen den Willen der Gemeinde zugelassen werden.[1410] Im Ergebnis hat die Gemeinde dabei unmittelbar keine Handhabe, sich gegen das Vorhaben zu wehren. Sie kann vielmehr nur erreichen, dass die höhere Verwaltungsbehörde die städtebauliche Konzeption der Gemeinde für das einschlägige Gebiet kennt und sie bei ihrer Entscheidung berücksichtigen kann. Ferner wird sie durch den in § 37 I BauGB vorgesehenen Mechanismus über das Vorhaben informiert und kann im Bedarfsfalle entsprechend reagieren, indem sie die Aufstellung eines Bebauungsplans nach § 2 I BauGB beschließt und zur Sicherung der Planung gem. § 15 BauGB eine Zurückstellung des Baugesuchs beantragt oder nach § 14 BauGB eine Veränderungssperre erlässt. Folglich macht es im Ergebnis keinen qualitativen Unterschied, wenn die Gemeinde lediglich angehört wird, da die beiden genannten Folgen – Inkenntnissetzung der Verwaltungsbehörde über die städtebauliche Konzeption der Gemeinde sowie Information der Gemeinde über das geplante Vorhaben – ebenso durch eine Anhörung herbeigeführt werden können.[1411]

[1407] *Jarass/Kment*, in: Jarass/Kment, BauGB, § 246 Rn. 22 bezweifeln, dass es sich verfassungsrechtlich begründen lasse, die in einem Bebauungsplan verdichtete Planungshoheit der Gemeinde per se und ganz allgemein dem staatlichen Unterbringungsinteresse unterzuordnen. Vielmehr bedürfe es noch einschränkender – etwa auf den Einzelfall abstellender – Umstände, um den umfassenden Eingriff in die Planungshoheit unter Verhältnismäßigkeitsgesichtspunkten ausgleichen zu können. Dem ist beizupflichten. Als ein wichtiger Umstand (neben weiteren) muss das staatliche Unterbringungsinteresse in der durchzuführenden Gesamtabwägung aber berücksichtigt werden.
[1408] In Bayern ist die Verteilung und Umverteilung etwa in §§ 3, 9 DVAsyl geregelt.
[1409] So auch *Blechschmidt*, in: EZBK, BauGB, § 246 Rn. 100.
[1410] *Reidt*, in: Battis/Krautzberger/Löhr, BauGB, § 37 Rn. 5.
[1411] Vgl. dazu bereits auf S. 297 sowie unter Ziffer a. auf S. 331 ff.

c. Korrektiv der Erforderlichkeit

Als weiteres Ausgleichs- und Rechtfertigungskriterium könnte das einschränkende tatbestandliche Korrektiv der Erforderlichkeit i.S.d. § 246 XIV 1 BauGB in der verfassungsrechtlichen Gesamtabwägung dienen. Es darf gem. § 246 XIV 1 BauGB ausdrücklich nur „in erforderlichem Umfang" von bauplanungsrechtlichen Standards und damit auch von den Grundzügen der Planung abgewichen werden. Allerdings ist dieses Erforderlichkeitsmerkmal im Ergebnis nichts anderes als ein Ausschnitt aus dem Verhältnismäßigkeitsgrundsatz, der ohnehin aus rechtsstaatlichen Gründen überall beachtet werden muss.[1412] Auch ohne eine tatbestandliche Erwähnung im Gesetz wäre die Erforderlichkeit also zumindest auf Rechtsfolgenseite im Rahmen der Ermessensentscheidung zu berücksichtigen. Und auch unter dem Aspekt der gerichtlichen Überprüfbarkeit liegt kein Mehrwert in der gesetzlich festgeschriebenen Erforderlichkeitsprüfung auf Tatbestandsebene gegenüber der Verhältnismäßigkeitsprüfung auf Rechtsfolgenseite. Das Erforderlichkeitsmerkmal auf Tatbestandsebene ist als unbestimmter Rechtsbegriff gerichtlich in vollem Umfang überprüfbar. Das Ermessen auf Rechtsfolgenseite ist zwar grundsätzlich nur eingeschränkt der gerichtlichen Überprüfung zugänglich, wie sich aus § 114 VwGO ergibt. Die Verletzung des Verhältnismäßigkeitsgrundsatzes stellt aber eine Form der Ermessensüberschreitung dar und ist als solche gem. § 114 S. 1 Alt. 1 VwGO ebenso gerichtlich vollständig überprüfbar. Auch insoweit ergibt sich kein verwertbares Argument zur Relativierung des Eingriffs in die Planungshoheit. In die Gesamtabwägung einzuordnen ist also auch das im Gesetz ausdrücklich genannte Kriterium der Erforderlichkeit als ein prinzipiell ausgleichsfähiger Faktor. Aus den eben genannten Gründen kommt ihm aber keine entscheidende Wirkung im Rahmen der verfassungsrechtlichen Angemessenheitsprüfung zu. Eine entscheidende Abschwächung des Eingriffs in die Planungshoheit könnten aber die weiteren einschränkenden Tatbestandsvoraussetzungen des § 246 XIV BauGB bewirken.

d. Eingeschränkter Anwendungsbereich, Rückbauverpflichtung, Erstattungsansprüche der Gemeinde und Berücksichtigung der Grundzüge der Planung auf Rechtsfolgenseite

Tatsächlich kann der insgesamt nur sehr eingeschränkte Anwendungsbereich der Sondervorschrift des § 246 XIV 1 BauGB als relevanter Ausgleichs- und Rechtfertigungsfaktor in die verfassungsrechtliche Gesamtabwägung einfließen. Zum einen gilt die Privilegierung in sachlicher Hinsicht nur für eine ganz bestimmte Art von

---

[1412] Vgl. dazu bereits im Rahmen der Darstellung des § 246 XIV BauGB im fünften Kapitel auf S. 256.

Vorhaben, nämlich nur für Aufnahmeeinrichtungen, Gemeinschaftsunterkünfte und sonstige Unterkünfte für Flüchtlinge oder Asylbegehrende. Außerdem ist im Unterschied zu § 246 X und XII BauGB eine strenge Subsidiarität zu beachten. Es kann auf die Privilegierung des § 246 XIV BauGB erst dann zurückgegriffen werden, wenn weder die allgemeinen bauplanungsrechtlichen Vorschriften noch die ihrerseits bereits sehr weitreichenden Erleichterungen der Absätze 8 bis 13 des § 246 BauGB ausreichen, um eine Zulässigkeit der dringend benötigten Unterbringungseinrichtung herbeizuführen. Und drittens kann von der Generalklausel zeitlich nur bis zum 31.12.2019 Gebrauch gemacht werden. Bereits diese erheblichen tatbestandlichen Einschränkungen sprechen für einen im Grundsatz gerechten Ausgleich zwischen kommunaler Selbstverwaltung und staatlicher Daseinsvorsorge.[1413]

Ferner trägt die Statuierung einer Rückbauverpflichtung gem. § 246 XIV 5 BauGB i.V.m. § 35 V 2 HS. 1 BauGB durch den Gesetzgeber dazu bei, dass der Eingriff in die Planungshoheit (noch) verhältnismäßig und damit gerechtfertigt ist. Auf diese Weise wird nämlich sichergestellt, dass die Gemeinde die zentrale Entscheidungshoheit über die Gestaltung ihres Gebiets im ursprünglichen – also vor der Nutzung als Flüchtlingsunterkunft bestehenden – Zustand zurückerlangt. Zwar wird eine Anschlussnutzung durch die Normierung einer Rückbauverpflichtung nicht ausgeschlossen. Allerdings muss die Anschlussnutzung dann wieder nach den allgemeinen bauplanungsrechtlichen Voraussetzungen und damit im Einklang mit den planerischen Vorstellungen der Gemeinde zulässig sein. Folglich bleiben bei der Gemeinde durch die Sondervorschrift des § 246 XIV BauGB auch keine ihren planerischen Vorstellungen entgegenstehenden „Dauerschäden".[1414]

Mit der Regelung des § 246 XIV 9 BauGB und der dort festgelegten entsprechenden Anwendung der Erstattungsansprüche i.S.v. § 37 III BauGB hat der Gesetzgeber zudem dafür gesorgt, dass die betroffenen Gemeinden jedenfalls keine finanziellen Lasten im Zusammenhang mit dem Unterbringungsvorhaben eines Landes i.S.v. § 246 XIV 1 BauGB befürchten müssen. Aufwendungen für Entschädigungen, die infolge der Durchführung dieser Vorhaben entstehen, sowie Kosten, die durch die Aufstellung, Änderung, Ergänzung oder Aufhebung eines Bebauungsplans infolge solcher Vorhaben anfallen, sind den Gemeinden vom Land als Vorhabenträger zu erstatten.[1415]

[1413] So im Ergebnis auch: *Blechschmidt*, in: EZBK, BauGB, § 246 Rn. 95; *Petersen*, KommP BY 2016, 50 (54).
[1414] So auch *Kment/Wirth*, ZfBR 2016, 748 (752).
[1415] *Reidt*, in: Battis/Krautzberger/Löhr, BauGB, § 37 Rn. 9.

Und auch der Umstand, dass die Grundzüge der Planung immerhin auf Rechtsfolgenebene berücksichtigt werden können[1416], spricht im Rahmen der Gesamtabwägung für die Verhältnismäßigkeit der Sondervorschrift.[1417] Die den Festsetzungen eines Bebauungsplans zugrundeliegende planerische (Grund-)Konzeption der Gemeinde bildet immerhin einen Belang (unter einer Reihe anderer) im Rahmen der Ermessensentscheidung und kann damit die Intensität des Eingriffs in die kommunale Planungshoheit mehr oder weniger stark abmildern.

e. Notsituation, Grundrecht auf Leben und körperliche Unversehrtheit sowie Grundrecht auf Gewährleistung eines menschenwürdigen Existenzminimums

Ganz zentral für den im Ergebnis noch als verhältnismäßig anzusehenden Eingriff in die kommunale Planungshoheit ist aber die hinter § 246 XIV BauGB stehende „Notsituation"[1418], die über die den Sondervorschriften der Absätze 8 bis 17 des § 246 BauGB ohnehin zugrundeliegende „Ausnahmesituation der Flüchtlingskrise" noch hinausreicht. Der Auffangtatbestand des § 246 XIV BauGB dient nämlich dem Zweck, für die Deckung des anderweitig nicht zu befriedigenden Unterbringungsbedarfs zu sorgen[1419] und dadurch eine möglichst schnelle Unterbringung der Flüchtlinge in ausgesprochenen Notfällen zu ermöglichen.[1420] Würde der Gesetzgeber auf eine derartige Generalklausel verzichten, dann verblieben der Verwaltung in Extremzeiten der Flüchtlingszuwanderung im Ergebnis nur zwei wenig überzeugende Handlungsalternativen. Entweder müsste sie Flüchtlingsunterkünfte entgegen Art. 20 III GG in gesetzeswidriger Weise schaffen, um eine menschenwürdige Unterbringung aller ankommenden Flüchtlinge gewährleisten zu können. Oder es könnte schlichtweg nicht sichergestellt werden, dass sämtliche in der Bundesrepublik eintreffenden Flüchtlinge ein existenzminimales „Dach über dem Kopf" hätten. Während die Verwaltung in der ersten Alternative quasi „sehenden Auges" gegen Art. 20 III GG verstoßen würde, wäre in der zweiten Alternative das Grundrecht auf Gewährleistung eines menschenwürdigen Existenzminimums i.S.v. Art. 1 I GG

[1416] *Dürr*, in: Brügelmann, BauGB, § 246 Rn. 49, nach dem die Grundzüge der Planung und sonstige öffentliche Belange unter Würdigung nachbarlicher Interessen im Rahmen der Ermessensentscheidung zu berücksichtigen sind. Vgl. dazu bereits im fünften Kapitel auf S. 263.
[1417] So völlig zu Recht *Kment/Wirth*, ZfBR 2016, 748 (751), die das allerdings nur im Rahmen des § 246 XII BauGB ausdrücklich so herausstellen. Konsequenterweise muss dieser Gedanke aber gerade auch in Bezug auf die – den weitreichendsten Abweichungsrahmen schaffende – Sonderregelung des § 246 XIV BauGB gelten.
[1418] Auch *Durner*, DVBl 2015, 1605 (1608) verweist im Rahmen der Frage der Verfassungskonformität des § 246 XIV BauGB auf die „Notsituation", die der Gesetzgeber zu bewältigen hatte.
[1419] *Blechschmidt*, in: EZBK, BauGB, § 246 Rn. 96.
[1420] *Dürr*, in: Brügelmann, BauGB, § 246 Rn. 47.

i.V.m. dem Sozialstaatsprinzip des Art. 20 I GG[1421] und gegebenenfalls sogar das Grundrecht auf Leben und körperliche Unversehrtheit i.S.v. Art. 2 II 1 GG[1422] betroffen. Bei Gegenüberstellung der Wertigkeit der jeweiligen verfassungsrechtlich geschützten Positionen überwiegt die Sicherstellung der Gewährung eines menschenwürdigen Existenzminimums der Flüchtlinge sowie der Schutz ihres Lebens und ihrer Gesundheit gegenüber einem nur punktuell oder graduell wirkenden Eingriff in die Planungshoheit der Gemeinde. Eine feste Bleibe gehört zum physischen Existenzminimum eines jeden Menschen, das dieser für ein menschenwürdiges Dasein benötigt. Gerade in den Wintermonaten ist es im Hinblick auf den Schutz von Leib und Leben zwingend, dass für alle ankommenden Flüchtlinge und Asylbegehrenden – gerade für Frauen und Kleinkinder – ausreichende Unterkunftsräumlichkeiten vorhanden sind. Dabei kommt es meistens auf ein schnelles Handeln an. Und gerade die notwendige Einholung des gemeindlichen Einvernehmens – auch wenn dieses aufgrund von § 246 XV BauGB nunmehr innerhalb eines Monats erteilt oder verweigert werden muss – kann zeitnahes Handeln erschweren. Dies ist insbesondere der Fall, wenn die betroffene Gemeinde ihr Einvernehmen zur Schaffung der dringend benötigten Flüchtlingsunterkunft verweigert, was in der Praxis bei anhaltenden Bürgerprotesten und daraufhin entstehendem kommunalpolitischem Druck nicht selten vorkommt.[1423] Zusammen mit dem Argument, dass es sich bei der Flüchtlingsunterbringung nur um vorübergehende Maßnahmen handelt[1424] und der Rückgriff auf § 246 XIV BauGB im bauaufsichtlichen Genehmigungsverfahren bis zum 31.12.2019 befristet ist, belegt auch diese verfassungsrechtliche Gegenüberstellung das gefundene Ergebnis, den Eingriff in die kommunale Planungshoheit noch als verhältnismäßig und damit als gerechtfertigt zu bewerten.

[1421] Das – bereits früher anerkannte (etwa: *BVerfG*, Beschl. v. 29.05.1990 – 1 BvL 20/84 = BVerfGE 82, 60; *BVerfG*, Beschl. v. 10.11.1998 – 2 BvL 42/93 = BVerfGE 99, 246) – verfassungsrechtliche Existenzminimum hat das *Bundesverfassungsgericht* in seinem Harzt-IV-Urteil v. 09.02.2010 – 1 BvL 1/09 = NJW 2010, 505 ausdrücklich bestätigt. Vgl. zu diesem Grundrecht auch die Darstellung im dritten Kapitel auf S. 102.

[1422] *Blechschmidt*, in: EZBK, BauGB, § 246 Rn. 80 hinsichtlich der vergleichbaren Regelung des § 246 XII BauGB, wonach „die unter hohem Zeitdruck zu bewältigende Unterbringungsaufgabe dem Schutz der Flüchtlinge und Asylbegehrenden vor Obdachlosigkeit und damit ihrem Schutz vor Gefahren für Leben und Gesundheit dient."

[1423] *Scheidler*, KommP BY 2015, 134 (134); *Petersen*, KommP BY 2015, 10 (12); *Seidl, Christof*: „Nein" zu Unterkunft für Flüchtlinge, in: Mittelbayerische Zeitung, vom 04.02.2016, abrufbar unter: https://www.mittelbayerische.de/region/regensburg-land/gemeinden/alteglofsheim/nein-zu-unterkunft-fuer-fluechtlinge-21374-art1338236.html; *Häfner, Philip*: Schönwalde lehnt Asylheimpläne ab, in: Märkische Allgemeine, vom 19.02.2016, abrufbar unter: http://www.maz-online.de/Lokales/Havelland/Schoenwalde-lehnt-Asylheimplaene-ab; Erster Bürgermeister in MV lehnt Flüchtlinge ab, in: Ostsee-Zeitung, vom 15.10.2015, abrufbar unter: http://www.ostsee-zeitung.de/Nachrichten/MV-aktuell/Erster-Buergermeister-in-MV-lehnt-Fluechtlinge-ab.

[1424] Zum Sinn und Zweck der Sondervorschriften, vgl. im dritten Kapitel auf S. 99 ff.

§ 18

Körperliche Unversehrtheit, Art. 2 II 1 GG

In einem nächsten Schritt ist zu untersuchen, ob die mit den beiden BauGB-Flüchtlingsunterbringungsgesetzen einhergehenden Änderungen des Bauplanungsrechts zu einer Verletzung des Grundrechts auf körperliche Unversehrtheit i.S.v. Art. 2 II 1 Alt. 2 GG führen. Erster Anknüpfungspunkt dafür könnten die drei erweiterten Befreiungsregelungen des § 246 X, XII und XIV BauGB sein, wonach Flüchtlingsunterkünfte auch in Gewerbe- und Industriegebieten geschaffen werden können, die immissionstechnisch dafür normalerweise nicht geeignet sind. Insbesondere die teilweise in der Literatur[1425] geäußerte Kritik, dass Flüchtlinge bei einer Unterbringung in einem gewerblichen Gebiet mehr Lärm ertragen müssten als andere, macht es notwendig, eine verfassungsrechtliche Gültigkeitsprüfung gerade auch im Hinblick auf Art. 2 II 1 Alt. 2 GG durchzuführen.[1426] Zweiter Anknüpfungspunkt für eine mögliche Beeinträchtigung des Grundrechts auf körperliche Unversehrtheit könnte der Umstand sein, dass infolge der Sonderregelungen der Absätze 8 bis 17 des § 246 BauGB das Immissionsschutzniveau in Bezug auf Flüchtlingsunterkünfte generalisierend abgesenkt wurde und Flüchtlinge daher mit einem „Mehr" an Beeinträchtigungen und Immissionen belastet werden können, als dies nach den allgemeinen bauplanungsrechtlichen Grundregeln der Fall wäre.[1427] In beiden Fällen geht es also um Immissionen, in erster Linie um Lärmimmissionen.

A. Schutzbereich des Rechts auf körperliche Unversehrtheit

In personaler Hinsicht ist das Grundrecht auf körperliche Unversehrtheit i.S.v. Art. 2 II 1 Alt. 2 GG ein sog. Jedermann-Grundrecht, sodass auch Nichtdeutsche bzw. Nichtunionsbürger[1428] darin verletzt sein können. In sachlicher Hinsicht wird die Freiheit vor nicht nur geringfügigen körperlichen Schmerzen gewährleistet.[1429] In seinem klassischen Bereich schützt das Recht auf körperliche Unversehrtheit dabei die Gesundheit

---

[1425] *Langenfeld/Weisensee*, ZAR 2015, 132 (138); *Luther*, NJW-Spezial 2014, 748 (749).
[1426] Daneben bietet sich freilich auch noch eine Überprüfung an den Gleichheitsgrundrechten an; dazu ausführlich weiter unten auf S. 387 ff.
[1427] Zur generalisierenden Absenkung des Schutzniveaus bzw. zur generalisierenden Anhebung des zulässigen Immissionsniveaus, vgl. eingehend im achten Kapitel auf S. 428 ff.
[1428] Auf die Deutschen-Grundrechte (z.B. Art. 12 GG) können sich in Ansehung des Diskriminierungsverbotes in Art. 18 AEUV auch Unionsbürger i.S.v. Art. 20 AEUV berufen. Vgl. etwa *Mann*, in: Sachs, GG, Art. 12 Rn. 34.
[1429] *Di Fabio*, in: Maunz/Dürig, GG, Art. 2 Abs. 2 Rn. 55; *Antoni*, in: Hömig/Wolff, GG, Art. 2 Rn. 12.

im biologisch-physiologischen Sinne.[1430] Insoweit soll die Integrität der Körpersphäre in erster Linie vor körperlichen Einwirkungen bewahrt werden. Vorliegend geht es allerdings um nichtkörperliche Einwirkungen in Gestalt von Lärm, der sich auf die psychische Befindlichkeit der Betroffenen auswirkt. Fraglich ist daher, ob auch das psychische Wohlbefinden vom Schutzbereich des Art. 2 II 1 Alt. 2 GG erfasst ist, sodass in der Folge auch Lärmimmissionen einen entsprechenden Eingriff darstellen können.

Nach ganz herrschender Auffassung ist auch die Gesundheit im psychischen Sinne Schutzgut des Grundrechts auf körperliche Unversehrtheit, sofern es um eine mit körperlichen Schmerzen vergleichbare Wirkung geht.[1431] Damit ist der grundrechtliche Gesundheitsbegriff wesentlich enger als der der *Weltgesundheitsorganisation (WHO)*, welche die Gesundheit sehr allgemein als einen „Zustand des vollständigen körperlichen, geistigen und sozialen Wohlbefindens" definiert.[1432] Diese einschränkende Auslegung liegt darin begründet, dass anderenfalls nahezu jedes staatliche Handeln mit der Begründung abgewehrt werden könnte, dass dieses in irgendeiner Art und Weise das seelische Wohlbefinden der Betroffenen verletze.[1433] In Bezug auf Lärmimmissionen hat das *Bundesverfassungsgericht* in seiner Fluglärmentscheidung[1434] ausdrücklich ausgeführt, dass sich körperliche Auswirkungen von Dauerlärm auf die Gesundheit „zumindest in Gestalt von Schlafstörungen [...] schwerlich bestreiten" ließen. Daran anschließend herrscht auch in der Literatur mittlerweile die Auffassung vor, dass Lärm jedenfalls dann das Schutzgut des Art. 2 II 1 GG berührt, wenn dieser normalerweise zu Schlafstörungen führt und daher über eine reine Beeinträchtigung des psychischen Wohlbefindens hinausgeht.[1435] Wann dies der Fall ist, ist eine Frage der Lärmforschung. Während danach bei Werten unter 60 dB(A) in der Regel lediglich das psychische Wohlbefinden leidet, werden Gesundheitsbeeinträchtigungen durch Schlafstörungen jedenfalls bei Dauerbelastungen zwischen 60 und 65 dB(A) angenommen.[1436] Infolgedessen beginnt auch nach der Rechtsprechung der aus grundrechtlicher Sicht kritische Wert –

[1430] *BVerfG*, Beschl. v. 14.01.1981 – 1 BvR 612/72 = BVerfGE 56, 54; *BVerfG*, Beschl. v. 29.07.2009 – 1 BvR 1606/08 = NVwZ 2009, 1494; *Jarass*, in: Jarass/Pieroth, GG, Art. 2 Rn. 83.
[1431] *BVerfG*, Beschl. v. 14.01.1981 – 1 BvR 612/72 = BVerfGE 56, 54; *BVerwG*, Urt. v. 21.03.1996 – 4 C 9/95 = NVwZ 1996, 1003; *Antoni*, in: Hömig/Wolff, GG, Art. 2 Rn. 12; *Jarass*, in: Jarass/Pieroth, GG, Art. 2 Rn. 83.
[1432] So heißt es ausdrücklich in der Satzung der *WHO*: „Health is a state of complete physical, mental and social well-being"; abrufbar unter: http://www.euro.who.int/de/about-us/organization/who-worldwide.
[1433] *Starck*, in: v. Mangoldt/Klein/Starck, GG, Art. 2 Rn. 193; *Murswiek*, in: Sachs, GG, Art. 2 Rn. 150.
[1434] *BVerfG*, Beschl. v. 14.01.1981 – 1 BvR 612/72 = BVerfGE 56, 54.
[1435] *Murswiek*, in: Sachs, GG, Art. 2 Rn. 155; *Starck*, in: v. Mangoldt/Klein/Starck, GG, Art. 2 Rn. 193; *Schulze-Fielitz*, in: Dreier, GG, Art. 2 Abs. 2 Rn. 35.
[1436] Zusammengefasst hat die Lärmwirkungen etwa das *Bayerische Landesamt für Umwelt*, abrufbar unter: https://www.lfu.bayern.de/laerm/laermwirkung/index.htm.

jedenfalls in Gebieten, die zum dauernden und damit auch zum nächtlichen Aufenthalt von Menschen bestimmt sind – bei einer Gesamtbelastung oberhalb von 70 bis 75 dB(A) tags und 60 bis 65 dB(A) nachts.[1437]

B. Beeinträchtigung

Nachdem feststeht, dass durch Lärm in das Schutzgut der körperlichen Unversehrtheit eingegriffen werden kann, stellt sich weiter die Frage, ob infolge der Sondervorschriften für Flüchtlingsunterkünfte eine Grundrechtsbeeinträchtigung angenommen werden kann.

I. Art der Beeinträchtigung

Ein klassischer Grundrechtseingriff scheidet dabei jedenfalls aus. Ein solcher liegt vor, wenn die Beeinträchtigung in einer Regelung besteht, die „unmittelbar und gezielt (final) durch ein vom Staat verfügtes, erforderlichenfalls zwangsweise durchzusetzendes Ge- oder Verbot, also imperativ, zu einer Verkürzung grundrechtlicher Freiheit führt."[1438] Eine Beeinträchtigung der von Art. 2 II 1 Alt. 2 GG geschützten Rechtsposition erfolgt vorliegend aber nicht unmittelbar durch die in den Sondervorschriften des § 246 X, XII und XIV BauGB eingeräumte Möglichkeit, Flüchtlingsunterkünfte auch in Gewerbe- und Industriegebieten zuzulassen. Vielmehr kommt eine Beeinträchtigung der körperlichen Unversehrtheit erst durch die tatsächlich im jeweiligen Gebiet vorherrschenden Lärmimmissionen in Betracht, denen die Flüchtlinge infolge einer benachbarten staatlichen Gewerbenutzung ausgesetzt sind oder die von der staatlich „betriebenen" Flüchtlingsunterkunft ausgehen. In diesen Fällen liegt – vergleichbar mit dem Fahrzeugbetrieb auf einem gemeindlichen Bauhof – ein unmittelbarer Eingriff durch Realakt und damit ein sog. faktischer Grundrechtseingriff vor.

In den weitaus überwiegenden Fällen werden die tatsächlich vorherrschenden Lärmimmissionen, denen die Flüchtlinge infolge der benachbarten Gewerbenutzung ausgesetzt sind, aber nicht unmittelbar von staatlichen Gewerbeeinrichtungen, sondern von privaten Gewerbebetrieben erzeugt. Die klassische Funktion der Grundrechte als Ab-

---

[1437] *BVerwG*, Urt. v. 29.06.2017 – 3 A 1/16 = DVBl 2018, 187; *BVerwG*, Urt. v. 13.05.2009 – 9 A 72/07 = NVwZ 2009, 1498; *BVerwG*, Urt. v. 07.03.2007 – 9 C 2/06 = NVwZ 2007, 827; *BVerwG*, Urt. v. 20.05.1998 – 11 C 3/97 = NVwZ 1999, 67; *VGH München*, Urt. v. 14.02.2018 – 9 BV 16.1694 = BauR 2018, 943; *VGH München*, Urt. v. 15.03.2017 – 2 N 15.619 = BeckRS 2017, 107818; *BGH*, Urt. v. 25.03.1993 – III ZR 60/91 = BGHZ 122, 76.

[1438] *BVerfG*, Beschl. v. 26.06.2002 – 1 BvR 670/91 = BVerfGE 105, 279.

wehrrechte gegenüber dem Staat „passt" insoweit also nicht recht.[1439] Vor diesem Hintergrund hat das *Bundesverfassungsgericht* aus der objektiv-rechtlichen Funktion der Grundrechte als Wertordnung sog. Schutzpflichten und damit positive Verpflichtungen des Staates entwickelt. Danach müssen die Grundrechtsverpflichteten die Grundrechtsberechtigten vor Grundrechtsverletzungen und -gefährdungen schützen, die nicht vom Staat, sondern von Dritten ausgehen.[1440] So muss der Staat etwa auch bei gesundheitsschädlichen Lärmeinwirkungen durch private Dritte eingreifen und aktiv entsprechende Maßnahmen zur Gewährleistung des geltenden Lärmschutzniveaus treffen.[1441] Unterlässt er diese Aufgabe, begeht er eine Schutzpflichtverletzung, die dann gleichfalls eine Beeinträchtigung des Grundrechts darstellt. So hat sich das *Bundesverfassungsgericht* etwa in seiner Fluglärmentscheidung mit dem Schutz der Anwohner vor Lärmemissionen durch privat betriebene Luftfahrzeuge befasst und die Verpflichtung des Gesetzgebers, Regelungen zur Bekämpfung privaten Fluglärms zu entwickeln und gegebenenfalls nachzubessern, genauer konturiert.[1442] In Anlehnung daran könnte der Gesetzgeber auch in der hier zugrunde liegenden Fallkonstellation eine Schutzpflichtverletzung begangen haben, indem er die in Erfüllung von Schutzpflichten ergangene Regel, dass grundsätzlich keine wohn- und wohnähnliche Nutzung in Gewerbe- und Industriegebieten möglich ist, eingeschränkt hat. Im Unterschied zu dem der Fluglärmentscheidung zugrunde liegenden Sachverhalt, wo der Gesetzgeber bisweilen nicht aktiv zur Erreichung eines hinreichenden Lärmschutzniveaus zugunsten der Anwohner tätig geworden war, hatte der Gesetzgeber im hier zu erörternden Fall bereits im Vorfeld mit §§ 8 und 9 BauNVO ein hinreichend „sicheres" Schutzniveau geschaffen. Eine Schutzpflichtverletzung kann daher jedenfalls nicht in einem bisweilen gänzlichen Untätigbleiben des Gesetzgebers liegen, sondern allenfalls darin bestehen, dass er den notwendigen Schutz unterlassen hat, indem er die in Wahrnehmung seiner Schutzpflicht getroffenen Regeln durch die streitgegenständlichen Sondervorschriften für Flüchtlingsunterkünfte wieder eingeschränkt hat.

II. Keine Beeinträchtigung aufgrund tatbestandlicher und systematischer Einschränkungen des Anwendungsbereichs von § 246 X, XII und XIV BauGB

Im Ergebnis liegt aber in keinem der Fälle eine Beeinträchtigung des Grundrechts auf körperliche Unversehrtheit vor, da – vergleichbar mit der Zulassung von Wohnungen für Aufsichts- und Bereitschaftspersonen i.S.v. § 8 III Nr. 1 und § 9 III Nr. 1

[1439] Vgl. dazu etwa *Jarass*, in: Jarass/Pieroth, GG, Vor. Art. 1 Rn. 3.
[1440] *BVerfG*, Urt. v. 28.05.1993 – 2 BvF 2/90 = BVerfGE 88, 203.
[1441] *Antoni*, in: Hömig/Wolff, GG, Art. 2 Rn. 12; *Murswiek*, in: Sachs, GG, Art. 2 Rn. 198, 201.
[1442] *BVerfG*, Beschl. v. 14.01.1981 – 1 BvR 612/72 = BVerfGE 56, 54.

BauNVO[1443] – bei der Zulassung von Flüchtlingsunterkünften in Gewerbe- und Industriegebieten stets die Grenzwerte der Gesundheitsschädlichkeit eingehalten werden müssen.[1444] Dies ergibt sich bereits aus den Gesetzesmaterialien.[1445] Bestätigt wird diese Handhabe durch die Rechtsprechung des *VGH Mannheim* und des *VGH München*. Ersterer führte in einer Entscheidung aus dem Jahre 2015 ausdrücklich aus, dass die Wahrung gesunder Wohnverhältnisse als öffentlicher Belang stets zu berücksichtigen sei und „eine Zulassung der in der Norm benannten Unterkünfte für Flüchtlinge oder Asylbegehrende [...] daher tatbestandlich u.a. dann mangels Vereinbarkeit mit den öffentlichen Belangen ausgeschlossen [ist], wenn die Bewohner voraussichtlich gesundheitsgefährdenden Immissionen ausgesetzt wären."[1446] Auch der *VGH München* hat in diesem Zusammenhang nochmals ausdrücklich hervorgehoben, dass „die Bewohner der Gemeinschaftsunterkunft keinen gesundheitsgefährdenden Immissionen ausgesetzt werden" dürfen.[1447] Diese Einschränkung wird – bereits tatbestandlich – entweder über das Merkmal der „öffentlichen Belange" oder im Falle des § 246 XIV BauGB über die dortige Erforderlichkeitsprüfung erreicht. Denn die – in den „allgemeinen Vorschriften" des Baugesetzbuchs (§§ 1 bis 4c BauGB) verorteten – gesunden Wohn- und Arbeitsverhältnisse i.S.v. § 1 VI Nr. 1 BauGB sind als öffentlicher Belang über entsprechende Einbruchstellen im gesamten Baugesetzbuch und damit auch im Rahmen der Sondervorschriften für Flüchtlingsunterkünfte i.S.v. § 246 VIII bis XVII BauGB zu beachten. Es gilt daher in den Gewerbe- und Industriegebieten Bereiche zu finden, in denen hinsichtlich der Immissionen die Grenze zur Gesundheitsschädlichkeit nicht überschritten wird.[1448] Damit scheidet bereits unter Anwendung der allgemeinen Systematik des Baugesetzbuchs eine Beeinträchtigung des Grundrechts auf körperliche Unversehrtheit aus, sodass es einer verfassungskonformen Auslegung der Absätze 10, 12 und 14 in Bezug auf Art. 2 II 1 Alt. 2 GG nicht bedarf.

[1443] Auch hier müssen nach *BVerwG*, Urt. v. 16.03.1984 – 4 C 50/80 = NVwZ 1984, 511 stets „die Mindestanforderungen an gesunde Wohnverhältnisse gewahrt" werden. Die Vergleichbarkeit mit § 8 III Nr. 1 und § 9 III Nr. 1 BauNVO bejahen insbesondere auch: *VGH München*, Urt. v. 14.02.2018 – 9 BV 16.1694 = BauR 2018, 943; *Jarass/Kment*, in: Jarass/Kment, BauGB, § 246 Rn. 21; *Blechschmidt*, in: EZBK, BauGB, § 246 Rn. 80.

[1444] *Blechschmidt*, in: EZBK, BauGB, § 246 Rn. 69, 80; *Battis/Mitschang/Reidt*, NVwZ 2015, 1633 (1636); *Kment/Berger*, BauR 2015, 211 (215); *Krautzberger/Stüer*, DVBl 2015, 73 (78), wonach die Unterkünfte trotz der Eilbedürftigkeit menschenwürdig sein müssen; *Mitschang/Reidt*, in: Battis/Krautzberger/Löhr, BauGB, § 246 Rn. 36, die dies zwar nur im Rahmen des § 246 XII BauGB ansprechen, was aber freilich auch für die Regelungen des § 246 X und XIV BauGB gelten muss; *Dürr*, in: Brügelmann, BauGB, § 246 Rn. 32 in Bezug auf § 246 X BauGB.

[1445] BT-Drs. 18/6185, S. 55, wonach „eine Missachtung konkreter Anforderungen an gesunde Wohn- und Arbeitsverhältnisse [...] nicht im Sinne des Absatzes 14 erforderlich sein" kann.

[1446] *VGH Mannheim*, Beschl. v. 11.03.2015 – 8 S 492/15 = NVwZ-RR 2015, 637.

[1447] *VGH München*, Urt. v. 14.02.2018 – 9 BV 16.1694 = BauR 2018, 943.

[1448] *Blechschmidt*, in: EZBK, BauGB, § 246 Rn. 69.

§ 19

Berufsfreiheit i.S.v. Art. 12 I GG und wirtschaftliche Betätigungsfreiheit i.S.v. Art. 2 I 1 GG

Um bei der Zulassung wohnähnlicher Nutzung in Gewerbe- oder Industriegebieten die Grenzwerte der Gesundheitsschädlichkeit im Hinblick auf § 1 VI Nr. 1 BauGB und Art. 2 II 1 Alt. 2 GG einhalten zu können, könnten teilweise nachträgliche Lärmschutzanordnungen gegenüber den Gewerbetreibenden erforderlich werden. In Betracht kommen dabei neben der Verpflichtung zum Einbau von lärmgedämmten Filteranlagen oder der Pflicht zur Durchführung von (passiven) Lärmschutzmaßnahmen vor allem Betriebsbeschränkungen (wie z.b. die Drosselung der Produktion in zeitlicher und/oder mengenmäßiger Hinsicht) oder auch – als Ultima Ratio – Betriebsstilllegungen. Die im Hinblick auf Art. 2 II 1 Alt. 2 GG bestehende Notwendigkeit solcher Maßnahmen zulasten der benachbarten Gewerbebetriebe bildet den Anknüpfungspunkt für eine mögliche Einschränkung der Berufsausübungsfreiheit oder der wirtschaftlichen Betätigungsfreiheit durch die Sondervorschriften der Absätze 10, 12 und 14 des § 246 BauGB.

A. Schutzbereich der Berufsausübungsfreiheit

Träger der Berufsfreiheit i.S.v. Art. 12 I GG sind ausdrücklich nur Deutsche i.S.v. Art. 116 GG. Dahinter steckt der wirtschaftspolitische Gedanke des Verfassungsgesetzgebers, Ausländer erst einmal weitestgehend vom deutschen Arbeitsmarkt fernzuhalten. In europarechtskonformer Auslegung können sich aufgrund des Diskriminierungsverbots des Art. 18 AEUV aber auch Unionsbürger i.S.v. Art. 20 AEUV auf die Berufsfreiheit berufen.[1449] Hinsichtlich des sachlichen Schutzbereichs ist zwischen natürlichen und juristischen Personen zu unterscheiden. In Bezug auf natürliche Personen wird der Beruf als jede auf eine gewisse Dauer angelegte (erlaubte) Tätigkeit geschützt, die der Schaffung und Erhaltung der Lebensgrundlage dient.[1450] Seit dem Apothekenurteil[1451] des *Bundesverfassungsgerichts* handelt es sich bei der Freiheit der Berufswahl und der Freiheit der Berufsausübung um ein einheitliches Grundrecht. Handelt hingegen eine

---

[1449] *Wolff*, in: Hömig/Wolff, GG, Art. 12 Rn. 2; *Mann*, in: Sachs, GG, Art. 12 Rn. 34; *Jarass*, in: Jarass/Pieroth, GG, Art. 12 Rn. 12.
[1450] BVerfG, Urt. v. 11.06.1958 – 1 BvR 596/56 = BVerfGE 7, 377; BVerfG, Beschl. v. 03.07.2007 – 1 BvR 2186/06 = BVerfGE 119, 59.
[1451] BVerfG, Urt. v. 11.06.1958 – 1 BvR 596/56 = BVerfGE 7, 377.

juristische Person, werden von Art. 12 GG die sog. Gewerbe- und Unternehmerfreiheit und damit die freie Gründung und Führung von Unternehmen sowie der freie Wettbewerb geschützt.[1452]

Durch etwaige nachträgliche Lärmschutzanordnungen gegenüber Gewerbetreibenden in Gewerbe- und Industriegebieten infolge von § 246 X, XII und XIV BauGB könnte nun die Freiheit der Berufsausübung betroffen sein, die neben der Art und Weise insbesondere auch den Inhalt und Umfang beruflicher Betätigung zum Gegenstand hat.[1453] Damit ist hier der Schutzbereich des Art. 12 I GG eröffnet.

B. Eingriff in Art. 12 I GG

Bei der Frage, ob durch Regelungen des Grundrechtsverpflichteten in die Berufsfreiheit eingegriffen wird, ist zwischen Regelungen mit Berufsbezug[1454] und Regelungen mit objektiv berufsregelnder Tendenz zu unterscheiden. Regelungen mit Berufsbezug sind unmittelbar und final auf den Beruf gerichtet. Es handelt sich also um Normen, mit denen der Gesetzgeber die Berufsausübung gezielt regeln will, weil damit jemand seinen Lebensunterhalt verdienen möchte.[1455] Derartige Vorschriften stellen stets einen – unmittelbaren – Grundrechtseingriff dar. Demgegenüber stellen Regelungen, die sich nicht unmittelbar auf berufliche Tätigkeiten beziehen, nur dann einen Grundrechtseingriff dar, wenn sie eine objektiv berufsregelnde Tendenz besitzen.[1456] Wegen des weit verstandenen Berufsbegriffs und aufgrund des Umstandes, dass im Ergebnis letztlich fast jede Norm irgendwelche Rückwirkungen auf die Berufsfreiheit haben kann,[1457] muss das Vorliegen eines Eingriffs bei mittelbaren und/oder faktischen Beeinträchtigungen entsprechend eingeschränkt werden, um Art. 12 I GG nicht konturenlos werden zu lassen. Eine Regelung hat dann objektiv berufsregelnde Tendenz, wenn sich diese – auch ohne final auf den Beruf gerichtet zu sein – unmittelbar oder mit erheblichem Gewicht auf diesen auswirkt.[1458] Davon ist insbesondere auszugehen, wenn die Normen „nach

---

[1452] *BVerfG*, Urt. v. 01.03.1979 – 1 BvR 532/77 = BVerfGE 50, 290.
[1453] *BVerfG*, Beschl. v. 16.03.1971 – 1 BvR 52/66 = BVerfGE 30, 292.
[1454] Diese werden teilweise auch als „subjektive Berufsregelungen" oder als „Regelungen mit subjektiv berufsregelnder Tendenz" bezeichnet; vgl. *Wolff*, in: Hömig/Wolff, GG, Art. 12 Rn. 6; *Manssen*, in: v. Mangoldt/Klein/Starck, GG, Art. 12 Abs. 1 Rn. 74.
[1455] *Wolff*, in: Hömig/Wolff, GG, Art. 12 Rn. 6.
[1456] So die ständige höchstrichterliche Rechtsprechung: *BVerfG*, Urt. v. 24.11.2010 – 1 BvF 2/05 = BVerfGE 128, 1; *BVerfG*, Urt. v. 20.04.2004 – 1 BvR 905/00 = BVerfGE 110, 274; *BVerfG*, Beschl. v. 30.10.1961 – 1 BvR 833/59 = BVerfGE 13, 181.
[1457] *Jarass*, in: Jarass/Pieroth, GG, Art. 12 Rn. 15.
[1458] *Wolff*, in: Hömig/Wolff, GG, Art. 12 Rn. 6.

Entstehungsgeschichte und Inhalt im Schwerpunkt Tätigkeiten betreffen, die typischerweise beruflich ausgeübt werden".[1459] Diese objektiv berufsregelnde Tendenz fehlt hingegen bei berufsneutralen Regelungen, mit denen – gewissermaßen zufällig – lediglich nachteilige Veränderungen der wirtschaftlichen Verhältnisse betroffener Personen einhergehen.[1460] Ein anschauliches Beispiel hierfür ist das berufsneutrale Verbot von Tierversuchen durch das Tierschutzgesetz (TierSchG), das sich de facto aber gleichwohl wirtschaftlich nachteilig auf Unternehmen der Beauty- und Kosmetikindustrie auswirkt. In diesen Fällen ist ein Eingriff in Art. 12 I GG abzulehnen. Betroffene Personen und Unternehmen können sich lediglich auf Beschränkungen der von Art. 2 I GG umfassten wirtschaftlichen Betätigungsfreiheit berufen.[1461]

Die hier in Frage stehenden Sonderregelungen der Absätze 10, 12 und 14 des § 246 BauGB sind ausschließlich darauf ausgerichtet, die zeitnahe und menschenwürdige Unterbringung der in der Bundesrepublik ankommenden Flüchtlinge zu erleichtern. Sie betreffen damit im Schwerpunkt gerade nicht Tätigkeiten, die typischerweise beruflich ausgeübt werden. Vielmehr handelt es sich dabei um Akte öffentlicher Gewalt mit berufsneutraler Zwecksetzung, mit denen lediglich beiläufig – als „Nebenwirkung" – nachteilige Veränderungen der wirtschaftlichen Verhältnisse der benachbarten Gewerbebetriebe einhergehen könnten.

C. Wirtschaftliche Betätigungsfreiheit i.S.v. Art. 2 I GG

Damit verbleibt lediglich die Möglichkeit einer Verletzung der allgemeinen Handlungsfreiheit. Dabei stellt sich zunächst die Frage, ob § 246 X, XII und XIV BauGB überhaupt grundrechtliche Eingriffsqualität in Art. 2 I GG besitzt, und wenn ja, welche Art von Eingriff in die wirtschaftliche Betätigungsfreiheit vorliegt. Anknüpfungspunkt für eine mögliche Grundrechtseinschränkung ist auch hier die etwaige Notwendigkeit nachträglicher Lärmschutzanordnungen zulasten der benachbarten Gewerbebetriebe. Derartige nachträgliche Anordnungen sind mit Hilfe des Bundesimmissionsschutzgesetzes möglich. Während solche gegen immissionsschutzrechtlich genehmigungspflichtige Anlagen[1462] auf Grundlage des § 17 BImSchG ergehen können, bieten die §§ 24, 25 BImSchG

[1459] *BVerfG*, Urt. v. 17.02.1998 – 1 BvF 1/91 = BVerfGE 97, 228.
[1460] *Mann*, in: Sachs, GG, Art. 12 Rn. 96 f.; *BVerfG*, Beschl. v. 15.07.1980 – 1 BvR 24/74 = BVerfGE 55, 7.
[1461] *BVerfG*, Beschl. v. 05.03.1974 – 1 BvL 27/72 = BVerfGE 37, 1; *BVerfG*, Beschl. v. 25.09.1992 – 2 BvL 5/91 = BVerfGE 87, 153.
[1462] Alle immissionsschutzrechtlich genehmigungspflichtigen Anlagen i.S.v. § 4 I 1 BImSchG sind abschließend im Anhang der 4. BImSchV aufgeführt.

i.V.m. § 22 I Nr. 1 und 2 BImSchG[1463] die Rechtsgrundlage für repressive Maßnahmen gegen immissionsschutzrechtlich nicht genehmigungspflichtige Anlagen. Auf diese Weise kann ein Nachbar auch bei einer baurechtlich formell legalen Anlage stets gegen den durch diese verursachten Lärm – ebenso wie gegen die durch diese verursachten Luftverunreinigungen – vorgehen.

I. Eingriffsqualität

Zunächst geht es darum, wie der Umstand verfassungsrechtlich zu bewerten ist, dass die Gewerbetreibenden hier – ähnlich wie bei Ermächtigungsnormen – nicht unmittelbar durch § 246 X, XII und XIV BauGB in ihrem Grundrecht auf wirtschaftliche Betätigungsfreiheit belastet werden. Dies geschieht vielmehr erst durch etwaige Lärmschutzanordnungen im Einzelfall, die infolge der Ausnutzung der Sondervorschriften für Flüchtlingsunterkünfte erforderlich werden könnten. Die Frage ist daher, ob derartige Regelungen, auf deren Grundlage oder aus deren Anlass erst noch exekutive Vollzugsakte ergehen, überhaupt eigenständige Eingriffsqualität besitzen. Ein klassischer Grundrechtseingriff liegt vor, wenn die Beeinträchtigung in einer Regelung besteht, die „unmittelbar und gezielt (final) durch ein vom Staat verfügtes, erforderlichenfalls zwangsweise durchzusetzendes Ge- oder Verbot, also imperativ, zu einer Verkürzung grundrechtlicher Freiheit führt."[1464] Nach dem modernen Eingriffsbegriff kann ein Eingriff ferner sogar jedes staatliche Handeln sein, das dem Einzelnen ein Verhalten oder den Genuss eines grundrechtlich geschützten Rechtsgutes ganz oder teilweise unmöglich macht, gleichgültig ob diese Wirkung final oder unbeabsichtigt, unmittelbar oder mittelbar, rechtlich oder tatsächlich eintritt.[1465]

Gegen die Eingriffsqualität derartiger Ermächtigungs- oder Anlassnormen könnte der (allgemeine) Sprachgebrauch sprechen. Nach der gängigen Formulierung des Gesetzesvorbehalts kann in entsprechende Grundrechte nur „durch oder aufgrund eines Gesetzes" eingegriffen werden. Einen Eingriff „durch das Gesetz" könnte man bei dieser Sichtweise nur bei gesetzesunmittelbaren Verhaltensgeboten oder -verboten bejahen. Demgegenüber würde es eine grammatikalische Auslegung erlauben, dass in Fällen, in denen „aufgrund eines Gesetzes" in ein Grundrecht eingegriffen wird, nicht die Ermächtigungsnorm selbst, sondern erst der belastende Verwaltungsakt den Eingriff darstellt. Die Ermächtigungsnorm bietet dabei nur die gesetzliche Grundlage („aufgrund") für den anderweitigen Eingriff. Und zur Begründung könnte man darauf verweisen,

---

[1463] Während auf Grundlage des § 24 BImSchG Einzelanordnungen erlassen werden können, bietet § 25 BImSchG die Rechtsgrundlage für eine gegebenenfalls notwendige Betriebsuntersagung.
[1464] *BVerfG*, Beschl. v. 26.06.2002 – 1 BvR 670/91 = BVerfGE 105, 279.
[1465] *BVerfG*, Urt. v. 11.07.2006 – 1 BvL 4/00 = BVerfGE 116, 202; *BVerfG*, Beschl. v. 26.06.2002 – 1 BvR 670/91 = BVerfGE 105, 279.

dass es anderenfalls der sprachlichen Differenzierung zwischen „durch Gesetz" und „aufgrund eines Gesetzes" gar nicht bedürfe. Ferner könnte auch die für eine Verfassungsbeschwerde erforderliche unmittelbare Betroffenheit des Beschwerdeführers gem. § 90 I BVerfGG die Qualifizierung einer Ermächtigungsgrundlage als klassischen Grundrechtseingriff ausschließen. Unmittelbare Betroffenheit liegt danach nur vor, wenn es zur Verwirklichung des Ge- oder Verbots gegenüber dem Bürger keiner weiteren Umsetzung – insbesondere keines Vollzugsaktes durch die Exekutive – mehr bedarf.[1466] Schließlich wird argumentiert, dass ein Gesetz, das die Verwaltung ermächtigt, dem Einzelnen ein bestimmtes Verhalten zu verwehren, zwar schon entscheidet, welche Eingriffe den Einzelnen treffen können, diese aber selbst gerade noch nicht vornimmt.[1467]

Die besseren Argumente sprechen aber dafür, auch bei der durch eine gesetzliche Ermächtigung geschaffenen Verbots- oder Gebotsmöglichkeit einen klassischen Grundrechtseingriff zu bejahen.[1468] Zunächst indizieren ja bereits unmittelbar gegen Ermächtigungsnormen gerichtete Verfassungsbeschwerden, dass die Ermächtigung allein auch ein Eingriff sein muss. Denn immerhin reduziert sie ja den effektiven Schutzbereich der betroffenen Grundrechte. Sobald neben die Ermächtigungsgrundlage dann der exekutive Vollzugsakt tritt, wird der in der Ermächtigung liegende Eingriff konsumiert. Würde die Ermächtigungsgrundlage selbst aber keinen Grundrechtseingriff darstellen, dann wäre eine Gesetzesverfassungsbeschwerde gegen Ermächtigungsnormen von vornherein und daher auch dann nicht möglich, wenn das Abwarten einer belastenden Anordnung im Einzelfall dem Beschwerdeführer ausnahmsweise nicht zugemutet werden kann, wie dies etwa bei Ordnungswidrigkeiten- und Straftatbeständen der Fall ist. In diesen Fällen ist aber entgegen dem Subsidiaritätsgrundsatz eine Verfassungsbeschwerde gegen die Eingriffsermächtigung gerade zulässig.[1469] Zwar beeinträchtigen Ermächtigungsnormen in der Regel den zentralen Schutzgegenstand eines Grundrechts nicht „unmittelbar" im für die Verfassungsbeschwerde entscheidenden prozessualen Sinne. Jedoch verkürzen sie immerhin die vorgelagerte Schutzposition, keiner Eingriffsermächtigung für die Verwaltung unterworfen zu sein.[1470] Und in diesem Sinne differenziert auch *Stern* zwischen der unmittelbaren Betroffenheit i.S.d. Prozessrechts, deren Fehlen die Beschwerdebefugnis ausschließt, und dem materiellen

---

[1466] *BVerfG*, Beschl. v. 12.12.1984 – 1 BvR 1249/83 = BVerfGE 68, 319; *Wolff*, in: Hömig/Wolff, GG, Art. 93 Rn. 29.
[1467] *Pieroth/Schlink*, Grundrechte – Staatsrecht II, 9. Auflage, Rn. 239.
[1468] *Stern*, Das Staatsrecht der Bundesrepublik Deutschland, Band III/2, S. 125 f.; *Enders*, in: Friauf/Höfling, Berliner Kommentar zum GG, Vor. Art. 1 Rn. 102; *Bettermann*, AöR 86 (1961), 129 (178 f.); *Sachs*, JuS 1995, 303 (304).
[1469] *BVerfG*, Beschl. v. 14.11.1989 – 1 BvL 14/85 = BVerfGE 81, 70.
[1470] *Sachs*, JuS 1995, 303 (304).

Charakter einer Ermächtigungsnorm als klassischen Grundrechtseingriff.[1471] Die durch das Nichtbestehen von Eingriffsermächtigungen geprägte Schutzposition aller Träger des jeweiligen Grundrechts wird durch ein Ermächtigungsgesetz imperativ verkürzt, sodass ein Grundrechtseingriff materiell vorliegt.[1472] Es spielt deshalb keine Rolle, wenn das primäre Schutzgut durch eine Ermächtigungsnorm nicht unmittelbar betroffen wird, sondern dies erst durch den Vollzugsakt der Verwaltung geschieht. Lediglich die prozessuale Verteidigung dieser Grundrechtsposition mit der Verfassungsbeschwerde wird durch das prozessuale Unmittelbarkeitskriterium abgeschnitten, soweit der primäre Schutzgegenstand noch gegenüber dem Vollzugsakt der Exekutive gesichert werden kann.

Weitergehend stellt sich sodann die Frage, ob die Sondervorschriften der Absätze 10, 12 und 14 tatsächlich das Schutzgut der wirtschaftlichen Betätigungsfreiheit beeinträchtigen. Insoweit muss zwischen den Befreiungsregelungen des § 246 X, XII BauGB und der Generalklausel des § 246 XIV BauGB unterschieden werden.

II. Eingriff durch § 246 X und XII BauGB

Die Sonderregelungen des § 246 X und XII BauGB beeinträchtigen bereits aufgrund ihrer Tatbestandsvoraussetzungen und der bauplanungsrechtlichen Grundregeln nicht das Grundrecht der wirtschaftlichen Betätigungsfreiheit i.S.v. Art. 2 I GG.

Zwar kann den Nachbarn und damit auch den angrenzenden Gewerbetreibenden aufgrund der bodenrechtlichen Neuregelungen in Bezug auf die Flüchtlingsunterbringung – insbesondere wegen der ausdrücklichen Nennung der Flüchtlingsunterbringung als Allgemeinwohlgrund in § 31 II BauGB, der Einfügung des öffentlichen Belangs des § 1 VI Nr. 13 BauGB und dem Aussagegehalt von § 246 VIII bis XVII BauGB – vorübergehend ein Mehr an Beeinträchtigungen zugemutet werden.[1473] Gleichwohl dürfen die nachbarlichen Belange aber nicht wesentlich beeinträchtigt werden.[1474] Wesentliche Auswirkungen auf den – vorhandenen oder konkret geplanten – Gewerbebetrieb sind bereits dann anzunehmen, wenn nachträgliche Betriebsbeschränkungen oder Stilllegungsanordnungen ergehen (müssen), um eine Flüchtlingsunterbringung in ihrer Nähe immissionsrechtlich ermöglichen zu können.[1475] Gleiches gilt für nachträgliche

---

[1471] *Stern*, Das Staatsrecht der Bundesrepublik Deutschland, Band III/2, S. 125 f.
[1472] *Stern*, Das Staatsrecht der Bundesrepublik Deutschland, Band III/2, S. 126.
[1473] BT-Drs. 18/6185, S. 54.
[1474] So bereits BR-Drs. 419/14, S. 6, wonach „keine unzumutbaren Beeinträchtigungen für zulässige gewerbliche Nutzungen" eintreten dürfen; *Dürr*, in: Brügelmann, BauGB, § 246 Rn. 33. Vgl. dazu im Rahmen der Darstellung des § 246 X und XII BauGB im fünften Kapitel auf S. 180 ff., 199 ff.
[1475] *Battis/Mitschang/Reidt*, NVwZ 2014, 1609 (1612).

Schallschutzmaßnahmen wie etwa die Verpflichtung zum Einbau lärmgedämmter Filteranlagen, denn diese sind nicht auf ein „vorübergehendes" Mehr an „zumutbaren" Beeinträchtigungen gerichtet. Derartige Maßnahmen können in der Regel nicht nur „provisorisch" umgesetzt werden und sind dabei unverhältnismäßig teuer. Dies ist den Gewerbetreibenden gerade auch vor dem Hintergrund unzumutbar, dass es sich bei den Flüchtlingsunterkünften auf der anderen Seite um Anlagen mit einer nur vorübergehenden Nutzungsdauer handelt. Die Verwaltungsbehörden müssen im Zeitpunkt der Zulassung der Flüchtlingsunterkunft folglich prüfen, ob den Gewerbetreibenden derartige wesentliche Einschränkungen in Gestalt von nachträglichen Lärmschutzanordnungen konkret drohen. Ist dies der Fall, muss die Baugenehmigungsbehörde die Zulassung der Unterkunft wegen der Unvereinbarkeit mit nachbarlichen Interessen versagen. Es ist nicht die Aufgabe der Gewerbetreibenden, nachträglich für zumutbare Emissionen zu sorgen, sondern es ist Pflicht der baurechtlichen Genehmigungsbehörden, sicherzustellen, dass Flüchtlinge am konkreten Ort des Vorhabens keinen unzumutbaren Immissionen ausgesetzt sind.[1476] Diese Einschränkung bei der Zulassung von Flüchtlingsunterkünften auf Grundlage von § 246 X und XII BauGB ergibt sich zum einen ausdrücklich aus dem Tatbestandsmerkmal der „nachbarlichen Interessen", die bei der Befreiungsentscheidung angemessen zu würdigen sind. Zum anderen folgt dies aus dem allgemeinen bauplanungsrechtlichen Grundgedanken, welcher der Rechtsprechung zum Schutz emissionsintensiver Nutzungen vor heranrückender Wohnbebauung zugrunde liegt.[1477] Nach dieser von der Rechtsprechung[1478] entwickelten bauplanungsrechtlichen Grundregel, die in § 35 III 1 Nr. 3 Alt. 2 BauGB und § 15 I 2 Alt. 2 BauNVO ihre gesetzliche Ausprägung gefunden hat, ist – im Gewerbegebiet gerade gebietstypischen – Gewerbenutzungen der Vorrang einzuräumen, da sie ein schutzwürdiges Interesse daran haben, nicht durch eine gebietsfremde wohnähnliche Nutzung in ihrer Ausübung eingeschränkt zu werden.[1479] Daher müssen für die Anwendung des § 246 X und XII BauGB speziell Standorte gefunden werden, an denen Konflikte mit Lärm- und Geruchsemissionen der Gewerbebetriebe nicht zu erwarten sind. Dies ist beispielsweise in Arealen der Fall, in denen sich ausschließlich nicht störende Dienstleistungsbetriebe befinden.[1480] Ein Eingriff in die wirtschaftliche Betätigungsfreiheit der benachbarten Gewerbebetriebe scheidet daher aus.

[1476] So auch *Blechschmidt*, in: EZBK, BauGB, § 246 Rn. 59a, 69.
[1477] *Dürr*, in: Brügelmann, BauGB, § 246 Rn. 33.
[1478] So etwa: *BVerwG*, Urt. v. 14.01.1993 – 4 C 19/90 = NVwZ 1993, 1184; *BVerwG*, Urt. v. 10.12.1982 – 4 C 28/81 = NJW 1983, 2460.
[1479] *Bunzel*, in: Bleicher/Bunzel/Finkeldei/Fuchs/Klinge, Baurecht, § 246 S. 14; *Dürr*, in: Brügelmann, BauGB, § 246 Rn. 33; *Blechschmidt*, in: EZBK, BauGB, § 246 Rn. 69, wonach benachbarte Gewerbetreibende ein schutzwürdiges Interesse haben, „durch eine an sich im Gewerbegebiet nicht vorgesehene wohnähnliche Nutzung nicht in ihrer Gewerbeausübung eingeschränkt zu werden."
[1480] *Portz/Düsterdiek*, BWGZ 2015, 404 (405).

III. Eingriff durch § 246 XIV BauGB und verfassungsrechtliche Rechtfertigung

Eine derartige tatbestandliche Einschränkung der angemessenen „Würdigung nachbarlicher Interessen" existiert für die Generalklausel des § 246 XIV BauGB nicht. Vielmehr können die nachbarlichen Belange der Gewerbetreibenden nur auf Rechtsfolgenebene berücksichtigt werden. Das bedeutet, dass diese in der dort vorzunehmenden Abwägung bei Bedarf ggf. einfach „weggewogen" werden. Zudem bietet der Auffangtatbestand des § 246 XIV BauGB gerade die Möglichkeit, von nahezu sämtlichen bauplanungsrechtlichen Vorgaben abzuweichen, sodass auch vom städtebaulichen Grundgedanken des Schutzes gebietstypischer Anlagen vor heranrückender Wohnbebauung abgewichen werden kann. Damit ist hier ein Eingriff in die wirtschaftliche Betätigungsfreiheit i.S.v. Art. 2 I GG anzunehmen.

Fraglich ist, ob dieser Eingriff verfassungsrechtlich gerechtfertigt ist. Die wirtschaftliche Betätigungsfreiheit als Unterfall der allgemeinen Handlungsfreiheit steht unter dem Schrankenvorbehalt des Art. 2 I HS. 2 GG. Dieser beinhaltet gleich drei verschiedene Schranken; deshalb auch die Bezeichnung „Schrankentrias". Die Einhaltung der verfassungsmäßigen Ordnung ist dabei die mit Abstand wichtigste Einschränkung, „zu der alle formell und materiell verfassungsgemäßen Gesetze gehören."[1481] Damit das einschränkende Gesetz – hier § 246 XIV BauGB – auch materiell verfassungsmäßig ist, muss es die sog. Schranken-Schranken beachten. Die hier wiederum mit Abstand wichtigste Schranken-Schranke ist die Verhältnismäßigkeit des einschränkenden Gesetzes. Ausschlaggebend für den im Ergebnis noch verhältnismäßigen Eingriff in die wirtschaftliche Betätigungsfreiheit ist die hinter § 246 XIV BauGB stehende „Notsituation"[1482], die über die den Sondervorschriften des § 246 VIII bis XVII BauGB ohnehin zugrundeliegende „Ausnahmesituation der Flüchtlingskrise" noch hinausreicht. Die Auffangklausel des § 246 XIV BauGB dient nämlich dem Zweck, für die Deckung des anderweitig nicht zu befriedigenden Unterbringungsbedarfs zu sorgen[1483] und dadurch eine möglichst schnelle Unterbringung der Flüchtlinge in Notfällen zu ermöglichen.[1484] Derartige Notfälle liegen vor, wenn dringend erforderliche Anlagen zur Flüchtlingsunterbringung auch nach den übrigen Sondervorschriften der Absätze 8 bis 13 des § 246 BauGB im jeweiligen Gemeindegebiet nicht zugelassen werden können. Würde der Gesetzgeber auf eine derartige Generalklausel verzichten, dann verblieben

---

[1481] *BVerfG*, Beschl. v. 10.04.1997 – 2 BvL 45/92 = BVerfGE 96, 10; *BVerfG*, Urt. v. 03.04.2001 – 1 BvR 2014/95 = BVerfGE 103, 197; *Antoni*, in: Hömig/Wolff, GG, Art. 2 Rn. 8; *Jarass*, in: Jarass/Pieroth, GG, Art. 2 Rn. 13 ff.
[1482] Auch *Durner*, DVBl 2015, 1605 (1608) verweist im Rahmen der Frage der Verfassungskonformität des § 246 XIV BauGB auf die „Notsituation", die der Gesetzgeber zu bewältigen hatte.
[1483] *Blechschmidt*, in: EZBK, BauGB, § 246 Rn. 96.
[1484] *Dürr*, in: Brügelmann, BauGB, § 246 Rn. 47.

der Exekutive in den Extremzeiten der Flüchtlingszuwanderung im Ergebnis nur zwei wenig überzeugende Handlungsalternativen. Entweder müsste sie Flüchtlingsunterkünfte entgegen Art. 20 III GG in gesetzeswidriger Weise schaffen, um eine menschenwürdige Unterbringung aller ankommenden Flüchtlinge gewährleisten zu können. Oder es könnte schlichtweg nicht sichergestellt werden, dass sämtliche in der Bundesrepublik eintreffenden Flüchtlinge ein existenzminimales „Dach über dem Kopf" bekommen. Während die Verwaltung in der ersten Alternative quasi „sehenden Auges" gegen Art. 20 III GG verstoßen würde, wäre in der zweiten Alternative das Grundrecht auf Gewährleistung eines menschenwürdigen Existenzminimums i.S.v. Art. 1 I GG i.V.m. dem Sozialstaatsprinzip des Art. 20 I GG[1485] und gegebenenfalls sogar das Grundrecht auf Leben und körperliche Unversehrtheit i.S.v. Art. 2 II 1 GG[1486] betroffen. Bei der Gegenüberstellung der Wertigkeit der verfassungsrechtlich geschützten Positionen überwiegt die Sicherstellung der Gewährung eines menschenwürdigen Existenzminimums der Flüchtlinge sowie der Schutz ihres Lebens und ihrer Gesundheit gegenüber dem nur sehr spezifischen und punktuellen Eingriff in die wirtschaftliche Betätigungsfreiheit von Gewerbetreibenden in Gewerbe- und Industriegebieten. So gehört eine feste Bleibe nicht nur zum physischen Existenzminimum eines jeden Menschen, das dieser für ein menschenwürdiges Dasein benötigt. Gerade in den Wintermonaten ist es im Hinblick auf den Schutz von Leib und Leben zwingend, dass für alle ankommenden Flüchtlinge – gerade für Frauen und Kleinkinder – ausreichende Unterkunftsräumlichkeiten vorhanden sind. Dabei sind den Gewerbetreibenden im Ausnahmefall auch nachträgliche Lärmschutzanordnungen zumutbar, sofern es „unterbringungstechnisch" im Sinne einer Ultima Ratio keine Alternative mehr gibt. Folglich ist der Eingriff in Art. 2 I 1 GG verfassungsrechtlich gerechtfertigt.

Die Vereinbarkeit der Sondervorschriften für Flüchtlingsunterkünfte mit der wirtschaftlichen Betätigungsfreiheit führt allerdings gleichwohl noch nicht zur verfassungsrechtlichen Unbedenklichkeit des § 246 VIII bis XVII BauGB in Bezug auf alle Freiheitsgrundrechte.

[1485] Das verfassungsrechtliche Existenzminimum hat das *Bundesverfassungsgericht* in seinem Hartz-IV-Urteil v. 09.02.2010 – 1 BvL 1/09 = BVerfGE 125, 175 ausdrücklich bestätigt. Vgl. zu diesem Grundrecht im dritten Kapitel auf S. 102.
[1486] *Blechschmidt*, in: EZBK, BauGB, § 246 Rn. 80 in Bezug auf die vergleichbare Regelung des § 246 XII BauGB, wonach „die unter hohem Zeitdruck zu bewältigende Unterbringungsaufgabe dem Schutz [...] vor Obdachlosigkeit und damit [...] vor Gefahren für Leben und Gesundheit dient."

§ 20

Eigentumsgarantie, Art. 14 GG

Als letztes Freiheitsgrundrecht kommt eine Verletzung der Eigentumsgarantie des Art. 14 GG in Betracht. Die Privilegierungsregelungen der Absätze 10, 12 und 14 des § 246 BauGB sehen vor, dass insbesondere in Gewerbe- und Industriegebieten – im Falle des § 246 XII 1 Nr. 1 BauGB aber auch in Wohn- und Mischgebieten – von den Festsetzungen eines Bebauungsplans[1487] abgewichen werden kann, und zwar selbst dann, wenn die Grundzüge der Planung berührt sind.[1488] Neben der kommunalen Planungshoheit könnte dadurch insbesondere der Gebietserhaltungsanspruch berührt werden, da die Grundzüge der Planung in erster Linie die Festsetzungen eines Bebauungsplans hinsichtlich der Art der baulichen Nutzung betreffen, an die der Gebietserhaltungsanspruch gerade anknüpft.[1489] Ansatzpunkt für eine mögliche Beeinträchtigung ist hier also der Umstand, dass § 246 X, XII und XIV BauGB dem Gebietserhaltungsanspruch der benachbarten Grundstückseigentümer möglicherweise die Grundlage entzieht, da Flüchtlingsunterkünfte, die nach den allgemeinen bauplanungsrechtlichen Regeln insbesondere in Gewerbe- und Industriegebieten, aber auch in Wohn- und Mischgebieten unzulässig sind, nach diesen Sonderregelungen im Einzelfall zugelassen werden können. Im Einzelnen:

A. Schutzbereich

Es stellt sich eingangs die Frage, ob der Gebietserhaltungsanspruch überhaupt eine verfassungsrechtlich verfestigte Eigentumsposition darstellt, die vom sachlichen Schutzbereich des Art. 14 GG erfasst ist. Art. 14 GG schützt das Eigentum. Das verfassungsrechtlich geschützte Eigentum ist gekennzeichnet durch Privatnützigkeit und durch die grundsätzliche Verfügungsbefugnis über den Eigentumsgegenstand.[1490] Daher lassen sich unter das Eigentum in diesem Sinne alle vermögenswerten Rechtspositionen fassen,

---

[1487] Ferner kann in faktischen – also nicht förmlich durch Bebauungsplan festgesetzten – Baugebieten i.S.v. § 34 II BauGB von den Regelungen der Baunutzungsverordnung abgewichen werden.
[1488] Vgl. dazu ausführlich im Rahmen der Einzeldarstellung des § 246 X, XII und XIV BauGB im fünften Kapitel auf S. 188 ff., S. 202 ff. und S. 263.
[1489] *Kment/Wirth*, ZfBR 2016, 748 (753).
[1490] *BVerfG*, Beschl. v. 07.07.1971 – 1 BvR 765/66 = BVerfGE 31, 229; *BVerfG*, Urt. v. 17.12.2013 – 1 BvR 3139/08 = BVerfGE 134, 242.

die einer Person durch die Rechtsordnung privatnützig zugeordnet sind.[1491] Eine privatnützige Zuordnung kann immer dann angenommen werden, wenn das Eigentum in der Hand des Rechtsträgers „als Grundlage privater Initiative dienen und ihm im eigenverantwortlichen privaten Interesse von Nutzen sein" soll.[1492] Neben privaten Vermögensrechten können insbesondere auch öffentlich-rechtliche Rechtspositionen durch Art. 14 GG geschütztes Eigentum sein.

Mit Hilfe des sog. Gebietserhaltungsanspruchs oder Gebietsbewahrungsanspruchs kann jeder Grundstückseigentümer oder jeder eigentumsähnliche Berechtigte[1493] von den anderen Grundstückseigentümern im jeweiligen Baugebiet die Wahrung der gebietstypischen Art der Bebauung durch Einhaltung der diesbezüglichen öffentlich-rechtlichen Vorschriften verlangen.[1494] Zuerst wurde diese nachbarschützende Wirkung von Baugebietsfestsetzungen ausschließlich über das Abwägungsgebot i.S.v. § 1 VII BauGB begründet.[1495] Erst später hat das *Bundesverwaltungsgericht* die rechtliche Begründung des Gebietserhaltungsanspruches zu Recht (auch) auf die Eigentumsgarantie des Art. 14 GG gestützt.[1496] Bei der Festsetzung eines Baugebiets i.S.d. Baunutzungsverordnung wird die durch Art. 14 I 1 GG geschützte Baufreiheit aus städtebaulichen Gründen sowie aus Gründen der gegenseitigen Rücksicht der Grundstückseigentümer eingeschränkt. Diese Einschränkung der Eigentümer in der eigenen Nutzungsmöglichkeit ihrer Grundstücke wird dadurch wieder ausgeglichen, dass auch die anderen Grundstückseigentümer im Sinne einer „bau- und bodenrechtlichen Schicksalsgemeinschaft" denselben Beschränkungen und Pflichten unterworfen sind.[1497] Gleichzeitig erwachsen allen Grundstückseigentümern im Geltungsbereich des jeweiligen Baugebietes dieselben Rechte, insbesondere bei Zulassung eines gebietsfremden Vorhabens. Auf diese Weise wird mit

---

[1491] *Wendt*, in: Sachs, GG, Art. 14 Rn. 21.
[1492] *BVerwG*, Urt. v, 16.03.2006 – 4 A 1075/04 = BVerwGE 125, 116; *BVerfG*, Urt. v. 01.03.1979 – 1 BvR 532/77 = BVerfGE 50, 290.
[1493] Eigentumsähnliche Berechtigte sind sonstige dingliche Berechtigte, die das Grundstück wie Eigentümer benutzen dürfen. Darunter fallen Erbbauberechtigte, Nießbraucher sowie durch Auflassungsvormerkung gesicherte besitzende Käufer. Soweit im Folgenden nur von Grundstückseigentümern die Rede ist, sind damit stets auch die eigentumsähnlichen Berechtigten gemeint.
[1494] Sehr instruktiv zum Gebietserhaltungsanspruch: *Konrad*, JA 2006, 59 (59). Zum Gebietserhaltungsanspruch bei der Zulassung von Flüchtlingsunterkünften etwa *VGH München*, Urt. v. 14.02.2018 – 9 BV 16.1694 = BauR 2018, 943.
[1495] Der Gebietsbewahrungs- bzw. Gebietserhaltungsanspruch wurde vom *Bundesverwaltungsgericht* im Urteil v. 16.09.1993 – 4 C 28/91 = NJW 1994, 1546 als neues Rechtsinstitut des öffentlichrechtlichen Nachbarschutzes begründet und zunächst aus dem Abwägungsgebot des § 1 VII BauGB hergeleitet. Vgl. dazu etwa: *VGH München*, Beschl. v. 08.07.2013 – 2 CS 13.807 = NVwZ 2013, 1622; *VGH München*, Urt. v. 12.07.2012 – 2 B 12.1211 = BauR 2012, 1925.
[1496] *BVerwG*, Urt. v. 23.08.1996 – 4 C 13/94 = NVwZ 1997, 384; *VGH München*, Beschl. v. 26.05.2008 – 1 CS 08.881, 08.882 = BauR 2008, 1556.
[1497] *BVerwG*, Beschl. v. 18.12.2007 – 4 B 55/07 = NVwZ 2008, 427; *BVerwG*, Urt. v. 16.09.1993 – 4 C 28/91 = NJW 1994, 1546.

dem öffentlich-rechtlichen Gebietserhaltungsanspruch eine vermögenswerte Rechtsposition geschaffen, die den betroffenen Grundstückseigentümern privatnützig zugeordnet ist, da sie in deren Hand als Grundlage privater Initiative dienen und im eigenverantwortlichen privaten Interesse von Nutzen sein soll.

Nach der ständigen Rechtsprechung des *Bundesverfassungsgerichts* sind öffentlich-rechtliche Ansprüche aber nur dann schutzfähige Rechtspositionen i.S.v. Art. 14 GG, wenn diese – jedenfalls teilweise – durch eigene Leistung „erdient" wurden.[1498] In Abgrenzung zu öffentlich-rechtlichen Fürsorgeansprüchen beruht der sog. Gebietserhaltungs- oder Gebietsbewahrungsanspruch infolge des – wie auch immer gearteten – „Erwerbs" des Grundstückseigentums auf nicht unerheblichen Eigenleistungen der Eigentümer oder eigentumsähnlichen Berechtigten. Sie sind Äquivalent eigener Leistung und damit vom Schutzbereich der Eigentumsgarantie erfasst.

B. Beeinträchtigung

Nachdem feststeht, dass es sich beim Gebietserhaltungsanspruch um eine verfassungsrechtlich verfestigte Eigentumsposition handelt, ist nachfolgend festzustellen, ob diese Rechtsposition durch die Sonderregelungen des § 246 X, XII und XIV BauGB berührt wird. Sofern dies der Fall ist, muss in einem weiteren Schritt entschieden werden, ob es sich dabei um einen Eingriff in das Eigentum handelt oder ob es vielmehr „nur" um seine rechtliche Ausgestaltung geht.

I. Auswirkungen des § 246 X, XII und XIV BauGB auf den Gebietserhaltungsanspruch der Nachbarn

Zunächst ist also zu klären, ob § 246 X, XII und XIV BauGB überhaupt den Gebietserhaltungsanspruch der anderen Grundstückseigentümer im Geltungsbereich des jeweiligen Baugebietes berühren kann. Nach den allgemeinen bauplanungsrechtlichen Grundsätzen sind wohnähnliche Flüchtlingsunterkünfte mit der allgemeinen Zweckbestimmung eines Gewerbe- und Industriegebiets nicht zu vereinbaren und damit stets als „gebietsfremd" zu qualifizieren.[1499] Gleiches kann im Einzelfall auch für besonders große Flüchtlingsunterkünfte in Wohn- und Mischgebieten gelten. Damit ist der Anwendungsbereich des sog. Gebietserhaltungsanspruchs eröffnet, der mit der Zulassung eines „gebietsfremden" Vorhabens entsteht. Die Sondervorschriften der Absätze 10,

---

[1498] *BVerfG*, Beschl. v. 20.06.1978 – 2 BvR 71/76 = BVerfGE 48, 403; *BVerfG*, Urt. v. 28.02.1980 – 1 BvL 17/77 = BVerfGE 53, 257; *BVerfG*, Beschl. v. 12.02.1986 – 1 BvL 39/83 = BVerfGE 72, 9.
[1499] Vgl. dazu ausführlich im ersten Kapitel auf S. 57 ff.

12 und 14 des § 246 BauGB beinhalten nun besondere Befreiungsregelungen, auf deren Grundlage Flüchtlingsunterkünfte in Gewerbe- und Industriegebieten – im Falle des § 246 XII 1 Nr. 1 BauGB aber auch in Wohn- und Mischgebieten – im Einzelfall zugelassen werden können. Diese erweiterten Befreiungsregelungen entziehen dem Gebietserhaltungsanspruch der benachbarten Grundstückseigentümer allerdings nur dann die Grundlage, wenn sich die Erteilung der Befreiung auch auf die Bewertung der „Gebietsfremdheit" des betreffenden Vorhabens im konkreten Baugebiet erstreckt.

Diese Rechtsfolge ist meines Erachtens nur konsequent und zudem bereits deswegen zwingend notwendig, da die (erweiterten) Befreiungsregelungen sonst praktisch nutzlos wären und stets, d.h. auch im Falle ihrer Rechtmäßigkeit, mit dem nachbarlichen Gebietserhaltungsanspruch angegriffen werden könnten.[1500] Aus diesem Grund ist eine auf Grundlage des § 246 X, XII und XIV BauGB zugelassene Flüchtlingsunterkunft im konkreten Baugebiet nicht mehr als „gebietsfremd" zu qualifizieren.[1501] Die streitgegenständlichen Befreiungsvorschriften entziehen dem Gebietserhaltungsanspruch des Nachbarn somit die Grundlage.[1502]

II. Differenzierung zw. Enteignung und Inhalts- und Schrankenbestimmung

In einem nächsten Schritt ist zu entscheiden, ob es sich bei den hier in Rede stehenden Sonderregelungen um eine Enteignung nach Art. 14 III GG oder um eine Inhalts- und Schrankenbestimmung i.S.v. Art. 14 I 2 GG handelt. Maßgeblich ist diese Unterscheidung in Bezug auf die Art der Beeinträchtigung für die verfassungsrechtliche Rechtfertigung. Die Abgrenzung erfolgt rein formal auf Grundlage des sog. engen Enteignungsbegriffs.[1503] Danach stellt die Enteignung einen konkreten und individuellen Zugriff auf eine bestimmte Eigentumsposition zur Erfüllung bestimmter öffentlicher Aufgaben mit der Folge dar, dass sie ganz oder teilweise entzogen, der Eigentümer ausgewechselt und das Eigentumsobjekt neu zugeordnet wird. Demgegenüber ist die Inhalts- und Schrankenbestimmung lediglich eine Einschränkung der Eigentümerbefugnisse durch die Festlegung abstrakt-genereller Rechte und Pflichten in Form von Nutzungs-

---

[1500] So im Ergebnis auch: *VGH München*, Urt. v. 14.02.2018 – 9 BV 16.1694 = BauR 2018, 943, wonach bei einer rechtmäßigen Befreiung i.S.v. § 246 X BauGB die Verletzung des Gebietserhaltungsanspruchs nicht in Betracht kommt; *Bienek/Reidt*, BauR 2015, 422 (432).
[1501] *VG München*, Beschl. v. 30.11.2015 – M 1 SN 15.4780 = BeckRS 2016, 42972; *Decker*, in: Schiwy, BauGB, § 246 Rn. 69.
[1502] So auch: *VG Karlsruhe*, Beschl. v. 12.02.2016 – 6 K 121/16 = BauR 2016, 885; *VGH München*, Beschl. v. 30.11.2015 – M 1 SN 15.4780 = BeckRS 2016, 42972; *VGH München*, Urt. v. 14.02.2018 – 9 BV 16.1694 = BauR 2018, 943; *Decker*, in: Schiwy, BauGB, § 246 Rn. 68.
[1503] *BVerfG*, Beschl. v. 15.07.1981 – 1 BvL 77/78 = BVerfGE 58, 300.

beschränkungen, ohne dass sich an der formalen Zuordnung des Eigentumsobjekts etwas ändert.[1504]

Der Eingriff in den Gebietserhaltungsanspruch stellt erkennbar eine sog. Inhalts- und Schrankenbestimmung dar. Denn mit der durch die erweiterten Befreiungsvorschriften bewirkten Rechtsfolge, dass den benachbarten Grundstückseigentümern die Möglichkeit genommen wird, sich gegen das „gebietsfremde" Vorhaben zu wehren, werden keine Eigentumspositionen entzogen. Vielmehr werden die anderen Grundstückseigentümer des betroffenen Baugebietes nur in den Nutzungsmöglichkeiten ihres Grundstücks eingeschränkt.

III. Differenzierung zwischen Ausgestaltung des Eigentums und Eingriff in das Eigentum

Die Besonderheit und zugleich das Dilemma des Art. 14 GG bestehen darin, dass es sich um ein sog. normgeprägtes Grundrecht handelt. Dies bedeutet, dass der einfache Gesetzgeber den Grundrechtsinhalt konturieren muss. Für die Eigentumsgarantie ergibt sich dies ausdrücklich aus Art. 14 I 2 GG, wonach der „Inhalt" des Eigentums „durch die Gesetze bestimmt" wird. Das Dilemma bei normgeprägten Grundrechten liegt darin, dass Grundrechte in erster Linie Abwehrrechte des Bürgers gegen den Staat darstellen, und der Staat nun deren Inhalt selbst festlegen kann. Dies birgt natürlich die Gefahr einer (ggf. schleichenden) Entleerung des Inhalts des Grundrechts durch die Legislative. Abhilfe wird dadurch geschaffen, dass jedes normgeprägte Grundrecht einen durch die Verfassung vorgegebenen „Kern" besitzt, den der einfache Gesetzgeber im Rahmen der rechtlichen Ausgestaltung nicht antasten darf. Für das Eigentumsgrundrecht ist dieser Kernbereich unter der sog. Institutsgarantie bekannt.[1505]

Diese Ausführungen machen deutlich, dass die Legislative das Eigentum durch Gesetz nicht nur „beschränken", sondern dessen Inhalt gerade auch „bestimmen" kann, ja bestimmen muss. Diese Unterscheidung zwischen Inhalts- und Schrankenregelungen ist im Wortlaut des Art. 14 I 2 GG angelegt. Teile der Literatur vertreten deshalb die Auffassung, dass zwischen inhaltsbestimmenden und schrankenziehenden Gesetzen zu unterscheiden ist.[1506] Während es danach bei Inhaltsbestimmungen eher um inhaltliche

---

[1504] Zur Qualifizierung einer staatlichen Maßnahme als Enteignung oder als Inhalts- und Schrankenbestimmung, vgl. ausführlich *Jarass*, in: Jarass/Pieroth, GG, Art. 14 Rn. 33, 75.
[1505] Zur Institutsgarantie, vgl. etwa *Depenheuer*, in: v. Mangoldt/Klein/Starck, GG, Art. 14 Rn. 91 f.
[1506] *Wendt*, Eigentum und Gesetzgebung, S. 262 ff.; zustimmend *Schwabe*, Der Staat 27 (1988), 93 (100 f.); *Sieckmann*, in: Friauf/Höfling, Berliner Kommentar zum GG, Art. 14 Rn. 104; *Wolff*, in: Festschrift für Alexander v. Brünneck, S. 260 (263 ff.).

Ausgestaltungen geht, die auf die Zukunft gerichtet sind, beziehen sich Schrankenregelungen auf in der Vergangenheit erworbenes Eigentum und greifen in dieses ein.[1507] Mit Hilfe von Inhaltsnormen werden also Eigentumsrechte und entsprechende Befugnisse generell und pflichtneutral festgelegt. Demgegenüber regeln Schrankennormen die sich aus dem zuerkannten Eigentum ergebenden Konflikte und begründen dementsprechend Handlungs-, Unterlassungs- oder Duldungspflichten.[1508] Je nachdem, auf welchen Grundrechtsträger man konkret abstellt, kann dabei aber ein- und dieselbe Regelung Inhaltsbestimmung und Schrankenziehung zugleich sein.[1509] Während nämlich eine das Eigentum beschränkende Regelung für bestehende Rechtspositionen einen Eigentumseingriff darstellt, wird für künftig entstehende Positionen „lediglich" der Schutzbereich zurückgenommen und damit das Eigentum rechtlich ausgestaltet. Gerade dieser Umstand, dass beide Situationen meist zusammen auftreten, dürfte der ausschlaggebende Grund dafür sein, dass das *Bundesverfassungsgericht* Inhalts- und Schrankenbestimmungen als einheitliche Regelungsermächtigung ansieht.[1510] Zwar unterscheiden sich die beiden Auffassungen fundamental in ihrer grundrechtlichen Dogmatik, schließlich stellen Inhaltsbestimmungen nach der Literaturmeinung keinen Grundrechtseingriff dar. Aber große praktische Unterschiede in der verfassungsrechtlichen Prüfung ergeben sich daraus im Ergebnis nicht. Nach der vom *Bundesverfassungsgericht* vertretenen Auffassung sind Inhaltsregelungen – im Gleichlauf mit den einheitlich zu behandelnden Schrankenregelungen – auf verfassungsrechtlicher Rechtfertigungsebene vor allem am Maßstab der Verhältnismäßigkeit zu messen.[1511] Bei der von Teilen der Literatur vertretenen Gegenauffassung, wonach eine als rechtliche Ausgestaltung zu qualifizierende Inhaltsbestimmung gerade keinen Grundrechtseingriff darstellt, kann eine Inhaltsregelung jedoch ebenfalls nicht gänzlich „rechtfertigungsfrei" erlassen werden. Vielmehr sind derartige Inhaltsbestimmungen gleichfalls an die Gebote der Geeignet- und Angemessenheit gebunden.[1512]

[1507] *Jarass*, in: Jarass/Pieroth, GG, Art. 14 Rn. 33, 18.
[1508] *Wendt*, in: Sachs, GG, Art. 14 Rn. 55.
[1509] *Jarass*, in: Jarass/Pieroth, GG, Art. 14 Rn. 33, 18; *Wendt*, in: Sachs, GG, Art. 14 Rn. 56.
[1510] *BVerfG*, Beschl. v. 30.05.2007 – 1 BvR 390/04 = NJW 2007, 3268; *BVerfG*, Beschl. v. 27.04.1999 – 1 BvR 1613/94 = BVerfGE 100, 289; *BVerfG*, Beschl. v. 12.03.1986 – 1 BvL 81/79 = BVerfGE 72, 66; *BVerfG*, Urt. v. 01.03.1979 – 1 BvR 532/77 = BVerfGE 50, 290. Dieser Auffassung der undifferenzierten Inhalts- und Schrankenbestimmung haben sich mittlerweile auch bedeutende Teile der Literatur angeschlossen, etwa: *Antoni*, in: Hömig/Wolff, GG, Art. 14 Rn. 7; *Papier*, in: Maunz/Dürig, GG, Art. 14 Rn. 307 ff.; *Wieland*, in: Dreier, GG, Art. 14 Rn. 90 ff.
[1511] *BVerfG*, Beschl. v. 14.01.2004 – 2 BvR 564/95 = BVerfGE 110, 1; *BVerfG*, Beschl. v. 26.04.1995 – 1 BvL 19/94 = BVerfGE 92, 262.
[1512] *Wendt*, Eigentum und Gesetzgebung, S. 183 ff.; *Wendt*, in: Sachs, GG, Art. 14 Rn. 57. Auch *Wolff*, in: Festschrift für Alexander v. Brünneck, S. 260 (263, 269) stellt heraus, dass der Ausgleich der widerstreitenden Interessen bei der Inhaltsbestimmung unter dem Gesichtspunkt des Eigentumsrechts „sachgerecht" sein müsse. Die das Eigentum „berührenden" staatlichen Maßnahmen werfen

Die Argumentation der Rechtsprechung überzeugt. Eine Differenzierung zwischen Inhalts- und Schrankenbestimmungen ist praxisfern, da eine Inhaltsnorm in der Regel zugleich schrankenziehende Wirkung hat. So liegt der Fall auch hier. Die den Gebietserhaltungsanspruch – als verfassungsrechtlich geschützte Eigentumsposition – „berührenden" Sonderregelungen des § 246 X, XII und XIV BauGB stellen eine Inhaltsbestimmung und zugleich eine Schrankenziehung dar. Während in bereits bestehende Gebietserhaltungsansprüche gegenwärtiger Grundstückseigentümer des Baugebietes eingegriffen wird, wird für künftig entstehende Gebietserhaltungsansprüche potentieller Nachbarn dagegen nur der Schutzbereich zurückgenommen und damit lediglich eine rechtliche Ausgestaltung vorgenommen. Hinzu kommt, dass auch nach der Literaturmeinung die Inhaltsnormen sachgerecht und an die Gebote der Geeignetheit und Angemessenheit gebunden sein müssen. Dadurch reduziert man die Aufteilung von Inhaltsbestimmung und Schrankenbestimmung letztlich nur noch auf den Standort der Verhältnismäßigkeitsprüfung – das ist reine, unnötige Förmelei im Aufbau.

Die Absätze 10, 12 und 14 des § 246 BauGB stellen gewiss einen Eingriff in Art. 14 I GG dar. Es handelt sich um einen klassischen Grundrechtseingriff durch Rechtsakt. Denn durch die streitgegenständlichen Sondervorschriften als Ermächtigungsnormen zu exekutiven Vollzugsakten wird der Gebietserhaltungsanspruch der anderen Grundstückseigentümer des Baugebietes unmittelbar in seiner vorgelagerten Schutzposition, gerade keiner Eingriffsermächtigung der Verwaltung unterworfen zu sein, verkürzt.[1513]

C. Verfassungsrechtliche Rechtfertigung

Eine Inhalts- und Schrankenbestimmung i.S.v. Art. 14 I 2 GG setzt immer eine gesetzliche Grundlage voraus. Dafür ist ein Gesetz im materiellen Sinne ausreichend, das nach dem Grundsatz des Vorbehalts des Gesetzes aber auf einer formell-gesetzlichen Grund-

---

unabhängig davon, ob sie als Eingriff oder als rechtliche Ausgestaltung zu qualifizieren sind, einen „Rechtfertigungsbedarf" auf, den es zu befriedigen gelte. Dabei weist *Wolff* darauf hin, dass es bei Inhaltsregelungen – anders als beim Verhältnismäßigkeitsgrundsatz – aber nicht um die Durchsetzung von Gemeinwohlzwecken zulasten subjektiver Rechte Einzelner, sondern um den Ausgleich des Interessenkonfliktes von Privaten gehe. Aus diesem Grund „passe" die Rechtsprechung des *Bundesverfassungsgerichts*, wonach auch Inhaltsbestimmungen am Maßstab des Verhältnismäßigkeitsgrundsatzes zu messen sind, nicht. Das trifft in dem von *Wolff* diskutierten Fall eines aktienrechtlichen Squeeze-Outs zu. Im vorliegenden Fall wird der Gebietserhaltungsanspruch aber zugunsten der Erleichterung der notwendigen Flüchtlingsunterbringung und damit zu Gemeinwohlzwecken eingeschränkt, sodass eine Messung der Inhaltsregelungen am Maßstab der Verhältnismäßigkeit auch unter diesem Gesichtspunkt nicht „unpassend" erscheint.

[1513] Zur Eingriffsqualität von Ermächtigungsnormen, vgl. ausführlich auf S. 347 ff.

lage basieren muss.[1514] Das Eingriffsgesetz muss dabei seinerseits formell und materiell verfassungsmäßig sein, wobei die materielle Verfassungsmäßigkeit maßgeblich über die Schranken-Schranke der Verhältnismäßigkeit aufzulösen ist. Der Grundsatz der Verhältnismäßigkeit folgt bei Art. 14 GG aus dem Nebeneinander der Privatnützigkeit des Eigentums i.S.v. Art. 14 I 1 GG und seiner Sozialbindung gem. Art. 14 II GG. Beide Elemente müssen in einem gerechten Ausgleich stehen bzw. in ein ausgewogenes Verhältnis zueinander gebracht werden. Für die Sondervorschriften des § 246 X, XII und XIV BauGB ist dies anzunehmen.[1515] Im Einzelnen:

I. Rechtfertigung im Falle des § 246 X BauGB

Der durch § 246 X BauGB bewirkte Eingriff in die Eigentumsfreiheit des Art. 14 GG ist verhältnismäßig.

1. Legitimer Zweck und Geeignetheit

Mit der Regelung des § 246 X BauGB wird das Ziel verfolgt, die mit der Flüchtlingszuwanderung verbundenen Herausforderungen in Bezug auf die Schaffung von erforderlichem Unterbringungsraum zeitnah bewältigen zu können. Ein legitimer Zweck liegt somit vor. Die Regelung muss darüber hinaus auch geeignet sein, diesen Zweck zu erreichen. Ein Mittel ist dann zur Zweckerreichung geeignet, wenn „mit seiner Hilfe der gewünschte Erfolg gefördert werden kann, wobei die Möglichkeit der Zweckerreichung genügt."[1516] Dies ist vorliegend der Fall, da mit Hilfe des § 246 X BauGB gewisse Flächen in Gewerbegebieten für die Flüchtlingsunterbringung nutzbar gemacht werden können, die nach den allgemeinen bauplanungsrechtlichen Regeln hierfür nicht zur Verfügung stehen. Dies gilt umso mehr, als Wohnraum in den typischerweise für die Wohnnutzung zur Verfügung stehenden Gebieten[1517] in der Bundesrepublik grundsätzlich knapp und teuer ist.[1518]

[1514] *Jarass*, in: Jarass/Pieroth, GG, Art. 14 Rn. 35.
[1515] So im Ergebnis auch: *Kment/Wirth*, ZfBR 2016, 748 (753 f.); *Blechschmidt*, in: EZBK, BauGB, § 246 Rn. 95; wohl auch *Durner*, DVBl 2015, 1605 (1607 f.); Hinweis Nr. 2.6.1 der *Fachkommission Städtebau* vom 15.12.2015; *Brandt/Willmann*, Rechtsgutachtliche Stellungnahme zur Abweichungsregelung des § 246 XIV BauGB, S. 45 ff., abrufbar unter: http://feldmark.info/wp-content/uploads/2016/01/160428-Rechtsgutachtliche-Stellungnahme-zur-Abweichungsregelung-des-246-Abs.-14-Baugesetzbuch-BauGB.pdf.
[1516] *BVerfG*, Urt. v. 28.03.2006 – 1 BvR 1054/01 = BVerfGE 115, 276.
[1517] Hierbei handelt es sich um das Kleinsiedlungsgebiet, das reine und das allgemeine Wohngebiet, das Dorfgebiet, das Mischgebiet sowie das Urbane Gebiet.
[1518] *Petersen*, KommP BY 2016, 50 (51); Zu wenig Fläche für neue Wohnungen, in: Süddeutsche Zeitung, vom 26.09.2017, abrufbar unter: http://www.sueddeutsche.de/news/wirtschaft/immobilien---muenchen-region-muenchen-zu-wenig-flaeche-fuer-neue-wohnungen-dpa.urn-newsml-dpa-com-

2. Erforderlichkeit

Außerdem müsste die Sondervorschrift des § 246 X BauGB auch erforderlich sein. Nach ständiger Rechtsprechung des *Bundesverfassungsgerichts* ist eine Regelung immer dann erforderlich, wenn „der Gesetzgeber nicht ein anderes, gleich wirksames, aber [...] nicht oder doch weniger fühlbar einschränkendes Mittel hätte wählen können."[1519] Mit anderen Worten darf also kein milderes und gleichzeitig ebenso effektives Mittel zur Erreichung des legitimen Zwecks zur Verfügung stehen. Der Sondervorschrift des § 246 X BauGB müsste danach die Erforderlichkeit abgesprochen werden, wenn eine Regelung denkbar wäre, die einerseits die Eigentümer des jeweiligen Baugebietes in ihrem Eigentumsgrundrecht weniger beeinträchtigt, andererseits aber in Bezug auf die kurzfristige Schaffung von neuem Unterbringungsraum für Flüchtlinge ebenso wirksam ist.

a. Zulassung „gebietsfremder" Vorhaben als wesensmäßige Folge einer jeden Abweichung

Jede Befreiungsvorschrift – auch § 31 II BauGB – führt bereits wesensmäßig dazu, dass durch sie „gebietsfremde" Vorhaben zugelassen werden können, die im jeweiligen Baugebiet so weder allgemein noch ausnahmsweise zulässig sind. Dass die übrigen Eigentümer des jeweiligen Baugebietes durch eine Befreiung in ihrem Gebietserhaltungsanspruch betroffen werden, ist also regelmäßige Folge einer jeden Abweichung, die (auch) die Art der baulichen Nutzung umfasst. Als milderes Mittel käme insoweit nur der Verzicht auf eine erweiterte Befreiungsregelung in Betracht. Allerdings ermöglicht es gerade nur das Rechtsinstitut der Befreiung, in bereits beplanten Baugebieten nachträglich bestimmte – nach den allgemeinen städtebaulichen Regeln an sich unzulässige – Vorhaben unterzubringen, ohne dafür erst neue und zeitaufwendige Planungen anstellen zu müssen.[1520] Zu prüfen ist daher, ob anstelle einer erweiterten Befreiungsregelung ein – in Bezug auf das Eigentumsgrundrecht der Grundstückseigentümer des betroffenen Baugebietes – milderes, aber ebenso effektives Mittel existiert. In Betracht kommen neben der Anmietung von Privatwohnungen in großer Zahl und dem Rückgriff auf das sicherheitsrechtliche Instrument der Beschlagnahme (nachfolgend unter Ziffer b.) insbesondere auch verwaltungsprozessuale Alternativlösungen (nachfolgend unter Ziffer c.).

20090101-170926-99-210036; Wohnungsnot wächst auch außerhalb der Großstädte, in: Frankfurter Allgemeine, vom 22.06.2017, abrufbar unter: http://www.faz.net/aktuell/wirtschaft/wohnen/studie-wohnungsnot-waechst-auch-ausserhalb-der-grossstaedte-15072137.html.

[1519] *BVerfG*, Beschl. v. 12.10.1994 – 1 BvL 19/90 = BVerfGE 91, 207.

[1520] Dass die Bauleitplanung trotz etwaiger Verfahrensprivilegierungen gegenüber den erweiterten Befreiungsregelungen kein ebenso effektives Mittel darstellt, wurde bereits in der Verhältnismäßigkeitsprüfung im Zusammenhang mit dem Eingriff in Art. 28 II 1 GG auf S. 322 ff. festgestellt.

b. Anmietung oder Beschlagnahme von Privatwohnungen

aa. Anmietung leerstehender privater Immobilien

Die massenweise Anmietung von privatem Wohnraum zum Zwecke der Flüchtlingsunterbringung als Alternative zur Statuierung von erweiterten bodenrechtlichen Abweichungsregelungen wäre nicht praxistauglich.[1521] Dies liegt nicht nur darin begründet, dass eine erhebliche Anzahl von Haus- und Wohnungseigentümern von vornherein nicht bereit ist, Flüchtlinge in ihrer Immobilie aufzunehmen.[1522] Auch haben private Eigentümer vielerorts überhaupt keine Veranlassung, ihre Objekte als Unterbringungsraum an Städte, Gemeinden oder Landkreise zu vermieten, da gerade in den Großstädten, Ballungszentren und Wachstumsräumen ohnehin ein großer Mangel an (bezahlbarem) Wohnraum besteht.[1523] Diejenigen Wohnungseigentümer, die dazu bereit sind und über leerstehende Wohnungen verfügen, bieten den unterbringungsverpflichteten Körperschaften den dringend benötigten Wohnraum oftmals nur zu deutlich überhöhten Preisen an, die bisweilen die Schwelle des Mietwuchers erreichen dürften.[1524] Die Grenze, bis zu der die Körperschaften die überzogenen Mietforderungen akzeptieren müssen und ab der sie die Verhandlungen über den Mietvertrag als gescheitert ansehen und zur sicherheitsrechtlichen Beschlagnahme übergehen dürfen, ist fließend.[1525]

bb. Beschlagnahme von Privatimmobilien

Mit der Beschlagnahme bzw. der Zwangsvermietung[1526] von leerstehenden Wohnungen und Liegenschaften ist eine weitere Alternative gegenüber den erweiterten bauplanungsrechtlichen Privilegierungsregelungen i.S.v. § 246 VIII bis XVII

[1521] Dies zeigte sich schon bald auch beim „Schwedischen Modell"; vgl. dazu *Parusel*, Das Asylsystem Schwedens, abrufbar unter: https://www.bertelsmann-stiftung.de/fileadmin/files/Projekte/28_Einwanderung_und_Vielfalt/IB_Studie_Asylverfahren_Schweden_Parusel_2016.pdf.
[1522] *Augustin*, BauR 2015, 1934 (1935); *Götz*, VR 2017, 158 (160); *Petersen*, KommP BY 2015, 10 (10) sieht dies vor allem darin begründet, dass die Vermietung von Immobilien an Träger von Flüchtlingsunterkünften nachteilige Auswirkungen auf die Umgebung sowie sinkende Grundstückswerte befürchten lässt.
[1523] Vgl. dazu auch Fn. 1518 auf S. 360 f.
[1524] *Götz*, VR 2017, 158 (160).
[1525] Die den Geboten der Wirtschaftlichkeit und Sparsamkeit unterliegende Verwaltung muss sich nicht auf Angebote verweisen lassen, die mit „außergewöhnlich" und damit unzumutbar hohen Kosten verbunden sind; vgl. *VG Bremen*, Beschl. v. 27.02.1990 – 2 V 91/90 = NVwZ 1991, 706.
[1526] Diese Begrifflichkeit deutet an, dass die Beschlagnahme der Immobilien keineswegs unentgeltlich erfolgt. Vielmehr steht den Eigentümern nach den jeweiligen Landesgesetzen (z.B. in Bayern nach Art. 87 I PAG) ein Anspruch auf Nutzungsentschädigung zu, dessen Höhe sich im Rahmen der ortsüblichen Vergleichsmiete einschließlich der zu erwartenden Betriebskosten bewegt. Vgl. dazu etwa: *Drasdo*, NJW-Spezial 2016, 33 (34); *Augustin*, BauR 2015, 1934 (1942).

BauGB angesprochen.[1527] Eine entsprechende Vorgehensweise haben zu Hochzeiten der Flüchtlingskrise – neben vereinzelten Stimmen in der Literatur[1528] – auch die damals amtierenden Oberbürgermeister der Städte Tübingen und Salzgitter, *Boris Palmer* und *Frank Klingebiel*, vorgeschlagen.[1529] Die Bundesländer Hamburg und Bremen hatten zwischenzeitlich sogar ihre Polizei- und Ordnungsgesetze jeweils um eine eigenständige Standardmaßnahme zur „Sicherstellung privater Grundstücke und Gebäude zu Zwecken der Flüchtlingsunterbringung" ergänzt; diese sind mittlerweile aber wieder weggefallen.[1530] Dass die Beschlagnahme von Privatimmobilien ganz allgemein kein überholtes Relikt aus Zeiten der Zwangsbewirtschaftung von Wohnraum in der Kriegs- und Nachkriegsära darstellt[1531], bezeugen nicht zuletzt eine Reihe von Gerichtsentscheidungen.[1532]

[1527] Immerhin standen Ende 2015 – trotz des vorherrschenden Wohnungsmangels in Deutschland (vgl. Fn. 1518 auf S. 360 f.) – nach Schätzungen des *Statistischen Bundesamtes* sowie des *Bundesinstituts für Bau-, Stadt- und Raumforschung* bundesweit zwischen 1,2 und 1,8 Millionen Wohnungen leer, was einer marktaktiven Leerstandsquote zwischen 3 und 4,5 Prozent entspricht. Die totale – nicht marktaktive – Leerstandsquote betrug knapp 8 Prozent. Zum marktaktiven Segment zählen dabei nur solche Wohnungen, die unmittelbar vermietbar oder zumindest nicht in einem derart ruinösen Zustand sind, dass sie mittelfristig, d.h. in weniger als sechs Monaten, nicht aktiviert werden können. Im Jahr 2016 ging die Leerstandsquote bundesweit auf 2,9 Prozent zurück. Ausführlich zu den Zahlen und Statistiken auf den Internetauftritten des *Bundesinstituts für Bau-, Stadt- und Raumforschung* (*BBSR*) sowie der privaten deutschen Statistikdatenbank *Statista*, abrufbar unter: https://www.bbsr.bund.de/BBSR/DE/WohnenImmobilien/Immobilienmarktbeobachtung/Projekte Fachbeitraege/Wohnungsleerstand/wohnungsleerstand.html und https://de.statista.com/statistik/ daten/studie/74463/umfrage/wohnungsleerstand-in-deutschland-seit-2001/. Zu den Gründen, warum in Deutschland trotz akutem Wohnungsmangel unzählige Wohnungen leer stehen: https://www.focus.de/immobilien/kaufen/das-deutsche-immobilienraetsel-zwei-millionen-wohnungen-stehen-leer-warum-herrscht-trotzdem-mangel_id_6412298.html.
[1528] So etwa: *Battis/Mitschang/Reidt*, NVwZ 2015, 1633 (1639); *Lange*, NdsVBl. 2016, 72 (77 f.).
[1529] *Kade, Claudia*: „Notfalls muss ich Häuser beschlagnahmen", in: Die Welt, vom 19.08.2015, abrufbar unter: https://www.welt.de/politik/deutschland/article145362505/Notfalls-muss-ich-Haeuserbeschlagnahmen.html; *Hauser, Jan*: Unterkünfte werden knapp – Zwangsvermietungen an Flüchtlinge?, in: Frankfurter Allgemeine, vom 14.08.2015, abrufbar unter: http://www.faz.net/aktuell/wirtschaft/wirtschaftspolitik/beschlagnahmung-leerstehender-wohnungen-fuer-fluechtlinge-13 749366.html.
[1530] In Hamburg erging die Standardbefugnis des § 14a des Gesetzes zum Schutz der öffentlichen Sicherheit und Ordnung (SOG HH) durch das Gesetz zur Flüchtlingsunterbringung in Einrichtungen v. 02.10.2015 (HmbGVBl. 2015, S. 245), welche durch dessen § 11 von vornherein auf den 31.03.2017 befristet war. In Bremen wurde die Standardbefugnis des § 26a des Bremischen Polizeigesetzes (BremPolG) durch das Gesetz zur vorübergehenden Unterbringung von Flüchtlingen und Asylbegehrenden v. 20.10.2015 (BremGBl. 2015, S. 464) geschaffen, welche durch dessen Art. 1 Nr. 3 ebenfalls auf den 31.03.2017 befristet war; vgl. zur Befristung auch § 88 III BremPolG, wonach § 26a BremPolG mit Ablauf des 31.03.2017 außer Kraft tritt.
[1531] So auch: *Fischer*, NVwZ 2015, 1644 (1644); *Lange*, NdsVBl. 2016, 72 (77).
[1532] Etwa: *VGH München*, Beschl. v. 07.11.2016 – 4 ZB 15.2809 = BayVBl 2017, 276; *OVG Lüneburg*, Beschl. v. 01.12.2015 – 11 ME 230/15 = NVwZ 2016, 164; *VGH München*, Urt. v. 15.02.1995 – 4 B 93.3939 = BayVBl 1995, 503; *VGH München*, Beschl. v. 14.07.1992 – 21 B 91.3080 = BeckRS 1992, 10993; *VGH Mannheim*, Urt. v. 02.12.1996 – 1 S 1520/96 = NJW 1997, 2832; *OVG Münster*, Beschl. v. 25.10.1990 – 9 B 2864/90 = NVwZ 1991, 905.

(1) Möglichkeiten und Grenzen der sicherheits- und polizeirechtlichen Beschlagnahme von Immobilien

Um beurteilen zu können, ob mit Hilfe des bestehenden ordnungsrechtlichen Instruments der Beschlagnahme von Immobilien überhaupt neuer Unterbringungsraum für Flüchtlinge zu beschaffen wäre – was zwingende Voraussetzung für die Beantwortung der Frage ist, ob die Beschlagnahme gegenüber den erweiterten bodenrechtlichen Befreiungsregelungen bei gleicher Effektivität im Hinblick auf Art. 14 GG weniger einschränkend ist –, müssen zunächst die Möglichkeiten und Grenzen der Zwangsvermietung näher untersucht werden.[1533] Dabei kann die in den Neunzigerjahren zur Beschlagnahme von Privatwohnungen für die Obdachlosenunterbringung entwickelte Rechtsprechung als gesichertes Fundament herangezogen und im Grundsatz auf die Beschlagnahme von Immobilien zum Zwecke der Flüchtlingsunterbringung übertragen werden.[1534]

(a) Aufgabeneröffnung und einschlägige Befugnisnorm

(aa) Der polizei- bzw. sicherheitsrechtliche Aufgabenkreis ist bei Zwangsvermietungen an Flüchtlinge eröffnet. Je nachdem, ob es sich im Einzelfall um eine kurzfristige Einweisung spontan aufgegriffener Personen „bis zum nächsten Morgen" oder um eine längerfristige – auf mehrere Wochen oder gar Monate gerichtete – Unterbringungsmaßnahme handelt, ist für die Beschlagnahme von privaten Wohnungen und Liegenschaften entweder die Landespolizei oder die Sicherheitsbehörde zuständig.[1535] Im Regelfall wird bei der Flüchtlingsunterbringung in Privatimmobilien somit der Aufgabenbereich der Sicherheitsbehörde eröffnet sein.

(bb) Für derartige Maßnahmen gegenüber dem Berechtigten der Immobilie[1536] existiert in jedem Bundesland auch eine taugliche Befugnisnorm. Da die Polizei- und Ordnungsgesetze der Länder – mit Ausnahme der beiden besonderen,

---

[1533] Vgl. dazu auch: *Dombert*, LKV 2015, 529 (529); *Fischer*, NVwZ 2015, 1644 (1645 ff.).
[1534] So ausdrücklich auch *OVG Lüneburg*, Beschl. v. 01.12.2015 – 11 ME 230/15 = NVwZ 2016, 164.
[1535] *Weber/Köppert*, Polizei- und Sicherheitsrecht Bayern, S. 40; *Ruder*, VBlBW 2017, 1 (5); *Fontana/Klein*, JA 2017, 846 (851). Diese Differenzierung („Die Polizei wird tätig, soweit ihr die Abwehr der Gefahr durch die Sicherheitsbehörde nicht oder nicht rechtzeitig möglich erscheint.") wird in allen Polizei und/oder Sicherheitsgesetzen ähnlich vorgenommen, und zwar unabhängig davon, ob das Polizei- und Ordnungsrecht in Polizeigesetze und Sicherheitsgesetze aufgeteilt ist (wie z.B. in Bayern oder in Nordrhein-Westfalen) oder in einem Gesetz vereint ist (wie z.B. in Niedersachsen oder in Hamburg).
[1536] Von der dem Eigentümer oder dem sonst Berechtigten gegenüber ergehenden „Beschlagnahmeverfügung" ist die an den Eingewiesenen adressierte sog. Einweisungsverfügung zu unterscheiden;

zwischenzeitlich aber wieder außer Kraft getretenen Standardmaßnahmen in Hamburg (§ 14a SOG HH) und Bremen (§ 26a BremPolG) – keine speziellen Ermächtigungsgrundlagen für die Beschlagnahme von Wohnraum zum Zwecke der Flüchtlingsunterbringung enthalten, muss in diesem Zusammenhang stets auf den allgemeinen polizei- und sicherheitsrechtlichen Befugniskatalog zurückgegriffen werden. In Betracht kommt neben den Standardmaßnahmen der Beschlagnahme und der Sicherstellung auch die jeweilige Generalklausel. Der Fragestellung, welche Befugnisnorm dabei nun konkret einschlägig ist, wird in der das allgemeine – d.h. vom konkreten Bundesland losgelöste – Polizei- und Ordnungsrecht darstellenden Literatur meist nur mit dem Hinweis begegnet, dass dies nicht ganz unumstritten sei.[1537] Diese sehr verallgemeinernde Aussage ist jedoch zu unspezifisch und gerade deswegen falsch, weil sich immerhin noch zwei unstreitige Anwendungsfälle abschichten lassen, bevor der eigentliche Meinungsstreit über die Ermächtigungsgrundlage für Zwangsvermietungen zum Tragen kommt. Im Einzelnen:

Nur zwei Landespolizeigesetze kennen überhaupt die Differenzierung zwischen der „Sicherstellung" und der „Beschlagnahme". Während die Sicherstellung gem. § 26 I Polizeigesetz des Freistaates Sachsen (SächsPolG) bzw. § 32 I Polizeigesetz Baden-Württemberg (PolG BW) im Interesse des Berechtigten erfolgt („um den Eigentümer oder den rechtmäßigen Inhaber der tatsächlichen Gewalt vor Verlust oder Beschädigung der Sache zu schützen"), werden in Abgrenzung dazu bei der Beschlagnahme i.S.v. § 27 SächsPolG bzw. § 33 PolG BW vorwiegend öffentliche Interessen verfolgt. Im polizeilichen Aufgabenbereich der Länder Sachsen und Baden-Württemberg ist bei der Zwangsvermietung von Wohnraum an Flüchtlinge daher die Spezialbefugnis der Beschlagnahme einschlägig.[1538] Jedenfalls in Sachsen ist dies völlig unstreitig, da dort die gesetzliche Regelung des § 27 III 2 SächsPolG „die Beschlagnahme von leer stehendem Wohnraum zur Beseitigung oder Verhinderung von Obdachlosigkeit" explizit nennt. Danach ist ermächtigungstatbestandlich eine „unmittelbar bevorstehende" und damit gegenwärtige Gefahr für die öffentliche Sicherheit oder Ordnung erforderlich.

Sofern in den Polizei- und Sicherheitsgesetzen der Länder weder die Spezialbefugnis der Beschlagnahme noch die der Sicherstellung geregelt ist, kann

---

diese wird mangels einer speziellen Ermächtigungsgrundlage stets auf die jeweilige Generalklausel gestützt (vgl. *Schenke*, Polizei- und Ordnungsrecht, Rn. 38).

[1537] Etwa: *Fischer*, NVwZ 2015, 1644 (1645); *Schenke*, Polizei- und Ordnungsrecht, Rn. 38, 162.
[1538] Für Baden-Württemberg: *VGH Mannheim*, Beschl. v. 21.05.1990 – 1 S 873/90 = NVwZ-RR 1990, 476 und Urt. v. 02.12.1996 – 1 S 1520/96 = NJW 1997, 2832.

überdies ein zweiter unstreitiger Anwendungsfall abgeschichtet werden. So verhält es sich etwa im bayerischen Landesstraf- und Verordnungsgesetz (LStVG) und im nordrhein-westfälischen Ordnungsbehördengesetz (OBG), sodass die Zwangseinweisung von Obdachlosen oder Flüchtlingen in Privatimmobilien durch die zuständigen Sicherheitsbehörden hier weitgehend[1539] unstreitig – gewissermaßen mangels „Alternativen" – auf die Generalklausel des Art. 7 II Nr. 3 LStVG bzw. des § 14 I OBG gestützt wird.[1540] Diese Generalklauseln setzen tatbestandlich „nur" eine konkrete Gefahr für die öffentliche Sicherheit (§ 14 I OBG) bzw. für das Leben, die Gesundheit oder die Freiheit von Menschen (Art. 7 II Nr. 3 LStVG) voraus.

Damit verbleiben lediglich solche Anwendungsfälle, in denen die Polizei- und Sicherheitsgesetze der Länder ausschließlich die Standardmaßnahme der Sicherstellung enthalten. Hier ist es tatsächlich umstritten, ob die Spezialbefugnis der „Sicherstellung" einschlägig ist oder ob vielmehr auf die jeweilige Generalklausel zurückgegriffen werden muss.[1541] Insbesondere in der oberverwaltungsgerichtlichen Rechtsprechung dieser Bundesländer wird vertreten, dass die Zwangsvermietung von Immobilien insoweit auf Grundlage der Generalklausel erfolgen müsse.[1542] Die Sicherstellung als taugliche Ermächti-

---

[1539] Das *OVG Lüneburg*, Beschl. v. 01.12.2015 – 11 ME 230/15 = NVwZ 2016, 164 hat in einem Obiter Dictum allgemein jedenfalls Bedenken gegen die Anwendbarkeit der polizei- und sicherheitsrechtlichen Generalklausel auf Fälle der Zwangsvermietung von Privatwohnraum an Flüchtlinge geäußert. Bei der drohenden Obdachlosigkeit von Flüchtlingen handele es sich (wohl) nicht um ein einer Typisierung entziehendes Einzelfallphänomen, sodass die entsprechende polizeiliche Maßnahme den für die Anwendbarkeit der Generalklausel relevanten Bereich atypischen Handelns verlasse und den demokratischen Legitimationsakt einer Spezialermächtigung erforderlich mache. Eine derartige Notwendigkeit gesetzgeberischen Handelns ist aber mit *Lange*, NdsVBl. 2016, 72 (77) abzulehnen. Nur weil die Länder Hamburg und Bremen zu Hochzeiten der Flüchtlingskrise entsprechende Spezialermächtigungen erlassen haben, bedeutet dies nicht, dass die zwangsweise Inanspruchnahme privater Grundstücke zur Flüchtlingsunterbringung keine atypische Maßnahme mehr darstellt. Zudem kommt dem Landesgesetzgeber die Befugnis zu, die jeweilige Situation über einen angemessenen Zeitraum zu beobachten und zu entscheiden, ob und welches gesetzgeberische Tätigwerden erforderlich ist; verlangte man für polizeiliche Maßnahmen, die im Bereich atypischen Handelns verlassen, umgehend eine Spezialermächtigung, dann wäre dies im Grunde genommen der Anfang vom Ende der Generalklausel. Bestätigt wird die Atypik durch die tatsächlichen Entwicklungen seit Mitte 2016, wonach die Zahl der ankommenden und unterzubringenden Flüchtlinge wieder erheblich zurückgegangen ist; vgl. ausführlich zur Änderung der Bedarfslage auf S. 4 ff. sowie auf S. 504 ff.

[1540] *VGH München*, Beschl. v. 07.11.2016 – 4 ZB 15.2809 = BayVBl 2017, 276; *OVG Münster*, Beschl. v. 25.10.1990 – 9 B 2864/90 = NVwZ 1991, 905.

[1541] Zum Meinungsstreit: *Fischer*, NVwZ 2015, 1644 (1645); *Schenke*, Polizei- und Ordnungsrecht, Rn. 38.

[1542] Etwa: *OVG Saarlouis*, Beschl. v. 14.04.2014 – 1 B 213/14 = BeckRS 2014, 50143; *OVG Lüneburg*, Beschl. v. 01.12.2015 – 11 ME 230/15 = NVwZ 2016, 164; *OVG Lüneburg*, Urt. v. 07.03.2013 – 11 LB 438/10 = NordÖR 2013, 269; *Erichsen/Biermann*, Jura 1998, 371 (376 f.).

gungsgrundlage scheide bereits deswegen aus, da sich dort die Gefahrenlage aus dem Verhalten des Besitzers ergeben oder in einer Eigenschaft der sicherzustellenden Sache selbst begründet liegen müsse.[1543] Ferner ziele die Sicherstellung auf eine öffentlich-rechtliche Verwahrung und damit auf die Begründung neuen, hoheitlichen Gewahrsams durch die Polizei oder Sicherheitsbehörde.[1544] Die Zwangsvermietung von Wohnraum zur Obdachlosen- oder Flüchtlingsunterbringung begründe aber keinen hoheitlichen Gewahrsam an der Wohnung oder dem Gebäude, sondern führe vielmehr zur tatsächlichen Sachherrschaft der eingewiesenen Personen. Demgegenüber wird in der Literatur überwiegend die Auffassung vertreten, dass die Zwangsvermietung von Wohnraum insoweit auf die Spezialbefugnis der Sicherstellung gestützt werden müsse.[1545] Der Begriff der Sicherstellung werde in den Polizei- und Ordnungsgesetzen, die nicht zwischen Sicherstellung und Beschlagnahme unterscheiden, einheitlich und weit ausgelegt, sodass hiervon der zwangsweise Entzug der tatsächlichen Verfügungsgewalt sowohl im Interesse des Berechtigten als auch im öffentlichen Interesse erfasst sei. Beispielhaft für den weiten Sicherstellungsbegriff kann auf die Regelungen der § 14a SOG und § 26a BremPolG verwiesen werden, die ausdrücklich von einer „Sicherstellung privater Grundstücke und Gebäude zum Zwecke der Flüchtlingsunterbringung" gesprochen haben. Da die Sicherstellung also taugliche Ermächtigungsgrundlage für die „Beschlagnahme" von Wohnraum zur Unterbringung Dritter sein kann, könne nach dem Grundsatz der Spezialität nur die Spezialbefugnis einschlägig sein. Entgegen der Rechtsauffassung der oben genannten Oberverwaltungsgerichte müsse die Sicherstellung auch nicht immer zu einem öffentlich-rechtlichen Verwahrungsverhältnis führen, da die Polizei oder Sicherheitsbehörde die Ausübung des erworbenen Gewahrsams auch dem eingewiesenen Obdachlosen oder Flüchtling überlassen könne.[1546] Eine Übertragung der Verwahrung an Dritte sehen die ordnungsrechtlichen Vorschriften immerhin selbst explizit vor, etwa in Art. 26 I 2, 3 PAG oder in § 27 I 2 NdsSOG.

[1543] Für eine derartige Auslegung der Sicherstellung wird nicht nur die Zusammenschau aller Tatbestandsalternativen der Sicherstellung, sondern vor allem auch deren Rechtsfolge angeführt, wonach sichergestellte Sachen in der Regel in amtliche Verwahrung zu nehmen sind. Vgl. etwa *Fontana/Klein*, JA 2017, 846 (850).

[1544] So etwa *Gallwas/Lindner*, in: Gallwas/Lindner/Wolff, Bayerisches Polizei- und Sicherheitsrecht, Rn. 705.

[1545] *Pieroth/Schlink/Kniesel*, Polizei- und Ordnungsrecht, § 19 Rn. 5; *Schenke*, Polizei- und Ordnungsrecht, Rn. 38, 162; *Fischer*, NVwZ 2015, 1644 (1645).

[1546] *Schenke*, Polizei- und Ordnungsrecht, Rn. 162; *Pieroth/Schlink/Kniesel*, Polizei- und Ordnungsrecht, § 19 Rn. 5.

Dieser Streit um die „richtige" Ermächtigungsgrundlage hat im Ergebnis jedoch keine praktische Relevanz.[1547] Der einzige tatbestandliche Unterschied zwischen der ordnungsrechtlichen Generalklausel und der Spezialbefugnis der Sicherstellung ergibt sich aus den abweichenden Voraussetzungen, die an die Intensität der Gefahr gestellt werden. Während die Generalklausel „nur" eine konkrete Gefahr erfordert (z.B. in Art. 11 II Nr. 3 PAG oder in § 11 NdsSOG), muss die Gefahr für eine Sicherstellung „gegenwärtig" sein (z.B. in Art. 25 I Nr. 1 PAG oder in § 26 Nr. 1 NdsSOG). Die strengeren Anforderungen an eine gegenwärtige Gefahr müssen aber freilich ohnehin aufgrund der Inanspruchnahme von unbeteiligten Personen vorliegen, wie die weitere Prüfung zeigt.[1548]

(b) Konkrete oder gegenwärtige Gefahr für die öffentliche Sicherheit

Tatbestandlich setzen die Spezialbefugnisse der Beschlagnahme und der Sicherstellung eine gegenwärtige Gefahr voraus, die polizei- oder sicherheitsrechtliche Generalklausel „nur" eine konkrete Gefahr für die öffentliche Sicherheit.

Als Faustformel kann man unter der öffentlichen Sicherheit die Gesamtheit der geschriebenen Rechtsordnung verstehen. Bei drohender unfreiwilliger[1549] Obdachlosigkeit ist diese stets konkret gefährdet[1550]; denn es liegt dann eine Sachlage vor, die bei ungehindertem Ablauf des objektiv zu erwartenden Geschehens mit hinreichender Wahrscheinlichkeit zu einer Beeinträchtigung der öffentlichen Sicherheit führen wird. Sofern für Flüchtlinge nicht ausreichender

---

[1547] So auch: *Fischer*, NVwZ 2015, 1644 (1645); *Fontana/Klein*, JA 2017, 846 (850). Im Ergebnis so ebenfalls: *Ruder*, VBlBW 2017, 1 (4); *Lange*, NdsVBl. 2016, 72 (77).
[1548] Vgl. dazu sogleich unter Ziffer (c) auf S. 370 ff.
[1549] Unfreiwillig obdachlos im polizei- und sicherheitsrechtlichen Sinne sind diejenigen Personen, die nicht Tag und Nacht über eine Unterkunft verfügen und deren Situation nicht auf einem freiwilligen, selbstbestimmten Willensentschluss beruht; vgl. *VGH Mannheim*, Beschl. v. 05.03.1996 – 1 S 470/96 = DVBl 1996, 569; *OVG Berlin-Brandenburg*, Beschl. v. 11.04.2016 – OVG 1 S 1.16 = KommJur 2016, 275. Demgegenüber ist freiwillig obdachlos derjenige, der – gleichgültig aus welchen Gründen – mit einem Leben unter freiem Himmel mehr oder weniger einverstanden ist. Diese Lebensform ist (jedenfalls) bei Erwachsenen von der Rechtsordnung akzeptiert oder zumindest toleriert, da sie Ausdruck und Folge der von Art. 2 I GG geschützten allgemeinen Handlungsfreiheit ist. Damit stellt die freiwillige Obdachlosigkeit in aller Regel keine Gefahr dar, der mit Mitteln des Polizei- und Sicherheitsrechts zu begegnen ist. Vgl. dazu ausführlich auch *Ruder*, VBlBW 2017, 1 (4).
[1550] So etwa: *OVG Lüneburg*, Beschl. v. 01.12.2015 – 11 ME 230/15 = NVwZ 2016, 164; *VGH Mannheim*, Urt. v. 02.02.1996 – 1 S 1520/96 = NJW 1997, 2832; *OVG Greifswald*, Beschl. v. 23.07.2009 – 3 M 92/09 = NJW 2010, 1096; *OVG Schleswig*, Beschl. v. 21.09.1992 – 4 M 95/92 = NJW 1993, 413; *Augustin*, BauR 2015, 1934 (1938); *Lange*, NdsVBl. 2016, 72 (77); *Froese*, JZ 2016, 176 (177); *Drasdo*, NJW-Spezial 2016, 33 (33).

Unterbringungsraum zur Verfügung steht, droht ihnen die Obdachlosigkeit. Obdachlosigkeit bedeutet, jeder Witterung – insbesondere auch in der Nacht und in den Wintermonaten – schutzlos ausgesetzt zu sein. Dies gefährdet nicht nur die Gesundheit, die körperliche Unversehrtheit und das Leben (Art. 2 II 1 GG), sondern berührt auch die Menschenwürde der betroffenen Personen (Art. 1 I GG) bzw. deren Grundrecht auf Gewährleistung eines menschenwürdigen Existenzminimums (Art. 1 I GG in Verbindung mit dem Sozialstaatsprinzip des Art. 20 I 1 GG). Denn ein „Dach über dem Kopf" gehört nicht erst seit dem Hartz-IV-Urteil[1551] des *Bundesverfassungsgerichts* zu den Mindestvoraussetzungen eines menschenwürdigen Daseins.[1552] Darüber hinaus sind die Länder gem. § 44 I AsylG verpflichtet, eine entsprechend ihrer Aufnahmequote notwendige Zahl an Unterbringungsplätzen für Flüchtlinge bereitzustellen. Diese Verpflichtung aus der geschriebenen Rechtsordnung ist ebenfalls konkret gefährdet, sofern den ankommenden Flüchtlingen mangels ausreichender Unterkünfte unfreiwillige Obdachlosigkeit droht.[1553]

Die „gegenwärtige" Gefahr verlangt gegenüber dem einfachen Gefahrenbegriff erhöhte Anforderungen an die Eintrittswahrscheinlichkeit. Sie ist erst dann gegeben, wenn eine Schädigung der öffentlichen Sicherheit bereits begonnen hat oder unmittelbar bzw. in allernächster Zeit mit an Sicherheit grenzender Wahrscheinlichkeit bevorsteht.[1554] Aufgrund der außergewöhnlichen Umstände während der Flüchtlingskrise und der damit einhergehenden Engpässe bei der Unterbringung war das *VG Lüneburg* der Auffassung, dass „keine überhöhten Anforderungen an die zeitliche Komponente" der Gefahr gestellt werden dürften und die Behörden bei der Planung von Beschlagnahmen „nicht abwarten [müssen], bis Flüchtlinge ankommen, für die keine Unterkunft mehr zur Verfügung steht und so das Risiko eingehen, dass Maßnahmen der Gefahrenabwehr zu diesem Zeitpunkt zu spät kämen".[1555] Gerade in Anbetracht der hohen Anzahl der zu erwartenden Flüchtlinge müsse den Behörden ein rechtzeitiges Ergreifen geeigneter Maßnahmen möglich sein. Nicht selten sei dabei ein gewisser zeitlicher Vorlauf notwendig, um gegebenenfalls erforderliche Vorbereitungsmaßnahmen

---

[1551] *BVerfG*, Urt. v. 09.02.2010 – 1 BvL 1/09 = BVerfGE 125, 175.
[1552] Beispielhaft genannt seien davor bereits: *BVerfG*, Beschl. v. 29.05.1990 – 1 BvL 20/84 = BVerfGE 82, 60; *BVerfG*, Beschl. v. 10.11.1998 – 2 BvL 42/93 = BVerfGE 99, 246.
[1553] *Augustin*, BauR 2015, 1934 (1939).
[1554] *Schenke*, Polizei- und Ordnungsrecht, Rn. 78. Eine entsprechende gesetzliche Definition findet sich etwa in § 2 Nr. 1 b) NdsSOG.
[1555] *VG Lüneburg*, Beschl. v. 09.10.2015 – 5 B 98/15 = BeckRS 2015, 53223.

und Umbauarbeiten an der beschlagnahmten Immobilie vornehmen zu können.[1556] Dieser Auffassung ist das *OVG Lüneburg* in seiner Beschwerdeentscheidung vehement entgegengetreten.[1557] Danach reicht es nicht aus, wenn angesichts eines anhaltenden Flüchtlingsstroms lediglich „akute Probleme bei der Flüchtlingsunterbringung" bestehen. Dem ist zuzustimmen. Das Tatbestandsmerkmal der Gegenwärtigkeit setzt eben eine besondere zeitliche Nähe der in Rede stehenden Gefahr voraus.[1558] Eine solche liegt in dem vom *VG Lüneburg* entschiedenen Fall nicht vor; anderenfalls wären auch schlichte Maßnahmen der Gefahrenvorsorge von der Notstandsermächtigung gedeckt. Die Landesgesetzgeber wollten mit den erhöhten Anforderungen an die Eintrittswahrscheinlichkeit der gegenwärtigen Gefahr vor allem im Zusammenhang mit der Inanspruchnahme unbeteiligter Personen verhindern, dass diesen gegenüber auch Maßnahmen der Gefahrenvorsorge getroffen werden können; an diesen Personenkreis darf nur im Notfall, also nur in einer Ultima-Ratio-Situation, herangetreten werden. Von einer besonderen zeitlichen Nähe einer aus Gründen der Obdachlosigkeit drohenden Beeinträchtigung von Leben, Gesundheit und des Rechts auf Menschenwürde kann daher nicht ausgegangen werden, wenn im Gebiet der Körperschaft noch freie Kapazitäten für die Unterbringung von Flüchtlingen vorhanden sind oder etwa die sofortige Nutzung einer streitgegenständlichen Immobilie nicht möglich ist, weil sie in einem zeitlichen Rahmen von mehreren Wochen erst wieder bezugsfertig gemacht werden muss.[1559] Damit bleibt ein Rückgriff auf das Instrument der Beschlagnahme von Privatimmobilien nach den bestehenden polizei- und sicherheitsrechtlichen Regeln auf ganz außerordentliche Notstandssituationen in der jeweiligen Körperschaft beschränkt. In den Hochzeiten der Flüchtlingskrise in den Jahren 2014 bis 2016 dürften solche extremen Notstände aber vielerorts vorgelegen haben.

(c) Die Voraussetzungen des polizeilichen Notstandes und der Grundsatz der Verhältnismäßigkeit

Bei der Beschlagnahme von Privatimmobilien zur Unterbringung von Obdachlosen oder Flüchtlingen handelt es sich – wie bereits festgestellt – um einen Fall des sog. polizeilichen Notstandes, da hier keine sog. Störer, sondern unbeteiligte

---

[1556] So auch *Fischer*, NVwZ 2015, 1644 (1646).
[1557] *OVG Lüneburg*, Beschl. v. 01.12.2015 – 11 ME 230/15 = NVwZ 2016, 164 in seiner Beschwerdeentscheidung gegen *VG Lüneburg*, Beschl. v. 09.10.2015 – 5 B 98/15 = BeckRS 2015, 53223.
[1558] *Schenke*, Polizei- und Ordnungsrecht, Rn. 78.
[1559] *OVG Lüneburg*, Beschl. v. 01.12.2015 – 11 ME 230/15 = NVwZ 2016, 164.

Personen (sog. Nichtstörer) in Anspruch genommen werden.[1560] Als solche sind die Eigentümer von leerstehenden Immobilien zu behandeln, da die drohende Obdachlosigkeit weder durch ihr Verhalten verursacht wurde noch von einem Gegenstand in ihrem Besitz ausgeht. Ein polizei- oder sicherheitsrechtliches Herantreten an einen Nichtstörer ist aber nicht nur tatbestandlich an strengere Voraussetzungen geknüpft als die Inanspruchnahme eines Störers, sondern auch im Umfang auf solche Maßnahmen beschränkt, die sachlich und zeitlich unbedingt erforderlich und angemessen sind. Die Anforderungen an den polizeilichen Notstand sind dabei in allen Landespolizei- und Landessicherheitsgesetzen weitgehend ähnlich.[1561]

Die Tatbestandsvoraussetzungen für ein Vorgehen gegen unbeteiligte Personen sind geprägt von einer gesteigerten Qualität des gefährdeten Rechtsgutes, von einer höheren Eintrittswahrscheinlichkeit der Gefahr sowie vom Grundsatz des Nachrangs der Inanspruchnahme eines Nichtstörers. Zunächst muss also eine erhebliche gegenwärtige Gefahr vorliegen. Hinsichtlich der Gegenwärtigkeit der Gefahr und der damit einhergehenden erhöhten Eintrittswahrscheinlichkeit kann auf die soeben unter Ziffer (b) gemachten Ausführungen verwiesen werden. Die Gefahr ist erheblich, wenn bedeutsame Rechtsgüter wie Leben, Gesundheit oder Freiheit betroffen sind.[1562] Davon ist im Falle drohender Obdachlosigkeit von Flüchtlingen infolge fehlendem Unterbringungsraums ohne weiteres auszugehen. Der Grundsatz des Nachrangs der Inanspruchnahme eines Nichtstörers verlangt außerdem, dass die Behörde vor der Belastung unbeteiligter Personen alles ihr Mögliche und Zumutbare unternehmen muss, um die erhebliche gegenwärtige Gefahr zu beseitigen.[1563] Ein Herantreten an einen Nichtstörer ist danach nur zulässig, wenn die Polizei oder die Sicherheitsbehörde die Gefahr nicht oder nicht rechtzeitig selbst oder durch beauftragte Dritte abwehren kann. Diese Voraussetzung der Unmöglichkeit der behördlichen Gefahrenabwehr ist Ausdruck des Ultima-Ratio-Gedankens, der hinter jeder Inanspruchnahme von unbeteiligten Personen steht.[1564] Auf der Suche nach vorran-

---

[1560] Vgl. dazu *Schenke*, Polizei- und Ordnungsrecht, Rn. 312.
[1561] *Fischer*, NVwZ 2015, 1644 (1646); *Lange*, NdsVBl. 2016, 72 (77); *Schenke*, Polizei- und Ordnungsrecht, Rn. 313.
[1562] *Schenke*, Polizei- und Ordnungsrecht, Rn. 314. Eine entsprechende gesetzliche Definition findet sich etwa in § 2 Nr. 1 c) NdsSOG.
[1563] *OVG Saarlouis*, Beschl. v. 14.04.2014 – 1 B 213/14 = BeckRS 2014, 50143; *VG Lüneburg*, Beschl. v. 09.10.2015 – 5 B 98/15 = BeckRS 2015, 53223; *OVG Schleswig*, Beschl. v. 21.09.1992 – 4 M 95/92 = NJW 1993, 413; *Drasdo*, NJW-Spezial 2016, 33 (33).
[1564] *VGH München*, Beschl. v. 07.11.2016 – 4 ZB 15.2809 = BayVBl 2017, 276; *VG Lüneburg*, Beschl. v. 09.10.2015 – 5 B 98/15 = BeckRS 2015, 53223; *Froese*, JZ 2016, 176 (177); *Ewer/Mutschler-Siebert*, NJW 2016, 11 (14); *Drasdo*, NJW-Spezial 2016, 33 (33).

gigen Unterbringungsmöglichkeiten dürfen sich die zuständigen Behörden aber nicht auf die Ihnen zur Verfügung stehenden oder ihrem Einfluss unterliegenden Räumlichkeiten und Gebäude beschränken.[1565] Insoweit führt beispielsweise das *OVG Lüneburg* aus, dass die Behörde „bei der Inanspruchnahme privaten Eigentums zur Einweisung von Obdachlosen im Einzelnen darlegen [muss], dass ihr zum einen keine gemeindeeigenen Unterkünfte zur Verfügung stehen und ihr zum anderen auch die Beschaffung geeigneter anderer Unterkünfte bei Dritten nicht zeitnah möglich ist."[1566] Es kommen also neben (Sozial-)Wohnungen der Körperschaft insbesondere auch Plätze in vorhandenen Erstaufnahmeeinrichtungen, Sozialeinrichtungen oder Obdachlosenunterkünften sowie die Anmietung von Zimmern in Hotels, Pensionen, Jugendherbergen und Ferienwohnungen in Betracht.[1567] Die Kosten einer solchen Maßnahme spielen dabei – bis zur Grenze der Unzumutbarkeit[1568] – keine Rolle.[1569]

Weiterhin müssen Polizei- und Sicherheitsbehörden hier beachten, dass die Inanspruchnahme unbeteiligter Personen im Hinblick auf das Übermaßverbot von ihrem Umfang her stets auf solche Maßnahmen zu beschränken ist, die sachlich und zeitlich unbedingt erforderlich und den Nichtstörern gegenüber auch angemessen und zumutbar sind.[1570] Im Zusammenhang mit der Zwangseinweisung von Obdachlosen oder Flüchtlingen in Privatimmobilien spielt vor allem die zeitliche Beschränkung der Maßnahme eine wesentliche Rolle; sie muss aus Gründen der Verhältnismäßigkeit bereits in der entsprechenden Verfügung ergehen.[1571] Dies gilt gerade auch für diejenigen Polizei- und Sicherheitsgesetze, in denen sich die Notwendigkeit der zeitlichen Befristung – anders als in § 33 IV 2 PolG BW – nicht bereits aus dem Gesetz ergibt. Der Grund dafür liegt zum

---

[1565] *OVG Saarlouis*, Beschl. v. 14.04.2014 – 1 B 213/14 = BeckRS 2014, 50143; *VG Lüneburg*, Beschl. v. 09.10.2015 – 5 B 98/15 = BeckRS 2015, 53223.
[1566] *OVG Lüneburg*, Beschl. v. 01.12.2015 – 11 ME 230/15 = NVwZ 2016, 164.
[1567] *Fischer*, NVwZ 2015, 1644 (1646); *Ewer/Mutschler-Siebert*, NJW 2016, 11 (14); *Drasdo*, NJW-Spezial 2016, 33 (34); *Augustin*, BauR 2015, 1934 (1939 f.).
[1568] *VG Bremen*, Beschl. v. 27.02.1990 – 2 V 91/90 = NVwZ 1991, 706; vgl. bereits Rn. 1525 auf S. 362.
[1569] *OVG Münster*, Beschl. v. 05.07.1990 – 9 B 1632/90 = WuM 1990, 581; *OVG Saarlouis*, Beschl. v. 14.04.2014 – 1 B 213/14 = BeckRS 2014, 50143; *VG Lüneburg*, Beschl. v. 09.10.2015 – 5 B 98/15 = BeckRS 2015, 53223; *Schenke*, Polizei- und Ordnungsrecht, Rn. 317; *Froese*, JZ 2016, 176 (182).
[1570] *Schenke*, Polizei- und Ordnungsrecht, Rn. 320.
[1571] *OVG Lüneburg*, Beschl. v. 01.12.2015 – 11 ME 230/15 = NVwZ 2016, 164; *VGH München*, Urt. v. 14.08.1990 – 21 B 90.00335 = BayVBl 1991, 114 und Beschl. v. 21.04.1998 – 4 ZS 98.1164 = BeckRS 1998, 19356; *VGH Mannheim*, Beschl. v. 21.05.1990 – 1 S 873/90 = NVwZ-RR 1990, 476; *Fischer*, NVwZ 2015, 1644 (1647); *Schenke*, Polizei- und Ordnungsrecht, Rn. 320; *Lange*, NdsVBl. 2016, 72 (78), wonach der Überbrückungscharakter der Maßnahme bereits in der Beschlagnahmeverfügung durch die Aufnahme einer Befristung zum Ausdruck gebracht werden muss.

einen im Sinn und Zweck der Zwangsvermietung, bei der es ausschließlich um die Abwehr einer konkreten bzw. gegenwärtigen Gefahr und folglich um die Begegnung einer Notlage geht, sodass eine entsprechende Maßnahme stets auch nur eine Notlösung für einen kurzen Zeitraum darstellen kann. Zum anderen ergibt sich die Notwendigkeit der zeitlich engen Befristung aus dem Übermaßverbot, da mit der Beschlagnahme ein nicht unerheblicher Eingriff in die geschützten Rechtspositionen der Haus- und Wohnungseigentümer sowie der Mieter[1572] aus Art. 14 I GG verbunden ist.[1573] Dabei werden in der Rechtsprechung und Lehre Zeiträume von zwei bis zwölf Monaten als zulässig erachtet.[1574]

Schließlich kommt eine Einweisung von Obdachlosen oder Flüchtlingen in private Immobilien aus Gründen der Verhältnismäßigkeit immer nur dann in Betracht, wenn diese leerstehen.[1575] Die Beschlagnahme von bewohnten Objekten und Liegenschaften betrifft den Kernbereich der Eigentumsgarantie und ist daher weder dem Eigentümer noch einem Mieter zumutbar; sie ist unverhältnismäßig im engeren Sinne.[1576] Denn die mit einer Zwangsvermietung einhergehenden Nutzungsbeschränkungen für die Berechtigten sind hierbei nicht in gleichem Maße tolerabel wie im Falle des Leerstands, in dem die Immobilie entweder überhaupt keiner oder jedenfalls keiner schützenswerten Nutzung zugeführt ist.

[1572] Diese sind über ihr Besitzrecht ebenfalls vom Schutzbereich des Art. 14 I GG erfasst; vgl. *BVerfG*, Beschl. v. 26.05.1993 – 1 BvR 208/93 = BVerfGE 89, 1.

[1573] *OVG Lüneburg*, Beschl. v. 01.12.2015 – 11 ME 230/15 = NVwZ 2016, 164; *OVG Lüneburg*, Beschl. v. 14.12.2009 – 11 ME 316/09 = NJW 2010, 1094.

[1574] *VGH München*, Urt. v. 14.08.1990 – 21 B 90.00335 = BayVBl 1991, 114 und Beschl. v. 10.08.1983 – 21 CS 83 A.593 = BayVBl 1984, 116, wonach eine Einweisung auf höchstens zwei Monate zu begrenzen ist; *VGH Mannheim*, Beschl. v. 21.05.1990 – 1 S 873/90 = NVwZ-RR 1990, 476 und Urt. v. 02.12.1996 – 1 S 1520/96 = NJW 1997, 2832, wonach die Beschlagnahme aufgrund des § 33 IV 2 PolG BW einen Zeitraum von sechs Monaten nicht überschreiten darf; *OVG Lüneburg*, Beschl. v. 01.12.2015 – 11 ME 230/15 = NVwZ 2016, 164 und *OVG Berlin*, Beschl. v. 13.03.1980 – 6 S 7/80 = NJW 1980, 2484 haben in Bezug auf die Flüchtlingsunterbringung eine Beschlagnahme von sechs Monaten nicht beanstandet. Das *OVG Saarlouis*, Beschl. v. 15.05.1990 – 1 W 84/90 = BeckRS 1990, 08336 hat demgegenüber acht Monate als äußerste Grenze angesehen, während *Ruder*, VBlBW 2017, 1 (10) von einer Frist von bis zu zehn Monaten spricht. Nach dem sächsischen Polizeigesetz darf eine Beschlagnahme zur Verhinderung von Obdachlosigkeit gem. § 27 III 2 SächsPolG ausdrücklich bis zu zwölf Monate dauern. Vgl. dazu auch *Ewer/Mutschler-Siebert*, NJW 2016, 11 (14), *Fischer*, NVwZ 2015, 1644 (1647) und *Drasdo*, NJW-Spezial 2016, 33 (34).

[1575] *OVG Schleswig*, Beschl. v. 21.09.1992 – 4 M 95/92 = NJW 1993, 413; *VG Lüneburg*, Beschl. v. 09.10.2015 – 5 B 98/15 = BeckRS 2015, 53223; *OVG Berlin*, Beschl. v. 26.04.2018 – OVG 6 N 46.17; *Drasdo*, NJW-Spezial 2016, 33 (34).

[1576] *Lange*, NdsVBl. 2016, 72 (78).

(2) Beschlagnahme von Privatwohnraum als milderes und ebenso effektives Mittel

Fraglich ist nunmehr, ob die Beschlagnahme von Privatimmobilien eine – in Bezug auf die kurzfristige Schaffung von neuem und menschenwürdigem Unterbringungsraum – ebenso effektive, in Bezug auf das Eigentumsgrundrecht der Eigentümer des betroffenen Baugebietes aber gleichzeitig mildere Alternative zu den erweiterten bauplanungsrechtlichen Abweichungsvorschriften darstellt. Neben den vorhandenen polizei- und ordnungsrechtlichen Instrumenten kommt auch die Statuierung erweiterter und speziell auf die Flüchtlingsunterbringung zugeschnittener Beschlagnahmeregelungen in Betracht.

Ein derartiger Lösungsansatz könnte vor allem deswegen milder sein, da bei der Zwangsvermietung – in aller Regel[1577] – nicht sämtliche Grundstückseigentümer des Plangebietes betroffen werden. Während über die erweiterten bauplanungsrechtlichen Befreiungsregelungen grundsätzlich alle Grundstückseigentümer eines Baugebietes in ihrem Gebietserhaltungsanspruch eingeschränkt werden, wird bei der ordnungsrechtlichen Beschlagnahme von Privatimmobilien lediglich punktuell auf einzelne leerstehende Objekte zum Zwecke der Flüchtlingsunterbringung zugegriffen. Eine solche Alternativlösung der Beschlagnahme mag daher zwar in quantitativer Hinsicht milder sein, in qualitativer Hinsicht ist sie es jedenfalls nicht. Denn die Beschlagnahme beeinträchtigt die von ihr betroffenen Grundstückseigentümer deutlich stärker in ihrer grundrechtlich geschützten Eigentümerposition als diejenigen Eigentümer von Immobilien, die „nur" in ihrem Gebietserhaltungsanspruch betroffen sind. Während nämlich die Eigentümer im letzteren Fall lediglich in ihrem Recht beschnitten werden, sich gegen einzelne benachbarte Vorhaben bodenrechtlich zur Wehr setzen zu können, sind im Falle der Zwangsvermietung ihre Immobilien über einen nicht unerheblichen Zeitraum vollständig der eigenen, freien Nutzung entzogen.

Außerdem wäre eine Beschlagnahmeregelung für das verfolgte Ziel der zeitnahen Schaffung von neuem und menschenwürdigem Unterbringungsraum für Flüchtlinge bei weitem nicht so effektiv wie die Statuierung von bauplanungsrechtlichen Abweichungsbefugnissen. Die bestehende Rechtslage zur polizei- und ordnungsrechtlichen Zwangsvermietung hat gezeigt, dass diese sachlich auf Ultima-Ratio-Situationen beschränkt und auch zeitlich nur auf einen „kurzen Zeitraum" begrenzt ist, stets das Vorliegen einer gegenwärtigen Gefahr erfordert und ausschließlich den Zugriff auf leersehende Wohnungen und Gebäude erlaubt.

[1577] Es wird – wenn überhaupt – nur in den seltensten Fällen vorkommen, dass alle Gebäude in einem Baugebiet leer stehen und damit für die Beschlagnahme zum Zwecke der Flüchtlingsunterbringung in Betracht kommen.

Diese dem Verhältnismäßigkeitsgrundsatz geschuldeten Einschränkungen stehen aber dem Erfordernis der zeitnahen, kurzfristigen Schaffung von Unterkünften in großem Umfang entgegen, wie dies zu Beginn der Flüchtlingskrise und damit zu Zeiten der Statuierung der bodenrechtlichen Sondervorschriften des § 246 VIII bis XVII BauGB unabdingbar notwendig war und auch vom Gesetzgeber gewollt gewesen ist.[1578]

Zwar könnte bei einer gesetzlichen Erweiterung der Immobilienbeschlagnahme etwa mit einem Verzicht auf das Tatbestandsmerkmal der „gegenwärtigen" Gefahr ein gewisser Effektivitätsgewinn gegenüber der derzeitigen polizei- und sicherheitsrechtlichen Rechtslage erzielt werden, da auf diese Weise entsprechende Maßnahmen auch mit einem gewissen zeitlichen Vorlauf getroffen werden könnten.[1579] Allerdings wäre damit dem – im Rahmen der Verhältnismäßigkeitsprüfung maßgeblichen – Erfordernis eines „ebenso effektiven Mittels" gleichwohl nicht Genüge getan. Zum einen wäre bereits eine Erstreckung der erweiterten Beschlagnahmebefugnis auf einen mehr als nur „kurzen Zeitraum"[1580] äußerst zweifelhaft; dadurch würde nämlich in ganz erheblicher Weise in das Eigentumsgrundrecht unbeteiligter Personen eingegriffen werden, da diese in der Folge ihre Immobilie längerfristig nicht mehr frei nutzen könnten. Eine derartige Erweiterung der Beschlagnahmebefugnis wäre als gleich wirksame Alternative zu den bauplanungsrechtlichen Sondervorschriften aber zwingend erforderlich, da die ausländerrechtliche Unterbringungsverpflichtung[1581] in aller Regel nicht innerhalb weniger Monate seit der Ankunft in der Bundesrepublik endet und die Organisation mehrfacher Umzüge für hunderttausende von Flüchtlingen bereits aus praktischen Erwägungen schlichtweg nicht durchführbar ist.[1582] Schließlich scheitert die Erstreckung einer erweiterten Beschlagnahmebefugnis auf nicht leerstehende Immobilien auch deshalb, weil sie – wie auf S. 373 bereits festge-

---

[1578] So im Ergebnis auch *Lange*, NdsVBl. 2016, 72 (78).
[1579] In diese Richtung ging bereits die Entscheidung des *VG Lüneburg*, Beschl. v. 09.10.2015 – 5 B 98/15 = BeckRS 2015, 53223, in der das Tatbestandsmerkmal der gegenwärtigen Gefahr in Anbetracht der Herausforderungen der Flüchtlingskrise extensiv – im Hinblick auf die bestehende Rechtslage allerdings zu extensiv – ausgelegt wurde; vgl. dazu unter Ziffer (1) (b) auf S. 369 f.
[1580] In Rechtsprechung und Lehre werden gegenwärtig Zeiträume von zwei bis zwölf Monaten als insoweit zulässiger „kurzer Zeitraum" erachtet; vgl. dazu Fn. 1574 auf S. 373.
[1581] Vgl. dazu im vierten Kapitel auf S. 119 ff.
[1582] Allein das Asylverfahren, das erst mit der Stellung des förmlichen Asylantrags – der wiederum in vielen Fällen erst Monate nach der Ankunft und der Registrierung in der Bundesrepublik gestellt wird (vgl. dazu in der Einleitung auf S. 1 ff.) – beginnt, dauert zwischen sieben und elf Monaten. Zur Dauer eines Asylverfahrens, vgl. auch den Artikel in der *Zeit* vom 23.08.2018, abrufbar unter: https://www.zeit.de/politik/2018-08/migration-asylverfahren-fluechtlinge-bamf-bearbeitungszeiten-verkuerzung.

stellt wurde – mit dem Eigentumsgrundrecht des Art. 14 GG[1583] nicht zu vereinbaren wäre. Ein unverändertes Beibehalten der Einschränkung der Zwangsvermietungsbefugnis auf ungenutzten (Wohn-)Raum wäre andererseits nicht vergleichsweise effektiv. Denn es herrscht über die gesamte Bundesrepublik verteilt keine „konstante" Leerstandsquote an privaten Wohnungen und Liegenschaften, als dass damit – zumindest in der Hochphase der Flüchtlingskrise in den Jahren 2014 bis 2016 – auch nur annähernd der erforderliche Unterbringungsbedarf entsprechend den asylgesetzlichen Verteilungsquoten hätte gedeckt werden können. Zwar lag die Leerstandsquote Ende 2016 bundesweit immerhin bei 2,9 Prozent, was knapp 1,2 Millionen Wohnungen entspricht.[1584] Allerdings ist hierbei eine regional starke Spreizung zu beobachten. So bestehen extrem ausgeprägte Unterschiede in der Verteilung der Wohnungsleerstände zwischen Großstädten, Ballungszentren bzw. Wachstumsräumen auf der einen Seite und ländlichen Regionen bzw. Wegzugsgebieten auf der anderen Seite.[1585] Während in den Metropol- und Wachstumsregionen die Wohnungsleerstände immer weiter zurückgehen[1586] und kaum noch freier Wohnraum zu finden ist, nehmen sie in vielen ländlichen Regionen – und zwar keineswegs nur in Ostdeutschland – von Jahr zu Jahr zu. Aber auch regional sind erhebliche Unterschiede in der Leerstandsquote zwischen den einzelnen Bundesländern auszumachen. So weisen die Bundesländer Sachsen-Anhalt, Sachsen und Thüringen die mit Abstand höchsten Quoten auf, wohingegen die Anteile an leerstehendem Wohnraum in Schleswig-Holstein, Baden-Württemberg, Nordrhein-Westfalen, Bayern und Hamburg am niedrigsten sind.[1587] Regionale Unterschiede bei der Verteilung der Wohnraumleerstände er-

---

[1583] Vom Eigentumsgrundrecht des Art. 14 GG ist neben dem dinglichen Eigentum auch das Besitzrecht des Mieters erfasst; vgl. *BVerfG*, Beschl. v. 26.05.1993 – 1 BvR 208/93 = BVerfGE 89, 1.
[1584] Entwicklung der Leerstandsquote auf dem deutschen Wohnungsmarkt in den Jahren 2001 bis 2016, abrufbar unter: https://de.statista.com/statistik/daten/studie/74463/umfrage/wohnungsleerstand-in-deutschland-seit-2001/.
[1585] Während beispielsweise die Leerstandsquoten in den Metropolen München (mit 0,2 Prozent) und Frankfurt (mit 0,5 Prozent) am niedrigsten sind, ist diese in der ländlichen Wegzugsregion Pirmasens (mit 9 Prozent) bundesweit am höchsten. Vgl. dazu etwa https://www.haufe.de/immobilien/entwicklung-vermarktung/marktanalysen/wohnungsleerstand-in-wachstumsregionen-faellt-auf-zwei-prozent_84324_448190.html. In den Großstädten wird es sich dabei hauptsächlich um „Spekulanten-Leerstand" (d.h. der Vermieter könnte seine Wohnung aufgrund eines Nachfrageüberhangs vermieten, wenn er möchte, tut dies aber nicht), in den ländlichen Regionen in der Regel um „Wegzugs-Leerstand" (d.h. der Vermieter kann seine Wohnung aufgrund eines Angebotsüberhangs bzw. eines Nachfragemangels nicht vermieten) handeln.
[1586] Hier ist der Leerstand bereits im zehnten Jahr in Folge rückläufig; vgl. https://www.haufe.de/immobilien/entwicklung-vermarktung/marktanalysen/wohnungsleerstand-in-wachstumsregionen-faellt-auf-zwei-prozent_84324_448190.html.
[1587] Zu den genauen Prozentangaben der Wohnungsleerstände in den einzelnen Bundesländern, vgl. https://www.bbsr.bund.de/BBSR/DE/WohnenImmobilien/Immobilienmarktbeobachtung/Projekte Fachbeitraege/Wohnungsleerstand/wohnungsleerstand.html.

geben sich also nicht nur aus den gegensätzlichen Entwicklungen in den Wachstums- und Wegzugsregionen, sondern auch im Ost-West-Vergleich. Die Folge wäre, dass eine „gerechte" Verteilung der Flüchtlinge auf die einzelnen Bundesländer[1588], Landkreise und Gemeinden[1589] schwierig bis unmöglich sein würde. Man müsste die Flüchtlinge danach dort unterbringen, wo tatsächlich leerstehender Wohnraum vorhanden ist, was bedeuten würde, dass die Flüchtlinge mehr oder weniger vollständig in die strukturschwachen Regionen der Bundesrepublik „abgeschoben" werden würden. Dies wäre aber weder integrations- und sicherheitspolitisch sinnvoll noch bundesstaatlich „gerecht". Auch organisatorisch wäre eine derartige Vorgehensweise nur unter erheblichen Schwierigkeiten durchführbar; man denke nur an die Vielzahl von Personen und Helfern, die im tagtäglichen Umgang mit den Flüchtlingen jeweils vor Ort tätig sind. Bundesweit müssten sie alle in den einzelnen strukturschwachen Regionen mit hohem Wohnungsleerstand „zusammengezogen" werden, was neben weiteren Infrastrukturproblemen sicherlich auch Unmut und Widerstände bei diesem Personenkreis hervorrufen würde. Das Problem mit der reihenweisen Zwangsvermietung von leerstehenden Wohnungen und Liegenschaften als ernsthafter Alternative zu den erweiterten bauplanungsrechtlichen Abweichungsvorschriften hat *Andreas Ibel*, damals Vorsitzender der Bundesarbeitsgemeinschaft Immobilienwirtschaft, bereits vor einiger Zeit – wenn auch in anderer Sache – trefflich wie folgt umschrieben: „Wir haben eigentlich genug Wohnraum in Deutschland – aber wir haben ihn [zumindest teilweise] an der falschen Stelle."[1590]

Schließlich scheidet meines Erachtens schon aus kompetenzrechtlichen Gründen die Beschlagnahme von Privatimmobilien als eine im Rahmen der Verhältnismäßigkeitsprüfung zu berücksichtigende Alternative zu den städtebaulichen Regelungen i.S.v. § 246 VIII bis XVII BauGB aus. Die Rechtsmaterie des Polizei- und Sicherheitsrechts ist kompetenzmäßig nicht dem Bund, sondern nach Art. 30, 70 GG den Landesgesetzgebern zugeordnet. Der für das Bauplanungsrecht zuständige Bundesgesetzgeber ist insoweit also gar nicht gesetzgebungszuständig, sodass die Zwangsvermietung von Wohnungen und Liegenschaften ja von vornherein – jedenfalls für diesen – nicht als alternatives Mittel in Betracht kommen

---

[1588] Diese erfolgt gem. § 45 I AsylG entsprechend dem Königsteiner Schlüssel. Die Verteilungsquote wird jedes Jahr zu zwei Dritteln nach den konkreten Steuereinnahmen und zu einem Drittel nach der aktuellen Bevölkerungszahl der Länder errechnet.

[1589] Die landesinterne Verteilung (§ 50 AsylG) knüpft häufig an die jeweiligen Bevölkerungszahlen an, so etwa in Bayern (§ 3 DVAsyl), Hessen (§ 2 I LAufnG) oder Nordrhein-Westfalen (§ 3 II FlüAG NRW).

[1590] Abrufbar unter: https://www.focus.de/immobilien/kaufen/das-deutsche-immobilienraetsel-zwei-millionen-wohnungen-stehen-leer-warum-herrscht-trotzdem-mangel_id_6412298.html.

kann. Bei einer möglicherweise landesgesetzgeberischen Umsetzung besteht ferner hin die Gefahr, dass gerade nicht sichergestellt ist, dass sämtliche Landesgesetzgeber die in Blick genommene Alternative auch tatsächlich einheitlich umsetzen. Auch deswegen muss diese bauordnungsrechtliche Alternative als etwaiges „milderes" Mittel im Rahmen der Erforderlichkeit ausscheiden.

Zusammenfassend lässt sich also festhalten, dass die Beschlagnahme von Privatimmobilien als – zumindest ebenso wirksame – Alternative zu den erweiterten bauplanungsrechtlichen Abweichungsregelungen ausscheidet. Als Ergänzung zu diesen für außergewöhnliche Notstandslagen eignet sich das bestehende polizei- und sicherheitsrechtliche Instrumentarium der Beschlagnahme aber ohne weiteres.

c. Verwaltungsprozessuale Alternativen

Als weitere Alternative zur erweiterten Befreiungsregelung des § 246 X BauGB kommen schließlich noch verwaltungsprozessuale Privilegierungen in Betracht. Die infolge des Flüchtlingsstroms, insbesondere in der Hochzeit in den Jahren 2014 bis 2016, erforderlich gewordenen Unterbringungseinrichtungen stießen in der Bevölkerung auf zum Teil massive Ablehnung – und tun dies bis heute.[1591] Geplante Flüchtlingsunterkünfte hatten und haben daher oftmals Nachbarklagen samt Antrag auf Anordnung der aufschiebenden Wirkung gem. § 80a III 2 i.V.m. § 80 V 1 Alt. 1 VwGO zur Folge.[1592] Um das erhöhte Aufkommen von Verfahren, insbesondere im einstweiligen Rechtsschutz, zeitnah bearbeiten und damit eine schnellere Schaffung weiterer Flüchtlingsunterkünfte ermöglichen zu können, wären zusätzliche Richterstellen erforderlich. Nachdem es sich aber bei der aktuellen Flüchtlingszuwanderung der letzten Jahre – jedenfalls nach dem erklärten Ziel der Politik – nicht um einen Dauerzustand handelt[1593], erscheint die Anstellung von zusätzlichen Richtern auf Lebenszeit i.S.v. § 15 I VwGO wenig sinnvoll. Aber auch unabhängig davon

---

[1591] *Petersen*, KommP BY 2015, 10 (11); *Pergande, Frank*: „Der Widerstand wächst", in: Frankfurter Allgemeine, vom 30.10.2015, abrufbar unter: http://www.faz.net/aktuell/politik/fluechtlings-krise/hamburger-klagen-gegen-fluechtlingsunterkuenfte-13883502.html; *Stoll, Johann*: „Bloß keine Flüchtlinge als Nachbarn", in: Augsburger Allgemeine Online, vom 28.01.2016, abrufbar unter: http://www.augsburger-allgemeine.de/mindelheim/Bloss-keine-Fluechtlinge-als-Nachbarn-id36744057.html.
[1592] Der Antrag auf vorläufigen Rechtsschutz ist erforderlich, da Anfechtungsklagen eines Dritten gegen die bauaufsichtliche Zulassung eines Vorhabens gem. § 212a I BauGB i.V.m. § 80 II 1 Nr. 3 VwGO keine aufschiebende Wirkung haben.
[1593] Aus diesem Grund haben auch sämtliche Sondervorschriften i.S.v. § 246 VIII bis XVII BauGB einen nur vorübergehenden Charakter; vgl. dazu im Rahmen des Sinn und Zwecks der Sondervorschriften im dritten Kapitel auf S. 100 f.

taugt dieser Gedanke nicht als tragende verwaltungsprozessuale Alternativlösung zu den statuierten erweiterten bodenrechtlichen Befreiungsregelungen.

Zum einen hat der Gesetzgeber diesen Anknüpfungspunkt bereits gesehen und ist im Rahmen des Asylverfahrensbeschleunigungsgesetzes dementsprechend tätig geworden, indem er die Vorschrift des § 17 VwGO um eine Nr.3 erweitert hat. Zur Überbrückung der zeitlich begrenzten Sonderbelastung können bei den Verwaltungsgerichten nunmehr – neben Richtern auf Lebenszeit (§ 15 I VwGO), Richtern auf Probe (§ 17 Nr. 1 VwGO) und Richtern kraft Auftrags (§ 17 Nr. 2 VwGO) – gem. § 17 Nr. 3 VwGO auch Richter auf Zeit eingesetzt werden. Außerdem wurde § 18 VwGO eingefügt, der aufgrund von § 11 DRiG in Bezug auf die Ernennung zum Richter auf Zeit erforderlich wurde.[1594] Damit hat der Gesetzgeber bereits für eine vorübergehende personelle Verstärkung beim täglichen Einsatz von Richtern bei den Verwaltungsgerichten gesorgt.

Zum anderen dient diese verwaltungsprozessuale Regelung auch deswegen nicht als eine die erweiterte Befreiungsregelung des § 246 X BauGB ersetzende „mildere, aber ebenso wirksame" Alternative, da sie – für sich genommen – jedenfalls nicht gleich effektiv ist. Denn auf diese Weise wird die Schaffung von dringend erforderlichem Unterbringungsraum selbst nicht erleichtert. Es wird nur für die Fälle, in denen gegen die Schaffung einer anderweitig zugelassenen Flüchtlingsunterkunft von Seiten der Nachbarn vorgegangen wurde, eine Beschleunigung im verwaltungsprozessualen Verfahren erreicht. Mit anderem Worten, es wird so nur die Verfahrensdauer eines etwaigen Rechtsstreits verkürzt; das grundlegende Problem der materiell-rechtlichen Vereinfachung der Voraussetzungen zur zeitnahen und kurzfristigen Schaffung von Unterbringungsraum für Flüchtlinge bleibt ungelöst. Daher kann eine derartige verwaltungsprozessuale Privilegierung allenfalls unterstützend bzw. flankierend zu materiell-rechtlichen städtebaulichen Erleichterungen hinzutreten; eine echte Alternative ist sie nicht.

Deshalb scheidet auch die verwaltungsprozessuale Befristung des vorläufigen Rechtsschutzes gegen Flüchtlingsunterkünfte i.S.v. § 80a III 2 i.V.m. § 80 V 1 Alt. 1 VwGO als mildere und ebenso effektive Alternative zur erweiterten Befreiungsregelung des § 246 X BauGB aus. Eine solche könnte freilich für die zeitnahe

---

[1594] Die Regelung des § 11 DRiG setzt voraus, dass eine Ernennung zum Richter auf Zeit nur unter den durch Bundesgesetz bestimmten Voraussetzungen und nur für bundesgesetzlich bestimmte Aufgaben zulässig ist. Diese Anforderungen werden mit § 18 VwGO erfüllt, der nunmehr bundesgesetzlich voraussetzt, dass es um die Deckung eines vorübergehenden Personalbedarfs in Verfahren vor den Verwaltungsgerichten gehen muss, die entsprechenden Personen Beamte auf Lebenszeit mit der Befähigung zum Richteramt sein müssen und die Ernennung für einen bestimmten Zeitraum von mindestens zwei Jahren erfolgen muss, um die richterliche Unabhängigkeit nicht zu gefährden.

Schaffung von neuem und menschenwürdigem Unterbringungsraum hilfreich sein und daher ergänzend zu den bauplanungsrechtlichen Sondervorschriften des § 246 VIII bis XVII BauGB durchaus in Betracht kommen. Ob insoweit Reformbedarf besteht, wird im Rahmen der kritischen Würdigung der Sondervorschriften für Flüchtlingsunterkünfte im achten Kapitel näher untersucht.[1595]

3. Angemessenheit

Auf der letzten Stufe des Verhältnismäßigkeitsmaßstabs wird eine sog. Angemessenheitsprüfung durchgeführt. Dabei muss die Bedeutung des Verfassungsrechts und das Maß der den Einzelnen treffenden Belastung mit den der Allgemeinheit erwachsenden Vorteilen abgewogen werden.[1596] Dabei darf „die Schwere des Eingriffs bei einer Gesamtabwägung nicht außer Verhältnis zu dem Gewicht der ihn rechtfertigenden Gründe" stehen.[1597] In die umfassende Güterabwägung sind ferner auch sonstige – den Eingriff irgendwie abschwächende bzw. ausgleichende – Umstände mit einzubeziehen.

In die Gesamtabwägung muss zunächst der nur sehr eingeschränkte Anwendungsbereich des § 246 X BauGB eingestellt werden. Erstens gilt die Privilegierung nur für eine ganz bestimmte Art von Vorhaben, nämlich nur für Aufnahmeeinrichtungen, Gemeinschaftsunterkünfte und sonstige Unterkünfte für Flüchtlinge oder Asylbegehrende. Zweitens ist die Befreiung nach § 246 X BauGB nur in einem einzigen Baugebiet möglich, nämlich im Gewerbegebiet i.S.v. § 8 BauNVO. Und drittens ist in örtlicher Hinsicht erforderlich, dass am konkreten Standort im Baugebiet Anlagen für soziale Zwecke allgemein oder ausnahmsweise zulässig sind.

Ferner sind die nachbarlichen Interessen auch im Rahmen des § 246 X BauGB weiterhin zu würdigen, wie sich aus dem Wortlaut der Norm ausdrücklich ergibt. Dies führt zwar nicht zu einem dem Gebietserhaltungsanspruch entsprechenden Abwehrniveau zugunsten der benachbarten Grundstückseigentümer. Allerdings bleiben dadurch die nachbarlichen Interessen und demnach auch das Interesse an der Einhaltung des Gebietscharakters in der Abwägung zumindest nicht gänzlich unbeachtet.[1598] Dies sollte unter Berücksichtigung der Tatsache auch ausreichen, dass bereits nach der Gesetzesbegründung den Nachbarn aufgrund der Ausnahmesituation vorüberge-

---

[1595] Vgl. dazu auf S. 427 ff.
[1596] *BVerfG*, Beschl. v. 12.05.1987 – 2 BvR 1226/83 = BVerfGE 76, 1; *BVerfG*, Beschl. v. 09.03.1994 – 2 BvL 43/92 = BVerfGE 90, 145; *Antoni*, in: Hömig/Wolff, GG, Art. 20 Rn. 13.
[1597] *BVerfG*, Beschl. v. 13.06.2007 – 1 BvR 1550/03 = BVerfGE 118, 168.
[1598] So auch *Kment/Wirth*, ZfBR 2016, 748 (754).

hend „ein Mehr" an Beeinträchtigung zuzumuten ist.[1599] Es ist kein Grund ersichtlich, weshalb dies nicht auch für den Gebietserhaltungsanspruch gelten sollte, dem durch die Regelung des § 246 X BauGB für Vorhaben der Flüchtlingsunterbringung die Grundlage entzogen wird.[1600]

Schließlich streitet auch die Wertigkeit der gegenüberstehenden verfassungsrechtlich geschützten Positionen für eine Angemessenheit und Zumutbarkeit des Eingriffs. Denn die Sicherstellung der Gewährung eines menschenwürdigen Existenzminimums der Flüchtlinge sowie der Schutz ihres Lebens und ihrer Gesundheit überwiegen gegenüber dem nur sehr spezifischen und punktuellen Eingriff in die Eigentumsgarantie der anderen Grundstückseigentümer im betroffenen Baugebiet. Gerade wegen der ausdrücklich normierten Sozialbindung des Eigentums i.S.v. Art. 14 II GG bekommen auch die Gewährleistung eines menschenwürdigen Existenzminimums i.S.v. Art. 1 I GG i.V.m. dem Sozialstaatsprinzip des Art. 20 I GG[1601] und das Recht auf Leben und körperliche Unversehrtheit i.S.v. Art. 2 II 1 GG ein besonderes Gewicht innerhalb der vorzunehmenden Gesamtabwägung.[1602] Das rein „materialistische", stark von wirtschaftlichen Interessen begleitete Recht der Grundstückseigentümer auf Erhaltung des gebietstypischen Charakters muss dagegen an dieser Stelle zurücktreten; unterstützend kommt hier noch hinzu, dass es sich bei der Flüchtlingsunterbringung nur um vorübergehende Maßnahmen handelt[1603] und der Rückgriff auf § 246 X BauGB im bauaufsichtlichen Verfahren bis zum 31.12.2019 befristet ist.

II. Rechtfertigung im Falle des § 246 XII BauGB

In Bezug auf den legitimen Zweck, die Geeignetheit und die Erforderlichkeit kann auf die obigen Ausführungen zu § 246 X BauGB auf S. 360 ff. verwiesen werden. Für die Verfassungsmäßigkeit des § 246 XII BauGB kommt es demnach maßgebend auf die Angemessenheit des durch ihn verursachten Eingriffs an.

Ähnlich wie im Falle des § 246 X BauGB spielt auch für die Gesamtabwägung im Rahmen des § 246 XII BauGB der eingeschränkte Anwendungsbereich der Sondervorschrift eine Rolle. So gilt die Privilegierung nur für eine ganz bestimmte Art von

---

[1599] BT-Drs. 18/6185, S. 54, der sich zwar unmittelbar auf die Privilegierungsvorschrift des § 246 XII BauGB bezieht. Daraus lässt sich aber eine allgemeine Regel für die Vorhaben der Flüchtlingsunterbringung ableiten; vgl. dazu ausführlich im achten Kapitel auf S. 428 ff.
[1600] *Kment/Wirth*, ZfBR 2016, 748 (754).
[1601] Das verfassungsrechtliche Existenzminimum hat das *Bundesverfassungsgericht* in seinem Hartz-IV-Urteil v. 09.02.2010 – 1 BvL 1/09 = BVerfGE 125, 175 ausdrücklich bestätigt. Zu diesem Grundrecht, vgl. im dritten Kapitel auf S. 102.
[1602] *Blechschmidt*, in: EZBK, BauGB, § 246 Rn. 69.
[1603] Zum Sinn und Zweck der Sondervorschriften, vgl. im dritten Kapitel auf S. 99 ff.

Vorhaben, nämlich nur für Flüchtlingsunterkünfte. Der räumliche Anwendungsbereich ist gegenüber § 246 X BauGB zwar etwas weiter, da die Sonderregelung des § 246 XII BauGB auch für andere Baugebiete gilt und es nicht notwendig ist, dass am konkreten Standort Anlagen für soziale Zwecke allgemein oder ausnahmsweise zulässig sind. Andererseits stellt sich der sachliche Anwendungsbereich des § 246 XII BauGB wieder enger dar, da er sich nur auf mobile Unterkünfte und auf Nutzungsänderungen an bestehenden baulichen Anlagen bezieht.

Die (leichte) Ausweitung des Anwendungsbereichs gegenüber § 246 X BauGB – § 246 XII 1 Nr. 1 BauGB ist auch in Wohngebieten und damit in einem praktischen Hauptanwendungsfeld des Gebietserhaltungsanspruchs anwendbar – hat der Gesetzgeber durch die Statuierung einer sog. administrativen Befristung auf maximal drei Jahre ausgeglichen. Die Befristung des jeweiligen Einzelvorhabens gilt danach nicht unmittelbar kraft Gesetzes. Vielmehr stellt sie eine verfahrensrechtliche Vorgabe an die Baugenehmigungsbehörde dar, diese Befristung im Rahmen der Befreiungserteilung umzusetzen.[1604] Wichtig ist in diesem Zusammenhang, dass das Gesetz keine Verlängerungsmöglichkeit bzw. keine mehrfache Befreiungserteilung auf Grundlage des § 246 XII BauGB vorsieht.[1605] Nach Ablauf der dreijährigen Frist ist es vielmehr unzulässig, am selben Standort eine erneute Befreiung auf die Sondervorschrift des § 246 XII BauGB zu stützen.[1606] Es steht für die betroffenen Grundstückseigentümer daher von vornherein fest, dass der Gebietserhaltungsanspruch in Bezug auf Flüchtlingsunterkünfte nur für einen ganz konkreten Zeitraum von maximal drei Jahren außer Kraft gesetzt werden kann.

Darüber hinaus sind – im Unterschied zu § 246 X BauGB – bei § 246 XII BauGB die Grundzüge der Planung auf Rechtsfolgenebene zu berücksichtigen. Auch dies stellt meines Erachtens einen gewissen eingriffsabschwächenden Umstand in Bezug auf Art. 14 GG dar. Da die Grundzüge der Planung in erster Linie die Festsetzungen eines Bebauungsplans hinsichtlich der Art der baulichen Nutzung – an die der Gebietserhaltungsanspruch gerade anknüpft – betreffen, wird dieser beschränkt, wenn eine Befrei-

---

[1604] Die Formulierung „auf längstens drei Jahre" lässt insoweit keinen Auslegungsspielraum zu, da durch die Baugenehmigungsbehörde ja erst noch festgelegt werden muss, auf welchen Zeitraum zwischen einem Tag und drei Jahren sich die Befreiung konkret erstrecken soll. Vgl. etwa: *Mitschang/Reidt*, in: Battis/Krautzberger/Löhr, BauGB, § 246 Rn. 33; *Jarass/Kment*, in: Jarass/Kment, BauGB, § 246 Rn. 23; *Dürr*, in: Brügelmann, BauGB, § 246 Rn. 38.
[1605] Vgl. dazu auch im Rahmen des zeitlichen Anwendungsbereichs im vierten Kapitel auf S. 156.
[1606] Dies ergibt sich bereits aus dem Sinn und Zweck der Befristung, wonach es sich bei dem danach zugelassenen Vorhaben nur um ein Provisorium handeln soll. Vgl. dazu auch: *OVG Hamburg*, Beschl. v. 14.04.2016 – 2 Bs 29/16 = KommJur 2016, 316; *Blechschmidt*, in: EZBK, BauGB, § 246 Rn. 77; *Mitschang/Reidt*, in: Battis/Krautzberger/Löhr, BauGB, § 246 Rn. 33; *Blechschmidt/Reidt*, BauR 2016, 934 (937); *Decker*, in: Schiwy, BauGB, § 246 Rn. 91; *Jarass/Kment*, in: Jarass/Kment, BauGB, § 246 Rn. 23; *Dürr*, in: Brügelmann, BauGB, § 246 Rn. 38.

ung in zulässiger Weise unter Berührung der Grundzüge der Planung erteilt werden darf.[1607] Im Umkehrschluss wird der Gebietserhaltungsanspruch als eine verfassungsrechtlich verfestigte Eigentumsposition wieder etwas „gestärkt", wenn die Grundzüge der Planung im Rahmen der Befreiungsentscheidung zumindest auf Rechtsfolgenebene Berücksichtigung finden müssen. Dieser Zusammenhang liegt auch darin begründet, dass es sowohl beim Merkmal des Unberührtbleibens der Grundzüge der Planung als auch beim Gebietserhaltungsanspruch praktisch „um die gleiche Sache" geht, nämlich darum, städtebauliche Spannungen – insbesondere aufgrund von Immissionskonflikten – zu vermeiden. Während die Grundzüge der Planung primär dem Schutz der planerischen Grundkonzeption der Gemeinde und damit der kommunalen Planungshoheit dienen, ist der Gebietserhaltungsanspruch auf die Abwehr gebietsfremder Vorhaben durch die Grundstückseigentümer des betroffenen Baugebietes gerichtet.

Ebenso wie im Falle des § 246 X BauGB sind auch im Rahmen des § 246 XII BauGB die nachbarlichen Interessen auf Tatbestandsebene zu würdigen. Dies führt zwar nicht zu einem dem Gebietserhaltungsanspruch entsprechenden Abwehrniveau zugunsten der benachbarten Grundstückseigentümer. Allerdings bleiben dadurch die nachbarlichen Interessen und demnach auch das Interesse an der Einhaltung des Gebietscharakters in der Abwägung zumindest nicht gänzlich unbeachtet.[1608] Zuletzt streitet auch bei § 246 XII BauGB die Wertigkeit der gegenüberstehenden verfassungsrechtlich geschützten Positionen für eine Angemessenheit und Zumutbarkeit des Eingriffs. Insoweit kann auf die obigen Ausführungen zu § 246 X BauGB verwiesen werden.[1609] Insgesamt betrachtet stellt daher auch § 246 XII BauGB eine (noch) verhältnismäßige Inhalts- und Schrankenbestimmung dar.[1610]

III. Rechtfertigung im Falle des § 246 XIV BauGB

Abschließend ist der Frage nachzugehen, ob der mit der Generalklausel i.S.v. § 246 XIV BauGB verursachte Eingriff in die Eigentumsgarantie noch dem Verhältnismäßigkeitsgrundsatz entspricht. In Bezug auf den legitimen Zweck, die Geeignetheit und die Erforderlichkeit kann wieder auf die obigen Ausführungen zu § 246 X BauGB verwiesen werden. Demgegenüber ist hier die Verhältnismäßigkeit im engeren Sinne nicht ganz unumstritten.

[1607] Auf den Zusammenhang zwischen den Grundzügen der Planung und dem Gebietserhaltungsanspruch verweisen auch *Kment/Wirth*, ZfBR 2016, 748 (753).
[1608] So auch *Kment/Wirth*, ZfBR 2016, 748 (754).
[1609] Vgl. dazu auf S. 381.
[1610] So im Ergebnis auch *Kment/Wirth*, ZfBR 2016, 748 (754).

So ist *Hornmann* der Auffassung, dass § 246 XIV BauGB eine unverhältnismäßige und damit verfassungswidrige Inhalts- und Schrankenbestimmung darstellt.[1611] Er stützt sich dabei ausschließlich auf die Gefahr eines sog. Zweiklassenbaurechts, da Bauherr im Falle des § 246 XIV BauGB faktisch nur die öffentliche Hand sei. Dies lässt sich freilich nur so verstehen, dass als maßgeblich für die Unverhältnismäßigkeit der Sondervorschrift von *Hornmann* der Umstand erachtet wird, dass § 246 XIV BauGB einerseits den Gebietserhaltungsanspruch der privaten Grundstückseigentümer im betroffenen Baugebiet verletzt, die privaten Grundstückseigentümer sich andererseits aber selbst nicht auf die streitgegenständliche Privilegierung berufen können. *Hornmann* verkennt meines Erachtens, dass dieser – in seinem Kern ja durchaus plausible – Grundgedanke aber primär nicht im Rahmen des Art. 14 GG, sondern vielmehr bei den Gleichheitsgrundrechten zu verorten und zu erörtern ist.[1612] Im Übrigen sprechen bei der im Rahmen der Verhältnismäßigkeitsprüfung durchzuführenden Gesamtabwägung die besseren, weil überlegeneren Gründe für eine Angemessenheit und Zumutbarkeit des § 246 XIV BauGB. Dazu im Einzelnen:

In die Gesamtabwägung ist auch hier wieder der nur sehr eingeschränkte Anwendungsbereich der Generalklausel einzustellen. Erstens gilt die Privilegierung des § 246 XIV BauGB lediglich für eine ganz bestimmte Art von Vorhaben, nämlich für Aufnahmeeinrichtungen, Gemeinschaftsunterkünfte und sonstige Unterkünfte für Flüchtlinge oder Asylbegehrende. Und zweitens ist im Unterschied zu § 246 X und XII BauGB eine strenge Subsidiarität zu beachten. Danach kann auf die Generalklausel nur dann zurückgegriffen werden, wenn weder die allgemeinen bauplanungsrechtlichen Vorschriften noch die ihrerseits bereits sehr weitgehenden Erleichterungen der Absätze 8 bis 13 des § 246 BauGB ausreichen, um eine Zulässigkeit der dringend benötigten Unterbringungseinrichtungen herbeizuführen. Ferner ist § 246 XIV BauGB nicht nur von seinem Anwendungsbereich, sondern auch von seinem Umfang bzw. seiner Eingriffstiefe her auf das erforderliche Maß beschränkt. Bereits das streitet für einen gerechten und abgewogenen Ausgleich von Privateigentum und staatlicher Daseinsvorsorge, wozu eine angemessene Flüchtlingsunterbringung gehört.[1613]

Darüber hinaus spielt eine Rolle, dass auch bei § 246 XIV BauGB die nachbarlichen Interessen im Rahmen der Erforderlichkeitsprüfung weiterhin zu würdigen sind, sodass das Interesse an der Einhaltung des Gebietscharakters in der Abwägung nicht unbeachtet bleibt.[1614] Je erheblicher die Abweichungen von den bauplanungsrechtlichen

---

[1611] *Hornmann*, in: BeckOK BauNVO, § 3 Rn. 240; *Hornmann*, NVwZ 2016, 436 (439).
[1612] Dieser Grundgedanke wird daher im Anschluss daran in der verfassungsrechtlichen Prüfung des Gleichheitssatzes auf S. 387 ff. wieder aufgegriffen.
[1613] So im Ergebnis auch *Petersen*, KommP BY 2016, 50 (54).
[1614] *Blechschmidt*, in: EZBK, BauGB, § 246 Rn. 99; *Kment/Wirth*, ZfBR 2016, 748 (754).

Standards sind und je mehr damit der Gebietscharakter gefährdet wird, desto eher stehen der Abweichung und damit der Zulassung eines Vorhabens die nachbarlichen Belange entgegen.[1615] Zudem sind auch bei § 246 XIV BauGB auf Rechtsfolgenebene die Grundzüge der Planung zu beachten. Beides sind Gesichtspunkte, die im Rahmen der Gesamtabwägung die Verhältnismäßigkeit der Sondervorschrift stützen.

Weiterhin trägt auch die Statuierung einer Rückbauverpflichtung gem. § 246 XIV 5 BauGB i.V.m. § 35 V 2 HS. 1 BauGB dazu bei, dass der Eingriff in die Eigentumsfreiheit noch als verhältnismäßig qualifiziert werden kann. Mit diesem Instrument hat der Gesetzgeber dafür gesorgt, dass die durch § 246 XIV 1 BauGB verursachte „Belastung" der Grundstückseigentümer im betroffenen Baugebiet keinen Dauerzustand darstellt. Nach Wegfall des dringenden Bedarfs sowie einer anderweitig zulässigen Anschlussnutzung ist die auf Grundlage des § 246 XIV 1 BauGB geschaffene Flüchtlingsunterkunft wieder zu beseitigen, sodass die Grundstückseigentümer nicht weiterhin in ihrem Gebietserhaltungsanspruch beeinträchtigt werden. Mit Hilfe der Sicherstellung der Rückbauverpflichtung entsprechend § 35 V 3 BauGB wird ferner dafür Sorge getragen, dass es hinsichtlich der Beseitigung des gebietsfremden Vorhabens im Falle des Untätigbleibens des Vorhabenträgers nicht etwa auf die Haushaltssituation der zuständigen Bauaufsichtsbehörde ankommt, wenn diese sich die – im Wege der Ersatzvornahme erfolgende – zwangsweise Durchsetzung der bauordnungsrechtlichen Beseitigungsverfügung möglicherweise „nicht leisten" kann.

Ausschlaggebend im Rahmen der Gesamtabwägung ist auch hier die Wertigkeit der gegenüberstehenden verfassungsrechtlich geschützten Positionen sowie die hinter § 246 XIV BauGB stehende Ultima-Ratio-Situation bzw. „Notsituation".[1616] Denn die Sicherstellung der Gewährung eines menschenwürdigen Existenzminimums der Flüchtlinge sowie der Schutz ihres Lebens und ihrer Gesundheit überwiegen den nur sehr spezifischen und punktuellen Eingriff in die Eigentumsgarantie der anderen Grundstückseigentümer im betroffenen Baugebiet. Es ist gerade die Sozialbindung des Eigentums i.S.v. Art. 14 II GG, die vor allem der Gewährleistung eines menschenwürdigen Existenzminimums gem. Art. 1 I GG i.V.m. dem Sozialstaatsprinzip des Art. 20 I GG ein besonderes Gewicht innerhalb der Abwägung verleiht. Eine feste Bleibe gehört nicht nur zum physischen Existenzminimum eines jeden Menschen, das dieser für ein menschenwürdiges Dasein benötigt. Gerade in den Wintermonaten ist es im Hinblick auf den Schutz von Leib, Leben und Gesundheit i.S.v. Art. 2 II 1 GG zwingend, dass für alle ankommenden Flüchtlinge und Asylbegehrenden – vor allem für Frauen

---

[1615] *Dürr*, in: Brügelmann, BauGB, § 37 Rn. 14.
[1616] Auch *Durner*, DVBl 2015, 1605 (1608) verweist im Rahmen der Frage der Verfassungskonformität des § 246 XIV BauGB auf die „Notsituation", die der Gesetzgeber zu bewältigen hatte.

und Kleinkinder – ausreichende Unterkunftsräumlichkeiten zur Verfügung stehen. Sind diese aufgrund der konkreten Flüchtlingssituation dringend erforderlich, aber können nach geltendem Bauplanungsrecht anderweitig keine Flüchtlingsunterkünfte geschaffen werden, bietet die Auffangklausel des § 246 XIV BauGB den sprichwörtlich letzten „Rettungsanker" (Ultima-Ratio-Gedanke). Das rein im Materiellen verhaftete, stark von wirtschaftlichen Interessen geleitete Recht der Grundstückseigentümer auf Erhaltung des gebietstypischen Charakters muss in dieser Situation zurücktreten, gerade wenn man auch noch berücksichtigt, dass es sich bei der Flüchtlingsunterbringung nur um vorübergehende Maßnahmen handelt[1617] und der Rückgriff auf § 246 XIV BauGB im bauaufsichtlichen Genehmigungsverfahren bis zum 31.12.2019 befristet ist. Der durch § 246 XIV 1 BauGB verursachte Eingriff in das Eigentumsrecht der benachbarten Grundstückseigentümer ist daher gerechtfertigt.[1618]

[1617] Vgl. dazu im Rahmen des Sinn und Zwecks der Sondervorschriften im dritten Kapitel auf S. 100 f.
[1618] So im Ergebnis auch: *Kment/Wirth*, ZfBR 2016, 748 (754); *Blechschmidt*, in: EZBK, BauGB, § 246 Rn. 95; wohl auch *Durner*, DVBl 2015, 1605 (1607 f.); Hinweis Nr. 2.6.1 der *Fachkommission Städtebau* vom 15.12.2015.

§ 21

Der Gleichheitssatz

Ius respicit aequitatem (das Recht achtet die Gleichheit) – eine schon im 16. Jahrhundert bekannte Rechtsregel.[1619] Ihr Gedanke findet sich wieder in unserem Gleichheitssatz, der in Art. 3 GG verfassungsrechtlich fest in der bundesdeutschen Rechtsordnung verankert ist. Er gliedert sich auf in das Gleichheitsgrundrecht und das Gebot auf gleichheitsgerechte Gesetzgebung.[1620] Während es bei ersterem um das subjektive Recht auf Gleichbehandlung des Einzelnen geht, betrifft letzteres das abstrakte Gebot der Systemgerechtigkeit bzw. Folgerichtigkeit. Im Einzelnen:

A. Gleichheitssatz als subjektives Recht auf Gleichbehandlung

Neben den Freiheitsgrundrechten kennt das Grundgesetz auch noch Gleichheitsgrundrechte. Diese könnten durch die Sondervorschriften für Flüchtlingsunterkünfte verletzt sein. Während die Abwehr- oder Freiheitsgrundrechte den Einzelnen vor einer Verkürzung seiner Freiheit schützen, verbieten es Gleichheitsgrundrechte dem Staat, Menschen ohne sachlichen Grund unterschiedlich zu behandeln. Die Prüfung, ob ein Gleichheitsrecht verletzt ist, unterscheidet sich dabei deutlich von der eines Freiheitsgrundrechts. Denn anders als bei den Freiheitsgrundrechten geht es hier nicht um den Schutz bestimmter Rechtsgüter gegen Eingriffe in den grundrechtlichen Schutzbereich, sondern um das Gebot der Gleichbehandlung bzw. das Verbot unsachgemäßer Differenzierungen.[1621] Bereits aus diesem Grund lässt sich die Eingriffsdogmatik der Freiheitsgrundrechte nicht ohne weiteres auf die Gleichheitsgrundrechte übertragen.[1622] Ferner beziehen sich Gleichheitsgrundrechte stets auf eine Relation zwischen zwei oder mehreren Vergleichsgruppen. Sie kennen hingegen keinen substanzartigen Schutzbereich, der einem Eingriff bereits denklogisch vorausgehen muss, da es Gleichheit nicht als Substanz,

---

[1619] Vgl. dazu den Kurzbeitrag von *Redeker*, NJW 1988, 117.
[1620] *Osterloh/Nußberger*, in: Sachs, GG, Art. 3 Rn. 38 ff. und 90 ff.
[1621] *Dreier*, in: Dreier, GG, Vor. Art. 1 Rn. 151.
[1622] *Manssen*, Staatsrecht II – Grundrechte, Rn. 830; *Antoni*, in: Hömig/Wolff, GG, Vor. Art. 1 Rn. 13; *Dreier*, in: Dreier, GG, Vor. Art. 1 Rn. 151; *Epping*, Grundrechte, Rn. 775 f. Demgegenüber wird in Teilen der Literatur immer wieder der Versuch unternommen, die Gleichheitsgrundrechte der Prüfungssystematik nach den Freiheitsrechten zu unterstellen und diese letztlich einem Eingriffsregime zu unterwerfen; vgl. dazu etwa *Dreier*, in: Dreier, GG, Vor. Art. 1 Rn. 153. Eine vermittelnde Auffassung vertritt dabei *Jarass*, in: Jarass/Pieroth, GG, Vor. Art. 1 Rn. 15.

sondern gerade nur als Relation gibt.[1623] Es kommt bei den Gleichheitsgrundrechten auf mögliche Benachteiligungen in Gestalt von Ungleichbehandlungen an.[1624] Ein Gleichheitsrecht ist somit immer dann verletzt, wenn eine rechtlich relevante Ungleichbehandlung vorliegt, die verfassungsrechtlich nicht gerechtfertigt werden kann. Im Unterschied zu den Freiheitsgrundrechten ist also eine zweistufige Prüfung geboten. Im Mittelpunkt der Gleichheitsgrundrechte steht der allgemeine Gleichheitssatz i.S.v. Art. 3 I GG. Daneben gibt es eine Reihe von speziellen Gleichheitsgrundrechten, etwa in Art. 3 II, III GG, Art. 6 V GG oder Art. 33 I bis III GG. In Bezug auf die Sondervorschriften für Flüchtlingsunterkünfte i.S.v. § 246 VIII bis XVII BauGB kommt als gleichheitsrechtlich relevante Spezialbestimmung aber lediglich das Diskriminierungsverbot des Art. 3 III 1 GG in Betracht. Sofern der spezielle Gleichheitssatz des Art. 3 III GG einschlägig ist, tritt der allgemeine Gleichheitssatz i.S.v. Art. 3 I GG im Bereich der dort geregelten Differenzierungskriterien vollständig zurück.[1625] Denn anderenfalls müsste stets der allgemeine Gleichheitssatz als einschlägig mitgenannt werden.[1626] Eine Anwendung des Art. 3 I GG auf denselben Sachverhalt ist hingegen möglich, soweit es um andere Vergleichsfälle bzw. Vergleichsgruppen geht.[1627]

I. Diskriminierungsverbot des Art. 3 III 1 GG als spezielles Gleichheitsgrundrecht

Anknüpfungspunkt für einen Verstoß gegen das Diskriminierungsverbot des Art. 3 III 1 GG könnte eine bauplanungsrechtliche Schlechterstellung von Flüchtlingen gegenüber Nichtflüchtlingen sein. Besonders deutlich wird eine solche Ungleichbehandlung insbesondere bei den Regelungen der Absätze 10, 12 und 14 des § 246 BauGB. Denn während Nichtflüchtlinge aufgrund des hohen Emissionsniveaus in Gewerbe- und Industriegebebieten in aller Regel weder wohnen noch eine wohnähnliche Nutzung ausüben dürfen, können Flüchtlinge auf Grundlage dieser Sonderregelungen im Einzelfall in eben diesen Baugebieten untergebracht werden. Aber auch in Bezug auf die übrigen Sondervorschriften des § 246 VIII, IX, XI und XIII BauGB liegt eine Ungleichbehandlung von Flüchtlingen und Nichtflüchtlingen vor.

[1623] Sehr instruktiv hierzu *Dreier*, in: Dreier, GG, Vor. Art. 1 Rn. 153.
[1624] *Antoni*, in: Hömig/Wolff, GG, Vor. Art. 1 Rn. 13.
[1625] *BVerfG*, Beschl. v. 28.02.2007 – 1 BvL 9/04 = BVerfGE 118, 45; *BVerfG*, Urt. v. 24.01.1962 – 1 BvL 32/57 = BVerfGE 13, 290; *BVerfG*, Beschl. v. 16.12.1981 – 1 BvR 898/79 = BVerfGE 59, 128, wonach „für eine Prüfung am Maßstab des allgemeinen Gleichheitssatzes kein Raum mehr [verbleibt], wenn die zu prüfende einfache Gesetzesnorm einer speziellen Grundrechtsnorm zuwiderläuft". Vgl. auch: *Langenfeld*, in: Maunz/Dürig, GG, Art. 3 Abs. 3 Rn. 14; *Wolff*, in: Hömig/Wolff, GG, Art. 3 Rn. 1.
[1626] *Jarass*, in: Jarass/Pieroth, GG, Art. 3 Rn. 2.
[1627] *Osterloh/Nußberger*, in: Sachs, GG, Art. 3 Rn. 78.

1. Diskriminierung wegen eines der in Art. 3 III 1 GG genannten Kriterien

Für einen Verstoß gegen das spezielle Diskriminierungsverbot des Art. 3 III 1 GG ist eine Benachteiligung oder Bevorzugung wegen eines der dort genannten Kriterien erforderlich. Da dieser Katalog von Diskriminierungsverboten abschließend ist, scheidet seine Erweiterung um andere Kriterien – z.B. um die Flüchtlingseigenschaft – von vornherein aus.[1628] Die aufgezählten Differenzierungsverbote i.S.v. Art. 3 III 1 GG wollen nämlich lediglich eine Mindestsicherung gegen Diskriminierung gewährleisten, nicht aber eine „Pinnwand für fortzuschreibende gesellschaftspolitische Anliegen anbieten".[1629] In Betracht kommt hier eine Benachteiligung der Flüchtlinge wegen der Abstammung, der Rasse, der Heimat sowie der Herkunft. Die Abstammung bezeichnet dabei die natürliche biologische Beziehung eines Menschen zu seinen Vorfahren.[1630] Daraus folgt, dass Kinder von Christen, von Juden, von Sinti oder Roma, von politischen Gegnern oder auch von Flüchtlingen keine Benachteiligung erfahren dürfen. Das Kriterium der Abstammung richtet sich im Ergebnis vor allem gegen unzulässige „Sippenhaft" und Vetternwirtschaft.[1631] Rasse meint die Zugehörigkeit eines Menschen zu einer Gruppe mit realen oder vermeintlich biologisch vererbbaren Merkmalen.[1632] Von diesem Diskriminierungsverbot werden insbesondere Farbige, Mischlinge, Juden, Sinti und Roma sowie sonstige ethnische Minderheiten erfasst.[1633] Der Begriff der Heimat bezieht sich auf die örtliche Herkunft eines Menschen i.S.v. Geburt oder Ansässigkeit.[1634] Das Merkmal zielte historisch vornehmlich auf die Gleichstellung von Flüchtlingen, Vertriebenen und Umsiedlern nach dem Zweiten Weltkrieg und sollte diese gegen Diskriminierungen schützen.[1635] Herkunft meint schließlich die von den Vorfahren hergeleitete, ständisch-soziale Abstammung und Verwurzelung.[1636] Dabei geht es nicht um die örtliche Herkunft, die bereits über das Merkmal der Heimat hinreichend gesichert ist. Vielmehr soll damit beispielsweise eine Bevorzugung von „Blaublütern" oder auch eine Benachteiligung von Kindern bestimmter Berufsgruppen verhindert werden.

[1628] *Jarass*, in: Jarass/Pieroth, GG, Art. 3 Rn. 118; *Langenfeld*, in: Maunz/Dürig, GG, Art. 3 Abs. 3 Rn. 41.
[1629] *Wolff*, in: Hömig/Wolff, GG, Art. 3 Rn. 24.
[1630] *BVerfG*, Beschl. v. 22.01.1959 – 1 BvR 154/55 = BVerfGE 9, 124.
[1631] *Starck*, in: v. Mangoldt/Klein/Starck, GG, Art. 3 Abs. 3 Rn. 385; *Jarass*, in: Jarass/Pieroth, GG, Art. 3 Rn. 121.
[1632] *Manssen*, Staatsrecht II – Grundrechte, Rn. 834; *Jarass*, in: Jarass/Pieroth, GG, Art. 3 Rn. 122.
[1633] Daraus wird deutlich, dass es sich bei dem Merkmal der Rasse um einen Unterfall der Abstammung handeln muss; vgl. *Jarass*, in: Jarass/Pieroth, GG, Art. 3 Rn. 122.
[1634] *BVerfG*, Beschl. v. 30.05.1978 – 1 BvL 26/76 = BVerfGE 48, 281.
[1635] *BVerfG*, Beschl. v. 12.02.2003 – 2 BvR 709/99 = BVerfGE 107, 257.
[1636] So bereits *BVerfG*, Beschl. v. 22.01.1959 – 1 BvR 154/55 = BVerfGE 9, 124.

Die Flüchtlingseigenschaft, an welche die Vorschriften der Absätze 8 bis 17 des § 246 BauGB anknüpfen, besteht unabhängig von einer bestimmten Abstammung, Rasse, Heimat oder Herkunft. Es hilft an dieser Stelle herauszustellen, dass als Flüchtlinge faktisch nur bestimmte Staatsangehörigkeiten und niemals deutsche Staatsangehörige oder Unionsbürger betroffen sind.[1637] Man kann daher fragen, ob Nachteile durch staatliche Maßnahmen, die an die Staatsangehörigkeit der Personen anknüpfen, möglicherweise eine durch Art. 3 III GG verbotene Diskriminierung wegen Heimat oder Herkunft darstellen. Dies ist nach der herrschenden Auffassung in Rechtsprechung und Literatur zu verneinen, sodass das spezielle Gleichheitsgrundrecht jedenfalls nicht unmittelbar vor Ungleichbehandlungen aufgrund der Staatsangehörigkeit bzw. der Ausländer- oder Flüchtlingseigenschaft schützt.[1638]

2. Mittelbare Ungleichbehandlung

Differenzierungen aufgrund der Staatsangehörigkeit stellen jedoch nur solange keine Ungleichbehandlung i.S.v. Art. 3 III 1 GG dar, wie dadurch im Ergebnis auch keine faktische Differenzierung anhand der dort aufgeführten Merkmale bewirkt wird. Es geht um die Unterscheidung zwischen unmittelbarer und mittelbarer Ungleichbehandlung.[1639]

Eine unmittelbare oder direkte Ungleichbehandlung liegt vor, wenn das Gesetz oder eine andere staatliche Maßnahme unmittelbar an ein „verpöntes" Merkmal des Art. 3 III 1 GG anknüpft.[1640] Eine mittelbare, indirekte oder faktische Ungleichbehandlung ist nach der Rechtsprechung des *Bundesverfassungsgerichts* dann anzunehmen, wenn

---

[1637] Zu den Begriffen des Flüchtlings und des Asylbegehrenden, vgl. im Rahmen des persönlichen Anwendungsbereichs der Sondervorschriften im vierten Kapitel auf S. 113 ff.
[1638] *BVerfG*, Beschl. v. 20.03.1979 – 1 BvR 111/74 = BVerfGE 51, 1; *BVerfG*, Beschl. v. 09.02.1994 – 1 BvR 1687/92 = BVerfGE 90, 27; *BVerfG*, Beschl. v. 07.02.2012 – 1 BvL 14/07 = BVerfGE 130, 240; *BVerwG*, Urt. v. 27.09.1988 – 1 C 52/87 = NJW 1989, 1441; *Starck*, in: v. Mangoldt/Klein/Starck, GG, Art. 3 Abs. 3 Rn. 395; *Osterloh/Nußberger*, in: Sachs, GG, Art. 3 Rn. 297; *Jarass*, in: Jarass/Pieroth, GG, Art. 3 Rn. 126; *Langenfeld*, in: Maunz/Dürig, GG, Art. 3 Abs. 3 Rn. 58.
[1639] Die faktische bzw. mittelbare Ungleichbehandlung im Rahmen der Gleichheitsgrundrechte ist streng vom mittelbar faktischen Grundrechtseingriff zu unterscheiden, der nur bei Freiheitsgrundrechten angenommen werden kann. Dies ergibt sich bereits daraus, dass es bei Gleichheitsgrundrechten sowohl sprachlich als auch dogmatisch nicht auf einen Eingriff ankommt (vgl. dazu bereits auf S. 387 f.). Vielmehr ist ein Gleichheitsrecht immer dann verletzt, wenn eine rechtlich relevante Ungleichbehandlung vorliegt, die verfassungsrechtlich nicht gerechtfertigt werden kann. Außerdem meint der mittelbar faktische Grundrechtseingriff staatliches Handeln, das nicht in der Form des Rechts erfolgt, während die mittelbare Ungleichbehandlung Rechtsakte meint, bei denen Personen, die nicht im Normtext erscheinen, in spezifischer Form betroffen sind. Dies zeigt, dass die mittelbare Ungleichbehandlung und der mittelbar faktische Grundrechtseingriff zwei völlig verschiedene Rechtsfiguren sind.
[1640] *Osterloh/Nußberger*, in: Sachs, GG, Art. 3 Rn. 255; *Wolff*, in: Hömig/Wolff, GG, Art. 3 Rn. 20.

der „durch Art. 3 III GG nicht verbotene sachliche Anknüpfungspunkt in der gesellschaftlichen Wirklichkeit weitgehend nur für eine Gruppe zutrifft oder die differenzierende Regelung sich weitgehend nur auf eine Gruppe im Sinne einer faktischen Benachteiligung auswirkt, deren Ungleichbehandlung nach Art. 3 III GG strikt verboten ist."[1641] In diesen Fällen ist eine staatliche Maßnahme – in Bezug auf die in Art. 3 III 1 GG genannten Merkmale – zwar neutral formuliert, knüpft aber an andere Merkmale an, die im Ergebnis typischerweise zu einer unterschiedlichen Behandlung der in Art. 3 III 1 GG genannten Merkmalsträger führen.[1642] Das Institut der mittelbaren Diskriminierung hat nach ganz herrschender Meinung auch Einzug in den Anwendungsbereich des Art. 3 III 1 GG gefunden.[1643]

Eine mittelbare Diskriminierung hat gegenüber einer unmittelbaren Diskriminierung allerdings einen abgeschwächten Rechtfertigungsmaßstab.[1644] Während unmittelbare Ungleichbehandlungen i.S.v. Art. 3 III 1 GG nur durch verfassungsrechtliche Gründe und damit aufgrund kollidierenden Verfassungsrechts gerechtfertigt werden können, sind mittelbare Ungleichbehandlungen schon dann gerechtfertigt, wenn die entsprechende Regelung auf hinreichenden sachlichen Gründen beruht und sie auch im Übrigen verhältnismäßig ist.[1645]

Fraglich ist also, ob die Differenzierung nach der Flüchtlingseigenschaft möglicherweise eine mittelbare Ungleichbehandlung i.S.v. Art. 3 III 1 GG bewirkt. Da als Flüchtlinge faktisch nur bestimmte Staatsangehörigkeiten und niemals deutsche Staatsangehörige oder Unionsbürger betroffen sind, bietet sich vorliegend ein Vergleich mit den in der Rechtsprechung und Literatur bereits diskutierten Differenzierungsmerkmalen der Staatsangehörigkeit und der Ausländereigenschaft an. Das *Bundesverfassungsgericht* prüft Rechte von geflüchteten Personen bislang ausschließlich anhand des allgemeinen Gleichheitssatzes.[1646] Auch in der Literatur wird vielfach vertreten, dass Differenzierungen, die an die Staatsangehörigkeit anknüpfen, an

---

[1641] *BVerfG*, Beschl. v. 18.06.2008 – 2 BvL 6/07 = BVerfGE 121, 241.
[1642] *Osterloh/Nußberger*, in: Sachs, GG, Art. 3 Rn. 255.
[1643] *BVerfG*, Urt. v. 30.01.2002 – 1 BvL 23/96 = BVerfGE 104, 373; *BVerfG*, Beschl. v. 05.04.2005 – 1 BvR 774/02 = BVerfGE 113, 1; *BVerfG*, Beschl. v. 18.06.2008 – 2 BvL 6/07 = BVerfGE 121, 241; *BVerfG*, Beschl. v. 14.04.2010 – 1 BvL 8/08 = BVerfGE 126, 29; *Jarass*, in: Jarass/Pieroth, GG, Art. 3 Rn. 119; *Osterloh/Nußberger*, in: Sachs, GG, Art. 3 Rn. 255 f.; *Wolff*, in: Hömig/Wolff, GG, Art. 3 Rn. 20. Anders *Langenfeld*, in: Maunz/Dürig, GG, Art. 3 Abs. 3 Rn. 38, wonach die Einbeziehung der mittelbaren Diskriminierung in den Anwendungsbereich des Art. 3 III 1 GG nur für die Merkmale des Geschlechts und der Behinderung in Betracht komme.
[1644] *Osterloh/Nußberger*, in: Sachs, GG, Art. 3 Rn. 256; *Wolff*, in: Hömig/Wolff, GG, Art. 3 Rn. 20.
[1645] *Wolff*, in: Hömig/Wolff, GG, Art. 3 Rn. 20.
[1646] So etwa: *BVerfG*, Beschl. v. 06.07.2004 – 1 BvR 2515/95 = BVerfGE 111, 176; *BVerfG*, Beschl. v. 10.07.2012 – 1 BvL 2/10 = BVerfGE 132, 72.

Art. 3 I GG zu überprüfen sind.[1647] Da die Staatsangehörigkeit bzw. die Ausländereigenschaft nämlich von keinem der Kriterien des Art. 3 III 1 GG (unmittelbar) erfasst werde, müsse mangels einschlägiger gleichheitsrechtlicher Spezialbestimmungen auf den allgemeinen Gleichheitssatz zurückgegriffen werden. Allerdings lässt sich nicht bestreiten, dass im Falle einer Sonderbehandlung von Ausländern – oder eben auch von Flüchtlingen – die Staatsangehörigkeit vielfach mit der „fremden Heimat" zusammenfällt, sodass jedenfalls eine mittelbare Ungleichbehandlung wegen der Heimat vorliegen kann.[1648] Dies gilt besonders vor dem Hintergrund, dass als Flüchtlinge i.S.d. § 246 VIII bis XVII BauGB nicht alle nichtdeutschen Staatsangehörigen, sondern nur Menschen mit einer bestimmten „Fluchtgeschichte" betroffen sind.[1649]

Zwischen diesen beiden Ansätzen ergeben sich im praktischen Ergebnis jedoch keine großen Unterschiede.[1650] Geht man vorliegend von einer mittelbaren Diskriminierung wegen der Heimat aus, wird hinsichtlich der verfassungsrechtlichen Rechtfertigung der Ungleichbehandlung eine klassische Verhältnismäßigkeitsprüfung vorgenommen. Anders als unmittelbare Diskriminierungen i.S.v. Art. 3 III 1 GG sind mittelbare Diskriminierungen nämlich bereits dann gerechtfertigt, wenn die entsprechende Regelung auf hinreichenden sachlichen Gründen beruht und auch im Übrigen verhältnismäßig ist. Insoweit erfolgt also eine Angleichung „nach unten" in Form einer Herabsetzung des Rechtfertigungsmaßstabs des Art. 3 III 1 GG. Folgt man hingegen der Auffassung, dass das Anknüpfen an die Staatsangehörigkeit und damit an die Ausländer- bzw. Flüchtlingseigenschaft keine mittelbare Benachteiligung i.S.v. Art. 3 III 1 GG darstellt, gelangt man zum allgemeinen Gleichheitssatz des Art. 3 I GG. Da es im Falle der Staatsangehörigkeit bzw. der Flüchtlingseigenschaft um eine personengebundene Ungleichbehandlung geht, genügt nicht eine reine Willkürprüfung. Vielmehr ist nach der sog. Neuen Formel[1651] bei Personengruppen eine Verhältnismäßigkeitsprüfung durchzuführen, wobei sich die verfassungsrechtlichen Anforderungen umso mehr verschärfen, je mehr sich die Merkmale, an welche die gesetzliche Differenzierung anknüpft, denen des Art. 3 III GG annähern.[1652] So führt das *Bundesverfassungsgericht* gerade auch in Bezug auf eine Ungleichbehandlung von Ausländern

---

[1647] *Wolff*, in: Hömig/Wolff, GG, Art. 3 Rn. 26; *Langenfeld*, in: Maunz/Dürig, GG, Art. 3 Abs. 3 Rn. 58.
[1648] *Jarass*, in: Jarass/Pieroth, GG, Art. 3 Rn. 126; *Osterloh/Nußberger*, in: Sachs, GG, Art. 3 Rn. 297.
[1649] Zu den Begriffen des Flüchtlings und des Asylbegehrenden, vgl. ausführlich auf S. 113 ff.
[1650] So auch *Osterloh/Nußberger*, in: Sachs, GG, Art. 3 Rn. 257c, wonach eine Prüfung anhand des allgemeinen Gleichheitssatzes sowie unter Subsumtion unter Art. 3 III GG „im praktischen Ergebnis dasselbe bedeuten würde", sodass es sich dabei eher um „eine dogmatische, nicht ergebnisrelevante Frage" (*ders.*, Rn. 256) handelt. Auch *Jarass*, in: Jarass/Pieroth, GG, Art. 3 Rn. 126, der die beiden Gleichheitssätze insoweit nebeneinanderstellt („oder").
[1651] Erstmals *BVerfG* im Beschl. v. 07.10.1980 – 1 BvL 50/79 = BVerfGE 55, 72.
[1652] *BVerfG*, Beschl. v. 07.07.2009 – 1 BvR 1164/07 = BVerfGE 124, 199; *BVerfG*, Beschl. v. 07.02.2012 – 1 BvL 14/07 = BVerfGE 130, 240; *Wolff*, in: Hömig/Wolff, GG, Art. 3 Rn. 6.

ausdrücklich aus, dass „die Ungleichbehandlung ausländischer Staatsangehöriger in bestimmten Konstellationen hinsichtlich ihrer nachteiligen Auswirkungen auf die Betroffenen einer Unterscheidung nach den in Art. 3 III 1 GG genannten Merkmalen nahe kommt, so dass strenge verfassungsrechtliche Anforderungen an die Rechtfertigung der Ungleichbehandlung zu stellen sind."[1653] Insoweit erfolgt also eine Angleichung „nach oben" in Form einer Erhöhung des Rechtfertigungsmaßstabs des Art. 3 I 1 GG.[1654] Aus diesem Grund wird in der Literatur teilweise ein (hilfsweises) Nebeneinander dieser beiden Gleichheitssätze formuliert. So schreibt etwa *Jarass*, dass „bei Ausländern vielfach eine mittelbare bzw. indirekte Beeinträchtigung wegen Heimat oder Herkunft vorliegen oder [Art. 3] Abs.1 wegen der Nähe der Kriterien des Abs.3 S.1 besonderes genau zu prüfen sein" werde.[1655]

Es ist meines Erachtens dogmatisch richtig und in Anbetracht der Rechtsprechung zur mittelbaren Ungleichbehandlung auch konsequent, hinsichtlich des Differenzierungsmerkmals der Flüchtlingseigenschaft ausschließlich auf eine mittelbare Ungleichbehandlung i.S.v. Art. 3 III 1 GG wegen der Heimat abzustellen. Zum einen kommt – wie soeben ausgeführt – die Figur der mittelbaren Ungleichbehandlung nach herrschender Meinung gerade auch für den speziellen Gleichheitssatz des Art. 3 III 1 GG zur Anwendung. Zum anderen sind – wie eingangs erwähnt – die ausdrücklichen Differenzierungsverbote des Art. 3 III 1 GG nach ebenfalls herrschender Meinung speziell gegenüber dem allgemeinen Gleichheitssatz. Aus der Zusammenschau dieser beiden – auch von der herrschenden Meinung vertretenen – Aussagen folgt, dass ein Rückgriff auf Art. 3 I GG erst dann möglich ist, wenn eine – unmittelbare wie mittelbare – Ungleichbehandlung in Bezug auf die Merkmale des Art. 3 III 1 GG ausscheidet. Da vorliegend hinsichtlich der Flüchtlingseigenschaft aber gerade eine mittelbare Ungleichbehandlung wegen der Heimat angenommen werden kann, muss ein Rückgriff auf den allgemeinen Gleichheitssatz konsequenterweise ausscheiden.

3. Verfassungsrechtliche Rechtfertigung der Ungleichbehandlung

Die mittelbare Ungleichbehandlung i.S.v. Art. 3 III 1 GG ist verfassungsrechtlich gerechtfertigt, wenn die diskriminierenden Regelungen des § 246 VIII bis XVII BauGB auf hinreichenden sachlichen Gründen beruhen und sie auch im Übrigen verhältnismäßig sind.

[1653] *BVerfG*, Beschl. v. 07.02.2012 – 1 BvL 14/07 = BVerfGE 130, 240.
[1654] Auch in der Literatur wird bestätigt, dass Differenzierungen wegen der Staatsangehörigkeit im Falle des Rückgriffs auf Art. 3 I GG besonders genau zu prüfen sind. Vgl. etwa: *Langenfeld*, in: Maunz/Dürig, GG, Art. 3 Abs. 3 Rn. 58; *Jarass*, in: Jarass/Pieroth, GG, Art. 3 Rn. 126.
[1655] *Jarass*, in: Jarass/Pieroth, GG, Art. 3 Rn. 126.

Für die Rechtfertigung einer Differenzierung nach Flüchtlingen und Nichtflüchtlingen scheidet ein Vergleich mit der seinerseits verfassungsgemäßen Unterscheidung von Betriebspersonal i.S.d. §§ 8 III Nr. 1, 9 III Nr. 1 BauNVO und „normalen" Bewohnern in Bezug auf die Möglichkeit der wohn- oder wohnähnlichen Nutzung in Gewerbe- und Industriegebieten aus. Betriebsinhaber, Betriebsleiter sowie Aufsichts- und Bereitschaftspersonen dürfen im Gegensatz zu anderen Menschen gem. § 8 III Nr. 1 BauNVO und § 9 III Nr. 1 BauNVO ausnahmsweise in Gewerbe- und Industriegebieten wohnen. Bei Betriebspersonal beruht dies auf dem rechtfertigenden Umstand, dass sie wegen der Art des Betriebs, zur Wartung der Betriebseinrichtungen oder aus Sicherheitsgründen ständig erreichbar sein müssen, sodass schon aus rein betriebstechnischen Aspekten keine andere Möglichkeit gegeben sein kann, als in unmittelbarer Nähe zur Arbeitsstätte zu wohnen.[1656] Gleiches gilt für Betriebsleiter und -inhaber, die wegen der engen Bindung zu ihrem Betrieb und der Verantwortung für diesen die Möglichkeit bekommen müssen, in seiner unmittelbarer Nähe zu wohnen.[1657] Bei Flüchtlingen ist eine derart zwingende Notwendigkeit hingegen nicht gegeben, sodass sich mit einer vergleichbaren Argumentation kein sachlicher Grund für ihre Ungleichbehandlung herleiten lässt.

Die Flüchtlingsunterbringung dient in erster Linie dem Schutz der Flüchtlinge und Asylbegehrenden vor Obdachlosigkeit und damit ihrem Schutz vor Gefahren für Leib und Leben i.S.v. Art. 2 II 1 GG.[1658] In dieser „Notsituation" könnte vielmehr der sachliche Grund für eine Ungleichbehandlung von Flüchtlingsunterkünften und „normaler" wohn- sowie wohnähnlicher Nutzung liegen. Dieser gewissermaßen „allrechtfertigende Begründungsansatz" ist bereits in den Gesetzesmaterialien genannt.[1659] Jener soziale Aspekt wiegt auch schwer, da die Notwendigkeit einer zeitnahen und menschenwürdigen Unterkunft in Art. 2 II 1 GG sowie im Grundrecht auf Gewährleistung eines menschenwürdigen Existenzminimums gem. Art. 1 I GG i.V.m. dem Sozialstaatsprinzip des Art. 20 I GG und damit als verfassungsrechtlicher Grund angelegt ist. Die bereits mehrfach angeführte Sondersituation der „Flüchtlingskrise" erlaubt letztlich nicht nur eine Differenzierung zwischen Flüchtlingen und Nichtflüchtlingen, sie erfordert sie geradezu. Dies gilt nicht nur deswegen, weil bei der Flüchtlingsunterbringung in der 2015 akut entstandenen „Flüchtlingskrise" letztlich kurzfristig für das Gemeinwohl und die Gesellschaft insgesamt mehr auf dem Spiel stand als bei der regulären allgemeinen Wohnnutzung. Ferner ist die Alterative,

---

[1656] *Stock*, in: König/Roeser/Stock, BauNVO, § 8 Rn. 46; *Mampel/Schmidt-Bleker*, in: BeckOK BauNVO, § 8 Rn. 184; *VGH München*, Urt. v. 14.02.2018 – 9 BV 16.1694 = BauR 2018, 943.
[1657] *Ziegler*, in: Brügelmann, BauNVO, § 8 Rn. 79.
[1658] *Blechschmidt*, in: EZBK, BauGB, § 246 Rn. 80.
[1659] BT-Drs. 18/2752, S. 1 und BT-Drs. 18/6185, S. 1.

welche eine derartige Ungleichbehandlung vermeidet, weil sie sämtliche Privilegierungen i.S.v. § 246 VIII bis XVII BauGB auch auf Nichtflüchtlinge erstreckt, keine brauchbare Option. Denn es sollte aus gegebenem Anlass nur eine vorübergehende Erleichterung in Bezug auf Flüchtlinge geschaffen, nicht jedoch sollten sämtliche städtebaulichen Grundregeln umfassend über Bord geworfen werden.

Die Frage ist nur, ob jene „Notsituation" ein hinreichender Grund für eine verfassungsmäßige Rechtfertigung der umfassenden Ungleichbehandlung von Flüchtlingen und Nichtflüchtlingen in sämtlichen Baugebieten der Baunutzungsverordnung, im heterogenen Innenbereich sowie im Außenbereich sein kann. In Bezug auf die Privilegierung von Flüchtlingsunterkünften in Wohn- und Mischgebieten sowie in Gebieten des heterogenen Innenbereichs kann dies bejaht werden, da es sich hierbei allesamt um Gebiete handelt, die primär gerade für eine wohn- oder wohnähnliche Nutzung vorgesehen sind. Eine nennenswerte Diskriminierung – mit nennenswert nachteiligen Folgen – ergibt sich hier also nicht. Hinsichtlich der erleichterten Schaffung von Flüchtlingsunterkünften in Gewerbe- und Industriegebieten sowie im bodenrechtlichen Außenbereich gem. § 246 IX, X und XII bis XIV BauGB ist die Ungleichbehandlung freilich nicht ohne weiteres anzunehmen. Denn allein die Sondersituation der „Flüchtlingskrise" stellt noch keinen hinreichend sachlichen Grund dar, Flüchtlinge gezielt in Gewerbe- und Industriegebiete sowie in den Außenbereich „abzuschieben" und nicht primär in Wohn- und Mischgebieten unterzubringen, die für eine wohn- und wohnähnliche Nutzung städtebaulich gerade vorgesehen sind. Daher müssen weitere Gründe vorliegen, die neben die Notsituation treten, um die Ungleichbehandlung von Nichtflüchtlingen und Flüchtlingen auch in den Fällen der Absätze 9 und 10 sowie 12 bis 14 rechtfertigen zu können. Hier spielt eine Rolle, dass der Wohnraum in den hierfür typischerweise zur Verfügung stehenden Wohn- und Mischgebieten bekanntlich dermaßen knapp ist, dass eine Unterbringung der Flüchtlinge und Asylbegehrenden im erforderlichen Umfang dort praktisch ausscheidet.[1660] Speziell für Gemeinschaftsunterkünfte fehlt in Wohn- und Mischgebieten in der Regel der nötige Platz; diese sind aber notwendig, da eine dezentrale Unterbringung zwar mittelfristig das Ziel sein sollte, anfangs aber nicht durchweg realisierbar ist. Außerdem sind die Gemeinschaftsunterkünfte – die bildlich gesprochen teils auch als „Zelt- oder Containerburgen" bezeichnet werden – allein wegen ihrer Größe und den städtebaulichen Spannungen in Wohn- und Mischgebieten nur selten zulassungsfähig. Aus diesem Grund sind Alternativen zu einer Unterbringung in Wohn- und Mischgebieten bzw. im heterogenen Innenbereich zwingend erforderlich. Es bleibt

---

[1660] So auch: *Decker*, in: Schiwy, BauGB, § 246 Rn. 52; *Petersen*, KommP BY 2016, 50 (51). Vgl. hierzu ebenfalls die Nachweise in der Fn. 1518 auf S. 360 f.

daher praktisch nur noch ein Rückgriff auf Gewerbe- und Industriegebiete sowie auf den bodenrechtlichen Außenbereich. Darüber hinaus sind die Folgen für die – gegenüber den Nichtflüchtlingen „benachteiligten" – Flüchtlinge im Ergebnis immer noch weniger belastend als eine dauerhafte Unterbringung in reinen Notunterkünften. Nicht zuletzt trägt auch hier das Argument, dass die Sondervorschriften des § 246 IX, X, XII, XIII und XIV BauGB und damit auch die insoweitige Ungleichbehandlung von Flüchtlingen und Nichtflüchtlingen nur bis zum 31.12.2019 befristet sind, dazu bei, dass diese Ungleichbehandlung hier im Ergebnis verfassungsrechtlich gerechtfertigt ist. Die zeitliche Befristung macht deutlich, dass der Gesetzgeber mit den genannten Normen nur der konkreten Krise begegnen und nicht eine dauerhafte Diskriminierung schaffen wollte.

II. Allgemeiner Gleichheitssatz, Art. 3 I GG

Weiterhin könnte auch der allgemeine Gleichheitssatz des Art. 3 I GG verletzt sein. Zwar handelt es sich bei dem Diskriminierungsverbot i.S.v. Art. 3 III 1 GG gegenüber dem allgemeinen Gleichheitssatz um eine Spezialbestimmung, die jenem vorgeht. Allerdings ist die Anwendung des Art. 3 I GG auf denselben Sachverhalt immer dann möglich, wenn es um andere Vergleichsfälle bzw. Vergleichsgruppen geht. Während eine Anwendung des Art. 3 I GG – in konsequenter Fortführung der obigen Ausführungen – auf das Vergleichspaar Flüchtlinge und Nichtflüchtlinge ausscheidet, ist der Anwendungsbereich des allgemeinen Gleichheitssatzes für das Vergleichspaar der öffentlichen und privaten Vorhabenträger eröffnet. Folglich kommt für eine mögliche Beeinträchtigung des Art. 3 I GG ausschließlich die Generalklausel des § 246 XIV BauGB in Betracht.

1. Rechtlich relevante Ungleichbehandlung

Eine rechtlich relevante Ungleichbehandlung liegt nach der Rechtsprechung des *Bundesverfassungsgerichts* vor, wenn wesentlich Gleiches ungleich behandelt oder wesentlich Ungleiches gleichbehandelt wird.[1661] Vergleichspaar sind vorliegend öffentliche und private Vorhabenträger. Diese sind also Bezugspunkt für eine mögliche Ungleichbehandlung im Rahmen der Sondervorschrift des § 246 XIV BauGB. Insoweit liegt auch kein völlig unplausibles Vergleichspaar vor, das nicht etwa miteinander verglichen werden könnte.[1662]

[1661] *BVerfG*, Urt. v. 16.03.1955 – 2 BvK 1/54 = BVerfGE 4, 144; *BVerfG*, Beschl. v. 09.08.1978 – 2 BvR 831/76 = BVerfGE 49, 148; *BVerfG*, Beschl. v. 17.01.1979 – 1 BvR 446/77 = BVerfGE 50, 177.
[1662] *Dreier*, in: Dreier, GG, Vor. Art. 1 Rn. 151.

Im ersten Schritt ist zu untersuchen, ob bezüglich des genannten Vergleichspaares überhaupt eine Ungleichbehandlung angenommen werden kann. Dies wäre ohne weiteres der Fall, wenn der persönliche Anwendungsbereich der Generalklausel nur öffentliche Vorhabenträger erfassen würde.[1663] Dann läge bereits eine unmittelbare rechtliche Ungleichbehandlung und damit die direkte Gefahr der Entstehung eines sog. Zweiklassenbaurechts[1664] vor. Aber selbst nach der vorzugswürdigen Rechtsauffassung, die keine Beschränkung des persönlichen Anwendungsbereichs auf die öffentliche Hand vorsieht, könnte man zu einer Ungleichbehandlung wegen der faktischen Schaffung eines sog. Zweiklassenbaurechts gelangen. Nicht nur im Rahmen der speziellen Gleichheitssätze, sondern auch im Rahmen des allgemeinen Gleichheitssatzes wird zwischen einer unmittelbaren und einer mittelbaren Ungleichbehandlung unterschieden.[1665] Art. 3 I GG schützt nicht nur vor Gesetzesbestimmungen, die schon nach ihrem Gesetzeswortlaut ausdrücklich und direkt eine Ungleichbehandlung vorsehen. Vielmehr beansprucht der allgemeine Gleichheitssatz auch dann Geltung, wenn eine gesetzliche Regelung zwar neutral formuliert ist, in der gesellschaftlichen Wirklichkeit aber weitgehend nur für eine Personengruppe zutrifft oder sich im Ergebnis weitgehend nur auf eine Gruppe auswirkt. Die Gleichbehandlung darf also nicht nur „auf dem Papier" bestehen, vielmehr muss die jeweilige Regelung auch faktisch für alle Menschen gleichermaßen gelten.

Eine faktische Ungleichbehandlung von privaten Vorhabenträgern kann vorliegend darin gesehen werden, dass vornehmlich nur die öffentliche Hand auf die umfassende Abweichungsbefugnis des § 246 XIV BauGB zurückgreifen (können) wird.[1666] Ob Flüchtlingsunterkünfte dringend benötigt werden, kann nämlich in aller Regel nur durch Gebietskörperschaften, die zur Unterbringung verpflichtet sind, beurteilt und dann ggf. auch nachgewiesen werden.[1667]

[1663] Zum Meinungsstreit, welche Vorhabenträger vom persönlichen Anwendungsbereich des § 246 XIV BauGB erfasst sind, vgl. ausführlich im fünften Kapitel auf S. 165 ff.
[1664] *Hornmann*, in: BeckOK BauNVO, § 3 Rn. 240.
[1665] *BVerfG*, Beschl. v. 07.05.2013 – 2 BvR 909/06 = BVerfGE 133, 377; *BVerfG*, Beschl. v. 19.06.2012 – 2 BvR 1397/09 = BVerfGE 131, 239; *BVerfG*, Urt. v. 20.04.2004 – 1 BvR 905/00 = BVerfGE 110, 274; *BVerfG*, Beschl. v. 14.07.1999 – 1 BvR 995/95 = BVerfGE 101, 54; *BVerfG*, Beschl. v. 26.01.1993 – 1 BvL 38/92 = BVerfGE 88, 87. Bereits in seinem Urt. v. 24.06.1958 – 2 BvF 1/57 = BVerfGE 8, 51 führt das höchste deutsche Gericht aus, dass eine Regelung auch dann dem allgemeinen Gleichheitssatz widerspricht, wenn ihr Wortlaut zwar eine ungleiche Behandlung vermeidet und ihren Geltungsbereich abstrakt allgemein und neutral beschreibt, aber sich aus ihrer praktischen Auswirkung eine offenbare Ungleichheit ergibt und diese ungleiche Auswirkung gerade auf die rechtliche Gestaltung zurückzuführen ist.
[1666] So: *Hornmann*, in: BeckOK BauNVO, § 3 Rn. 239; *Hornmann*, NVwZ 2016, 436 (439), wonach der „Bauherr faktisch nur die öffentliche Hand" sei.
[1667] *Blechschmidt*, in: EZBK, BauGB, § 246 Rn. 96.

2. Verfassungsrechtliche Rechtfertigung

Die weitere Frage ist, ob sowohl die faktische als auch die unmittelbare Ungleichbehandlung von öffentlichen und privaten Vorhabenträgern im Rahmen des § 246 XIV BauGB verfassungsrechtlich gerechtfertigt ist.

Hinsichtlich des Rechtfertigungsmaßstabs bei Ungleichbehandlungen i.S.v. Art. 3 I GG ist grob zwischen personengebundenen und nicht personengebundenen Ungleichbehandlungen zu unterscheiden. Während für letztere in der Regel eine Willkürprüfung genügt, ist bei ersteren nach der sog. Neuen Formel[1668] regelmäßig eine strenge Verhältnismäßigkeitsprüfung durchzuführen.[1669] Da die Differenzierung von öffentlichen und privaten Vorhabenträgern an Persönlichkeitsmerkmale anknüpft, kommt es daher vorliegend maßgeblich darauf an, ob die betreffende Regelung auf hinreichenden sachlichen Gründen beruht und sie auch im Übrigen verhältnismäßig ist. *Hornmann* verneint die Erreichung dieses Rechtfertigungsniveaus. Allerdings bleibt er dafür eine Begründung schuldig. Er führt vielmehr nur an, dass die Ungleichbehandlung von Vorhabenträgern vor dem allgemeinen Gleichheitssatz wegen der Begründung eines sog. Zweiklassenbaurechts einer Rechtfertigung bedürfe, die allerdings „nicht erkennbar" sei.[1670]

Dem kann nicht zugestimmt werden, zumindest soweit es um die rein faktische Ungleichbehandlung von öffentlichen und privaten Vorhabenträgern geht.[1671] Jene Ungleichbehandlung ist vielmehr gerechtfertigt, zumal der Rechtfertigungsmaßstab bei faktischen Ungleichbehandlungen gegenüber unmittelbaren abgeschwächt ist.[1672] Während die öffentliche Hand eine gesetzliche Unterbringungsverpflichtung bzw. Unterbringungsverantwortung[1673] in Bezug auf Flüchtlinge und Asylbegehrende wahrnimmt, sind private Vorhabenträger auch im Falle der Schaffung von Flüchtlingsunterkünften primär an einer wirtschaftlichen Gewinnerzielung interessiert. Dass Private nun in dem kleinen Teilbereich der Errichtung von Flüchtlingsheimen faktisch benachteiligt werden, ist im Hinblick auf den von § 246 XIV BauGB ver-

---

[1668] Das *BVerfG* hat diese erstmals im Beschl. v. 07.10.1980 – 1 BvL 50/79 = BVerfGE 55, 72 verwendet.
[1669] *Wolff*, in: Hömig/Wolff, GG, Art. 3 Rn. 5, 6.
[1670] *Hornmann*, in: BeckOK BauNVO, § 3 Rn. 239.
[1671] So im Ergebnis auch *Brandt/Willmann*, Rechtsgutachtliche Stellungnahme zur Abweichungsregelung des § 246 XIV BauGB, S. 46 ff., abrufbar unter: http://feldmark.info/wp-content/uploads/2016/01/160428-Rechtsgutachtliche-Stellungnahme-zur-Abweichungsregelung-des-246-Abs.-14-Baugesetzbuch-BauGB.pdf.
[1672] So für die vergleichbare Thematik beim speziellen Gleichheitssatz des Art. 3 III 1 GG etwa: *Wolff*, in: Hömig/Wolff, GG, Art. 3 Rn. 20; *Osterloh/Nußberger*, in: Sachs, GG, Art. 3 Rn. 256.
[1673] Zur gesetzlichen Unterbringungsverpflichtung bzw. Unterbringungsverantwortung, vgl. ausführlich im vierten Kapitel auf S. 119 ff.

folgten Zweck der zeitnahen Schaffung dringend erforderlicher Unterkünfte gerechtfertigt. Dies gilt vor allem auch vor dem Hintergrund, dass es sich bei der vorliegenden faktischen Ungleichbehandlung gewissermaßen nur um einen gleichheitsrechtlichen „Kollateralschaden" handelt. Denn diese ist lediglich eine unweigerliche Begleiterscheinung des Umstandes, dass der tatbestandlich von § 246 XIV 1 BauGB geforderte dringende Bedarf in der Praxis von privaten Vorhabenträgern nur schwer beurteilt und plausibel nachgewiesen werden kann.[1674] Diese einschränkenden Tatbestandsvoraussetzungen in § 246 XIV 1 BauGB sind allerdings notwendig, um den Ultima-Ratio-Charakter der umfangreichen Befreiungsregelung zu gewährleisten und damit vor allem eine Verletzung der kommunalen Planungshoheit i.S.v. Art. 28 II GG zu vermeiden.[1675] Schließlich trägt auch an dieser Stelle die Befristung bis zum 31.12.2019 ihren Teil dazu bei, dass die faktische Ungleichbehandlung insoweit noch verhältnismäßig ist. Aus der zeitlichen Befristung wird deutlich, dass der Gesetzgeber mit den streitgegenständlichen Normen nur der konkreten Krise begegnen und nicht dauerhaftes Recht schaffen wollte.

Im Falle der unmittelbaren Ungleichbehandlung aufgrund eines – im Wege der Auslegung erfolgenden – tatbestandlichen Ausschlusses der privaten Vorhabenträger vom Anwendungsbereich des § 246 XIV BauGB würde es sich hingegen nicht mehr lediglich um einen gleichheitsrechtlichen „Kollateralschaden" handeln. Vielmehr würden hierdurch private Vorhabenträger von vornherein bereits die Möglichkeit verlieren, auf die Generalklausel des § 246 XIV BauGB zuzugreifen. Es ist aber kein sachlicher Grund ersichtlich, warum Private zur Schaffung von Flüchtlingsunterkünften nicht zumindest diese Möglichkeit bekommen sollten, selbst wenn ein tatsächlicher Zugriff in der Praxis vor allem wegen der Nachweisproblematik oft schwierig ist. Da § 246 XIV BauGB aber ohne weiteres dahingehend ausgelegt werden kann, dass von seinem Anwendungsbereich neben öffentlichen auch private Vorhabenträger erfasst werden, ist die Generalklausel für Flüchtlingsunterkünfte in ihrer Rechtsfolge mit dem allgemeinen Gleichheitssatz des Art. 3 I GG als subjektives Recht auf Gleichbehandlung vereinbar.

[1674] Für eine entsprechende Beurteilung sind Informationen der unterbringungsverpflichteten Gebietskörperschaften erforderlich. Vgl. dazu im fünften Kapitel auf S. 166 ff.
[1675] Vgl. dazu ausführlich im Rahmen der verfassungsrechtlichen Prüfung des Art. 28 II 1 GG auf S. 331 ff.

B. Gleichheitsgerechte Gesetzgebung und das Gebot der Folgerichtigkeit

Die Feststellung, dass die Gleichheitsgrundrechte als subjektive Rechte auf Gleichbehandlung durch § 246 VIII bis XVII BauGB nicht verletzt sind, schließt freilich die Möglichkeit nicht aus, dass die Sonderregelungen für Flüchtlingsunterkünfte das – ebenfalls auf dem Gedanken der Gleichheit beruhende[1676] – Gebot der Folgerichtigkeit verletzen. Bevor jedoch die einzelnen streitgegenständlichen Sondervorschriften auf ihre mögliche Abweichung gegenüber dem bestehenden System hin überprüft werden, ist vorrangig die Frage zu beantworten, inwieweit der Gesetzgeber verfassungsrechtlich an ein von ihm selbst gewähltes Regelungssystem gebunden ist und welche Auswirkungen und Rechtsfolgen ein etwaiger Verstoß hiergegen hat.

I. Begriff und Bedeutung im Allgemeinen

Das Rechtsinstitut der Systemgerechtigkeit wird in der Rechtsprechung regelmäßig unter dem Begriff der Folgerichtigkeit[1677], im Schrifttum – mit teils leichten inhaltlichen Differenzierungen[1678] – auch unter den Stichworten Systembindung, Systemstimmigkeit, Konsistenz, Konsequenz oder Kohärenz diskutiert.[1679]

Der Rechtsbegriff der „Kohärenz" ist dabei eine Schöpfung des Europarechts.[1680] Der Terminus wird dort etwa in Art. 7 AEUV, aber auch in Art. 21 III EUV oder Art. 24 III UAbs. 2 EUV verwendet. Er beruht auf dem lateinischen Wortstamm „cohaerentia", der „Zusammenhang".[1681] Infolgedessen wird die Kohärenz als „das konzeptionelle und inhaltliche Aufeinanderbezogensein von Rechtssätzen und Realakten zur Verhinderung unabgestimmter und in sich widersprüchlicher Maßnahmen" bzw. als das Herstellen eines „sinnbildenden Zusammenhangs" oder einer „systemischen Abgestimmtheit" definiert.[1682] Die Handlungen innerhalb der Unionsorgane sowie untereinander

---

[1676] Dies gilt ganz allgemein und unabhängig von der nachfolgend ausführlich diskutierten Frage, ob das Gebot der Folgerichtigkeit im Einzelfall im Rahmen des allgemeinen Gleichheitssatzes oder im Rahmen der Verhältnismäßigkeit des jeweiligen Freiheitsgrundrechts geprüft wird. Vgl. dazu *Kischel*, in: BeckOK GG, Art. 3 Rn. 95.

[1677] *Payandeh*, AöR 136 (2011), 578 (582).

[1678] So sieht *Kirchhof*, in: Maunz/Dürig, GG, Art. 3 Abs. 1 Rn. 405 in der Systemgerechtigkeit eher die „Verständlichkeit [...] einer Norm innerhalb der gesetzlichen Systematik", während er die Folgerichtigkeit als „Konsequenz gegenüber einer gesetzlich getroffenen [...] Leitentscheidung" definiert.

[1679] *Wolff*, in: Hömig/Wolff, GG, Art. 3 Rn. 8; *Starck*, in: v. Mangoldt/Klein/Starck, GG, Art. 3 Abs. 1 Rn. 44; *Kischel*, in: BeckOK GG, Art. 3 Rn. 95; *Osterloh/Nußberger*, in: Sachs, GG, Art. 3 Rn. 98.

[1680] *Schorkopf*, in: Grabitz/Hilf/Nettesheim, AEUV, Art. 7 Rn. 11.

[1681] Duden, Die deutsche Rechtschreibung, S. 642.

[1682] *Schorkopf*, in: Grabitz/Hilf/Nettesheim, AEUV, Art. 7 Rn. 11; *Streinz*, in: Streinz, AEUV Art. 7 Rn. 4; *Kirchhof*, in: Maunz/Dürig, GG, Art. 3 Abs. 1 Rn. 413; *Lippert*, EuR 2012, 90 (90).

sollen zu einer harmonischen und konsistenten Handlungseinheit abgestimmt werden. Evident wird dieses Verständnis bei der Heranziehung der englischen und der auf den germanischen Wortstamm zurückgreifenden Fassung des Art. 7 AEUV. Diese bringen mit der Verwendung der Begriffe „consistency" (engl.) und „samenhang" (nl.) das Gebot einer beständigen, widerspruchsfreien und aufeinander abgestimmten Handlungsweise am besten zum Ausdruck.[1683] Insbesondere der in der englischen Fassung verwendete Begriff „consistency" zeigt die Ähnlichkeit zum deutschrechtlichen Gebot der Konsistenz bzw. der Folgerichtigkeit. Bereits unter der Geltung des EU-/EG-Vertrags wurde das Kohärenzprinzip als ein tragendes, das gesamte Unionsrecht erfassendes Rechtsgestaltungsprinzip bezeichnet.[1684] Hieraus wird der wesentliche Unterschied zum Gleichheitsgrundrecht deutlich: während der grundrechtliche Gleichheitssatz ein subjektives Recht auf Gleichbehandlung darstellt und damit gewissermaßen die „rechtliche Konsistenz zum Bürger" gewährleistet, handelt es sich bei der Kohärenz um ein objektiv-institutionelles Rechtsgestaltungsprinzip.[1685] In Art. 3 II EU-Vertrag-Nizza wurde die Union beispielsweise verpflichtet, auf die Widerspruchsfreiheit und Folgerichtigkeit ihrer Handlungen zu achten.[1686] Im Vertrag von Lissabon hat man dann ein allgemeines Kohärenzgebot in Art. 7 AEUV statuiert. Darin heißt es: „Die Union achtet auf die Kohärenz zwischen ihrer Politik und ihren Maßnahmen in den verschiedenen Bereichen und trägt dabei […] ihren Zielen in ihrer Gesamtheit Rechnung." Darüber hinaus kennt das Unionsrecht das Kohärenzgebot auch außerhalb des Art. 7 AEUV und dessen Konkretisierungen[1687] als allgemeinen Rechtsgrundsatz bzw. als Ausprägung des Grundsatzes der Verhältnismäßigkeit.[1688] Das Gebot zu stimmigem und folgerichtigem Handeln reicht allerdings nicht so weit, als dass es sich zu einer strengen Rechtspflicht zu absoluter Folgerichtigkeit und Widerspruchsfreiheit verdichtet hätte.[1689] Den Organen der Union muss es möglich sein, auf tatsächliche oder gesellschaftliche, vor allem aber auch auf politische Veränderungen zu reagieren. Denn die Gestaltung der Maßnahmen der Union ist zwangsläufig von der jeweiligen politischen Konstellation der Mandatsträger abhängig.[1690] So darf es insbesondere der Legislative durch das Kohärenzgebot nicht verwehrt sein, eine Sachmaterie über die Zeit

---

[1683] *Ruffert*, in: Calliess/Ruffert, AEUV, Art. 7 Rn. 3; *Kirchhof*, in: Maunz/Dürig, GG, Art. 3 Abs. 1 Rn. 413.
[1684] *Lippert*, EuR 2012, 90 (91).
[1685] *Kirchhof*, in: Maunz/Dürig, GG, Art. 3 Abs. 1 Rn. 413; *Schorkopf*, in: Grabitz/Hilf/Nettesheim, AEUV, Art. 7 Rn. 11.
[1686] *Schorkopf*, in: Grabitz/Hilf/Nettesheim, AEUV, Art. 7 Rn. 8.
[1687] Ein spezielles Kohärenzgebot findet sich z.B. in Art. 21 III EUV in Bezug auf außenpolitisches Handeln.
[1688] *Schorkopf*, in: Grabitz/Hilf/Nettesheim, AEUV, Art. 7 Rn. 9; *Kirchhof*, in: Maunz/Dürig, GG, Art. 3 Abs. 1 Rn. 413.
[1689] *Schorkopf*, in: Grabitz/Hilf/Nettesheim, AEUV, Art. 7 Rn. 11.
[1690] *Streinz*, in: Streinz, AEUV, Art. 7 Rn. 4.

unterschiedlich zu bewerten und zu regeln.[1691] Adressat des allgemeinen Kohärenzgebots i.S.v. Art. 7 AEUV ist nach seinem Wortlaut „die Union". Danach haben die Organe, Einrichtungen und Agenturen auf einen sinnbildenden Zusammenhang der Einzelteile mit dem Bestehenden hinzuwirken.[1692] Die danach geforderte Kohärenz ist nicht nur zwischen den jeweiligen Organen, sondern gerade auch innerhalb dieser Organe – und damit auch innerhalb der Legislative der Europäischen Union – zu beachten.[1693] Aus diesem Grund scheidet eine Verletzung des europarechtlichen Kohärenzgebots durch § 246 VIII bis XVII BauGB von vornherein aus. Denn die Sondervorschriften für Flüchtlingsunterkünfte stellen keine Rechtsakte der Union, sondern Normen des bundesdeutschen Gesetzgebers dar, die sich für sich genommen daher nicht am europarechtlichen Kohärenzgebot messen lassen müssen.

Allerdings findet sich auch im deutschen Verfassungsrecht ein dem Kohärenzgebot entsprechendes Rechtsinstitut. Im Gleichlauf mit dem europarechtlichen Kohärenzgebot[1694] wird unter dem „Gebot der Folgerichtigkeit" in der deutschen Rechtsdogmatik allgemein die Forderung verstanden, dass sich eine Norm in die Systematik eines bestehenden und den jeweiligen Rechtsbereich beherrschenden Regelungsgefüges einordnen und zu diesem „passen" muss.[1695] Maßgeblich ist dabei die Stimmigkeit des Rechts im Verhältnis von rechtlichem Grundsatz und seiner gesetzlichen Ausführung.[1696] Die Folgerichtigkeit fixiert damit den Gesetzgeber auf das von ihm selbstgesetzte System und dessen Leitprinzipien, solange er diese Prinzipien aufrechthält, und führt de facto zu einer Selbstbindung des Gesetzgebers. Im Umkehrschluss stellt die Systemwidrigkeit eine Abweichung des Gesetzgebers von seinem selbst geschaffenen Leitprinzip durch inkonsequente Sonderregelungen dar.[1697]

II. Systembindung und Systemwidrigkeit im deutschen Rechtssystem und seine Folgen

Bereits die tatsächliche Bedeutung des Folgerichtigkeitsgebots in der Rechtsprechung des *Bundesverfassungsgerichts* wird in der Literatur unterschiedlich beurteilt.[1698] Während einige meinen, dass das *Bundesverfassungsgericht* dem Gebot der Systemgerech-

---

[1691] *Schorkopf*, in: Grabitz/Hilf/Nettesheim, AEUV, Art. 7 Rn. 11; *Streinz*, in: Streinz, AEUV, Art. 7 Rn. 4.
[1692] *Ruffert*, in: Calliess/Ruffert, AEUV, Art. 7 Rn. 4.
[1693] *Streinz*, Europarecht, Rn. 339.
[1694] So konstatiert etwa *Kirchhof*, in: Maunz/Dürig, GG, Art. 3 Abs. 1 Rn. 413, dass das europäische Kohärenzgebot dem deutschrechtlichen Gebot der Folgerichtigkeit sehr ähnlich ist.
[1695] *Payandeh*, AöR 136 (2011), 578 (581).
[1696] *Kirchhof*, in: Maunz/Dürig, GG, Art. 3 Abs. 1 Rn. 405.
[1697] *Wolff*, in: Hömig/Wolff, GG, Art. 3 Rn. 8.
[1698] *Payandeh*, AöR 136 (2011), 578 (583).

tigkeit grundsätzlich ablehnend gegenüber stehe[1699], betonen andere gerade die Bedeutung der Folgerichtigkeit als einen „die aktuelle Rechtsprechung des Bundesverfassungsgerichts zum Gleichheitssatz vielleicht am stärksten prägenden Grundgedanken".[1700]

In Rechtsprechung und Literatur stellen sich aber auch die rechtliche Bewertung einer etwaigen Systemwidrigkeit sowie deren verfassungsrechtliche Folgen völlig uneinheitlich dar. Bevor man also die Auswirkungen einer etwaigen Systemwidrigkeit der Sondervorschriften für Flüchtlingsunterkünfte i.S.d. Absätze 8 bis 17 des § 246 BauGB untersuchen kann, müssen vorher die dafür maßgeblichen Grundsätze dargestellt und bewertet werden. Im Einzelnen:

1. Gebot der Folgerichtigkeit in der Rechtsprechung des Bundesverfassungsgerichts

Die Behandlung der Systemwidrigkeit einer Regelung durch das *Bundesverfassungsgericht* (nachfolgend unter Ziffer b.) lässt sich am besten anhand ausgewählter Entscheidungen (nachfolgend unter Ziffer a.) veranschaulichen.

a. Kurze Darstellung ausgewählter verfassungsgerichtlicher Entscheidungen

- Zweigstellensteuer-Entscheidungen[1701]

Der Gesetzgeber verfolgte mit der Zweigstellensteuer als wirtschaftlicher Lenkungsmaßnahme das Ziel, wirtschaftlich schwächere Mitbewerber des mittelständischen Segmentes durch eine Sonderbelastung der wirtschaftlich stärkeren zu unterstützen. Wenn der Gesetzgeber dann aber den steuerlichen Sonderbelastungstatbestand so formuliert, dass davon auch die zu schützenden schwächeren Unternehmen erfasst werden, ist das hinter der Zweigstellensteuer stehende Gesetzgebungskonzept nicht folgerichtig umgesetzt. In seinen Zweigstellensteuer-Entscheidungen erklärte das *Bundesverfassungsgericht* daraufhin die jeweiligen gesetzlichen Regelungen für verfassungswidrig, weil sie mangels folgerichtiger Umsetzung gegen Art. 3 I GG verstoßen.

[1699] So etwa *Kischel*, in: BeckOK GG, Art. 3 Rn. 96.
[1700] So ausdrücklich *Osterloh/Nußberger*, in: Sachs, GG, Art. 3 Rn. 98; diesen aufgreifend auch *Kirchhof*, in: Maunz/Dürig, GG, Art. 3 Abs. 1 Rn. 406.
[1701] *BVerfG*, Urt. v. 13.07.1965 – 1 BvR 771/59 = BVerfGE 19, 101 – Zweigstellensteuer für Wareneinzelhandelsunternehmen; *BVerfG*, Beschl. v. 14.02.1967 – 1 BvR 25/64 = BVerfGE 21, 160 – Zweigstellensteuer für Bank- und Kreditunternehmen.

- Arbeitsförderungsgesetz-Entscheidung[1702]

  Die Regelung des § 128 AFG sah vor, dass den Arbeitgeber unter bestimmten Voraussetzungen eine Erstattungspflicht des von der Bundesanstalt gezahlten Arbeitslosengeldes an ihre vormals beschäftigten Arbeitnehmer trifft. Das dahinterstehende Gesetzgebungskonzept sollte (auch) Frühpensionierungen von Arbeitnehmern verhindern. Diese Zielsetzung wurde durch die Regelung des § 128 AFG folgerichtig umgesetzt. Im Rahmen der verfassungsrechtlichen Prüfung führte das *Bundesverfassungsgericht* auszugsweise aus: „Schließlich verstößt § 128 AFG auch nicht wegen Systemwidrigkeit gegen Art. 3 I GG. Systemwidrigkeit stellt für sich allein ohnehin keinen Gleichheitsverstoß dar; sie kann allenfalls einen solchen Verstoß indizieren […]. Wenn aber - wie hier - plausible Gründe für eine gesetzliche Regelung sprechen, scheidet ein Verstoß gegen Art. 3 I GG in jedem Falle aus."

- Sportwetten-Entscheidung[1703]

  In dieser Entscheidung hat das *Bundesverfassungsgericht* eine seinerzeit bestehende Rechtslage in Bayern für verfassungswidrig erklärt, da ein staatliches Wettmonopol für Sportwetten (zugunsten des staatlichen Lotto-Unternehmens Oddset) gegen die Berufsfreiheit nach Art. 12 I GG verstoße. Oddset habe in seiner Werbung das Wetten als zu positiv und sozialadäquat dargestellt, sodass den Schutzzwecken der Prävention und Bekämpfung von Wettsucht durch staatliche Kontrollmechanismen nicht hinreichend Rechnung getragen würde. Die Regelungen müssen sich also konsequent am eigenen Schutzkonzept der Begrenzung der Wettleidenschaft sowie der Bekämpfung der Wettsucht ausrichten. Sobald der Gesetzgeber in die Freiheitsrechte einzelner Bürger eingreift, um dadurch den Schutz anderer Bürger zu gewährleisten, ist er aufgrund des Verhältnismäßigkeitsprinzips zu einer konsequenten Umsetzung des selbst gewählten Schutzkonzeptes verpflichtet und darf nicht zulassen, dass – wie hier – die Produkte des staatlichen Sportwettenunternehmens als grundsätzlich unbedenkliche Freizeitbeschäftigung vermarktet werden.

- Hufbeschlag-Entscheidung[1704]

  Durch das Hufbeschlaggesetz hatte der Gesetzgeber die Berufe der Hufbeschlagschmiede, der Hufpfleger und der Huftechniker zu einem einheitlichen

---

[1702] *BVerfG*, Urt. v. 23.01.1990 – 1 BvL 44/86 = BVerfGE 81, 156.
[1703] *BVerfG*, Urt. v. 28.03.2006 – 1 BvR 1054/01 = BVerfGE 115, 276.
[1704] *BVerfG*, Beschl. v. 03.07.2007 – 1 BvR 2186/06 = BVerfGE 119, 59.

Beruf zusammengeführt. Danach durften nicht mehr nur der Eisenbeschlag, sondern sämtliche der Hufpflege dienenden Verrichtungen nur noch durch umfassend qualifizierte Hufbeschlagschmiede ausgeführt werden. Nach dem dahinterstehenden Schutzkonzept des Gesetzgebers sollten die Tiere vor körperlichen Schmerzen und Schäden durch unqualifizierten Hufschutz und unsachgemäße Hufpflege bewahrt werden. In seiner Hufbeschlag-Entscheidung hat das *Bundesverfassungsgericht* diese Neuregelungen insoweit mit Art. 12 I GG als unvereinbar erklärt, als von diesen Bestimmungen neben den Hufbeschlagschmieden auch Huftechniker und Hufpfleger erfasst werden. Im Rahmen der Verhältnismäßigkeitsprüfung wird ausgeführt, dass der Gesetzgeber nur diejenigen Anforderungen stellen dürfe, die zur Erreichung des von ihm selbst verfolgten Schutzkonzeptes erforderlich sind. Die entsprechenden Regelungen im Hufbeschlaggesetz zwingen Huftechniker und Hufpfleger jedoch zum Erwerb überschießender Qualifikationen, da sie die genannten schmiedetechnischen Kenntnisse für ihre zukünftigen beruflichen Tätigkeiten nicht benötigen. Dies gelte gerade „auch vor dem Hintergrund des vom Gesetzgeber verfolgten [Schutz]Konzepts, den Tierhaltern im Interesse der Tiergesundheit den Zugang zu allen Angeboten der Hufversorgung zu eröffnen. Um ihnen die erforderlichen kompetenten Ansprechpartner auch unter den Huftechnikern zur Verfügung zu stellen, reicht es [...] aus, wenn Huftechniker zur Aufnahme ihres Berufs theoretische Kenntnisse erwerben und nachweisen müssen, die sie in die Lage versetzen, uneingeschränkt aus dem gesamten Versorgungsspektrum einschließlich des Eisenbeschlags die jeweils indizierte Methode auszuwählen, die Tierhalter entsprechend zu beraten und gegebenenfalls an Hufbeschlagschmiede zu verweisen."

- Nichtraucherschutz-Entscheidung[1705]

In seiner Nichtraucherschutz-Entscheidung hat das *Bundesverfassungsgericht* den Verfassungsbeschwerden zweier Inhaber von Einraumgaststätten und einer Diskothekenbetreiberin stattgegeben, die sich gegen Bestimmungen der Nichtraucherschutzgesetze von Baden-Württemberg bzw. Berlin gewandt hatten. Beide Gesetze statuierten ein grundsätzliches Rauchverbot in Gaststätten, sahen jedoch Ausnahmen für abgetrennte Nebenräume vor; für Diskotheken galt nach dem baden-württembergischen Nichtraucherschutzgesetz der gesetzliche Ausnahmenkatalog aber generell nicht. In Bezug auf das tatsächlich uneingeschränkte Rauchverbot für kleine Einraumgaststätten – schließlich sind diese de

---

[1705] *BVerfG*, Urt. v. 30.07.2008 – 1 BvR 3262/07 = BVerfGE 121, 317.

facto nicht in der Lage, einen solchen Raucherraum bereitzustellen – sei im Rahmen der Verhältnismäßigkeitsprüfung des Art. 12 GG zu berücksichtigen, dass der Schutz der Bevölkerung vor den Gesundheitsgefahren des Passivrauchens sogar ein absolutes Rauchverbot in Gaststätten ohne die Ermöglichung von Ausnahmen rechtfertigen würde. Ein derartiges absolutes Rauchverbot in Gaststätten haben die Landesgesetzgeber in Berlin und Baden-Württemberg aber gerade nicht eingeführt. Vielmehr erlaubten die angegriffenen Landesgesetze das Rauchen in abgetrennten Nebenräumen. Wenn die beiden Landesgesetzgeber aber den Nichtraucherschutz zurücknehmen, um den Freiheitsrechten der Gastwirte und Raucher Rechnung zu tragen, dann treffen sie zugleich eine Entscheidung über das Gewicht der (Gesundheits-)Interessen der Allgemeinheit, die sie mit den Verboten verfolgen. Im Rahmen der Verhältnismäßigkeitsprüfung ist daher zu berücksichtigen, dass sich der Gesetzgeber bewusst gegen ein striktes Rauchverbot entschieden und – aufgrund der Ausnahmeregelungen – ein Schutzkonzept gewählt hat, das den Belangen von Gaststättenbetreibern und Rauchern ein stärkeres Gewicht beimisst und das Ziel des Gesundheitsschutzes nur mit verminderter Intensität verfolgt. Diese Relativierung des Gesundheitsschutzes hätte der Gesetzgeber konsequent weiterführen müssen, um dem Verhältnismäßigkeitsgrundsatz zu genügen. Vor diesem Hintergrund ist es den Gastwirten von Einraumgaststätten nicht zuzumuten, die mit dem Rauchverbot einhergehenden erheblichen wirtschaftlichen Nachteile hinzunehmen, die darin liegen, dass Einraumgaststätten überwiegend Stammgäste bedienen, die zum größten Teil rauchen, und viele dieser Gäste infolge des Rauchverbots entweder ganz zu Hause bleiben oder auf größere Gaststätten mit Raucherraum ausweichen.

Im generellen Ausschluss der Diskotheken von der Begünstigung, Ausnahmen für abgetrennte Nebenräume in Anspruch nehmen zu können, hat das *Bundesverfassungsgericht* eine Verletzung des allgemeinen Gleichheitssatzes i.S.v. Art. 3 I GG gesehen. In der Differenzierung zwischen Gaststätten im Allgemeinen und solchen der besonderen Betriebsart „Diskothek" sei eine Ungleichbehandlung zu sehen, die verfassungsrechtlich nicht gerechtfertigt werden könne.

- Entscheidung zur Pendlerpauschale[1706]

Bis zum 01.01.2007 konnten Steuerzahler mit der auch als Pendlerpauschale bezeichneten Entfernungspauschale die Kosten für die Fahrt zur Arbeit – egal wie weit und mit welchem Verkehrsmittel – steuerlich absetzen. Für jeden ge-

---

[1706] *BVerfG*, Urt. v. 09.12.2008 – 2 BvL 1/07 = BVerfGE 122, 210.

fahrenen Kilometer wurde eine Pauschale von 30 Cent angerechnet. Die *Große Koalition* hatte die Pendlerpauschale jedoch infolge des Steueränderungsgesetzes zum 01.01.2007 abgeschafft. Lediglich für Fernpendler wurde eine Härtefallregel eingeführt, wonach die 30 Cent erst ab dem 21. Entfernungskilometer steuerlich absetzbar waren. In seiner Entscheidung zur Pendlerpauschale entschied das *Bundesverfassungsgericht*, dass diese Neuregelungen mangels verfassungsrechtlich tragfähiger Rechtfertigung mit den Anforderungen des allgemeinen Gleichheitssatzes i.S.v. Art. 3 I GG an eine folgerichtige Ausgestaltung einkommensteuerrechtlicher Belastungsentscheidungen nicht vereinbar und damit verfassungswidrig sind. Der allgemeine Gleichheitssatz verlangt vom Einkommensteuergesetzgeber eine an der finanziellen Leistungsfähigkeit ausgerichtete und insoweit hinreichend folgerichtige Ausgestaltung seiner Belastungsentscheidungen. Nach dem geltenden Einkommensteuerrecht wird die finanzielle Leistungsfähigkeit des Steuerpflichtigen grundsätzlich nach der Höhe seines jährlichen Nettoeinkommens bemessen, also nach der Höhe der Einnahmen abzüglich beruflich veranlasster Aufwendungen (sog. objektives Nettoprinzip). An diesem Grundsystem muss sich der Gesetzgeber festhalten lassen, solange er keinen grundlegenden Systemwechsel vollzieht. Die Einführung des sog. Werkstorprinzips, nach dem nicht die berufliche Veranlassung von Aufwendungen, sondern allein die räumliche Entfernung einer kostenverursachenden Fahrt zum Arbeitsplatz (21. Entfernungskilometer) entscheidend für die Abzugs- oder Nichtabzugsfähigkeit der Kosten ist, stellt eine singuläre Ausnahme innerhalb des geltenden Einkommensteuerrechts dar. Das Erfordernis folgerichtiger Ausgestaltung der einkommensteuerrechtlichen Belastungsentscheidungen verlangt, dass Ausnahmen von den das einfache geltende Recht beherrschenden Prinzipien hinreichend begründet sind. Als solche hinreichenden Gründe sind nach der ständigen Rechtsprechung zwar auch außerfiskalische Förderungs- und Lenkungsziele sowie Typisierungs- und Vereinfachungserfordernisse anerkannt, nicht jedoch der rein fiskalische Zweck staatlicher Einnahmenerhöhung. Der Neuregelung fehlt danach ein hinreichend sachlicher Grund für die Abkehr vom Veranlassungsprinzip. Sie widerspricht den Anforderungen des allgemeinen Gleichheitssatzes an eine folgerichtige Ausgestaltung.

b. Behandlung der Folgerichtigkeit durch das Bundesverfassungsgericht

Aus den dargestellten Entscheidungen gewinnt man zunächst die Erkenntnis, dass die Folgerichtigkeit vom *Bundesverfassungsgericht* nicht als ein allgemeines, gänzlich autonomes Verfassungsgebot legislativer Rationalität begriffen wird. Vielmehr fließt der Gedanke der Systemgerechtigkeit – wenn auch teilweise verselbstständigt – über zwei bekannte rechtliche Anknüpfungspunkte in die allgemeine verfassungsrechtliche Prüfung ein. Vorrangig – wie beispielsweise in den Zweigstellensteuer-Entscheidungen – bringt das Gericht den Grundsatz der Folgerichtigkeit im Rahmen des allgemeinen Gleichheitssatzes i.S.v. Art. 3 I GG zur Anwendung. Daneben findet sich das Folgerichtigkeitsgebot aber auch in der Verhältnismäßigkeitsprüfung des jeweiligen Freiheitsgrundrechts[1707], wie es etwa in der viel beachteten Nichtraucherschutz-Entscheidung geschehen ist.

aa. Folgerichtigkeit im Rahmen des Art. 3 I GG

Aus der Gegenüberstellung der Zweigstellensteuer-Entscheidungen einerseits und der Entscheidung zum Arbeitsförderungsgesetz andererseits wird – innerhalb des allgemeinen Gleichheitssatzes i.S.v. Art. 3 I GG – noch eine weitergehende Differenzierung hinsichtlich des Folgerichtigkeitsgebots evident, und zwar die Unterscheidung zwischen einem steuer- bzw. wahlrechtlichen Bereich sowie den sonstigen Sach- und Regelungsbereichen.

In den sonstigen Sach- und Regelungsbereichen hat das Gebot der Folgerichtigkeit in der verfassungsgerichtlichen Rechtsprechung kein eigenständiges Gewicht. Das *Bundesverfassungsgericht* geht hierbei in ständiger Rechtsprechung davon aus, dass die Systemwidrigkeit einer Regelung „allenfalls ein Indiz" für einen Gleichheitsverstoß sein kann.[1708] Es wird dabei also nachdrücklich zwischen Inkonsistenz und Gleichheitsverstoß getrennt.[1709] Entscheidend für die Annahme eines Gleichheitsverstoßes ist, ob die Systemwidrigkeit hinreichend sachlich gerechtfertigt werden kann. Im Lichte der Dogmatik des allgemeinen Gleichheitssatzes stellt die Systemwidrigkeit daher – auf der ersten Prüfungsstufe des Art. 3 I GG – die rechtlich relevante Ungleichbehandlung dar.[1710] Auf der – für die Gleichheitsprüfung charakteristischen – zweiten Prüfungsstufe gilt es sodann zu beurteilen, ob diese Ungleichbehandlung in Form der Systemwidrigkeit sachlich gerechtfertigt ist. Die Folgerichtigkeit stellt damit nur eine Klassifizierung bzw. Konkretisierung der Un-

---

[1707] Diese Handhabung durch das *Bundesverfassungsgericht* auf nationaler Ebene korrespondiert insoweit mit dem europarechtlichen Kohärenzgebot, als dieses ebenfalls auch Ausprägung des Grundsatzes der Verhältnismäßigkeit ist. Vgl. dazu bereits unter Ziffer I. auf S. 401.
[1708] So etwa in der dargestellten Arbeitsförderungsgesetz-Entscheidung, *BVerfG*, Urt. v. 23.01.1990 – 1 BvL 44/86 = BVerfGE 81, 156. Ferner auch: *BVerfG*, Beschl. v. 14.10.2008 – 1 BvF 4/05 = BVerfGE 122, 1; *BVerfG*, Beschl. v. 10.10.2001 – 1 BvL 17/00 = BVerfGE 104, 74; *BVerfG*, Beschl. v. 19.10.1982 – 1 BvL 39/80 = BVerfGE 61, 138.
[1709] *Osterloh/Nußberger*, in: Sachs, GG, Art. 3 Rn. 99.
[1710] *Payandeh*, AöR 136 (2011), 578 (589).

gleichbehandlung innerhalb der bestehenden Dogmatik des allgemeinen Gleichheitssatzes dar, mit dem Ziel, mehr Vorhersehbarkeit und Rationalität in die Gleichheitsprüfung einfließen zu lassen.[1711] Eine eigenständige verfassungsrechtliche Bedeutung hat das Gebot der Folgerichtigkeit hier also nicht.

Anders verhält es sich hingegen nach der Rechtsprechung des *Bundesverfassungsgerichts* im Steuerrecht[1712] und im Wahlrecht[1713]. Hier kann die Abweichung vom System eine gleichheitsrechtliche Ungleichbehandlung nicht nur indizieren; vielmehr wird die Abweichung selbst zum unmittelbaren Anknüpfungspunkt des verfassungsrechtlichen Gleichheitsverstoßes. Zwar wird die Folgerichtigkeit auch insoweit aus dem allgemeinen Gleichheitssatz i.S.v. Art. 3 I GG abgeleitet. Die Rechtsprechung des *Bundesverfassungsgerichts* zur Systemgerechtigkeit im Steuerrecht geht dabei aber über die Rechtsprechung zur allgemeinen Geltung des Folgerichtigkeitsgedankens im Rahmen des Art. 3 I GG hinaus. Offenkundig wird diese Verselbstständigung der Folgerichtigkeit im Steuerrecht in der oben dargestellten Entscheidung zur Pendlerpauschale. Die angegriffene Regelung wurde vom *Bundesverfassungsgericht* gerade deswegen als gleichheitswidrig und infolgedessen als verfassungswidrig qualifiziert, *weil* sie den Anforderungen an eine folgerichtige Ausgestaltung der einkommensteuerrechtlichen Belastungsentscheidungen nicht gerecht wurde. Der Grund für diese abweichende Folgerichtigkeitsjudikatur im Steuerrecht könnten möglicherweise die Ambitionen in der Jurisprudenz sein, das Steuerrecht verstärkt an einheitlichen Prinzipien und erkennbaren Strukturen auszurichten.[1714] *Lang* sieht hier die Entscheidung zur Pendlerpauschale als richtungsweisend an, wenn er äußert, dass das *Bundesverfassungsgericht* „seine Verantwortung für die Verwirklichung des Rechtsstaates im Steuerrecht wohlerkannt und sich dem Fiskalismus eines prinzipienverachtenden Gesetzgebers […] nachdrücklich widersetzt" hat.[1715] Ähnlich äußert sich *Kischel*, der in der abweichenden Rechtsprechung des *Bundesverfassungsgerichts* zum Folgerichtigkeitsgebot im Steuerrecht den nicht unüblichen Wunsch sieht, „das Steuerrecht aus seiner Indienstnahme durch kurzfristige parteipolitische Positionen und Gruppeninteressen und dem daraus resultierenden Steuerchaos zu befreien."[1716]

[1711] *Payandeh*, AöR 136 (2011), 578 (602).
[1712] St. Rspr. des *BVerfG* seit der Zweigstellensteuer-Entscheidung, Urt. v. 13.07.1965 – 1 BvR 771/59 = BVerfGE 19, 101.
[1713] So bereits die Sperrklausel-Entscheidung des *BVerfG*, Urt. v. 05.04.1952 – 2 BvH 1/52 = BVerfGE 1, 208.
[1714] *Payandeh*, AöR 136 (2011), 578 (599).
[1715] *Lang*, in: Tipke/Lang, Steuerrecht, § 4 Rn. 67.
[1716] *Kischel*, in: BeckOK GG, Art. 3 Rn. 142.

Zusammenfassend lässt sich feststellen, dass die verfassungsgerichtliche Rechtsprechung in den Teilrechtsordnungen des Steuer- und Wahlrechts von einer Verselbstständigung des Folgerichtigkeitsgedankens und damit von einer gewissen Systembindung des Gesetzgebers ausgeht, während für die übrigen Sach- und Regelungsbereiche eine derartige Systembindung nicht besteht.[1717]

bb. Folgerichtigkeit im Rahmen der Verhältnismäßigkeitsprüfung der Freiheitsgrundrechte

Das *Bundesverfassungsgericht* bezieht sich nicht nur im Rahmen des allgemeinen Gleichheitssatzes auf den Grundsatz der Folgerichtigkeit bzw. auf Erwägungen der Systemgerechtigkeit. Auch innerhalb der Prüfung der Freiheitsgrundrechte selbst greift das Gericht auf das Gebot der Folgerichtigkeit zurück, wie sich etwa aus der Sportwetten-Entscheidung, der Hufbeschlag-Entscheidung oder der Nichtraucherschutz-Entscheidung ergibt. In der Literatur wird teilweise die Meinung vertreten, das Gebot der Folgerichtigkeit sei erstmalig in der Nichtraucherschutz-Entscheidung auf die Ebene der Freiheitsgrundrechte übertragen worden.[1718] Diese Handhabung könnte demnach einen einmaligen „Ausrutscher"[1719] darstellen. Davon ist aber nicht auszugehen. Eine entsprechende Argumentationsstruktur findet sich nämlich bereits im sog. Apotheken-Urteil[1720] aus dem Jahre 1958. Darin heißt es im Rahmen der Prüfung der Berufsfreiheit des Art. 12 I GG, dass es „nicht folgerichtig [sei], wenn auf der einen Seite zur Erhaltung der beruflichen Zuverlässigkeit der Apotheker die Zahl der Apotheken beschränkt werden soll, auf der anderen Seite aber Arzneimittel für Mensch und Tier in so großem Umfang außerhalb der Apotheken verkauft werden dürfen, dass die Existenz zahlreicher Apotheken […] gefährdet ist." Auch in der sog. Sportwetten-Entscheidung[1721] des *Bundesverfassungsgerichts* aus dem Jahre 2006 kann man eine vergleichbare Argumentationsstruktur im Rahmen der Prüfung der Berufsfreiheit erkennen. Daraus ergibt sich, dass das *Bundesverfassungsgericht* in der Nichtraucherschutz-Entscheidung lediglich seine bisherige Praxis fortgesetzt hat.

[1717] Die verfassungsgerichtliche Rechtsprechung in diesem Sinne zusammenfassend auch: *Osterloh/Nußberger*, in: Sachs, GG, Art. 3 Rn. 99, 142; *Kischel*, in: BeckOK GG, Art. 3 Rn. 96, 154; *Starck*, in: v. Mangoldt/Klein/Starck, GG, Art. 3 Abs. 1 Rn. 44, 84 ff.
[1718] Etwa: *Bulla*, ZJS 2008, 585 (585); *Bäcker*, DVBl 2008, 1180 (1182 f.).
[1719] *Bäcker*, DVBl 2008, 1180 (1183).
[1720] *BVerfG*, Urt. v. 11.06.1958 – 1 BvR 596/56 = BVerfGE 7, 379.
[1721] *BVerfG*, Urt. v. 28.03.2006 – 1 BvR 1054/01 = BVerfGE 115, 276.

Aber auch im Rahmen der Freiheitsgrundrechte taucht der Folgerichtigkeitsgedanke in der *bundesverfassungsgerichtlichen* Rechtsprechung nicht als selbstständiges Verfassungsgebot legislativer Rationalität auf. Die mangelnde Folgerichtigkeit wirkt sich an dieser Stelle vielmehr nur mittelbar auf die Gewichtung der in die Verhältnismäßigkeitsprüfung einzustellenden Belange aus. Wird ein bestimmtes Ziel vom Gesetzgeber – aus welchen Gründen auch immer – mit nur verminderter Intensität[1722] verfolgt, dann muss er diese Relativierung in der Abwägungsentscheidung bei der Gewichtung konsequent weiterführen. Anderenfalls ist der Grundrechtseingriff, der infolge der Umsetzung des gesetzgeberischen Zieles erfolgt, mangels Verhältnismäßigkeit im engeren Sinne verfassungsrechtlich nicht gerechtfertigt.

Die Verortung des Folgerichtigkeitsgedankens in die Verhältnismäßigkeitsprüfung lässt sich dabei dogmatisch auf zweifache Weise begründen. Zum einen ist dies eine logische Konsequenz der Konstruktion des Verhältnismäßigkeitsprinzips, da ein vom Gesetzgeber verfolgtes Ziel notwendigerweise weniger Gewicht besitzt, sofern er dieses Ziel im Rahmen desselben Regelungskomplexes selbst relativiert. Zum anderen verpflichtet das hinter dem Verhältnismäßigkeitsgrundsatz stehende Rechtsstaatsprinzip alle rechtsetzenden Organe dazu, die Regelungen jeweils so aufeinander abzustimmen, dass sie nicht gegenläufige Anweisungen oder widersprüchliche Gewichtungen enthalten.[1723]

2. Bewertung der Folgerichtigkeit und der diesbezüglichen verfassungsgerichtlichen Rechtsprechung im Schrifttum

Bevor die speziell zur verfassungsgerichtlichen Rechtsprechung in der Literatur lautgewordene Kritik dargelegt und bewertet wird, sind zunächst ganz allgemein die für und gegen den Folgerichtigkeitsgedanken und damit für und gegen eine Systembindung des Gesetzgebers sprechenden Argumente herauszuarbeiten.

a. Systembindung oder keine Systembindung

Es sprechen zunächst durchaus plausible Gründe dafür, das Erfordernis einer Systemstimmigkeit und die damit einhergehende Selbstbindung der Legislative abzulehnen. Diese Auffassung geht im weitesten Sinne auf den römisch-rechtlichen Grundsatz „*princeps legibus solutus est*" zurück, wonach der Herrscher an sein ei-

---

[1722] Dies kann etwa durch die Statuierung von Ausnahmetatbeständen erfolgen.
[1723] *Kirchhof*, in: Maunz/Dürig, GG, Art. 3 Abs. 1 Rn. 408; *Jarass*, in: Jarass/Pieroth, GG, Art. 20 Rn. 89.

genes Recht in keinster Weise gebunden ist. Insbesondere *Bryde*[1724] und *Kischel*[1725] sehen die durch die Folgerichtigkeit bedingte Bindungswirkung des Gesetzgebers sehr kritisch. In einem solchen Fall seien dem Gesetzgeber sprichwörtlich die Hände gebunden. Es verstoße bereits gegen das Demokratieprinzip i.S.v. Art. 20 II 1 GG, wenn der Gesetzgeber nicht im Stande sein würde, entsprechende Veränderungen an oder entsprechende Ausnahmen von der bisherigen Gesetzeslage vorzunehmen, weil das Parlament sich selbst oder seine Nachfolger gebunden habe.[1726] Auf diese Weise würde man dem Bürger letztlich die Möglichkeit nehmen, über die Wahl die Politik zu bestimmen. Einem veränderten Wählerwillen könnte damit nicht mehr Rechnung getragen werden, sodass die Macht im betroffenen Teilbereich entgegen Art. 20 II 1 GG nicht mehr vom gegenwärtigen, sondern vom früheren Volke ausgehen würde.[1727] Gegen eine Systembindung spreche zudem der Gedanke, dass anderenfalls einfaches Recht und einfachrechtliche Entscheidungen ohne weiteres in qualifizierten Verfassungsrang erhoben würden, gegen das sich der Gesetzgeber nicht mehr „wehren" könnte.[1728] Ferner zeige auch der Wortlaut des Art. 20 III GG, dass im Grundsatz keine absolute Selbstbindung des Gesetzgebers bestehen könne.[1729] Die Gesetzgebung sei ausdrücklich nur an die verfassungsmäßige Ordnung gebunden, während die vollziehende Gewalt und die Rechtsprechung an Gesetz und Recht gebunden seien. Schließlich verweist die Kritik auf rein praktische Probleme bei der Feststellung des jeweiligen Systems. Es sei oftmals schwierig zu bestimmen, welche Rechtsnormen und Grundsätze ein System bilden und welche dieses durchbrechen und damit systemfremd sind.[1730]

Demgegenüber wird im Schrifttum auch die Ansicht vertreten, dass der Gesetzgeber an ein von ihm selbst gewähltes System gebunden sei, ohne davon abweichende

---

[1724] Sondervotum des Richters *Bryde* in der Nichtraucherschutz-Entscheidung, *BVerfG*, Urt. v. 30.07.2008 – 1 BvR 3262/07 = BVerfGE 121, 317: „*Das Bundesverfassungsgericht darf keine Folgerichtigkeit und Systemreinheit einfordern, die kein demokratischer Gesetzgeber leisten kann. Zwingt man den Gesetzgeber unter solchen politischen Rahmenbedingungen in ein alles oder nichts, indem man ihm zwar theoretische – politisch kaum durchsetzbare – Radikallösung erlaubt, aber Ausnahmen und Unvollkommenheiten benutzt, die erreichten Fortschritte zu kassieren, gefährdet das die Reformfähigkeit von Politik.*"
[1725] *Kischel*, AöR 124 (1999), 174.
[1726] So im Ergebnis auch *Kischel*, in: BeckOK GG, Art. 3 Rn. 96, 118.
[1727] *Kischel*, AöR 124 (1999), 174 (206).
[1728] *Kischel*, in: BeckOK GG, Art. 3 Rn. 154.
[1729] *Kischel*, in: BeckOK GG, Art. 3 Rn. 118.
[1730] *Kischel*, in: BeckOK GG, Art. 3 Rn. 96 und 154, wonach oftmals nicht rational zu entscheiden ist, welche Teile der gesetzgeberischen Entscheidung ein System bilden und welche zu dessen Durchbrechungen zählen; *Payandeh*, AöR 136 (2011), 578 (590 f.), der dies sehr anschaulich am Beispiel der deliktischen Verschuldenshaftung und der verschuldensunabhängigen Gefährdungshaftung darstellt.

Regelungen sachlich rechtfertigen zu können.[1731] Der Legislative verbleibe lediglich die Möglichkeit, sich von einem in sich geschlossenen Wertungssystem in ein anderes zu begeben. Flexible Teillösungen, die sich an die im Laufe der Zeit verändernden Umstände anpassen, sind danach hingegen nicht möglich. Diese Auffassung geht im weitesten Sinne auf den mittelalterlichen Rechtsgedanken zurück, wonach der Befehl auch für den Befehlenden zu gelten habe.[1732] Ein Gesetz habe allgemeingültige Wirkung. Es binde für die Dauer seiner Geltung – jedenfalls bis zu einem bestimmten Maße – auch die Legislative selbst, sodass von dieser auch ein hinreichendes Maß an Folgerichtigkeit einfachgesetzlicher Wertungen verlangt werden könne.[1733] Ein solcher Ansatz bietet sich insbesondere im Steuerrecht an, wo seit jeher in der Wissenschaft der Wunsch geäußert wird, „das Steuerrecht aus seiner Indienstnahme durch kurzfristige parteipolitische Positionen und Gruppeninteressen und dem daraus resultierenden Steuerchaos zu befreien."[1734] Aber auch über das Steuerrecht hinaus wird in der Jurisprudenz mit dem Gebot der Folgerichtigkeit und seiner gesetzgeberischen Bindung ganz allgemein die Ambition verbunden, mit Hilfe einer Verpflichtung zu legislativer Rationalität und Konsequenz eine insgesamt klare Strukturierung der Rechtsordnung zu erreichen.[1735] Die Vorteile einer Systemtreue der Legislative gehen aber über die allgemeine Forderung nach übersichtlichen, verständlichen und mithin bürgerfreundlichen Gesetzen hinaus. Durch sie wird vor allem auch die Rechtsberatung durch die Anwaltschaft, die Rechtsanwendung der Gerichte sowie die Rechtsanalyse durch die Wissenschaft vereinfacht und gefördert. Denn im Rahmen von klaren und berechenbaren Gesetzen ist es wesentlich einfacher, Gesetzeslücken zu schließen und neu auftretende Probleme in den Zusammenhang der bekannten zu stellen und auf diese Weise zu lösen.[1736]

Bereits diese beiden Extrempositionen mit ihren jeweils nachvollziehbaren Argumenten legen es nahe, über eine „vermittelnde Lösung" in Bezug auf den Folgerichtigkeitsgedanken zu einem vernünftigen und tragfähigen Ergebnis zu gelangen. Anhaltspunkte dafür können sich möglicherweise schon aus einer kritischen Hinterfragung der Rechtsprechung des *Bundesverfassungsgerichts* zum Gebot der Systemstimmigkeit ergeben.

[1731] Etwa: *Bumke*, Der Staat 49 (2010), 77; *Dann*, Der Staat 49 (2010), 630.
[1732] *Kirchhof*, in: Maunz/Dürig, GG, Art. 3 Abs. 1 Rn. 45. Nach *Kirchhof*, in: Maunz/Dürig, GG, Art. 3 Abs. 1 Rn. 404 gehört „die Regel, der Herrscher sei an die von ihm gesetzten Regeln selbst gebunden, [...] zu den ersten Errungenschaften beginnender Rechtlichkeit".
[1733] So auch *Osterloh/Nußberger*, in: Sachs, GG, Art. 3 Rn. 98.
[1734] *Kischel*, in: BeckOK GG, Art. 3 Rn. 142.
[1735] *Payandeh*, AöR 136 (2011), 578 (613).
[1736] *Kischel*, AöR 124 (1999), 174 (203 f.).

b. Kritik an der Prüfung des Folgerichtigkeitsgebots im Rahmen des Art. 3 I GG

Zwar fügt sich das Gebot der Folgerichtigkeit ohne weiteres in die Dogmatik des allgemeinen Gleichheitssatzes des Art. 3 I GG ein. Die Systemwidrigkeit stellt – auf der ersten Ebene der Gleichheitsprüfung – eine rechtlich relevante Ungleichbehandlung dar, die wiederum – auf der zweiten Prüfungsebene – sachlich gerechtfertigt werden muss.

Allerdings muss man feststellen, dass mit der Indienstnahme des Rechtsinstituts der Folgerichtigkeit im Rahmen des Art. 3 I GG im Ergebnis kein spürbarer Rationalitätsgewinn bei der verfassungsrechtlichen Prüfung von Ungleichbehandlungen verbunden ist.[1737] Bei einer – scheinbaren – Abweichung vom System im Hinblick auf einzelne Sachverhalte, Personen oder Personengruppen lässt sich nämlich stets in herkömmlicher Weise auch eine „normale" verfassungsrechtlich relevante Ungleichbehandlung begründen.[1738] Die Feststellung dieser „normalen" Ungleichbehandlung ist regelmäßig sogar leichter als die Feststellung einer Systemwidrigkeit. Denn die Bestimmung, welche Normen und Grundsätze ein System bilden und welche dieses punktuell durchbrechen und damit systemfremd sind, kann in der Praxis oftmals schwer sein.[1739] Dies gilt nicht nur für die Rechtsprechung zur allgemeinen Geltung des Folgerichtigkeitsgedankens im Rahmen des Art 3 I GG, wonach die Systemwidrigkeit einer Regelung einen Gleichheitsverstoß indizieren kann. Selbst im Steuerrecht führt das Gebot der Folgerichtigkeit gegenüber der allgemeinen Dogmatik des Gleichheitssatzes nicht zu einem spürbaren Rationalitätsgewinn im Rahmen der Gleichheitsprüfung.[1740] Augenscheinlich wird dies etwa in der Entscheidung zur Pendlerpauschale, in der das *Bundesverfassungsgericht* die angegriffene Regelung für nicht folgerichtig gehalten und sie deswegen aufgrund eines Verstoßes gegen Art. 3 I GG für verfassungswidrig erklärt hat. Dieses Urteil wäre vielmehr auch ohne Bezugnahme auf den Folgerichtigkeitsgedanken ausgekommen. Denn die maßgebliche Regelung stellt bereits auf Grundlage der allgemeinen Dogmatik des Gleichheitssatzes zweifellos eine Ungleichbehandlung zwischen Arbeitnehmern dar, die in einer unterschiedlichen Entfernung zu ihrer Arbeitsstätte wohnen. Im Rahmen der verfassungsrechtlichen Rechtfertigung der Ungleichbehand-

---

[1737] *Payandeh*, AöR 136 (2011), 578 (590 f., 593).
[1738] *Kischel*, in: BeckOK GG, Art. 3 Rn. 97.
[1739] *Kischel*, in: BeckOK GG, Art. 3 Rn. 96 und 154, wonach oftmals nicht rational zu entscheiden ist, welche Teile der gesetzgeberischen Entscheidung ein System bilden und welche zu dessen Durchbrechungen zählen; *Payandeh*, AöR 136 (2011), 578 (590 f.).
[1740] *Kischel*, in: BeckOK GG, Art. 3 Rn. 155.1, wonach die Folgerichtigkeit nach der Rechtsprechung inhaltlich kaum von der üblichen Gleichheitsprüfung abweiche und damit „inhaltsleer" bleibe; *Payandeh*, AöR 136 (2011), 578 (596 ff.); *Bumke*, Der Staat 49 (2010), 77 (88).

lung von Pendlern und Nichtpendlern lassen sich also dieselben Erwägungen und Bedenken behandeln, die vom *Bundesverfassungsgericht* im Rahmen der Rechtfertigung des Systemverstoßes geäußert worden sind. Die Verankerung des Gebots der Folgerichtigkeit führt also nicht zu einem Mehr an Begründungsqualität, vielmehr wohnt seiner Bezugnahme geradezu die Gefahr inne, wie *Payandeh* betont, dass durch die Analyse der systematischen Stimmigkeit und eines vermeintlichen Systembruchs im Gesetzesrecht der eigentlich problematische Kern der jeweiligen Regelung – nämlich die verfassungsrechtlich relevante Ungleichbehandlung – verdeckt und übersehen wird.[1741] Aus diesem Grund kommt es nach einem nicht unerheblichen Teil der Literatur im Anwendungsbereich des Art. 3 I GG ausschließlich auf das „Ergebnis" bzw. die „Rechtsfolgenunterschiede" einer Regelung für die jeweils Betroffenen an.[1742] Hingegen führe die reine Inkonsequenz einer Regelung bzw. der Mangel an Folgerichtigkeit für sich genommen nicht zu einem Verstoß gegen Art. 3 I GG.[1743]

c. Kritik am Einbezug der Folgerichtigkeit in die Verhältnismäßigkeitsprüfung der Freiheitsgrundrechte

Aber auch die Einbeziehung des Folgerichtigkeitsgedankens in die Verhältnismäßigkeitsprüfung des jeweiligen Freiheitsgrundrechts wurde in der Literatur kritisiert.[1744] So „passe" der Folgerichtigkeitsgedanke nicht zur Dogmatik des Verhältnismäßigkeitsprinzips. Das Verhältnismäßigkeitsprinzip ziele nämlich auf Abwägung und vermittelnde Lösungen. Demgegenüber führe der Gedanke der Folgerichtigkeit – nach dem „alles oder nichts"-Prinzip – gerade dazu, dass das mit Ausnahmen versehene mildere Gesetz verfassungswidrig sein würde, während ein striktes – die Freiheitsgrundrechte gleichwohl stärker beeinträchtigendes – Verbot aufgrund der stärkeren Gewichtung des hinter dem Verbot stehenden gesetzgeberischen Ziels verfassungsmäßig wäre.[1745] Ferner sei eine Verortung des Verhältnismäßigkeitsgedankens in die Prüfung des allgemeinen Gleichheitssatzes naheliegender als eine Einbeziehung in die Verhältnismäßigkeitsprüfung des jeweiligen Freiheitsgrundrechts, da es bei der Folgerichtigkeit in aller Regel um ein Gleichheitsproblem

---

[1741] *Payandeh*, AöR 136 (2011), 578 (593, 599).
[1742] *Osterloh/Nußberger*, in: Sachs, GG, Art. 3 Rn. 99; *Jarass*, in: Jarass/Pieroth, GG, Art. 3 Rn. 29; *Kischel*, in: BeckOK GG, Art. 3 Rn. 96.
[1743] *Wolff*, in: Hömig/Wolff, GG, Art. 3 Rn. 8; *Kischel*, in: BeckOK GG, Art. 3 Rn. 96.
[1744] So etwa *Bäcker*, DVBl 2008, 1180 (1182 f.).
[1745] *Michael*, JZ 2008, 875 (877); *Bäcker*, DVBl 2008, 1180 (1183). Vgl. insoweit auch die beiden Sondervoten der Richter *Bryde* und *Masing* in der Nichtraucherschutz-Entscheidung des *BVerfG*, Urt. v. 30.07.2008 – 1 BvR 3262/07 = BVerfGE 121, 317.

gehe.[1746] Aus diesem Grund sei die Behandlung des Folgerichtigkeitsgedankens allenfalls und ausschließlich im Rahmen von Art. 3 I GG abzuarbeiten gewesen, sodass ein Rückgriff auf diesen in der Verhältnismäßigkeitsprüfung der Freiheitsgrundrechte ausscheiden müsse.[1747]

3. Stellungnahme

a. Folgerichtigkeit als Kompromiss bei der Frage der Systembindung

Wie oben bereits angedeutet, muss für den Folgerichtigkeitsgedanken meines Erachtens ein Kompromiss zwischen einer ganz strengen und keinerlei Systembindung des Gesetzgebers gefunden werden.

Denn auf der einen Seite ist eine stringente Systembindung sicherlich abzulehnen. Das hat schon rein praktische Gründe, da eine Abweichung von einem Regelungssystem im Einzelfall gerade sachgerecht sein kann. Im Falle einer strengen Systembindung würde jede noch so sinnvolle Ausnahme einen Systembruch darstellen, den es zu beseitigen gälte. In eine ähnliche Richtung weist der Gedanke der Gefahr einer Verkrustung der Gesellschaftsordnung.[1748] Der Gesetzgeber könnte im Falle einer strengen Systembindung nicht mehr flexibel auf tatsächliche, gesellschaftliche oder politische Veränderungen reagieren. Ihm verbliebe ausschließlich die Möglichkeit, das gesamte System gegen ein anderes auszutauschen, was in der Regel freilich keine praktikable Alternative wäre. Auch der Vergleich mit dem unionsrechtlichen Kohärenzgebot spricht meines Erachtens gegen ein strenges Gebot zu absoluter Folgerichtigkeit. Denn selbst dort, wo der Konsequenzgedanke über das Gebot der Kohärenz ausdrücklich in den EU-Verträgen verankert ist, wird nachdrücklich hervorgehoben, dass es dem Gesetzgeber stets möglich sein muss, auf Veränderungen der politischen oder gesellschaftlichen Landschaft zu reagieren.[1749]

Auf der anderen Seite lässt sich aber auch eine strikte Verneinung jeglicher gesetzgeberischer Bindung an ein gewähltes System nicht halten. Jedenfalls dort, wo der Gesetzgeber über andere Verfassungsprinzipien zu einer konsequenten und folgerichtigen Vorgehensweise verpflichtet wird, ist eine Systembindung vernünftig. Dies gilt umso mehr, als das Folgerichtigkeitsgebot seinen Geltungsgrund auch im

---

[1746] *Kischel*, in: BeckOK GG, Art. 3 Rn. 96.1.
[1747] *Bäcker*, DVBl 2008, 1180 (1182).
[1748] *BVerfG*, Beschl. v. 09.02.1982 – 2 BvL 6/78, 2 BvL 8/79 = BVerfGE 60, 16; *Kischel*, in: BeckOK GG, Art. 3 Rn. 96; *Starck*, in: v. Mangoldt/Klein/Starck, GG, Art. 3 Abs. 1 Rn. 45.
[1749] Vgl. dazu die Ausführungen zum unionsrechtlichen Kohärenzgebot unter Ziffer I. auf S. 401 f.

Rechtsstaatsprinzip hat.[1750] Danach sind alle rechtsetzenden Organe verpflichtet, ihre Regelungen konsequenterweise so aufeinander abzustimmen, dass sie sich nicht gegenseitig widersprechen. Schließlich setzt sich der mittelalterlichen Rechtsgedanke, wonach der Herrscher an die von ihm gesetzten Regeln selbst gebunden ist, noch heute in unserem modernen Demokratieverständnis und im allgemeinen Gleichheitssatz i.S.v. Art. 3 I GG fort, der an den stets vorhandenen Gegensatz zwischen Recht und Willkür erinnert. Daher muss der Gesetzgeber dann gebunden sein, wenn er durch seine eigene Gesetzgebung eine Ungleichbehandlung tatsächlich hervorruft und so die Grundrechtsposition eines anderen verletzt.

b. Teilweise Eigenständigkeit, aber Überflüssigkeit des Gebots der Folgerichtigkeit gegenüber dem allgemeinen Gleichheitsgrundrecht des Art. 3 I GG

Das Gebot der Folgerichtigkeit hat zwar – jedenfalls nach der verfassungsrechtlichen Rechtsprechung im Steuer- und Wahlrecht – eine gewisse eigenständige Bedeutung. Dies lässt sich meines Erachtens mit der unterschiedlichen Wirkrichtung von Folgerichtigkeitsgedanken und Gleichheitsgrundrechten begründen, die von der Literatur gerade für das vergleichbare, europarechtliche Kohärenzgebot herausgearbeitet wurde. Während danach das Gleichheitsgrundrecht eine subjektiv-rechtliche Wirkung gegenüber dem Bürger hat, kommt dem Gebot der Folgerichtigkeit eher eine objektiv-institutionelle Wirkrichtung zu.[1751]

Allerdings ist – und hier stimmt der Verfasser den kritischen Stimmen in der Literatur zu – die absolute Verselbstständigung des Gebots der Folgerichtigkeit im Anwendungsbereich des Art. 3 I GG überflüssig. Es wird damit weder eine Konkretisierung noch ein wie auch immer gearteter Rationalitätsgewinn gegenüber der „herkömmlichen" Ungleichbehandlung von Sachverhalten oder Personen erreicht. Vielmehr lässt sich im Ergebnis jeder auf einer scheinbar fehlenden Folgerichtigkeit fußende Gleichheitsverstoß stets auch als Ungleichbehandlung von Sachverhalten oder Personengruppen begreifen. Die Einflechtung des Folgerichtigkeitsgebots als eigenständiges Institut in die Gleichheitsprüfung des Art. 3 I GG ist daher weder in der allgemeinen Gleichheitsdogmatik noch in den besonderen Teilrechtsordnungen des Steuer- und Wahlrechts notwendig. Es gibt keinen nachhaltigen Grund, weshalb man im Rahmen des identischen zweistufigen Prüfungsaufbaus auf eine vermeintlich fehlende gesetzliche Konsistenz abstellen sollte, wenn sich gleichzeitig eine Ungleichbehandlung von Sachverhalten oder Personengruppen feststellen lässt. Es

---

[1750] So etwa auch *Kirchhof*, in: Maunz/Dürig, GG, Art. 3 Abs. 1 Rn. 408.
[1751] So zum europarechtlichen Kohärenzgebot: *Kirchhof*, in: Maunz/Dürig, GG, Art. 3 Abs. 1 Rn. 413; *Schorkopf*, in: Grabitz/Hilf/Nettesheim, AEUV, Art. 7 Rn. 11.

ist meines Erachtens ein künstlich wirkendes Konstrukt, für die Verfassungswidrigkeit einer Norm auf die Vorstufe einer Ungleichbehandlung in Gestalt einer gesetzlichen Konsistenz abzustellen, obwohl man das Ergebnis ebenso in herkömmlicher Weise über die „Rechtsfolgenunterschiede" einer Regelung für die jeweils Betroffenen erreicht. Bestätigt wird diese Ansicht durch den 1. Senat des *Bundesverfassungsgerichts* in seiner Nichtraucherschutz-Entscheidung, wenn er dort die Verfassungswidrigkeit des generellen Ausschlusses der Diskotheken von der Begünstigung, Ausnahmen für abgetrennte Nebenräume in Anspruch nehmen zu können, auf den allgemeinen Gleichheitssatz stützt. In diesem Zusammenhang begründet er den Gleichheitsverstoß i.S.v. Art. 3 I GG nämlich gerade nicht mit der Systemwidrigkeit der Neuregelung, sondern ausschließlich damit, dass hinsichtlich der Differenzierung zwischen Gaststätten im Allgemeinen und solchen der besonderen Betriebsart "Diskothek" eine Ungleichbehandlung vorliegt, die verfassungsrechtlich nicht gerechtfertigt ist. Der Senat stellt dort also – neben der Einflechtung des Folgerichtigkeitsgedankens in die Verhältnismäßigkeitsprüfung des Freiheitsgrundrechts des Art. 12 GG – bewusst auf die „herkömmliche" Ungleichbehandlung von Sachverhalten bzw. Personengruppen i.S.v. Art. 3 I GG ab.

c. Folgerichtigkeit im Rahmen der Verhältnismäßigkeitsprüfung der Freiheitsgrundrechte

aa. Dogmatische Unbedenklichkeit dieses Lösungsansatzes

Die in Teilen der Literatur geäußerte Kritik, dass sich die Einbeziehung des – auf ein „alles oder nichts" ausgerichteten – Folgerichtigkeitsgedankens in die – auf eine Abwägung und vermittelnde Lösung abzielende – Verhältnismäßigkeitsprüfung dogmatisch nicht vereinbaren lasse, mag auf den ersten Blick einleuchten. Bei näherer Betrachtung stellt man aber fest, dass dadurch dem Verhältnismäßigkeitsgrundsatz gerade in konsequenter Weise Rechnung getragen wird.[1752] Auf der Prüfungsstufe der Verhältnismäßigkeit im engeren Sinne kommt es darauf an, dass der Grundrechtseingriff angemessen und zumutbar ist. Die mit dem Eingriff verbundene Beeinträchtigung darf also nicht außer Verhältnis zum verfolgten Zweck stehen.[1753] Im Rahmen der Abwägung ist zu berücksichtigen, inwieweit die staatliche Maßnahme tatsächlich zur Erreichung des gesetzgeberischen Ziels beiträgt

---

[1752] So auch *Payandeh*, AöR 136 (2011), 578 (608).
[1753] Vgl. zur Verhältnismäßigkeitsprüfung im engeren Sinne: *BVerfG*, Beschl. v. 06.02.1979 – 2 BvL 5/76 = BVerfGE 50, 217; *BVerfG*, Beschl. v. 09.05.1989 – 1 BvL 35/86 = BVerfGE 80, 103; *BVerfG*, Beschl. v. 05.02.2002 – 2 BvR 305/93 = BVerfGE 105, 17.

oder jedenfalls beitragen kann.[1754] In der Folge können eingriffsintensive Maßnahmen verfassungskonform und eingriffsschwache Maßnahmen verfassungswidrig sein, wenn erstere in erheblichem Umfang zur Erreichung des gesetzgeberischen Ziels beitragen, letztere hingegen nicht oder nur geringfügig.[1755] Während also beispielsweise ein absolutes Rauchverbot den Gesundheitsschutz in hohem Maße fördern würde, ist der konkrete Nutzen bei einem durch erhebliche Ausnahmen relativierten Rauchverbot dementsprechend geringer. Dem mit einem Rauchverbot verfolgten Gemeinwohlzweck des Gesundheitsschutzes kommt daher bei einem durch erhebliche Ausnahmen relativierten Rauchverbot in der Abwägung ein weitaus geringeres Gewicht zu. Hinzu kommt noch der Umstand, dass die Beeinträchtigungen der Kleingaststättenbetreiber im Falle eines durch erhebliche Ausnahmen relativierten Rauchverbots nicht unwesentlich größer sind als bei einem absoluten Rauchverbot. Denn bei Letzterem ist jedenfalls keine Abwanderung von Rauchern in größere Gaststätten mit Nebenräumen zu befürchten. Demnach beruht die vom *Bundesverfassungsgericht* in der Nichtraucherschutz-Entscheidung angeführte Argumentation, wonach das mit Ausnahmen versehene mildere Gesetz verfassungswidrig ist, während ein striktes – die Freiheitsgrundrechte stärker beeinträchtigendes – Verbot verfassungsgemäß gewesen wäre, auf den methodisch und dogmatisch anerkannten Grundsätzen des Verhältnismäßigkeitsprinzips.[1756]

Ferner sind auch die in der Literatur geäußerten dogmatischen Bedenken unbegründet, wonach es bei der Folgerichtigkeit um ein Problem des Gleichheitssatzes gehe und dieses deshalb ausschließlich in Art. 3 I GG und nicht im Rahmen der Verhältnismäßigkeitsprüfung des jeweiligen Freiheitsgrundrechts behandelt werden könne. Freiheits- und Gleichheitsgrundrechte stehen gleichwertig nebeneinander, ohne sich gegenseitig zu verdrängen.[1757] Aus diesem Grund muss eine gesetzliche Regelung immer sowohl gleichheits- als auch freiheitsgrundrechtlichen Anforderungen genügen. Es widerspräche daher der verfassungsrechtlichen Grundregel des Nebeneinander von Gleichheits- und Freiheitsrechten, wenn die Rechtfertigung der Ungleichbehandlung i.S.v. Art. 3 I GG die Prüfung des Folgerichtigkeitsgedankens im jeweiligen Freiheitsgrundrecht sperren würde.[1758]

[1754] *BVerfG*, Beschl. v. 04.04.2006 – 1 BvR 518/02 = BVerfGE 115, 320.
[1755] So auch *Payandeh*, AöR 136 (2011), 578 (606).
[1756] So ausdrücklich auch *Payandeh*, AöR 136 (2011), 578 (608).
[1757] *Kischel*, in: BeckOK GG, Art. 3 Rn. 4.
[1758] So auch *Payandeh*, AöR 136 (2011), 578 (609).

bb. Nur mittelbare Auswirkung auf Gewichtung der Belange

Im Rahmen der Freiheitsgrundrechte stellt der Folgerichtigkeitsgedanke jedenfalls keinen eigenständigen Prüfungspunkt dar mit einer eigenständigen – etwa aus sich heraus zur Verfassungswidrigkeit führenden – Bedeutung. Eine systemwidrige Regelung ist für sich genommen „freiheitsverfassungsrechtlich" unbedenklich. Insoweit kann auf die oben bereits dargelegten, gegen eine strenge Systembindung sprechenden, Argumente verwiesen werden.[1759] Ferner lassen aber auch ganz praktische Gründe kein anderes Ergebnis zu. Die Legislativgewalt wird in Deutschland auf Bundesebene durch den Deutschen Bundestag, auf Landesebene durch die jeweiligen Landesparlamente ausgeübt. Jede gesetzliche Regelung basiert daher auf einer parlamentarischen Entscheidung, die nicht – jedenfalls nicht vorrangig – von Juristen, sondern von Politikern getroffen wird und die nicht Ausdruck einer normativen Logik, sondern vielmehr das Ergebnis politischen Handelns, Wägens und Gewichtens ist. Der parlamentarische Gesetzgebungsprozess wäre überfordert, wenn man dort auch auf strenge Folgerichtigkeit und Systemstimmigkeit achten müsste. Die Systematisierung gesetzlicher Regelungen ist keine (ausschließliche) Verfassungspflicht des Gesetzgebers, sondern gerade eine Aufgabe der juristischen Dogmatik und damit der Rechtswissenschaft.[1760]

Allerdings wirkt sich der Folgerichtigkeitsgedanke in den Freiheitsgrundrechten immerhin mittelbar auf die Gewichtung der in die Verhältnismäßigkeitsprüfung einzustellenden Belange – und dabei insbesondere auf die vom Gesetzgeber verfolgten Ziele – aus. Dies folgt bereits aus einer konsequenten Anwendung des Verhältnismäßigkeitsgrundsatzes. Denn ein gesetzgeberisches Ziel, das durch erhebliche Ausnahmen relativiert wird, kann bereits denklogisch nur dahingehend gewichtet werden, dass es lediglich mit verminderter Intensität verfolgt wird. Im Rahmen der verfassungsrechtlichen Rechtfertigung des Eingriffs in das jeweilige Freiheitsrecht ist diese Relativierung des gesetzgeberischen Ziels daher zu berücksichtigen und in diesem Sinne „folgerichtig" weiterzuführen.

cc. Inkonsequenz in Bezug auf Verfolgung des gesetzgeberischen Schutzkonzeptes

Betrachtet man die Entscheidungen, in denen das *Bundesverfassungsgericht* den Folgerichtigkeitsgedanken in die Verhältnismäßigkeitsprüfung des einschlägigen

---

[1759] Vgl. dazu ausführlich auf S. 411 f. und S. 416.
[1760] So im Ergebnis auch: *Kirchhof*, in: Maunz/Dürig, GG, Art. 3 Abs. 1 Rn. 405; *Payandeh*, AöR 136 (2011), 578 (613); *Kischel*, in: BeckOK GG, Art. 3 Rn. 96, wonach die Systemwidrigkeit für sich genommen bloße gesetzliche Widersprüchlichkeit sei, die nur ein Mangel an gesetzgeberischer Kunstfertigkeit belege, nicht aber zur Verfassungswidrigkeit führe.

Freiheitsgrundrechts eingeflochten hat, fällt dabei eine einheitliche Argumentationsstruktur auf. Sowohl in der Hufbeschlag-, als auch in der Sportwetten- oder der Nichtraucherschutz-Entscheidung kommt es maßgeblich auf die Konsequenz *in Bezug auf die Verfolgung des gesetzgeberischen Schutzkonzeptes* an. Bei einer diesbezüglichen Inkonsequenz vermindert sich das abwägungsrelevante Gewicht des vom Gesetzgeber verfolgten Ziels, sodass sich der Eingriff in die Freiheitsrechte in diesen Fällen nicht mehr als angemessen und zumutbar darstellt. Eine etwaige Inkonsequenz hinsichtlich *sonstiger Umstände* außerhalb des vom Gesetzgeber verfolgten Schutzkonzeptes ist für die Abwägung hingegen nicht relevant. Insoweit fällt man wieder auf den soeben herausgearbeiteten Grundsatz zurück, dass eine Systemwidrigkeit für sich genommen verfassungsrechtlich unbeachtlich ist.

4. Folgerichtigkeit in Bezug auf die Sonderregelungen des § 246 VIII bis XVII BauGB

Die streitgegenständlichen Sonderregelungen für Flüchtlingsunterkünfte i.S.v. § 246 VIII bis XVII BauGB sind im öffentlichen Bauplanungsrecht angesiedelt – nicht im Steuerrecht. Maßgeblich im Anwendungsbereich des allgemeinen Gleichheitssatzes i.S.v. Art. 3 I GG ist daher – wohl auch nach gegenwärtiger Auffassung des *Bundesverfassungsgerichts* seit der Nichtraucherschutz-Entscheidung – nicht eine etwaige Systemwidrigkeit, sondern eine rechtfertigungsbedürftige „klassische" Ungleichbehandlung von Personen bzw. Personengruppen. Wie soeben im Rahmen der grundrechtlichen Prüfung des Art. 3 I, III GG herausgearbeitet wurde, rufen die Sonderregelungen für Flüchtlingsunterkünfte zwar rechtlich relevante Ungleichbehandlungen hervor, die jedoch allesamt verfassungsrechtlich gerechtfertigt sind.[1761]

Im Rahmen der Prüfung der jeweils betroffenen Freiheitsgrundrechte ist der Folgerichtigkeitsgedanke in der Verhältnismäßigkeitsprüfung zu berücksichtigen. Dabei sind die Sondervorschriften auf eine konsequente Umsetzung eines Schutzkonzeptes zugunsten einzelner Personen oder Personengruppen hin zu überprüfen. Nur in diesem Falle würde sich nämlich – wie oben dargelegt – das Gebot der Folgerichtigkeit in der verfassungsrechtlichen Prüfung „bemerkbar" machen. Bei der Systemwidrigkeit der Absätze 8 bis 17 des § 246 BauGB geht es allerdings gerade nicht um eine inkonsequente Umsetzung eines bestimmten Schutzkonzeptes zugunsten einzelner Personen oder Personengruppen. Der Schutz der Flüchtlinge ist in § 246 VIII bis XVII BauGB konsequent umgesetzt. Vielmehr bezieht sich die mangelnde Folgerichtigkeit hier lediglich auf die *Einhaltung der Ziele des Bauplanungsrechts*. Es geht

---

[1761] Vgl. dazu ausführlich unter Ziffer A. auf S. 387 ff.

mithin um Inkonsequenz sowohl bei der Einhaltung einer geordneten städtebaulichen Entwicklung als auch bei der Bewahrung des Einfügungsgebots und beim Schutz des Außenbereichs i.S.d. Sicherung der naturgegebenen Bodennutzung und der Erholung der Allgemeinheit. In Anwendung der soeben herausgearbeiteten Grundsätze führt eine etwaige Abweichung des § 246 VIII bis XVII BauGB von den selbstgesetzten Regeln und Systemen jedenfalls nicht zur Verfassungswidrigkeit der Sonderregelungen für Flüchtlingsunterkünfte.

Gleichwohl müsste sich der Gesetzgeber aber einer rechtspolitischen Kritik, d.h. dem Vorwurf der mangelnden Beherrschung der Gesetzgebungskunst in Form „guter" Gesetzgebungspolitik[1762], stellen, sofern die Sonderregelungen nicht sauber in das bisherige bauplanungsrechtliche System „passen" und diese Abweichungen sich dann auch nicht sachlich rechtfertigen lassen würden.[1763] Dieser Frage wird zu Beginn des achten und letzten Kapitels eingehend nachgegangen.

[1762] Die „Gesetzgebungskunst" besteht aus zwei Elementen, und zwar einerseits aus dem materiell, d.h. sachlich-inhaltlich, guten Gesetzesinhalt (sog. Gesetzgebungspolitik) und andererseits aus der äußerlich guten Gesetzesform (sog. Gesetzgebungstechnik). Vgl. dazu *Mertens*, Gesetzgebungskunst im Zeitalter der Kodifikationen, S. 3; *Emmenegger*, Gesetzgebungskunst, S. 6 f., 229 ff.

[1763] So im Ergebnis auch: *Kischel*, AöR 124 (1999), 174 (209), der die Folgerichtigkeit als sinnvolle rechtspolitische Forderung ohne die Fehlerfolge der Verfassungswidrigkeit begreift; *Kirchhof*, Handbuch des Staatsrechts, Band VIII, § 181 Rn. 219, nach dem fehlende Systemkonformität im Allgemeinen nur „mangelnde Beherrschung der Gesetzgebungskunst" verrate, aber keinen Verstoß gegen Verfassungsrecht begründe; *Schmidt*, Festschrift für Claus-Wilhelm Canaris, S. 1366.

§ 22

Unionsrechtliche Vorgaben des Umweltschutzes

Die Wirksamkeit eines Gesetzes beurteilt sich nicht ausschließlich nach seiner Vereinbarkeit mit dem Grundgesetz. Jeder Rechtsakt muss vielmehr auch mit anderweitigem höherrangigen Recht übereinstimmen. Maßgeblich ist dabei vor allem die Vereinbarkeit mit dem Recht der Europäischen Union. Das Recht der Europäischen Union setzt sich zusammen aus dem Primärrecht und dem Sekundärrecht. Ersteres umfasst die Verträge, insbesondere den Vertrag über die Europäische Union (EUV)[1764] sowie den Vertrag über die Arbeitsweise der Europäischen Union (AEUV)[1765]. Beim Sekundärrecht, also bei Verordnungen, Richtlinien, Entscheidungen und Beschlüssen, handelt es sich um das von den Unionsorganen geschaffene Recht, das sich von den in den Verträgen festgelegten Grundsätzen und Zielen ableitet. Während eine Verordnung ein verbindlicher Rechtsakt ist, der in allen Mitgliedstaaten unmittelbare Geltung beansprucht, ist eine Richtlinie „nur" ein Rechtsakt, in dem ein von allen Mitgliedstaaten zu erreichendes Ziel festgelegt wird und der umsetzungsbedürftig ist, um wirksam zu werden.[1766]

Die Sondervorschriften für Flüchtlingsunterkünfte könnten möglicherweise gegen Sekundärrecht, und zwar gegen Art. 5 I, II der Plan-UP-Richtlinie 2001/42/EG[1767], verstoßen. Wie sich aus Art. 1 der Richtlinie ergibt, sollte mit dieser – entsprechend der unionsrechtlichen Vorgaben in Art. 3 III EUV und Art. 11 AEUV – sichergestellt werden, dass bereits auf der Planebene ein hohes Umweltschutzniveau herrscht und dass Umwelterwägungen bei der Ausarbeitung und Annahme von Plänen und Programmen einbezogen werden.[1768] Die Richtlinie ist vom Bundesgesetzgeber durch das Europarechtsanpassungsgesetz Bau 2004 (EAG Bau 2004) vom 24.06.2004[1769] in das Baugesetzbuch eingearbeitet worden. Zentrale Vorschriften der nationalen Umsetzung der europarechtlichen Vorgaben sind dabei § 1a, § 2 IV sowie § 2a BauGB.[1770] Dabei handelt es sich

---

[1764] Vertrag über die Europäische Union (EUV) in der konsolidierten Fassung (2016), ABl. Nr. C 202, S. 13.
[1765] Vertrag über die Arbeitsweise der Europäischen Union (AEUV) in der konsolidierten Fassung (2016), ABl. Nr. C 202, S. 47.
[1766] Dazu eingehend *Streinz*, Europarecht, S. 162 ff.
[1767] Richtlinie 2001/42/EG des Europäischen Parlaments und des Rates v. 27.06.2001 über die Prüfung der Umweltauswirkungen bestimmter Pläne und Programme, ABl. Nr. L 197, S. 30, abrufbar unter: http://eur-lex.europa.eu/legal-content/DE/TXT/?uri=celex:32001L0042.
[1768] *Gierke*, in: Brügelmann, BauGB, § 2 Rn. 335.
[1769] BGBl. I S. 1359.
[1770] *Gierke*, in: Brügelmann, BauGB, § 1a Rn. 5, § 2 Rn. 334; *Söfker*, in: EZBK, BauGB, § 2a Rn. 1.

ausschließlich um verfahrensrechtliche Vorgaben zum Planaufstellungs- oder Planänderungsverfahren.[1771] Dies entspricht dem rein verfahrensrechtlichen Charakter der Plan-UP-Richtlinie 2001/42/EG, der sich aus dem neunten Erwägungsgrund der Richtlinie ausdrücklich ergibt.[1772]

Die Frage ist, ob diese umgesetzten Richtlinienvorgaben bei der Planänderung durch die Sondervorschriften des § 246 X, XII und XIV BauGB ausgehöhlt werden, indem dort eine Befreiung von den Festsetzungen eines Bebauungsplans trotz Vorliegens einer „faktischen" Planänderung in Betracht kommt, ohne dass das entsprechende Planänderungsverfahren einschließlich der umgesetzten europarechtlichen Vorgaben zum Umweltschutz beachtet werden muss.[1773] Die Annahme einer „faktischen" Planänderung im Falle der Anwendung von § 246 X, XII und XIV BauGB beruht darauf, dass diese drei Vorschriften darin übereinstimmen, dass die Grundzüge der Planung für die Erteilung der Befreiung in Abkehr von § 31 II BauGB nach herrschender Meinung nicht zu berücksichtigen sind.[1774] Diese Abkehr vom Erfordernis des Unberührtbleibens der Grundzüge der Planung kann jedoch zur Folge haben, dass mit der Erteilung einer entsprechenden Befreiung in das wesentliche Beziehungsgefüge des jeweiligen Bebauungsplans eingegriffen und auf diese Weise die Grundkonzeption der planerischen Festsetzungen berührt wird. Außerhalb der bauplanungsrechtlichen Sondervorschriften für Flüchtlingsunterkünfte sind derart „schwerwiegende" Abweichungen von den Festsetzungen des Bebauungsplanes nur über eine Planänderung mit einem entsprechenden förmlichen Verfahren gem. § 1 VIII BauGB i.V.m. §§ 1 ff. BauGB möglich.[1775] Aus diesem Grund ist es vertretbar, im Falle der Anwendung der erweiterten Befreiungsregelungen der Absätze 10, 12 und 14 des § 246 BauGB zumindest die Möglichkeit einer „faktischen" Planänderung in Betracht zu ziehen, die dann jedoch ohne die verfahrensrechtlichen Vorgaben des Planänderungsverfahrens und die darin umgesetzten unionsrechtlichen Richtlinienvorgaben stattgefunden hat.

Eine Verletzung der in Art. 5 I, II der Plan-UP-Richtlinie 2001/42/EG formulierten Vorgaben durch § 246 X, XII und XIV BauGB scheitert jedoch schon am Regelungsgegenstand der Richtlinie. Wie sich beispielsweise aus dem zweiten, vierten, fünften, siebten und neunten Erwägungsgrund oder aus Art. 1 der Richtlinie ergibt, regelt diese aus-

---

[1771] *Gierke*, in: Brügelmann, BauGB, § 2 Rn. 337.
[1772] Darin heißt es ausdrücklich: „Diese Richtlinie betrifft den Verfahrensaspekt, [...]."
[1773] So auch *Jarass/Kment*, in: Jarass/Kment, BauGB, § 246 Rn. 22.
[1774] Vgl. dazu ausführlich im Rahmen der Darstellung der einzelnen Sondervorschriften im fünften Kapitel auf S. 188 ff., S. 202 ff. und S. 263.
[1775] BVerwG, Beschl. v. 05.03.1999 – 4 B 5/99 = NVwZ 1999, 1110; *Reidt*, in: Battis/Krautzberger/Löhr, BauGB, § 31 Rn. 29; *Söfker*, in: EZBK, BauGB, § 31 Rn. 36.

drücklich nur die Einbeziehung von Umwelterwägungen bei der Ausarbeitung und Annahme von „Plänen und Programmen". Gemeint sind damit über das individuelle Vorhaben hinausgehende Konzepte räumlicher Ordnung und Entwicklung. Dies deutet der Wortlaut bereits an. Ferner streitet auch der Gesamtzusammenhang der Plan-UP-Richtlinie 2001/42/EG für diese Betrachtungsweise. Darin wird nämlich mehrfach – wie etwa im 16. Erwägungsgrund – an die Öffentlichkeits- und Behördenbeteiligung sowie an eine entsprechende Stellungnahmemöglichkeit angeknüpft und es wird, wie etwa im neunten Erwägungsgrund, auch ausdrücklich auf Pläne und Programme Bezug genommen, die „Teil eines hierarchisch aufgebauten Gesamtgefüges" sind. Damit zielt der Regelungsgegenstand der Richtlinie eindeutig und ausschließlich auf die im deutschen Recht hierarchisch aufgebaute Raumplanung, die im Detailgrad von den Bebauungsplänen über die Flächennutzungspläne und Regionalpläne bis hin zu den gesamtstaatlichen Planungen in Gestalt der sog. Landesentwicklungsprogramme jeweils abnimmt, während sie vom räumlichen Umgriff in dieser Reihenfolge zunimmt.[1776] Hinsichtlich der erwähnten Öffentlichkeits- und Behördenbeteiligung sowie der entsprechenden Stellungnahmemöglichkeit kann für die im Baugesetzbuch geregelten Bebauungs- und Flächennutzungspläne beispielhaft auf §§ 3 bis 4a BauGB hingewiesen werden. Hier geht es um die klassischen Planungen im überindividuellen Sinne und damit gewissermaßen um „Planungen mit genereller Wirkung", nicht hingegen um „Maßnahmen mit individueller Wirkung". Bei den Befreiungen i.S.v. § 246 X, XII und XIV BauGB handelt es sich aber um Maßnahmen mit „individueller Wirkung", da sie nur für den konkreten Antragsteller gelten. Daran ändert auch der Umstand nichts, dass diese erweiterten Befreiungsregelungen für Flüchtlingsunterkünfte die Möglichkeit einer „faktischen" Planänderung beinhalten, weil diese dennoch auf den Einzelfall bezogen bleibt. Die Privilegierungen der Absätze 10, 12 und 14 des § 246 BauGB bewirken somit nicht, dass „Pläne oder Programme" ohne entsprechende Umwelterwägungen aufgestellt oder geändert werden. Folglich ist die Irrelevanz der Grundzüge der Planung im Rahmen der Sonderregelungen für Flüchtlingsunterkünfte auch unionsrechtlich nicht zu beanstanden.[1777]

[1776] Vgl. zu den Planungsebenen der Raumplanung etwa die Übersicht des *Bayerischen Landesamts für Umwelt*, abrufbar unter: https://www.lfu.bayern.de/natur/landschaftsplanung/planungsebenen/index.htm.
[1777] So im Ergebnis auch *Jarass/Kment*, in: Jarass/Kment, BauGB, § 246 Rn. 22.

Achtes Kapitel

Rechtspolitische Kritik, Alternativen, Reformbedarf und Ausblick

§ 23

Systemwidrigkeit, aber Alternativlosigkeit

Gesetzgeberische Abweichungen im Rahmen des § 246 VIII bis XVII BauGB von den selbstgesetzten Regeln und Grundsätzen führen – sofern sie denn vorliegen – zwar nicht zur Verfassungswidrigkeit der Sonderregelungen für Flüchtlingsunterkünfte.[1778] Allerdings müsste sich der Gesetzgeber zumindest dem rechtspolitischen Vorwurf einer mangelnden Beherrschung der Gesetzgebungskunst in Form der Gesetzgebungspolitik[1779] stellen, wenn die Sonderregelungen nicht in das bestehende System „passen", die Abweichungen gesetzessystematisch nicht „hinnehmbar" sind und/oder im Hinblick auf die Systemwidrigkeit mildere Alternativen vorhanden waren, die der Gesetzgeber – aus welchen Gründen auch immer – nicht umgesetzt hat.[1780] In einem ersten Schritt sind also zunächst etwaige Systembrüche zu untersuchen (nachfolgend unter Ziffer A.). Dabei kommen hier ausschließlich systemimmanente Spannungen mit den allgemeinen Prinzipien des Bauplanungs- und Naturschutzrechts in Betracht. In einem zweiten Schritt ist sodann zu beleuchten, ob etwaige Systembrüche in ihrer Gesamtheit einen regelrechten „Dammbruch" erzeugen und bereits deswegen rechtspolitisch unhaltbar sind (unter Ziffer B.). Auf einer letzten Ebene ist schließlich zu prüfen, ob und inwieweit der bezweckte Erfolg nicht auch ebenso wirksam über ein gesetzessystematisch milderes Mittel hätte erreicht werden können (unter Ziffer C.).

[1778] Dies wurde im siebten Kapitel auf S. 400 ff. unter dem Stichwort der Systemgerechtigkeit bzw. Folgerichtigkeit ausführlich diskutiert; das Ergebnis hierzu findet sich auf S. 421 f.

[1779] Während die „Gesetzespolitik" die sachlich-inhaltlich „gute" Gestaltung der Gesetze betrifft, geht es bei der „Gesetzgebungstechnik" um die äußerlich „gute" Gesetzesform. Beide Elemente fallen unter dem Dach der „Gesetzgebungskunst" zusammen. Vgl. dazu auch bereits Fn. 1762 auf S. 422.

[1780] So auch: *Kirchhof*, Handbuch des Staatsrechts, Band VIII, § 181 Rn. 219; *Schmidt*, Festschrift für Claus-Wilhelm Canaris, S. 1366; *Mertens*, Gesetzgebungskunst im Zeitalter der Kodifikationen, S. 3 ff. Die Systemwidrigkeit ist auch nach den Ergebnissen des *65. Deutschen Juristentags* ein zentrales Problem der gegenwärtigen Gesetzgebung, die mittlerweile „eher den eiligen Kompromiss als das folgerichtige System, eher den gegenwärtigen Ausgleich als die dauerhafte Struktur, eher die Lösung des aktuellen Problems" suche; vgl. *Emmenegger*, Gesetzgebungskunst, S. 1.

A. Bauplanungsrechtliche und naturschutzrechtliche Systemwidrigkeit der Sonderregelungen und ihre Rechtfertigung

Zunächst werden also gesetzestechnische Widersprüche der Sonderregelungen mit den allgemeinen Grundsätzen des Bauplanungs- und Naturschutzrechts erforscht und dabei jede Systemwidrigkeit für sich auf ihre gesetzessystematische Rechtfertigung und damit auf ihre „Hinnehmbarkeit" überprüft.[1781]

I. Anhebung des zulässigen Immissionsniveaus im Zusammenhang mit Flüchtlingsunterkünften

Eine erste Systemdurchbrechung könnte darin gesehen werden, dass mit den Sondervorschriften der Absätze 8 bis 17 des § 246 BauGB möglicherweise das zulässige Immissionsniveau im Zusammenhang mit Flüchtlingsunterkünften generalisierend angehoben wird, was bauplanungsrechtliche Spannungen mit den unverändert geltenden Grenzwerten der Technischen Anleitung zum Schutz gegen Lärm (TA-Lärm) hervorrufen könnte. Im Einzelnen:

1. Grundsatz

In welchem Umfang Immissionen im Bauplanungsrecht von Personen hingenommen werden müssen, beurteilt sich nach der sog. Erheblichkeits- bzw. Zumutbarkeitsschwelle. Bei Vorschriften mit Befreiungscharakter, d.h. bei § 31 II, § 246 X, § 246 XII und § 246 VIII i.V.m. § 34 IIIa 1 BauGB[1782], finden die zu würdigenden nachbarlichen Belange ausdrückliche Erwähnung im Gesetzestext.[1783] Außerhalb der Befreiungsregelungen finden die nachbarlichen Belange im Rahmen der bauplanungsrechtlichen Zulassungstatbestände über das Gebot der Rücksichtnahme Beachtung. Im Planbereich sowie im faktischen Baugebiet i.S.v. § 34 II BauGB wird dieses Gebot aus der einfach-gesetzlichen Bestimmung des § 15 I 2 BauNVO, im unbeplanten heterogenen Innenbereich aus dem Tatbestandsmerkmal „einfügen" i.S.v. § 34 I 1 BauGB und im Außenbereich aus dem öffentlichen Belang des § 35 III 1 Nr. 3

[1781] *Gohde*, ZfBR 2016, 642 (650) stützt die Rechtfertigung der systematischen und dogmatischen Abweichungen von den §§ 30 ff. BauGB einheitlich und pauschalisierend auf den hohen Unterbringungsbedarf und die anderenfalls bestehenden Umsetzungsprobleme.

[1782] Auch § 34 IIIa BauGB, auf den § 246 VIII BauGB verweist, stellt bei genauerer Betrachtung eine – eng an § 31 II BauGB angelehnte – Befreiungsregelung dar; vgl. dazu im fünften Kapitel auf S. 171.

[1783] Eine Ausnahme hierzu bildet § 246 XIV BauGB. Aber auch bei der Generalklausel sind die nachbarlichen Belange im Rahmen der vorzunehmenden Gesamtabwägung zu berücksichtigen; vgl. hierzu die Ausführungen im fünften Kapitel auf S. 173 und S. 262 f.

BauGB abgeleitet. Die Zumutbarkeit bzw. Unzumutbarkeit von Immissionen beurteilt sich dabei in erster Linie nach sog. technischen Regelwerken, die das Ergebnis wissenschaftlicher Messungen, Auswertungen und Berechnungen sind. Dies sind zum einen die Bundes-Immissionsschutzverordnungen (BImSchV), die als Rechtsverordnungen i.S.v. Art. 80 GG Gesetzeskraft haben. Zum anderen sind die normkonkretisierenden Verwaltungsvorschriften i.S.v. §§ 48 ff. BImSchG zu nennen, und zwar die Technische Anleitung zur Reinhaltung der Luft (TA-Luft) sowie die Technische Anleitung zum Schutz gegen Lärm (TA-Lärm). Diesen kommt – und zwar nicht nur im Immissionsschutz-, sondern auch im Baurecht[1784] – eine gesetzesähnliche Bindungswirkung zu, da sie gem. §§ 48, 51 BImSchG in einem quasi-legislatorischen Verfahren nach Anhörung der beteiligten Kreise und mit Zustimmung des Bundesrats erlassen werden. Die festgelegten Grenzwerte sind verbindlich und dürfen daher nicht überschritten werden, sofern das Regelwerk dies nicht ausnahmsweise vorsieht. Schließlich gibt es noch die Regelwerke privater Organisationen, wie z.B. VDI-Richtlinien und DIN-Vorschriften. Diese stellen eine bloße Orientierungshilfe dar und entfalten weder für die Verwaltung noch für die Judikative irgendeine Bindungswirkung bei der Frage, welches Maß an Immissionen den Nachbarn zugemutet werden kann.

2. Durchbrechung

Fraglich ist, ob diese Regeln durch die Sondervorschriften des § 246 VIII bis XVII BauGB mit ihren immanenten gesetzgeberischen Wertungen durchbrochen werden.

a. Ein „Mehr an Beeinträchtigungen" zumutbar

Der Gesetzgeber hat der Schaffung von Flüchtlings- und Asylbewerberunterkünften mit der Statuierung der Absätze 8 bis 17 des § 246 BauGB sowie der ausdrücklichen Nennung der Flüchtlingsunterbringung als Allgemeinwohlgrund in § 31 II BauGB und der Einfügung des Belangs des § 1 VI Nr. 13 BauGB zweifellos ein besonderes Gewicht beigemessen.[1785] In Bezug auf die Immissionsbelastung im Zusammenhang mit Flüchtlingsunterkünften hat dies zur Folge, dass das zulässige Immissionsniveau hier generalisierend angehoben wird. Die allgemeinen Grenzwerte der TA-Lärm können damit – trotz der soeben dargelegten Verbindlichkeit – für den Teilbereich der Flüchtlingsunterbringung keine Geltung mehr beanspruchen.

[1784] *BVerwG*, Urt. v. 29.08.2007 – 4 C 2/07 = NVwZ 2008, 76; *BVerwG*, Urt. v. 29.11.2012 – 4 C 8/11 = NVwZ 2013, 372.

[1785] So auch: *VGH Kassel*, Beschl. v. 18.09.2015 – 3 B 1518/15 = NVwZ 2016, 88; *Decker*, in: Schiwy, BauGB, § 246 Rn. 64.

Ausgangspunkt für die Feststellung eines derartigen gesetzgeberischen Willens sind die Gesetzesmaterialien zu § 246 XII BauGB. Darin heißt es ausdrücklich, dass in Bezug auf die nachbarlichen Interessen beachtet werden müsse, „dass angesichts der nationalen und drängenden Aufgabe bei der Flüchtlingsunterbringung Nachbarn vorübergehend auch ein Mehr an Beeinträchtigungen zuzumuten ist (vgl. bereits *OVG Hamburg*, Beschluss vom 12.01.2015 – 2 Bs 247/14)".[1786] Die Literatur bestätigt diesen Ansatz.[1787] Bei näherer Betrachtung der in der Gesetzesbegründung in Bezug genommenen Entscheidung des *OVG Hamburg*[1788] fällt allerdings auf, dass es dort gar nicht um die Sondervorschrift des § 246 XII BauGB, sondern um die allgemeine bodenrechtliche Befreiungsregelung des § 31 II BauGB ging. Dies ist ein erster Hinweis darauf, dass die vom Gesetzgeber intendierte Anhebung des zulässigen Immissionsniveaus sich nicht auf die Sondervorschrift des § 246 XII BauGB beschränken, sondern generalisierende Geltung im Zusammenhang mit Flüchtlingsunterkünften beanspruchen sollte. Bestätigt wird dieser Gedanke durch die Gesetzesmaterialien zur ersten BauGB-Flüchtlingsnovelle, wo es im Rahmen der Konkretisierung des Begriffs der Gründe des Allgemeinwohls i.S.v. § 31 II Nr. 1 BauGB um den „Bedarf zur Unterbringung von Flüchtlingen" heißt, dass dies „insbesondere für die im Rahmen von Befreiungen notwendige Bewertung der Zumutbarkeit der Befreiung im Verhältnis zu nachbarlichen Interessen" Bedeutung hat.[1789] Auch die Vorwertung des Gesetzgebers in § 246 X und XII 1 Nr. 2 BauGB, wonach die für Gewerbe- und Industriegebiete typischen Lärmbelange einer wohnähnlichen Flüchtlingsunterkunft nicht entgegengehalten werden können, spricht für eine über die Sondervorschrift des § 246 XII BauGB hinausgehende generalisierende Anhebung des Immissionsniveaus. Denn anderenfalls wäre eine Unterbringung dort von vornherein nicht oder nur in ganz seltenen Ausnahmefällen möglich.[1790] Abweichend vom Normalfall, in dem eine wohn- oder wohnähnliche Nutzung nur bis zu den Grenzwerten eines Kern-, Dorf- und Mischgebietes zulässig ist, müssen sich Flüchtlinge bei ihrer Unterbringung – bis zur Schwelle der Gesund-

---

[1786] BT-Drs. 18/6185, S. 54.
[1787] *Blechschmidt*, in: EZBK, BauGB, § 246 Rn. 80; *Mitschang/Reidt*, in: Battis/Krautzberger/Löhr, BauGB, § 246 Rn. 36; *Dürr*, in: Brügelmann, BauGB, § 246 Rn. 33; *Krautzberger/Stüer*, DVBl 2015, 1545 (1548, 1550); *Bienek*, SächsVBl 2016, 73 (76).
[1788] *OVG Hamburg*, Beschl. v. 12.01.2015 – 2 Bs 247/14 = BeckRS 2015, 52957. Danach dürfe „bei der Interessenabwägung nicht unberücksichtigt bleiben, dass in Hamburg zurzeit ein dringendes öffentliches Interesse an der Unterbringung Asylbegehrender besteht", das es rechtfertigen könne, im Falle der vorübergehenden Nutzung als Flüchtlingsunterkunft „dem Rücksichtnahmebegünstigten vorübergehend ein Mehr an Beeinträchtigungen zuzumuten".
[1789] BR-Drs. 419/14, S. 5.
[1790] *Spannowsky*, in: BeckOK BauGB, § 246 Rn. 12.3.

heitsgefährdung – mit der Immissionsbelastung abfinden, die im Gewerbe- oder Industriegebiet generell zulässig ist.[1791] Während der Gesetzgeber die Anhebung des zulässigen Immissionsniveaus im Zusammenhang mit Flüchtlingsunterkünften für den Fall des § 246 XII BauGB also ausdrücklich in der Gesetzesbegründung festgehalten hat, ergibt sich diese für den Anwendungsbereich des § 246 X BauGB notwendigerweise aus der gesetzgeberischen Vorwertung dieser Sondervorschrift.[1792]

Darüber hinaus kann auch bei den übrigen materiellen Privilegierungsregelungen i.S.d. Absätze 8 bis 14 des § 246 BauGB sowie im Falle des § 31 II BauGB den Bewohnern von Flüchtlingsunterkünften sowie der betroffenen Nachbarschaft ein Mehr an Beeinträchtigungen abverlangt werden.[1793] Dafür spricht der Sinn und Zweck der gesetzgeberischen Maßnahmen, zeitnah die Schaffung von neuem und menschenwürdigem Unterbringungsraum für Flüchtlinge zu ermöglichen.[1794] Denn je mehr „Spielraum" die Behörden in Bezug auf die zulässigen Grenzwerte für Flüchtlinge und Nachbarschaft haben, umso einfacher finden sich geeignete Flächen für die Schaffung von entsprechenden Unterkünften. Für die Annahme, dass das zulässige Immissionsniveau im Zusammenhang mit Flüchtlingsunterkünften in Abweichung von den allgemeinen bauplanungsrechtlichen Standards generalisierend angehoben ist, spricht ferner die Gesamtbetrachtung der legislativen Maßnahmen im Rahmen der beiden BauGB-Flüchtlingsnovellen. Nicht nur die ausdrückliche Nennung der Flüchtlingsunterbringung als Allgemeinwohlgrund in § 31 II BauGB und die Einfügung der „Belange von Flüchtlingen und Asylbegehrenden und ihrer Unterbringung" als öffentlicher Belang i.S.v. § 1 VI Nr. 13 BauGB, sondern auch die weitreichenden – materiellen und verfahrensrechtlichen – Privilegierungen der Sonderregelungen i.S.v. § 246 VIII bis XVI BauGB machen deutlich, dass es dem

---

[1791] *Jarass/Kment*, in: Jarass/Kment, BauGB, § 246 Rn. 21; *Mitschang/Reidt*, in: Battis/Krautzberger/Löhr, BauGB, § 246 Rn. 37; *Blechschmidt*, in: EZBK, BauGB, § 246 Rn. 80.

[1792] *VGH München*, Urt. v. 14.02.2018 – 9 BV 16.1694 = BauR 2018, 943, *VGH Mannheim*, Beschl. v. 11.10.2016 – 5 S 605/16 = BauR 2017, 79 und *VG Augsburg*, Urt. v. 21.04.2016 – Au 5 K 15.1897 = BeckRS 2016, 46494 gehen gleichfalls davon aus, dass den Bewohnern von Flüchtlingsunterkünften sowie der betroffenen Nachbarschaft auch in den Fällen des § 246 X BauGB ein Mehr an Beeinträchtigungen zugemutet werden kann.

[1793] In diese Richtung auch: *Dürr*, in: Brügelmann, BauGB, § 246 Rn. 32 f.; *Bunzel*, in: Bleicher/Bunzel/Finkeldei/Fuchs/Klinge, Baurecht, § 246 S. 10; *Scheidler*, BauR 2017, 1455 (1462); *Bienek*, SächsVBl 2016, 73 (80). Letztlich auch das *OVG Bautzen*, Beschl. v. 28.12.2016 – 1 B 250/16 = IBRRS 2017, 0177, das eine Anhebung des Immissionsniveaus im Rahmen des § 246 XI i.V.m. § 31 I BauGB behandelt, sowie *Decker*, in: Schiwy, BauGB, § 246 Rn. 64, der die zu § 31 II BauGB ergangene Rechtsprechung des *OVG Hamburg*, Beschl. v. 12.01.2015 – 2 Bs 247/14 = BeckRS 2015, 52957 im Rahmen des § 246 X BauGB anführt.

[1794] Auch der *VGH München*, Urt. v. 14.02.2018 – 9 BV 16.1694 = BauR 2018, 943 stellt dabei auf die Ratio ab.

Gesetzgeber entschieden darum gegangen ist, die Realisierung von Flüchtlingsunterkünften grundlegend durchzusetzen und in jeder Hinsicht zu begünstigen.[1795] Um zu verhindern, dass diese gewollten umfassenden bauplanungsrechtlichen Erleichterungen letztlich doch leerlaufen, weil die Schaffung der Flüchtlingsunterkünfte städtebaulich an den Anforderungen des weiterhin geltenden Rücksichtnahmegebots scheitern könnte, müssen auch die das Rücksichtnahmegebot konkretisierenden Immissionsgrenzwerte – entgegen den Werten der TA-Lärm – insoweit angepasst werden. So sieht das auch der *VGH Kassel*, der ganz allgemein und losgelöst von den einzelnen materiellen Privilegierungsvorschriften des § 246 VIII bis XIV BauGB auf den „enormen Bedarf an Wohnraum für Flüchtlinge" abstellt und dabei ausführt, dass „das ausdrücklich normierte öffentliche Interesse an der Schaffung ausreichenden Wohnraums für Flüchtlinge [...] bei der Bewertung der nachbarlichen Interessenlage zu Gunsten [...] [der Vorhabenträger] einzustellen" ist.[1796]

Damit wird für Flüchtlingsunterkünfte die Geltung der durch die TA-Lärm vorgegebenen bodenrechtlichen Immissionsgrenzwerte durchbrochen.

b. Verhältnis dieser gesetzgeberischen Anpassung des zulässigen Immissionsniveaus zu den unverändert gebliebenen und verbindlichen Exekutivregelungen der TA-Lärm

Während also in Folge der beiden BauGB-Novellen im Zusammenhang mit Flüchtlingsunterkünften ein Mehr an Immissionen und damit eine Überschreitung der allgemein geltenden Grenzwerte zugelassen ist, wurden die technischen Regelwerke im Rahmen der Flüchtlingsgesetze nicht geändert. Infolgedessen drängt sich schon die Frage auf, ob das Nebeneinander von gesetzgeberischer Anhebung des zulässigen Immissionsniveaus und der unverändert gebliebenen und allgemein verbindlichen Grenzwerte der exekutiven TA-Lärm zu Problemen führt, die der Gesetzgeber bisher noch nicht aufgelöst hat.

[1795] *VGH Mannheim*, Beschl. v. 11.10.2016 – 5 S 605/16 = BauR 2017, 79, *OVG Bautzen*, Beschl. v. 28.12.2016 – 1 B 250/16 = IBRRS 2017, 0177 und – auf diese Bezug nehmend – *Scheidler*, BauR 2017, 1455 (1462) stellen ganz allgemein darauf ab, dass „wegen des Bedarfs zur Unterbringung von Flüchtlingen oder Asylbegehrenden, wie dieser Belang nunmehr in § 31 II Nr. 1 BauGB ausdrücklich genannt wird, und dem gesetzgeberischen Ziel, durch die Bestimmung des § 246 BauGB die bauplanungsrechtlichen Voraussetzungen für die Unterbringung der im Zuge der Bewältigung der stark angestiegenen Zuwanderung von Flüchtlingen nach Deutschland [...] zu erleichtern, dem Rücksichtnahme-Begünstigten vorübergehend ein Mehr an Beeinträchtigungen zuzumuten ist."
[1796] *VGH Kassel*, Beschl. v. 03.03.2016 – 4 B 403/16 = NVwZ 2016, 1101; auch *VG Ansbach*, Beschl. v. 02.06.2015 – AN 3 E 14.01953 = BeckRS 2015, 46973.

aa. Keine Anwendbarkeit der TA-Lärm auf Wohngebäude und Anlagen für soziale Zwecke

Anlagen für soziale Zwecke und Wohngebäude fallen nicht in den sachlichen Anwendungsbereich der TA-Lärm, sodass diese von vornherein nicht den in der normkonkretisierenden Verwaltungsvorschrift aufgestellten Grenzwerten unterliegen. Anlagen für soziale Zwecke sind ausdrücklich in der Ausnahmeregelung zum Anwendungsbereich gem. Nr. 1 Abs. 2 HS. 2 Buchst. h) TA-Lärm aufgezählt.[1797] Für Wohngebäude folgt der fehlende Anwendungsbereich aus Nr. 1 Abs. 2 HS. 1 TA-Lärm, wonach die Bewertungsmaßstäbe der TA-Lärm nur dann herangezogen werden können, wenn es um Geräusche geht, die durch technische Anlagen hervorgerufen werden. Bei Wohngebäuden handelt es sich aber nicht um technische Anlagen, da sie keine Einrichtungen darstellen, die vom immissionsschutzrechtlichen Anlagenbegriff i.S.v. § 3 V BImSchG erfasst werden.[1798] Vielmehr geht von Wohngebäuden „lediglich" sog. verhaltensbedingter Lärm aus, der mit den Geräuschemissionen von technischen Anlagen (sog. anlagenbedingter Lärm) nicht vergleichbar ist.[1799] Die TA-Lärm findet daher auf sämtliche Fälle des von einer Unterbringung ausgehenden „Flüchtlingslärms" keine Anwendung.[1800]

Dem steht allerdings nicht entgegen, die TA-Lärm auf solche Geräuschimmissionen anzuwenden, die von technischen Anlagen i.S.v. § 3 V BImSchG ausgehen und auf Flüchtlingsunterkünfte in der näheren Umgebung einwirken.[1801] Als Schutzobjekte der TA-Lärm kommen Anlagen für soziale Zwecke und Wohnnutzungen nämlich ohne weiteres in Betracht. Aus diesem Grund beziehen sich die nachfolgenden Ausführungen ausschließlich auf den emittierenden Lärm von (gewerblichen) Anlagen, die sich in der Nachbarschaft von Flüchtlingsunterkünften befinden, und auf die Frage, wie sich die gesetzgeberische Anhebung des zulässigen Immissionsniveaus im Zusammenhang mit Flüchtlingsunterkünften zu den grundsätzlich verbindlichen Grenzwerten der TA-Lärm verhält.

[1797] Vgl. dazu auch *Bienek/Reidt*, BauR 2015, 422 (433).
[1798] *Hofmann/Koch*, in: GK-BImSchG, § 3 Rn. 175; *Engelhardt/Schlicht*, in: Engelhardt/Schlicht, BImSchG, § 3 Rn. 22.
[1799] So ausdrücklich *VGH Kassel*, Beschl. v. 03.03.2016 – 4 B 403/16 = NVwZ 2016, 1101 in Bezug auf die Flüchtlingsunterbringung in einer Doppelhaushälfte als Wohnnutzung; *VGH München*, Urt. v. 13.09.2012 – 2 B 12.109 = BauR 2013, 200 in Bezug auf eine Asylbewerberunterkunft; *Hansmann*, in: Landmann/Rohmer, Umweltrecht, TA Lärm Nr. 1 Rn. 7; *Bienek/Reidt*, BauR 2015, 422 (433).
[1800] Die Grenzen der Zumutbarkeit der von Anlagen für soziale Zwecke oder von Wohngebäuden ausgehenden Geräuschemissionen beurteilen sich nach den konkreten Umständen des Einzelfalles; vgl. *Hansmann*, in: Landmann/Rohmer, Umweltrecht, TA Lärm Nr. 1 Rn. 23.
[1801] So im Ergebnis auch *Bienek/Reidt*, BauR 2015, 422 (433), die die Anwendbarkeit der TA-Lärm nur für „mit Flüchtlingseinrichtungen verbundenen Lärmimmissionen" verneinen.

bb. Änderung der TA-Lärm durch den Gesetzgeber zwar möglich, aber nicht erforderlich

Wie aus der Stellungnahme der Bundesregierung zum Gesetzesentwurf des Bundesrates zum BauGB-Flüchtlingsunterbringungsgesetz I hervorgeht, hat die Bundesregierung an eine Änderung der normkonkretisierenden Verwaltungsvorschriften zwar gedacht;[1802] sie hat entsprechende Änderungen bisher aber nicht umgesetzt. Bevor nun untersucht wird, ob eine Anpassung der TA-Lärm in Folge der geänderten städtebaulichen Rechtslage zur Schaffung von Flüchtlingsunterkünften erforderlich ist, muss zunächst der Frage nachgegangen werden, ob eine Änderung normkonkretisierender Verwaltungsvorschriften durch den Gesetzgeber überhaupt möglich ist.

(1) Möglichkeit der Änderung durch den Gesetzgeber

Gegen die Kompetenz der Legislative, normkonkretisierende Verwaltungsvorschriften ändern zu können, könnte der in Art. 20 II 2 GG verankerte Grundsatz der Gewaltenteilung sprechen. Verwaltungsvorschriften werden nämlich gerade von der Verwaltung und damit von der Exekutive erlassen, sodass es auch nur ihr zustehen könnte, diese wieder zu ändern oder aufzuheben. Überträgt der einfache Gesetzgeber die Befugnis zum Erlass derartiger Rechtssätze auf die vollziehende Gewalt, könnte er sich damit vollständig seiner Regelungskompetenz begeben haben, sofern er sich im Ermächtigungsgesetz nicht ausdrücklich die Befugnis vorbehält, derartige Rechtssätze inhaltlich nach eigenen Vorstellungen verändern zu können.[1803]

Die besseren Argumente sprechen allerdings dafür, dass der Gesetzgeber exekutive Rechtssätze ändern darf. Für Rechtsverordnungen ist dies höchstrichterlich durch das *Bundesverfassungsgericht* entschieden.[1804] Dabei schickt das Gericht dem Eintritt in die eigentliche Argumentation folgenden Hinweis voraus:

„Die seit über fünfzig Jahren bestehende Staatspraxis[[1805]]* zeigt, dass ein Bedürfnis für den parlamentarischen Gesetzgeber besteht, bei der Änderung komplexer Regelungsgefüge, in denen förmliches Gesetzesrecht und auf ihm*

[1802] BT-Drs. 18/2752, S. 12: „[…] auch Anpassungen der TA-Lärm und der TA-Luft zu prüfen".
[1803] In diese Richtung *Rupp*, NVwZ 1993, 756 (756) in Bezug auf Rechtsverordnungen.
[1804] *BVerfG*, Beschl. v. 13.09.2005 – 2 BvF 2/03 = BVerfGE 114, 196.
[1805] Ein derartiges Vorgehen findet sich bereits im Gesetz zur Erstreckung und zur Verlängerung der Geltungsdauer des Bewirtschaftungsnotgesetzes vom 21.01.1950 (BGBl. I 1950, S. 7), in dem etwa die Dritte Verordnung zur Durchführung des Bewirtschaftungsnotgesetzes vom 28.12.1948 zum 31.12.1949 außer Kraft gesetzt wurde. Ein weiteres Beispiel dieses Prozederes ist Art. 4 des Gesetzes zur Umsetzung der UVP-Änderungsrichtlinie v. 27.07.2001 (BGBl. I 2001, S. 1950), in dem es heißt, dass „die Verordnung über genehmigungsbedürftige Anlagen […] wie folgt geändert" wird.

beruhendes Verordnungsrecht ineinander verschränkt sind, auch das Verordnungsrecht anzupassen. Die Veränderung eines Regelungsprogramms [...] kann in vielen detailliert normierten Bereichen sinnvoll nur bewerkstelligt werden, wenn sowohl förmliche Gesetze als auch auf ihm beruhende Verordnungen in einem einheitlichen Vorgang geändert und aufeinander abgestimmt werden".

Rechtstechnisch wird mit der Einräumung einer Verordnungsermächtigung zugunsten der Exekutive lediglich das Initiativrecht dergestalt abgegeben, dass hier zunächst der Verordnungsgeber tätig werden kann und bei entsprechender Formulierung der Ermächtigung auch tätig werden muss.[1806] Im Übrigen wirkt die der Exekutive erteilte Verordnungsermächtigung nur zuweisend, nicht jedoch auch abschiebend.[1807] Auf diese Weise begibt sich der parlamentarische Gesetzgeber dabei nicht seiner eigenen Regelungskompetenz.[1808] Er kann die von ihm auf die Exekutive übertragenen Rechtsetzungsmaterien somit auch ohne förmliche Rücknahme der Ermächtigung jederzeit eigenständig regeln, indem er in eine bestehende und damit geltende Rechtsverordnung ändernd und ergänzend eingreift.[1809]

Der Vergleich der Rechtslagen bei Rechtsverordnungen und bei normkonkretisierenden Verwaltungsvorschriften ist sachgerecht. In beiden Fällen handelt es sich um Rechtssätze der Exekutive. Während es sich bei einer Rechtsverordnung um einen Rechtsetzungsakt mit Außenwirkung handelt, ergeht eine Verwaltungsvorschrift zwar im Regelfall als reines Innenrecht der Verwaltung. Eine Besonderheit stellt insoweit aber die normkonkretisierende Verwaltungsvorschrift dar, der – wie bereits unter Ziffer 1. ausführlich dargestellt wurde – eine nicht unerhebliche Außen- und Bindungswirkung zukommt und die damit von ihren Rechtswirkungen einer Verordnung zumindest weitgehend angenähert ist. Aufgrund der Außenwirkung besteht dasselbe Bedürfnis einer Anpassung durch den

---

[1806] *Jekewitz*, NVwZ 1994, 956 (957).
[1807] *BVerfG*, Beschl. v. 13.09.2005 – 2 BvF 2/03 = BVerfGE 114, 196.
[1808] *BVerfG*, Beschl. v. 15.11.1967 – 2 BvL 7/64 = BVerfGE 22, 330; *BVerfG*, Beschl. v. 13.09.2005 – 2 BvF 2/03 = BVerfGE 114, 196; *Remmert*, in: Maunz/Dürig, GG, Art. 80 Rn. 90; *Schnapauff*, in: Hömig/Wolff, GG, Art. 80 Rn. 2; *Mann*, in: Sachs, GG, Art. 80 Rn. 8; *Jekewitz*, NVwZ 1994, 956 (957); *Külpmann*, NJW 2002, 3436 (3437).
[1809] Nicht ganz unumstritten ist hingegen die Frage, welche Rechtsqualität die durch den Gesetzgeber geänderten Passagen einer Rechtsverordnung aufweisen. Nach Auffassung des *Bundesverfassungsgerichts*, Beschl. v. 13.09.2005 – 2 BvF 2/03 = BVerfGE 114, 196 ist das durch Änderungen des parlamentarischen Gesetzgebers entstandene Normgebilde aus Gründen der Normenklarheit insgesamt als Rechtsverordnung zu qualifizieren. Ein nicht unbedeutender Teil der Literatur geht hingegen weiterhin davon aus, dass der Gesetzgeber zwar zum Erlass von Rechtsverordnungen ermächtigen, diese aber selbst nicht schaffen kann, da der Erlass von Normen mit Rang unterhalb des Gesetzes ausschließlich zum Aufgaben- und Kompetenzbereich der Exekutive gehöre; vgl. dazu etwa *Remmert*, in: Maunz/Dürig, GG, Art. 80 Rn. 88.

Gesetzgeber, wie es das *Bundesverfassungsgericht* in seiner oben genannten Entscheidung[1810] für Rechtsverordnungen gesehen und in dem vorausgeschickten Hinweis beschrieben hat.

(2) Keine Erforderlichkeit der Änderung durch den Gesetzgeber

Weiterhin ist fraglich, ob Anpassungen der TA-Lärm in Bezug auf das angehobene zulässige Immissionsniveau im Zusammenhang mit Flüchtlingsunterkünften überhaupt erforderlich sind.

(a) Subsumtion unter Ausnahmeregelung für Notsituationen i.S.v. Nr. 7.1 TA-Lärm

An der Notwendigkeit einer Änderung der TA-Lärm könnte es bereits deswegen fehlen, da sich die Sondersituation der Flüchtlingsunterbringung möglicherweise unter die Ausnahmeregelung für Notsituationen i.S.v. Nr. 7.1 TA-Lärm subsumieren lässt. Auf diese Weise könnte die vom parlamentarischen Gesetzgeber beabsichtigte Anhebung der zulässigen Grenzwerte im Zusammenhang mit Flüchtlingsunterkünften in Einklang mit den verbindlichen Regelungen der TA-Lärm gebracht werden.[1811]

Als Notfallsituation nennt Nr. 7.1 der TA-Lärm zunächst das Auftreten von Gefahren für die öffentliche Sicherheit und Ordnung. Unter die Schutzgüter der öffentlichen Sicherheit fällt die gesamte geschriebene Rechtsordnung, d.h. neben der Funktionsfähigkeit staatlicher Einrichtungen auch die Schutzgüter des Einzelnen, insbesondere Leib und Leben gem. Art. 2 II 1 GG. Diese müssen in einer konkreten Situation bedroht sein.[1812] Der Sinn und Zweck der Regelung des Nr. 7.1 TA-Lärm trägt primär den praktischen Erfordernissen von Notfalleinsätzen von Feuerwehr, Polizei oder Rettungsdienst Rechnung, bei denen es aufgrund der gebotenen Eile zum Schutze der höherrangigen Rechtsgüter oft

---

[1810] *BVerfG*, Beschl. v. 13.09.2005 – 2 BvF 2/03 = BVerfGE 114, 196.
[1811] *Blechschmidt*, in: EZBK, BauGB, § 246 Rn. 80; *Bunzel*, in: Bleicher/Bunzel/Finkeldei/Fuchs/Klinge, Baurecht, § 246 S. 17; *Bienek*, DÖV 2017, 584 (588). So ebenfalls Nr. 2 der Vollzugshinweise zur Flexibilität der TA-Lärm, die dem Schreiben der damaligen Bundesministerin *Barbara Hendricks* an die Bau- und Umweltminister der Länder v. 30.09.2015 auf S. 5 ff. als Anlage beigefügt waren; abrufbar unter: https://www.stmi.bayern.de/assets/stmi/ser/newsletterrss/2015-09-30_asylunterk%C3%BCnfte_ta_l%C3%A4rm_schreiben_bmub.pdf. Auch der *VGH München*, Beschl. v. 02.09.2016 – 1 CS 16.1275 = BayVBl 2017, 24 zog die Anwendung der besonderen Regelung für Notsituationen i.S.v. Nr. 7.1 TA-Lärm auf die Schaffung von Flüchtlingsunterkünften in Betracht, musste letztlich aber mangels Überschreitung des einschlägigen Immissionsgrenzwertes nicht auf diese Argumentation zurückgreifen.
[1812] *Hansmann*, in: Landmann/Rohmer, Umweltrecht, TA Lärm Nr. 7 Rn. 4.

schwierig bzw. schlichtweg unmöglich ist, die normalerweise geltenden Immissionsgrenzwerte zu beachten oder dies auch nur zu versuchen.[1813]

Darüber hinaus könnte die Sonderregelung vom Wortlaut her aber ohne weiteres auch auf die unter hohem Zeitdruck zu bewältigende Unterbringung einer Vielzahl von Flüchtlingen und Asylbegehrenden angewendet werden. Der Sinn und Zweck der Vorschrift steht dem nicht entgegen. Denn nach dem hinter der Notfallregelung stehenden Gedanken müssen auch Überschreitungen der Immissionsgrenzwerte hingenommen werden, wenn es darum geht, höherrangige Rechtsgüter zu schützen.[1814] Vorliegend geht es in erster Linie um den Schutz des Lebens und der Gesundheit der Flüchtlinge; es soll verhindert werden, dass sie jeder Witterung – insbesondere auch in der Nacht und im Winter – schutzlos ausgesetzt sind. Damit wäre es zulässig, die einschlägigen Immissionswerte i.S.v. Nr. 6.1 TA-Lärm bereits nach dem bestehenden Regelungssystem über Nr. 7.1 TA-Lärm jedenfalls bis zur Grenze der Gesundheitsschädlichkeit zu überschreiten.

(b) Anwendung im Lichte der durch den Gesetzgeber geschaffenen Sonderregelungen

Richtigerweise stehen die Grenzwerte der TA-Lärm aber den Regelungen in den Absätzen 8 bis 17 des § 246 BauGB und der damit einhergehenden generalisierenden Anhebung des zulässigen Immissionsniveaus im Zusammenhang mit Flüchtlingsunterkünften von vornherein nicht entgegen.

Rechtstechnisch stellt die TA-Lärm als normkonkretisierende Verwaltungsvorschrift – unabhängig von ihrer Außen- und Bindungswirkung – „lediglich" eine Konkretisierung der Zumutbarkeits- bzw. Erheblichkeitsschwelle dar. Es wird damit durch die Exekutive in einem bestimmten Verfahren festgelegt, in welchem Umfang Immissionen im Bauplanungsrecht von Personen hingenommen werden müssen. Sobald der parlamentarische Gesetzgeber eine Regelung trifft, die im Widerspruch mit den untergesetzlichen Rechtssätzen der Verwaltung stehen, dann gilt – nach dem Grundsatz des Vorrangs des Gesetzes – ausschließlich das formelle Gesetz.[1815] Denn wie für jedes Verwaltungshandeln gilt Art. 20 III GG auch für normkonkretisierende Verwaltungsvorschriften, sodass diese nicht gegen höherrangiges Recht verstoßen dürfen. Sofern also der Gesetzgeber der

---

[1813] *VG Würzburg*, Urt. v. 24.03.2011 – W 5 K 10.737 = BeckRS 2011, 30124.
[1814] *Hansmann*, in: Landmann/Rohmer, Umweltrecht, TA Lärm Nr. 7 Rn. 3.
[1815] *Remmert*, in: Maunz/Dürig, GG, Art. 80 Rn. 132.

Schaffung von Flüchtlings- und Asylbewerberunterkünften ein besonderes Gewicht beimisst und vorsieht, dass Flüchtlinge und Nachbarn ein Mehr an Beeinträchtigungen hinnehmen müssen, dann gilt dies unmittelbar für die Zumutbarkeits- und Erheblichkeitsschwelle. Der Gesetzgeber konkretisiert hier also selbst unmittelbar die unbestimmten Rechtsbegriffe des bodenrechtlichen Rücksichtnahmegebots. Sofern dies mit den Vorgaben der TA-Lärm – oder auch der TA-Luft – nicht zu vereinbaren ist, finden in diesem konkret durch den Gesetzgeber selbst geregelten Bereich die normkonkretisierenden Verwaltungsvorschriften keine Anwendung, da sie insoweit durch höherrangiges Recht verdrängt werden.[1816] Etwas anderes würde nur dann gelten, wenn die Regelungen des parlamentarischen Gesetzgebers verfassungswidrig wären, was vorliegend jedoch unter Verweis auf das siebte Kapitel ausgeschlossen werden kann.

3. Rechtfertigung

Diese Durchbrechung der Geltung der durch die TA-Lärm vorgegebenen bodenrechtlichen Immissionsgrenzwerte für Flüchtlingsunterkünfte ist gerechtfertigt. Sie trägt maßgeblich dazu bei, dass der Zweck der Sondervorschriften i.S.v. § 246 VIII bis XVII BauGB, eine schnelle Unterbringung der Flüchtlinge sicherzustellen, erreicht wird. Denn in der Praxis bilden regelmäßig die das Gebot der Rücksichtnahme konkretisierenden Grenzwerte der technischen Regelwerke den ausschlaggebenden Punkt für nachbarliche Streitigkeiten bzw. für die materielle Baurechtswidrigkeit entsprechender Unterkünfte. Durch ihre „Lockerung" kann für die Fälle der Unterbringung mit Flüchtlingsbezug die Anzahl der immissionsbedingten baubehördlichen Ablehnungen von entsprechenden baulichen Anlagen im Zulassungsverfahren nicht unwesentlich verringert werden. Die Durchbrechung der Geltung der durch die TA-Lärm vorgegebenen Immissionsgrenzwerte erscheint als sachgerechte Folge der Zielsetzung des Gesetzgebers, mit den streitgegenständlichen Normen der akuten Krise – insbesondere in den Jahren 2014 bis 2016 – zu begegnen, nicht aber dauerhaftes Recht zu schaffen. Der Gesetzgeber musste also – wie soeben auf S. 437 f. festgestellt – die behördlichen Regelungen der TA-Lärm nicht zwangsläufig ändern, um das zulässige Immissionsniveau im Zusammenhang mit Flüchtlingsunterkünften generalisierend anheben zu können. Gleichzeitig konnten die normkonkretisierenden Verwaltungsvorschriften unberührt bleiben, um so zu vermeiden, dass sie anderenfalls nach

---

[1816] So auch *Battis/Mitschang/Reidt*, NVwZ 2015, 1633 (1637) und *Mitschang/Reidt*, in: Battis/Krautzberger/Löhr, BauGB, § 246 Rn. 37, wonach die in der TA-Lärm als Verwaltungsvorschrift geregelten Grenzwerte „im Lichte der durch den Gesetzgeber geschaffenen Regelungen zur Flüchtlingsunterbringung [...] zu sehen [sind] und [...] diese Möglichkeiten daher nicht unterlaufen" können.

dem Ende der Flüchtlingskrise erneut hätten geändert werden müssen. Schließlich ist der zeitliche Rahmen, in dem für Flüchtlingsunterkünfte ein besonderer privilegierender Maßstab gilt, sehr überschaubar. Nur in einem solchen Rahmen kann es zu der herausgearbeiteten Durchbrechung kommen. Die Sondervorschriften sind nämlich nicht nur bis zum 31.12.2019 befristet; auch haben die baulichen Anlagen zur Flüchtlingsunterbringung nach der gesetzgeberischen Intention lediglich vorübergehenden Bestand.[1817]

II. Planbereiche und Innenbereiche dürfen sich nur verdichten oder „nach oben wachsen"

Eine weitere Frage ist, ob die Sonderregelung des § 246 IX BauGB eine Durchbrechung des bodenrechtlichen Grundsatzes darstellt, dass der Plan- und der Innenbereich sich nur verdichten bzw. „nach oben wachsen" können.

1. Grundsatz

Der Plan- sowie der Innenbereich können sich grundsätzlich nur verdichten und nach oben wachsen. Für den Planbereich ergibt sich dies denknotwendig bereits aus dem Umstand, dass eine entsprechende Baugenehmigung von vornherein nur solche Gebiete erfassen kann, die in seinem Geltungsbereich liegen. Aber auch der Innenbereich i.S.v. § 34 BauGB kann sich aufgrund des Tatbestandsmerkmals des „Bebauungszusammenhangs" regelmäßig nur nach innen verdichten und nach oben wachsen. Denn der Bebauungszusammenhang – und damit der bebaubare Innenbereich – enden grundsätzlich unmittelbar an der letzten Außenwand des äußersten Innenbereichsgebäudes.[1818] Da sämtliche städtebaulich relevanten Vorhaben aber gem. § 34 I 1 HS. 1 BauGB „innerhalb" des Bebauungszusammenhangs liegen müssen, scheidet auch für den Innenbereich nach den allgemeinen Regeln die Möglichkeit aus, „nach außen" zu wachsen. Damit soll verhindert werden, dass sich der Innenbereich schrittweise entkernt. Außerdem soll der Außenbereich geschützt und dabei von Bebauung freigehalten werden. Anderenfalls würde nämlich der Innenbereich – ohne förmliche Bauleitplanung – in einem schleichenden Prozess in den Außenbereich hinein erweitert werden können.[1819] Die städtebauliche Entwicklung ist nach den Vorgaben des Baugesetzbuchs damit auf Maßnahmen der „Innenentwicklung" ausgerichtet. Dem

---

[1817] Vgl. dazu den Sinn und Zweck der Sondervorschriften im dritten Kapitel auf S. 100 f.
[1818] *BVerwG*, Urt. v. 29.11.1974 – IV C 10/73 = BauR 75, 106; *BVerwG*, Beschl. v. 02.03.2000 – 4 B 15.00 = BauR 2000, 1310; *BVerwG*, Urt. v. 16.09.2010 – 4 C 7/10 = NVwZ 2011, 436; *Dürr*, in: Brügelmann, BauGB, § 34 Rn. 19; *Söfker*, in: EZBK, BauGB, § 34 Rn. 25.
[1819] *Spieß*, in: Jäde/Dirnberger, BauGB, § 34 Rn. 16.

hat der Gesetzgeber in der jüngeren Vergangenheit auch mit den Innenentwicklungsnovellen 2007[1820] und 2013[1821] nochmal besonders Rechnung getragen.

2. Teilweise Durchbrechung

Dieser bauplanungsrechtliche Grundsatz wird durch die Außenbereichsprivilegierung des § 246 IX BauGB zumindest teilweise durchbrochen.[1822] Zweifelsohne liegt hinsichtlich der faktischen Erweiterung der Innenbereichsbebauung in die sog. Außenbereichsinseln im Innenbereich – und damit bildlich gesprochen „nach innen" in den Außenbereich – eine Durchbrechung des genannten Grundsatzes vor. Wie die Ausführungen im Rahmen der Einzeldarstellung des § 246 IX BauGB zeigen, sind die Außenbereichsinseln unstreitig von seinem Anwendungsbereich erfasst.[1823] Und auch bei einer Erweiterung „nach innen" in den Außenbereich liegt eben gerade keine Verdichtung oder ein Wachstum nach oben vor, sondern ebenfalls eine systemwidrige Erweiterung der vorhandenen Bebauung in den Außenbereich und damit „nach außen".

Es ist zu klären, ob über die Außenbereichsinseln im Innenbereich hinaus eine Durchbrechung des genannten Grundsatzes befürwortet werden kann. Dies wäre der Fall, wenn mit Hilfe des § 246 IX BauGB eine tatsächliche und auch eine – bildlich gesprochen – „Erweiterung der Bebauung nach außen" in den Außenbereich ermöglicht würde. Allerdings muss das Tatbestandsmerkmal „innerhalb des Siedlungsbereichs" i.S.v. § 246 IX BauGB einschränkend dahingehend ausgelegt werden – und dementsprechend wird die Durchbrechung ja abgeschwächt –, dass seine Anwendung (neben Außenbereichsinseln im Innenbereich) auf Abrundungen der vorhandenen Bebauung bzw. auf die Ausfüllung größerer Baulücken beschränkt wird. Eine darüberhinausgehende bauliche Entwicklung nach „außen" und damit eine überbordende Ausweitung des äußeren Umgriffs der vorhandenen Bebauung ist nicht vom Anwendungsbereich des § 246 IX BauGB erfasst.[1824]

[1820] BGBl. I S. 3316. In diesem Zusammenhang wurden mit § 13a BauGB die Regelungen über das beschleunigte Verfahren für Bebauungspläne der Innenentwicklung in das Baugesetzbuch eingefügt.
[1821] BGBl. I S. 1548. In diesem Zusammenhang wurde mit § 1 V 3 BauGB die Leitvorstellung der Stärkung der Innenentwicklung in das Baugesetzbuch eingefügt.
[1822] In diese Richtung auch *Krautzberger/Stüer*, UPR 2016, 95 (99).
[1823] Vgl. dazu ausführlich im fünften Kapitel auf S. 230.
[1824] Vgl. dazu ausführlich das Zwischenfazit im Rahmen der Darstellung des § 246 IX BauGB im fünften Kapitel auf S. 242.

3. Rechtfertigung

Diese bauplanungsrechtliche Durchbrechung in Bezug auf Außenbereichsinseln im Innenbereich und die Ausfüllung größerer Baulücken ist aus mehreren Gründen städtebaulich hinnehmbar. Dabei ist insbesondere der Umstand von Bedeutung, dass die durch § 246 IX BauGB bewirkte Suspendierung des geltenden Bauplanungsrechts und auch die damit einhergehenden städtebaulichen „Folgewirkungen" nur vorübergehender Natur sind. Die auf Grundlage des § 246 IX BauGB geschaffenen Flüchtlingsunterkünfte haben nämlich auf die Einordnung des bodenrechtlichen Bereichs keinerlei Einfluss.[1825] Mit Hilfe einer normativen Korrektur der Innenbereichsbestimmung i.S.v. § 34 I BauGB kann vermieden werden, dass die auf Grundlage des § 246 IX BauGB geschaffenen baulichen Anlagen den im Zusammenhang bebauten Ortsteil prägen und sich so tatsächlich eine Innenbereichslage entwickeln könnte. Diese Anlagen sind insoweit einfach auszublenden. Auf diese Weise werden über § 246 IX BauGB nicht dauerhaft zusätzliche Innenbereichsflächen entgegen der städtebaulichen Systematik geschaffen, sondern „nur" die Errichtung vorübergehender Unterkünfte für Flüchtlinge im Randbereich des Außenbereichs erleichtert. Damit wird der Eingriff in die bauplanungsrechtliche Systematik nicht unerheblich abgemildert und dadurch auch städtebaulich hinnehmbar.

III. Kein Wohnen bzw. keine wohnähnliche Nutzung im Außenbereich

Die beiden Außenbereichsprivilegierungen des § 246 IX und XIII BauGB könnten fernerhin die bodenrechtliche Regel durchbrechen, dass im Außenbereich nicht gewohnt und auch keine wohnähnliche Nutzung aufgenommen werden darf.

1. Grundsatz

Der Außenbereich ist von baulichen Anlagen freizuhalten, soweit diese ihrem Wesen nach nicht in den Außenbereich gehören.[1826] Diese Regel ergibt sich aus den beiden Zielsetzungen des Außenbereichs sowie dem dahinter stehenden Schutzgedanken[1827], der wiederum im jeweiligen Gegenüber von Innen- und Außenbereich sowie von privilegierten und sonstigen Vorhaben gesetzlich angelegt ist. Der Außenbereich dient der Erholung der Allgemeinheit und der naturgegebenen Bodennutzung; zu beiden Zwecken „passt" eine wohn- oder wohnähnliche Nutzung aber gerade nicht. Dieser

---

[1825] Vgl. dazu im Rahmen der Ausführungen zur Anschlussnutzung im sechsten Kapitel auf S. 283 ff.
[1826] *Mitschang/Reidt*, in: Battis/Krautzberger/Löhr, BauGB, § 35 Rn. 1; *Bienek/Reidt*, BauR 2015, 422 (429); *Lange*, NdsVBl. 2016, 72 (75).
[1827] *Söfker*, in: EZBK, BauGB, § 35 Rn. 13.

allgemeine Grundsatz ist auch unmittelbar im Gesetz angelegt: wohn- oder wohnähnlichen Nutzungen stehen in aller Regel die öffentlichen Belange des § 35 III 1 Nr. 1, Nr. 3, Nr. 5 Alt. 4 und Nr. 7 BauGB entgegen. Da der Flächennutzungsplan im Außenbereich vielfach Flächen für Landwirtschaft ausweist, stehen wohn- oder wohnähnliche Anlagen bereits gem. § 35 III 1 Nr. 1 BauGB in Widerspruch zu diesem.[1828] Ferner sind wohn- oder wohnähnliche Nutzungen im Außenbereich regelmäßig schädlichen Umwelteinwirkungen durch land- und forstwirtschaftliche Betriebe oder durch sonstige, nicht innenbereichsadäquate Außenbereichsnutzungen ausgesetzt. Zur Vermeidung bodenrechtlicher Spannungen und zum Schutz der privilegierten, dem Außenbereich gerade planartig zugewiesenen Vorhaben sind derart schutzbedürftige Nutzungen mit Hilfe von § 35 III 1 Nr. 3 BauGB vom Außenbereich fernzuhalten. Zudem beeinträchtigen wohn- oder wohnähnliche Anlagen die natürliche Eigenart der Landschaft i.S.v. § 35 III 1 Nr. 5 Alt. 4 BauGB. Diese ist im Außenbereich in erster Linie durch seine gesetzgeberischen Zwecke, d.h. die naturgegebene Bodennutzung sowie die Erholungsfunktion für die Allgemeinheit, bestimmt. Während für privilegierte Vorhaben daher eine Beeinträchtigung der natürlichen Eigenart der Landschaft regelmäßig ausscheidet, sind insbesondere wohn- oder wohnähnliche Nutzungen aufgrund des nur sehr eingeschränkten Nutzerkreises dem Außenbereich wesensfremd und auch deswegen unzulässig. Schließlich lässt die Zulassung von wohn- oder wohnähnlichen Nutzungen im Außenbereich regelmäßig die Entstehung, Verfestigung oder Erweiterung einer Splittersiedlung befürchten. Eine Zersiedlung des Außenbereichs soll aber gerade verhindert werden, sodass auch der öffentliche Belang des § 35 III 1 Nr. 7 BauGB die oben genannte Regel bestätigt.

2. Durchbrechung

Die Sonderregelungen der Absätze 9 und 13 des § 246 BauGB durchbrechen diesen Grundsatz. Denn mit ihrer Hilfe können Flüchtlingsunterkünfte im Außenbereich zugelassen werden, indem über die entsprechende Anwendung des § 35 IV 1 BauGB die einer wohn- oder wohnähnlichen Nutzung typischerweise entgegenstehenden – soeben unter Ziffer 1. dargestellten – Belange i.S.v. § 35 III 1 BauGB gewissermaßen „ausgeblendet" werden.

[1828] Da wohn- und wohnähnliche Vorhaben als sonstige Vorhaben i.S.v. § 35 II BauGB zu qualifizieren sind, genügt bei diesen bereits ein einfacher Widerspruch, um die öffentlichen Belange zu beeinträchtigen. Privilegierten Vorhaben i.S.v. § 35 I BauGB stehen Darstellungen des Flächennutzungsplans hingegen nur dann entgegen, soweit dieser am Standort des Vorhabens eine konkrete und standortbezogene Aussage trifft. Vgl. zum Unterschied beim Widerspruch zu den Darstellungen des Flächennutzungsplans in Fällen des Absatzes 1 und 2 auch *Söfker*, in: EZBK, BauGB, § 35 Rn. 80.

3. Rechtfertigung

Diese Durchbrechung ist städtebaulich jedoch hinnehmbar. Dies liegt – neben dem Umstand, dass über § 35 IV 1 BauGB nicht sämtliche öffentlichen Belange ausgeblendet werden – insbesondere darin begründet, dass der Außenbereich durch entsprechende Tatbestandseinschränkungen in § 246 IX und XIII BauGB nur wenig und vor allem nicht dauerhaft beeinträchtigt wird und die bodenrechtlichen Spannungen dadurch vergleichsweise gering gehalten werden.

Für beide Sonderregelungen ist dabei zunächst herauszustellen, dass trotz der Erleichterungen, welche die Rechtsfolgenverweisung auf § 35 IV 1 BauGB mit sich bringt, die sonstigen – in § 35 IV 1 BauGB nicht erwähnten – öffentlichen Belange i.S.v. § 35 III 1 BauGB unberührt bleiben müssen, sodass die Errichtung von Flüchtlingsunterkünften weiterhin nur „im Ausnahmefall" möglich ist.[1829] Dies hat zur Folge, dass damit wenigstens im Ansatz die bodenrechtliche Intention der Freihaltung des Außenbereichs von sonstigen Vorhaben i.S.v. § 35 II BauGB gewahrt bleibt.[1830]

Im Falle der Privilegierungsregelung des § 246 IX BauGB sollen Außenbereichsflächen ferner nur dann in Anspruch genommen werden können, wenn sie im unmittelbaren räumlichen Zusammenhang mit bebauten Flächen innerhalb des Siedlungsbereichs liegen. Damit lässt § 246 IX BauGB Flüchtlingsunterkünfte nicht fernab jeder Bebauung zu. Der „tiefere"[1831] Außenbereich kann durch diese Sonderregelung nicht in Anspruch genommen werden; vielmehr wird lediglich im bereits vorbelasteten Außenbereich die Schaffung von Flüchtlingsunterkünften ermöglicht. Durch das Erfordernis der Nähe zu einer vorhandenen Siedlungsstruktur wird zudem sichergestellt, dass für die in den Unterkünften lebenden Menschen eine Anbindung an Versorgungseinrichtungen und an kommunale Infrastruktur besteht.[1832] Dies trägt zur Außenbereichsverträglichkeit und damit zur Abmilderung der bodenrechtlichen Spannungen bei, da auf diese Weise keine neuen, weitreichenden Erschließungsmaßnahmen durchgeführt werden müssen und der Außenbereich dadurch – mit Ausnahme der Schaffung der baulichen Unterbringungsanlage selbst – weitgehend von Bebauung und Bodenversiegelungen freigehalten werden kann. Damit ist die bauplanungsrechtliche Durchbrechung im Falle des § 246 IX BauGB städtebaulich verträglich.

[1829] So bereits die Gesetzesmaterialien, BR-Drs. 419/14, S. 6: „Damit ist die Errichtung dieser Einrichtungen allenfalls im Ausnahmefall möglich."
[1830] *Bienek*, SächsVBl 2015, 129 (133).
[1831] *Krautzberger/Stüer*, DVBl 2015, 73 (77) bezeichnen diese Lage als „isolierten" Außenbereich, *Bienek/Reidt*, BauR 2015, 422 (430) bezeichnen sie als „entfernteren" Außenbereich.
[1832] *Scheidler*, KommP BY 2016, 11 (13); *Portz/Düsterdiek*, BWGZ 2015, 404 (406).

Die Privilegierungsregelung des § 246 XIII BauGB setzt – im Unterschied zu § 246 IX BauGB – hingegen keine Nähe zu bereits vorhandener Siedlungsstruktur voraus, was gegenüber § 246 IX BauGB nochmals einen tiefergehenden Eingriff in den Außenbereichsschutz eröffnet.[1833] Dies wird für § 246 XIII BauGB aber auf zweierlei Weisen bodenrechtlich wieder ausgeglichen.[1834] Zum einen werden von § 246 XIII 1 BauGB nicht alle Vorhaben erfasst, die der Unterbringung von Flüchtlingen oder Asylbegehrenden dienen. Vielmehr beschränkt der Privilegierungstatbestand seinen Anwendungsbereich in sachlicher Hinsicht auf die Errichtung mobiler Unterkünfte (Nr. 1) sowie auf Nutzungsänderungen zulässigerweise errichteter baulicher Anlagen in Aufnahmeeinrichtungen, Gemeinschaftsunterkünfte und sonstige Unterkünfte (Nr. 2). Die Errichtung mobiler Unterkünfte i.S.d. ersten Tatbestandsalternative ist dabei – im Interesse des Außenbereichsschutzes – von vornherein auf längstens drei Jahre zu befristen.[1835] Im Übrigen werden i.S.d. zweiten Tatbestandsalternative „nur" Nutzungsänderungen erfasst, sodass entsprechende Vorhaben an eine bereits vorhandene Außenbereichsbelastung anknüpfen. Es muss also schon eine bauliche Anlage vorhanden gewesen sein, durch die der Außenbereich eine Beeinträchtigung erfahren hat. Zum anderen sieht § 246 XIII 2 BauGB im Interesse des Außenbereichsschutzes für beide Fälle des § 246 XIII 1 BauGB eine sog. Rückbauverpflichtung entsprechend § 35 V 2 HS. 1 BauGB vor. Danach verpflichtet sich der Bauherr, nach dauerhafter Aufgabe der zulässigen Nutzung die nach § 246 XIII 1 BauGB veranlassten Baumaßnahmen zurückzubauen und entsprechende Bodenversiegelungen zu beseitigen. Der Gesetzgeber bringt damit zum Ausdruck, dass er die Störung des Außenbereichs nur für den begrenzten Zeitraum während der Nutzung als Flüchtlingsunterkunft hinnimmt und danach den ursprünglichen Zustand nach den allgemeinen bauplanungsrechtlichen Regeln wiederhergestellt wissen will. Dem hinter der Regel „kein Wohnen bzw. keine wohnähnliche Nutzung im Außenbereich" stehenden Schutz des Außenbereichs wird auf diese Weise weitgehend Rechnung getragen, da jedenfalls für die Zukunft keine „Altlasten" aus der Zeit verbleiben, in welcher derartige Vorhaben zur Flüchtlingsunterbringung dringend notwendig waren. Die Rückbauverpflichtung stellt sicher, dass das Außenbereichsgrundstück nach Aufgabe der Nutzung als Flüchtlingsunterkunft wieder in seinen früheren Zustand zurückversetzt wird, sofern

---

[1833] So auch *Blechschmidt*, in: EZBK, BauGB, § 246 Rn. 83.
[1834] *Roeser*, in: Berliner Kommentar zum BauGB, § 246 Rn. 31e.
[1835] *Bunzel*, in: Bleicher/Bunzel/Finkeldei/Fuchs/Klinge, Baurecht, § 246 S. 11. Der gemeinsame Vorschlag mehrerer Länder, die maximal zulässige Frist auf fünf Jahre zu erhöhen, wurden abgelehnt, da die dreijährige Maximalfrist die äußerste Grenze darstellt, die durch § 246 XIII 1 Nr. 1 BauGB verursachten Eingriffe in Außenbereichslagen städtebaulich zu rechtfertigen; vgl. *Bienek*, DÖV 2017, 584 (589).

eine zulässige Anschlussnutzung ausscheidet. Dieses Instrument trägt ebenfalls wesentlich dazu bei, dass auch im Falle des § 246 XIII BauGB die bodenrechtliche Durchbrechung im Ergebnis städtebaulich hinnehmbar ist.

IV. Kein Wohnen bzw. keine wohnähnliche Nutzung im Gewerbe- und Industriegebiet

Ein weiterer Prüfungspunkt im Zusammenhang mit der bauplanungsrechtlichen Systemwidrigkeitsfrage ist, ob die Sonderregelungen des § 246 X und XII BauGB den städtebaulichen Grundsatz durchbrechen, dass in Gewerbe- und Industriegebieten nicht gewohnt und auch keine wohnähnliche Nutzung aufgenommen werden darf.

1. Grundsatz

In Gewerbe- und Industriegebieten scheidet eine Wohnnutzung regelmäßig aus. Dies folgt bereits unmittelbar aus dem Gesetzeswortlaut. Da sich weder Wohngebäude noch Wohnungen in den Nutzungskatalogen der §§ 8 I, II, 9 I, II BauNVO wiederfinden, ist eine Wohnnutzung im Gewerbe- und Industriegebiet allgemein unzulässig. Auch eine ausnahmsweise Zulässigkeit i.S.v. § 8 III BauNVO bzw. § 9 III BauNVO hat der Bundesgesetzgeber – unter Herausnahme der sog. Betriebsleiterwohnungen[1836] – abgelehnt.

Fraglich ist, wie die Rechtslage bei einer wohnähnlichen Nutzung zu bewerten ist. Flüchtlingsunterkünfte, die keine Wohnnutzung im bodenrechtlichen Sinne darstellen, sind städtebaulich als zumindest wohnähnliche Anlagen für soziale Zwecke zu qualifizieren.[1837] Diese sind in Gewerbe- und Industriegebieten nach dem Wortlaut des Gesetzes gem. § 8 III Nr. 2 BauNVO und § 9 III Nr. 2 BauNVO an sich ausnahmsweise zulässig. Sofern bauliche Anlagen in einem der Baugebiete aber nur ausnahmsweise zulässig sind, müssen sie mit der allgemeinen Zweckbestimmung des betreffenden Baugebiets – wie sich aus dem jeweiligen Absatz 1 ergibt – vereinbar sein. Die Genehmigung einer wohnähnlichen Nutzung in Gewerbe- und Industriegebieten, in denen jeweils schon ein nicht unerhebliches Emissionsniveau vorhanden ist, erzeugt regelmäßig städtebauliche Spannungen. Aus diesem Grund hat die obergerichtliche Rechtsprechung das Institut der sog. abstrakten Gebietsunverträglichkeit von wohn- und wohnähnlicher Nutzung in Gewerbe- bzw. Industriegebieten entwi-

---

[1836] Sog. Betriebsleiterwohnungen i.S.v. § 8 III Nr. 1 BauNVO und § 9 III Nr. 1 BauNVO sind im Gewerbe- und im Industriegebiet ausnahmsweise zulässig.
[1837] Vgl. dazu im ersten Kapitel auf S. 37 ff.

ckelt.[1838] Dazu kann auf die ausführliche Darstellung im ersten Kapitel verwiesen werden.[1839]

Aus dem gleichen Grund hat in diesen Fällen auch die Erteilung einer Befreiung i.S.v. § 31 II BauGB im Ergebnis keine Aussicht auf Erfolg. Eine abstrakte Gebietsunverträglichkeit steht einer Befreiung zwar nicht von vornherein entgegen.[1840] Allerdings werden bei der Errichtung einer Flüchtlingsunterkunft im Gewerbe- oder Industriegebiet aufgrund des hohen Immissionsniveaus in aller Regel gegenläufige Nutzungskonflikte entstehen, zu deren Bewältigung es einer Planung i.S.v. § 1 III 1 BauGB bedarf. Da in diesen Fällen die Grundzüge der Planung berührt werden können, scheidet eine Befreiung i.S.v. § 31 II BauGB zugunsten einer Flüchtlingsunterkunft in einem Gewerbe- oder Industriegebiet gewöhnlich aus.[1841]

2. Durchbrechung

Die Sondervorschriften der Absätze 10 und 12 des § 246 BauGB durchbrechen die oben genannte allgemeine bodenrechtliche Regel. Der *VGH Mannheim* beschreibt dies in seiner vielfach zitierten Entscheidung sehr anschaulich, wenn er ausführt, dass die „mögliche Unruhe, die durch die Genehmigung wohnähnlicher Nutzung eines Gebäudes als Aufnahmeeinrichtung oder Gemeinschaftsunterkunft für Asylbegehrende in ein Gewerbegebiet getragen wird, [...] nicht relevant [ist] für die Frage der Vereinbarkeit der Befreiung mit den öffentlichen Belangen".[1842] Insoweit hat der Gesetzgeber mit § 246 X und XII BauGB also eine ausdrückliche und abschließende Entscheidung zugunsten der Möglichkeit getroffen, Befreiungen für solche Nutzungsformen in Gewerbe- und Industriegebieten zu erteilen.[1843]

[1838] *BVerwG*, Urt. v. 29.04.1992 – 4 C 43/89 = DVBl 1992, 1433; *BVerwG*, Urt. v. 16.09.1993 – 4 C 28.91 = NJW 1994, 1546; *VGH Mannheim*, Beschl. v. 09.04.2014 – 8 S 1528/13 = NVwZ-RR 2014, 752; *OVG Hamburg*, Beschl. v. 17.06.2013 – 2 Bs 151/13 = NVwZ-RR 2013, 990; *VGH Mannheim*, Beschl. v. 14.03.2013 – 8 S 2504/12 = BauR 2013, 1088; *VG Köln*, Beschl. v. 10.11.2014 – 2 L 2039/14 = BeckRS 2014, 58345; *VG Ansbach*, Urt. v. 09.10.2014 – AN 9 K 14.00830 = BeckRS 2014, 58668; *OVG Münster*, Urt. v. 03.11.1988 – 11 A 56/86 = BauR 1989, 581.
[1839] Vgl. dazu auf S. 57 ff.
[1840] *BVerwG*, Urt. v. 02.02.2012 – 4 C 14/10 = NVwZ 2012, 825.
[1841] *VGH München*, Beschl. v. 05.03.2015 – 1 ZB 14.2373 = NVwZ 2015, 912; *VGH Mannheim*, Beschl. v. 17.12.2013 – 8 S 2350/13 = BeckRS 2014, 55615; *OVG Hamburg*, Beschl. v. 17.06.2013 – 2 Bs 151/13 = NVwZ-RR 2013, 990; *Langenfeld/Weisensee*, ZAR 2015, 132 (136); *Blechschmidt/Reidt*, BauR 2016, 934 (935); *Decker*, in: Schiwy, BauGB, § 246 Rn. 53; *Blechschmidt*, in: EZBK, BauGB, § 246 Rn. 68a.
[1842] *VGH Mannheim*, Beschl. v. 11.03.2015 – 8 S 492/15 = NVwZ-RR 2015, 637.
[1843] Eine umfassende Darstellung dieser beiden Sondervorschriften findet sich im fünften Kapitel auf S. 174 ff. und auf S. 195 ff.

3. Rechtfertigung

Zu prüfen ist auch hier, ob die Durchbrechung dieses Grundsatzes für sich genommen städtebaulich hinnehmbar ist.

Im Rahmen der Anwendung beider Sondervorschriften muss notwendigerweise die Wahrung gesunder Wohnverhältnisse als öffentlicher Belang Berücksichtigung finden. Dies ergibt sich einfach-gesetzlich aus § 1 VI Nr. 1 BauGB und grundrechtlich auch aus Art. 2 II 1 GG.[1844] Aus diesem Grund scheidet die Zulassung von Flüchtlingsunterkünften in Gewerbegebieten mit Hilfe von § 246 X BauGB mangels Vereinbarkeit mit öffentlichen Belangen dann aus, „wenn die Bewohner voraussichtlich gesundheitsgefährdenden Immissionen ausgesetzt wären."[1845] Die Schwelle zur Gesundheitsgefahr wird bei Lärmimmissionen ab 70 dB(A) am Tag und ab 60 dB(A) in der Nacht angenommen.[1846] Folglich zielen die Befreiungsregelungen des § 246 X und XII BauGB ausschließlich auf solche Gewerbe- bzw. Industriegebiete oder Teile von diesen, die insgesamt eher durch ein ruhiges und emissionsarmes Gewerbe einschließlich Büros und Verwaltungsgebäuden geprägt sind.[1847] Im Umkehrschluss müssen aus Gründen des Gesundheitsschutzes solche Gewerbe- und Industriegebiete aus dem Tatbestand der Absätze 10 und 12 ausscheiden, die vorwiegend aus Produktionsbetrieben oder vergleichbaren Anlagen bestehen, in denen – insbesondere auch zur besonders schutzwürdigen Nachtzeit – stark lärm- oder geruchsemittierende Tätigkeiten stattfinden.[1848] Auf diese Weise werden die in Betracht kommenden gegenläufigen Nutzungskonflikte von vornherein begrenzt.

Darüber hinaus sieht § 246 XII BauGB, der in Abweichung zu Absatz 10 auch eine wohnähnliche Nutzung in den noch emissionsintensiveren Industriegebieten erlaubt, weitere städtebaulich relevante „Abmilderungen" vor. Zum einen ist der sachliche Anwendungsbereich hier eingeschränkt. Es werden von Absatz 12 nämlich nicht alle Vorhaben erfasst, die der Unterbringung von Flüchtlingen oder Asylbegehrenden dienen. Vielmehr beschränkt der Privilegierungstatbestand seinen Anwendungsbereich auf die Errichtung mobiler Unterkünfte (Nr. 1) sowie auf Nutzungsänderungen in

---

[1844] *Blechschmidt*, in: EZBK, BauGB, § 246 Rn. 80; *Kment/Berger*, BauR 2015, 211 (215).
[1845] *VGH Mannheim*, Beschl. vom 11.03.2015 – 8 S 492/15 = NVwZ-RR 2015, 637; *Krautzberger/Stüer*, DVBl 2015, 73 (78), die zu Recht darauf hinweisen, dass mit Hilfe einer Befreiung i.S.v. § 246 X BauGB trotz der besonderen Umstände sowie der Eilbedürftigkeit keine „menschenunwürdigen Unterkünfte" geschaffen werden dürfen.
[1846] *BVerwG*, Urt. v. 21.11.2013 – 7 A 28.12 = NVwZ 2014, 730; *VGH Mannheim*, Beschl. v. 17.05.2017 – 5 S 1505/15 = DVBl 2017, 1052.
[1847] *Scheidler*, NVwZ 2015, 1406 (1408); *Bienek/Reidt*, BauR 2015, 422 (427); *Battis/Mitschang/Reidt*, NVwZ 2014, 1609 (1612); *Kment/Berger*, BauR 2015, 211 (215); *Roeser*, in: Berliner Kommentar zum BauGB, § 246 Rn. 36.
[1848] *Mitschang/Reidt*, in: Battis/Krautzberger/Löhr, BauGB, § 246 Rn. 25.

Aufnahmeeinrichtungen, Gemeinschaftsunterkünfte und sonstige Unterkünfte (Nr. 2). Zum anderen werden die bodenrechtlichen Spannungen hier mit der Verpflichtung zur administrativen Befristung städtebaulich abgeschwächt. Es können Baugenehmigungen auf der Grundlage von § 246 XII BauGB nur für einen Zeitraum von maximal drei Jahren erteilt werden. Ein erneuter Rückgriff auf Absatz 12 ist nicht möglich.[1849] Aus diesen Gründen bleibt die Durchbrechung der bauplanungsrechtlichen Grundentscheidung, dass in Gewerbe- und Industriegebieten nicht gewohnt und keine wohnähnliche Nutzung erfolgen darf, gerade auch in zeitlicher Hinsicht von vornherein „überschaubar" und damit im Ergebnis insgesamt hinnehmbar.

V. Klassische Befreiungen i.S.d. Bauplanungsrechts lassen Grundzüge der Planung unberührt

Weiterhin könnten die Sonderregelungen der Absätze 10, 12 und 14 des § 246 BauGB den bauplanungsrechtlichen Grundsatz durchbrechen, wonach eine Befreiung im Sinne des Baugesetzbuchs die Grundzüge der Planung stets unberührt lassen muss. Insoweit wären die besonderen Befreiungen des § 246 X, XII und XIV BauGB keine „klassischen" Befreiungen i.S.d. allgemeinen Bauplanungsrechts mehr.

1. Grundsatz

Das Bauplanungsrecht kennt im Grundsatz zwei Arten von Abweichungen: die Ausnahme und die Befreiung. Der Begriff der Abweichung bildet insoweit den unspezifischen Oberbegriff.[1850]

Die Befreiung i.S.d. Baugesetzbuchs unterscheidet sich von der Ausnahme grundlegend dadurch, dass sie im Bebauungsplan nicht vorgesehen und angelegt ist. Gesetzliche Normen als abstrakt-generelle Regelungen bzw. die abstrakten Festsetzungen im Bebauungsplan können unmöglich allen Einzelfällen gerecht werden, auch wenn der Bebauungsplan „aus der Regel fallende" Ausnahmen vorsieht. Daher sieht die Möglichkeit der Befreiung eine Abweichung von der Norm vor, um Einzelfallgerechtigkeit herstellen zu können. Daraus ergibt sich unmittelbar die wesensmäßige Einzelfallbezogenheit der Befreiung i.S.v. § 31 II BauGB.[1851] Eine Befreiung ist demnach ein planexternes Rechtsinstitut zur Konfliktlösung zwischen Einzelfallgerechtigkeit und den abstrakten Festsetzungen im Bebauungsplan bzw. den abstrakt-generellen Normen der Baunutzungsverordnung.

[1849] Vgl. dazu im vierten Kapitel im Rahmen des zeitlichen Anwendungsbereichs auf S. 156.
[1850] Zur Begründung, vgl. ausführlich Fn. 1874 auf S. 454.
[1851] *Spieß*, in: Jäde/Dirnberger, BauGB, § 31 Rn. 10 f.

Besteht das Bedürfnis einer Befreiung hingegen nicht nur für den Einzelfall, sondern für eine Vielzahl von Fällen oder sogar für den Regelfall, dann ist eine förmliche Änderung des Bebauungsplans i.S.v. § 1 III 1 i.V.m. § 1 VIII BauGB mit dem dazu vorgesehenen Planänderungsverfahren erforderlich.[1852] Gleiches gilt dann, wenn es sich um eine „wesentliche" Abweichung von den Festsetzungen des Bebauungsplans oder den Vorschriften der Baunutzungsverordnung handelt.[1853] Denn in diesen Fällen läuft die Abweichung dem aufgestellten planerischen Grundkonzept der Gemeinde zuwider. Die Baugenehmigungsbehörde soll aber mit der Befreiung als einem planexternen Rechtsinstitut nicht die Möglichkeit erhalten, in die planerische Grundkonzeption des Bebauungsplans einzugreifen und auf diese Weise an Stelle der Gemeinde zu planen. Ein Eingriff in die planerische Grundkonzeption ist nur mit Hilfe eines Planänderungsverfahrens durch die Gemeinde selbst möglich und darf nicht durch Entscheidung der Baugenehmigungsbehörde in Gestalt einer Befreiung ausgehöhlt werden.[1854] Dies folgt vornehmlich aus der verfassungsrechtlich garantierten Planungshoheit der Gemeinde i.S.v. Art. 28 II GG. Darüber hinaus ist für eine Änderung des Bebauungsplans nach §§ 3 und 4 BauGB ausdrücklich die Beteiligung der Öffentlichkeit sowie der Träger öffentlicher Belange und damit gerade die Durchführung eines förmlichen Verfahrens vorgesehen.[1855]

Dieses ungeschriebene Tatbestandsmerkmal der sog. Einzelfallbezogenheit der Befreiung zwingt also stets zur Abgrenzung zwischen einer formlosen Befreiung und der förmlichen Planänderung. Gänzlich ungeschrieben ist dieses Merkmal allerdings dann doch nicht. Bis zum Bau- und Raumordnungsgesetz 1998 war das Kriterium des Einzelfallbezugs ausdrücklich im Gesetzestext normiert.[1856] Infolge der mit dem Bau- und Raumordnungsgesetz 1998 einhergehenden Gesetzesänderungen wurde es aus dem Tatbestand des § 31 II BauGB gestrichen, um klarzustellen, dass der atypische Einzelfall, welcher der Befreiung wesenseigen ist, nicht notwendigerweise immer nur ein einziger Fall sein muss.[1857] Gleichzeitig führte der Gesetzgeber mit Wirkung zum 01.01.1998 das Erfordernis des „Unberührtbleibens der Grundzüge der Planung" ein. Die sich aus der Einzelfallbezogenheit ergebende Abgrenzung zwi-

---

[1852] *Reidt*, in: Battis/Krautzberger/Löhr, BauGB, § 31 Rn. 29.
[1853] *VGH München*, Urt. v. 24.03.2011 – 2 B 11/59 = BauR 2011, 1785; *Reidt*, in: Battis/Krautzberger/Löhr, BauGB, § 31 Rn. 29.
[1854] *Reidt*, in: Battis/Krautzberger/Löhr, BauGB, § 31 Rn. 29.
[1855] *BVerwG*, Urt. v. 05.03.1999 – 5 B 5/99 = NVwZ 1999, 1110.
[1856] Die Befreiungsregelung des § 31 II BauGB lautete in der Fassung der Bekanntmachung vom 08.12.1986 (BGBl. I S. 2253) wie folgt: „Von den Festsetzungen des Bebauungsplans kann im Einzelfall befreit werden […]".
[1857] *VGH München*, Urt. v. 19.10.1998 – 15 B 97.337 = BayVBl 1999, 179; *VGH München*, Urt. v. 30.07.2001 – 2 B 99.1323 = BayVBl 2002, 240; *Spieß*, in: Jäde/Dirnberger, BauGB, § 31 Rn. 12.

schen formloser Befreiung und förmlicher Planänderung wird seither begrifflich aus diesem Tatbestandsmerkmal abgeleitet.[1858]

2. Durchbrechung

Fraglich ist, ob die Sonderregelungen der Absätze 10, 12 und 14 des § 246 BauGB die genannte bauplanungsrechtliche Grundregel durchbrechen.

Auf den ersten Blick mag die Antwort auf diese Frage auf der Hand liegen. Wie in der Einzeldarstellung der Sondervorschriften bereits aufgezeigt, dürfen die Grundzüge der Planung im Rahmen des § 246 X, XII und XIV BauGB auf Tatbestandsebene nicht berücksichtigt werden.[1859] Bei genauerer Betrachtung könnte man dann allerdings auch zu dem Schluss gelangen, dass das Tatbestandsmerkmal des Unberührtbleibens der Grundzüge der Planung einfach überflüssig geworden ist, weil es in der Prüfung eines anderen Tatbestandsmerkmals vollständig aufgegangen ist. Es läge dann nämlich bei Wegfall dieser Tatbestandsvoraussetzung überhaupt keine Durchbrechung der bauplanungsrechtlichen Regel vor. Für diese Annahme sind zwei Tatbestandsmerkmale zu untersuchen, die den bisherigen Prüfungsinhalt des Erfordernisses des Unberührtbleibens der Grundzüge der Planung aufgenommen haben könnten. Im Einzelnen:

a. Tatbestandserfordernis, dass am Standort des Vorhabens Anlagen für soziale Zwecke als Ausnahme zugelassen werden können oder allgemein zulässig sind

Relevant ist diese Überlegung bei der Sondervorschrift des § 246 X BauGB. Dort könnte das Erfordernis, dass am Standort des Vorhabens „Anlagen für soziale Zwecke als Ausnahme zugelassen werden können oder allgemein zulässig sind", eine Konkretisierung des Tatbestandsmerkmals des Unberührtbleibens der Grundzüge der Planung darstellen.[1860] Um dies nun beurteilen zu können, muss zunächst noch einmal aufgegriffen werden, was unter den „Grundzügen der Planung" zu verstehen ist und wann diese „berührt" werden. Beide Fragen wurden bereits im Rahmen der Einzeldarstellung des § 246 X BauGB ausführlich behandelt.[1861] Maßgeblich ist

---

[1858] So auch *Spieß*, in: Jäde/Dirnberger, BauGB, § 31 Rn. 13, der in dem Erfordernis des Unberührtbleibens der Grundzüge der Planung letztlich nichts anderes sieht als eine „anders formulierte, besondere Ausprägung des Prinzips der Einzelfallbezogenheit der Befreiung." Zustimmend auch *Siegmund*, in: BeckOK BauGB, § 31 Rn. 61.
[1859] Vgl. dazu im fünften Kapitel im Rahmen der Einzeldarstellung der betreffenden Sondervorschriften auf S. 188 ff., S. 202 ff. und S. 263.
[1860] So *Kment/Berger*, BauR 2015, 211 (214), die in der tatbestandlichen Anknüpfung an Anlagen für soziale Zwecke eine Spezifizierung der Grundzüge der Planung erkennen.
[1861] Vgl. dazu im fünften Kapitel auf S. 183 ff.

demnach, dass der planerische Grundgedanke, das zugrunde liegende Leitbild[1862] bzw. der rote Faden[1863] erhalten bleibt und dass eine Änderung von nur minderem Gewicht vorliegt, die von dem im jeweiligen Plan zum Ausdruck kommenden planerischen Willen der Gemeinde noch gedeckt ist. Die „klassische" Befreiung im bodenrechtlichen Sinne scheidet daher bei Festsetzungen aus, die für die Planung tragend sind.[1864] Ebenso scheidet nach ständiger Rechtsprechung des *Bundesverwaltungsgerichts* eine derartige Befreiung aus, wenn das durch sie zugelassene Vorhaben in seine Umgebung nur durch Planung zu bewältigende Spannungen hineinträgt oder erhöht.[1865] Maßgeblich für das Vorliegen des Tatbestandsmerkmals des Unberührtbleibens der Grundzüge der Planung ist also in erster Linie das Ausbleiben von gegenläufigen Nutzungskonflikten.

In einem weiteren Schritt ist sodann zu überlegen, ob über die Anknüpfung an die Zulässigkeit von Anlagen für soziale Zwecke am konkreten Standort der geplanten Flüchtlingsunterkunft eine Änderung des Gebietscharakters und damit eine Berührung der Grundzüge der Planung gemeinhin ausscheidet. Denn nur dann ließe sich die tatbestandliche Anknüpfung an die Zulässigkeit von Anlagen für soziale Zwecke am konkreten Standort der geplanten Flüchtlingsunterkunft als eine Spezifizierung der Grundzüge der Planung bewerten, wie *Kment/Berger* es beispielsweise ausführen.[1866] In die gleiche Richtung geht die Kommentierung von *Spannowsky*, wonach „der Gesetzgeber bei Vorliegen der tatbestandlichen Voraussetzungen des § 246 X BauGB davon ausgeht, dass die Grundzüge der Planung gewahrt sind."[1867] Er bezieht sich dabei auf eine Entscheidung des *VGH Mannheim*, in der eine derartige Aussage aber überhaupt nicht getroffen worden ist.[1868] Darüber hinaus verweist er für die Behauptung, dass die Grundzüge der Planung in den Fällen des § 246 X BauGB ohnehin nicht berührt werden, auf die bis zum 31.12.2019 laufende Befristung.[1869] Dieser rechtlichen Argumentation kann nicht zugestimmt werden. Maß-

---

[1862] *BVerwG*, Urt. v. 09.03.1990 – 8 C 76/88 = NVwZ 1990, 873.
[1863] *VGH München*, Urt. v. 19.10.1998 – 15 B 97.337 = BayVBl 1999, 179.
[1864] *BVerwG*, Urt. v. 19.09.2002 – 4 C 13/01 = NVwZ 2003, 478.
[1865] *BVerwG*, Urt. v. 02.02. 2012 – 4 C 14/10 = NVwZ 2012, 825; *BVerwG*, Beschl. v. 05.03.1999 – 4 B 5/99 = NVwZ 1999, 1110; *Söfker*, in: EZBK, BauGB, § 31 Rn. 36.
[1866] *Kment/Berger*, BauR 2015, 211 (214).
[1867] *Spannowsky*, in: BeckOK BauGB, § 246 Rn. 10.
[1868] In der Entscheidung des *VGH Mannheim*, Beschl. v. 11.03.2015 – 8 S 492/15 = NVwZ-RR 2015, 637 heißt es in der zitierten Passage ausdrücklich: *„Die Voraussetzung, dass an dem Standort Anlagen für soziale Zwecke als Ausnahme zugelassen werden können, zielt darauf ab, dass die Gemeinde mit dem Bebauungsplan nicht von Möglichkeiten zur Feinsteuerung Gebrauch gemacht haben darf und also die nach der Anordnung – der jeweils anzuwender Fassung – des § 8 BauNVO ausnahmsweise zulässigen Anlagen für soziale Zwecke nicht durch den Bebauungsplan von der (ausnahmsweisen) Zulässigkeit ausgeschlossen hat. Abweichend von § 31 II BauGB ist hingegen nicht gefordert, dass die Grundzüge der Planung nicht berührt werden."*
[1869] *Spannowsky*, in: BeckOK BauGB, § 246 Rn. 10.1.

geblich für die Frage des Unberührtbleibens der Grundzüge der Planung sind die gegenläufigen Nutzungskonflikte, die mit der zur Zulassung stehenden Anlage ausgelöst werden, und die Wertung, ob zu deren Bewältigung eine Planung i.S.d. § 1 III 1 BauGB erforderlich ist. Aus diesem Grund ist es bereits – entgegen der Auffassung von *Spannowsky* – schwer vorstellbar, wie die Befristung auf den 31.12.2019, die sich ausweislich des § 246 XVII BauGB nicht auf die Geltungsdauer der erteilten Genehmigung bezieht, eine maßgebliche Bedeutung für das Unberührtbleiben der Grundzüge der Planung gewinnen kann. Dies gilt umso mehr, als es in diesem Zusammenhang stets auf die konkreten Umstände des Einzelfalles ankommt. Es sind durchaus Fälle denkbar, in denen es bei dem Nebeneinander von emissionsstarker gewerblicher Nutzung einerseits und schutzwürdiger wohnähnlicher Nutzung als Flüchtlingsunterkunft andererseits zu erheblichen Spannungen kommen kann und in denen damit die Grundzüge der Planung berührt sind, während am konkreten Standort Anlagen für soziale Zwecke als Ausnahme zugelassen werden können oder allgemein zulässig sind. Letztere Voraussetzung soll nach ihrem Sinn und Zweck „lediglich" dem Umstand Rechnung tragen, dass der mit einer entsprechenden Festsetzung bekundete, anderslautende planerische Wille der Gemeinde gesetzlich nicht ignoriert werden darf und damit entgegen dem Willen der Gemeinde auf ihrem Gebiet auch keine Flüchtlingsunterkünfte auf Grundlage des § 246 X BauGB errichtet werden können.[1870] Es wird damit aber nicht generell und gemeinhin verhindert, dass es keine bodenrechtlichen Spannungen zwischen der Flüchtlingsnutzung und der gewerblichen Nutzung gibt. Daher stellt die tatbestandliche Anknüpfung an Anlagen für soziale Zwecke keine Spezifizierung der Grundzüge der Planung dar. Sie tritt in der Sache aber an deren Stelle;[1871] denn immerhin ist der hinter beiden Voraussetzungen stehende Grundgedanke derselbe, nämlich keine Zulassungen entgegen dem gemeindlichen Planungswillen zu ermöglichen.

b. Tatbestandsmerkmal der öffentlichen Belange

Es wäre vom Wortlaut des § 246 X und XII BauGB her nicht ausgeschlossen, die Grundzüge der Planung im Rahmen der „öffentlichen Belange" zu berücksichtigen, die ein geschriebenes Tatbestandsmerkmal dieser Sondervorschriften darstellen.

Dem steht aber Folgendes entgegen: Man würde die vom Gesetzgeber für § 246 X und XII BauGB ausdrücklich festgeschriebene Erleichterung gegenüber § 31 II BauGB gewissermaßen „durch die Hintertür" wieder vollständig entwerten, wenn

---

[1870] Vgl. hierzu im Rahmen der Einzeldarstellung des § 246 X BauGB im fünften Kapitel auf S. 177 f.
[1871] So auch *Blechschmidt*, in: EZBK, BauGB, § 246 Rn. 68.

im Rahmen der Vereinbarkeit mit öffentlichen Belangen inhaltlich genau das berücksichtigt werden würde, was im Falle der allgemeinen Befreiungsregelung des § 31 II BauGB unter dem Tatbestandsmerkmal des Unberührtbleibens der Grundzüge der Planung geprüft wird. Das widerspricht dem ausdrücklichen gesetzgeberischen Willen; eine Befreiung i.S.d. Absätze 10, 12 und 14 des § 246 BauGB muss unabhängig davon erteilt werden können, ob die Grundzüge der Planung durch das Vorhaben berührt werden oder nicht.[1872] Insoweit wird auf die Ausführungen im Rahmen der Darstellung der jeweiligen Sondervorschriften verwiesen.[1873]

c. Keine „echte" Durchbrechung und Reformvorschlag

Es liegt zwar de lege lata auch hier eine Durchbrechung vor, und zwar sowohl hinsichtlich des Begriffs der Befreiung als auch hinsichtlich der allgemeinen bodenrechtlichen Regel, wonach eine Befreiung die Grundzüge der Planung nicht berühren darf. Insoweit handelt es sich bei § 246 X, XII und XIV BauGB zumindest nicht um eine „klassische" Befreiung i.S.d. Baugesetzbuchs, da dieser gerade wesenseigen ist, dass die Grundzüge der Planung nicht berührt werden und somit kein förmliches Planänderungsverfahren erforderlich ist.

Allerdings muss meines Erachtens berücksichtigt werden, dass es dem Gesetzgeber an dieser Stelle überhaupt nicht darum gegangen ist, „klassische" Befreiungen nach dem Vorbild des § 31 II BauGB zu schaffen. Es kam ihm lediglich darauf an, zur Bewältigung der Flüchtlingsunterbringung Erleichterungen zu schaffen, die im Falle des § 246 X, XII und XIV BauGB darin bestehen, dass im Unterschied zu § 31 II BauGB die Grundzüge der Planung eben nicht beachtet werden müssen. Ein Blick in die §§ 29 ff. BauGB zeigt, dass es dort – neben der „klassischen" Befreiung und Ausnahme i.S.v. § 31 I und II BauGB – auch sonstige „Abweichungen" gibt, die sich insoweit von der „klassischen" Befreiung unterscheiden, als dass es auch dort nicht zwingend auf ein Unberührtbleiben der Grundzüge der Planung ankommt. Zu nennen sind etwa die Regelungen des § 34 IIIa BauGB sowie des § 37 I BauGB. Allerdings fällt auf, dass diese „untypischen" Befreiungen begrifflich schlicht und unspezifisch als „Abweichungen" betitelt sind. In gleicher Weise ist der Gesetzgeber im Falle des § 246 XIV BauGB verfahren; unklar bleibt freilich, weshalb er diese Terminologie nicht auch in den Fällen des § 246 X und XII BauGB verwendet hat. Eine schlichte Änderung der Begrifflichkeit in § 246 X und XII BauGB von

---

[1872] *Portz/Düsterdiek*, BWGZ 2015, 404 (405); *Blechschmidt*, in: EZBK, BauGB, § 246 Rn. 67; *Mitschang/Reidt*, in: Battis/Krautzberger/Löhr, BauGB, § 246 Rn. 22; *Roeser*, in: Berliner Kommentar zum BauGB, § 246 Rn. 37, 39b.
[1873] Vgl. dazu im fünften Kapitel auf S. 188 ff., S. 202 ff. und S. 263.

„befreit werden" in „abgewichen werden" vermeidet nicht nur Missverständnisse in Bezug auf die tatbestandliche Auslegung der beiden Sondervorschriften, sondern sorgt auch für eine dogmatisch und systematisch stimmige Terminologie.[1874] Insoweit besteht also Reformbedarf, ohne dass dazu ein allzu großer Aufwand notwendig wäre.

VI. Rückbauverpflichtung zielt auf privilegierte Vorhaben i.S.v. § 35 I BauGB

Weiter ist zu klären, ob die in § 246 XIII 2 und XIV 5 BauGB statuierte Verweisung auf die Rückbauverpflichtung des § 35 V 2 HS. 1 BauGB aus Sicht der Systematik in Ordnung ist.

1. Grundsatz

Sinn und Zweck der Regelungen zur Rückbauverpflichtung ist der Schutz des Außenbereichs; mit ihrer Hilfe soll von vornherein festgelegt werden, wie mit baulichen Anlagen zu verfahren ist, die nach § 35 I BauGB im Außenbereich bevorrechtigt zulässig sind und errichtet werden und deren Nutzung später dauerhaft aufgegeben wird.[1875] Dabei muss die Verpflichtungserklärung, das Vorhaben nach dauerhafter Aufgabe der zulässigen Nutzung zurückzubauen und Bodenversiegelungen zu beseitigen, nach der allgemeinen bauplanungsrechtlichen Regelung des § 35 V 2 HS. 1 BauGB ausdrücklich nur im Rahmen der Zulassung privilegierter Vorhaben i.S.v. § 35 I Nr. 2 bis 6 BauGB abgegeben werden. Privilegierte Vorhaben der Land- und Forstwirtschaft i.S.v. § 35 I Nr. 1 BauGB, kerntechnische Anlagen i.S.v. § 35 I Nr. 7 BauGB, die von § 35 I Nr. 8 BauGB erfassten Anlagen für die Nutzung solarer Strah-

---

[1874] Gerade andersherum – ohne Berücksichtigung der oben genannten Argumentation – *Beckmann*, UPR 2017, 335 (340), wonach der Bundesgesetzgeber zur Vermeidung von Missverständnissen im Rahmen der Sondervorschrift des § 246 XIV BauGB (sowie der Bund-Länder-Klausel des § 37 BauGB) den Begriff der Befreiung bzw. das Verb „befreien" hätte verwenden sollen. *Beckmann* begründet dies damit, dass „das Rechtsinstitut der Abweichung die bauordnungsrechtliche Pendantvorschrift zur bauplanungsrechtlichen Befreiung" sei. Dem ist jedoch nicht beizupflichten. Die Regelungen der § 34 IIIa BauGB und § 37 I BauGB zeigen, dass der Begriff der „Abweichung" nicht rein bauordnungsrechtlicher Natur ist, sondern auch im Bauplanungsrecht durchaus gängig ist. So bildet der Begriff der „Abweichung" – freilich neben seiner Bedeutung im Bauordnungsrecht – auch den unspezifischen Oberbegriff für Ausnahmen und Befreiungen (vgl. *Söfker*, in: EZBK, BauGB, § 31 Rn. 10 ff.; *Schmidt-Eichstaedt*, NVwZ 1998, 571). Dies ergibt sich etwa aus dem Gesetzestext des § 31 II BauGB, in dem neben dem Begriff der „Befreiung" ausdrücklich auch der der „Abweichung" verwendet wird, aber auch aus dem Bauordnungsrecht. So werden beispielsweise von Absatz 2 des mit „Abweichungen" überschriebenen Art. 63 BayBO neben bauordnungsrechtlichen Abweichungen i.S.v. Art. 63 I BayBO gerade auch Ausnahmen und Befreiungen i.S.v. § 31 I, II BauGB erfasst.
[1875] *Söfker*, in: EZBK, BauGB, § 35 Rn. 165a; *Mitschang/Reidt*, in: Battis/Krautzberger/Löhr, BauGB, § 35 Rn. 180.

lungsenergie und sonstige Vorhaben i.S.v. § 35 II BauGB sind von der Rückbauverpflichtung ausgenommen. Dies hat seinen Grund unter anderem in dem Ziel der Regelungen des § 35 V 2, 3 BauGB, Beeinträchtigungen der Landschaft und ihres Erholungswerts „durch aufgegebene Anlagen mit einer nur zeitlich begrenzten Nutzungsdauer entgegenzuwirken".[1876] Dass der Gesetzgeber Anlagen der Land- und Forstwirtschaft i.S.v. § 35 I Nr. 1 BauGB nicht der Rückbauverpflichtung unterstellt hat, liegt in erster Linie daran, dass bei einer Aufgabe der landwirtschaftlichen Nutzung die Teilprivilegierung des § 35 IV Nr. 1 BauGB eingreift, sodass nach Aufgabe der landwirtschaftlichen Nutzung in einem bestimmten Rahmen eine Weiternutzung nach § 35 IV BauGB möglich ist und das Gebäude in aller Regel nicht beseitigt werden muss.[1877] Bei privilegierten Vorhaben i.S.v. § 35 I Nr. 2 bis 6 BauGB ist dies auf Grund ihrer baulich-technischen Ausführung im Regelfall nicht möglich. Kerntechnische Anlagen i.S.v. § 35 I Nr. 7 BauGB sind aus einem anderen Grund von der Rückbauverpflichtung ausgenommen: für sie gelten die besonderen Vorschriften des Atomrechts. Aufgrund der radioaktiven Strahlung, mit der Teile dieser Anlagen in Berührung kommen, können diese nicht einfach so beseitigt werden. Die Herausnahme der von § 35 I Nr. 8 BauGB erfassten Anlagen für die Nutzung solarer Strahlungsenergie aus dem Anwendungsbereich der Rückbauverpflichtung steht im Zusammenhang mit ihrer Abhängigkeit zum jeweils erforderlichen Hauptgebäude. Da solche Anlagen vom Privilegierungstatbestand des Absatzes 1 nur erfasst werden, wenn sie in, an oder auf zulässigerweise genutzten Gebäuden angebracht werden, entfallen sowohl die privilegierte Zulässigkeit als auch die technischen Voraussetzungen für das Anbringen dieser Anlagen, sofern das Hauptgebäude selbst zurückzubauen ist.[1878] Dass auch sonstige Vorhaben i.S.v. § 35 II BauGB nicht den Voraussetzungen der Rückbauverpflichtung unterstellt sind, hat ebenfalls einen sachlich einleuchtenden Grund. Wenn die zulässige Nutzung eines sonstigen Vorhabens aufgegeben wird, verstößt eine weitergehende – in aller Regel gleichfalls nicht privilegierte – (Fort-)Nutzung grundsätzlich gegen öffentliche Belange i.S.v. § 35 III BauGB, sodass die Bauaufsichtsbehörde hiergegen berechtigterweise und unabhängig von der Abgabe einer Verpflichtungserklärung nach Maßgabe des § 35 V 2 BauGB nach den bauordnungsrechtlichen Eingriffsermächtigungen einschreiten kann.[1879] Außerdem handelt es sich bei sonstigen Vorhaben im Außenbereich vielfach um bauliche Anlagen der Wohnnutzung und damit nicht um Anlagen mit einer nur zeitlich begrenzten Nutzungsdauer.

[1876] So bereits die Gesetzesmaterialien zu § 35 V 2, 3 BauGB, BT-Drs. 15/2996, S. 67; *Mitschang/Reidt*, in: Battis/Krautzberger/Löhr, BauGB, § 35 Rn. 180; *Beckmann*, UPR 2013, 175 (175 ff.).
[1877] So auch: *Dürr*, in: Brügelmann, BauGB, § 35 Rn. 172; *Söfker*, in: EZBK, BauGB, § 35 Rn. 165a.
[1878] *Söfker*, in: EZBK, BauGB, § 35 Rn. 165a.
[1879] *Dürr*, in: Brügelmann, BauGB, § 35 Rn. 172.

Demnach unterfallen sonstige Vorhaben i.S.v. § 35 II BauGB im Allgemeinen nicht dem gesetzgeberischen Ziel der Regelung des § 35 V 2 BauGB, Beeinträchtigungen der Landschaft durch aufgegebene Anlagen mit einer nur zeitlich begrenzten Nutzungsdauer entgegenzuwirken.

2. Durchbrechung

Die Sondervorschriften des § 246 XIII 2 und XIV 5 BauGB wenden die Rückbauverpflichtung nun auch auf Vorhaben der Flüchtlingsunterbringung an. Da es sich dabei aber nicht um privilegierte Vorhaben i.S.v. § 35 I BauGB handelt[1880], findet die Rückbauverpflichtung – entgegen der ursprünglichen Überlegung des Gesetzgebers – auch auf sonstige Vorhaben i.S.v. § 35 II BauGB Anwendung. Diese systematische Inkonsequenz kann als Durchbrechung der allgemeinen Regeln angesehen werden.

3. Rechtfertigung

Diese Durchbrechung ist aber aus systematischer Sicht und auch städtebaulich vertretbar. Es „passt" die gesetzgeberische Zielsetzung hinter der Regelung des § 35 V 2 BauGB, der Beeinträchtigung der Landschaft und ihrem Erholungswert durch aufgegebene Anlagen mit einer nur zeitlich begrenzten Nutzungsdauer entgegenzuwirken. Nach dem Schutzzweck dieser Vorschrift muss es sich um bauliche Anlagen handeln, die vom Bauherrn von Anfang an lediglich für einen begrenzten Zeitraum konzipiert sind. Anlagen zur Flüchtlingsunterbringung erfüllen genau dieses Kriterium. Sie sind gerade durch ihren vorübergehenden Charakter gekennzeichnet und von ihrem Wesen her nicht auf eine dauerhafte Nutzung ausgelegt. Einer Dauernutzung stünde bereits begrifflich die nur auf einen übergangsweisen Zeitrahmen ausgelegte „Unterbringung" entgegen.[1881] Ihrem Zweck entsprechend dienen die Sondervorschriften für Flüchtlingsunterkünfte ausschließlich dazu, eine bedarfsgerechte und vor allem zeitnahe Schaffung von Unterbringungsraum zu ermöglichen, nicht hingegen dazu, eine dauerhafte Vorhabennutzung (auf dafür städtebaulich nicht geeigneten Flächen) zu legitimieren.[1882]

[1880] Vgl. dazu bereits im ersten Kapitel auf S. 22 ff.
[1881] *Langenfeld/Weisensee*, ZAR 2015, 132 (133).
[1882] BT-Drs. 18/6185, S. 26; *Blechschmidt*, in: EZBK, BauGB, § 246 Rn. 63a; *OVG Berlin-Brandenburg*, Beschl. v. 19.07.2018 – OVG 10 S 52.17 = BeckRS 2018, 17925; *VGH Kassel*, Urt. v. 22.02.2018 – 4 A 1837/17 = ZfBR 2018, 482. Zum Sinn und Zweck der Sondervorschriften, vgl. ausführlich im dritten Kapitel auf S. 99 ff.

VII. Bauliche Anlagen sollen nicht solitär wie Fremdkörper in der Landschaft stehen

§ 246 XIII BauGB könnte auch gegen das bauplanungsrechtliche Anliegen verstoßen, dass bauliche Anlagen nicht solitär wie Fremdkörper in der Landschaft stehen sollen.

1. Grundsatz

Insbesondere aus dem Nebeneinander von § 34 BauGB und § 35 BauGB, dem bauplanungsrechtlichen Einfügungsgebot und der generellen Ablehnung von Splittersiedlungen[1883] ergibt sich, dass es im Interesse einer strukturierten Raumordnung ein erklärtes Ziel des deutschen Bauplanungsrechts ist, einzeln in der Landschaft stehende und wie Fremdkörper wirkende bauliche Anlagen weitestgehend zu verhindern. Dem Gesetzgeber ist also offensichtlich daran gelegen, dass nicht wahllos und zusammenhanglos gebaut wird. Vielmehr sollen die baulichen Anlagen zusammengehörig und geschlossen stehen. Das Ziel einer gebündelten und kompakten Bebauung hat dabei einen historischen Hintergrund. Es diente ursprünglich, d.h. vor dem Zeitalter der elektronischen und digitalen Wachsysteme, dem Schutz der Bewohner. Heute hat das städtebauliche Anliegen, dass Gebäude nicht solitär wie Fremdkörper in der Landschaft stehen sollen, vor allem optische und praktische Gründe. Zum einen droht eine wahl- und zusammenhanglose Bebauung die natürliche Eigenart der Landschaft zu beeinträchtigen, die es gem. § 35 III 1 Nr. 5 Alt. 4 BauGB gerade zu schützen gilt. Zum anderen soll der Außenbereich vor allem deshalb nicht bebaut werden, um dort Landwirtschaft betreiben und den verbleibenden Raum zu Erholungszwecken für die Allgemeinheit nutzen zu können. Diese Schutzzwecke wären aber nur stark eingeschränkt realisierbar, wenn der Außenbereich mit singulären Vorhaben übersät wäre. Hinzu kommt noch der ganz praktische Aspekt, dass eine im Zusammenhang stehende Bebauung wesentlich einfacher und kostengünstiger erschlossen werden kann, als wenn viele verschiedenartige und einzelstehende Vorhaben die Landschaft prägen und Zersiedlung vorherrscht.

2. Durchbrechung

Diesem bauplanungsrechtlichen Ziel steht § 246 XIII BauGB entgegen.[1884] Im Unterschied zur standortabhängigen Außenbereichsbegünstigung des § 246 IX BauGB ist im Falle des Absatzes 13 eine räumliche Nähe zum Plan- oder Innenbereich gerade

---

[1883] Diese generelle Ablehnung von Splittersiedlungen hat in § 35 III 1 Nr. 7 BauGB eine ausdrückliche gesetzliche Ausprägung gefunden. Sie ergibt sich aber gleichwohl aus dem Erfordernis des Bebauungszusammenhangs i.S.v. § 34 I BauGB. Vgl. *Spieß*, in: Jäde/Dirnberger, BauGB, § 34 Rn. 27.
[1884] So auch *Decker*, in: Schiwy, BauGB, § 246 Rn. 92.

nicht erforderlich, sodass mit Hilfe der Privilegierung des § 246 XIII BauGB auch fernab jeglicher Bebauung wohnähnliche Flüchtlingsunterkünfte geschaffen werden können. Damit droht genau das, was das Städtebaurecht eigentlich verhindern will, nämlich die Entstehung solitär wie Fremdkörper in der Landschaft stehender Einzelvorhaben.

3. Rechtfertigung

Die Durchbrechung dieses bauplanungsrechtlichen Ziels ist jedoch städtebaulich gerechtfertigt. Dafür streitet einmal die Erfahrung, dass es im „tieferen" Außenbereich oftmals weniger Nutzungskonflikte mit anderen Nutzungen gibt. Deren Vermeidung ist ein Grundprinzip, das sich durch das gesamte Bauplanungsrecht und insbesondere durch die Baunutzungsverordnung hindurchzieht.[1885] Außerdem trägt auch der eingeschränkte sachliche Anwendungsbereich des § 246 XIII BauGB zur städtebaulichen Akzeptanz bei. Die Privilegierungsvorschrift erfasst ausdrücklich nur Nutzungsänderungen und mobile Unterkünfte. Damit war entweder bereits eine in der Landschaft stehende und wie ein Fremdkörper wirkende bauliche Anlage vorhanden, die nun lediglich einer anderen Nutzung zugeführt wird; oder es geht um mobile Unterkünfte, deren Errichtung nach der ausdrücklichen Regelung des Gesetzgebers ohnehin auf längstens drei Jahre zu befristen ist. Dadurch ist die Durchbrechung des erwähnten bauplanungsrechtlichen Grundprinzips in zeitlicher Hinsicht jedenfalls für den Teilbereich der mobilen Unterkünfte von vornherein „überschaubar". Ein starkes Gewicht für die städtebauliche Rechtfertigung hat schließlich noch die in § 246 XIII 2 bis 5 BauGB statuierte Rückbauverpflichtung. Auf diese Weise stellt der Gesetzgeber nämlich sicher, dass der ursprüngliche Zustand nach Beendigung der Nutzung als Flüchtlingsunterkunft wiederhergestellt wird und jedenfalls langfristig keine städtebaulichen „Schäden" oder Altlasten verbleiben.

VIII. Jedes planerisch relevante Vorhaben ist an den Vorschriften der §§ 29 ff. BauGB zu messen

Weiter ist zu untersuchen, ob die Sonderregelungen des § 246 XIII 3 HS. 1 und XIV 6 BauGB von dem bodenrechtlichen Grundsatz entbinden, dass jede planerisch relevante Errichtung, Änderung oder Nutzungsänderung an den bauplanungsrechtlichen Vorschriften der §§ 29 ff. BauGB auszurichten ist.

[1885] *BVerwG*, Urt. v. 16.09.1993 – 4 C 28/91 = NJW 1994, 1546.

1. Grundsatz

Dieser Grundsatz folgt aus § 29 I BauGB. Der Umstand, dass nach landesrechtlichem Bauordnungsrecht gewisse Arten von Vorhaben verfahrensfrei bzw. genehmigungsfreigestellt sind, ändert daran nichts. Denn die Verfahrensfreiheit oder Genehmigungsfreistellung stellt lediglich eine bauordnungsrechtliche Erleichterung dar, wonach in bestimmten Fällen ein Genehmigungsverfahren nicht erforderlich ist. Gleichwohl müssen sich auch diese Vorhaben an den Vorschriften des Bauplanungsrechts i.S.v. §§ 29 ff. BauGB messen lassen. Denn allein aus kompetenzrechtlichen Gründen wäre es untragbar, wenn Landesrecht die bundesrechtliche Vorschrift des § 29 I BauGB untergraben bzw. aushöhlen würde. Der bayerische Landesgesetzgeber hat dies beispielhaft in Art. 55 II BayBO festgeschrieben, wenn es dort heißt, dass die Genehmigungsfreiheit nach Art. 56 bis 58 BayBO nicht von der Verpflichtung zur Einhaltung der Anforderungen entbindet, die durch öffentlich-rechtliche Vorschriften und damit durch die §§ 29 ff. BauGB an bauliche Anlagen gestellt werden.

2. Durchbrechung

Die Sonderregelungen des § 246 XIII 3 HS. 1 und XIV 6 BauGB entbinden nun von der Verpflichtung, dass neue Vorhaben an den bauplanungsrechtlichen Vorschriften der §§ 29 ff. BauGB zu messen sind. Nach § 246 XIII 3 HS. 1 und XIV 6 BauGB darf nach Aufgabe der Nutzung als Flüchtlingsunterkunft die vorige Nutzung wieder aufgenommen werden, ohne erneut an den §§ 29 ff. BauGB gemessen zu werden, und zwar obgleich es sich dabei um eine Nutzungsänderung i.S.v. § 29 I BauGB handelt.[1886] Die beiden Privilegierungsvorschriften stellen damit eine Durchbrechung einer wichtigen städtebaulichen Regel dar.

3. Rechtfertigung

Mit Hilfe der gesetzlich geregelten Zulässigkeit einer Anschlussnutzung i.S.v. § 246 XIII 3 HS. 1 BauGB und § 246 XIV 6 BauGB sollte sichergestellt werden, dass Grundstückseigentümer nach Beendigung der Flüchtlingsunterbringung auf ihrem Grundstück nicht „mit leeren Händen" oder jedenfalls nicht schlechter dastehen, als wenn ihr Gebäude niemals in eine Flüchtlingsunterkunft umgenutzt worden wäre.[1887] Gerade private Grundstückseigentümer im Außenbereich sollten auf diese Weise dazu motiviert werden, ihre Immobilien zum Zwecke der Flüchtlingsunterbringung

---

[1886] *Battis/Mitschang/Reidt*, NVwZ 2015, 1633 (1635). Vgl. dazu im Übrigen im Rahmen der Anschlussnutzung im sechsten Kapitel auf S. 271 ff.
[1887] Vgl. dazu im Rahmen der Anschlussnutzung im sechsten Kapitel auf S. 272 f.

zur Verfügung zu stellen. Diese gesetzliche Regelung einer Anschlussnutzung setzt aber notwendigerweise voraus, dass vor der Aufnahme der Nutzung als Flüchtlingsunterkunft bereits eine anderweitige Nutzung stattgefunden hatte. Es wird also ein vorhandener Bestand vorausgesetzt, der dann im Wege der Nutzungsänderung einer Nutzung als Flüchtlingsunterkunft zugeführt worden ist. Die bodenrechtlichen Einschnitte der Durchbrechung sind demnach in ihrem Umfang überschaubar und vertretbar, da man letztlich einen Zustand wiederherstellt, der so – vor der Nutzungsänderung in eine Flüchtlingsunterkunft – bereits vorgelegen hatte. Es tritt keine städtebaulich relevante Verschlechterung ein. Indem man also lediglich zu dem Status quo vor der Nutzung als Flüchtlingsunterkunft und den seinerzeit vorhandenen Belastungen wieder zurückkehrt, ist auch die ausnahmsweise Durchbrechung der erwähnten bauplanungsrechtlichen Grundentscheidung städtebaulich plausibel und hinnehmbar.

IX. Bodenrechtlicher Bestandsschutz gilt nur, sobald und solange Nutzung ausgeübt wird

Ferner könnte § 246 IX, XIII 1 und 3 HS. 1 BauGB im Widerspruch zu den allgemeinen Grundgedanken des bodenrechtlichen Bestandsschutzes stehen.

1. Grundsatz

Die Regelung des § 35 IV 1 BauGB, auf den die Sondervorschriften der Absätze 9 und 13 des § 246 BauGB verweisen, ist eine einfachgesetzliche Ausprägung des sich aus Art. 14 GG ergebenden aktiven Bestandsschutzes.[1888] Genauer gesagt handelt es sich um eine gesetzliche Normierung der von der Rechtsprechung bis dahin für den Außenbereich entwickelten Bestandsschutzregeln. Bestandsschutz kann ein Vorhaben bzw. eine Nutzung ganz allgemein nur genießen, „sobald und solange" eine Nutzung ausgeübt wird.[1889]

a. „Sobald" eine Nutzung ausgeübt wurde

Ein Vorhaben bzw. eine Nutzung kann also zum einen Bestandsschutz nur dann genießen, sobald eine Nutzung ausgeübt wurde. Das bedeutet, dass man sich in Bezug auf gänzliche Neuerrichtungen ohne jeglichen Bezug zu etwas Vorhandenem niemals auf das bodenrechtliche Institut des Bestandsschutzes berufen kann. Denn was nicht bestanden hat, kann über den Bestandsschutz auch schwerlich geschützt werden.

[1888] *Roeser*, in: Berliner Kommentar zum BauGB, § 35 Rn. 98 f.; *Mitschang/Reidt*, in: Battis/Krautzberger/Löhr, BauGB, § 35 Rn. 126; *Gohde*, ZfBR 2016, 642 (645).
[1889] *Blechschmidt/Reidt*, BauR 2016, 934 (939); *Battis/Mitschang/Reidt*, NVwZ 2015, 1633 (1635).

Gleichwohl hat der Gesetzgeber unter ganz engen Voraussetzungen auch die Neuerrichtung von Gebäuden in den Teilprivilegierungstatbestand des § 35 IV 1 BauGB, der Ausprägung des (aktiven) Bestandsschutzes ist, aufgenomen. Diese Regelung soll dazu beitragen, eine vorhandene Bebauung im Außenbereich, die zumeist schon vor der erstmaligen Einführung der Vorschriften über das Bauen im Außenbereich entstanden oder die vormals in Gestalt von land- und forstwirtschaftlichen Anlagen erfolgt ist, zu erhalten und sinnvoll und zeitgemäß fort zu nutzen.[1890] Dazu gehört in engen Grenzen auch die Neuerrichtung eines Gebäudes, wie die beiden Teilprivilegierungstatbestände des § 35 IV 1 Nr. 2 oder Nr. 3 BauGB zeigen.[1891] Um dem hinter § 35 IV 1 BauGB stehenden Gedanken des Bestandsschutzes jedoch hinreichend Rechnung zu tragen, muss in beiden Fällen bereits irgendeine Bausubstanz und/oder Nutzung vorhanden (gewesen) sein, die mit Hilfe der Neuerrichtung wieder reaktiviert werden soll, da die bestehende Substanz aufgrund von Verfall, Mängeln oder gar Zerstörung des vorhandenen Gebäudes durch Brand, Naturereignisse oder andere außergewöhnliche Ereignisse für eine Fortnutzung nicht mehr in Frage kommt. Damit haben alle von § 35 IV 1 BauGB erfassten Vorhaben jedenfalls gemeinsam, dass sie an bereits vorhandene oder jedenfalls vorhanden gewesene Gebäude im Außenbereich anknüpfen.[1892]

b. „Solange" eine Nutzung ausgeübt wird

Auf der anderen Seite kann ein Vorhaben bzw. eine Nutzung Bestandsschutz nur solange genießen, wie eine Nutzung ausgeübt wird. Denn eine einmal aufgegebene Nutzung kann schon begrifflich keinen Bestandsschutz mehr entfalten.[1893] Aus diesem Grund erlischt nach den allgemeinen bodenrechtlichen Grundsätzen mit der Aufnahme einer neuen Nutzung der Bestandsschutz für die vorangegangene Nutzung und kann auch nach Aufgabe der neuen Nutzung nicht wiederaufleben.[1894]

2. Durchbrechung

Die Sonderregelungen des § 246 IX und XIII 1 Nr. 1 BauGB verweisen auf die Teilprivilegierung des § 35 IV 1 BauGB und wenden diese entgegen dem oben darge-

---

[1890] *Söfker*, in: EZBK, BauGB, § 35 Rn. 13.
[1891] *Söfker*, in: EZBK, BauGB, § 35 Rn. 13.
[1892] *Scheidler*, UPR 2015, 41 (44); *Scheidler*, VerwArch 2016, 177 (187).
[1893] *BVerwG*, Beschl. v. 21.06.1994 – 4 B 108/94 = NVwZ-RR 1995, 312, wonach etwa eine Jagdhütte durch die Änderung ihrer Nutzung in eine Hütte für Freizeitzwecke ihren Bestandsschutz verliert; *Decker*, in: Simon/Busse, BayBO, Art. 76 Rn. 129.
[1894] *Blechschmidt/Reidt*, BauR 2016, 934 (939).

stellten Grundsatz auch auf gänzliche Neuerrichtungen im Außenbereich ohne jegliche vormalige Substanz oder Nutzung in der Vergangenheit an.[1895] Dies erscheint sowohl begrifflich als auch systematisch unzutreffend, denn man fragt sich, wie etwas Bestandsschutz genießen soll, was noch niemals zuvor ausgeübt worden ist. Bestandsschutz kann eine Nutzung bzw. eine Anlage eigentlich doch nur dann genießen, „sobald" eine Nutzung ausgeübt wurde.

Ähnliches gilt für die Sondervorschrift des § 246 XIII 1 Nr. 2 BauGB. Danach findet § 35 IV 1 BauGB auch dann Anwendung, wenn die bisherige Nutzung der baulichen Anlage aufgegeben worden ist. Wenn eine Nutzung aber Bestandsschutz nur genießen kann, solange sie ausgeübt wird, muss der Bestandsschutz notwendigerweise erlöschen, sobald die Nutzung aufgegeben wurde. Die Privilegierungsregelung des § 246 XIII 1 Nr. 2 BauGB stellt aber ausdrücklich heraus, dass es für die entsprechende Anwendung der Teilprivilegierung des § 35 IV 1 BauGB (entgegen deren eigentlicher Natur) auf einen fortbestehenden Bestandsschutz nicht ankommt.[1896] Aus dem gleichen Grund ist auch die Terminologie im Rahmen des § 246 XIII 1 Nr. 2 BauGB teilweise unsauber. Denn es kann begrifflich bereits keine Nutzungsänderung vorliegen, wenn die bisherige Nutzung aufgegeben und die bauliche Anlage damit gar nicht mehr genutzt wird.[1897] Wenn eine bauliche Anlage nicht mehr genutzt wird, kann deren Nutzung nicht geändert werden, vielmehr handelt es sich dann um die Aufnahme einer neuen Nutzung.

Auch die Privilegierungsvorschrift des § 246 XIII 3 HS. 1 BauGB durchbricht den allgemeinen Grundgedanken des bauplanungsrechtlichen Bestandsschutzes, indem er gewissermaßen einen „über eine Zwischennutzung hinweg sich fortsetzenden" Bestandsschutz statuiert.[1898] Denn nach Aufgabe der Nutzung als Flüchtlingsunterkunft soll hier einfach der Bestandsschutz der vorangegangenen Nutzung wieder aufleben.

3. Rechtfertigung

Die hier dogmatisch und begrifflich geprägten Durchbrechungen anerkannter bauplanungsrechtlicher Grundsätze sind jedoch im Ergebnis ebenfalls städtebaulich hinnehmbar. Dafür sprechen mehrere Gründe. Zunächst stellt man unter rein praktischen Gesichtspunkten fest, dass § 35 IV 1 BauGB von seiner Rechtsfolge her auf die vom Gesetzgeber für Flüchtlingsunterkünfte beabsichtigten Außenbereichsprivilegierun-

---

[1895] Vgl. dazu bereits im fünften Kapitel im Rahmen der Einzeldarstellung auf S. 224 f.
[1896] *Blechschmidt*, in: EZBK, BauGB, § 246 Rn. 87.
[1897] So auch *Decker*, in: Schiwy, BauGB, § 246 Rn. 98.
[1898] *Bunzel*, in: Bleicher/Bunzel/Finkeldei/Fuchs/Klinge, Baurecht, § 246 S. 13.

gen hervorragend passt. Denn mit Hilfe von § 35 IV 1 BauGB werden genau diejenigen öffentlichen Belange i.S.v. § 35 III 1 BauGB „ausgeblendet", die einer wohn- oder wohnähnlichen Nutzung im Außenbereich typischerweise entgegenstehen.[1899]

Weiter ist in dem Zusammenhang zu berücksichtigen, dass der Gesetzgeber in der Vergangenheit schon einmal die Regel durchbrochen hat, wonach eine Nutzung bodenrechtlichen Bestandsschutz nur solange genießt, wie sie ausgeübt wird. Denn mit § 35 IV 1 Nr. 1 c) BauGB, nach dem die Aufgabe der bisherigen Nutzung bis zu sieben Jahre zurückliegen darf, hat er im Rahmen der Grundnorm des § 35 IV 1 BauGB die erwähnte Regel selbst schon ein gutes Stück aufgeweicht. Ihre weitergehende Durchbrechung ist in gesetzessystematischer Hinsicht daher rechtspolitisch weit weniger kritikwürdig.

Die Durchbrechung anerkannter bodenrechtlicher Grundsätze durch § 246 XIII 3 BauGB lässt sich weiterhin damit rechtfertigen, dass durch die betreffende Regelung mit ihrer Zielrichtung, die Bereitschaft privater Eigentümer zu fördern, ihre Grundstücke für Vorhaben der Flüchtlingsunterbringung zur Verfügung zu stellen, im Ergebnis keine neuen und tiefgreifenderen Eingriffe oder Spannungen erzeugt werden. Es war ja bereits vor der Nutzung als Flüchtlingsunterkunft ein Bestand vorhanden, der jetzt fortgesetzt wird; so wird lediglich der frühere Status quo wiederhergestellt.

Was die Durchbrechung durch die Sonderregelung des § 246 XIII 1 Nr. 1 BauGB angeht, wirkt sich aus städtebaulicher Sicht abschwächend aus, dass der Gesetzgeber die Errichtung mobiler Unterkünfte für Flüchtlinge von vornherein auf längstens drei Jahre befristet hat. Die Vorschrift verliert also spätestens drei Jahre nach dem 31.12.2019 jegliche Geltung. Die Durchbrechung ist somit in zeitlicher Hinsicht von vornherein „überschaubar".

Mit Hilfe der Sonderregelung des § 246 XIII 1 Nr. 2 BauGB will der Gesetzgeber die Möglichkeit eröffnen, auch Leerstände im Außenbereich der Flüchtlingsunterbringung zugänglich zu machen. Dabei hatte er insbesondere ehemalige militärische Liegenschaften sowie aufgegebene landwirtschaftliche Gehöfte im Außenbereich im Blick.[1900] Im Interesse des Außenbereichsschutzes und damit im Sinne des geltenden Städtebaurechts ist eine derartige Aktivierung vorhandener, aber ungenutzter Bausubstanz zweifelsohne einer Neuerrichtung und den damit stets verbundenen zusätzlichen Bebauungen und Bodenversiegelungen vorzuziehen. Auch vor diesem Hintergrund ist die dargestellte systematische und sprachliche Unschärfe „hinnehmbar".[1901]

[1899] Vgl. dazu ausführlich im fünften Kapitel auf S. 223.
[1900] *Blechschmidt*, in: EZBK, BauGB, § 246 Rn. 86; *Scheidler*, KommP BY 2016, 11 (14).
[1901] Auch *Decker*, in: Schiwy, BauGB, § 246 Rn. 98 spricht in diesem Zusammenhang ausdrücklich von der „Hinnehmbarkeit" der Ungenauigkeiten des Gesetzgebers.

X. Natur und Landschaft sind vor Verschlechterung zu bewahren

Schließlich stellt sich noch die Frage, ob die in § 246 XVI BauGB statuierte entsprechende Anwendung des § 18 III 2 BNatSchG auf Außenbereichsvorhaben der Flüchtlingsunterbringung i.S.v. § 246 IX und XIII BauGB in die bau- oder naturschutzrechtliche Systematik eingreift.

1. Grundsatz

Die Sonderregelung des § 246 XVI BauGB, welche die naturschutzrechtliche Vorschrift des § 18 III 2 BNatSchG auf Außenbereichsvorhaben entsprechend anwendet, berührt zwar keinen bauplanungsrechtlichen, sehr wohl aber einen naturschutzrechtlichen Grundsatz. Der das Naturschutzrecht – insbesondere das Bundesnaturschutzgesetz – prägende Leitgedanke ist der Schutz von Natur und Landschaft vor Verschlechterung und Zerstörung. Dies ergibt sich aus den §§ 1, 13 ff. und 20 ff. BNatSchG. Diesem Grundsatz trägt auch die in § 18 III 2 BNatSchG geregelte Einvernehmensfiktion Rechnung. Danach kann die für die Entscheidung über die Baugenehmigung zuständige Behörde bei Innenbereichsflächen i.S.v. § 34 BauGB davon ausgehen, dass Belange des Naturschutzes und der Landschaftspflege von dem Vorhaben nicht berührt werden, wenn sich die Naturschutzbehörde nicht binnen eines Monats äußert. Im Falle eines diesbezüglichen Reaktionsdefizits der Naturschutzbehörde besteht also die Gefahr, dass naturschutzrechtliche Belange bei der Zulassung des Vorhabens unberücksichtigt bleiben. Für Außenbereichsflächen i.S.v. § 35 BauGB, die gerade unter naturschutzrechtlichen Aspekten besonders schützenswert sind, besteht diese Gefahr jedoch nicht. Äußert sich hier die Naturschutzbehörde – aus welchen Gründen auch immer – nicht binnen der einmonatigen Frist, kann nicht per se davon ausgegangen werden, dass keine unmittelbare Verschlechterung des Zustands von Natur und Landschaft zu befürchten ist. § 18 III 2 BNatSchG gilt ausdrücklich nur für Innenbereichsvorhaben, da für diese ein grundsätzlich geringeres Konfliktpotential zum Naturschutz anzunehmen ist.[1902]

2. Durchbrechung

Dieser naturschutzrechtliche Grundsatz wird durch § 246 XVI BauGB berührt, indem er die Einvernehmensfiktion des § 18 III 2 BNatSchG auch auf Außenbereichsvorhaben der Flüchtlingsunterbringung i.S.v. § 246 IX und XIII BauGB erstreckt. Diese Fiktion „passt" jedoch nicht für den naturschutzrechtlich besonders geschützten Außenbereich.[1903]

[1902] *Schrader*, in: BeckOK Umweltrecht, § 18 BNatSchG Rn. 39.
[1903] So auch *Spannowsky*, in: BeckOK BauGB, § 246 Rn. 21.2.

3. Rechtfertigung

Die Betroffenheit der Naturschutzregeln durch § 246 IX BauGB ist hinnehmbar und hier einmal mehr dem Umstand geschuldet, dass Außenbereichsflächen nur in Anspruch genommen werden können, wenn sie im unmittelbaren räumlichen Zusammenhang mit bebauten Flächen innerhalb des Siedlungsbereichs liegen. Die Sonderregelung des § 246 IX BauGB lässt also Flüchtlingsunterkünfte fernab jeglicher Bebauung nicht zu. Auf diese Weise kann der „tiefere" – und dabei auch naturschutzrechtlich besonders schutzwürdige – Außenbereich durch die Privilegierung nicht in Anspruch genommen werden. Die Privilegierung bezieht sich also nur auf den in gewisser Weise schon „vorbelasteten" Außenbereich in räumlicher Nähe zu vorhandener Bebauung. Die Durchbrechung des naturschutzrechtlichen Grundsatzes, Natur und Landschaft vor Verschlechterung und Zerstörung zu schützen, kommt unter den geschilderten Umständen eher einer bloßen Aufweichung gleich.

Ausschlaggebend für die Rechtfertigung im Falle des § 246 XIII BauGB ist das in seinen Sätzen 2 bis 5 statuierte Rückbaugebot entsprechend § 35 V 2 HS. 1 BauGB. Auf diese Weise stellt der Gesetzgeber sicher, dass der ursprüngliche Zustand nach Beendigung der Nutzung als Flüchtlingsunterkunft wiederhergestellt wird und jedenfalls langfristig keine bauplanungsrechtlichen, aber eben auch keine naturschutzrechtlichen „Schäden" oder Altlasten verbleiben. Für die ausnahmsweise Akzeptanz spricht auch, dass die Privilegierungsvorschrift ausdrücklich nur Nutzungsänderungen und mobile Unterkünfte erfasst. Wenn – für den Fall der Nutzungsänderung – bereits eine bauliche Anlage vorhanden war, die auch zu Bodenversiegelungen geführt und demnach eine gewisse Vorbelastung ausgelöst hat, dann ist insoweit die Schutzwürdigkeit von Natur und Landschaft entsprechend geringer. Und soweit es ausschließlich um mobile Unterkünfte geht, ist deren Errichtung nach der ausdrücklichen Regelung des Gesetzgebers auf längstens drei Jahre zu befristen.

B. Kein „Dammbruch"

Aus der unter Ziffer A. aufgezeigten Darstellung wird deutlich, dass der Gesetzgeber zwar einige bauplanungs- und naturschutzrechtliche Grundsätze infrage gestellt, aufgeweicht oder sogar für sein konkretes Anliegen „über Bord geworfen" hat, um das Ziel einer zeitnahen und bedarfsgerechten Schaffung von menschenwürdigem Unterbringungsraum für Flüchtlinge zu erreichen. Es ist gezeigt worden, dass die gesetzessystematischen Widersprüche zu den geltenden Regeln des Bauplanungs- und Naturschutzrechts – jeder für sich betrachtet – hinnehmbar sind. Aber auch in ihrer Gesamtheit führen die erzeugten Systemdurchbrechungen zu keinem „Dammbruch".[1904] Dies gilt selbst für die eine umfassende Abweichungsbefugnis statuierende Sondervorschrift des § 246 XIV BauGB, da sich diese jedenfalls weitgehend an das Vorbild der Bund-Länder-Klausel i.S.v. § 37 BauGB hält.[1905] Zwar wird dies in der Literatur von *Roeser* bestritten, der behauptet, dass „in Zukunft die zeitlich befristeten Abweichungen von bauplanungsrechtlichen Vorgaben und Standards des BauGB dauerhaft und allgemein für alle Vorhaben geltend Bestand haben werden".[1906] Dabei bezieht er sich auf eine Stellungnahme des *Nationalen Normenkontrollrates*[1907], in der sich dieser – laut *Roeser* – „in diese Richtung geäußert" hätte.[1908] Dies trifft allerdings nicht zu; vielmehr stellte der *Nationale Normenkontrollrat* lediglich heraus, dass „zu gegebener Zeit [...] evaluiert werden [sollte], inwiefern befristete Erleichterungen möglicherweise dauerhaft Bestand haben können." Dieser Gefahr kann aber mit Hilfe normativer Korrekturen des allgemeinen Bauplanungsrechts sowie mit den vom Gesetzgeber hierzu eingefügten „Instrumenten" begegnet werden. So besteht etwa die Möglichkeit, die Einordnung des bodenrechtlichen Bereichs im Umkreis einer auf Grundlage des § 246 IX BauGB zugelassenen Flüchtlingsunterkunft teleologisch zu korrigieren. Dazu ist bei der Anwendung des § 34 I BauGB zu berücksichtigen, dass bauliche Anlagen, die auf Grundlage des § 246 IX BauGB geschaffen wurden, den im Zusammenhang bebauten Ortsteil nicht prägen und daher insoweit einfach auszublenden sind.[1909] Auf diese Weise wird verhindert, dass die entstandenen Flüchtlingsunterkünfte Teil des im Zusammenhang bebauten Ortsteils i.S.v. § 34 I BauGB werden, was anderenfalls nämlich dazu führen würde, dass die auf Grundlage der Sonderregelungen geschaffenen baulichen Anlagen Auswirkungen auf die „allgemeine und dauerhafte" Bebauung haben und über die zeitlich befristete Sondersituation hinaus tatsächlich permanenten Bestand haben würden. Die Vornahme dieser wertenden Korrektur entspricht dem Sinn und Zweck der bodenrechtlichen Sondervorschriften des § 246 VIII bis XVII BauGB, wonach die Suspendierungen des geltenden Bauplanungsrechts gerade nur vorübergehende Auswirkungen haben sollen.[1910]

[1904] *Bunzel*, in: Bleicher/Bunzel/Finkeldei/Fuchs/Klinge, Baurecht, § 246 S. 7. Auch *Petersen*, KommP BY 2015, 10 (13) ist der Auffassung, dass das Bauplanungsrecht „hierdurch sicherlich nicht auf den Kopf gestellt" wurde, vor allem weil die Sondervorschriften „keineswegs eine undifferenzierte Öffnung etwa des bauplanungsrechtlichen Außenbereichs oder der Gewerbegebiete für Asylunterkünfte mit sich" bringen.
[1905] Die hinter § 37 BauGB stehende Regelung hat seit der ersten Fassung der Vorschrift in § 37 BBauG 1960 keine inhaltlichen Veränderungen erfahren; vgl. *Dürr*, in: Brügelmann, BauGB, § 37 Rn. 1.
[1906] *Roeser*, in: Berliner Kommentar zum BauGB, § 246 Rn. 1.
[1907] Stellungnahme in der Anlage zur BR-Drs. 447/15, S. 2.
[1908] *Roeser*, in: Berliner Kommentar zum BauGB, § 246 Rn. 1.
[1909] Diese normative Korrektur des § 34 I BauGB wurde im Zusammenhang mit der Anschlussnutzung an eine Flüchtlingsunterbringung im sechsten Kapitel auf S. 283 ff. bereits ausführlich dargestellt.
[1910] *Spannowsky*, in: BeckOK BauGB, § 246 Rn. 24. Zu dieser Ratio, vgl. ausführlich auf S. 103 f.

Und diese Zielsetzung folgt wiederum aus den Gesetzesmaterialien, in denen es ausdrücklich heißt, dass „die städtebaulichen Ziele und Grundsätze des Baugesetzbuchs […] unberührt" bleiben.[1911] Zur Umsetzung dieses gesetzgeberischen Ziels wurden sämtliche Privilegierungsvorschriften i.S.d. Absätze 8 bis 16 des § 246 BauGB bis zum 31.12.2019 zeitlich befristet. Ferner ist mit den beiden Flüchtlingsnovellen weder eine weitere eigene bauplanungsrechtliche Nutzungsart „Flüchtlingsunterkünfte" eingefügt worden[1912] noch haben sie zu einer Änderung des bauplanungsrechtlichen Wohnbegriffs geführt.[1913] Die Sonderregelungen haben also auch an der städtebaulichen Einordnung der Flüchtlingsunterkünfte als Wohnnutzung bzw. als Anlagen für soziale Zwecke nichts geändert.[1914] All dies trägt dazu bei, dass man nach Bewältigung der Unterbringungsproblematik bauplanungsrechtlich bzw. städtebaulich ohne weiteres wieder zum Stand vor der „Flüchtlingskrise" zurückkehren kann.

Schließlich hat der Gesetzgeber bei den Sondervorschriften, die noch tiefer in die allgemeine bauplanungsrechtliche Systematik eingreifen, weitestgehend sichergestellt, nach der Zeit des akuten Handlungsbedarfs wieder zum bisherigen, in sich abgestimmten und seit langem bewährten städtebaulichen Regelungssystem zurückkehren zu können – und zwar ohne bodenrechtliche „Altlasten" aus der Zeit der Sondervorschriften für Flüchtlingsunterkünfte.[1915] Insbesondere bei den tiefergehenden Eingriffen in die bauplanungsrechtliche Systematik durch § 246 XII, XIII und XIV BauGB wurde entweder die entsprechende Genehmigung auf längstens drei Jahre befristet oder eine Rückbauverpflichtung für entsprechende Vorhaben gesetzlich festgeschrieben.

Aus den bisherigen Ausführungen wird doch deutlich, dass der Gesetzgeber mit der Durchbrechung einiger bauplanungs- und naturschutzrechtlicher Grundsätze keinen „Dammbruch" bewirkt hat. Sollten ferner keine milderen Lösungsmöglichkeiten im Hinblick auf die Beibehaltung der allgemeinen bauplanungsrechtlichen und naturschutzrechtlichen Systematik vorhanden sein, erscheint das Vorgehen der Legislative hinsichtlich des § 246 VIII bis XVII BauGB auch rechtspolitisch vertretbar. Der Gesetzgeber muss sich dann jedenfalls in gesetzessystematischer Hinsicht nicht dem Vorwurf der mangelnden Beherrschung der Gesetzgebungskunst stellen.[1916]

[1911] BT-Drs. 18/6185, S. 26.
[1912] Vgl. dazu im Rahmen des sachlichen Anwendungsbereichs im vierten Kapitel auf S. 128 f.
[1913] Dazu ausführlich im Rahmen der Erforderlichkeitsprüfung in der Verhältnismäßigkeitskontrolle des § 246 X BauGB im siebten Kapitel auf S. 324 ff.
[1914] *Bienek/Reidt*, BauR 2015, 422 (425).
[1915] *Bunzel*, in: Bleicher/Bunzel/Finkeldei/Fuchs/Klinge, Baurecht, § 246 S. 7.
[1916] Inwieweit dem Gesetzgeber im Hinblick auf eine fehlende Zweckmäßigkeit oder auch „handwerkliche" Fehlerhaftigkeit der Vorwurf mangelnder Beherrschung der Gesetzgebungskunst gemacht werden kann, wird nachfolgend unter § 24 und § 25 näher untersucht.

C. Keine „milderen" Alternativen

Neben der Feststellung der Folgerichtigkeit einzelner Vorschriften spielt im Rahmen einer rechtspolitischen Kritik an den systemwidrigen Regelungen vor allem die Frage eine wesentliche Rolle, ob der Erfolg nicht auch ebenso wirksam über ein gesetzessystematisch milderes Mittel hätte erreicht werden können. Dabei kommt es entscheidend darauf an, ob es Alternativen gibt, die besser oder ebenso zur Zweckerreichung geeignet sind, aber das bauplanungsrechtliche System nicht gleichermaßen infrage stellen. Bauplanungs- und sicherheitsrechtliche sowie verwaltungsprozessuale Alternativen wurden im Rahmen der verfassungsrechtlichen Verhältnismäßigkeitsprüfung bereits genannt, geprüft und für nicht tauglich befunden – sie sind nicht ebenso effektiv.[1917] Mit einem Verzicht auf das Baugenehmigungs- oder Zulassungsverfahren kann an dieser Stelle aber noch eine weitere bauordnungsrechtliche Alternativlösung in Betracht gezogen werden. Bevor aber die Vor- und Nachteile einer derartigen Neuregelung untersucht werden, ist vorweg noch der Frage nachzugehen, ob ein solcher Verzicht nicht bereits über die allgemeinen Regelungen oder über die vorhandenen Sondervorschriften des § 246 VIII bis XVII BauGB erreicht werden kann.[1918]

I. Möglichkeiten des Verzichts auf das bauordnungsrechtliche Verfahren nach der bisherigen Rechtslage einschließlich der Sonderregelungen i.S.d. § 246 VIII bis XVII BauGB

Nach dem allgemeinen bauordnungsrechtlichen Regelungssystem der Länder ist es nicht vorgesehen, dass für die Schaffung von Flüchtlingsunterkünften auf die Durchführung des obligatorischen Genehmigungsverfahrens verzichtet werden kann. Eine entsprechende Verfahrensfreistellung ist in den Landesbauordnungen nicht enthalten.[1919] Auch der Umstand, dass Bauträger hinter der Schaffung von Flüchtlingsunterkünften regelmäßig öffentliche Körperschaften sind, führt nicht dazu, dass in diesen Fällen bauordnungsrechtlich komplett auf die Durchführung eines Verfahrens verzichtet werden kann; vielmehr ist hier anstelle des klassischen Baugenehmigungsverfahrens immerhin noch ein eingeschränktes bauordnungsrechtliches Verfahren – das sog. Zustimmungsverfahren – einschlägig.[1920]

[1917] Vgl. dazu im siebten Kapitel auf S. 322 ff. und S. 361 ff.
[1918] So schlagen etwa auch *Battis/Mitschang/Reidt*, NVwZ 2015, 1633 (1639) bauordnungsrechtliche Alternativen vor, da „zusätzliche Änderungen der Landesbauordnungen wirkungsvoller sein [dürften] als allein bauplanungsrechtliche Bemühungen."
[1919] Die Verfahrensfreistellung ist beispielsweise in Art. 57 BayBO, § 50 LBO BW oder §§ 65, 66 BauO NRW geregelt.
[1920] Das Zustimmungsverfahren ist beispielsweise in Art. 73 BayBO, § 70 I, II LBO BW oder § 80 BauO NRW geregelt.

Dennoch haben in der Vergangenheit gerade öffentliche Vorhabenträger teilweise durchweg auf die Durchführung des vorgesehenen bauaufsichtlichen Verfahrens verzichtet. Dabei wurden quer durch das ganze Land ehemalige Schulen, Pflegeanstalten, Verwaltungsgebäude, geeignete militärische Liegenschaften oder vergleichbare Einrichtungen zur Unterbringung von Flüchtlingen verwendet, ohne dass die dafür erforderlichen[1921] bauordnungsrechtlichen Genehmigungen oder Zustimmungen in den dafür vorgesehenen Verfahren eingeholt wurden.[1922] Es wird in diesen Fällen also nicht nur gegen materielles Baurecht verstoßen, sondern gleich auf das gesamte bauaufsichtliche Verfahren verzichtet, wie ein Fall des *VG Hamburg* von Oktober 2015 eindrucksvoll zeigt.[1923] Dabei hat das Land Hamburg ohne jede vorherige Eröffnungskontrolle sofort mit der Errichtung einer Flüchtlingsunterkunft begonnen und sich dafür aufgrund einer Nachbarschaftsklage vor dem *VG Hamburg* verantworten müssen. Dieser Fall wurde von der Literatur dankbar aufgegriffen. *Durner* bemerkt hierzu trefflich: „Unorthodox am Vorgehen des Landes ist […], dass es nicht nur auf eine förmliche Änderung des Bebauungsplans, sondern – wie das VG mit erkennbarem Befremden feststellt – ausdrücklich auch auf ein Baugenehmigungsverfahren verzichtet und stattdessen […] sofort mit der Errichtung der Anlage beginnt."[1924]

1. Polizeiliche Generalklausel

Das Bundesland Hamburg stützte sein Vorgehen dabei zunächst auf das öffentliche Polizei- und Sicherheitsrecht und dabei auf die polizeiliche Generalklausel, da Obdachlosigkeit Leben und Gesundheit der Betroffenen und somit die öffentliche Sicherheit gefährde.

Diese Rechtsvorstellung, wonach das Ordnungsrecht in Notfallsituationen von der Durchführung eines Baugenehmigungsverfahrens oder der Einhaltung materiellen Bauplanungsrechts entbinde, ist verfehlt. Das Polizei- und Sicherheitsrecht, insbesondere auch die dortigen Generalklauseln, verleihen den Behörden nicht das Recht, aufgrund von Gefahrensituationen nach Belieben von geltendem Recht abzuweichen. Nach dem in Art. 20 III GG verankerten Rechtsstaatsprinzip ist die vollziehende Gewalt bei ihrem Handeln an Gesetz und Recht gebunden. Eines der obersten Verfassungsprinzipien des Grundgesetzes ist der Grundsatz der Gesetzmäßigkeit der öffentlichen Verwaltung. Hoheitliches Verwaltungshandeln, das gegen geltendes Recht verstößt, wird regelmäßig als Ermessensüberschreitung angesehen und ist damit

---

[1921] Schließlich liegt in diesen Fällen unstreitig eine genehmigungsbedürftige Nutzungsänderung vor; vgl. etwa *OVG Greifswald*, Beschl. v. 12.12.1996 – 3 M 103/96 = BauR 1997, 617.
[1922] *Durner*, DVBl 2015, 1605 (1606).
[1923] *VG Hamburg*, Beschl. v. 28.10.2015 – 7 E 5333/15 = DVBl 2015, 1605.
[1924] *Durner*, DVBl 2015, 1605 (1606).

rechtswidrig.[1925] Die Auffassung, jede Sicherheitsbehörde und jeder Polizeibeamte könne sich in Gefahrenlagen mit Hilfe der polizei- oder sicherheitsrechtlichen Generalklausel der Bindung an Recht und Gesetz entziehen, ähnelt strukturell den Notstandsbefugnissen, wie sie zu Zeiten der Weimarer Republik gem. Art. 48 II WRV dem Reichspräsidenten zustanden. Derartige Notstandsbefugnisse hat das Grundgesetz aber weitgehend eingeschränkt.[1926]

Auch die Argumentation, mit dem Rückgriff auf die polizei- oder sicherheitsrechtliche Generalklausel würde sich die Verwaltung ja gerade wieder auf einer gesetzlichen Grundlage bewegen und damit nicht gegen Recht und Gesetz verstoßen, greift zu kurz. Denn die Anwendung der polizeilichen Generalklausel verstößt insoweit jedenfalls gegen die durch Art. 20 III GG angeordnete Bindung an das Recht in Gestalt der einschlägigen Zuständigkeitsregelungen. Auch die gesetzlichen Aufgabenzuweisungsregelungen sind Teil der Rechtsordnung, die als solche über das Rechtsstaatsprinzip die Befugnisnormen der öffentlichen Verwaltung „lenken".[1927] Ein Rückgriff auf die polizei- oder sicherheitsrechtliche Generalklausel ist immer nur dann möglich, wenn keine spezielleren Aufgabenzuweisungsnormen für die Gefahrenabwehr vorhanden sind. Eine derartige spezielle Regelung kann sich dabei nicht nur aus den landesrechtlichen Polizei- und Sicherheitsgesetzen in Gestalt sog. Standardmaßnahmen ergeben, sondern insbesondere auch aus speziellen Aufgabenzuweisungsnormen anderer Gesetze, etwa aus den Landesbauordnungen. Die Spezialgesetzgebung auf dem Gebiet des heute als Bauordnungsrecht bezeichneten Baupolizeirechts gegenüber dem allgemeinen Polizei- und Gefahrenabwehrrecht geht zurück auf das sog. Kreuzberg-Urteil[1928] des *Preußischen Oberverwaltungsgerichts*. Diesen Ansatz führte das *Bundesverfassungsgericht* im sog. Baugutachten von 1954 mit der Trennung zwischen speziellem „Baupolizeirecht im bisher gebräuchlichen Sinne" und „allgemeinem Polizeirecht" fort.[1929] Einfachgesetzlich hat diese Aufspaltung zur Folge, dass das allgemeine Polizei- und Sicherheitsrecht im Bereich sämtlicher Bautätigkeiten auf Grund der spezielleren Aufgabenzuweisungen in den Landesbauordnungen nach dem Prinzip des Vorrangs des spezielleren Rechts nicht anwendbar ist.[1930] Nach den speziellen Aufgabenzuweisungsnormen in den Bauordnungen sind

---

[1925] *Schenke*, Polizei- und Ordnungsrecht, Rn. 97.
[1926] *Klein*, in: Isensee/Kirchhof, Handbuch des Staatsrechts, Band XII, § 280 Rn. 1. Im Grundgesetz verbleiben lediglich einige ausdrücklich geregelte Notstandsfälle: Katastrophenfälle gem. Art. 35 II 2, III GG, Gesetzgebungsnotstand gem. Art. 81 GG, Spannungsfall gem. Art. 80a GG und Verteidigungsfall gem. Art. 115a GG.
[1927] *Hornmann*, NVwZ 2016, 436 (437).
[1928] *PrOVG*, Urt. v. 14.06.1882 – Rep II. B 23/82 = PrOVGE 9, 353 ff. = JA 1997, 287.
[1929] *BVerfG*, Gutachten v. 16.06.1954 – 1 PBvV 2/52 = BVerfGE 3, 407.
[1930] So auch *Hornmann*, NVwZ 2016, 436 (437).

für sämtliches Verwaltungshandeln im Zusammenhang mit Bautätigkeiten die Bauaufsichtsbehörden berufen. Ihnen ist sowohl präventiv die Aufgabe der Durchführung eines Baugenehmigungsverfahrens als auch repressiv die Durchführung der sog. bauaufsichtlichen Maßnahmen übertragen. Soweit die Bauaufsichtsbehörden zu einem Verwaltungshandeln berufen sind, scheidet aber die Zuständigkeit anderer Behörden – namentlich der Verwaltungs-, Ordnungs- und Polizeibehörden – grundsätzlich aus.[1931] Die Berufung auf die polizeiliche Generalklausel verstößt vorliegend also gegen die von Art. 20 III GG angeordnete Bindung an das Recht in Gestalt der einschlägigen Zuständigkeitsregelungen und ist daher rechtswidrig.[1932]

Bestätigt wird dieses Ergebnis schließlich vom Gesetzgeber selbst und durch die Existenz der Regelung des § 246 XIV BauGB; diese wäre nämlich schlichtweg überflüssig, wenn die Ordnungsbehörden in Extremsituationen bereits auf Grundlage der polizei- und sicherheitsrechtlichen Generalklauseln umfassend vom geltenden (Bau-)Recht hätten abweichen können.[1933] Der Umstand, dass das Land Hamburg sein Handeln im weiteren Verlauf des Verfahrens nicht mehr auf die polizeiliche Generalklausel, sondern auf die zwischenzeitlich in Kraft getretene Sondervorschrift des § 246 XIV BauGB stützte, kann wohl auch von dieser Seite als Eingeständnis interpretiert werden.

2. Auffangtatbestand des § 246 XIV BauGB

Aber auch ein alternativer Begründungsansatz über § 246 XIV BauGB, wonach es diese Norm nach ihrem Wortlaut ja gerade erlaube, in entsprechenden Notsituationen von geltendem Baurecht abzuweichen, geht zu weit. Die Sonderregelung des § 246 XIV BauGB lässt – nach dem Gesetzestext und der Kompetenzordnung – nämlich nur ein Abweichen von materiellem Bauplanungsrecht zu, nicht hingegen von Bauordnungsrecht und dem dort geregelten Baugenehmigungsverfahren. Nach dem Wortlaut der Privilegierungsvorschrift gibt diese nämlich nur eine Abweichungsmöglichkeit von den „Vorschriften dieses Gesetzes und aufgrund dieses Gesetzbuchs erlassenen Vorschriften", d.h. vom Baugesetzbuch sowie von auf dessen Grundlage erlassenen Satzungen (wie Bebauungspläne oder Veränderungssperren) und Verordnungen. Hinsichtlich des Bauordnungsrechts, das streng vom Bauplanungsrecht und

---

[1931] So auch *Hornmann*, in: Hoppenberg/de Witt, Handbuch des öffentlichen Baurechts, Kap. A Teil 6 Rn. 14.
[1932] *VG Hamburg*, Beschl. v. 28.10.2015 – 7 E 5333/15 = DVBl 2015, 1605; zustimmend *Hornmann*, NVwZ 2016, 436 (437) und *Durner*, DVBl 2015, 1605 (1607).
[1933] *Durner*, DVBl 2015, 1605 (1607); *Hornmann*, NVwZ 2016, 436 (437).

damit vom Bodenrecht i.S.v. Art. 74 I Nr. 18 GG abzugrenzen ist[1934], fehlt dem Bundesgesetzgeber die entsprechende Gesetzgebungskompetenz. Dieser könnte daher formell gar nicht bestimmen, dass auf ein Genehmigungsverfahren verzichtet werden darf.

Auch gesetzessystematische Gründe sprechen dafür, dass ein Verzicht auf die Durchführung eines Baugenehmigungsverfahrens nicht auf die Sonderregelung des § 246 XIV BauGB gestützt werden kann. Da § 246 XIV BauGB als „Kann-Vorschrift" ausgestaltet ist, bedarf es aufgrund von § 114 VwGO einer gerichtlich überprüfbaren und daher nachvollziehbaren Ermessensbetätigung. Hierfür ist nach rechtsstaatlichen Grundsätzen aber ein „Verfahren" erforderlich, das den Betroffenen ihr rechtliches Gehör i.S.v. Art. 103 I GG sichert. Nach der Gesetzesbegründung zu § 246 XIV BauGB obliegt die Ausgestaltung dieses Verfahrens den Ländern.[1935] Damit bestätigt auch der Gesetzgeber die Notwendigkeit eines entsprechenden „Verfahrens", das – wie *Durner* zutreffend feststellt[1936] – nur das in den Landesbauordnungen bereits geregelte Baugenehmigungs- oder Zulassungsverfahren sein kann. Ferner ist zu beachten, dass die Sondervorschrift des § 246 XIV BauGB nur die Entscheidung über die Abweichung regelt. Im öffentlichen Baurecht ist streng zwischen dem bauaufsichtlichen Zulassungsverfahren, das im positiven Falle die Baugenehmigung selbst hervorbringt, und der Entscheidung über die Abweichung von den zugrundeliegenden Normen und Standards zu unterscheiden. Nur über Letztere trifft § 246 XIV 1 BauGB eine Regelung und nur dafür erklärt § 246 XIV 2 BauGB die höhere Verwaltungsbehörde für zuständig. Das bauaufsichtliche Zulassungsverfahren bleibt davon unberührt, sodass sein Verzicht notwendigerweise nicht Regelungsinhalt des § 246 XIV BauGB sein kann.[1937]

II. Verzicht auf das bauordnungsrechtliche Verfahren als neuer, alternativer Lösungsansatz zu § 246 VIII bis XVII BauGB

Man kann die Frage stellen, ob mit Hilfe von landesgesetzlichen Neuregelungen ein Verzicht auf die Notwendigkeit eines bauordnungsrechtlichen Verfahrens für Flüchtlingsunterkünfte als gesetzessystematisch „mildere", aber gleich effektive Alternativ-

---

[1934] Vgl. dazu die umfassenden Ausführungen im Zusammenhang mit der Prüfung der formellen Verfassungsmäßigkeit im siebten Kapitel auf S. 294 ff.
[1935] BT-Drs. 18/6185, S. 55: „Zuständig ist wie bei § 37 BauGB die höhere Verwaltungsbehörde. Die Ausgestaltung des Verfahrens obliegt den Ländern."
[1936] *Durner*, DVBl 2015, 1605 (1608).
[1937] *Hornmann*, in: BeckOK BauNVO, § 3 Rn. 235. So im Ergebnis auch *Beckmann*, KommJur 2016, 366 (375), wonach die Mitwirkungshandlung der Entscheidung über die Abweichung i.S.v. § 246 XIV BauGB nicht das bauaufsichtliche Verfahren ersetze.

lösung zu den bodenrechtlichen Sondervorschriften statuiert werden sollte. Mehrere Gründe sprechen dagegen.

Das erste Problem bei diesem alternativen Lösungsansatz besteht darin, dass es sich bei einem Verzicht auf das bauordnungsrechtliche Verfahren um eine Rechtsmaterie handelt, die kompetenzmäßig nicht dem Bund, sondern den Landesgesetzgebern zugeordnet ist (Art. 30, 70 GG). Der für das Bauplanungsrecht zuständige Bundesgesetzgeber ist insoweit gar nicht gesetzgebungszuständig, sodass der Verzicht auf die Notwendigkeit eines bauaufsichtlichen Verfahrens von vornherein jedenfalls *für diesen* nicht als milderes Mittel in Betracht kommen kann. Bei einer etwaigen Umsetzung durch die Landesgesetzgeber besteht die Gefahr, dass nicht sämtliche Landtage die in Blick genommene Alternative auch tatsächlich einheitlich umsetzen. Allein wegen der ganz unterschiedlichen politischen Landschaften in den einzelnen Bundesländern dürfte diese Alternative als „milderes" Mittel unrealistisch sein.

Es sprechen auch rechtsstaatliche Gründe dafür, dass öffentliche Vorhabenträger nicht einfach ohne jeden rechtlich überprüfbaren Maßstab „drauflos bauen" dürfen.[1938] Während die Verwaltung bei privaten Bauvorhaben stets die Vereinbarkeit mit geltendem Recht überprüft, würde bei öffentlichen Vorhaben der Flüchtlingsunterbringung der öffentliche Bauherr als Vorhabenträger ausschließlich selbst nach Lage der Dinge entscheiden; dem steht bereits die Gefahr der Entstehung eines „Zweiklassen-Baurechts" entgegen. Mit derartigen Vorhaben sind oftmals Eingriffe in das Eigentumsrecht oder in andere Grundrechte verbunden. Ein Verzicht auf ein überprüfbares Verfahren wäre hier nach Art. 20 III GG schlicht nicht hinnehmbar. Damit ein Rechtsstaat funktionieren kann, muss die Einhaltung von Recht und Gesetz durch die Hoheitsträger jederzeit sichergestellt sein. Die staatliche Aufsicht erfüllt dabei zwei Funktionen, einmal die Rechtsbewahrungs- bzw. Ordnungsfunktion und die Schutzfunktion.[1939] Während die Rechtsbewahrungsfunktion die gesetzeskonforme Erfüllung öffentlicher Aufgaben betrifft und eine repressive Aufsicht darstellt, wird die Schutzfunktion als präventive Aufsicht durch Beratung und Kommunikation wahrgenommen und soll ein repressives Eingreifen verhindern.[1940] Durch einen Verzicht auf das Baugenehmigungsverfahren würde die Schutzfunktion der staatlichen Aufsicht nicht mehr in ausreichendem Maße greifen. Gerade im Baurecht wegen der dort regelmäßig auftretenden Verletzungen von Nachbarrechten ist diese Schutzfunktion unverzichtbar. Aber auch rein praktische Gründe verlangen zumindest im Grundsatz eine schriftliche Fixierung, wem das kon-

---

[1938] So *Durner*, DVBl 2015, 1605 (1608).
[1939] *Knemeyer*, in: Mann/Püttner, Handbuch der kommunalen Wissenschaft und Praxis - Band 1, § 12 Rn. 13, 15; *Oebbecke*, DÖV 2001, 406 (407 ff.).
[1940] Zur präventiven und repressiven Aufsicht, vgl. etwa *Franz*, JuS 2004, 937 (938 ff.).

krete Bauvorhaben tatsächlich zuzuordnen ist. Denn spätestens vor einem etwaigen verwaltungsgerichtlichen Verfahren ist es von enormer Bedeutung, entsprechende Verantwortungszusammenhänge in Bezug auf den Vorhabenträger bzw. Bauherrn eindeutig und zuverlässig ermitteln zu können.

Ferner entzieht man bei einem Verzicht auf ein bauaufsichtliches Zulassungsverfahren den betroffenen Nachbarn ihre Rechtsschutzmöglichkeit in Gestalt des präventiven Drittschutzes. Denn wenn eine Baugenehmigung nicht im förmlichen Verfahren erteilt wird, können sich die Nachbarn auch nicht mittels einer Anfechtungsklage zur Wehr setzen. Damit wäre das Recht auf richterliches Gehör gem. Art. 103 I GG verletzt. Zwar verbleibt dem betroffenen Nachbarn die Rechtsschutzmöglichkeit des repressiven Drittschutzes in Gestalt einer Drittverpflichtungsklage. Für diese ist jedoch aufgrund der höheren Eingriffsintensität – da der Bauherr hier schon mit dem Bau begonnen hat – und der aufgrund der Anspruchssituation erforderlichen Ermessensreduzierung „auf Null" – weil die bauaufsichtlichen Eingriffsbefugnisse in den Landesbauordnungen im Ermessen der Bauaufsichtsbehörden stehen[1941] – nach herrschender Auffassung eine deutlich spürbare und nachhaltige Beeinträchtigung, d.h. eine Beeinträchtigung von hoher Intensität, erforderlich.[1942] Diese höheren Anforderungen können bei einem Nachbarn im Einzelfall fehlen, sodass ein präventiver Rechtsschutz zwar Erfolg gehabt hätte, ein repressiver Rechtsschutz jedoch ausscheidet. Die Folge, dass er nun praktisch schutzlos wäre, wenn ihm erstere Rechtsschutzmöglichkeit entzogen wird, ist meines Erachtens mit Art. 103 I GG nicht zu vereinbaren.

Schließlich stellt ein Verzicht auf das baurechtliche Genehmigungs- oder Zulassungsverfahren keine ebenso effektive Alternative zu den bauplanungsrechtlichen Sondervorschriften des § 246 VIII bis XVII BauGB dar. Ein reines Verfahrensprivileg wie der Verzicht auf das bauordnungsrechtliche Verfahren darf nämlich nicht darüber hinwegtäuschen, dass für das konkrete Vorhaben dennoch das materielle Baurecht in sei-

---

[1941] Vgl. etwa Art. 75, 76 BayBO oder §§ 64, 65 LBO BW BauO.
[1942] So die herrschende Auffassung im Anschluss an die sog. Bandsäge-Entscheidung des *Bundesverwaltungsgerichts*, Urt. v. 18.08.1960 – I C 42/59 = NJW 1961, 793, und zwar etwa: *VGH München*, Urt. v. 18.12.2002 – 26 B 97.429 = BeckRS 2002, 32230; *VGH München*, Urt. v. 30.03.2001 – 26 B 97.174 = BeckRS 2001, 29366; *BayVerfGH*, Entscheidung v. 03.12.1993 – Vf. 108-VI-92 = NVwZ-RR 1994, 631; *VGH Mannheim*, Beschl. v. 26.10.1994 – 8 S 2763/94 = NVwZ-RR 1995, 490; *VGH Mannheim*, Urt. v. 25.05.1992 – 5 S 2775/91 = UPR 1993, 106. Die Gegenmeinung lässt hingegen bereits den – spürbaren, also mehr als geringfügigen – Verstoß gegen eine nachbarschützende Norm ausreichen, etwa: *OVG Münster*, Urt. v. 15.11.2007 – 10 A 3015/05 = BauR 2008, 1442; *OVG Münster*, Urt. v. 14.01.1994 – 7 A 2002/92 = BauR 1994, 746; *OVG Bautzen*, Urt. v. 19.02.2008 – 1 B 182/07 = LKV 2009, 30. Vgl. zu dem Meinungsstreit auch die Ausführungen bei *Decker*, in: Simon/Busse, BayBO, Art. 76 Rn. 490 ff.

ner ganzen Bandbreite beachtet werden muss.[1943] Denn die Einschränkung oder der Verzicht der bauaufsichtlichen Prüfung entbindet nicht von der Verpflichtung zur Einhaltung der Anforderungen, die durch öffentlich-rechtliche – insbesondere bundesrechtliche – Vorschriften an bauliche Anlagen gestellt werden. In Bayern wurde dies ausdrücklich in Art. 55 II BayBO festgeschrieben. Dies ist nicht zuletzt der verfassungsrechtlichen Kompetenzaufteilung zwischen Bauplanungs- und Bauordnungsrecht geschuldet, da der bauordnungsrechtliche Landesgesetzgeber nicht die Kompetenz haben kann, die Geltung von Bundesrecht durch entsprechende Erleichterungen beim Baugenehmigungsverfahren „auszuhebeln".

D. Zwischenergebnis

Jede bauplanungsrechtliche und naturschutzrechtliche Durchbrechung der bestehenden Systematik ist für sich genommen gerechtfertigt und damit städtebaulich hinnehmbar. Der Gesetzgeber hat durch die Sondervorschriften des § 246 VIII bis XVII BauGB zudem keinen gesetzessystematischen „Dammbruch" bewirkt. Außerdem standen ihm zur Ermöglichung einer bedarfsgerechten und zeitnahen Schaffung von Unterbringungsraum für Flüchtlinge keine milderen und dabei ebenso wirksamen Alternativen zur Verfügung. Die systematischen Widersprüche der Sonderregelungen mit den allgemeinen Grundsätzen des Bauplanungs- und Naturschutzrechts sind in ihrer Gesamtheit vertretbar bzw. hinnehmbar.

Dies schließt allerdings nicht aus, die einzelnen Sondervorschriften rechtspolitisch noch auf ihre Zweckmäßigkeit (nachfolgend unter § 24) und auf ihre „handwerkliche" Fehlerhaftigkeit (nachfolgend unter § 25) hin zu untersuchen.

[1943] *Blechschmidt*, in: EZBK, BauGB, § 37 Rn. 20. Demgegenüber – wohl aber etwas missverständlich – *Battis/Mitschang/Reidt*, NVwZ 2015, 1633 (1639), die als Fazit ihrer Ausführungen feststellen, dass „zusätzliche Änderungen der Landesbauordnungen wirkungsvoller sein [dürften] als allein bauplanungsrechtliche Bemühungen".

§ 24

Fehlende Zweckmäßigkeit einzelner Sondervorschriften

Nachfolgend soll daher der Frage nachgegangen werden, ob und inwieweit einzelne Sondervorschriften vor dem Hintergrund einer fehlenden Zweckmäßigkeit gesetzespolitisch materiell unzulänglich sind.[1944] Insoweit kommen im Rahmen der Absätze 8 bis 17 des § 246 BauGB drei „Problemfälle" in Betracht. Im Einzelnen:

A. Zweckmäßigkeit der Ermöglichung einer Unterbringung im Gewerbe- und Industriegebiet sowie im „tiefen" Außenbereich fernab jeder Siedlungsstruktur gem. § 246 X, XII und XIII BauGB

Zunächst ist zu untersuchen, ob es – unabhängig von der Frage der Verfassungsmäßigkeit der Regelungen des § 246 X, XII und XIII BauGB – rechtspolitisch sinnvoll und auch für die Praxis geeignet ist, der Verwaltung die Möglichkeit zu geben, Flüchtlinge in Gewerbe- und Industriegebieten sowie im „tiefen"[1945] Außenbereich fernab einer bereits vorhandenen Siedlungsstruktur unterzubringen.

Gegen die Zweckmäßigkeit dieser Regelungen aus einer rechtspolitischen Perspektive spricht einmal der Umstand, dass ein „Abschieben" der Flüchtlinge vor allem in die Gewerbe- und Industriegebiete der Republik sowie in den grundsätzlich unbewohnten und abgeschiedenen Außenbereich nicht integrationsförderlich ist.[1946] Vielmehr wird – und so wurde dies bereits in der parlamentarischen Diskussion vonseiten der Opposition vorgebracht – durch solche Maßnahmen „die dauerhafte Ausgrenzung und Stigmatisierung von Menschen [gefördert], denen wir Hilfe und Respekt schuldig sind."[1947] Es

---

[1944] Auch insoweit geht es um die unter dem Dach der „Gesetzgebungskunst" diskutierte rechtspolitische Frage einer sachlich-inhaltlich „guten" Gesetzgebung. Vgl. dazu bereits Fn. 1762 auf S. 422; *Mertens*, Gesetzgebungskunst im Zeitalter der Kodifikationen, S. 3; *Emmenegger*, Gesetzgebungskunst, S. 6 f., 229 ff.

[1945] *Bienek/Reidt*, BauR 2015, 422 (430) bezeichnen diese Lage als „entfernteren" Außenbereich, *Krautzberger/Stüer*, DVBl 2015, 73 (77) bezeichnen sie als „isolierten" Außenbereich.

[1946] Diese Bedenken wurden insbesondere von Flüchtlingsorganisationen und Wohlfahrtsverbänden geäußert; vgl. hierzu die Zusammenfassung der öffentlichen Anhörung in der Beschlussempfehlung des Ausschusses für Umwelt, Naturschutz, Bau und Reaktorsicherheit, BT-Drs. 18/3070, S. 6 f. So im Ergebnis auch *Krautzberger/Stüer*, UPR 2016, 95 (99), die vor allem unter dem Gesichtspunkt der – mit der Ermöglichung der Unterbringung im Außenbereich einhergehenden – Trennung von Flüchtlingen und Nichtflüchtlingen Probleme bei der Integration sehen.

[1947] So ausdrücklich *Heidrun Bluhm* in der Plenarsitzung des Deutschen Bundestages vom 06.11.2014, Plenarprotokoll 18/63, S. 5891. Zustimmend *Scheidler*, KommP BY 2015, 134 (137).

droht sogar ein Absinken der Akzeptanz von Flüchtlingsunterkünften in der Bevölkerung, und zwar für Wohn- und Mischgebiete, da betroffene Nachbarn nunmehr darauf drängen können, derartige Unterkünfte in Gewerbe- und Industriegebiete sowie in den Außenbereich zu verlagern, da das materielle Baurecht eine solche Möglichkeit mittlerweile vorsieht.[1948] Darüber hinaus lässt sich auch im Rahmen einer solchen Zweckmäßigkeitsprüfung die vergleichbare Schutzbedürftigkeit von Flüchtlingen und Nichtflüchtlingen vor erhöhten Immissionsbelastungen benennen. Dabei wird in der Literatur kritisiert, dass Flüchtlinge insoweit mehr Immissionen ertragen müssen als Nichtflüchtlinge, die in den immissionstechnisch typischerweise sehr belasteten Gewerbe- und Industriegebieten grundsätzlich nicht wohnen und auch keine wohnähnliche Nutzung aufnehmen können bzw. müssen.[1949] Unabhängig davon, dass auch bei einer Flüchtlingsunterbringung in Gewerbe- und Industriegebieten natürlich stets die allgemeinen Anforderungen an gesunde Wohn- und Lebensverhältnisse eingehalten werden müssen[1950], erscheinen die genannten Sonderregelungen in sozialpolitischer Hinsicht nur bedingt hilfreich. Für die Sondervorschriften des § 246 X und XII BauGB liegt dies vor allem daran, dass dadurch die Schaffung einer „immissionsschutzrechtlichen Zweiklassengesellschaft"[1951] zu befürchten ist und der Bundesgesetzgeber mit seiner Regelung seinerseits nicht unbedingt zur Verbesserung ihrer sozialen Lage beigetragen hat. Denn Nichtflüchtlinge können bzw. müssen allgemein nicht in Gewerbe- und Industriegebieten wohnen; nur ausnahmsweise ist dort eine Wohnnutzung für Aufsichts- und Bereitschaftspersonen sowie für Betriebsinhaber und Betriebsleiter zulässig. Die Ausnahme lässt sich damit rechtfertigen, dass diese Personen wegen der Art des Betriebs, zur Wartung von Betriebseinrichtungen oder aus Gründen der Sicherheit bzw. der Betriebsverantwortung ständig erreichbar und vor Ort sein müssen.[1952] Bei ihnen besteht aus betriebsbezogenen Gründen im konkreten Einzelfall keine andere Möglichkeit, als direkt in unmittelbarer Nähe des Betriebs zu wohnen.[1953] Indem es diesen Personen zugutekommt, sich regelmäßige und teils lange Fahrtwege in das Gewerbegebiet und zurück zu ersparen, erscheint es im Sinne eines „Gebens und Nehmens" auch gerechtfertigt, dass deren Schutzwürdigkeit bis zur Grenze der Gesundheitsschädlichkeit gemindert

---

[1948] In diese Richtung auch *Langenfeld/Weisensee*, ZAR 2015, 132 (137).
[1949] *Luther*, NJW-Spezial 2014, 748 (749); zustimmend *Langenfeld/Weisensee*, ZAR 2015, 132 (138).
[1950] Dies ergibt sich aus der bodenrechtlichen Regelung des § 1 VI Nr. 1 BauGB sowie aus dem Grundrecht auf körperliche Unversehrtheit i.S.v. Art. 2 II 1 GG; vgl. dazu bereits ausführlich im siebten Kapitel auf S. 342 f.
[1951] So der *Deutsche Anwaltsverein* in seiner Stellungnahme v. 08.10.2014; vgl. dazu die Pressemitteilung Rechtspolitik „Unterbringung von Flüchtlingen in Gewerbegebieten" v. 03.11.2014, abrufbar unter: https://anwaltverein.de/de/newsroom/pm-36-14?page_n27=142.
[1952] *Stock*, in: König/Roeser/Stock, BauNVO, § 8 Rn. 46.
[1953] *Mampel/Schmidt-Bleker*, in: BeckOK BauNVO, § 8 Rn. 190.

und deren Wohnnutzung im Gewerbe- und Industriegebiet ausnahmsweise erlaubt ist. Demgegenüber ist bei Flüchtlingen ein derartiges „Abhängigkeitsverhältnis" zum Baugebiet und ein – irgendwie gearteter – kompensatorischer Vorteil nicht vorhanden, sodass sich die geminderte Schutzwürdigkeit bei diesen folgerichtig nicht entsprechend rechtfertigen lässt. Aber auch aus anderen Gründen erscheinen die genannten Sonderregelungen sozialpolitisch nicht in jeder Hinsicht zweckmäßig. Die Unterbringung von Flüchtlingen im „tiefen" Außenbereich auf Grundlage des § 246 XIII BauGB sowie in Gewerbe- und Industriegebieten birgt die Gefahr erheblicher sozialer Schwierigkeiten. Dabei sind die häufig nur eingeschränkte (kommunale) Infrastruktur sowie die teilweise nicht unerheblichen Entfernungen zu einer bereits vorhandenen Siedlungsstruktur problematisch.[1954] Die Flüchtlinge kommen in diesen Fällen beispielsweise nur unter großem Aufwand zum Einkaufen, zum Arzt oder zu Behörden; gerade in Aufnahmeeinrichtungen und Gemeinschaftsunterkünften mit einer Vielzahl von untergebrachten Personen kann dies schnell zu Zündstoff führen.[1955] Auch das erhöhte Risiko von Konflikten und Unfällen oder unerwartete Naturereignisse lassen an der Zweckmäßigkeit dieser Sonderregelung zweifeln. Denn – die Frage muss erlaubt sein – wer soll hier rechtzeitig einschreiten, wenn es in der Unterkunft brennt, eine Explosion stattfindet, es wegen Wasserschäden zu einer Überschwemmung kommt oder wenn Schlägereien unter Flüchtlingen eskalieren?

Aus diesen Gründen muss – ganz im Sinne einer „Integrations- und Willkommenskultur"[1956] – eine Unterbringung der Flüchtlinge in Wohn- und Mischgebieten oder zumindest in Außenbereichslagen nahe einer bereits vorhandenen Siedlungsstruktur für die unterbringungsverpflichteten Körperschaften stets vorrangig sein. Daher wurden auch entsprechende Zulassungserleichterungen geschaffen, wie die Sondervorschriften der Absätze 8, 9 und 11 des § 246 BauGB zeigen. Eine Unterbringung in Wohn- und Mischgebieten zur Förderung der Integration und zur bodenrechtlichen Gleichschaltung mit Nichtflüchtlingen ist mittel- bzw. langfristig freilich wünschenswert. Bei der Bewertung des § 246 X, XII und XIII BauGB darf man allerdings nicht vergessen, dass es bei deren Erlass keinesfalls darum ging, Flüchtlinge in Gewerbegebiete oder in Außenbereichslagen „abzuschieben", sondern man ganz pragmatisch kurzfristige Lösungen finden musste, um die Unterbringung von Flüchtlingen gerade für Städte und Gemeinden

---

[1954] So auch: *Decker*, in: Schiwy, BauGB, § 246 Rn. 92; *Scheidler*, VerwArch 2016, 177 (188).
[1955] In diese Richtung auch der *Bayerische Flüchtlingsrat*, wonach für die Betreuung, Beratung und Therapie der Flüchtlinge ein Mindestmaß an Infrastruktur nötig sei, welches im Außenbereich und in Gewerbegebieten außerordentlich schwer gewährleistet werden könne; vgl. die Zusammenfassung der öffentlichen Anhörung in der Beschlussempfehlung des Ausschusses für Umwelt, Naturschutz, Bau und Reaktorsicherheit, BT-Drs. 18/3070, S. 6.
[1956] *Portz/Düsterdiek*, BWGZ 2015, 404 (407).

schnell und effizient zu privilegieren.[1957] Dabei nahm der Gesetzgeber – wie die Ausführungen im Rahmen der Darstellung der Sondervorschriften im fünften Kapitel zeigen[1958] – keineswegs eine undifferenzierte Öffnung des bauplanungsrechtlichen Außenbereichs oder der Gewerbe- und Industriegebiete für Vorhaben der Flüchtlingsunterbringung vor.[1959] Insoweit überwiegt auch auf der Zweckmäßigkeitsebene die Sinnhaftigkeit des § 246 X, XII und XIII BauGB. Neben der Vermeidung von Nachbarschaftskonflikten in Wohngebieten[1960] spielt hier – passend zur Feststellung der Zweckmäßigkeit – ein ganz praktischer Gedanke eine entscheidende Rolle: in Gewerbe- und Industriegebieten sowie im „tiefen" Außenbereich war und ist im Unterschied zu Wohn- und Mischgebieten – gerade in Ballungszentren – meistens noch genug Platz vorhanden, um vor allem größere Aufnahmeeinrichtungen und Gemeinschaftsunterkünfte schaffen zu können.[1961] Ohne die Sonderregelungen der Absätze 10, 12 und 13 hätten bei voller Auslastung der bestehenden Wohn- und Mischgebiete in den einzelnen Gemeinden mangels anderer Alternativen schnell neue Wohn- und Mischgebiete im Wege der Bauleitplanung ausgewiesen werden müssen; eine kurzfristige Schaffung des erforderlichen Unterbringungsraums wäre auf diese Weise aber gerade nicht möglich gewesen.[1962] In dieser – und im Sinne des Ultima-Ratio-Gedankens[1963] nur in dieser – Notfallsituation des kurzfristigen, erheblichen und anders nicht zu bewältigenden Unterbringungsbedarfs war die Unterbringung in festen und einen privaten Rückzugsort bietenden Unterkünften in einem ruhigen Gewerbe- bzw. Industriegebiet oder im erschlossenen Außenbereich im Ergebnis immer noch die menschenwürdigere und damit für die Flüchtlinge erträglichere Variante als ein Aufenthalt in rein provisorischen und ständig wechselnden Notunterkünften oder auch in Zelten bzw. Großcontainern.[1964] Daher müssen die sozialpolitisch an sich gegen eine Unterbringung in Gewerbe- und Industriegebieten sowie im „tiefen" Außenbereich sprechenden Gründe hintanstehen[1965], sodass es sich hierbei trotz allem um eine sachlich-inhaltlich „gute" und gelungene Gesetzgebung handelt.

[1957] So etwa auch: *Kai Wegner* in der Plenarsitzung des Deutschen Bundestages vom 06.11.2014, Plenarprotokoll 18/63, S. 5892; *Petersen*, KommP BY 2015, 10 (13).
[1958] Vgl. dazu auf S. 174 ff., S. 195 ff. und S. 243 ff.
[1959] *Petersen*, KommP BY 2015, 10 (13).
[1960] *Langenfeld/Weisensee*, ZAR 2015, 132 (136).
[1961] *Petersen*, KommP BY 2015, 10 (10); *Langenfeld/Weisensee*, ZAR 2015, 132 (132).
[1962] Vgl. dazu bereits im ersten Kapitel auf S. 66 ff. und im siebten Kapitel auf S. 322 ff.
[1963] So auch ausdrücklich *Kai Wegner* und *Christian Kühn* in der Plenarsitzung des Deutschen Bundestages vom 06.11.2014, Plenarprotokoll 18/63, S. 5892 f. In der Praxis sah die Sache dann etwas anders aus: die Unterbringungsbehörden nahmen gerade Objekte in Gewerbegebieten wie leerstehende Garten- und Baumärkte verstärkt in den Fokus, auch wenn sie nach dem Rückgang der Flüchtlingszahlen immerhin bemüht waren, diese Standorte vorrangig wieder aufzugeben; vgl. *Bienek*, DÖV 2017, 584 (586).
[1964] So im Ergebnis *Scheidler*, NVwZ 2015, 1406 (1410).
[1965] Auch *Ewer/Mutschler-Siebert*, NJW 2016, 11 (13) halten die Sonderregelungen im Ergebnis für „sozial- und wohnungspolitisch fraglos geboten".

B. Zweckmäßigkeit einer Verkürzung der zweimonatigen kommunalen Einvernehmensfrist des § 36 II 2 BauGB auf einen Monat gem. § 246 XV BauGB

Fernerhin könnte auch die Verkürzung der Zwei-Monats-Frist des § 36 II 2 BauGB durch die Sonderregelung des § 246 XV BauGB vor dem Hintergrund rechtspolitischer Zweckmäßigkeit kritisch gesehen werden. Die Modifizierung des formellen Bauplanungsrechts in § 246 XV BauGB bringt tatsächlich eine nicht unerhebliche Verfahrensbeschleunigung mit sich; die Einvernehmensfrist der Gemeinde wird dadurch von zwei Monaten auf einen Monat verkürzt. In Teilen der Literatur wird diese Modifizierung daher als sinnvolle Neuregelung zur erleichterten und beschleunigten Schaffung von Flüchtlingsunterkünften gesehen.[1966]

Meines Erachtens bleibt es hier aber lediglich bei dem praxisuntauglichen Versuch, die Schaffung von Flüchtlingsunterkünften effektiv zu beschleunigen; die Verkürzung der Einvernehmensfrist auf einen Monat ist für die Verwaltungspraxis sogar eher nachteilig. Es wird teilweise kritisiert, dass auch die Frist von einem Monat praktisch noch zu lang ist, wenn es darum geht, dringend benötigte Unterkunftsmöglichkeiten zu schaffen.[1967] Dem ist entgegenzuhalten, dass es im Rahmen des § 246 XV BauGB nicht um ganz kurzfristige Notunterkünfte[1968] geht, denn diese erfüllen mangels bauplanungsrechtlicher Relevanz i.S.v. § 29 I BauGB überhaupt nicht den bodenrechtlichen Vorhabenbegriff.[1969] Und es geht auch nicht um dringend benötige Flüchtlingsunterkünfte i.S.v. § 246 XIV BauGB, da die Verfahrensprivilegierung des § 246 XV BauGB für Abweichungen i.S.v. § 246 XIV BauGB, bei denen ein gemeindliches Einvernehmen nicht erforderlich ist, naturgemäß ohnehin keine Anwendung findet.[1970] Tatsächlich ist die festgesetzte Monatsfrist für die Praxis im Allgemeinen zu kurz, um eine in jeder Hinsicht sachgerechte Prüfung durch die Gemeinde gewährleisten zu können.[1971] Gerade in den Fällen, in denen im Entscheidungsprozess auch der Gemeinderat beteiligt werden soll oder nach der jeweiligen landesrechtlichen Regelung sogar beteiligt werden muss, führt die Sonderregelung des § 246 XV BauGB zu einer unnötigen Erschwerung der Prüfungsobliegenheit der Kommune.[1972] Und in Fällen, in denen es aufgrund einer Notfallsituation „richtig schnell gehen muss", weil Flüchtlingsunterkünfte ganz dringend

---

[1966] Etwa *Beckmann*, KommJur 2016, 366 (372).
[1967] *Dürr*, in: Brügelmann, BauGB, § 246 Rn. 53.
[1968] So aber *Dürr*, in: Brügelmann, BauGB, § 246 Rn. 53.
[1969] Vgl. dazu im ersten Kapitel auf S. 11.
[1970] Vgl. dazu im fünften Kapitel im Rahmen der Einzeldarstellung des § 246 XV BauGB auf S. 266.
[1971] *Krautzberger/Stüer*, UPR 2016, 95 (99); *Roeser*, in: Berliner Kommentar zum BauGB, § 246 Rn. 54.
[1972] *Roeser*, in: Berliner Kommentar zum BauGB, § 246 Rn. 54.

benötigt werden, muss auf Grundlage der Generalklausel des § 246 XIV BauGB ausnahmsweise ohnehin kein gemeindliches Einvernehmen eingeholt werden. Hätte der Gesetzgeber für die Gesetzesänderungen mehr Zeit zur Verfügung gehabt mit der Möglichkeit der im Städtebaurecht normalerweise üblichen Planspiele, wäre dieses Praxisproblem wohl erkannt und vermieden worden.[1973]

C. Zweckmäßigkeit einer Erstreckung der einmonatigen naturschutzrechtlichen Prüfungsfrist des § 18 III 2 BNatSchG auf Außenbereichsvorhaben gem. § 246 XVI BauGB

Fraglich ist, ob die Erstreckung der einmonatigen naturschutzrechtlichen Fiktionsregelung des § 18 III 2 BNatSchG über § 246 XVI BauGB auf Außenbereichsvorhaben i.S.v. § 246 IX und XIII BauGB zur Prüfung der Belange des Naturschutzes und der Landschaftspflege durch die Naturschutzbehörde praxistauglich und auch zweckmäßig ist.

Dazu muss das Regelungsgefüge des § 18 BNatSchG näher untersucht werden. Ganz allgemein ist dort das Verhältnis von Bau- und Naturschutzrecht festgelegt. Konkret geht es in den hier maßgeblichen Absätzen 2 und 3 um die Anwendbarkeit der naturschutzrechtlichen Sonderregelungen der §§ 14 bis 17 BNatSchG im Rahmen der Zulassung baurechtlich relevanter Vorhaben sowie um die Beteiligung der Naturschutzbehörde, wenn über ein konkretes Bauvorhaben entschieden wird. Während die §§ 14 bis 17 BNatSchG und damit auch die dortigen Kompensationsregelungen im Rahmen der Zulassung baulicher Vorhaben im unbeplanten Innenbereich gem. § 18 II 1 BNatSchG keine Anwendung finden, sind diese bei bodenrechtlichen Außenbereichsvorhaben gem. § 18 II 2 BNatSchG uneingeschränkt anwendbar. Aufgrund der besonderen Schutzwürdigkeit und auch Schutzbedürftigkeit besteht gerade für den Außenbereich ein naturschutzrechtlicher Ausgleichsbedarf bei Eingriffen in Natur und Landschaft. Aber auch das gesteigerte Konfliktpotential von Außenbereichsvorhaben zum Naturschutz ist für die Anwendbarkeit der §§ 14 bis 17 BNatSchG verantwortlich.[1974] Bei einer Beteiligung der Naturschutzbehörde kann die für die Entscheidung über die Baugenehmigung zuständige Bauaufsichtsbehörde bei Innenbereichsvorhaben aufgrund der Fiktionsregelung des § 18 III 2 BNatSchG davon ausgehen, dass die Belange des Naturschutzes und

---

[1973] Im Ergebnis auch *Blechschmidt/Reidt*, BauR 2016, 934 (934). *Krautzberger/Stüer*, DVBl 2015, 1545 (1551) hegen in diesem Zusammenhang die ausdrückliche Hoffnung, dass künftige BauGB-Novellen wieder im bewährten Verfahren unter Durchführung von Planspielen umgesetzt werden können.
[1974] *Schrader*, in: BeckOK Umweltrecht, § 18 BNatSchG Rn. 39.

der Landschaftspflege nicht berührt werden, wenn sich die Naturschutzbehörde nicht binnen eines Monats hierzu äußert. Die Fiktionsregelung ist dabei auf Vorhaben im Innenbereich zugeschnitten und beschränkt, da dieser naturschutzrechtlich weniger schutzwürdig ist.[1975] Zudem besteht im Innenbereich – wie soeben herausgearbeitet – aufgrund des geringeren Konfliktpotentials zum Naturschutz[1976] gem. § 18 II 1 BNatSchG kein naturschutzrechtlich vorgeschriebener Ausgleichsbedarf für durch das Vorhaben verursachte Eingriffe in Natur und Landschaft, sodass auch nicht über etwaige Kompensationen beraten und entschieden werden muss; eine Prüfungsfrist der Naturschutzbehörde von einem Monat ist daher völlig ausreichend.

Die Sonderregelung des § 246 XVI BauGB erstreckt nun die einmonatige, primär auf den bebauten Innenbereich zugeschnittene Fiktionsregelung des § 18 III 2 BNatSchG auf Außenbereichsvorhaben i.S.v. § 246 IX und XIII BauGB.[1977] Dadurch verkürzt sich die Prüfungs- und Entscheidungsfrist der Naturschutzbehörde für derartige Vorhaben im Außenbereich auf einen Monat. Da es sich bei § 18 III 2 BNatSchG um eine reine Verfahrensvorschrift handelt, bleiben die materiellen naturschutzrechtlichen Eingriffsregelungen davon unberührt und sind weiterhin zu beachten.[1978] Aus diesem Grund ändert sich gerade auch am Vollausgleichserfordernis des § 18 II 2 BNatSchG nichts. Deshalb muss die zuständige Naturschutzbehörde auch über eine etwaige Kompensation für die durch das Vorhaben verursachten Eingriffe in Natur und Landschaft beraten und entscheiden, wobei nunmehr für diese qualifizierte Stellungnahme lediglich die Frist von einem Monat zur Verfügung steht. Die praktische Unzulänglichkeit dieser Fristverkürzung ergibt sich daraus, dass die Monatsfrist auf der einen Seite in dringenden Not-

---

[1975] Die erhöhte naturschutzrechtliche Schutzwürdigkeit des Außenbereichs gegenüber dem Innenbereich wird auch noch an anderer Stelle sichtbar. Gem. § 18 III 1 BNatSchG ergehen Entscheidungen über Vorhaben im Innenbereich i.S.v. § 34 I BauGB und über privilegierte sowie teilprivilegierte Vorhaben im Außenbereich i.S.v. § 35 I und IV BauGB im Benehmen mit den Naturschutzbehörden, und zwar aufgrund des § 17 II BNatSchG auch im Hinblick auf die naturschutzrechtlichen Aspekte. Das Benehmen ist eine vergleichsweise schwache Form der Mitwirkung zwischen zwei Behörden, sodass die Entscheidung der Naturschutzbehörde die Baugenehmigungsbehörde nicht bindet. Daher haben die Naturschutzbehörden hier nur ein sehr geringes Mitspracherecht bei der Genehmigungserteilung. Demgegenüber kann bei sonstigen Vorhaben i.S.v. § 35 II BauGB gem. §§ 18 II 2, 17 I BNatSchG eine weitergehende Form der Beteiligung der Naturschutzbehörde erforderlich (z.B. ist in Thüringen ein Einvernehmen erforderlich, § 9 I 1 ThürNatG) oder die Entscheidung der Naturschutzbehörde selbst vorgeschrieben sein (z.B. in Bayern gem. Art. 44 II 1 BayNatSchG). Im Gegensatz zu den privilegierten Vorhaben, die dem Außenbereich von Gesetzes wegen gerade „planartig" zugewiesen sind, sind sonstige Vorhaben im Außenbereich grundsätzlich unerwünscht. Diese Vorhaben soll die Baugenehmigungsbehörde – anders als privilegierte oder teilprivilegierte Vorhaben – nicht „über den Kopf" der Naturschutzbehörden zulassen können.
[1976] *Schrader*, in: BeckOK Umweltrecht, § 18 BNatSchG Rn. 39.
[1977] Vgl. dazu bereits im Rahmen der Einzeldarstellung des § 246 XVI BauGB auf S. 267.
[1978] *Roeser*, in: Berliner Kommentar zum BauGB, § 246 Rn. 31 f.; *Jarass/Kment*, in: Jarass/Kment, BauGB, § 246 Rn. 37.

fällen[1979] immer noch erheblich zu lang ist[1980], auf der anderen Seite aber gleichzeitig zu kurz ist, um in dieser Zeit eine fundierte Stellungnahme erstellen zu können.[1981] Letzteres überrascht nicht, schließlich wird bei der entsprechenden Anwendung des § 18 III 2 BNatSchG auf Außenbereichsvorhaben sowohl die hinter der Fiktionsregelung stehende Wertung als auch das gesamte Regelungsgefüge des § 18 BNatSchG ausgeblendet. Diese rechtfertigen aber gerade die Verkürzung der Prüfungsfrist der Naturschutzbehörde auf einen Monat. Durch § 18 III 2 BNatSchG i.V.m. § 246 XVI BauGB wird also nur eine bestimmte Rechtsfolge für entsprechend anwendbar erklärt, ohne auf das dahinterstehende – ausgewogene und durchdachte – Regelungskonzept Rücksicht zu nehmen. Hieran wird wieder sichtbar, dass die Sondervorschriften für Flüchtlingsunterkünfte in Rekordzeit erlassen wurden.[1982] Auch in diesem Punkt kann man davon ausgehen, dass bei Durchführung der im Städtebaurecht normalerweise üblichen Planspiele die praktische Unzulänglichkeit der Vorschrift des § 246 XVI BauGB aufgedeckt worden wäre.

§ 25

Fehlerhaftigkeit aufgrund von gesetzgeberischen Ungenauigkeiten und entsprechende Ergänzungsvorschläge

Im nachfolgenden Abschnitt wird – weiterhin unter dem Gesichtspunkt der gesetzespolitisch „guten" Rechtsetzung[1983] – untersucht, ob bei der Schaffung der Sonderregelungen für Flüchtlingsunterkünfte „handwerkliche" Fehler bei der Gesetzgebung in Gestalt von regelungstechnischen Ungenauigkeiten gemacht wurden. Dabei geht es weder um verfassungsrechtlich relevante noch um gesetzessystematische Mängel. Vielmehr wer-

---

[1979] Anders als die Fristverkürzung des § 246 XV BauGB i.V.m. § 36 II 2 BauGB (vgl. unter Ziffer B. auf S. 480 f.) findet die Privilegierung des § 246 XVI BauGB i.V.m. § 18 III 2 BNatSchG auch in dringenden Notfallsituationen i.S.v. § 246 XIV BauGB Anwendung, da § 246 XIV BauGB ausschließlich Abweichungen von bodenrechtlichen, nicht aber von naturschutzrechtlichen Regelungen gestattet.
[1980] *Krautzberger/Stüer*, DVBl 2015, 1545 (1549).
[1981] So im Ergebnis auch: *Mitschang/Reidt*, in: Battis/Krautzberger/Löhr, BauGB, § 246 Rn. 59; *Battis/Mitschang/Reidt*, NVwZ 2015, 1633 (1639); *Jarass/Kment*, in: Jarass/Kment, BauGB, § 246 Rn. 37, die befürchten, dass dadurch die Qualität der Stellungnahmen der Naturschutzbehörden leiden wird; *Decker*, in: Schiwy, BauGB, § 246 Rn. 50.
[1982] Vgl. dazu die Entstehungsgeschichte im zweiten Kapitel auf S. 77 ff.
[1983] Vgl. dazu bereits Fn. 1762 auf S. 422.

den hier „unklare" Normsetzungen und Formulierungen herausgestellt, deren Regelungsinhalt zwar durch eine entsprechende Gesetzesauslegung ermittelt werden kann, wo aber der Gesetzestext aus Gründen der Rechtsklarheit dem „richtigen" Auslegungsergebnis angepasst werden sollte. Dazu wird jeweils ein entsprechender Reformvorschlag gemacht. Im Einzelnen:

A. Begrifflichkeiten in Bezug auf den personellen und sachlichen Anwendungsbereich

Fraglich ist zunächst, ob die Begrifflichkeiten in Bezug auf den personellen und sachlichen Anwendungsbereich der Absätze 8 bis 17 des § 246 BauGB hinreichend klar und verständlich sind oder ob eine gesetzliche Konkretisierung hilfreich wäre.

I. Ungenauigkeit

Im Rahmen des Anwendungsbereichs der Sondervorschriften gibt es gleich mehrere „handwerkliche" Ungenauigkeiten des Gesetzgebers zu beklagen, die dort zu Meinungsstreitigkeiten und damit im Ergebnis zu einer nicht unerheblichen Rechtsunsicherheit führen. Wie die Ausführungen im vierten Kapitel zeigen, lässt der Wortlaut der Regelungen einen weiten Auslegungsspielraum zu, was genau unter „Flüchtlingen und Asylbegehrenden" sowie den baulichen Anlagen der „Flüchtlingsunterkünfte" in ihren verschiedenen Formen zu verstehen ist.[1984] Entsprechende Legaldefinitionen fehlen. Im Interesse der Rechtssicherheit sollten Rechtssätze aber möglichst so abgefasst werden, dass über Regelungsinhalte keine Auslegungen vorgenommen werden müssen.[1985]

Ferner sind die auf Grundlage des § 246 VIII und IX BauGB ergehenden Zulassungen für ein „Flüchtlingswohnen" mit Hilfe einer Nebenbestimmung in Gestalt einer auflösenden Bedingung i.S.v. § 36 II Nr. 2 Landes-VwVfG auf die Nutzung durch Flüchtlinge oder Asylbegehrende zu beschränken.[1986] Anderenfalls würden mit Hilfe der

---

[1984] Allein für die Bezeichnung der baulichen Anlage werden im Rahmen des § 246 VIII bis XVII BauGB die Begriffe Flüchtlingsunterkunft, Aufnahmeeinrichtungen, Gemeinschaftsunterkünfte, sonstige Unterkünfte sowie Vorhaben bzw. bauliche Anlagen, die der Unterbringung von Flüchtlingen und Asylbegehrenden dienen, verwendet. Vgl. dazu ausführlich im vierten Kapitel auf S. 126 ff.
[1985] So *Beckmann*, UPR 2017, 335 (337).
[1986] Vgl. dazu bereits im vierten Kapitel auf S. 135 f. sowie in der Einzeldarstellung der Sondervorschriften im fünften Kapitel auf S. 222 und S. 242 f.

Sondervorschriften unter dem Deckmantel bzw. Schutzschild der Flüchtlingsunterbringung dauerhafte und der Allgemeinheit zur Verfügung stehende Wohngebäude auf dafür städtebaulich nicht geeigneten Flächen ermöglicht werden, was vom Gesetzgeber so nicht gewollt ist.[1987] Um die Erteilung der Nebenbestimmung durch die zuständigen Behörden sicherzustellen und Probleme im Zusammenhang mit der Anschlussnutzung zu vermeiden, sollte der Bundesgesetzgeber eine administrative Bedingung im Gesetzestext nach dem Vorbild der administrativen Befristung i.S.d. § 246 XII 1 und XIII 1 Nr. 1 BauGB gesetzlich festschreiben.

II. Reformvorschlag

Diese gesetzgeberischen Ungenauigkeiten können vergleichsweise einfach behoben werden. In Bezug auf die Konkretisierung der Begrifflichkeiten der „Flüchtlinge und Asylbegehrenden" sowie der verschiedenen Formen der „Flüchtlingsunterkünfte" sind Legaldefinitionen entsprechend dem im vierten Kapitel gefundenen Auslegungsergebnis einzufügen. Es wird damit konkret vorgeschlagen, die Sondervorschriften des § 246 VIII bis XVII BauGB um einen weiteren Absatz mit folgendem Inhalt zu ergänzen:

„Flüchtlinge und Asylbegehrende nach den Absätzen 8 bis 14 sind alle Ausländer, die aufgrund objektiver Anhaltspunkte aus Sicht einer Behörde Asyl begehren, weil sie aufgrund der Verhältnisse in ihrem Heimatland Zuflucht in Deutschland suchen. Dies ist spätestens in dem Zeitpunkt anzunehmen, in dem sich die Person bei einer staatlichen Stelle als asylsuchend zu erkennen gibt; der Status des Flüchtlings und Asylbegehrenden endet mit dem Wegfall der öffentlichen Unterbringungsverpflichtung bzw. -verantwortung. Bauliche Anlagen bzw. Vorhaben im Sinne der Absätze 8 und 9 sind Anlagen für soziale Zwecke sowie Wohngebäude und Wohnungen; bei Aufnahmeeinrichtungen, Gemeinschaftsunterkünften und sonstigen Unterkünften nach den Absätzen 10 bis 14 handelt es sich ausschließlich um Anlagen für soziale Zwecke."

Den Ungenauigkeiten hinsichtlich der auf Grundlage des § 246 VIII und IX BauGB ergehenden Zulassungen für ein „Flüchtlingswohnen" kann mit Hilfe einer Ergänzung der beiden Sonderregelungen um jeweils folgenden Satz 2 begegnet werden:

„Die Baugenehmigungsbehörde kann die Genehmigung eines Wohngebäudes oder einer Wohnung auf der Grundlage von Satz 1 nur unter der auflösenden Bedingung der Nutzung durch Flüchtlinge oder Asylbegehrende erteilen."

[1987] Vgl. dazu ausführlich im dritten Kapitel auf S. 100 f. sowie im vierten Kapitel auf S. 130 f.

**B. Beginn des administrativen Fristenlaufs i.S.v.
§ 246 XII und XIII 1 Nr. 1 BauGB**

Ferner erscheinen die Sonderregelungen des § 246 XII 1 und XIII 1 Nr. 1 BauGB im Hinblick auf den Zeitpunkt des Beginns des administrativen Fristenlaufs zu unpräzise und sind daher änderungsbedürftig.

I. Ungenauigkeit

Eine ausdrückliche gesetzliche Regelung in Bezug auf den Beginn der administrativen Drei-Jahres-Frist i.S.v. § 246 XII 1 und XIII 1 Nr. 1 BauGB hat der Gesetzgeber nicht vorgesehen. Grammatikalisch würde es sich anbieten, für die Ermittlung des Fristbeginns an die Begriffe der „Errichtung" in § 246 XII 1 Nr. 1, XIII 1 Nr. 1 BauGB und der „Nutzungsänderung" in § 246 XII 1 Nr. 2 BauGB anzuknüpfen. Allerdings eröffnen beide Rechtsbegriffe unterschiedliche Deutungen, was sich auch in der einschlägigen Literatur niedergeschlagen hat.[1988] So wird für den Fristbeginn teilweise an die tatsächliche Nutzungsaufnahme als Flüchtlingsunterkunft angeknüpft.[1989] Andere stellen wiederum einheitlich auf den Anfang der Errichtung des Vorhabens ab.[1990] Aber auch die bautechnische Fertigstellung der Unterkunft wird in der Literatur zum Teil als maßgeblicher Zeitpunkt für den Fristbeginn gesehen.[1991] *Roeser* hingegen stellt auf das Wirksamwerden der Genehmigung ab, also auf den Zeitpunkt der Bekanntgabe der Genehmigung gegenüber dem Bauherrn.[1992] Nach einer von *Petersen* und *Bienek* vertretenen differenzierenden Betrachtungsweise ist grundsätzlich der Zeitpunkt der Nutzungsaufnahme maßgeblich; abweichend hiervon müsse jedoch ausnahmsweise auf den Zeitpunkt der Erteilung der Baugenehmigung abgestellt werden, sofern die Nutzung vor Genehmigungserteilung aufgenommen wird.[1993] Dabei verweisen *Petersen* und *Bienek* auf die Hinweise der *Fachkommission Städtebau*, in denen es heißt, dass für den Fristbeginn grundsätzlich der Zeitpunkt der Nutzungsaufnahme maßgeblich ist; in besonderen Fallkonstellationen müsse hingegen auf den Zeitpunkt der Genehmigungserteilung abgestellt werden, z.B. bei bereits vor Inkrafttreten der Neuregelung erfolgter Duldung der Nutzung.[1994] Auch *Beckmann* differenziert bei der Festlegung

---

[1988] *Beckmann*, UPR 2017, 335 (339).
[1989] *Blechschmidt*, in: EZBK, BauGB, § 246 Rn. 77; auch *Dürr*, in: Brügelmann, BauGB, § 246 Rn. 38.
[1990] *Mitschang/Reidt*, in: Battis/Krautzberger/Löhr, BauGB, § 246 Rn. 33; *Battis/Mitschang/Reidt*, NVwZ 2015, 1633 (1635); *Gohde*, ZfBR 2016, 642 (647).
[1991] *Decker*, in: Schiwy, BauGB, § 246 Rn. 90.
[1992] *Roeser*, in: Berliner Kommentar zum BauGB, § 246 Rn. 31c.
[1993] *Petersen*, KommP BY 2016, 50 (52); *Bienek*, SächsVBl 2016, 73 (76).
[1994] Hinweis Nr. 2.3.4 der *Fachkommission Städtebau* v. 15.12.2015; zustimmend *Bunzel*, in: Bleicher/Bunzel/Finkeldei/Fuchs/Klinge, Baurecht, § 246 S. 16.

des Zeitpunktes für den Beginn der administrativen Drei-Jahres-Frist.[1995] Während er im Falle der mobilen Unterkünfte gem. § 246 XII 1 Nr. 1 und XIII 1 Nr. 1 BauGB auf deren Errichtung und dabei auf das bauordnungsrechtliche Benutzungsrecht durch Bau- oder Gebrauchsabnahmen abstellt[1996], könne Bezugspunkt für den Fristbeginn bei genehmigungspflichtigen Nutzungsänderungen i.S.v. § 246 XII 1 Nr. 2 BauGB mangels relevanter Baumaßnahmen nicht die Errichtung, sondern nur der Zugang der Baugenehmigung mit dem insoweit komplementären bauordnungsrechtlichen Benutzungsrecht sein. Auch *Decker* knüpft im Ergebnis an das bauordnungsrechtliche Recht auf Benutzung an, da er für das späteste Ende der Frist auf den Ablauf von drei Jahren „nach Abnahme der Unterkunft" durch die zuständige Behörde abstellt.[1997] Die Sondervorschriften des § 246 XII 1 und XIII 1 Nr. 1 BauGB sind demzufolge jedenfalls nicht hinreichend klar formuliert. Dies ist in Bezug auf Verfristungen i.S.v. § 36 II Nr. 1 Landes-VwVfG deswegen besonders problematisch, da diese unmittelbare Rechtsfolgen in Gestalt von repressiven bauordnungsrechtlichen und bußgeldrechtlichen Maßnahmen auslösen können.[1998] Für den Rechtsanwender ist es daher unabdingbar, den Zeitraum der Befristung korrekt und rechtssicher ermitteln zu können.

II. Reformvorschlag

Bevor ein entsprechender Reformvorschlag gemacht werden kann, muss zunächst untersucht werden, auf welchen Zeitpunkt für den Beginn der Drei-Jahres-Frist „richtigerweise" abzustellen ist. Da die Tatbestandsalternativen des § 246 XII 1 Nr. 1, XIII 1 Nr. 1 BauGB und des § 246 XII 1 Nr. 2 BauGB zwischen der Errichtung und der Nutzungsänderung differenzieren, bietet es sich an, an diese Begriffe anzuknüpfen und auch hinsichtlich des Fristbeginns insoweit zu unterscheiden.

Im Falle des § 246 XII 1 Nr. 1 und XIII 1 Nr. 1 BauGB stellt sich also die Frage, in welchem Zeitpunkt mobile Unterkünfte „errichtet" sind. Ist eine Errichtung bereits mit Genehmigungserteilung, dem Beginn der Bauarbeiten oder jedenfalls mit der bautechnischen Fertigstellung der Anlage anzunehmen oder erst mit dem bauordnungsrechtlichen Recht auf Benutzung (Abnahme) oder gar der tatsächlichen Nutzungsaufnahme

---

[1995] *Beckmann*, KommJur 2016, 366 (368, 374).
[1996] Das bauordnungsrechtliche Benutzungsrecht der Anlage, das aufgrund des dort vorherrschenden Gedankens der Gefahrenabwehr erst durch Bauabnahmen bzw. durch den Ablauf einer entsprechenden, die Abnahme fingierenden, Frist entsteht (in Bayern ist dies beispielsweise in Art. 78 II 1, 3 BayBO, in Rheinland-Pfalz in §§ 79 I, 78 II LBauO geregelt), ist streng von der rein bautechnischen Errichtung des Vorhabens zu unterscheiden.
[1997] *Decker*, in: Schiwy, BauGB, § 246 Rn. 90.
[1998] *Beckmann*, UPR 2017, 335 (338).

als Flüchtlingsunterkunft? Eine Anknüpfung an den Zeitpunkt der Genehmigungserteilung wäre jedenfalls verwaltungstechnisch von Vorteil[1999] und würde auch der Rechtssicherheit am besten dienen; denn auf diese Weise lässt sich der Beginn der Frist und damit auch deren Ablauf eindeutig bestimmen.[2000] Allerdings kann dieser Auslegung bereits aufgrund des eindeutig entgegenstehenden Wortlauts nicht zugestimmt werden; die „Errichtung" ist gerade nicht gleichzusetzen mit der Genehmigungserteilung. Aber auch eine dementsprechende Anpassung des Gesetzeswortlauts, der sich an der Erteilung der Genehmigung für den Fristbeginn orientiert, kommt als rechtspolitischer Korrekturvorschlag nicht in Betracht, weil auf diese Weise die Drei-Jahres-Frist faktisch in nicht unerheblichem Maße verkürzt werden würde.[2001] Dies liefe der Ratio der Sondervorschriften, die bauplanungsrechtlichen Probleme im Zusammenhang mit der Unterbringung von Flüchtlingen zeitnah und effizient in den Griff zu bekommen, entschieden entgegen. Dieses teleologische Argument macht zugleich deutlich, dass auch der Beginn der Bauarbeiten sowie die rein bautechnische Fertigstellung der Anlage als maßgebliche Bezugspunkte für den Fristbeginn nicht tauglich sind. Denn die städtebaulichen Probleme mit der Unterbringung von Flüchtlingen können erst dann mit den notwendigen Maßnahmen unterlegt und bewältigt werden, wenn das Vorhaben auch tatsächlich der Flüchtlingsunterbringung zur Verfügung steht, also als Flüchtlingsunterkunft genutzt werden darf. Ein verbotswidriger Nutzungsbeginn – als der sich die Aufnahme der Nutzung ohne ein entsprechendes bauordnungsrechtliches Benutzungsrecht darstellt – steht dem nicht entgegen, weil ein solches Vorgehen, mit entsprechender Bußgeldbewehrung versehen, rechtsstaatlich wohl kaum in wirksamer Weise einen Fristbeginn auslösen könnte. Gleichwohl sollte auch nicht auf das bauordnungsrechtliche Benutzungsrecht abgestellt werden. Sachgerecht erscheint es vielmehr, allein an die rein tatsächliche Nutzungsdauer anzuknüpfen, also für den Fristbeginn auf die tatsächliche Nutzungsaufnahme als Flüchtlingsunterkunft abzustellen.[2002] Nachdem aber der Gesetzgeber nur von der „Errichtung" und nicht von einer Aufnahme der Nutzung spricht, ist das soeben gefundene Ergebnis vom Wortlaut des Gesetzes nicht mehr gedeckt. Es besteht somit Reformbedarf; eine dementsprechende Anpassung des Gesetzeswortlauts wird nachfolgend konkret vorgeschlagen. Der

---

[1999] *Decker*, in: Schiwy, BauGB, § 246 Rn. 90.
[2000] So *Roeser*, in: Berliner Kommentar zum BauGB, § 246 Rn. 31c.
[2001] *Dürr*, in: Brügelmann, BauGB, § 246 Rn. 38.
[2002] So auch: *Dürr*, in: Brügelmann, BauGB, § 246 Rn. 38; *Blechschmidt*, in: EZBK, BauGB, § 246 Rn. 77. Auch *Bunzel*, in: Bleicher/Bunzel/Finkeldei/Fuchs/Klinge, Baurecht, § 246 S. 16 und *Petersen*, KommP BY 2016, 50 (52) stellen ebenfalls wie Hinweis Nr. 2.3.4 der *Fachkommission Städtebau* v. 15.12.2015 im Grundsatz für den Fristbeginn auf die tatsächliche Nutzungsaufnahme ab. In der Praxis werden aber allenfalls marginale Unterschiede zur Entstehung des bauordnungsrechtlichen Benutzungsrechts auszumachen sein, da mit diesem in aller Regel umgehend die tatsächliche Nutzung aufgenommen werden wird.

Grund dafür, dass hier für den Fristbeginn zutreffender Weise auf die tatsächliche Nutzungsaufnahme als Flüchtlingsunterkunft abgestellt werden muss, liegt in erster Linie im Zweck der Sondervorschriften, möglichst viel Unterbringungsraum für Flüchtlinge schaffen zu können. Dies lässt sich erheblich leichter erreichen, indem die Befristung erst zu laufen beginnt, wenn das Vorhaben tatsächlich für die Flüchtlingsunterbringung zur Verfügung steht. Zudem ist die Festlegung des Fristbeginns auf den Zeitpunkt der Nutzungsaufnahme auch am ehesten mit dem Zweck der Befristung vereinbar, wonach es sich dabei ja nur um ein Provisorium handelt, das in dieser Eigenschaft über einen von vornherein begrenzten Zeitraum den Nachbarn und/oder der Gemeinde bestimmte Einschränkungen ihrer Rechtspositionen zumutbar macht.[2003] So begrenzt die zeitliche Befristung auf längstens drei Jahre klar das Ausmaß der Beeinträchtigung von Nachbarinteressen, was vor allem in der verfassungsrechtlichen Verhältnismäßigkeitsprüfung des Art. 14 GG, aber auch bei der Bewertung der immissionstechnischen Zumutbarkeit eine entscheidende Rolle spielt.[2004] Aufgrund der nur befristeten Nutzung als Flüchtlingsunterkunft ist es beispielsweise gerechtfertigt, im Rahmen der Abwägung der widerstreitenden Interessen den Nachbarn vorübergehend ein Mehr an Beeinträchtigung zuzumuten.[2005] Ferner begrenzt die von vornherein feststehende zeitliche Befristung auf längstens drei Jahre i.S.v. § 246 XII 1 Nr. 1 BauGB die Intensität der Beeinträchtigung der kommunalen Planungshoheit, was maßgeblich zur Verhältnismäßigkeit der Sonderregelung beiträgt.[2006] Solange das Vorhaben nämlich – unabhängig vom Vorliegen eines bauordnungsrechtlichen Benutzungsrechts infolge der Genehmigungserteilung – tatsächlich noch nicht als Flüchtlingsunterkunft genutzt wird, sind weder für die Nachbarn noch für die kommunale Planungshoheit konkrete Beeinträchtigungen anzunehmen, die mit Hilfe der Befristung begrenzt werden müssten. Gerade für die Frage, welche Beeinträchtigungen den Nachbarn wie lange zumutbar sind, darf es daher nicht auf das rein formale Benutzungsrecht ankommen, sondern vielmehr darauf, wie lange das Vorhaben tatsächlich als Flüchtlingsunterkunft benutzt wird und wie lange dementsprechend die Nachbarinteressen konkret beeinträchtigt werden. Nur ausnahmsweise ist für den Fristbeginn auf den Zeitpunkt der Genehmigungserteilung abzustellen, und zwar dann, wenn die bauliche Anlage bereits vor Inkrafttreten der Neuregelung als Flüchtlingsunterkunft genutzt und dies von der Behörde geduldet wurde.[2007] Denn nur auf diese Weise können die in der Vergangenheit rechtswidrig

---

[2003] In diese Richtung im Ergebnis auch *Dürr*, in: Brügelmann, BauGB, § 246 Rn. 38.
[2004] *Blechschmidt*, in: EZBK, BauGB, § 246 Rn. 77. Vgl. dazu die verfassungsrechtlichen Ausführungen im siebten Kapitel auf S. 381 ff.
[2005] So bereits BT-Drs. 18/6185, S. 54.
[2006] Vgl. dazu im siebten Kapitel auf S. 330.
[2007] Hinweis Nr. 2.3.4 der *Fachkommission Städtebau* v. 15.12.2015; zustimmend *Bunzel*, in: Bleicher/Bunzel/Finkeldei/Fuchs/Klinge, Baurecht, § 246 S. 16.

geschaffenen und insoweit „hoheitlich geduldeten" Unterkünfte für die Zukunft legalisiert und gleichzeitig für einen vorübergehenden Zeitraum noch nutzbar gehalten werden. Anderenfalls käme den beiden Sondervorschriften in diesen Fällen entgegen der gesetzgeberischen Intention keine privilegierende, sondern vielmehr eine faktisch einschränkende Wirkung zu. Denn die Behörden sowie der Bauherr könnten sich mit der Statuierung der Sondervorschriften für Flüchtlingsunterkünfte nicht mehr darauf berufen, mangels entsprechender gesetzlicher Regelungen keine andere Wahl zu haben, als „hoheitliche Schwarzbauten" zu schaffen. Sie könnten sich aufgrund des zwischenzeitlichen Ablaufs der Drei-Jahres-Frist aber gleichfalls nicht auf die einschlägigen Sondervorschriften berufen. Diese faktische Verschlechterung der Unterbringungsmöglichkeiten von Flüchtlingen entspricht aber weder der Ratio des § 246 VIII bis XVII BauGB noch der gesetzgeberischen Intention der Befristung. Daher muss für die Fälle, in denen die bauliche Anlage bereits vor Inkrafttreten der Neuregelung als Flüchtlingsunterkunft genutzt und dies von der Behörde geduldet wurde, als maßgeblicher Zeitpunkt des Fristbeginns die Genehmigungserteilung angenommen werden.

Im Falle der Nutzungsänderung i.S.v. § 246 XII 1 Nr. 2 BauGB kann mangels relevanter Baumaßnahmen nicht die „Errichtung" als Bezugspunkt für den Fristbeginn herangezogen werden. Vielmehr ist hier auf die „Nutzungsänderung" in eine Flüchtlingsunterkunft abzustellen. Dabei bietet es sich an, die von *Beckmann* vorgeschlagene Differenzierung in genehmigungspflichtige und genehmigungsfreie Nutzungsänderungen aufzugreifen.[2008] Da auch für Nutzungsänderungen ein bauordnungsrechtliches Benutzungsrecht besteht, können die soeben für die Errichtung gemachten Ausführungen hinsichtlich des Fristbeginns ohne weiteres auf die Fälle genehmigungspflichtiger Nutzungsänderungen i.S.v. § 246 XII 1 Nr. 2 BauGB übertragen werden; auch insoweit kommt es also grundsätzlich auf die tatsächliche Nutzungsaufnahme an. In Bezug auf „genehmigungsfreie" Nutzungsänderungen in eine wohnähnliche Flüchtlingsunterkunft stellt sich hingegen die Frage, ob nebenbestimmungsmäßige Befristungen – wie sie § 246 XII 1 Nr. 2 BauGB bundesrechtlich vorschreibt – hier rechtstechnisch überhaupt möglich sind. *Beckmann* sieht hier insoweit Reformbedarf, als dass für den Fall der landesbauordnungsrechtlichen Genehmigungsfreiheit eine bundesrechtliche Regelungslücke vorliege, die geschlossen werden müsse.[2009] Da es in diesen Fällen mangels einer Baugenehmigung grundsätzlich keinen Hauptverwaltungsakt gibt, an den die Nebenbestimmung der Befristung akzessorisch „anzuhängen" ist, könne die bundesgesetzliche Vorgabe einer Befristung von der Behörde regelmäßig nicht umgesetzt werden. *Beckmann* übersieht insoweit aber den Anwendungsbereich der sog. isolierten

---

[2008] So *Beckmann*, KommJur 2016, 366 (368).
[2009] *Beckmann*, KommJur 2016, 366 (368).

Abweichung, die in der Bayerischen Bauordnung beispielsweise in Art. 63 III 1 BayBO ihren gesetzlichen Niederschlag gefunden hat. Danach kann auch für ein verfahrensfreies Bauvorhaben eine Abweichung jedenfalls dann erteilt werden, wenn dieses mit den Festsetzungen eines Bebauungsplans oder einer satzungsmäßigen örtlichen Bauvorschrift nicht im Einklang steht. Denn anderenfalls könnten derartige Vorhaben niemals verwirklicht werden, da kommunale Satzungen als eigenständiges materielles Recht „aus sich heraus" gelten und daher unabhängig von einer etwaigen bauordnungsrechtlichen Verfahrensfreiheit stets einzuhalten sind. Mit Hilfe einer isolierten Abweichung, die einen Verwaltungsakt i.S.v. § 35 Landes-VwVfG darstellt, ist also eine akzessorische Befristung rechtstechnisch möglich. Von einer bundesrechtlichen Regelungslücke kann daher keine Rede sein. Dies gilt umso mehr, als dass „genehmigungsfreie"[2010] Nutzungsänderungen in eine wohnähnliche Flüchtlingsunterkunft praktisch kaum vorkommen.[2011] So scheitert eine Genehmigungsfreistellung, wie sie etwa in Bayern in Art. 58 BayBO vorgesehen ist, im Zusammenhang mit Flüchtlingsunterkünften bereits daran, dass diese als „Anlagen zur Unterbringung von Personen" i.S.v. Art. 2 IV Nr. 11 BayBO stets Sonderbauten darstellen und eine Genehmigungsfreistellung nur für solche baulichen Anlagen in Betracht kommt, die keine Sonderbauten sind.[2012] Ferner ist eine Nutzungsänderung in eine Flüchtlingsunterkunft nach den Landesbauordnungen in aller Regel auch nicht verfahrensfrei. Verfahrensfrei sind faustformelartig nur kleine, einfache und eher unbedeutende Bauvorhaben, worunter aber die „größeren" Flüchtlingsunterkünfte in Gestalt von Aufnahmeeinrichtungen oder Gemeinschaftsunterkünften – wie § 246 XII 1 Nr. 2 BauGB sie tatbestandlich voraussetzt – mit Sicherheit nicht gefasst werden können. Während demnach für „genehmigungsfreie" Nutzungsänderungen in Flüchtlingsunterkünfte kein praktischer Anwendungsbereich und somit auch kein Reformbedarf besteht, muss bei genehmigungspflichtigen Nutzungsänderungen gem. § 246 XII 1 Nr. 2 BauGB – ebenso wie für Errichtungen i.S.v. § 246 XII 1 Nr. 1 und XIII 1 Nr. 1 BauGB – für den Fristbeginn auf den Zeitpunkt der tatsächlichen Nutzungsaufnahme abgestellt werden.

[2010] Die „Genehmigungsfreiheit" kann dabei als Sammelbegriff für die bauordnungsrechtliche Genehmigungsfreistellung, die Genehmigungsfreiheit sowie die Verfahrensfreiheit gesehen werden.
[2011] Zu dieser Einsicht gelangt schließlich – ein Jahr nach seiner „kritischen bauplanungsrechtlichen Gesamtschau über Flüchtlingsunterkünfte" in KommJur 2016, 321 und 366 – auch *Beckmann*, UPR 2017, 335 (339), wenn er schreibt, dass eine „bauordnungsrechtliche Genehmigungsfreiheit [...] bei Flüchtlingsunterkünften aus Rechtsgründen wohl kaum möglich sein [wird], weil hier zumeist andere bedeutsame öffentlich-rechtliche Anforderungen wie z.B. Brandschutzanforderungen als für die vorherige Nutzung bestehen".
[2012] Ganz ähnlich verhält es sich beispielsweise in Hessen gem. § 64 HBO, in Sachsen gem. § 62 SächsBO, in Berlin gem. § 62 BauO Bln oder auch im baden-württembergischen Kenntnisgabeverfahren gem. § 51 LBO BW.

Vor diesem Hintergrund besteht Handlungsbedarf des Gesetzgebers. Es muss Rechtsklarheit geschaffen werden.[2013] Die gesetzgeberische Ungenauigkeit kann mit Hilfe der Einfügung folgender Klarstellung in einem jeweiligen Satz 2 behoben werden:

„Die Frist nach Satz 1 beginnt im Zeitpunkt der Nutzungsaufnahme als Flüchtlingsunterkunft."

C. Erstreckung der Regelungen zur Entbehrlichkeit der Sicherstellung der Rückbauverpflichtung i.S.v. § 246 XIII 5 und XIV 8 BauGB auf sämtliche öffentlich-rechtliche Gebietskörperschaften

Es stellt sich die Frage, ob die Beschränkung der Regelungen zur Entbehrlichkeit der Sicherstellung der Rückbauverpflichtung i.S.v. § 246 XIII 5 und XIV 8 BauGB auf Länder und Gemeinden als Vorhabenträger sachgerecht ist oder ob es vielmehr einer Anpassung bedarf und wie diese sodann auszusehen hätte.

I. Ungenauigkeit

Zunächst muss dazu geklärt werden, ob der Gesetzgeber in diesem Zusammenhang überhaupt unpräzise gearbeitet hat. Grundsätzlich muss die Rückbauverpflichtung gem. § 35 V 3 BauGB, auf den die Sonderregelungen des § 246 XIII 2 und XIV 5 BauGB verweisen, durch eine öffentliche Baulast oder in sonstiger Weise gesichert werden. Abweichend davon legen die Regelungen des § 246 XIII 5 und XIV 8 BauGB fest, dass die Sicherstellung der Rückbauverpflichtung ausnahmsweise entfällt, wenn Vorhabenträger ein Land oder eine Gemeinde ist. Dahinter steht der sog. Edelmann-Gedanke. Da davon ausgegangen werden kann, dass öffentliche Vorhabenträger aufgrund ihrer rechtsstaatlichen Verpflichtung zu rechtskonformem Handeln die Rückbauverpflichtung auch ohne eine spezielle Sicherung erfüllen werden, entfällt in diesen Fällen der Sicherungszweck der Sicherstellung.[2014] Dass im Gesetzestext dabei nur das Land und die Gemeinde genannt werden, liegt wohl daran, dass diese in der Praxis in aller Regel und damit am weitaus häufigsten die Vorhabenträger von Flüchtlingsunterkünften sind.[2015] Gleichwohl ergibt sich aber aus § 50 I, II AsylG in Verbindung mit

---

[2013] So auch *Beckmann*, KommJur 2016, 366 (368, 374), der dabei die Einfügung des Zusatzes „und Recht auf Benutzung" vorschlägt.
[2014] BT-Drs. 18/6185, S. 55; *Dürr*, in: Brügelmann, BauGB, § 246 Rn. 42.
[2015] *Blechschmidt*, in: EZBK, BauGB, § 246 Rn. 93.

den Landesaufnahmegesetzen, dass insbesondere auch Landkreise eine Unterbringungsverpflichtung treffen kann.[2016] Aufgrund der soeben dargelegten Ratio des § 246 XIII 5 und XIV 8 BauGB muss die Sicherstellung der Rückbauverpflichtung dann folgerichtig auch bei Landkreisen und sonstigen öffentlich-rechtlichen Gebietskörperschaften mit rechtsstaatlicher Verpflichtung zu rechtskonformem Handeln entbehrlich sein.[2017] Zwar ließe sich dies dogmatisch auch de lege lata konstruieren; da die Verpflichtung zur Sicherstellung der Rückbauverpflichtung i.S.v. § 35 V 3 BauGB – auf den § 246 XIII 5 und XIV 8 BauGB verweist – als Soll-Vorschrift ausgestaltet ist, steht der Wortlaut einer abweichenden Handhabung für solche Fälle nicht entgegen, in denen die öffentliche Hand Vorhabenträger der Flüchtlingsunterkunft ist.[2018] Um Missverständnisse – vor allem den unzutreffenden Eindruck einer abschließenden Aufzählung – zu vermeiden, die sich aus der alleinigen Nennung der Länder und Gemeinden ergeben könnten, besteht zumindest aus Gründen der Rechtsklarheit auch hier Reformbedarf.[2019]

II. Reformvorschlag

Diese gesetzgeberische Unschärfe könnte bereits durch die Ergänzung des Vorhabenträgers „Landkreis" in § 246 XIII 5 und XIV 8 BauGB behoben werden. Aus Gründen der Vereinfachung, aber auch mit Rücksicht auf den Handlungsspielraum der Landesgesetzgeber in Bezug auf die Festlegung der Unterbringungsverpflichteten, bietet es sich an, das Land, die Gemeinde, den Landkreis sowie etwaige sonstige öffentlich-rechtliche Unterbringungsverpflichtete begrifflich zusammenzufassen. Es wird somit vorgeschlagen, die Textpassage „ein Land oder eine Gemeinde" durch die Formulierung „eine öffentlich-rechtliche Gebietskörperschaft" zu ersetzen, sodass die Sonderregelungen des § 246 XIII 5 und XIV 8 BauGB wie folgt lauten:

„Die Sicherstellung der Rückbauverpflichtung nach Satz 2 [im Falle des § 246 XIV 8 BauGB: nach Satz 5] in entsprechender Anwendung des § 35 Absatz 5 Satz 3 ist nicht erforderlich, wenn Vorhabenträger eine öffentlich-rechtliche Gebietskörperschaft ist."

[2016] So sind etwa in Brandenburg gem. § 1 I 1 LAufnG und in Thüringen nach § 1 ThürFlüAG neben den kreisfreien Gemeinden die Landkreise für die Errichtung und Unterhaltung von Flüchtlingsunterkünften zuständig. Auch in Hessen und in Rheinland-Pfalz sind gem. § 1 I LAufnG HE und § 1 I AufnG RP unter anderem Landkreise zur Aufnahme und Unterbringung verpflichtet.
[2017] *Krautzberger/Stüer*, DVBl 2015, 1545 (1549); *Dürr*, in: Brügelmann, BauGB, § 246 Rn. 42, 46; *Blechschmidt*, in: EZBK, BauGB, § 246 Rn. 93; *Bunzel*, in: Bleicher/Bunzel/Finkeldei/Fuchs/Klinge, Baurecht, § 246 S. 13; *Beckmann*, KommJur 2016, 366 (369); *Beckmann*, UPR 2017, 335 (339, 341); *Decker*, in: Schiwy, BauGB, § 246 Rn. 106.
[2018] So *Bunzel*, in: Bleicher/Bunzel/Finkeldei/Fuchs/Klinge, Baurecht, § 246 S. 13.
[2019] Zustimmend im Ergebnis *Beckmann*, KommJur 2016, 366 (369).

D. Fehlende Regelung zur Anschlussnutzung i.S.v. § 246 XIII 3 HS. 1 BauGB in den übrigen Privilegierungstatbeständen sowie fehlende Erwähnung der Berücksichtigung nachbarlicher Interessen im Rahmen der Abweichungsregelung des § 246 XIV BauGB

Auch die Beschränkung der privilegierenden Regelung zur Anschlussnutzung i.S.v. § 246 XIII 3 HS. 1 BauGB auf die Fälle der standortunabhängigen Außenbereichsbegünstigung und der Generalklausel könnte eine sinnwidrige Ungenauigkeit des Gesetzgebers darstellen. Wie die Ausführungen zur Anschlussnutzung im sechsten Kapitel allerdings zeigen, hatte der Gesetzgeber gute Gründe, eine entsprechende Privilegierung auf die Fälle des § 246 XIII 1 Nr. 2 und XIV 1 BauGB zu beschränken.[2020] Daher ist eine Erstreckung des hinter § 246 XIII 3 HS. 1 BauGB stehenden Regelungsinhalts auf andere Privilegierungstatbestände der Absätze 8 bis 14 des § 246 BauGB weder notwendig noch sinnvoll. Reformbedarf besteht insoweit also nicht.

Gleiches gilt für die fehlende Erwähnung der Würdigung nachbarlicher Interessen im Tatbestand der Abweichungsregelung des § 246 XIV 1 BauGB. Auch insoweit ist keine unpräzise Arbeit des Gesetzgebers zu erkennen. Im Rahmen der vorzunehmenden Erforderlichkeits- bzw. Ermessensprüfung[2021] sind den für die Vorschrift entscheidenden öffentlichen Belangen auch die entgegenstehenden Belange Dritter gegenüberzustellen.[2022] In baurechtlichen Abweichungsentscheidungen sind im Rahmen der Abwägung stets auch die nachbarlichen Belange zu berücksichtigen. Dies gilt unabhängig davon, ob im Rahmen der konkreten Abweichungsregelung – wie etwa bei den §§ 31 II, 246 X und 246 XII BauGB – auf die Würdigung nachbarlicher Interessen ausdrücklich hingewiesen wird oder – wie es etwa bei der Ausnahmeerteilung des § 31 I BauGB der Fall ist – nicht. Auch dort sind in die Abwägung über das Rücksichtnahmegebot, das sich im Planbereich aus § 15 I 2 BauNVO ergibt, unstreitig die nachbarlichen Interessen miteinzubeziehen.[2023] Denn die Erteilung einer im Bebauungsplan festgesetzten Ausnahme muss aus Gründen des Nachbarschutzes und der Einzelfallgerechtigkeit stets – auch wenn im Rahmen der planerischen Abwägung nach § 1 VI und VII BauGB die Belange der Nachbarn bereits „abstrakt" berücksichtigt und abgewogen worden sind – unter Be-

---

[2020] Vgl. dazu im sechsten Kapitel auf S. 274 ff.
[2021] Je nachdem, ob man sich insoweit der herrschenden Meinung oder der – hier vertretenen – Mindermeinung anschließt, ist die Gegenüberstellung der maßgeblichen Belange entweder auf Tatbestandsebene im Rahmen der Erforderlichkeit oder auf Rechtsfolgenseite im Rahmen des Ermessens („kann") vorzunehmen; vgl. dazu im fünften Kapitel auf S. 256 ff.
[2022] Vgl. dazu im fünften Kapitel auf S. 173 und S. 262 f.
[2023] *Söfker*, in: EZBK, BauGB, § 31 Rn. 25; *Spieß*, in: Jäde/Dirnberger, BauGB, § 31 Rn. 28.

achtung der „konkret" zu erwartenden nachbarlichen Auswirkungen erfolgen.[2024] Diesen Grundsatz hat das *Bundesverwaltungsgericht* auch für § 37 BauGB, an den die Generalklausel des § 246 XIV BauGB wiederum stark angelehnt ist, ausdrücklich bestätigt.[2025] Daher muss dies in gleichem Maße auch für die Abweichungsentscheidung i.S.v. § 246 XIV BauGB gelten.[2026] Insoweit könnte es aus Gründen der Rechtsklarheit daher sinnvoll sein, die Sondervorschrift des § 246 XIV BauGB um einen Zusatz der „Würdigung nachbarlicher Interessen" zu ergänzen. Eine derartige Anpassung wäre aber nur dann sinnvoll, wenn der Gesetzgeber auf die Aufnahme der Würdigung nachbarlicher Belange in den Tatbestand des § 246 XIV BauGB völlig grundlos verzichtet oder diese übersehen hätte. Ein sachgerechter Grund für die unterschiedliche Behandlung gegenüber den anderen Abweichungsregelungen der §§ 31 II, 246 X und 246 XII BauGB liegt jedoch vor. Aufgrund der besonderen Bedeutung einer menschenwürdigen Unterbringung kommt den nachbarlichen Belangen im Falle der Auffangklausel des § 246 XIV BauGB und der danach erforderlichen „Notfallsituation" ein untergeordnetes Gewicht zu; sie sind nur in außerordentlichen Fallkonstellationen – etwa bei unerträglichem, gesundheitsgefährdendem Lärm durch die Flüchtlingsunterkunft – von Relevanz.[2027] Durch den Verzicht auf den Zusatz der „Würdigung nachbarlicher Interessen" im Tatbestand des § 246 XIV BauGB wird demnach zum Ausdruck gebracht, dass den nachbarlichen Belangen im Rahmen der Abwägung eine weniger herausragende Stellung zukommen soll als im Rahmen derjenigen Privilegierungstatbestände, in denen deren Würdigung ausdrücklich normiert ist.

E. Ungenauigkeiten bei den verwaltungsverfahrensrechtlichen Regelungen des § 246 XIV 2 und 3 BauGB

Weiter wird untersucht, ob es möglicherweise auch bei den verwaltungsverfahrensrechtlichen Regelungen der Sondervorschriften für Flüchtlingsunterkünfte zu Ungenauigkeiten des Gesetzgebers gekommen ist, die im Interesse der Rechtssicherheit und Rechtsklarheit ausgeräumt werden sollten. In Betracht kommen dabei die Zuständigkeitsregelung des § 246 XIV 2 BauGB sowie die Regelung über die kommunale Beteiligung gem. § 246 XIV 3 BauGB.

[2024] *Söfker*, in: EZBK, BauGB, § 31 Rn. 25.
[2025] *BVerwG*, Urt. v. 14.02.1991 – 4 C 20/88 = NVwZ 1992, 477.
[2026] Im Ergebnis so auch: *Blechschmidt/Reidt*, BauR 2016, 934 (936); *Blechschmidt*, in: EZBK, BauGB, § 246 Rn. 59a.
[2027] *Roeser*, in: Berliner Kommentar zum BauGB, § 246 Rn. 48. Vgl. auch im fünften Kapitel auf S. 259.

I. Zuständigkeit für die Entscheidung über die Abweichung, § 246 XIV 2 BauGB

In der Tat erscheint die Zuständigkeitsregelung des § 246 XIV 2 BauGB nicht präzise; sie sollte daher geändert werden.

1. Ungenauigkeit

Die Sondervorschrift des § 246 XIV 2 BauGB normiert die Zuständigkeit der höheren Verwaltungsbehörde.[2028] Aus dem Wortlaut der Regelung ist aber zunächst nicht ersichtlich, ob sich die Zuständigkeitszuweisung ausschließlich auf die Entscheidung über die Abweichung oder auf die gesamte Zulassung der Flüchtlingsunterkunft bezieht. Für letztere Alternative sprechen vor allem verfahrensökonomische Gründe, da hier die gesamte Entscheidung bezüglich der Unterkunft bei einer Behörde – nämlich bei der höheren Verwaltungsbehörde – gebündelt wird; dies entspricht letztlich durchaus dem Zweck der Sondervorschriften, eine zeitnahe Schaffung von Unterbringungsplätzen zu ermöglichen.

Dennoch kann die Regelung des § 246 XIV 2 BauGB auf verfassungskonforme und gesetzessystematisch fehlerfreie Weise nur dahingehend ausgelegt werden, dass davon ausschließlich die Zuständigkeit für die Entscheidung über die Abweichung i.S.v. § 246 XIV 1 BauGB erfasst ist. Da zwar das Bodenrecht und damit auch die Statuierung von Abweichungen vom festgesetzten Bodenrecht der Gesetzgebungskompetenz des Bundes unterliegt, nicht jedoch das dem Bauordnungsrecht unterliegende Baugenehmigungsverfahren, können nur die mit den Bundesgesetzen in Sachen „Bodenrecht" zusammenhängenden Verwaltungsverfahrens- und Zuständigkeitsregelungen vom Bundesgesetzgeber getroffen werden, nicht jedoch entsprechende Regelungen in Bezug auf das landesbauordnungsrechtliche Baugenehmigungsverfahren.[2029] Unabhängig davon lässt auch die gesetzessystematische Auslegung kein anderes Ergebnis zu. Im Baurecht wird dogmatisch zwischen der Entscheidung über die Erteilung der Baugenehmigung und der Abweichungsentscheidung (als unselbstständiger, nicht isoliert anfechtbarer Teil der Baugenehmigung) unterschieden.[2030] Kann ein Vorhaben städtebaulich nur auf Grundlage eines Abweichungstatbestandes zugelassen werden, muss neben der Stellung des Bauantrages auf Erteilung der Baugenehmigung zusätzlich und gesondert die Zulassung der Abweichung vom geltenden Bauplanungsrecht beantragt werden[2031]; im Falle der Behördenverschiedenheit kann die

---

[2028] In Bayern ist das gem. Art. 53 I 1 BayBO die jeweilige (Bezirks-)Regierung.
[2029] So auch *Beckmann*, UPR 2017, 335 (340).
[2030] *Petersen*, KommP BY 2016, 50 (54).
[2031] In Bayern ergibt sich dies eindeutig aus Art. 63 II 1 und 2 BayBO.

zuständige Baugenehmigungsbehörde die Baugenehmigung erst nach Erhalt der Abweichungsentscheidung erteilen.[2032] Da die dem § 246 XIV 2 BauGB vorausgehende Regelung des § 246 XIV 1 BauGB ausdrücklich nur die Abweichung betrifft, nicht aber die Erteilung der Baugenehmigung, kann Satz 2 und damit die danach getroffene Zuständigkeitszuweisung auf die höhere Verwaltungsbehörde in systematischer Hinsicht ebenfalls ausschließlich die Entscheidung über die Abweichung betreffen.[2033]

2. Reformvorschlag

Gleichwohl wird aus Gründen der Rechtsklarheit vorgeschlagen, durch Einfügung des Wortes „Abweichung" den Regelungsgegenstand des § 246 XIV 2 BauGB zu konkretisieren und damit einer etwaigen Rechtsunsicherheit, gerade auf Behördenseite, vorzubeugen. Die Zuständigkeitszuweisung sollte daher wie folgt lauten:

„Zuständig für die Entscheidung über die Abweichung nach Satz 1 ist die höhere Verwaltungsbehörde."

II. Anhörung der Gemeinde gem. § 246 XIV 3 BauGB

Ebenso besteht auch im Rahmen der verwaltungsverfahrensrechtlichen Beteiligungsregelung des § 246 XIV 3 BauGB Änderungsbedarf aufgrund legislativer Ungenauigkeiten bei der Formulierung des Gesetzeswortlauts.

1. Anhörende Behörde i.S.v. § 246 XIV 3 HS. 1 BauGB

Die Regelung über die kommunale Beteiligung gem. § 246 XIV 3 HS. 1 BauGB legt fest, dass die Gemeinde anzuhören ist.

a. Ungenauigkeit

Dabei stellt sich die Frage, von welcher Behörde und konkret vor welcher Entscheidung die Gemeinde anzuhören ist. In Betracht kommt eine Anhörung durch die höhere Verwaltungsbehörde vor ihrer Entscheidung über die Abweichung und eine Anhörung durch die zuständige Baugenehmigungsbehörde vor ihrer Entscheidung über die Erteilung der Baugenehmigung. In Teilen der Literatur wird die Auffassung

---

[2032] So für die Abweichungsregelung des § 246 XIV 1 BauGB auch *Decker*, in: Schiwy, BauGB, § 246 Rn. 127.
[2033] So auch: *Battis/Mitschang/Reidt*, NVwZ 2015, 1633 (1638); *Beckmann*, KommJur 2016, 366 (370 f.); *Dürr*, in: Brügelmann, BauGB, § 246 Rn. 50; *Bunzel*, in: Bleicher/Bunzel/Finkeldei/Fuchs/Klinge, Baurecht, § 246 S. 20; *Decker*, in: Schiwy, BauGB, § 246 Rn. 127.

vertreten, dass hierbei nur die höhere Verwaltungsbehörde vor ihrer Entscheidung über die Abweichung gemeint sein könne.[2034] Dafür spricht vor allem der systematische Zusammenhang des § 246 XIV 1 bis 3 BauGB. Da die der kommunalen Beteiligungsregelung in Satz 3 vorausgehenden Sätze 1 und 2 nur die Abweichung betreffen, wäre es gesetzessystematisch kaum nachvollziehbar, wenn Satz 3 mit der Entscheidung über die Erteilung der Baugenehmigung ein davon abweichendes Regelungsobjekt hätte. Einige Stimmen in der Literatur vertreten aber genau diesen Standpunkt, wonach die kommunale Anhörung i.S.v. § 246 XIV 3 HS. 1 BauGB von der zuständigen Baugenehmigungsbehörde durchgeführt werden müsse.[2035] Dafür spricht, dass die Anhörung der Gemeinde an die Stelle des kommunalen Einvernehmens i.S.v. § 36 BauGB tritt; dort ist die Gemeinde von der Baugenehmigungsbehörde zu beteiligen, wie sich zweifelsohne aus § 36 I 1 BauGB ergibt. Warum sollte für die Anhörung als „Minus" zum gemeindlichen Einvernehmen dann etwas anderes gelten?

Jedenfalls weist bereits der Umstand, dass hier ein Meinungsstreit geführt wird und für beide Auffassungen gute Argumente sprechen, auf die gesetzestechnische Ungenauigkeit dieser verwaltungsverfahrensrechtlichen Regelung hin. Zutreffender Weise ist die Gemeinde von der höheren Bauaufsichtsbehörde anzuhören. Dies erfordern neben gesetzessystematischen Gründen auch anwendungspraktische Erwägungen. Denn die höhere Verwaltungsbehörde soll bei ihrer Entscheidung die das konkrete Gebiet betreffende städtebauliche Konzeption der Gemeinde – von der sie mit ihrer Entscheidung immerhin eine Abweichung zulässt – kennen und berücksichtigen können; dies ist aber nur dann möglich, wenn sie die Gemeinde vor ihrer Abweichungsentscheidung anhört.

b. Reformvorschlag

Zur Vermeidung von Rechtsunsicherheit – gerade auch auf Seiten der Behörden – sollte die Regelung des § 246 XIV 3 HS. 1 BauGB daher folgendermaßen angepasst werden:

„Die Gemeinde ist von dieser anzuhören."

[2034] So etwa: *Scheidler*, UPR 2015, 479 (485); *Bunzel*, in: Bleicher/Bunzel/Finkeldei/Fuchs/Klinge, Baurecht, § 246 S. 20.
[2035] So: *Beckmann*, UPR 2017, 335 (340); *Battis/Mitschang/Reidt*, NVwZ 2015, 1633 (1638).

2. Keine Irreführung durch die Regelung des § 246 XIV 3 HS. 2 BauGB

Weiterhin muss im Zusammenhang mit der Regelung über die Anhörung der Gemeinde i.S.d. § 246 XIV 3 BauGB untersucht werden, ob der zweite Halbsatz dieser Vorschrift tatsächlich sinnvoll ist oder überflüssig und eher irreführend und damit als „handwerklich" fehlerhafte Regelung aufgehoben werden sollte. So wird etwa von *Dürr* der Zusatz des § 246 XIV 3 HS. 2 BauGB und dabei die besondere Erwähnung des § 14 II 2 BauGB bei gleichzeitiger Nichterwähnung des § 36 I BauGB als „unklar" bezeichnet, gerade auch weil § 37 II 2 BauGB, an den § 246 XIV 3 BauGB angelehnt ist, einen solchen Zusatz nicht enthält.[2036]

Diese Bedenken greifen nicht durch. Der zweite Halbsatz dieser kommunalen Beteiligungsregelung ist vollständig und somit nicht irreführend; auch für die ausdrückliche Erwähnung des § 14 II 2 BauGB sowie für die unterschiedliche gesetzliche Ausgestaltung gegenüber § 37 II 2 BauGB gibt es jeweils einen sachlichen Grund. Damit beseht insoweit kein Reformbedarf. Die Regelung des § 246 XIV 3 HS. 2 BauGB ist vollständig. Dass das durch die Anhörung ersetzte Einvernehmen i.S.v. § 36 BauGB, das im Wortlaut des § 246 XIV 3 HS. 2 BauGB keine ausdrückliche Erwähnung findet, gleichwohl von diesem erfasst ist, ergibt sich aus dem gesetzessystematischen Gesamtzusammenhang der besonderen bodenrechtlichen Abweichungsregelungen des § 246 X, XII und XIV BauGB. Die Privilegierungstatbestände des § 246 X und XII BauGB erklären in ihrem jeweiligen Satz 2 die Regelung zum gemeindlichen Einvernehmen für entsprechend anwendbar; dies ist notwendig, da § 36 I BauGB nach seinem ausdrücklichen Wortlaut nur für Abweichungen i.S.v. § 31 BauGB gilt. In gleicher Weise regelt auch § 246 XIV BauGB als weitere besondere Abweichungsvorschrift die gemeindliche Beteiligung zum Schutz der Planungshoheit selbst; denn auch insoweit ist § 36 BauGB mangels Erwähnung des § 246 XIV BauGB nicht anwendbar. Die kommunale Beteiligung bei der Abweichungsentscheidung des § 246 XIV 1 BauGB ist in § 246 XIV 3 HS. 1 BauGB geregelt, wobei dieser entgegen § 246 X, XII BauGB und § 31 II BauGB kein Einvernehmen i.S.v. § 36 I BauGB voraussetzt, sondern in Anlehnung an § 37 II 2 BauGB eine bloße Anhörung der Gemeinde genügen lässt. Damit tritt die Anhörung an die Stelle des normalerweise erforderlichen kommunalen Einvernehmens i.S.v. § 36 BauGB. Dieses systematisch hergeleitete Auslegungsergebnis findet auch im Wortlaut des § 246 XIV 3 HS. 2 BauGB eine Stütze. Über das Wort „auch" wird dabei zum Ausdruck gebracht, dass die Anhörung i.S.v. § 246 XIV 3 HS. 1 BauGB nicht nur – insoweit gewissermaßen selbstredend – an die Stelle des in § 36 BauGB, sondern „auch" an die Stelle des in § 14 II 2 BauGB vorgesehenen Einvernehmens tritt. Dass über § 246 XIV 3 HS. 2

[2036] *Dürr*, in: Brügelmann, BauGB, § 246 Rn. 51.

BauGB – anders als im Falle des § 246 X und XII BauGB – auch bei Abweichungen von der Veränderungssperre nach § 14 II 2 BauGB das Maß der gemeindlichen Mitwirkung auf die Anhörung herabgestuft ist, liegt daran, dass in den Anwendungsfällen der Generalklausel und damit in Notfallsituationen verhindert werden soll, dass Gemeinden mithilfe einer Veränderungssperre gezielt die Errichtung von Flüchtlingsunterkünften der Länder blockieren.[2037] Und auch der Umstand, dass die Abweichungsregelung des § 37 II 2 BauGB, an den § 246 XIV 3 BauGB angelehnt ist[2038], im Unterschied zu § 246 XIV 3 HS. 2 BauGB weder § 36 BauGB noch § 14 II 2 BauGB erwähnt, hat einen sachlichen Grund. § 37 II BauGB stellt lediglich eine verfahrensrechtliche Privilegierung gegenüber der materiellen Abweichungsbefugnis des § 37 I BauGB dar, sodass sie stets im Zusammenhang mit § 37 I BauGB zu lesen ist.[2039] Die Regelung des § 37 I BauGB erwähnt allerdings bereits das gemeindliche Einvernehmen i.S.v. § 36 BauGB und § 14 II 2 BauGB, sodass eine Verweisung in § 37 II 2 BauGB – anders als im Falle des § 246 XIV 3 HS. 2 BauGB – nicht notwendig ist. Unklarheiten oder gar eine Irreführung sind in diesem Zusammenhang somit nicht zu erkennen.

F. Redaktioneller Änderungsvorschlag in Bezug auf die Nummerierung der Sonderregelungen

Die Nummerierung der Sondervorschriften sollte angepasst werden. Dies ist aber eher eine Randkritik an der Gesetzgebungstechnik.[2040] In Abweichung zur später verkündeten Gesetzesfassung sah die Stellungnahme der Bundesregierung zum BauGB-Flüchtlingsunterbringungsgesetz I eine mit § 246 VI BauGB beginnende Nummerierung der Sondervorschriften vor.[2041] Die vormalige Sonderregelung des Absatzes 6 ist bereits im Jahr 2004 durch das EAG Bau[2042] weggefallen. Die in § 246 VII BauGB normierte Abweichung von § 34 I 1 BauGB für großflächige Handelsbetriebe ist zwar gegenwärtig noch im Gesetzestext enthalten; sie ist allerdings bis zum 31.12.2004 befristet und daher

---

[2037] *Mitschang/Reidt*, in: Battis/Krautzberger/Löhr, BauGB, § 246 Rn. 51.
[2038] Dies ergibt sich bereits eindeutig aus den Gesetzesmaterialien; vgl. BT-Drs. 18/6185, S. 55.
[2039] *Blechschmidt*, in: EZBK, BauGB, § 37 Rn. 28; *Reidt*, in: Battis/Krautzberger/Löhr, BauGB, § 37 Rn. 6.
[2040] Während die „Gesetzespolitik" die sachlich-inhaltlich „gute" Gestaltung der Gesetze betrifft, geht es bei der „Gesetzgebungstechnik" um die äußerlich „gute" Gesetzesform. Beide Elemente fallen unter dem Dach der „Gesetzgebungskunst" zusammen. Vgl. dazu bereits Fn. 1762 auf S. 422.
[2041] BT-Drs. 18/2752, S. 11. Vgl. dazu auch im Rahmen der Entstehungsgeschichte im zweiten Kapitel auf S. 91.
[2042] Gesetz zur Anpassung des BauGB an EU-Richtlinien vom 24.06.2004, BGBl. I S. 1359.

wegen Zeitablaufs überholt.[2043] Aus welchem Grund im weiteren Gesetzgebungsverfahren die von der Bundesregierung vorgeschlagene Nummerierung von Absatz 6 bis 8 in Absatz 8 bis 10 geändert wurde, ist nicht nachvollziehbar. Aus Gründen der Übersichtlichkeit und Bündigkeit wird daher vorgeschlagen, die Sonderregelungen für Flüchtlingsunterkünfte unmittelbar an § 246 V BauGB anzuschließen und die Nummerierung der bislang bestehenden Sondervorschriften für Flüchtlingsunterkünfte redaktionell anzupassen.[2044] Auf diese Weise wird – mit einem vergleichsweise minimalen Aufwand – eine auch äußerlich „gute" Form des Gesetzestextes erzielt.

G. Ergänzung der Sonderregelungen um verwaltungsprozessuale Verfahrensbeschleunigung

Schließlich kommt noch eine legislative Ungenauigkeit „im weiteren Sinne" in Betracht. Dabei geht es nicht um eine etwaige Ungenauigkeit in Bezug auf eine vom Gesetzgeber geschaffene Regelung, sondern um ein gesetzespolitisch ebenso kritikwürdiges Verhalten in Gestalt eines gesetzgeberischen Unterlassens, nämlich bestimmte – notwendige oder zumindest sinnvolle – Regelungen trotz ihrer Erkennbarkeit ohne ersichtlichen Grund nicht in den Gesetzestext mit aufgenommen zu haben.

I. Sinnvolle und für den Gesetzgeber erkennbare, (bisher) jedoch nicht umgesetzte Regelung

Anknüpfungspunkt ist die – im Rahmen der verfassungsrechtlichen Verhältnismäßigkeitsprüfung bereits angesprochene[2045] – verwaltungsprozessuale Befristung des vorläufigen Rechtsschutzes gegen Flüchtlingsunterkünfte i.S.v. § 80a III 2 i.V.m. § 80 V 1 Alt. 1 VwGO.[2046] Sie stellt eine sinnvolle, flankierende Ergänzung zu den materiell-rechtlichen städtebaulichen Erleichterungen des § 246 VIII bis XVII BauGB dar. Fristen sind in aller Regel ein geeignetes Mittel, um behördliche oder gerichtliche Verfahren zu erleichtern bzw. zu beschleunigen. Angefochtene Verwaltungsakte verlieren aufgrund der aufschiebenden Wirkung des Anfechtungsrechtsbehelfs gem. § 80 I VwGO grundsätzlich ihre Vollziehbarkeit. Diese aufschiebende Wirkung der Anfechtungsrechtsbehelfe entfällt aber gem. § 80 II 1 Nr. 3 VwGO i.V.m. § 212a I BauGB

[2043] So auch die Gesetzesbegründung der Bundesregierung, BT-Drs. 18/2752, S. 11.
[2044] Im Ergebnis so auch: *Decker*, in: Schiwy, BauGB, § 246 Rn. 27; *Scheidler*, UPR 2015, 41 (42).
[2045] Vgl. dazu im siebten Kapitel auf S. 378 ff.
[2046] Dieses „verwaltungsprozessuale Manko im vorläufigen Rechtsschutz" prangert auch *Beckmann*, UPR 2017, 335 (336) an.

bei Drittanfechtungsklagen im Baurecht, sodass der Bauherr trotz Klageerhebung des Nachbarn bauen darf. Letzterem verbleibt damit allein die Möglichkeit, mit Hilfe eines Antrags im einstweiligen Rechtsschutz die aufschiebende Wirkung seiner (Hauptsache-)Klage durch das zuständige Verwaltungsgericht anordnen zu lassen. Dieser Antrag i.S.v. § 80a III 2 i.V.m. § 80 V 1 Alt. 1 VwGO ist nach der Systematik der Verwaltungsgerichtsordnung nicht fristgebunden; der Antragsteller verliert lediglich das Rechtsschutzbedürfnis, wenn die Baugenehmigung wegen des Ablaufs der Klagefrist i.S.v. § 74 I 2 VwGO unanfechtbar und damit bestandskräftig wird. Geht der Nachbar also rechtzeitig gegen die Baugenehmigung vor, ist der Antrag im einstweiligen Rechtsschutz de lege lata ohne zeitliche Limitierung möglich. Eine entsprechende verwaltungsprozessuale Befristung würde dabei aber nicht nur eine spürbare Verfahrensbeschleunigung bewirken[2047]; sie hätte auch ein praktisch sehr breites Anwendungsfeld, da im Zusammenhang mit der Errichtung von Flüchtlingsunterkünften eine Vielzahl von Anträgen im einstweiligen Rechtsschutz gestellt werden.[2048] Auf diese Weise könnten die dringend benötigten Flüchtlingsunterkünfte bereits während des verwaltungsgerichtlichen (Haupt-)Verfahrens geschaffen und genutzt werden, sofern innerhalb der Frist kein Antrag auf Anordnung der aufschiebenden Wirkung gestellt wird. Einer entsprechenden verwaltungsprozessualen Privilegierung würde auch das Grundrecht auf Gewährung effektiven und lückenlosen richterlichen Rechtsschutzes gegen Akte der öffentlichen Gewalt gem. Art. 19 IV GG nicht entgegenstehen. Dieses umfasst den Zugang zu den Gerichten, die Prüfung des Streitbegehrens in einem förmlichen Verfahren sowie die verbindliche gerichtliche Entscheidung.[2049] Gerichtlicher Rechtsschutz hat dabei im Wege des Eilrechtsschutzes auch so weit wie möglich der Schaffung vollendeter Tatsachen zuvorzukommen, als diese nicht mehr oder nur noch in erschwerter Weise rückgängig gemacht werden können, wenn sich eine Maßnahme bei (endgültiger) richterlicher Prüfung als rechtswidrig erweist.[2050] Diese Möglichkeit des Rechtsschutzes steht dem Nachbarn aber auch im Falle der Normierung einer verwaltungsprozessualen Befristung weiterhin zu; es würde lediglich die Möglichkeit der Geltendmachung zeitlich begrenzt werden. Dies ist dem Grundrechtsträger aber zumutbar, schließlich ist auch die Möglichkeit der gerichtlichen Geltendmachung in der

---

[2047] *Beckmann*, UPR 2017, 335 (336) spricht von einem „signifikanten effizienten Beschleunigungselement".
[2048] Etwa: *VG Stuttgart*, Beschl. v. 17.11.2016 – 2 K 7147/16 = BeckRS 2016, 125169; *VG Freiburg*, Beschl. v. 21.07.2016 – 6 K 2024/16 = BeckRS 2016, 49567; *VG Karlsruhe*, Beschl. v. 12.02.2016 – 6 K 121/16 = BeckRS 2016, 42337; *VG Schwerin*, Beschl. v. 19.01.2016 – 2 B 3825/15 SN = BeckRS 2016, 41662; *VG München*, Beschl. v. 07.12.2015 – M 8 SN 15.3886 = BeckRS 2016, 44798; *VG Ansbach*, Beschl. v. 04.05.2015 – AN 9 S 15.00524 = BeckRS 2015, 46335; *VG München*, Beschl. v. 25.11.2014 – M 8 SN 14.4862 = BeckRS 2015, 43642.
[2049] *BVerfG*, Urt. v. 18.07.2005 – 2 BvR 2236/04 = NJW 2005, 2289.
[2050] *BVerfG*, Beschl. v. 16.05.1995 – 1 BvR 1087/91 = NJW 1995, 2477.

Hauptsache gem. § 74 VwGO auf einen Monat begrenzt. Dadurch wird dem Grundsatz der Rechtssicherheit Rechnung getragen, indem nach Ablauf der Klagefrist Bestandskraft eintritt und der öffentliche Verwaltungsakt damit eine gewisse[2051] Endgültigkeit besitzt. Zwar rechtfertigt diese Überlegung keine Befristung im Rahmen des einstweiligen Rechtsschutzes; denn unabhängig von der Entscheidung im einstweiligen Rechtsschutz wird jedenfalls in der Hauptsache über den Bestand des Verwaltungsaktes entschieden und somit mit Ablauf einer Befristung für den Antrag auf Anordnung der aufschiebenden Wirkung gerade keine Rechtssicherheit bzw. „Endgültigkeit" erzeugt. Allerdings wird die Rechtfertigung der zeitlichen Begrenzung hier durch das dringende Erfordernis der zeitnahen Schaffung von Flüchtlingsunterkünften erreicht.

Der Gesetzgeber hat die Möglichkeit einer derartigen verwaltungsprozessualen Befristung des vorläufigen Rechtsschutzes zweifelsohne gekannt. Immerhin hat er eine entsprechende Antragsbefristung durch das Asylverfahrensbeschleunigungsgesetz an anderer Stelle eingefügt. So heißt es in § 34a II und § 36 III AsylG, dass Anträge nach § 80 V 1 VwGO gegen die Abschiebungsanordnung bzw. die Abschiebungsandrohung innerhalb einer Woche nach Bekanntgabe zu stellen sind, wobei der Ausländer hierauf hinzuweisen ist. Es ist unklar, aus welchen Gründen der Gesetzgeber eine entsprechende Antragsbefristung im Rahmen der Sonderregelungen zur Flüchtlingsunterbringung ausgespart hat, während er sie im Zusammenhang mit der Abschiebungsanordnung und -androhung ins Asylgesetz einfügte. In der Literatur wird spekuliert, dass dies möglicherweise der schlechten Koordination der verschiedenen Ministerien geschuldet war, die unter enormem Zeitdruck an den unterschiedlichsten, jeweils nur ihr Resort betreffenden, komplexen Gesetzesänderungen des Artikelgesetzes gearbeitet haben.[2052] Jedenfalls muss sich der Gesetzgeber hier den rechtspolitischen Vorwurf unzureichender Rechtssetzung gefallen lassen, und zwar durch Unterlassen dieser notwendigen oder zumindest sinnvollen Regelungen trotz ihrer Erkennbarkeit ohne ersichtlichen Grund.

II. Reformvorschlag

Als Orientierung für einen dementsprechenden Reformvorschlag dienen dabei nicht nur die beiden asylrechtlichen Regelungen des § 34a II und § 36 III AsylG. Auch im Baurecht war in der Vergangenheit bereits eine Befristung des vorläufigen Drittrechtsschutzes vorgesehen. So heißt es in § 10 II 2, 3 des BauGB-Maßnahmengesetzes

---

[2051] Die Behörde kann den Verwaltungsakt gem. §§ 48, 49 Landes-VwVfG bei Vorliegen entsprechender Voraussetzungen aber auch nach Eintritt der Bestandskraft noch zurücknehmen oder widerrufen.
[2052] *Beckmann*, KommJur 2016, 366 (374); *Beckmann*, UPR 2017, 335 (336).

1993[2053], das im Zuge der Wiedervereinigung eine ähnliche Sachlage geregelt hat: „Der Antrag auf Anordnung der aufschiebenden Wirkung (§ 80a III 2 i.V.m. § 80 V 1 VwGO) kann nur innerhalb eines Monats nach Zustellung der Genehmigung gestellt werden. § 58 der Verwaltungsgerichtsordnung ist entsprechend anzuwenden." Die Sondervorschriften des § 246 VIII bis XVII BauGB sollten daher um einen weiteren Absatz mit folgendem Inhalt ergänzt werden:

„Der Antrag eines Dritten auf Anordnung der aufschiebenden Wirkung von Widerspruch oder Anfechtungsklage (§ 80a III 2 i.V.m. § 80 V 1 VwGO) gegen die bauaufsichtliche Zulassung einer Flüchtlingsunterkunft kann nur innerhalb eines Monats nach Bekanntgabe der Zulassung gestellt werden. Der Dritte ist hierauf hinzuweisen. § 58 der Verwaltungsgerichtsordnung ist entsprechend anzuwenden."

§ 26

Die Sonderregelungen im Wandel der Zeit – Wegfall oder Fortbestand ihrer Notwendigkeit?

Bleibt die Frage, ob die befristeten Sondervorschriften trotz einer veränderten Bedarfslage seit Anfang 2016 ihre Daseinsberechtigung über 2019 hinaus behalten und daher ihre Geltung verlängert werden sollte.[2054]

A. Änderung der Bedarfslage

Zu den Hochzeiten der Flüchtlingskrise zwischen Mitte 2014 und Anfang 2016 war die Statuierung der Absätze 8 bis 17 des § 246 BauGB dringend notwendig, um auf den enormen Anstieg an zeitnah zu schaffendem Unterbringungsraum für Flüchtlinge sachgerecht reagieren zu können; dazu wird auf die Ausführungen im ersten Kapitel Bezug

---

[2053] BGBl. I 1993 S. 622.
[2054] *Beckmann*, UPR 2017, 335 (341) lässt diese Frage ausdrücklich offen, wobei er aufgrund der „weltpolitischen Lage und der klimatischen Veränderungen" nicht erwartet, dass sich die Flüchtlingsproblematik und der damit einhergehende Unterbringungsbedarf bis zum Ablauf der Sondervorschriften erledigt haben wird.

genommen.[2055] Infolge der Schließung der sog. Balkanroute[2056] sowie aufgrund der veränderten politischen Rahmenbedingungen – hier spielt vor allem das Flüchtlingsabkommen mit der Türkei[2057] vom 18. März 2016 eine entscheidende Rolle, mit dem insbesondere die „illegale Migration" syrischer, afghanischer und irakischer Flüchtlinge aus der Türkei nachhaltig reduziert wurde – ist der Bedarf nach Unterkunftsplätzen für Flüchtlinge zurückgegangen. So standen bereits im Frühjahr 2016 bundesweit teilweise bis zu 50 Prozent der Unterbringungskapazitäten leer.[2058] In Ostdeutschland waren Erstaufnahmeeinrichtungen und Notunterkünfte in einigen Regionen sogar nur noch bis zu 20 Prozent belegt; als Grund für den überproportionalen Leerstand wird dabei die „entspannte Immobiliensituation" in den neuen Bundesländern genannt, die eine schnelle Verteilung der Flüchtlinge auf die verschiedenen Kommunen ermöglichte.[2059] Im weiteren Verlauf des Jahres 2016 nahm der Anteil an ungenutzten Kapazitäten in den Flüchtlingsheimen noch weiter zu[2060], sodass sich das Land Hessen als eines der ersten Bundesländer dazu veranlasst sah, mehr als die Hälfte seiner Erstaufnahmeeinrichtungen wieder zu schließen.[2061] In 2017 waren mancherorts sogar nur noch zwischen 30 und 40 Prozent der Heimplätze mit Flüchtlingen belegt.[2062] Dieser fortlaufende Bedarfsrückgang führte schließlich dazu, dass Anfang 2018 allein in Erstaufnahmeeinrichtungen und Sammelunterkünften der Länder mehr als 100.000 Plätze leer standen – und das ungeachtet der Tatsache, dass in vielen Bundesländern die vormals eilig geschaffenen Unterkünfte be-

---

[2055] Vgl. dazu auf S. 73 ff.
[2056] Zur Balkanroute und ihrer Schließung wird auf die Ausführungen auf S. 508 ff. verwiesen.
[2057] Einen Überblick zum EU-Türkei-Abkommen liefert der Artikel „Europa wird es schaffen" vom 18.03.2016, abrufbar unter: http://www.bamf.de/SharedDocs/Pressemitteilungen/DE/2016/2016 0405-016-pm-aufnahme-syrische-fluechtlinge.html?nn=1366068.
[2058] Viele Notunterkünfte stehen halb leer, in: Zeit Online, vom 20.03.2016, abrufbar unter: https://www.zeit.de/gesellschaft/zeitgeschehen/2016-03/fluechtlinge-erstaufnahmestellen-bundeslaender.
[2059] Viele Flüchtlingsunterkünfte stehen halbleer, in: Focus, vom 20.03.2016, abrufbar unter: https://www.focus.de/politik/deutschland/migration-bericht-viele-fluechtlingsunterkuenfte-stehen-halbleer_id_5372482.html.
[2060] *Hauser, Jan:* Zwei von drei Plätzen in der Erstaufnahme sind ungenutzt, in: Frankfurter Allgemeine, vom 02.09.2016, abrufbar unter: http://www.faz.net/aktuell/politik/fluechtlingskrise/weniger-fluechtlinge-fluechtlingsunterkuenfte-bleiben-leer-14416361.html.
[2061] Nach Rückgang der Zahlen: Hessen schließt Flüchtlingsunterkünfte, in: Frankfurter Allgemeine, vom 20.04.2016, abrufbar unter: http://www.faz.net/aktuell/rhein-main/hessen-schliesst-23-fluechtlingsunterkunfte-14189204.html.
[2062] Viel Leerstand in Flüchtlingsunterkünften, in: Süddeutsche Zeitung, vom 10.08.2017, abrufbar unter: https://www.sueddeutsche.de/news/politik/migration---potsdam-viel-leerstand-in-fluechtlings-unterkuenften-dpa.urn-newsml-dpa-com-20090101-170810-99-598210; Ungenutzte Unterkünfte kosten Hunderttausende, in: Zeit Online, vom 10.08.2017, abrufbar unter: https://www.zeit.de/gesellschaft/2017-08/fluechtlinge-unterkuenfte-leerstand-kosten; Nur jeder dritte Platz belegt: Leere Erstaufnahmelager bleiben für den Notfall, in: Frankfurter Allgemeine, vom 15.06.2017, abrufbar unter: http://www.faz.net/aktuell/rhein-main/hessen/hessens-erstaufnahmelager-bleiben-fuer-den-notfall-15061872.html.

reits deutlich reduziert worden waren.[2063] In einigen Regionen der Bundesrepublik sank die Belegungsquote in Flüchtlingsheimen dabei auf unter zehn Prozent.[2064] Seitdem stehen vielerorts Unterbringungseinrichtungen entweder komplett leer oder weisen nur eine marginale Ausnutzung auf. Im Laufe des Jahres 2018 stieg die Leerstandsquote dann nochmals an. Allein in Bayern waren zu diesem Zeitpunkt über 50.000 Unterkunftsplätze unbelegt.[2065] Die Auslastungsquote in den Flüchtlingsheimen rutschte im Bundesdurchschnitt auf unter 40 Prozent ab.[2066] Ein Bedarf, zeitnah bundesweit nochmals neue Unterkunftsplätze für Flüchtlinge zu schaffen, besteht aufgrund dieser rückläufigen Entwicklung der Belegzahlen jedenfalls nach derzeitigem Stand nicht (mehr).

B. Fortgeltung der Sonderregelungen durch eine Verlängerung der Befristung über 2019 hinaus

Gleichwohl stellt sich rechtspolitisch die Frage, ob eine Verlängerung der Befristung der Sondervorschriften über den 31.12.2019 hinaus – etwa um weitere fünf Jahre bis zum 31.12.2024 – dennoch sinnvoll wäre.

Für eine Fortgeltung der Sondervorschriften über 2019 hinaus könnte zunächst die Überlegung sprechen, dass auf diese Weise dafür Sorge getragen würde, dass die vorhandenen, auf Grundlage der Sonderregelungen zugelassenen und weiterhin benötigten Unterkünfte auch künftig auf einer sicheren Rechtsgrundlage stehen, sodass bauaufsichtliche Maßnahmen nachträglich gegen sie nicht in Betracht kommen. Dieser formale Ansatz trägt nicht. Er übersieht, dass der Schutz des Fortbestandes eines einmal genehmigten Vorhabens und die Verhinderung bauaufsichtlicher Maßnahmen bei späterem Wegfall der materiellen Zulassungsregelung bereits hinreichend über das Rechtsinstitut des passiven Bestandsschutzes abgesichert ist.

[2063] *Probst, Robert*: Wie plant man die Kapazität von Flüchtlingsheimen?, in: Süddeutsche Zeitung, vom 05.01.2018, abrufbar unter: https://www.sueddeutsche.de/politik/migration-wie-plant-man-die-kapazitaet-von-fluechtlingsheimen-1.3814099; Zu viele Plätze, zu wenig Wohnungen – 100.000 Flüchtlingsbetten ungenutzt, in: Spiegel Online, vom 04.01.2018, abrufbar unter: http://www.spiegel.de/politik/ausland/100-000-plaetze-in-fluechtlingsunterkuenften-ungenutzt-wohnraum-fehlt-a-1186128.html.
[2064] *Hennicke, Gabriele*: Im Flüchtlingsheim ist noch für viele Platz, in: Badische Zeitung, vom 13.01.2018, abrufbar unter: http://www.badische-zeitung.de/muenstertal/im-fluechtlingsheim-ist-noch-fuer-viele-platz--148164628.html.
[2065] Mehr als 50 000 freie Plätze in bayerischen Flüchtlingsunterkünften, in: Süddeutsche Zeitung, vom 18.06.2018, abrufbar unter: https://www.sueddeutsche.de/bayern/fluechtlinge-bayern-freie-unterkuenfte-1.4021382.
[2066] Zu viele Unterkünfte für immer weniger Flüchtlinge, in: Zeit Online, vom 13.04.2018, abrufbar unter: https://www.zeit.de/gesellschaft/zeitgeschehen/2018-04/fluechtlinge-asylbewerber-deutschland-anzahl-ruecklaeufig.

Es geht hier also um die Verlängerung des Zeitraums, bis zu dessen Ende im bauaufsichtlichen Verfahren von den materiellen und formellen Privilegierungen der Absätze 8 bis 16 des § 246 BauGB Gebrauch gemacht werden kann. Sowohl die Geltungsdauer einer entsprechenden Genehmigung – wie soeben dargelegt wurde und in § 246 XVII BauGB ausdrücklich klargestellt ist – als auch die Rechtswirkung der beiden gesetzlich geregelten Fälle der Anschlussnutzung i.S.v. § 246 XIII 3 HS. 1 BauGB und § 246 XIV 6 i.V.m. § 246 XIII 3 HS. 1 BauGB enden ohnehin nicht mit dem Ablauf des 31.12.2019. Im Koalitionsvertrag von 2018 zwischen *CDU*, *CSU* und *SPD* findet sich hierzu nichts.[2067] Auch wenn derzeit keine Notwendigkeit für die Schaffung neuer Unterkünfte besteht, weil wesentlich weniger Flüchtlinge das Bundesgebiet erreichen und gleichzeitig ein deutliches Überangebot an Unterbringungskapazitäten vorhanden ist, so könnte sich doch ein vorsichtiger Gesetzgeber davon leiten lassen, dass es „zumindest nicht schadet", wenn der Verwaltung mit den Sondervorschriften des § 246 VIII bis XVI BauGB vorsorglich die Handlungsmöglichkeiten verbleiben, um in einem künftigen Bedarfsfall schnell und im Rahmen geltender Gesetze handeln zu können. Dies erscheint gar nicht unplausibel vor dem Hintergrund, dass es sich jedenfalls beim „Notausnahmetatbestand"[2068] des § 246 XIV BauGB um eine echte Notfallregelung handelt. Denn wie es einem „Notfallplan" immanent ist, dass er nicht dauerhaft, sondern kurzfristig, ad hoc und unvorhergesehen eingreift, ist einer entsprechenden gesetzlichen Notfallregelung immanent, dass sie keine fortwährende Relevanz besitzen muss. Nicht nur die derzeit politisch sehr instabilen Beziehungen mit der Türkei legen nahe, dass neue Flüchtlingswellen jederzeit und auch sehr kurzfristig Realität werden könnten.[2069] So warten nach Informationen der deutschen Sicherheitsbehörden von 2017 über sechs Millionen Flüchtlinge an den Grenzen der Türkei, aber auch in Jordanien und Nordafrika, auf ihre Weiterreise nach Europa.[2070] Mit diesem Szenario warnte auch der russische Präsident die Bundesregierung im August 2018 vor neuen Fluchtbewegungen syrischer Flüchtlinge in der Türkei, in Jordanien und im Libanon.[2071] Auch die Grenzöffnung im Sudan, wo insbesondere Eritreer an einer Flucht in Richtung Norden gehindert werden, würde

---

[2067] Der Koalitionsvertrag von 2018 ist abrufbar auf der Homepage der *Bundesregierung* unter https://www.bundesregierung.de/resource/blob/975226/847984/5b8bc23590d4cb2892b31c987ad672b7/2018-03-14-koalitionsvertrag-data.pdf?download=1. Auch *Blechschmidt*, in: EZBK, BauGB, § 246 Rn. 52e führt aus, dass im Koalitionsvertrag von 2018 kein Bedarf für eine Verlängerung der Befristung geltend gemacht worden ist.

[2068] *Spannowsky*, in: BeckOK BauGB, § 246 Rn. 19.

[2069] So auch *Kment/Wirth*, ZfBR 2016, 748 (755).

[2070] Millionen wollen nach Europa, in: Süddeutsche Zeitung, vom 23.05.2017, abrufbar unter: http://www.sueddeutsche.de/news/politik/migration-millionen-wollen-nach-europa-dpa.urn-newsml-dpa-com-20090101-170523-99-563463.

[2071] *Fried, Nico*: Putin fordert Aufbauhilfe für Syrien, in: Süddeutsche Zeitung, vom 19.08.2018, abrufbar unter: https://www.sueddeutsche.de/politik/treffen-mit-merkel-putin-fordert-aufbauhilfe-fuer-syrien-1.4096792?reduced=true.

erneut zu einem enormen Anstieg der nach Europa flüchtenden Menschen führen.[2072] Neben der Veränderung politischer Rahmenbedingungen und der Bildung ständig neuer Fluchtrouten trägt vor allem auch die Entstehung neuer Fluchtursachen dazu bei, dass sich die Flüchtlingssituation mit dem damit einhergehenden Unterbringungsbedarf schlagartig wieder ändern könnte. So drängen mittlerweile auch aus westafrikanischen Staaten oder aus Libyen und Tunesien, die bisher nur als Transitländer für Flüchtlinge bekannt waren, (wieder) vermehrt Menschen nach Europa.[2073] Außerdem kann der latent schwelende Israel-Palästina-Konflikt dazu führen, dass auch aus dieser Region in absehbarer Zukunft hunderttausende Menschen Schutz vor Krieg und Terror suchen könnten.[2074] Hinzu kommt noch das Resettlement-Programm der Vereinigten Nationen.[2075] In dessen Rahmen hat die Bundesrepublik zugesagt, für die Jahre 2018/2019 insgesamt mehr als 10.000 besonders schutzwürdige Flüchtlinge aus Camps in Niger und der Türkei aufzunehmen.[2076] Obwohl sich die weltweite Flüchtlingssituation im Vergleich zu den Jahren 2014 und 2015 insgesamt also kaum verbessert hat und sich auch der weitere Ausblick kaum positiver gestaltet, scheidet doch eine Verlängerung der Befristung über 2019 hinaus aus mehreren Gründen aus.

Zum einen ist davon auszugehen, dass ein vergleichbarer Unterbringungsbedarf in Deutschland wie zu Zeiten der Schaffung der Sonderregelungen für Flüchtlingsunterkünfte in der Zukunft so wohl nicht mehr entstehen wird: denn Europa ist für Flüchtlinge mittlerweile weitgehend abgeriegelt, sodass auch eine etwaige Verschlechterung der politischen Beziehungen mit der Türkei vergleichbare Zustände wie in den Jahren 2014 und 2015 nicht befürchten lassen. An der südöstlichen EU-Außengrenze wird dies in erster Linie über die Schließung der sog. Balkanroute erreicht. Als „Balkanroute" werden Reisewege zwischen dem Nahen Osten und Europa bezeichnet, die über die südosteuropäische Halbinsel verlaufen, auf der Griechenland, Bulgarien, Serbien, Bosnien und

---

[2072] *Neumaier, Rudolf*: Pjöngjang? Freilassing!, in: Süddeutsche Zeitung, vom 06.02.2018, abrufbar unter: https://www.sueddeutsche.de/kultur/fluechtlinge-in-deutschland-pjoengjang-freilassing-1.3 854469.
[2073] *Meiler, Oliver / Krüger, Paul-Anton*: Die Libyer flüchten jetzt selber, in: Süddeutsche Zeitung, vom 30.01.2018, abrufbar unter: https://www.sueddeutsche.de/politik/mittelmeer-libyer-fluechten-jetzt-selber-1.3845218.
[2074] *Föderl-Schmid, Alexandra*: Warnung vor neuer Flüchtlingswelle, in: Süddeutsche Zeitung, vom 21.01.2018, abrufbar unter: https://www.sueddeutsche.de/politik/un-hilfswerk-warnung-vor-neuer-fluechtlingswelle-1.3834771.
[2075] Das Resettlement-Programm ist ein Programm des UN-Flüchtlingskommissars zur Neuansiedlung von besonders schutzbedürftigen Geflüchteten in einem Drittland. Die Europäische Union will bis Oktober 2019 insgesamt 50.000 Resettlement-Plätze schaffen.
[2076] *Kastner, Bernd*: "Es ist wie ein Lotteriespiel" – Interview mit *Nina Klofac*, in: Süddeutsche Zeitung, vom 18.11.2018, abrufbar unter: https://www.sueddeutsche.de/politik/asyl-migration-fluechtlinge-1.4216320.

Herzegowina, Albanien, Mazedonien, Montenegro und Kosovo liegen.[2077] Dabei werden in aller Regel zwei (Haupt-)Routen unterschieden.[2078] Während die Ostbalkanroute über den Landweg von der Türkei nach Bulgarien und Rumänien und von dort über Serbien nach Ungarn und Österreich verläuft, führt die Westbalkanroute über den Seeweg von der Türkei über die küstennahen griechischen Ägäis-Inseln auf das griechische Festland und von dort über Mazedonien und Serbien nach Ungarn und Österreich.[2079] Seit der Schließung der ungarischen Grenze führen die Hauptrouten allerdings nicht mehr über Ungarn, sondern von Serbien über Kroatien und Slowenien nach Österreich. Die schrittweise Schließung eben dieser Balkanroute hat schon im Jahr 2014 begonnen, nachdem Bulgarien als Reaktion auf den anschwellenden Flüchtlingsstrom damit begonnen hatte, einen Teil seiner Grenze zur Türkei mit einem 30 Kilometer langen Zaun zu sichern.[2080] Auf diese Weise sollte der schieren Masse an illegal einreisenden Menschen aus der benachbarten Türkei Einhalt geboten werden. Der Plan ging weitestgehend auf; der Flüchtlingsstrom verlagerte sich daraufhin von der Ostbalkanroute auf die Westbalkanroute.[2081] In der Folgezeit errichtete auch Ungarn für über 400 Millionen Euro eine 175 Kilometer lange Grenzsicherungsanlage an der süd-östlichen Schengen-Grenze zu Serbien und Kroatien, die im September 2015 fertiggestellt wurde.[2082] Anfang März 2016 schloss dann nach Slowenien, Kroatien und Serbien auch Mazedonien seine Grenze zu Griechenland für Flüchtlinge und andere Migranten. Seitdem gilt die Balkanroute „offiziell" als geschlossen.[2083] Damit endeten zumindest einmal die staatlichen Transporte der Flüchtlinge, die die Anrainerstaaten der Balkanroute mit Bussen von ihrer jeweils südlichen Landesgrenze zu ihrer jeweils nördlichen Landesgrenze durchführten; zudem wurden seitdem hunderte Kilometer an Grenzsicherungsanlagen errichtet.

[2077] Was ist eigentlich die Balkanroute?, in: Handelsblatt, vom 03.04.2016, abrufbar unter: https://orange.handelsblatt.com/artikel/5926.

[2078] Daneben gibt es noch zahlreiche kleinere Nebenrouten.

[2079] *Bädorf, Marc / Ondreka, Lukas*: Die gefährlichen Alternativen zur Westbalkan-Route, in: Süddeutsche Zeitung, vom 25.02.2016, abrufbar unter: https://www.sueddeutsche.de/politik/fluechtlingskrise-die-gefaehrlichen-alternativen-zur-westbalkan-route-1.2880063; *Macho, Andreas*: "Hier herrscht das Gesetz des Dschungels!", in: Zeit Online, vom 14.05.2017, abrufbar unter: https://www.zeit.de/2017/20/balkanroute-flucht-oesterreich-fluechtlinge-eu.

[2080] *Martens, Michael*: Bulgarien kämpft gegen Flüchtlingswelle, in: Frankfurter Allgemeine, vom 20.09.2014, abrufbar unter: http://www.faz.net/aktuell/politik/ausland/eu-aussengrenze-bulgarien-kaempft-gegen-fluechtlingswelle-13162853.html.

[2081] *Reimann, Anna*: Flüchtlinge auf dem Balkan – Die Chaos-Route, in: Spiegel Online, vom 20.10.2015, abrufbar unter: http://www.spiegel.de/politik/ausland/fluechtlinge-auf-der-balkan-route-die-wichtigsten-antworten-a-1058650.html.

[2082] Orbán will von Brüssel 400 Millionen für Grenzzaun, in: Frankfurter Allgemeine, vom 31.08.2017, abrufbar unter: http://www.faz.net/aktuell/politik/ausland/bruessel-soll-400-millionen-fuer-orbans-grenzzaun-zahlen-15177887.html.

[2083] *Pantel, Nadia*: Endstation Niemandsland, in: Süddeutsche Zeitung, vom 26.07.2016, abrufbar unter: https://www.sueddeutsche.de/politik/serbien-endstation-niemandsland-1.3095462.

Eine vollständige Schließung der Balkanroute ist damit aber gleichwohl nicht erfolgt.[2084] Seit Jahresbeginn 2018 versuchen auch wieder vermehrt Menschen über die Balkanroute nach Europa zu gelangen. Nach Mitteilung des Bundesinnenministeriums werden an nahezu allen Grenzabschnitten der Westbalkanstaaten mit steigender Tendenz illegale Grenzübertritte festgestellt.[2085] Dabei hat sich eine „neue" Westbalkanroute herausgebildet, die von Griechenland entlang der Adria über Albanien und Montenegro nach Bosnien und Herzegowina führt. Dort warten die Flüchtlinge dann auf eine Chance, unentdeckt nach Kroatien und von dort nach Slowenien und damit in den Schengen-Raum zu gelangen.[2086] Allerdings – und dies ist der entscheidende Punkt – liegen die Flüchtlingszahlen auf der „neuen" Balkanroute deutlich unter denen aus den Jahren 2014 bis 2016, als die Grenzen nach Europa zwischenzeitlich komplett geöffnet und die Flüchtlinge mit Bussen durch die Anrainerstaaten der Balkanroute in Richtung Norden gebracht wurden.[2087] Als Reaktion auf die offizielle Schließung der Westbalkanroute und der Furcht vor einem erneuten Flüchtlingsansturm über die Ostbalkanroute verlängerte in der Folge auch Bulgarien seinen bereits zu Teilen errichteten Grenzzaun zur Türkei.[2088] Obendrein wird die südöstliche EU-Außengrenze künftig mit Hilfe des europäischen „Grenzmanagements" und auf Grundlage politischer Vereinbarungen noch weiter abgeschottet. Die EU-Kommission hatte vorgeschlagen, die Europäische Agentur für die Grenz- und Küstenwache, kurz Frontex, personell aufzustocken und das Mandat auch auf den Einsatz in Drittstaaten auszuweiten.[2089] Voraussetzung dafür sind entsprechende Statusabkommen mit den Drittstaaten. Albanien ist dabei das erste Land, mit dem die Europäische Union eine entsprechende Vereinbarung unterzeichnet hat.[2090] Auf

---

[2084] *Specht, Frank*: Die Mär von der geschlossenen Balkanroute, in: Handelsblatt, vom 07.07.2017, abrufbar unter: https://www.handelsblatt.com/politik/deutschland/fluechtlinge-die-maer-von-der-geschlossenen-balkanroute/20034068.html?ticket=ST-715553-eXKFlzRmBwarzVgL5LyS-ap4.

[2085] *Klingst, Martin*: Der neue, alte Weg, in: Zeit Online, vom 29.05.2018, abrufbar unter: https://www.zeit.de/2018/23/balkanroute-fluechtlinge-asyl-landweg-europa.

[2086] *Münch, Peter*: Der Balkan wird für Flüchtlinge zur Sackgasse, in: Süddeutsche Zeitung, vom 24.06.2018, abrufbar unter: https://www.sueddeutsche.de/politik/fluechtlinge-sackgasse-balkan-1.4026530.

[2087] *Unger, Christian*: Der Fluchtweg der Vergessenen: Besuch an der Balkan-Route, in: Westdeutsche Allgemeine Zeitung, vom 05.10.2018, abrufbar unter: https://www.waz.de/politik/der-fluchtweg-der-vergessenen-besuch-an-der-balkan-route-id215487661.html; *Münch, Peter*: Der Balkan wird für Flüchtlinge zur Sackgasse, in: Süddeutsche Zeitung, vom 24.06.2018, abrufbar unter: https://www.sueddeutsche.de/politik/fluechtlinge-sackgasse-balkan-1.4026530.

[2088] Flüchtlinge und Balkanroute, in: Handelsblatt, vom 10.03.2016, abrufbar unter: https://www.handelsblatt.com/politik/international/fluechtlinge-und-balkanroute-bulgarien-verlaengert-bereits-einen-zaun/13075402-2.html.

[2089] *Monroy, Matthias*: Frontex zementiert die Schließung der "Balkanroute", in: heise online, vom 25.10.2018, abrufbar unter: https://www.heise.de/tp/features/Frontex-zementiert-die-Schliessung-der-Balkanroute-4201850.html.

[2090] Frontex soll in Albanien eingesetzt werden, in: Zeit Online, vom 05.10.2018, abrufbar unter: https://www.zeit.de/politik/ausland/2018-10/grenzueberwachung-albanien-frontex-europaeische-union-fluechtlinge.

diese Weise sollen die nationalen Grenzkontrollen der Drittstaaten verstärkt und damit der Schutz der europäischen Außengrenzen auf das Gebiet außerhalb der Europäischen Union vorverlagert werden. Für ähnliche Vereinbarungen mit Mazedonien und Serbien liegen bereits Entwürfe vor, weitere sollen mit Bosnien und Herzegowina sowie mit Montenegro folgen.[2091] Aber nicht nur die südöstliche EU-Außengrenze ist faktisch weitgehend abgeriegelt worden. Auch an der südwestlichen Außengrenze zu Marokko werden mittlerweile politische Maßnahmen ergriffen, um eine Migration von afrikanischen Flüchtlingen über Spanien nach Europa zu erschweren. Für 2018 hat die Europäische Union den nordafrikanischen Staaten Marokko und Tunesien insgesamt 55 Millionen Euro an Finanzhilfen zugesagt, damit diese ihre Grenzen besser schützen und den neuen Flüchtlingsströmen im Auftrag der Union schon auf afrikanischem Boden entgegentreten.[2092] Schließlich werden mittlerweile auch die EU-Außengrenzen der übrigen Mittelmeeranrainerstaaten systematisch abgeschottet. So hat insbesondere Italien seit dem Wahlsieg von *Lega Nord* und *Cinque Stelle* vor allem seine Häfen für Flüchtlinge fast vollständig geschlossen.[2093] Aufgrund des aufgezeigten deutlichen Rückgangs der Flüchtlingszahlen und damit verbunden des Bedarfs an zeitnah zu schaffendem neuen Unterbringungsraum ist die zwingende Notwendigkeit der Sondervorschriften weggefallen und damit auch ein wesentlicher Rechtfertigungsgrund für die mit § 246 VIII bis XVII BauGB verbundenen Beeinträchtigungen der Rechte und Belange betroffener Dritter und für die bauplanungsrechtliche Systematik.

Neben dieser politischen Bewertung und ihrer rechtlichen Konsequenzen ist eine Verlängerung der Befristung der Sonderregelungen über 2019 hinaus auch noch aus anderen Gründen abzulehnen. Das für eine Verlängerung sprechende Argument, dass der Gesetzgeber der Verwaltung mit dem Fortbestand der Sondervorschriften über den 31.12.2019 hinaus die erörterten Handlungsmöglichkeiten im Bedarfsfall offenhalten möchte, kann vor allem durch die auf einen „Reservenaufbau" beruhende Handlungspraxis der Unterbringungsverpflichteten weitestgehend relativiert werden. Danach werden künftig für einen etwaigen kurzfristigen und schwer vorhersehbaren Anstieg der

---

[2091] *Monroy, Matthias*: Frontex zementiert die Schließung der "Balkanroute", in: heise online, vom 25.10.2018, abrufbar unter: https://www.heise.de/tp/features/Frontex-zementiert-die-Schliessung-der-Balkanroute-4201850.html.

[2092] *Louven, Sandra / Hanke, Thomas*: Endstation Pyrenäen – Frankreich reagiert hart auf Flüchtlingsroute durch Spanien, in: Handelsblatt, vom 06.08.2018, abrufbar unter: https://www.handelsblatt.com/politik/international/grenzkontrollen-endstation-pyrenaeen-frankreich-reagiert-hart-auf-fluechtlingsroute-durch-spanien/22883374.html?ticket=ST-2178653-wB572Tjwa66do9SxwNUX-ap4.

[2093] Häfen geschlossen: Italiens harte Linie in der Flüchtlingskrise, in: Frankfurter Allgemeine, vom 12.06.2018, abrufbar unter: http://www.faz.net/aktuell/politik/ausland/fluechtlingskrise-italien-laesst-haefen-geschlossen-15635282.html.

Fluchtbewegungen Teile der vorhandenen und derzeit nicht benutzten Unterkünfte „passiv" vorgehalten, die bei Bedarf in angemessener Zeit aktiviert werden können. Auf diese Weise können Engpässe in der Anfangsphase einer Flüchtlingswelle weitgehend problemlos überbrückt werden.[2094] Für den spontan entstehenden Bedarf im Falle einer neuen Flüchtlingswelle stehen bundesweit Reserveunterkünfte mit einer hinreichenden Zahl an Unterbringungsplätzen bereit.[2095] Hinzu kommen die seit 2014 gewonnenen praktischen Erfahrungen bei der Flüchtlingsunterbringung, die ebenfalls dazu beitragen, dass die vorhandenen Unterkünfte erheblich besser genutzt werden und ein vergleichbarer Unterbringungsnotstand wie der, der zu den beiden BauGB-Flüchtlingsnovellen geführt hat, auch deshalb künftig nicht wieder zu erwarten sein dürfte.[2096] Mittel- sowie längerfristig wird – und da ist *Blechschmidt* vorbehaltlos zuzustimmen – die „Flüchtlingsunterbringung ebenso wie die Schaffung von Wohnraum eine Herausforderung sein, die im Interesse einer nachhaltigen städtebaulichen Entwicklung in erster Linie planerisch zu bewältigen ist."[2097] Auch deswegen kann auf eine Fortgeltung der die Zulassungsebene betreffenden Sonderregelungen des § 246 VIII bis XVI BauGB über 2019 hinaus verzichtet werden. Sofern schließlich trotz alledem für unvorhersehbare Notfallsituationen Privilegierungen gegenüber den allgemeinen bauplanungsrechtlichen Regelungen auf Zulassungsebene erforderlich sein sollten, kann nach dem 31.12.2019 für Vorhaben der Flüchtlingsunterbringung immerhin wieder auf die Bund-Länder-Klausel des § 37 BauGB zurückgegriffen werden. Diese wird bis zum 31.12.2019 von der Generalklausel des § 246 XIV BauGB als lex specialis verdrängt, wie sich aus der Regelung des Satz 9 Halbsatz 2 dieser Vorschrift ergibt. Gleichzeitig hat der Gesetzgeber mit dieser Regelung klargestellt, dass es sich bei Flüchtlingsunterkünften um Vorhaben mit einer besonderen Zweckbestimmung i.S.d. § 37 I BauGB handelt; als rein klarstellende Regelung beansprucht diese auch über den 31.12.2019 hinaus Wirkung.[2098] Damit steht ab dem 01.01.2020 zwar nicht den Gemeinden und Landkreisen, aber – mittlerweile immerhin unstreitig – den Ländern als Unterbringungsverpflichteten eine

---

[2094] Nur jeder dritte Platz belegt: Leere Erstaufnahmelager bleiben für den Notfall, in: Frankfurter Allgemeine, vom 15.06.2017, abrufbar unter: http://www.faz.net/aktuell/rhein-main/hessen/hessens-erstaufnahmelager-bleiben-fuer-den-notfall-15061872.html; Nach Rückgang der Zahlen: Hessen schließt Flüchtlingsunterkünfte, in: Frankfurter Allgemeine, vom 20.04.2016, abrufbar unter: http://www.faz.net/aktuell/rhein-main/hessen-schliesst-23-fluechtlingsunterkuenfte-14189204.
[2095] Derartige Reserveunterkünfte finden sich im Freistaat Bayern etwa in München, Donauwörth und Deggendorf. Vgl. dazu auch: Mehr als 50 000 freie Plätze in bayerischen Flüchtlingsunterkünften, in: Süddeutsche Zeitung, vom 18.06.2018, abrufbar unter: https://www.sueddeutsche.de/bayern/fluechtlinge-bayern-freie-unterkuenfte-1.4021382.
[2096] *Blechschmidt*, in: EZBK, BauGB, § 246 Rn. 52e.
[2097] *Blechschmidt*, in: EZBK, BauGB, § 246 Rn. 52e. So im Ergebnis auch *Scheidler*, NVwZ 2015, 1406 (1410).
[2098] Vgl. dazu im Rahmen der Einzeldarstellung des § 246 XIV BauGB im fünften Kapitel auf S. 249 f.

Privilegierungsvorschrift auf Zulassungsebene für die Schaffung von Flüchtlingsunterkünften in Notfallsituationen zur Verfügung. Aus all diesen Gründen muss die Befristung der Sonderregelungen über den 31.12.2019 hinaus nicht verlängert werden.

Zusammenfassung

Angela Merkel, die Kanzlerin, sollte am Ende Recht behalten: „Wir schaffften das" – zumindest was die zeitnahe und menschenwürdige Unterbringung der Flüchtlinge angeht. Mit den allgemeinen bauplanungsrechtlichen Regelungen wäre dies nicht gelungen, weshalb die Schaffung von Sondervorschriften gesetzgeberisch notwendig war. Die Privilegierungstatbestände des § 246 VIII bis XVII BauGB sind durchweg mit dem Grundgesetz vereinbar und verstoßen auch nicht gegen höherrangiges Europarecht. Sie fügen sich auch weitgehend in die bestehende bauplanungsrechtliche Systematik ein; sofern sie das System durchbrechen, ist dies aus den im achten Kapitel dargestellten Gründen hinnehmbar. Und abgesehen von den kleinen regelungstechnischen Ungenauigkeiten, die noch ausgebessert werden könnten, ist dem Gesetzgeber mit den Absätzen 8 bis 17 des § 246 BauGB insgesamt ein guter Kompromiss[2099] gelungen, der sich im Ergebnis als praktikabel und zweckmäßig erwiesen hat.[2100]

Dabei standen sich grundsätzlich zwei unterschiedliche Positionen gegenüber, die es weitestgehend in Einklang zu bringen galt. Auf der einen Seite mussten weitreichende Regelungen geschaffen werden, mit deren Hilfe man kurzfristig dem enorm angestiegenen Bedarf an Flüchtlingsunterkünften gerecht werden konnte, weil es diesbezüglich überhaupt keine „Reserven" an Unterbringungskapazitäten gab, auf die man zu Beginn der Krise hätte zurückgreifen können. Auf der anderen Seite durften die Neuregelungen nur soweit in die grundrechtlich geschützten Positionen der anderen Beteiligten eingreifen, wie dies verfassungsrechtlich noch gerechtfertigt werden konnte; gleichzeitig sollten die Neuregelungen so wenig wie möglich in die bauplanungsrechtliche Systematik eingreifen und möglichst geringe städtebauliche Spannungen erzeugen. Letzteres lässt sich nach aller Erfahrung am besten durch eine geordnete städtebauliche Planung mit umfassender Abwägung und einer entsprechenden örtlichen Anordnung der jeweiligen Nutzungen erreichen; mit der dem Planverfahren immanenten Öffentlichkeitsbeteiligung wird die Akzeptanz umstrittener Vorhaben in der Bevölkerung unterstützt bzw. gesteigert, weil die Bürger hierbei die Möglichkeit bekommen, sich aktiv zu engagieren

---

[2099] Die „Suche nach dem Kompromiss" ist das wohl zentrale Bestreben des modernen Gesetzgebers. Dies hat immer wieder zu massiver Kritik geführt; so etwa die Themenbeschreibung des *65. Deutschen Juristentages* vom 23.09.2004, in der es heißt, die Legislative suche gegenwärtig „eher den eiligen Kompromiss als das folgerichtige System, eher den gegenwärtigen Ausgleich als die dauerhafte Struktur, eher die Lösung des aktuellen Problems." Vgl. dazu *Emmenegger*, Gesetzgebungskunst, S. 1.

[2100] So auch das Fazit von *Blechschmidt*, in: EZBK, BauGB, § 246 Rn. 52a, 52d. Anders *Roeser*, in: Berliner Kommentar zum BauGB, § 246 Rn. 1, der die beiden BauGB-Flüchtlingsnovellen als „panischen Aktionismus" und „gesetzgeberische Schnellschüsse" abtut.

und zu beteiligen und so – zumindest eindrucksmäßig – nicht „über ihren Kopf hinweg" entschieden wird. Bei diesem Vorgehen hätte es freilich Monate bis Jahre gedauert, bis rein planerisch die ersten Flüchtlingsunterkünfte hätten entstehen können. So viel Zeit hatten alle Unterbringungsverpflichteten in der Hochphase der Flüchtlingszuwanderung in den Jahren 2014 bis 2016 aber nicht. Um also die Schaffung von Unterkünften in möglichst kurzer Zeit und in großer Zahl zu realisieren, kamen nur privilegierende Regelungen auf Zulassungsebene in Betracht, also Erleichterungen der bodenrechtlichen Zulassung in den drei Gebietskulissen der §§ 29 ff. BauGB; nur so hatte eine rasche Entspannung der Situation überhaupt Aussicht auf Erfolg. Eine Bewältigung auf Planungsebene und diesbezügliche Erleichterungen waren im Zeitpunkt der Schaffung der Sonderregelungen für alle Verantwortlichen schlichtweg nicht praktikabel. Auf der anderen Seite hat der Gesetzgeber auch die Beeinträchtigungen der grundrechtlich geschützten Belange der anderen Beteiligten sowie die bauplanungsrechtlichen Spannungen so gering wie möglich gehalten. Insbesondere hat er dort, wo er jeweils sehr tiefe Eingriffe vorgesehen hat, mithilfe der sog. Rückbauverpflichtung sichergestellt, dass zumindest für die Zukunft – nach Aufgabe der Nutzung als Flüchtlingsunterkunft – keine „Altlasten" aus der Zeit verbleiben, in der derartige Einschnitte dringend erforderlich waren. Diese tatbestandliche Eingrenzung bildet nicht nur ein Argument – im Rahmen der verfassungsmäßigen Verhältnismäßigkeitsprüfung – zur Rechtfertigung von Eingriffen in die gemeindliche Planungshoheit oder in das nachbarliche Eigentumsgrundrecht, sondern sie trägt auch dazu bei, städtebauliche und gesetzessystematische Spannungen aufzulösen, die mit den Sonderregelungen für Flüchtlingsunterkünfte verbunden sind. Das gleiche Prinzip steht hinter der gesetzlichen Statuierung der vorhabenbezogenen Befristungen, mit denen der Gesetzgeber dafür gesorgt hat, dass Durchbrechungen und Beeinträchtigungen von Grundregeln zugunsten der Flüchtlingsunterbringungen von vornherein auf maximal drei Jahre begrenzt werden. Darüber hinaus wurden sämtliche Sonderregelungen bis zum 31.12.2019 befristet; danach kann von ihnen kein Gebrauch mehr gemacht werden. Schließlich wurde den Kommunen in den Gesetzesmaterialien auch für die Zulassungsebene ausdrücklich die Durchführung bauleitplanerischer Komponenten angeraten, was zu einem weiteren Ausgleich der gegensätzlichen Positionen geführt hat. Zum einen kann die Akzeptanz in der Bevölkerung mit Hilfe einer sog. informellen Öffentlichkeitsbeteiligung gesteigert werden. Zum anderen sollten die Kommunen im Hinblick auf spätere Nachnutzungen bauleitplanerisch nachsteuern, insbesondere wenn im Anschluss eine dauerhafte Wohnnutzung ermöglicht werden soll. Denn nach Zulassung der Flüchtlingsunterkunft auf Grundlage der Sondervorschriften kann der weitere Zulässigkeitsmaßstab nach den allgemeinen Vorschriften durch die Aufstellung eines Bebauungsplans nachträglich angepasst werden. Dadurch haben die Kommunen in einer Phase, in der die Flüchtlinge bereits untergebracht sind und somit keine Eile mehr geboten ist, die Möglichkeit, im Wege der Bauleitplanung eine geänderte Grundlage für die Beurteilung der Zulässigkeit des Vorhabens mit dauerhafter Wirkung bzw. mit einer entsprechenden Anschlussnutzung zu schaffen.

Eine Verlängerung der Befristung und somit eine Fortgeltung der Sondervorschriften über 2019 hinaus bedarf es nicht. Dazu ist zu berücksichtigen, dass sowohl die Geltungsdauer einer entsprechenden Genehmigung als auch die Rechtswirkungen der beiden gesetzlich geregelten Fälle der Anschlussnutzung nicht mit dem Ablauf des 31.12.2019 enden. Der Rückgang der Flüchtlingszahlen in der Bundesrepublik hat dazu geführt, dass mittlerweile in erheblichem Umfang Unterkunftsreserven aufgebaut werden konnten. Mit einem erneuten dramatischen Anstieg ist politisch derzeit nicht zu rechnen. Sollten in Zukunft wider Erwarten doch erneut derart weitreichende Sondervorschriften auf Zulassungsebene nach dem Vorbild des § 246 VIII bis XVII BauGB erforderlich werden, muss der Gesetzgeber wieder tätig werden. Dass er dazu innerhalb kürzester Zeit in der Lage ist, hat er 2014 und 2015 ja bereits bewiesen.

Literaturverzeichnis

Augustin, Julian: Die Beschlagnahme leer stehender privater Wohnungen und Liegenschaften zur Unterbringung von Flüchtlingen und Asylbegehrender
in: BauR 2015, 1934

Bader, Johann / Ronellenfitsch, Michael: Beck'scher Online-Kommentar VwVfG, 33. Edition, München, 2016

Bäcker, Matthias: Anmerkung zum Urteil des BVerfG in Sachen „Rauchverbot" vom 30.07.2008 – 1 BvR 3262/07
in: DVBl 2008, 1180

Battis, Ulrich / Krautzberger, Michael / Löhr, Rolf-Peter: Baugesetzbuch Kommentar, 13. Auflage, München, 2016

Battis, Ulrich / Mitschang, Stephan / Reidt, Olaf: Das Flüchtlingsunterbringungs-Maßnahmengesetz 2015
in: NVwZ 2015, 1633

dies.: Das Gesetz über Maßnahmen im Bauplanungsrecht zur Erleichterung der Unterbringung von Flüchtlingen
in: NVwZ 2014, 1609

Beckmann, Klaus: Die diversen gesetzlichen Mängel in den beiden BauGB-Flüchtlingsnovellen als integrale Bestandteile der Sonderregelungen des § 246 BauGB
in: UPR 2017, 335

ders.:	Kritische bauplanungsrechtliche Gesamtschau über Flüchtlingsunterkünfte – Teil 1 in: KommJur 2016, 321
ders.:	Kritische bauplanungsrechtliche Gesamtschau über Flüchtlingsunterkünfte – Teil 2 in: KommJur 2016, 366
Berkemann, Jörg / *Halama, Günter:*	Erstkommentierungen zum BauGB 2004, 1. Auflage, Bonn, 2005
Bettermann, Karl August:	Zur Verfassungsbeschwerde gegen Gesetze und zum Rechtsschutz des Bürgers gegen Rechtssetzungsakte der öffentlichen Gewalt in: AöR 86 (1961), 129
Bienek, Heinz:	BauGB-Novellen 2014/2015 zur Unterbringung von Flüchtlingen in: DÖV 2017, 584
ders.:	Das Asylverfahrensbeschleunigungsgesetz 2015 aus bauplanungsrechtlicher Sicht in: SächsVBl 2016, 73
ders.:	Die BauGB-Novelle 2014 zur Erleichterung der Unterbringung von Flüchtlingen und Asylbegehrenden in: SächsVBl 2015, 129
Bienek, Heinz / *Reidt, Olaf:*	Bauplanungsrechtliche Fragen im Zusammenhang mit der Unterbringung von Flüchtlingen und Asylbegehrenden in: BauR 2015, 422

Blechschmidt, Rolf / *Reidt, Olaf:*	Vorhaben zur Unterbringung von Flüchtlingen – und danach? in: BauR 2016, 934
Bleicher, Rolf / *Bunzel, Arno /* *Finkeldei, Jörg /* *Fuchs, Tine /* *Klinge, Werner:*	Baurecht Kommentar, 128. Aktualisierung, Köln, 2016
Bönker, Christian / *Bischopink, Olaf:*	Baunutzungsverordnung Kommentar, Baden-Baden, 2014
Brandt, Edmund / *Willmann, Sebastian:*	Rechtsgutachtliche Stellungnahme zur Abweichungsregelung des § 246 XIV BauGB, März 2016 abrufbar unter: http://feldmark.info/wp-content/uploads/2016/01/160428-Rechtsgutachtliche-Stellungnahme-zur-Abweichungsregelung-des-246-Abs.-14-Baugesetzbuch-BauGB.pdf
Brügelmann, Hermann:	Baugesetzbuch Kommentar, 106. Aktualisierung, Stuttgart, 2018
Bulla, Simon:	Das Verfassungsprinzip der Folgerichtigkeit und seine Auswirkungen auf die Grundrechtsdogmatik in: ZJS 2008, 585
Bullinger, Martin:	Ungeschriebene Kompetenzen im Bundesstaat in: AöR 96 (1971), 237

Bumke, Christian:	Die Pflicht zur konsistenten Gesetzgebung – Am Beispiel des Ausschlusses der privaten Vermittlung staatlicher Lotterien und ihrer bundesverfassungsgerichtlichen Kontrolle in: Der Staat 49 (2010), 77
Bydlinski, Franz:	Juristische Methodenlehre und Rechtsbegriff, 2. Auflage, Wien, 2011
Calliess, Christian / Ruffert, Matthias:	Das Verfassungsrecht der Europäischen Union mit Europäischer Grundrechtecharta, 5. Auflage, München, 2016
Dippel, Martin:	Das gemeindliche Einvernehmen gem. § 36 BauGB in der jüngeren Rechtsprechung – alle Fragen schon geklärt? in: NVwZ 2011, 769
Dombert, Matthias:	Flüchtlingsunterbringung und Ordnungsbehördenrecht – Zu den rechtlichen Voraussetzungen der Inanspruchnahme privaten Wohnraums in: LKV 2015, 529
Drasdo, Michael:	Obdach kraft Beschlagnahme? Immobilienrechtliche Perspektiven in: NJW-Spezial 2016, 33
Dreier, Horst:	Grundgesetz Kommentar, Band I, 3. Auflage, Tübingen, 2013
Durner, Wolfgang:	Anmerkung zu VG Hamburg, Beschl. v. 28.10.2015 – 7 E 5333/15 – Errichtung einer Flüchtlingsunterkunft nach Ordnungsrecht? in: DVBl 2015, 1605

Emmenegger, Sigrid:	Gesetzgebungskunst: Gute Gesetzgebung als Gegenstand einer legislativen Methodenbewegung in der Rechtswissenschaft um 1900 – Zur Geschichte der Gesetzgebungslehre, Tübingen, 2006
Engelhardt, Hanns / Schlicht, Johannes:	Bundesimmissionsschutzgesetz – Kommentar, 4. Auflage, Köln, 1997
Epping, Volker:	Grundrechte, 6. Auflage, Heidelberg, 2015
Epping, Volker / Hillgruber, Christian:	Beck'scher Online-Kommentar Grundgesetz, 33. Edition, München, 2016
Ernst, Werner / Zinkahn, Willy / Bielenberg, Walter / Krautzberger, Michael:	Baugesetzbuch Kommentar, 130. Ergänzungslieferung, München, 2018
Erwe, Helmut:	Ausnahmen und Befreiungen im öffentlichen Baurecht, Bonn, 1986
Ewer, Wolfgang / Mutschler-Siebert, Annette:	Die Unterbringung von Flüchtlingen – Bau-, ordnungs- und vergaberechtliche Aspekte in: NJW 2016, 11
Fachkommission Städtebau:	Hinweise zur bauplanungsrechtlichen Beurteilung von Standorten für Unterkünfte von Flüchtlingen und Asylbegehrenden in den verschiedenen Gebietskulissen, beschlossen am 15.12.2015 abrufbar unter: www.bauministerkonferenz.de
Ferner, Hilmar / Kröninger, Holger / Aschke, Manfred:	Baugesetzbuch mit Baunutzungsverordnung, 3. Auflage, Baden-Baden, 2013

Führ, Martin:	Gemeinschaftskommentar zum Bundes-Immissionsschutzgesetz, 1. Auflage, Köln, 2016
Fickert, Hans Carl / *Fieseler, Herbert:*	Baunutzungsverordnung Kommentar, Stuttgart, 2014
Fischer, Mattias:	Möglichkeiten und Grenzen der Beschlagnahme von Immobilien zur Flüchtlingsunterbringung in: NVwZ 2015, 1644
Fontana, Sina / *Klein, Manfred:*	„Flüchtlingsunterbringung als polizei- und ordnungsrechtliche Maßnahme" in: JA 2017, 846
Franz, Thorsten:	Die Staatsaufsicht über die Kommunen in: JuS 2004, 937
ders.:	Einführung in die Verwaltungswissenschaft, Wiesbaden, 2013
Friauf, Karl-Heinrich / *Höfling, Wolfram:*	Berliner Kommentar zum Grundgesetz, 54. Ergänzungslieferung, Berlin, 2018
Froese, Judith:	Die Sicherstellung privaten Eigentums zur Flüchtlingsunterbringung in: JZ 2016, 176
Fugmann-Heesing, Annette:	Der bauplanungsrechtliche Begriff des Wohngebäudes - ein Abwehrmittel gegen unliebsame Nachbarn? in: DÖV 1996, 322
Gallwas, Hans-Ullrich / *Lindner, Josef Franz /* *Wolff, Heinrich Amadeus:*	Bayerisches Polizei- und Sicherheitsrecht, 4. Auflage, Stuttgart, 2015

Giesberts, Ludger / *Reinhardt, Michael:*	Beck'scher Online-Kommentar Umweltrecht, 45. Edition, München, 2017
Götz, Sarah:	Herausforderungen bei der Schaffung von Flüchtlingsunterkünften in: VR 2017, 158
Gohde, Christian:	Die bauplanungsrechtliche Zulässigkeit von Vorhaben zur Unterbringung von Flüchtlingen und Asylbegehrenden in: ZfBR 2016, 642
Grabitz, Eberhard / Hilf, Meinhard / Nettesheim, Martin:	Das Recht der Europäischen Union, 63. Aktualisierung, München, 2017
Griesbeck, Michael:	Flüchtlingsschutz in Zeiten hoher Zugänge von Flüchtlingen und Migranten – ein Beitrag zur Strukturierung in: BayVBl 2018, 325
Heldrich, Andreas / Schmidt, Reiner:	Festschrift für Claus-Wilhelm Canaris zum 70. Geburtstag, Band II, München, 2007
Hirseland, Katrin:	Asyl und Flüchtlingsschutz in Deutschland: Entwicklungen und Herausforderungen in: KommP spezial 2015, 114
Hömig, Dieter / Wolff, Heinrich Amadeus:	Grundgesetz für die Bundesrepublik Deutschland, 12. Auflage, Baden-Baden, 2018
dies.:	Grundgesetz für die Bundesrepublik Deutschland, 11. Auflage, Baden-Baden, 2016

Hoffmann, Birgit:	Das Verhältnis von Gesetz und Recht, Berlin, 2003
Hofmann, Rainer:	Ausländerrecht, 2. Auflage, Baden-Baden, 2016
Horn, Hans-Detlef:	Das gemeindliche Einvernehmen unter städtebaulicher Aufsicht - Zur Debatte um die Rechtsfolgen des § 36 II 3 BauGB in: NVwZ 2002, 406
Hornmann, Gerhard:	Errichtung von Asylbewerber- und Flüchtlingsunterkünften ohne Grenzen? in: NVwZ 2016, 436
Horst, Hans Reinold:	Die Vermietung von Wohnraum zur Unterbringung von Asylbewerbern und Flüchtlingen in: ZMR 2016, 598
Huber, Bertold:	Bauplanungsrechtliche Zulässigkeit von Asylbewerberunterkünften in: NVwZ 1986, 279
Huge, Antonia:	Die Öffentlichkeitsbeteiligung in Planungs- und Genehmigungsverfahren dezentraler Energieanlagen, Kassel, 2018
Ipsen, Jörn:	Richterrecht und Verfassung, Berlin, 1975
Isensee, Josef / Kirchhof, Paul:	Handbuch des Staatsrechts, Band VIII, 3. Auflage, Heidelberg, 2010
dies.:	Handbuch des Staatsrechts, Band XII, 3. Auflage, Heidelberg, 2014

Jäde, Henning / Dirnberger, Franz:	Baugesetzbuch Baunutzungsverordnung Kommentar, 8. Auflage, Stuttgart, 2017
Jäde, Henning / Dirnberger, Franz / Weiss, Josef:	Baugesetzbuch Baunutzungsverordnung Kommentar, 7. Auflage, Stuttgart, 2013
Jarass, Hans D.:	Allgemeine Probleme der Gesetzgebungskompetenz des Bundes in: NVwZ 2000, 1089
Jarass, Hans D. / Kment, Martin:	Kommentar zum Baugesetzbuch, 2. Auflage, München, 2017
Jarass, Hans D. / Pieroth, Bodo:	Grundgesetz für die Bundesrepublik Deutschland, 14. Auflage, München, 2016
Jekewitz, Jürgen:	Deutscher Bundestag und Rechtsverordnungen in: NVwZ 1994, 956
Kaffenberger, Knut:	Das intendierte Verwaltungsermessen, München, 2002
Kirschenmann, Dietrich:	Zuständigkeiten und Kompetenzen im Bereich der Verwaltung nach dem 8. Abschnitt des Grundgesetzes in: JuS 1977, 565
Kischel, Uwe:	Systembindung des Gesetzgebers und Gleichheitssatz in: AöR 124 (1999), 174

Kment, Martin / *Berger, Anja:*	Aktuelle BauGB-Novelle 2014 – Gesetz über Maßnahmen im Bauplanungsrecht zur Erleichterung der Unterbringung von Flüchtlingen in: BauR 2015, 211
Kment, Martin / *Wirth, Stefan:*	BauGB-Novelle 2015: Die privilegierte Genehmigung von Flüchtlingsunterkünften und ihre Beschränkung durch die kommunale Planungshoheit und den verfassungsrechtlich geforderten Nachbarschutz in: ZfBR 2016, 748
König, Helmut / *Roeser, Thomas /* *Stock, Jürgen:*	Baunutzungsverordnung Kommentar, 3. Auflage, München, 2014
Konrad, Christian:	Baueinstellung, Beseitigungsanordnung und Nutzungsuntersagung - klassische Instrumente bauaufsichtlichen Einschreitens in: JA 1998, 691
ders.:	Gebietserhaltungsanspruch und Gebot der Rücksichtnahme in: JA 2006, 59
Krautzberger, Michael:	Neue städtebaurechtliche Regelungen für den Flüchtlingswohnungsbau in: GuG 2015, 97
Krautzberger, Michael / *Stüer, Bernhard:*	BauGB-Novelle 2014 II: Erleichterte Unterbringung von Flüchtlingen in: DVBl 2015, 73

dies.:	Die Flüchtlingsnovelle BauGB 2014/2015 – jenseits der Innenentwicklung? in: UPR 2016, 95
dies.:	Flüchtlingsunterbringung: Die BauGB-Novellen 2014 und 2015 in: DVBl 2015, 1545
Krüper, Julian:	Kollektive Wohnformen in der Bauplanungsrechtsdogmatik in: DÖV 2016, 793
Külpmann, Christoph:	Änderungen von Rechtsverordnungen durch den Gesetzgeber in: NJW 2002, 3436
Landmann, Robert von / Rohmer, Gustav:	Umweltrecht, Band IV, 82. Aktualisierung, München, 2017
Lange, Pia:	Handlungsoptionen der Kommunen bei der Unterbringung von Flüchtlingen – die BauGB-Novelle 2015 und neue Standardmaßnahmen im Polizeirecht in: NdsVBl 2016, 72
Langenfeld, Christine / Weisensee, Claudius:	Flüchtlinge ins Gewerbegebiet in: ZAR 2015, 132
Larenz, Karl:	Methodenlehre der Rechtswissenschaft, 5. Auflage, Berlin, 1983
Lippert, André:	Das Kohärenzerfordernis des EuGH in: EuR 2012, 90

Luther, Katharina:	Zulässigkeit von Gemeinschaftsunterkünften in einem Gewerbegebiet in: NJW-Spezial 2014, 748
Mampel, Dietmar:	Art. 14 GG fordert sein Recht – Aufbruch zu einem verfassungsdirigierten öffentlichen Baurecht in: NJW 1999, 975
Mann, Thomas / Püttner, Günter:	Handbuch der kommunalen Wissenschaft und Praxis - Band 1, 3. Auflage, Berlin, 2007
Manssen, Gerrit:	Staatsrecht II – Grundrechte, 14. Auflage, München, 2017
Maunz, Theodor / Dürig, Günter:	Grundgesetz-Kommentar, 78. Auflage, München, 2016
dies.:	Grundgesetz-Kommentar, 53. Auflage, München, 2009
Maurer, Hartmut:	Allgemeines Verwaltungsrecht, 18. Auflage, München, 2011
Mertens, Bernd:	Gesetzgebungskunst im Zeitalter der Kodifikationen, Tübingen, 2004
Michael, Lothar:	Folgerichtigkeit als Wettbewerbsgleichheit – Zur Verwerfung von Rauchverboten in Gaststätten durch das BVerfG in: JZ 2008, 875
Münch, Ingo / Mager, Ute:	Staatsrecht I, 8. Auflage, Stuttgart, 2015

Oebbecke, Janbernd:	Kommunalaufsicht – nur Rechtsaufsicht oder mehr? in: DÖV 2001, 406
Palandt, Otto:	Bürgerliches Gesetzbuch, 77. Auflage, München, 2018
Parusel, Bernd:	Das Asylsystem Schwedens, 1. Auflage, Gütersloh, 2016 abrufbar unter: https://www.bertelsmann-stiftung.de/fileadmin/files/Projekte/28_Einwanderung_und_Vielfalt/IB_Studie_Asylverfahren_Schweden_Parusel_2016.pdf
Payandeh, Mehrdad:	Das Gebot der Folgerichtigkeit: Rationalitätsgewinn oder Irrweg der Grundrechtsdogmatik? in: AöR 136 (2011), 578
Peine, Franz-Joseph / *Wolff, Heinrich Amadeus:*	Nachdenken über Eigentum – Festschrift für Alexander v. Brünneck zur Vollendung seines siebzigsten Lebensjahres, 1. Auflage, Baden-Baden, 2011
Petersen, Alexander:	Bauplanungsrechtliche Behandlung von Unterkünften für Flüchtlinge und Asylbegehrende in: KommP BY 2016, 50
ders.:	Bauplanungsrechtliche Erleichterungen für die Unterbringung von Flüchtlingen in: KommP BY 2015, 10
Pieroth, Bodo / *Schlink, Bernhard:*	Grundrechte – Staatsrecht II, 9. Auflage, Heidelberg, 1993

Pieroth, Bodo / *Schlink, Bernhard /* *Kniesel, Michael:*	Polizei- und Ordnungsrecht, 9. Auflage, München, 2016
Portz, Norbert / *Düsterdiek, Bernd:*	Erleichterungen im Bauplanungsrecht zur Unterbringung von Flüchtlingen in Kraft in: BWGZ 2015, 404 (= KommP spezial 2015, 147)
Posser, Herbert / *Wolff, Heinrich Amadeus:*	Beck'scher Online-Kommentar VwGO, 41. Aktualisierung, München, 2017
Redeker, Konrad:	et respice finem in: NJW 1988, 117
Reidt, Olaf:	Wer die Wahl hat, hat die Qual – Vor- und Nachteile des beschleunigten Verfahrens gem. § 13a BauGB in: NVwZ 2007, 1029
Rüthers, Bernd:	Klartext zu den Grenzen des Richterrechts in: NJW 2011, 1856
Ruder, Karl-Heinz:	Die polizeirechtliche Unterbringung von Obdachlosen unter besonderer Berücksichtigung der Anschlussunterbringung von Flüchtlingen in: VBlBW 2017, 1
Ruf, Dietmar:	Rechtsprechung zur baurechtlichen Zulässigkeit von Unterkünften für Asylbewerber und Flüchtlinge nach der Baurechtsnovelle von November 2014 in: BWGZ 2015, 419

Rupp, Hans Heinrich:	Rechtsverordnungsbefugnis des Deutschen Bundestages? in: NVwZ 1993, 756
Sachs, Michael:	Grundgesetz Kommentar, 6. Auflage, München, 2011
ders.:	Die relevanten Grundrechtsbeeinträchtigungen in: JuS 1995, 303
Savigny, Friedrich Carl von:	System des heutigen Römischen Rechts, Band 1, Berlin, 1840
Scheidler, Alfred:	Änderungen im Bauplanungsrecht zur erleichterten Unterbringung von Flüchtlingen in: UPR 2015, 41
ders.:	Asylbewerberunterkünfte in Gewerbegebieten in: KommP BY 2015, 134 (= VBlBW 2015, 230 = LKRZ 2015, 177)
ders.:	Aushebelung des Bauplanungsrechts für Flüchtlingsunterkünfte durch die Sonderbestimmung des § 246 XIV BauGB? in: NVwZ 2016, 744
ders.:	Ausnahmen vom Bebauungsplan allgemein und speziell für Flüchtlingsunterkünfte in: BauR 2017, 1455
ders.:	Bauplanungssonderrecht für Asylbewerberunterkünfte in: VerwArch 2016, 177

ders.:	Befreiungen von den Festsetzungen eines Bebauungsplans nach § 31 Abs. 2 und § 246 Abs. 10 BauGB in: BauR 2015, 1414
ders.:	Die neue Befreiungsvorschrift des § 246 X BauGB und ihr Verhältnis zu § 31 II BauGB in: NVwZ 2015, 1406
ders.:	Die zweite BauGB-Flüchtlingsnovelle in: UPR 2015, 479
ders.:	Flüchtlingsunterkünfte im Außenbereich in: KommP BY 2016, 11
ders.:	Nutzungsänderung baulicher Anlagen in Asylbewerberunterkünfte in: BauR 2016, 29
Schenke, Wolf-Rüdiger:	Polizei- und Ordnungsrecht, 9. Auflage, Heidelberg, 2016
Schiwy, Peter:	Baugesetzbuch Kommentar, 156. Aktualisierung, Köln, 2017
Schlichter, Otto / *Stich, Rudolph /* *Driehaus, Hans-Joachim /* *Paetow, Stefan:*	Berliner Kommentar zum Baugesetzbuch, 35. Aktualisierung, Köln, 2017
Schmidt-Eichstaedt, Gerd:	Die Befreiung nach § 31 II BauGB und andere „Abweichungen" in: NVwZ 1998, 571

Schwarz-Dalmatin, Lidija:	Das Baurecht im Lichte der Flüchtlingsunterbringung in: BWGZ 2016, 200
Simon, Alfons / *Busse, Jürgen:*	Bayerische Bauordnung, 123. Aktualisierung, München, 2016
Spannowsky, Willy / *Hornmann, Gerhard /* *Kämper, Norbert:*	Beck'scher Online-Kommentar BauNVO, 9. Edition, München, 2017
Spannowsky, Willy / *Uechtritz, Michael:*	Beck'scher Online-Kommentar BauGB, 35. Edition, München, 2016
Spindler, Gerald:	Die bauplanungsrechtliche Zulässigkeit von Asylbewerberunterkünften in Wohngebieten in: NVwZ 1992, 125
Stefani, Torben:	Die BauGB-Novelle 2006 zur Stärkung der Innenentwicklung in: WFA 2007, 26
Stern, Klaus:	Das Staatsrecht der Bundesrepublik Deutschland, Band III/2, München, 1994
Streinz, Rudolf:	Europarecht, 10. Auflage, Heidelberg, 2016
ders.:	Vertrag über die Europäische Union und Vertrag über die Arbeitsweise der Europäischen Union, 2. Auflage, München, 2012
Thym, Daniel:	Schnellere und strengere Asylverfahren – Die Zukunft des Asylrechts nach dem Beschleunigungsgesetz in: NVwZ 2015, 1625

Tipke, Klaus / *Lang, Joachim:*	Steuerrecht, 20. Auflage, Köln, 2010
Triepel, Heinrich:	Die Kompetenzen des Bundesstaates und die geschriebene Verfassung: Festgabe für Paul Laband zum 50. Jahrestag der Doktor-Promotion, Tübingen, 1908
Umbach, Dieter C. / *Clemens, Thomas:*	Grundgesetz, Mitarbeiterkommentar, Band II, Art. 38 – 146 GG, Heidelberg, 2002
von Mangoldt, Hermann / *Klein, Friedrich /* *Starck, Christian:*	Kommentar zum Grundgesetz, 7. Auflage, München, 2018
Weber, Tobias / *Köppert, Valentin:*	Polizei- und Sicherheitsrecht Bayern, 3. Auflage, Heidelberg, 2015
Weintraub, Elisa Sabrina:	Sonderregelung, Sonderproblem? – Flüchtlingsunterkünfte auf der Grundlage des § 246 Abs. 9 BauGB und ihre Folgenutzungen in: VBlBW 2017, 277
Wendt, Rudolf:	Eigentum und Gesetzgebung, Hamburg, 1985
Winkler, Markus:	Verwaltungsträger im Kompetenzverbund, Tübingen, 2009
Wissenschaftlicher Rat der Dudenredaktion:	Duden – Die deutsche Rechtschreibung, Band 1, 27. Auflage, Berlin, 2017
ders.:	Duden – Das Bedeutungswörterbuch, Band 10, 5. Auflage, Berlin, 2018

Aus unserem Verlagsprogramm:

Robert Tietze
Altersgeld für Bundesbeamte
Das Altersgeldgesetz
Hamburg 2019 / 326 Seiten / ISBN 978-3-339-10870-8

Jakob Michael Stasik
Staatszielbestimmung im Grundgesetz zugunsten des Sports?
Hamburg 2017 / 336 Seiten / ISBN 978-3-8300-9558-3

Peter Koch-Sembdner
Der dreiseitige städtebauliche Vertrag zwischen Gemeinde, Eigentümer bzw. Investor und Land am Beispiel der Konversion in Rheinland-Pfalz
Hamburg 2017 / 228 Seiten / ISBN 978-3-8300-9353-4

Josef M. Vilsmeier
Das bauplanungsrechtliche Verbot der Ortsbildbeeinträchtigung und seine Bedeutung für die Zulässigkeit von Baugerüstwerbung
Unter Berücksichtigung weiterer Instrumente des Ortsbildschutzes
Hamburg 2017 / 248 Seiten / ISBN 978-3-8300-9263-6

Heinrich Amadeus Wolff
Das Schichtplanmodell der bayerischen Vollzugspolizei im Lichte der europäischen Arbeitszeitrichtlinie
Hamburg 2016 / 212 Seiten / ISBN 978-3-8300-9184-4

Michael Brand
Das deregulierte vereinfachte Baugenehmigungsverfahren nach bayerischem Recht
Prüfungsumfang und Sachbescheidungsinteresse
Hamburg 2015 / 596 Seiten / ISBN 978-3-8300-8418-1

Heinrich Amadeus Wolff
DNA-Mitarbeiterdateien von Polizeibeamten ohne gesetzliche Grundlage
Am Beispiel des Freistaats Bayern
Hamburg 2014 / 118 Seiten / ISBN 978-3-8300-8188-3

Nina Huxdorff
Rechtsfragen der Erst- und Zweitverleihung des öffentlich-rechtlichen Körperschaftsstatus an Religionsgemeinschaften
Hamburg 2013 / 420 Seiten / ISBN 978-3-8300-7272-0

VERLAG DR. KOVAČ
FACHVERLAG FÜR WISSENSCHAFTLICHE LITERATUR

Postfach 57 01 42 · 22770 Hamburg · www.verlagdrkovac.de · info@verlagdrkovac.de